Beiträge zum Verwaltungsrecht

herausgegeben von

Wolfgang Kahl, Jens-Peter Schneider
und Ferdinand Wollenschläger

37

D1997864

ARTIBUS INGENUIS J·C·B·M· 1·8·0·1

Felix Krämer

Teams im Europäischen Verwaltungsverbund

Eine Untersuchung des Phänomens heterogen besetzter Vollzugseinheiten – zugleich ein Beitrag zur Fortentwicklung des Raums der Freiheit, der Sicherheit und des Rechts

Mohr Siebeck

Felix Krämer, geboren 1991; Studium der Rechtswissenschaft in Gießen und Bergen (Norwegen); 2016 Erste Juristische Staatsprüfung; Wissenschaftlicher Mitarbeiter am Lehrstuhl für Öffentliches Recht der Universität Gießen; 2022 Zweite Juristische Staatsprüfung (OLG Frankfurt am Main); Richter in der hessischen Verwaltungsgerichtsbarkeit; 2023 Promotion.
orcid.org/0009-0008-3773-0513

Zugl.: Gießen, Univ., Fachbereich Rechtswissenschaft, Diss., 2023

ISBN 978-3-16-163648-6 / eISBN 978-3-16-163649-3
DOI 10.1628/978-3-16-163649-3

ISSN 2509-9272 / eISSN 2569-3859 (Beiträge zum Verwaltungsrecht)

Die Deutsche Nationalbibliothek verzeichnet diese Publikation in der Deutschen Nationalbibliographie; detaillierte bibliographische Daten sind über *https://dnb.dnb.de* abrufbar.

© 2025 Mohr Siebeck Tübingen. www.mohrsiebeck.com

Das Werk einschließlich aller seiner Teile ist urheberrechtlich geschützt. Jede Verwertung außerhalb der engen Grenzen des Urheberrechtsgesetzes ist ohne Zustimmung des Verlags unzulässig und strafbar. Das gilt insbesondere für die Verbreitung, Vervielfältigung, Übersetzung und die Einspeicherung und Verarbeitung in elektronischen Systemen.

Das Buch wurde von Laupp & Göbel in Gomaringen auf alterungsbeständiges Werkdruckpapier gedruckt und von der Buchbinderei Nädele in Nehren gebunden.

Printed in Germany.

Für Caroline

Vorwort

Die vorliegende Arbeit ist während meiner Zeit als wissenschaftlicher Mitarbeiter an der Professur für Öffentliches Recht (Prof. Dr. Schöndorf-Haubold) im Zeitraum 2016 bis 2020 entstanden und wurde im Wintersemester 2023/2024 vom Fachbereich Rechtswissenschaft der Justus-Liebig-Universität Gießen als Dissertation angenommen.

Mein herzlicher Dank gilt Frau Prof. Dr. Bettina Schöndorf-Haubold für die umsichtige Betreuung dieser Arbeit, die gegebenen Impulse und die Erstellung des Erstgutachtens. Darüber hinaus möchte ich mich für die lehrreiche und schöne Zeit in der Hein-Heckroth-Straße bedanken. Diese hat mir nicht nur die Erstellung dieser Arbeit, sondern auch eine persönliche Weiterentwicklung ermöglicht, die sich in der Folgezeit als wertvoll erwiesen hat und weiterhin erweist.

Großer Dank gebührt auch Frau Richterin am Bundesverfassungsgericht a. D. Prof. Dr. Gabriele Britz für die sehr zügige Erstellung des Zweitgutachtens und die darin enthaltenen Anregungen. Ferner danke ich den Herausgebern der Schriftenreihe für die Aufnahme der Arbeit und der Juristischen Studiengesellschaft Gießen e.V. für die großzügige Förderung durch die Verleihung des Promotionspreises.

Auch möchte ich mich bei den zahlreichen Mitbewohnerinnen und Mitbewohnern der Hein-Heckroth-Straße, stellvertretend seien hier Frau Carina Weitzel, Frau Isabel Bach, Frau Elisa Galir, Frau Anna Wüst, Herr Martin Bastian und natürlich ganz besonders Herr Christopher Giogios genannt, bedanken. Auch Frau Clara Bosch und Herr Timm Schreiner waren und sind eine treue Weggefährtin bzw. ein treuer Weggefährte, denen ich zum Dank verpflichtet bin. Schließlich danke ich meinen Eltern für ihre vorbehaltlose Unterstützung, die sich insbesondere – aber bei Weitem nicht nur – durch beständiges Nachfragen geäußert hat.

Gießen, im Oktober 2024 Felix Krämer

Inhaltsübersicht

Inhaltsverzeichnis

Abkürzungsverzeichnis

ABl.	Amtsblatt
a.F.	alte Fassung
Anm.	Anmerkung
AöR	Archiv des öffentlichen Rechts
APuZ	Archiv des öffentlichen Rechts
AR	Jahresbericht (Annual Report)
ARIO	Draft Articles on the responsibility of International Organisations
ARS	Articles on the Responsibility of States for Inernationally Wrongful Acts
AST	Asyl-Unterstützungsteam (Asylum Support Team)
AVR	Archiv des Völkerrechts
BaFin	Bundesanstalt für Finanzdienstleistungsaufsicht
BDSG	Bundesdatenschutzgesetz
BeamtStG	Beamtenstatusgesetz
BFDI	Bundesbeauftragter für den Datenschutz und die Informationsfreiheit
BGBl.	Bundesgesetzblatt
BKA	Bundeskriminalamt
BMS	Gemeinsamer Dienst für den Abgleich biometrischer Daten
BVerfG	Bundesverfassungsgericht
BVerfGE	amtliche Sammlung der Entscheidungen des Bundesverfassungsgerichts
CEPOL	Agentur der Europäischen Union für die Aus- und Fortbildung auf dem Gebiet der Strafverfolgung
CIR	Gemeinsamer Speicher für Identitäten
CMLR	Common Market Law Review
CMR	Complaint Mechanism Rules
CoC	Code of Conduct
dies./ders.	dieselbe(n)/derselbe
dms	Der moderne Staat
DÖV	Die Öffentliche Verwaltung
DVBl.	Deutsches Verwaltungsblatt
d. Verf.	des Verfassers
EASO	Europäisches Unterstützungsbüro für Asylfragen
EBA	Europäische Bankenaufsichtsbehörde
EBB	Europäischer Bürgerbeauftragter
ECRIS-TCN	Europäische Strafregisterinformationssystem für Drittstaatangehörige
EDSB	Europäischer Datenschutzbeauftragter

EES	Europäisches Einreise-/Ausreisesystem
EGMR	Europäischer Gerichtshof für Menschenrechte
EIOPA	Europäische Aufsichtsbehörde für das Versicherungswesen und die betriebliche Altersvorsorge
EJCCLCJ	European Journal of Crime, Criminal Law and Criminal Justice
EJLS	European Journal of Legal Studies
ELJ	European Law Journal
ER	Evaluation Report
Erw.	Erwägungsgrund
ESFS	Europäisches Finanzaufsichtssystem
ESMA	Europäische Wertpapier- und Marktaufsichtsbehörde
ESRB	Europäischer Ausschuss für Systemrisiken
et al.	und andere
ETIAS	Europäisches Reiseinformations- und Genehmigungssystem
EU	Europäische Union
EUConst	European Constitutional Law Review
EuG	Gericht der Europäischen Union
EuGH	Gerichtshof der Europäischen Union
EuGRZ	Europäische Grundrechte-Zeitschrift
EU-JZG	Bundesgesetz über die justizielle Zusammenarbeit in Strafsachen mit den Mitgliedstaaten der Europäischen Union (Österreich)
EuR	Zeitschrift Europarecht
Eur Bus Org Law Rev	European Business Organization Law Review
EuropolG	Europolgesetz
EuZW	Europäische Zeitschrift für Wirtschaftsrecht
EWS	Europäisches Wirtschaft und Steuerrecht
FADO	Europäisches Bildspeicherungssystem
FDP	Frontex Disciplinary Procedure
FOSS	Fronte One-Stop-Shop
GASP	Gemeinsame Außen- und Sicherheitspolitik
GG	Grundgesetz
GKI	Gemeinsame Kontrollinstanz
GLJ	German Law Journal
GO	Geschäftsordnung
GPK	Gemeinsamer Parlamentarischer Kontrollausschuss
GVG	Gerichtsverfassungsgesetz
HoM	Head of Mission
HOP	Handbuch zum Einsatzplan (Handbook to the Operational Plan)
Hrsg.	Herausgeber
HStR	Handbuch des Staatsrechts
ICC	International Coordination Centre
i.e.S.	im engeren Sinne
IRG	Gesetz über die internationale Rechtshilfe in Strafsachen
IRT	Internes Abwicklungsteam (Internal Resolution Team)
i.S.d.	im Sinne des/der
IT	Informationstechnik
i.V.m.	in Verbindung mit

JA	Juristische Ausbildung
JBÖS	Jahrbuch Öffentliche Sicherheit
JCMS	Journal of Common Market Studies
JIT	Gemeinsame Einsatzgruppe (Joint Investigation Team)
JORA	Joint Operation Reporting Application
JST	Gemeinsames Aufsichtsteam (Joint Supervisory Team)
JURA	Juristische Ausbildung
JuS	Juristische Schulung
JZ	Juristenzeitung
KJ	Kritische Justiz
KritV	Kritische Vierteljahresschrift für Gesetzgebung und Rechtswissenschaft
LCP	Law and Contemporary Problems
LF	Leitfaden
lit.	Buchstabe
MID	Detektor für Mehrfachidentitäten
m.w.N.	mit weiteren Nachweisen
NCA	nationale zuständige Behörde (National Competent Authority)
NJOZ	Neue Juristische Online-Zeitschrift
NJW	Neue Juristische Wochenschrift
NVwZ	Neue Zeitschrift für Verwaltungsrecht
OAP	Operativer Aktionsplan
OLAF	Europäisches Amt für Betrugsbekämpfung
OPERA	Operational Ressources Management System
OPG	Einsatzplan für Griechenland (Operational Plan Greece)
OPI	Einsatzplan für Italien (Operational Plan Italy)
ÖVG	Österreichische Verwaltungswissenschaftliche Gesellschaft
PEDRA	Processing Personal Data for Risk Analysis
PJZS	Polizeiliche und Justizielle Zusammenarbeit in Strafsachen
RaBIT	Rapid Border Intervention Team
REX	Rapid Border Intervention Exercises
RiVASt	Richtlinien für den Verkehr mit dem Ausland in strafrechtlichen Angelegenheiten
RL	Richtlinie
Rn.	Randnummer(n)
RoP	Rules of Procedure
Rs.	Rechtssache
S./s.	Seite/siehe
SIENA	Secure Information Exchange Network Application
SIS	Schengener Informationssystem
SRB	Ausschuss für einheitliche Abwicklung
SRM	Einheitlicher Abwicklungsmechanismus
SSM	Einheitlicher Aufsichtsmechanismus für Banken
SSV	Standardstatusvereinbarung
StGB	Strafgesetzbuch
StPO	Strafprozessordnung
UA	Unterabsatz
ULR	Utrecht Law Review

VIS	Visa-Informationssystem
VO	Verordnung
VVDStRL	Veröffentlichungen der Vereinigung der Deutschen Staatsrechtslehrer
VwVfG	Verwaltungsverfahrensgesetz
WM	Zeitschrift für Wirtschafts- und Bankenrecht
ZaöRV	Zeitschrift für ausländisches öffentliches Recht und Völkerrecht
ZAR	Zeitschrift für Ausländerrecht und Ausländerpolitik
ZEuS	Zeitschrift für Europarechtliche Studien
ZJS	Zeitschrift für das Juristische Studium
ZÖR	Zeitschrift für Öffentliches Recht

Im Übrigen wird, insbesondere hinsichtlich der für nationales Recht verwendeten Abkürzungen auf *Kirchner, Hildebert/Böttcher, Eike*, Abkürzungsverzeichnis der Rechtssprache, 9. Auflage, Berlin/Boston 2018, verwiesen.

Erster Teil

Einführung und wissenschaftliche Fragestellung

Kapitel 1

Internationale Verwaltungszusammenarbeit als Reaktion auf grenzüberschreitende Problemstellungen

Internationale Herausforderungen verlangen nach internationaler Kooperation. Nach diesem, durch aktuelle politische (Abschottungs-)Tendenzen indes zunehmend in Frage gestellten Muster wurde und wird auf gegenwärtige grenzüberschreitende Krisen in unterschiedlichen Bereichen reagiert: Dem internationalen Terrorismus bzw. der grenzüberschreitenden Kriminalität, der sog. Migrationskrise und der sog. Finanzkrise stehen (mittlerweile) Konzepte auch auf der europäischen Verwaltungsebene gegenüber, welche der internationalen Dimension des jeweiligen Gebiets mit inter- und/oder supranationaler Kooperation begegnen. Als Beispiele seien hier die Ermittlungserfolge mitgliedstaatlicher Behörden in teamförmiger Zusammenarbeit mit Europol und Eurojust in Sachen EncroChat sowie die maßgeblich von Frontex organisierten Einsätze von Teams aus unionalen und mitgliedstaatlichen Beamten an den europäischen Außengrenzen genannt. Erkennt man dieses Bedürfnis nach Kooperation (auch weiterhin) an, liegt – gewissermaßen als Querschnittsmaterie – (auch weiterhin) ein Bedürfnis nach Koordination und Regelung dieser Zusammenarbeit im jeweiligen Bereich vor. Dieses Erfordernis besteht in gesteigerter Form, wenn sich die Zusammenarbeit ggf. bereits konzeptionell auf eine bestimmte oder unbestimmte Vielzahl von Anwendungsfällen erstreckt und sich aus diesem Grunde ein kohärentes, einheitliches sowie konsistentes Vorgehen als Bedingung einer erfolgreichen Kooperation darstellt.

Eine solche Koordination oder Grundabstimmung kann schon in Bezug auf „rein" zwischenstaatliche Kooperationsformen – etwa aufgrund souveränitätsbezogener Problemfelder – zur Herausforderung werden. Bewegt und begrenzt man den Blick auf den europäischen Rechtsraum, tritt zu diesen bi- oder multilateralen internationalen Kooperationsverhältnissen die Europäische Union als supranationale Akteurin hinzu: Hierdurch wird die Zusammenarbeit zumindest insoweit um eine Facette reicher, als sich ein (weiteres) kompetenzbezogenes Spannungsverhältnis zwischen EU und Mitgliedstaaten entfaltet und sich Individuen insbesondere mit Blick auf Beschränkungen ihrer Rechte (potentiell) einer Vielzahl von Hoheitsträgern gegenübersehen.[1]

Gerade die letztere, maßgeblich abwehrrechtlich geprägte Perspektive von Grundrechtsträgern, die von konkret-individuellen, im Rahmen der dargestellten Zusammenarbeit erfolgenden Maßnahmen betroffen sind, zwingt zu einer näheren Betrachtung der handelnden Akteure. In diesem Kontext in den Blick zu nehmen ist das in der Regel unterste – hier als Mikroebene bezeichnete – Level der Kooperation, auf welchem kooperativ beschlossene Entscheidungen außenwirksam umgesetzt werden. Auf dieser Mikroebene erfolgt die inter- und/oder supranationale Kooperation dann besonders greifbar, wenn sich auch in den untersten Umsetzungsinstanzen der kooperative Charakter organisatorisch widerspiegelt. Dies ist der Fall, wenn mit Blick auf die rechtliche Herkunft der Einsatzkräfte heterogen besetzte, zumindest organisatorisch abgrenzbare Verwaltungseinheiten – hier: Teams – agieren. Dies stellt gewissermaßen den kleinsten gemeinsamen Nenner der (politik-)bereichsbezogenen Zusammenarbeit und den Forschungsgegenstand der vorliegenden Untersuchung dar.

Diese Indienstnahme nationaler und/oder unionaler Stellen in „fremden" bzw. neu geschaffenen unionale Strukturen erzeugt eine Reihe von (rechtlichen) Herausforderungen.[2] Aus der Perspektive der in den Teams beteiligten Akteure setzt der Erfolg einer solchen Kooperationsform einerseits gegenseitiges administratives Vertrauen voraus, andererseits kann in der punktuellen Zusammenarbeit in einer Verwaltungseinheit auch ein Mittel zur Vertrauensbildung begründet liegen. Für beide Aspekte sind eine klare Koordination und verlässliche Einsatzregeln essentiell.[3]

---

[1] Treffend *Schöndorf-Haubold*, Europäisches Sicherheitsverwaltungsrecht, Rn. 1, die mit Blick auf den Bereich der unionalen Sicherheitsverwaltung von einem „Spannungsfeld europäischer Aufgabenwahrnehmung, mitgliedstaatlicher Souveränität und individueller Freiheit" spricht.

[2] Anschaulich *von Bogdandy*, in: von Bogdandy/Cassese/Huber (Hrsg.), Bd. IV § 57 Rn. 2: „Dieses europäische Verwaltungsrecht lockert zugleich, und dies verschärft die Problematik, das Band einer Verwaltungseinheit zu ‚ihrem' Staat: Eine deutsche Stelle [...] sieht sich in neue Kollektive eingebunden.".

[3] Vgl. hierzu *Trute*, in: Hoffmann-Riem/Schmidt-Aßmann/Voßkuhle (Hrsg.), Bd. I § 6 Rn. 115: interadministratives Vertrauen „kann freilich nicht von vornherein einfach als gegeben unterstellt werden, sondern muss erforderlichenfalls durch institutionelle Arrangements her- und sichergestellt werden."; zustimmend und interadministratives Vertrauen als „zentrale *Funktionsbedingung*" eines europäischen Verwaltungsrechts herausstellend *Schmidt-Aßmann*, Verwaltungsrechtliche Dogmatik, S. 90 f.

Kapitel 2

Heterogen besetzte Teams in der unionalen Verwaltungskooperation: Szenerie und Beteiligte

Diese Kooperation auf „unterster" Ebene in Form gemeinsamer Einsätze von Personal verschiedener Mitgliedstaaten und (teilweise) unionalen Stellen[1] findet im supranational zunehmend überformten, europäischen Rechtsraum statt. Bevor auf konkrete, verschiedene Formen der Zusammenarbeit auf Vollzugsebene eingegangen werden kann, sind zunächst die materiellen und prozeduralen Determinanten des Einsatzgebiets (A.) sowie die Beteiligten dieser gemeinsamen Verwaltung (B.) näher in den Blick zu nehmen.

A. Rechtsraum der Untersuchung

Maßgeblich für eine Konturierung des möglichen Tätigkeitsfelds gemeinsamer Einsätze im europäischen Verwaltungsrechtsraums sind dabei grundlegende Festlegungen durch das unionale Primärrecht: Dies gilt zum einen für die auf der Makroebene der Verträge vorgenommene materielle Kompetenzverteilung zwischen Mitgliedstaaten und Union (I.) sowie, damit verknüpft, für die konzeptionellen Weichenstellungen für den Vollzug des Unionsrechts (II.).[2]

I. Der Raum der Freiheit, der Sicherheit und des Rechts

Schwerpunktmäßig stellen die hier untersuchten Einsatzteams sowie die an ihnen beteiligten unionalen Stellen Erscheinungsformen im[3] Raum der Freiheit, der

---

[1] Abgestellt wird hier und im Folgenden auf „ursprüngliche" Zugehörigkeit des Personals vor seiner Indienstnahme in den untersuchten Teams.

[2] Beide angesprochenen Bereiche sind derart facettenreich, dass hier lediglich ein Überblick gegeben werden kann; die folgende Untersuchung behandelt punktuelle Schwerpunkte dieser Themenfelder jeweils in Bezug auf die für den Untersuchungsgegenstand relevanten Fragestellungen.

[3] Hier und im Folgenden wird der Raum der Freiheit, der Sicherheit und des Rechts nicht notwendigerweise territorial, sondern eher funktional verstanden, da auch die zu untersuchenden Phänomene zwar ihren Ausgangpunkt im territorial verstandenen Raum der Freiheit, der Sicherheit und des Rechts haben, jedoch in ihren Aktionsfeldern darüber hinausgehen, vgl. zu einem konkreten; die Operationen von Teams der Europäischen Grenz- und Küstenwache in Drittländern betreffenden Beispiel in Teil 2, Kapitel 5 unter J., und über-

Sicherheit und des Rechts[4] dar,[5] dessen zentrales Charakteristikum nach Art. 67 Abs. 2 AEUV im Wegfall von Binnengrenzkontrollen zwischen den Mitgliedstaaten liegt. Der Raum der Freiheit, der Sicherheit und des Rechts unterliegt nach Art. 4 Abs. 2 lit. j) AEUV der geteilten Zuständigkeit zwischen Union und Mitgliedstaaten.[6] Vor diesem Hintergrund ist das Zusammenspiel mitgliedstaat-

---

greifend *Matera*, External Dimension of the AFSJ, S. 359 ff.; generell zur „*variablen Territorialität* der EU“ mit Bezug zum Raum der Freiheit, der Sicherheit und des Rechts, dem sog. Schengen-Raum und dem Euro-Währungsgebiet *Bast*, VVDStRL 76 (2017), S. 294 ff. (Zitat auf S. 300).

[4] So die Überschrift des Titels V AEUV, vgl. hierzu im Überblick *Würtenberger*, Europäisches Sicherheitsrecht, Rn. 8 ff.; durch diese Bestimmungen wurde der Bereich der ehemals „dritten Säule“ nun vollends in den supranationalen Bereich überführt, vgl. zur Kompetenzverteilung in Bezug auf die Sicherheitsgewährleistung im ehemaligen Säulenmodell ausführlich *Möstl*, Sicherheit und Ordnung, S. 518 ff. Zur historischen Entwicklung des Raums der Freiheit, der Sicherheit und des Rechts existieren zahlreiche Untersuchungen, auf die an dieser Stelle verwiesen werden soll: vgl. etwa *Peers*, EU Justice and Home Affairs Law, S. 4 ff.; zur Entwicklung der polizeilichen Zusammenarbeit in Europa ab der Epoche der sog. Römischen Verträge ausführlich *Schober*, Europäische Polizeizusammenarbeit, S. 22 ff.; knapper *Fijnaut*, Police Cooperation in Europe, S. 25 ff.; *Bossong/Rhinard*, Internal Security Cooperation, S. 3 ff.; *Monar*, Security Cooperation after Four Decades, S. 28 ff.; *Schöndorf-Haubold*, Europäisches Sicherheitsverwaltungsrecht, Rn. 17 ff.; *Krämer*, Ambivalenzen, S. 43 ff.; *Kugelmann*, in: Hatje/Müller-Graff/Böse (Hrsg.), § 17 Rn. 12 ff.; *Möllers*, Polizei in Europa, S. 15 ff.; *Müller-Graff*, in: Pechstein/Nowak/Häde (Hrsg.), Art. 67 AEUV Rn. 1 ff. und *Aden*, in: Lisken/Denninger/Bäcker/Graulich (Hrsg.), Kapitel N. Rn. 1 ff.; vorrangig hinsichtlich der Verknüpfung zur aktuellen (primär-) rechtlichen Lage vgl. *Salminen*, MJECL 2011, S. 275–302; *Jonsson Cornell*, Cooperation Post-Lisbon, S. 147 ff.; *Heid*, Before and after the Treaty of Lisbon, S. 65 ff. sowie *Peers*, EU Justice and Home Affairs Law, S. 22 ff. Zum Raum der Freiheit, der Sicherheit und des Rechts aus unterschiedlichen Perspektiven vgl. die Beiträge in Fletcher/Herlin-Karnell/Matera (Hrsg.), The EU as an AFSJ; Bossong/Rhinhard (Hrsg.), Theorizing Internal Security Cooperation; Bergström/Jonsson Cornell (Hrsg.), European Police and Criminal Law Co-operation; Aden (Hrsg.), Police Cooperation in the EU, Carrera/Mitsilegas (Hrsg.), Security Union und bereits Zuleeg (Hrsg.), Raum der Freiheit, der Sicherheit und des Rechts.

[5] Eine Ausnahme bilden hierbei lediglich die primärrechtlich außerhalb des Raums der Freiheit, der Sicherheit und des Rechts angesiedelten, in Teil 2 Kapitel 7 dieser Untersuchung behandelten gemeinsamen Einsatzformen in der europäischen Bankenunion, die jedoch in Bezug auf ihren Aktionsradius jedenfalls auch polizei-ähnliche Befugnisse, innehaben. Auch sie sind in ihrem Einsatzbereich auf Zwangsanwendung mitgliedstaatlicher Behörden angewiesen, was sich zumindest auf den ersten Blick in das im folgenden gezeichnete Bild der kompetenziellen Rahmenbedingungen einfügt.

[6] Unterschieden werden muss der Bereich der geteilten Zuständigkeiten von den in Art. 3 AEUV geregelten ausschließlichen Zuständigkeiten und insbesondere der Zuständigkeit der Union für bestimmte Unterstützungs-, Koordinierungs- und Ergänzungsmaßnahmen (Art. 6 AEUV), vgl. dazu nur *Häde*, in: Pechstein/Nowak/Häde (Hrsg.), Art. 3 AEUV Rn. 1; die geteilte Zuständigkeit hat nach ihrer Bestimmung durch Art. 2 Abs. 2 AEUV – aus Perspektive der Union – Ähnlichkeit mit der konkurrierenden Gesetzgebungskompetenz des Bundes nach Art. 72 GG, vgl. zum Ganzen *Häde*, in: Pechstein/Nowak/Häde (Hrsg.), Art. 2 AEUV Rn. 37 ff.

licher und unionaler Stellen im Raum der Freiheit, der Sicherheit und des Rechts den insbesondere in Art. 67 bis Art. 76 AEUV normierten allgemeinen Regeln sowie den Grenzen der sich anschließenden (jeweiligen) bereichsbezogenen Vorgaben unterworfen.[7] Nach einer Zusammenschau dieser Bestimmungen ergibt sich eine vergleichsweise deutlich geregelte Verteilung der Kompetenzen, welche die sogleich thematisierten, traditionellen[8] souveränitätsbezogenen Spannungen im Bereich der Sicherheitsgewährleistung in Europa[9] zum Ausdruck kommen lässt[10]: Der Union sind Aufgaben der abstrakt-generellen Rechtsetzung[11] übertragen, die inhaltlich auch ihre übrigen Zuständigkeiten betreffen. Dies gilt primär für die Koordination mitgliedstaatlicher Zusammenarbeit[12], den Austausch von Informationen[13] und sonstige unterstützende Maßnahmen durch hierfür teils explizit vorgesehene unionale Stellen.[14]

---

[7] Im Folgenden relevant werden die Bestimmungen über die „Politik im Bereich Grenzkontrollen, Asyl und Einwanderung“ (Titel V Kapitel 2), die „Justizielle Zusammenarbeit in Strafsachen“ (Titel V Kapitel 4) und die „Polizeiliche Zusammenarbeit“ (Titel V Kapitel 5).

[8] Treffend hierzu *Tekin*, integration – 4/2017, S. 263 ff., insb. 267 ff., der die Entwicklung des Raums der Freiheit, der Sicherheit und des Rechts in einem „Spannungsfeld von Problemlösungsinstinkt und Souveränitätsreflex“ ansiedelt; *Monar*, Gewährleistung innerer Sicherheit, S. 33 ff. spricht hingegen von „Handlungszwängen“.

[9] Diese, auf eine Entwicklung außerhalb der EU und ihren Vorgängerorganisationen abzielende Formulierung ist bewusst gewählt: Die sicherheitsbezogene Zusammenarbeit in Europa wurde häufig zunächst auf völkerrechtlicher Ebene eingegangen, bevor eine Überführung in den supranationalen Rahmen erfolgte – ein Vorgehen, das nicht ohne Kritik geblieben ist. Dies betrifft etwa den Fall des Vertrags von Prüm (vgl. dazu *Kietz/Maurer*, JBÖS 2009, S. 111 ff., S. 111 ff.) oder den sog. Schengen-Aquis (vgl. dazu generell *Schott*, JBÖS 2009 S. 89 ff., S. 89 ff.); vgl. dazu und zur geäußerten Kritik ausführlich *Schober*, Europäische Polizeizusammenarbeit, S. 1 ff., *Schöndorf-Haubold*, Europäisches Sicherheitsverwaltungsrecht, Rn. 17, 20 (in Bezug auf den sog. Schengen Aquis) sowie Rn. 67 ff. (in Bezug auf den Vertrag von Prüm), *Tekin*, Differentiated integration, S. 89 ff., *Heesen*, Interne Abkommen, S. 56 ff. und *Krämer*, Ambivalenzen, S. 43 ff.

[10] Instruktiv und aktuell hierzu sowie zur polizeilichen grenzüberschreitenden Zusammenarbeit vor diesem Hintergrund *Meško*, EJCCLCJ 2017, S. 109 ff.

[11] Dies betrifft insbesondere die in Art. 77 Abs. 2 und 3, Art. 78 Abs. 2, Art. 82 Abs. 2, Art. 87 Abs. 2 und 3 AEUV enthaltenen Gesetzgebungskompetenzen.

[12] Vgl. dazu exemplarisch die in Art. 71 AEUV vorgesehene Einrichtung eines ständigen Ausschusses „Innere Sicherheit“, durch den die „operative Zusammenarbeit im Bereich der inneren Sicherheit gefördert und verstärkt werden“ (S. 1) soll, was durch „die Koordinierung der Maßnahmen der zuständigen Behörden der Mitgliedstaaten“ (S. 2) anvisiert wird; umgesetzt wurde diese Bestimmung durch den Beschluss 2010/131 des Rates vom 25.02.2010 zur Einsetzung des Ständigen Ausschusses für operative Zusammenarbeit im Bereich der inneren Sicherheit (ABl. EU 2010, Nr. L 52, S. 50); vgl. ferner etwa die Aufgabenbestimmungen von Europol, Art. 88 Abs. 2 S. 2 lit. b) AEUV und Eurojust, Art. 85 Abs. 1 UA 2 S. 2 lit. b) AEUV; generell zur kompetenzbezogenen Problematik der Koordinierung *Braams*, Koordinierung als Kompetenzkategorie, insb. S. 180 ff.

[13] Vgl. dazu etwa die Aufgabenbeschreibung von Europol in Art. 88 Abs. 2 S. 2 lit. a) AEUV und generell für den Bereich der polizeilichen Zusammenarbeit Art. 87 Abs. 2 lit b) AEUV.

[14] Vgl. zu Art. 71 AEUV soeben (Fn. 12 dieses Kapitels) bzw. Art. 85 AEUV für Eurojust

Eine für den Einsatz von Personal auf „unterster", operativer Ebene hierbei essentielle Frage betrifft hingegen die Reichweite unionaler Kompetenzen bei der operativen Umsetzung des Raums der Freiheit, der Sicherheit und des Rechts, insbesondere hinsichtlich unmittelbar auf Grundrechtsträger einwirkender Maßnahmen.[15] Hier kommen bereichsspezifische Regelungen[16] ebenso wie die allgemeinen Determinanten der Art. 4 Abs. 2 S. 3 EUV[17] und Art. 72 AEUV in Betracht, die – unabhängig von der konkreten Deutungsform[18] – im Ergebnis souveränitätsinduzierte Einschränkungen unionaler Befugnisse im Bereich der Sicherheitsgewährleistung[19] beinhalten.[20] Nach Art. 72 AEUV, der im Gegensatz zu Art. 4 Abs. 2 S. 3 EUV für den hier zu behandelnden Bereich von entscheidender Bedeutung ist[21], lassen die übrigen primärrechtlichen Bestimmungen über

---

und Art. 88 AEUV für Europol; die im Bereich des Grenzschutzes und Asyl aktiven unionalen Stellen sind hingegen nicht explizit geregelt.

[15] Die gewählte kryptische Formulierung soll zwei sich nicht notwendigerweise überschneidende Bereiche von Auswirkungen hoheitlichen Handelns im Bereich der Sicherheitsgewährleistung erfassen: Zu differenzieren ist zwischen der Grundrechtsrelevanz von Aktivitäten und dem unmittelbaren Kontakt zu betroffenen Personen.

[16] Vgl. dazu nur die in Art. 88 Abs. 3 S. 1 AEUV vorgesehene Übertragung von Kompetenzen zur Anwendung von „operative(n) Maßnahmen" durch Europol und das demgegenüber bestehende Verbot der „Anwendung von Zwangsmaßnahmen" in Art. 88 Abs. 3 S. 2 AEUV; vgl. zu dieser Differenzierung eingehend Teil 2 Kapitel 4 D. II. 2. b).

[17] Hiernach gilt hinsichtlich der Zuständigkeitsbestimmung der Union: „Insbesondere die nationale Sicherheit fällt weiterhin in die alleinige Verantwortung der einzelnen Mitgliedstaaten".

[18] Die enthaltenen Sicherheitsbegriffe sind genuin unionsrechtlich zu bestimmen, zum Begriff der „inneren Sicherheit" primär aus deutscher Perspektive *Möstl*, Sicherheit und Ordnung, S. 119 ff.

[19] Zur klassischen Verknüpfung von Staatlichkeit und Sicherheitsgewährleistung vgl. ausführlich *Götz*, in: Isensee/Kirchhof (Hrsg.), HStR Bd. IV, § 85 Rn. 1 ff.; *Möstl*, Sicherheit und Ordnung, S. 3 ff.; knapper *ders.*, Grundfragen, S. 9, zur polizeilichen Sicherheitsgewährleistung als „einem klassischen Herzstück souveräner Staatlichkeit".

[20] Art. 72 AEUV wird ebenso wie Art. 4 Abs. 2 S. 3 EUV dementsprechend teilweise als ordre-public-Vorbehalt verstanden und etwa als „Schutzklausel", „Souveränitätsvorbehalt" oder „Reservatskompetenz" bezeichnet, vgl. dazu die Nachweise bei *Rossi*, in: Calliess/Ruffert (Hrsg.), Art. 72 AEUV Rn. 4.

[21] Voraussetzung für diese These ist die hier vertretene Grundannahme, dass der in Art. 4 Abs. 2 S. 3 EUV bzw. Art. 73 AEUV verwendete Begriff der nationalen Sicherheit und der in Art. 72 AEUV verwendete Terminus der inneren Sicherheit (in den Verträgen) nicht synonym (von einem solchen Verständnis geht wohl *Würtenberger*, Europäisches Sicherheitsrecht, Rn. 10 aus) bzw. in der folgenden Art verwendet werden: Nach dem hier zugrunde gelegten Verständnis betrifft der Bereich der nationalen Sicherheit die Sicherheit des Staates als solchen und damit etwa den militärischen, insbesondere nachrichtendienstlichen Bereich; die innere Sicherheit hingegen den (hier relevanten, übrigen) Bereich der Ordnungsverwaltung, insbesondere der Gefahrenabwehr; wie hier (tendenziell) *Mitsilegas*, New Journal of European Criminal Law 2010, S. 458 ff., S. 461; *Peers*, EU Justice and Home Affairs Law, S. 26 ff. und 271 ff. und in Bezug auf die Bedeutung des Begriffs „nationale Sicherheit" EuGH, Urt. v. 29.01.2008, Rs. C-275/06, Promusicae, Rn. 49; *Obwexer*, in: von der Groeben/Schwarze/Hatje (Hrsg.), Art. 4 EUV Rn. 46; *Hatje*, in: Schwarze/Becker/Hatje/Schoo (Hrsg.), Art. 4

den Raum der Freiheit, der Sicherheit und des Rechts „die Wahrnehmung der Zuständigkeiten der Mitgliedstaaten für die Aufrechterhaltung der öffentlichen Ordnung und den Schutz der inneren Sicherheit" unberührt.[22] Nach hier vertretener, in Bezug auf die Reichweite des Art. 72 AEUV am Wortlaut orientierten und vergleichsweise engen Auffassung begründet dies zunächst nicht mehr, aber auch nicht weniger als eine Garantie einer „Wahrnehmungskompetenz"[23] mitgliedstaatlicher Stellen[24] – ob und inwiefern diese Vollzugszuständigkeit unional überformt werden darf und soll, ist Gegenstand der weiteren Bestimmungen des Raums der Freiheit, der Sicherheit und des Rechts.[25] Insofern ist – im Vergleich

---

EUV; *Schill/Krenn*, in: Grabitz/Hilf/Nettesheim (Hrsg.), Art. 4 EUV Rn. 42. Teilweise wird auch ein Verständnis der „inneren Sicherheit" vertreten, welches die „nationale Sicherheit" miteinschließt (so etwa *Rossi*, in: Calliess/Ruffert (Hrsg.), Art. 72 AEUV Rn. 7, *Breitenmoser/Weyeneth*, in: von der Groeben/Schwarze/Hatje (Hrsg.), Art. 72 AEVU Rn. 7), was mit Blick auf Art. 72 AEUV mangels hier relevantem Bezug des Raums der Freiheit, der Sicherheit und des Rechts zum nachrichtendienstlichen oder militärischen Bereich an dieser Stelle nicht weiterverfolgt werden muss.

[22] Die anderen Sprachfassungen des Art. 72 AEUV bieten keinen Anlass zur Hinterfragung der folgenden Ausführungen, da sie ebenfalls die *Ausübung* von Verantwortung/Kompetenzen betreffen; vgl. dazu nur die englische („exercise of the responsibilities incumbent upon Member States"), spanische („ejercicio de las responsabilidades que incumben a los Estados miembros"), italienische („all'esercizio delle responsabilità incombenti agli Stati membri") und französische („l'exercice des responsabilités qui incombent aux États membres") Version.

[23] Vgl. zu diesem aus dem deutschen Verfassungsrecht stammenden Begriff, der die Organisation der zuständigen Behörden sowie insbesondere das Handeln gegenüber Dritten betrifft und welchem die „Sachkompetenz", d.h. die ggf. durch Weisungen zu aktualisierende Aufsicht über Recht- und Zweckmäßigkeit, gegenübergestellt wird BVerfGE 81, 310 (331 ff.); BVerfGE 104, 249 (264 ff.) sowie *Trute*, in: von Mangoldt/Klein/Starck Art. 85 GG Rn. 6.

[24] Der konkrete Bedeutungsinhalt des Art. 72 AEUV ist noch nicht abschließend geklärt, vgl. zur Lage in der Literatur etwa *Müller-Graff*, in: Pechstein/Nowak/Häde (Hrsg.), Art. 72 AEUV Rn. 1 ff. und *Rossi*, in: Calliess/Ruffert (Hrsg.), Art. 72 AEUV Rn. 6 f. Wie hier etwa *Peers*, EU Justice and Home Affairs Law, S. 271; *Weiß*, in: Streinz Art. 72 AEUV Rn. 2 und tendenziell („primär" auf Einzelfallmaßnahmen bezogen) *Herrnfeld*, in: Schwarze/Becker/Hatje/Schoo (Hrsg.), Art. 72 AEUV Rn. 3; demgegenüber sieht *Röben*, in: Grabitz/Hilf/Nettesheim (Hrsg.), Art. 72 Rn. 13 von Art. 72 AEUV das „politische, legislative und sonst normative sowie das exekutive und justizielle Handeln im Einzelfall" erfasst, ähnlich *Breitenmoser/Weyeneth*, in: von der Groeben/Schwarze/Hatje (Hrsg.), Art. 72 AEUV Rn. 15 f.

[25] Hintergrund der hier vertretenen Ansicht ist auch, dass die aktuelle Bedeutung des Art. 72 AEUV schwerpunktmäßig jenseits von Souveränitätsgesichtspunkten zu suchen ist. Nimmt man den Grundrechtsschutz der Staatsbürger als Ausgangspunkt souveränitätsbegründeter Zurückhaltungen, was insoweit noch der „klassischen" Staatsaufgabe der Sicherheitsgewährleistung entspricht, ist die Bedeutung des Art. 72 AEUV von eben diesem Grundrechtsschutz ausgehend zu bestimmen: Grundrechtsgefährdungen treten jedenfalls im hier relevanten Bereich des Raums der Freiheit, der Sicherheit und des Rechts – allein schon durch die unionalen Befugnisse zur Verarbeitung personenbezogener Informationen – jedoch unabhängig von der „Wahrnehmungskompetenz" auf. Nichtsdestotrotz kann Art. 72 AEUV auf anderem Wege als durch Souveränitätswahrung zum Rechtsschutz beitragen: Indem im Grundsatz lediglich mitgliedstaatliche Beamte im Raum der Freiheit, der Sicherheit und des

zum sonstigen Primärrecht selten – eine bereichsspezifische Verknüpfung von materiellen Kompetenzen und verwaltungsverfahrensbezogener Zuständigkeit vorhanden.

II. Der Europäische Verwaltungsverbund

Sind die kompetenziellen Grundlagen sowie deren potentielle Beeinflussungen bzw. Begrenzungen des Einsatzhandelns mitgliedstaatlicher und insbesondere unionaler Stellen damit für den Raum der Freiheit, der Sicherheit und des Rechts aufgeworfen, rückt nun der Bereich der administrativen Umsetzung des im Rahmen der dargestellten Kompetenzen erlassenen Rechts, jenseits der in Art. 72 AEUV festgeschriebenen mitgliedstaatlichen Letztzuständigkeit, in den Mittelpunkt: Relevant ist nicht länger die Frage, *was* durch *wen geregelt* werden darf, sondern *wer* die getroffenen Regelungen *wie umsetzt*.[26]

Primärrechtlich[27] ist in Bezug auf zu vollziehendes Unionsrecht[28] ein duales Modell (theoretischer) Ausgangspunkt, welches zwischen dem direktem Vollzug durch Unionsstellen und dem indirekten Vollzug durch mitgliedstaatliche Verwaltungen differenziert.[29] Hierbei gebührt dem indirekten Vollzug grundsätzlich

---

Rechts im Außenverhältnis handeln dürfen, ist zumindest diesbezüglich rechtsschutzfördernde Verantwortungsklarheit und damit Rechtswegklarheit gegeben (vgl. dazu unten Teil 3 Kapitel 9 A.) Dieses Verständnis zugrunde gelegt, lässt sich auch die Bedeutung des Art. 276 AEUV als „prozessuales Pendant“ zu Art. 72 AEUV (vgl. dazu ausführlicher unter Teil 3 Kapitel 11 C. I.) erklären: Zur Überprüfung der „Wahrnehmungskompetenz“ sind (allein) mitgliedstaatliche Gerichte berufen – dies bedeutet freilich nicht, dass *nur* Rechtsschutz gegen die im Außenverhältnis handelnden Beamten möglich ist, eine Überprüfung der Ausübung von ggf. unionaler „Sachkompetenz“ bleibt davon unberührt.

[26] Eine Einführung zur europäischen Verwaltung findet sich bei *Schöndorf-Haubold*, Strukturfonds, S. 32 ff.; *Hofmann*, Rechtsschutz und Haftung, S. 23 ff.; *Mager*, Entwicklungslinien, S. 11 ff. und *Peuker*, Bürokratie, S. 7 ff., ausführlicher *S. Augsberg*, in: Terhechte (Hrsg.), § 6 Rn. 10 ff.; instruktiv *Schmidt-Aßmann*, Verwaltungsverbund, S. 1 ff.; ein rechtsvergleichender Zugriff auf den Begriff des Verwaltungsrechts mit Blick auf die EU erfolgt bei *von Bogdandy*, in: von Bogdandy/Cassese/Huber (Hrsg.), Bd. IV § 57 Rn. 1 ff.; spezifische Fragen des europäischen Verwaltungsraums und insbesondere -verbundes werden im Folgenden an den jeweils relevanten Stellen erörtert, vgl. etwa zu Personalaustausch im Verwaltungsverbund unter Teil 3 Kapitel 10 A. und B., zur Legitimation des/im Verwaltungsverbund(s) Teil 3 Kapitel 9 C. und zu Fragen von Zurechnung und des Rechtsschutzes im Europäischen Verwaltungsverbund Teil 3 Kapitel 11.

[27] Vgl. zur historischen Entwicklung des europäischen Verwaltungsrechts *Craig*, EU Administrative Law, S. 3 ff.

[28] Mitgliedstaatliches Recht ist demgegenüber grundsätzlich allein von den Verwaltungseinheiten des jeweiligen Mitgliedstaats umzusetzen, vgl. zu insoweit systemfremden, diesbezüglichen Ausnahmen vgl. jedoch Teil 2 Kapitel 5 D. I. 2. und Kapitel 7 G. I. 2. b), zusammenfassend Teil 4 Kapitel 12.

[29] Vgl. dazu ausführlich *von Danwitz*, Europäisches Verwaltungsrecht, S. 315 ff. („Europäisches Eigenverwaltungsrecht“) und S. 467 ff. („Gemeinschaftsverwaltungsrecht“); *Gundel*, in: Hatje/Müller-Graff/Leible/Terhechte (Hrsg.), § 32 Rn. 1 ff. (zur „unionsunmittelbaren

Vorrang.[30] Diese, teilweise als in Art. 291 (Abs. 1) AEUV normiert angesehene[31] Weichenstellung ist insbesondere im Subsidiaritätsprinzip des Art. 5 Abs. 2 EUV, dem Grundsatz der begrenzten Einzelermächtigung (Art. 5 Abs. 3 S. 1 EUV) und – aus praktischer Sicht – in den begrenzten Verwaltungskapazitäten unionaler Stellen begründet.[32] Nunmehr wohl allgemein anerkannt ist jedoch, dass dieses Trennungsmodell die Verwaltungsrealität im unionalen Rechtsraum nicht mehr angemessen abzubilden vermag[33], dessen Verwaltung vielmehr durch Vollzugsverflechtungen vertikaler, d.h. zwischen Unions- und mitgliedstaatlichen Stellen stattfindender, sowie horizontaler, die Beziehung zwischen Mitgliedstaaten untereinander betreffender Art geprägt ist.[34] Derartige Verwaltungsbeziehungen können kooperativer und, was insbesondere für die vertikale Dimension gilt, hierarchischer Natur sein.[35]

Dieses, zumindest die weit überwiegende Zahl der Kompetenzbereiche der Union übergreifende[36], Phänomen kann treffend als Europäischer Verwaltungs-

Verwaltung") bzw. *Hindelang*, in: Hatje/Müller-Graff/Leible/Terhechte (Hrsg.), § 33 Rn. 1 ff. (zur „mittelbare Unionsverwaltung") und *S. Augsberg*, in: Terhechte (Hrsg.), § 7 Rn. 16 ff.; knapper *Mager*, Entwicklungslinien, S. 14 ff., *Schmidt-Aßmann*, Ordnungsidee, S. 378 ff. sowie *Sydow*, Verwaltungskooperation, S. 1 ff.,

[30] Vgl. dazu nur m.w.N. *S. Augsberg*, in: Terhechte (Hrsg.), § 6 Rn. 13; *Schmidt-Aßmann*, Ordnungsidee, S. 382 und *ders.*, in: Hoffmann-Riem/Schmidt-Aßmann/Voßkuhle (Hrsg.), Bd. I § 5 Rn. 17, 19 ff.

[31] So etwa *Ruffert*, in: Calliess/Ruffert (Hrsg.), Art. 291 AEUV Rn. 2; dagegen *Nettesheim*, in: Grabitz/Hilf/Nettesheim (Hrsg.), Art. 291 AEUV Rn. 18 und *Gundel*, in: Pechstein/Nowak/Häde (Hrsg.), Art. 291 AEUV Rn. 4 f.

[32] Vgl. dazu *Peuker*, Bürokratie, S. 7 f.; ausführlich S*Schmidt-Aßmann*, in: Hoffmann-Riem/Schmidt Aßmann/Voßkuhle (Hrsg.), Bd. I § 5 Rn. 19 ff. und *Weiß*, Verwaltungsverbund, S. 36 ff.

[33] Vgl. dazu bereits mit dem damit verknüpften Bedürfnis nach rechtswissenschaftlicher Forschung *von Bogdandy*, Der Staat 2001, S. 3 ff., S. 18; aktueller *Chiti*, in: Hofmann/Türk (Hrsg.), S. 9 ff.; *Schmidt-Aßmann*, Ordnungsidee, S. 383; *von Danwitz*, Europäisches Verwaltungsrecht, S. 609 ff.; *Thienel*, Rechtsschutz im Verwaltungsverbund, S. 162 ff. und *S. Augsberg*, in: Terhechte (Hrsg.), § 6 Rn. 50 sowie deutlich m.w.N. *Weiß*, Verwaltungsverbund, S. 13 ff., insb. S. 13: „Die klassische Teilung [...] hat sich mittlerweile selbst überlebt und hat nur noch Bedeutung als Grundkategorien [...]" sowie S. 15: „Die Unterscheidung [...] entspricht kaum mehr den Realitäten europäischen Verwaltungsvollzugs.".

[34] Vgl. dazu nur *Britz*, EuR 2006, S. 46 ff., S. 48 („Vollzugsverflechtung"); *Ohler*, in: Terhechte (Hrsg.), § 9 Rn. 18 ff., *Nowak*, in: Hatje/Müller-Graff/Leible/Terhechte (Hrsg.), § 34 Rn. 6 ff. und *Hofmann*, in: Hofmann/Türk (Hrsg.), S. 136, 142, 148. Grundlegend zu dieser Differenzierung *Schmidt-Aßmann*, EuR 1996 S. 270 ff., S. 275 ff.; zur weitergehenden Differenzierungen im Bereich dieser Verflechtungen vgl. ausführlich Teil 3 Kapitel 10.

[35] Instruktiv hierzu *Mager*, Hierarchie und Netzwerk, S. 370 ff.; knapper auch *Peuker*, Bürokratie, S. 25 ff.Hofma

[36] Vgl. als Referenzgebiete die Beiträge in Schmidt-Aßmann/Schöndorf-Haubold (Hrsg.), Verwaltungsverbund, ferner etwa zu EU-Strukturfonds *Schöndorf-Haubold*, Strukturfonds, insb. S. 127 ff.; zur Netzzugangsregulierung im Bahn-, Energie- und Telekommunikationssektor *Britz*, EuR 2006, S. 46 ff., S. 53 ff.; zum Umweltrecht *Mager*, Entwicklungslinien, S. 29 ff.; zum Produktzulassungsrecht und Wettbewerbsaufsicht überblicksartig *Peuker*, Bü-

verbund[37] beschrieben[38] werden.[39] Die mit diesem Begriff erfassten Beziehungen betreffen unterschiedliche und mannigfaltige Ebenen des Verwaltens, weshalb Teilbereiche als Kontroll-, Informations-, und Entscheidungsverbund bezeichnet werden können.[40] Maßgeblich für das Zusammenwirken von nationalen und unionalen Stellen ist – soweit vorhanden – ein unional vorgegebenes Verwal-

---

rokratie, S. 17 ff. und *Siegel*, Entscheidungsfindung, S. 227 ff. (knapp zum „Stoffrecht", S. 235 ff. zum Bereich neuartiger Lebensmittel, S. 237 ff. zum Arzneimittelrecht und S. 232 f. hinsichtlich der Genehmigung von Kraftfahrzeugen).

[37] Zur Herkunft des Begriffs des Europäischen Verwaltungsverbunds vgl. *Siegel*, Entscheidungsfindung, S. 11 ff. Für die dargestellten Phänomene werden zumindest teilweise auch andere Termini verwendet, wie etwa „Mischverwaltung" oder „Mehrebenenverwaltung" (kritisch dazu *Weiß*, Verwaltungsverbund, S. 18) vgl. dazu m.w.N. *von Danwitz*, Europäisches Verwaltungsrecht, S. 610 f. und *Glaser*, Entwicklung des Europäischen Verwaltungsrechts, S. 47 ff.; *Craig*, EU Administrative Law, S. 28 ff. differenziert hinsichtlich „Centralized Administration" bzw. „Centralized Management" (S. 56 ff.) und „Shared Administration" bzw. „Shared Management" (S. 80 ff.), wobei letzteres den hier verwendeten Begriff der Verbundverwaltung wohl am ehesten umfasst; zu weiteren außerhalb der deutschsprachigen Literatur anzutreffenden (teilweise unzureichenden) Bezeichnungen und dem damit versinnbildlichten Problem der Entwicklung des Europäischen Verwaltungsverbundes als „gesamteuropäisches Konzept" vgl. nur *Ruffert*, Europäisierung, S. 215 f. und *Sydow*, in: Hatje/Müller-Graff (Hrsg.), § 12 Rn. 18.

[38] Zum deskriptiv-analytischen und insbesondere nicht normativen Charakter des Begriffs des europäischen Verwaltungsverbundes vgl. nur *Britz*, EuR 2006, S. 46 ff., S. 48, m.w.N.; *Thienel*, Rechtsschutz im Verwaltungsverbund, S. 165 ff. und anschaulich *Kahl*, Der Staat 2011 S. 253 ff., S. 356: „Das Verwaltungsverbundrecht bildet bei alledem *keine* dritte Schicht des Europäischen Verwaltungsrechts neben dem Eigenverwaltungsrecht der EU und dem europäisierten nationalen Verwaltungsrecht [...]. Es schiebt sich vielmehr zwischen diese beiden Schichten und überlagert sie integrativ.", zustimmend insoweit *Sydow*, in: Hatje/Müller-Graff (Hrsg.), § 12 Rn. 19; zu den Vorteilen dieses Konzepts, insbesondere als Alternative zur „Denkfigur der Europäisierung" des Verwaltungsrechts *Ruffert*, in: von Bogdandy/Cassese/Huber (Hrsg.), Bd. V § 94 Rn. 8 ff.

[39] Nach *Schmidt-Aßmann*, Verwaltungsverbund, S. 7 stellt das Verbundmodell „eine Ordnungsidee, die die notwendige Handlungseinheit durch die Verschränkung zweier Organisationsprinzipen, der Prinzipien der Kooperation und der Hierarchie, herstellen will", dar. Das Modell des Verwaltungsverbundes findet sich auch in der außerunionalen internationalen Zusammenarbeit sowie in (rein) national gelagerten Fällen, für beide Bereiche können die wissenschaftliche Weiterentwicklung des Europäischen Verwaltungsverbundes fruchtbar gemacht werden, vgl. zur internationalen Dimension *von Bogdandy/Dann*, International Composite Administration, S. 883 ff. und *Glaser*, Internationale Verwaltungsbeziehungen, insb. S. 28 ff. i.V.m. S. 18 ff. sowie in Bezug auf rein nationale Fallgestaltungen *Siegel*, Entscheidungsfindung, S. 14.

[40] Vgl. dazu *Schmidt-Aßmann*, Verwaltungsverbund, S. 22 und ferner m.w.N. *Peuker*, Bürokratie, S. 27 f., der die Facetten des Ermittlungs- und Lernverbundes hinzufügt sowie zur Typologie und jeweiligen Phänomenen *Kahl*, Der Staat 2011 S. 253 ff., S. 360 ff.; *Nowak*, in: Hatje/Müller-Graff/Leible/Terhechte (Hrsg.), § 34 Rn. 33; *Britz*, EuR 2006, S. 46 ff. und (zustimmend) *Weiß*, Verwaltungsverbund, S. 18, die den Begriff des „Regulierungsverbund" als intensivierte Variante des Verwaltungsverbundes ansehen; eine Verknüpfung mit dem materiellen Bereich des Raums der Freiheit, der Sicherheit und des Rechts erfolgt bei *Meyer*, in: Hatje/Müller-Graff/Leible/Terhechte (Hrsg.), § 37 Rn. 34, der auf ein „Erwachsen eines transnationalen Mehrebenenverfolgungs- und -ermittlungsverbundes" verweist.

tungskooperationsrecht[41], das den jeweiligen Stellen (Kooperations-)Pflichten auferlegt und Einflussnahmemöglichkeiten gewährt.[42]

B. Akteure

Neben der Bestimmung der materiellen und verwaltungsverfahrensbezogenen Determinanten des Rechtsraumes müssen auch die im Einsatzbereich handelnden Beteiligten in den Blick genommen werden. Hierbei handelt es sich zum einen um den Einsatz zumindest beeinflussende Einrichtungen der EU (I.), zum anderen um mit hoheitlichem Personal aus mindestens zwei verschiedenen Mitgliedstaaten besetzte Zusammenarbeitsformen auf Mikroebene (hier: Teams), an denen auch unionales Personal beteiligt sein kann (II.).

I. Agenturen und sonstige unabhängige Verwaltungseinheiten der EU

Jede operative Tätigkeit der untersuchten Einsatzformen ist in im Einzelnen höchst unterschiedlicher Weise mit unionalen Institutionen verknüpft. Diesen ist, freilich mit Ausnahme der EZB[43], gemeinsam, dass sie keine Organe der Union i.S.d. Art. 13 EUV sind und – dies schließt die EZB wiederum mit ein[44] – von diesen „unabhängig"[45] konzipiert wurden[46]: Von besonderer Bedeutung sind hier

---

[41] Vgl. dazu nur *Schmidt-Aßmann*, Ordnungsidee, S. 388 f.

[42] In Bezug auf mitgliedstaatlichen Behörden durch Unionsrecht im Sinne eines solchen Kooperationsverwaltungsrechts auferlegte Pflichten ist vor dem Hintergrund des Art. 5 Abs. 1 EUV eine entsprechende Kompetenzübertragung an die Union Voraussetzung; diese Regelungsbefugnis hinsichtlich des Verfahrens kann (implizit) mit einer entsprechenden Übertragung des materiellen Zuständigkeit für ein Sachgebiet erfolgten und eine souveränitätsschonendere Alternative zum (gesteigerten) zentralisierten Vollzug sein, vgl. dazu in Bezug auf unionale Informationspflichten mitgliedstaatlicher Behörden *von Bogdandy*, in: Hoffmann-Riem/Schmidt-Aßmann/Voßkuhle (Hrsg.), Bd. II § 25 Rn. 15 f.

[43] Vgl. zu dieser „Besonderheit" der EZB nur *Almhofer*, Haftung der EZB, S. 67 ff.

[44] Vgl. zur Unabhängigkeit der EZB in ihrer hier relevanten Funktion in der europäischen Bankenaufsicht nur *Lambrinoc*, Unabhängigkeit der EZB, S. 221 ff. und *Groß*, Legitimation, S. 128 f.; „verschiedene Facetten der Zentralbankunabhängigkeit" werden bei *Almhofer*, Haftung der EZB, S. 70 f. dargestellt; insbesondere im Hinblick auf ihre Unabhängigkeit bestehen jedoch zwischen Agenturen und EZB parallele Fragestellungen, vgl. dazu *Orator*, Unionsagenturen, S. 29 m.w.N.

[45] *Vos*, EU Agencies, S. 17 definiert Agenturen treffend als „bodies governed by European public law that are *institutionally separate* from the EU institutions, have their own legal personality and a *certain degree of administrative and financial autonomy* and have clearly specified tasks" (Hervorhebung durch Verf.), zu Merkmalen unionaler Agenturen und insbesondere Dimensionen der Unabhängigkeit vgl. ausführlich *Orator*, Unionsagenturen, S. 42 ff., insb. S. 53 ff. und *Groß*, Legitimation, S. 132 ff.

[46] Instruktiv in Bezug auf „unabhängiges Verwalten in der Europäischen Union" *Kröger*, Unabhängiges Verwalten, S. 1 ff.

EASO, Eurojust, Europol, Frontex und OLAF.[47] Hierbei handelt es sich um Verwaltungseinheiten[48], die – bis auf OLAF[49] – (mittlerweile) als Agenturen der Union errichtet wurden. Der Trend der „agencification"[50] hat mit seiner unionsverfassungsrechtlichen Bedeutung[51] und damit verknüpften Problematiken[52] demnach auch den Raum der Freiheit, der Sicherheit und des Rechts erfasst.[53]

Für die (mittlerweile teilweise primärrechtlich vorgesehene)[54] Einrichtung und Ausgestaltung dieser Stellen[55] – auch hinsichtlich deren Eigenschaft als Delega-

---

[47] Nähere Ausführungen zu den hier angeführten Agenturen, Ämtern und zur EZB erfolgen jeweils im Zusammenhang mit ihrer Beteiligung an den hier untersuchten gemeinsamen Einsatzformen.

[48] Vgl. zu europäischen Agenturen als Bausteinen eines Europäischen Verwaltungskooperationsrechts mit einer Aufzählung (Stand 2014) *Nowak*, in: Hatje/Müller-Graff/Leible/Terhechte (Hrsg.), § 34 Rn. 28 ff.

[49] Hinsichtlich OLAF besteht (lediglich) eine funktionelle, d.h. auf die Untersuchungstätigkeit bezogene Unabhängigkeit gegenüber der Kommission, vgl. dazu nur *Orator*, Unionsagenturen, S. 29 f. und *Lorenzen*, Kontrolle, S. 198 ff.; dazu und auch zu nicht verwirklichten weiteren Unabhängigkeitsplänen ferner *Strobel*, OLAF, S. 37 f.

[50] Vgl. hierzu nur jeweils m.w.N. *Augsberg*, EuR 2016 Beiheft 1, S. 119 ff.; *Coman-Kund*, Agencies, S. 17 ff.; *Egeberg/Trondal*, Agencification, S. 1 ff.; *Hofmann*, Agencies, S. 6 ff.; *Schoppa*, Europol, S. 136 ff.; *Vos*, EU Agencies, S. 17 ff.; auch mit Blick auf die numerische Entwicklung *Curtin*, Executive Power, S. 146 ff. und diesbezüglich aktualisiert *Busuioc*, Accountability, S. 13 ff. sowie *Lorenzen*, Kontrolle, S. 111 ff.; rechtsvergleichender Zugriff bei *Ruffert*, Verselbständigte Verwaltungseinheiten. Zur früheren Kategorisierung, die hinsichtlich Regulierungs- und Exekutivagenturen differenzierte *Orator*, Unionsagenturen, S. 49 ff. Aktuellere Strukturierungen etwa in der Mitteilung der Kommission an das Europäische Parlament und den Rat vom 11.03.2008, Europäische Agenturen – Mögliche Perspektiven, KOM(2008) 135 endg., S. 8 ff., aufgegriffen bei *S. Augsberg*, in: Terhechte (Hrsg.), § 6 Rn. 73 ff. dazu auch *Craig*, EU Administrative Law, S. 160 ff.; ausführlich *Orator*, Unionsagenturen, S. 63 ff. und mit eigenen Strukturierungsansätzen insb. S. 101 ff.; *Görisch*, Unionsagenturen, S. 187 ff., insb. 202 ff. sowie *Vos*, EU Agencies, S. 33 ff.

[51] Vgl. zur den aus Subsidiaritätsprinzip, Verhältnismäßigkeitsprinzip und dem Grundsatz der begrenzten Einzelermächtigung erwachsenden Grenzen sowie Problemfeldern der Einrichtung unabhängiger Agenturen *Chamon*, EU Agencies, S. 134 ff. und ausführlich mit zahlreichen w.N. *Orator*, Unionsagenturen S. 185 ff. („Unionsverfassungsrechtlicher Rahmen").

[52] Instruktiv hierzu *Everson*, in: Hofmann/Türk (Hrsg.), S. 116 ff. Problematische Bereiche betreffen beispielsweise ungeachtet der durch die Erweiterung des Art. 263 Abs. 1 AEUV auf „Stellen der Union" eingetretenen Verbesserungen den Rechtsschutz gegenüber Agenturhandeln, die parlamentarische Kontrolle (vgl. dazu ausführlich *Vos*, EU Agencies), die über den territorialen Bereich der Union hinausgehende Dimension des Agenturhandelns (vgl. dazu nur *Coman-Kund*, Agencies, sowie *Chamon/Demedts*, EU Agencies' external relations) und – hier besonders relevant – das operative Tätigwerden von Agenturen.

[53] Vgl. dazu nur *Schoppa*, Europol, S. 174 ff. (zu Europol) und S. 267 ff. (zu weiteren „Sicherheitsagenturen" im Europäischen Verwaltungsverbund) sowie *Santos Vara*, in: Ripoll Servent/Trauner (Hrsg.), S. 445 ff., *Wieczorek*, JHA Agencies, S. 441 f. und ausführlich *Kietz/von Ondarza*, EU-Agenturen in der inneren und äußeren Sicherheit, S. 5 ff.

[54] Vgl. dazu bereits in diesem Kapitel unter A. I.

[55] Die folgenden Ausführungen gelten freilich nicht für die EZB als primärrechtlich vergleichsweise weitgehend determiniertes Organ der Union.

tionsempfänger supranationaler Kompetenzen – durch den Unionsgesetzgeber hat der Europäische Gerichtshof schon früh allgemeine Grenzen gezogen[56], die in modifizierter Weise nach neuerer Rechtsprechung auch auf unionale Agenturen übertragbar sind.[57] Hiernach sind letztlich folgende Bedingungen[58] bei der Übertragung von Befugnissen auf bzw. bei der Einrichtung von Agenturen zu beachten: Erstens dürfen nur solche Befugnisse übertragen werden, die der Union als delegierende Stelle selbst zustehen[59], zweitens muss eine Delegation ausdrücklich erfolgen.[60] Während diese Kriterien relativ eindeutig überprüft werden können, sind die folgenden Maßgaben schwerer zu fassen: Als dritte Voraussetzung ist ein hinreichender Konkretisierungsgrad der übertragenen Befugnisse erforderlich[61]

[56] Vgl. dazu die inhaltsgleichen Urteile des EuGH v. 13. 06. 1958, Rs. 9/56, Meroni/Hohe Behörde I und Rs. 10/56, Meroni/Hohe Behörde II, die sich – grob zusammengefasst – mit einer Befugnisdelegation der Hohen Behörde als Vorgängerin der Kommission auf *privatrechtlich* organisierte Einheiten beschäftigen und Grundlage der vielzitierten *Meroni*-Doktrin sind; vgl. zu diesen Urteilen ausführlich *Orator*, Unionsagenturen, S. 228 ff. (S. 235 ff. zur Rechtsprechungsentwicklung „post *Meroni*", dazu auch ausführlich *Chamon*, EU Agencies, S. 218 ff.); *Görisch*, Unionsagenturen, S. 362 ff. und *Chamon*, CMLR 2011, S. 1055 ff., S. 1057 ff., der zutreffend auf ein weiteres, in diesem Zusammenhang relevantes Urteil des EuGH v. 14.05.1981, Rs. 98/90, Romano verweist, welches insbesondere die Delegation von Rechtsetzungsbefugnissen auf Agenturen betrifft bzw. diesbezüglicher Ausgangspunkt ist (vgl. dazu ausführlich unten in Teil 3 Kapitel 10 unter B. III.); zum Verhältnis dieser Grundsatzurteile zueinander ausführlich *Orator*, Unionsagenturen, S. 253 ff. sowie *Chamon*, EU Agencies, S. 253 ff., zu beiden Urteilen auch *Craig*, EU Administrative Law, S. 168 ff.

[57] So ein Kerngehalt der Entscheidung des EuGH, Urt. v. 22.01.2014, Rs. C-270/12, Leerverkäufe, insb. Rn. 41 ff., dazu und zur damit einhergehenden „Modifikation" der *Meroni*-Doktrin *Orator*, Unionsagenturen, S. 241 ff. („neue Meroni-Doktrin"), *Vos*, EU Agencies, S. 44 ff. („mellowing Meroni"); *Lorenzen*, Kontrolle, S. 412 ff. und *Chamon*, EU Agencies, S. 242 ff. (Meroni-*light*"); zur Rezeption und Verortung der *Meroni*-Doktrin (mit Blick auf EU-Agenturen) im Verfassungsgefüge der Union durch die Literatur vgl. ausführlich *Orator*, Unionsagenturen, S. 261 ff.

[58] Im Einzelnen variieren die Darstellung und Einteilung der einzelnen Gehalte der „aktuellen" *Meroni*-Doktrin, widersprechen sich jedoch jedenfalls nicht, so fügt etwa *Chamon*, EU Agencies, S. 225 f. noch eine Erforderlichkeitsschwelle im Sinne einer Verhältnismäßigkeitsprüfung an. Vgl. ferner die Darstellungen bei *Orator*, Unionsagenturen, S. 230 ff. i.V.m. S. 243 f. und *Wörner*, Rechtlich weiche Verhaltenssteuerungsformen, S. 301 ff.

[59] S. EuGH, Urt. v. 13.06.1958, Rs. 9/56, Meroni/Hohe Behörde I, 40; zu dieser Voraussetzung (als rechtsstaatliche Selbstverständlichkeit) vgl. m.w.N. nur *Orator*, Unionsagenturen, S. 231 und *Chamon*, EU Agencies, S. 227. Als Beispiel kann hier die vor dem Hintergrund des Art. 72 AEUV (s. dazu oben in diesem Kapitel unter A. I.) zweifelhafte Übertragung von Wahrnehmungskompetenzen oder gar Zwangsbefugnissen auf unionale Agenturen angeführt werden, vgl. jedoch dazu auch Teil 2 Kapitel 5 D. I. 2. und zusammenfassend Teil 4 Kapitel 12.

[60] S. EuGH, Urt. v. 13.06.1958, Rs. 9/56, Meroni/Hohe Behörde I, 42. In der Regel erfolgt eine Delegation durch Sekundärrechtsakt, was für eine „ausdrückliche" Übertragung ausreicht, vgl. dazu nur *Orator*, Unionsagenturen, S. 231.

[61] Vgl. dazu im Ausgangspunkt EuGH, Urt. v. 13.06.1958, Rs. 9/56, Meroni/Hohe Behörde I, Rn. 43 und EuGH, Urt. v. 22.01.2014, Rs. C-270/12, Leerverkäufe, Rn. 41, wo „genau umgrenzte Ausführungsbefugnisse" „Befugnisse(n), die nach freiem Ermessen aus-

sowie – als vierte, generalisierende Voraussetzung – ein das institutionelle Gleichgewicht wahrendes Kontroll- und Verantwortlichkeitssystem, welches insbesondere hinsichtlich der Nachprüfbarkeit der Entscheidungen des Delegationsempfängers und der Übertragung von Beurteilungsspielräumen oder Ermessen relevant wird.[62] Diese, auf die rechtliche Zulässigkeit der Übertragung von Befugnissen bezogenen Vorgaben können auch den Handlungsspielraum der Agenturen als Delegationsempfänger *nach* einer Übertragung und damit die Arbeit der hier untersuchten Teams unmittelbar sowie mittelbar beeinflussen.

II. Heterogen zusammengesetzte Teams als Verwaltungseinheiten: Der Untersuchungsgegenstand

Gegenstand der Untersuchung bilden aus (ursprünglich)[63] mitgliedstaatlichen Beamten sowie (teilweise) unionalem Personal zusammengesetzte Handlungseinheiten, welche in dieser Form als Instanzen des unionalen Verwaltungsvollzugs agieren. Hierbei werden nach nationalem Recht zuständige Beamte bei einem kooperativen Einsatz auf einem fremden Gebiet dem Recht eines anderen Mitgliedstaats und/oder Unionsrecht unterstellt. Hiermit unterscheiden sich diese Teams zum einen vom Regelfall der administrativen Umsetzung des Unionsrechts durch eine (ggf. zu diesem Zweck) bereits im Staats- bzw. Unionsgefüge existierende Stelle.[64] Die hier in den Blick zu nehmende Kooperationsform lässt sich jedoch auch nicht unter die typisierten Kooperationsmodelle des Europäischen Verwaltungsverbundes einordnen, welche den Verbleib mitgliedstaatlicher und unionaler Instanzen an „Ort und Stelle" als gemeinsames Charakteristikum haben.[65] Die Kategorie der Einsatzform „Teams" ist zudem zum einen über ihren Einsatzbereich in der unionalen Exekutive sowie durch das beteiligte

zuüben sind und die einen weiten Ermessensspielraum voraussetzen" gegenübergestellt werden.

[62] Vgl. dazu ausführlich *Orator*, Unionsagenturen, S. 244 ff.; *Chamon*, EU Agencies, S. 227 ff. und *Wörner*, Rechtlich weiche Verhaltenssteuerungsformen, S. 312 ff. In diesem Kontext konzentriert sich die Entscheidung des EuGH, Urt. v. 22.01.2014, Rs. C-270/12, Leerverkäufe, Rn. 45 ff. auf „Kriterien und Bedingungen", die den „Handlungsspielraum" der streitgegenständlichen Agentur begrenzen und nennt in diesem Kontext auch die Möglichkeit der gerichtlichen Kontrolle (Rn. 53) als maßgebliches Kriterium.

[63] Einen zentralen Bereich der vorliegenden Untersuchung nehmen der rechtliche Status und die Zuordnung der mitgliedstaatlichen Beamten *nach* Abschluss des Bereitstellungsvorgangs in die Teams ein.

[64] Vgl. zu diesem Merkmal des Europäischen Verwaltungsverbundes Teil 3 Kapitel 9 A. und B.

[65] Vgl. dazu grundlegend *Sydow*, Verwaltungskooperation, insb. S. 118, der hinsichtlich „Einzelvollzugsmodell", „Transnationalitätsmodell", „Referenzentscheidungsmodell" und „Direktvollzugsmodell" differenziert, dies aufgreifend etwa *Siegel*, Entscheidungsfindung, S. 320 ff., *Mayrhofer*, Verwaltungsverbund, S. 32 ff. und *Hauer*, Handlungsformen, S. 104 ff.; hierzu und generell zur Kooperation bei gleichzeitiger „Trennung der Ebenen" *Schmidt-Aßmann*, in: Hoffmann-Riem/Schmidt-Aßmann/Voßkuhle (Hrsg.), Bd. I § 5 Rn. 25.

Personal von verwandten Erscheinungsformen abzugrenzen[66]: Nicht Gegenstand der Untersuchung sollen externe Experten- und Sachverständigenteams sein, die durch eine Stelle der Union aus nicht in mitgliedstaatliche Verwaltungen eingebundenem Personal zusammengestellt werden.[67] Ferner werden die im Bereich der Gemeinsamen Außen- und Sicherheitspolitik (GASP)[68] angesiedelten konkreten[69] wie institutionalisierten[70] Kooperationsformen nicht miteinbezogen.

---

[66] Vgl. zur Abgrenzung des Untersuchungsgegenstandes zu (anderen) abstrakten Kategorien der Zusammenarbeit (insb. zu Netzwerken) unten, Teil 3 Kapitel 9 B. I.; die hier in den Blick genommene Verwaltungszusammenarbeit weist große Überschneidungen zu dem von *Hofmann*, Rechtsschutz und Haftung, S. 28 ff. umrissenen Begriff der „Interadministrativen Verbindungen" auf.

[67] Hier kann etwa auf die Durchführung von Rechnungsprüfungen oder Kontrollen vor Ort nach Art. 28 Abs. 2 UA 1 der Verordnung (EU) Nr. 1293/2013 des Europäischen Parlaments und des Rates vom 11. Dezember 2013 zur Aufstellung des Programms für die Umwelt und Klimapolitik (LIFE) und zur Aufhebung der Verordnung (EG) Nr. 614/2007 (ABl. L 347 vom 20.12.2013, S. 185) verwiesen werden, die von „externen Überwachungsteams" (vgl. Erw. 41 der zitierten, sog. LIFE-Verordnung) im Auftrag der Kommission durchgeführt werden.

[68] Vgl. hierzu Kapitel 2 EUV, in dessen Abschnitt 2 der auch hier relevante Bereich der Gemeinsamen Sicherheits- und Verteidigungspolitik (GSVP) geregelt ist, vgl. zu diesem Bereich *Smith*, Common Security and Defence Policy, S. 246 ff. und *Kuhn*, Europäische Sicherheits- und Verteidigungspolitik, S. 52 ff. und S. 5 ff. zur historischen Entwicklung, zu letzterem auch *von Kielmansegg*, Verteidigungspolitik der EU, S. 48 ff.

[69] Vgl. dazu etwa die mittlerweile beendete Operation „Sophia" im südlichen zentralen Mittelmeer, eingerichtet durch Beschluss (GASP) 2015/778 des Rates vom 18. Mai 2015 über eine Militäroperation der Europäischen Union im südlichen zentralen Mittelmeer (EUNAVFOR MED) (ABl. L 122 vom 19.05.2015, S. 31–35) und verlängert durch Beschluss (GASP) 2017/1385 des Rates vom 25. Juli 2017 zur Änderung des Beschlusses (GASP) 2015/778 über eine Militäroperation der Europäischen Union im südlichen zentralen Mittelmeer (EUNAVFOR MED Operation SOPHIA) (ABl. L 194 vom 26.07.2017, S. 61–62) oder die Operation „Atalanta" vor der Küste Somalias, eingerichtet durch die Gemeinsame Aktion 2008/851/GASP des Rates vom 10. November 2008 über die Militäroperation der Europäischen Union als Beitrag zur Abschreckung, Verhütung und Bekämpfung von seeräuberischen Handlungen und bewaffneten Raubüberfällen vor der Küste Somalias (ABl. L 301 vom 12.11.2008, S. 33–37), vgl. zum letzteren ausführlich *Pross*, Operation „Atalanta", und knapper *Smith*, Common Security and Defence Policy, S. 212 ff. sowie *Thiel*, „Entgrenzung" der Gefahrenabwehr, S. 437 ff.

[70] Diesbezüglich ist insbesondere auf die sog. EU-Battlegroups zu verweisen, die durch den Europäischen Auswärtigen Dienst (Factsheet, abrufbar unter https://www.eeas.europa.eu/node/33557_en, zuletzt abgerufen am 24.02.2024) wie folgt definiert werden: „EU Battlegroups are multinational, military units, usually composed of 1500 personnel each and form an integral part of the European Union's military rapid reaction capacity to respond to emerging crises and conflicts around the world.". Vgl. zum „Battlegroup-Concept" ausführlich *Lindstrom*, Battlegroups, S. 9 ff. und *Šmaguc*, CIRR 2013, S. 94 ff.; knapper *Smith*, Common Security and Defence Policy, S. 117 ff. Zum vor den Battlegroups verfolgten und damit verknüpften Konzept der Europäischen Schnellen Eingreiftruppe (European Rapid Reaction Force) vgl. *von Kielmansegg*, Verteidigungspolitik der EU, S. 319 ff.

Kapitel 3

Ziel und Methode der Untersuchung

Vor dem Hintergrund des grob abgesteckten Rechtsraums sowie der beteiligten Akteure und des so eingegrenzten Untersuchungsgegenstandes ergeben sich Anlass (A.) und Verfahrensweise (B.) der folgenden Analyse.

A. Systembildung als Aufgabe europäischer Verwaltungsrechtswissenschaft

Ersteres bezieht sich auf die Fragestellung, welcher Erkenntniswert aus der vorzunehmenden vertieften und vergleichenden Betrachtung der Erscheinungsformen von Teams im europäischen Verwaltungsverbund gewonnen werden kann. Zum einen ist sie die Grundlage für eine Klärung der aus hoheitlicher und/oder privater Perspektive (team-)spezifischen Rechts(schutz)fragen. Zum anderen liegt die Antwort auf diese Frage in einer „Kernaufgabe" der Verwaltungsrechtswissenschaft begründet: Der Systembildung.[1] Dies gilt in noch gesteigerter Form für den Europäischen Verwaltungsverbund[2] als vergleichsweise wenig durch-

[1] Zitat nach *Kahl*, Europäisierung, S. 44; zum Systemdenken im Verwaltungsrecht allgemein auch *Schmidt-Aßmann*, Ordnungsidee, S. 2 ff.; vertiefend zu den Anforderungen an eine „systematische und positive [...] Verwaltungsrechtsdogmatik" (auch) im europäischen Rechtsraum *von Bogdandy*, in: von Bogdandy/Cassese/Huber (Hrsg.), Bd. IV § 57 Rn. 54 ff. und *Schmidt-Aßmann*, in: Hoffmann-Riem/Schmidt-Aßmann/Voßkuhle (Hrsg.), Bd. I § 5 Rn. 2 f.; zur systematischen Vorgehensweise im Rahmen der sog. Juristischen Methode als Faktor zur Gewährleistung einer „effektive(n) Gesetzesbindung" sowie zur aktuellen Bedeutung *Voßkuhle*, in: Hoffmann-Riem/Schmidt-Aßmann/Voßkuhle (Hrsg.), Bd. I § 1 Rn. 5 bzw. Rn. 46 f., wonach es ein Ziel der Systembildung ist, „neue verallgemeinerungsfähige Strukturen zu etablieren".

[2] Vgl. dazu nur *Schmidt-Aßmann*, Ordnungsidee, S. 377 ff. („Die wichtigste Zukunftsaufgabe verwaltungsrechtlicher Systembildung ist die Entwicklung eines Europäischen Verwaltungsrechts"), *ders.*, Verwaltungsrechtliche Dogmatik, S. 168 ff.; zustimmend *Ruffert*, Europäisierung, S. 217, vgl. ferner m.w.N. *Kahl*, Europäisierung, S. 44; *Sydow*, in: Hatje/Müller-Graff (Hrsg.), § 12 Rn. 15 und anschaulich *von Bogdandy*, Der Staat 2001, S. 4 ff., S. 18: „Es muss aus den einschlägigen Bruchstücken nationalen und supranationalen Rechts eine Dogmatik konstruiert werden, die diesen gänzlich neuen Herausforderungen an Lenkung und Kontrolle administrativen Tuns entspricht"; zur „Kooperation als Untersuchungsgegenstand" im Bereich der europäischen Verwaltung und den möglichen Dimensionen verwaltungsrechtswissenschaftlicher Forschung (knapp: die Fragen nach dem „wer?", „was?" und dem „wie?") vgl. ausführlich *Wallrabenstein*, Grenzüberschreitende Verwaltung, S. 10 ff.;

drungenes bzw. geregeltes[3] Gebiet, in welchem die verwaltungsrechtliche Systembildung insbesondere in ihrer Speicher- und Entlastungs-, Komplexitätsbewältigungs- sowie Freilegungs- und Verknüpfungsfunktion[4] essentiell ist.

Die hier in den Blick zu nehmenden Erscheinungsformen des Zusammenwirkens unionaler und nationaler Stellen wurden zwar teilweise punktuell, häufig im Zusammenhang mit Studien in Bezug auf die jeweilige involvierte unionale Stelle untersucht[5], ein die genannten Funktionen erfüllender Zugriff ist indes lediglich richtungsweisend erfolgt.[6] Eine sachbereichsübergreifende Typisierung heterogen zusammengesetzter Verwaltungseinheiten als in den letzten Jahren vermehrt auftretendes Phänomen fehlt damit bislang. Speziell für den Raum der Freiheit, der Sicherheit und des Rechts gilt zudem, dass sich nur wenige wissenschaftliche Werke mit der hier relevanten Mikro-Ebene des Vollzugs beschäftigen.[7] Dabei

---

Zweifel an den Möglichkeiten der Systembildung und Alternativen indes bei *Lepsius*, Europäisierung, S. 202 ff.

[3] Vgl. dazu insbesondere die Diskussion um bzw. die vorgelegten Vorschläge für eine Kodifikation eines „allgemeinen" EU-Verwaltungsverfahrensrechts, s. dazu etwa *Ladenburger*, Evolution oder Kodifikation, S. 107 ff.; *Kahl*, Europäisierung, S. 55 ff.; *Sydow*, in: Hatje/Müller-Graff (Hrsg.), § 12 Rn. 84 ff.; ausführlich *Guckelberger/Geber*, Allgemeines Europäisches Verwaltungsverfahrensrecht, und den von Schneider/Herwig/Ziller (Hrsg.), vorgelegten sog. ReNEUAL-Musterentwurf sowie den diesbezüglichen Tagungsband von Schneider/Rennert/Marsch (Hrsg.); vgl. zu einer Vereinheitlichung des Verfahrensrechts in Bezug auf die EU-Eigenverwaltung die Entschließung des Europäischen Parlaments vom 09.06.2016 zu einer offenen, effizienten und unabhängigen Verwaltung der Europäischen Union (2016/2610(RSP)) (ABl. C 86 vom 06.03.2018, S. 126–139).

[4] Vgl. dazu m.w.N. *Kahl*, Europäisierung, S. 44 und *Schmidt-Aßmann*, Ordnungsidee, S. 4 ff.

[5] Vgl. dazu für die Teams mit Beteiligung von Frontex etwa *Lehnert*, Frontex, für JITs beispielsweise *Rijken/Vermeulen* (Hrsg.), JITS in the EU; JSTs und ASTs werden soweit ersichtlich primär lediglich im Kontext der Arbeit EASOs (vgl. dazu etwa *Comte*, EJML 2010, S. 373 ff., S. 400 f. oder *Garlick*, The Dublin System, Solidarity and Individual Rights, S. 188 ff.) bzw. der Bankenaufsicht durch die EZB (vgl. dazu etwa *Almhofer*, Haftung der EZB, S. 90 oder *Paraschiakos*, Bankenaufsicht, S. 330 f.) thematisiert.

[6] Vgl. dazu jedoch mit Bezug zu JITs und Gemeinsamen Grenzschutzteams *Schöndorf-Haubold*, JBÖS 2012/13, S. 395 ff., S. 400 ff. ebenfalls zum „Einsatzrecht" *dies.*, Europäisches Sicherheitsverwaltungsrecht, Rn. 96 ff.

[7] Vgl. dazu nur *Knelangen*, in: Aden (Hrsg.), S. 137 ff., der in Bezug auf die Zusammenarbeit im Bereich des Europäischen Sicherheitsrechts hinsichtlich der „*macro-level* cooperation (negotiating international or EU legal arrangements)", der „*meso-level* cooperation (developing and introducing operational structures, practices and procedures)" und der „*micro-level* cooperation" (implementation of macro- and meso-level decisions, practical police work)" differenziert (S. 137) und hierbei eine starke wissenschaftliche Vernachlässigung der hier zentralen „micro-level cooperation" beklagt (S. 138, 141 f.) sowie mit Blick auf die Einwirkungsmöglichkeiten von Agenturen treffend anmerkt: „We should be careful, however, when we base our judgement on the actual role of these institutions merely on a thorough analysis of their legal and institutional framework" (S. 139) und eine Fokussierung auf die (tatsächliche) praktische Implementierung fordert (S. 139 ff.). Die Notwendigkeit einer wissenschaftlichen Erfassung der Mikro-Ebene besteht jedoch nicht nur im Bereich der Sicher-

lässt sich das Zusammenwirken in Teams als sektorübergreifende Bauform des Europäischen Verwaltungsverbundes ausmachen, welche z.B. das gemeinsame Ausüben von Hoheitsgewalt, die Herausbildung eines (jeweiligen) Einsatzrechts und vergleichbare Mechanismen für Zusammensetzung, Aufsicht und Kontrolle sowie Rechtsschutz als verallgemeinerungsfähige Charakteristika aufweist. Ziel der Untersuchung ist – entsprechend den Funktionen der Systembildung – hier ein auf dem Verständnis des Einsatzsrechts der jeweiligen Zusammenarbeitsformen basierendes „allgemeines“[8] Einsatzrecht für (vergleichbare) Teams im Europäischen Verwaltungsverbund herauszuarbeiten, das jedenfalls in gemeinsamen Grundsätzen bestehen und damit auf weitere Erscheinungsformen übertragen werden kann.[9] Hierbei liegt der Fokus dementsprechend auf einsatzformübergreifenden, „traditionellen“ wie aktuellen bzw. team-spezifischen[10] rechtlichen Fragestellungen unionalen Verwaltens.[11] Dieser, die organisatorische Seite der Zusammenarbeit (hier: in „Teams“) als Ausgangspunkt nehmende Ansatz unterscheidet sich von der wohl überwiegend verwendeten Methodik, welche die sektorale Abgrenzungen auf materieller Ebene als Ausgangspunkt einer Systembildung für eine vergleichende Analyse nimmt.[12]

---

heitszusammenarbeit, da wie bereits ausgeführt auch im Bereich der Bankenaufsicht zumindest primär eine Beschäftigung mit den übergeordneten Ebenen erfolgt.

[8] Hiermit soll insbesondere kein „vor die Klammer“ gezogener allgemeiner Teil gefunden werden, vgl. zu generellen Bedenken gegen die Entwicklung „Allgemeine Teile“ für den bzw. im Europäischen Verwaltungsverbund *Lepsius*, Europäisierung, S. 196 ff., 202 f.

[9] Dies kann mit *Schmidt-Aßmann*, Verwaltungsrechtliche Dogmatik, S. 172 ff. als „organisationsbezogenes Verfahrensrecht“ bezeichnet werden, wobei sich von Einsatzform zu Einsatzform divergierend zeigen wird, ob es sich um ein das Zusammenspiel mehrerer Verwaltungen regelndes „organisationsakzessorische(s)“ oder um ein „organisationsäquivalente(s)“ Verfahrensrecht handelt.

[10] Dies betrifft etwa „(w)irkliche Probleme des Rechtsschutzes“, verursacht durch einen „neue(n) Typ von administrativen Aktivitäten im Europäischen Verwaltungsverbund“, der primär Realhandeln darstellt und durch „operative Befugnisse“ von Unionsstellen beeinflusst ist, vgl. dazu mit Blick auf Frontex und RaBITs (dazu Teil 2 Kapitel 5 A.) deutlich *Schmidt-Aßmann*, Perspektiven, S. 276 f. und zur Bedeutung der Fortentwicklung des Verwaltungsorganisationsrechts S. 281, ähnlich in Bezug auf Frontex *Thiel*, Entgrenzung der Gefahrenabwehr, S. 418 ff. und in Bezug auf die JITs (dazu sogleich) bereits *Bakker/Powderly*, Security and Human Rights (22) 2011 S. 19 ff., S. 23 ff.; zu Problembereichen und Grenzen (auch) der Erleichterung der operativen Zusammenarbeit vgl. ferner *Monar*, Gewährleistung innerer Sicherheit, S. 43 f., S. 48 ff.; zu rechtsschutzbezogenen Fragestellungen eines europäischen Einsatzrechts *Schöndorf-Haubold*, JBÖS 2012/13, S. 395 ff., insb. S. 407 f. Diese Problembereiche existieren – wie sich zeigen wird – nicht nur im Bereich des sicherheitsbezogenen Einsatzes von Teams.

[11] Vgl. etwa zu den durch ein Zusammenwirkungen von unionalen Agenturen und mitgliedstaatlichen Stellen entstehenden Rechtsproblemen *Groß*, EuR 2005, S. 54 ff. S. 64 ff.

[12] Vgl. dazu etwa die Beiträge in *Hofmann/Rowe/Türk* (Hrsg.), Specialized Administrative Law, und zur Methodik insbesondere das Vorwort der Herausgeber, S. 3 ff.

B. Die Untersuchung von Referenzgebieten als Methode zur Erfassung bereichsübergreifender Entwicklungen

Hinsichtlich der Verfahrensweise ist zu beachten, dass der hier in den Blick genommene Analysegegenstand in zweifacher Hinsicht einen Querschnitt durch das Unionsrecht erfordert: Dies gilt zum einen für die verschiedenen (primärrechtlichen) Regelungsumfelder der Teams, zum anderen für die sich anschließenden Rechtsfragen, die jeweils Ausschnitte von grundlegenden, breit gefächerten unionsrechtlichen Fragestellungen betreffen.

Der folgende Teil 2 dient primär zur Sammlung des Stoffs der Untersuchung. Hierbei wird auf folgende Referenzgebiete[13] abgestellt: Joint Investigation Teams (JITs), Grenzverwaltungs- und Rückkehrteams, Asyl-Unterstützungsteams (ASTs) und Joint Supervisory Teams[14] (JSTs). Im Rahmen dieser Analyse werden Schwerpunkte bei den JITs als gewachsenes Modell mitgliedstaatlicher Zusammenarbeit in Teams und im Bereich der Grenzverwaltungs- und Rückkehrteams als (aufsehenerregendes) operatives Phänomen des Europäischen Verwaltungsverbundes gelegt. Dies rechtfertigt sich auch dadurch, dass die ASTs große Parallelen zu Grenzverwaltungsteams aufweisen und JSTs in vielerlei Hinsicht einen Spezialfall[15] der supranationalen Zusammenarbeit in Teams darstellen. Neben der hier primär relevanten rechtlichen Konstruktion der gemeinsamen Einsatzformen soll auch ihre praktische Umsetzung beleuchtet werden[16] – insbesondere, um rechtliche Spannungen zwischen Theorie und Praxis hervorzuheben. In Bezug auf Entscheidungsstrukturen und Vorgehensweisen bei der praktischen Umsetzung der Ziele der Teams erwachsen hierbei freilich Grenzen aus Geheimhaltungsbedürfnissen der beteiligten mitgliedstaatlichen und unionalen Stellen.[17]

---

[13] Vgl. zur herausragenden Bedeutung der Arbeit mit Referenzgebieten *Schmidt-Aßmann*, Ordnungsidee, S. 8 f. und *ders.*, Verwaltungsrechtliche Dogmatik, S. 8 ff.; ebenso *Voßkuhle*, in: Hoffmann-Riem/Schmidt-Aßmann/Voßkuhle (Hrsg.), Bd. I § 1 Rn. 43 ff.

[14] Hierbei werden – exkursartig – weitere im Rahmen der Bankenunion agierende „Teams" behandelt.

[15] Die JSTs unterscheiden sich nicht nur dadurch von den übrigen untersuchten Einsatzformen, dass sie nicht im Regelungsbereich des Raums der Freiheit, der Sicherheit und des Rechts angesiedelt sind – sie weisen zudem weitere Unterschiede, insbesondere in organisationsrechtlicher Hinsicht auf, vgl. dazu Teil 3 Kapitel 9 B. II. 4. b) cc).

[16] Vgl. zu Bedeutung der Erfassung des Realbereichs *Voßkuhle*, in: Hoffmann-Riem/Schmidt-Aßmann/Voßkuhle (Hrsg.), Bd. I § 1 Rn. 29 ff.

[17] Die Möglichkeit des Einblicks in die praktische Arbeit der Teams gestaltete sich sehr unterschiedlich: Bei Frontex befindliche Einsatzpläne wurden lediglich auf Anfrage und in teilweise geschwärzter Form übermittelt, die hier teilweise zitierte Homepage, die das „Frontex Archive of Operation" beinhaltet ist aktuell nicht mehr verfügbar; in der Hoffnung auf eine Wiederherstellung der Homepage sind die Hyperlinks in den Fußnoten weiterhin vorhanden. Hingegen sind die ASTs betreffenden Einsatzpläne und Übersichten weitgehend auf der EASO-Homepage abrufbar und auch die praktische Arbeit der JSTs konnte aus den zur Verfügung stehenden Dokumenten weitgehend erschlossen werden.

Neben der Erfassung der tatsächlichen und rechtlichen Seite des Tätigkeitsfeldes der gemeinsamen Einsatzformen dient Teil der Erläuterung von einsatzformspezifischen aktuellen Entwicklungen und Rechtsfragen. Sodann werden einsatzformübergreifende Gemeinsamkeiten systematisiert.

In Teil 3 werden sich anschließende Rechtsfragen thematisiert, was in einer primär auf die Rechtsschutzperspektive von Grundrechtsträgern zugeschnitten Weise erfolgt. Dies gliedert sich in eine Untersuchung der Einordnung des Bereitstellungsvorgangs sowie der (diesbezüglichen) legitimatorischen Aspekte, eine Systematisierung sowie rechtliche Erfassung der Interferenzen unionaler Stellen und die Behandlung von gerichtlichem Individualrechtsschutz-[18] sowie Haftungsfragen. Die Analyse schließt letztlich mit einem Blick auf aktuelle Tendenzen und Möglichkeiten in Bezug auf eine Fortbildung des Untersuchungsgegenstandes. Hierbei sollen insbesondere Entwicklungsdefizite und -bedarf aufgezeigt werden.

[18] Administrativer Rechtsschutz und objektive Verwaltungskontrolle, insbesondere durch im oder aufgrund von Unionsrecht eingerichtete Instanzen, werden primär im Zuge der Behandlung der jeweiligen Einsatzform thematisiert. Im einsatzformübergreifenden Teil der Arbeit werden das Verhältnis von administrativem zu gerichtlichem Rechtsschutz (Teil 3 Kapitel 11 D.) sowie die Auswirkungen (bestehender) objektiver Kontrollen auf die demokratische Legitimation der gemeinsamen Einsatzform (Teil 3 Kapitel 9 C. II. 2. a)) beleuchtet.

Zweiter Teil

Die Teams: Bestandsaufnahme sowie vertiefende Untersuchung bereichsspezifischer Entwicklungen und Rechtsfragen

Kapitel 4

Joint Investigation Teams unter der Beteiligung unionaler Stellen

Das durch den sog. Vertrag von Amsterdam kodifizierte Ziel der EU, ihren Bürgern in einem ohne Binnengrenzen konstruierten Raum der Freiheit, der Sicherheit und des Rechts ein hohes Maß an Sicherheit zu bieten, sollte von Beginn an durch eine zu intensivierende Kooperation der „Polizei-, Zoll- und anderer zuständiger Behörden" sowie Justizbehörden erreicht werden.[1] Ein Element dieser Zusammenarbeit sind sich grundsätzlich aus mitgliedstaatlichen Beamten, mehr und mehr aber zudem auch aus unionalem Personal zusammensetzende gemeinsame Ermittlungsgruppen (JITs – Joint Investigation Teams).[2] Dieses Instrument wird mittlerweile in Art. 88 Abs. 2 UA 1 S. 2 lit. b) AEUV primärrechtlich explizit vorausgesetzt bzw. anerkannt[3] und ist einer sich steigernden Prägung durch unionale Stellen unterworfen.

A. Rechtsgrundlagen

I. Rechtsgrundlagen und primärrechtlicher Rahmen für JITs

Der Einsatz von JITs als Form der mitgliedstaatlichen Verwaltungszusammenarbeit ist vorrangig sowohl in einem Übereinkommen über die Rechtshilfe in Strafsachen als auch[4] in einem Rahmenbeschluss des Rates vom 13.06.2002 geregelt.[5] Bereits hierdurch wird die teilweise vorgenommene Einordnung von JITs

---

[1] Vgl. Art. 1 Nr. 11. EUV (Amsterdam).

[2] Im Folgenden mit dem typischerweise und international verwendeten Akronym JIT(s) (Joint Investigation Team(s)) abgekürzt. Das hier gewählte Untersuchungsspektrum (s. dazu oben Teil 1 Kapitel 2 B.) schließt gemeinsame Einsatzformen mit Einsatzkräften aus Drittstaaten aus und konzentriert sich auf die Kooperation zwischen Mitgliedstaaten und der EU; vgl. etwa zu gemeinsamen Ermittlungsgruppen unter Einbezug der Schweiz oder der USA ausführlich *Zurkinden*, Joint Investigation Teams.

[3] Vgl. zur Rechtslage vor dem sog. Vertrag von Lissabon *Srock*, Europol, S. 132 ff.

[4] Zu den Auswirkungen dieser „doppelten" rechtlichen Fixierung des JITs-Instruments und daraus folgenden Hindernissen für die Zusammenarbeit *Rijken*, ULR (2) 2006 S. 99 ff., S. 105 ff. und *Bakker/Powderly*, Security and Human Rights (22) 2011 S. 19 ff., S. 23.

[5] Vgl. dazu den Rechtsakt des Rates vom 29.05.2000 über die Erstellung eines Übereinkommens – gemäß Art. 34 des Vertrags der die Europäische Union – über die Rechtshilfe in Strafsachen zwischen den Mitgliedstaaten der Europäischen Union (Abl. C 197 vom

als Instrumente der bi- oder multilateralen Rechtshilfe nachvollziehbar.[6] Diese Rechtsakte sind jedoch nicht als ausschließliche oder abschließende Rechtsgrundlagen für die Errichtung oder den Einsatz von JITs anzusehen.[7]

Wenngleich diese Rechtsgrundlagen für die Einrichtung von JITs schon vor dem Inkrafttreten des Vertrags von Lissabon verabschiedet wurden[8], sind dessen die (operative) Zusammenarbeit im Raum der Freiheit, der Sicherheit und des Rechts betreffenden Regelungen relevant für weitere Entwicklungen und die rechtliche Einordnung des Instruments der JITs als Phänomen mitgliedstaatlicher Kooperation.[9] Für das Verständnis des kompetenziellen Umfelds von JITs

---

12.08.2000, S. 1), im Folgenden „EU-Rechtshilfeübereinkommen" und den Rahmenbeschluss des Rates 2002/465/JI vom 13.06.2002 über gemeinsame Ermittlungsgruppen (ABl. L 162 vom 20.06.2002, S. 1), im Folgenden JITs-Beschluss. Der zitierte Rahmenbeschluss wurde aufgrund der zögerlichen Umsetzung des EU-Rechtshilfeübereinkommen durch einige Mitgliedstaaten erlassen und auch hiernach erfolgte eine lediglich zaghafte Umsetzung durch die Mitgliedstaaten, vgl. zum Ganzen den Bericht der Kommission KOM(2003) 858 endg. Art. 1 bis 3 JITs-Beschluss sind inhaltsgleich mit den Art. 13, 15 und 16 des EU-Rechtshilfeübereinkommen, eine eingehende (Wortlaut-) Analyse findet sich bei *Plachta*, EJCCLCJ 2005 S. 284 ff., S. 287 ff. Wie auf S. 5 JIT-Leitfaden (vgl. dazu die nächste Fn) aufgeführt, haben mittlerweile alle Mitgliedstaaten jedenfalls eine dieser Rechtsgrundlagen umgesetzt. Zu unterscheiden ist das EU-Rechtshilfeübereinkommen von dem Europäischen Übereinkommen über die Rechtshilfe in Strafsachen vom 20.04.1959 (im Folgenden „Europ. Rechtshilfeübereinkommen"), auf das etwa in Art. 13 Abs. 2 EU-Rechtshilfeübereinkommen verwiesen wird.

[6] Zur rechtlichen Qualität des Konstrukts eines JITs und insbesondere der Abgrenzung zwischen Rechts- und Amtshilfe s. jedoch in Teil 3 Kapitel 9 unter B. II. 3. a). Die Definition des JITs-Netzwerks legt sich jedenfalls nicht auf den Bereich der Rechtshilfe fest: Der im Ratsdokument 6128/1/17 vom 14.02.2017 enthaltene, vom JITs-Netzwerk gemeinsam mit Eurojust, Europol und OLAF erarbeitete, „Leitfaden zu gemeinsamen Ermittlungsgruppen" (im Folgenden JITs-Leitfaden) definiert ein JIT als „ein Instrument der internationalen Zusammenarbeit auf der Grundlage einer Vereinbarung zwischen den zuständigen Behörden [...] aus zwei oder mehr Staaten, die zur Durchführung strafrechtlicher Ermittlungen in einem oder mehreren der beteiligten Mitgliedstaaten für einen begrenzten Zeitraum und für einen bestimmten Zweck geschlossen wird".

[7] Vgl. nur Erw. 11, Art. 1 Abs. 11 JITs-Beschluss. „Besondere Gemeinsame Ermittlungsteams" der Behörden mehrerer Mitgliedstaaten sind etwa auch in Art. 24 des Übereinkommens aufgrund von Artikel K.3 des Vertrags über die Europäische Union über gegenseitige Amtshilfe und Zusammenarbeit der Zollverwaltungen (ABl. 1998 Nr. C 24/2, abgedruckt auch im BGBl. III Nr. 100/2006) vorgesehen. Zu weiteren vergleichbaren Einsatzformen und deren Rechtsgrundlagen, insbesondere unter Beteiligung der Behörden von Drittstaaten, vgl. *Zurkinden*, Joint Investigation Teams, S. 5 ff.

[8] Vgl. zur generellen Entwicklung des Instruments der JITs und der mitgliedstaatlichen Rezeption *Rijken/Vermeulen*, Legal and Practical Implementation of JITs, S. 10 ff. und *Block*, EU JITs, S. 87 ff.

[9] S. dazu auch *Dannecker*, in: Streinz (Hrsg.), Art. 89 AEUV Rn. 10. So werden die möglichen Rechtsgrundlagen eines JITs als „Rechtsakte im Sinne" des Art. 89 AEUV eingeordnet; vgl. *Röben*, in: Grabitz/Hilf/Nettesheim (Hrsg.), Art. 89 AEUV Rn. 109. Zu den Vorgängern und der Bedeutung des Art. 89 AEUV vor dem Hintergrund (zunächst) außerhalb des Unionsrechts angesiedelter Instrumente der grenzüberschreitenden Kooperation *Suhr*, in: Calliess/Ruffert (Hrsg.), Art. 89 AEUV Rn. 2 ff.

zentral sind die in Art. 87 Abs. 3 und Art. 89 AEUV vorgesehenen unionalen Gesetzgebungskompetenzen hinsichtlich der Regelung der operativen Zusammenarbeit mitgliedstaatlicher Sicherheitsbehörden bzw. des Tätigwerdens Beamter eines Mitgliedstaats auf dem Hoheitsgebiet eines anderen Mitgliedstaats.[10] Das für das jeweilige besondere Gesetzgebungsverfahren geforderte Einstimmigkeitserfordernis[11] ist hierbei Ausdruck des souveränitätsbezogenen Konfliktpotentials solcher Regelungen.[12] Der von der Ermächtigung des Art. 87 Abs. 3 AEUV betroffene Begriff der Maßnahmen der operativen Zusammenarbeit wird weit ausgelegt.[13] In Bezug auf das in Art. 89 AEUV bezeichnete Tätigwerden auf fremden Hoheitsgebiet kann hinsichtlich der ausgeübten Staatsgewalt differenziert werden[14]: Zum einen können auf dem Territorium eines fremden Mitgliedstaats ggf. mit dessen Zustimmung die Hoheitsbefugnisse des Mitgliedstaats, dem die handelnden Beamten angehören, wahrgenommen werden.[15] Zum anderen können Beamte eines Mitgliedstaats auf dem Hoheitsgebiet eines anderen Mitgliedstaats dessen Hoheitsrechte ausüben; dies kann unter Erlaubnis oder unter Duldung des Gebietsstaats erfolgen.[16] Teilweise sind die Maßstäbe und die

[10] Art. 89 AEUV wird insoweit als lex specialis zu Art. 87 Abs. 3 AEUV angesehen, vgl. dazu nur *Böse*, in: Schwarze/Becker/Hatje/Schoo (Hrsg.), Art. 89 AEUV Rn. 2.

[11] Vgl. Art. 87 Abs. 3 UA 1 S. 2 bzw. Art. 89 S. 2 AEUV. Zu der Initiierung eines solchen Gesetzgebungsverfahren vgl. die spezielle Regelung des Art. 76 AEUV. Ist eine einstimmige Entscheidung nicht möglich, kann im Fall des Art. 87 Abs. 3 AEUV nach dessen UA 2 und UA 3 eine Verstärkte Zusammenarbeit von mindestens neun Mitgliedstaaten begründet werden, vgl. dazu *Suhr*, in: Calliess/Ruffert (Hrsg.), Art. 87 AEUV Rn. 25 und *Dannecker*, in: Streinz (Hrsg.), Art. 87 Rn. 23, der die hierdurch eintretende Erleichterung einer verbindlichen Entscheidung betont.

[12] Vgl. nur *Spaeth*, in: von der Groeben/Schwarze/Hatje (Hrsg.), Art. 87 AEUV Rn. 11 und *Suhr*, in: Calliess/Ruffert (Hrsg.), Art. 87 AEUV Rn. 23 bzw. *Spaeth*, in: von der Groeben/Schwarze/Hatje (Hrsg.), Art. 89 AEUV Rn. 1 sowie *Rosenau/Petrus* in: Vedder/Heintschel von Heinegg (Hrsg.), Art. 89 AEUV Rn. 1.

[13] Vgl. nur *Spaeth*, in: von der Groeben/Schwarze/Hatje (Hrsg.), Art. 87 AEUV Rn. 11; *Suhr*, in: Calliess/Ruffert (Hrsg.), Art. 87 AEUV Rn. 24 und *Röben*, in: Grabitz/Hilf/Nettesheim (Hrsg.), Art. 87 AEUV Rn. 31, wonach insbesondere jegliche Form der Abstimmung und Kooperation zu repressiven und präventiven Zwecken erfasst sein sollen. Zu möglichen Auswirkungen dieser weiten Begriffsbestimmung im Hinblick auf Bestimmung des Aufgabenbereich Europols vgl. in diesem Kapitel D. II. 2. b).

[14] Vgl. dazu *Aden*, in: Lisken/Bäcker/Denninger/Graulich (Hrsg.), Kapitel N Rn. 296 und *Fastenrath/Skerka*, ZEuS 2009, S. 220 ff., S. 249 ff. Teilweise wird klargestellt, dass die handelnden Beamten keinesfalls als „Unionseinrichtungen" tätig werden, vgl. *Röben*, in: Grabitz/Hilf/Nettesheim (Hrsg.), Art. 89 AEUV Rn. 14.

[15] Vgl. dazu *Aden*, in: Lisken/Bäcker/Denninger/Graulich Kapitel (Hrsg.), N Rn. 296 und insb. Rn. 321 ff., 332 ff. für die grenzüberschreitende Nacheile (vgl. dazu auch Art. 41 SDÜ) und Observation (vgl. dazu auch Art. 40 SDÜ). Diese Regelungen waren nach *Böse*, in: Schwarze/Becker/Hatje/Schoo (Hrsg.), Art. 89 AEUV Rn. 3 Leitbild für Art. 89 AEUV; ausführlich zu Art. 40 f. SDÜ *Harings*, in: Schmidt-Aßmann/Schöndorf-Haubold (Hrsg.), S. 131 ff.

[16] *Aden*, in: Lisken/Bäcker/Denninger/Graulich (Hrsg.), Kapitel N Rn. 296, Rn. 300 ff. nennt hierfür die gemeinsame Streife als Beispiel.

Zuordnung einzelner Erscheinungsformen polizeilichen Handels auf fremden Hoheitsgebiet im Sinne dieser Differenzierung jedoch nicht eindeutig[17], was auch im Bereich der JITs gilt.

II. Rechtsgrundlagen für die Beteiligung unionaler Stellen

Von den für die Bildung eines JITs relevanten Rechtsgrundlagen sind diejenigen Bestimmungen, die eine Beteiligung unionaler Stellen an JITs regeln, zu unterscheiden. Wenngleich Art. 1 Abs. 12 JITs-Beschluss die Teilnahme an JITs für alle Bediensteten „von nach dem Vertrag geschaffenen Einrichtungen" ermöglicht, kommt primär und jedenfalls in der Praxis ausschließlich eine Mitwirkung von Eurojust[18], Europol[19] und/oder OLAF[20] in Betracht.[21] In diesem Zusammenhang

---

[17] Vgl. dazu *Aden*, in: Lisken/Bäcker/Denninger/Graulich (Hrsg.), Kapitel N Rn. 296 ff.

[18] Vgl. den Beschluss des Rates (2002/187/JI) vom 28.02.2002 über die Errichtung von Eurojust zur Verstärkung der Bekämpfung der schweren Kriminalität, der durch den Beschluss 2003/659/JI des Rates vom 18.06.2003 und den Beschluss 2009/426/JI des Rates vom 16.12.2008 geändert wurde (im Folgenden wird auf dessen konsolidierte Fassung vom 04.06.2009 als „Eurojust-Beschluss" Bezug genommen). Der Eurojust-Beschluss wird mit ab dem 12.12.2019 (vgl. dazu Art. 81 Abs. 1 Eurojust-VO) durch die Eurojust-VO ersetzt, im Folgenden wird auf beide Rechtsakte Bezug genommen; vgl. instruktiv zu Eurojust und seiner Verortung im Raum der Freiheit, der Sicherheit und des Rechts *Wieczorek*, JHA Agencies, S. 442 ff.

[19] Vgl. die Verordnung (EU) 2016/794 des Europäischen Parlaments und des Rates vom 11.05.2016 über die Agentur der Europäischen Union für die Zusammenarbeit auf dem Gebiet der Strafverfolgung (im Folgenden Europol-VO), vgl. zur historischen Entwicklung Europols ausführlich *Möllers*, Polizei in Europa, S. 63 ff.

[20] Die maßgeblichen Bestimmungen hinsichtlich des durch den Beschluss der Kommission 1999/352/EG, EGKS, Euratom vom 28.04.1999 zur Errichtung des Europäischen Amtes für Betrugsbekämpfung (ABl. L 136 vom 31.05.1999, S. 20), im folgenden OLAF-Beschluss, dessen Mandat gemäß der Verordnung (EU, Euratom) Nr. 883/2013 des Europäischen Parlaments und des Rates vom 11.09.2013 über die Untersuchungen des Europäischen Amtes für Betrugsbekämpfung (ABl. L 248 vom 18.09.2013, S. 1), im Folgenden OLAF-VO, ausgeübt werden soll, enthalten mit Ausnahme von Art. 12b Abs. 4 OLAF-VO keine konkret auf die Teilnahme an JITs bezogenen Vorschriften. Art. 12b Abs. 4 OLAF-VO ermöglicht die Teilnahme von unionsrechtskonform gebildeten JITs. OLAF übt gem. Art. 2 Abs. 1 OLAF-Beschluss bestimmte Befugnisse der Kommission aus, für welche insbesondere die Verordnung (Euratom, EG) Nr. 2185/96 des Rates vom 11.11.1986 betreffend die Kontrollen und Überprüfungen vor Ort durch die Kommission zum Schutz der finanziellen Interessen der Europäischen Gemeinschaften vor Betrug und anderen Unregelmäßigkeiten (ABl. L 292 vom 15.11.1996, S. 2), im Folgenden OLAF-Kontrollen-VO, gilt.

[21] Dies gilt jedenfalls für die bisherige Praxis, vgl. S. 14 JITs-Leitfaden, wonach OLAF neben Europol und Eurojust die „einzige andere Einrichtung, die bisher an einer gemeinsamen Ermittlungsgruppe beteiligt war", ist. Denkbar ist jedoch eine Einwirkung der durch die Verordnung (EU) 2017/1939 des Rates vom 12. Oktober 2017 (ABl. L 283 vom 31.10.2017, S. 1), im Folgenden EU-StA-VO, geschaffenen Europäischen Staatsanwaltschaft. Nach Erw. 74 EU-StA-VO sollen hierdurch zwar die „bestehenden Rechtsinstrumente zur Erleichterung der grenzüberschreitenden Zusammenarbeit zwischen nationalen Behörden, abgesehen von

kann insbesondere auf die Evaluierungsberichte des JITs-Netzwerks[22] zurückgegriffen werden.[23] Für Eurojust und Europol bestehen hinsichtlich der Teilnahme an JITs konkrete Vorgaben, insbesondere in ihren Gründungsrechtsakten.

1. Beteiligung von Europol

Zentrale primärrechtliche Regelung bezüglich des Tätigwerdens Europols im Rahmen von JITs ist Art. 88 Abs. 2 UA 1 lit. b) AEUV. Hier werden die „Koordinierung, Organisation und Durchführung von Ermittlungen und operativen Maßnahmen, die gemeinsam mit den zuständigen Behörden der Mitgliedstaaten oder im Rahmen gemeinsamer Ermittlungsgruppen durchgeführt werden", in den Aufgabenbereich Europols miteinbezogen. Sekundärrechtlich ist die Beteiligung von Europol-Personal an JITs hauptsächlich in Art. 5 Europol-VO ausgestaltet.[24]

2. Beteiligung von Eurojust

Der primärrechtlich bestimmte Auftrag von Eurojust umfasst nach Art. 85 Abs. 1 UA 1 AEUV die Koordinierung von strafrechtlichen Ermittlungs- und Verfolgungsmaßnahmen, welche (mittlerweile)[25] in Art. 4 Abs. 1 lit. f) Eurojust-VO auch in Bezug auf JITs eine sekundärrechtliche Ausprägung erfahren hat. In Bezug auf den Einsatz von zwischen Mitgliedstaaten vereinbarten JITs bedeutet dies nach Art. 9f Eurojust-Beschluss/Art. 8 Abs. 1 lit. d) Eurojust-VO

Staatsanwaltschaften und Gerichten, unberührt" bleiben, vgl. zu grenzüberschreitenden Ermittlungen aber insb. Art. 31 EU-StA-VO; zur Entwicklung der Europäischen Staatsanwaltschaft im Raum der Freiheit, der Sicherheit und des Rechts vgl. *Conway*, European Public Prosecutor in the AFSJ, S. 176 ff., insb. S. 194 ff.

[22] Dazu ausführlicher in diesem Kapitel unter G. I.

[23] Bisher sind vier unter https://www.eurojust.europa.eu/de/publication/fourth-jits-evaluation-report (zuletzt abgerufen am 24.02.2024) abrufbare JITs Evaluation Reports erschienen, der erste im Jahr 2016 (im Folgenden ER 2016) und einer dessen Informationen ebenfalls beinhaltender Evaluationsbericht im Jahr 2018 (im Folgenden ER 2018). Nach S. 49 ER 2018 waren Europol und/oder Eurojust in 91 % der bisher evaluierten JITs eingebunden (Schaubild 18); in 74 % der Fälle wurden Eurojust und/oder Europol als „Teilnehmer" (zum Teilnehmerstatus siehe in diesem Kapitel unter C. III.) in die JITs einbezogen (Schaubild 19). Nach S. 51 ER 2018 (Schaubild 22) wurde die Beteiligung von Europol/Eurojust in 88 % der Fälle als förderlich angesehen.

[24] In Bezug auf die Vorgänger der Europol-VO war eine Mitwirkung an JITs auch in Ansätzen in Art. 3 Abs. 2 Nr. 1, 2 des Übereinkommens auf Grund von Artikel K.3 des Vertrags über die Europäische Union über die Errichtung eines Europäischen Polizeiamts vom 26.07.1995 (95/C 316/01), (im Folgenden „Europol-Übereinkommen") und in Art. 6 des Beschlusses des Rates (2009/371/JI) vom 06.04.2009 zur Errichtung des Europäischen Polizeiamts (im Folgenden „Europol-Beschluss") vorgesehen.

[25] Im ursprünglichen Eurojust-Beschluss fand sich keine explizite Regelung in Bezug auf JITs, diese wurden sukzessive eingefügt.

insbesondere eine Teilnahmemöglichkeit für die jeweiligen nationalen Eurojust-Mitglieder[26], die sich bereits auf die Phase der Einsetzung der JITs bezieht.[27]

B. Einsatzbereiche

Die Entscheidung über die Form und Ausgestaltung der polizeilichen oder justiziellen Zusammenarbeit in Strafsachen liegt primär in der Hand der betroffenen Mitgliedstaaten[28], welche grundsätzlich frei insbesondere über den Einsatzbereich etwaiger Kooperationsformen bestimmen können. Für die Verwendung des Instruments des JITs nach den hier herangezogenen Rechtsgrundlagen muss jedoch ein bestimmter Ermittlungsbereich betroffen sein. Auch die Mitwirkung der genannten europäischen Stellen ist teilweise auf konkrete Sachverhalte begrenzt.

I. Einsatzbereiche der JITs

Nach Art. 1 Abs. 1 UA 1 JITs-Beschluss sind Voraussetzungen für die Einsetzung eines JITs die Beteiligung von zwei oder mehr Mitgliedstaaten, die Festlegung eines bestimmten Zwecks und eines (verlängerbaren) Einsatzzeitraums sowie die geplante Durchführung strafrechtlicher Ermittlungen in einem oder mehreren der beteiligten Mitgliedstaaten.[29] Als mögliche Sachverhalte, in welchen ein JIT unter diesen Bedingungen gebildet werden kann, nennt Art. 1 Abs. 1 UA 2 JITs-Beschluss (nicht abschließend) ein Ermittlungsverfahren eines Mitgliedstaats, das „schwierige und aufwändige Ermittlungen mit Bezügen zu anderen Mitglied-

---

[26] Bzgl. der nationalen Mitglieder vgl. Art. 9 ff. Eurojust-Beschluss/Art. 7 f. Eurojust-VO. Diese, als Bindeglied zwischen den Mitgliedstaaten und Eurojust fungierenden, für vier bzw. fünf Jahre von den Mitgliedstaaten zu besetzenden Stellen müssen mit weitreichenden nationalen Kompetenzen, insbesondere hinsichtlich der Informationsbeschaffung ausgestattet sein.

[27] Der JITs-Leitfaden legt nahe, dass auch eine anderweitige Unterstützung (etwa durch das Kollegium von Eurojust oder den nach Art. 19 Eurojust-VO einzurichtenden Koordinierungsdauermechanismus) möglich ist, vgl. S. 20 JITs-Leitfaden. Ferner wurde die Möglichkeit der Teilnahme Eurojusts auf zwischen Mitgliedstaaten vereinbarte JITs trotz des insoweit eindeutigen Wortlauts des Art. 9f Eurojust-Beschluss im Hinblick auf mögliche JITs mit Nicht-EU-Staaten erweitert, soweit dies nach den jeweilig anwendbaren nationalen Vorschriften möglich ist. Ob dies von den etwa in Art. 6 Abs. 1 lit. c) bzw. Art. 7 Abs. 1 lit. c) Eurojust-Beschluss enthaltenen Ermächtigungen umfasst ist bzw. war, ist jedoch fraglich.

[28] Vgl. zum primärrechtlicher Rahmen gemeinsamer, insbesondere grenzüberschreitender Polizeieinsätze oben Teil 1 Kapitel 2 A. I. bzw. in diesem Kapitel unter A. I.

[29] Als aktuelles Beispiel kann auf ein von Europol unterstütztes JIT ungarischer und slowakischer Beamter mit dem Fokus auf Schleuserkriminalität verwiesen werden, vgl. dazu *Carrera* et al., Policing Humanitarianism, S. 30 f.; weitere Nachweise zur Einsetzung von JITs zur Bekämpfung von Menschenhandel und Drogenkriminalität bei *Rijken/Vermeulen*, Legal and Practical Implementation of JITs, S. 1 ff.

staaten" erfordert (lit. a) und Umstände, die eine Koordinierung und Abstimmung des Vorgehens hinsichtlich der von mehreren Mitgliedstaaten durchgeführten Ermittlungen notwendig machen (lit. b).[30]

Zwar legen die Formulierung „strafrechtliche Ermittlungen" und die zitierten Beispielsfälle eine Beschränkung des Einsatzes von JITs auf Bereiche mit repressiven Zielsetzungen nahe[31], nichtsdestotrotz werden sowohl zu repressiven als auch zu präventiven Zwecken[32] eingesetzte JITs als zulässig angesehen.[33] Dieses, mit dem Wortlaut des JITs-Beschlusses wohl noch vereinbare Verständnis, entspricht zumindest Teilen der Praxis[34] und ist aus einem praktischen Blickwinkel auch nachvollziehbar: Der Großteil der Sachverhalte, welche die mitgliedstaatlichen Behörden zur Einsetzung eines JITs (auch mit Blick auf die Bestimmungen des Art. 1 Abs. 1 UA 2 JITs-Beschluss) veranlassen, liegt im Bereich der organisierten oder jedenfalls relativ groß dimensionierten Kriminalität, die auf einem zum Zeitpunkt der Einsetzung des JITs noch aktiven kriminellen Netz beruhen kann oder von typischerweise strukturell begangenen Delikten geprägt ist.[35] Aufgrund dieser Umstände sind Ermittlungen – unabhängig von der sie durchführenden Behörde – häufig doppelfunktional, sodass eine eindeutige Festlegung einer repressiven oder präventiven Zielsetzung hinsichtlich eines JITs, soweit kompetenziell zulässig, praktisch fernliegend oder jedenfalls unvorteilhaft wäre.[36]

[30] Bereits im sog. Stockholmer Programm (Ratsdokument 2010/C 115/01), S. 20., wird jedoch die möglichst häufige Nutzung des Instruments der JITs angeregt. Zu der Frage, ob in allen beteiligten Mitgliedstaaten inländische Ermittlungen laufen müssen, vgl. zudem S. 14 JITs-Leitfaden, wonach dies aus den unionsrechtlichen Bestimmungen nicht eindeutig ersichtlich, jedoch in der Praxis überwiegend der Fall sei.

[31] So, vor dem Hintergrund der früheren primärrechtlichen Lage *Gärditz*, in: Wolters et al. (Hrsg.), S. 215; aktueller *Schöndorf-Haubold*, Europäisches Sicherheitsverwaltungsrecht, Rn. 100.; *Röben*, in: Grabitz/Hilf/Nettesheim (Hrsg.), Art. 87 AEUV Rn. 32. Vgl. aber auch Art. 1 Abs. 10 lit. c) JITs-Beschluss, der eine Verwendung der während des Einsatzes des JITs von einem Mitglied erlangten Informationen „zur Abwehr einer unmittelbaren und ernsthaften Gefahr für die öffentliche Sicherheit" vorsieht, sodass eine (mittelbare) präventive Zielsetzung auch im JITs-Beschluss erkennbar ist.

[32] Generell zu Prävention und Repression als zeitlichen Dimensionen der staatlichen Sicherheitsgewährleistung, primär aus deutscher Perspektive, *Möstl*, Sicherheit und Ordnung, S. 147 ff.

[33] So, vor dem Hintergrund des Art. 87 AEUV und zumeist nicht ausschließlich auf die hier behandelten JITs bezogen, *Suhr*, in: Calliess/Ruffert (Hrsg.), Art. 87 AEUV Rn. 24; *Dannecker*, in: Streinz (Hrsg.), Art. 87 AEUV Rn. 29; *Rosenau/Petrus*, in: Vedder/Heintschel von Heinegg (Hrsg.), Art. 87 AEUV Rn. 18.

[34] Vgl. dazu nur *Zurkinden*, Joint Investigation Teams, S. 141 m.w.N.

[35] Vgl. dazu die Entscheidungsdirektiven auf S. 7 JITs-Leitfaden, der die „Komplexität und Ausgefeiltheit des kriminellen Netzes bzw. der kriminellen Aktivitäten, das/die Gegenstand der Ermittlungen ist/sind" in die Prüfung der „Notwendigkeit der Bildung einer gemeinsamen Ermittlungsgruppe" miteinbezieht. Dies deckt sich auch mit der Art der untersuchten Verbrechen, bezüglich derer Drogenschmuggel und Geldwäsche (vgl. S. 13 ER 2016 und S. 41 ER 2018) am häufigsten in Erscheinung treten.

[36] Eine breitere Sichtweise auf die Begriffen der Prävention und Repression im Unionsrecht findet sich bei *Gärditz*, in: Wolters et al. (Hrsg.), S. 192 ff.

II. Möglichkeit der Teilnahme Europols

Der Bereich, in welchem Europol an JITs grundsätzlich mitwirken kann, ist gem. Art. 88 Abs. 1 AEUV i.V.m. Art. 5 Abs. 1, Art. 4 Abs. 1 lit. a), b) Europol-VO i.V.m. Art. 3 Europol-VO i.V.m. Anhang I zur Europol-VO durch die Ziele Europols begrenzt und damit rechtlich auf den Kompetenzbereich Europols beschränkt. Diese Ziele umfassen nach Art. 88 Abs. 1 AEUV i.V.m. Art. 3 Abs. 1 Europol-VO die Unterstützung und Verstärkung der mitgliedstaatlichen Behörden bei der Verhütung und Bekämpfung grenzüberschreitender schwerer Kriminalität (Var. 1), des Terrorismus (Var. 2) und der Kriminalitätsformen, die ein gemeinsames Interesse verletzen, das Gegenstand einer Politik der Union ist (Var. 3).

Bezüglich der näheren Bestimmung dieser recht vage gehaltenen Umschreibungen wird auf Anhang I der Europol-VO verwiesen. Auf den ersten Blick ist unklar und daher klärungsbedürftig[37], ob Anhang I eine abschließende Aufzählung aller Kriminalitätsformen enthält, die insgesamt unter Art. 3 Abs. 1 Europol-VO fallen, oder nur solche von Art. 3 Abs. 1 Var. 3 Europol-VO erfasste Kriminalitätsformen beschreibt. Dafür, dass von Anhang I nur die Kriminalitätsformen nach Art. 3 Abs. 1 Var. 3 Europol-VO erfasst sind, spricht zunächst, dass in der Überschrift von Anhang I ebenfalls nur von „Kriminalitätsformen“ gesprochen wird.[38] Auch findet sich der Hinweis auf Anhang I in Art. 3 Abs. 1 Europol-VO nicht vorangestellt, wie dies im ursprünglichen Vorschlag der Kommission noch beabsichtigt war[39], sondern erst am Ende des Satzes, sodass ein Bezug (nur) zu den Kriminalitätsformen nach Var. 3 naheliegt. Dagegen lässt sich jedoch der Inhalt der in Anhang I befindlichen Liste anführen, der weitgehend mit der im Anhang zum Europol-Beschluss aufgeführten Liste zur Definition des in Art. 4 Abs. 1 Europol-Beschluss aufgeführten Kriteriums der „schweren Kriminalität“ (hier Var. 1) übereinstimmt und somit zumindest Überschneidungen zwischen Var. 1 und Var. 3 vermuten lässt. Ferner wird der Terrorismus, der in Art. 3 Abs. 1 Europol-Beschluss als Var. 2 erscheint, eigenständig erwähnt, was ebenfalls für einen abschließenden Charakter des Anhangs I spricht. Die Überschrift des Anhangs I lässt dies – es wird auf den gesamten Art. 3 Abs. 1 Europol-VO verwiesen – jedenfalls zu, und die Wortwahl „Kriminalitätsformen“ kann sich sowohl nur auf Var. 3 als auch auf den gesamten Art. 3 Abs. 1 Europol-VO beziehen. Die Arten der Kriminalität, für die Europol zuständig ist, sind also als in Anhang I abschließend aufgelistet anzusehen. Ein entsprechender Hinweis in Art. 3 Europol-VO, wie ihn der Rat in seiner Allge-

---

[37] Die Wichtigkeit einer „eindeutige[n] Beschreibung der Ziele von Europol“ wurde im Gesetzgebungsverfahren zur Europol-VO auch vom Europäischen Parlament betont, vgl. S. 39 f. des Plenarsitzungsdokuments A7–0096/2014 vom 02.07.14.

[38] Diese Übereinstimmung besteht auch in anderen Sprachfassungen (etwa: „forms of crime“ (englisch), „formes de criminalité“ (französisch) und „formas de delincuencia“ (spanisch).

[39] Vgl. S. 26 des Vorschlags der Kommission COM(2013) 173 final vom 27.03.2013.

meinen Ausrichtung vom 28.05.2014 gefordert hat[40], hätte jedoch zu einer übersichtlicheren Rechtslage beigetragen. Definitionen der im Anhang I aufgelisteten Kriminalitätsformen sind diesem nicht beigefügt, insoweit ist auf andere unionsrechtliche Konkretisierungen zurückzugreifen.[41]

Die Befugnis von Europol-Personal, an JITs mitzuwirken, wird darüber hinaus gem. Art. 5 Abs. 1 S. 1 i.V.m. Art. 3 Abs. 2 i.V.m. Art. 3 Abs. 1 Europol-VO auf mit den in Anhang I zur Europol-VO im Zusammenhang stehende Straftaten erweitert. Die erforderliche Qualität dieses Zusammenhanges wird durch Art. 3 Abs. 2 S. 2 Europol-VO näher beleuchtet. Hiernach sind sowohl Straftaten, die begangen werden, um Mittel für die nach Art. 3 Abs. 1 Europol-VO in den Zuständigkeitsbereich von Europol fallenden Straftaten zu beschaffen (lit. a)), diese zu unterstützen (lit. b)) oder die Bestrafung dieser zu verhindern (lit. c)), erfasst.

Zu klären ist in diesem Zusammenhang ferner, ob Europol-Bedienstete lediglich an repressiv ausgerichteten JITs mitwirken dürfen oder auch an solchen mit präventiver Zielsetzung. Eine Beschränkung der Teilnahmemöglichkeit Europol-Bediensteter auf repressiv ausgerichtete JITs legt der Wortlaut des Art. 5 Abs. 1 Europol-VO nahe.[42] Dagegen spricht jedoch, dass die Trennung bzw. die unterschiedliche Behandlung repressiver und präventiver Behördentätigkeit mit Blick auf Europol nahezu traditionell nicht klar erfolgt.[43] Im Übrigen gelten die gleichen Erwägungen wie in Bezug auf die generelle Zulässigkeit präventive Ziele verfolgender JITs,[44] weshalb eine Teilnahme von Europol auch an JITs, die (auch) präventive Anliegen verfolgen, als zulässig angesehen werden kann.

III. Möglichkeit der Teilnahme OLAFs

In Anbetracht des Fehlens einer näheren Regelung der grundsätzlichen Befugnis OLAFs, an JITs mitzuwirken, ist diese jedenfalls auf den Bereich des OLAF zukommenden Mandats zu beschränken.[45] Dieses umfasst insbesondere Untersuchungsbefugnisse hinsichtlich der Bekämpfung von rechtwidrigen Handlungen zum Nachteil der finanziellen Interessen der EU[46] und die Unterstützung der

[40] Vgl. S. 29 Ratsdokument 10033/14 vom 28.04.2014.

[41] Vgl. demgegenüber etwa die Definitionen im Anhang zum Europol-Beschluss.

[42] Art. 5 Abs. 1 Europol-VO spricht lediglich von der „[...] Bekämpfung [...] von Straftaten“ – Art. 3 Abs. 1 Europol-VO setzt Europol hingegen die „[...] Verhütung *und* Bekämpfung“ (Hervorhebung durch Verf.) zum Ziel, differenziert mithin nach präventiv und repressiv ausgerichteten Zielen.

[43] Vgl. dazu schon *Paeffgen*, in: Wolters et al. (Hrsg.), S. 173 f.; *Kröger*, Europäisches Polizeiamt, S. 44 mit Blick auf das Europol-Übereinkommen.

[44] S. dazu oben in diesem Kapitel unter B. I.

[45] Vgl. dazu und zu dieser Thematik generell S. 25 JITs-Leitfaden.

[46] Vgl. dazu Art. 2 Abs. 1 OLAF-Beschluss, Art. 1 Abs. 1 OLAF-VO. Die finanziellen Interessen der Union sind nach Art. 2 Nr. 1 OLAF-VO die „Einnahmen, Ausgaben und Vermögensgegenstände“, die insbesondere im Haushaltsplan der EU oder ihrer Organe, Einrichtungen oder sonstigen Stellen erfasst sind.

Mitgliedstaaten bei der Organisation einer „engen, regelmäßigen Zusammenarbeit zwischen ihren zuständigen Behörden, um ihre Tätigkeit zum Schutz der finanziellen Interessen der Union vor Betrug zu koordinieren“[47].[48] Hinsichtlich der Untersuchungsbefugnisse sind externe Untersuchungen[49] von internen Untersuchungen[50] zu unterscheiden; beide Vorgänge sind durch den Generaldirektor (vgl. zu diesem Amt Art. 17 VO OLAF-VO) gem. Art. 5 OLAF-VO einzuleiten und durchzuführen (Art. 7 OLAF-VO).[51] Nichtsdestotrotz wird eine Teilnahme von OLAF-Personal an mitgliedstaatlichen JITs in unterstützender Funktion im Zuge von solchen Untersuchungen als zulässig erachtet.[52]

IV. Möglichkeit der Teilnahme Eurojusts

Demgegenüber ist der potentielle Aktionsradius der nationalen Eurojust-Mitglieder der an dem JITs beteiligten Mitgliedstaaten bzw. von Eurojust weiter zugeschnitten.[53] Unter der Geltung des Eurojust-Beschlusses aus dem Jahr 2002 war eine Mitwirkung Eurojusts nicht auf die in seinen Zuständigkeitsbereich fallenden Straftaten[54] beschränkt, sodass dementsprechend die Teilnahme an jeg-

---

[47] Vgl. dazu Art. 2 Abs. 2 OLAF-Beschluss, Art. 1 Abs. 2 OLAF-VO. Hinzu können nach Art. 1 Abs. 2 S. 2 und 3 OLAF-VO die Förderung und Koordination des Austauschs von „operativen Erfahrungen und bewährten Verhaltensweisen“ und die Unterstützung „gemeinsamer Betrugsbekämpfungsmaßnahmen, die die Mitgliedstaaten auf freiwilliger Basis durchführen“ treten.

[48] Zur Aufteilung zwischen Untersuchungs- und Unterstützungstätigkeiten vgl. m.w.N. *Silberzahn*, JA 2016 S. 205 ff., S. 205 ff.

[49] Vgl. dazu insbesondere Art. 3 OLAF-VO. Bei externen Untersuchungen durch OLAF gelten für dessen Bedienstete neben dem einschlägigen Unionsrecht nach Art. 3 Abs. 3 OLAF-VO die einschlägigen „Vorschriften und Gepflogenheiten des betroffenen Mitgliedstaats“. Hierbei kann OLAF-Personal gem. Art. 3 Abs. 1 OLAF-VO i.V.m. Art. 4 OLAF-Kontrollen-VO Räumlichkeiten und Grundstücke betreten, i.V.m. Art. 7 Abs. 1 OLAF-Kontrollen-VO Einsicht in relevante Dokumente nehmen oder i.V.m. Art. 7 Abs. 2 OLAF-Kontrollen-VO die Sicherstellung von Beweismitteln veranlassen.

[50] Vgl. dazu insb. Art. 4 OLAF-VO. Diese Untersuchungen können nach Abs. 1 „Verwaltungsuntersuchungen innerhalb der Organe, Einrichtungen und sonstigen Stellen“ umfassen.

[51] Vgl. Art. 7 Abs. 1 OLAF-VO. Schon aus diesem Grund scheidet eine Mitwirkung von OLAF an von mitgliedstaatlichen Behörden zu führenden JITs (s. zur Befehlsgewalt und Entscheidungsfindung innerhalb eines JIT unten in diesem Kapitel unter E.) zwecks Wahrnehmung seiner Untersuchungsbefugnisse aus.

[52] Vgl. dazu S. 26 f. JITs-Leitfaden. Die diesbezüglichen Ausführungen gehen jedoch nicht über eine Aufgabenbeschreibung OLAFs hinaus. Es erscheint fraglich, inwieweit eine Mitwirkung angesichts der divergierenden Zuständigkeitsbestimmungen zielführend sein kann. Nachvollziehbar ist hingegen eine Einbindung im Rahmen der Unterstützungsbefugnisse von OLAF.

[53] Vgl. dazu Art. 6 Abs. 1 lit. a) iv) i.V.m. Art. 9f Eurojust-Beschluss bzw. Art. 8 Abs. 1 lit. d) Eurojust-VO.

[54] Vgl. dazu Art. 4 Eurojust-Beschluss, der in Abs. 1 die Zuständigkeiten Eurojusts dynamisch an die Europols angleicht und gem. Abs. 2 die diesbezügliche Möglichkeit der Erweiterung des Zuständigkeitsbereichs im Einzelfall und auf Antrag eines Mitgliedstaats zulässt.

lichen JITs grundsätzlich in das Mandat Eurojusts fiel. Die Mitwirkung eines nationalen Mitglieds könnte nach Art. 9f S. 2 Eurojust-Beschluss jedoch von der Zustimmung der zuständigen nationalen Stelle abhängig gemacht werden. Eine Pflicht zur Einladung des jeweiligen nationalen Mitglieds zur Teilnahme an einem JITs bestand, wenn hinsichtlich des JITs eine „Gemeinschaftsfinanzierung im Rahmen der anwendbaren Finanzinstrumente" bezogen wurde, Art. 9f S. 3 Eurojust-Beschluss.[55] Die Eurojust-VO aus dem Jahr 2018 hingegen verknüpft die Aufgaben Eurojusts, inklusive der Mitwirkung an JITs nach Art. 2 Abs. 1 Eurojust-VO mit seinen Zuständigkeiten. Angesichts der weiten, mit den Bestimmungen der Europol-VO vergleichbaren Fassung dieser Zuständigkeiten nach Art. 3 Abs. 1 i.V.m. Abs. 4 i.V.m. Anhang I Eurojust-Verordnung dürfte Eurojust im Ergebnis auch nach der Eurojust-VO für die Mitarbeit an sämtlichen rechtmäßig zustande gekommenen JITs zuständig und befugt sein.

C. Ein- und Zusammensetzung von JITs

I. Einleitung der Bildung eines JITs

Der erste Impuls zur Errichtung eines JITs kann sowohl von den zuständigen mitgliedstaatlichen Stellen als auch von unionaler Seite aus erfolgen.

1. Initiative mitgliedstaatlicher Behörden

Ein Ersuchen hinsichtlich der Bildung eines JITs kann von jedem „betroffenen" Mitgliedstaat gestellt werden.[56] Art. 1 Abs. 2 JITs-Beschluss legte eine Einordnung dieser Anfrage als Rechtshilfeersuchen nahe,[57] in der Praxis wird jedoch teilweise auf die Stellung eines förmlichen Ersuchens verzichtet.[58] Hinsichtlich

---

[55] Vgl. zu Ausgestaltung der Finanzierung durch Eurojust vgl. unten in diesem Kapitel unter H.

[56] Vgl. Art. 1 UA 3 JITs-Beschluss. Hinsichtlich der Betroffenheit ist auf den Kontext der Beispielsfälle des Art. 1 UA 2 lit. a) und b) JITs-Beschluss abzustellen, der etwa Ermittlungen in einem Mitgliedstaat mit grenzüberschreitender Dimension fordert (s. dazu bereits oben in diesem Kapitel unter B. I.).

[57] Dieser verwiest auf den die Inhalte des Rechtshilfeersuchens regelnden Art. 14 Europ. Rechthilfeübereinkommen. Im Fall des Art. 13 EU-Rechtshilfeübereinkommen kann das Erfordernis eines Rechtshilfeersuchens aus dem Kontext zu Art. 4 und 6 EU-Rechtshilfeübereinkommen entnommen werden. In diesen Vorschriften finden sich insbesondere Vorgaben zur Übermittlung und Erledigung von Rechtshilfeersuchen, die teilweise besondere Vorgaben für das Ersuchen zur Bildung eines JITs enthalten, vgl. nur Art. 6 Abs. 5 EU-Rechtshilfeübereinkommen.

[58] Vgl. dazu S. 7 Fn. 12 JITs-Leitfaden; zum Ganzen auch *Zurkinden*, Joint Investigation Teams, S. 146 f. Im Erfassungszeitraum des ER 2018 wurde in mehr als der Hälfte der Fälle ein formelles Rechtshilfeersuchen gefordert. Der ER 2018 stellt auf S. 13 heraus, dass dies nicht den Bedürfnissen der Praxis gerecht werde.

des Umfangs der Anfrage ist folgender Mindestinhalt vorgeschrieben: Neben Angaben zur ersuchenden Behörde, Gegenstand und Grund der Anfrage und soweit möglich Informationen zur Identität der von der Tätigkeit des JITs möglicherweise betroffenen Personen sollen bereits Vorschläge für die Zusammensetzung des JITs enthalten sein.[59] Durch den JITs-Leitfaden werden informelle Treffen und Abstimmungen auch vor der Antragsstellung empfohlen, bezüglich deren Gelingen und Effektivität Eurojust und Europol eine mögliche „Schlüsselrolle" zugeschrieben wird.[60]

Obligatorisch bei der Errichtung von JITs zwischen Mitgliedstaaten der EU ist die Unterrichtung des bzw. der nationalen Eurojust-Mitglieds/er über die Einsetzung des JITs.[61] Eine vergleichbare Normierung einer Verpflichtung der Mitgliedstaaten zur Unterrichtung Europols besteht nicht. Jedoch kann eine solche Unterrichtungspflicht gegenüber den nationalen Stellen Europols zwecks Förderung einer wirksamen Zusammenarbeit aus Art. 7 Abs. 6 lit. a) und insb. lit. b) Europol-VO entnommen werden. Im Übrigen ist auch eine Unterrichtung Europols durch Eurojust möglich.[62]

2. Initiative durch Europol

Art. 5 Abs. 5 Europol-VO sieht vor, dass Europol ein Vorschlagsrecht bezüglich der Einsetzung eines JITs gegenüber den betroffenen Mitgliedstaaten hat. Zwar wird dieses Vorschlagsrecht auf den Fall des Vorliegens einer „gegebene(n) Untersuchung" begrenzt; auch bezüglich der Einleitung von strafrechtlichen Ermittlungen besteht für Europol gemäß Art. 6 Abs. 1 Europol-VO indes ein Vorschlagsrecht. Fraglich ist jedoch, inwieweit und in welcher Form die Mitgliedstaaten zur Behandlung bzw. Befolgung eines Vorschlag Europols zur Einsetzung eines JITs verpflichtet sind.[63] Eine relativ hohe Hürde für die Ablehnung des

---

[59] Vgl. Art. 1 Abs. 2 JITs-Beschluss i.V.m. Art. 14 Abs. 1 Europ. Rechtshilfeübereinkommen.

[60] Vgl. dazu S. 7, 12 JITs-Leitfaden. Praktische Aspekte, Schwierigkeiten und „best practices" bei der Initiierung eines JITs sind auf S. 13 ff. ER 2018 aufgeführt.

[61] Vgl. Art. 13 Abs. 5 Eurojust-Beschluss/Art. 21 Abs. 4 Eurojust-VO. Diese Berichterstattung hat nach dem Anhang des Eurojust-Beschlusses insbesondere die beteiligten Mitgliedstaaten, die Art der zu verfolgenden Straftaten, die voraussichtliche Dauer des Einsatzes und dessen Leiter zu beinhalten.

[62] Vgl. zur Zusammenarbeit von Europol und Eurojust generell Erw. 12, Art. 12 Abs. 5 lit. d) und Art. 26 Abs. lit a) Eurojust-Beschluss, Art. 6 Abs. 4 Europol-VO und insbesondere, in Bezug auf JITs, Art. 6 Abs. 4 der am 01.01.2010 geschlossenen Vereinbarung zwischen Europol und Eurojust, wonach eine gegenseitige Informationspflicht über die Beteiligung an JITs „at the earliest opportunity" erfolgen soll. Auch zwischen Europol und OLAF ist in einer Verwaltungsvereinbarung (unter Punkt 5.) (abrufbar unter https://www.europol.europa.eu/sites/default/files/documents/administrative_arrangement_between_the_european_police_office_europol_and_the_european_anti-fraud_office_olaf_signed_version.pdf, zuletzt abgerufen am 24.02.2024) eine gegenseitige Informationspflicht geregelt.

[63] Diese Frage kann deshalb von entscheidender Bedeutung sein, da je nach Umfang der

Vorschlags würde eine Einordnung eines solchen Vorschlags unter Ersuchen i.S.d. Art. 6 Abs. 1 Europol-VO darstellen, da die zuständigen Behörden eines Mitgliedstaats dann „unverzüglich, vorzugsweise binnen eines Monats nach Erhalt des Ersuchens, die Gründe für ihre Entscheidung“[64] an Europol übermitteln müssten. Eine Begründung wäre nur in den Fällen des Art. 6 Abs. 3 S. 2 Europol-VO entbehrlich.

Für die Einordnung eines Vorschlags Europols gem. Art. 5 Abs. 5 Europol-VO unter Ersuchen i.S.d. Art. 6 Abs. 1 Europol-VO spricht zunächst, dass dieser Europol ermöglicht, die betreffenden Mitgliedstaaten über die nationalen Stellen auch um „Durchführung oder Koordination strafrechtlicher Ermittlungen“ zu ersuchen, worunter auch eine Anfrage bezüglich der Einsetzung eines JITs einzuordnen sein könnte. Ferner würde eine solche Sicht den Gleichlauf mit Anfragen von Eurojust (dazu sogleich) herstellen, die ebenfalls nur begründet abgewiesen werden können. Des Weiteren könnte man unter den in Art. 6 Abs. 1 Europol-VO geforderten „bestimmten Fällen“ nur diejenigen Fälle verstehen, die in der Europol-VO ausdrücklich geregelt, d.h. „bestimmt“ sind.

Hiergegen spricht jedoch, dass in den anderen Sprachfassungen kein mit „bestimmt“ im Sinne von „geregelt“ vergleichbares Wort verwendet wird.[65]. Ferner spricht die unterschiedliche Wortwahl und der damit vorgegebene Entscheidungsspielraum Europols in Art. 5 Abs. 5 Europol-VO („kann [...] vorschlagen“) bzw. Art. 6 Abs. 1 Europol-VO („ersucht“)[66] bezüglich des Vorschlags der Bildung eines JITs bzw. der Einleitung strafrechtlicher Ermittlungen dagegen, dass Art. 6 Abs. 1 Europol-VO Vorschläge nach Art. 5 Abs. 5 Europol-VO erfasst.[67]

Fällt ein Vorschlag für die Einrichtung eines JITs somit nicht unter Art. 6 Abs. 1 Europol-VO, bleibt fraglich, ob und in welcher Weise die betroffenen Mitgliedstaaten mit diesem zu verfahren haben. Eine insoweit ungeklärte Rechtslage lag auch schon unter der Geltung des Europol-Beschluss vor.[68] Jedenfalls kann wohl aufgrund des in Art. 4 Abs. 3 EUV als Subprinzip des Loyalitätsgrundsat-

---

Bearbeitungspflicht des adressierten Mitgliedstaats ein mehr oder weniger intensiver sog. „comply-or-explain“-Mechanismus angenommen werden kann, was insbesondere auf Rechtsschutzebene relevant ist, vgl. zu „comply-or-explain“-Mechanismen in diesem Zusammenhang in Teil 3 Kapitel 10 B. IV. 1. c).

[64] Vgl. Art. 6 Abs. 3 S. 1 Europol-VO.

[65] So werden zum Beispiel in der englischen Fassung von „specific cases“, in der französischen Fassung „les cas particuliers“ und in der spanischen Fassung von „en aquellos casos específicos“ Wörter verwendet, die sich auch und eher mit „besonders“ oder „spezifisch“ übersetzen lassen.

[66] Auch in den anderen Sprachfassungen werden unterschiedliche Formulierungen verwendet, englisch „may propose“ bzw. „shall request“, französisch: „peut en faire la proposition“ bzw. „demande“, spanisch: „podrá proponer“ bzw. „solicitará“.

[67] So *Aden*, in: Lisken/Bäcker/Denninger/Graulich (Hrsg.), Kapitel N Rn. 111 f.

[68] Vgl. dazu nur *Mokros* in: Lisken/Denninger/Rachor (Hrsg.), Kapitel O Rn. 45 und *Röben*, in: Grabitz/Hilf/Nettesheim (Hrsg.), Art. 87 AEUV Rn. 41.

zes verankerten Kooperationsprinzips[69] eine Reaktion in Form der Berücksichtigung bei der Entscheidungsfindung gefordert werden.[70]

3. Initiative durch Eurojust

Von Eurojust kann sowohl durch dessen nationale Mitglieder[71] als auch durch ein Handeln als Kollegium[72] die Bildung eines JITs angeregt werden.[73] Letztere Maßnahme muss von dem sich aus sämtlichen nationalen Mitgliedern zusammensetzenden Organ nach dem Eurojust-Beschluss mit Zweidrittelmehrheit[74] bzw. nach der Eurojust-VO mit Mitgliedermehrheit[75] beschlossen werden, wodurch auch theoretisch eine Entscheidung über ein Ersuchen gegen den Willen eines nationalen Mitglieds möglich ist. Soll diesem Ersuchen nicht gefolgt werden, müssen die zuständigen nationalen Behörden Eurojust schnellstmöglich und unter Begründung von dieser Entscheidung informieren, Art. 8 S. 1 Eurojust-Beschluss bzw. Art. 4 Abs. 6 Eurojust-VO.[76]

---

[69] Vgl. dazu *Kahl*, in: Calliess/Ruffert (Hrsg.), Art. 4 EUV Rn. 39 m.w.N.

[70] Vgl. zu den die generelle Zusammenarbeit mitgliedstaatlicher Behörden und unionaler Stellen betreffenden Bestimmungen des Art. 197 AEUV *Schröder*, DVBl 2011, S. 671 ff., S. 671 ff.; *Gärditz*, in: Wolters et al. (Hrsg.), S. 215 Fn. 144 leitet eine Pflicht zur unverzüglichen Prüfung und Bescheidung von Anfragen Europols zur Initiierung von Ermittlungen aus dem Prinzip der Unionstreue ab; zur Rechtslage unter dem Europol-Übereinkommen auch *Srock*, Europol, S. 145f. Nach *Kirchhoff*, Europa und Polizei, S. 188 f. folgt eine Pflicht zur Prüfung der Ersuchen Europols schon aus dem jedenfalls in Deutschland die Arbeit der Staatsanwaltschaft beherrschenden Legalitätsprinzips, welches auch bei Ersuchen um die Einsetzung eines JITs aktiviert werden dürfte. So auch *Wandl*, Europol, S. 121, der in der Normierung bestimmter Reaktionspflichten der Mitgliedstaaten auf Anfragen Europols die „Formalisierung einer gängigen Praxis" sieht.

[71] Vgl. Art. 6 Abs. 1 lit. a) iv) Eurojust-Beschluss. Dieses Ersuchen ist an die zuständigen Behörden des „betroffenen Mitgliedstaats" zu richten und mit einer „entsprechenden Begründung" zu versehen. Ein Ersuchen über die jeweiligen nationalen Mitglieder ist auch nach Art. 5 Abs. 1 S. 1 i.V.m. Art. 4 Abs. 2 lit. d) Eurojust-VO der Regelfall.

[72] Vgl. Art. 7 Abs. 1 lit. a) iv) Eurojust-Beschluss. Dieses Ersuchen hat neben den auch für die Ersuchen der nationalen Stellen geltenden Bedingungen den Bezug auf in Art. 4 Abs. 1 Eurojust-Beschluss genannte Straftaten und Kriminalitätsformen als Voraussetzung. Nach der Eurojust-VO ist hingegen von dem Regelfall des Ersuchens durch ein nationales Mitglied nach Art. 5 Abs. 2 lit. a) Eurojust-VO nur dann abzuweichen, wenn dies von den nationalen Mitgliedern verlangt wird (i) oder „wenn es um Ermittlungen oder Strafverfolgungsmaßnahmen geht, die Auswirkungen auf Ebene der Union haben oder die andere als die unmittelbar beteiligten Mitgliedstaaten betreffen könnten"(ii); in diesen Fällen ist Eurojust als Kollegium zuständig.

[73] Im Zeitraum von April 2014 bis Oktober 2015 wurde die Möglichkeit eines Ersuchens zur Einsetzung eines JITs durch Eurojust in drei Fällen wahrgenommen, vgl. S. 12 ER 2016.

[74] Vgl. Art. 7 Abs. 1, Abs. 3 S. 1 Eurojust-Beschluss.

[75] Vgl. dazu Art. 14 Abs. 1 Eurojust-VO.

[76] Etwas kryptisch formuliert ist die in Art. 8 S. 2 Eurojust-Beschluss getroffene Regelung hinsichtlich einer möglichen Entbehrlichkeit der Begründung: Liegen die Gründe für eine Ablehnung des Ersuchens in „wesentlichen nationalen Sicherheitsinteressen" oder der Ge-

II. Vereinbarungen zum bzw. über den Einsatz von JITs

Nach einem ersten Impuls durch nationale oder unionale Stellen ist der Einsatz eines JITs von zwischen Mitgliedstaaten und unionalen Stellen in horizontaler wie vertikaler Richtung zu treffenden Vereinbarungen abhängig.

1. Vereinbarung zwischen den beteiligten Mitgliedstaaten

Voraussetzung für das rechtliche Entstehen eines JITs ist stets eine Vereinbarung der „zuständigen Behörden von zwei oder mehr Mitgliedstaaten für einen bestimmten Zweck und einen begrenzten Zeitraum [...] zur Durchführung strafrechtlicher Ermittlungen in einem oder mehreren der an der Gruppe beteiligten Mitgliedstaaten"[77]. Die Festlegung des Zwecks ist nicht näher definiert. Den in Art. 1 Abs. 1 UA 2 JITs-Beschluss aufgeführten Beispielsfällen ist jedoch zu entnehmen, dass sich der zu vereinbarende Zweck aus bereits laufenden Ermittlungsverfahren oder sonstigen Ermittlungen heraus konkretisieren kann. In der im JITs-Leitfaden enthaltenen Modellvereinbarung sind zudem Anhaltspunkte zur Beschreibung des Zwecks enthalten.[78] Diese Zweckfestlegung unterscheidet die JIT-Vereinbarungen maßgeblich von anderweitigen Übereinkünften auf dem Gebiet der Rechtshilfe.[79] Auch die Festlegung des Zeitraums ist nicht weiter geregelt und dürfte in der Praxis häufig mit der Erfüllung des Zwecks des JITs verknüpft sein.[80] Eine diesen Anforderungen entsprechende, öffentlich-rechtliche interadministrative Vereinbarung[81] ist Voraussetzung für die Anwendbarkeit der weiteren, in den JITs-Rechtsgrundlagen getroffenen Bestimmungen und ferner

---

fährdung der Sicherheit von Personen, „so können die zuständigen Behörden der Mitgliedstaaten operative Gründe anführen".

[77] Vgl. Art. 1 Abs. 1 S. 1 JITs-Beschluss; Art. 13 Abs. 1 S. 1 EU-Rechtshilfeübereinkommen, im Folgenden mit „JIT-Vereinbarung" abgekürzt. In dieser Vereinbarung soll insbesondere gemäß Art. 1 Abs. 1 S. 2 JITs-Beschluss bzw. Art. 13 Abs. 1 S. 2 EU-Rechtshilfeübereinkommen „die Zusammensetzung der Gruppe geregelt werden".

[78] Vgl. S. 29 JITs-Leitfaden. Die Beschreibung des Zwecks des JITs soll demnach die Tatumstände der aufzuklärenden Straftat(en) enthalten und die Ziele des JITs, etwa hinsichtlich Beweiserhebungen und der Festnahme von Tatverdächtige enthalten. Die Mustervereinbarung ist abgedruckt im ABl. C 18 vom 19.01.2017 S. 1–9.

[79] Vgl. dazu etwa die bilateralen Polizeiverträge der Bundesrepublik Deutschland, die stets eine generelle Form der Kooperation betreffende Regelungen enthalten, abrufbar unter https://www.bmi.bund.de/SharedDocs/downloads/DE/veroeffentlichungen/themen/sicherheit/uebersicht-polizeiabkommen.pdf?__blob=publicationFile&v=2, zuletzt abgerufen am 24.02.2024.

[80] Vgl. dazu die Angaben auf S. 44 ER 2018, wonach die operative Phase eines JITs weniger als 12 und bis zu über 24 Monate andauern kann. Für die Verlängerung des Einsatzes eines JITs ist auf S. 36 JITs-Leitfaden ein Muster vorgegeben.

[81] Vgl. dazu vertieft in Teil 3 Kapitel 10 B. II. und an dieser Stelle nur *Schöndorf-Haubold*, Europäisches Sicherheitsverwaltungsrecht, Rn. 103; die Vereinbarungen dem öffentlichen Recht zuordnend auch *Wörner*, in: Ambos/König/Rackow (Hrsg.), § 93 IRG Rn. 516.

für die für JITs zur Verfügung stehenden, insbesondere finanziellen Fördermöglichkeiten[82] durch Unionsstellen.[83]

Mit dem vom Rat im JITs-Leitfaden erlassenen Modell für eine Vereinbarung über die Bildung eines JITs wurde der erwartete Inhalt dieser Vereinbarung für die Praxis weiter konkretisiert. Hierbei handelt es sich nach S. 8 JITs-Leitfaden um eine „unverbindliche Grundlage", die jedoch tatsächlich für die „überwiegende Mehrheit" der zwischen EU-Mitgliedstaaten gebildeten JITs verwendet wird. In Übereinstimmung mit den bisher dargestellten Rechtsgrundlagen können demnach nur (mitglied-)staatliche Behörden Parteien dieser Vereinbarung sein.

2. Vereinbarungen mit unionalen Stellen

Für die Teilnahme nicht-mitgliedstaatlicher Stellen ist nach Art. 1 Abs. 12 JITs-Beschluss eine gesonderte Vereinbarung zu treffen. Deren Inhalt ist von den an dem JIT teilnehmenden Mitgliedstaaten und der jeweiligen externen Institution auszuhandeln, für die Beteiligung unionaler Stellen sind zudem teilweise spezielle Vorschriften und Leitlinien vorhanden.

a) Vereinbarung über die Beteiligung von Europol-Personal

Wie in Art. 87 Abs. 2 UA 1 S. 1 AEUV vorgesehen, wird die in Art. 87 Abs. 2 UA 1 S. 2 lit. b) AEUV normierte Befugnis von Europol-Personal zur Teilnahme an JITs in der Europol-VO näher geregelt. Insbesondere schreibt Art. 5 Abs. 1 S. 2 Europol-VO den Abschluss einer Vereinbarung vor, die „Informationen über die Haftungsvorschriften" enthält. Im JITs-Leitfaden sind Vorgaben hinsichtlich der Einbeziehung des Europol-Personals insbesondere in einer diesbezüglichen Musterregelung enthalten.[84] Auch wenn der Wortlaut dieser Vorgaben eine einseitige Entscheidungsgewalt der beteiligten Mitgliedstaaten nahelegt[85], muss eine Teilnahme von Europol-Personal im Einvernehmen mit Europol beschlossen werden.[86] Diese somit rechtlich eigenständige öffentlich-rechtliche Vereinbarung

[82] Vgl. dazu unten in diesem Kapitel unter H.; das JITs-Portal und die darin enthaltene Förderplattform ist auf die hier in den Blick genommenen, auf unionale Rechtsakte gestützten JITs beschränkt.

[83] Soll eine von diesen Voraussetzungen abweichende Zusammenarbeitsform gewählt werden, die etwa über einen unbestimmten Zeitraum operiert, steht dies den Mitgliedstaaten auch offen, hierzu müssten dann jedoch Instrumente des klassischen, nationalen und völkerrechtlichen Rechtshilferechts in Strafsachen bemüht werden. Zu anderen bi- und multilateralen Rechtsgrundlagen für JITs s. in diesem Kapitel unter A. I.

[84] Vgl. S. 30, 34 f. JITs-Leitfaden.

[85] Vgl. dazu im Wortlaut S. 30 JITs-Leitfaden, der in Bezug auf die Mitgliedstaaten ausführt: „[...] kommen überein [...] einzubeziehen", S. 30 JITs-Leitfaden.

[86] Dahingehend präziser formuliert war die Regelung in der Empfehlung 2003/C 121/01 des Rates vom 08.05.2003 zu einer Modellvereinbarung über die Bildung einer gemeinsamen Ermittlungsgruppe. Hier war unter 7. die Einbeziehung Europols entweder auf dessen Vorschlag oder durch ein von den Mitgliedstaaten zu stellendes Ersuchen geregelt.

muss hinsichtlich ihrer Rechtmäßigkeitsvoraussetzungen und etwaigen Fehlerfolgen unabhängig von der mitgliedstaatlichen JIT-Vereinbarung beurteilt werden. Der Verwaltungsrat von Europol hatte mit einem auf das Europol-Übereinkommen gestützten Beschluss vom 20.04.2007 Bestimmungen über die Vereinbarungen zur administrativen Umsetzung der Teilnahme von Europol-Bediensteten an JITs erlassen.[87] Die darin enthaltene obligatorische Einschaltung der Verbindungsbeamten dürfte mittlerweile durch die nationalen Europol-Stellen in Zusammenarbeit mit den von diesen zu Europol entsendeten Verbindungsbeamten wahrgenommen werden.[88]

b) Vereinbarung über die Beteiligung von Eurojust-Personal

Für die sich nach Art. 9f Eurojust-Beschluss/Art. 8 Abs. 1 lit. d) Eurojust-VO richtende Beteiligung Eurojusts ist ebenfalls neben der mitgliedstaatlichen Übereinkunft hinsichtlich der Einbeziehung eine gesonderte Vereinbarung mit Eurojust erforderlich.[89] In dieser Vereinbarung ist gem. Art. 9f S. 4 Eurojust-Beschluss insbesondere festzulegen, ob die nationalen Mitglieder im Namen von Eurojust oder als zuständige nationale Behörde handeln.[90]

[87] Vgl. die berichtigte Form des Beschlusses des Verwaltungsrats von Europol (2007/C 72/16) vom 20.04.2007 zur Festlegung der Bestimmungen über die Vereinbarungen zur administrativen Umsetzung der Teilnahme von Europol-Bediensteten an gemeinsamen Ermittlungsgruppen. Hierin war insbesondere die Aushandlung der Vereinbarung unter Einbeziehung der nationalen Stellen Europols vorgesehen (Art. 2). Ferner war in der Vereinbarung ein Weigerungsrecht an JITs teilnehmenden Europol-Personals geregelt, falls die Anordnungen des Gruppen-Leiters „nach ihrer Auffassung im Widerspruch zu ihren Verpflichtungen gemäß dem Europol-Übereinkommen stehen“. Waren diese Differenzen nicht zu klären, sollte dem Direktor von Europol das Recht zukommen „die Vereinbarung zu beenden“ (Art. 4 Abs. 2).

[88] Vgl. dazu Art. 7 i.V.m. Art. 8, insb. Abs. 2 Europol-VO und S. 22 JITs-Leitfaden.

[89] Eine förmliche Regelung der Unterstützung von JITs durch Eurojust wird zudem auf S. 21 JITs-Leitfaden angeregt. Diese betrifft in der Regel primär die Einbeziehung nationaler Mitglieder, vgl. dazu in diesem Kapitel unter C. II. 2. b). Für den Abschluss dieser Vereinbarung dürfte der Verwaltungsdirektor von Eurojust zuständig sein, vgl. dazu Art. 29 Abs. 5 S. 1 Eurojust-Beschluss bzw. Art. 18 Abs. 4 lit. a) Eurojust-VO.

[90] Vgl. zu dieser Differenzierung Art. 9a Eurojust-Beschluss. Durch die Möglichkeit des Handelns im Namen von Eurojust wird hierbei lediglich für JITs eine potentielle Ausnahme vom Handeln der nationalen Mitglieder als nationale Behörde geschaffen, vgl. dazu Art. 9b-e Eurojust-Beschluss. Auch diesbezüglich kann die auf S. 34 f. JITs-Leitfaden enthaltene Mustervereinbarung verwendet werden, welche die Besonderheit der Entscheidungsfreiheit zwischen einem Einsatz der nationalen Mitglieder in nationaler oder unionaler Funktion aufgreift.

c) Vereinbarung über die Beteiligung von OLAF-Personal

Hinsichtlich der Beteiligung OLAFs ist ebenfalls ein diesbezügliches Einvernehmen der an dem JIT beteiligten Mitgliedstaaten sowie eine eigenständige Vereinbarung mit OLAF erforderlich.[91]

III. Zusammensetzung eines JITs

Formal wird ein JIT in einem der Mitgliedstaaten gebildet, in dem der Einsatz (voraussichtlich) erfolgt.[92] Die Zusammensetzung des JITs wird im Hinblick auf die beteiligten mitgliedstaatlichen Beamten allein durch die Mitgliedstaaten festgelegt[93], diesbezügliche Vorschläge sollen gem. Art. 1 Abs. 2 JITs-Beschluss schon in dem Ersuchen zur der Einsetzung eines JITs enthalten sein.[94] Hierbei ist zwischen JITs-Mitgliedern des Einsatzmitgliedstaats und aus anderen Mitgliedstaaten entsandten Mitgliedern zu differenzieren.[95] Die Struktur der Gruppe muss einen Vertreter des bzw. je Einsatzmitgliedstaat(s) als Gruppenleiter ausweisen.[96] Hierdurch ist eine Leitung des JITs durch Beamte unionaler Stellen, insbesondere auch durch Europol,[97] ausgeschlossen. Bei (potentiell) grenzüberschreitenden Ermittlungen besteht zudem ein Bedürfnis, einen JIT-Leiter durch jeden (mög-

---

[91] Letztere ist durch den Generaldirektor (vgl. dazu Art. 17 Abs. 1 VO OLAF-VO) mit den beteiligten Mitgliedstaaten zu schließen, s. dazu auch S. 25 JITs-Leitfaden. Im Übrigen gilt das auf S. 34 f. JITs-Leitfaden befindliche Muster auch für eine Einbeziehung von OLAF.

[92] Vgl. dazu Art. 1 Abs. 1 UA 3 JITs-Beschluss. Im Folgenden wird in Anlehnung an Art. 1 Abs. 4 JITs-Beschluss der Staat, in dem das JIT eingesetzt wird, als „Einsatzmitgliedstaat" bezeichnet. Hierbei muss es sich nicht um den Mitgliedstaat handeln, in welchem das JIT gebildet wurde; aus der i.d.R. grenzüberschreitenden Zielsetzung des JIT folgt vielmehr, dass „Einsatzmitgliedstaat" derjenige ist, auf dessen Hoheitsgebiet der Einsatz erfolgt. Jeder dieser Einsatzstaaten hat nach Art. 1 Abs. 3 lit. c) JITs-Beschluss die „notwendigen organisatorischen Voraussetzungen" für den Einsatz des JITs zu schaffen.

[93] Vgl. dazu Art. 1 Abs. 1 S. 2 JITs-Beschluss.

[94] Dies gilt unabhängig von der praktischen Umsetzung, in der ein Einfluss von Eurojust oder Europol auf die Zusammensetzung der Gruppe insbesondere in den vor dem Abschluss der JIT-Vereinbarung möglichen Koordinierungstreffen (s. dazu nur in diesem Kapitel unter C. I. 1.) nicht ausgeschlossen ist.

[95] Vgl. zum Terminus der „entsandten Mitglieder" insb. Art. 1 Abs. 4 JITs-Beschluss, S. 9 JITs-Leitfaden.

[96] Vgl. Art. 1 Abs. 3 lit. a) und b) JITs-Beschluss, S. 8 JITs-Leitfaden. Nach S. 15 JITs-Leitfaden wird es – entgegen der Formulierung des Art. 1 Abs. 3 lit. a) und b) JITs-Beschluss – als zulässig angesehen, mehrere Gruppenleiter (auch aus verschiedenen Behörden) in einem Mitgliedstaat zu benennen. Hierbei wird jedoch zugleich auf dadurch möglicherweise entstehende Abstimmungsschwierigkeiten verwiesen und die Einsetzung lediglich eines JITs-Leiters empfohlen.

[97] Freilich wird diese Frage häufig aufgeworfen und als genereller Schritt hin zu einer supranationalen Polizeibehörde untersucht, vgl. dazu *De Moor*, Role of Europol in JITs, S. 329 ff., eine Führungsrolle Europols befürwortend *Lopes de Lima*, Cambridge Yearbook of European Legal Studies 9 (2006–2007), S. 313 ff., S. 313 ff.

lichen) Einsatzmitgliedstaat zu ernennen.[98] Die JIT-Leiter sind nach der aktuellen Mustervereinbarung in der JIT-Vereinbarung aufzuführen, sämtliche (entsandte) Mitglieder sind in deren Anhang aufzulisten.[99] Für JIT-Leiter soll im Verhinderungsfall unverzüglich eine Ersatzperson durch den Einsatzmitgliedstaat gestellt und dies den betroffenen Parteien mitgeteilt werden, über ausfallende JIT-Mitglieder und deren Ersetzung hat der JIT-Leiter zu berichten.[100] Über die erforderliche Qualifikation der (entsandten) Mitglieder trifft der JITs-Beschluss keine explizite Aussage.[101]

Bedienstete unionaler Einrichtungen sind gemäß der im JIT-Leitfaden enthaltenen JIT-Mustervereinbarung bzw. deren Anhang als „Teilnehmer der gemeinsamen Ermittlungsgruppe" aufzulisten.[102] Diese Bezeichnung unterscheidet unionales Personal von (entsandten) Mitgliedern des JITs, für die nach der aktuellen Mustervereinbarung (speziell zu normierende) Vorgaben und Bedingungen vorgesehen sind.[103] Von dem Teilnehmerstatus ebenfalls zu differenzieren ist die Eigenschaft als Partei einer JIT-Vereinbarung[104], die unionalen Stellen ebenfalls nicht zukommen kann. An den Status als Partei der JIT-Vereinbarung sind bestimmte Rechte und Pflichten geknüpft, insbesondere das aktive Mitwirken an Änderungen der JIT-Vereinbarung und des Einsatzablaufs.[105]

---

[98] Vgl. dazu und insbesondere zur Praxis auch S. 15 JITs-Leitfaden. Dies ist ebenfalls Ausdruck des auf S. 13 JITs-Leitfaden hervorgehobenen, den Einsatz von JITs prägenden „Grundsatz(es) der Gleichberechtigung". Hiernach ist grundsätzlich kein beteiligter Mitgliedstaat „federführend", sodass insbesondere „die Wahrnehmung der Befugnisse der Strafverfolgungs- und Justizbehörden nach Maßgabe der nationalen Rechtsvorschriften durch die Zusammenarbeit im Rahmen einer gemeinsamen Ermittlungsgruppe nicht beeinträchtigt wird". Eine „de facto" Organisation und Koordination durch einen besonders betroffenen oder in den Ermittlungen fortgeschrittenen Mitgliedstaat soll jedoch nicht ausgeschlossen und in der Praxis durch eine entsprechende Vereinbarung umsetzbar sein.

[99] Vgl. S. 30 JITs-Leitfaden.

[100] Vgl. S. 30 JITs-Leitfaden.

[101] S. 16 JIT-Leitfaden geht jedoch davon aus, dass in der Regel nur Beamte aus Strafverfolgungs- und Justizbehörden oder jedenfalls Beamte mit der Befähigung zur Durchführung von Ermittlungsmaßnahmen an JITs beteiligt werden.

[102] Vgl. S. 30, 34 f. JITs-Leitfaden.

[103] Vgl. dazu nur S. 31 JITs-Leitfaden und S. 5 des Ratsdokuments 17161/09 vom 11.12.2009.

[104] Nach S. 29 JITs-Leitfaden kann nur eine zuständige Behörde/Verwaltung eines Staates Partei einer JIT-Vereinbarung sein.

[105] Vgl. nur S. 30 JITs-Leitfaden. Dies schließt eine Mitwirkung in der Praxis jedoch nicht aus, vgl. dazu in diesem Kapitel unter E. II.

D. Einsatzrecht der JITs i.e.S.

Das für den Einsatz eines JITs geltende Recht wird maßgeblich durch die JIT-Vereinbarung bestimmt, welche als „Absprache“ i.S.d. Art. 89 AEUV anzusehen ist. Im JITs-Beschluss und im sonstigen Sekundärrecht finden sich nur rudimentäre unmittelbare Regelungen des Einsatzrechts. Vielmehr werden einerseits mittelbar Vorgaben für die den Beteiligten an einem JITs zukommenden Kompetenzen und Pflichten, welche in der JIT-Vereinbarung festzulegen sind, gemacht. Dies erfolgt durch den JITs-Beschluss sowie durch (praxisbezogene) Vorgaben in unverbindlichen Leitfäden und Modellvereinbarungen. Andererseits werden bestimmte Verhaltensweisen der JITs-Mitglieder vorausgesetzt, ohne auf eine materiellrechtliche Befugnis einzugehen.

I. Kompetenzen der JITs-Mitglieder

Die Kompetenzen der JITs Mitglieder orientieren sich entsprechend dem Einsatzgebiet der JITs an klassischen polizeilichen Befugnissen, hierbei sticht jedoch der Informationsaustausch besonders hervor.

1. Allgemeine Bestimmungen

Die Kompetenzen und Pflichten der Teammitglieder, die aus dem Einsatzmitgliedstaat stammen, sind durch dessen nationales Recht festgelegt. Die Rechte entsandter Mitglieder[106] sind zunächst durch den JITs-Beschluss vorgegeben und können durch die jeweilige JIT-Vereinbarung konkretisiert werden.[107] Nach Art. 1 Abs. 5 JITs-Beschluss kommt den entsandten Mitgliedern grundsätzlich das Recht zu, bei Ermittlungsmaßnahmen im Einsatzmitgliedstaat anwesend zu sein, im Ausnahmefall kann der JIT-Leiter dies jedoch „aus besonderen Gründen nach Maßgabe der Rechtsvorschriften des Einsatzmitgliedstaats“ unterbinden.[108] Darüber hinaus können entsandte Mitglieder durch den JIT-Leiter im Einverständnis mit dem Einsatz- und Herkunftsmitgliedstaat zu „der Durchführung bestimmter Ermittlungsmaßnahmen“ ermächtigt werden; hierbei ist das Recht des Einsatzmitgliedstaats maßgeblich.[109] Diese, im JITs-Beschluss nicht näher

---

[106] Diese werden in den zitierten englischsprachigen Dokumenten als „seconded members“ bezeichnet.

[107] Nach S. 10 Ratsdokument 5526/08 vom 22.01.2008 ist die Praxis hinsichtlich der Ausstattung entsandter Mitglieder mit Ermittlungsbefugnissen in den beteiligten Mitgliedstaaten nicht einheitlich.

[108] Nach S. 9 JITs-Leitfaden reichen dafür „spezifische Gründe“ aus. In Ratsdokument 7259/94 vom 04.03.2014 sind diesbezüglich beispielhaft „the protection of vulnerable victims (such as children) and reasons for national security“ genannt. In der Praxis waren in etwa der Hälfte der eingesetzten JITs entsandte Teammitglieder bei Ermittlungsmaßnahmen im Einsatzmitgliedstaat anwesend, vgl. dazu S. 47 ER 2018.

[109] Vgl. zum Ganzen Art. 1 Abs. 6 JITs-Beschluss. Nach S. 9 f. JITs-Leitfaden wird von

erläuterte mögliche Ermächtigung wird in der aktuellen Mustervereinbarung auf eine potentielle Befugnis zur Vornahme von Zwangsmaßnahmen und das Tragen von Waffen erstreckt.[110]

2. *Schwerpunkt: Informationsaustausch*

Das zentrale Anliegen der JITs, einen gegenüber allgemeinen Regelungen privilegierten ermittlungsbezogenen Informationsaustausch zu ermöglichen, wird in Art. 1 Abs. 7 und Abs. 9 JITs-Beschluss deutlich. Diese Vorschriften enthalten jedoch keine materiellrechtliche Ermächtigung zum Informationsaustausch, sodass diesbezüglich auf unionsrechtliche bzw. unionsrechtlich überformte nationale Regelungen zurückzugreifen ist.

a) Verfahrensrechtliche Privilegierungen des Informationsaustauschs in JITs

Nach Art. 1 Abs. 7 JITs-Beschluss können Rechtshilfeersuchen an Herkunftsmitgliedstaaten entsandter Mitglieder über diese eingereicht werden und sollen von den betroffenen Mitgliedstaaten gemäß der „für im Rahmen innerstaatlicher Ermittlungen erbetene Maßnahmen“ geltenden Vorschriften behandelt werden. Dieser sog. „kurze Rechtshilfeweg“ kann als Mittel zur Beschleunigung und Erleichterung angesehen werden[111] und dürfte einen der bedeutendsten Vorteile der Nutzung des Instruments der JITs darstellen. Gegenüber nicht an dem JIT beteiligten Mitgliedstaaten und Drittstaaten gelten in Bezug auf Rechtshilfeersuchen jedoch die allgemeinen Bestimmungen.[112] Ferner soll ein entsandtes Mitglied nach Art. 1 Abs. 9 JITs-Beschluss befugt sein, der Gruppe in seinem Herkunftsmitgliedstaat vorhandene Informationen gemäß dessen Vorschriften zu übermitteln.[113] Der mögliche Austausch von Informationen innerhalb des JITs[114]

dieser Möglichkeit in der Praxis „sehr unterschiedlich“ Gebrauch gemacht. Typisch seien auch parallele Ermittlungen in mehreren Mitgliedstaaten und die Entsendung von Beamten in einen anderen Mitgliedstaat erst zu einem späteren Zeitpunkt zwecks „Unterstützung einer koordinierten operativen Phase“.

[110] Vgl. S. 37 JIT-Leitfaden.

[111] So auch *Kubiciel*, in: Ambos/König/Rackow (Hrsg.), Art. 13 EU-RhÜbk Rn. 319.

[112] Vgl. dazu Art. 1 Abs. 8 JITs-Beschluss. Diese Vorschrift (und ihre Entsprechung in Art. 13 Abs. 8 EU-Rechtshilfeübereinkommen) sind die einzigen Bestandteile dieser Artikel, die von der Richtlinie 2014/41/EU des Europäischen Parlaments und des Rates vom 3. April 2014 über die Europäische Ermittlungsanordnung in Strafsachen (ABl. L 130 vom 01.05.2014, S. 1–36), im Folgenden EU-Ermittlungsanordnung-RL, betroffen sein sollen, vgl. dazu insb. Art. 3 und Erw. 8 EU-Ermittlungsanordnung-RL.

[113] Diese Regelungen sind nach der aktuellen Mustervereinbarung in der JIT-Vereinbarung zu konkretisieren. Dies gilt ferner für eine mögliche Verständigung der JIT-Leiter über die Verfahren zur Erhebung von Informationen und Beweismitteln in den Einsatzmitgliedstaaten.

[114] Vgl. generell zum Informationsaustausch in der operativen Phase eines JITs mit Bezug zur nationalen Rechtslage in den Niederlanden, Belgien, dem Vereinigten Königreich und Deutschland *Balcaen*, Information Exchange in a JIT, S. 85 ff.

ohne Rechtshilfeersuchen nach Art. 1 Abs. 9 JITs-Beschluss kann neben dem sog. kurzen Rechtshilfeweg des Art. 1 Abs. 7 JITs-Beschluss als weitere entscheidende „Privilegierung" des JITs-Konzepts angesehen werden.[115] Voraussetzung hierfür ist (lediglich)[116], dass der Datenaustausch „für die Zwecke der von der Gruppe geführten strafrechtlichen Ermittlungen" und (insoweit deklaratorisch) im Einklang mit den Vorschriften des Herkunftsmitgliedstaats erfolgt.[117]

b) Materiellrechtliche Determinanten für den mitgliedstaatlichen Informationsaustausch in JITs

Diese mitgliedstaatlichen Vorschriften müssen in Bezug auf die Übermittlung personenbezogener Daten – gewissermaßen als kleinster gemeinsamer Nenner – den Anforderungen der sog. JI-Richtlinie[118] entsprechen. Die JI-Richtlinie, die als Komplementärrechtsakt zur sog. Datenschutzgrundverordnung[119] angesehen werden kann[120], hat folgende Anwendungsvoraussetzungen: Zunächst muss die

---

[115] Dies gilt jedenfalls für die Umsetzung in deutsches Recht in § 93 Abs. 3 IRG, wonach Informationen „soweit dies für die Tätigkeit der gemeinsamen Ermittlungsgruppe erforderlich ist" unmittelbar von deutschen JIT-Mitgliedern anderen Mitgliedern oder Teilnehmern vorgelegt werden dürfen. Insoweit ist Art. 93 Abs. 3 IRG als lex specialis zu Art. 92 IRG, der seinerseits für den EU-Rechtshilfeverkehr Abweichungen von den allgemeinen Bestimmungen des Art. 61a IRG enthält, anzusehen, welcher eine Datenübermittlung ohne Ersuchen an weitere Voraussetzungen knüpft.

[116] Die dargestellten Privilegierungen bergen aus Sicht von *Weyembergh*, Cross-Border Criminal Investigations, S. 23, das Risiko eines „overuse of JITs" in dem Sinne, dass formal ein JITs gegründet wird, faktisch jedoch (lediglich) parallele Ermittlungen in mehreren Mitgliedstaaten laufen und „nur" die im JIT-Instrument vorgesehenen Möglichkeiten des erleichterten Informationsaustauschs genutzt werden sollen.

[117] Für deutsche JIT-Mitglieder gelten hierbei (unbeschadet anderweitiger Regelungen in den §§ 91 ff. IRG, vgl. Art. 91 Abs. 1 IRG) die allgemeinen Voraussetzungen der §§ 59 ff. IRG. Hierzu sind nach § 59 Abs. 3 IRG insbesondere auch Beschränkungen der innerstaatlichen Rechtshilfe zu zählen, vgl. dazu *Güntge*, in: Ambos/König/Rackow (Hrsg.), § 58 IRG Rn. 9 ff. Zusätzlich gelten die in § 73 IRG angeführten Anforderungen, vgl. zum Anwendungsbereich und Inhalt des § 73 IRG ausführlich *Ambos/Poschadel*, in: Ambos/König/Rackow (Hrsg.), § 73 IRG Rn. 77 ff., für Datenübermittlungen vgl. insbesondere Rn. 99.

[118] S. die Richtlinie (EU) 2016/680 des Europäischen Parlaments und des Rates vom 27. April 2016 zum Schutz natürlicher Personen bei der Verarbeitung personenbezogener Daten durch die zuständigen Behörden zum Zwecke der Verhütung, Ermittlung, Aufdeckung oder Verfolgung von Straftaten oder der Strafvollstreckung sowie zum freien Datenverkehr und zur Aufhebung des Rahmenbeschlusses 2008/977/JI des Rates (ABl. L 119 vom 04.05.2016, S. 89–131), im Folgenden JI-Richtlinie. Durch diesen Rechtsakt soll der Schutz natürlicher Personen hinsichtlich der Verarbeitung personenbezogener Daten durch Gefahrenabwehr- und Strafverfolgungsbehörden sichergestellt werden (vgl. Art. 1 JI-Richtlinie).

[119] S. die Verordnung (EU) 2016/679 des Europäischen Parlaments und des Rates vom 27. April 2016 zum Schutz natürlicher Personen bei der Verarbeitung personenbezogener Daten, zum freien Datenverkehr und zur Aufhebung der Richtlinie 95/46/EG (ABl. L 119 vom 04.05.2016, S. 1–88), im Folgenden DSGVO.

[120] Vgl. dazu nur Erw. 11 JI-Richtlinie bzw. Erw. 19 DSGVO.

Verarbeitung[121] personenbezogener Daten[122] „zum Zwecke der Verhütung, Ermittlung, Aufdeckung oder Verfolgung von Straftaten oder der Strafvollstreckung, einschließlich des Schutzes vor und der Abwehr von Gefahren für die öffentliche Sicherheit" erfolgen, Art. 2 Abs. 1, 2 i.V.m. Art. 1 Abs. 1 JI-Richtlinie. Ausgeschlossen ist der Anwendungsbereich jedoch für Datenverarbeitungen, die im Rahmen einer Tätigkeit erfolgen, „die nicht in den Anwendungsbereich des Unionsrechts fällt" und solche durch „Organe, Einrichtungen, Ämter und Agenturen der EU"[123], sodass OLAF, Europol und Eurojust hier nicht gebunden sind.

Die Beschränkung der Geltung der JI-Richtlinie auf den „Anwendungsbereich des Unionsrechts" importiert die hinsichtlich der Reichweite des Art. 51 Abs. 1 S. 1 Alt. 1 EU-GRC bestehenden Unklarheiten und Kontroversen[124], für den Informationsaustausch innerhalb eines JITs ist eine Anwendbarkeit der EU-GRC jedoch anzunehmen. Denn der von der Union zu bildende Raum der Freiheit, der Sicherheit und des Rechts sowie insbesondere die Vorschriften der Art. 82 ff. und 87 ff. AEUV enthalten Ziele und Kompetenzen der Union zur Gewährleistung der inneren Sicherheit. Der i.d.R. grenzüberschreitende Informationsaustausch der JITs-Mitglieder zum Zwecke der Strafverfolgung[125] fällt damit unter den „Anwendungsbereich des Unionsrechts", weshalb die Vorschriften der JI-Richtlinie bei einem Informationsaustausch nach Art. 1 Abs. 9 JITs-Beschluss zu beachten sind.

c) Datenaustausch in der Praxis: Nutzung der SIENA

Die von Europol betriebene „Secure Information Exchange Network Application" (SIENA) wird als eines der Hauptsysteme Europols bezeichnet[126] und ist Ausprägung der Funktion Europols als „Dienstanbieter" in Bezug auf eine sichere Datenaustauschplattform.[127] Jedenfalls seit 2013 erfolgt eine erheblich steigende Nutzung der SIENA durch Mitgliedstaaten sowie Drittstaaten und -stel-

---

[121] „Verarbeitung" erfasst hierbei nach Art. 3 Nr. 2 JI-Richtlinie auch die „Offenlegung durch Übermittlung, Verbreitung oder eine andere Form der Bereitstellung".

[122] Vgl. zu diesem Begriff Art. 3 Nr. 1 JI-Richtlinie.

[123] S. Art. 2 Abs. 3 lit. a) und b) JI-Richtlinie.

[124] Vgl. hierzu die konkret auf Art. 16 Abs. 2 AEUV als Rechtsgrundlage der JI-Richtlinie und Art. 2 Abs. 3 lit. a) JI-Richtlinie bezogene Darstellung bei *Petri/Schwabenbauer*, in: Lisken/Bäcker/Denninger/Graulich (Hrsg.), Kapitel G Rn. 346 ff.; vgl. zum Anwendungsbereich der EU-GRC ausführlich unter Teil 3 Kapitel 11 B. II. 2. b).

[125] Im Hinblick auf schwerpunktmäßig präventiv ausgerichtete JITs würde sich insoweit aufgrund des Repression und Prävention umfassenden Anwendungsbereichs der JI-Richtlinie (vgl. dazu Art. 1 Abs. 1 und insb. Erw. 12 JI-Richtlinie) nichts Gegenteiliges ergeben.

[126] Vgl. dazu S. 4 Europol Work Programme 2015, wo SIENA auf gleicher Stufe wie das EIS als eines von „Europol's core systems" bezeichnet wird.

[127] Vgl. dazu Erw. 24 Europol-VO. Im Europol Programming Document 2018–2020 (abrufbarunterhttps://www.europol.europa.eu/publications-documents/europol-programming-document, zuletzt abgerufen am 24.02.2024) wird SIENA als „a swift, secure and user-friendly way for information exchange" beschrieben.

len.[128] Anfang 2018 waren nahezu 1200 nationale Behörden aus 47 Staaten und zehn internationale Partner (mittelbar oder unmittelbar)[129] an die SIENA angeschlossen.[130]

In JITs erfolgt der Informationsaustausch bisher am häufigsten per Mail oder mittels anderer, nicht besonders gesicherter Telekommunikationsmittel, was für das JITs-Netzwerk Grund zur Sorge im Hinblick auf die Datensicherheit gab und zu vermehrten Aktionen zur Sensibilisierung der mitgliedstaatlichen Behörden geführt hat.[131] An zweiter Stelle (in 27% der im ER 2018 analysierten Fälle) erfolgt der Informationsaustausch im Rahmen eines JITs jedoch über die SIENA.[132] Die Nutzung der SIENA wirft Fragen insbesondere für den Datenaustausch, in den Europol nicht als Empfänger oder Sender eingebunden ist, u.a. hinsichtlich des anwendbaren Rechts und der Verteilung der Verantwortlichkeit für Datenverarbeitungen (gegenüber betroffenen Personen) auf. Auf diese Fragestellungen geht die Europol-VO nur teilweise ein.[133]

II. Kompetenzen unionaler Stellen als Teilnehmer an JITs

Art. 1 Abs. 12 JITs-Beschluss stellt klar, dass die für entsandte Mitglieder geltenden Regelungen nicht auch für JITs-Teilnehmer gelten; eine diesbezügliche Vereinbarung ist jedoch zulässig. Dies greift das im Anhang zur aktuellen Modellvereinbarung enthaltene Muster hinsichtlich der Teilnahme an einem JIT auf, welches grundsätzlich eine freie Festlegung der Einbindung von JITs-Teilnehmern suggeriert.[134] Mögliche Kompetenzen und deren Grenzen der Einrichtungen der Union als JIT-Teilnehmer werden indes hauptsächlich durch die diese betreffenden Rechtsakte festgelegt.[135]

---

[128] Vgl. S. 17 des Europol-Jahresberichts 2017. Im Jahr 2017 überschritt die Anzahl der über SIENA ausgetauschten Nachrichten erstmals die Millionengrenze, vgl. dazu die weiteren Erklärungen hinsichtlich Aufbau und Funktionsweise von SIENA enthaltenen Pressemitteilung vom 11.01.2018, abrufbar unter https://www.europol.europa.eu/newsroom/news/more-one-million-operational-messages-shared-between-europol-member-states-and-third-parties-in-2017, zuletzt abgerufen am 24.02.2024).

[129] Vgl. zu dieser, in den relevanten Dokumenten Europols nicht durchweg erfolgenden Differenzierung S. 3 ff. der Antwort der Bundesregierung auf eine kleine Anfrage des Abgeordneten Andrej Hunko u. a. und der Fraktion DIE LINKE BT-Drucksache 18/7034 vom 12.01.2016.

[130] Vgl. dazu die soeben zitierte (Fn. 128 dieses Kapitels) Pressemitteilung.

[131] Vgl. zum Ganzen S. 18 und 46 ER 2018.

[132] Vgl. dazu S. 5 ER 2018.

[133] Vgl. zum anwendbaren Recht und zur Verteilung der Verantwortung bei der Nutzung der Kommunikationswege von Europol in diesem Kapitel unten G. III. 1. h).

[134] Hiernach sind Zwecke und Umfang der Teilnahme sowie den teilnehmenden Personen übertragene Rechte zu regeln. Besondere Bedingungen für die Teilnahme von Europol-Bediensteten sind hierbei jedoch enthalten.

[135] Im Code of Conduct of Europol oder im Code of Good Administrative Behavior of Eurojust, die auch Regeln für die Teilnahme an JITs aufstellen könnten, sind keine hier

1. Kompetenzen des OLAF- und Eurojust-Personals als JIT-Teilnehmer

Die OLAF oder Eurojust im Falle einer Einbeziehung in ein JIT[136] zukommenden Rechte und Pflichten sind nicht spezifisch geregelt, sodass insoweit auf deren generelle Befugnisse hinsichtlich der Zusammenarbeit mit mitgliedstaatlichen Behörden zurückgegriffen werden muss.

Das an JITs möglicherweise beteiligte nationale Mitglied Eurojusts ist demnach auf die Wahrnehmung der in Art. 5 ff. Eurojust-Beschluss bzw. Art. 8 Eurojust-VO beschriebenen Befugnisse beschränkt, die unterstützende und koordinierende Funktionen im Hinblick auf die Zusammenarbeit mitgliedstaatlicher Behörden betreffen. Für den in diesem Zusammenhang erforderlichen Informationsaustausch war unter dem Eurojust-Beschluss entscheidend, ob das nationale Mitglied als zuständige nationale Behörde oder im Namen von Eurojust an einem JITs teilnimmt. Handelte das nationale Mitglied als zuständige nationale Behörde, war das jeweilige einzelstaatliche Recht anwendbar und die Befugnisse unterlagen den Voraussetzungen der Art. 9b-9e Eurojust-Beschluss.[137] Für ein Handeln im Namen von Eurojust galten insbesondere die Art. 13 ff. Eurojust-Beschluss über den Informationsaustausch zwischen den nationalen Mitgliedern bzw. Eurojust und den Mitgliedstaaten. Art. 8 Abs. 1 und Abs. 2 (i.V.m. Art. 5 Abs. 1 S. 1) Eurojust-VO verfolgt einen demgegenüber partiell abweichenden Ansatz: Hiernach handeln die nationalen Mitglieder auch im Rahmen von JITs grundsätzlich für Eurojust, ihnen können jedoch durch entsprechende Ermächtigungen der Mitgliedstaaten zusätzliche Befugnisse übertragen werden. Ferner kommt den nationalen Eurojust-Mitgliedern nach Art. 8 Abs. 3 i.V.m. Abs. 4 Eurojust-VO eine Art Eilfallkompetenz für bestimmte Ermittlungsmaßnahmen zu.

OLAF darf die gemäß der OLAF-VO erlangten Informationen mit einem JIT austauschen.[138] Im Übrigen sind die Kompetenzen von OLAF im Rahmen eines JITs maßgeblich und jedenfalls durch die die generelle Arbeitsweise OLAFs regelnden Vorschriften begrenzt, deren Übertragbarkeit auf einen Einsatz in einem JIT jedoch überprüft werden muss.[139] Diese umfassen grundsätzlich die in der

---

relevanten, über allgemeine Grundsätze (Gesetzesbindung, Verhältnismäßigkeit, Nichtdiskriminierung) hinausgehenden Bestimmungen enthalten; vgl. zur Einbindung Europols und Eurojusts nach der früheren Rechtslage *Herz*, Europol and Eurojust in JITs, S. 159 ff.

[136] S. hinsichtlich der Arten von JITs, in denen eine Einbeziehung OLAFs bzw. Eurojusts in Frage kommt, oben in diesem Kapitel unter B. III. bzw. IV.

[137] Vgl. dazu Art. 9a Eurojust-Beschluss und bereits oben in diesem Kapitel unter B. IV.

[138] Dies ist nunmehr ausdrücklich durch Art. 12b Abs. 4 OLAF-VO vorgesehen, der durch die Verordnung (EU, Euratom) 2020/2223 des Europäischen Parlaments und des Rates vom 23. Dezember 2020 zur Änderung der Verordnung (EU, Euratom) Nr. 883/2013 im Hinblick auf die Zusammenarbeit mit der Europäischen Staatsanwaltschaft und die Wirksamkeit der Untersuchungen des Europäischen Amtes für Betrugsbekämpfung, ABl. L 437 vom 28.12.2020, S. 49–73, eingeführt wurde.

[139] Vgl. dazu auch S. 25 JITs-Leitfaden, der OLAF-Bediensteten eine „unterstützende Funktion an gemeinsamen Ermittlungsgruppen“ zuschreibt. Diese sollen „innerhalb der

OLAF-Kontrollen-VO geregelten Befugnisse zu „Kontrollen oder Überprüfungen vor Ort", was für eine Teilnahme an JITs etwa ein Recht des OLAF-Personals zur Anwesenheit bei Durchführungen der Ermittlungen eines JITs bedeuten kann. Ferner umfasst ist die Vornahme von den in Art. 7 Abs. 1 UA 2 OLAF-Kontrollen-VO beschriebenen Kontrollmaßnahmen. Diese haben nach Art. 6 Abs. 1 UA 3, Art. 7 Abs. 1 OLAF-Kontrollen-VO schon unabhängig von einer Vornahme im Rahmen eines JITs unter Achtung des nationalen Rechts des betroffenen Mitgliedstaats zu erfolgen. Zwangsmaßnahmen durch OLAF sind in der OLAF-Kontrollen-VO nicht explizit ausgeschlossen. Die vorgesehene Zuständigkeit des Einsatzmitgliedstaats für Sicherungsmaßnahmen legt jedoch ein solches Verbot auch außerhalb eines JIT-Einsatzes nahe. Die für eigenständige Ermittlungen OLAF zukommende Kompetenz zur Leitung und Verantwortung der Kontrollen vor Ort, geht durch die Einbeziehung als Teilnehmer in eine JIT verloren, hier erfolgt eine Unterstellung unter die Anweisungen des JIT-Leiters.[140]

2. *Kompetenzen des Europol-Personals als JIT-Teilnehmer*

Die Mitwirkungsbefugnisse von Europol-Bediensteten an JITs haben die vergleichsweise ausführlichste Regelung erfahren.

a) Primär- und sekundärrechtliche Vorgaben

Für die Kompetenzen Europols im Rahmen einer Teilnahme an JITs bestehen primär- und sekundärrechtliche Regelungen. Europol soll nach Art. 4 Abs. 1 lit. c) Europol-VO die Koordinierung, Organisation und Durchführung von Ermittlungs- und operativen Maßnahmen im Zusammenhang mit JITs zukommen können.[141] Dies ist in einer Zusammenschau mit Art. 5 Abs. 2 Europol-VO zu sehen, wonach Europol-Personal im Rahmen des nationalen Rechts des Einsatzmitgliedstaats an allen Tätigkeiten eines JITs mitwirken kann. Die darin enthaltene Befugnis deckt grundsätzlich alle Arten von Maßnahmen ab[142], die Vornahme

---

Grenzen der OLAF-Vorschriften an allen Tätigkeiten mitwirken und Informationen mit allen Mitgliedern der gemeinsamen Ermittlungsgruppe austauschen". Im Gegensatz zu Eurojust soll OLAF grundsätzlich eine eigenständige Ermittlungs- und Handlungsbefugnis in Bezug auf strafrechtliche Ermittlungen zukommen, die nicht auf unterstützende oder koordinierende Maßnahmen beschränkt ist. Dies kann einen erhöhten Anpassungsbedarf der Kompetenzen des OLAF-Personals durch die Vereinbarung zur Teilnahme an einem JIT zur Folge haben.

[140] Vgl. zum Ganzen S. 25 ff. JITs-Leitfaden. Hier wird ein Recht OLAF-Bediensteter zur Anwesenheit bei operativen Tätigkeiten und ferner ein Recht zur Beratung und Unterstützung Zwangsmaßnahmen ergreifender Mitglieder des JIT vorgesehen. Eine Ergreifung von Zwangsmaßnahmen durch OLAF-Bedienstete wird jedoch ausgeschlossen.

[141] Insoweit wird die Vorgabe des Art. 88 Abs. 2 S. 2 lit. b) AEUV umgesetzt.

[142] Kritisch zu diesem Ansatz der Einbeziehung von Europol-Personal *Ruthig*, in: Wolters et al. (Hrsg.), S. 115 f., insb. Fn. 103.

von Zwangsmaßnahmen ist jedoch nach Art. 4 Abs. 5 Europol-VO[143] für alle Aktivitäten Europol-Personals ausgeschlossen.[144] Damit wird insbesondere das von Art. 88 Abs. 3 S. 1 AEUV vorgegebene Befugnisspektrum aufgegriffen, welches Europol-Personal sog. operative Maßnahmen „in Verbindung und in Absprache mit" den Behörden „der Mitgliedstaaten, deren Hoheitsgebiet betroffen ist", erlaubt.[145]

b) *„Operative Maßnahmen" als zentraler Kompetenzbegriff: Begriffsbestimmung*

Der Begriff der operativen Maßnahmen selbst und dessen Verhältnis bzw. Abgrenzung zu den ebenfalls in diesem Kontext häufig verwendeten Termini der exekutiven Befugnisse und Zwangsbefugnisse haben sich insbesondere im Hinblick auf eine Beschreibung der Befugnisse Europols als schwer greifbar herausgestellt.[146]

aa) *Operative Maßnahmen*

Der weite Interpretationsspielraum des Terminus „operativ" im Bereich der sicherheitsrechtlichen Maßnahmen stellt ein in Politik[147] und Rechtswissenschaft[148] schon früh erkanntes und diskutiertes Phänomen dar. Die angebotenen Lösungen gehen von einer Einordnung als (politisch) bewusst unklar gewähltem Begriff[149] über eine „Chiffre für ein kriminalpolitisches Konzept"[150] ohne Einfluss auf konkrete Befugnisse[151] bis hin zur Erstreckung auf die (gesamte) sog. poli-

---

[143] Vgl. dazu auch Art. 88 Abs. 3 S. 2 AEUV. In dieser Wortwahl wurde die „Beförderung" Europols vom Unterstützer zum Partner der nationalen Strafverfolgungsbehörden gesehen, so etwa *Dannecker*, in: Streinz (Hrsg.), Art. 88 AEUV Rn. 17; *Rosenau/Petrus*, in: Vedder/Heintschel (Hrsg.), Art. 88 AEUV Rn. 8; vgl. in diesem Kontext schon *Srock*, Europol, S. 223.

[144] Die Übertragung der Befugnis zur Vornahme von Zwangsmaßnahmen betrifft ein souveränitätssensibles und klassisches Diskussionsfeld in Bezug auf Europol, vgl. dazu nur *Lachmayer*, European Police Cooperation, S. 89 ff.

[145] Dies geht jedoch nicht über die allgemeinen Voraussetzungen für ein (generelles) Tätigwerden mitgliedstaatlicher Beamter auf fremdem Hoheitsgebiet innerhalb der Union hinaus, vgl. dazu Art. 89 AEUV.

[146] Vgl. hierzu bereits *Schalken/Pronk*, EJCCLCJ 2002, S. 70 ff., insb. S. 74 ff.

[147] Vgl. nur *Kremer*, Immunität für Europol-Bedienstete, S. 31 ff. bzgl. deutsch-britischer Kontroversen im Hinblick auf das sog. Europol-Immunitätenprotokoll und Art. 30 Abs. 2 EUV a.F.

[148] S. dazu *Aden*, CILIP (58) 1997, S. 65 ff., S. 67 ff. mit Blick auf die Rechtslage unter dem Vertrag von Amsterdam.

[149] S. dazu *Aden*, CILIP (58) 1997, S. 65 ff., S. 67 ff.; in diese Richtung auch *Kremer*, Immunität für Europol-Bedienstete, S. 307 f.

[150] Vgl. dazu *Denninger* in: Lisken/Bäcker/Denninger/Graulich (Hrsg.), Kapitel D Rn. 207, für das deutsche Recht; vgl. zum deutschen Verständnis des Begriffs („vor allem verschiedene Formen geheimer polizeilicher Informationserhebung") *Gärditz*, in: Wolters et al. (Hrsg.), S. 213.

[151] So *Denninger* in: Lisken/Bäcker/Denninger/Graulich (Hrsg.), Kapitel D Rn. 207; insoweit zustimmend *Engel*, Befugnis, Kontrolle und Entwicklung von Europol, S. 190 f.

zeiliche Operationstrias[152], d.h. die Verhütung, Aufdeckung und Ermittlung von Straftaten.[153] Dies wird durch die uneinheitliche Verwendung des Begriffs auf politischer[154], gefahrenabwehrrechtlicher[155], nationaler und internationaler Ebene zusätzlich verkompliziert.[156]

Betrachtet man die primärrechtlichen Bestimmungen in Bezug auf Europol, so eröffnet Art. 87 Abs. 3 AEUV die Möglichkeit, die operative Zusammenarbeit der in dessen Abs. 1 genannten mitgliedstaatlichen Behörden im besonderen Gesetzgebungsverfahren zu regeln. Hierunter wird teilweise „jede gemeinsame Abstimmung oder Koordination in Bezug auf polizeiliche oder justizielle Maßnahmen auf dem Gebiet der polizeilichen Gefahrenabwehr und der polizeilichen Strafverfolgung“[157] verstanden, wodurch hier die sog. polizeiliche Operationstrias erfasst sein soll.[158] Diese Regelung soll jedoch lediglich die operative Zusammenarbeit zwischen den – immer noch die konkreten Maßnahmen vornehmenden – mitgliedstaatlichen Behörden regeln und lässt folglich nur bedingt Rückschlüsse auf die Reichweite der Befugnisse zu operativen Maßnahmen, die europäischen Stellen wie etwa Europol zukommen sollen, zu.

Verbreitet wird bei der Definition „operativen Maßnahmen“ in Bezug auf Europol ein koordinativer Charakter betont[159], teilweise wird auch verstärkt auf verdeckte Informationsgewinnung abgestellt.[160] Gemein haben diese Ansätze, dass sie die Definition des „Operativen“ zentral an der (ursprünglichen) Aufgabe Europols[161] orientieren.

---

[152] Vgl. dazu *Röben*, in: Grabitz/Hilf/Nettesheim (Hrsg.), Art. 87 AEUV Rn. 31.

[153] Vgl. nur *Röben*, in: Grabitz/Hilf/Nettesheim (Hrsg.), Art. 87 AEUV Rn. 31; *Kröger*, Europäisches Polizeiamt, S. 44 Fn. 131 f.

[154] Vgl. dazu *Srock*, Europol S. 135, Fn. 81 und *Ehrentraut*, integration 1999, S. 246 ff., S. 256, der von einem schillernden und in Bezug auf Europol irreführenden Begriff spricht.

[155] Vgl. dazu *Denninger* in: Lisken/Bäcker/Denninger/Graulich (Hrsg.), Kapitel D Rn. 207 der eine (mögliche) befugnisbegründende und -abgrenzende Funktion des Begriffs der „operativen Arbeit“ betont.

[156] Vgl. auch *Srock*, Europol, S. 134f.

[157] So etwa *Suhr*, in: Calliess/Ruffert (Hrsg.), Art. 87 AEUV Rn. 24.

[158] Vgl. dazu nur *Röben*, Grabitz/Hilf/Nettesheim (Hrsg.), Art. 87 AEUV Rn. 31; zu den konkret in Frage kommenden Regelungsbereichen vgl. *Dannecker*, in: Streinz (Hrsg.), Art. 87 AEUV Rn. 22 ff.

[159] So etwa *Gärditz*, in: Wolters et al. (Hrsg.), S. 213 f.; *Srock*, Europol, S. 138; *Schöndorf-Haubold*, Europäisches Sicherheitsverwaltungsrecht Rn. 97 „Operative Koordinationsbefugnisse“; Storbeck zit. bei *Wandl*, Europol, S. 115 Fn. 114 und etwa *Ellermann* ZEuS 2002 S. 561 ff., S. 569: „operative Maßnahmen (sorgen) für einen reibungslosen Informationsfluss, sind die sprachliche Brücke, beraten, unterstützen, ohne dass die Souveränität der Mitgliedstaaten verletzt wird und ohne dass Europol damit eigene Ermittlungen durchführt“.

[160] S. dazu *Kistner-Bahr*, Entwicklungstendenzen Europols, S. 86, unter Verweis auf *Kretschmer*, Jura 2007, S. 160 ff., S. 170.

[161] Vgl. insb. Art. 3 Europol-Übereinkommen; dazu *Ellermann* ZEuS 2002 S. 561 ff., S. 564 und Erw. 11 Europol-Beschluss.

bb) In Abgrenzung zu: Sog. exekutiven Maßnahmen und Zwangsmaßnahmen

Weitere Unklarheiten, aber auch Lösungsmöglichkeiten können in der Abgrenzung operativer Maßnahmen zu sog. exekutiven Befugnissen oder der Befugnis zur Vornahme von Zwangsmaßnahmen gefunden werden. Diesbezüglich herrscht in der Literatur teilweise keine ausreichende terminologische Differenzierung: Zunächst sind exekutive Maßnahmen von operativen Maßnahmen im Grundsatz zu unterscheiden.[162] Unter exekutiven Befugnissen werden zudem häufig verschiedene Maßnahmentypen[163] zusammengefasst, insbesondere Durchsuchungen Verhaftungen, Festnahmen und Verhöre[164]. Hierdurch werden exekutive Befugnisse zumindest partiell mit Zwangsmaßnahmen (dies gilt etwa für Verhaftungen und Festnahmen) gleichgesetzt. Zur Bestimmung des Begriffs der Zwangsmaßnahmen i.S.d. genannten Bestimmungen kann jedoch nicht auf das nationale (deutsche) Verständnis der strafprozessualen Zwangsmaßnahmen[165] zurückgegriffen werden[166], da dann auch nach den obigen Ausführungen operative Tätigkeiten (z.B. Rasterfahndung; Telekommunikationsüberwachung) erfasst wären.

Vielmehr ist der Begriff der Zwangsmaßnahmen i.S.d. Art. 88 Abs. 3 S. 2 AEUV – ebenso wie der der operativen und exekutiven Maßnahmen – genuin unionsrechtlich auszulegen. Zwangsmaßnahmen liegen nicht stets bei strafprozessualen, grundrechtsrelevanten Maßnahmen vor[167], hierdurch würde das Merkmal des Zwangs jegliche Kontur verlieren und eine immense Schnittmenge mit dem Bereich der operativen Maßnahmen entstehen. Zwischen der Intensität eines Eingriffs in die Privatsphäre im Rahmen einer Durchsuchung einerseits und durch eine – als operativ einzuordnende (s.o.) – Abhörmaßnahme andererseits, erscheint eine Differenzierung insoweit nicht angebracht. Überzeugender ist es, unter Zwangsmaßnahmen lediglich diejenigen Maßnahmen zu verstehen, die durch unmittelbar wirkenden physischen Zwang erfolgen[168] und alle anderen Maßnahmen als operative Maßnahmen einzuordnen. Dies würde auch dem Wortlaut des Art. 88 Abs. 2 UA 1 lit. b) AEUV gerecht werden, der operative Maßnahmen *neben* der Koordinierung von Ermittlungen ermöglicht, sodass –

---

[162] Vgl. dazu *Srock*, Europol, S. 135; *Wandl*, Europol S. 115; für eine Gleichsetzung *Ehrentraut*, integration 1999, S. 246 ff., S. 256.

[163] Die Aufzählungen erinnern an die möglichen strafprozessualen Zwangsmittel vgl. die Übersicht bei *Roxin/Schünemann*, Strafverfahrensrecht § 29 nach Rn. 26.

[164] Vgl. dazu *Schoppa*, Europol, S. 254; *Srock*, Europol, S. 135; *Wandl*, Europol, S. 115; *Kistner-Bahr*, Entwicklungstendenzen Europols, S. 87 und *Engel*, Befugnis, Kontrolle und Entwicklung von Europol, S. 191 f.

[165] S. dazu *Roxin/Schünemann*, Strafverfahrensrecht § 29 nach Rn. 26.

[166] So jedoch unter Voraussetzung eines Grundrechtseingriffs offenbar die Bundesregierung in der Anlage des Gesetzentwurfs zum Europol-Gesetz in BT-Drs. 15/1648 vom 02.10.2003, S. 9.

[167] So etwa *Mittag/Amelung*, in: Wolters et al. (Hrsg.), S 239.

[168] So schon *Felgenhauer*, Entwicklungsmöglichkeiten Europols, S. 144; dahingehend auch *Schöndorf-Haubold*, Europäisches Sicherheitsverwaltungsecht, Rn. 102.

entgegen der dargestellten wohl überwiegenden Ansicht – mit Blick auf Europol ein anderer bzw. weitergehender Bereich erfasst werden würde. In Bezug auf Europol-Personal im Rahmen von JITs bedeutet dies, dass Europol-Bedienstete grundsätzlich bei Durchsuchungen und Verhören etc. anwesend sein und mitwirken können – vorausgesetzt diese setzen keinen unmittelbar wirkenden, physischen Zwang ein.[169] Der Terminus „exekutive Maßnahmen" könnte so als bereichsspezifischer *Oberbegriff* für operative Maßnahmen (falls ohne Zwang ausgeführt) und Zwangsmaßnahmen (falls mit Zwang ausgeführt) fungieren.[170]

c) *Tätigkeitsschwerpunkt: Informationsverarbeitung durch Europol*

Weitere Kompetenzen des Europol-Personals in einem JIT sind in Bezug auf die Informationsverarbeitung geregelt. Art. 5 Abs. 3 S. 1 Europol-VO erlaubt die Weitergabe der für die in Art. 18 Abs. 2 Europol-VO genannten Zwecke verarbeiteten Informationen an die Mitglieder eines JITs.[171] Art. 5 Abs. 4 Europol-VO stellt die (Weiter-)Verwendung der durch die Teilnahme an einem JIT gewonnenen Informationen durch Europol-Bedienstete durch Europol zu den in Art. 18 Abs. 2 Europol-VO genannten Zwecken unter die Voraussetzung der Zustimmung des Mitgliedstaates, der diese Informationen im Rahmen des JITs zur Verfügung gestellt hat.[172] Der in Art. 5 Abs. 3 und 4 Europol-VO vorgesehene Informationsaustausch bewegt sich innerhalb des von Art. 17 ff. Europol-VO vorgesehenen Informationsverarbeitungsregimes Europols.[173]

Vor dem Hintergrund der in Art. 88 Abs. 2 UA 1 S. 2 lit. a) AEUV vorgegebenen Befugnis zur Informationsverarbeitung soll Europol durch die Europol-VO zu „einem Knotenpunkt des Informationsaustauschs zwischen Strafverfolgungsbehörden der Mitgliedstaaten, einem Dienstanbieter und einer Plattform für Strafverfolgungsdienste" weiterentwickelt werden.[174] Im Gegensatz zu den Art. 10 ff. Europol-Beschluss differenziert die Europol-VO nicht mehr zwischen

---

[169] In diesem Sinne auch *Gleß/Grote/Heine*, Kontrolle von Europol S. 25 f. und S. 35 JITs-Leitfaden; insoweit ist die von *Aden*, in: Lisken/Bäcker/Denninger/Graulich (Hrsg.), Kapitel N Rn. 320 angeführte Beschränkung der Befugnisse auf den Informationsaustausch und das Verbot eines „hoheitlichen Tätigwerdens mit Außenwirkung" kritisch zu sehen.

[170] Anders etwa *Srock*, Europol, S. 224, der Zwangsmaßnahmen und exekutive Befugnisse gleichsetzt; das hier gewählten Begriffsverständnis würde auch in Bezug auf die Frontex-VO-2019 zu klaren Abgrenzungen führen, vgl. dazu Art. 55 Abs. 7 Frontex-VO-2019, der von „Exekutivbefugnissen" in Bezug auf mit sowie ohne Zwang durchsetzbare Maßnahmen spricht.

[171] Dies stellt eine nach Art. 7 Abs. 5 Europol-VO vorgesehene Ausnahme von dem Grundsatz, dass die nationale Stelle i.S.d. Art. 7 Abs. 2 Europol-VO als Verbindungsstelle zwischen Europol und den zuständigen Behörden des Mitgliedstaats tätig wird, dar.

[172] Vgl. zu den diesbezüglich nach Art. 18 Abs. 7 Europol-VO festzulegenden Leitlinien die kritische Stellungnahme des EDSB (Fall 2017–0469).

[173] Vgl. dazu auch *Blasi Casagran*, New Europol Legal Framework, S. 149 ff.

[174] Vgl. dazu Erw. 3, 12 f. Europol-VO unter Verweis auf das sog. Stockholmer Programm (s. dazu oben in diesem Kapitel unter B. II.).

dem Europol-Informationssystem (vgl. insb. Art. 11 Europol-Beschluss) und Arbeitsdateien zu Analysezwecken (vgl. insb. Art. 14 Europol-Beschluss), vielmehr ist die gesamte Datenverarbeitung[175] durch Europol nunmehr einheitlich geregelt.[176]

aa) Informationsquellen

Der Informationsbestand der Datenbanken Europols setzt sich gem. Art. 17 Abs. 1 Europol-VO aus Daten zusammen, die durch die Mitgliedstaaten über deren nationale Europol-Stellen bzw. im Falle der Gestattung nach Art. 7 Abs. 5 Europol-VO durch deren zuständige Behörden i.S.d. Art. 2 lit. a) Europol-VO, von Unionseinrichtungen[177], Drittstaaten oder internationalen Organisationen[178] im Einklang mit Art. 23 ff. Europol-VO sowie von privaten Parteien[179] oder Privatpersonen[180] unter den Voraussetzungen der Art. 26 f. Europol-VO eingebracht werden können. Die Mitgliedstaaten, Unionsstellen, Drittstaaten und internationalen Organisationen können die zulässigen Zwecke der Informationsverarbeitung durch Europol festlegen und für den Datenzugriff oder die -verwendung besondere Hürden vorsehen.[181]

Hinsichtlich der eingefügten Informationen ist von der einspeisenden Stelle eine Einschätzung in Bezug auf die Bewertung der Zuverlässigkeit der Quelle und die Richtigkeit der Information beizufügen, die bei einer abweichenden Einschätzung Europols im Einvernehmen mit dem Datenlieferanten geändert werden kann.[182]

---

[175] Art. 2 lit. k) Europol-VO definiert diesen Begriff sehr weit als „jeden mit oder ohne Hilfe automatisierter Verfahren ausgeführten Vorgang oder jede Vorgangsreihe im Zusammenhang mit personenbezogenen Daten wie das Erheben, das Erfassen, die Organisation, das Ordnen, die Speicherung, die Anpassung oder Veränderung, das Auslesen, das Abfragen, die Verwendung, die Weitergabe durch Übermittlung, Verbreitung oder eine andere Form der Bereitstellung, der Abgleich oder die Verknüpfung, die Einschränkung, das Löschen oder die Vernichtung".

[176] Kern dieser Regelung ist Kapitel IV „Informationsverarbeitung", für insb. den Datenaustausch relevante Bestimmungen finden sich jedoch auch in Kapitel II „Zusammenarbeit zwischen den Mitgliedstaaten und Europol", Kapitel V „Beziehungen zu Partnern" und Kapitel VI „Datenschutzgarantien". Vgl. zu der Vereinheitlichung der Informationsverarbeitung durch die Europol-VO auch *Schmidt*, Grundsatz der Verfügbarkeit, S. 28 f.; *Aden*, in: Lisken/Bäcker/Denninger/Graulich (Hrsg.), Kapitel N Rn. 213 ff. unter der Überschrift „Europol-Datenbanken". Zur früheren Regelung des Europol-Informationssystem (EIS) vgl. nur *Böse*, in: Schwarze/Becker/Hatje/Schoo (Hrsg.), Art. 88 AEUV Rn. 5; *Dannecker*, in: Streinz (Hrsg.), Art. 88 AEUV Rn. 13 f.; konkret zum EIS vgl. *Mokros*, in: Lisken/Denninger/Rachor (Hrsg.), Kapitel O Rn. 170.

[177] Vgl. dazu Art. 2 lit d) Europol-VO

[178] Vgl. dazu Art. 2 lit. e) Europol-VO

[179] Vgl. dazu Art. 2 lit. f) Europol-VO

[180] Vgl. dazu Art. 2 lit g) Europol-VO

[181] Vgl. dazu Art. 19 Abs. 1 bzw. Abs. 2 Europol-VO.

[182] Vgl. zum Ganzen Art. 29 Europol-VO.

Europol selbst kann ferner gem. Art. 17 Abs. 2 Europol-VO Daten aus öffentlich zugänglichen Quellen einspeisen oder gem. Art. 17 Abs. 3 Europol-VO auf anderweitig bestehende Informationssysteme zurückgreifen, im zweiten Fall gelten jedoch die in der Europol-VO normierten Eingriffshürden als Mindeststandards[183] der Informationsbeschaffung und -verarbeitung.

bb) Zulässige Datenverarbeitungsvorgänge

Die Zulässigkeit der Verarbeitung der erfassten Daten richtet sich primär nach Art. 18 Europol-VO. Grundvoraussetzung ist, dass die Verarbeitung der betreffenden Daten den Zielen Europols nach Art. 3 Europol-VO dient.[184] Eine Sonderrolle nehmen hierbei personenbezogene Daten ein, die in Art. 2 lit. h) Europol-VO als alle Informationen, die sich auf eine betroffene Person[185] beziehen, definiert werden. Diese dürfen nur für die in Art. 18 Abs. 2 Europol-VO genannten Zwecke verarbeitet werden; die je nach einschlägigem Zweck zulässigerweise zu verarbeitenden Daten sind in Anhang II der Europol-VO aufgelistet. Hier finden sich weitere Differenzierungen, unter anderem hinsichtlich Verdächtigten/Verurteilten, Personen, die möglicherweise eine Straftat planen, möglichen Zeugen und Opfern von Straftaten.[186] Bei der Verarbeitung personenbezogener Daten sind die in Art. 28 Europol-VO aufgeführten „Grundsätze des Datenschutzes" zu beachten, Art. 30 Europol-VO statuiert hinsichtlich der Verarbeitung der Daten besonders schutzwürdiger betroffener Personen oder persönlicher Merkmale einen erhöhten Rechtfertigungsbedarf.[187]

Besondere Bedeutung bei der Informationsverarbeitung durch Europol kommt der Erstellung operativer Analysen[188] zu.[189] Im Gegensatz zu der sog. strategischen Analyse, die Informationen zwecks einer Verbesserung der Kriminalpolitik verarbeiten soll[190], beinhaltet die operative Analyse Datenverarbeitungen zu konkreten (operativen) Projekten[191], für die Art. 18 Abs. 3 Europol-VO

---

[183] Konkreter zu diesen Mindeststandards sogleich; höhere Standards werden etwa durch die EU-Datenschutz-VO gefordert, wobei die diesbezügliche Anpassung der Europol-VO noch aussteht und bis dahin die Sonderregelungen der Europol-VO gelten.

[184] Vgl. zum Zuständigkeitsbereich Europols bereits oben in diesem Kapitel unter B. II.

[185] Vgl. zur dem Begriff der betroffenen Person Art. 2 lit. i) Europol-VO.

[186] Vgl. dazu insb. Anhang II zur Europol-VO B. 1) lit. a)–d).

[187] Sowohl Art. 30 Abs. 1 als auch Abs. 2 Europol-VO erfordern, dass die Datenverarbeitung „unbedingt notwendig und verhältnismäßig" ist, bei Abs. 2 kommt ferner hinzu, dass die erhobenen Daten andere von Europol erhobenen personenbezogenen Daten ergänzen. Es erscheint fraglich, welche Bedeutung den Merkmalen „unbedingt notwendig und verhältnismäßig" zukommt, jedenfalls enthält Anlage II B (4)–(6) teilweise besondere Bestimmungen in Bezug auf u.a. mögliche Opfer und Zeugen.

[188] Vgl. die diesbezügliche Definition in Art. 2 lit. c) Europol-VO.

[189] Nach S. 24 JITs-Leitfaden stellen der „operative Analysebericht" und Datenabgleiche die Analyseprodukte dar, die Europol in Bezug auf JITs hauptsächlich liefert.

[190] Vgl. dazu auch die Definition in Art. 2 lit. b) Europol-VO.

[191] Diese, in Art. 14 Europol-Beschluss noch „Arbeitsdateien zu Analysezwecken" ge-

besondere Voraussetzungen aufstellt. Hierbei müssen zunächst insbesondere Zweck, Art, Zugangsrechte bzw. -bedingungen, Speicherdauer und Kategorien der (personenbezogenen) Daten und betroffenen Personen dem Verwaltungsrat und dem EDSB durch den Exekutivdirektor vorgelegt werden. Dies gilt nach Art. 18 Abs. 3 lit. b) Europol-VO auch für die Weiterverwendung personenbezogener Daten eines Projekts der operativen Analyse für ein weiteres Projekt der operativen Analyse, zusätzlich muss diese Weiterverwendung notwendig und verhältnismäßig sein. Ferner besteht eine Dokumentationspflicht hinsichtlich der Verarbeitungsvorgänge, welche dem Datenschutzbeauftragten und dem EDSB auf Anfrage zur Verfügung gestellt werden müssen.

cc) Zugangsrechte

In Bezug auf die Zugangsrechte zu den gespeicherten Daten, die unmittelbar für ein JITs relevant werden können, ist zwischen Zugriffsmöglichkeiten von mitgliedstaatlichen und unionalen Stellen sowie von Europol-eigenem Personal zu differenzieren.

(1) Zugangsrechte der Mitgliedstaaten

Die Möglichkeit der nationalen Stellen der Mitgliedstaaten und ihrer zuständigen Behörden, welchen ein direkter Kontakt nach Art. 7 Abs. 5 Europol-VO gestattet wurde, Daten aus den Datenbanken Europols abzurufen, ist nach Art. 20 Abs. 1 Europol-VO auf Informationen, die zu den in Art. 18 Abs. 2 lit a) und b) Europol-VO genannten Zwecken eingebracht wurden, beschränkt. Hinsichtlich der Daten, die zum Zwecke der Erstellung einer operativen Analyse eingespeist wurden, erhalten die genannten Behörden die Informationen grundsätzlich nach dem sog. Treffer/Kein-Treffer-Verfahren[192], das im Falle einer positiven Reaktion die Einleitung eines Verfahrens zur Übermittlung weiterer Information zur Folge hat. Eingeschränkt wird die Möglichkeit des Abrufens der Daten durch Art. 20 Abs. 3 Europol-VO, der den Zugriff und die Weiterverarbeitung der Daten auf den Zuständigkeitsbereich Europols und die im Haftbefehl-RB des Rates[193] aufgeführten Kriminalitätsformen begrenzt.

---

nannten Verarbeitungsformen wurden als „Herzstück" Europols angesehen, die den eigentlichen Mehrwert des EIS ausmachten, vgl. dazu *Ruthig*, in: Schenke/Graulich/Ruthig (Hrsg.), § 2 EuropolG Rn. 5.

[192] Dieser, auch hit/no hit-Verfahren genannte Abruf ist im Sicherheitsrecht üblich und u.a. auch dem Datenaustauschsystem des Vertrags von Prüm (vgl. dazu sowie zu den weiteren Datenbanken des europäischen Sicherheitsrechts unten in diesem Teil Kapitel 5 III.) zugrunde gelegt, vgl. dazu dessen Art. 2 ff. Hierbei ist kennzeichnend, dass der abfragenden Stelle kein unmittelbarer Zugriff auf die Information selbst eingeräumt wird.

[193] Rahmenbeschluss 2002/584/JI des Rates vom 13.06.2002 über den Europäischen Haftbefehl und die Übergabeverfahren zwischen den Mitgliedstaaten (ABl. L 190, 18.07.2002, S. 1) (im Folgenden: Haftbefehl-RB).

(2) Zugangsrechte des Europol-Personals

Weniger differenziert ist der Zugang Europols zu den verarbeiteten Informationen in Art. 20 Abs. 4 Europol-VO geregelt: Hiernach haben vom Exekutivdirektor dazu ermächtigte Europol-Bedienstete „in dem Maße Zugang, wie es die Ausübung ihrer Pflichten erfordert“[194], eine Ausnahme hiervon kann lediglich durch die Einstufung bestimmter Daten als sensible Informationen oder Verschlussachen i.S.d. Art. 67 Europol-VO entstehen.

Durch die weite Definition des Verarbeitens von Daten, die auch das Abfragen von Informationen erfasst, müssen für den Zugang von Europol-Personal zu den gespeicherten Informationen des Weiteren die Bestimmungen des Art. 18 Europol-VO eingehalten werden. Dies gilt insbesondere für die in Art. 18 Abs. 3 Europol-VO genannten Zwecke der Informationsverarbeitungen.

(3) Zugang anderer (Unions-)Einrichtungen

Die Weitergabe von Informationen an Unionseinrichtungen (und an Drittstaaten, internationale Organisationen und Privatparteien) ist generell in den Art. 23 ff. Europol-VO geregelt, wobei zwischen personenbezogenen Daten und anderweitigen Daten differenziert wird.[195] Für die Übermittlung personenbezogener Daten müssen nach Art. 23 Abs. 6 Europol-VO zunächst die Erforderlichkeit für die Verhütung und Bekämpfung von Straftaten, die unter die Ziele Europols fallen, die Übereinstimmung mit der Europol-VO im Übrigen und die Zusage des Empfängers, dass die übermittelten Daten nur für den konkreten Übermittlungszweck verwendet werden, bestehen. Bei von einem Mitgliedstaat gem. Art. 17 Abs. 1 lit. a) i.V.m. Art. 7 Europol-VO eingespeisten Informationen ist ferner dessen (allgemeines) Einverständnis Voraussetzung. Die Weiterübermittlung der bei Europol gespeicherten bzw. abgerufenen Daten durch Mitgliedstaaten oder sonstige Empfänger bedarf nach Art. 23 Abs. 7 Europol-VO der ausdrücklichen Einwilligung Europols.

In Art. 21 Europol-VO finden sich demgegenüber spezielle Vorschriften für den Zugang von Eurojust und OLAF zu den in den Datenbanken Europols gespeicherten Daten: Eurojust[196] und OLAF können für die in Art. 18 Abs. 2 lit. a)–c) Europol-VO festgelegten Zwecke Daten grundsätzlich im Wege des Treffer/Kein-Treffer-Verfahrens zwecks Abgleich mit bei ihnen vorhandenen Daten abfragen. Im Fall eines Treffers und ggf. erforderlicher Zustimmung der die Information übermittelnden Stelle gibt Europol die betreffenden Daten nur insoweit weiter, als sie „für die rechtmäßige Erfüllung der Aufgaben von Eurojust bzw.

---

[194] Vgl. hierzu den weitreichenden Aufgabenkatalog Europols in Art. 4 Europol-VO.

[195] Vgl. dazu nur Art. 23 Abs. 2 und Abs. 6, Art. 24 Europol-VO.

[196] Die Verfügbarkeit der in den Datenbanken Europols gespeicherten Daten für Eurojust wird als in Art. 85 Abs. 1 UA 1 S. 2 HS 2 AEUV primärrechtlich normiert angesehen, vgl. dazu *Dannecker*, in: Streinz (Hrsg.), Art. 85 AEUV Rn. 24.

OLAF erforderlich sind". Für die Zwecke der ETIAS-VO hat auch Frontex nach diesem Verfahren Zugriff auf die bei Europol gespeicherten Daten.[197]

Ferner kann nach Art. 21 Abs. 2 Europol-VO eine Arbeitsvereinbarung mit Eurojust bzw. OLAF geschlossen werden, die einen grundsätzlichen gegenseitigen Zugang zu unter Art. 18 Abs. lit. a) Europol-VO fallende Daten ermöglicht.[198] Eine diesbezügliche Vereinbarung[199] auf Grundlage des (deutlich weiter formulierten) Art. 22 Abs. 2 Europol-Beschluss ist zum 01.01.2010 in Kraft getreten, die in Art. 7 ff. den Informationsaustausch zwischen Eurojust und Europol regelt. Zwischen Europol und OLAF wurde bereits am 18.02.2003 eine u.a. den Informationsaustausch regelnde Vereinbarung getroffen.[200] Ob diese unter den Neuregelungen der Europol-VO noch Bestand haben kann, ist fraglich.

Die im Vergleich zu mitgliedstaatlichen Kompetenzen weitergehende Möglichkeit Europol-Bediensteter bezüglich des Abrufs und der Verwendung der von Europol verarbeiteten (personenbezogenen) Informationen dürfte ein attraktiver Vorteil der Einbeziehung von Europol-Personal in JITs sein und verschafft Europol-Personal in diesem Zusammenhang jedenfalls eine Geber-Rolle.[201]

III. Weitere Vorgaben zur Festlegung des Einsatzablaufs

Eine nächste Konkretisierungsstufe hinsichtlich des JIT-Einsatzes kann ein nach dem JITs-Leitfaden empfohlener Operativer Aktionsplan (OAP) sein, auf den in der Praxis jedoch wohl angesichts der Vorteile informeller Absprachen teilweise verzichtet wird.[202] Konkrete Ermittlungsmaßnahmen werden in der Praxis über-

[197] Vgl. zu ETIAS unten in diesem Teil Kapitel 5 D. III. 5.; die Zugriffsrechte von Frontex nach dem Treffer/Kein-Treffer Verfahren wurden durch die Verordnung (EU) 2018/1241 des Europäischen Parlaments und des Rates vom 12. September 2018 zur Änderung der Verordnung (EU) 2016/794 für die Zwecke der Einrichtung eines Europäischen Reiseinformations- und -genehmigungssystems (ETIAS), ABl. L 236 vom 19.09.2018, S. 72–73, eingeführt.

[198] Insgesamt stellt sich die Regelung der Zugangsrechte Eurojusts und OLAFs somit im Vergleich zur entsprechenden Regelung in Art. 22 Europol-Beschluss als ausdifferenzierter und datenschutzfreundlicher dar, insbesondere durch das weitgehend einzuhaltende Treffer/Kein-Treffer Verfahren.

[199] Vgl. dazu das „Agreement between Eurojust and Europol" vom 01.08.2009, abrufbar unter: https://www.eurojust.europa.eu/document/agreement-between-eurojust-and-europol (zuletzt abgerufen am 24.02.2024); vgl. dazu eingehend *Schoppa*, Europol S. 369 ff.; vgl. zu einem Entwurf vom 25.06.2003 eingehend *Gleß/Grote/Heine*, Kontrolle von Europol, S. 20 ff.

[200] Abrufbar unter https://www.google.com/url?sa=t&rct=j&q=&esrc=s&source=web&cd=&ved=2ahUKEwjRioyZ_cOEAxWRwQIHHTocCtcQFnoECBkQAQ&url=https%3A%2F%2Fwww.europol.europa.eu%2Fsites%2Fdefault%2Ffiles%2Fdocuments%2Fadministrative_arrangement_between_europol_and_olaf_signed_version.pdf&usg=AOvVaw04uNaLPnJEwrA2LEb1XAlU&opi=89978449 (zuletzt abgerufen am 24.02.2024).

[201] Ferner soll Europol nach Art. 5 Abs. 3 Europol-VO und S. 35 JITs-Leitfaden direkt mit sämtlichen Mitgliedern (und nicht nur über den/die Leiter des JITs) in Kontakt treten können, was eine effektive Umsetzung der Gruppenhierarchie gefährden könnte.

[202] Vgl. S. 10 JITs-Leitfaden und S. 43, 45 ER 2018.

wiegend in informellen Treffen angefragt, geplant und koordiniert.[203] Teile des OAP werden nach dem JITs-Handbuch[204] (notwendigerweise) schon in der konkreten JIT-Vereinbarung festgelegt, grundsätzlich soll der OAP als Instrument der Planung und Koordinierung operativer Tätigkeiten aber (möglicherweise kurzfristig) die einzelfallbezogene Einsatzplanung regeln.[205] In den OAP sind nach dem JITs-Handbuch insbesondere die Rollen der Mitglieder und Teilnehmer des JITs, zu ergreifende spezifische Maßnahmen, Einsätze und Ermittlungsbefugnisse sowie Regelungen hinsichtlich des Informationsaustauschs und der Kommunikation innerhalb des JITs aufzunehmen.[206] Eine Zuständigkeit oder ein Verfahren hinsichtlich der Erstellung des OAP war bzw. ist nicht vorgesehen, sodass davon auszugehen ist, dass die diesbezügliche Entscheidungsgewalt vor dem Hintergrund des Grundsatzes der Gleichberechtigung[207] den Parteien eines JITs unter Führung des JIT-Leiters zukommt.[208]

E. Weisungshierarchie und Entscheidungsfindung

I. Weisungshierarchie

Der Einsatz des JITs erfolgt unter der Führung des JIT-Leiters.[209] Die diesbezüglichen Befugnisse des JIT-Leiters sind nur teilweise (sekundär-)rechtlich geregelt, insbesondere obliegt es jedoch dem JIT-Leiter, entsandte Mitglieder mit der Durchführung von Ermittlungsmaßnahmen zu betrauen.[210] Auch der JITs-Leit-

---

[203] Vgl. dazu S. 45 ER 2018. Für einen Verzicht auf unnötige Formalisierungen durch die Aufstellung eines OAP vgl. auch Ratsdokument 11992/15 vom 17.09.2015 S. 9 f.

[204] Dieses ist in der Anlage zu Ratsdokument 15790/1/11 vom 04.11.2011 enthalten; der JITs-Leitfaden stellt eine „auf praktischen Erfahrungen aufbauende Weiterentwicklung" des JITs-Handbuchs dar (vgl. S. 4 JITs-Leitfaden).

[205] Vgl. zum Ganzen S. 41 f. JITs-Handbuch, welches eine „Checkliste" für den OAP enthält und diesen als „ein fortzuschreibendes Dokument über praktische Fragen einer gemeinsamen Ermittlungsgruppe" beschreibt.

[206] Vgl. S. 41 ff. JITs-Handbuch. Eine ähnliche Aufzählung, die jedoch nicht zur Aufstellung eines OAP dienen soll, enthält eine Checkliste für die Planung und Koordinierung der operativen Tätigkeiten auf S. 38 JITs-Leitfaden. Neu ist in diesem Zusammenhang eine „spezifische Aspekte in Bezug auf bestimmte Straftatbestände" enthaltende Liste, die Vorschläge für die Regelung des Verfahrens bei Ermittlungen im Bereich bestimmter Delikte beinhaltet.

[207] Vgl. dazu S. 13 JITs-Leitfaden.

[208] Zur praktischen Umsetzung sogleich in diesem Kapitel unter E.

[209] Vgl. dazu Art. 1 Abs. 3 lit. a) und b) JITs-Beschluss. Die JIT-Mitglieder nehmen demnach ihre Aufgaben „unter Leitung" des JIT-Leiters und „unter Berücksichtigung der Bedingungen wahr, die ihre eigenen Behörden" in der JIT-Vereinbarung festgelegt haben.

[210] Vgl. Art. 1 Abs. 6 JITs-Beschluss. Ferner ist ein etwaiges Verbot der Anwesenheit bei Ermittlungsmaßnahmen gegenüber einem entsandten Mitglied durch den JIT-Leiter auszusprechen, vgl. Art. 1 Abs. 5 S. 2 JITs-Beschluss.

faden enthält keine vertieften bzw. nur punktuelle Beschreibungen hinsichtlich der Ausübung der Führung durch den JIT-Leiter.[211]

Art. 1 Abs. 3 lit. a) und b) JITs-Beschluss gelten für „die Gruppe", sodass grundsätzlich auch JIT-Teilnehmer der Leitung des JIT-Leiters unterworfen sind. Dies wird hinsichtlich OLAF-[212] und Europol-Bediensteter[213] im JITs-Leitfaden konkretisiert.[214] Hinsichtlich der darin vorgesehenen Befugnis des JIT-Leiters zu Anweisungen an Europol-Personal bzw. Aufforderungen an OLAF-Bedienstete stellt sich die Frage nach einem Verfahren bei einer Weigerung unionalen Personals zur Umsetzung von Handlungsanweisungen des JIT-Leiters. In früheren Modellen für „vertikale" JIT-Vereinbarungen wurde ein Weigerungsrecht von Europol-Bediensteten bei mutmaßlichen Verstößen gegen das Europol-Übereinkommen[215] bzw. den Europol-Beschluss[216] empfohlen, das bei Ausübung zu einem Verständigungsversuch zwischen Europol und dem/den Leiter/n des JITs führen sollte.[217] Für den Fall der nicht möglichen Einigung wurde dem Europol-Direktor teilweise ein einseitiges Beendigungsrecht der JITs-Teilnahme Europols eingeräumt.[218] In den neueren Modellvereinbarungen finden sich diesbezüglich jedenfalls keine ausdrücklichen Bestimmungen.[219] Eine dahingehende Abstim-

---

[211] Nach S. 8 JITs-Leitfaden soll der JIT-Leiter insbesondere für die Überwachung der Tätigkeiten des JITs zuständig sein und nach S. 9 JITs-Leitfaden die Aufsicht über JIT-Tätigkeiten haben. Zudem soll der JIT-Leiter gemäß S. 4 JITs-Leitfaden das Recht haben, „Beschränkungen" hinsichtlich der Befugnis entsandter Mitglieder zur Teilnahme an Ermittlungsmaßnahmen zu erlassen. Nach der Auffassung der JITs-Experten, die in der Praxis Berücksichtigung finden dürfte, liegt es ferner in der Verantwortung des JIT-Leiters „to monitor the investigative activities of the members of the JIT", vgl. S. 5 Ratsdokument 17161/09 vom 11.12.2009.

[212] Vgl. dazu S. 25 f. JITs-Leitfaden. Demnach legt der Gruppenleiter den erforderlichen Umfang der Unterstützung durch OLAF fest, konkrete Maßnahmen sollen ferner nur nach „Maßgabe der Aufforderung des/der Gruppenleiter(s)" erfolgen. Auch die Anwesenheits-, Beratungs- und Unterstützungsbefugnisse OLAF-Bediensteter sind „unter der Führung des/der Gruppenleiter(s)" wahrzunehmen.

[213] Vgl. dazu insbesondere S. 35 JITs-Leitfaden. Hiernach sind die Europol zukommenden Anwesenheits-, Beratungs- und Unterstützungsbefugnisse „auf Anweisung und unter der Führung des (der) Gruppenleiters (Gruppenleiter)" wahrzunehmen.

[214] Für Eurojust-Bedienstete sind auch im JITs-Leitfaden keine konkreteren Regelungen enthalten. Dies kann wohl auf die Beschränkung des Mandats Eurojusts hinsichtlich der Teilnahme an JITs auf beratende und im Hinblick auf die Koordinierung unterstützende Funktionen oder auf die Teilnahme der nationalen Mitglieder als zuständige nationale Behörde zurückgeführt werden.

[215] Vgl. dazu Art. 4 Abs. 2 des Entwurfs für einen Beschluss des Verwaltungsrats von Europol 2007/C 72/16 vom 20.03.2007.

[216] Vgl. dazu S. 35 JITs-Handbuch.

[217] Dies verdeutlichte die Bindung der in JITs eingesetzten Beamten von Europol an Unionsrecht.

[218] Vgl. dazu Art. 4 Abs. 2 S. 3 Entwurfs für einen Beschluss des Verwaltungsrats von Europol 2007/C 72/16 vom 20.03.2007.

[219] Im Code of Conduct of Europol ist indes unter Punkt 3.1 eine Berichtspflicht der Europol-Bediensteten über Handlungsanweisungen, die ein – aus Sicht des Europol-Perso-

mung in der Vereinbarung zwischen den Parteien des JITs und OLAF/Europol, etwa unter dem empfohlenen Punkt „Zweck und Umfang der Teilnahme“[220], ist jedoch möglich.

II. Entscheidungsfindung

Art. 1 Abs. 3, 5 und 6 JITs-Beschluss zeichnen folgendes Bild der Entscheidungsfindung: Die Parteien des JITs stimmen sich neben der Einsetzung eines JITs auch über dessen generelle Arbeitsweise und Ziele ab; die konkrete Umsetzung dieser Ziele und insbesondere die diesbezüglich erforderlichen Ermittlungsmaßnahmen werden von dem JIT-Leiter veranlasst, wobei teilweise eine Rückkopplung mit den JIT-Mitglieder entsendenden Mitgliedstaaten erforderlich ist. Eine vorrangige Rolle unionaler Stellen in Bezug auf die Entscheidungsfindung ist daraus nicht ersichtlich. Auch die die Kompetenzen innerhalb eines JITs regelnden Bestimmungen der Europol-VO und der Eurojust-VO oder die Rechtsgrundlagen von OLAF beinhalten keine konkreten diesbezüglichen Vorgaben. Die Praxis zeichnet jedoch ein anderes Bild hinsichtlich der Einflussnahme(möglichkeiten) unionaler Stellen auf die Entscheidungsfindung in Bezug auf die Errichtung und innerhalb eines JITs:

1. (Potentielle) Mitwirkung unionaler Stellen bis zur operativen Phase eines JITs[221]

In der bisher ausgewerteten Praxis wird ein Bedürfnis zur Einsetzung eines JITs hauptsächlich durch bilaterale Kontakte zwischen Mitgliedstaaten ermittelt, jedoch spielen hierbei auch die Koordination durch Eurojust[222] und der durch Europol ermöglichte Informationsaustausch eine wichtige Rolle.[223] Nach der ersten Kontaktaufnahme wird häufig eine Überprüfung der Zweckmäßigkeit der Einsetzung eines JITs unter Einbezug von Europol und Eurojust in Arbeits- oder

---

nals – illegales, unethisches oder einen fundamentalen Gewissenskonflikt hervorrufendes Verhalten erfordern. Dem kann wohl eine – in der Vereinbarung mit den JITs-Parteien festzulegende – Regelung hinsichtlich der Verweigerung der Ausführung von Anweisungen entnommen werden.

[220] S. zu dieser Vereinbarung oben in diesem Kapitel unter C. II. 2.

[221] Nach S. 43 ER 2018 haben bisher 59 % (44) der evaluierten JITs in der Errichtungsphase auf die so angebotene Unterstützung zurückgegriffen, 37 auf Eurojust, 11 auf Europol, 16 auf Leitfäden bzw. Handbücher und 16 auf die nationalen JITs-Experten (s. dazu in diesem Kapitel unter G. I.). Die Dauer der Errichtungsphase kann nach der bisherigen Praxis weniger als einen Monat aber auch bis zu mehr als sechs Monate betragen.

[222] Diese liegt insbesondere in der Identifikation von parallelen Ermittlungen in den Mitgliedstaaten, vgl. S. 21 JITs-Leitfaden.

[223] Vgl. dazu insb. S. 12 JITs-Leitfaden, S. 42 ER 2018 wonach 71 % der JITs durch bilaterale Kontaktaufnahmen eingeleitet wurden, 50 % der evaluierten JITs durch Eurojust und 27 % durch Europol unterstützt wurden. Im ER 2018 wird die „facilitation role of Eurojust and/or Europol“ als ebenso bedeutsam wie bilaterale Abstimmungen bezeichnet.

Koordinierungssitzungen vorgenommen.[224] Hierdurch soll ein internationaler Überblick über den Fall geschaffen werden, der zu einer Entscheidung hinsichtlich der Einsetzung eines JITs führen soll.[225] Halten die Beteiligten die Bildung eines JITs für sinnvoll, ist der Abschluss einer diesbezüglichen Vereinbarung nach dem Vorbild der (jeweils aktuellen) Modellvereinbarung gängige Praxis.[226] Im JITs-Leitfaden wird den Mitgliedstaaten diesbezüglich die Unterstützung durch Europol[227] und Eurojust[228] nahegelegt, im Evaluationsbericht 2018 (S. 32 f.) sind ferner „best practices" über die Abfassung und Unterzeichnung von JIT-Vereinbarungen enthalten.[229]

2. (Potentielle) Mitwirkung in der operativen Phase eines JITs[230]

Auch der Prozess der Entscheidungsfindung nach Errichtung des JITs ist von Einflussnahmemöglichkeiten unionaler Stellen durchzogen.[231] Die Koordinie-

[224] Vgl. S. 21 JITs-Leitfaden, wonach die nationalen Verbindungsbüros von Eurojust „üblicherweise" die potentiellen Parteien eines JITs bei der Entscheidungsfindung unterstützen. Hier werden zudem Koordinierungssitzungen als „eine Sitzung der einschlägigen nationalen Behörden, die von Eurojust mit dem Ziel organisiert und finanziert wird, eine Einigung über die Zusammenarbeit und/oder die Koordinierung der Ermittlungen und Strafverfolgungsmaßnahmen zu fördern und herbeizuführen", definiert. Zur Beteiligung Eurojusts in dieser Phase vgl. ferner S. 29 ER 2018, wonach insbesondere eine kontinuierlich steigende Unterstützung Eurojusts hinsichtlich der Einsetzung von JITs in quantitativer Hinsicht abzulesen ist (von 20 im Jahr 2010 bis 87 im Jahr 2018). Für die in dieser Phase der Entscheidungsfindung relevanten Gesichtspunkte vgl. S. 30 f. ER 2018.

[225] Vgl. dazu S. 7 JITs-Leitfaden. Ferner soll in der (möglichen) Errichtungsphase eines JITs ein Abgleich mit den Europol-Datenbanken erfolgen und durch die Analysten Europols ein Gesamtüberblick erstellt werden, der eine Bewertung des Falls aus „nationalen Perspektiven" ersetzen soll. Vgl. dazu und zu einem dies illustrierenden praktischen Fall S. 25 ER 2018.

[226] Vgl. dazu S. 43 ER 2018. Auf S. 8 JITs-Leitfaden wird auf die Verfügbarkeit der aktuellen Mustervereinbarung in einem „editierbaren Format" in den Internetauftritten von Eurojust und Europol hingewiesen.

[227] Vgl. dazu S. 23 JITs-Leitfaden, der auch eine Beteiligung Europols bei Aufstellung des OAP und in Bezug auf die „Förderung der Diskussion über das taktische und technische Vorgehen bei Ermittlungen" beinhaltet.

[228] Vgl. dazu S. 8, 12 JITs-Leitfaden. Auf S. 21 JITs-Leitfaden wird ferner angeregt, die JIT-Vereinbarung am Sitz von Eurojust zu unterzeichnen, wodurch Gelegenheit zu ersten konkreten Schritten der Zusammenarbeit im JIT gegeben sein soll. Zu einem Bericht über den Einsatz eines JITs unter der Beteiligung Eurojusts vgl. S. 14 ER 2018.

[229] Nach S. 38 f. ER 2018 wird eine teilweise zu langwierigen Errichtungsphase von JITs bemängelt und daher die Erstellung von auf bestimmte Kriminalitätsformen zugeschnittenen Modellvereinbarungen und „working documents" für eine möglichst rasche Durchführung von Koordinationstreffen durch Eurojust empfohlen.

[230] Nach S. 44 ER 2018 kann die operative Phase eines JITs von unter 12 und bis mehr als 24 Monate betragen.

[231] Dies setzt eine Einbeziehung, insbesondere von Europol und/oder Eurojust voraus, die nach S. 50 ER 2018 in 66 % der eingesetzten JITs vorhanden war. Diese Einbeziehung erfolgt auf freiwilliger Basis, ist jedoch teilweise Voraussetzung für eine Finanzierung des JITs, vgl. S. 14 JITs-Leitfaden und unten in diesem Kapitel unter H.

rung und Planung von Ermittlungsmaßnahmen erfolgt in der Praxis überwiegend durch „face-to-face meetings" der Beteiligten eines JITs.[232] Diese Treffen sollen nach dem JITs-Leitfaden insbesondere von Eurojust oder Europol organisiert werden.[233] Eurojust soll demnach seiner Aufgabe zur Unterstützung des JITs hinsichtlich der „praktischen und rechtlichen Fragen zur Arbeitsweise der gemeinsamen Ermittlungsgruppe" u.a. dadurch gerecht werden, dass es „sein Koordinierungszentrum zum Einsatz bringt" und Koordinationstreffen abhält.[234] Auch Europol soll Hilfestellungen bei allen Fragen der Praxis und der Koordinierung geben.[235] Dies erfolgt zum einen durch Abfragen und Gegenprüfungen von Informationen und die Erstellung sowie Übermittlung (operativer) Analysen[236], insbesondere durch das am Sitz von Europol befindliche gesicherte Operationszentrum und/oder ein „mobiles Büro" in den Mitgliedstaaten.[237] Hinzu kommt eine Einflussnahmemöglichkeit des Europol-Personals im Zuge seiner Beratungs- bzw. Unterstützungsfunktion bei Zwangs- bzw. operativen Maßnahmen.[238] Auch OLAF-Bedienstete können auf die Entscheidungsfindung durch Vermittlung „operativer Fachkenntnis" und Beratung, auch während der Vornahme von Zwangs- oder operativen Maßnahmen durch die Mitglieder des JITs einwirken.[239]

---

[232] Vgl. dazu S. 17 f. ER 2018 und das Schaubild 13 auf S. 45 ER 2018, wonach diese informellen Treffen die Erstellung eines OAP in der Praxis weitgehend ablösen.

[233] Zur Praxis vgl. S. 10 JITs-Leitfaden, der von Europol und Eurojust unterstützte regelmäßige Sitzungen als bevorzugte Planungsinstrumente herausstellt. Nach S. 35 ER 2018 ist es ferner üblich, am Tag vor einem etwaigen Koordinationstreffen bei Eurojust ein Meeting bei Europol zwecks Informationsaustauschs zu halten.

[234] Vgl. zum Ganzen S. 21 JITs-Leitfaden. Vgl. zur Unterstützung durch Eurojust in Form von Koordinationstreffen und Koordinierungszentren auch S. 24 ER 2018. Die bei Eurojust angesiedelten Koordinierungszentren haben nach S. 12, 18 Eurojust Jahresbericht 2017 den Zweck, die Koordination und den Echtzeit-Informationsaustausch in der operativen Phase von „serious cross-border crime cases" zu ermöglichen. Vgl. dazu auch https://www.eurojust.europa.eu/judicial-cooperation/tasks-and-tools/coordination-centres (zuletzt abgerufen am 24.02.2024).

[235] Die genannten Koordinierungszentren setzen diesbezüglich auch von Europol organisierte bzw. unterstützte Sitzungen voraus.

[236] Vgl. dazu S. 23 f. JITs-Leitfaden, wonach dies zu den häufigsten „Analyseprodukten" zählt, welche von Europol übermittelt werden, und S. 25 ER 2018, wonach die Rolle Europols in einem praktischen Fall von Cyberkriminalität erläutert wird und Europol in diesem Rahmen die Aufgabenverteilung unter den mitgliedstaatlichen Behörden und die Koordination der JITs-Aktivitäten übernommen hat.

[237] Vgl. dazu S. 24 f. JITs-Leitfaden. Bei dem „mobilen Büro" handelt es sich demnach um auf Ersuchen entsendetes Europol-Personal, dem ein Fernzugang zum „gesicherten Europol-Netz" ermöglicht wird.

[238] Vgl. dazu an dieser Stelle nur S. 35 JITs-Leitfaden.

[239] Vgl. dazu an dieser Stelle nur S. 25 JITs-Leitfaden.

F. Beendigung/Verlängerung eines JITs

Ein JIT kann im gegenseitigen Einvernehmen aller Beteiligten beendet werden. Unbeschadet etwaiger Regelungen in der JIT-Vereinbarung dürfte einer Partei des JITs aufgrund der grundsätzlichen Verbindlichkeit von (interadministrativen, unionsrechtlich geprägten) Vereinbarungen jedoch ein einseitiges Recht zur vorzeitigen Beendigung (der Teilnahme an bzw.) des JITs verwehrt sein. Dies schließt jedoch die tatsächliche Möglichkeit der unilateralen Beendigung in der Praxis nicht aus.[240]

Die für eine begrenzte Zeitspanne angelegte Zusammenarbeit im JIT und damit auch die JIT-spezifischen Kompetenzen der Teammitglieder enden mit Ablauf dieses Zeitraums. Den Parteien[241] steht jedoch eine schriftliche Verlängerung der Geltungsdauer im gegenseitigen Einvernehmen offen.[242] Ferner stellt die Erreichung des in der JIT-Vereinbarung festzulegenden Zwecks jedenfalls einen möglichen Beendigungsgrund dar. Primärrechtlich problematisch ist hierbei die Frage, ob auch durch eine Änderung des Zwecks des JITs eine Verlängerung des Einsatzes möglich ist. Von einer solchen Änderungsmöglichkeit geht zumindest die im JIT-Handbuch befindliche Modellvereinbarung aus.[243] Der JITs-Leitfaden ist in dieser Hinsicht widersprüchlich.[244] Eine Zweckänderung erscheint zwar angesichts der sonst erforderlichen Neueinsetzung eines JITs als attraktiver und insbesondere praktikabler Weg, ist jedoch nur schwer mit dem Wortlaut des Art. 1 Abs. 1 S. 1 JITs-Beschluss vereinbar.[245]

[240] Dies impliziert S. 11 JITs-Leitfaden, wonach „einseitige Beschlüsse über das Ausscheiden [...] möglichst vermieden werden" sollten oder Behörden durch den Abschluss ihrer Ermittlungen zur Beendigung der Beteiligung an einem JIT gezwungen sind. In Bezug auf letzteres wird empfohlen, diese Problematiken nach Möglichkeit in der JIT-Vereinbarung zu antizipieren. Zur Einordnung und grundsätzlichen Verbindlichkeit der JIT-Vereinbarung vgl. unten in Teil 3 Kapitel 10 B. II. 2.

[241] Vgl. zum lediglich die mitgliedstaatlichen Stellen umfassenden Parteibegriff im Hinblick auf JITs oben in diesem Kapitel unter C. III.

[242] Vgl. dazu insb. die Mustervereinbarung zur Verlängerung des Einsatzes eines JITs auf S. 36 JITs-Leitfaden. Nach dem in diesem Muster befindlichen Text erfordert eine Verlängerung des Einsatzes die Nichterreichung des Zwecks; die diesbezüglichen Umstände sind von allen Parteien sorgfältig zu prüfen.

[243] Vgl. S. 24 JITs-Handbuch, hiernach können die Parteien den Zweck des JITs im gegenseitigen Einvernehmen neu definieren.

[244] So wird einerseits auf S. 8 JITs-Leitfaden eine „inhaltliche Änderung" u.a. „in Bezug auf die aufzuklärenden Straftaten, [...] die Ziele oder die Verlängerung der Laufzeit" für zulässig erachtet, was eine Anpassung an eine konkrete Ermittlung ermöglicht. Im vorgeschlagenen Muster für eine Übereinkunft über die Änderung der JIT-Vereinbarung wird jedoch die Erforderlichkeit der vorzunehmenden Änderung zur Erreichung des Einsetzungszwecks vorausgesetzt, was dessen Unabänderlichkeit nahelegt.

[245] Zu klären ist ferner, ob so die Gefahr einer verstetigten Zusammenarbeit „unter dem Dach" eines JITs entsteht, welche von den JITs-bezogenen Rechtsgrundlagen jedenfalls nicht beabsichtigt und von Art. 87 AEUV wohl nicht gedeckt ist, vgl. dazu nur *Suhr*, in: Calliess/Ruffert (Hrsg.), Art. 87 AEUV Rn. 24 m.w.N.

Eine Beendigung der Teilnahme unionaler Stellen an einem JIT kann zwischen diesen und den Parteien des JITs vereinbart werden. Unionale Stellen als akzessorische Teilnehmer des JITs haben in Bezug auf das Bestehen(bleiben) bzw. die Beendigung keine rechtlichen Einflussmöglichkeiten, sind somit grundsätzlich abhängig von der mitgliedstaatlich geschlossenen JIT-Vereinbarung.[246] Ein einseitiges Beendigungsrecht der Parteien bzw. Europols, Eurojusts oder OLAFs wird in den relevanten Rechtsakten bzw. Dokumenten jedenfalls nicht geregelt. Dies dürfte auf die rechtliche Konzeption der Beschränkung der Beteiligung auf Unterstützungsfunktionen zurückzuführen sein, woraus insbesondere kein Recht auf Teilnahme hergeleitet werden kann.[247] Auch für die Abwicklung und Beendigung eines JITs sind Hilfestellungen durch Europol[248] und Eurojust[249] vorgesehen.[250]

G. Aufsicht und Kontrolle

Es existiert kein spezielles, auf die Einsatzform des JITs gesondert zugeschnittenes Kontrollgremium auf unionaler oder mitgliedstaatlicher Ebene. Die Tätigkeit eines JITs wird vielmehr zum einen durch Institutionen nachvollzogen, die zur Aufsicht und Kontrolle der einzelnen JIT-Mitglieder (mitgliedstaatliche Beamte) und -Teilnehmer (Eurojust-, OLAF- und Europol-Personal) berufen sind, d.h. getrennt auf nationaler und unionaler Ebene. Zum anderen sind kooperative administrative Kontroll- und Aufsichtsformen vorgesehen, sobald Eurojust, OLAF und/oder Europol miteinbezogen werden. In beiden Fällen kann der Anlass des Tätigwerdens dieser Institutionen bzw. Mechanismen sachbezogen sein, dies gilt insbesondere für den Informationsaustausch, oder sich allein aus der funktionalen Verwendung des Instruments eines JITs ergeben. Im Folgenden wird ein weiter Kontroll- und Aufsichtsbegriff zugrundegelegt, der allein die Möglichkeit einer mitgliedstaatlichen oder unionalen Stelle zur Erlangung von

[246] Dies folgt insbesondere auch aus der Trennung zwischen JIT-Vereinbarung und etwaigen Vereinbarungen mit unionalen Stellen (s. dazu ausführlich in diesem Kapitel unter C. II.).

[247] Anzumerken ist jedoch die (semi-)obligatorische Beteiligung des nationalen Eurojusts-Mitglieds bei anvisierter und in diesem Kapitel unter H. behandelter Finanzierungen aus EU-Mitteln.

[248] Vgl. dazu S. 23 JITs-Leitfaden, hierbei wird insbesondere darauf abgezielt, „best practices" zu ermitteln oder eine über den Zweck des aufzulösenden JIT hinausgehende Kooperation zu vereinbaren.

[249] Vgl. dazu S. 22 JIT-Leitfaden, wonach Eurojust insbesondere Evaluierungssitzungen organisieren und finanzieren kann, sowie Hilfestellung bei der Festlegung der gerichtlichen Zuständigkeit für die durch das JIT ermittelten Straftaten geben kann.

[250] Diesbezüglich sieht der JITs-Leitfaden keine Beteiligung OLAFs vor, es wird jedoch die Erstellung eines Abschlussberichts durch OLAF gefordert, vgl. dazu S. 27 JITs-Leitfaden und in diesem Kapitel unter G. III. 3. c).

Informationen über die Tätigkeit eines JITs und eine Reaktionsform voraussetzt, also das Gegenstück zu einer Rechenschaftspflicht nach dem „accountability"-Begriff darstellt. So können Rückschlüsse auf die Legitimation und als deren Kehrseite auf die Zurechnung des Teamhandelns gezogen werden.[251]

I. Kontrolle durch Evaluation? – die Rolle des JITs-Netzwerks

Das sog. JITs-Netzwerk erhält insbesondere für seine Evaluationsarbeit Informationen in Bezug auf den Einsatz und das Einsatzhandeln von JITs.

1. Das JITs-Netzwerk: Austauschplattform und Unterstützungseinrichtung

Das als Reaktion auf die im sog. Haager Programm gestellten Forderungen[252] eingerichtete JITs-Netzwerk[253] besteht aus nationalen Experten für JITs (JITs-Experten) und aus einem an Eurojust angegliederten „JITs Network Secretariat".[254] Für das JITs-Netzwerk wurden unverbindliche Regelungen erlassen, die dessen Zusammensetzung, Aktivitäten und insbesondere Beziehungen zu Drittstaaten und sonstigen externen Partnern betreffen.[255] Die JITs-Experten sollen als Kontaktpunkte für ihre nationalen Behörden fungieren, ferner Konferenzen, Übungen und Seminare hinsichtlich des Einsatzes von JITs organisieren sowie mit den relevanten unionalen Stellen in Kontakt treten.[256] Das seit Anfang 2011

---

[251] Vgl. zum accountability-Begriff unten Teil 3 Kapitel 9 C. II. 2. und zum Verhältnis von Legitimation und Zurechnung unten Teil 3 Kapitel 9 C.

[252] Vgl. dazu S. 20 f. Ratsdokument 13302/1/04 vom 15.10.2004. Diese Forderungen beinhalten die Ernennung eines nationalen Experten je Mitgliedstaat zwecks Förderung des Einsatzes und des Informationsaustauschs hinsichtlich JITs.

[253] Vgl. dazu S. 1 Ratsdokument 11037/05 vom 08.07.2005, wonach hinsichtlich der Implementierung der Vorgaben aus dem Haager Programm ein „more flexible and pragmatic approach" einem „cumbersome and buerocratic network" vorgezogen wurde.

[254] Die Homepage des JITs-Netzwerks ist in den Internetauftritt von Eurojust integriert und enthält die wesentlichen Rechtsgrundlagen, Modellvereinbarungen und Leitfäden. Vorhanden ist ferner ein zugangsbeschränktes JITs Portal, in dem Praktiker insbesondere Fragen und Anträge zur Finanzierung durch Eurojust eines JITs einreichen können sollen. Vgl. zum Ganzen https://www.eurojust.europa.eu/judicial-cooperation/instruments/joint-investigation-teams (zuletzt abgerufen am 24.02.2024). Ferner ergibt sich aus S. 8 Fn. 14 JITs-Leitfaden, S. 8 der JITs-Netzwerk-Guidelines (vgl. dazu nächste Fn.) die Existenz eines den JITs „vorbehaltenen Bereich(s)".

[255] Vgl. dazu Ratsdokument 11154/18 vom 17.07.2018 betreffend „Guidelines on the Network of National Experts on Joint Investigation Teams" (im Folgenden „JITs-Netzwerk-Guidelines").

[256] Vgl. dazu S. 5 f. Ratsdokument. 11037/05 vom 08.07.2005. Hinsichtlich der Qualifikation und Auswahl der JITs-Experten durch die Mitgliedstaaten sind ferner in S. 6 Ratsdokument 11037/05 vom 08.07.2005 und insbesondere in S. 4 f. JITs-Netzwerk-Guidelines Vorgaben enthalten. Aus S. 5 JITs-Netzwerk-Guidelines ist auch eine Zuständigkeit der nationalen JITs-Experten zur Unterstützung bei Errichtung eines JITs, insbesondere bezüglich des Abfassens einer JIT-Vereinbarung zu entnehmen.

arbeitsfähige[257] JITs Network Secretariat soll insbesondere ein „centre of excellence on court decisions and outcomes of JITs" sowie Sammel- und Auswertungsstelle für „best practices, training and awareness material" sein, die auch einen direkten Austausch nicht-personenbezogener Informationen ermöglicht.[258] Das JITs-Netzwerk verabschiedet nach dem jährlichen Treffen der JITs-Experten, das häufig unter der Beteiligung Europols und Eurojusts stattfindet, „Conclusions".[259] In diesen Treffen werden insbesondere Missstände und praktische Umsetzungshindernisse des JITs-Konzepts hervorgehoben und in Arbeitsgruppen Lösungsansätze entwickelt.

2. *Evaluationsarbeit durch das JITs-Netzwerk*

Anonymisierte Informationen[260] über die Tätigkeit eines JITs können den auf Grundlage von durch die Parteien eines JITs durchgeführten Evaluierungen erstellten „JIT Evaluation Reports" entnommen werden. Primäres Anliegen dieser Berichte ist die „Erweiterung der Wissensgrundlage und die Verbesserung der Funktionsweise des Instruments" der JITs.[261] Für diese Evaluierung sind editierbare Dokumente auf der JITs-Network Homepage verfügbar.[262] Eine Evaluierung ist derzeit jedoch nur für durch Eurojust finanziell unterstützte JITs obligatorisch[263], die Vornahme einer (gemeinsamen)[264] Evaluation kann jedoch durch Europol oder Eurojust gefördert[265] und durch die nationalen JITs-Experten un-

[257] Vgl. dazu S. 7 Ratsdokument 7519/1/11 vom 20.06.2011 und S. 2 Ratsdokument 8725/12 vom 13.04.2012.

[258] Vgl. zum Ganzen S. 13 Ratsdokument 7519/1/11 vom 20.06.2011 und S. 7 f. der JITs-Netzwerk-Guidelines. Hieraus folgt in der Praxis die Zuständigkeit für die Auswertung der zu den JITs ergangenen Evaluationen.

[259] Vgl. zu den „Conclusions" des ersten Treffens Ratsdokument 15227/05 vom 02.12.2005 und die aktuellsten Schlussfolgerungen nach dem 18. Treffen im Ratsdokument 12133/18 vom 13.11.2018. Zu den Treffen vgl. allgemein S. 5 f. der JITs-Netzwerk-Guidelines.

[260] Vgl. dazu S. 2 der „Practical Steps for JIT Evaluation"; nach S. 3 Ratsdokument 7259/14 vom 04.03.2014 sind in den Evaluationen (auch bezüglich etwaiger Gerichtsverhandlungen) keine persönlichen Daten enthalten.

[261] Vgl. S. 11 JITs-Leitfaden und S. 1 der „Practical Steps for JIT Evaluation" nach S. 3 Ratsdokument 7259/14 vom 04.03.2014 soll durch das JITs-Netzwerk eine „bank of knowledge" mittels dieser zentralisierten und systematisierten Informationserfassung gebildet werden.

[262] Vgl. die nur in englischer Sprache unter http://www.eurojust.europa.eu/doclibrary/JITs/Pages/JIT-evaluation.aspx (zuletzt abgerufen am 24.02.2024) verfügbaren „Practical Steps for JIT Evaluation" und „JIT Evaluation Form".

[263] Vgl. nur S. 1 der „Terms and conditions applicable to Eurojust's financial support to JITs activities" und S. 11 JITs-Leitfaden.

[264] Vgl. zu den Methoden und angenommenen Vorteilen von „joint evaluations" gegenüber unilateralen Evaluationen S. 11 ER 2018.

[265] Vgl. dazu S. 2 der „Practical Steps for JIT Evaluation", wonach dies neben der Bereitstellung von Räumlichkeiten oder der Einrichtung von Videokonferenzen auch die Zurverfügungstellung finanzieller Mittel beinhalten kann.

terstützt werden.[266] Die aus den Evaluationen erstellten Jahresberichte beziehen sich nur ausschnittweise auf konkrete Fälle, grundlegende Daten wie etwa die (Häufigkeit der) Teilnahme eines Mitgliedstaates an JITs können diesen jedoch entnommen werden. Eine nennenswerte Kontrollfunktion einzelner JITs nimmt das JITs-Netzwerk in diesem Zusammenhang indes nicht wahr, vielmehr kann die Tätigkeit des JITs-Netzwerks insoweit als Qualitätskontrolle und begleitendes Qualitätsmanagement angesehen werden.

II. Kontrolle durch mitgliedstaatliche Instanzen

Auf mitgliedstaatlicher Ebene wird die Tätigkeit eines JITs behördenintern beaufsichtigt, sachbezogen durch die von der JI-Richtline geforderten Kontrollmechanismen und -instanzen überwacht und jedenfalls partiell durch nationale Gerichte kontrolliert.

1. Behördeninterne Überprüfung

Verwaltungsinterne nationale Überprüfungsmechanismen bestehen dabei innerhalb der jeweils zuständigen Strafverfolgungsbehörde.[267]

a) Allgemeine Bestimmungen

In jedem JIT ist ein JIT-Leiter einzusetzen, der behördenintern jedenfalls verantwortlich für die seinen Anweisungen entsprechenden Aktionen der Teammitglieder ist; dies gilt unabhängig davon, ob es sich bei den handelnden Beamten um solche des Einsatzmitgliedstaats handelt. Dem entspricht eine Überwachungsbefugnis und -pflicht des JIT-Leiters über die Handlungen der Gruppenmitglieder.[268] Bei den JIT-Leitern soll es sich um Angehörige von Justiz- oder Strafverfolgung handeln, die i.d.R. einer (je nach mitgliedstaatlicher Regelung divergierender) Form von Rechenschaftspflicht in Bezug auf ihre Anweisungen unterliegen. Bei entsandten Mitgliedern kann ferner durch das Erfordernis der Billigung von Einsätzen durch den entsendenden Mitgliedstaat[269] von erweiterten Aufsichts- oder Kontrollmöglichkeiten durch diesen ausgegangen werden.

---

[266] Zur Rolle der nationalen JIT-Experten im Evaluationsprozess vgl. S. 5 Ratsdokument 7241/13 vom 07.03.2013 und S. 2 der „Practical Steps for JIT Evaluation".

[267] Zu der als Form der internen Kontrolle einzuordnenden Meldepflicht nach Art. 30 JI-Richtlinie siehe in diesem Kapitel unter G. II. 2. b).

[268] S. zum Ganzen bereits oben in diesem Kapitel unter D. und E. sowie insbesondere die Ausführungen auf S. 5 Ratsdokument 17161/09 vom 11.12.2009. Für in Deutschland eingesetzte JITs folgt dies in Bezug auf die Ermittlungspersonen der Staatsanwaltschaft aus § 152 StPO; zur Zuständigkeit der Staatsanwaltschaft als JIT-Leiterin in Deutschland sogleich.

[269] Vgl. dazu an dieser Stelle nur Art. 1 Abs. 6 JITs-Beschluss.

b) Praktische Ausgestaltung: Das Beispiel eines JIT-Leiters und dessen Kontrolle nach deutschem Recht[270]

Ebenso wie in Österreich[271] wird in Deutschland die für den jeweiligen Ermittlungskomplex zuständige Staatsanwaltschaft als zuständig für die Behandlung bzw. die Stellung von Ersuchen zur Einsetzung eines JITs[272], zur Aushandlung der JIT-Vereinbarung und als taugliche JIT-Leiterin angesehen.[273] Fraglich erscheint in diesem Kontext, ob diese angenommene Allzuständigkeit der zuständigen Staatsanwaltschaft bei schwerpunktmäßig präventive Zielsetzungen betreffenden JITs zweckmäßig ist. Über die zuständige Staatsanwaltschaft, die im Bereich der Rechtshilfe in Deutschland Strafverfolgungsbefugnisse des Bundes im Wege der Organleihe wahrnimmt,[274] kommt jedenfalls den jeweils vorgesetzten Stellen nach § 147 GVG die Befugnis zur „Aufsicht und Leitung"[275] zu, die sich auch auf die Anforderung von Berichten erstrecken kann.[276]

2. Außergerichtliche Kontrolle – Vorgaben der JI-Richtlinie

Neben etwaigen mitgliedstaatlichen Besonderheiten hinsichtlich der möglichen außergerichtlichen Kontrolle polizeilicher Tätigkeiten und damit auch der Tätigkeiten eines JITs, kann jedenfalls das Bestehen des von der JI-Richtlinie[277]

---

[270] Vgl. zu den Zuständigkeiten in Frankreich, Portugal und Italien *Riegel*, KriPol 3/2008 S. 80 ff., S. 81.

[271] Vgl. dazu die im Vergleich zur deutschen Regelung nach § 93 IRG wesentlich detailreicheren Bestimmungen der österreichischen §§ 60 f. EU-JZG, insbesondere § 61 Abs. 1 und 2 EU-JZG, der ausdrücklich die Staatsanwaltschaft für zuständig erklärt. § 93 IRG ist lex specialis für zwischen Mitgliedstaaten der EU gebildeten JITs, vgl. im Übrigen die bis auf den jeweiligen Abs. 1 identische Vorschrift des § 61b IRG.

[272] Weitere Vorgaben für das Verhalten deutscher Behörden in Bezug auf die Errichtung eines JITs sind zunächst in § 6 Abs. 1 Nr. 1 Eurojust-Gesetz hinsichtlich der obligatorischen Information Eurojusts über die Bildung des JIT enthalten. Nr. 142c Abs. 1 RiVASt schreibt zudem vor, dass zuvor die oberste Justizbehörde über die Absicht der Einrichtung eines JIT zu unterrichten ist. Hierbei ist die Notwendigkeit der Einrichtung eines JITs, die grundsätzlich nur dann gerechtfertigt ist, wenn „schwierige und aufwändige Ermittlungen zu führen sind" (Abs. 2) zu begründen. Nicht „erforderlich" ist ein JITs demnach auch, wenn (wohl weniger formale) gemeinsame Koordinierungsgruppen i.S.d. Nr. 142b RiVASt ebenso erfolgsversprechend sind.

[273] So etwa *Wörner*, in: Ambos/König/Rackow (Hrsg.), § 93 IRG Rn. 519 und *Riegel* KriPol 3/2008 S. 80 ff., S. 80.

[274] Vgl. dazu § 74 (insb. Abs. 2 S. 1) IRG i.V.m. der Zuständigkeitsvereinbarung zwischen dem Bund und den Landesregierungen vom 28.04.2004, abrufbar unter https://www.verwaltungsvorschriften-im-internet.de/bsvwvbund_28042004_935021713162004.htm (zuletzt abgerufen am 24.02.2024). Diese Konstruktion soll nach *Rackow*, in: Ambos/König/Rackow (Hrsg.), § 74 Rn. 139 in bestimmten Fällen Einzelweisungen des Bundes ermöglichen.

[275] Diese Formulierung wird sehr weit ausgelegt, vgl. nur *Mayer*, in: Hannich (Hrsg.), § 147 Rn. 1 und *Duttge/Kangarani*, in: Dölling/Duttge/König/Rössner (Hrsg.), § 147 Rn. 3f.

[276] So ausdrücklich *Mayer*, in: Hannich (Hrsg.), § 147 Rn. 1.

[277] Vgl. zur JI-Richtlinie generell und deren Anwendbarkeit im Tätigkeitsfeld eines JITs oben in diesem Kapitel unter D. I. 2. a).

geforderten Systems an Datenschutzgarantien, -ansprüchen und -kontroll(instanz)en vorausgesetzt werden. Auf diese Regelungen kann angesichts des beschränkten Anwendungsbereichs der JI-Richtline jedoch nur im Bereich der mitgliedstaatlichen Kooperation zurückgegriffen werden. Die JI-Richtlinie regelt nicht nur auf die entsprechenden (Datenschutz-)Grundrechte[278] zurückzuführende Rechte betroffener Personen, sondern beinhaltet auch Verfahrensbestimmung zu deren Durchsetzung. JITs-spezifische Vorgaben existieren nicht.

a) Gemeinsame Bestimmung

Für die Rechte betroffener Personen in Bezug auf die sie betreffenden personenbezogenen Daten und die diesbezüglichen behördlichen Verfahren enthält die JI-Richtlinie allgemeine Bestimmungen. Art. 12 JI-Richtlinie normiert Vorgaben zur sprachlichen Gestaltung, dem Verfahrensgang, der Form und grundsätzlichen Unentgeltlichkeit der Behandlung von Anträgen bzw. der Übermittlung von Informationen. In Art. 13 Abs. 1 und 2 JI-Richtlinie sind die an die betroffenen Personen zur Ermöglichung der Ausübung ihrer Rechte zu übermittelnden Daten normiert. Diesbezügliche Abweichungen können in bestimmten Fällen nach Art. 13 Abs. 3 JI-Richtlinie[279] durch „Gesetzgebungsmaßnahmen" zugelassen werden, insoweit „wie diese Maßnahme (d.h. hier: die Abweichung, Anm. d. Verf.) in einer demokratischen Gesellschaft erforderlich und verhältnismäßig ist und sofern den Grundrechten und berechtigten Interessen der betroffenen natürlichen Person Rechnung getragen wird". Zu den Zwecken, die eine Ausnahme rechtfertigen, gehören die Effektivität behördlicher oder gerichtlicher „Untersuchungen, Ermittlungen oder Verfahren" und der „Verhütung, Aufdeckung Ermittlung oder Verfolgung von Straftaten oder die Strafvollstreckung" sowie der

[278] Zentrale primärrechtliche Bestimmungen sind Art. 7 und 8 Eu-GRC sowie Art. 16 AEUV vgl. dazu ausführlich in Teil 3 Kapitel 11 B. II. 3. a) aa). Nach *Wolff*, in: Pechstein/Nowak/Häde (Hrsg.), Art. 8 EU-GRC Rn. 53f. folgen Auskunft- und Berichtigungsanspruch aus Art. 8 EU-GRC, andere Ansprüche wie etwa auf Mitteilung, Dokumentation oder Löschung hingegen möglicherweise aus dem Verhältnismäßigkeitsprinzip. Weniger differenzierend *Jarass*, EU-GRC, Art. 8 Rn. 16; hinsichtlich der primärrechtlichen Herkunft der in der DSGVO verankerten Rechte, welche auf die der JI-Richtlinie übertragen werden können vgl. *Kamann/Braun*, in: Ehmann/Selmayr (Hrsg.), Art. 17 DSGVO Art. Rn. 8 (Recht auf Löschung); *Kamann/Braun*, in: Ehmann/Selmayr (Hrsg.), Art. 16 DSGVO Rn. 2 (Recht auf Berichtigung) und *Ehmann*, in: Ehmann/Selmayr (Hrsg.) Art. 15 DSGVO Rn. 2 (Auskunftsrecht).

[279] Geregelt ist hier die Aufschiebung, Einschränkung oder Unterlassung der Übermittlung der Informationen. Die Grundsätze des Art. 13 Abs. 3 JI-Richtlinie gelten auch bei den im Folgenden untersuchten Rechten und Verfahren, vgl. Art. 15 Abs. 3, Art. 16 Abs. 4 und kraft Verweisung durch Art. 35 Abs. 5 JI-Richtlinie. Bei Anwendung dieser Ausnahmeregelungen ist nach Art. 17 Abs. 1 und 2 JI-Richtlinie auf die zuständige Aufsichtsbehörde und die Möglichkeit ihrer Befassung hinzuweisen. Diese hat die betroffene Person nach Art. 17 Abs. 3 JI-Richtlinie über den Abschluss ihrer Prüfungen und gerichtliche Rechtsbehelfe zu informieren.

Schutz der öffentlichen Sicherheit.[280] Für das Recht betroffener Personen auf Auskunft und die in Art. 16 JI-Richtlinie normierten Rechte ist ferner auf die Möglichkeit des Art. 18 JI-Richtlinie zu verweisen, wonach mitgliedstaatliches Recht hinsichtlich betroffener personenbezogener Daten, die im Rahmen einer gerichtlichen Entscheidung, strafrechtlichen Ermittlungen oder in Strafverfahren verarbeitet werden, bei einer entsprechenden Regelung maßgeblich sein kann.[281] Für von JITs-Ermittlungen betroffene Personen kann dies damit erhebliche Einschränkungen ihrer Rechte nach der JI-Richtlinie bedeuten.

b) Benachrichtigungspflichten

Ein Element dieses Systems ist die nach Art. 31 Abs. 1 JI-Richtlinie vorgesehene Benachrichtigung betroffener Personen im Fall einer „Verletzung des Schutzes ihrer personenbezogenen Daten" durch den Verantwortlichen.[282] Dieser grundsätzlich obligatorischen und unverzüglichen Benachrichtigung der betroffenen Person korrespondiert eine Meldepflicht des Verantwortlichen an die datenschutzrechtliche Aufsichtsbehörde[283], deren Zuständigkeit sich nach Art. 45 Abs. 1 JI-Richtlinie (jeweils) auf das „Hoheitsgebiet ihres eigenen Mitgliedstaats" erstreckt.[284] Für eine Pflicht zur Benachrichtigung der betroffenen Person sind mit dem Erfordernis eines „hohen Risikos für Rechte und Freiheiten natürlicher Personen" im Vergleich mit dieser Meldepflicht jedoch erhöhte Anforderungen aufgestellt.[285] Eine (individuelle) Benachrichtigung der betroffenen Person ist in bestimmten Fällen nicht erforderlich[286] oder kann gemäß Art. 31 Abs. 5 i.V.m.

---

[280] Art. 13 Abs. 4 JI-Richtlinie erlaubt diesbezüglich eine durch „Gesetzgebungsmaßnahmen" vereinheitlichte Festlegung von Verarbeitungskategorien, in denen eine der durch Art. 13 Abs. 3 JI-Richtlinie vorgesehenen Ausnahmen „vollständig oder teilweise zur Anwendung kommt".

[281] Zu weiteren allgemeinen Bestimmungen, insbesondere zu Speicherfristen und der Kategorisierung von Daten bzw. betroffenen Personen vgl. Art. 5 ff. JI-Richtlinie.

[282] Der Verantwortliche ist nach Art. 4 Nr. 8 JI-Richtlinie „die zuständige Behörde, die allein oder mit anderen über die Zwecke und Mittel der Verarbeitung von personenbezogenen Daten entscheidet", was bei JITs diejenige Behörde des JIT-Leiters sein dürfte. Nach Art. 31 Abs. 4 JI-Richtlinie kann jedoch auch die Aufsichtsbehörde die Benachrichtigung nachholen.

[283] Vgl. zur Einrichtung der Aufsichtsbehörde Art. 41 ff. JI-Richtlinie. Hierbei muss es sich um eine von dem jeweiligen Mitgliedstaat eingerichtete unabhängige staatliche Stelle handeln (so die Definition des Art. 3 Nr. 15 JI-Richtlinie).

[284] Die Meldepflicht nach Art. 30 JI-Richtlinie umfasst jede „Verletzung des Schutzes personenbezogener Daten" (vgl. dazu Art. 3 Nr. 11 JI-Richtlinie), die zu einem „Risiko für die Rechte und Freiheiten natürlicher Personen führt" und ist grundsätzlich innerhalb von 72 Stunden zu erfüllen; Abweichungen sind zu begründen. Art. 30 Abs. 3 JI-Richtlinie enthält Mindestanforderungen an den Inhalt dieser Meldung; in Art. 30 Abs. 5 JI-Richtlinie ist eine die Umstände, die Auswirkungen und etwaige Abhilfemaßnahmen betreffende Dokumentationspflicht vorgesehen.

[285] Vgl. dazu Art. 31 Abs. 1 JI-Richtlinie; der Mindestinhalt dieser Benachrichtigung ist in Art. 31 Abs. 2 i.V.m. Art. 30 Abs. 3 JI-Richtlinie festgelegt.

[286] Vgl. dazu Art. 31 Abs. 3 JI-Richtlinie; dies soll nach lit. b) etwa der Fall sein, wenn der

Art. 13 Abs. 3 JI-Richtlinie ganz, teilweise oder temporär unterlassen werden. Relevant für die Arbeit eines JITs könnte Art. 30 Abs. 6 JI-Richtlinie werden, wonach auch der derjenige Mitgliedstaat, der die in die Verletzung involvierten Daten geliefert hat, die Meldung unverzüglich übermittelt bekommen soll. Unabhängig von dem Anwendungsbereich der JI-Richtlinie[287] können die möglicherweise an JITs beteiligten Agenturen nicht als „Auftragsverarbeiter" i.S.d. Art. 3 Nr. 9 JI-Richtlinie angesehen werden, sodass für sie eine Berichtspflicht aus Art. 30 Abs. 2 JI-Richtlinie nicht hergeleitet werden kann.

c) Auskunftsrechte betroffener Personen

Nach Art. 14 JI-Richtlinie besteht ein Auskunftsrecht betroffener Personen. Hiernach sollen diese von dem Verantwortlichen erfahren können, ob von ihm sie betreffende personenbezogene Daten verarbeitet werden und bei diesbezüglich positiver Antwort, Auskunft über diese Daten erhalten. Hierbei sind zusätzlich Informationen über die Rechtsgrundlage sowie Zwecke der Verarbeitung, den Empfänger der Daten und die Möglichkeit der Beschwerde bei der Aufsichtsbehörde zu übermitteln.[288] Durch Gesetzgebungsmaßnahmen vorzunehmende zulässige Einschränkungen des Auskunftsrechts sind in Art. 15 Abs. 1 JI-Richtlinie aufgeführt[289], diese entsprechen den im Bereich der Sicherheitsgewährleistung vielfältigen möglichen Unterlassungsgründen für eine Benachrichtigung der betroffenen Personen nach Art. 31 JI-Richtlinie (s.o.). Davon abweichend kann jedoch nach Art. 15 Abs. 2 JI-Richtlinie das (teilweise) Überwiegen dieser Gründe für bestimmte Verarbeitungskategorien gesetzlich festgelegt werden.[290] Im Fall einer ganz oder teilweisen Verweigerung der Auskunft ist dies der betroffenen Person grundsätzlich unverzüglich schriftlich und begründet mitzuteilen[291], ferner sollen die diesbezüglichen Gründe dokumentiert und der Aufsichtsbehörde zur Verfügung gestellt werden, Art. 15 Abs. 3 JI-Richtlinie.

Verantwortliche gewährleistet (hat), dass „die Rechte und Freiheiten der betroffenen Person aller Wahrscheinlichkeit nach nicht mehr erheblich beeinträchtigt sind"; lit. c) erlaubt bei „unverhältnismäßigem Aufwand" auch eine öffentliche Bekanntmachung. Die Aufsichtsbehörde kann unter den Bedingungen des Art. 31 Abs. 4 JI-Richtlinie die Erfüllung dieser Voraussetzungen feststellen.

[287] S. dazu bereits oben in diesem Teil, D. I. 2. a).

[288] Vgl. dazu und zu den weiteren zu übermittelnden Angaben Art. 14 lit. a-g) JI-Richtlinie.

[289] Diese sind identisch mit den in Art. 13 Abs. 3 JI-Richtlinie enthaltenen Regelungen.

[290] Insgesamt dürfte ein Auskunftsrecht zumindest während des Einsatzes eines JITs nach Art. 15 Abs. a), b) oder c) JI-Richtlinie (kategorisch) ausgeschlossen sein.

[291] Dies gilt nicht, wenn durch diese Angaben der mit der Weigerung verfolgte Zweck gefährdet wird. In jedem Fall ist der (teilweisen) Ablehnung der Auskunft eine Belehrung über die Möglichkeit der Beschwerde bei der Aufsichtsbehörde oder einen gerichtlichen Rechtsbehelf beizufügen, vgl. zum Ganzen Art. 15 Abs. 3 JI-Richtlinie.

d) Recht auf Berichtigung, Löschung oder Einschränkung der Verarbeitung

Die rechtsschutzintensivste Vorgabe der JI-Richtlinie stellt das nach Art. 16 JI-Richtlinie durch die Verantwortlichen zu gewährende Recht auf Berichtigung[292], Löschung oder Einschränkung der Verarbeitung personenbezogener Daten dar. Eine Löschung der Daten hat bei einem Verstoß der Verarbeitung gegen bestimmte der im zweiten Kapitel der JI-Richtlinie normierten Grundsätze zu erfolgen[293] oder kann „zur Erfüllung einer rechtlichen Verpflichtung, der der Verantwortliche unterliegt", geboten sein.[294] Unter den Voraussetzungen des Art. 16 Abs. 3 UA 1 JI-Richtlinie[295] kann statt einer Löschung eine Einschränkung der Verarbeitung vorgenommen werden. In jedem Fall eines (teilweise) erfolgreichen Antrags der betroffenen Person hat der Verantwortliche sicherzustellen, dass etwaige Empfänger der „ihrer Verantwortung unterliegenden personenbezogene Daten" diese (ebenfalls) berichtigen, löschen oder deren Verarbeitung einschränken, Art. 16 Abs. 6 JI-Richtlinie.

3. Kontrolle durch nationale Gerichte

Die gerichtliche Kontrolle gemeinsamer Einsatzformen ist Gegenstand einer ausführlicheren Analyse in Teil 3, hier soll sich auf ausdrücklich geregelte Besonderheiten für JITs konzentriert werden. Die insoweit einschlägigen Regelungen treffen keine Aussage über die gerichtliche Überprüfbarkeit von kooperativem Handeln unionaler und mitgliedstaatlicher Stellen und die Bestimmungen in den Rechtsakten der beteiligten Agenturen[296] gehen von einer Geltung des prozessualen Trennungsprinzips[297] aus.

---

[292] Unter die Berichtigung von Daten nach Art. 16 Abs. 1 JI-Richtlinie kann auch deren Vervollständigung durch eine ergänzende Erklärung des Betroffenen gefasst werden. Im Fall der Berichtigung ist dies nach Art. 16 Abs. 5 JI-Richtlinie der zuständigen Behörde (vgl. dazu Art. 3 Nr. 7 JI-Richtlinie), von der die unrichtigen Daten übermittelt wurden, mitzuteilen.

[293] Eine Löschungspflicht kann durch einen Verstoß gegen die „Grundsätze in Bezug auf die Verarbeitung personenbezogener Daten" nach Art. 4 JI-Richtlinie, gegen die Anforderungen an eine rechtmäßige Datenverarbeitung i.S.d. Art. 8 JI-Richtlinie oder gegen die Vorschriften über eine Verarbeitung besonderer Datenkategorien i.S.d. Art. 10 JI-Richtlinie ausgelöst werden.

[294] Vgl. zum Ganzen Art. 16 Abs. 2 JI-Richtlinie.

[295] Erfasst ist zum einen der Fall, dass die (bestrittene) Richtigkeit der Daten nicht festgestellt werden kann, zum anderen die erforderliche Aufbewahrung zu Beweiszwecken. Im ersten Fall ist die betroffene Person nach Art. 16 Abs. 3 UA 2 JI-Richtlinie über die Aufhebung dieser Beschränkung zu unterrichten.

[296] Vgl. z.B. die unten in diesem Kapitel unter G. III. 1. h) angesprochene Haftungsregelung des Art. 50 Europol-VO, die zum Teil letztlich die nach hier vertretener Ansicht primärrechtlich vorgegebene Rechtsschutzlage wiedergibt, vgl. dazu ausführlich unten Teil 3 Kapitel 11 C. III.

[297] Vgl. dazu unten Teil 3 Kapitel 11 C. II. 1. a).

a) Allgemeine Vorgaben

Die einschlägigen Rechtsgrundlagen und sonstigen relevanten Dokumente enthalten auch hinsichtlich der gerichtlichen Überprüfung der im Rahmen von JITs erfolgten Maßnahmen von (entsandten) mitgliedstaatlichen Beamten nur wenige Angaben.[298]. Geregelt werden jedoch entscheidende Weichenstellungen in Bezug auf die rechtliche Einordnung entsandter JITs-Mitglieder und das während der Operationen geltende Recht[299], welche Rückschlüsse auf die gerichtliche Zuständigkeit zulassen.

Für etwaige gerichtliche Zuständigkeiten ist zunächst die Geltung des Einsatzrechts des Einsatzmitgliedstaats auch für entsandte JITs-Mitglieder, insbesondere bei der Betrauung mit Ermittlungsmaßnahmen durch den Gruppenleiter relevant. Die Zuständigkeit der Zivilgerichtsbarkeit und die Geltung des Zivilrechts des Einsatzmitgliedstaats für haftungsrechtliche Streitigkeiten zwischen entsandten JITs-Mitgliedern und Dritten, die durch von JITs-Mitgliedern im Rahmen eines Einsatzes verursachte Schäden hervorgerufen wurden, kann aus Art. 3 Abs. 1 und 2 JITs-Beschluss hergeleitet werden. Insoweit werden die entsandten Mitglieder wie Beamte des Einsatzmitgliedstaats behandelt, der zwar im Außenverhältnis haftet, jedoch ist nach Art. 3 Abs. 3 JITs-Beschluss eine Kostentragung durch den entsendenden Mitgliedstaat vorgesehen.[300] In Bezug auf gegen sie oder von ihnen verübte Straftaten sind entsandte Mitglieder gem. Art. 2 JITs-Beschluss den Beamten des Einsatzmitgliedstaats gleichgestellt.

b) Die Verwertbarkeit von im Rahmen des Einsatzes eines JITs erlangten Informationen und Beweisen: Eine besondere Form der gerichtlichen Kontrolle?

Betrifft das Tätigwerden des JITs die Erhebung von Beweisen, können diese Beweiserhebungen ferner in einem sich dem Einsatz potentiell anschließenden Strafverfahren gegen die Betroffenen überprüft werden[301], sodass insoweit eine Überprüfung der Handlungen der Beamten und damit der Ergebnisse der Arbeit eines JITs aus strafprozessualer Sicht stattfindet.[302]

---

[298] Dies gilt für den hier interessierenden Primär- und Sekundärrechtschutz im öffentlichen Recht, s. dazu ausführlich in Teil 3 Kapitel 11.

[299] Vgl. zur Bedeutung der Einordnung des Bereitstellungsvorgangs ausführlich unter Teil 3 Kapitel 9 A. Die einschlägigen Vorschriften enthalten dabei lediglich Bestimmungen über „Beamte aus einem anderen Mitgliedstaat" (Art. 2 JITs-Beschluss) oder den „Mitgliedstaat, dessen Beamte [...]" agieren, weshalb hieraus keine Schlüsse auf die rechtliche Stellung des beteiligten unionalen Personals gezogen werden können.

[300] Im Übrigen sind in diesem Falle Ansprüche nach Art. 3 Abs. 4 JITs-Beschluss ausgeschlossen. Zur Haftung hinsichtlich unionaler Stellen, auch als Teilnehmer eines JITs s.u. Teil 3 Kapitel 11 C. II. 1. und III.

[301] Vgl. zu den Ergebnissen der diesbezüglichen Praxis S. 51 f. ER 2018.

[302] Zur Ausgleichs- und mittelbare Rechtsschutzfunktion des Beweisverwertungsrechts *Leonhardt*, Europäische Ermittlungsanordnung, S. 301 ff.; *Nack*, in: Wolters et al. (Hrsg.), S. 255 ff. thematisiert ausgewählte Problemfelder der Verwertung von Erkenntnissen von JITs im Strafprozess aus deutscher Sicht.

Die Problematik der Verwertbarkeit von während des Einsatzes eines JITs erlangten Informationen im (Straf-)Prozess stellt eine offene Rechtsfrage dar.[303] Keine Aussage bezüglich der Verwertbarkeit von Beweisen trifft die EU-Ermittlungsanordnung-RL, die auch schon deren Erhebung im Rahmen eines JITs weitgehend unberührt lassen soll.[304] Die möglicherweise in Frage stehenden Beweise können nach Art. 1 Abs. 7 JITs-Beschluss auf dem „kurzen Rechtshilfeweg" sowie nach Art. 1 Abs. 9 JITs-Beschluss auf sonstige Weise von einem JIT-Mitglied erlangt worden sein oder nach Art. 1 Abs. 8 JITs-Beschluss von einem nicht beteiligten Mitgliedstaat übermittelte Daten betreffen. Zentrale Regelung über die generelle (Weiter-)Verwert- und Verwendbarkeit von im Rahmen eines JITs rechtmäßig[305] erlangten Informationen, die dem betreffenden Mitgliedstaat nicht anderweitig vorliegen, ist Art. 1 Abs. 10 JITs-Beschluss.

Nach Art. 1 Abs. 10 lit. a) JITs-Beschluss dürfen Informationen „für die Zwecke, für die die Gruppe gebildet wurde", verwendet werden. Diese Zwecke umfassen nach Art. 1 Abs. 1 JITs-Beschluss die „Durchführung strafrechtlicher Ermittlungen"[306], sodass eine zulässige Verwendung als Beweis im Strafprozess allein hiernach gegeben erscheint. Als aufschlussreich kann zudem Art. 1 Abs. 10 lit. b) JITs-Beschluss angesehen werden, der die Verwertung der erlangten Informationen u.a. auch für „die Strafverfolgung anderer Straftaten" als grundsätzlich zulässig ansieht.[307] Würde man nun unter den insoweit auslegungsbedürftigen Begriff der Strafverfolgung auch das gerichtliche Strafverfahren fassen, könnte Art. 1 Abs. 10 lit. b) JITs-Beschluss eine Regelung für die Verwertbarkeit von Beweisen entnommen werden.[308] Überzeugender ist jedoch die Annahme,

---

[303] Vgl. dazu nur *Krüßmann*, in: Hatje/Müller-Graff/Böse (Hrsg.), § 18 Rn. 30.

[304] Vgl. dazu Erw. 8 und Art. 3 EU-Ermittlungsanordnung-RL, der die Bestimmungen über die Europäische Beweisanordnung nur für den Fall des Austauschs von Informationen in einem JIT nach Art. 1 Abs. 8 JITs-Beschluss für anwendbar erklärt. Dem entspricht auch § 91a Abs. 2 Nr. 1 IRG. Generell betrifft die EU-Ermittlungsanordnung-RL im Übrigen (lediglich) die Erlangung von (auch bereits vorliegenden) Beweisen in einem anderen Mitgliedstaat, trifft jedoch keine Angaben zur Rechtmäßigkeit ihrer Verwertung, vgl. dazu ausführlich *Leonhardt*, Europäische Ermittlungsanordnung, S. 302 ff.

[305] Maßstab für die Rechtmäßigkeit dürfte insoweit das im Einsatzmitgliedstaat anwendbare Recht sein, tendenziell so auch *Zurkinden*, Joint Investigation Teams, S. 181; zu Auswirkungen einer rechtwidrigen Erhebung auf die Verwertbarkeit *Kubiciel*, in: Ambos/König/Rackow (Hrsg.), Art. 13 EU-RhÜbk Rn. 320.

[306] Zur den durch ein JIT zulässigerweise zu verfolgenden Zwecken in diesem Kapitel unter B. I.

[307] Dies wird jedoch unter die Bedingung des Einvernehmens des Mitgliedstaats, in dem die Informationen erlangt wurden, gestellt. Dieses Einvernehmen darf nur verweigert werden, wenn sonst andere strafrechtliche Ermittlungen beeinträchtigt werden würden oder der betreffende Mitgliedstaat sich weigern könnte, Rechtshilfe zu leisten.

[308] So dazu *Zurkinden*, Joint Investigation Teams, S. 182; auch *Kubiciel*, in: Ambos/König/Rackow (Hrsg.), Art. 13 EU-RhÜbk Rn. 320, der eine Auswirkung des Art. 1 Abs. 10 JITs-Beschluss auf das nationale Beweisverwertungsrecht annimmt. Dies könnte etwa über eine entsprechend extensive Auslegung des Art. 1 Abs. 10 lit. a) JITs-Beschluss erfolgen, wonach die Zwecke eines JITs auch etwaige Verurteilungen umfassen könnten.

dass die Rechtsgrundlagen der JITs keine Aussagen hinsichtlich einer möglichen Verwertbarkeit der Beweise im Strafverfahren treffen,[309] sondern die genannten Bestimmungen die informationsrechtlichen Fragen der Amtshilfe zwischen den beteiligten mitgliedstaatlichen Behörden betreffen. Ausgehend von einer Einordnung des JITs-Konzepts als mit der Amtshilfe bzw. Rechtshilfe vergleichbaren Zusammenarbeitsform[310] und dem Grundsatz, dass die Verwertbarkeit mittels Rechtshilfe eines ausländischen Staates gewonnener Beweise sich nach den nationalen Bestimmungen des ersuchenden Staates richtet[311] sowie dem in anderen Fällen der Informationsübermittlung zwischen Mitgliedstaaten der Union im Bereich der Rechtshilfe bekannten Trennungsprinzip hinsichtlich der Informationsübermittlung zur Strafverfolgung bzw. der Zurverfügungstellung von Beweisen[312], kann Art. 1 Abs. 7–10 JITs-Beschluss keine Relevanz für Beweisverwertungsrechte vor nationalen Gerichten entnommen werden.[313] Die Zulässigkeit von nicht durch Beamte des Mitgliedstaats, in dem das Gerichtsverfahren stattfindet, erhobenen bzw. eingebrachten Beweisen richtet sich somit nach den allgemeinen Regeln der Verwertung von Auslandsbeweisen, für die nur ansatzweise unionale Bestimmungen bestehen.[314]

In der Praxis wirft die Verwertbarkeit von Erkenntnissen der JITs im Strafprozess offenbar keine erheblichen Schwierigkeiten auf.[315] Insoweit wird auch auf S. 17 JITs-Leitfaden die Übertragung der Zuständigkeit für die Klärung diesbezüglicher Fragen auf den Leiter bzw. Mitglieder der JITs und die diesbezügliche Unterstützung durch Eurojust oder JITs-Experten angeregt.

---

309 Davon geht auch S. 17 JITs-Leitfaden aus.

310 Vgl. dazu ausführlich unter Teil 3 Kapitel 9 B. II. 3.

311 Vgl. dazu nur BGH, Beschluss vom 21.11.2012 – 1 StR 310/12 Rn. 23 m.w.N. Dies ist zurückführbar auf die Ausgleichs- und mittelbare Rechtsschutzfunktion von Beweisverwertungsverboten, vgl. dazu m.w.N. *Leonhardt*, Europäische Ermittlungsanordnung S. 301 ff.

312 Vgl. dazu mit Blick auf den Rahmenbeschluss 2006/960/JI des Rates vom 18. Dezember 2006 über die Vereinfachung des Austauschs von Informationen und Erkenntnissen zwischen den Strafverfolgungsbehörden der Mitgliedstaaten der Europäischen Union (ABl. L 386 vom 29.12.2006, S. 89–100) *Wörner*, in: Ambos/König/Rackow (Hrsg.), § 92 IRG Rn. 479; mit Blick auf Art. 4 EU-Rechtshilfeübereinkommen *Kubiciel*, in: Ambos/König/Rackow (Hrsg.), EU-RhÜbk Art. 4 Rn. 273.

313 So implizit auch *Wörner*, in Ambos/König/Rackow (Hrsg.), § 93 IRG Rn. 524; vgl. zur generellen Problematik der Verwendbarkeit von „importierten“ Beweismitteln vor nationalen Gerichten *Leonhardt*, Europäische Ermittlungsanordnung S. 303 ff.

314 Vgl. zu dem Konzept der „europaweit verkehrsfähigen Beweise[n]“, dessen Verhältnis zum Prinzip der gegenseitigen Anerkennung, möglichen Alternativen sowie den Gewährleistungen der EMRK und der EU-GRC *Hecker*, Europäisches Strafrecht, S. 451 ff. und *Leonhardt*, Europäische Ermittlungsanordnung S. 305 ff.; zu den aktuellen Regelungskompetenzen der EU auf dem Gebiet der unionsweiten Zulässigkeit von Beweisen s. *Vogel/Eisele*, in: Grabitz/Hilf/Nettesheim (Hrsg.), Art. 82 AEUV Rn. 97 ff.

315 Vgl. dazu S. 17 JITs-Leitfaden. Diese Tendenz lässt sich auch aus dem ER 2018 (S. 26, 51 f.) ablesen: Hiernach wurde nur in neun Fällen und in diesen erfolglos die Unzulässigkeit von innerhalb des Einsatzes eines JITs erhobenen Beweisen geltend gemacht.

III. Kontrolle durch unionsrechtlich festgelegte Instanzen

Die Beteiligung von OLAF-, Europol- oder Eurojust-Personal an JITs eröffnet weitere Möglichkeiten und Fragen hinsichtlich der Kontrolle und Aufsicht über die Arbeit der JITs.[316] Dies betrifft zum einen die für die (generelle) Überwachung der Tätigkeiten des Agentur-Personals zuständigen unionalen Instanzen und zum anderen einen möglichen Zugang mitgliedstaatlicher Stellen zu zwecks Kontrolle gesammelten Informationen.[317] Die neben der JI-Richtlinie und DSGVO die dritte Säule der EU-Datenschutzreform darstellende EU-Datenschutz-VO enthält nach Art. 2 Abs. 2 i.V.m. Art. 70 ff. EU-Datenschutz-VO ein Sonderregime für „Stellen der Union bei der Ausübung von Tätigkeiten, die in den Anwendungsbereich des Dritten Teils Titel V Kapitel 4 oder 5 AEUV fallen", folglich jedenfalls für Eurojust und Europol. Durch einen Bezug zu den Gründungsrechtsakten (auch) Europols und Eurojusts wird nach Art. 3 Nr. 2 EU-Datenschutz-VO der insoweit zentrale Begriff „operative personenbezogene Daten" definiert.

1. Kontrolle von Aktivitäten im Zusammenhang mit Europol-Personal

Durch die Europol-VO wurde ein Netz von Kontrollinstitutionen geschaffen, die in genereller oder konkreter Hinsicht die Rechtmäßigkeit und Effizienz des Handelns von Europol überwachen sollen.[318] Die Kontrolle erstreckt sich grundsätzlich auch auf die operativen Aufgaben Europols, zu welchen auch die Beteiligung und Tätigkeiten im Rahmen eines JITs gehören.[319] Hierbei fällt jedoch auf, dass sämtliche Kontrollmechanismen[320] auf die Informationsverarbeitung durch Europol bezogen sind und somit anderweitige operative, ggf. kompetenzwidrige Aktionen Europol-Personals insbesondere[321] im Rahmen eines JITs ausblen-

---

[316] Dies als Sonderfall der (rechtlichen) Verschränkung betonend *Ruthig*, in: Hatje/Müller-Graff/Böse (Hrsg.), § 20 Rn. 69.

[317] Im Folgenden werden lediglich die hinsichtlich OLAF, Europol und Eurojust besonders oder abweichend zu den allgemeinen Rechtsschutz- und Kontrollmöglichkeiten geregelten Verfahren und Mechanismen behandelt. Davon abgesehen existieren weitere, grundsätzlich für das Handeln aller Unionseinrichtungen geltenden Rechtsschutz- und Kontrollmöglichkeiten wie etwa ein Beschwerderecht beim Europäischen Bürgerbeauftragten (vgl. dazu in diesem Teil Kapitel 6 G. II. 3.).

[318] Vgl. dazu insb. Erw. 48–58 Europol-VO und *Möllers*, Polizei in Europa S. 65 ff.; Europol selbst zitiert auf seiner Homepage einen Beitrag der die Agentur als „most controlled police agency in the world" bezeichnet https://www.europol.europa.eu/DPF/5.EXERCISIN G_THE_RULES_OR_WHO_WATCHES_THE_WATCHDOG.html (zuletzt abgerufen am 24.02.2024).

[319] Vgl. dazu an dieser Stelle nur Art. 88 Abs. 2 UA 1 S. 2 lit. b) AEUV und Art. 4 Abs. 1 lit. c) und d) Europol-VO.

[320] Eine Ausnahme kann insoweit – je nach praktischer Umsetzung – in der Rolle des Exekutivdirektors bzw. des Verwaltungsrats gesehen werden, dazu sogleich.

[321] Vgl. zu einem Tätigwerden Europols in den Mitgliedstaaten im Rahmen des sog. hotspot-approachs unten in diesem Teil Kapitel 5 unter B. II. 2.

den.[322] Dies kann als Konstruktionsfehler der Kontrollstrukturen eingeordnet werden[323] und gilt auch für die Haftungsvorschrift des Art. 50 Europol-VO, die lediglich eine Haftung im Fall „widerrechtlicher Datenverarbeitungen“ vorsieht. Zu den vorhandenen Kontrollinstanzen sind der Datenschutzbeauftragte von Europol, der Europäische Datenschutzbeauftragte (EDSB), die nationalen Kontrollbehörden, der Beirat für Zusammenarbeit, die nationalen Parlamente, das Europäische Parlament und der gemeinsame parlamentarische Kontrollausschuss zu zählen.

a) Kontrolle durch den Datenschutzbeauftragten von Europol

Der nach Art. 41 Abs. 1 S. 1 Europol-VO vom Verwaltungsrat zu ernennende Datenschutzbeauftragte soll hinsichtlich der Erfüllung seiner Pflichten unabhängig und keinen Weisungen unterworfen sein.[324] Zu den Aufgaben des Datenschutzbeauftragten zählen insbesondere die Sicherstellung der internen Einhaltung der in der Europol-VO in Bezug auf die Verarbeitung personenbezogener Daten vorgegebenen Bestimmungen, die Gewährleistung der nach Art. 40 Europol-VO vorgeschriebenen Protokollierung und Dokumentierung sowie die Information betroffener Personen über die ihnen nach der Europol-VO zustehenden Rechte.[325] Hierzu sind für den Datenschutzbeauftragten eine Zusammenarbeit mit dem EDSB, die Bereitstellung des erforderlichen Personals und entsprechender Ressourcen sowie ein nur durch die Reichweite seiner Aufgaben beschränktes Zugangsrecht zu „allen von Europol verarbeiteten Daten und zu allen Räumlichkeiten von Europol“ vorgesehen.[326] In Art. 41 Abs. 9 Europol-VO ist ein internes Verfahren zur Behebung von Missständen hinsichtlich der Verar-

---

[322] Es scheint, als habe die Differenzierung zwischen informationsbezogenen und sonstigen ermittlungsbezogenen Kompetenzen Europols (Vgl. dazu Art. 88 Abs. 2 UA 1 S. 2 lit. a) bzw. lit. b) AEUV und Art. 4 Abs. 1 lit. a) bzw. lit. c) und d) Europol-VO) nur einen geringen Niederschlag in dem diesbezüglichen Kontrollsystem gefunden.

[323] Eine effektive Kontrolle über die sich seit der Gründung Europols ständig erweiternden operativen Befugnisse wurde schon unter der Geltung des Europol-Beschlusses als „one of the most pressing questions bezeichnet“, vgl. *De Moor*, Europol, quo vadis?, S. 22. Zur Entwicklung in diesem Bereich auch *Busuioc/Curtin/Groenleer* Journal of European Public Policy 2011 (18) S. 848 ff., S. 848 ff.

[324] Vgl. dazu auch Erw. 49 Europol-VO. Die Ernennung des Datenschutzbeauftragten ist nach Art. 41 Abs. 4 Europol-VO beim EDSB zu registrieren, dieser hat auch einer Entlassung des Datenschutzbeauftragen nach Art. 41 Abs. 3 S. 2 Europol-VO zuzustimmen.

[325] Vgl. dazu Art. 41 Abs. 6 lit. a), b) und c) Europol-VO. Hierbei differenziert die Europol-VO nicht nach den Umständen bzw. Zwecken der Datenverarbeitung, sodass auch an/von JITs übermittelte personenbezogene Daten erfasst sind.

[326] Vgl. dazu nur Art. 41 Abs. 6 lit. e), Abs. 8, Abs. 11 S. 1 Europol-VO. Die diesbezüglichen Durchführungsbestimmungen sind nach Art. 41 Abs. 10 Europol-VO durch den Verwaltungsrat zu erlassen. Das für den Datenschutzbeauftragten bereitzustellende Personal ist ebenfalls im zur Erfüllung seiner Aufgaben erforderlichen Maß zum Zugang zu Informationen und Räumlichkeiten berechtigt, vgl. Art. 41 Abs. 11 S. 2 Europol-VO.

beitung personenbezogener Daten geregelt, an dessen Ende es zu einer Befassung des EDSB durch den Datenschutzbeauftragten kommen kann.

b) Überwachung durch nationale Kontrollbehörden

Gewissermaßen spiegelbildlich ist die Überwachung der Verarbeitung personenbezogener Daten durch die nationalen Kontrollbehörden nach Art. 42 Europol-VO normiert.[327] Je Mitgliedstaat ist eine nationale Kontrollbehörde einzurichten, die „nach Maßgabe des nationalen Rechts die Zulässigkeit der Übermittlung und des Abrufs personenbezogener Daten sowie jedweder Übermittlung dieser Daten an Europol" durch mitgliedstaatliche Behörden prüft und überwacht.[328] Diese Kontrolle kann bei den nationalen Stellen[329], den Verbindungsbeamten[330] oder durch Sichtung der nach Art. 40 Europol-VO zu erstellenden Dokumente umgesetzt werden.

c) Aufsicht durch den Europäischen Datenschutzbeauftragten[331]

Dem EDSB[332] kommt nach Art. 43 Abs. 1 Europol-VO die Zuständigkeit für den „Schutz der Grundrechte und Grundfreiheiten natürlicher Personen bei der Ver-

---

[327] Zur Rolle der nationalen Kontrollbehörden in Individualverfahren und zur Ausgestaltung ihrer Kontrolle in Deutschland s.u. in diesem Kapitel G. III. 1. g) aa).

[328] Vgl. dazu Art. 42 Abs. 1 S. 1 Europol-VO. Auch hinsichtlich der Befugnisse der nationalen Kontrollbehörden sind Informationen, die im Rahmen von JITs zwischen Europol und den Mitgliedern eines JITs ausgetauscht werden, nach dem Wortlaut miteinbezogen.

[329] Vgl. dazu Art. 42 Abs. 1 S. 2, Abs. 3 Europol-VO, wonach eine Kontrolle der nationalen Behörden nach dem „einschlägigen nationalen Verfahren" vorgesehen ist. Zu den von jedem Mitgliedstaat einzurichtenden nationalen Stellen vgl. Art. 7 Europol-VO, nach dessen Abs. 5 S. 1 die nationale Stelle grundsätzlich als Verbindungsstelle zwischen Europol und den zuständigen Behörden des Mitgliedstaats fungieren soll. Hiervon bilden (auch im Rahmen eines JITs) nach Art. 5 Abs. 3 i.V.m. Art. 7 Abs. 5 S. 2 Europol-VO eine „im Verlauf direkter Kontakte zwischen Europol und den zuständigen Behörden ausgetauschte(n) Informationen" eine Ausnahme. Diese sind der nationalen Stelle zeitgleich zu übermitteln (Art. 7 Abs. 5 S. 3 Europol-VO) und somit für die nationale Kontrollbehörde theoretisch dort einsehbar.

[330] Die Verbindungsbeamten werden nach Art. 8 Abs. 1 S. 1 Europol-VO von den nationalen Stellen zu Europol entsendet und bilden dort nach Art. 8 Abs. 2 Europol-VO die nationalen Verbindungsbüros. Die Verbindungsbeamten sind nach Art. 8 Abs. 3 und 4 Europol-VO verpflichtet, insbesondere den Informationsaustausch zwischen dem sie entsendenden Mitgliedstaat und Europol zu unterstützen, welcher – auch wenn lediglich die von Europol bereitgestellte Infrastruktur benutzt wird – „im Einklang mit dem geltenden Unionsrecht und dem geltenden nationalen Recht" erfolgen muss. Zu den Akten und den nach Art. 7 Abs. 7 Europol-VO am Sitz von Europol befindlichen Diensträumen der Verbindungsbeamten haben die nationalen Kontrollbehörden nach Art. 42 Abs. 2 Europol-VO Zugang, im Übrigen richtet sich die Kontrolle nach dem vorgesehenen nationalen Verfahren (Art. 42 Abs. 3 Europol-VO).

[331] Vgl. generell zu der dem EDSB übertragenen Zuständigkeit für die objektive Überwachung des Datenschutzes im EU-Eigenverwaltungsrecht *Lorenzen*, Kontrolle, S. 252 ff.

[332] Der Europäische Datenschutzbeauftragte wurde als unabhängige Kontrollbehörde

arbeitung personenbezogener Daten durch Europol" zu.[333] Hierzu soll der EDSB – ebenso wie ehemals die Gemeinsame Kontrollinstanz von Europol (GKI-Europol)[334] – in zweifacher Weise in die Kontrolle Europols einbezogen werden: Zum einen als externe Beratungs-[335] und objektive Aufsichtsstelle in Bezug auf Datenverarbeitungen durch Europol, zum anderen als Beschwerdestelle für Personen, die einen Verstoß einer sie betreffenden Datenverarbeitung gegen die Europol-VO rügen.[336]

Die Befugnisse des EDSB in seiner Funktion als verstetigtes, zur Eigeninitiative ermächtigtes externes Kontrollorgan gehen über die der GKI-Europol hinaus.[337] Die Kontrolle erstreckt sich nach Art. 43 Abs. 2 lit. c) Europol-VO auf die ordnungsgemäße Anwendung der Europol-VO „und anderer Rechtsvorschriften der Union, die den Schutz natürlicher Personen bei der Verarbeitung personenbezogener Daten betreffen". Zur effektiven Wahrnehmung dieser Aufgabe ist dem EDSB von Europol der Zugang zu den relevanten personenbezogenen Daten und sonstigen Informationen zu gestatten; ferner ist ein Betretungsrecht „zu allen Räumlichkeiten [...] in denen Europol ihre Tätigkeiten ausübt, sofern die begründete Annahme besteht, dass dort eine von dieser Verordnung betroffene Tätigkeit ausgeübt wird", vorgesehen.[338] Die Kontrollbefugnisse des EDSB sind somit auch auf den operativen Informationsaustausch, auch bei Mitwirkung in einem JITs bezogen. Die Formulierung des Art. 43 Abs. 4 lit. b) Europol-VO ermöglicht zudem ein Zugangsrecht des EDSB zu mobilen Einsatzbüros oder sonstigen außerhalb des Sitzes von Europol befindlichen Einsatzzentren. Die

durch die (Art. 41 ff. der) Verordnung (EG) 45/2001 des Europäischen Parlaments und des Rates vom 18.12.2000 (im Folgenden VO 45/2001) eingerichtet, die mittlerweile durch die EU-Datenschutz-VO abgelöst wurde. Durch letztere wird das Amt des EDSB in Art. 52 ff. EU-Datenschutz-VO ausgestaltet.

[333] Diese Einbindung des EDSB wird von *Aden*, in: Lisken/Bäcker/Denninger/Graulich (Hrsg.), Kapitel N Rn. 142 zu Recht als Ausdruck des nunmehr supranationalen Charakters Europols gedeutet.

[334] Vgl. dazu insb. Art. 32 und 34 Europol-Beschluss.

[335] Der EDSB soll nach Art. 43 Abs. 2 lit. c) Europol-VO „von sich aus oder auf Anfrage" beratend in allen die Verarbeitung personenbezogener Daten betreffenden Fragen tätig werden. Einen Sonderfall betrifft insoweit die nach Art. 39 Europol-VO vor Einführung einer (generellen) „neue(n) Art von Verarbeitungsvorgang" erforderliche vorherige Konsultation des EDSB. In der nach Art. 39 Abs. 3 S. 1 Europol-VO grundsätzlich innerhalb von zwei Monaten abzugebende Stellungnahme sind ggf. erforderliche Maßnahmen im Hinblick auf die Wahrung der Rechtmäßigkeit der neuen Art von Datenverarbeitung aufzunehmen. Werden diese nicht von Europol umgesetzt, kann der EDSB die Durchführung der Datenverarbeitung verbieten, Art. 39 Abs. 3 UA 3 i.V.m. Art. 43 Abs. lit. f) Europol-VO.

[336] Zwischen diesen Aufgabenbereichen werden jedoch auch Verknüpfungen hergestellt, vgl. nur Art. 43 Abs. 3 lit. b) Europol-VO wonach der EDSB Europol Vorschläge zur Behebung eines behaupteten Verstoßes vorlegen kann.

[337] Als letztes Mittel war für die GKI im Konfliktfall nach Art. 34 Abs. 3 S. 3 Europol-Beschluss ein Recht zur Befassung des Verwaltungsrates vorgesehen.

[338] Vgl. zu Ganzen Art. 43 Abs. 4 Europol-VO.

dem EDSB zustehenden Maßnahmen im Fall der Feststellung eines Verstoßes reichen von einer Ermahnung oder Verwarnung Europols über die Anweisung Europols zur Berichtigung oder Vernichtung personenbezogener Daten sowie zur Meldung dieses Vorgangs gegenüber betroffenen Dritten bis hin zum vorübergehenden oder endgültigen Verbot bestimmter Datenverarbeitungsvorgänge.[339]

d) Kooperation zwischen den nationalen Kontrollbehörden und dem EDSB/der Beirat für Zusammenarbeit

Nach Art. 44 Europol-VO ist eine Zusammenarbeit zwischen dem EDSB und den nationalen Kontrollbehörden, insbesondere wenn der EDSB potentiell rechtwidrige Übermittlungen über die Informationskanäle von Europol feststellt, vorgesehen.[340] Im Übrigen beinhaltet die Kooperation neben dem Austausch von Fachkenntnissen und einem Anhörungsrecht der nationalen Stellen bei aus deren Mitgliedstaaten stammenden Daten[341] auch die Vornahme „gemeinsamer Inspektionen mit dem EDSB". Im Rahmen dieser gemeinsamen Untersuchungen soll das Befugnisspektrum der Angehörigen der nationalen Kontrollstellen „unter gebührender Berücksichtigung der Grundsätze der Subsidiarität und der Verhältnismäßigkeit" an das des EDSB angeglichen werden.[342] Auch den in JITs stattfindenden gemeinsamen operativen Aktionen ist so eine gemeinsame datenschutzrechtliche Kontrolle gegenübergestellt.

Der nach Art. 45 Abs. 1 Europol-VO aus je einem Vertreter der nationalen Kontrollbehörden und dem EDSB bestehende „Beirat für die Zusammenarbeit" kann als institutionalisierte Form dieser Kooperation angesehen werden. Die „Beratungsfunktion" des Beirats (Art. 45 Abs. 1 Europol-VO) kann sich auf den nationalen Kontrollbehörden (ggf. durch den EDSB) vorgelegte Fälle beziehen[343] und beinhaltet den Erlass von Soft Law.[344]

---

[339] Vgl. zum Ganzen Art. 43 Abs. 3, insb. lit. d), e) und f) Europol-VO. Mit bzw. in diesen Angelegenheiten kann der EDSB ferner das Europäische Parlament, den Rat oder die Kommission (lit. g)) befassen oder den Gerichtshof der Europäischen Union anrufen (vgl. insoweit deklaratorisch lit. h)).

[340] Vgl. dazu auch Art. 8 Abs. 4 S. 2 und 3 Europol-VO, wonach die Nutzung der Infrastruktur Europols allein die Einhaltung des Unionsrechts erforderlich macht.

[341] Vgl. Art. 44 Abs. 2 S. 1 und 3, Abs. 3 bzw. Abs. 4 Europol-VO.

[342] Vgl. dazu Art. 44 Abs. 2 S. 2 Europol-VO, der auf die in Art. 43 Abs. 4 Europol-VO normierten Befugnisse des EDSB verweist. Mit dieser Erweiterung korrespondiert die Übertragung der für den EDSB nach Art. 43 Abs. 6 i.V.m. Art. 67 Abs. 1 Europol-VO bestehenden Verschwiegenheitspflicht.

[343] Eine durch die Aktivitäten des Beirats für Zusammenarbeit erhöhte Kontrolldichte in Bezug auf konkrete Datenverarbeitungsvorgänge ist vor diesem Hintergrund nicht anzunehmen.

[344] Vgl. Art. 45 Abs. 3 lit. e), f), bzw. Abs. 4 Europol-VO; vgl. zu Begriff und Bedeutung von Soft Law Teil 3 Kapitel 11 B. III.

e) Parlamentarische Kontrolle in der Europol-VO/ Gemeinsamer Parlamentarischer Kontrollausschuss

Nach Art. 12 lit. c) EUV sollen die nationalen Parlamente in die politische Kontrolle von Europol einbezogen werden[345], Art. 88 Abs. 2 UA 2 AEUV fordert diesbezüglich eine Einbeziehung der nationalen Parlamente in die Kontrolle der Aktivitäten Europols durch das Europäische Parlament. Diese Zusammenarbeit erfolgt in dem nach Art. 51 Abs. 1 Europol-VO einzurichtenden Gemeinsamen Parlamentarischen Kontrollausschuss (GPK)[346], der grundsätzlich neben die sonstigen Kontrollmöglichkeiten des Europäischen Parlaments und der nationalen Parlamente tritt.[347] Zu diesen Kontrollmöglichkeiten zählen insbesondere die in Art. 7 Abs. 11 Europol-VO vorgesehenen Einsichtsmöglichkeiten in Bezug auf die von den Mitgliedstaaten an Europol übermittelten Informationen.[348]

Die Reichweite der Überwachungsbefugnisse des GPK, dessen Implementierung kein Vorbild in der bisherigen Aufsicht über Europol hat,[349] umfasst nach Art. 51 Abs. 2 Europol-VO eine „politische Kontrolle der Tätigkeiten Europols [...] einschließlich hinsichtlich der Auswirkungen dieser Tätigkeiten auf Grundrechte und Grundfreiheiten natürlicher Personen". Konkretisiert wird dies durch einzelne dem GPK zukommende Befugnisse, die ein Zitierungsrecht des GPK in Bezug auf den Vorsitzenden des Verwaltungsrates, den Exekutivdirektor, deren Stellvertreter oder den EDSB beinhalten. Der Umfang der Befragungsrechte ist jedoch auf generelle Aspekte wie etwa die Organisationsstruktur Europols oder die Einrichtung neuer Fachzentren bzw. auf die Erörterung allgemeiner „Fragen der Grundrechte und Grundfreiheiten [...] insbesondere den Schutz personenbezogener Daten" beschränkt. Dem entsprechen auch die auf i.d.R. nicht indi-

---

[345] Vgl. dazu auch Art. 9 des Protokolls (Nr. 1) zum Vertrag von Lissabon über die Rolle der nationalen Parlamente in der Europäischen Union, wonach die Ausgestaltung dieser Kontrolle durch Europäisches Parlament und die nationalen Parlamente erfolgen soll; ferner Erw. 2, 58 Europol-VO.

[346] Der GPK hatte am 09.10.2017 seine erste Sitzung, vgl. dazu http://www.europarl.europa.eu/committees/en/libe/events-other.html?id=20170628EOT01081 (zuletzt abgerufen am 24.02.2024); die Zusammensetzung des GPK folgt den von der EU Speakers Conference erlassenen Vorgaben (abrufbar unter www.europarl.europa.eu/cmsdata/122600/Final%20ConclusionsSpeakers%20Conference_Bratislava.pdf, zuletzt abgerufen am 24.02.2024), wonach bis zu vier Angehörige je nationalem Parlament und 16 Mitglieder des Europäischen Parlaments entsendet werden sollen.

[347] (Lediglich) das Europäische Parlament ist insbesondere in die Haushaltsplanung und -ausführung Europols eingebunden, vgl. nur Art. 58 Abs. 3 und 4, Art. 59 Abs. 2, Art. 60 Abs. 2 und 10 Europol-VO.

[348] Ein diesbezüglicher nach „quantitativen und qualitativen Evaluierungskriterien" zu erstellender und damit keine personenbezogenen Daten enthaltender Jahresbericht ist dem Europäischen Parlament, dem Rat, der Kommission und den nationalen Parlamenten zuzuleiten.

[349] Vgl. dazu die Ausarbeitung der Unterabteilung Europa des Deutschen Bundestages PE 6 – 3000 –154/16 vom 03.11.2016 insb. zum Vergleich der parlamentarische Kontrolle Europols unter dem Europol-Beschluss und der Europol-VO.

vidualisierbare Angaben bezogene Informationspflichten Europols.[350] Im Übrigen können für die „politische Überwachung der Tätigkeiten von Europol" erforderliche Unterlagen nach Art. 51 Abs. 4 Europol-VO durch den GPK[351] und nach Art. 52 Europol-VO durch das Europäische Parlament zur Ermöglichung der Kontrolle durch den GPK angefordert werden.[352]

Aus alledem kann entnommen werden, dass die nationalen Parlamente, der GPK und auch das Europäische Parlament im Rahmen seiner nach Art. 52 Europol-VO bestehenden Befugnisse nicht zur Kontrolle konkreter Datenübermittlungsvorgänge oder Einsätze berufen sind. Hiernach ist eine Kontrolle der Aktionen eines JITs insoweit fernliegend. Dies entspricht auch der bisher einsehbaren Praxis des GPK, der auf seinen Sitzungen einen überwiegend auf generelle Fragen bezogenen Austausch mit Vertretern von Europol vornimmt.[353]

---

[350] Vgl. dazu Art. 51 Abs. 3 Europol-VO, nach dessen lit. a) etwa strategische Analysen und allgemeine Lageberichte übermittelt werden, nicht jedoch operative Analysen.

[351] Das Informationsrecht nach Art. 51 Abs. 4 Europol-VO geht nicht über die in der Verordnung (EG) Nr. 1049/2001 des Europäischen Parlaments und des Rates vom 30. Mai 2001 über den Zugang der Öffentlichkeit zu Dokumenten des Europäischen Parlaments, des Rates und der Kommission (ABl. L 145 vom 31.05.2001, S. 43–48), hier „EU-Dokumentenzugangs-VO" (s. dazu *Craig*, EU Administrative Law, S. 394 ff.) enthaltenen, natürlichen Personen zustehenden Rechte hinaus; zudem dürften die gestellten Anträge wohl häufig unter die Ausnahme des Art. 4 Abs. 1 lit. a) EU-Dokumentenzugangs-VO (Schutz des öffentlichen Interesses im Hinblick auf die öffentliche Sicherheit) fallen. Zusätzlich zum Zugangsrecht über die EU-Dokumentenzugangs-VO besteht für das Europäischen Parlaments die Möglichkeit des Zugangs nach Art. 52 Europol-VO unter Berücksichtigung des Art. 67 Europol-VO, der Regelungen hinsichtlich sensibler Informationen oder Verschlusssachen enthält.

[352] Der Zugang des Europäischen Parlaments zu „von oder über" Europol verarbeiteten sensiblen Informationen, die nicht als Verschlusssache eingestuft wurden, hat im Rahmen der von Europol nach Art. 67 Abs. 1 Europol-VO zu erlassenden Vorschriften zu erfolgen. Der Zugang zu Verschlusssachen muss im Einklang mit der interinstitutionellen Vereinbarung zwischen dem Europäischen Parlament und dem Rat vom 14.03.2014 (ABl. C 95 vom 01.04.2014, S. 1) und den von Europol gem. Art. 67 Abs. 2 Europol-VO zu erlassenden Vorschriften in Einklang stehen. Hinsichtlich der Einstufung als EU-Verschlusssache vgl. generell den Beschluss des Rates vom 23.09.2013 (2013/488/EU) über die Sicherheitsvorschriften für den Schutz von EU Verschlusssachen (ABl. L 274 vom 15.10.2013, S. 1–50), insb. Art. 1–4.; dazu *Galloway*, JCMS (52)2014, S. 668 ff. sowie *Curtin*, JCMS (52) 2014, S. 684 ff., S. 689 ff.

[353] Vgl. dazu die unter https://www.europarl.europa.eu/committees/de/europol-joint-parliamentary-scrutiny-gro/product-details/20201104CDT04421#20201104CDT04421-section-1 abrufbaren Protokolle und sonstigen Dokumente (zuletzt abgerufen am 24.02.2024). Insoweit werden die von Erw. 58 Europol geweckten Erwartungen dahingehend, dass sich die Kontrolle auch auf „operative Informationen" beziehen kann, enttäuscht, vgl. dazu auch *Abazi*, GLJ 2014 S. 1121 ff., S. 1135 f.

f) Weitere einbezogene Europol-Stellen: Verwaltungsrat und Exekutivdirektor

Der Verwaltungsrat und der Exekutivdirektor können als Teile der Europol-internen Kontrolle angesehen werden. Durch den sich aus je einem Vertreter pro Mitgliedstaat und einem Vertreter der Kommission zusammensetzenden Verwaltungsrat (Art. 10 Abs. 1 Europol-VO) und dem vor diesem (Art. 16 Abs. 1 S. 2 Europol-VO) und dem Rat (Art. 16 Abs. 3 Europol-VO) rechenschaftspflichtigen Exekutivdirektor, der für die Durchführung der Aufgaben Europols (letzt-) verantwortlich ist[354], ergibt sich eine weitere Möglichkeit der Überprüfung der Aktionen des Europol-Personals in einem JIT. Dem vorgeschaltet dürfte eine Europol-interne Prüfung, ob ein rechtmäßig errichtetes JIT vorliegt, an dem Europol-Personal teilnehmen darf, erfolgen.

g) Beschwerdestellen nach der Europol-VO

In der Europol-VO ist die Einrichtung von zwei Beschwerdeverfahren vorgesehen, die auf Antrag einer betroffenen Person die Rechtmäßigkeit der Übermittlung personenbezogener Daten zwischen Europol und den Mitgliedstaaten prüfen: Zum einen die Möglichkeit der Beschwerde beim EDSB nach Art. 47 ff. Europol-VO und zum anderen das Verfahren vor der nationalen Kontrollbehörde nach Art. 42 Abs. 4 Europol-VO.

aa) Datenschutzgarantien nach der Europol-VO

Erfolgt eine Verarbeitung personenbezogener Daten durch Europol, sind die in der Europol-VO aufgestellten „Datenschutzgarantien"[355] zu beachten. Die EU-Datenschutz-VO ist nach Art. 2 Abs. 3 EU-Datenschutz-VO vorbehaltlich einer Anpassung der Europol-VO nicht auf Europol anzuwenden. Die Datenschutzgarantien der Europol-VO umfassen die Grundsätze des Datenschutzes (Art. 28 Europol-VO) und weitere Vorgaben hinsichtlich besonderer Kategorien von Daten, Speicher- und Löschfristen sowie zur Sicherheit der Verarbeitung.[356] Der Aufbau und Inhalt der Art. 28 ff. Europol-VO ähnelt teilweise stark den Bestimmungen der JI-Richtlinie, u.a. im Hinblick auf generelle Datenschutzbestimmungen bleibt die Europol-VO jedoch hinter den Vorgaben der JI-Richtlinie zurück.[357]

---

[354] Dies gilt jedenfalls für die hier relevanten „laufenden Geschäfte", vgl. Art. 16 Abs. 5 lit. a) Europol-VO.

[355] Vgl. dazu die Überschrift des 6. Kapitels der Europol-VO. Der Aufbau und Inhalt der Art. 28 ff. Europol-VO sind stark an die Bestimmungen der JI-Richtlinie angelehnt, hier wird jedoch auf relevante Unterschiede hingewiesen.

[356] Vgl. dazu Art. 30 ff. Europol-VO.

[357] Dies ist aufgrund des Anwendungsbereichs der JI-Richtlinie aus der Perspektive von Europol rechtlich nicht relevant, lässt die nach Erw. 40 Europol-VO angestrebte Vereinbarkeit der „Europol-spezifischen Datenschutzbestimmungen" mit der JI-Richtlinie jedoch fraglich erscheinen.

(1) Recht auf Benachrichtigung

Zu den in der Europol-VO vorgeschriebenen Verfahren gehört die von Art. 35 Europol-VO vorgesehene Benachrichtigung betroffener Personen im Fall einer „Verletzung des Schutzes ihrer personenbezogenen Daten“. Dieser grundsätzlich obligatorischen unverzüglichen Benachrichtigung der betroffenen Person korrespondiert eine diesbezügliche Meldepflicht Europols hinsichtlich der Verletzung an den EDSB, die betreffenden mitgliedstaatlichen Behörden bzw. den betreffenden Datenlieferanten.[358] Die Meldepflicht ist nicht wie die Pflicht zur Benachrichtigung der betroffenen Person auf Sachverhalte, welche „wahrscheinlich eine schwere Beeinträchtigung der Rechte und Freiheiten der betroffenen Person zur Folge“ haben, beschränkt.[359] Eine (individuelle) Benachrichtigung der betroffenen Person ist in bestimmten Fällen nicht erforderlich[360] oder kann unter Abwägung mit den „legitimen Interessen der betroffenen Person“ ganz, teilweise oder temporär unterlassen werden.[361] Im Fall der JITs dürfte regelmäßig Art. 35 Abs. 5 lit. b) Europol-VO einschlägig sein, wonach eine Benachrichtigung unterlassen werden kann, um zu vermeiden, dass die Verhütung, Aufdeckung, Untersuchung oder Verfolgung von Straftaten beeinträchtigt wird.

(2) Auskunftsrecht der betroffenen Person

Das Auskunftsrecht betroffener Personen ist nach Art. 36 Abs. 1 Europol-VO auf Anfragen „in angemessenen Abständen beschränkt“ und ist zu diesem Zweck über benannte mitgliedstaatliche Behörden geltend zu machen, die den Antrag innerhalb eines Monats an Europol weiterzuleiten haben.[362] Europol hat den Eingang dieser Anträge zu bestätigen und diese innerhalb von drei Monaten ab diesem Zeitpunkt unter Konsultation des Datenlieferants und der zuständigen mitgliedstaatlichen Behörden zu bearbeiten.[363] Eine mögliche Beschränkung des Auskunftsrechts ist nach Art. 37 Abs. 6 Europol-VO möglich.[364] Als Abschluss

[358] Vgl. dazu Art. 34 Europol-VO, in dessen Abs. 2 der Mindestinhalt einer solchen Meldung festgelegt wird. Die Verletzung sowie deren Auswirkungen und etwaige Abhilfemaßnahmen sind nach Art. 34 Abs. 3 Europol-VO zwecks Kontrolle durch den EDSB zu protokollieren.

[359] Vgl. dazu Art. 34 Abs. 1 bzw. Art. 35 Abs. 1 Europol-VO, im Übrigen sind keine näheren Definitionen dieser Umstände vorhanden.

[360] Vgl. Art. 35 Abs. 4 Europol-VO, der inhaltlich weitgehend Art. 35 Abs. 4 JI-Richtlinie entspricht.

[361] Vgl. dazu Art. 35 Abs. 5 Europol-VO, welcher inhaltlich an Art. 13 Abs. 3 JI-Richtlinie angelehnt ist, jedoch abweichend eine „unter gebührender Berücksichtigung der legitimen Interessen der Betroffenen Person“ zu ermittelnde Notwendigkeit der Ausnahme von der Benachrichtigungspflicht fordert.

[362] Vgl. zum Ganzen Art. 36 Abs. 3 Europol-VO; durch diesen Antrag dürfen der betroffenen Person demnach auch keine „übermäßige(n)“ Kosten entstehen.

[363] Vgl. dazu Art. 36 Abs. 4 und Abs. 5 Europol-VO. Europol kommt in diesem Verfahren jedoch das Letztentscheidungsrecht zu.

[364] Diese Vorschrift ist an Art. 13 Abs. 3 JI-Richtlinie angelehnt und nennt u.a. die ord-

des Verfahrens ist eine schriftliche Unterrichtung der betroffenen Person über die Entscheidung Europols vorgesehen, die unter bestimmten Umständen auch auf den bloßen Hinweis auf die Vornahme einer Überprüfung reduziert sein kann.[365]

(3) Recht auf Berichtigung, Löschung und Einschränkung

Eine (erfolgreiche) Wahrnehmung des Auskunftsrechts ist nach Art. 37 Abs. 1 Europol-VO Voraussetzung eines Antrags auf Berichtigung[366] oder Löschung nach Art. 37 Abs. 1 bzw. Abs. 2 Europol-VO. Dieser ist ebenfalls über die dafür eingerichteten nationalen Behörden innerhalb eines Monats zu übermitteln, Europol hat über den Antrag innerhalb von drei Monaten nach Eingang zu entscheiden.[367] Ein Antrag auf Löschung ist begründet, wenn die betreffenden Daten für die ihrer Erhebung oder Weiterverarbeitung zugrundeliegenden Zwecke nicht mehr benötigt werden,[368] wenn die betreffenden Daten unter einem Verstoß gegen die Europol-VO übermittelt wurden oder „Europol die Daten in nicht ordnungsgemäßer Weise oder unter Verstoß gegen diese Verordnung eingegeben, übernommen oder gespeichert hat".[369] Eine Einschränkung der Verarbeitung ist nach Art. 37 Abs. 3 Europol-VO nur für den Fall vorgesehen, dass dies den „schutzwürdigen Interessen" des Antragsstellers dienlicher als eine Löschung ist. Die Zuständigkeit für die Berichtigung oder Löschung bzw. Einschränkung der Datenverarbeitung variiert je nach Datenlieferant und Art des Verstoßes: Wurden die Daten von einem Mitgliedstaat übermittelt, ist dieser nach Art. 37 Abs. 5 Europol-VO zuständig, stammen die Daten hingegen aus anderen Quellen, nimmt Europol die Maßnahmen vor. Letzteres gilt unabhängig von der Quelle der Daten für die in Art. 37 Abs. 6 Europol-VO beschriebene Fehlerhaftigkeit, wobei hier die Berichtigung oder Löschung „in Abstimmung mit dem betreffenden Datenlieferanten" erfolgt. Über die das Verfahren abschließende Entscheidung ist die betroffene Person ggf. unter Belehrung über Beschwerdemöglichkeiten oder Rechtsbehelfe zu unterrichten.[370]

---

nungsgemäße Aufgabenerfüllung Europols und die Effektivität nationaler Ermittlungen als mögliche Weigerungsgründe; bei der Entscheidung sollen nach Art. 36 Abs. 6 UA 2 Europol-VO „Grundrechte und Interessen der betroffenen Person berücksichtigt" werden.

[365] Vgl. dazu Art. 36 Abs. 7 Europol-VO. Gemeint sind Fälle, in welchen schon die Information über eine Datenverarbeitung die in Art. 36 Abs. 6 UA 1 Europol-VO aufgelisteten Interessen beeinträchtigen könnte.

[366] Dies schließt nach Art. 37 Abs. 1 Europol-VO die Vervollständigung und Aktualisierung der betreffenden Daten mit ein.

[367] Vgl. dazu Art. 37 Abs. 1 bzw. Abs. 2 i.V.m. Abs. 8 bzw. 9 Europol-VO.

[368] Vgl. Art. 37 Abs. 1 Europol-VO.

[369] Vgl. dazu Art. 37 Abs. 6 Europol-VO, der auch eine Berichtigung aufgrund einer sonstigen Fehlerhaftigkeit als mögliche Rechtsfolge betrifft. Die Fehlerhaftigkeit der Daten ist nach Art. 37 Abs. 1 Europol-VO auch im Übrigen einzige Voraussetzung für einen erfolgreichen Antrag auf Berichtigung.

[370] Vgl. Art. 37 Abs. 8 und 9 Europol-VO. Ferner sind nach Art. 37 Abs. 7 Europol-VO eine Unterrichtung aller Empfänger der Daten und eine Verpflichtung dieser zur Vornahme der gleichen Maßnahmen in Bezug auf die ihnen übermittelten Daten vorgesehen.

bb) Prüfung durch die nationale Kontrollbehörde

(1) Allgemeine Bestimmungen

Prüfungsgegenstand des in Art. 42 Abs. 4 Europol-VO nur ausschnitthaft geregelten Beschwerdeverfahrens vor der nationalen Kontrollbehörde kann „jegliche Übermittlung oder Kommunikation" an Europol von den Beschwerdeführer betreffenden Daten oder der Abruf dieser Daten durch den in Frage stehenden Mitgliedstaat sein.[371] Insoweit übernimmt die nationale Kontrollbehörde die unter dem Europol-Beschluss den nationalen Kontrollinstanzen zukommenden Aufgaben.[372] Gefordert ist lediglich eine Möglichkeit der Überprüfung durch die nationale Kontrollbehörde, die Einrichtung möglicher Folgemaßnahmen sind ebenso wie die Regelung bestimmter Verfahrensvoraussetzungen nicht geregelt sondern dem nationalen Recht überlassen.

(2) Die nationale Kontrollbehörde in Deutschland

Die Aufgaben der nationalen Kontrollstelle sind durch § 5 Abs. 1 EuropolG der Bundesbeauftragten für den Datenschutz und die Informationsfreiheit (BfDI) übertragen, welche somit die oben beschriebene Kontrolle über das BKA als nationale Europol-Stelle (§ 1 Abs. 1 EuropolG) ausübt. Diese ist ferner zuständig für die Ernennung des deutschen Vertreters für den Beirat für Zusammenarbeit, welcher nach seiner Ernennung nur durch gerichtliche Entscheidung abberufen werden kann.[373] Das von Art. 42 Abs. 4 Europol-VO vorgesehene Beschwerdeverfahren ist im EuropolG im Übrigen nicht geregelt, weshalb auf die Vorschriften des BDSG zurückzugreifen ist.[374]

Das reformierte BDSG ist maßgeblich von dem gesetzgeberischen Willen einer ordnungsgemäßen Umsetzung der JI-Richtlinie bzw. Einhaltung der DSGVO geprägt, sodass sich teilweise Überschneidungen bzw. anderweitige Rechtsschutzmöglichkeiten bei der Verarbeitung personenbezogener Daten im hier relevanten Bereich[375] ergeben: Die von Art. 14 ff. JI-Richtlinie geforderten

---

[371] Vgl. dazu Art. 42 Abs. 4 Europol-VO; erfasst sind hierdurch auch Datenübermittlungen zwischen Europol-Bediensteten und (sonstigen) Beteiligten eines JITs sowie die Nutzung der Datenbanken Europols.

[372] Vgl. dazu insb. Art. 33 Abs. 2 Europol-Beschluss.

[373] Vgl. zum Ganzen § 5 Abs. 2 und 3 EuropolG.

[374] Vgl. dazu und zu der Rechtslage unter dem Europol-Beschluss *Kastler*, Föderaler Rechtsschutz, S. 374.

[375] Vgl. dazu Teil 3 des BDSG, der „Bestimmungen für Verarbeitungen zu Zwecken gemäß Artikel 1 Absatz 1 der Richtlinie (EU) 2016/680" enthält. Nach § 45 S. 1 BDSG gilt dies für „die Verarbeitung personenbezogener Daten durch die für die Verhütung, Ermittlung, Aufdeckung, Verfolgung oder Ahndung von Straftaten oder Ordnungswidrigkeiten zuständigen öffentlichen Stellen, soweit sie Daten zum Zweck der Erfüllung dieser Aufgaben verarbeiten", zu präventiven Zwecken vorgenommene Datenverarbeitungen sind nach § 45 S. 2 BDSG ausdrücklich miterfasst.

Auskunfts- und weitergehenden Rechte von betroffenen Personen hinsichtlich sie betreffender personenbezogener Daten gegenüber dem Verantwortlichen[376] sind direkt bei diesen geltend zu machen.[377] Daneben ist in § 60 Abs. 1 BDSG eine generelle Beschwerdemöglichkeit betroffener Personen bei der BfDI hinsichtlich zu den Zwecken des § 45 BDSG vorgenommenen Verarbeitungen personenbezogener Daten enthalten. Die BfDI trifft insoweit die Pflicht, den Beschwerdeführer über den Stand und das Ergebnis der Beschwerde zu unterrichten sowie auf die Möglichkeit des Rechtsschutzes gegen eine von der BfDI getroffene verbindliche Entscheidung nach § 61 BDSG hinzuweisen.[378] Stellt sich eine Verarbeitung personenbezogener Daten als rechtswidrig heraus, kann unter den Voraussetzungen des § 83 BDSG Schadensersatz oder eine angemessene Entschädigung in Geld verlangt werden.

Insgesamt dürften diese Regelungen den Anforderungen des Art. 42 Abs. 4 Europol-VO genügen, wenngleich ein ausdrücklicher Verweis auf dieses Verfahren im EuropolG und/oder im BDSG die Verständlichkeit der Rechtslage für betroffene Personen erleichtern würde.

cc) Beschwerde beim EDSB

Neben seiner Funktion als Aufsichtsorgan über Europol ist der EDSB zuständig für Individualbeschwerden.[379] Prüfungsgegenstand kann nach Art. 47 Abs. 1 Europol VO jede durch Europol vorgenommene Verarbeitung personenbezogener Daten sein, der Prüfungsmaßstab ist auf Verstöße gegen die in der Europol-VO enthaltenen Datenschutzbestimmungen beschränkt.[380]

---

[376] S. zu dem Begriff des Verantwortlichen an dieser Stelle nur Art. 3 Nr. 8 JI-Richtlinie.

[377] Vgl. dazu §§ 57 f. BDSG, nach § 57 Abs. 7 S. 1 BDSG ist im Fall einer ablehnenden Bescheidung eine Anrufung des BfDI möglich. Damit besteht in diesem Fall in Bezug auf den Informationsaustausch in einem JIT in Deutschland die theoretische Möglichkeit der Geltendmachung direkt bei den handelnden Behörden bzw. beim BKA als nationaler Europol-Stelle.

[378] Diese gerichtliche Rechtsschutzmöglichkeit soll nach § 61 Abs. 2 BDSG auch bei einer fehlenden Reaktion (innerhalb von drei Monaten) durch den BfDI gegeben sein.

[379] Diese können – wie auch andere Beschwerden beim EDSB – u.a. über das auf der Homepage des EDSB in Deutsch, Englisch und Französische verfügbare Beschwerdeformular abgegeben werden, vgl. dazu https://www.edps.europa.eu/data-protection/our-role-supervisor/complaints/edps-complaint-form_de (zuletzt abgerufen am 24.02.2024). Auf der Homepage des EDSB sind auch weitere, insbesondere die Zulässigkeit der Beschwerde betreffende Informationen verfügbar https://edps.europa.eu/data-protection/our-role-supervisor/complaints_de (zuletzt abgerufen am 24.02.2024). Die Bedeutung des Beschwerdeverfahrens in der Praxis ist bisher sehr gering; so wurden im Jahr 2017 lediglich 2 Beschwerden eingereicht und davon eine als unzulässig verworfen (vgl. dazu S. 25 des Jahresberichts des EDSB 2017).

[380] Vgl. dazu insbesondere Art. 28 ff. Europol-VO. Für „alle verwaltungstechnischen personenbezogenen Daten" gilt gem. Art. 46 Europol-VO hingegen die VO 45/2001 bzw. mittlerweile die EU-Datenschutz-VO, vgl. zu dieser Differenzierung Erw. 40 Europol-VO. Hiernach sollen die „Europol-spezifischen Datenschutzbestimmungen" sich zwar „auf die der

Die Beschwerde kann sich insbesondere auf eine vermeintliche Verletzung der in Art. 36 f. Europol-VO enthaltenen Auskunfts- oder Berichtigungs- und Löschungsrechte beziehen. In diesem Fall ist ebenso wie bei (sonstigen) von einem Mitgliedstaat stammenden Daten eine Kooperation zwischen dem EDSB und den nationalen Kontrollbehörden hinsichtlich der Behandlung der Beschwerde vorgesehen.[381] Bei Beschwerden in Bezug auf die Rechte aus Art. 36 f. Europol-VO ist eine vom EDSB zu berücksichtigende Stellungnahme der nationalen Kontrollbehörden erforderlich; in den übrigen Fällen sind für die Kooperation keine Regelungen vorgegeben. Das Prüfungsprogramm einer Beschwerde enthält jedenfalls eine gemeinsam mit dem die Daten übermittelnden Mitgliedstaat bzw. bei aus nicht aus den Mitgliedstaaten stammenden Informationen gemeinsam mit Europol vorzunehmende „Vergewisserung", dass die „erforderliche Überprüfung der Rechtmäßigkeit der Datenverarbeitung ordnungsgemäß durchgeführt wurde".[382]

Aus der Europol-VO nicht ohne weiteres ersichtlich sind die möglichen Rechtsfolgen einer Entscheidung des EDSB. Im Falle einer Verwerfung der Beschwerde steht der betroffenen Person jedenfalls der Rechtsweg zum Gerichtshof der Europäischen Union offen.[383] Bei einer unrechtmäßigen Verweigerung der aufgrund der in Art. 36 f. Europol-VO enthaltenen Rechte zu treffenden Maßnahmen, können diese durch den EDSB nach Art. 43 Abs. 3 lit. c) Europol-VO angeordnet werden. Auch hinsichtlich anderweitiger rechtswidriger Datenverarbeitungen soll der EDSB nach Art. 43 Abs. 3 lit. c) Europol-VO Europol mit dieser Angelegenheit befassen und „gegebenenfalls Vorschläge zur Behebung des Verstoßes und zur Verbesserung des Schutzes der betroffenen Personen" einbringen; ferner kann eine Anweisung nach Art. 43 Abs. 3 lit. e) Europol-VO an Europol mit dem Inhalt ergehen, die (Folgen der) rechtswidrige(n) Datenverarbeitung zu beheben. Eigene Vollzugsmöglichkeiten dieser Anordnungen/Anweisungen sind jedoch nicht vorgesehen.

Diese möglichen Reaktionen des EDSB und die nach Art. 50 Abs. 1 S. 2 Europol-VO vorgesehene Klageerhebung zwecks Geltendmachung einer Schadensersatzforderung aufgrund einer „widerrechtlichen Datenverarbeitung" sprechen gegen eine Rechts- oder Bestandskraft der Feststellung der Rechtswidrigkeit durch den EDSB gegenüber Europol oder im Rahmen eines etwaigen Rechtsschutzverfahrens.[384] Der EDSB kann einem gerichtlichen Verfahren des Betroffenen gegen Europol jedoch nach Art. 43 Abs. 3 lit. i) Europol-VO beitreten.

Verordnung 45/2001 zugrundeliegenden Prinzipien stützen", jedoch auch „autonom" und insbesondere mit der JI-Richtlinie „vereinbar" sein.

[381] Vgl. dazu Art. 47 Abs. 2 und 3 Europol-VO.

[382] Vgl. dazu Art. 47 Abs. 2 und 3 Europol-VO. Nach Art. 43 Abs. 2 lit. b) Europol-VO kann eine Beschwerde Grund für eine Untersuchung durch den EDSB sein.

[383] So ausdrücklich Art. 48 Europol-VO.

[384] Dies trifft jedoch keine Aussage über die praktische Effektivität einer solche Feststellung, oder vergleichbarer rechtlich (zunächst) unverbindlicher Maßnahmen wie eine Ermahnung oder Verwarnung Europols.

h) Fazit: Kooperative datenschutzrechtliche Verantwortung unter der Europol-VO

Die Einrichtung zweier im Ausgangspunkt getrennter Beschwerdeverfahren ist ebenso wie das vorgesehene Zusammenspiel zwischen dem Europol-Datenschutzbeauftragten und den nationalen Kontrollbehörden Ausprägung des der Europol-VO zugrundeliegenden Verständnisses der Verteilung der Verantwortungsbereiche in Bezug auf Datenverarbeitungen. Zentrale diesbezügliche Regelung ist Art. 38 Europol-VO, der in Abs. 2 lit. a) die Verantwortung für die sachliche Richtigkeit, die Aktualität sowie die diesbezügliche Berichtigung und Löschung von personenbezogenen Daten bei dem sie übermittelnden Mitgliedstaat bzw. der sie übermittelnden Unionseinrichtung sieht[385]; nach Abs. 2 lit. b) trifft Europol die Verantwortung hinsichtlich aus anderen Quellen stammender oder selbst etwa durch Analysen erstellter Daten. Die Verantwortlichkeit hinsichtlich der Einhaltung der übrigen „Grundsätze des Datenschutzes" i.S.d. Art. 28 Europol-VO kommt Europol zu. In Bezug auf die Rechtmäßigkeit von Datenübermittlungen zwischen Europol und den Mitgliedstaaten ist die Stelle, von welcher die Daten versendet wurden, verantwortlich. Hinsichtlich Datenübertragungen zwischen Europol und Unionseinrichtungen ist Europol verantwortlich, hierzu kann die Verantwortung der betreffenden Unionseinrichtung hinzutreten, wenn diese Europol um die Übermittlung ersucht hat. Art. 37 Abs. 7 Europol-VO erstreckt den Verantwortungsbereich von Europol auf „alle von ihr vorgenommenen Datenverarbeitungen" abgesehen von Daten, die im bilateralen Datenaustausch externer Stellen ohne Zugriffsmöglichkeit Europols „unter Nutzung der Infrastruktur von Europol" erfolgt sind. Hierzu ist auch der Informationsaustausch in einem JITs über die Infrastruktur Europols, insbesondere im Rahmen der SIENA zu fassen. Diese Grundsätze spiegeln sich auch in Art. 50 Europol-VO wider, wonach ein durch eine rechtswidrige Informationsverarbeitung im Zusammenhang mit Europol entstandener Schaden entweder nach Art. 340 Abs. 2 AEUV direkt von Europol zu ersetzen ist oder vor den jeweiligen mitgliedstaatlichen Gerichten gegenüber dem involvierten Mitgliedstaat geltend zu machen ist.

2. Kontrolle von Aktivitäten im Zusammenhang mit Eurojust-Personal

Ebenso wie im Fall von Europol sind die in den Eurojust betreffenden Sekundärrechtsakten vorgesehenen Kontrollmöglichkeiten hinsichtlich von Eurojust ausgehender Beiträge zur Arbeit eines JITs lediglich auf die Überwachung datenschutzrelevanter Aktivitäten bezogen. Durch die Eurojust-VO, welche den Eurojust-Beschluss zum 19.12.2019 ersetzt hat, wurde in diesem Zusammenhang insbesondere eine Vereinheitlichung mit den Vorgaben der EU-Datenschutz-VO

---

[385] Europol kommt nach Art. 37 Abs. 3 Europol-VO jedoch die Pflicht zur Unterrichtung der Mitgliedstaaten bei Feststellung der Unrichtigkeit oder unrechtmäßigen Speicherung dieser Daten zu.

angestrebt.[386] Die bereits im Eurojust-Beschluss enthaltenen datenschutzbezogenen Regelungen[387] wurden in einem Kollegiumsbeschluss konkretisiert.[388] Diese Rules of Procedure (RoP)[389] und mittlerweile auch die Eurojust-VO[390] differenzieren hinsichtlich operativer und nicht-operativer Datenverarbeitung, hier bedeutsam ist die erste, fallbezogene Kategorie. Der Eurojust-Beschluss etablierte interne sowie externe Kontrollen und ein Individualbeschwerdeverfahren. Durch die Eurojust-VO wurden die externe Kontrolle und das Individualbeschwerdeverfahren vergleichbar mit den Bestimmungen durch die Europol-VO auf den EDSB übertragen und damit externalisiert und zentralisiert.

a) Kontrolle durch den Datenschutzbeauftragten von Eurojust

Ein aus dem Personal von Eurojust zu wählender, in Erfüllung seiner Aufgaben jedoch unabhängiger Datenschutzbeauftragter überwachte bereits nach dem Eurojust-Beschluss die Einhaltung der datenschutzrechtlichen Vorschriften des Eurojust-Beschlusses sowie die Protokollierung des Austauschs personenbezogener Daten[391] und war für eine Aufklärung über die durch den Eurojust-Beschluss vorgesehenen Rechtsschutzmöglichkeiten auf Antrag betroffener Personen zuständig.[392] Zu diesem Zwecke war dem Datenschutzbeauftragten Zugang zu allen von Eurojust verarbeiteten Daten und Räumlichkeiten von Eurojust zu gewähren. Als schärfste Reaktionsmöglichkeit bei Verstößen gegen datenschutzrechtliche Bestimmungen war eine Befassung der Gemeinsamen Kontrollinstanz von Eurojust (GKI-Eurojust) vorgesehen.[393] Auch nach der Eurojust-VO soll die Stellung des Datenschutzbeauftragten erhalten bleiben[394], was auch für seine Zu-

---

386 Vgl. dazu nur Art. 26 Abs. 1 Eurojust-VO.

387 Vgl. dazu die Art. 14 ff., Art. 26 ff. Eurojust-Beschluss, die insbesondere auch Vorgaben zu Speicherfristen (Art. 21), zur Datensicherheit (Art. 22) und zur Geheimhaltung (Art. 25) beinhalteten.

388 Vgl. die Rules of Procedure on the Processing and Protection of Personal Data at Eurojust (2005/C 68/01), durch den Rat angenommen am 24.02.2005 (im Folgenden RoP). Mit Inkrafttreten der Eurojust-VO am 19.12.2019 sind die darin enthaltenen Bestimmungen vorrangig zu beachten.

389 Vgl. dazu die Unterscheidung zwischen „case-related-data" und „non-case-related-data" in Art. 3 Abs. 2 RoP; „case-related-data" sollten bei einer Verknüpfung dieser Daten mit den in Art. 5–7 Eurojust-Beschluss festgelegten operativen Aufgaben Eurojusts bestehen, Art. 3 Abs. 1 RoP.

390 Vgl. dazu Art. 26 ff. Eurojust-VO.

391 Die schriftliche Fixierung dieser Vorgänge sollte insbesondere der Gewährleistung der Datensicherheit (vgl. dazu Art. 22 Abs. 2 lit. f-h) Eurojust-Beschluss) und der möglichen Information von betroffenen Personen (Art. 19 Abs. 3 Eurojust-Beschluss) dienen.

392 Vgl. zum Ganzen Art. 17 Abs. 1 und 2 Eurojust-Beschluss. Nach Art. 27 Abs. 1 RoP kam dem Datenschutzbeauftragen ferner eine Beratungsfunktion hinsichtlich des Umgangs mit personenbezogenen Daten gegenüber den nationalen Mitgliedern zu.

393 Dies setzte gem. Art. 17 Abs. 4 Eurojust-Beschluss die vorherige Befassung und das auf den Verstoß bezogene Untätigbleiben des Kollegiums von Eurojust voraus.

394 Vgl. dazu Art. 36 ff. Eurojust-VO.

gangsrechte gilt (Art. 38 Abs. 3 Eurojust-VO). Dies dürfte insbesondere Einsichtsmöglichkeiten hinsichtlich der ein JIT betreffenden Arbeit Eurojusts in den Koordinierungszentren eröffnen. Ebenso wie im Fall des Europol-Datenschutzbeauftragten ist dessen einschneidendste Reaktionsmöglichkeit bei vermuteten Verstößen gegen Datenschutzbestimmungen die Befassung des EDSB, Art. 38 Abs. 3 Eurojust-VO.

b) Kontrolle durch die GKI-Eurojust – ein Auslaufmodell

Der grundsätzlich aus drei ständigen Mitgliedern[395] bestehenden GKI-Eurojust kam ebenso wie der ehemaligen GKI-Europol eine Doppelfunktion als Stelle für Individualbeschwerden und generelles Aufsichtsorgan zu. In dieser zweiten Funktion überwachte sie die Wahrung der datenschutzrechtlichen Bestimmungen des Eurojust-Beschlusses und hatte Anspruch auf uneingeschränkten Zugang auf alle personenbezogene Daten enthaltende Dateien.[396] Diese Überwachung war in der Geschäfts- und Verfahrensordnung der GKI-Eurojust[397] konkretisiert, wonach insbesondere der ungehinderte Zutritt zu allen Diensträumen Eurojusts (Art. 2 Abs. 2 S. 1 GO-GKI) und die Einbeziehung von Sachverständigen in diese Kontrollen vor Ort möglich sein sollten (Art. 7 GO-GKI).[398] Die Entscheidung der GKI-Eurojust hinsichtlich der Rechtswidrigkeit eines Datenverarbeitungsvorgangs war für Eurojust „endgültig und bindend".[399] Durch die Eurojust-VO wurde die GKI-Eurojust durch den EDSB mit Wirkung zum 19.12.2019 abgelöst und mit den Art. 40 ff. Eurojust-VO eine mit der Aufsicht

[395] Vgl. zum Auswahlverfahren und ständigen Besetzung der GKI-Eurojust Art. 23 Abs. 2 und 3 Eurojust-Beschluss.

[396] Vgl. zum Ganzen Art. 23 Abs. 1 Eurojust-Beschluss. Dem entsprach eine Pflicht Eurojusts zur Zusammenarbeit und Unterstützung in diesen Bereichen.

[397] Vgl. dazu den auf Art. 23 Abs. 4a Eurojust-Beschluss gestützten Akt der gemeinsamen Kontrollinstanz von Eurojust vom 23.06.2009 zur Festlegung ihrer Geschäfts- und Verfahrensordnung (2010/C 182/03), im Folgenden GO-GKI. Hiernach war insbesondere eine Kooperation mit dem Datenschutzbeauftragten von Eurojust vorgesehen (Art. 6 Abs. 6 GO-GKI).

[398] Nach dem Tätigkeitsbericht der GKI-Eurojust für 2016 handelte es sich bei einer im Februar 2016 durchgeführten Inspektion um die sechste seit Zusammensetzung der GKI-Eurojust. Im Tätigkeitsbericht zu 2017 sind keine diesbezüglichen Angaben enthalten.

[399] Vgl. dazu Art. 23 Abs. 8 Eurojust-Beschluss, auch in Art. 23 Abs. 7 Eurojust-Beschluss war eine Unterwerfung Eurojusts unter diese Entscheidung vorgesehen. In Art. 8 GO-GKI war zunächst eine Antwort- bzw. Reaktionsmöglichkeit Eurojusts innerhalb einer durch die GKI-Eurojust gesetzten Frist geregelt. Im Übrigen war demnach eine Missachtung der Entscheidung der GKI-Eurojust als (eigenständiger) Verstoß gegen den Eurojust-Beschluss anzusehen. Bei der Entscheidung der GKI-Eurojust waren alle ständigen Vertreter stimmberechtigt; bei – im Fall der Entscheidung durch die drei ständigen Mitglieder nur bei Enthaltung eines Mitglieds vorstellbaren – Stimmgleichheit war die Stimme des Vorsitzenden ausschlaggebend, vgl. dazu Art. 25 Abs. 6 Eurojust-Beschluss.

über Europol[400] vergleichbare objektive Kontrolle durch den EDSB eingeführt.[401] Dies gilt auch für die Zusammenarbeit mit den nationalen Kontrollbehörden, Art. 42 Eurojust-VO. In diesem Zusammenhang wurden auch die datenschutzrechtliche Verantwortung (Art. 45 Eurojust-VO) und die Haftung bei unzulässiger Datenverarbeitung (Art. 46 Eurojust-VO) an die für Europol bestehenden Regelungen angepasst.

c) Rechte betroffener Personen

Die datenschutzbezogenen Rechte betroffener Personen und diesbezügliche mögliche Beschwerden bei Eurojust waren im Eurojust-Beschluss vorausgesetzt und in den RoP konkretisiert.[402] Für Fälle nach dem 19.12.2019 gelten vorrangig die Bestimmungen in der Eurojust-VO,[403] welche auf die EU-Datenschutz-VO verweist (Art. 26 Abs. 1 Eurojust-VO), jedoch teilweise Spezialregelungen enthält.[404]

aa) Recht auf Zugang zu personenbezogenen Daten

Art. 19 Eurojust-Beschluss i.V.m. Art. 20 RoP und Art. 31 Eurojust-VO regeln einen auf Antrag zu gewährenden Auskunftsanspruch betroffener Personen hinsichtlich von Eurojust verarbeiteter personenbezogener Daten.[405] Nach Art. 19 Abs. 3 Eurojust-Beschluss/Art. 31 Abs. 1 Eurojust-VO ist der Antrag über eine vom betreffenden Mitgliedstaat zu bezeichnende mitgliedstaatliche Behörde[406] unter Einhaltung der mitgliedstaatlichen Verfahrensvorschriften zu stellen.[407]

---

[400] Vgl. dazu oben in diesem Kapitel unter G. III. 1. b).

[401] Vgl. dazu Art. 40 Eurojust-VO, der sich jedoch teilweise von Art. 43 Europol-VO unterscheidet, so ist etwa kein Recht des EDSB vorgesehen, eine Anordnung hinsichtlich der Stattgabe von Anträgen Betroffener zu treffen.

[402] Vgl. dazu Art. 19 f. Eurojust-Beschluss. Die hinsichtlich des Einsatzes von JITs relevanten und hier in den Blick genommenen Rechte betroffener Personen in Bezug auf „case-related-data" waren in Art. 8 f. i.V.m. Art. 13 ff. RoP festgelegt und umfassten ein Recht auf Auskunft und „rights of the data subjects to access, correction, blocking and deletion".

[403] Vgl. dazu nur 29 ff. Eurojust-VO

[404] So etwa das Recht auf Auskunft nach Art. 31 f. Eurojust-VO; den Vorrang der Bestimmungen der Eurojust-VO ordnet Art. 26 Abs. 3 Eurojust-VO ausdrücklich an.

[405] Nach Art. 19 Eurojust-Beschluss i.V.m. Art. 8 RoP bestand zusätzlich ein ohne Antrag grundsätzlich zu erfüllender Auskunftsanspruch der betroffenen Person hinsichtlich der Verarbeitung der sie betreffenden Daten. Vgl. zum Zeitpunkt der Information Art. 8 Abs. 2 RoP. Eine Benachrichtigung sollte nicht erfolgen, wenn dadurch die Ziele Eurojusts, nationale Ermittlungen oder Strafverfahren oder Rechte Dritter beeinträchtigt würden.

[406] Vgl. hierzu https://www.eurojust.europa.eu/states-and-partners/third-countries/contact-point-network (zuletzt abgerufen am 24.02.2024).

[407] Vgl. dazu Art. 19 Abs. 2 und 3 Eurojust-Beschluss. Für den Fall, dass eine Behörde aus einem anderen Mitgliedstaat als demjenigen, in welchem der Antrag gestellt wird, die fraglichen Daten übermittelt hatte, war auf deren Verlangen das Recht dieses Mitgliedstaats für den Antrag maßgeblich.

Nach dem in Art. 21 RoP/Art. 31 Eurojust-VO vorgesehenen Verfahren kann der Antrag jedoch auch direkt bei Eurojust eingereicht werden, dieser ist binnen drei Monaten von dem durch den Antrag betroffenen nationalen Mitglied bzw. den betroffenen nationalen Mitgliedern unter Einbeziehung des Datenschutzbeauftragten von Eurojust zu bearbeiten.[408] Die Gewährung der Informationen kann aus den in Art. 19 Abs. 3 Eurojust-Beschluss/Art. 81 Eurojust-VO aufgeführten Gründen abgelehnt werden, über den Antrag entscheidet das nationale Mitglied im Namen von Eurojust; sind mehrere nationale Mitglieder betroffen, entscheidet bei fehlendem Einvernehmen das Kollegium mit Zweidrittelmehrheit.[409]

bb) Recht auf Löschung und Berichtigung personenbezogener Daten

Für einen Antrag einer betroffenen Person auf Ergänzung, Berichtigung, Löschung oder Sperrung von personenbezogenen Daten galten nach Art. 20 Abs. 1 Eurojust-Beschluss und Art. 21 RoP die gleichen Verfahrensmodalitäten wie für einen Antrag nach Art. 19 Eurojust-Beschluss. Erwies sich der Antrag als begründet, hatte Eurojust die betreffenden Daten zu berichtigen bzw. zu sperren oder zu löschen und etwaige Empfänger dieser Daten zu unterrichten.[410] Nunmehr verweisen Art. 26 Abs. 1 und Art. 33 Eurojust-VO auf Art. 82 EU-Datenschutz-VO, welcher ein Recht auf Berichtigung oder Löschung operativer personenbezogener Daten und Einschränkung der Verarbeitung begründen kann. Nach Art. 82 Abs. 3 lit. b) EU-Datenschutz-VO kann statt einer Löschung die Verarbeitung personenbezogener Daten lediglich eingeschränkt werden, wenn diese für Beweiszwecke weiter aufbewahrt werden müssen. Dies dürfte bei im Rahmen von JITs erhobenen Daten regelmäßig der Fall sein.

d) Beschwerde bei der GKI-Eurojust/beim EDSB

Erfüllte die Behandlung eines Antrags auf Auskunft oder auf Löschung und Berichtigung personenbezogener Daten nicht das Begehren des Antragsstellers, konnte dieser innerhalb von 30 Tagen nach der diesbezüglichen Entscheidung Eurojusts Beschwerde bei der GKI-Eurojust einlegen.[411] Das diesbezügliche Ver-

---

[408] Vgl. dazu neben Art. 21 RoP auch Art. 19 Abs. 6 Eurojust-Beschluss. Nach Art. 19 Abs. 9 Eurojust-Beschluss waren auch die zuständigen Strafverfolgungsbehörden vor einer Entscheidung zu konsultieren.

[409] Vgl. zum Ganzen und zum Inhalt einer möglichen Weigerung Art. 24 Abs. 6 und 7 Eurojust-Beschluss.

[410] Vgl. zum Ganzen Art. 20 Abs. 4 Eurojust-Beschluss und Art. 9 Abs. 1 RoP bzw. Art. 20 Abs. 5 Eurojust-Beschluss und Art. 22 RoP. Hinsichtlich der Sperrung bzw. der Löschung der Daten gibt der Eurojust-Beschluss kein Rangverhältnis vor, aus Art. 9 Abs. 1 RoP kann jedoch eine Löschung als ultima ratio abgelesen werden; im Übrigen existierten keine Weigerungsgründe. Art. 20 Abs. 5 S. 2 Eurojust-Beschluss sah eine Verpflichtung der Empfänger zur Vornahme der den Maßnahmen Eurojusts entsprechender Aktionen vor.

[411] Vgl. dazu Art. 23 Abs. 7 i.V.m. Art. 19 Abs. 8, Art. 20 Abs. 2 Eurojust-Beschluss. Die praktische Bedeutung dieses Verfahrens war sehr gering; im Jahr 2017 wurden nach S. 11 des

fahren war in der GO-GKI geregelt.[412] Nach Eingang der Beschwerde erfolgte eine Vorprüfung, in der Eurojust innerhalb von sechs Wochen eine Stellungnahme abzugeben und im Fall einer entsprechenden Aufforderung durch die GKI-Eurojust einen Vertreter für die Behandlung der Beschwerde zu benennen hatte, Art. 16 GO-GKI. Im Folgenden konnten durch die GKI-Eurojust zusätzliche Auskünfte eingeholt werden sowie eine (öffentliche) Anhörung der Parteien und Zeugen oder Sachverständiger erfolgen, bevor die Parteien eine abschließende Erklärung abzugeben hatten.[413] Die in geheimzuhaltenden Beratungen zu treffende Entscheidung über die Beschwerde hatte innerhalb von drei Monaten zu erfolgen.[414] Der Spruchkörper dieser Entscheidung setzte sich aus den ständigen Mitgliedern und einem sog. Ad-hoc-Richter[415] aus dem Mitgliedstaat, aus dem die betreffenden personenbezogenen Daten stammten, zusammen.[416] Die Entscheidung wurde mit einfacher Mehrheit getroffen[417] und war für Eurojust bindend und endgültig.[418] Mit Wirkung zum 19.12.2019 wurde das Individualbeschwerdeverfahren auf den EDSB übertragen und folgt nun ähnlichen Regeln wie bei Datenverarbeitungen durch Europol.[419]

---

diesbezüglichen Jahresberichts der GKI-Eurojust lediglich zwei Beschwerden erhoben. Mit der Ablösung der GKI-Eurojust ist nach Art. 40 ff. Eurojust-VO nunmehr der EDSB Anlaufstelle für Individualbeschwerden; hierbei stellen sich die auch in Bezug auf eine Kontrolle von Europol durch den EDSB – insbesondere hinsichtlich nicht informationsbezogener Vorgänge – aufgeworfenen Fragen (s. dazu oben in diesem Kapitel unter G. III. 1.), angesichts des Einsatzbereichs Eurojust-Bediensteter jedoch in abgeschwächter Form.

[412] Hier finden sich u.a. Bestimmungen zur Vertretung des Beschwerdeführers, zur Sprache des Verfahrens, zum notwenigen Inhalt der Beschwerdeschrift, zum Zugang zu den Verfahrensakten, zur Zustellung und der Verteilung der Kosten, vgl. Art. 13 GO-GKI ff.

[413] Vgl. dazu Art. 17 und 19 ff. GO-GKI, die auch Ausnahmeregelungen zum Schutz der Interessen der Parteien oder Dritten sowie der Sicherheit eines Mitgliedstaats enthalten. Zu diesen Zwecken kann die GKI auch Ermittlungen bei Eurojust vor Ort durchführen. Über das gesamte Verfahren ist nach Art. 22 GO-GKI Protokoll zu führen.

[414] Vgl. dazu Art. 16 Abs. 4 GO-GKI hinsichtlich des Entscheidungszeitraums und Art. 23 Abs. 11 i.V.m. Art. 25 Eurojust-Beschluss bzw. Art. 23 Abs. 2 GO-GKI; zu dem möglichen, urteilsähnlichen Inhalt dieser Entscheidung vgl. Art. 23 Abs. 3 GO-GKI.

[415] Vgl. zu der Benennung der Ad-hoc-Richter vgl. Art. 23 Abs. 1 UA 3 Eurojust-Beschluss.

[416] Vgl. dazu Art. 23 Abs. 2 und 4 Eurojust-Beschluss sowie Art. 12 GO-GKI, wonach den Ad-hoc-Richtern bei der Überprüfung einer Beschwerde die gleichen Rechte und Pflichten wie den ständigen Mitgliedern der GKI zukommen sollten. Nach Art. 23 Abs. 5 Eurojust-Beschluss sollte diese Zusammensetzung des Spruchkörpers für die „Gesamtdauer der Überprüfung einer Beschwerde unverändert" bleiben.

[417] Vgl. dazu Art. 23 Abs. 1 GO-GKI, wonach bei Stimmgleichheit die Stimme des Vorsitzenden (vgl. dazu Art. 23 Abs. 3 Eurojust-Beschluss bzw. Art. 5 GO-GKI) ausschlaggebend war. An der Abstimmung durften nur diejenigen Personen teilnehmen, die auch einer etwaigen mündlichen Anhörung beigewohnt haben.

[418] Vgl. zu den Rechtswirkungen einer Entscheidung der GKI-Eurojust bereits oben in diesem Kapitel unter G. III. 2. b).

[419] Vgl. dazu Art. 43 ff. Eurojust-VO.

3. Kontrolle von OLAF-Personal

Neben dem allgemeinen gerichtlichen Rechtsschutz und den nicht spezifisch auf OLAF ausgelegten Kontrollmöglichkeiten[420] bestehen für eine mögliche Kontrolle von OLAF in Bezug auf die Mitwirkung in einem JIT nur wenige Besonderheiten: So ist für OLAF nach Art. 15 OLAF-VO ein allgemeiner Überwachungsausschuss zu errichten, des Weiteren ist in Art. 11 OLAF-VO die Erstellung eines Abschlussberichts in Bezug auf abgeschlossene Untersuchungen vorgesehen und nach Art. 17 Abs. 7 OLAF-VO ein internes Beratungs- und Kontrollverfahren zu etablieren.

a) Kontrolle durch den Überwachungsausschuss

Primäre Zielsetzung des Überwachungsausschusses, der aus fünf vom Europäischen Parlament, Rat und Kommission zu ernennenden Mitgliedern besteht,[421] ist die Wahrung der Unabhängigkeit OLAFs, insbesondere gegenüber der Kommission.[422] Daneben soll der Überwachungsausschuss auch die „Anwendung von Verfahrensgarantien" (vgl. dazu Art. 9 OLAF-VO) kontrollieren,[423] darf jedoch nicht in laufende Untersuchungen eingreifen, Art. 15 Abs. 1 UA 5 OLAF-VO.[424] Mögliche diesbezügliche Reaktionen des Überwachungsausschusses sind Stellungnahmen und Empfehlungen an den Generaldirektor von OLAF, die Aufnahme von Ergebnissen der Überwachung in den jährlichen Tätigkeitsbericht oder die Vorlage der Berichte über die von OLAF durchgeführten Untersuchungen an das Europäische Parlament, den Rat, die Kommission oder den Rechnungshof.[425] Damit kommt dem Überwachungsausschuss keine Befugnis zur individuellen Rechtskontrolle oder zur Geltendmachung verbindlicher Aufsichtsrechte zu.

[420] Vgl. dazu insb. *Tittor*, OLAF, S. 187 ff. Hierzu werden hier auch die sich aus der Angliederung OLAFs an die Kommission ergebenden Kontrollmöglichkeiten gezählt, vgl. dazu *Spitzer/Stiegel*, in: von der Groeben/Schwarze/Hatje (Hrsg.), Art. 325 AEUV Rn. 124 ff. Ferner ist in Art. 10 Abs. 4 OLAF-VO die Ernennung eines Datenschutzbeauftragten für OLAF i.S.d. Art. 24 der VO 45/2001 (mittlerweile ersetzt durch die EU-Datenschutz-VO) vorgesehen, der für die Datenverarbeitung durch OLAF und das Sekretariat des Überwachungsausschusses zuständig ist; weitergehende Bestimmungen hinsichtlich dessen Arbeitsweise und Kompetenzen sind jedoch nicht enthalten.

[421] Vgl. zum Auswahlverfahren und weiteren Regelungen der Besetzung Art. 15 Abs. 2–5 OLAF-VO.

[422] Vgl. dazu Art. 15 Abs. 1 UA 1 OLAF-VO und *Spitzer/Stiegel*, in: von der Groeben/Schwarze/Hatje (Hrsg.), Art. 325 AEUV Rn. 128; *Tittor*, OLAF, S. 188 ff. Der Überwachungsausschuss seinerseits kann ebenfalls keinen Weisungen unterworfen werden, vgl. Art. 15 Abs. 7 OLAF-VO.

[423] Vgl. dazu Art. 4 OLAF-Beschluss und Art. 15 Abs. 1 UA 2 OLAF-VO.

[424] Vgl. zu einer Berichtspflicht des Generaldirektors bei überlangen Untersuchungen jedoch Art. 7 Abs. 8 OLAF-VO.

[425] Vgl. dazu Art. 15 Abs. 1 UA 3 und Abs. 9 OLAF-VO.

b) Internes Beratungs- und Kontrollverfahren

Das nach Art. 17 Abs. 7 OLAF-VO vom Generaldirektor von OLAF einzurichtende interne Beratungs- und Kontrollverfahren soll der Überwachung der Einhaltung der Grundrechte von den Untersuchungen betroffener Personen, der Verfahrensgarantien und des Rechts des Einsatzmitgliedstaats dienen. Als Teil dieses internen Systems können die Bestimmungen der nach Art. 17 Abs. 8 OLAF-VO erlassenen Leitlinien[426] angesehen werden.[427] Diese sehen vor, dass bei einem „conflict of interests", welcher auch Rechte von den Untersuchungen betroffener Personen betreffen kann, der Generaldirektor einzuschalten ist.[428] Ferner sind für geplante, grundrechtssensible Ermittlungsmaßnahmen (Art. 11 Abs. 2 OLAF-Leitlinien) interne Überprüfungen der Rechtmäßigkeit vorgesehen[429] und über etwaige Untersuchungen vor Ort ist Bericht zu erstatten.[430]

c) Untersuchungsbericht

Nach Abschluss einer von OLAF durchgeführten Untersuchung ist unter Leitung des hierfür verantwortlichen Generaldirektors ein Untersuchungsbericht zu erstellen.[431] Der JITs-Leitfaden geht auf S. 27 in Übereinstimmung mit den Vorgaben des Art. 12 Abs. 3 OLAF-Leitlinien davon aus, dass in diesem Abschlussbericht „auch die Maßnahmen darzulegen sind, die zur Gewährleistung der Einhaltung der Verfahrensgarantien (einschließlich Datenschutz) und der Wahrung der Rechte der betroffenen Personen getroffen wurden; zudem sind ggf. die Bemerkungen der betroffenen Person in Bezug auf die sie betreffenden Tatsachen aufzunehmen". Dieser Bericht ist bei hier in Frage stehenden externen Untersuchungen nach Art. 19 Abs. 3 OLAF-VO den zuständigen mitgliedstaatlichen Behörden und „erforderlichenfalls" den zuständigen Dienststellen der Kommission zu übermitteln. Besondere Bedeutung für den Rechtsschutz erlangt der Untersuchungsbericht durch seine in Art. 19 Abs. 2 OLAF-VO angeordnete Beweis-

---

426 Diese wurden am 01.10.2013 von OLAF erlassen und sind abrufbar unter ec.europa.eu/anti fraud/sites/antifraud/files/docs/body/gip_18092013_en.pdf, im Folgenden „OLAF-Leitlinien".

427 Vgl. dazu auch Art. 17 Abs. 8 UA 1 lit. c) OLAF-VO. Diese sollen insbesondere die Bereiche „Verfahrensgarantien" und „Datenschutz" abdecken.

428 Vgl. Art. 8 Abs. 6 und 8 OLAF-Leitlinien.

429 Vgl. dazu Art. 12 OLAF-Leitlinien, wonach bei diesen, das Einverständnis des Generaldirektors voraussetzenden Ermittlungsmaßnahmen die „Investigation Selection" und die „Review Unit" Rechtmäßigkeit und Notwendigkeit vorab überprüfen.

430 Vgl. Art. 14 Abs. 6 OLAF-Leitlinien. Nach dem Kontext dieser Bestimmungen ist primäres Anliegen dieses Berichts jedoch die Förderung der Untersuchungen.

431 Vgl. dazu Art. 19 Abs. 1 OLAF-VO und Art. 12 OLAF-Leitlinien. Obwohl der Wortlaut des Art. 11 Abs. 1 S. 1 OLAF-VO eine „vom Amt durchgeführte Untersuchung" erfordert, erweitert Art. 19 Abs. 1 OLAF-Leitlinien die Pflicht zur Erstellung eines Abschlussberichts auf einen mit Blick auf die Teilnahme OLAFS an einem JIT relevanten „coordination case".

kraft, welche derjenigen der „Verwaltungsberichte der Kontrolleure der nationalen Verwaltung" in Verwaltungs- und Gerichtsverfahren gleichgesetzt ist.[432]

H. Finanzierungsmöglichkeiten

Der Einsatz von JITs, der finanziell grundsätzlich von den jeweils beteiligten Stellen selbst zu tragen ist, kann von unionaler Seite finanziell gefördert werden. Dies kann insbesondere über Eurojust[433] und Europol[434] erfolgen, welche die Bereitstellung ihrer Mittel untereinander abstimmen.[435] Hinsichtlich einer Förderung durch Europol wird auf die (allgemeinen) Anwendungsbestimmungen zur Haushaltsordnung der Union verwiesen.[436] Eine finanzielle Unterstützung durch Eurojust, die in der Praxis den Hauptteil der den JITs gewährten Unterstützungen ausmacht[437], ist detaillierter geregelt. Anträge auf Förderung durch Eurojust können direkt über das auf der Eurojust-Homepage befindliche JITs Funding

---

[432] Vgl. dazu auch S. 27 JITs-Leitfaden. Vgl. dazu auch *Tittor*, OLAF, S. 36 und 141.

[433] Art. 9f des Eurojust-Beschlusses setzt die Möglichkeit einer „Gemeinschaftsfinanzierung" von JITs voraus, im Übrigen sind im Eurojust-Beschluss jedoch keine weiteren Vorgaben zur Finanzierung enthalte; nach Art. 60 Abs. 4 Eurojust-VO sind die Mittel für JITs Teil des Haushalts von Eurojust.

[434] Aus Erw. 63 und Art. 61 Abs. 3 und 4 Europol-VO geht hervor, dass die Arbeit von JITs als Teilbereich von grenzüberschreitenden Operationen und Ermittlungen förderungsfähig ist.

[435] Vgl. dazu das am 01.06.2018 abgeschlossene „Memorandum of Understanding" (https://www.google.com/url?sa=t&rct=j&q=&esrc=s&source=web&cd=&ved=2ahUKEwili7PLgcSEAxVp9QIHHZudB6wQFnoECA8QAQ&url=https%3A%2F%2Fwww.eurojust.europa.eu%2Fsites%2Fdefault%2Ffiles%2FInternationalAgreements%2FMoU-EJ-EP-on-JITs-funding_2018-06-01_EN.pdf&usg=AOvVaw0Dx80TtpIzrWP75Zu9Dwkp&opi=89978449, zuletzt abgerufen am 24.02.2024), welches Regeln und Bedingungen in Bezug auf die Abstimmung zur Förderung von JITs, insbesondere zur Verhinderung von Mehrfachförderungen („principle of non cumulative award") beinhaltet.

[436] Vgl. dazu Art. 61 Abs. 1 Europol-VO, der auf die damals gültige delegierte Verordnung (EU) Nr. 1268/2012 der Kommission vom 29.10.2012 über die Anwendungsbestimmungen für die Verordnung (EU, Euratom) Nr. 966/2012 des Europäischen Parlaments und des Rates über die Haushaltsordnung (ABl. L 362 vom 31.12.2012, S. 1–111) verweist. Nach Art. 190 Abs. 1 lit. d) dieser Verordnung i.V.m. Art. 63 Abs. 3 Europol-VO besteht jedoch die Besonderheit, dass keine Aufforderung zur Einreichung von Vorschlägen für Finanzhilfen erforderlich ist.

[437] Nach S. 35 ER 2018 hat die finanzielle Unterstützung durch Eurojust eine Schlüsselrolle bei der Entwicklung von JITs in den Mitgliedstaaten gespielt. Im Jahr 2016 haben demnach 85 % der JITs eine finanzielle Förderung durch Eurojust erhalten, von den im ER 2018 erfassten JITs 77 %, während lediglich 3 (zusätzlich) Unterstützung von Europol erhielten. Die bereitgestellten Mittel weisen insgesamt eine Steigung auf: im Jahr 2014 waren 650 000 € im Budget von Eurojust für JITs veranschlagt, für das Jahr 2018 knapp 1,5 Millionen.

Portal[438] eingereicht werden. Als diesbezügliche Hilfestellung dienen die Richtlinien für finanzielle Mittel für JITs[439], welche Einsätze von Beamten in „fremden" Mitgliedstaaten, den Transfer von Gegenständen und Beweisen sowie den Einsatz von Dolmetschern als förderungsfähig ansehen.[440] Das Gesamtvolumen der Förderung geht je JIT nach S. 3 dieser Richtlinien nicht über 50.000 € hinaus, auf S. 24 sind ferner Vergabekriterien aufgelistet.[441] Erfolgt eine Finanzierung durch Eurojust, sind die „terms and conditions of financial support to JITs" einzuhalten.[442]

I. Zwischenfazit: JITs als mitgliedstaatliches Kooperationsmodell unter unionalen Einflüssen

Im Instrument der JITs ist die Zusammenarbeit von mitgliedstaatlichen und unionalen Stellen in vielfacher, horizontaler wie vertikaler Weise verknüpft. Trotz der vergleichsweise frühen Einführung dieser gemeinsamen Einsatzform bestehen zahlreiche JITs-spezifische sowie generelle, jedenfalls noch nicht abschließend geklärte Rechtsfragen. Das als primär mitgliedstaatliches Kooperationsmodell konstruierte JITs-Konzept unterliegt ebenso wie der konkrete JIT-Einsatz in der Praxis mannigfaltigen Einflüssen unionaler Stellen. Diese können (spätestens) bei der Initiative zur Bildung eines JITs einsetzen und existieren über dessen Beendigung hinaus, was jedenfalls eine deutliche Supranationalisierungstendenz darstellt. In der Praxis wird der supranationale Einfluss auf die Entscheidungsfindung während des JIT-Einsatzes durch eine Kommunikation über unionale Kanäle, Koordinationstreffen mit und bei den beteiligten Agenturen sowie die Einrichtung sog. mobiler Einsatzbüros durch unionale Stellen deutlich.

---

[438] Dieses wurde am 27.08.2018 eingerichtet; das JITs-Funding-Portal ist abrufbar unter http://www.eurojust.europa.eu/doclibrary/JITs/jits-funding/Pages/guidance.aspx (zuletzt abgerufen am 24.02.2024).

[439] Auf dem Stand vom 08.01.2018 abrufbar unter www.eurojust.europa.eu/doclibrary/JITs/JITsfundingguidance_fundingguide/JITs%20Funding%20Guide/JITs-Funding-Guide_DE.pdf (zuletzt abgerufen am 24.02.2024, im Folgenden JITs-Förderrichtlinien).

[440] Vgl. dazu S. 2 JITs-Förderrichtlinien; nach S. 4 JITs-Förderrichtlinien ist die Übernahme der Kosten grundsätzlich nur für JITs-Mitlieder möglich und ausdrücklich für Europol- oder OLAF-Bedienstete ausgeschlossen.

[441] Primäres Entscheidungskriterium ist hierbei die Art der zu verfolgenden Straftaten, für diesbezügliche Prioritäten wird auf Ratsdokument 9450/17 vom 19.05.2017 verwiesen. Im Übrigen sind u.a. die Anzahl der beteiligten Mitgliedstaaten und der „Zweck der Maßnahmen und Begründung des Vorschlags" entscheidend.

[442] Abrufbar unter https://www.google.com/url?sa=t&rct=j&q=&esrc=s&source=web&cd=&ved=2ahUKEwjSmqbxgsSEAxVn3AIHHTJJCIIQFnoECA4QAQ&url=https%3A%2F%2Fwww.eurojust.europa.eu%2Fsites%2Fdefault%2Ffiles%2Fassets%2Fjits-funding-terms-and-conditions-update-may-2022.pdf&usg=AOvVaw1fgmR9csZVUQ0DsjNgsEWI&opi=89978449 (zuletzt abgerufen am 24.02.2024).

Besonders komplex wird der Einsatzablaufs durch die mögliche Einbindung von (zumindest) bis zu drei unionalen Akteuren, die jeweils eigene, insbesondere primär- und sekundärrechtlich begründete Verhaltensvorgaben und Zielsetzungen in das Tätigkeitsfeld der JITs miteinbringen. Hierbei schlägt sich die primärrechtlich vorgesehene, unterstützende und koordinative Rolle der beteiligten Agenturen nieder. Die „klassische" Ermittlungsarbeit vor Ort wird weitgehend von (entsendeten) mitgliedstaatlichen Beamten nach nationalem Recht wahrgenommen. Gleichzeitig entsteht jedoch ein mit der Intensität der (faktischen) Einflussnahmen unionaler Stellen steigendes Bedürfnis nach Klärung deren Verantwortlichkeit, welches in den jeweiligen Gründungsrechtsakten insbesondere im Hinblick auf nicht informationsbezogenes Handeln nur teilweise befriedigt wird. Auf Kontrollebene werden durch die Einbeziehung unionaler Stellen deren Überwachungsinstanzen in Bezug auf den JIT-Einsatz aktiv, die neben die teilweise unional vorgegebenen mitgliedstaatlichen Überwachungsstellen treten. Auch hier wird deutlich, dass diese Aufsicht (etwa der EDSB im Fall von Europol) primär auf informationsbezogenes Handeln zugeschnitten ist und damit andere, ggf. kompetenzwidrige operative Tätigkeiten der Agenturen konzeptionell nicht erfasst werden.

Kapitel 5

Teams in der Europäischen Grenz- und Küstenwache

A. Rechtsgrundlagen der Teams unter Frontex-Beteiligung

Neben dem Wegfall der Binnengrenzen und dem dadurch entstandenen Bedürfnis nach einer gemeinschaftlichen und letztlich unional abgestimmten Gewährleistung der inneren Sicherheit, wurde durch die Schengener Abkommen[1] erheblicher Regelungsbedarf auch auf einem weiteren Gebiet geschaffen: Der Verwaltung der (nunmehr) gemeinsamen Außengrenzen des erweiterten Schengenraumes bzw. (nach dem Vertrag von Amsterdam) der gemeinsamen (Außen-)Grenzen der EU.[2] Letzteres ist ausdrücklich als Charakteristikum und Ziel des Raums der Freiheit, der Sicherheit und des Rechts in Art. 67 Abs. 2 S. 1 AEUV niedergelegt.[3] Aus diesem Bedürfnis heraus und aufgrund der durch die Gemeinsame Fachinstanz des Rates gewonnenen Erkenntnisse wurde am 26.10.2004 eine Agentur für die operative Zusammenarbeit an den Außengrenzen der Europäischen Union gegründet[4], in deren Rahmen gemeinsame Einsätze mitgliedstaatlichen Personals zur Sicherheitsgewährleistung an den Außengrenzen vorgesehen sind.[5]

---

[1] Vgl. hierzu ausführlich *Harings*, Grenzüberschreitende Zusammenarbeit, S. 63 ff.

[2] Vgl. zusammenfassend die Mitteilung der Kommission COM(2001) 672 final vom 15.11.2001 und kurz darauf die Mitteilung der Kommission COM(2002) 233 final 07.05.2002 „Auf dem Weg zu einem integrierten Grenzschutz an den Außengrenzen der EU-Mitgliedstaaten"; s. dazu auch *Lehnert*, Frontex, S. 1 ff. und zur Entwicklung des Grenzschutzes als supranationale Aufgabe *Mrozek*, Grenzschutz, S. 48 f., S. 133 ff.; zum sog. Schengen-Acquis: *Hecker*, Europäisches Strafrecht, S. 191; zur Entwicklung des Schengen-Raumes als Teil der Entwicklung des Raums der Freiheit, der Sicherheit und des Rechts vgl. auch die Nachweise oben in Teil 1 Kapitel 2 A. I. und daraus insbesondere *Schober*, Europäische Polizeizusammenarbeit, S. 50 ff., S. 82 ff. Zum Begriff der Außengrenzen s. in diesem Kapitel unter B.

[3] Instruktiv zur Architektur und (theoretischen sowie praktischen) Selbstverständnis des EU-Außengrenzschutzes *Bigo*, Security Dialogue (45) 2014, S. 209 ff.

[4] Vgl. die Verordnung (EG) Nr. 2007/2004 des Rates vom 26.10.2004 zur Errichtung einer Europäischen Agentur für die operative Zusammenarbeit an den Außengrenzen der Mitgliedstaaten der Europäischen Union (ABl. L 349 vom 25.11.2004, S. 1–11), im Folgenden Frontex-VO a.F.

[5] Vgl. zur Entwicklung einer Europäischen Grenzzusammenarbeit *Neumann*, Frontex, S. 23 ff.; knapper sowie zu Entwicklungsmöglichkeiten von „Frontex" generell *Rijpma*, Frontex, S. 219 ff.

Ein Blick auf die Entwicklung dieser operativen Zusammenarbeit an den Außengrenzen lässt bereits grundsätzliche Problematiken eines supranationalisierten Außengrenzschutzes deutlich werden.

I. Historische Entwicklung des Rechtsrahmens

1. Ausgangslage nach der Frontex-VO a.F.

Schon in der genannten Gründungsverordnung finden sich Regelungen bezüglich „gemeinsamer Aktionen". Nach Art. 1 Abs. 2 Frontex-VO a.F. sollte die Agentur koordinative Tätigkeiten übernehmen, welche die Verantwortung für die Kontrolle und die Überwachung der Außengrenzen der Mitgliedstaaten jedoch unberührt lassen sollte.[6] Dieser Aufgabenbereich umfasste neben der Koordinierung der operativen Zusammenarbeit auch informationsverarbeitende[7] und ausbildungsbezogene[8] Aktivitäten sowie insbesondere Befugnisse zur operativen und technischen[9] Unterstützung der Mitgliedstaaten an den Außengrenzen in Ausnahmefällen[10] sowie ein Initiativrecht für gemeinsame Aktionen und Pilotprojekte in Zusammenarbeit mit den Mitgliedstaaten.[11] Hierbei traf Art. 8 Frontex-VO a.F. eine in Zusammenschau mit dem damals geltenden Primärrecht bemerkenswerte Regelung: Artikel 64 Abs. 2 des Vertrages zur Gründung der Europäischen Gemeinschaft ergänzt den in Absatz 1 formulierten und mit dem heutigen Art. 72 AEUV wortgleichen ordre-public-Vorbehalt und ermächtigt den Rat auf Vorschlag der Kommission mit qualifizierter Mehrheit „zugunsten" von Mitgliedstaaten, die sich einer „Notlage aufgrund eines plötzlichen Zustroms von Staatsangehöriger dritter Länder" gegenübersehen, vorläufige Maßnahmen mit einer Geltungsdauer von höchstens sechs Monaten zu beschließen. Innerhalb dieses Rahmens erlaubte Art. 8 Frontex-VO a.F. ein Tätig-

---

[6] Schon zuvor wurden punktuell Formen der Zusammenarbeit in dem heute erfassten Tätigkeitsrahmen von Frontex geregelt, vgl. nur die Entscheidung des Rates vom 2004/573/EG vom 29.04.2004 betreffend die Organisation von Sammelflügen zur Rückführung von Drittstaatsangehörigen, die individuellen Rückführungsmaßnahmen unterliegen, aus dem Hoheitsgebiet von zwei oder mehr Mitgliedstaaten (ABl. L 261 vom 06.08.2004, S. 28–35), im Folgenden Rückführungs-Entscheidung des Rates.

[7] Vgl. Art. 2 Abs. 1 lit. c) i.V.m. Art. 4 Frontex-VO a.F. (Risikoanalyse); Artikel 2 Abs. 1 lit. d) i.V.m. Art. 6 Frontex-VO a.F. (Verfolgung der Entwicklung in der Forschung); s. auch die weit formulierte Kompetenz zur Regelung des Informationsaustauschs in Art. 11 Frontex-VO a.F.

[8] Vgl. Art. 2 Abs. 1 b) i.V.m. Art. 5 Frontex-VO a.F.

[9] Die Aktionsmöglichkeiten der Agentur waren im Hinblick auf den Einsatz technischer Ausrüstung von der freiwilligen Unterstützung durch die Mitgliedstaaten abhängig, der Agentur kam jedoch insoweit eine Koordinationsfunktion zu; vgl. Art. 2 Abs. 1 lit. e i.V.m. Art. 7 Frontex-VO a.F.

[10] S. Art. 2 Abs. 1 lit. e) i.V.m. Art. 8 Frontex-VO a.F.

[11] Vgl. Art. 3 Abs. 3 Frontex-VO a.F.

werden der Agentur auf Ersuchen[12] der bzw. des betroffenen Mitgliedstaaten/s. Dies durfte neben der die Kernaufgabe der Agentur darstellenden Übernahme von koordinativen Aufgaben[13] auch die Entsendung „ihrer Experten" zur Unterstützung der zuständigen nationalen Behörden beinhalten. Unklar ist, ob mit dem Expertenbegriff des Artikel 8 Abs. 2 b) Frontex-VO a.F. lediglich die von den Mitgliedstaaten für leitende Funktionen nach Artikel 17 Abs. 3 Frontex-VO a.F. abgestellten nationalen Experten gemeint waren oder das gesamte Personal der Agentur.[14] Auswirkungen auf die Befugnisse der nach Artikel 8 Abs. 2 lit. b) Frontex-VO a.F. entsendeten Einsatzkräfte hatte diese Unklarheit jedoch nicht, da das Personal der Agentur ebenso wie die Experten der Mitgliedstaaten dem Recht des Mitgliedstaats, in dessen Hoheitsgebiet der Einsatz stattfinden würde, unterlagen. Über die konkrete Vornahme der Einsätze, d.h. etwa bezüglich der Erstellung von Einsatzplänen, Weisungsbefugnissen, Leitungspositionen o.ä. traf die Frontex-VO a.F. hingegen keine Aussage. Festzuhalten bleibt jedoch, dass die Agentur für die operative Zusammenarbeit an den Außengrenzen der Mitgliedstaaten der Europäischen Union von Beginn an auf ein gemeinsames und operatives Handeln von mitgliedstaatlichen Beamten und Personal, das von der Agentur entsendet werden konnte, ausgelegt war.

2. Die sog. RaBIT-Verordnung[15]

Die durch die Frontex-VO a.F. geschaffene Rechtslage wurde insbesondere in den Fällen, in denen Mitgliedstaaten dem Zustrom einer großen Anzahl von Drittstaatangehörigen gegenüberstehen, welche „versuchen, illegal in das Hoheitsgebiet der Mitgliedstaaten einzureisen"[16], für unzureichend erachtet. Um diese Defizite zu beheben, wurde durch die RaBIT-VO ein Mechanismus zur Bildung von Soforteinsatzteams für Grenzsicherungszwecke auf Ersuchen eines Mitgliedstaats eingeführt und die Frontex-VO a.F. entsprechend geändert. Bezüglich der sich dadurch ergebenden Rechtslage liegen eingehende Untersuchungen vor.[17]

---

[12] Vgl. Art. 8 Abs. 1 S. 1 und 2 Frontex-VO a.F.

[13] Vgl. Art. 8 Abs. 2 lit. a) Frontex-VO a.F.

[14] Vgl. Art. 10 Frontex-VO a.F., der von „Experten der Mitgliedstaaten" spricht.

[15] Verordnung (EG) Nr. 863/2007 des Europäischen Parlaments und des Rates vom 11.07.2007 über einen Mechanismus zur Bildung von Soforteinsatzteams für Grenzsicherungszwecke und zur Änderung der Verordnung (EG) Nr. 2007/2004 des Rates hinsichtlich dieses Mechanismus und der Regelung der Aufgaben und Befugnisse von abgestellten Beamten (ABl. L 199 vom 31.07.2007, S. 30–39), im Folgenden RaBIT-VO. Das Akronym RaBIT steht hierbei für „Rapid Border Intervention Teams".

[16] Vgl. nur Erw. 5 RaBIT-VO.

[17] Hierzu eingehend dazu nur *Fischer-Lescano/Tohidipur* ZAöRV 2007, S. 1219 ff., S. 1138 ff; *Schöndorf-Haubold*, Europäisches Sicherheitsverwaltungsrecht, S. 103 ff. Die folgenden Ausführungen beschränken sich auf die grundlegenden und für die heutige Rechtslage relevanten Regelungen.

Eine hierbei wegweisende Neuerung kann zunächst in der Einrichtung eines Soforteinsatzpools von Grenzschutzbeamten gesehen werden. Diese sollten entsprechend der Größe und der Spezialisierung der vorhandenen Grenzschutzorganisationen von den Mitgliedstaaten abgestellt werden, um in Soforteinsatzteams eingesetzt zu werden. Das Letztentscheidungsrecht über Anforderungsprofile und Gesamtzahl der zu entsendenden Beamten wurde dem Verwaltungsrat der Agentur zur Entscheidung mit Dreiviertelmehrheit auf Vorschlag des Exekutivdirektors übertragen.[18] Auch die Entscheidungsgewalt über die Zusammensetzung der aus diesem Soforteinsatzpool zu bildenden Soforteinsatzteams wurde in die Hände der Agentur gelegt[19], eine Verweigerung der Entsendung durch die Mitgliedstaaten war nur in Ausnahmefällen vorgesehen.[20]

Von entscheidender Bedeutung für die Regelung und Umsetzung des operativen Vorgehens waren die neu eingefügten Vorschriften zu dem von der Agentur und dem anfordernden Mitgliedstaat zu erstellenden Einsatzplans.[21] Neben der Festlegung von Vorgaben zu Vorgehensweise, Zielen, Dauer sowie Aufgabenbeschreibungen und Anweisungen für einzelne Teammitglieder[22] waren erstmalig grundsätzliche Handlungsverpflichtungen des Einsatzmitgliedstaats entsprechend dem Einsatzplan vorgesehen.[23] Die in diesem Kontext erfolgten Anweisungen des Einsatzmitgliedstaats und Handlungen der Teams konnten von der Agentur über ihren nach (nunmehr) Artikel 8g Frontex-VO a.F. zu ernennenden Koordinierungsbeamten bewertet und kritisiert werden, hinsichtlich solcher Anmerkungen bestand eine Berücksichtigungspflicht des Einsatzmitgliedstaats.[24]

3. Modifikationen durch die Frontex-Änderungs-VO[25]

Ein nächster wichtiger Schritt zur Schaffung eines unional integrierten Grenzschutzes[26] ist in der Frontex-Änderungs-VO aus dem Jahr 2011 zu sehen. Hier-

[18] Vgl. Art. 4 Abs. 2 RaBIT-VO.

[19] Vgl. Art. 4 Abs. 1 RaBIT-VO i.V.m. Art. 8b, 8d Abs. 5 ff. Frontex-VO a.F.

[20] Vgl. Art. 8b Abs. 2, 8d Abs. 8 Frontex-VO a.F.

[21] Dies galt auch für Änderungen und Anpassungen des Einsatzplans, vgl. Art. 8e Abs. 2 Frontex-VO a.F.

[22] Vgl. dazu Art. 8e Abs. 1 Frontex-VO a.F.

[23] Art. 5 Abs. 1 RaBIT-VO.

[24] Vgl. Art. 5 Abs. 2 RaBIT-VO. Dem Koordinierungsbeamten sollten „jede notwendige Unterstützung“ und insbesondere uneingeschränkte Zugangsrechte zu den Teams gewährt werden, vgl. Art. 5 Abs. 2 RaBIT-VO, ferner konnten dem Koordinierungsbeamten Befugnisse zur Schlichtung von Streitfragen hinsichtlich Einsatzplan und Entsendung der Teams übertragen werden, s. Art. 8g Abs. 4 RaBIT-VO.

[25] Verordnung (EU) Nr. 1168/2011 des Europäischen Parlaments und des Rates vom 25. Oktober 2011 zur Änderung der Verordnung (EG) Nr. 2007/2004 des Rates zur Errichtung einer Europäischen Agentur für die operative Zusammenarbeit an den Außengrenzen der Mitgliedstaaten der Europäischen Union (ABl. L 304 vom 22.11.2011, S. 1–17), im Folgenden Frontex-Änderungs-VO.

[26] Vgl. Erw. 7 Frontex-Änderungs-VO.

durch sollten die operativen Möglichkeiten der Agentur erweitert und der Schutz der Rechte betroffener Personen gestärkt werden[27], was durch eine zentralisiertere Steuerung von gemeinsamen Aktionen und erweiterte personelle und technische Ressourcen angestrebt wurde.[28] Die hauptsächlichen Änderungen stellten einerseits die zumindest deklaratorische Hervorhebung der sich aus der EU-GRC und dem einschlägigen Völkerrecht ergebenden und bei dem Tätigwerden der Agentur zu achtenden Verpflichtungen[29] sowie andererseits die neu eingeführte Möglichkeit der Agentur zur Anschaffung eigener technischer Ausrüstung dar.[30]

Interessant im Hinblick auf die Einbindung der Agentur in Formen des gemeinsamen operativen Tätigwerdens ist vor allem die Erweiterung der Kompetenzen der Agentur in Bezug auf gemeinsame Aktionen und Pilotprojekte: So erhielt die Agentur (d.h. hier: der Exekutivdirektor) neben dem Initiativrecht auch ein Vorschlags- bzw. Ersterstellungsrecht für den diesbezüglichen Einsatzplan, welcher als Grundlage für Anweisungen während des Einsatzes dient.[31] Einschneidend ist ferner die Einführung eines (teilweisen) Aussetzungs- oder gar Beendigungsrechts des Exekutivdirektors bei gemeinsamen Aktionen oder Pilotprojekten bei schwerwiegenden oder anhaltenden Verstößen gegen Grundrechte oder Verpflichtungen des internationalen Schutzes.[32] Erweitert und detaillierter geregelt wurden ferner die Befugnisse der Agentur in Bezug auf die Zusammenarbeit bei der Rückführung.[33] Des Weiteren wurden die Vorschriften zu dem Einsätzen gemeinsamer Teams unter der Beteiligung der Agentur vereinheitlicht: Unter „europäische Grenzschutzteams" waren nach dem nunmehr geänderten Art. 1a Nr. 1 a) Frontex-VO a.F. Teams, welche für gemeinsame Aktionen und Pilotprojekte eingesetzt werden sowie die durch die RaBIT-VO eingeführten Teams für Soforteinsätze zu Grenzsicherungszwecken zu verstehen. Die Anforderungsprofile der für die europäischen Grenzschutzteams abzustellenden Beamten wie auch die konkrete Zusammensetzung dieser Teams (Art. 3b Frontex-VO a.F.) und ihre Befugnisse (Art. 10 Frontex-VO a.F.) sind dadurch für

---

[27] S. Erw. 9 Frontex-Änderungs-VO.

[28] Vgl. Erw. 10 ff. Frontex-Änderungs-VO.

[29] Vgl. Art. 1 Nr. 1 Frontex-Änderungs-VO; konkret auch Art. 1 Nr. 3 b) Frontex-Änderungs-VO („Grundsatz der Nichtzurückweisung"), Nr. 4 Frontex-Änderungs-VO, Nr. 5 Frontex-Änderungs-VO (insb. „Verpflichtungen des internationalen Schutzes").

[30] Vgl. Art. 1 Nr. 9 Frontex-Änderungs-VO, der der Agentur den Kauf oder das Leasing von technischer Ausrüstung erlaubte; nach Art. 7 Frontex-VO a.F. war lediglich die Führung eines Zentralregisters über technische Ausrüstungsgegenstände der Mitgliedstaaten vorgesehen, die „auf freiwilliger Basis" einem anderen Mitgliedstaat zur Verfügung gestellt werden konnten.

[31] Vgl. Art. 1 Nr. 6 Frontex-Änderungs-VO; das Einwirkungsrecht der Agentur über ihren Koordinierungsbeamten und dessen Befugnisse blieben nach Art. 3c Abs. 2 und 3 Frontex-VO a.F. bestehen.

[32] Vgl. Art. 1 Nr. 5 Frontex-Änderungs-VO.

[33] Vgl. Art. 9 Nr. 15 Frontex-Änderungs-VO.

diese Formen der Zusammenarbeit unterschiedlicher Zielsetzung vereinheitlicht und in erhöhtem Maße auf die Agentur übertragen worden.

4. Errichtung eines Europäischen Grenzüberwachungssystems (EUROSUR)[34] und Festlegung von Regelungen für die Überwachung der Seeaußengrenzen[35]

Wesentliche Stationen auf dem Weg zur aktuellen Rechtslage stellen ferner die Errichtung von EUROSUR und die durch die Seeaußengrenzen-VO eingeführten Bestimmungen zur durch die Agentur koordinierten operativen Zusammenarbeit an den Seeaußengrenzen dar.

a) EUROSUR

EUROSUR, das sich als Teil der Strategie der inneren Sicherheit der Union in das europäische Modell der integrierten Grenzverwaltung einfügen soll[36], wurde durch seine Gründungsverordnung als ein gemeinsamer Rahmen für den Informationsaustausch und die Zusammenarbeit zwischen den Mitgliedstaaten und Frontex eingerichtet. Durch ein Überwachungssystem sollten das Lagebewusstsein sowie die Reaktionsfähigkeit an den Außengrenzen der Mitgliedstaaten der Union im Hinblick auf die Aufdeckung, Prävention und Bekämpfung von illegaler Einwanderung und grenzüberschreitender Kriminalität verbessert sowie ein Beitrag zur Gewährleistung insbesondere der körperlichen Unversehrtheit von Migranten geleistet werden.[37] In der Eurosur-VO ist jedoch mehr als nur die Einrichtung eines Informationsnetzwerkes zu sehen, vielmehr wurden auch hierdurch die Einwirkungsmöglichkeiten der Agentur in Bezug auf gemeinsame operative Einsätze an den Außengrenzen erweitert.

Hier in den Blick zu nehmen sind die Vernetzungen sowie die Zusammenarbeit zwischen den nach Art. 5 Eurosur-VO einzurichtenden nationalen Koordinierungszentren und der Agentur. Aufgabe der nationalen Koordinierungszentren ist es zum einen, den zeitnahen Informationsaustausch und die zeitnahe Zusammenarbeit zwischen allen nationalen Behörden mit Zuständigkeit für die Außengrenzüberwachung sowie mit den anderen nationalen Koordinierungszentren und der Agentur zu gewährleisten und, zum anderen, das nationale Lagebild (vgl.

---

[34] S. dazu die Verordnung (EU) Nr. 1052/2013 des Europäischen Parlaments und des Rates vom 22.10.2013 zur Errichtung eines Europäischen Grenzüberwachungssystems (EUROSUR) (ABl. L 295 vom 06.11.2013, S. 11–26), im Folgenden Eurosur-VO.

[35] Verordnung (EU) Nr. 656/2014 des Europäischen Parlaments und des Rates vom 15.05.2014 zur Festlegung von Regelungen für die Überwachung der Seeaußengrenzen im Rahmen der von der Europäischen Agentur für die operative Zusammenarbeit an den Außengrenzen der Mitgliedstaaten der Europäischen Union koordinierten operativen Zusammenarbeit (ABl. L 189 vom 27.06.2014, S. 93–107), im Folgenden Seeaußengrenzen-VO.

[36] Erw. 7 Eurosur-VO.

[37] Vgl. Art. 1 Eurosur-VO; die Begriffe des Lagebewusstseins, der Reaktionsfähigkeit, des Lagebilds und der grenzüberschreitenden Kriminalität werden in Art. 3 Eurosur-VO definiert.

dazu Art. 8 f. Eurosur-VO) zu erstellen. Die Agentur[38] (d.h. Frontex) erstellt aus den von den nationalen Koordinierungszentren übermittelten Informationen und den nationalen Lagebildern nach Art. 10 (i.V.m. Art. 8) Eurosur-VO ein europäisches Lagebild sowie nach Art. 11 (i.V.m. Art. 8) Eurosur-VO ein gemeinsames Informationsbild des Grenzvorbereichs.[39] Das nationale und das europäische Lagebild beinhalten insbesondere eine auf den Risikoanalysen der Agentur beruhende Einstufung der Außengrenzabschnitte, abgestuft nach der Bedrohung der Grenzsicherheit.[40] Im Fall einer Zuordnung eines „hohen Risikos" zu einem Grenzabschnitt, kann die Agentur auf Antrag des betroffenen Mitgliedstaates tätig werden[41]. Insbesondere waren vor Inkrafttreten der Frontex-VO-2016 der Einsatz europäischer Grenzschutzteams nach der RaBIT-VO oder der Einsatz technischer Ausrüstung der Agentur vorgesehen.

Zusammenfassend wurde mit EUROSUR ein Netzwerk geschaffen, das den grenzschutzbezogenen Informationsaustausch zwischen den Mitgliedstaaten und der Agentur regelt. Von erheblicher Bedeutung sind hierbei jedoch auch die rechtlichen und kompetenziellen, sich aus der Verarbeitung der übermittelten Informationen durch die Agentur ergebenden Folgen – insbesondere, da diese Entscheidungsgrundlage für mitgliedstaatliche Anfragen in Bezug auf ein Tätigwerden der Agentur an den Außengrenzen und das sonstige Tätigwerden der Agentur sind bzw. sein können.

b) Seeaußengrenzen-VO

Durch die Seeaußengrenzen-VO, die nach ihrem Art. 1 ausdrücklich (nur) für die von der Agentur koordinierte operativen Zusammenarbeit im Rahmen von Grenzüberwachungseinsätzen gilt, wurden Verhaltensanforderungen und teilweise bis ins Detail geregelte Vorgehensweisen für gemeinsame Einsätze an und vor den Seeaußengrenzen der EU festgelegt.[42] Die Seeaußengrenzen-VO wurde infolge eines Urteils des Europäischen Gerichtshofs[43] erlassen, welchem grundsätzliche Bedeutung für die Reichweite von Delegationsbefugnissen beigemessen wird.[44] Konkret musste der Gerichtshof über die Wirksamkeit eines Rechtsakts[45],

---

[38] Vgl. zum Aufgabenbereich der Agentur generell Art. 6 Eurosur-VO.

[39] Zur Definition des Grenzvorbereichs vgl. Art. 3 g) Eurosur-VO.

[40] Vgl. dazu Art. 14 f. Eurosur-VO; differenziert wird hierbei zwischen einem geringen, mittleren und hohen Risiko.

[41] Vgl. Art. 16 Abs. 1 c) i.V.m. Abs. 4 Eurosur-VO.

[42] Die Seeaußengrenzen-VO prägt noch immer maßgeblich das Einsatzrecht an den Seeaußengrenzen, vgl. dazu unten in diesem Kapitel unter D. III. 1.

[43] EuGH Urt. v. 02.09.2012, Rs. C-355/10, Parlament/Rat, (vgl. auch Erwägungsgrund 7 Seeaußengrenzen-VO); vgl. dazu zu weiteren Auswirkungen dieses Urteils auch unten Teil 3 Kapitel 10 B. II. 2. sowie III. 2. b) und *von Danwitz*, EuGRZ 2013, S. 253 ff., S. 258; *Epiney* NVwZ 2013, S. 614 ff., S. 617.

[44] Vgl. dazu an dieser Stelle nur *Epiney*, NVwZ 2013, S. 614 ff., S. 617.

[45] Beschluss des Rates 2010/252/EU vom 26.04.2010 zur Ergänzung des Schengener Grenzkodex hinsichtlich der Überwachung der Seeaußengrenzen im Rahmen der von der

der nach Art. 12 Abs. 5 i.V.m. Art. 33 Abs. 2 (sog. Ausschussverfahren bzw. Regelungsverfahren mit Kontrolle) des damals gültigen Schengener Grenzkodex a.F.[46] i.V.m. Art. 5, 7 des damals die Modalitäten für die Ausübung der der Kommission übertragenen Durchführungsbefugnisse festlegenden sog. zweiten Komitologiebeschlusses 1999/468/EG erlassenen worden war, entscheiden. Inhaltlicher Anknüpfungspunkt nach dem Vorbringen der Parteien (Parlament/Rat) war die Auslegung des in den genannten Vorschriften verwendeten Merkmals „wesentliche Bestimmungen“ bzw. „wesentliche Vorschriften“. Die Unwesentlichkeit in diesem Sinne war Bedingung für die Zulässigkeit einer Entscheidung im Ausschussverfahren.[47] Der EuGH untersuchte jedoch (gewissermaßen spiegelbildlich) eine Zuständigkeit des Unionsgesetzgebers für die im streitgegenständlichen Beschluss enthaltenen Regelungen:

Wie auch die Seeaußengrenzen-VO beinhaltete der Seeaußengrenzen-Beschluss Vorgaben für das konkrete Verhalten der von der Agentur koordinierten Teams bei Einsätzen an den Seeaußengrenzen. Diese Vorgaben wurden in grundsätzlich verbindliche Vorschriften (Anhang Teil I, „Vorschriften für die von der Agentur koordinierten Maßnahmen an den Seegrenzen“) und „unverbindliche Leitlinien“ (Anhang Teil II „Leitlinien für Such- und Rettungsmaßnahmen und für die Ausschiffung im Rahmen von durch die Agentur koordinierten Maßnahmen an den Seegrenzen“) unterteilt.[48] Der Gerichtshof stellte zunächst fest, dass die für diese Sachgebiete getroffenen Bestimmungen des Schengener Grenzkodex a.F. (insb. Art. 12 Abs. 2 bis 4), für die der Seeaußengrenzen-Beschluss „zusätzliche Überwachungsmodalitäten“ i.S.d. Art. 12 Abs. 5 Schengener Grenzkodex a.F. festlegen sollte, lediglich abstrakte Aufgabenbeschreibungen vorsehen und insbesondere „keine Vorschriften über die Maßnahmen, die die Grenzschutzbeamten gegen Personen oder Schiffe bei oder nach deren Aufgreifen oder Abfangen ergreifen dürfen, wie die Anwendung von Zwangsmaßnahmen, den Waffengebrauch oder die Rückführung der aufgegriffenen Personen an einen bestimmten Ort oder auch Maßnahmen gegenüber an Menschenhandel beteiligten Personen“ beinhalten.[49] Im Folgenden ordnete der EuGH u.a. die „Verleihung von Zwangsbefugnissen“ als „politische Entscheidungen, die in die eigene Zuständig-

---

Europäischen Agentur für die operative Zusammenarbeit an den Außengrenzen der Mitgliedstaaten der Europäischen Union koordinierten operativen Zusammenarbeit (ABl. L 111 vom 04.05.2010, S. 20–26), im Folgenden Seeaußengrenzen-Beschluss, vgl. hierzu ausführlich auch *Neumann*, Frontex, S. 233 ff.

[46] Dazu sowie zur aktuellen Fassung sogleich.

[47] Die Vorschriften der Art. 12 Abs. 5, Art. 32 f. Schengener Grenzkodex a.F. wurden durch die Verordnung (EG) Nr. 296/2008 des Europäischen Parlaments und des Rates vom 11.04.2008 zur Änderung der Verordnung (EG) Nr. 562/2006 über einen Gemeinschaftskodex für das Überschreiten der Grenzen durch Personen (Schengener Grenzkodex) (ABl. L 97 vom 09.04.2008, S. 60–61) im Hinblick auf die der Kommission übertragenen Durchführungsbefugnisse in die für das Urteil relevante Fassung geändert.

[48] Vgl. diesbezüglich Art. 1 sowie Erwägungsgrund 9 Seeaußengrenzen-Beschluss.

[49] Vgl. EuGH, Urt. v. 02.09.2012, Rs. C-355/10, Parlament/Rat, Rn. 71 ff.

keit des Unionsgesetzgebers fallen“[50], ein; ferner wird in diesem Kontext die Grundrechtsrelevanz der durch den Seeaußengrenzen-Beschluss getroffenen Regelungen als insoweit relevantes Kriterium herausgestellt.[51] Infolgedessen wurde eine Zuständigkeit des Unionsgesetzgebers bejaht und der im Ausschussverfahren erlassene Seeaußengrenzen-Beschluss aus diesem Grunde für nichtig erklärt. Interessant sind ferner die Ausführungen des EuGHs zu den Rechtswirkungen der „unverbindlichen Leitlinien“: So wird aus der in Art. 1 S. 2 des streitgegenständlichen Beschlusses vorgesehen Übernahme der „unverbindlichen Leitlinie“ in den nach der damalig gültigen Fassung der Frontex-VO a.F. zu erstellenden Einsatzplan[52] eine „bindende Rechtswirkung“ zumindest von Teilen der „unverbindlichen Leitlinien“ hergeleitet.[53]

Der EuGH beantwortete in dieser Rechtssache jedoch nicht die Frage, inwieweit überhaupt eine Kompetenz der EU (in Abgrenzung zu den mitgliedstaatlichen Kompetenzen zur Sicherheitsgewährleistung[54]) zur verbindlichen Regelung der Vornahme von Zwangsbefugnissen besteht. Dies ist auch deshalb relevant, da (weiterhin) durch Art. 11 Seeaußengrenzen-VO eine Verbindung zwischen den in dieser Verordnung getroffenen Vorschriften und dem Einsatzplan hergestellt wird.

5. Der „Schengener Grenzkodex“

Die Bildung des sog. Schengen Acquis schuf sowohl hinsichtlich der konkreten Regelung des Wegfalls der Kontrolle an den Binnengrenzen als auch in Bezug auf die neu geschaffenen „supranationalen“ Außengrenzen Handlungsbedarf. Der am 15.03.2006 erlassene Schengener Grenzkodex[55] erfasste beide Bereiche.[56] Hier

---

[50] EuGH, Urt. v. 02.09.2012, Rs. C-355/10, Parlament/Rat, Rn. 76.

[51] EuGH, Urt. v. 02.09.2012, Rs. C-355/10, Parlament/Rat, Rn. 77.

[52] Der EuGH, Urt. v. 02.09.2012, Rs. C-355/10, Parlament/Rat, Rn. 81 verweist dabei auf den nach Art. 8e Frontex-VO a.F. vorgeschriebenen Inhalt des Einsatzplanes und auf die Überwachung durch den Koordinierungsbeamten nach Art. 8g Frontex-VO a.F.

[53] Vgl. dazu ausführlich unten in Teil 3 Kapitel 10 B. III. 3. a) bb) (1).

[54] Vgl. zu den diesbezüglichen Fragen im Raum der Freiheit der Sicherheit und des Rechts grundsätzlich oben Teil 1 Kapitel 2 A. I.

[55] Verordnung (EG) Nr. 562/2006 des Europäischen Parlaments und des Rates vom 15.03.2006 über einen Gemeinschaftskodex für das Überschreiten der Grenzen durch Personen (ABl. L 105 vom 13.04.2006, S. 1–32, im Folgenden Schengener Grenzkodex a.F.

[56] Vgl. im Grundsatz Art. 1 Schengener Grenzkodex a.F.; die Verknüpfung der beiden Materien erkennt aber auch dessen Erw. 6 an; das nunmehr in Art. 22 f. Schengener Grenzkodex (n.F.) normierte Verbot von Binnengrenzkontrollen und Maßnahmen gleicher Wirkung hat mehrere nationale Vorschriften unanwendbar gemacht, dies gilt insbesondere für (verdachtsunabhängige) Personenkontrollen im Binnengrenzbereich: vgl. für einen Fall in Deutschland VGH Baden-Württemberg, Urt. vom 13.02.2018 – 1 S 1468/17; grundlegend EuGH, Urt. v. 10.06.2010, verb. Rs. C-188/10 und C-189/10, Melki und Abdeli, und EuGH, Urt. v. 19.07.2012, Rs. C-278/12 PPU, Adil; aktuell EuGH, Urt. v. 21.06.2017, Rs. C-9/16; dazu und zusammenfassend *Groh*, NVwZ 2017, S, 1608 f. und *Becker*, ZJS 6/2017, S. 705 ff.

besonders relevant sind die Vorschriften über die Grenzkontrollen an den Außengrenzen und die Einreiseverweigerung[57], welche die Kontrolle des grenzüberschreitenden Verkehrs durch die Grenzschutzbeamten[58] regelte. Dies untergliederte sich in eine Mindestkontrolle aller Einreisenden[59] und eine „eingehende Kontrolle“ Aus- und Einreisender aus Drittstaaten[60], wobei auch die zu sichernden Informationen festgelegt waren.[61] Auch andere Bereiche des Aufgabenspektrums an den Außengrenzen wurden durch bzw. aufgrund der Vorschriften des Schengener Grenzkodex a.F. teilweise detailliert geregelt.[62] Die zu Klarstellungszwecken und unter dem Eindruck der sog. Migrationskrise beschlossene Neufassung des Schengener Grenzkodexes[63] enthält eine ähnliche Gliederung.[64] Eine maßgebliche Neuerung stellt jedoch die Befugnis zur Nutzung der Daten des Visa-Informationssystems[65] dar[66]; von deklaratorischer Natur ist die Aufnahme eines „Grundrechtsartikels“ (vgl. Art. 4 Schengener Grenzkodex).

---

[57] Vgl. Art. 6 ff. Schengener Grenzkodex a.F.

[58] Vgl. die diesbezügliche Definition in Art. 2 Nr. 13 Schengener Grenzkodex a.F., die schon die Wahrnehmung grenzpolizeilicher Aufgaben „nach Maßgabe dieser Verordnung und der nationalen Rechtsvorschriften“ beinhaltete.

[59] Vgl. Art. 7 Abs. 2 Schengener Grenzkodex a.F.

[60] Vgl. Art. 7 Abs. 3 Schengener Grenzkodex a.F.

[61] Vgl. Art. 7 Abs. 7 i.V.m. Anhang II Schengener Grenzkodex a.F.

[62] Vgl. etwa Art. 9 (Einrichtung getrennter Kontrollspuren und Beschilderung), Art. 10 (Abstempeln von Reisedokumenten) Art. 13 i.V.m. Anhang V (Einreiseverweigerung), Art. 12 i.V.m. z.B. dem Seeaußengrenzen-Beschluss bzw. der Seeaußengrenzen-VO.

[63] Verordnung (EU) 2016/399 des Europäischen Parlaments und des Rates vom 09. März 2016 über einen Gemeinschaftskodex für das Überschreiten der Grenzen durch Personen (Schengener Grenzkodex) (ABl. L 77 vom 23.03.2016, S. 1–52), im Folgenden Schengener Grenzkodex. Vgl. zu den Zwecken der Neufassung insb. die Auflistung in Anhang IX und Erw. 1 Schengener Grenzkodex.

[64] Insbesondere trifft der Schengener Grenzkodex jedoch auch Regelungen zur Zulässigkeit der Wiedereinführungen von Binnengrenzkontrollen (Art. 25 ff. Schengener Grenzkodex), welche auch aus (deutscher) Sicht unter dem Eindruck der sog. Migrationskrise Gegenstand intensiver Debatten war, vgl. dazu nur *Di Fabio*, Migrationskrise, einerseits und *Bast/Möllers*, Dem Freistaat zum Gefallen, andererseits; generell zu zulässigen mitgliedstaatlichen Reaktionen auf eine „dysfunktionale Außengrenze“ *Michl*, in: Bungenberg/Giegerich/Stein (Hrsg.), S. 162 ff. und zur tatsächlichen Wiedereinführung von Kontrollen an den Binnengrenzen und weiteren Entwicklungen im Schengenraum seit 2016 vgl. *Carrera* et al., Future of the Schengen Area, insb. S. 11 ff.

[65] Vgl. dazu unten in diesem Kapitel D. III. 2.

[66] Vgl. dazu Erw. 10 ff.; Art. 8 Abs. 3 b), c) (in Ausnahmefällen) Schengener Grenzkodex.

6. Kompetenzerweiterung 2016

Mit der im Jahr 2016 in Kraft getretenen Frontex-VO-2016[67] wurde unter Aufhebung der Frontex-VO a.F. und der RaBIT-VO eine integrierte europäische Grenz- und Küstenwache geschaffen.[68]

a) Personelle Kapazitäten nach der Frontex-VO-2016

Eine wesentliche Änderung lag zunächst in der Errichtung des Soforteinsatzpools nach Art. 20 Abs. 5 Frontex-VO-2016. Der Soforteinsatzpool hatte eine Mindestgröße von 1500 Grenzschutzbeamten, die Anzahl des von den jeweiligen Mitgliedstaaten zu entsendenden Personals war in Art. 20 Abs. 6 Frontex-VO-2016 und im Anhang der Frontex-VO-2016 festgelegt.[69] Die Anzahl der abzustellenden Beamten wurde an die Kapazitäten der jeweiligen Mitgliedstaaten angepasst[70] und konnte im Fall einer erheblichen Beeinträchtigung nationaler Aufgaben – die Beurteilung dieser Situation richtete sich nach einer von der Agentur erstellen Risikoanalyse oder einer Schwachstellenbeurteilung – auf die Hälfte reduziert werden.[71]. Der Soforteinsatzpool stellte nach Art. 20 Abs. 5

---

[67] Verordnung (EU) 2016/1624 des europäischen Parlaments und des Rates vom 14.09.2016 über die Europäische Grenz- und Küstenwache und zur Änderung der Verordnung (EU) 2016/399 sowie zur Aufhebung der Verordnung (EG) Nr. 863/2007, der Verordnung EG Nr. 2007/2004 des Rates und der Entscheidung des Rates 2005/267/EG (ABl. L 251 vom 16.09.2016, S. 1–76), im Folgenden Frontex-VO-2016; diese ordnen *Gerdes/Schröder*, ZRP 2016 S. 238 ff. insbesondere in den Kontext der Migrationskrise ein.

[68] Dies sollte neben einer effizienten Steuerung des Überschreitens der Außengrenzen die Bewältigung des Migrationsdrucks sowie potentieller künftiger „Bedrohungen" erleichtern und ferner unter Achtung der Grundrechte sowie der Wahrung der Freizügigkeit innerhalb der Union zu deren inneren Sicherheit beitragen soll, vgl. dazu nur Art. 1, Erw. 2 ff. Frontex-VO-2016.

[69] Aus dem Fortschrittsbericht der Kommission zur Europäischen Migrationsagenda SWD(2017) 372 final ergibt sich, dass lediglich 74 % des bereitzustellenden Personals tatsächlich verfügbar gemacht wurde (Stand: 09.11.2017); hierbei sind insbesondere Deutschland (65 von 225 Einsatzkräften) und Spanien (0 von 111 Einsatzkräften) für dieses Defizit verantwortlich.

[70] So war vorgesehen, dass Deutschland 225 Beamte in den Soforteinsatzpool einspeisen muss, Island hingegen zwei. Tatsächliche Kapazitäten und diesbezüglichen Verbesserungsbedarf sollte die Agentur im Rahmen ihrer Schwachstellebeurteilung nach Art. 13 Frontex-VO-2016 einschätzen können, vgl. Art. 13 Abs. 4 Frontex-VO-2016 a.E.

[71] Für den Fall, dass zu wenig Personal für einen Soforteinsatz zur Verfügung stand, konnte der Verwaltungsrat auf Vorschlag des Exekutivdirektors – nach dem Wortlaut des Art. 20 Abs. 7 S. 4 Frontex-VO-2016 grundsätzlich frei – entscheiden, wie dieser Engpass zu beseitigen war. Davon zu unterscheiden war die Situation, in der mehr Grenzschutzbeamte benötigt werden, als nach Art. 20 Abs. 5 Frontex-VO-2016 grundsätzlich und im besonderen Fall des Art. 20 Abs. 8 Frontex-VO-2016 vorhanden sind. Durch diesbezüglich vorgesehenen Berichte an das Europäische Parlament, den Rat und die Kommission und eine mögliche Aufforderung an den Rat, sich um entsprechende Zusagen der Mitgliedstaaten zu bemühen, war in Art. 20 Abs. 9 Frontex-VO-2016 dahingehend zumindest ein politisches Mittel zur Beschleunigung der Problemlösung vorgesehen.

Frontex-VO-2016 eine „ständige Reserve, die der Agentur umgehend zur Verfügung gestellt wird und aus jedem Mitgliedstaat innerhalb von fünf Arbeitstagen, nachdem der Einsatzplan vom Exekutivdirektor und vom Einsatzmitgliedstaat vereinbart wurde, entsandt werden kann", dar. Die Qualifikation der abzustellenden Beamten musste dem vom Verwaltungsrat auf Vorschlag des Exekutivdirektors zu erstellenden Anforderungsprofil entsprechen[72], ferner konnte sie durch die Agentur überprüft werden. Zudem war der Ausschluss einzelner Beamter aus dem Soforteinsatzpool aufgrund „eines Fehlverhaltens oder einer Verletzung geltender Vorschriften" möglich.[73] Die Grenzschutzbeamten des Soforteinsatzpools waren auf Ersuchen der Agentur für Einsätze zur Verfügung zu stellen.

Einen anderen Fall der Bereitstellung von Personal regelte Art. 20 Abs. 11 Frontex-VO-2016: Europäischen Grenz- und Küstenwachteams konnten auch nationale Sachverständige, die an die Agentur abgeordnet wurden, angehören. Die Anzahl der Abordnungen pro Mitgliedstaat wurde auf Grundlage bilateraler Vereinbarungen zwischen Agentur und Mitgliedstaaten festgelegt, die Mindestdauer der Abordnung betrug drei Monate. Anders als im Fall der Angehörigen des Soforteinsatzpools und des Personals für Gemeinsame Aktionen war ein unter den gleichen Bedingungen möglicher Rückruf dieser abgeordneten Beamten nicht in den Bericht nach Art. 20 Abs. 12 Frontex-VO-2016 aufzunehmen.[74]

b) Ausdifferenzierung des operativen Bereichs

Die Neuregelung der Europäischen Grenz- und Küstenwache durch die Frontex-VO-2016 erweiterte ferner das Mandat von Frontex im Bereich der Rückkehr Drittstaatangehöriger (Art. 27 ff. Frontex-VO-2016) und des Informationsaustauschs (Art. 44 ff. Frontex-VO-2016).[75] Auch im Bereich der Rückkehr wurden mehrere Einsatzpools nach dem Vorbild des Soforteinsatzpools geschaffen.[76] Die Frontex-VO-2016 enthielt erstmals detaillierte Verfahrensschritte und grund-

---

[72] Vgl. Art. 20 Abs. 4 S. 1 Frontex-VO-2016; vgl. dazu die Entscheidung des Verwaltungsrats von Frontex 38/2016 vom 18.11.2016. Die größten Anteile der insgesamt 1500 abzustellenden Beamten sollten den Kategorien „Border Surveillance Officer" (467), „Registration and Fingerprinting Expert" (458) und „Screening Expert" (137) zugeordnet werden.

[73] Art. 20 Abs. 5 S. 3 Frontex-VO-2016. Nach Art. 20 Abs. 10 Frontex-VO-2016 war auch die Austauschbarkeit der entsendeten Beamten durch die Herkunftsmitgliedstaaten eingeschränkt. Die Dauer der Entsendung lag grundsätzlich im Ermessen des entsendenden Mitgliedstaates, musste bei einer Entsendung zu einem Soforteinsatz jedoch grundsätzlich mindestens 30 Tage umfassen.

[74] Dieser Bericht diente der Information des Europäischen Parlaments über die Anzahl der tatsächlich entsandten Grenzschutzbeamten der Mitgliedstaaten und die Geltendmachung der in Art. 20 Abs. 3 und 8 Frontex-VO-2016 vorgesehenen (begründeten) Ausnahmen.

[75] Diese Befugnisse wurden in der Folgezeit noch weiter ausgebaut, sodass insoweit auf die Darstellung des aktuellen Rechtsrahmens verwiesen werden kann.

[76] Vgl. dazu Art. 29 („Pool von Rückkehrbeobachtern"), Art. 30 „Pool von Begleitpersonen für die Rückkehr", Art. 31 „Pool von Rückkehrsachverständigen") Frontex-VO-2016.

sätzliche Vorgaben für gemeinsame Einsatzformen unter der Beteiligung von Frontex (Art. 14 ff. Frontex-VO-2016). Art. 3 Abs. 1 Frontex-VO-2016 gab als Bestandteile der neu errichteten Europäischen Grenz- und Küstenwache die Europäische Agentur für Grenz- und Küstenwache (Frontex)[77] und die zuständigen nationalen Behörden an. Die der integrierten Europäischen Grenzverwaltung unterfallenden Bereiche waren in Art. 4 Frontex-VO-2016 aufgelistet und umfassten analytische[78], auf den Informationsaustausch bezogene[79] und operative[80] Komponenten. Gemäß Art. 5 Abs. 1 Frontex-VO-2016 fiel die Verantwortung für die integrierte europäische Grenzverwaltung Frontex und den für die Grenzverwaltung zuständigen nationalen Behörden gemeinsam zu, wobei jedoch betont wurde, dass den Mitgliedstaaten „nach wie vor die vorrangige Zuständigkeit" für den Schutz ihrer Abschnitte der Außengrenzen zustand. In dem durch diese grundsätzlichen Festlegungen vorgegebenen Feld bewegten sich die in Art. 14–50 Frontex-VO-2016 enthaltenen Bestimmungen über Formen und Ausmaß der Zusammenarbeit zwischen Agentur und mitgliedstaatlichen Behörden. Hierbei differenzierte die Frontex-VO-2016 in Bezug auf gemeinsame Einsatzformen zwischen europäischen Grenz- und Küstenwachteams, europäischen Rückkehrteams und Teams zur Unterstützung der Migrationsverwaltung, wobei die beiden erstgenannten Teams Bestandteile des Letztgenannten sein konnten.[81] Diese Differenzierung wurde ebenso wie die Vorgaben zur Zusammenarbeit durch die im Jahr 2019 erfolgte Neuregelung unter nominellen Abweichungen im Wesentlichen beibehalten.

[77] Im Folgenden daher immer noch als „Frontex" bzw. „die Agentur" bezeichnet, vgl. zur Terminologie auch Erw. 9 Frontex-VO-2016.

[78] Vgl. zur Erstellung von Risikoanalysen insb. Art. 4 lit. c) Frontex-VO-2016.

[79] Vgl. hierzu Art. 4 lit. e), i) Frontex-VO-2016, wonach die Nutzung modernster Technologien, einschließlich IT-Großsysteme umfasst sein sollte.

[80] Vgl. insb. Art. 4 a), g) (Grenzkontrollen und damit im Zusammenhang stehende technische und operative Maßnahmen innerhalb des Schengen-Raumes), b) (Such- und Rettungseinsätze für Menschen in Seenot), d) (Zusammenarbeit zwischen den Mitgliedstaaten, die von Frontex koordiniert wird), h) (Rückkehr von Drittstaatangehörigen) Frontex-VO-2016.

[81] Nach Art. 2 Nr. 9 Frontex-VO-2016 stellte ein Team zur Unterstützung der Migrationsverwaltung „eine Gruppe von Sachverständigen, dem Sachverständige aus den Mitgliedstaaten angehören, die von der Europäischen Agentur für die Grenz- und Küstenwache, von dem Europäischen Unterstützungsbüro für Asylfragen und von der Europäischen Agentur für die Grenz- und Küstenwache, Europol oder anderen zuständigen Agenturen der Union entsandt werden und die als technische und operative Verstärkung der Mitgliedstaaten an Brennpunkten eingesetzt werden." Nach Art. 18 Abs. 4 Frontex-VO-2016 erfolgte „die technische und operative Verstärkung durch europäische Grenz- und Küstenwachteams, europäische Rückkehrteams und eigene Sachverständige der Agentur".

II. Geltender und zukünftiger Rechtsrahmen

1. Primärrechtliche Bestimmungen

Im Gegensatz zu den Europol (vgl. Art. 88 AEUV) und Eurojust (vgl. Art. 85 AEUV) sowie deren mögliche Einbindung in mitgliedstaatliche Einsatzformen betreffenden Vorschriften ist weder die Errichtung einer Grenzschutzagentur noch deren Tätigwerden im Rahmen von operativen Einsätzen primärrechtlich explizit vorgesehen. Art. 77 Abs. 1 lit. b) AEUV stellt jedoch die Personenkontrolle und eine wirksame Überwachung des Grenzübertritts als Ziel der Politik der Union heraus, und Art. 77 Abs. 1 lit. c) AEUV schreibt die schrittweise Einführung eines integrierten Grenzschutzsystems an den Außengrenzen der Europäischen Union vor. Diesbezüglich dürfen nach Art. 77 Abs. 2 AEUV grenzschutzrelevante Bereiche im ordentlichen Gesetzgebungsverfahren geregelt werden.[82] Hier bedeutsam ist insbesondere die weit formulierte Bestimmung des Art. 77 Abs. 2 lit. d) AEUV, welche „alle Maßnahmen, die für die schrittweise Einführung eines integrierten Grenzschutzsystems an den Außengrenzen erforderlich sind" in diese unionale Gesetzgebungskompetenz miteinbezieht.[83]

2. Einschlägiges Sekundärrecht

Auf diese Kompetenztitel sind sämtliche der aktuell gültigen und im gegebenen Kontext relevanten Sekundärrechtsakte gestützt.[84] Der überwiegende Teil des für gemeinsame Einsatzformen unter Beteiligung der Agentur geltenden Rechtsrahmens ist relativ jung und eng mit der sog. Migrationskrise verknüpft.[85]

---

[82] Dies betrifft u.a. eine gemeinsame Visapolitik (Art. 77 Abs. 2 lit. a) AEUV) und Vorgaben hinsichtlich der Kontrollen von die Außengrenzen der Union überschreitenden Personen (Art. 77 Abs. 2 lit. b) AEUV). Das Ausnahmeverfahren des Art. 77 Abs. 3 AEUV gilt nur für Ausgestaltung des Rechts der Unionsbürgerinnen und Unionsbürger, sich im Hoheitsgebiet der Mitgliedstaaten frei zu bewegen und aufzuhalten, vgl. Art. 20 Abs. 2 lit. a) AEUV.

[83] Dies muss im Lichte der übrigen allgemeinen Vorschriften der Art. 67 ff. AEUV, insb. Art. 72 f. AEUV gesehen werden.

[84] Dies sind maßgeblich die Seeaußengrenzen-VO (gestützt insbesondere auf Art. 77 Abs. 2 lit. d) AEUV); der Schengener Grenzkodex (gestützt insbesondere auf Art. 77 Abs. 2 lit. b) und e) AEUV); die Frontex-VO-2016 ebenso wie der Reformrechtsakt 2019 (gestützt auf Art. 77 Abs. 2 b) und d) und Art. 79 Abs. 2 c) AEUV) und die Eurosur-VO (gestützt insbesondere auf Art. 77 Abs. 2 b) und d) AEUV).

[85] Vgl. zu der Entwicklung der diesbezüglichen Aktionen der Union die unter http://www.consilium.europa.eu/de/policies/migratory-pressures/history-migratory-pressures/ abrufbare (zuletzt abgerufen am 24.02.2024) chronologische Auflistung und die vor diesem Hintergrund ergriffenen, in der Pressemitteilung der Kommission vom 15.12.2015 aufgeführten Maßnahmen, abrufbar unter http://europa.eu/rapid/press-release_IP-15-6327_de.html (zuletzt abgerufen am 24.02.2024). Den Ausgangspunkt stellt die in der Mitteilung der Kommission (Brüssel, den 13.05.2015 COM (2015) 240 final) enthaltene Europäische Migrationsagenda dar. Im Bereich der GASP ist in der Einrichtung einer Militäroperation der EU im

3. Sukzessive Änderung durch die Frontex-VO-2019 ab dem 04.12.2019

a) Schrittweise Änderung des Einsatzrechts

Mit einer am 13.11.2019 verabschiedeten Verordnung über die Europäische Grenz- und Küstenwache (Frontex-VO-2019)[86] wurde die sekundärrechtliche Grundlage der an Frontex angegliederten Einsätze gemeinsamer Teams weiterentwickelt bzw. eine Weiterentwicklung angestoßen. Auch hiernach soll die „integrierte europäische Grenzverwaltung" in gemeinsamer Verantwortung von Frontex und mitgliedstaatlichen Behörden erfolgen, wobei letzteren „nach wie vor die vorrangige Zuständigkeit für die Verwaltung ihrer Abschnitte der Außengrenzen" zukommen soll (vgl. Art. 7 Abs. 1 Frontex-VO-2019). „Um die Kontinuität der von der Agentur organisierten operativen Tätigkeiten zu gewährleisten" fordert Erw. 68 Frontex-VO-2019, dass „alle Einsätze, auch im Rahmen des Soforteinsatzpools, bis zum 31. Dezember 2020" entsprechend der Frontex-VO-2016 „geplant und durchgeführt werden". Dem entspricht es, dass die wesentlichen Änderungen in Bezug auf die Gestaltung des Einsatzes gemeinsamer Teams nach Art. 123 Abs. 3 Frontex-VO-2019 erst ab dem 01.01.2021 anzuwenden sind, bis zu diesem Zeitpunkt die Fortgeltung der entsprechenden Bestimmungen der Frontex-VO-2016 in Art. 123 Abs. 2 Frontex-VO-2019 angeordnet wird und der Abschluss des personellen „Umbaus" der Teams der Europäischen Grenz- und Küstenwache nach Anhang 1 Frontex-VO-2019 (erst) im

---

südlichen zentralen Mittelmeer (vgl. dazu bereits oben in Teil 1 Kapitel 2 B. II.), „um durch die Schleuserkriminalität im Mittelmeer verursachte menschliche Tragödien zu verhindern" (Erw. 1), durch den Beschluss (GASP) 2015/778 des Rates vom 18.05.2015 über eine Militäroperation der Europäischen Union im südlichen zentralen Mittelmeer (EUNAVFOR MED) (ABl. L 122 vom 19.05.2015, S. 31–35) eine Reaktion von erheblicher Tragweite zu sehen. Der unionsgeführte Einsatz wurde durch Beschluss 2017/1385 des Rates vom 25. Juli 2017 zur Änderung des Beschlusses (GASP) 2015/778 über eine Militäroperation der Europäischen Union im südlichen zentralen Mittelmeer (EUNAVFOR MED Operation SOPHIA), (ABl. L 194, S. 61–62) verlängert, vgl. dazu https://eeas.europa.eu/csdp-missions-operations/eunavfor-med-operation-sophia_en (zuletzt abgerufen 24.02.2024), jedoch mittlerweile eingestellt. Ferner erfolgten Interaktionen und Vereinbarungen mit der Türkei, insbesondere die Einigung über die „Fazilität für Flüchtlinge in der Türkei" mit einem Umfang von drei Milliarden € vom 03.02.2016 und die sog. Erklärung EU-Türkei vom 18.03.2016, vgl. dazu *Rohländer*, KJ (50) 2017, S. 81 ff.; das EuG, Beschluss vom 28.02.2017, Rs. T-192/16, NF/Europäischer Rat, insb. Rn. 46 ff. lehnte seine Zuständigkeit mangels Zurechenbarkeit der EU-Türkei-Erklärung zu einem Unionsorgan ab; dazu kritisch *Bast*, Scharade im kontrollfreien Raum und *Ziebritzki/Nestler*, Hotspots, S. 12 ff. Zu Entwicklungen vor und nach der Zusammenarbeit mit der Türkei vgl. *Schmitt*, in: Bungenberg/Giegerich/Stein (Hrsg.), S. 14 ff.

[86] Verordnung (EU) 2019/1896 des Europäischen Parlaments und des Rates vom 13. November 2019 über die Europäische Grenz- und Küstenwache und zur Aufhebung der Verordnungen (EU) Nr. 1052/2013 und (EU) 2016/1624 (ABl. L 295 vom 14.11.2019, S. 1–131), im Folgenden Frontex-VO-2019. Nach Art. 124 Abs. 1 Frontex-VO-2019 tritt diese am 04.12.2019 in Kraft.

Jahr 2027 abgeschlossen sein soll. Nichtsdestotrotz wird im Folgenden die durch die Frontex-VO-2019 gestaltete Rechtslage analysiert, wobei auf relevante Vorgängerbestimmungen in der Frontex-VO-2016 hingewiesen wird.

b) Inkorporation von EUROSUR und weiterer Bedeutungszuwachs von Frontex mit Blick auf Informationssysteme

Zeitnaher als die unmittelbar auf operative Einsätze bezogenen Novellierungen dürfte jedoch die in der Frontex-VO-2019 vorgesehene Einbindung von EUROSUR „als integrierter Rahmen für den Informationsaustausch und die operative Zusammenarbeit innerhalb der Europäischen Küstenwache" (Art. 18 Frontex-VO-2019) erfolgen.[87] Für eine vollständige Aufhebung der Eurosur-VO ist nach Art. 123 Abs. 1 i.V.m. Art. 24 Abs. 3 Frontex-VO-2019 ohne zeitliche Vorgabe ein Durchführungsrechtsakt der Kommission erforderlich. Eine wesentliche, mit EUROSUR verknüpfte Änderung betrifft hierbei die Einführung eines neuen Grades der Einstufung der Außengrenzabschnitte[88] („critical impact level"), bei dessen Vorliegen ein Empfehlungs- bzw. Initiativrecht des Exekutivdirektors zur Ergreifung von Maßnahmen an dem entsprechenden Außengrenzabschnitt besteht, welches eine Reaktion des in Frage stehenden Mitgliedstaats zumindest in Form einer begründeten Ablehnung rechtlich einfordert.[89] Neben der Einbindung von Frontex in das Europäische Reiseinformations- und Genehmigungssystem (ETIAS)[90] ist in Art. 79 Frontex-VO-2019 weiter eine Übernahme des FADO[91] durch Frontex vorgesehen.

---

[87] Vgl. zur Einbindung insgesamt Art. 18 ff. Frontex-VO-2019, und Erw. 27 ff. Frontex-VO-2019, wonach Frontex „die erforderliche Unterstützung für die Entwicklung und den Betrieb von EUROSUR, auch für die Interoperabilität der Systeme, bereitstellen" soll und dies „insbesondere durch Einrichtung, Betreuung und Koordinierung von EUROSUR" (Erw. 33 Frontex-VO-2019) erfolgt.

[88] Vgl. Art. 14 ff. Eurosur-VO; dazu bereits oben in diesem Kapitel unter A. I. 4. a), hiernach war das „high impact level" (Art. 15 Abs. 1 lit. c) Eurosur-VO) der höchste Risikograd.

[89] Vgl. dazu Art. 34 Abs. 2 i.V.m. Art. 35 Abs. 1 lit. d) i.V.m. Art. 41 Frontex-VO-2019; bei einer Ablehnung sind der Verwaltungsrat von Frontex und die Kommission unverzüglich zwecks weiterer Klärung der Situation zu unterrichten.

[90] Vgl. zu den Datenbanken des europäischen Sicherheitsrechts unten in diesem Kapitel D. III.; die Angliederung an Frontex ist in Art. 67 Frontex-VO-2019 vorgesehen.

[91] Vgl. dazu die Gemeinsame Maßnahme (98/700/JI) vom 3. Dezember 1998 – vom Rat aufgrund von Artikel K.3 des Vertrags über die Europäische Union angenommen – betreffend die Errichtung eines Europäischen Bildspeicherungssystems (FADO) (ABl. L 333 vom 09.12.1998, S. 4–7).

B. Einsatzbereiche der Teams

Nach dem Konzepts der integrierten europäischen Grenzverwaltung ist Frontex grundsätzlich neben den (einzelnen) Mitgliedstaaten für den Schutz der (jeweiligen) Außengrenzabschnitte[92] sachlich zuständig. Eine Beschreibung der konkreten Aktionsmöglichkeiten der Agentur enthält Art. 10 i.V.m. Art. 36 Frontex-VO-2019, wonach ein Mitwirken der Agentur bei der operativen Grenzsicherheitsgewährleistung durch Behörden der Mitgliedstaaten in folgende Kategorien unterteilt werden kann:[93] Unterstützung der Mitgliedstaaten durch die Koordinierung und Organisation *gemeinsamer Aktionen*[94], Unterstützung der Mitgliedstaaten durch die Einleitung von *Soforteinsätzen zu Grenzsicherungszwecken*[95], im Rahmen von *Teams zur Unterstützung der Migrationsverwaltung*[96], technische und operative Unterstützung von Mitgliedstaaten bei *Such- und Rettungseinsätzen*, soweit sie im Rahmen einer der drei zuvor genannten Einsatzformen notwendig wird[97] sowie die Koordinierung und Organisation von *Rückkehraktionen*[98] und *Rückkehreinsätzen*[99]. Des Weiteren existiert mit Art. 8 Abs. 1 lit. v) Frontex-VO-2019 eine Art Generalklausel für die Unterstützung der Mitgliedstaaten bei ihrer technischen und operativen Zusammenarbeit, soweit diese Regelungsbereiche der Frontex-VO-2019 betrifft.[100]

---

[92] Der Begriff der Außengrenzen ist durch (Art. 2 Nr. 1 Frontex-VO-2019 i.V.m.) Art. 2 Nr. 2 Schengener Grenzkodex als „die Landgrenzen der Mitgliedstaaten, einschließlich der Fluss- und Binnenseegrenzen, der Seegrenzen und der Flughäfen sowie der Flussschifffahrts-, See- und Binnenseehäfen, soweit sie nicht Binnengrenzen sind", definiert.

[93] Die Frontex-VO-2019 beinhaltet zwei aufeinander abgestimmte Regelungsmaterien: Zum einen das System des integrierten europäischen Grenzschutzes bzw. der Europäischen Grenz- und Küstenwache und zum anderen die Agentur Frontex. Dies erklärt den gewählten Aufbau: In Kapitel I (Art. 1–9) werden zunächst allgemeine Bestimmungen zur Grenz- und Küstenwache getroffen, bevor in Kapitel II (Art. 10–79) die Aufgaben und Aktionsmöglichkeiten von Frontex innerhalb der Europäischen Küstenwache geregelt werden. Erst im Anschluss werden in Kapitel IV (Art. 80–92) weitere, allgemeine Bestimmungen zur Europäischen Grenz- und Küstenwache getroffen. In Art. 93 ff. Frontex-VO-2019 finden sich schließlich die Rechtsstellung, Architektur und Organisation von Frontex betreffende Vorschriften.

[94] Vgl. Art. 10 Abs. 1 lit. g) i.V.m. Art. 36 Abs. 2 lit. a) Frontex-VO-2019.

[95] Art. 10 Abs. 1 lit. h) i.V.m. Art. 36 Abs. 2 lit. b) Frontex-VO-2019.

[96] Vgl. Art. 10 Abs. 1 lit. m) Frontex-VO-2019.

[97] Vgl. Art. 10 Abs. 1 lit. i), 36 Abs. 2 lit. e) Frontex-VO-2019 i.V.m. (insb.) Art. 5 ff. Seeaußengrenzen-VO.

[98] Vgl. Art. 8 Abs. 1 lit. n) i.V.m. Art. 48 ff. Frontex-VO-2019.

[99] Nach Art. 2 Nr. 28 Frontex-VO-2019 ist dies eine Unterstützung durch die Agentur in Rückkehrfragen, die „in der Entsendung Europäischer Rückkehrteams in die Mitgliedstaaten und die Organisation von Rückkehraktionen besteht".

[100] Hiermit sind die Einsatzmöglichkeiten und Befugnisse jedoch nur grob umschrieben, insbesondere kann darin eine nach deutschem Verständnis problematische Verknüpfung von Aufgabenbereich bzw. Zielvorstellung und Befugnissen gesehen werden.

Den beschriebenen gemeinsamen Einsatz mitgliedstaatlicher Beamter unter der Beteiligung von Frontex im Rahmen von *gemeinsamen Aktionen*, *Soforteinsätzen zu Grenzsicherungszwecken* und *Teams zur Unterstützung der Migrationsverwaltung* definiert Art. 2 Nr. 18 Frontex-VO-2019 einheitlich als „Grenzverwaltungsteams“[101], wodurch für diese drei Einsatzformen die auf diesen Terminus bezogenen Vorschriften insbesondere der Art. 43 („Anweisungen für die Teams“) und Art. 82 („Aufgaben und Befugnisse der Teammitglieder“) Frontex-VO-2019 gelten. Für die *Rückkehraktionen* gelten die teilweise besonderen Vorschriften der Art. 48 ff. Frontex-VO-2019, für den in diesem Zusammenhang möglichen Einsatz von *Rückkehrteams*[102] im Rahmen von *Rückkehreinsätzen* wird jedoch nach Art. 52 Abs. 2 Frontex-VO-2019 (zusätzlich) die partielle Anwendbarkeit der für Grenzverwaltungsteams geltenden Vorschriften begründet. Das Mitwirken (d.h. die technische und operative Hilfeleistung) an *Such- und Rettungseinsätzen* kann nach Art. 36 Abs. 2 lit. e) Frontex-VO-2019 akzessorisch zu einem Einsatz eines Grenzverwaltungsteams erfolgen und muss sich innerhalb des jeweiligen „Tätigkeitsrahmens“ halten.

I. Gemeinsame Aktionen

Weder die Frontex-VO-2019, noch die Seeaußengrenze-VO, noch deren jeweiligen Vorläuferrechtsakte definieren den Begriff der gemeinsamen Aktion. Eine weite Begriffsbestimmung vom Ziel her erfolgt durch Art. 37 Abs. 1 Frontex-VO-2019. Hiernach kann ein Mitgliedstaat um die Einleitung einer gemeinsamen Aktion ersuchen, „um künftigen Herausforderungen, einschließlich illegaler Einwanderung, aktueller oder künftiger Bedrohungen an seinen Außengrenzen oder grenzüberschreitender Kriminalität zu begegnen“. Nach Art. 37 Abs. 4 Frontex-VO-2019 können diese Ziele im Rahmen eines „Mehrzweckeinsatzes“ verfolgt werden, der etwa die „Aufgaben der Küstenwache“, die Bekämpfung grenzüberschreitender (Schleuser-)Kriminalität und Aufgaben der Migrationsverwaltung (Identitätsfeststellung, Registrierung, Befragung und Rückkehr) umfassen kann.

In der Praxis stellen dies mehrere Tage bzw. Monate umfassende, teilweise auf Dauer angelegte, von Frontex koordinierte Projekte, die in die Bereiche „See“, „Luft“ und „Land“ unterteilt werden, dar.[103] Das Aktionsspektrum der gemein-

---

[101] In der Frontex-VO-2016 wurden diese Teams noch als „Europäische Grenz- und Küstenwachteams“ bezeichnet, Art. 2 Nr. 4 Frontex-VO-2016.

[102] Nach Art. 2 Nr. 29 Frontex-VO-2019 werden Rückkehrteams bei Rückkehraktionen und Rückkehreinsätzen oder bei anderen operativen Tätigkeiten im Zusammenhang mit der Durchführung rückkehrbezogener Aufgaben eingesetzt. In der Frontex-VO-2016 wurden die Rückkehrteams als „Europäische Rückkehrteams“ (Art. 33 Abs. 1 Frontex-VO-2016) bezeichnet.

[103] Vgl. dazu die Auflistung im Jährlichen Tätigkeitsbericht von Frontex 2015, S. 46 ff. und im Jährlichen Tätigkeitsbericht von Frontex 2016; S. 19 ff; 69 ff.

samen Aktionen ist damit vielfältig: So richtete sich beispielsweise die gemeinsame Aktion *VEGA Children* (Luft)[104] gegen Kinder- und Menschenhandel und beinhaltete operative Einsätze an Flughäfen; die gemeinsame Aktion *EPN Hera* (See)[105] sah operative Aktivitäten an den Außengrenzen zur Kontrolle „irregulärer" Migrationsströme und zur Bekämpfung der grenzüberschreitenden Kriminalität vor und die gemeinsame Aktion *Poseidon Land* (Land) erklärte „border surveillance and intelligence gathering (debriefing) activities"[106] zu ihrem Kernanliegen. Insgesamt lässt sich feststellen, dass gemeinsame Aktionen nicht auf akute oder konkrete Notsituationen bezogen sind, sondern Missständen mit eher langfristigen Lösungsansätzen entgegentreten, die auch operatives Handeln im Einzelfall beinhalten können.

II. Soforteinsätze zu Grenzsicherungszwecken

Erw. 49 der Frontex-VO-2019 beschreibt Einsätze von Soforteinsatzteams in „Fällen, in denen die Außengrenzen einer besonderen und unverhältnismäßigen Herausforderung ausgesetzt sind", als Instrumente, die der „zeitlich befristete(n) Verstärkung in Situationen dienen, in denen eine sofortige Reaktion erforderlich ist und ein solcher Einsatz eine wirksame Reaktion darstellen würde".[107] Das

---

[104] Vgl. dazu den jährlichen Tätigkeitsbericht von Frontex 2015, S. 58 f. und das „Archive of Operations" http://frontex.europa.eu/operations/archive-of-operations/hWMaeY (derzeit nicht abrufbar, vgl. dazu oben Teil 1 Fn. 17).

[105] Vgl. dazu http://frontex.europa.eu/operations/archive-of-operations/LKezB3 (derzeit nicht abrufbar, vgl. dazu oben Teil 1 Fn. 17) und knapp dazu den jährlichen Tätigkeitsbericht von Frontex 2016 S. 19. Die mit „EPN" gekennzeichneten Einsätze erfolgen unter Bezug zu dem European Patrols Network, welches am 24.05.2007 ins Leben gerufen wurden und auf der Frontex-Homepage wie folgt beschrieben wird: „European Patrols Network (EPN) is a communication platform for the exchange of information and best practices among the Member States of the European Union and Schengen Associated Countries. It includes: EPN General Meetings, EPN Common Patrols, Yellow Pages, Staff Exchange, Frontex Compatible Operational Image, Frontex Positioning System and tailored working group on boarding, support to the Baltic Sea Region Border Control Cooperation (BSRBCC) and the European Coast Guard Functions Forum (EUCGFF)"; zum „EPN-Concept" auch der jährliche Tätigkeitsbericht von Frontex 2016, S. 83 f. und https://www.frontex.europa.eu/media-centre/news/news-release/european-patrols-network--Weca9H (zuletzt abgerufen 24.02.2024).

[106] Vgl. http://frontex.europa.eu/operations/archive-of-operations/3hITVb (derzeit nicht abrufbar, vgl. dazu oben Teil 1 Fn. 17) diese Maßnahmen sollten einen „prevention effect" auf irreguläre Migrationsströme Richtung Griechenland und Bulgarien haben.

[107] Insoweit ausführlicher war die RaBIT-VO in ihrem Erwägungsgrund 7: „Die Entsendung von Soforteinsatzteams für Grenzsicherungszwecke, die für einen begrenzten Zeitraum Unterstützung leisten sollen, sollte in Ausnahme- und Notsituationen erfolgen. Derartige Situationen würden entstehen, wenn ein Mitgliedstaat sich einem massiven Zustrom von Drittstaatsangehörigen gegenübersieht, die versuchen, illegal in sein Hoheitsgebiet einzureisen, was unverzügliches Handeln erfordert, und wenn die Entsendung eines Soforteinsatzteams für Grenzsicherungszwecke zu einer angemessenen Reaktion beitragen würde. Die

Merkmal der zeitlichen Befristung wird auch in Art. 37 Abs. 2 Frontex-VO-2019 aufgegriffen und kann neben der Notwendigkeit eines sofortigen Handelns als entscheidendes Abgrenzungsmerkmal zu einem Einsatz in Form einer gemeinsamen Aktion gesehen werden.[108] Mögliche Ziele der Soforteinsätze zu Grenzsicherungszwecken sind gem. Art. 37 Abs. 4 Frontex-VO-2019 – ebenso wie die der Gemeinsamen Aktionen (s.o.) – breit gefächert.[109]

III. Teams zur Unterstützung der Migrationsverwaltung

Den vorgesehenen Teams zur Unterstützung der Migrationsverwaltung kam bzw. kommt eine herausragende Bedeutung im Rahmen der Reaktion auf die sog. Migrationskrise zu.

1. Einsatzbereich: Die sog. hotspots

Teams zur Unterstützung der Migrationsverwaltung sollen als Mittel zur technischen und operativen Verstärkung von Mitgliedstaaten in Brennpunkten dienen, die „infolge eines starken Zustroms von Migranten und Flüchtlingen an bestimmten Abschnitten ihrer (Anm. des Verf.: im Original „seiner") Außengrenzen einem besonderen und unverhältnismäßigen Migrationsdruck ausgesetzt" sind.[110] Unter einem Brennpunkt (hotspot area)[111] ist nach Art. 2 Nr. 23 Frontex-VO-2019 „ein Gebiet, das auf Ersuchen des Einsatzmitgliedstaats fest-

---

Soforteinsatzteams für Grenzsicherungszwecke sind nicht dafür vorgesehen, über lange Zeit Unterstützung zu leisten." Nach in Art. 1 S. 1 RaBIT-VO beinhaltete die Zielsetzung der Soforteinsatzteams, „für die rasche operative und zeitlich befristete Unterstützung eines darum ersuchenden Mitgliedstaats zu sorgen, der einem plötzlichen und außergewöhnlichen Druck ausgesetzt ist, insbesondere durch den Zustrom einer großen Anzahl von Drittstaatsangehörigen an bestimmten Stellen der Außengrenzen, die versuchen, illegal in sein Hoheitsgebiet einzureisen.".

[108] Der bisher wohl prominenteste Soforteinsatz hat sich indes aus einer gemeinsamen Aktion heraus entwickelt. Dies war bei dem Soforteinsatz *Poseidon* (See) der Fall, der ab dem 28.12.2015 aus der gemeinsamen Aktion EPN *Poseidon See* 2015 folgte. vgl. dazu http://frontex.europa.eu/operations/archive-of-operations/7UtaOZ (derzeit nicht abrufbar, vgl. dazu oben Teil 1 Fn. 17): Mit diesem Soforteinsatz wurde auf eine unvorhergesehen hohe Zahl von Menschen, die nach Flucht über das Mittelmeer insbesondere auf den griechischen Inseln Lesbos, Chios, Samos, Kos und Leros ankamen mit teilweise über 700 entsendeten Beamten reagiert, vgl. dazu ausführlicher den jährlichen Tätigkeitsbericht von Frontex 2015, S. 27.

[109] Die Einsatzbereitschaft und Wirksamkeit des (sog.) Rapid-Reaction-Mechanismus wird in „Rapid Border Intervention Exercises" getestet; Frontex hat auf Anfrage den Einsatzplan und dessen Annexe der 2017 erfolgten Übung zur Verfügung gestellt. Hiernach werden diese Übungen zwar zu Testzwecken in einem fiktiven Szenario an den Grenzen Bulgariens durchgeführt, erlauben aber daneben auch die Implementierung von „additional border control activities coordinated by Frontex".

[110] Vgl. Erw. 50 Frontex-VO-2019.

[111] Dies greift die Begrifflichkeiten des sog. *hotspot-approach* der Europäischen Union im Umgang mit der sog. Migrationskrise auf, vgl dazu *Ziebritzki/Nestler* Hotspots, S. 2 f.

gelegt wurde und in dem der Einsatzmitgliedstaat, die Kommission, die einschlägigen Agenturen der Union und die teilnehmenden Mitgliedstaaten mit dem Ziel der Bewältigung eines bestehenden oder potenziellen unverhältnismäßigen Migrationsdrucks, der durch einen erheblichen Anstieg der Zahl der an den Außengrenzen ankommenden Migranten gekennzeichnet ist, zusammenarbeiten". Nach der Frontex-VO-2019 kann der Einsatz von Teams zur Unterstützung der Migrationsverwaltung Grenzverwaltungsteams, Rückkehrteams und Frontex-Personal umfassen, aber auch von anderen Agenturen entsandte (mitgliedstaatliche) Sachverständige einbeziehen.[112]

2. *Migrationskrise und hotspot-approach*

Zentrale unionale Reaktion auf den im Jahr 2015 „beispiellosen" Migrationsstrom[113] war zunächst die Europäische Migrationsagenda[114], die neben einer finanziellen und technischen Aufwertung bestehender Frontex-Operationen, die Bekämpfung krimineller Schleusernetze, Maßnahmen betreffend Um- und Neuansiedlung und Bekämpfung von Fluchtursachen die Entwicklung eines „Brennpunkt"-Konzeptes (hier: hotspot-approach) vorsah.[115] Hierbei sollten das Europäische Unterstützungsbüro für Asylfragen (EASO)[116], Frontex und Europol vor Ort („on the ground") an den Außengrenzen eingesetzt werden, um u.a.[117] „ankommende Migranten rasch erkennungsdienstlich zu behandeln, zu registrieren und ihre Fingerabdrücke abzunehmen"[118], d.h. (selbst) operativ tätig wer-

[112] Vgl. nur Art. 2 Nr. 19, Art. 40 Abs. 1 und 2 Frontex-VO-2019, wobei betont wird, dass Sachverständige aus sonstigen Stellen der Union im Einklang mit ihrem jeweiligen Mandat handeln müssen.

[113] Vgl. dazu die unter https://ec.europa.eu/eurostat/statistics-explained/index.php?title=Migration_and_migrant_population_statistics abrufbaren Statistiken (zuletzt abgerufen am 24.02.2024); ausführlich zu sich anschließenden unionalen und nationalen Reaktionen sowie ihren rechtlichen Grundlagen *Mrozek/Wehner*, Schengen, Grenzschutz und die „Flüchtlingskrise", S. 285 ff.

[114] Vgl. die Mitteilung der Kommission vom 13.05.2015 COM(2015) 240 final (im Folgenden: Europäische Migrationsagenda), vgl. dazu *Markard/Heuser*, „Hotspots" an den europäischen Außengrenzen, S. 11 ff.; vorangegangen waren nach außerordentlicher Tagung eine Erklärung des Rates vom 24.04.2015 (OR. en) EUCO 18/15 und darauf aufbauend die Entschließung des Europäischen Parlaments vom 29.04.2015 (2015/2660(RSP)) zu den jüngsten Tragödien im Mittelmeer und zur Migrations- und Asylpolitik der EU. Angesichts der sich verschärfenden Krise wurde zudem noch ein unverbindlicher „17-Punkte-Plan" von Mitgliedstaaten und Vertretern von Unionsstellen erlassen, vgl. dazu ausführlich *Anderheiden*, in: Bungenberg/Giegerich/Stein (Hrsg.), S. 119 ff.

[115] Vgl. S. 7 der Europäischen Migrationsagenda.

[116] Vgl. dazu in diesem Teil Kapitel 6, insbesondere unter B.

[117] Zu den Funktionen eingebundener Agenturen (insb. Europols) ausführlich, mit Schwerpunkt auf der Bekämpfung von Schleuserkriminalität, *Carrera* et al., Policing Humanitarianism, S. 24 ff.

[118] Vgl. S. 7 der Europäischen Migrationsagenda; zur Aufgabenverteilung der Unionsagenturen in diesem Bereich vgl. auch S. 17 f. HOP-Sea (zu den HOPs vgl. in diesem Kapitel unter D. V.).

den.[119] Nach Annex II der Europäischen Migrationsagenda sollten die Teams zur Unterstützung der Migrationsverwaltung in diesen Krisensituationen eingesetzt und durch Beiträge der genannten Agenturen mit der jeweiligen Expertise unterstützt werden.

In der „Explanatory note on the ‚Hotspot' approach" der Kommission[120] wurde das zur Einsetzung bzw. Einrichtung eines *hotspots* vorgesehene Verfahren beschrieben: Zunächst ist danach ein die genannten Um- bzw. Missstände aufzeigendes Ersuchen eines Mitgliedstaates an die Kommission und die entsprechenden Agenturen erforderlich. Ein solches Ersuchen kann einem Mitgliedstaat, der einem hohen Migrationsdruck ausgesetzt ist, von der Kommission vorgeschlagen werden; dies betrifft auch den Fall, in dem nicht alle aus Sicht der Kommission zu beteiligenden Agenturen angefragt wurden.[121] Zur übergreifenden Koordinierung des Einsatzes vor Ort ist sodann die Einsetzung einer EU Regional Task Force (EURTF)[122] in einem jeweiligen regionalen Hauptquartier vorgesehen[123], die Einsätze der Teams zur Unterstützung der Migrationsverwaltung koordinieren. Als essentiell wird hierbei die Zusammensetzung der EURTF aus Personal der eingeschalteten Agenturen, d.h. Frontex, EASO und Europol sowie der nationalen Behörden angesehen; zusätzlich und situationsabhängig kann die Beteiligung weiterer EU-Agenturen wie etwa Eurojust vorgesehen werden. Fern werden in der Explanatory Note Zuständigkeitsbereiche zwischen mitgliedstaatlichen Behörden und Union(sagenturen) sowie zwischen den eingebundenen Agenturen abgegrenzt[124], wobei Frontex für die Befragung, Fingerab-

[119] Zunächst wurden in Italien vier *hotspots* (Pozzallo, Porto Empedocle, Trapani (Sizilien) und Lampedusa) vorgesehen, die um zwei weitere (Augusta und Taranto) erweitert wurden. Regionales Hauptquartier für diese *hotspots* sollte Catania (Sizilien) sein. Auch in Griechenland sollte der *hotspot-approach* umgesetzt werden, als Hauptquartier war Piräus vorgesehen, vgl. zum Ganzen https://www.google.com/url?sa=t&rct=j&q=&esrc=s&source=web&cd=&ved=2ahUKEwjc7tadmcSEAxVyh_0HHf1SDvUQFnoECBcQAQ&url=https%3A%2F%2Fwww.almendron.com%2Ftribuna%2Fwp-content%2Fuploads%2F2016%2F03%2F2-hotspots-en.pdf&usg=AOvVaw3qM-I3wCbToWUX_HpisM5W&opi=89978449 (zuletzt abgerufen am 24.02.2024). Zu den weiteren Entwicklungen vgl. insb. die graphische Darstellung bei „Reaktion der EU auf die Flüchtlingskrise: das ‚Hotspot-Konzept'", Sonderbericht des Europäisches Rechnungshofs 06/2017, S. 16, Abbildung 5 und *Papadopoulou*, implementation of the hotspots; umfassend auch *Carrera* et al, Policing Humanitarianism.

[120] Vgl. zu dieser Explanatory Note (abrufbar unter http://www.statewatch.org/news/2015/jul/eu-com-hotsposts.pdf, zuletzt abgerufen am 24.02.2024) *Ziebritzki/Nestler*, Hotspots, S. 6 f.

[121] Dies dürfte die Steuerungsmöglichkeiten der Kommission erheblich erhöhen.

[122] Nach dem HOP-Sea (S. 17) fungiert die EURTF als „platform model implementing the „Hotspot"", welche die „overall operational coordination of the work of different teams of experts of from the EU Agencies involved" übernimmt und insbesondere den Informationsaustausch zwischen den eingesetzten Teams untereinander und zu nationalen Behörden erleichtern soll.

[123] So wurde eine EURTF in Catania und in Piräus implementiert, vgl. dazu *Papadopoulou*, implementation of the hotspots, S. 19 bzw. 37.

[124] Vgl. dazu auch die der Explanatory Note angehängten Roadmap(s) on the practical

drucknahme und Registrierung der betroffenen Personen zuständig sein sollte.[125]

Die Umsetzung des hotspot-approaches gestaltete sich als schwierig[126] und ist – jedenfalls im Rückblick – erheblicher, zumindest in Bezug auf die Implementierung berechtigter Kritik ausgesetzt.[127] Kernaspekte der Kritik stellen die „Umfunktionierung" der als Vorstufe zur unionsweiten Verteilung der ankommenden Personen eingeführten hotspots zu Rückführungslagern oder Haftzentren dar.[128]

Die durch den hotspot-approach eingeleitete Praxis wurde zumindest teilweise in Art. 10 Abs. 1 lit. m) Frontex-VO-2019 normiert. Hiernach soll durch die von Frontex entsendeten Einsatzkräfte „Unterstützung bei der Personenüberprüfung, der Befragung, der Identitätsfeststellung und der Abnahme von Fingerabdrücken" geleistet sowie eine Zusammenarbeit mit EASO und den nationalen Asylbehörden in den Aufgabenbereich miteinbezogen werden. Ferner ist es als Anerkennung der durch den hotspot-approach ermöglichten Praxis[129] einzuordnen, dass sich die Teams zur Unterstützung der Migrationsverwaltung nach Art. 2 Nr. 19 i.V.m. Nr. 16 Frontex-VO-2019 zum einen[130] aus weiterem mitgliedstaatlichem, *über* EASO oder Europol entsandten Personal[131] und zum

---

implementation of the „Hotspot" approach in Greece bzw. Italy und das „Hotspot"-Approach Flow Chart auf S. 12. Auch EASO wurde operativ etwa bei Abnahme von Fingerabdrücken und der Durchführung von Interviews tätig, vgl. dazu auch den Einsatzbereich der sog. Asylum Support Teams (in diesem Teil Kapitel 6 D.).

[125] Vgl. dazu den EASO Hotspot Operating Plan to Greece vom 30.09.2015, S. 2: „Registration and screening of irregular migrants by Frontex to determine their identity and nationality, and provision of information, where appropriate, concerning the asylum process. Fingerprinting and registration in EURODAC will be carried out by the hosting Member State authorities, and, if requested by them, with the support of the relevant EU Agencies and of expert teams specifically deployed on site for the fingerprinting activities."; vgl. zur Umsetzung *Markard/Heuser*, „Hotspots" an den europäischen Außengrenzen, S. 40 ff., wonach „Frontex" wesentliche Vorbewertungen, etwa Einschätzungen hinsichtlich Alter, Nationalität und Schutzbedürftigkeit übertragen wurden.

[126] S. dazu *Thym* CMLR, 2016 S. 1545 ff., S. 1557.

[127] S. nur *Papadopoulou*, implementation of the hotspots, S. 8 ff., insb. S. 12, sowie *Carrera* et al., Policing Humanitarianism, S. 141 ff.; *Markard/Heuser*, „Hotspots" an den europäischen Außengrenzen, S. 16 ff., insb. S. 44 ff. und, als Teil der Feststellung der Dysfunktionalität des Gemeinsamen Europäischen Asylsystems, *den Heijer/Rijpma/Spijkerboer*, CMLR (53) 2016, S. 607 ff., insb. 627 ff.

[128] Vgl. ausführlich zur rechtlichen Zulässigkeit der Inhaftierung von in den Hotspots befindlichen Personen *Markard/Heuser*, „Hotspots" an den Europäischen Außengrenzen, S. 23 ff.

[129] Vgl. dazu oben in diesem Kapitel unter B. III. 2.

[130] Die Bestimmungen der Frontex-VO-2019 sind in dieser Hinsicht uneindeutiger: nach Art. 40 Abs. 1 Frontex-VO-2019 bestehen die Teams zur Migrationsverwaltung „aus Sachverständigen der einschlägigen Einrichtungen und sonstigen Stellen der Union, die im Einklang mit ihrem jeweiligen Mandat handeln"; Art. 2 Nr. 19 Frontex-VO-2019 spricht in seiner Definition der Teams zur Unterstützung der Migrationsverwaltung hingegen neben den Sachverständigen von EASO und Europol auch von solchen „aus den Mitgliedstaaten".

[131] So noch die Definition der Teams zur Unterstützung der Migrationsverwaltung in Art. 2 Nr. 9 Frontex-VO-2016.

anderen aus diesen Agenturen originär zugehörigen Sachverständigen, die „den Mitgliedstaaten technische und operative Verstärkung – auch an Brennpunkten – zur Verfügung stellen [...]“, zusammensetzen können. Hierdurch tritt der supranationale Charakter der nun noch intensiveren (ggf. allein) zwischen Agenturen erfolgenden Zusammenarbeit im Rahmen der Teams zur Unterstützung der Migrationsverwaltung – und damit in den hotspots – noch deutlicher und institutionalisierter hervor.

IV. Such- und Rettungseinsätze

Das gemeinsame Tätigwerden von Agentur und mitgliedstaatlichen Behörden im Rahmen von Such- und Rettungseinsätzen wird nur teilweise eigenständig durch den unionalen Rahmen geregelt, eine grundsätzliche Verpflichtung zur Rettung bzw. Unterstützung von Menschen in Seenot ist durch das Völkerrecht vorgegeben. So besteht etwa nach Art. 98 SRÜ für jeden Staat die seevölkerrechtliche Pflicht, sicherzustellen, dass ein Kapitän eines seine Flagge führenden Schiffes, soweit dieser „ohne ernste Gefährdung des Schiffes, der Besatzung oder der Fahrgäste dazu imstande ist“, verpflichtet ist, jeder Person, die auf See in Lebensgefahr angetroffen wird, Hilfe zu leisten. Ferner ist dieser verpflichtet, „so schnell wie möglich Personen in Seenot zu Hilfe zu eilen, wenn er von ihrem Hilfsbedürfnis Kenntnis erhält, soweit diese Handlung vernünftigerweise von ihm erwartet werden kann“.[132] Im Rahmen dieser und anderen völkerrechtlichen Verpflichtungen[133] bewegen sich durch Frontex organisierte Such- und Rettungseinsätze. Ferner sind auch für diese Einsatzform unionale Vorschriften vorhanden, die zwar keine notwendigerweise faktische, jedoch rechtliche Akzessorietät solcher Einsätze zu dem Tätigkeitsfeld der Agentur hinsichtlich etwa einer gemeinsamen Aktion (ggf. auch mit benachbarten Drittstaaten), eines Soforteinsatzes zu Grenzsicherungszwecken oder einer anderen von der Agentur koordinierten Tätigkeit[134] zur Folge haben: Auslöser für ein Mitwirken der Agentur in einem Such- oder Rettungseinsatz kann ein Notfall auf See sein, der sich „*unter Umständen während*“ einer Grenzüberwachung auf See ereignet, was auch bereits von der Agentur koordinierte Grenzüberwachungseinsätze miteinschließt. Die Einwirkungsmöglichkeiten der Agentur in diesem Bereich dürfen hierbei nicht weiter gehen als in den übrigen, von ihr koordinierten, ggf. „geplanten“ Einsätzen und müssen sich innerhalb der Vorgaben der Seeaußengrenzen-VO sowie des Völkerrechts bewegen. Aus praktischer Sicht kann die humanitäre Bedeutung der sich häufig aus gemeinsamen Aktionen bei Grenzkontrollen ergebenden Rettungseinsätze nicht überschätzt werden. Nach Angaben der Agentur wurden

---

[132] Dies gilt für die „hohe See“ nach Art. 58 SRÜ und die sog. ausschließliche Wirtschaftszone. Zur Einteilung der Seeaußengrenzabschnitte und weiteren völkerrechtlichen Verpflichtungen vgl. eingehend *Lehnert*, Frontex, S. 222 ff.

[133] Vgl. dazu *Lehnert*, Frontex, S. 234 ff.

[134] Vgl. in diesem Zusammenhang auch Erw. 1,3,4, und insb. 14 Seeaußengrenzen-VO.

durch solche Einsätze allein im Krisenjahr 2015 mehr als 254 000 Personen aus Seenot gerettet.[135]

V. Rückkehreinsätze: Rückkehraktionen und Rückkehrteams

Die durch die Frontex-VO-2016 erfolgte Erweiterung des Mandats und der Kompetenzen der Agentur auf dem Gebiet der Rückführung von Drittstaatangehörigen ist in der Frontex-VO-2019 ausgebaut worden.[136]

1. Aktionsradius der Agentur im Bereich „Rückkehr" – Überblick

Nach Art. 48 Frontex-VO-2019 sind die Zuständigkeiten der Agentur insoweit generell sowohl unterstützender als auch koordinativer Natur, dies betrifft auch die Beziehungen und die Zusammenarbeit mit Drittstaaten.[137] Art. 50 Abs. 1 Frontex-VO-2019 sieht die Organisation oder Koordination von sog. Rückkehraktionen auf Ersuchen oder mit Zustimmung eines Mitgliedstaats oder mehrerer Mitgliedstaaten vor, hierbei kann die Agentur auch selbst außenwirksam auftreten (etwa hinsichtlich des Charterns von Flugzeugen zum Zwecke der Rückkehr). Klargestellt wird jedoch auch, dass die Unterstützung der Agentur ohne Prüfung der Begründetheit der mitgliedstaatlichen Rückkehrentscheidung erfolgt. Im Bereich der Rückkehr ist die Agentur in den „laufenden" Betrieb der mitgliedstaatlichen Rückführung eingebunden und nicht auf Unterstützung in Ausnahmefällen beschränkt: Die Mitgliedstaaten haben die Agentur nach Art. 50 Abs. 2 Frontex-VO-2019 über geplante Rückführungen und etwaigen Unterstützungsbedarf zu unterrichten, diesbezüglich erstellt die Agentur einen „fortlaufenden Einsatzplan". Eine besondere Rolle nehmen in diesem Zusammenhang die in Art. 50 Abs. 3 Frontex-VO-2019 als „Rückkehraktionen, für die ein Bestimmungsdrittstaat die Beförderungsmittel und die Begleitpersonen für die Rückkehr bereitstellt" definierten Sammelrückkehraktionen ein, deren Koordination und Organisation von der Agentur auf eigenen Vorschlag hin oder auf Ersuchen eines teilnehmenden Mitgliedstaates[138] übernommen werden kann; der

---

[135] Vgl. dazu den jährlichen Tätigkeitsbericht von Frontex 2015 S. 14.

[136] Zur Bedeutung in der Praxis, auch vor Erlass der Frontex-VO-2016: Im Jahr 2016 wurden in 232 Rückkehraktionen (+251 % im Vergleich zu 2015) 10698 Menschen zurückgeführt, das Budget für Gemeinsame Rückführaktionen lag bei 30,5 Millionen, vgl. zum Ganzen den jährlichen Tätigkeitsbericht Frontex 2016, S. 9).

[137] Vgl. insb. Art. 48 Abs. 1 lit. a) Frontex-VO-2019.

[138] Vgl. zum Begriff des teilnehmenden Mitgliedstaates vgl. Art. 2 Nr. 22 Frontex-VO-2019, der diesen „einen Mitgliedstaat, der durch Bereitstellung technischer Ausrüstung oder Entsendung von Personal der ständigen Reserve der Europäischen Grenz- und Küstenwache an einer gemeinsamen Aktion, einem Soforteinsatz zu Grenzsicherungszwecken, einer Rückkehraktion, einem Rückkehreinsatz oder am Einsatz eines Teams zur Unterstützung der Migrationsverwaltung teilnimmt, sowie einen Mitgliedstaat, der sich durch die Bereitstellung von technischer Ausrüstung oder Personal an Rückkehraktionen oder Rückkehreinsätzen beteiligt, aber kein Einsatzmitgliedstaat ist" beschreibt.

diesbezügliche verbindliche[139] Einsatzplan wird vom Exekutivdirektor der Agentur in Abstimmung mit den beteiligten Parteien erstellt.[140] Das nach Art. 8 Abs. 6 Rückführungs-RL geforderte „wirksame System für die Überwachung von Rückführungen" soll durch die Bereitstellung von Rückführungsbeobachtern nach Art. 50 Abs. 5 i.V.m. Art. 51 Frontex-VO-2019 erfolgen.[141] Rechtlich verbindliche Vorgaben und Ablaufbestimmungen für Rückkehraktionen sind neben den Bestimmungen der (insb. Art. 48 ff.) Frontex-VO-2019 in der nach Art. 8 Abs. 5 Rückführungs-RL anwendbaren Entscheidung des Rates vom 29.04.2004[142] enthalten, ferner hat Frontex Verhaltenskodizes erlassen.[143] Die entsendeten Rückkehrbeobachter sind aus dem nach Art. 51 Frontex-VO-2019 anzulegenden Pool von Rückführungsbeobachtern von der Agentur (vgl. Art. 51 Abs. 4 Frontex-VO-2019) auszuwählen; über die Kriterien zur Aufnahme eines von den Mitgliedstaaten bereitzustellenden Rückführungsbeobachters entscheidet die Agentur (Art. 51 Abs. 2 Frontex-VO-2019). Die Mitgliedstaaten trifft die grundsätzliche Pflicht, nach bilateralen Verhandlungen und Vereinbarungen mit der Agentur Rückführungsbeobachter zur Verfügung zu stellen. Von der Entsendung eines Rückführungsbeobachters, der von der Agentur angefragt wurde, darf nur in Ausnahmefällen abgesehen werden.[144]

2. Allgemeine Vorgaben der Frontex-VO-2019 für Rückkehrteams

Die Zuständigkeit der Agentur für rückkehrbezogene Aufgaben wurde bereits vor Erlass der Frontex-VO-2016 von verschiedenen Stellen gefordert.[145] Oberbegriff für sämtliche von der Agentur ausgehenden bzw. koordinierten Operationen auf diesem Gebiet ist ein „Rückkehreinsatz". Unter einem Rückkehrein-

---

[139] Vgl. Art. 50 Abs. 4 UA 2 Frontex-VO-2019.

[140] In der deutschen Fassung wird im Wortlaut des Art. 50 Abs. 4 Frontex-VO-2019 der Begriff „Rückkehrplan" und „Einsatzplan" verwendet, in Art. 50 Abs. 2 Frontex-VO-2019 jedoch nur „Einsatzplan"; ein Vergleich mit der englischen Fassung, die einheitlich den Terminus „return plan" verwendet und der französischen Fassung, die lediglich vom „plan de retour" spricht, legt jedoch ein synonymes Verständnis nahe.

[141] S. zur Rolle der Rückführungsbeobachter ausführlicher unten in diesem Kapitel unter G. I. 1. e).

[142] Vgl. dazu die Vorgaben der Rückführungs-Entscheidung des Rates.

[143] Vgl. den hier speziellen Code of Conduct for Return Operations und den (generellen) Code of Conduct for all Persons participating in Frontex operational activities. Noch detaillierter ist der Guide for Joint Return Operations by Air coordinated by Frontex. Zum Inhalt dieser Vorgaben vgl. in diesem Kapitel unter D. III. 2. b).

[144] Hierzu insgesamt Art. 51 Abs. 3 Frontex-VO-2019.

[145] Die Zuständigkeit der Agentur für Rückkehraktionen war ein Kernthema der Schlussfolgerungen des Rates aus der Tagung vom 15.10.2015 (Brüssel, den 16.10.2015 (OR. en) EUCO 26/15). Hiernach wurde (unter 2. n)) empfohlen, „das Mandat von Frontex für Rückführungen zu erweitern, so dass die Agentur die Befugnis erhält, auf eigene Initiative gemeinsame Rückführungsaktionen zu organisieren, und ihre Rolle bei der Beschaffung von Reisedokumenten für Rückkehrer zu verstärken". Diese Empfehlung war bereits in dem den Zeitraum 2008–2014 abdeckenden externen Evaluierungsbericht enthalten (S. 10 unten).

satz ist nach Art. 2 Nr. 28 Frontex-VO-2019 „die Tätigkeit der Europäischen Agentur für Grenz- und Küstenwache zur Bereitstellung einer verstärkten technischen und operativen Unterstützung für die Mitgliedstaaten, die in der Entsendung von Rückkehrteams in die Mitgliedstaaten und der Organisation von Rückkehraktionen besteht" zu verstehen.[146] Hierbei sind die für die Rückführung von Personen, die als „illegal im Hoheitsgebiets eines Mitgliedstaates aufhältige Drittstaatangehörige"[147] eingestuft wurden, in der Rückführungs-RL enthaltenen grundrechtlichen Mindeststandards zu beachten. Die Entsendung eines Rückkehrteams stellt damit nur einen auf Ausnahmefälle beschränkten Ausschnitt der möglichen Einwirkungen der Agentur im Bereich „Rückkehr" dar. Ein solcher Teameinsatz ist nach Art. 53 Abs. 1 Frontex-VO-2019 als Form technischer und operativer Unterstützung für Situationen vorgesehen, „in denen ein Mitgliedstaat bei der Erfüllung seiner Pflicht, dass zur Rückkehr verpflichtete Personen zurückkehren, einer Belastung ausgesetzt" ist und kann auf Initiative von Frontex mit Zustimmung des Mitgliedstaats oder auf Ersuchen des Mitgliedstaats erfolgen. In gesteigerten und akuten Bedarfssituationen kann ferner nach Art. 53 Abs. 2 Frontex-VO-2019 ein Soforteinsatz zu Rückkehrzwecken, der „in der raschen Entsendung von Rückkehrteams in den Einsatzmitgliedstaat" bestehen kann, erfolgen. Anders als unter der Frontex-VO-2016 besteht nach Art. 51 Frontex-VO-2019 nur noch ein Pool von Rückführungsbeobachtern, die ehemaligen Pools von Begleitpersonen für die Rückkehr und für Rückkehrsachverständige existieren in dieser Form nicht mehr.[148] Stattdessen sieht Art. 54

---

[146] Unter einer Rückkehraktion ist nach Art. 2 Nr. 27 Frontex-VO-2019 „eine von der Europäischen Agentur für die Grenz- und Küstenwache organisierte oder koordinierte und mit technischer und operativer Verstärkung für einen oder mehrere Mitgliedstaaten durchgeführte Aktion, bei der zur Rückkehr verpflichtete Personen aus einem oder mehreren Mitgliedstaaten, unabhängig vom Beförderungsmittel, entweder zwangsweise oder freiwillig rückgeführt werden", wobei unter einer „zur Rückkehr verpflichteten Person" ein „illegal aufhältige(r) Drittstaatangehörige(r), gegen den eine Rückkehrentscheidung durch einen Mitgliedstaat ergangen ist (Art. 2 Nr. 26 Frontex-VO-2019) zu verstehen ist. Zum Begriff der „Rückkehr" und „Rückkehrentscheidung" vgl. Art. 2 Nr. 24 bzw. 25 Frontex-VO-2019 i.V.m. (Art. 3 Nr. 3) der Richtlinie 2008/115/EG des Europäischen Parlament und des Rates vom 16. Dezember 2008 über gemeinsame Normen und Verfahren in den Mitgliedstaaten zur Rückführung illegal aufhältiger Drittstaatsangehöriger (ABl. L 348 vom 24.12.2008, S. 98–107, im Folgenden Rückführungs-RL. Zur Anwendung der Bestimmungen dieser Richtlinie vgl. die Empfehlung (EU) 2017/432 der Kommission vom 07.03.2017 für eine wirksamere Gestaltung der Rückkehr im Rahmen der Durchführung der Richtlinie 2008/115/EG des Europäischen Parlaments und des Rates (ABl. L 66 vom 11.03.2017, S. 15–21) sowie die Empfehlung (EU) 2017/2338 der Kommission vom 16.11.2017 für ein gemeinsames „Rückkehr-Handbuch", das von den zuständigen Behörden der Mitgliedstaaten bei der Durchführung rückkehrbezogener Aufgaben heranzuziehen ist (ABl. L 339 vom 19.12.2017, S. 83–159), im Folgenden Rückkehr-Handbuch, s. dazu auch unten in diesem Kapitel unter D. III. 2. c).

[147] Vgl. Art. 2 Abs. 1, Art. 3 Rückführungs-RL.

[148] In der praktischen Umsetzung der Frontex-VO-2016 wurden insoweit ein Pool mit Rückkehrbeobachtern, Begleitpersonen für die Rückkehr und Rückkehrsachverständigen

Abs. 2 Frontex-VO-2019 vor, dass auch das Personal von Rückkehrteams aus der ständigen Reserve entsendet werden soll. Wird dieses Personal eingesetzt, hat es nach Art. 50 Abs. 2 UA 2 Frontex-VO-2019 eine Abfrage im Schengener Informationssystem vorzunehmen um zu überprüfen, ob eine vollstreckbare Rückkehrentscheidung vorliegt.

3. Blick auf die Praxis

Aus zwei von Frontex auf Anfrage zur Verfügung gestellten Einsatzplänen zu rückkehrbezogenen Operationen wird die Rolle der Agentur in der Praxis deutlich. Diese, jeweils als „Implementation Plan" bezeichneten Dokumente betreffen eine gemeinsame Rückkehraktion per Flugzeug nach Bangladesch und eine Rückführung auf dem Seeweg von Griechenland in die Türkei. Während es sich im ersten Fall primär um eine von mehreren Mitgliedstaaten durchgeführte Operation handelte,[149] wurden die griechischen Behörden im zweiten Fall bei der Rückführungsaktion durch gem. Art. 30 Abs. 4 Frontex-VO-2016 entsandte Begleitpersonen für die Rückkehr unterstützt. In beiden Fällen wurden die Übersichten über den konkreten Ablauf detailreich von Frontex erstellt und alle Beteiligten darin der EU-GRC (insoweit deklaratorisch), dem Frontex-CoC sowie dem Rückkehr-CoC unterworfen; ferner sollte der JRO-Air-Guide[150] berücksichtigt werden. Zudem wurden die Anwendbarkeit des Serious-Incident-Reporting-Systems[151] vorausgesetzt und Rückkehrbeobachter aus dem Pool des Art. 29 Frontex-VO-2016 eingesetzt.

C. Ein- und Zusammensetzung der Teams

Währen das Einsetzungsverfahren der Teams durch die Frontex-VO-2019 im Vergleich zur Frontex-VO-2016 nur wenige Änderungen erfahren hat, wurden die Frontex zur Verfügung stehenden Personalquellen für die Zusammenstellung der Teams grundlegend reformiert.

---

entstanden und eine Gesamtzahl von 690 Einsatzkräften festgelegt. Deren Bereitstellung gestaltet(e) sich zunächst schwierig, bis zum 12.01.2018 waren lediglich 395 Beamte von insgesamt 22 Mitgliedstaaten abgestellt, vgl. den Bericht der Kommission über die Operationalisierung der Agentur COM(2017) 42 final vom 25.01.2017, S. 7 f.

[149] „Escort Leaders" sollten demnach lediglich aus dem die Rückkehraktion organisierenden bzw. den an dieser teilnehmenden Mitgliedstaaten stammen.

[150] Vgl. zu diesen, konkrete Handlungsanweisungen enthaltenen Dokumenten unten in diesem Kapitel unter D. III. 2. a) und b). Fraglich bleibt hier jedoch, warum auf die JRO-Air-Guide hinsichtlich Rückführungen auf dem Seeweg verwiesen wird.

[151] S. dazu unten in diesem Kapitel unter G. I. 1.

I. Die ständige Reserve als supranationale Personalquelle

Einen revolutionären Schritt zur Supranationalisierung der Sicherheitsgewährleistung stellt die Neugestaltung der personellen Kapazitäten für die Besetzung der Teams dar. Die durch Art. 54 Frontex-VO-2019 vorgesehene „ständige Reserve der Europäischen Grenz- und Küstenwache" soll nach Anhang I Frontex-VO-2019 den Pool von Begleitpersonen für die Rückkehr (Art. 30 Frontex-VO-2016), den Pool von Rückkehrsachverständigen (Art. 31 Frontex-VO-2016) und den nach Art. 20 Abs. 5 Frontex-VO-2016 bestehenden Soforteinsatzpool (sukzessive)[152] ersetzen.[153] Die ständige Reserve stellt nach Art. 54 Abs. 2 Frontex-VO-2019 eine zentrale Personalquelle für die Entsendung von Einsatzkräften „als Mitglieder von Grenzverwaltungsteams, Teams zur Unterstützung der Migrationsverwaltung und Rückkehrteams" dar. Eine Nichtentsendung vorgesehener einzelner Einsatzkräfte ist nunmehr allein mit „höherer Gewalt" zu rechtfertigen und hat eine dem Profil entsprechende Nachnominierungspflicht der Mitgliedstaaten zur Folge.[154]

Nach Art. 54 Abs. 1 S. 2 Frontex-VO-2019 i.V.m. Anhang I-IV Frontex-VO-2019 setzt sich die ständige Reserve aus vier Kategorien zusammen: Die erste Kategorie[155], die ab 2027 einen Umfang von 3000 Stellen haben soll, betrifft das agentureigene sog. Statutspersonal[156] und damit originär supranationale Einsatzkräfte. Kategorie 2[157] soll aus „langfristig", d.h. nach Art. 56 Abs. 1 Frontex-VO-2019 für 24 Monate (mit Verlängerungsoption um bis zu 24 Monate), von den Mitgliedstaaten an Frontex abgeordnetem Personal bestehen, hier ist bis 2027 die Gesamtzahl von 1500 Stellen vorgesehen. Einsatzbereit zu haltendes mitgliedstaatliches Personal für kurzzeitige Entsendungen[158] stellt als dritte Kategorie mit 5500 Einheiten (bis 2027) einen weiteren Baustein der ständigen Reserve dar. Soweit die Kapazitäten der drei genannten Kategorien ausgelastet sind, kann auf die die Kategorie 4 bildende „Reserve für Soforteinsätze", die aus

---

[152] Vgl. dazu bereits oben unter A. II. 3. a). Zur Kategorie 4 der ständigen Reserve, die im Wesentlichen dem Soforteinsatzpool nachgebildet ist, sogleich.

[153] Bestehen bleibt lediglich nach Art. 51 Frontex-VO-2019 der bereits in Art. 28 Frontex-VO-2016 vorgesehene Pool von Rückkehrbeobachtern.

[154] Vgl. dazu Art. 56 Abs. 5 bzw. Art. 57 Abs. 7 Frontex-VO-2019 hinsichtlich des langfristig bzw. kurzzeitig bereitzustellenden Personals.

[155] Vgl. dazu Art. 54 Abs. 1 S. 2 lit. a) i.V.m. Art. 55 Frontex-VO-2019.

[156] Art. 2 Nr. 15 Frontex-VO-2019 definiert das Statutspersonal wie folgt: „von der Europäischen Agentur für die Grenz- und Küstenwache gemäß den Bestimmungen des Statuts der Beamten der Europäischen Union („Statut") und den Beschäftigungsbedingungen für die sonstigen Bediensteten der Union („Beschäftigungsbedingungen"), die in der Verordnung (EWG, Euratom, EGKS) Nr. 259/68 des Rates (34) festgelegt sind, beschäftigtes Personal", vgl. dazu ferner Art. 95 Frontex-VO-2019; vgl. zu den Voraussetzungen des EU-Beamtenstatuts unten, Teil 3 Kapitel 9 A.

[157] Vgl. dazu Art. 54 Abs. 1 S. 2 lit. b) i.V.m. Art. 56 Frontex-VO-2019.

[158] Vgl. dazu Art. 54 Abs. 1 S. 2 lit. c) i.V.m. Art. 57 Frontex-VO-2019.

mitgliedstaatlichem Personal zusammengesetzt ist und auf eine Verwendung in Soforteinsätzen begrenzt ist, zurückgegriffen werden.[159] Diese 1500 Einheiten umfassende und auch im Übrigen mit dem Soforteinsatzpool nach Art. 20 Abs. 5 Frontex-VO-2016 zumindest konzeptionell vergleichbare Kategorie soll ab 2025 wegfallen.

In Bezug auf sämtliche Kategorien der ständigen Reserve sind Anforderungen und Profile der Einsatzkräfte durch Frontex zu bestimmen, Art. 54 Abs. 4 lit. a) Frontex-VO-2019.[160] Hinsichtlich der Auswahl und Ausbildung des Personals bestehen im Übrigen (abgestufte) Einwirkungsmöglichkeiten der Agentur. Während das Statutspersonal insoweit selbstverständlich allein von der Agentur ausgewählt und (weiter) geschult wird (Art. 55 Abs. 2 und 3 Frontex-VO-2019), wird Personal der Kategorie 2 auf Vorschlag der Mitgliedstaaten durch die Agentur abgelehnt oder angenommen und während seiner Abordnung durch Frontex geschult.[161] Hinsichtlich des kurzfristig zu entsendenden Personals der dritten Kategorie ist Frontex ebenfalls berechtigt zu überprüfen, ob die von den Mitgliedstaaten vorgeschlagenen Kandidaten den Anforderungsprofilen entsprechen (vgl. Art. 57 Abs. 4 Frontex-VO-2019); bei der Reserve für Soforteinsätze (Kategorie 4) obliegt diese Überprüfung den entsendenden Mitgliedstaaten, Art. 58 Abs. 2 Frontex-VO-2019).

II. Einsetzungsverfahren

Die Einleitung und personelle Zusammensetzung der Einsatzformen unter Beteiligung von Frontex sind nicht einheitlich geregelt. Während Such- und Rettungseinsätze nach dem Verständnis der Frontex-VO-2019 ad hoc von schon zuvor zusammengesetzten Grenzverwaltungsteams bei einem Grenzüberwachungseinsatz auf See vorgenommen werden können, soll die Initiierung der übrigen Formen der Zusammenarbeit bestimmten Verfahren folgen. Die Frontex-VO-2019 betont die grundsätzliche Zuständigkeit der Agentur für die Zusammenstellung und Entsendung dieser Teams.[162] Für alle Einsätze gilt zudem auch die neu eingeführte Maßgabe des Art. 46 Abs. 5 Frontex-VO-2019, wonach der Exekutivdirektor die Einleitung eines Einsatzes ablehnen kann, „wenn er der Auffassung ist, dass bereits zu Beginn der Tätigkeit schwerwiegende Gründe [...] vorliegen würden, weil diese Tätigkeit zu schwerwiegenden Verstößen gegen Grundrechte oder die Verpflichtungen des internationalen Schutzes führen könnte“. In der folgenden Darstellung ist zunächst der in Art. 42 Fron-

[159] Vgl. zur vierten Kategorie generell Art. 54 Abs. 1 lit. d) i.V.m. Art. 58 Frontex-VO-2019, zur subsidiären und begrenzten Inanspruchnahme dieses Personals vgl. insb. Art. 58 Abs. 1 Frontex-VO-2019.

[160] Vgl. dazu die Entscheidung des Verwaltungsrates von Frontex 38/2016 vom 23.11.2016.

[161] Vgl. dazu Art. 56 Abs. 4 bzw. Abs. 3 S. 3 Frontex-VO-2019.

[162] Vgl. nur Art. 36 Abs. 2 lit. a) und d), Art. 54 Abs. 2 Frontex-VO-2019.

tex-VO-2019 geregelte Fall für „Situationen an den Außengrenzen, bei denen dringender Handlungsbedarf besteht“, ausgenommen.[163]

1. Ein- und Zusammensetzung des Teampersonals für Gemeinsame Aktionen

Das Initiativrecht hinsichtlich gemeinsamer Aktionen steht nach Art. 37 Abs. 1 Frontex-VO-2019 grundsätzlich den einzelnen Mitgliedstaaten zu. Diese Ersuchen werden zunächst vom Exekutivdirektor überprüft, bevor sie durch die Agentur[164] in eine Prioritätenliste eingeordnet werden. Maßgebliche Kriterien sind hierbei neben den verfügbaren Ressourcen die Ergebnisse der durch die Agentur unter Verarbeitung der von den Mitgliedstaaten übermittelten Informationen erstellten (spezifischen) Risikoanalyse[165] und die Einstufung des betroffenen Außengrenzabschnitts nach Art. 15 Eurosur-VO[166] bzw. zukünftig Art. 34 Frontex-VO-2019. Nach Art. 41 Frontex-VO-2019 kann eine gemeinsame Aktion bei entsprechender Risikobeurteilung aber auch durch den Exekutivdirektor von Frontex empfohlen werden. Zu dieser Empfehlung hat der adressierte Mitgliedstaat innerhalb von sechs Arbeitstagen Stellung zu nehmen und eine etwaige Ablehnung zu begründen.

Die Zusammensetzung eines Teams für eine gemeinsamen Aktion beginnt mit der Erstellung einer Liste des notwendigen Personals und der erforderlichen technischen Ausrüstung, die vom Exekutivdirektor in Abstimmung mit dem Einsatzmitgliedstaat aufgestellt wird und als Grundlage für die Bestimmung der von der Agentur zu leistenden operativen und technischen Verstärkung dient.[167] Sollen den eingesetzten Kräften Exekutivbefugnisse zukommen, sind diese bereits an dieser Stelle nach Art. 82 Abs. 2 Frontex-VO-2019 und damit notwendigerweise abstrakt durch den Einsatzmitgliedstaat zu genehmigen. Sodann ist zunächst ein umfassender Einsatzplan durch den Exekutivdirektor aufzustellen, der die Zusammensetzung des Teams beinhaltet[168]; konkrete Aspekte der Organisation und des Verfahrens werden unter Abstimmung mit den beteiligten Mitgliedstaaten festgelegt, Art. 38 Abs. 2 S. 2 Frontex-VO-2019. Anders als unter der Fron-

[163] S. dazu unten in diesem Kapitel unter C. V.

[164] Art. 37 Abs. 3 Frontex-VO-2019 spricht wie viele andere Bestimmungen von „der Agentur“. Unklar ist, ob hiermit eine alleinige Entscheidung des Exekutivdirektors gemeint ist oder eine Einbindung des Verwaltungsrats erforderlich ist. In der Entscheidung des Verwaltungsrats von Frontex 18/2017 vom 14.07.2017 ist der breit gefächerte Unterbau des Amtes des Exekutivdirektors ersichtlich, dessen „Operational Response Division“ bzw. „Situational Awareness and Monitoring Division“ für die hier relevanten Fragen zuständig sein dürften.

[165] Vgl. dazu Art. 29 Frontex-VO-2019.

[166] Diese Risikoeinstufung ist nach Art. 15 Abs. 3 Eurosur-VO in das nach Art. 10 Eurosur-VO ebenfalls von der Agentur zu erstellende europäische Lagebild einzuspeisen. Vgl. zu EUROSUR und dessen weiteren Bedeutung für das operative Tätigwerden der Agentur bzw. der Mitgliedstaaten weiterführend oben in diesem Kapitel unter A. I. 4. a).

[167] Vgl. Art. 38 Abs. 1 Frontex-VO-2019.

[168] Vgl. Art. 38 Abs. 2 S. 1. i.V.m. Abs. 3 lit. e) Frontex-VO-2019.

tex-VO-2016[169] wird das Personal für gemeinsame Aktionen nunmehr auch aus der ständigen Reserve nach Art. 54 Abs. 2 Frontex-VO-2019 entnommen.

2. Ein- und Zusammensetzung des Personals bei Soforteinsätzen zu Grenzsicherungszwecken

Die Initiierung eines Soforteinsatzes zu Grenzsicherungszwecken erfolgt gem. Art. 39 Abs. 1 Frontex-VO-2019 grundsätzlich durch ein Ersuchen eines Mitgliedstaats, über das der Exekutivdirektor den Verwaltungsrat gem. Art. 39 Abs. 2 Frontex-VO-2019 umgehend zu unterrichten hat. Auch hier kann jedoch eine Empfehlung durch die Agentur nach Art. 41 Frontex-VO-2019 erfolgen. Im Übrigen sind neben den auch für die Einleitung gemeinsamer Aktionen geltenden materiellen Voraussetzungen (Art. 39 Abs. 3 Frontex-VO-2019) die Verfahrensvorschriften des Art. 39 Frontex-VO-2019 zu beachten. Hiernach sind in dem Ersuchen des Mitgliedstaates eine Lagebeschreibung, die Ziele des Einsatzes und der zu erwartende Bedarf an personellen sowie sachlichen Mitteln aufzuführen (Art. 39 Abs. 1 Frontex-VO-2019); falls erforderlich, kann der Exekutivdirektor auch eigene Sachverständige zur Einschätzung der Lage entsenden. Dieses Ersuchen ist durch den Exekutivdirektor innerhalb von zwei Arbeitstagen nach Eingang zu behandeln, wonach die Entscheidung schriftlich und begründet an den Mitgliedstaat übersendet wird. Im Fall einer Annahme des Ersuchens ist schnellstmöglich und jedenfalls innerhalb von drei Arbeitstagen ein Einsatzplan mit dem in Art. 38 Abs. 3 Frontex-VO-2019 vorgesehenen Inhalt aufzustellen. Die Entsendung der Grenzschutzbeamten hat sodann fünf Arbeitstage nach der Vereinbarung des Einsatzplans zu erfolgen (Art. 39 Abs. 14 Frontex-VO-2019).

Die Grenzschutzbeamten sind nach Art. 54 Abs. 2 Frontex-VO-2019 aus der ständigen Reserve zu entsenden. Die Entscheidung über die Entsendung und die Zusammensetzung trifft nach Art. 39 Abs. 7 Frontex-VO-2019 allein der Exekutivdirektor. Dabei ist primär das Statutspersonal und das aus den Mitgliedstaaten an die Agentur langfristig abgeordnete Personal heranzuziehen, bevor auf das Personal der Kategorien 3 und 4 zurückzugreifen ist, Art. 39 Abs. 4 Frontex-VO-2019.

Zeitgleich mit dem Entschluss des Exekutivdirektors zur Einleitung eines Soforteinsatzes kann dieser eine sofortige Verstärkung durch ein oder mehrere Grenzverwaltungsteams anordnen (Art. 39 Abs. 10 Frontex-VO-2019). Den konkreten Bedarf teilt der Exekutivdirektor den Mitgliedstaaten nach Aufstellung des Einsatzplans des Soforteinsatzes mit. Sollten die Kategorien 1 und 2

---

[169] Hiernach war für gemeinsame Aktionen anders als bei Soforteinsätzen zu Grenzsicherungszwecken kein Poolsystem vorgesehen. Das Personal für das Folgejahr geplanter Gemeinsamer Aktionen sollte gem. Art. 20 Abs. 3 Frontex-VO-2016 in jährlichen bilaterale Vereinbarungen zwischen Agentur und Mitgliedstaaten festgelegt werden, aufgrund derer die Mitgliedstaaten zur Entsendung von Grenzschutzbeamten auf Ersuchen der Agentur grundsätzlich verpflichtet waren.

erschöpft sein, haben die Mitgliedstaaten Personal der Kategorien 3 und 4 zur Verfügung zu stellen.[170]

Bei den Einsatzkräften der sofortigen Verstärkung kann es sich aufgrund der begrenzten Kapazität der ständigen Reserve auch um schon anderweitig im Einsatz befindliche Grenzverwaltungsteams handeln, die je nach Bedarf von anderen (Sofort-)Einsätzen an den Außengrenzen abgezogen werden können. Diese Gesamtkoordination erfolgt nach Art. 39 Abs. 15 Frontex-VO-2019 durch den Exekutivdirektor in Absprache mit dem Verwaltungsrat, so kann ggf. eine „Umverteilung von Ressourcen" vorgenommen werden.

3. Ein- und Zusammensetzung des Personals bei Teams zur Unterstützung der Migrationsverwaltung

Bei den Teams zur Unterstützung der Migrationsverwaltung handelt es sich wie bereits dargestellt um einen Oberbegriff für ein Maßnahmenpaket, zu dem (mehrere) Grenzverwaltungsteams, Rückkehrteams und Frontex-Sachverständige gehören können. Personal anderer Unionsagenturen kann ebenfalls Bestandteil der Teams zur Unterstützung der Migrationsverwaltung sein, sodass neben aus dem Mitgliedstaaten stammenden Beamten und Frontex-Personal auch auf Europol oder EASO zurückführbare Akteure[171] beteiligt sein können, über deren Entsendung die jeweilige Agentur entscheidet. Der Einsatz von Teams zur Unterstützung der Migrationsverwaltung kann von Mitgliedstaaten, die über Brennpunkte an ihren Außengrenzen verfügen und an diesen einem „unverhältnismäßigen Migrationsdruck" ausgesetzt sind, ersucht werden. Das Ersuchen ist an die Kommission zu richten, die es an Frontex, Europol, EASO und an „sonstige Stellen der Union" weiterleitet (Art. 40 Abs. 1 Frontex-VO-2019), insoweit ist eine Institutionalisierung des sog. hotspot-approachs erfolgt.[172] Die Kommission, die einschlägigen Stellen der Union und der Einsatzmitgliedstaat legen sodann die Zusammenarbeitsbedingungen fest. Das aus der ständigen Reserve zu entsendende Teampersonal kann operativ in Form von Identitätsfeststellungen, Befragungen, Registrierungen und bei der Abnahme von Fingerabdrücken tätig werden, ferner ist eine Einbindung in Asyl- und Rückkehrverfahren möglich, Art. 40 Abs. 4 Frontex-VO-2019.

---

[170] Vgl. Art. 39 Abs. 13 Frontex-VO-2019. Eine Weigerungsmöglichkeit ist im Gegensatz zu Art. 20 Abs. 8 Frontex-VO-2016 nicht vorgesehen.

[171] Hier ist eine Differenzierung zwischen „von EASO aus den Mitgliedstaaten" entsandten Sachverständigen und zu Europol gehörigem Personal nicht erforderlich, vgl. dazu aber Erw. 25 Frontex-VO-2016.

[172] Zum Begriff des Brennpunkts vgl. Art. 2 Nr. 23 Frontex-VO-2019 und oben in diesem Kapitel unter B. III. 2.

4. Ein- und Zusammensetzung des Personals bei Rückkehrteams

Das Ersuchen eines Mitgliedstaats kann die Bildung eines Rückkehrteams als Teil eines Rückkehreinsatzes (Art. 52 Abs. 1, 53 Frontex-VO-2019) ebenso initiieren wie ein Vorschlag durch Frontex.[173] Das weitere Vorgehen entspricht nach Art. 52 Abs. 2 Frontex-VO-2019 demjenigen bei der Einsetzung von Teams zur Unterstützung der Migrationsverwaltung. Ferner ist nach Art. 53 Abs. 3 i.V.m. Art. 38 Frontex-VO-2019 „unverzüglich" ein Einsatzplan zwischen Exekutivdirektor und Einsatzmitgliedstaat zu vereinbaren. In den Fällen eines Soforteinsatzes zu Rückkehrzwecken muss dieser nach Art. 53 Abs. 4 Frontex-VO-2019 innerhalb von fünf Arbeitstagen beschlossen werden.

Das Personal der Rückkehrteams setzt sich aus der ständigen Reserve und aus dem Pool von Rückführungsbeobachtern (Art. 51 Frontex-VO-2019) entsendeten Einsatzkräften zusammen. Nach Art. 51 Abs. 5 S. 2 Frontex-VO-2019 kann auch Statutspersonal als Rückführungsbeobachter eingesetzt werden.

5. Ein- und Zusammensetzung von Teams im Ausnahmefall des Art. 42 Frontex-VO-2019

Art. 42 Frontex-VO-2019 regelt den souveränitätssensiblen Bereich des eigenständigen Tätigwerdens der Agentur in „Situationen an den Außengrenzen, bei denen dringender Handlungsbedarf besteht".[174] Auch in einer solchen Lage kön-

---

[173] Eine detailliertere Regelung hinsichtlich Rückkehraktionen und Rückkehreinsätzen auf dem Luftweg ist in der Praxis durch den unverbindlich formulierten „Guide for Joint Return Operations by Air Coordinated by Frontex" (hier abgekürzt mit JRO-Air-Guide, vgl. dazu unten in diesem Kapitel unter D. IV. 2. b)) erfolgt, die insbesondere eine stärkere Einbindung der Agentur in das Einsetzungsverfahren bedeutet: So bedarf bereits die geplante Route der Rückführung der Zustimmung von Frontex (6.1.1. JRO-Air-Guide). Der konkrete (empfohlene) Ablauf des Ersuchens um die Einleitung der Operation ist in 6.1.13–6.1.16 JRO-Air-Guide geregelt. Hiernach hat der den Einsatz anregende Mitgliedstaat der Agentur ein standardisiertes „Offer of Joint Return Operation by Air – Information Sheet", das insbesondere Fristen für die Zusage der Beteiligung durch andere Mitgliedstaaten enthält, anzuwenden. Frontex leitet dieses Angebot an die übrigen Mitgliedstaaten weiter. Mitgliedstaaten, die „general interest" an einer Teilnahme an der Operation zwecks Rückführung von Personen haben, übermitteln dies der Agentur unter Verwendung eines ebenfalls standardisierten Formulars einer „General interest-Email", worüber Frontex den Einsatzmitgliedstaat informiert. Ferner nimmt die Agentur die Verteilung der vorhandenen Sitze im Flugzeug unter den potentiell teilnehmenden Mitgliedstaaten vor. Die ausgewählten Mitgliedstaaten haben sodann das Formular „Participation in Offered Joint Return Operation by Air-Concrete Interest" und eine ebenfalls standardisierte „Passenger List in Offered Joint Return Operation" an Frontex und den Einsatzmitgliedstaat zu übermitteln. Anhand dieser Angaben übernimmt die Agentur gemeinsam mit dem Einsatzmitgliedstaat die weitere Organisation der Operation.

[174] Es dürfte kein Zufall sein, dass bereits nach Erw. 11 Frontex-VO-2016, der diesen Aspekt betrifft, in Erw. 12 und 13 Frontex-VO-2016 die Zuständigkeit der Mitgliedstaaten für die Gewährleistung der inneren Sicherheit bzw. Verteidigung hervorgehoben wird. Aus den einen Notzustand betreffenden Bestimmungen der Frontex-VO-2019 können signifi-

nen nach Art. 42 Abs. 3 Frontex-VO-2019 Soforteinsätze zu Grenzsicherungszwecken erfolgen, Grenzverwaltungsteams (ggf. innerhalb von Teams zur Unterstützung der Migrationsverwaltung) entsendet oder Rückkehreinsätze (und somit der Einsatz von Rückkehrteams) organisiert werden.

a) Voraussetzungen des Ausnahmefalls

Für den Einsatz dieser Teams muss die „Wirksamkeit der Kontrolle an den Außengrenzen so weit reduziert" sein, „dass das Funktionieren des Schengen-Raums gefährdet ist". Dies ist nach den Vorgaben des Art. 42 Abs. 1 Frontex-VO-2019 der Fall, wenn ein aufgrund einer Schwachstellenbeurteilung erfolgter Beschluss des Verwaltungsrates i.S.d. Art. 32 Abs. 10 Frontex-VO-2019 von einem Mitgliedstaat nicht befolgt wird[175] oder ein Mitgliedstaat trotz besonderer und unverhältnismäßiger Herausforderungen an den Außengrenzen die Agentur nicht um die Einleitung einer gemeinsamen Aktion, eines Soforteinsatzes zu Grenzsicherungszwecken oder zur Entsendung von Teams zur Unterstützung der Migrationsverwaltung ersucht bzw. in diesem Zusammenhang nicht ausreichend mitgewirkt hat. Liegt eine solche Situation vor, kann der Rat auf Vorschlag der Kommission, die zuvor die Agentur konsultiert, von Frontex durchzuführende Maßnahmen[176] beschließen[177] und den in Frage stehenden Mit-

---

kante Schlüsse auf die Verortung der Agentur in der Europäischen Sicherheitsarchitektur und dem aktuellen Verständnis von Souveränität in der Europäischen Union gezogen werden.

[175] Für den für diesen Umstand erforderlichen Beschluss gem. Art. 32 Abs. 10 Frontex-VO-2019 bestehen hohe Hürden: Die Schwachstellenbeurteilung verfolgt nach Art. 32 Abs. 4 Frontex-VO-2019 den Zweck, es der Agentur zu erleichtern, „die Kapazitäten und die Bereitschaft der Mitgliedstaaten zur Bewältigung gegenwärtiger und künftiger Herausforderungen an den Außengrenzen zu beurteilen; mögliche unmittelbare Folgen an den Außengrenzen und anschließende Folgen für das Funktionieren des Schengen-Raums insbesondere für jene Mitgliedstaaten festzustellen, die besonderen und unverhältnismäßig großen Herausforderungen ausgesetzt sind; die Kapazitäten der Mitgliedstaaten zur Beteiligung an der ständigen Reserve und am Pool für technische Ausrüstung, einschließlich des Ausrüstungspools für Soforteinsätze, zu beurteilen". Das Ergebnis dieser Schwachstellenbeurteilung, zu dem die Mitliedstaaten nach Art. 32 Abs. 6 Frontex-VO-2019 zunächst Stellung nehmen können, kann zu „Empfehlungen" des Exekutivdirektors hinsichtlich des Ergreifens von Maßnahmen durch den betroffenen Mitgliedstaat führen. Für die Umsetzung dieser „Empfehlungen" kann der Exekutivdirektor eine Frist setzen und den Mitgliedstaat zum Tätigwerden auffordern, vgl. Art. 32 Abs. 7, 8 Frontex-VO-2019. Im Fall der nicht fristgemäßen Umsetzung der in der Empfehlung bezeichneten Maßnahmen teilt der Exekutivdirektor dies dem Verwaltungsrat und der Kommission mit. Der Verwaltungsrat kann sodann auf Vorschlag des Exekutivdirektors den nach Art. 42 Abs. 1 lit. a) Frontex-VO-2019 erforderlichen, für den betreffenden Mitgliedstaat bindenden Beschluss fassen, in dem wiederum eine Frist zur Umsetzung der Maßnahmen enthalten sein muss. Ergreift der Mitgliedstaat nicht die geforderten Maßnahmen, *können* die Schritte des Art. 42 Frontex-VO-2019 eingeleitet werden, in jedem Fall sind jedoch Rat und Kommission von diesen Umständen in Kenntnis zu setzen.

[176] Vgl. dazu den Maßnahmenkatalog des Art. 42 Abs. 3 Frontex-VO-2019.

[177] Vgl. zu den Mehrheitserfordernissen im Rahmen einer solchen vgl. auch unten in diesem Teil Kapitel 6 A. II.

gliedstaat zur Zusammenarbeit auffordern.[178] Im gesteigerten Eilfall des Art. 42 Abs. 2 Frontex-VO-2019 ist das Europäische Parlament über diese Vorgänge und Folgemaßnahmen zu unterrichten.

b) Einsetzung und Zusammensetzung der Teams im Ausnahmefall

Die in dem Beschluss des Rates potenziell enthaltene Entsendung von Grenzverwaltungsteams oder Rückkehrteams wird nach Art. 42 Abs. 4 lit. b) Frontex-VO-2019 wie auch die übrigen vorgesehenen Maßnahmen durch den Exekutivdirektor in einem umfassenden Einsatzplan konkretisiert und den betreffenden Mitgliedstaaten vorgelegt. Sodann soll innerhalb von drei Arbeitstagen eine Abstimmung zwischen Exekutivdirektor und Mitgliedstaat(en) erfolgen[179], bevor die einzusetzenden Teams schnellstmöglich und jedenfalls innerhalb von fünf Arbeitstagen nach Festlegung des Einsatzplans einsatzbereit sein sollen. Eine etwaige Verstärkung hat innerhalb von sieben Arbeitstagen nach der Entsendung der ersten Teams zu erfolgen.[180] Die Auswahl des Personals folgt nach Art. 42 Abs. 6 Frontex-VO-2019 dem auch außerhalb des Ausnahmefalls vorgeschriebenen Ablauf.

[178] Vgl. zum Ganzen Art. 42 Abs. 1 Frontex-VO-2019. Die Zuständigkeit für die Einleitung dieser sog. Intervention lag im Verordnungsvorschlag Art. 18 COM(2015) 671 final (nur) bei der Kommission, was früh politische Kontroversen hervorgerufen hat, s. nur BT Drs. 18/7499 (Antwort der Bundesregierung auf die Kleine Anfrage der Abgeordneten Ulla Jelpke, Christine Buchholz, Annette Groth, weiterer Abgeordneter und der Fraktion DIE LINKE BT Drs 18/7343).

[179] Eine Weigerung eines Mitgliedstaates zur Zusammenarbeit mit der Agentur in Bezug auf die vom Exekutivdirektor vorgelegten Maßnahmen oder grundsätzlich hinsichtlich der Umsetzung des Beschlusses des Rates nach Art. 42 Abs. 1 Frontex-VO-2019 verstößt gegen die diesbezüglich normierte Verpflichtung aus Art. 42 Abs. 8 Frontex-VO-2019. Mit Art. 42 Abs. 10 Frontex-VO-2019 i.V.m. Art. 29 Schengener Grenzkodex ist ein mögliches Notfallverfahren für diesen Fall vorgesehen, das letztlich zu einer Wiedereinführung der Kontrolle an den Binnengrenzen durch die Mitgliedstaaten führen kann. Hierfür erforderlich sind grundsätzlich diesbezügliche, auf Vorschlag der Kommission, um welchen die Mitgliedstaaten diese ersuchen können, erlassene Empfehlungen des Rates zur Wiedereinführung der Kontrollen an den Binnengrenzen, Art. 29 Abs. 2 Schengener Grenzkodex. In diesem Verfahren kann durch den Rat eine Empfehlung zur Verlängerung dieser Maßnahmen ausgesprochen werden. Die Empfehlung zur Verlängerung kann gem. Art. 29 Abs. 4 Schengener Grenzkodex auch durch die Kommission in Form eines im sog. Prüfverfahren erlassenen, sofort geltenden Durchführungsrechtsakt erfolgen, vgl. dazu insb. Art. 38 Abs. 3 Schengener Grenzkodex i.V.m. Art. 5, 8 der Verordnung (EU) Nr. 182/2011 des Europäischen Parlaments und des Rates vom 16. Februar 2011 zur Festlegung der allgemeinen Regeln und Grundsätze, nach denen die Mitgliedstaaten die Wahrnehmung der Durchführungsbefugnisse durch die Kommission kontrollieren (ABl. L 55 vom 28.02.2011, S. 13–18).

[180] Vgl. zum Ganzen Art. 42 Abs. 5 und 6 Frontex-VO-2019.

D. Rechtlicher Einsatzrahmen und praktische Umsetzung

Das Einsatzrecht der Teams unter Frontex-Beteiligung ist in der Frontex-VO-2019 und weiteren Sekundärrechtsakten[181] geregelt, welche u.a. auf nationale Befugnisse und völkerrechtliche Bindungen verweisen. Darüber hinaus bestehen informelle, von Frontex erlassene Einsatzvorgaben. Das für den jeweiligen Einsatz maßgebliche Einsatzrecht, das sich so aus unionalem und nationalem Recht zusammensetzt, wird letztlich durch den vor jedem Einsatz abzufassenden Einsatzplan aufgegriffen. In diesem Einsatzplan werden Befugnisse übertragen und allgemeine Handlungsvorgaben an die Teams aufgestellt, die der Einsatzmitgliedstaat seinen Anweisungen im Einsatz zugrundelegt.

I. Bestimmungen der Frontex-VO-2019

Art. 82 Frontex-VO-2019 regelt als zentrale Bestimmung in Kapitel IV („Allgemeine Bestimmungen"), Abschnitt 1 („Allgemeine Vorschriften") die „Aufgaben und Befugnisse der Teammitglieder". Der Status eines Teammitglieds kommt nach Art. 2 Nr. 18 Frontex-VO-2019 jedem Mitglied der ständigen Reserve, das im Rahmen von Grenzverwaltungsteams, Teams zur Unterstützung der Migrationsverwaltung und Rückkehrteams eingesetzt wird, zu. Dies erfasst somit sämtliche vorgesehene Kooperationsformen.[182]

1. Allgemeine Vorgaben zu Aufgaben und Befugnissen der Teams

„Teammitglieder müssen Aufgaben und Befugnisse für Grenzkontrollen und Rückkehr sowie Aufgaben und Befugnisse, die für die Verwirklichung der Ziele der" Seeaußengrenzen-VO, des Schengener Grenzkodex[183] und der Rückführungs-RL[184] „erforderlich sind, wahrnehmen können.". Mit dieser, aus Art. 40

---

[181] Insbesondere treten im Fall eines sich möglicherweise plötzlich und akzessorisch entwickelnden Such- und Rettungseinsatzes die Bestimmungen der Seeaußengrenzen-VO hinzu.

[182] Vgl. insoweit auch die Aufzählung in Art. 82 Abs. 6 UA 3 Frontex-VO-2019.

[183] Primäres Anliegen des Schengener Grenzkodexes ist die Konkretisierung einer gemeinsamen Politik der Union in Hinblick auf das Überschreiten der Binnen- und Außengrenzen (s. nur Erw. 2 ff. Schengener Grenzkodex). In Bezug auf letztere (s. dazu auch Art. 5 Schengener Grenzkodex) werden insbesondere Regelungen hinsichtlich Grenzkontrollen (s. dazu Art. 2 Nr. 3 Frontex-VO-2019 i.V.m. Art. 2 Nr. 10 Schengener Grenzkodex), Grenzübertrittskontrollen (Art. 2 Nr. 11, Art. 7 ff. Schengener Grenzkodex), der Grenzüberwachung (Art. 2 Abs. 12, Art. 13 Schengener Grenzkodex) und Einreiseverweigerungen (Art. 14 Schengener Grenzkodex) getroffen. Ein Beispiel für eine Maßnahme könnte die Sicherung des Hoheitsgebiets eines Mitgliedstaates hinsichtlich des Betretens durch einen Drittstaatangehörigen, dem die Einreise verweigert wurde (Art. 14 Abs. 4 Schengener-Grenzkodex), sein.

[184] Ziel der Rückführungs-RL ist die Förderung einer „wirksamen Rückkehrpolitik" (vgl. Erw. 4 Rückführungs-RL), die insbesondere aus der „Rückführung illegal aufhältiger Drittstaatangehöriger" (vgl. dazu Art. 3 Nr. 2 Rückführungs-RL) im Einklang mit dem geltenden Unions- und Völkerrecht besteht (vgl. Art. 1 Rückführungs-RL). Dies bezieht sich auch auf

Abs. 1 Frontex-VO-2016 bekannten, pauschalen und vom Ziel her formulierten Vorgabe beschreibt Art. 82 Abs. 1 Frontex-VO-2019 das Einsatzrecht der Teams. Davon ist auch das genuine Frontex-Personal der Kategorie 1 der ständigen Reserve betroffen, was Art. 55 Abs. 1 Frontex-VO-2019 explizit klarstellt. In dieser aufgabenbezogenen Zielsetzung kann im Anschluss an die bereits dargestellte Rechtsprechung des EuGH keine eigenständige materielle Ermächtigung gesehen werden[185], sondern vielmehr ein Umsetzungsauftrag für Frontex und primär den Einsatzmitgliedstaat, dessen nationales Recht letztlich die anzuwendenden nationalen Eingriffsgrundlagen vorsieht bzw. vorsehen muss. Dasselbe gilt grundsätzlich auch für die Vorgaben der Seeaußengrenzen-VO, die teilweise auf das nationale Recht (des Einsatzmitgliedstaats) verweisen und in der Regel eine Ermächtigung des Einsatzmitgliedstaats voraussetzen.[186] Dem entspricht es, dass die Wahrnehmung der Aufgaben nach Art. 82 Abs. 2 Frontex-VO-2019 „— insbesondere wenn dafür Exekutivbefugnisse erforderlich sind — der Genehmigung des Einsatzmitgliedstaats in Bezug auf sein Hoheitsgebiet und dem geltenden Unionsrecht, nationalen Recht und Völkerrecht, [...] wie es im in Artikel 38 genannten Einsatzplan dargelegt ist", unterliegt.[187] Eine weitere Einschränkung findet sich in Art. 82 Abs. 4 S. 1 Frontex-VO-2019, der die Wahrnehmung der übertragenen Aufgaben und Befugnisse grundsätzlich von den Anweisungen und der Anwesenheit der Grenzschutzbeamten des Einsatzmitgliedstaats abhängig macht. In dessen S. 2 wird jedoch die Möglichkeit des Einsatzmitgliedstaates eröffnet, Teammitglieder zu „ermächtigen, in seinem Namen zu handeln".[188] Auch hier bleibt unklar, auf welche materiellen Ermächtigungsgrundlagen zur „Verwirklichung der Ziele" der zitierten Rechtsakte zurückgegriffen werden soll – sieht man solche auch weiterhin nicht in diesen selbst (dies betrifft etwa die

Abschiebungen (vgl. Art. 3 Nr. 5, Art. 8 Rückführungs-RL) und Einreiseverbote (s. dazu Art. 3 Nr. 6, Art. 11 Rückführungs-RL). Eine mögliche Maßnahme stellt die Beteiligung an einer Abschiebung nach Art. 8 Rückführungs-RL dar, die nach Art. 8 Abs. 4 Rückführungs-RL auch Zwangsmaßnahmen miteinschließt.

[185] Vgl. dazu EuGH, Urt. v. 05.09.2012 Rs. C-355/10, Parlament/Rat, Rn. 71, wonach sich die Vorgaben des Schengener Grenzkodex a.F. hinsichtlich der Grenzüberwachung „darauf beschränken, die Aufgabe der Grenzschutzbeamten abstrakt zu beschreiben"; vgl. zu diesem Urteil bereits oben in diesem Kapitel unter A. I. 4. b); generell zur Kompetenzverteilung im Raum der Freiheit, der Sicherheit und des Rechts oben in Teil 1 Kapitel 2 A. I.

[186] Vgl. zu den Einzelnen Bestimmungen unten in diesem Kapitel D. IV. 1.

[187] Dies bekräftigt auch Art. 82 Abs. 3 Frontex-VO-2019: „Bei der Wahrnehmung ihrer Aufgaben und Befugnisse stellen die Teammitglieder die Achtung der Grundrechte uneingeschränkt sicher und halten das Unionsrecht und das Völkerrecht und das nationale Recht des Einsatzmitgliedstaats ein".

[188] Nach Art. 82 Abs. 11 Frontex-VO-2019 kommt allein diesen Teammitgliedern (selbstverständlich in Ergänzung zu den Beamten des Einsatzmitgliedstaates) die Befugnis zu, über eine Einreiseverweigerung nach Art. 14 Schengener Grenzkodexes zu entscheiden. Insoweit dürften nach Art. 82 Abs. 2, 4 Frontex-VO-2019 ermächtigte Teammitglieder als „nach nationalem Recht zuständige Behörde" i.S.d. Art. 14 Abs. 2 S. 2 Schengener Grenzkodex einzuordnen sein.

Seeaußengrenzen-VO oder den Schengener Grenzkodex) abschließend normiert, bleibt wiederum lediglich das nationale Recht des Einsatzmitgliedstaats. Dieses muss entsprechende Befugnisse regeln und ist sodann auch von dem unionalen Personal der Kategorie 1 anzuwenden. Die darin liegende Anwendung nationalen Rechts durch Unionspersonal stellt eine bemerkenswerte Besonderheit der Verbundverwaltung dar, die insbesondere auf Rechtsschutzebene Fragen aufwirft.[189]

Abgesehen von der bereits genannten Pflicht zur Beachtung unionalen wie nationalen Rechts und der Befolgung des Einsatzplans[190] – sind die rechtlichen Bindungen der Teams in der Frontex-VO-2019 nur rudimentär geregelt. So schreibt Art. 43 Abs. 4 Frontex-VO-2019 die „uneingeschränkte Achtung der Grundrechte, einschließlich des Rechts auf Zugang zum Asylverfahren und der Menschenwürde“, die Verhältnismäßigkeit der Maßnahmen und mehrere Diskriminierungsverbote vor. Auch in den „Allgemeinen Bestimmungen“ des vierten Kapitels werden die Grenzverwaltungsteams und Rückkehrteams zum „Schutz der Grundrechte unter Einhaltung der einschlägigen Rechtsvorschriften der Union“ und zur Einhaltungen der „Verpflichtungen im Zusammenhang mit dem Zugang zu internationalem Schutz“ verpflichtet. Besondere Betonung finden der Grundsatz der Nichtzurückweisung und die Rechte des Kindes.[191] Zu diesem Zwecke soll eine Grundrechtsstrategie durch die Agentur erarbeitet werden, die in ihrer aktuellen Fassung teilweise weitergehende Vorgaben enthält.[192]

---

[189] Vgl. dazu unten in diesem Kapitel G. III.

[190] Dazu unten in diesem Kapitel E.

[191] Art. 80 Abs. 1 Frontex-VO-2019.

[192] Die achtseitige Grundrechtsstrategie vom 31.03.2011 https://www.google.com/url?sa=t&rct=j&q=&esrc=s&source=web&cd=&ved=2ahUKEwjWgePImsSEAxXXgP0HHR2jAPcQFnoECDEQAQ&url=https%3A%2F%2Fwww.statewatch.org%2Fmedia%2Fdocuments%2Fobservatories_files%2Ffrontex_observatory%2F2011-03-31-frontex-fundamental-rights-strategy.pdf&usg=AOvVaw38oLQXRqG6ejNmclg1IHZj&opi=89978449 (zuletzt abgerufen am 24.02.2024) beinhaltet neben einer Präambel und eher allgemein gehaltenen „Objectives“ (Punkte 1–3) zunächst eine Beschreibung des „Legal and Political Context“ (Punkte 4–13). Die unter dem Punkt „Operationalization“ aufgeführten Vorgaben zu „Joint Operations“ beinhalten in Punkt 14 zunächst dem Art. 34 Frontex-VO-2016 (jetzt Art. 80 Frontex-VO-2019) sehr ähnliche Ausführungen. In Punkt 15 wird jedoch insoweit konkreter die Bedeutung des Einsatzplanes („operational plan“) für die Einhaltung dieser Standards betont. Im Fall eines Verstoßes sollen „corrective measures“ ermöglicht werden, wobei die Beendigung des Einsatzes durch die Agentur als ultima ratio vorgesehen ist. Hierfür sollen nach Punkt 16 die Teammitglieder entsprechend sensibilisiert und mit entsprechender Ausrüstung versehen werden. Punkt 17 betont die Erforderlichkeit eines „effective reporting system“, welches im Einsatzplan angelegt ist und dessen Bedeutung für „forced return operations“ in Punkt 18 besonders hervorgehoben wird. Als notwendige Folge von erfolgten Grundrechtsverletzungen sieht Punkt 19 ein von der Agentur und ggf. in Zusammenarbeit dem Herkunftsmitgliedstaat des handelnden Beamten angestrengtes verwaltungsrechtliches oder gar strafrechtliches Verfahren vor, über dessen Verlauf und Ausgang die Agentur zu informieren ist. Weiterhin sollen zu einer generellen Verbesserung des Grundrechtsschutzes bei gemeinsamen Einsätzen „persons with a qualified fundamental rights expertise“ sowie

2. Konkretere Ausgestaltung: Insbesondere Zwangsbefugnisse und Befugnisse des sog. Statutspersonals

Ein wesentlicher Aufgabenbereich betrifft die Informationsverwaltung. Der dabei vergleichsweise konkret geregelte Zugang zu „Unionsdatenbanken" ist durch den Einsatzmitgliedstaat nach Art. 82 Abs. 10 Frontex-VO-2019 zu autorisieren, kann über eine nationale Schnittstelle „oder eine andere Art des Zugangs, die in den Rechtsakten der Union vorgesehen ist"[193] erfolgen und hat das Recht des Einsatzmitgliedstaats zu beachten. Bei Rückkehraktionen ist nach Art. 50 Abs. 2 UA 2 Frontex-VO-2019 eine Abfrage des Schengener Informationssystems zwingend vorgesehen, „um zu prüfen, ob die [...] erlassenen Rückkehrentscheidungen ausgesetzt oder ihre Vollstreckung verschoben wurde". Für die Verarbeitung personenbezogener Daten im Rahmen eines Teameinsatzes geben Art. 88 Frontex-VO-2019 und, hinsichtlich „operativer personenbezogener Daten", Art. 90 Frontex-VO-2019 weitere Begrenzungen vor; insbesondere wird auf die Anwendbarkeit der kürzlich erlassenen Datenschutzrechtsakte der Union verwiesen.[194]

Ebenso wie in der Frontex-VO-2016 ist in Art. 82 Abs. 6 UA 1 Frontex-VO-2019 auch die grundsätzliche[195] Kenntlichmachung der Teammitglieder geregelt: Während das Statutspersonal die „Uniform der ständigen Reserve" tragen soll, tragen die übrigen Kategorien 2–4 „ihre eigene Uniform"; alle Teammitglieder tragen nach Art. 82 Abs. 6 UA. 3 Frontex-VO-2019 ein „Kennzeichen zur persönlichen Identifizierung und eine blaue Armbinde mit den Zeichen der Europäischen Union und der Agentur".

„external partners" (genannt sind u.a. die Agentur der Europäischen Union für Grundrechte, das Europäische Unterstützungsbüro für Asylfragen und der UNHCR) konsultiert werden (Punkt 21) und die so erhaltenen „instructions or guidelines" nach Punkt 22 einen „integral part of each Operational Plan" darstellen. Nach den folgenden Ausführungen hinsichtlich eines grundrechtsschutzorientierten „capacity building" (Punkte 23–27) und Zusammenarbeit mit Drittstaaten (Punkte 28–30) wird in den Punkten 31 und 32 auf den „Dos and Don'ts" enthaltenen „Code of Conduct" der Agentur hingewiesen. In diesen Punkten wird zwar dessen rechtliche Unverbindlichkeit angedeutet, aber eine Erwartungshaltung der Agentur im Hinblick „all relevant national authorities to ensure that adequate measures are taken to redress potential infringements of the Code of Conduct by national officials upon information provided by Frontex and other concerned parties" herausgestellt. Die übrigen Punkte (33–40) beschäftigen sich mit der Implementierung der Grundrechtsstrategie und heben den EuGH, die zuvor genannten „external partners", die Agentur und die zuständigen nationalen Behörden als insoweit in der Pflicht stehende Akteure heraus. Die Zuständigkeit zur Beobachtung und Dokumentation dieser Entwicklungen wird der Agentur aufgelegt.

[193] Dies kann etwa die unten in diesem Teil unter D III. dargestellten Informationssysteme betreffen, die teilweise ausdrücklich die Abfrage durch Teams der europäischen Grenz- und Küstenwache regeln.

[194] Dies gilt etwa für die DSGVO und die JI-Richtlinie (vgl. nur Art. 89 und Erw. 99 Frontex-VO-2019) sowie die EU-Datenschutz-VO (vgl. insb. Art. 86 Frontex-VO-2019).

[195] Zu den Ausnahmen vgl. Art. 82 Abs. 6 UA 2 Frontex-VO-2019, wonach unter festzulegenden Umständen keine Uniform getragen werden muss.

Die durch das Statutspersonal wahrzunehmenden Aufgaben, „die Exekutivbefugnisse erfordern", sind durch Art. 55 Abs. 7 Frontex-VO-2019 (teilweise) mit Blick auf konkrete Aufgabennormen abschließend aufgelistet: Dies betrifft etwa die Gestattung der Einreise nach Art. 6 Schengener Grenzkodex, die Verweigerung der Einreise nach Art. 14 Schengener Grenzkodex, das Abstempeln von Reisedokumenten nach Art. 11 Schengener Grenzkodex, Registrierungen bzw. Abfragen in Eurodac sowie „Maßnahmen gegen Personen, die die Grenze irregulär überschreiten". Nimmt man diese Eingrenzung der Befugnisse mit der Art. 82 Abs. 4 Frontex-VO-2019 modifizierenden Bestimmung des Art. 82 Abs. 11 Frontex-VO-2019 zusammen, wonach die Verweigerung der Einreise sowie die Verweigerung von Visa an der Grenze[196] zwingend entweder durch Grenzschutzbeamte des Einsatzmitgliedstaats oder in dessen Namen und aufgrund einer Ermächtigung erfolgen muss, kann neben einer Beachtung der teilweise bestehenden entsprechenden Vorgaben der zitierten Aufgabennormen[197] wohl eine zugrundeliegende Regelungssystematik unterstellt werden: Das Statutspersonal ist relativ umfassend zur Vornahme von Realakten auch im eigenen Namen ermächtigt, verbindliche[198] (negative) Entscheidungen sollen jedoch jedenfalls im Namen des Einsatzmitgliedstaats erfolgen.

Zu dieser umfassenden Befugnis zur Vornahme von tatsächlichem Handeln gegenüber betroffenen Personen – und dies gilt wiederum für sämtliche Kategorien der ständigen Reserve – sind auch Zwangsbefugnisse zu zählen, die das Führen und den Gebrauch von „Dienstwaffen, Munition und Ausrüstung" umfassen. Maßgeblich ist dabei zunächst das Recht des Herkunftmitgliedstaats bzw. das für das Statutspersonal geltende Recht. Letzteres ist nach Art. 55 Abs. 5 Frontex-VO-2019 durch den Verwaltungsrat, einschließlich Bestimmungen über die Lagerung und Aufsichtsmechanismen, auszugestalten. Ferner existiert mit Anhang V Frontex-VO-2019 ein relativ ausführliches Regelwerk hinsichtlich der Anwendung von Zwang.[199] Auch die Wahrnehmung der Zwangsbefugnisse ist nach Art. 82 Abs. 8 UA 1 S. 1 Frontex-VO-2019 von einer Genehmigung des Einsatzmitgliedstaats abhängig, hinzutreten muss beim Statutspersonal die Zustimmung von Frontex und bei den übrigen Kategorien die des Herkunftmitgliedstaats. Ebenfalls mit Zustimmung der jeweiligen Stellen und einer entspre-

[196] Verwiesen wird auf den vergleichsweise konkret formulierten Art. 35 der Verordnung (EG) Nr. 810/2009 des Europäischen Parlaments und des Rates vom 13. Juli 2009 über einen Visakodex der Gemeinschaft (Visakodex) (ABl. L 243 vom 15.09.2009, S. 1–58).

[197] Art. 14 Abs. 2 Schengener Grenzkodex, der die Einreiseverweigerung regelt, sieht etwa zwingend vor, dass diese „von einer nach nationalem Recht zuständigen Behörde erlassen" wird.

[198] Hierbei wird die Verbindlichkeit entsprechend der in Art. 263 Abs. 1 AEUV normierten Voraussetzung der „Rechtswirkung gegenüber Dritten" in ihrem Verständnis in der EuGH-Rechtsprechung zugrunde gelegt, vgl. dazu unten in Teil 3 Kapitel 11 C. II. 2.

[199] Enthalten sind neben den „Allgemeinen Grundsätzen" der Erforderlichkeit und der Verhältnismäßigkeit Vorgaben in Bezug auf Schusswaffen, „nichtletale Waffen" und Handschellen.

chenden Ermächtigung durch den Einsatzmitgliedstaat sowie im Einklang mit dessen Rechtsordnung, dürfen Zwangsmaßnahmen auch in Abwesenheit der Grenzschutzbeamten des Einsatzmitgliedstaats ergriffen werden, Art. 82 Abs. 8 UA 1 S. 2 Frontex-VO-2019. Das „Führen bestimmter Dienstwaffen, Munition oder Ausrüstung“ kann durch den Einsatzmitgliedstaat jedoch verboten werden, wenn eine entsprechende rechtliche Vorgabe im nationalen Recht verankert ist, Art. 82 Abs. 8 UA 2 Frontex-VO-2019.

II. Der Frontex-Code of Conduct[200]

Ferner ist der von Frontex auf der Basis von Art. 31 Frontex-VO-2016 (nunmehr Art. 81 Frontex-VO-2019) erlassene Frontex-CoC für den Einsatzrahmen der Grenzverwaltungsteams und Rückkehrteams relevant. Der Anwendungsbereich des Frontex-CoC soll sich in sachlicher Hinsicht auf alle operativen Tätigkeiten von Frontex erstrecken. Durch die Definition dieses Begriffs in Art. 2 b) Frontex-CoC, wonach nicht nur von Frontex organisierte oder koordinierte Aktivitäten, sondern auch lediglich durch Frontex (ko-)finanzierte Einsätze der Mitgliedstaaten im Aufgabenbereich der Agentur[201] erfasst werden sollen, ergibt sich ein weiter Geltungsbereich. Weiterhin soll der Frontex-CoC in persönlicher Hinsicht nach Art. 2 a) Frontex-CoC für alle an den Operationen beteiligten bzw. in diese eingebundenen Personen gelten. Der örtliche Anwendungsbereich soll sich nach Art. 1 Abs. 1 und 2 Frontex-CoC grundsätzlich auch auf Aktivitäten außerhalb des Territoriums der EU beziehen, wobei Art. 54 (Abs. 4) Frontex-VO-2016 (bzw. Art. 73 Abs. 3, 4 Frontex-VO-2019) zu beachten ist.[202]

Neben Vorgaben zur Achtung des einschlägigen Völkerrechts, europäischen Rechts sowie nationalen Rechts des Einsatz- und ggf. des/der teilnehmenden Mitgliedstaates/n (Art. 3 lit a) Frontex-CoC) und der Grundrechte (Art. 4 Frontex-CoC) sowie hinsichtlich des Umgangs mit Ersuchen zur Gewährung von internationalem Schutz (Art. 5 Frontex-CoC) wird insbesondere die Pflicht zur Befolgung des Einsatzplanes betont (Art. 3 lit. b) Frontex-CoC). Die Ausführung der Pflichten soll nach Art. 6 Frontex-CoC insbesondere unter Offenlegung der Teilnahme an einer operativen Tätigkeit von Frontex gegenüber betroffenen Personen erfolgen (lit. b).[203] Auch für die dienstfreie Zeit gelten die „behavioural

---

[200] Im Folgenden „Frontex-CoC“; der Originaltitel des in nur englischer Sprache verfügbaren, im Jahr 2020 von Frontex veröffentlichten Dokuments lautet „Code of Conduct applicable to all persons participating in Frontex operational activities“. Im Vorwort des Frontex-CoC wird dessen rechtliche Unverbindlichkeit („not a codification of legislation“) betont, gleichzeitig aber auch eine Erwartungshaltung von Frontex und der Vorbildcharakter des Frontex-CoC hervorgehoben.

[201] Vgl. dazu an dieser Stelle nur Art. 10, 36 Frontex-VO-2019.

[202] Zum extraterritorialen Handeln von Frontex im Rahmen gemeinsamer Einsätze s.u. in diesem Kapitel unter I.

[203] Die gilt nur dann nicht, wenn die Sicherheit der Beamten oder die Ziele der Operation durch eine Offenlegung gefährdet wären. Im Übrigen schreibt Art. 6 Frontex-CoC eine umgehende (lit. a) und ökonomische (lit. c) Erfüllung der Pflichten vor.

standards" des Art. 10 Frontex-CoC, die eher selbstverständliche und allgemeingültige Verhaltensvorgaben enthalten.[204] Auch die in Art. 11 bis 17 Frontex-CoC enthaltenen Vorgaben betreffen nicht (primäre) Dienstpflichten sondern generelle Verhaltensanweisungen.[205] Art. 18 Frontex-CoC, der die Gewaltanwendung und Nutzung von Waffen durch die Einsatzkräfte betrifft, geht inhaltlich nicht über Art. 40 Frontex-VO-2016 bzw. Art. 82 Abs. 8, 9 Frontex-VO-2019 hinaus. In den Schlussbestimmungen des Frontex-CoC werden die Einsatzkräfte zur eigenen Ausbildung (insb. über den Frontex-CoC) auch während des Einsatzes (insbesondere über „best practices") angehalten, Art. 19 Frontex-CoC. Zudem beinhaltet Art. 20 Frontex-CoC zum einen die Pflicht zur kooperativen Informationsbeschaffung hinsichtlich etwaiger Vorfälle während des Einsatzes (Abs. 1), zum anderen eine Pflicht zur Unterstützung von durch den Einsatz betroffenen Personen, welche die Absicht haben, Grundrechtsverletzungen geltend zu machen (Abs. 2).

III. Datenbanken des europäischen Sicherheitsrechts

Dass wie soeben erläutert nach Art. 82 Abs. 10 Frontex-VO-2019 eine Ermächtigung zur Datenabfrage durch den Einsatzmitgliedstaat erfolgen muss und nicht durch unionale Einrichtungen (wie etwa Frontex) erteilt werden kann, liegt auch in der Struktur und insbesondere in der aktuellen Regelung der Zugriffsrechte in Bezug auf Datenbanken des europäischen Sicherheitsrechts begründet. Über im Raum der Freiheit, der Sicherheit und des Rechts existierende Informationssysteme[206] erfolgt ein Großteil des sicherheitsrelevanten Informationsaustauschs.[207] Diese Informationssysteme können dabei nicht nur in Bezug auf die von Frontex koordinierten Teams sondern jedenfalls auch für JITs und ASTs relevant werden: Bei Operationen an den Außengrenzen der EU und zur Gewährleistung der inneren Sicherheit innerhalb der EU kann insbesondere eine Nutzung des Schengener Informationssystems, des Visainformationssystems, des Einreise-/Ausreisesystems und Eurodacs erforderlich sein, ferner kann ein Informationsaustausch nach den Regeln der Prüm-Beschlüsse erfolgen. Teilweise enthalten die untersuchten Informationssysteme bzw. die diesbezüglichen Änderungsvor-

---

[204] So etwa das Verbot hinsichtlich der Nutzung vulgärer oder obszöner Sprache oder Gestik (Art. 10 lit. d) Frontex-CoC), aber auch ein wohl schwer fassbares Gebot, „cultural differences" nicht zu ignorieren (Art. 10 lit. e) Frontex-CoC).

[205] Etwa das Verbot von „harassment" i.S.d. Art. 2 lit. g) Frontex-CoC (Art. 13 Frontex-CoC), Vorschriften betreffend den Alkohol- und Drogenkonsum währen und außerhalb des Dienstes (Art. 14 bzw. Art. 15 Frontex-CoC), etwaige sexuelle Verbindungen (Art. 16 Frontex-CoC) sowie Machtmissbrauch und Korruption (Art. 11, 17 Frontex-CoC).

[206] Vgl. generell zu Funktionen und Strukturen von Informationssystemen im Europäischen Verwaltungsverbund *Heußner*, Informationssysteme, S. 141 ff.

[207] Vgl. dazu m.w.N. *Aden*, dms 2014 S. 55 ff., S. 60 ff., der den zentralen Datenbanken eine netzwerkbasierte Form des Informationsaustauschs gegenüberstellt.

schläge explizite Bezugnahmen auf Teams unter der Beteiligung von Frontex und andere hier untersuchte gemeinsame Einsatzformen.

1. Schengener Informationssystem

Mit den kürzlich erlassenen SIS-Verordnungen wurde das bis 2018 bestehende Schengener Informationssystem der zweiten Generation (SIS II)[208] abgelöst. Das SIS II, welches durch die Verteilung der in ihm enthaltenen Informationen zur Sicherheitsgewährleistung im Raum der Freiheit, der Sicherheit und des Rechts beitragen sollte, basierte im Wesentlichen auf zwei Rechtsgrundlagen[209], deren Trennung aufgrund der vor dem Vertrag von Lissabon herrschenden Säulenstruktur für notwendig erachtet wurde.[210] Mittlerweile wurden die Rechtsgrundlagen des SIS reformiert, hierbei wurde die genannte Trennung beibehalten[211] und

---

[208] Das SIS II hatte durch seine Inbetriebnahme am 09.04.2013 das auf die Art. 93 ff. SDÜ gestützte Schengener Informationssystem der ersten Generation abgelöst (vgl. dazu die Pressemitteilung der Kommission „Schengener Informationssystem (SIS II) geht in Betrieb", Brüssel, den 9.04.2013 http://europa.eu/rapid/press-release_IP-13-309_de.html, zuletzt abgerufen 24.02.2024). Bis dahin wurde dessen Betrieb so umgestaltet („SIS 1+"), dass das durch das SIS II primär verfolgte Ziel der Vergrößerung der Kapazitäten übergangsweise erreicht wurde. Vgl. zum Ganzen *Mokros*, in: Lisken/Denninger/Rachor (Hrsg.), Kapitel O Rn. 179 ff. und *Schöndorf-Haubold*, Europäisches Sicherheitsverwaltungsrecht Rn. 60 ff.

[209] Die Verordnung (EG) Nr. 1986/2006 des Europäischen Parlamentes und des Rates vom 20.12.2006, über den Zugang von für die Ausstellung von Kfz-Zulassungsbescheinigungen zuständigen Dienststellen der Mitgliedstaaten zum Schengener Informationssystem der zweiten Generation (SIS II) (ABl. L 381 vom 28.12.2006, S. 1–3), soll hier ausgeklammert werden.

[210] Die Rechtsgrundlagen bildeten der die PJZS betreffende Beschluss 2007/533/JI des Rates vom 12. Juni 2007 über die Einrichtung, den Betrieb und die Nutzung des Schengener Informationssystems der zweiten Generation (SIS II) (ABl. L 205 vom 07.08.2007, S. 63–84) einerseits und die Verordnung (EG) Nr. 1987/2006 des Europäischen Parlaments und des Rates vom 20. Dezember 2006 über die Einrichtung, den Betrieb und die Nutzung des Schengener Informationssystems der zweiten Generation (SIS II) (ABl. L 381 vom 28.12.2006, S. 4–23) andererseits, welche einreise- und migrationsbezogene Bereiche betrifft, vgl. dazu auch Erw. 3, 4 des genannten Beschlusses. Die aktuelle Primärrechtslage gebietet eine solche Trennung nicht mehr, vgl. dazu auch *Aden*, in: Lisken/Bäcker/Denninger/Graulich (Hrsg.), Kapitel N Rn. 207. Die Inhalte der beiden Rechtsgrundlagen sind häufig identisch (vgl. auch Erw. 4 des genannten Beschlusses), weshalb hier nur bei voneinander abweichenden Bestimmungen auf beide Rechtsgrundlagen eingegangen wird.

[211] Vgl. die Verordnung (EU) 2018/1861 des Europäischen Parlaments und des Rates vom 28. November 2018 über die Einrichtung, den Betrieb und die Nutzung des Schengener Informationssystems (SIS) im Bereich der Grenzkontrollen, zur Änderung des Übereinkommens zur Durchführung des Übereinkommens von Schengen und zur Änderung und Aufhebung der Verordnung (EG) Nr. 1987/2006 (ABl. L 312 vom 07.12.2018, S. 14–55) einerseits und die Verordnung (EU) 2018/1862 des Europäischen Parlaments und des Rates vom 28. November 2018 über die Einrichtung, den Betrieb und die Nutzung des Schengener Informationssystems (SIS) im Bereich der polizeilichen Zusammenarbeit und der justiziellen Zusammenarbeit in Strafsachen, zur Änderung und Aufhebung des Beschlusses 2007/533/JI des Rates und zur Aufhebung der Verordnung (EG) Nr. 1986/2006 des Europäischen Parlaments und des Rates und des Beschlusses 2010/261/EU der Kommission (ABl. L 312 vom

noch ein weiterer Bereich („Rückkehr illegal aufhältiger Drittstaatangehöriger") in einer eigenen Verordnung geregelt.[212] Das SIS besteht nach alledem aus einem Zentralsystem (zentrales SIS, CS-SIS)[213], einem nationalem System je Mitgliedstaat (N.SIS) und einer Kommunikationsinfrastruktur zwischen diesen Komponenten.[214]

Die CS-SIS wird von eu-LISA[215] betrieben[216] und kann als technischer Kern des Systems und Unterstützungsmodul für die Mitgliedstaaten bei ihren Eingaben angesehen werden, eigene Dateneinspeisungs- oder Datenverarbeitungsbefugnisse in irgendeiner Form bestehen in diesem Bereich jedoch nicht.[217] Die als Ausschreibungen bezeichneten Datensätze[218] können ausschließlich von den Mitgliedstaaten in das jeweilige N.SIS eingestellt, dort aktualisiert und gelöscht werden.[219] Weitere Datenarten stellen nicht in das N.SIS einzufügende „Zusatzinformationen"[220] und im N.SIS zu speichernde „ergänzende Daten"[221] dar. Die SIS-

07.12.2018, S. 56–106), im Folgenden SIS-Verordnung, andererseits. Diese beiden Regelungen sind – wie auch schon ihre Vorgänger – weitgehend inhaltsgleich, weshalb hier – soweit keine Abweichungen bestehen – lediglich die Vorschriften der SIS-Verordnung zitiert werden.

212 Verordnung (EU) 2018/1860 des Europäischen Parlaments und des Rates vom 28. November 2018 über die Nutzung des Schengener Informationssystems für die Rückkehr illegal aufhältiger Drittstaatsangehöriger (ABl. L 312 vom 07.12.2018, S. 1–13), im Folgenden SIS-Rückkehr-VO; die SIS-Rückkehr-VO verweist weitgehend auf die soeben zitierten Rechtsakte (Art. 19 SIS-Rückkehr-VO) und sieht im hier relevanten Bereich in zwei Fällen besonders nennenswerte Pflichten vor: Dies betrifft zum einen den Fall eines „Treffers" in Bezug auf eine rückkehrpflichtige, an den Außengrenzen bei Ausreise angetroffene Person. In diesem Fall ist eine „Rückkehrbestätigung" vorgesehen (Art. 6 SIS-Rückkehr-VO). Zum anderen betrifft dies den Fall des Antreffens ausgeschriebener, rückkehrpflichtiger Personen an den Außengrenzen bei Einreise (Art. 8 SIS-Rückkehr-VO).

213 Dieses setzt sich aus einer technischen Unterstützungseinheit (CS-SIS) und einer einheitlichen nationalen Schnittstelle (NI-SIS) zusammen, Art. 4 Abs. 1 lit. a) SIS-Verordnung.

214 Vgl. Art. 4 Abs. 1 lit. c) SIS-Verordnung.

215 Vgl. dazu unten in diesem Kapitel unter D. III. 5.

216 Vgl. zu den Zuständigkeiten von eu-LISA im Rahmen des SIS nur Art. 15 ff. SIS-Verordnung bzw. Art. 3 eu-LISA-VO.

217 Vgl. zum Ganzen Art. 4 Abs. 1 SIS-Verordnung.

218 Art. 3 Nr. 1 SIS-Verordnung definiert den Begriff der Ausschreibung wie folgt: „einen in das SIS eingegebenen Datensatz, der den zuständigen Behörden die Identifizierung einer Person oder Sache im Hinblick auf die Ergreifung spezifischer Maßnahmen ermöglicht".

219 In den Ausschreibungen können grundsätzlich die in Art. 20 Abs. 3 SIS-Verordnung aufgelisteten Daten enthalten sein.

220 Vgl. dazu Art. 3 Nr. 2 SIS-Verordnung. Diese Zusatzinformationen sind nur in den genannten Fällen auszutauschen (zum Austausch konkret Art. 8 SIS-Verordnung), teilweise bestehen für bestimmte Ausschreibungskategorien besondere Vorschriften hinsichtlich der Übermittlung dieser Datensätze, vgl. etwa. Art. 28 f. SIS-Verordnung hinsichtlich Übergabebzw. Auslieferungshaft.

221 Vgl. dazu Art. 3 Nr. 3 SIS-Verordnung. Hierbei handelt es sich um Daten, die im Fall eines Treffers in Bezug auf eine gesuchte Person „unmittelbar zur Verfügung stehen müssen" und somit im Unterschied zu den Zusatzinformationen keine prüfende Stelle zwischengeschaltet ist.

Verordnung legt verschiedene Ausschreibungskategorien[222] sowie jeweils zugehörige Bestimmungen über etwaige Zusatzinformationen, ergänzende Daten und insbesondere Pflichten zur Ergreifung von Maßnahmen im Falle eines Treffers fest.[223] Den Mitgliedstaaten kommt ferner die Verantwortung für die Einrichtung, Funktionsfähigkeit[224] und Sicherheit[225] der N.SIS zu. Zugriffsrechte nationaler Stellen auf die N.SIS bestehen ausschließlich für die in Art. 44 SIS-Verordnung genannten Behörden, im hier interessierenden Kontext insbesondere zum Zwecke von Grenzkontrollen nach dem Schengener Grenzkodex (Art. 44 Abs. 1 lit. a) SIS-Verordnung), zur „Rückführung von Drittstaatangehörigen" (Art. 44 Abs. 1 lit d) SIS-Verordnung) und zur „Verhütung, Ermittlung, Aufdeckung oder Verfolgung terroristischer oder sonstiger schwerer Straftaten oder Strafvollstreckung" sofern die JI-Richtlinie Anwendung findet[226] (Art. 44 Abs. 1 lit. c) SIS-Verordnung).[227] Als einzige unionale Agenturen haben Europol[228] und Eurojust[229] unter bestimmten Voraussetzungen Zugriffsrechte. Der Austausch von Zusatzinformationen erfolgt über die nationalen SIRENE-Büros[230] und hat nach Art. 8 Abs. 4 SIS-Verordnung unter Beachtung des SIRENE-Handbuchs zu erfolgen.[231]

---

[222] Vgl. dazu nur Art. 20 Abs. 1 SIS-Verordnung mit Verweis auf die einzelnen Kategorien, nach Art. 56 Abs. 1 SIS-Verordnung dürfen die Mitgliedstaaten etwaige erlangte Daten nur zu den dort festgelegten Zwecken verarbeiten; vgl. zum Ganzen *Aden*, in: Lisken/Bäcker/Denninger/Graulich (Hrsg.), Kapitel N Rn. 208.

[223] Diese Verpflichtungen der abfragenden Behörde beschränken sich in der Regel auf Informationsübermittlungen an die ausschreibende Stelle, vgl. etwa Art. 33 und Art. 39 SIS-Verordnung. Eine Ausschreibung und entsprechende ergänzende Daten hinsichtlich Personen zum Zwecke der Übergabe- oder Auslieferungshaft (Art. 26 f. SIS-Verordnung), hat gem. Art. 31 Abs. 1 SIS-Verordnung bei Anwendbarkeit des Haftbefehl-RB (vgl. dazu insb. dessen Art. 2) die gleiche Wirkung wie ein Europäischer Haftbefehl und ist dementsprechend zu vollstrecken (vgl. dazu etwa die Vorgaben Art. 1 Abs. 2, Art. 3 ff. Haftbefehl-RB).

[224] Vgl. dazu Art. 6 SIS-Verordnung.

[225] Vgl. Art. 10 SIS-Verordnung.

[226] Dies ist insbesondere auch bei der Arbeit der JITs der Fall, s. dazu ausführlich oben in diesem Teil Kapitel 4 G. II. 2.

[227] Neben Art. 40 SIS-Verordnung bestehen jeweils näher bestimmte Zugriffsrechte etwa für Kfz-Zulassungsstellen (Art. 45 SIS-Verordnung) oder Zulassungsstellen für Schusswaffen (Art. 47 SIS-Verordnung).

[228] Der Zugriff und die Nutzung der Daten durch Europol-Bedienstete (Art. 48 SIS-Verordnung) unterliegt jedoch mehreren Schranken, vgl. dazu nur Art. 48 Abs. 5 SIS-Verordnung.

[229] Der Zugriff durch Eurojust ist in Art. 49 SIS-Verordnung geregelt.

[230] Vgl. Art. 7 Abs. 2 SIS-Verordnung, wonach dies eine 24/7 einsatzfähige nationale Stelle darstellt. SIRENE steht hierbei für „Supplementary Information Request at the National Entries".

[231] Die aktuell gültige Form des Sirene-Handbuchs wurde von der Kommission in Form des Durchführungsbeschlusses (EU) 2017/1528 vom 31.08.2017 erlassen. Das Sirene-Handbuch enthält „Weisungen mit einer detaillierten Beschreibung der Vorschriften und Verfahren für den bilateralen oder multilateralen Austausch von Zusatzinformationen", vgl. S. 10 des zitierten Durchführungsbeschlusses.

Die hier relevanteste, durch die SIS-Verordnung neu eingeführte Bestimmung stellt Art. 50 SIS-Verordnung[232] dar, die insbesondere an Art. 40 Abs. 8 Frontex-VO-2016 anknüpft. Nach Art. 50 Abs. 1 SIS-Verordnung dürfen Teammitglieder erforderlichenfalls[233] unter folgenden Voraussetzungen auf die im SIS gespeicherten Daten zugreifen: Die Teammitglieder müssen „zur Durchführung der Kontrollen gemäß Art. 44 Absatz 1 [...] ermächtigt sein“[234] und Schulungen nach Art. 14 Abs. 1 SIS-Verordnung absolviert haben. Ein unter diesen Voraussetzungen bestehendes Zugriffsrecht ist nicht übertragbar. Die Abfrage der Informationen erfolgt hierbei jedoch nicht über die nationalen Kanäle des Einsatzmitgliedstaats, vielmehr ist durch Frontex nach Art. 50 Abs. 2 SIS-Verordnung eine „technische Schnittstelle“ einzurichten, die eine direkte Verbindung mit dem zentralen SIS ermöglicht.[235] Ergibt eine Abfrage einen Treffer, ist der ausschreibende Mitgliedstaat zu unterrichten und etwaige Maßnahmen sind grundsätzlich nur unter Anwesenheit von zuständigen Beamten des Einsatzmitgliedstaats zu ergreifen, Art. 50 Abs. 3 SIS-Verordnung. Nach Art. 50 SIS-Verordnung liegt es nahe, dass die Verantwortung für die Rechtmäßigkeit einer so erfolgten Datenverarbeitung bei Frontex liegen soll. Denn hiernach ist Frontex für eine Protokollierung der Datenverarbeitung zwecks Überprüfung der Rechtmäßigkeit, „Eigenkontrolle und Sicherstellung der angemessenen Sicherheit und Integrität der Daten“ zuständig (Art. 50 Abs. 4), hat die Anwendung der Art. 10, 11, und 13 SIS-Verordnung durch die Teammitglieder sicherzustellen (Art. 50 Abs. 5) und der EDSB ist auch hier zur Überwachung berufen (Art. 50 Abs. 9).

2. *Visa-Informationssystem[236] und Einreise-/Ausreisesystem[237]*

Neben dem SIS kommt im Raum der Freiheit, der Sicherheit und des Rechts den in besonderer Weise miteinander verknüpften Datenbanken des VIS und des EES Bedeutung zu.

---

[232] Eine entsprechende Vorschrift findet sich auch in Art. 17 Abs. 3 SIS-Rückkehr-VO und in der dritten das SIS gestaltenden Verordnung (vgl. Kapitel 5 Fn. 211 und deren Art. 36).

[233] Art. 52 SIS-Verordnung schreibt in Bezug auf sämtliche „Endnutzer“ einen Erforderlichkeitsvorbehalt vor.

[234] Dies soll wohl trotz der insoweit nicht eindeutigen Formulierung des Art. 44 Abs. 1 lit. d) SIS-Verordnung die Mitglieder von Europäischen Rückkehrteams miteinschließen.

[235] Eine darüberhinausgehende Verbindung mit Informationssystemen von Frontex ist hingegen untersagt, vgl. dazu nur Art. 50 Abs. 7 SIS-Verordnung.

[236] Das Visa-Informationssystem (im Folgenden VIS) wurde durch die Entscheidung des Rates 2004/512/EG vom 8. Juni 2004 zur Einrichtung des Visa-Informationssystems (VIS) (ABl. L 213 vom 15.06.2004, S. 5–7), im Folgenden VIS-Entscheidung, eingerichtet. Durch die Verordnung (EG) Nr. 767/2008 des Europäischen Parlaments und des Rates vom 9. Juli 2008 über das Visa-Informationssystem (VIS) und den Datenaustausch zwischen den Mitgliedstaaten über Visa für einen kurzfristigen Aufenthalt (ABl. L 218 vom 13.08.2008, S. 60–81), im Folgenden VIS-Verordnung, werden nach deren Art. 1 „Zweck, Funktion und Zuständigkeiten in Bezug auf das VIS“ festgelegt. Hier wird auf die konsolidierte Fassung vom 11.06.2019 Bezug genommen.

[237] Das Einreise-/Ausreisesystem (im Folgenden EES) wurde durch die Verordnung (EU)

a) VIS

Das VIS soll nach Art. 2 VIS-Verordnung neben der effektiven Durchsetzung einer gemeinsamen Visumpolitik u.a. Kontrollen an den Außengrenzübergangsstellen und im Hoheitsgebiet der Mitgliedstaaten erleichtern sowie der Verhinderung von Gefahren für die innere Sicherheit dienen. Hierzu können nach Art. 5 i.V.m. Art. 9 ff. VIS-Verordnung insbesondere alphanumerische Daten, Fotos und Fingerabdruckdaten gespeichert werden. Dies erfolgt über ein Informationssystem mit zentralisierter Architektur. Die Entwicklung dessen Hauptteils und Zentralspeichers, des sog. zentralen Visa-Informationssystems (CS-VIS) wurde ebenso wie die Erstellung der nationalen Schnittstellen (NI-VIS)[238] in jedem Mitgliedstaat der Kommission übertragen[239], für das Betriebsmanagement ist eu-LISA zuständig.[240] Die bestehenden Datenkategorien sind jeweils mit Verpflichtungen der Visumsbehörden[241] zur Dateneingabe und -abfrage verknüpft.[242] Neben den Visumsbehörden haben nach Art. 18 bis 22 VIS-Verordnung weitere zuständige nationale Behörden zwecks Verifizierung einer Identitätsangabe, der Echtheit eines Visums oder Prüfung des Vorliegens der Einreisevoraussetzungen Zugriff auf das VIS. Ferner sind demnach die zuständigen Asylbehörden zur Bestimmung der Zuständigkeit für einen Asylantrag oder zur Prüfung eines Asylantrags zugriffsberechtigt. Der Zugang von weiteren Behörden der Mitgliedstaaten und Europol zum VIS ist in einem eigenen Rechtsakt geregelt.[243] Hierdurch

---

2017/2226 des Europäischen Parlamentes und des Rates vom 30. November 2017 über ein Einreise-/Ausreisesystem (EES) zur Erfassung der Ein- und Ausreisedaten sowie der Einreiseverweigerungsdaten von Drittstaatsangehörigen an den Außengrenzen der Mitgliedstaaten und zur Festlegung der Bedingungen für den Zugang zum EES zu Gefahrenabwehr- und Strafverfolgungszwecken und zur Änderung des Übereinkommens zur Durchführung des Übereinkommens von Schengen sowie der Verordnungen (EG) Nr. 767/2008 und (EU) Nr. 1077/2011 (ABl. L 327 vom 09.12.2017, S. 20–82), im Folgenden EES-Verordnung, geschaffen, hier wird auf die konsolidierte Fassung vom 11.06.2019 Bezug genommen. Nach der Mitteilung der Kommission vom 14.03.2018 COM(2018) 250 final, S. 18 wird mit einer vollständigen Inbetriebnahme Ende 2020 gerechnet.

[238] Vgl. zu den diesbezüglichen Pflichten der Mitgliedstaaten aber Art. 2 Abs. 2 VIS-Entscheidung, Art. 28 Abs. 4 VIS-Verordnung.

[239] Vgl. dazu die Durchführungsbefugnisse der Kommission nach Art. 2 Abs. 1 i.V.m. Art. 3 ff. VIS-Entscheidung i.V.m. dem damals wirksamen Beschluss des Rates vom 28.06.1999 zur Festlegung der Modalitäten für die Ausübung der der Kommission übertragenen Durchführungsbefugnisse.

[240] Vgl. dazu nur Art. 26 VIS-Verordnung i.V.m. Art. 4 eu-LISA-Verordnung.

[241] Vgl. zu diesem Begriff Art. 4 Nr. 3 VIS-Verordnung.

[242] Geregelt sind Handlungsanweisungen bei Antragsstellung (vgl. insb. Art. 8 f. VIS-Verordnung) und in unterschiedlichen Situationen des Visumverfahrens, etwa für den Fall der Visumserteilung (Art. 10 VIS-Verordnung), der Ablehnung der Visumserteilung (Art. 12 VIS-Verordnung), bei Annullierung, Aufhebung (Art. 13 VIS-Verordnung) oder Verlängerung eines Visums (Art. 14 VIS-Verordnung) und eine obligatorische Abfrage des VIS bei Antragsstellung (Art. 15 VIS-Verordnung).

[243] Vgl. Art. 3 VIS-Verordnung i.V.m. Beschluss 2008/633/JI des Rates vom 23.06.2008

wird ein weitergehender Zugriff auf das VIS in sachlicher Hinsicht zunächst auf „Zwecke der Verhütung, Aufdeckung und Ermittlung terroristischer und sonstiger schwerwiegender Straftaten“[244] erweitert. Eine Abfrage durch die benannten mitgliedstaatlichen Behörden wird durch den konkreten Zweck der Abfrage und die Art der Daten, mit welchen die Abfrage erfolgt, limitiert.[245] Ein Zugriff durch Europol ist nach Art. 7 Abs. 1 VIS-Zugriffs-Beschluss nur zwecks Sammlung, Zusammenstellung und Analyse von Informationen zulässig[246], zudem unterliegt die Verarbeitung der so abgerufenen Daten der Zustimmung des Mitgliedstaats, der die Daten eingegeben hat, Art. 7 Abs. 4 VIS-Zugriffs-Beschluss.

In einem im Mai 2018 vorgelegten Entwurf zur Änderung der VIS-Verordnung, der u.a. eine Erleichterung und gleichzeitigen Verschärfung der Kontrolle an den Außengrenzübergangsstellen anstrebt,[247] werden die Zugriffsrechte von Gefahrenabwehr- und Strafverfolgungsbehörden sowie Europols ausgebaut.[248] Detailliert geregelt werden soll auch eine Zugriffsmöglichkeit auf das VIS für Teammitglieder in gemeinsamen Einsätzen unter Frontex-Beteiligung im Rahmen ihres Mandats und dies „zusätzlich zu dem in Artikel 40 Absatz 8 der genannten Verordnung vorgesehenen Zugang“ über eine von Frontex zu besetzende „Spezialeinheit als zentrale Zugangsstelle“, die die Abfrage letztlich vornimmt.[249] Diese Stelle ist zuständig für eine Überprüfung eines aus einem Team gestellten Antrags auf Zugang, der einen Bezug zu dem zugrundeliegenden Einsatzplan aufweisen muss. Als zulässig ist ein für die Zwecke des Einsatzplans erforderlicher Antrag dabei anzusehen, wenn eine Ermächtigung durch den Einsatzmitgliedstaat vorliegt; ferner sollen je nach Einsatzsituation nur bestimmte Daten abrufbar sein. Im Trefferfall ist der Einsatzmitgliedstaat zu informieren, Reaktionen auf Ergebnisse von Abfragen des VIS sind nur in Anwesenheit oder mit Ermächtigung durch Beamten des Einsatzmitgliedstaats vorzunehmen. Bei

über den Zugang der benannten Behörden der Mitgliedstaaten und von Europol zum Visa-Informationssystem (VIS) für Datenabfragen zum Zwecke der Verhütung, Aufdeckung und Ermittlung terroristischer und sonstiger schwerwiegender Straftaten (ABl. L 218 vom 13.08.2008, S. 129–136), im Folgenden VIS-Zugriffs-Beschluss. Die zugriffsberechtigten nationalen Behörden und nationale Zugangsstellen sind durch die Mitgliedstaaten zu benennen und der Kommission und dem Generalsekretariat des Rates mitzuteilen, vgl. zum Ganzen Art. 3 VIS-Zugriffs-Beschluss. Der Zugriff Europols soll über eine eigene Europol-Organisationseinheit nach Art. 7 Abs. 3 VIS-Zugriffs-Beschluss erfolgen.

[244] Vgl. Art. 1 VIS-Zugriffs-Beschluss. Zur Definition der schwerwiegenden Straftat vgl. Art. 2 lit. d) VIS-Zugriffs-Beschluss i.V.m. Art. 2 Abs. 2 Haftbefehl-RB.

[245] Vgl. Art. 5 Abs. 1 bzw. Abs. 2 VIS-Zugriffs-Beschluss.

[246] Vgl. Art. 7 Abs. 1 VIS-Zugriffs-Beschluss i.V.m. dem damals maßgeblichen Art. 2 Abs. 1 Nr. 2, Art. 10 Europol-Übk; nicht zulässig sind mithin (auch nach der aktuellen Rechtslage) Datenabfragen zur Bearbeitung individueller Fälle, vielmehr lediglich zu spezifischen/allgemeinen Risikoanalysen.

[247] Vgl. (S. 4) COM(2018) 302 final.

[248] Vgl. S. 68 ff. COM(2018) 302 final.

[249] D.h. hier: zusätzlich zu der Möglichkeit der Ermächtigung zur Abfrage durch den Einsatzmitgliedstaat, vgl. S. 56 COM(2018) 302 final.

einer Ermächtigung sind die Beamten des Einsatzmitgliedstaats in Zweifelsfällen einzuschalten. Die Datenabfragen, -zugriffe und -verwendungen durch die zentrale Zugangsstelle sind zu dokumentieren, eine Vernetzung von Frontex-IT-Systemen mit dem VIS über die Schnittstelle und ETIAS hinaus ist unzulässig.[250]

b) EES

Das EES soll als Teil der in der Europäischen Migrationsagenda[251] enthaltenen[252] Initiative „Intelligente Grenzen" zur Verbesserung des Außengrenzmanagements beitragen.[253] Das „Zentralsystem des EES" als zentralisierter Speicherungsort ist von eu-LISA aufzubauen und zu betreiben[254], zu diesem ist in jedem Mitgliedstaat eine einheitliche nationale Schnittstelle einzurichten.[255] Auch die Einrichtung dieser nationalen Schnittstellen, des vorgesehenen Web-Dienstes[256] und der Verbindungen zwischen dem Zentralsystem mit den nationalen Schnittstellen bzw. dem VIS ist eu-LISA nach Art. 37 EES-Verordnung unter Beachtung der von der Kommission nach Art. 36 EES-Verordnung zu erlassenden Durchführungsrechtsakte übertragen.[257]

Falls zum Zeitpunkt der Überprüfung noch nicht vorhanden[258], legen die zuständigen Behörden[259] ein „persönliches Dossier" von visumspflichtigen Drittstaatangehörigen (Art. 16 EES-Verordnung), von solchen, die von der Visumspflicht befreit sind (Art. 17 EES-Verordnung) und von denjenigen, welchen die Einreise verweigert wurde (Art. 18 EES-Verordnung), an. Die einzustellenden personenbezogenen Daten variieren je nach einschlägigem Fall und können ne-

---

[250] S. zum Ganzen S. 56f. COM(2018) 302 final.

[251] Vgl. dazu oben in diesem Kapitel unter B. III. 2.

[252] Vgl. S. 14 COM(2015) 240 final.

[253] Vgl. dazu auch Erw. 6ff. EES-Verordnung. Hierzu sollen neben einer Erfassung von Einreise(verweigerunge)n und Ausreisen von Drittstaatangehörigen eine automatisierte Berechnung der zulässigen Aufenthaltsdauer dieser Personen und diesbezügliche Warnungen an die Mitgliedstaaten gehören, Art. 1 Abs. 1 EES-Verordnung. Zu den Zielen des EES vgl. Art. 6 EES-Verordnung. Zusätzlich zu dem Betrieb des EES an den Außengrenzen (Art. 4 Abs. 1 EES-Verordnung) ist in bestimmten Fällen ein Einsatz auch an den Binnengrenzen vorgesehen, vgl. Art. 4 Abs. 1–4 EES-Verordnung.

[254] Vgl. Art. 7 Abs. 1 a), Abs. 2, Art. 5, Art. 37 EES-Verordnung i.V.m. Art. 6 eu-LISA-Verordnung (vgl. dazu unten in diesem Teil unter D. II. 5.).

[255] Art. 7 Abs. 1 lit. b) EES-Verordnung.

[256] Vgl. dazu Art. 7 Abs. 1 lit. e), Art. 13 EES-Verordnung. Dieser Web-Dienst soll Drittstaatangehörigen bzw. diese befördernden Unternehmen die Möglichkeit geben, überprüfen zu können, ob und wie lange die betroffenen Personen (noch) aufenthaltsberechtigt sind.

[257] Art. 71 EES-Verordnung sieht ferner die Erstellung eines Handbuchs vor.

[258] Liegt schon eine personenbezogene Datei vor, ist eine Verifizierung nach Art. 14 i.V.m. Art. 23 EES-Verordnung vorzunehmen.

[259] Dies sind i.d.R. Grenzbehörden i.S.d. Art. 3 Abs. 1 Nr. 3 EES-Verordnung i.V.m. Art. 2 Nr. 11 Schengener Grenzkodex. Die EES-Verordnung definiert ferner Einwanderungsbehörden (Art. 3 Abs. 1 Nr. 4), Visumbehörden (Art. 3 Abs. 1 Nr. 5 i.V.m. Art. 4 Nr. 3 VIS-Verordnung) und „benannten Behörden" (Art. 3 Abs. 1 Nr. 26 i.V.m. Art. 29 EES-Verordnung).

ben dem stets vorgesehenen Gesichtsbild (Art. 15 EES-Verordnung) etwa Namen, Geschlecht, Staatsangehörigkeit und Geburtsdatum umfassen. Für Abrufe und Datenübermittlungen zur Erfüllung der primären Zwecke des EES können nach Art. 9 Abs. 1, Abs. 2 S. 1 EES-Verordnung nur nationale Grenz-, Visum- oder Einwanderungsbehörden ermächtigt werden. Von den Mitgliedstaaten zu benennende Gefahrenabwehr- und Strafverfolgungsbehörden sowie Europol sind im Fall von terroristischen oder sonstigen schweren Straftaten[260] unter engen Voraussetzungen zu einem Zugriff berechtigt.[261]

c) Interoperabilität zwischen dem VIS und dem EES

Besonders hervorzuheben sind die durch die EES-Verordnung erfolgte Einrichtung eines direkten Kommunikationskanals zwischen VIS und EES und weitere Schritte hin zu einem Ineinandergreifen der beiden Systeme.[262] Hierdurch erfolgen das „Abrufen von visumbezogenen Daten im VIS, der Import dieser Daten in das EES sowie die Aktualisierung der Daten aus dem VIS im EES" automatisiert, wenn eine direkte Abfrage zwischen dem VIS und dem EES vorliegt, Art. 8 Abs. 1 EES-Verordnung. Ferner bestehen Abfragemöglichkeiten aus dem VIS in das EES durch Visumbehörden und im umgekehrten Fall durch Grenzbehörden[263], was für Teams unter Frontex-Beteiligung relevant ist. Europol, nationale Gefahrenabwehr- und Strafverfolgungsbehörden sowie damit JITs, die unter den beschriebenen Umständen auf das VIS bzw. das EES zugreifen dürfen, kommt diese Verknüpfung indes nicht zugute, eine parallele Antragsstellung ist jedoch zulässig.[264]

3. Eurodac[265]

Eurodac soll als „europaweites Fingerabdruck-Identifizierungssystem"[266] bei der Feststellung der Identität von Personen, die internationalen Schutz beantragen oder die beim „illegalen" Übertreten der Außengrenzen der Union aufgegriffen wurden, helfen und so die „Anwendung" der sog. Dublin-III-Verordnung[267] er-

---

[260] Die Definitionen entsprechen den im VIS-Zugriffs-Beschluss getroffenen Bestimmungen.

[261] Vgl. Art. 29 i.V.m. Art. 31 f. EES-Verordnung für die mitgliedstaatlichen Behörden und Art. 30 i.V.m. Art. 33 EES-Verordnung für Europol.

[262] Vgl. dazu insbesondere Art. 8 EES-Verordnung, Art. 17a ff. VIS-Verordnung.

[263] Vgl. Art. 8 Abs. 2 bzw. 3 EES-Verordnung.

[264] Vgl. nur Art. 32 Abs. 2 UA 3 bzw. Art. 32 Abs. 2 UA 2 EES-Verordnung.

[265] Mit der Verordnung (EU) Nr. 603/2013 des Europäischen Parlaments und des Rates vom 26. Juni 2013 über die Einrichtung von Eurodac [...] (ABl. L 180 vom 29.06.2013, S. 1–30), im Folgenden Eurodac-VO, wurde die bis dahin geltende Verordnung (EG) Nr. 2725/2000 des Rates vom 11. Dezember 2000 über die Einrichtung von „Eurodac« für den Vergleich von Fingerabdrücken zum Zwecke der effektiven Anwendung des Dubliner Übereinkommens (ABl. L 316 vom 15.12.2000, S. 1–10) ersetzt.

[266] Vgl. Erw. 6 Eurodac-VO.

[267] So die gängige Bezeichnung der Verordnung (EU) Nr. 604/2013 des Europäischen Par-

möglichen.[268] Eurodac besteht aus einer zentralen Datenbank[269] und einer Kommunikationsinfrastruktur zwischen dem Zentralsystem und den Mitgliedstaaten[270], die nach Art. 3 Abs. 2 Eurodac-VO jeweils über eine einzige nationale Zugangsstelle verfügen müssen. Betrieben wird Eurodac nach Art. 4 i.V.m. Art. 2 Abs. 1 lit. f) Eurodac-VO i.V.m. Art. 5 eu-LISA-Verordnung von eu-LISA.

Die Eurodac-VO verpflichtet die Mitgliedstaaten bei Personen, die internationalen Schutz beantragen, oder Drittstaatangehörigen oder Staatenlosen, die beim „illegalen" Überschreiten der Außengrenze aufgegriffen werden, zur Abnahme[271] und Übermittlung[272] von Fingerabdrücken sowie weiterer Daten[273] an das Zentralsystem.[274] Hinsichtlich der übermittelten Daten von Personen, die internationalen Schutz beantragen, sind ein automatisierter Abgleich mit den im Zentralsystem gespeicherten Daten und eine automatisierte Rückmeldung durch das Zentralsystem vorgesehen.[275] Im Fall der Übermittlung von Daten von an den Außengrenzen aufgegriffenen Drittstaatangehörigen ist ein Abgleich mit vorhandenen, aus dem gleichen Grunde übermittelten Daten unzulässig, wenn diese Personen nicht zurückgewiesen wurden, Art. 15 Abs. 1 UA 3 Eurodac-VO.[276] Ein Abgleich der im Zentralsystem gespeicherten Daten zu Zwecken

laments und des Rates vom 26. Juni 2013 zur Festlegung der Kriterien und Verfahren zur Bestimmung des Mitgliedstaats, der für die Prüfung eines von einem Drittstaatsangehörigen oder Staatenlosen in einem Mitgliedstaat gestellten Antrags auf internationalen Schutz zuständig ist (ABl. L 180 vom 29.06.2013, S. 31–59).

[268] Vgl. nur Art. 1 Abs. 1 Eurodac-VO.

[269] Dieses „Zentralsystem" ist nach Art. 3 Abs. 1 lit a) Abs. 3 Eurodac-VO Kern- und Datenverarbeitungspunkt von Eurodac.

[270] Vgl. Art. 3 Abs. 1 lit. b) Eurodac-VO.

[271] Vgl. Art. 9 Abs. 1 bzw. Art. 14 Abs. 1 Eurodac-VO.

[272] Diese soll in beiden Fällen innerhalb von 72 Stunden ab Antragsstellung (vgl. Art. 9 Abs. 1 UA 1 Eurodac-VO, in den Ausnahmefällen der Art. 9 Abs. 1 UA 2, Abs. 2 und Abs. 3 ist eine Verlängerung dieser Frist um 48 Stunden möglich) bzw. ab dem Zeitpunkt des Aufgreifens (vgl. Art. 14 Abs. 2 Eurodac-VO und die Ausnahmeregelungen in Art. 14 Abs. 3 bis 5 Eurodac-VO) erfolgen.

[273] Vgl. Art. 11 und Art. 18 (Markierung im Fall der Gewährung von internationalem Schutz) bzw. Art. 14 Abs. 2 Eurodac-VO hinsichtlich der möglichen Datenkategorien.

[274] Zu Ablauf und Anforderungen der Datenübermittlung vgl. auch Art. 23 ff. Eurodac-VO. Im Fall von sich illegal in einem Mitgliedstaat aufhaltenden Drittstaatangehörigen oder Staatenlosen *können* die Mitgliedstaaten eine Abfrage zur Überprüfung, ob ein Antrag auf internationalen Schutz in einem anderen Mitgliedstaat gestellt wurde, durchführen, vgl. Art. 17 Eurodac-VO; Art. 17 Abs. 1 UA 2 Eurodac-VO enthält mit der Beschreibung von Situationen, in welchen eine Überprüfung „in der Regel begründet" ist, diesbezügliche Entscheidungsdirektiven.

[275] Vgl. dazu Art. 9 Abs. 3 bis 5 Eurodac-VO. Der Abgleich erfolgt mit von anderen Mitgliedstaaten eingespeisten Daten; nach Art. 9 Abs. 4 Eurodac-VO ist ein Abgleich mit den vom anfragenden Mitgliedstaat zuvor übermittelten Daten gesondert zu beantragen. Im Fall eines Treffers werden sämtliche nach Art. 11 (und ggf. Art. 18) Eurodac-VO verfügbaren Daten übermittelt, Art. 9 Abs. 5 Eurodac-VO.

[276] Erlaubt ist hingegen ausdrücklich ein Abgleich vorhandener Daten nach Art. 14 Abs. 1 UA 2 Eurodac-VO mit Anfragen mit Daten von Personen, die internationalen Schutz bean-

der Gefahrenabwehr und Strafverfolgung[277] ist nur für zu dokumentierende mitgliedstaatliche Behörden, die nicht dem nachrichtendienstlichen Bereich angehören dürfen[278] und für eine operative Einheit Europols über eine einzurichtende nationale Zugangsstelle[279] vorgesehen. Für das Verfahren der Verwendung von Daten zu Gefahrenabwehr- und Strafverfolgungszwecken sind in Art. 19 ff. Eurodac-VO besondere Voraussetzungen geregelt.[280]

Im einem Vorschlag zur Änderung[281] der rechtlichen Bestimmungen über Eurodac wird neben anderen weitreichenden Neuerungen[282] eine Erweiterung des Kreises der Eintragungs- und Zugriffsberechtigten angeregt. Die Verpflichtung zur Abnahme von Fingerabdrücken und Erstellung von Gesichtsbildern soll nach dem Vorschlag der Kommission auch von Mitgliedern von Teams unter Frontex-Beteiligung erfüllt werden können, soweit diese in dieser Funktion tätig werden.[283]

---

tragen, Art. 14 Abs. 2 Eurodac-VO. Die Ermöglichung dieses Vorgangs stellt neben einer Speicherung zu Zwecken der Statistik nach Art. 8 Eurodac-VO und zu Zwecken der Gefahrenabwehr und Strafverfolgung nach Art. 1 Abs. 2 Eurodac-VO den einzigen zulässigen Zweck der Speicherung der nach Art. 14 Abs. 2 Eurodac-VO erhobenen Daten im Zentralsystem dar.

277 Dieser Bereich ist nach der Definition des Art. 2 lit. i) Eurodac-VO auf die „Verhütung, Aufdeckung oder Untersuchung terroristischer oder sonstiger schwerer Straftaten" beschränkt, wobei eine „schwere Straftat" nach Art. 2 lit. k) Eurodac-VO bereits bei einer Strafandrohung oder gesetzlichen Möglichkeit einer Sicherungsmaßnahme von einer „Höchstdauer von mindestens drei Jahren" vorliegen soll.

278 Vgl. zum Ganzen Art. 1 Abs. 2, Art. 5 Eurodac-VO. Zur Gewährleistung einer ordnungsgemäßen Antragsstellung durch diese benannte(n) Behörde(n) ist gem. Art. 6 Eurodac-VO eine von dieser/n unabhängige Prüfstelle einzurichten.

279 Vgl. Art. 7 Abs. 2 Eurodac-VO. Für die Überprüfung, ob ein Antrag auf Datenabgleich zulässigerweise gestellt ist, ist nach Art. 7 Abs. 1 Eurodac-VO eine mit Europol-Bediensteten zu besetzende unabhängige Prüfstelle einzurichten.

280 Die Antragsstellung erfolgt nach Prüfung durch die unabhängige Prüfstelle über die zuständige nationale Zugangsstelle, Art. 19 Abs. 1 Eurodac-VO, vgl. aber auch die Eilfallregelung des Art. 19 Abs. 3 Eurodac-VO. Für die mitgliedstaatlichen Behörden bestehen nach Art. 20 Eurodac-VO und für Europol nach Art. 21 Eurodac-VO weitere Zugriffshürden.

281 Vgl. den Vorschlag der Kommission COM(2016) 272 vom 04.05.2016 final, insb. S. 48 ff.

282 Wie etwa die zu der Erhebung von daktyloskopischen Daten hinzutretende Verpflichtung zur Erhebung und Speicherung von biometrischen Daten (Gesichtsbildern) und die Ausweitung des Anwendungsbereichs von Eurodacs für Rückführungszwecke, vgl. COM(2016) 272, S. 12 ff., S. 38 ff.

283 Vgl. COM(2016) 272, S. 48, 53. Aus den dem Vorschlag vorangestellten Ausführungen geht hervor, dass diese Aktivitäten „im Namen eines Mitgliedstaats" erfolgen sollen, vgl. S. 6 und S. 17 COM(2016) 272, wobei auf S. 17 von der „Agentur für Grenz(– und Küsten)wache" und nicht von einzelnen Teammitgliedern gesprochen wird, zusätzlich werden dort auch „EASO-Experten der Mitgliedstaaten" erwähnt.

4. Automatisierter Informationsaustausch nach dem Vertrag von Prüm

Eine weitere Form des sicherheitsbezogenen Informationsaustauschs auf Ebene der EU wurde durch zwei – den lediglich von sieben Mitgliedstaaten unterzeichneten sog. Vertrag von Prüm[284] in Unionsrecht überführende – Beschlüsse des Rates[285] geschaffen.[286] Für den Austausch sind die Informationskategorien DNA-Profile, daktyloskopische Daten und Daten aus Fahrzeugregistern vorgesehen.[287] Für jede Kategorie ist eine nationale Kontaktstelle einzurichten, die über die betreffenden mitgliedstaatlichen Informationsbestände verfügen kann.[288] Der Abgleich von DNA-Profilen und von Fingerabdrücken folgt einem Treffer-/kein Treffer-Verfahren[289]: Können Übereinstimmungen von DNA-Profilen oder daktyloskopischer Daten mit einem keine weitere Individualisierung zulassenden Fundstellendatensatz[290] festgestellt werden, richtet sich die weitere Übermittlung von (personenbezogenen) Daten als Form der Rechtshilfe nach dem nationalen Recht des ersuchten Mitgliedstaats.[291] Zugriffsrechte unionaler Stellen sind nicht vorgesehen.

5. eu-LISA[292] und das Ziel der Interoperabilität der Informationssysteme

Die dargestellte Übertragung des Betriebsmanagements des VIS, des SIS, des EES und Eurodacs auf eu-LISA stellt nur einen, wenngleich erheblichen Schritt auf dem Weg zu einer Zentralisierung und Unionalisierung des Betriebs der vor-

---

[284] Vertrag über die Vertiefung der grenzüberschreitenden Zusammenarbeit, insbesondere zur Bekämpfung des Terrorismus, der grenzüberschreitenden Kriminalität und der illegalen Migration (abgedruckt in BGBl. 2006 Teil I Nr. 32, S. 1458 ff.) vom 27.05.2005.

[285] Der Beschluss 2008/615/JI des Rates vom 23. Juni 2008 zur Vertiefung der grenzüberschreitenden Zusammenarbeit, insbesondere zur Bekämpfung des Terrorismus und der grenzüberschreitenden Kriminalität (ABl. L 210 vom 06.08.2008, S. 1–11), im Folgenden Prüm-Beschluss, enthält die „wesentlichen Bestimmungen" des Prümer Vertrags (vgl. nur Erw. 10 Prüm-Beschluss) während der Beschluss 2008/616/JI des Rates vom 23. Juni 2008 zur Durchführung des Beschlusses 2008/615/JI zur Vertiefung der grenzüberschreitenden Zusammenarbeit, insbesondere zur Bekämpfung des Terrorismus und der grenzüberschreitenden Kriminalität (ABl. L 210 vom 06.08.2008, S. 12–72), im Folgenden Prüm-Durchführungsbeschluss „die unabdingbaren gemeinsamen normativen Vorschriften für die verwaltungsmäßige und technische Umsetzung" (Erw. 4 Prüm-Durchführungsbeschluss) dieser Bestimmungen beinhaltet.

[286] S. dazu und zur Kritik bereits oben Teil 1 Kapitel 2 B. I.

[287] Vgl. Art. 2 ff., Art. 8 ff. und Art. 12 Prüm-Beschluss. Vgl. aber auch die besonderen Vorschriften zum nicht automatisierten Informationsabgleich bei Großveranstaltungen (Art. 13 ff. Prüm-Beschluss) und zur Verhinderung terroristischer Straftaten (Art. 16 Prüm-Beschluss).

[288] Vgl. Art. 6, Art. 11 und Art. 12 Abs. 2 Prüm-Beschluss.

[289] Vgl. insb. Art. 4 f. und Art. 9 f. Prüm-Beschluss.

[290] Vgl. zu diesem Begriff auch Art. 2 e) Prüm-Beschluss.

[291] Detaillierte Vorgaben für das konkrete Verfahren sind im Prüm-Durchführungsbeschluss und insbesondere in dessen Anhang enthalten.

[292] eu-Lisa wurde als Agentur der EU in ihrer jetzigen Form durch die Verordnung (EU)

handenen IT-Großsysteme im Raum der Freiheit, der Sicherheit und des Rechts dar. Die gesetzgebenden Organe der EU sahen diese Zentralisierung als notwendig an, „um Synergieeffekte zu erzielen [...], so dass Größenvorteile genutzt werden können, eine kritische Masse geschaffen wird und eine größtmögliche Auslastung von Kapital und Humanressourcen erreicht wird“[293]; die Rechtsform der Agentur wurde aufgrund des Bedürfnisses nach einer „rechtlich, verwaltungstechnisch und finanziell autonom“ agierenden Verwaltungsbehörde gewählt.[294]

Trotz dieser Zusammenlegung des Betriebsmanagements und punktueller Verbindungen zwischen den vorhandenen Systemen[295] stellte die Kommission eine durch die Vielfalt an nicht miteinander verknüpften Informationssystemen bedingte „Fragmentierung der Datenverwaltungsarchitektur für das Grenzmanagement und die Sicherheit“ fest und forderte eine erhöhte Interoperabilität der bereits dargestellten[296] und zweier weiterer, kürzlich eingerichteter Informationssysteme: Das Europäische Reiseinformations- und -genehmigungssystem (ETIAS)[297] und das Europäische Strafregisterinformationssystem für Drittstaatsangehörige (ECRIS-TCN)[298]. Die ETIAS-Zentralstelle ist durch eu-LISA

2018/1726 des Europäischen Parlaments und des Rates vom 14. November 2018 über die Agentur der Europäischen Union für das Betriebsmanagement von IT-Großsystemen im Raum der Freiheit, der Sicherheit und des Rechts (eu-LISA), zur Änderung der Verordnung (EG) Nr. 1987/2006 und des Beschlusses 2007/533/JI des Rates sowie zur Aufhebung der Verordnung (EU) Nr. 1077/2011 (ABl. L 295 vom 21.11.2018, S. 99–137), im Folgenden eu-LISA-Verordnung, eingerichtet.

[293] Vgl. Erw. 5 der Verordnung (EU) Nr. 1077/2011 des Europäischen Parlaments und des Rates vom 25. Oktober 2011 zur Errichtung einer Europäischen Agentur für das Betriebsmanagement von IT-Großsystemen im Raum der Freiheit, der Sicherheit und des Rechts (ABl. L 286 vom 01.11.2011, S. 1–17), im Folgenden eu-LISA-Verordnung a.F.

[294] Vgl. Erw. 7 eu-LISA-Verordnung a.F.

[295] Vgl. insbesondere zur Interoperabilität zwischen VIS und EES oben in diesem Kapitel unter D. III. 2.

[296] Betroffen sind das VIS, das SIS, das EES und Eurodac. Ausgenommen sind nationale und dezentrale EU-Informationssysteme, falls notwendig wurde jedoch auch eine Verknüpfung mit dezentralen Systemen, „wie sie beispielsweise auf der Grundlage des Prüm-Rahmens [...] betrieben werden“, angeregt, vgl. S. 6 COM(2017) 794 final.

[297] Vgl. dazu die Verordnung (EU) 2018/1240 des Europäischen Parlaments und des Rates vom 12. September 2018 über die Einrichtung eines Europäischen Reiseinformations- und -genehmigungssystems (ETIAS) und zur Änderung der Verordnungen (EU) Nr. 1077/2011, (EU) Nr. 515/2014, (EU) 2016/399, (EU) 2016/1624 und (EU) 2017/2226 (ABl. L 236 vom 19.09.2018, S. 1–71), im Folgenden ETIAS-Verordnung. Besondere Bestimmungen hinsichtlich gemeinsamer Einsatzformen bestehen in der ETIAS-Verordnung nicht.

[298] Verordnung (EU) 2019/816 des Europäischen Parlaments und des Rates vom 17. April 2019 zur Einrichtung eines zentralisierten Systems für die Ermittlung der Mitgliedstaaten, in denen Informationen zu Verurteilungen von Drittstaatsangehörigen und Staatenlosen (ECRIS-TCN) vorliegen, zur Ergänzung des Europäischen Strafregisterinformationssystems und zur Änderung der Verordnung (EU) 2018/1726 (ABl. L 135 vom 22.05.2019, S. 1–26), im Folgenden ECRIS-TCN-Verordnung. In der ECRIS-TCN-Verordnung sind keine besonderen Bestimmungen für gemeinsame Einsatzformen enthalten.

bei Frontex einzurichten.[299] Auch das ECRIS-TCN, auf das Europol, Eurojust und die Europäische Staatsanwaltschaft zugreifen dürfen[300], wird von eu-LISA betrieben.[301]

Die angestrebte Interoperabilität dieser Informationssysteme ist durch zwei Rechtsakte hergestellt worden[302], die in ihrem Zusammenwirken einen „Rahmen für die Sicherstellung der Interoperabilität" zwischen EES, VIS, ETIAS, Eurodac, SIS und dem ECRIS-TCN schaffen sollen.[303] Während die Interoperabilitäts-VO-I hierbei die Bereiche der PJZS, Asyl und Migration betrifft und dabei für Eurodac, das SIS, das ECRIS-TCN und „Europol-Daten" gilt, bezieht die Interoperabilitäts-VO-II das EES, das VIS, das ETIAS und das SIS in ihren Anwendungsbereich mit ein.[304] Abgesehen hiervon ähneln sich die weiteren Bestimmungen dieser Verordnungen, insbesondere im Hinblick auf die Instrumente zur Herstellung der Interoperabilität: Einzurichten ist ein Europäisches Suchportal (ESP – European search portal), das den mitgliedstaatlichen und unionalen Stellen einen „raschen, unterbrechungsfreien, effizienten systematischen und kontrollierten Zugang" zu EU-Informationssystemen[305], Europol-Daten[306] und Interpol-Daten[307] ermöglichen soll.[308] Daneben ist insbesondere (jeweils) ein gemeinsamer Dienst für den Abgleich biometrischer Daten (gemeinsamer BMS – biometric matching service)[309], ein gemeinsamer Speicher für Identitäten (CIR

---

[299] Vgl. dazu nur Art. 6 f. ETIAS-Verordnung i.V.m. Art. 7 eu-LISA-Verordnung.

[300] Vgl. dazu nur Art. 14 ff. ECRIS-TCN-Verordnung.

[301] Vgl. dazu nur Art. 8a eu-LISA-Verordnung.

[302] Vgl. zum einen die Verordnung (EU) 2019/817 des Europäischen Parlaments und des Rates vom 20. Mai 2019 zur Errichtung eines Rahmens für die Interoperabilität zwischen EU-Informationssystemen in den Bereichen Grenzen und Visa und zur Änderung der Verordnungen (EG) Nr. 767/2008, (EU) 2016/399, (EU) 2017/2226, (EU) 2018/1240, (EU) 2018/1726 und (EU) 2018/1861 des Europäischen Parlaments und des Rates, der Entscheidung 2004/512/EG des Rates und des Beschlusses 2008/633/JI des Rates (ABl. L 135 vom 22.05.2019, S. 27–84), im Folgenden Interoperabilitäts-VO-I und zum anderen die Verordnung (EU) 2019/818 des Europäischen Parlaments und des Rates vom 20. Mai 2019 zur Errichtung eines Rahmens für die Interoperabilität zwischen EU-Informationssystemen (polizeiliche und justizielle Zusammenarbeit, Asyl und Migration) und zur Änderung der Verordnungen (EU) 2018/1726, (EU) 2018/1862 und (EU) 2019/816 (ABl. L 135 vom 22.05.2019, S. 85–135), im Folgenden Interoperabilitäts-VO-II.

[303] Vgl. dazu jeweils Art. 1 Abs. 1 Interoperabilitäts-VO-I und Interoperabilitäts-VO-II.

[304] Vgl. dazu jeweils Art. 3 Interoperabilitäts-VO-I und Interoperabilitäts-VO-II.

[305] Vgl. hierzu die sämtliche hier dargestellten Informationssysteme umfassende Definition des Art. 4 Nr. 15 Interoperabilitäts-VO-I

[306] Vgl. hierzu die auf die Europol-VO verweisende Definition des Art. 4 Nr. 16 Interoperabilitäts-VO-I.

[307] Vgl. hierzu Art. 4 Nr. 17 Interoperabilitäts-VO-I.

[308] Zitat nach Art. 6 Abs. 1 Interoperabilitäts-VO-I und Interoperabilitäts-VO-II, zur Ausgestaltung des ESP vgl. Art. 6 ff. Interoperabilitäts-VO-I.

[309] Vgl. hierzu Art. 12 ff. Interoperabilitäts-VO-I.

– common identity repository)[310] und ein Detektor für Mehrfachidentitäten (MID – multiple-identity detector)[311] vorgesehen.[312]

6. *Zwischenfazit: Supranationale Vernetzung bereichsverschiedener Informationsbestände*

Die Zentralisierung und Unionalisierung des Betriebs sowie der Steuerung der IT-Großsysteme im Raum der Freiheit, der Sicherheit und des Rechts haben in den letzten Jahren grundlegende Neuerungen erfahren. Dies betrifft insbesondere die bisher beispiellose Verknüpfung der mittlerweile vorhandenen Informationssysteme.[313] Die hierdurch bewirkte, in der europäischen Sicherheitsarchitektur typische[314] Vernetzung grundsätzlich verschiedener Politikbereiche, insbesondere zwischen Migration, Gefahrenabwehr, Kriminalitätsbekämpfung und Außenpolitik, wirft Fragen von hoher Grundrechtsrelevanz auf.[315] Trotz der Ansiedelung auf unionaler Ebene sind auch die von Frontex organisierten und koordinierten Einsatzteams weitgehend noch auf Informationsbeschaffungen bzw. auf diesbezügliche Ermächtigungen durch die zuständigen nationalen Beamten des Einsatzmitgliedstaats angewiesen. Diese Entscheidungshoheit und Verantwortung der Mitgliedstaaten in Bezug auf den Abruf von Informationen aus IT-Großsystemen wird durch die (geplanten) Änderungen der Rechtsgrundlagen des SIS, des VIS und Eurodacs, die explizit auf Teams unter Frontex-Beteiligung Bezug nehmen und Frontex auf verschiedene Weise in die Datenabfragen miteinbinden, jedoch zumindest aufgeweicht. So fordert etwa die SIS-Verordnung für Grenzverwaltungs- und Rückkehrteams eine nationale Ermächtigung zur Abfrage, diese erfolgt jedoch über eine Frontex-Schnittstelle. Dies, die zentralisierte Ansiedelung des Betriebsmanagements der Informationssysteme bei eu-LISA und die Interoperabilität der IT-Großsysteme sind Faktoren, die generell und insbesondere auf Ebene des Rechtsschutzes und der Verantwortungsverteilung berücksichtigt werden müssen.

---

[310] Vgl. hierzu Art. 17 ff. Interoperabilitäts-VO-I

[311] Vgl. hierzu Art. 25 ff. Interoperabilitäts-VO-I

[312] Für die technische Verwaltung dieser „Interoperabilitätskomponenten“ ist nach Art. 55 Interoperabilitäts-VO-I eu-LISA zuständig.

[313] Generell kritisch hierzu, insbesondere aus Praktikabilitätsaspekten *Kreissl*, Interoperability, S. 93 ff.

[314] Vgl. hierzu *Schöndorf-Haubold*, Recht der Zivilen Sicherheit, S. 697 f., die die Interoperabilität zwischen Informationssystemen als ein Beispiel für die Eigenart des europäischen Sicherheitsrechts heranzieht, einzelne Institutionen und Akteure „in vielfältiger Weise auf rechtlicher, vertraglicher oder informeller Grundlage zu verklammern.“.

[315] Vgl. dazu treffend *Mitsilegas*, Security Union, S. 5 ff., insb. S. 9 ff. und auch zu Fragen der Transparenz und „accountability“ (s. dazu ausführlich Teil 3 Kapitel 9 C.) *Curtin*, Security of the Interstice, S. 65 ff., insb. S. 67 ff., die den Zugriff von Strafverfolgungs- und Gefahrenabwehrbehörden auf das VIS und Eurodac für besonders heikel erachten.

IV. Sonderregelungen für die Seeaußengrenzen und den Bereich der Rückkehr

Neben allgemeinen Einsatzvorgaben der Frontex-VO-2019 und des Frontex-CoC existieren spezielle Regelungen für bestimmte Einsatzgebiete.

1. Regelungen für die Überwachung der Seeaußengrenzen

Konkrete, verbindliche VOrgaben hinsichtlich der von Frontex koordinierten Zusammenarbeit, welche die Überwachung der Seeaußengrenzen betrifft[316], sind durch die Seeaußengrenzen-VO geregelt.[317]

Enthalten sind zunächst Vorgaben zum Verhalten bei Sichtung eines Schiffs, das möglicherweise die Erreichung der Ziele der Seeaußengrenzen-VO[318] gefährden könnte.[319] Die diesbezüglichen Aktionen sollen sich nach Art. 5 Abs. 1 Seeaußengrenzen-VO auf das Zusammentragen von Informationen über das Schiff sowie die an Bord befindlichen Menschen und dabei insbesondere deren Gesundheitszustand „aus sicherer Entfernung" beschränken.[320]

Detaillierte Regelungen betreffen ferner das Abfangen von Schiffen auf Hoher See[321] sowie in der Anschlusszone[322] und im Küstenmeer[323] des Einsatzmitgliedstaats oder eines benachbarten, am Einsatz beteiligten Mitgliedstaats. Diese

---

[316] Vgl. dazu Art. 1 Seeaußengrenzen-VO und die entsprechend weite Definition eines Seeeinsatzes i.S.d. Seeaußengrenzen-VO nach Art. 2 Nr. 2 Seeaußengrenzen-VO.

[317] Zur Entstehung dieses Rechtsakts vgl. ausführlich in diesem Kapitel A. I. 4. b); die eher allgemeinen, in der Seeaußengrenzen-VO bzw. deren Erwägungsgründen enthaltenen Ausführungen sollen hier außer Betracht bleiben; vgl. dazu etwa Erw. 8–12; Art. 4 Abs. 1, Abs. 6, Abs. 8 Seeaußengrenzen-VO.

[318] Vgl. dazu für den hier relevanten Bereich Erw. 1 Seeaußengrenzen-VO, der insbesondere eine wirksame Grenzüberwachung und frühzeitige Bekämpfung „unbefugter Grenzübertritte" fordert.

[319] Umschrieben wir dies in Art. 5 Abs. 1 S. 1 Seeaußengrenzen-VO mit einem Schiff, „bei dem der Verdacht besteht, dass es Personen befördert, die sich den Kontrollen an den Grenzübergangsstellen entziehen oder zu entziehen beabsichtigen, oder dass es für die Schleusung von Migranten auf dem Seeweg benutzt wird".

[320] Dieser Auftrag soll auch dann gelten, wenn das betreffende Schiff darauf ausgeht, in das Küstenmeer oder die Anschlusszone eines nicht am Einsatz beteiligten Mitgliedstaates einzudringen oder der Verdacht besteht, dass das Schiff für „illegale Handlungen auf See genutzt wird, die nicht in den Rahmen des Seeeinsatzes fallen". Letzteres dürfte illegale Handlungen betreffen, die nicht den Zielen der Seeaußengrenzen-VO zuwiderlaufen.

[321] Vgl. Art. 7 Seeaußengrenzen-VO, zum Begriff und Gebiet der Hohen See vgl. Art. 86 des Seerechtsübereinkommens der Vereinten Nationen vom 10.12.1982 (abgedruckt in ABl. L 179 vom 23.06.1998, S. 3–134), im Folgenden SRÜ, generell zu letzterem *Heintschel von Heinegg*, in: Ipsen (Hrsg.), § 39 Rn. 16 ff.

[322] Vgl. Art. 8 Seeaußengrenzen-VO; zum Begriff und Gebiet der Anschlusszone vgl. Art. 2 Nr. 14 Seeaußengrenzen-VO i.V.m. Art. 33 SRÜ.

[323] Vgl. Art. 6 Seeaußengrenzen-VO, zum Begriff und Gebiet des Küstenmeers vgl. Art. 3 ff. SRÜ.

Differenzierung kann aufgrund der unterschiedlich beurteilten (territorialen) Reichweite insbesondere grundrechtlicher Bestimmungen des Mehrebenensystems von entscheidender Bedeutung sein.[324] Zudem sind Vorgaben für die Durchführung von Such- und Rettungsaktionen sowie von Ausschiffungen enthalten. Art. 4 Abs. 1 Seeaußengrenzen-VO stellt klar, dass sämtliche mögliche Einsatzhandlungen den Grundsatz der Nichtzurückweisung beachten müssen, was insbesondere für das Verbringen von Personen in Drittstaaten gilt. Nach Art. 4 Abs. 2 Seeaußengrenzen-VO müssen die Einsatzkräfte vor einer geplanten Ausschiffung in einem Drittstaat die „allgemeine Lage in diesem Drittstaat prüfen" und dabei insbesondere miteinbeziehen, ob der Drittstaat selbst gegen den Grundsatz der Nichtzurückweisung verstößt.

a) Abfangen im Küstenmeer

Voraussetzung für die Ausübung von Kompetenzen in Bezug auf ein im Küstenmeer eines Einsatzmitgliedstaats oder eines benachbarten teilnehmenden Mitgliedstaats befindlichen verdächtigten Schiffs ist zunächst eine Ermächtigung durch den in seinem Territorium betroffenen Mitgliedstaat.[325] Zur Überprüfung eines Verdachts kann zunächst neben der Ermächtigung zur Stellung von Ersuchen zwecks Informationsbeschaffung in Bezug auf das Schiff und die an Bord befindlichen Personen die Befugnis zum Anhalten, Betreten, Durchsuchen des Schiffs, der Ladung sowie der an Bord befindlichen Personen und deren Befragung erteilt werden.[326] Bestätigt sich ein Verdacht, kann der betreffende Mitgliedstaat nach Art. 6 Abs. 2 Seeaußengrenzen-VO die Einsatzkräfte zu weitergehenden Maßnahmen ermächtigen, hierbei kann es sich neben der Beschlagnahme des Schiffs und der Ingewahrsamnahme der Passagiere um Anweisungen zur Kursänderung inklusive Eskortieren des Schiffs in Richtung eines Ortes außerhalb des Küstenmeers bzw. der Anschlusszone des betreffenden Mitgliedstaats oder die Beförderung des Schiffs oder der Passagiere bis zum Küstenmitgliedstaat[327] handeln.[328] Die gleichen Maßnahmen sind nach Art. 6 Abs. 5 Seeaußengrenzen-VO grundsätzlich in Bezug auf staatenlose Schiffe[329] möglich.

---

[324] Vgl. dazu unten in Teil 3 Kapitel 11 B. II. 2.

[325] Findet die Aktion im Küstenmeer eines nicht in den Einsatz involvierten Mitgliedstaats statt, ist ebenfalls dessen „Genehmigung" erforderlich, auf deren Grundlage der Einsatzmitgliedstaat Anweisungen erteilt, vgl. Art. 6 Abs. 6 Seeaußengrenzen-VO.

[326] Vgl. insoweit Art. 5 Abs. 1 lit. a) und b) Seeaußengrenzen-VO; hinzu kommt ferner die mögliche Erteilung der Befugnis zur Unterrichtung „der an Bord befindlichen Personen, dass sie unter Umständen nicht zum Grenzübertritt berechtigt sind" und dahingehend, „dass Schiffsführer für das Ermöglichen der Fahrt mit Sanktionen belegt" werden können.

[327] Darunter ist nach Art. 2 Nr. 15 Seeaußengrenzen-VO ein Mitgliedstaat zu verstehen, in dessen Küstenmeer oder Anschlusszone ein Abfangen erfolgt.

[328] Eher deklaratorisch muten die Hinweise in Art. 6 Abs. 3 Seeaußengrenzen-VO betreffend die Begrenzung der Befugnisse auf verhältnismäßige und zur Erreichung der Ziele des Art. 6 Seeaußengrenzen-VO erforderliche Maßnahmen an.

[329] Art. 2 Nr. 10 definiert ein staatenloses Schiff als „ein Schiff, das keine Staatszugehörig-

b) Abfangen in der Anschlusszone

Befindet sich das im Fokus stehende Schiff in der Anschlusszone des Einsatzmitgliedstaats oder eines beteiligten Mitgliedstaats, so ist gem. Art. 8 Abs. 1 Seeaußengrenzen-VO ebenfalls Art. 6 Abs. 1, 2 Seeaußengrenzen-VO anwendbar, soweit die ggf. zu ergreifenden Maßnahmen „erforderlich sind, um Verstöße gegen die einschlägigen Rechtsvorschriften im Hoheitsgebiet oder im Küstenmeer dieses Mitgliedstaats zu verhindern". Für ein Tätigwerden in der Anschlusszone eines nicht am Einsatz beteiligten Mitgliedstaats ist grundsätzlich dessen Genehmigung erforderlich. Wird diese nicht erteilt, ist das betreffende Schiff weiter zu beobachten bzw. darf weiterhin beobachtet werden.[330] Hinsichtlich (vermeintlich) staatenlosen Schiffen, die die Anschlusszone durchqueren, sind die Einsatzkräfte jedoch befugt, das betroffene Schiff zwecks Überprüfung der Staatenlosigkeit zu betreten und zu durchsuchen.[331] Im Fall der Bestätigung der Staatenlosigkeit kann der Einsatzmitgliedstaat mit Unterstützung durch die beteiligten Mitgliedstaaten weitergehende Maßnahmen nach Art. 7 Abs. 1, 2 Seeaußengrenzen-VO ergreifen.

c) Abfangen auf Hoher See

Auf Hoher See bestimmt nach Art. 7 Abs. 1 Seeaußengrenzen-VO neben dem (jeweils) anwendbaren nationalen Einsatzrecht und sonstigen Völkerrecht das Protokoll gegen die Schleusung von Migranten[332], welches insbesondere in seinem Art. 8 Vorgaben für mögliche Maßnahmen gegen die Schleusung von Migranten[333] auf dem Seeweg enthält, das Einsatzrecht der Teammitglieder. Art. 7 Seeaußengrenzen-VO differenziert dementsprechend nach der Flagge, die das in Frage stehende Schiff zeigt:

---

keit besitzt oder einem Schiff ohne Staatszugehörigkeit gleichzustellen ist, wenn das Schiff von keinem Staat die Berechtigung zur Führung seiner Flagge erhalten hat oder wenn es die Flaggen von zwei oder mehr Staaten führt und diese nach Belieben verwendet".

[330] S. dazu Art. 8 Abs. 2 S. 2 i.V.m. Art. 7 Abs. 14 Seeaußengrenzen-VO.

[331] Vgl. Art. 8 Abs. 3 i.V.m. Art. 7 Abs. 11 Seeaußengrenzen-VO.

[332] Zusatzprotokoll gegen die Schleusung von Migranten auf dem Land-, See- und Luftweg zum Übereinkommen der Vereinten Nationen gegen die grenzüberschreitende organisierte Kriminalität vom 15.11.2000 (sog. Palermo-Konvention); zur Geltung für die EU vgl. den Beschluss des Rates vom 24. Juli 2006 2006/616/EG über den Abschluss — im Namen der Europäischen Gemeinschaft — des Zusatzprotokolls gegen die Schleusung von Migranten auf dem Land-, See- und Luftweg zum Übereinkommen der Vereinten Nationen gegen die grenzüberschreitende organisierte Kriminalität in Bezug auf diejenigen Bestimmungen des Zusatzprotokolls, die in den Anwendungsbereich der Artikel 179 und 181a des Vertrags zur Gründung der Europäischen Gemeinschaft fallen (ABl. L 262 vom 22.09.2006, S. 24–33).

[333] Das Zusatzprotkoll definiert die Schleusung von Migranten als „die Herbeiführung der illegalen Einreise einer Person in einen Vertragsstaat, dessen Staatsangehörigkeit sie nicht besitzt oder in dem sie keine Berechtigung zum ständigen Aufenthalt hat, mit dem Ziel, sich unmittelbar oder mittelbar einen finanziellen oder sonstigen materiellen Vorteil zu verschaffen.

Grundsätzlich bedarf es für die in Art. 7 Abs. 1, 2 Seeaußengrenzen-VO vorgesehenen, möglichen Vorgehensweisen der Genehmigung durch den Flaggenstaat. Art. 7 Abs. 1 lit. a) und b) Seeaußengrenzen-VO sind inhaltlich identisch mit den bereits behandelten Art. 6 Abs. 1 lit. a) und b) Seeaußengrenzen-VO. Art. 7 Abs. 2 Seeaußengrenzen-VO sieht bei Bestätigung des Verdachts der Schleusung von Migranten neben der Möglichkeit der Beschlagnahme des Schiffs und Ingewahrsamnahme der an Bord befindlichen Personen (lit. a), insoweit identisch mit Art. 6 Abs. 2 lit. a) Seeaußengrenzen-VO) vor, dass dem betroffenen Schiff eine Warnung, Anweisung oder Aufforderung erteilt werden kann, nicht in die Anschlusszone oder das Küstenmeer einzudringen (lit. b), die Beförderung des Schiffs oder der an Bord befindlichen Personen zu einem Drittstaat veranlasst oder eine Überstellung an dessen Behörden erfolgen kann (lit. c) oder das Schiff oder die an Bord befindlichen Personen bis zum Einsatzmitgliedstaat oder benachbarten beteiligten Mitgliedstaaten befördert werden können. Bis zu dieser Genehmigung ist das Schiff „aus sicherer Entfernung" zu beobachten und es werden nur solche Maßnahmen getroffen, „die erforderlich sind, um eine unmittelbare Gefahr für das Leben von Personen abzuwenden oder solchen, die sich aus einschlägigen bilateralen oder multilateralen Übereinkünften ableiten", Art. 7 Abs. 10 Seeaußengrenzen-VO.

Handelt es sich bei dem Flaggenstaat um den Einsatzmitgliedstaat oder einen beteiligten Mitgliedstaat, kann dieser eine oder mehrere der vorgesehenen Maßnahmen genehmigen, welche sodann unter Anweisungen durch den Einsatzmitgliedstaat umgesetzt werden können, Art. 7 Abs. 5 Seeaußengrenzen-VO. Handelt es sich bei dem Flaggenstaat hingegen um einen Drittstaat oder nicht beteiligten Mitgliedstaat, so hat diesen derjenige Staat, dessen Einsatzkräfte das Schiff abgefangen haben, davon zu unterrichten. Bestätigt der unterrichtete Flaggenstaat die Staatszugehörigkeit, kann dieser um die Ergreifung erforderlicher Maßnahmen ersucht werden. Im Fall der Nichtergreifung von Maßnahmen durch den Flaggenstaat kann ein Ersuchen hinsichtlich einer Genehmigung des Ergreifens der in Art. 7 Abs. 1, 2 Seeaußengrenzen-VO vorgesehen Maßnahmen folgen, bezüglich deren Umsetzung der Einsatzmitgliedstaat Anweisungen trifft.[334]

In Art. 7 Abs. 8 und Abs. 9 Seeaußengrenzen-VO sind Befugnisse der Einsatzkräfte in Situationen geregelt, in denen ein Schiff eine fremde Flagge führt oder seine Flagge nicht zeigt, „in Wirklichkeit" aber die gleiche Staatszugehörigkeit besitzt wie die beteiligten Einsatzkräfte (Abs. 7) oder eine Staatszugehörigkeit zum Einsatzmitgliedstaat oder einem beteiligten Mitgliedstaat vorliegt (Abs. 8). Im ersten Fall sollen die Einsatzkräfte das Recht des Schiffs, seine Flagge zu führen, überprüfen. Hierzu dürfen sich die Einsatzkräfte dem Schiff nähern und bei Bestehenbleiben des Verdachts „weitere Untersuchungen an Bord des Schiffs" vornehmen. Liegt hingegen ein Fall des Art. 7 Abs. 8 Seeaußengrenzen-VO vor, ist keine Befugnis hinsichtlich einer Annäherung oder des Betretens des Schiffs

[334] Vgl. zum Ganzen Art. 7 Abs. 6 Seeaußengrenzen-VO.

vorgesehen. In beiden Fällen ist bei Bestätigung des Verdachts für weitere Maßnahmen eine Genehmigung des Einsatzmitgliedstaats bzw. des teilnehmenden Mitgliedstaats erforderlich, Art. 7 Abs. 9 Seeaußengrenzen-VO.

Besteht der Verdacht der Schleusung von Migranten auf dem Seeweg gegenüber einem staatenlosen Schiff, so dürfen die Einsatzkräfte das Schiff nach Art. 7 Abs. 11 S. 1 Seeaußengrenzen-VO betreten und durchsuchen, um diesen Verdacht zu überprüfen. Bestätigt sich dieser Verdacht, kann der Einsatzmitgliedstaat nach Information durch die Einsatzkräfte selbstständig oder mit Unterstützung der teilnehmenden Mitgliedstaaten nach Art. 7 Abs. 11 S. 2 i.V.m. Art. 7 Abs. 1, 2 Seeaußengrenzen-VO Maßnahmen ergreifen.

Erhärtet sich der Verdacht der Schleusung von Migranten nicht oder werden den beteiligten Einsatzkräften keine Befugnisse zuteil, besteht aber der Verdacht, dass das entsprechende Schiff Personen befördert, die einen Grenzübertritt ohne Durchlaufen der Grenzübergangskontrolle beabsichtigen, bleibt nach Art. 7 Abs. 14 Seeaußengrenzen-VO (lediglich) die Befugnis zur Beobachtung.

d) Vorgaben für Such- und Rettungssituationen sowie Ausschiffung

Art. 9 und 10 der Seeaußengrenzen-VO enthalten Mindestanforderungen für den Einsatzplan im Bereich von Such- und Rettungssituationen sowie zur Ausschiffung. Auch hieraus können Vorgaben für das Einsatzrecht i.e.S. abgelesen werden.

Bei Such- und Rettungssituationen enthält Art. 9 Abs. 2 lit. g) Seeaußengrenzen-VO[335] die Pflicht und das Recht der Einsatzkräfte, Maßnahmen zur Sicherheitsgewährleistung in Bezug auf die betroffenen Personen zu treffen, solange Anweisungen der Rettungsleitstelle ausstehen.[336] Dieser Rettungsleitstelle haben

[335] Art. 9 Seeaußengrenzen-VO differenziert nicht hinsichtlich des Ortes, in dem die Such- und Rettungssituation auftritt.

[336] Eine Rettungsleitstelle ist nach Art. 2 Nr. 13 Seeaußengrenzen-VO „eine Stelle, die dafür verantwortlich ist, die effiziente Organisation von Such- und Rettungsdiensten zu fördern und die Durchführung von Such- und Rettungseinsätzen innerhalb eines Such- und Rettungsbereichs im Sinne des Internationalen Übereinkommens über den Such und Rettungsdienst auf See zu koordinieren." Auf das Internationale Übereinkommen über den Such- und Rettungsdienst auf See (im Folgenden SAR-Übereinkommen) vom 27.04.1979 (abgedruckt in BGBl. II 1982 S. 486 ff.) kann zur näheren Bestimmung der in Art. 9 Seeaußengrenzen-VO verwendeten Begriffe zurückgegriffen werden. Dies gilt etwa für den Such- und Rettungsbereich (1.1.3 SAR-Übereinkommen), die Termini der Ungewissheitssituation bzw. -stufe (vgl. Art. 9 Abs. 2 lit c Seeaußengrenzen-VO bzw. 1.3.9.; 5.2.1. SAR-Übereinkommen), der Bereitschaftssituation bzw. -stufe (vgl. Art. 9 Abs. 2 lit. d) Seeaußengrenzen-VO bzw. 1.3.10; 5.2.2 SAR-Übereinkommen) und der Notsituation bzw. –stufe (Art. 9 Abs. 2 lit. e) Seeaußengrenzen-VO bzw. 1.3.11; 5.2.3 SAR-Übereinkommen), deren Definitionen in den Einsatzplan mitaufzunehmen sind. Ferner sind im SAR-Übereinkommen Anforderungen an die Behördenorganisation der Rettungsdienste (2.2. SAR-Übereinkommen) und insbesondere der Rettungsleitstelle (2.3. SAR-Übereinkommen, vgl. aber auch 2.4. und 2.5. SAR-Übereinkommen für die nähere Bestimmung von „Rettungseinheiten") enthalten.

die Einsatzkräfte nach Art. 9 Abs. 2 lit. a), f) und h) Seeaußengrenzen-VO einsatzbezogene Informationen zu übermitteln. Wird diese nicht tätig, können die Einsatzkräfte nach Art. 9 Abs. 2 lit. i) Seeaußengrenzen-VO Verbindung mit der Rettungsleitstelle des Einsatzmitgliedstaats aufnehmen.

Art. 9 Abs. 1 Seeaußengrenzen-VO enthält Regelungen hinsichtlich des Orts der Ausschiffung, die in den Einsatzplan mitaufzunehmen sind. Die Ausschiffung der im Küstenmeer oder in der Anschlusszone „abgefangenen oder geretteten Personen" findet im Küstenmitgliedstaat statt (lit. a)).[337] Auf Hoher See abgefangene Personen sollen nach Möglichkeit in demjenigen Drittstaat ausgeschifft werden, aus welchem das sie transportierende Schiff gestartet ist[338]; ist dies nicht möglich, werden die abgefangenen Personen in den Einsatzmitgliedstaat verbracht (lit. b). Für in Such- und Rettungssituationen aufgenommene Personen ist nach lit. c) in Zusammenarbeit mit der zuständigen Rettungsleitstelle ein „sicherer Ort"[339] für die Ausschiffung zu bestimmen. Liegt jedoch eine Situation vor, in der eine solche Ausschiffung nicht möglich ist, kann eine Ausschiffung im Einsatzmitgliedstaat erfolgen, Art. 9 Abs. 1 UA 2 Seeaußengrenzen-VO.

---

[337] Art. 9 Abs. 1 UA 3 Seeaußengrenzen-VO legt jedoch fest, dass am Seeeinsatz nicht beteiligten Mitgliedstaaten, die keine Genehmigung für ein Tätigwerden der Einsatzkräfte in ihrem Küstenmeer nach Art. 6 Abs. 6 Seeaußengrenzen-VO bzw. in ihrer Anschlusszone nach Art. 8 Abs. 2 Seeaußengrenzen-VO erteilt haben, keine Verpflichtungen bei der Ausschiffung erwachsen dürfen. Insoweit dürfte dann auf eine Ausschiffung im Einsatzmitgliedstaat nach Art. 9 Abs. 1 UA 2 Seeaußengrenzen-VO zurückzugreifen sein.

[338] Für die Ausschiffung in einen Drittstaat sind in Art. 4 Abs. 2. und Abs. 3 Seeaußengrenzen-VO besondere Prüfpflichten der Einsatzkräfte normiert. So muss die „allgemeine Lage" in dem betreffenden Drittstaat anhand von „Informationen aus einer großen Bandbreite von Quellen" bewertet werden. Zu diesen Quellen können auch Stellungnahmen der auszuschiffenden Personen nach Art. 4 Abs. 3 Seeaußengrenzen-VO, die insbesondere einen möglichen Verstoß gegen den Grundsatz der Nichtzurückweisung beinhalten, gehören. Hierzu sollen in den Einsatzplan Bestimmungen aufgenommen werden, wonach „medizinisches Fachpersonal, Dolmetscher, Rechtsberater und sonstige einschlägige Experten" an Land zur Verfügung stehen. Bei Einsatzkräften auf See wird (lediglich) die Teilnahme einer „Person mit einer Grundausbildung in Erster Hilfe" gefordert. In Bezug auf die rechtlichen Grenzen der Ausschiffung trifft Art. 4 Abs. 2 UA 3 Seeaußengrenzen-VO eine interessante Regelung: abgefangene oder gerettete Personen dürfen danach nicht in irgendeiner Weise den Behörden eines Drittstaats überstellt werden, wenn „dem Einsatzmitgliedstaat oder den beteiligten Mitgliedstaaten bekannt ist oder *bekannt sein müsste*" (Hervorhebung durch Verf., der Zweck der Einführung eines Fahrlässigkeitskriteriums an dieser Stelle bleibt hierbei im Dunkeln), dass dieser Drittstaat gegen die Gewährleistungen des Art. 4 Abs. 1 Seeaußengrenzen-VO verstößt.

[339] Unter einem sicheren Ort ist nach Art. 2 Nr. 12 Seeaußengrenzen-VO ein Ort anzusehen, „an dem Rettungseinsätze als beendet angesehen werden und an dem die Sicherheit des Lebens der Geretteten nicht bedroht ist, an dem ihre menschlichen Grundbedürfnisse erfüllt und von dem aus Vorkehrungen für die Beförderung der Geretteten an den nächsten oder endgültigen Bestimmungsort unter Berücksichtigung des Schutzes ihrer Grundrechte im Einklang mit dem Grundsatz der Nichtzurückweisung getroffen werden können".

e) Praktische Umsetzung der Seeaußengrenzen-VO

Über die „praktische Anwendung“ der Seeaußengrenzen-VO besteht nach Art. 13 Abs. 1 Seeaußengrenzen-VO eine Berichtspflicht der Agentur. Diese soll die von der Agentur eingerichteten Verfahren, die Praxis inklusive „ausführlicher Angaben über die Einhaltung der Grundrechte und die Auswirkungen auf diese Rechte, und über etwaige Vorfälle“ enthalten, vgl. Art. 13 Abs. 2 Seeaußengrenzen-VO. Bisher sind drei Berichte in englischer Sprache veröffentlicht worden[340], welche auf maximal 15 Seiten nach dem folgenden Muster strukturiert sind: In einem ersten Teil werden durch die Seeaußengrenzen-VO veranlasste Änderungen des Einsatzplans bereits laufender oder im jeweiligen Jahr gestarteter Operationen dargestellt.[341] Der jeweils zweite Teil enthält „Information on the Application of the Regulation in each Joint Operation“. Dieser ist untergliedert in Angaben zu Ort und Zeitraum der Operation, zu Ausschiffungen in Drittländer, ggf. zur Beurteilung der Allgemeinen Lage i.S.d. Art. 4 Abs. 2 Seeaußengrenzen-VO, hinsichtlich „Procedures regarding training and the identification of persons in particular situations“[342] und zu Kommunikations- und Kooperationsverbindungen. Der dritte Abschnitt beinhaltet „Main conclusions and assessment“, welche bis auf Anregungen zur Verbesserung für die Beurteilungen der Allgemeinen Lage i.S.d. Art. 4 Abs. 2 Seeaußengrenzen-VO positiv ausfallen. In den Berichten zu den Jahren 2015 und 2016 sind als vierter Teil ferner Beobachtungen der Grundrechtsbeauftragten angehängt.

Insgesamt ist diesen Berichten wenig zu konkreten Maßnahmen und Vorgehensweisen, insbesondere hinsichtlich des Abfangens und der tatsächlichen Ausübung von Befugnissen zu entnehmen, einen Schwerpunkt bilden hingegen Informationen über die Ausschiffung von Personen. Ob dies den dargestellten Anforderungen der Art. 4 Abs. 3 UA 3, Art. 13 Abs. 2 Seeaußengrenzen-VO gerecht wird, wonach zumindest ausführlichere Berichte gefordert werden könnten, ist fraglich.

---

[340] Vgl. die von Frontex veröffentlichten Berichte für das Jahr 2014 (Reg. No 11077a); für das Jahr 2015 (Reg. No: 15069) und für das Jahr 2016 (keine DokNr. auffindbar) unter https://frontex.europa.eu/assets/Key_Documents/Sea_Surveillance/Annual_Report_on_sea_surveillance_2016.pdf, zuletzt abgerufen am 24.02.2024.

[341] In allen Berichten erschöpft sich dies weitgehend in einer Übernahme der Bestimmungen der Art. 4 und 9 Seeaußengrenzen-VO und der Beschreibung der Einrichtung einer ebenfalls von der Seeaußengrenzen-VO vorgesehenen internationalen Leitstelle. Enthalten ist insbesondere jeweils eine Tabelle, in welcher die möglichen Orte der Ausschiffung je nach dem Ort des Abfangens bzw. Rettens aufgeführt sind (vgl. S. 4 im Jahresbericht 2016).

[342] Dieser Abschnitt war im ersten Bericht mit „Procedures addressing the special needs of certain categories of persons and of persons in need of international protection“ überschrieben, vgl. den Bericht für das Jahr 2014, S. 6.

2. Rückkehrbezogene Aktivitäten

Auch für rückkehrbezogene Einsätze bestehen besondere Bestimmungen zur Ausgestaltung der Aufgaben und Pflichten des eingesetzten Personals. Die Rückführungs-RL enthält für den Einsatzbereich der Rückkehrteams nur wenige Regelungen. Nach Art. 8 Abs. 4 Rückführungs-RL dürfen Zwangsmaßnahmen bei Abschiebungen nur als letztes Mittel eingesetzt werden, nach Art. 8 Abs. 5 Rückführungs-RL sind die Gemeinsamen Leitlinien der Rückführungs-Entscheidung des Rates (dazu sogleich) zu berücksichtigen. Im Übrigen betrifft die Rückführungs-RL primär den Zeitraum bis zur Abschiebung, d.h. bevor die Rückkehrteams tätig werden. Weitere Verhaltensvorgaben für Rückkehrteams sind jedoch in von Frontex oder der Kommission erstellten Verhaltenskodizes und Anleitungen enthalten.

a) Der Verhaltenskodex für Rückkehraktionen und Rückkehreinsätze[343]

Der Rückkehr-CoC, der nach seinem Art. 1 Abs. 1 „common standardised procedures and principles" für alle Beteiligten[344] an von Frontex organisierten oder koordinierten Rückkehraktionen oder -einsätzen vorgibt, enthält zahlreiche Maßgaben für die konkrete Durchführung. Er ist inhaltlich stark an den Vorgaben der vom Rat am 29.04.2004 erlassenen gemeinsamen Leitlinien für Sicherheitsvorschriften bei gemeinsamen Rückführungen auf dem Luftweg[345] ori-

---

[343] Im Folgenden mit Rückkehr-CoC abgekürzt. Der Originaltitel des nur in englischer Sprache verfügbaren von Frontex am 26.04.2018 veröffentlichten Dokuments lautet „Code of Conduct for Return Operations and Return Interventions coordinated or organised by Frontex", abrufbar unter https://www.google.com/url?sa=t&rct=j&q=&esrc=s&source=web&cd=&ved=2ahUKEwiyhv25m8SEAxVUhf0HHTFyBv0QFnoECBQQAQ&url=https%3A%2F%2Fwww.frontex.europa.eu%2Fassets%2FKey_Documents%2FCode_of_Conduct%2FCode_of_Conduct_for_Return_Operations_and_Return_Interventions.pdf&usg=AOvVaw1eFRgVzNMptMlGInVH3KpB&opi=89978449 (zuletzt abgerufen am 24.02.2024).

[344] Dies umfasst nach Art. 1 Abs. 2 i.V.m. Art. 3 Abs. 1 lit. b) Rückkehr-CoC „any person, including escorts, monitors, interpreters and medical staff", die an der Rückkehraktion oder dem Rückkehreinsatz mitwirken.

[345] Vgl. dazu oben in diesem Kapitel unter A. I. 1. Die Rückführungs-Entscheidung des Rates enthält ausweislich ihres 10. Erwägungsgrundes mit ihren „Gemeinsamen Leitlinien für Sicherheitsvorschriften bei gemeinsamen Rückführungsaktionen auf dem Luftweg" Bestimmungen, die den Mitgliedstaaten eine unverbindliche und „nützliche Orientierungshilfe bieten". Sie ist nach dem Rückkehr-CoC (S. 24) auch bei von Frontex koordinierten oder organisierten Rückkehraktionen oder Rückkehreinsätzen zu beachten. Inhaltlich sind die Leitlinien nach dem zeitlichen Ablauf der Rückführung gestaffelt: Auf die Phase vor der Rückführung folgen die Phase vor dem Abflug in Abflug- oder Transitflughäfen, Vorgaben zum Verfahren während des Fluges, die Transitphase, die Ankunftsphase und Vorschriften für das Scheitern der Rückführung. Für diese Phasen sind teilweise sehr detaillierte Verhaltensvorgaben enthalten, wie etwa hinsichtlich der Verwahrung von Reisedokumenten (1.1.3. Leitlinien der Rückführungs-Entscheidung des Rates), der Beförderung zum und des Aufenthalts im Abflugflughafen (2.1. Leitlinien Rückführungs-Entscheidung des Rates), der Vorberei-

entiert. Neben einer Auflistung der zu beachtenden Grundrechte und Diskriminierungsverbote (Art. 4 Rückkehr-CoC) und der Herausstellung der Sicherheit der zurückzuführenden Personen und der beteiligten Einsatzkräfte als oberstes Anliegen (Art. 5 Rückkehr-CoC)[346] sind insbesondere Vorgaben für die Kooperation mit den zurückzuführenden Personen (Art. 6 Rückkehr-CoC) und über die Anwendung von Zwangsmitteln (Art. 7 Rückkehr-CoC) enthalten.

Die Kooperation mit den zurückzuführenden Personen beinhaltet nach Art. 6 Abs. 1 Rückkehr-CoC ein Gebot zum Austausch mit den Betroffenen zwecks Vermeidung bzw. Minimierung des Einsatzes von Zwangsmitteln und gemäß Art. 6 Abs. 2 Rückkehr-CoC eine Informationspflicht der Behörden des Einsatzmitgliedstaats gegenüber den zurückzuführenden Personen hinsichtlich der (gesamten) Rückkehraktion bzw. des Rückkehreinsatzes. In Art. 6 Abs. 3 Rückkehr-CoC ist ferner eine Art Rechtsbehelfsbelehrung, insbesondere hinsichtlich der Möglichkeit eines Beschwerdeverfahrens nach Art. 72 Frontex-VO-2016 (nunmehr Art. 111 Frontex-VO-2019) vorgesehen.[347]

Zwangsmaßnahmen sollen – zusätzlich zu allgemein formulierten Einschränkungen[348] – nach Art. 7 Abs. 2 Rückkehr-CoC nur in bestimmten Situationen ausgeübt werden.[349] Unzulässig sind die Atmung der zurückzuführenden Personen gefährdende Maßnahmen[350], die Verwendung von Sedativen (mit Ausnahme medizinischer Notfälle)[351] sowie eine Bedrohung oder Bestrafung der zurückführenden Personen wegen einer Weigerung zum Besteigens des Transportmittels.[352]

tung des Starts (2.2. Rückführungs-Entscheidung) und des Verfahrens nach der Landung im Zielland (5. Leitlinien der Rückführungs-Entscheidung des Rates).

[346] Ist diese nicht gewährleistet, können nach Art. 5 Rückkehr-CoC sowohl der Führer des genutzten Transportmittels, als auch der Einsatzleiter einer Rückkehraktion bzw. der Einsatzmitgliedstaat oder Frontex die Operation aussetzen oder beenden. Bei einer Nichteinhaltung der Grundrechtsstandards verweist Art. 4 Abs. 3 Rückkehr-CoC auf das in Art. 25 Abs. 4 Frontex-VO-2016 (jetzt Art. 46 Abs. 1 Frontex-VO-2019) vorgesehene Recht des Exekutivdirektors zur Beendigung der Operation bzw. schreibt Art. 4 Abs. 4 Rückkehr-CoC die auch in Art. 25 Abs. 4, 27 Abs. 4 Frontex-VO-2016 (Art. 46 Abs. 3 Frontex-VO-2019) vorgesehene Möglichkeit des Entzugs von Finanzmitteln vor.

[347] Wörtlich heißt es: „The head of RO (return operation, Anm. d. Verf.) or the competent authorities of the MS (member state, Anm. d. Verf.) hosting a RI (return intervention, Anm. d. Verf.), as applicable, ensure that information is provided about the possibilities to lodge a complaint concerning an alleged fundamental rights violation during the RO or RI, for example via the Frontex complaints mechanism in compliance with the applicable rules".

[348] Vgl. insoweit Art. 7 Abs. 1 Rückkehr-CoC, der nur „legal, necessary and proportional" Maßnahmen zulässt, die „with due respect to the returnee's rights, dignity and physical integrity" ausgeübt werden sollen.

[349] Wörtlich: „Coercive measures may be used only when strictly necessary on returnees who refuse or resist removal or in response to an immediate and serious risk of the returnee escaping, causing injury to themselves or to a third party, or causing damage to property".

[350] Vgl. Art. 7 Abs. 3 S. 1 Rückkehr-CoC.

[351] Vgl. Art. 7 Abs. 4 S. 2 Rückkehr-CoC.

[352] Wörtlich zu dieser Selbstverständlichkeit (Art. 7 Abs. 6 Rückkehr-CoC): „Returnees must not be threatened in order for them to board a means of transport. They must not be

Des Weiteren sind die konkret zulässigen Maßnahmen zur Einschränkung der körperlichen Bewegungsfreiheit[353] vor Beginn der Operation von dem Einsatzmitgliedstaat und Frontex festzulegen und den Behörden der teilnehmenden Mitgliedstaaten zu übermitteln, vgl. Art. 7 Abs. 4 S. 1, 2 Rückkehr-CoC. Die Erforderlichkeit und Verhältnismäßigkeit der fortgesetzten Anwendung der Zwangsmaßnahmen soll ferner während des Einsatzes in bestimmten Abständen kontrolliert werden.[354] Zudem soll nach Art. 7 Abs. 5 Rückkehr-CoC nicht von Beamten teilnehmender Mitgliedstaaten verlangt werden dürfen, nach ihrem nationalen Recht unzulässige Zwangsmaßnahmen zu ergreifen.

Weitere im Rückkehr-CoC enthaltene Verhaltensvorgaben betreffen den Umgang mit der „Fitness to travel"[355] der zurückzuführenden Personen. So ist diese von den jeweiligen Mitgliedstaaten vor der Operation festzustellen und der Einsatzmitgliedstaat muss vorab unter Beachtung des einschlägigen nationalen und europäischen Datenschutzrechts über etwaige besondere Umstände informiert werden.[356] Zudem sind Vorschriften hinsichtlich der Behandlung von Ersuchen um internationalen Schutz und Fällen von „vulnerable persons"[357] (Art. 10 Rückkehr-CoC), der Identifizierbarkeit der Einsatzkräfte (Art. 12 Rückkehr-CoC) und der Pflicht zum Bericht von möglichen Verstößen gegen den Rückkehr-CoC oder Grundrechte[358] enthalten.

b) Die Anleitung für auf dem Luftweg durchgeführte Rückkehraktionen[359]

Der JRO-Air-Guide, welcher Bezug auf die Rückführungs-Entscheidung des Rates sowie eine vorherige Form des Rückkehr-CoC nimmt und diese weiter

---

punished for not having done so without prejudice to sanctions provided for by applicable legislation".

353 Wörtlich: „Means of Restraint", Übersetzung durch Verf.; „Means of Restraint" kann auch generell mit „Zwangsmitteln" oder „Zurückhaltemitteln" übersetzt werden; dass hier jedoch Maßnahmen nach der gewählten Definition gemeint sind, ergibt sich aus Art. 7 Abs. 3 S. 2 Rückkehr-CoC, der von „deploying coercive measures and particularly of applying means of restraint" spricht. Weitergehend insoweit ist Nr. 3.2. e) der in der Rückführungs-Entscheidung des Rates enthaltenen Leitlinien, wonach sich der organisierende Mitgliedstaat und die teilnehmenden Mitgliedstaaten auf eine Liste erlaubter Zwangsmaßnahmen einigen.

354 Art. 7 Abs. 3 S. 2 Rückkehr-CoC.

355 Art. 3 Abs. 1 lit. l) Rückkehr-CoC definiert diesen Begriff als „a returnee's medical condition (both physical and mental) which allows the person to travel safely.".

356 Vgl. zum Ganzen Art. 8, 17 Rückkehr-CoC.

357 Nach Art. 3 Abs. 1 lit. n) Rückkehr-CoC können zu diesem Personenkreis „minors, disabled people, elderly people, pregnant women, single parents with minor children, victims of human trafficking, persons with serious illnesses, persons with mental disorders and persons who have been subject to torture, rape or other serious forms of psychological, physical or sexual violence" gehören.

358 Vgl. dazu Art. 19 Rückkehr-CoC als Ausprägung eines formalisierten Peer review-Verfahrens, dazu unter Teil 3 Kapitel 9 C. II. 2. b).

359 Der Originaltitel des nur in englischer Sprache verfügbaren am 12.05.2016 von Frontex veröffentlichten Dokuments lautet „Guide for Joint Return Operations by Air coordinated

ausgestaltet, enthält unverbindliche „best practices".[360] Vorhanden sind allgemeine Vorgaben und eine der Rückführungs-Entscheidung des Rates ähnliche zeitliche Staffelung von spezielleren, sehr detaillierten Vorschriften. Wesentliche Unterschiede bestehen jedoch hinsichtlich der Vorgaben zur Einbeziehung der Agentur.[361] Hervorzuheben sind ferner die Bereitstellung eines „Fit-to-travel"-Formulars[362], Annex 2 zum Phänomen des lagebedingten Erstickungstodes[363], eine ebenfalls angehängte Liste mit verbotenen Zwangsmaßnahmen zur Einschränkung der körperlichen Bewegungsfreiheit[364] und Beispielslisten für die Ausrüstung des medizinischen Personals.

c) Das Rückkehr-Handbuch

Das in einer Empfehlung der Kommission enthaltene Rückkehr-Handbuch[365] ist an alle zuständigen nationalen Behörden gerichtet, die rückkehrbezogene Aufgaben wahrnehmen. Enthalten sind Begriffsbestimmungen und Konkretisierungen der Rückführungs-RL. Die Mitgliedstaaten werden ferner zur Wahrnehmung der Möglichkeit der Koordination oder Organisation von Rückkehrmaßnahmen durch Frontex (vgl. Punkt 7.4 Rückkehr-Handbuch) und zur Beachtung der in der Rückführungs-Entscheidung des Rates enthaltenen Leitlinien aufgefordert.

V. Der Einsatzplan

Die in der praktischen Umsetzung zentrale Konkretisierungsstufe des Einsatzablaufs stellt der Einsatzplan[366] dar, der die genannten gesetzlichen wie unverbind-

by Frontex", abrufbar unter https://frontex.europa.eu/assets/Publications/General/Guide_for_Joint_Return_Operations_by_Air_coordinated_by_Frontex.pdf, zuletzt abgerufen am 24.02.2024, im Folgenden JRO-Air-Guide. Maßgeblich für den JRO-Air-Guide war die Rechtslage vor Erlass der Frontex-VO-2016, jedoch ist nach dem Rückkehr-CoC (S. 9) der JRO-Air-Guide durch ersteren nicht ersetzt worden, sondern vielmehr ebenfalls gültig.

[360] Vgl. zum Ganzen S. 9 JRO-Air-Guide.

[361] So etwa der empfohlene Ablauf zur Einleitung des Verfahrens vgl. dazu oben in diesem Kapitel unter C. II. 4.

[362] Vgl. dazu Annex 1 JRO-Air-Guide.

[363] Hinsichtlich des „Positional Asphyxia Syndrome" werden Risiken, Risikoerhöhungsfaktoren und deren mögliche Reduzierung sowie „warning signs" aufgelistet.

[364] Vgl. Annex 3 JRO-Air-Guide, der ein Drängen der Europäischen Ombudsfrau (OI/01/9/2014/MHZ, S. 2) aufgreift und auf die „20 Leitlinien zur Frage der erzwungenen Rückkehr" des Europarates (CM(2005)40-final) vom 09.05.2005 Bezug nimmt und die Verwendung von Metallketten, Zwangsjacken und Kunststoffbindern, die nicht speziell für die Immobilisierung von Armen oder Beinen entwickelt wurden, verbietet.

[365] S. Empfehlung (EU) 2017/2338 der Kommission vom 16. November 2017 für ein gemeinsames „Rückkehr-Handbuch", das von den zuständigen Behörden der Mitgliedstaaten bei der Durchführung rückkehrbezogener Aufgaben heranzuziehen ist (ABl. L 339 vom 19.12.2017, S. 83–159); dazu bereits oben in diesem Kapitel unter B. V.

[366] Nicht unter den hier in Bezug genommenen, auf konkrete Operationen bezogenen

lichen, unionalen wie nationalen Vorgaben aufgreift und für die Einsatzsituation operationalisiert. Ein Einsatzplan ist grundsätzlich bei jeder Form gemeinsamer Einsätze aufzustellen.[367] Dieser soll zumindest die in Art. 38 Abs. 3 Frontex-VO-2019 aufgeführten Angaben, unter anderem zu „Aufgaben und Zuständigkeiten", zu konkreten Anweisungen wie etwa die Nutzung von Datenbanken und zu zulässiger Ausrüstung, insbesondere Dienstwaffen (lit. d)) enthalten. Ferner sollen „Befehls- und Kontrollvorschriften" enthalten sein, die insbesondere die Befehlskette unter Nennung der Namen und des Dienstgrades der jeweiligen Teammitglieder deutlich machen sowie ein Einklang mit den Bestimmungen der Seeaußengrenzen-VO hergestellt werden (lit. f)).

Der aufgestellte Einsatzplan ist nach Art. 38 Abs. 3 S. 1 Frontex-VO-2019 für Frontex, den Einsatzmitgliedstaat und die teilnehmenden Mitgliedstaaten verbindlich und Grundlage für Anweisungen während des Einsatzes.[368] Die Agentur soll nach Art. 44 Abs. 1 Frontex-VO-2019 die „operative Umsetzung aller organisatorischen Aspekte" gemeinsamer Operationen gewährleisten. Der Einfluss der Agentur auf die Umsetzung des Einsatzplanes erfolgt nach der Frontex-VO-2019 maßgeblich durch den im Namen der Agentur handelnden Koordinierungsbeamten, der aus dem Statutspersonal zu wählen ist.[369] Der Koordinierungsbeamte, der nach Art. 44 Abs. 3 S. 3 lit. a) Frontex-VO-2019 „als Schnittstelle zwischen Agentur, dem Einsatzmitgliedstaat und den Teammitgliedern" fungieren soll, ist nach Art. 44 Abs. 3 S. 1 und 2 Frontex-VO-2019 Sprachrohr und Auge der Agentur bezüglich einer möglicherweise defizitären Umsetzung des Einsatzplans und wird von mindestens einem Grundrechtebeobachter unterstützt und beraten. Einem etwaigen, durch den Koordinierungsbeamten übermittelten „Standpunkt" der Agentur hat der Einsatzmitgliedstaat „so weit

---

Begriff soll der „fortlaufende Einsatzplan" (rolling operational plan) i.S.d. Art. 50 Abs. 2 Frontex-VO-2019 fallen. Bei diesem beschließt der Verwaltungsrat auf Vorschlag des Exekutivdirektors über Inhalt und Funktionsweise (Art. 50 Abs. 2 S. 4 Frontex-VO-2019), die Mitgliedstaaten können lediglich Anträge hinsichtlich „Daten und Bestimmungsorte(n)" von Rückkehraktionen stellen (Art. 50 Abs. 2 S. 3 Frontex-VO-2019). Vgl. dazu auch den Beschluss des Verwaltungsrats 37/2016 vom 23.11.2016 „adopting the modus operandi of the rolling operational plan for return-related needs". Dieser „fortlaufende Einsatzplan" ähnelt eher einem Instrument der Gesamtkoordination, wie es etwa in Art. 39 Abs. 15 Frontex-VO-2019 für Prioritätenvergabe hinsichtlich Gemeinsamer Aktionen bzw. Soforteinsätzen zu Grenzsicherungszwecken vorgesehen ist.

[367] Vgl. Art. 38 Abs. 5 Frontex-VO-2019. Auch wenn für die sich nach Art. 36 Abs. 2 lit. e) Frontex-VO-2019 möglicherweise plötzlich und im Laufe einer anderen Operation ergebenden Such- und Rettungseinsätze kein eigenständiger Einsatzplan aufgestellt werden muss, sind die einschlägigen Bestimmungen der Seeaußengrenzen-VO für solche Fälle in den Einsatzplan der laufenden Operation mitaufzunehmen, vgl. nur Art. 38 Abs. 3 lit. j) Frontex-VO-2019.

[368] So Art. 43 Abs. 1 Frontex-VO-2019.

[369] Nach Art. 44 Abs. 2 Frontex-VO-2019 könnn auch mehrere Koordinierungsbeamte aus dem Statutspersonal benannt werden.

wie möglich“ nachzukommen.[370] Entsprechen die erteilten Anweisungen nicht dem Einsatzplan, teilt der Koordinierungsbeamte dies dem Exekutivdirektor gem. Art. 43 Abs. 3 Frontex-VO-2019 mit, worauf dieser u.a. die Finanzierung der Operation[371] nach Art. 46 Abs. 3 Frontex-VO-2019 „zurückziehen, aussetzen oder beenden“ kann.

Abzugrenzen sind die im Folgenden behandelten Einsatzpläne von der in Art. 9 Frontex-VO-2019 geregelten „integrierten Planung“, die den Erlass von generellen Einsatzplänen für „die Grenzverwaltung und die Rückkehr“ durch Frontex und die Mitgliedstaaten, deren Grenzabschnitte ein „hohes oder kritisches Risiko aufweisen“ vorsieht.[372] Aus diesen „operativen Planungsprozessen“ sollen sich nach Art. 9 Abs. 2 S. 3 Frontex-VO-2019 die hier behandelten, auf konkrete Einsätze bezogenen „operativen Pläne“ „ergeben“. Dies kann als Institutionalisierung der gängigen Praxis angesehen werden, operative Aktivitäten soweit wie möglich im Jahresrhythmus zu planen. Zudem werden von den betroffenen Mitgliedstaaten nach Art. 9 Abs. 3 Frontex-VO-2019 Notfall- und nach Art. 9 Abs. 4 Frontex-VO-2019 Kapazitätsentwicklungspläne aufgestellt, deren Erstellung hinsichtlich Methode und Verfahren nach Art. 9 Abs. 6 Frontex-VO-2019 von Frontex vorgegeben wird. In diesen Mechanismen kann eine weitere frühzeitige Einflussnahmemöglichkeit auf die Erstellung der hier interessierenden Einsatzpläne für konkrete Operationen gesehen werden.

Bei der Erstellung eines Einsatzplanes für gemeinsame Operationen und für dessen inhaltliche Gestaltung sollen von Frontex bereit gestellte Handbücher (Handbooks to the Operational Plan – HOPs) verwendet werden[373], was in der

---

[370] Vgl. Art. 44 Abs. 2 Frontex-VO-2019. Dies deckt sich mit der Aufgabenbeschreibung des Koordinierungsbeamten in Art. 44 Abs. 3 Frontex-VO-2019, wonach dieser verpflichtet ist, die „korrekte Durchführung des Einsatzplanes zu überwachen“ (lit. b) und dem Exekutivdirektor über nicht dem Einsatzplan entsprechende Anweisungen Bericht zu erstatten (lit. d). Der Koordinierungsbeamte kann ferner nach Art. 44 Abs. 4 Frontex-VO-2019 vom Exekutivdirektor ermächtigt werden, bei gemeinsamen Aktionen oder Soforteinsätzen zu Grenzsicherungszwecken als eine Art Schlichtungsstelle zu fungieren.

[371] Eine besondere Schwere des Verstoßes gegen den Einsatzplan ist – im Gegenteil zu dem Beendigungsrecht des Exekutivdirektors aus Art. 46 Abs. 4 Frontex-VO-2019 – nach dem Wortlaut der einschlägigen Bestimmungen nicht erforderlich.

[372] Vgl. Art. 9 Abs. 2 Frontex-VO-2019; zu den Risikoeinstufungen vgl. oben in diesem Kapitel unter A. I. 4. a).

[373] Vgl. die lediglich in englischer Sprache verfügbaren, für See-, Land- und Luftaußengrenzen erstellten „Handbook(s) on the Operational Plan“ (im Folgenden HOPs), die dem Verf. durch Frontex auf Anfrage zugänglich gemacht wurden. Das für gemeinsame Einsätze auf See maßgebliche Handbuch (HOP-Sea) wurde von Frontex am 30.01.2017 veröffentlicht, das Handbuch für „Land Border Operations“ (im Folgenden HOP-Land) am 18.09.2018; ferner existiert ein für „Air Border Joint Operations“ maßgebliches Handbuch (im Folgenden HOP-Air). Die HOPs weisen einen weitgehend ähnlichen Inhalt auf, sind jedoch auf etwaige Besonderheiten des Einsatzgebiets angepasst (vgl. etwa S. 17 f. des HOP-Sea zu den „hotspots“); hier wird primär das HOP-Sea herangezogen. Die HOPs sind an mehreren, für die vorliegende Untersuchung relevanten Stellen geschwärzt. Begründet wird dies mit dem

einsehbaren Praxis auch erfolgt. In diesen Handbüchern werden die Aufgaben und Befugnisse der teilnehmenden Einsatzkräfte häufig in „Debriefing Activities"[374], „Screening Activities"[375] und „Fingerprinting and Registration"[376] unter-

Schutz und der Erhaltung der Kooperationsbereitschaft der befragten Personen und dem Interesse an der Geheimhaltung von Informationen über die operative Arbeit und konkrete Handlungsweisen der Beamten zwecks Effektivität laufender und zukünftiger Aktionen (ein entsprechender Kommentar ist auf S. 8 HOP-Sea eingefügt).

[374] „Debriefing" wird auf S. 6 des HOP-Sea als „collecting information by interviewing migrants detected for illegal border-crossings" definiert und soll auf einer „voluntary and anonymous basis" erfolgen. Dieser Vorgang ist im Folgenden detailliert geregelt und in die Abschnitte „Preparation for Debriefing", „identifying migrants to be interviewed and checking belongings", „debriefing" und „reporting" unterteilt. Neben den Zielen der Befragung (u.a. Informationserhebung in Bezug auf Migrationsrouten, -vorgänge, „push and pull factors", Netzwerke, Herkunfts- und Transitländern) wird auch deren konkreter Ablauf geregelt, wie etwa die Identifikation des befragenden Beamten, des Dolmetschers und sonstiger anwesender Personen gegenüber der befragten Person, der Umgang mit Anzeichen von gesundheitlichen Problemen bei der befragten Person oder etwaigen Asylanträgen, S. 5 f. HOP-Sea. Im Übrigen sind jedoch weite Teile der Vorgaben, insbesondere hinsichtlich der Identifikation und Gepäckdurchsuchung sowie des Ablaufs der Befragung geschwärzt.

[375] Für den Bereich der „irregular immigration" definiert das HOP-Sea „Screening" als „to establish an assumption on the nationality of an undocumented Person having crossed, or having attempted to cross, an external border irregularly in view of registering the arrival of the person and returning the Third Country national to her/his country of origin when applicable", S. 11 HOP-Sea. „Screening" soll nur auf Anfrage und im Fall von teilnehmenden Mitgliedstaaten abgestellten Beamten in Kooperation mit Beamten des Einsatzmitgliedstaates und unter Informationsaustausch mit Dolmetschern (vgl. dazu insb. S. 13 HOP-Sea) und den für das „Debriefing" zuständigen Beamten erfolgen. Auch für das „Screening" sind konkrete Vorgehensweisen aufgelistet, die aufgrund der vorgenommenen Schwärzungen jedoch nur ausschnittweise erkennbar sind.

[376] Für Personen, die internationalen Schutz beantragen und mindestens 14 Jahre alt sind, folgen die Verpflichtung der Mitgliedstaaten und das Verfahren hinsichtlich der Erfassung der Fingerabdrücke aus (insb. Art. 9) der Eurodac-VO (s. dazu insb. oben in diesem Kapitel unter D. III. 3.). Die Abnahme der Fingerabdrücke soll unter dem Kommando des jeweiligen Teamführers und in Kooperation mit den nationalen Behörden nach dem im Einsatzmitgliedstaat vorgesehenen Verfahren erfolgen. Das HOP-Sea enthält insbesondere folgende Angaben zur Vorgehensweise, etwa zu „informing migrants", „procedure in case of refusal", „lawful use of force", „referral" und „reporting". Gewaltanwendung zur Abnahme der Fingerabdrücke soll dabei nur als ultima ratio erfolgen, vorzugswürdig soll eine Kooperation der betroffenen Person durch Informationen über den Zweck der Maßnahme und über ggf. bevorstehende Zwangsanwendungen erwirkt werden. Die zwangsweise Abnahme der Fingerabdrücke selbst soll nur durch Beamte des Einsatzmitgliedstaats erfolgen und bei „people usually considered vulnerable such as children, victims of torture, sexual or gender-based violence and victims of seroius crimes or traumatised people" vermieden werden, vgl. zum Ganzen S. 15 f. HOP-Sea. Mit Empfehlungen zur (zwangsweisen) Abnahme von Fingerabdrücken beschäftigt sich ferner das vor dem Eindruck der sog. Migrationskrise erlassene Dokument der Kommission vom 27.05.2015 SWD(2015) 150 final. Kritisch in Hinblick auf die zwangsweise Abnahme von Fingerabdrücken der EDSB, Stellungnahme 07/2016 vom 21.09.2016 S. 16.

teilt. Frontex soll die handelnden Behörden nach den HOPs bei diesen Aufgaben unterstützen.[377]

1. Operative Informationsverwaltung durch Frontex: Vorgaben der Frontex-VO-2019 und praktische Umsetzung durch die Einsatzpläne

Die HOPs liefern Einblicke in die tatsächliche Umsetzung der Vorgaben der Frontex-VO-2019. Besonders ausgeprägt trifft dies im Hinblick auf die die Informationsverwaltung während des Einsatzes betreffenden Bestimmungen zu, aus welchen sich die standardisierte oder dauerhafte Einrichtung von Kommunikations- und Informationsaustauschstrukturen entwickelt hat.[378]

a) PeDRA

Das etwa im HOP-Sea aufgeführte PeDRA steht für „Processing Personal Data for Risk Analysis“ und zielt auf die Erleichterung der Erfassung personenbezogener Daten während von Frontex koordinierten oder organisierten Operationen und deren Übermittlung an Frontex zwecks „processing at the European Level“ ab. Als erfolgreiches Beispiel wird die Übermittlung von Identitäten, Aufenthaltsorten, Telefonnummern und Facebookprofilen von in Libyen aufhältigen Schleppern an Europol genannt.[379]

Als rechtliche Grundlage wird Art. 11c Frontex-VO a.F. (in der durch die Frontex-Änderungs-VO eingeführten Fassung) zitiert, einschlägige ist nunmehr Art. 87 Abs. 1 lit. a) und c) i.V.m. Art. 88 Frontex-VO-2019. Hiernach ist nur die Verarbeitung bestimmter personenbezogener[380], von mitgliedstaatlichen Behörden, Teammitgliedern, Frontex-Personal oder EASO während eines Teameinsatzes erfasster Daten zulässig. Diese dürfen nur zu den in Art. 87 Abs. 1 Frontex-VO-2019 bestimmten Zwecken durch Frontex verarbeitet werden.[381] Weitere

---

[377] Vgl. z.B. für die Tätigkeit im Rahmen des Hotspot-Konzepts S. 17 f. HOP-Sea.

[378] Zu EUROSUR, dessen Funktion auch im HOP-Sea angesprochen wird (S. 56) und dessen Bedeutung für die operative Arbeit vgl. in diesem Kapitel unter A. I. 4. a).

[379] Vgl. zum Ganzen S. 52 HOP-Sea.

[380] Die umfassten Bereiche sind nach Art. 88 Abs. 1 Frontex-VO-2019 von mitgliedstaatlichen Behörden erfasste personenbezogene Daten von Personen, die die Außengrenzen unbefugt überschritten haben (lit. a)), personenbezogene Daten, die für die Bestätigung der Identität und Staatsangehörigkeit im Rahmen von Rückkehrtätigkeiten erforderlich sind (lit. b)) und nach lit. c) „Fahrzeugkennzeichen, Fahrzeugidentifizierungsnummern, Telefonnummern und Schiffsidentifizierungsnummern, die mit den unter Buchstaben a und b genannten Personen in Verbindung stehen und für die Ermittlung und Analyse von Routen und Methoden der illegalen Einwanderung und grenzüberschreitenden Kriminalität erforderlich sind“.

[381] Zu diesen Zwecken gehört auch die Erfüllung der Aufgaben im Zusammenhang mit Grenzverwaltungsteams und Teams zur Unterstützung der Migrationsverwaltung (lit. a)) und Rückkehrteams (lit. b)).

Einschränkungen enthält Art. 88 Abs. 2 Frontex-VO-2019, der die Datenübermittlung durch Frontex an bestimmte mitgliedstaatliche oder unionale Stellen oder eine Verarbeitung für die Erstellung von Risikoanalysen einem Erforderlichkeitsvorbehalt unterstellt. Für sog. operative personenbezogene Daten, die unter das Mandat von Frontex zur Bekämpfung grenzüberschreitender Kriminalität (Art. 10 Abs. 1 lit. j) Frontex-VO-2019) fallen, sieht Art. 90 Frontex-VO-2019 Sonderregelungen vor: Diese Daten dürfen nach Art. 90 Abs. 2 Frontex-VO-2019 nur mit Europol, Eurojust und mitgliedstaatlichen Strafverfolgungsbehörden ausgetauscht werden, wenn dies für die Aufgabenerfüllung der jeweiligen Stelle „unbedingt erforderlich" ist. Nach einer Übermittlung an Unions- oder mitgliedstaatliche Behörden bzw. nach der anonymisierten Verwendung der Daten in der Risikoanalyse, grundsätzlich jedoch spätestens nach 90 Tagen sind personenbezogene Daten zu löschen, Art. 91 Abs. 1 Frontex-VO-2019.[382] Für rückkehrbezogene Aufgaben erhobene Daten sind nach Zweckerreichung und zumindest 30 Tage nach Abschluss der Aufgabe zu löschen, die sog. operativen personenbezogenen Daten des Art. 90 Frontex-VO-2019 sind nach Zweckerreichung zu löschen, eine absolute Frist wird hier jedoch nicht bestimmt.[383]

Dieser rechtliche Hintergrund bzw. die entsprechenden Vorgängerregelungen werden (teilweise ausschnitthaft) im HOP-Sea bei den Angaben zu PeDRA auf-

[382] Die Umsetzung der Vorgängerbestimmung des Art. 91 Abs. 1 Frontex-VO-2019 konkretisiert durch den Beschluss des Verwaltungsrates Nr. 58/2015 (Reg. Nr. 20906) „adopting Implementing Measures for processing personal data collected during joint operations, pilot projects and rapid interventions" konkretisiert. Zur rechtlichen Einschätzung dieser so vorgegebenen Praxis vgl. die Stellungnahmen des Europäischen Datenschutzbeauftragten zu Art. 11c Frontex-VO a.F. vom 03.07.2015 (Fall 2015–0346) und die diese aktualisierende Stellungnahme vom 24.11.2016 (Dokument WW/OL/sn/D (2016)2535 C 2015–0346) vor dem Hintergrund der Rechtslage unter der Frontex-VO-2016. Hierbei wurde durch den EDSB insbesondere in der zweiten Stellungnahme gerügt, dass entgegen des Wortlauts des Art. 47 Abs. 3 Frontex-VO-2016 nach Art. 12 der durch den Beschluss des Verwaltungsrates 58/2015 implementierten Regeln ein Archiv für personenbezogene Daten eingerichtet wurde, in welchem Daten u.U. grundsätzlich bis zu drei Jahre (Abs. 1) oder darüber hinaus – abhängig von der Schwere des Verbrechens – (Abs. 2) gespeichert werden durften. Begründet wurde diese Speicherung zunächst mit nachträglichen Prüfungszwecken, später mit einer Notwendigkeit für etwaige sich anschließende Gerichtsverfahren oder Anträge betroffener Personen (vgl. zum Ganzen S. 3 der Stellungnahme des EDSB vom 24.11.2016). Hervorzuheben im gegebenen Kontext ist ferner die vom EDSB geteilte Einschätzung der Agentur, dass bei einer 2016 Informationserhebung durch Frontex-Personal im Rahmen eines Teameinsatzes in einem Einsatzmitgliedstaat, die erlangten Daten „als aus diesem Mitgliedstaat stammend betrachtet" werden sollen. Begründet wurde dies unter Verweis auf Art. 21, 40 Frontex-VO-2016 mit der „Weisungsbefugnis des Einsatzmitgliedstaats" und der daraus gefolgerten Einordnung desselben als „für die Verarbeitung Verantwortlichen der Befragungstätigkeiten", vgl. zum Ganzen S. 2 der Stellungnahme des EDSB vom 24.11.2016.

[383] Vgl. dazu Art. 91 Abs. 2 und 3 Frontex-VO-2019.

gegriffen, die konkreten Funktionsweisen und Befugnisse zur Nutzung sind jedoch nicht einsehbar.[384]

b) Frontex One-Stop-Shop (FOSS)

Weiteres Instrument des operativen Informationsmanagements ist das Online-Portal FOSS. In ihrem Internetauftritt[385] wird diese Datenbank wie folgt beschrieben: „FOSS facilitates the cooperation between Frontex and its partners by making information accessible 24/7, according to defined standards and amongst pre-defined users. It establishes a strong community and creates a secure platform to exchange interactively on the matters of cooperation". Die Nutzungsberechtigten (Frontex-Personal, mitgliedstaatliche Behörden und andere Kooperationspartner) werden hierbei in „user groups" eingeteilt, um Zugang zu den „close-to-real-time"- und „up-to-date"-Informationen zu erhalten. FOSS ist direkt mit OPERA (dazu sogleich) verbunden und kann so insbesondere von Teammitgliedern genutzt werden, im Übrigen gelten besondere Zugangsregelungen, die etwa im HOP-Sea aufgeführt sind.[386] Über konkrete Nutzungsberechtigungen („accounts") entscheidet das Frontex Situation Center[387] durch den „User Administrator", der Aufbau und das Design der Schaltflächen für konkrete Organisationen soll dem/der „area of interest owner"[388] übertragen werden. Dieser leitet dem „User Administrator" erforderliche Informationen weiter, insbesondere die durch den „national FOSS user coordinator"[389] bereitgestellten Daten für die „accounts". FOSS soll so als zentrale Plattform für das Abrufen und den Austausch von Informationen innerhalb konkreter Operationen dienen, S. 19 HOP-Sea.

c) JORA

Das Akronym JORA steht für „Joint Operation Reporting Application". Auf S. 27 HOP-Sea wird über den Hintergrund dieses Systems folgendes ausgeführt: „The implementation of JORA started in December 2011 with the aim to deliver Frontex and its internal and external stakeholders (MS, specific EU bodies, etc.) the capability to send, manage and analyse data related to incidents occurring during the entire cycle of joint operations coordinated by Frontex". Hierdurch

---

[384] Aus S. 53 f. HOP-Sea sind jedoch Teile der Informationsübermittlungskette ersichtlich: So wird nach dem „debriefing expert", der die Daten (wohl) erhebt, der „Team leader" eingeschaltet, bevor der „intelligence officer" die Daten an Frontex (konkret das „Frontex Situation Center" oder die „Risk Analysis Unit") übermittelt.

[385] S. https://foss.frontex.europa.eu/ (zuletzt abgerufen am 24.02.2024).

[386] Vgl. zum Ganzen S. 19 f. HOP-Sea.

[387] Dazu sogleich unter e).

[388] Diese Rolle soll der „operational manager" einer gemeinsamen Operation ausfüllen.

[389] Diese Aufgabe sollte von der nationalen Kontaktstelle i.S.d. Art. 23 Frontex-VO-2016 (Art. 13 Frontex-VO-2019) übernommen werden.

seien das „real-time situation and crisis monitoring" und die Möglichkeiten zur Sammlung und Analyse diesbezüglich übermittelter Informationen verbessert worden. Im Übrigen sind über dieses Instrument nur wenige Informationen verfügbar, der Hauptteil der diesbezüglichen Ausführungen ist in den dem Verfasser vorliegenden HOPs geschwärzt (so etwa auf S. 27 ff. HOP-Sea).[390] Wie im FOSS ist die Verantwortungsverteilung in JORA grundsätzlich dreistufig: Ein vom Frontex Situation Center ernannter „JORA administrator" ist für die Erstellung, Änderung und Löschung von Zugängen und Prozessen in JORA verantwortlich, der „operational manager" einer gemeinsame Operation ist als „JORA Frontex Access Manager" für die Erstellung und Strukturierung der Schaltflächen von konkreten Aktion zuständig und die Unterstützung bei der Organisation von Zugängen von nationalen Behörden soll von einem von dem jeweiligen Mitgliedstaat zu ernennenden „JORA National Access Manager" übernommen werden. Geregelt ist ferner eine Berichterstattung über etwaige Zwischenfälle: Erstellt von einem „local officer", der als „JORA Incident Reporter" fungieren soll, werden die Berichte durch den „JORA Local Incident Verifier" bzw. den „JORA International Incident Verifier", der diese auch verändern kann, an die nächsthöhere Stelle bzw. das Frontex Situation Center weitergeleitet. Für diese Berichterstattung über Zwischenfälle ist eine „JORA Incidents Templates Attributes' List" enthalten.[391]

d) OPERA

Das „Operational Ressources Management System" stellt eine „integrated web-based software application custom designed for the management of the opera-

[390] Vgl. aber die Homepage des Herstellers (!) https://pl.asseco.com/en/sectors/uniformed-services/security-sector/joint-operations-reporting-application-378/ (zuletzt abgerufen am 24.02.2024). Die Ablehnung einer öffentlichen Anfrage von Frau Guiterrez hinsichtlich der Veröffentlichung von Handbüchern oder Instruktionen über JORA durch die Rechtsabteilung von Frontex verweist auf die Gefährdung des Systems durch eine etwaige Offenlegung von Einzelheiten, u.a.: „[...] the disclosure of the JORA manual would expose the system, including its vulnerabilities, to anyone, such as criminal networks interested in hampering those operations. It would also reveal sensitive information about one of the main communication and reporting tools used by law enforcement to carry out their work within Frontex operations, allowing for abuse of this system". Abrufbar unter https://www.google.com/url?sa=t&rct=j&q=&esrc=s&source=web&cd=1&ved=2ahUKEwipuLaMvsfdAhVwl4sKHdS5D1EQFjAAegQIBBAC&url=https%3A%2F%2Fwww.asktheeu.org%2Fen%2Frequest%2F2515%2Fresponse%2F9218%2Fattach%2F7%2F16.03.2016%2520Alba%2520Gutierrez.pdf&usg=AOvVaw36LuCtoU2UO70dSjx4n_rE (zuletzt abgerufen am 24.02.2024).

[391] Vgl. dazu etwa S. 32 ff. HOP-Sea. In diesem Formular, das überwiegend Pflichtfelder enthält, sind Felder für detaillierte Angaben über den Zwischenfall vorgesehen. Diese insgesamt 66 ausfüllbaren Felder betreffen u.a. Zeit, Ort, Umstände des Zwischenfalls, Informationen über die angetroffenen Personen (z.B. „country of departure", „death cases", „nationality claimed", „nationality presumed" und „nationality confirmed"), das (abgefangene) Transportmittel oder geschmuggelte Güter.

tional resources pooled and deployed in Frontex coordinated activities" dar, S. 43 HOP-Sea. Hierin sollen Informationen über das Vorhandensein und die Verteilung der „Human Ressources"[392] und des „Technical Equipments"[393] enthalten sein; ferner sollen durch OPERA die Zulassung und (Ausweis-)Dokumente für teilnehmende Einsatzkräfte erstellt werden, S. 43 HOP-Sea. Frontex kommt in Bezug auf dieses System die Aufgabe zu, einen operativen Einsatz einzufügen, etwaige diesbezügliche Anfragen hinsichtlich technischer Mittel und Einsatzkräfte an die Mitgliedstaaten zu formulieren und diese bei Bereitstellung zu verteilen sowie die Zulassung und (Ausweis-)Dokumente zu erstellen, den beteiligten Einsatzkräften zukommen zu lassen und diese nach Beendigung des Einsatzes wieder einzusammeln. Die Mitgliedstaaten sollen im Rahmen des OPERA insbesondere Kooperations- und Informationsbereitstellungspflichten treffen, S. 43 f. HOP-Sea. Zur Eintragung dieser Daten in der Nutzungsoberfläche des OPERA beinhaltet das HOP-Sea auf S. 44 kleinschrittige Erklärungen, ferner sind Vorschriften über den Umgang mit von Frontex bereitgestellten Ausrüstungsgegenständen und den Transport von Waffen enthalten.

e) Knotenpunkt der Informationsverwaltung: Das Frontex Situation Centre

Das im Frontex-Hauptquartier angesiedelte Frontex Situation Centre ist als Herzstück für die operative Informationsverarbeitung durch Frontex vielfältig, insbesondere in die von der Agentur koordinierten und organisierten Grenzoperationen eingebunden.[394] Hierzu gehören als zentrale Aufgabe die Erstellung eines möglichst aktuellen Lagebildes der europäischen Außengrenzen und von Migrationsströmen,[395] aber auch die Funktion als Kontakt- und Informationsstelle für mit Frontex kooperierende (mitgliedstaatliche) Behörden. Auf der Frontex-Homepage[396] wird Das Frontex Situation Centre wie folgt beschrieben:

---

[392] Vgl. insbesondere hinsichtlich persönlicher Daten, Einsatz- und Trainingserfahrung, S. 43 HOP-Sea.

[393] Dies umfasst auch Dauer, Ort und Umfang einer Operation; dies erfolgt auch, um Frontex bei etwaigen nötigen Anfragen an die Mitgliedstaaten zu unterstützen und, um die verwendeten Mittel und Einsatzkräfte darzustellen, zu registrieren und daraus Berichte zu erstellen, S. 43 HOP-Sea.

[394] Insoweit aussagekräftig die Bekleidung der höchsten Stelle der beschriebenen Abläufe durch das Frontex Situation Centre: etwa als Endestation im Rahmen des PeDRA, der „User Administrator" des FOSS oder der „JORA Administrator".

[395] Hierin liegt ebenfalls die Abgrenzung zur sonstigen Analysearbeit und Informationsverwaltung durch Frontex: das Frontex Situation Centre verarbeitet hauptsächlich gegenwartsbezogene oder für in naher Zukunft zu erwartende Ereignisse relevante Informationen, während sich die sonstige Informationsverwaltung auf die Vergangenheit oder die entferntere Zukunft bezieht, s. auch das Informationsvideo und zugehörigen Text unter https://www.youtube.com/watch?v=7PeJ8eNH4A8 (zuletzt abgerufen am 24.02.2024).

[396] Abrufbar unter https://www.frontex.europa.eu/careers/who-we-are/structure/divisions/situational-awareness-and-monitoring-division/frontex-situation-centre/.europa.eu/intelligence/information-management/ (zuletzt abgerufen am 24.02.2024).

„a unit responsible for 24/7 situation monitoring, early alerts and a comprehensive and up-to-date situational picture of the external borders and the pre-frontier area of the European Union. The Frontex Situation Centre supports the agency's business continuity policy as well as decision-making in crisis situations.".

2. Einsatzpläne in der Praxis

Die Strukturierung der Einsatzpläne in der Praxis folgt neben den Vorgaben der HOPs – soweit ersichtlich – einem weitgehend einheitlichen Schema.[397] Nach einer Einführung, die sowohl dem Einsatzplan als auch seinen Annexen einen „legal binding character" bescheinigt, folgen im Hauptteil des Einsatzplans eine Beschreibung und Einschätzung der Lage. Sodann wird das Ziel des Einsatzes in genereller Hinsicht als „operational aim"[398] und konkreter durch „operational objectives"[399] beschrieben. Ferner werden möglicherweise zu ergreifende Maßnahmen[400] definiert bzw. ein „operational concept"[401] vorgestellt.

Der sich anschließende, die weitere Umsetzung betreffende Abschnitt enthält Angaben zu Zeit, Dauer[402] und Beteiligten des Einsatzes; Kooperationen mit Drittstaaten, Unionsagenturen und internationalen Organisationen sind im folgenden Teil geregelt. Einen tiefen Einblick in die tatsächliche Umsetzung gewähren die folgenden Abschnitte der Einsatzpläne, welche die Koordinationsstruk-

[397] Hier werden in Bezug auf die Hauptteile der einen Einsatz an Landaußengrenzen betreffende Operational Plan (Main Part) JO Focal Points 2017 Land vom 18.01.2017 (im Folgenden OP-Land), der einen Einsatz an den Seeaußengrenzen betreffende Operational Plan (Main Part) JO Triton 2017 vom 26.01.2017 (im Folgenden OP-Triton) und der Operational Plan (Main Part) JO Alexis 2017 ebenfalls vom Januar 2017 (Im Folgenden OP-Alexis), welcher einen Einsatz an den Luftaußengrenzen betrifft, ausgewertet.

[398] Vgl. etwa im OP-Triton S. 10, der die Kontrolle irregulärer Migrationsströme und die Bekämpfung grenzüberschreitender Kriminalität anvisiert. Nach S. 6 OP-Land sollen durch diesen an bestimmten Grenzübertrittspunkten Plattformen für gemeinsame Aktionen und Informationsaustausch geschaffen werden, der OP-Alexis weist auf S. 6 die Minimierung von Schwächen der „EU airports border control" als Ziel aus.

[399] Vgl. etwa S. 11 OP-Triton i.V.m. dessen Annex 4, wonach u.a. Unterstützung beim Aufspüren und der Rettung von Personen in Not, die Verbesserung der Grenzsicherheit und die Identifikation von möglichen Risiken und Bedrohungen zu konkreten Zielen der Operation gezählt werden.

[400] Vgl. etwa den auf S. 11 OP-Triton enthaltenen Maßnahmenkatalog der u.a. „Screening-" „Fingerprinting-activities" und die Unterstützung von Such- und Rettungsaktionen beinhaltet.

[401] Vgl. dazu das „operational concept" auf S. 7 OP-Alexis und S. 7 OP-Land.

[402] Vgl. etwa S. 9 OP-Land, S. 7 ff. OP-Alexis.

tur[403] und „command, control, communication and reporting“ betreffen.[404] Nach die weitere (logistische) Organisation betreffenden Vorgaben, die insbesondere auf die Nutzung des OPERA verweisen[405], und Angaben zur Evaluation, schließt der Hauptteil der Einsatzpläne mit Vorschriften über die Kostentragung.[406]

Die weiterhin vorhandenen und nur teilweise einsehbaren Annexe zu den Einsatzplänen[407] enthalten vertiefte Angaben zu den jeweiligen Abschnitten.[408] In den verfügbaren Dokumenten werden insbesondere die Aufgaben und spezifische Instruktionen für die Einsatzkräfte im (jeweiligen) Annex 6 eigenständig geregelt[409], die diesbezüglichen Vorgaben variieren jedoch stark nach der Art des Einsatzes:

---

[403] Hierbei differenzierten die Einsatzpläne zwischen dem Personals der Mitgliedstaaten und Frontex-Personal, vgl. etwa S. 12 f. OP-Land und S. 19 f. JO-Triton. Interessant ist die Differenzierung zwischen „Guest Officers“, die den nationalen Behörden zugeordnet wurden und „seconded Guest officers“, die hier als dem Frontex-Personal zugehörig angesehen wurden (vgl. dazu Art. 20 Abs. 11 Frontex-VO-2016 und ausführlicher, in diesem Kapitel unter D. und F) sowie generell in Teil 3 Kapitel 9 A. I. Mit der Einführung des Statutspersonals durch die Frontex-VO-2019 wird sich diese Differenzierung teilweise erübrigen.

[404] Hier wird auf die Nutzung von FOSS sowie JORA hingewiesen und insbesondere werden die zu erstellenden Arten von und Zuständigkeiten für Berichte(n) aufgeführt, vgl. etwa S. 23 ff. OP-Triton, S. 13 ff. OP-Alexis.

[405] Vgl. etwa S. 15 f. OP-Alexis, S. 29 f. OP-Triton.

[406] Aus alledem wird ersichtlich, dass jedenfalls für die Praxis die im Aufbau des Art. 38 Frontex-VO-2019 angelegte Differenzierung zwischen „organisatorischen und verfahrensbezogenen Aspekten“ nach Art. 38 Abs. 2 S. 2 Frontex-VO-2019 und dem nach Art. 38 Abs. 3 S. 2 Frontex-VO-2019 vorgeschriebenen Inhalts des Einsatzplans i.E. nicht relevant ist.

[407] Für die vorliegende Untersuchung konnte auf die teilweise erheblich geschwärzten Annexe zu den hier in den Blick genommenen Einsatzplänen zurückgegriffen werden.

[408] Dazu gehören – die hier verwertbaren Annexe der verfügbaren Einsatzpläne zugrunde gelegt, welche jedoch teilweise terminologische und fallbezogene Abweichungen enthalten – der Frontex-CoC (Annex 1), Informationen über den „complaint mechanism“ von Frontex (Annex 2), eine (genauere) Beschreibung der Einsatzsituation (Annex 3), der „operational objectives“ (Annex 4), des Einsatzgebiets (Annex 5), der Kompetenzen und Anweisungen an Teammitglieder („rules of engagement“) (Annex 6), den Ausgangsplan über die einzusetzenden Mittel (Annex 7), das „operational briefing and debriefing“ (Annex 8), die Koordinationsstruktur (Annex 9) und Instruktionen zur Nutzung von JORA (Annex 10). Für die Operation Triton sind neben einem Ressourcen aus dem Vereinigten Königreich betreffenden Zusatz (Annex 15), Vorgaben für die Zusammenarbeit mit EUNAVFORMED (Annex 16) und die Arbeit an den „hotspots“ (Annex 17) ein weiterer Annex (18) betreffend die Schaffung einer temporären, von Frontex errichteten „European Union Regional Task Force Catania“ (EURTF) enthalten. Der EURTF sollen mindestens fünf von Frontex entsendete permanente Mitglieder angehören, welche das eingesetzte „Operational Team“ auf unterschiedliche Weise unterstützen sollen. Vgl. zu dieser nicht normierten Form der Zusammenarbeit, die im Zuge der Implementierung des „hotspot-approachs“ eingerichtet wurde auch die Mitteilung der Kommission COM(2015) 490 final (Annex 2) und oben in diesem Kapitel unter B. III. 2.

[409] Die Überschrift lautet „Description of Tasks and Specific Instructions to Guest Officers and Other Participants (Rules of Engagement)“. Für dieses Kapitel sollen „Guest Officers“ und „Seconded Guest Officers“ gleichgestellt sein.

Nach Annex 6 des OP-Triton sind die Einsatzkräfte etwa ermächtigt, alle anfallenden Grenzüberwachungsaufgaben im Einklang mit internationalem und europäischem Recht, jedoch nur aufgrund von Anweisungen durch Beamte des Einsatzmitgliedstaats zu ergreifen; ferner soll als „general rule“ die Anwesenheit dieser Beamten Voraussetzung für die Ausübung exekutiver Befugnisse sein. Grundsätzlich trifft die „guest officers“ die Pflicht, eine Armbinde mit dem Zeichen der EU und von Frontex sowie ihre jeweilig ausgestellten Ausweispapiere sichtbar zu tragen, dies soll jedoch nicht hinsichtlich den für „debriefing“ und „screening“ zuständigen Beamten gelten. Insoweit wird im Folgenden von einer grundsätzlich zulässigen Gewaltanwendung, insbesondere bei der Durchsuchung von Schiffen durch die „guest officers“ ausgegangen.[410] Der Einsatz von Waffen soll nur zur Notwehr oder Nothilfe (hier nach italienischem Recht) zulässig sein. Dies soll auch auf Hoher See und im Küstenmeer gelten, wenngleich dort (auch) das Recht des Flaggenstaates bzw. des Einsatzmitgliedstaates[411] zu beachten ist. Ferner sind Berichtspflichten und Folgemaßnahmen nach Waffengebrauch enthalten. Über die Seeaußengrenzen-VO hinausgehende[412], detaillierte Bestimmungen betreffen insbesondere das Betreten verdächtiger Schiffe[413], das Festsetzen von Schiffen, an Bord befindlicher Personen und (deren) Eigentum.[414]

In Annex 6 des OP-Land wird hinsichtlich der Befugnisse und zu ergreifenden Maßnahmen zunächst auf das sog. Schengen Handbuch[415] verwiesen, wonach die Teammitglieder mit Blick auf „suspected persons“ u.a. das Recht zum Anhalten, Befragung und Verbringung zur nächstgelegenen Grenzschutzbehörde zukommen soll. Sodann wird die „leading role“ der nationalen Grenzschutzbeamten des Einsatzmitgliedstaats betont, diese sollen durch die Teammitglieder entsprechend deren jeweiligen Mandats unterstützt werden. Im Folgenden werden die (jeweiligen) in Bezug auf Grenzkontrollen und insbesondere den Gebrauch von Zwangsmitteln und Waffen relevanten nationalen Vorschriften des bzw. der Einsatzmitgliedstaats/en aufgeführt.

[410] Diese soll nicht über das absolute notwendige Maß hinausgehen, soll „proportional and reasonable“ sowie nicht missbräuchlich sein.

[411] Im Fall der Operation Triton 2017 sind in Annex 6 des OP-Triton einschlägige nationale Vorschriften des Einsatzmitgliedstaats Italien enthalten, die die *Straffreiheit* bei (Schuss-) Waffengebrauch regeln – hierbei ist nicht unmittelbar einleuchtend, weshalb diese Vorschriften und nicht polizeiliche Befugnisnormen hinsichtlich des (Schuss-) Waffengebrauchs aufgeführt werden.

[412] Die Vorgaben hinsichtlich des Verhaltens bei Sichtung und des Abfangens von Schiffen entsprechen weitgehend wortgleich den Bestimmungen der Seeaußengrenzen-VO.

[413] Das „boarding“ betreffend soll nach Annex 3 des OP-Triton als „pre-boarding activity“ eine Art Folgenabwägung, für die Entscheidungsdirektiven enthalten sind, stattfinden. Sodann soll ein „boarding team“ durch den Commanding Officer aufgestellt werden.

[414] Dies darf für die erforderliche Zeit zum Zwecke der Sicherung von Personen oder Gegenständen, zur Prüfung, ob ein Rechtsverstoß vorliegt oder soweit für andere rechtliche (Strafverfolgungs-) Maßnahmen (wie etwa die Inhaftnahme eines Schleppers, Pfändung des Schiffs, Haftbefehl gegenüber an Bord befindlichen Personen) notwendig, geschehen.

[415] Diese, von der Kommission erstellten „Leitlinien für Grenzschutzbeamte“ sind in Ratsdokument 15010/06 vom 09.11.2006 enthalten.

Annex 6 OP-Alexis betont ebenfalls zunächst den Verbleib der Verantwortung über die Kontrolle der Außengrenzen beim (jeweiligen) Einsatzmitgliedstaat. Frontex soll hierbei insbesondere die Anwendung der auf den Außengrenzschutz bezogenen „EU measures" erleichtern, im Übrigen sollen sich alle Maßnahmen nach Unionsrecht und dem (jeweiligen) nationalen Recht richten. Bezüglich konkreterer Kompetenzen wird auf Annex 10 OP-Alexis verwiesen.[416]

E. Weisungshierarchie und Entscheidungsfindung

Der verbindliche und anpassbare Einsatzplan ist als primär handlungsleitendes Element interadministrative rechtliche Grundlage und Grenze für Entscheidungen im Rahmen der Einsätze der Teams. Situationsbezogene Anweisungen sollen nach Art. 82 Abs. 1 Frontex-VO-2019 grundsätzlich durch die Behörden des Einsatzmitgliedstaats erfolgen[417], wenngleich auch die bereits aufgezeigten Einflussnahmemöglichkeiten durch den Koordinierungsbeamten von Frontex vorhanden sind. Diese Maßstäbe sind auf die in den bisher verfügbaren Einsatzplänen getroffenen Regelungen anzulegen.[418] In der Praxis folgt die Festlegung der „Command and Control"-Strukturen keinem einheitlichen Muster und wird offenbar flexibel gehandhabt:

Im OP-Triton (S. 21) sind die von den beteiligten Mitgliedstaaten zur Verfügung gestellten Einsatzmittel (etwa Schiffe) und die diese steuernden nationalen Beamten im Hinblick auf das konkrete Verhalten im Einsatz („operational command") dem jeweiligen Mitgliedstaat unterstellt, die übergeordnete Koordinierung („tactical command") der Einsätze erfolgt durch das ICC (dazu sogleich). Die „Team members" werden der Befehlsgewalt des Einsatzmitgliedstaats unterworfen, für solche mit dem Status eines „Frontex Support Officer"[419] soll hingegen Frontex die Befehlsgewalt und Kontrolle haben. Nach S. 13 OP-Land erfolgt in diesem Zusammenhang eine weitere Differenzierung: „Team Members seconded to the Agency" sollen ihre Aufgaben zwar „under the instructions" der

[416] Dieser Teil wurde von Frontex jedoch nur erheblich geschwärzt zur Verfügung gestellt.

[417] In der Praxis wurde jedoch an Frontex dauerhaft abgestellten Beamten die Funktion „Leader" ermöglicht, so etwa im Einsatzplan zur Operation Alexis I 2015 S. 8 (abrufbar unter https://www.asktheeu.org/de/request/2787/response/9814/attach/5/JO%20Alexis%20I%202015%20Oplan%20Main%20Part.pdf, zuletzt abgerufen am 24.02.2024). Dies geschah jedoch noch vor dem Hintergrund des Art. 3b Abs. 3 UA 3 Frontex-VO a.F. und unter Verweis auf die Entscheidungshoheit der „local border guards".

[418] Die aktuelle Regelung entspricht weitgehend der Rechtslage bereits vor der Frontex-VO-2016, vgl. den durch die Frontex-Änderungs-VO in die Frontex-VO a.F. eingefügten Art. 3c, aber auch den ebenfalls durch diesen Rechtsakt eingefügten Art. 3b Abs. 3 UA 3 Frontex-VO a.F., wonach die von den Mitgliedstaaten dauerhaft an Frontex abgestellten Beamten („seconded guest officers") nicht als Frontex-Personal angesehen werden sollten.

[419] Der Rang bzw. das Profil eines „Frontex Support Officers" wird durch das Durchlaufen einer speziellen, von Frontex organisierten Ausbildung erreicht.

Behörden des Einsatzmitgliedstaats wahrnehmen, „command and control" soll hingegen von Frontex ausgeübt werden. Im OP-Alexis (S. 12) gilt diese Differenzierung für (sämtliche) „Team members".

Mögliche, sich daraus ergebende praktische Schwierigkeiten im Hinblick auf die Funktionsfähigkeit eines insoweit heterogen zusammengesetzten Teams werden (wohl) durch die Verlagerung des maßgeblichen Teils der Entscheidungsfindung auf Entscheidungszentren wie etwa die internationale Leitstelle(n)[420] verhindert. Ein ICC setzt sich aus Beamten des Einsatzmitgliedstaats, der teilnehmenden Mitgliedstaaten und Frontex-Personal zusammen und soll die Umsetzung des Einsatzplans anführen und koordinieren.[421] Die Eigenschaft des ICC als operatives Zentrum der Entscheidungsfindung wird durch mehrere Funktionen deutlich: Zum einen schreibt die Seeaußengrenzen-VO für ihren Anwendungsbereich in der Regel eine Informationsübermittlung (zuerst) an das ICC vor[422], ferner sollen die Anweisungen durch den Einsatzmitgliedstaat nur „über" das ICC[423] gegeben werden. Des Weiteren ist die Anwendung von Zwangsmaßnahmen und der Gebrauch von Waffen dem ICC unverzüglich zu melden und der Gebrauch von Waffen ferner soweit möglich vorab mit dem ICC abzustimmen.[424] Zudem ist das ICC nach S. 57 HOP-Sea in den Vessel Detection Service einge-

---

[420] In den verfügbaren (englischsprachigen) Dokumenten wird diese Stelle „International Coordination Centre" (– daher – im Folgenden mit ICC abgekürzt) genannt; dieser Terminus wird in Art. 2 Nr. 6 der Seeaußengrenzen-VO als eine „im Einsatzmitgliedstaat zur Koordinierung eines Seeeinsatzes eingerichtete Koordinierungsstruktur" definiert; hier wird unterstellt, dass im HOP-Sea und den sich daraus ergebenden Einsatzplänen auf diese Instanz Bezug genommen wird. Abzugrenzen ist das ICC von der nationalen Leitstelle i.S.d. Art. 2 Nr. 7 Seeaußengrenzen-VO, die auf die Eurosur-VO verweist, womit die nationalen Koordinierungszentren gemeint sein dürften. Die nationalen Leitstellen sind nicht vergleichbar in die operative Arbeit eingebunden. Zu unterscheiden ist ein ICC ferner von (etwaigen) „Local Coordination Centres", die die Entscheidungsfindung im ICC ebenfalls unterstützen sollen, aber auch eigene Zuständigkeiten haben (so etwa hinsichtlich der Überprüfung von Vorfällen „at a local level" im Rahmen der JORA, vgl. S. 26 HOP-Sea). Ferner soll in der Regel ein Joint Coordination Board eingerichtet werden, das sich neben dem vom Einsatzmitgliedstaat zu ernennenden und das ICC leitenden ICC-Koordinator aus weiteren Beamten des Einsatzmitgliedstaates, aber auch dem Frontex Operational Coordinator zusammensetzt.

[421] Vgl. zur Zusammensetzung und Rollenverteilung ausführlich *Fink*, Frontex and Human Rights, S. 62 ff. Für Frontex ist zumindest ein „Frontex Operational Coordinator" vertreten. Vgl. zum Ganzen den Jahresbericht 2016 zur Umsetzung der Seeaußengrenzen-VO, S. 5.

[422] Vgl. nur Art. 5 Abs. 1 S. 2, 3, Abs. 2 und Abs. 3, Art. 7 Abs. 14 Seeaußengrenzen-VO; vgl. aber hinsichtlich Such- und Rettungsaktionen auch Art. 9 Abs. 2 lit. b) Seeaußengrenzen-VO.

[423] Vgl. nur Art. 6 Abs. 4 UA 1, Abs. 5 S. 2, Art. 7 Abs. 4, Abs. 5 S. 2, Abs. 6 S. 3 und 4 Seeaußengrenzen-VO (hier ist auch eine Informations- und Offenlegungspflicht des (Einsatz-) Mitgliedstaats in Bezug auf etwaige Kommunikationen mit dem Flaggenstaat enthalten) und Abs. 9 S. 2, Art. 8 Abs. 1 i.V.m. Art. 6 Abs. 4 Seeaußengrenzen-VO. Somit ist nahezu der gesamte von der Seeaußengrenzen-VO erfasste Einsatzbereich entsprechend geregelt.

[424] So jedenfalls Annex 6 des OP-Triton.

bunden und fungiert ferner als JORA International Incident Verifier, S. 26 HOP-Sea.

Mit Blick auf die Änderung der Einsatzstrukturen durch die Frontex-VO-2019 ist die in Art. 60 Frontex-VO-2019 normierte Möglichkeit der Errichtung von Frontex-Außenstellen auf dem Hoheitsgebiet des Einsatzmitgliedstaats hervorzuheben. Diese, mit Zustimmung des Einsatzmitgliedstaats zu errichtenden Außenstellen können angesichts ihrer weiten Aufgabenbeschreibung in Art. 60 Abs. 3 Frontex-VO-2019 als Frontex Situation Centres „vor Ort" eingeordnet werden, die jedoch auch Aufgabenbereiche wahrnehmen können, die einem International Coordination Centre ähnlich sind. Speziell für die „Rückkehrverwaltung" ist durch Art. 49 Frontex-VO-2019 die Einrichtung eines Systems für den Informationsaustausch, einschließlich personenbezogener Daten (etwa biografische Daten oder Passagierlisten, aber unter bestimmten Voraussetzungen auch biometrische Daten inklusive für die Rückkehr relevanter Dokumente), vorgesehen.

F. Beendigung

Im Regelfall endet eine gemeinsame Operation unter Beteiligung der Agentur durch Zeitablauf oder Zielerreichung. Art. 46 Abs. 1 Frontex-VO-2019 sieht ein einseitiges Recht des Exekutivdirektors zur Beendigung sämtlicher Tätigkeiten der Agentur vor, „wenn die Voraussetzung für ihre Durchführung nicht mehr gegeben sind". In Art. 46 Abs. 2 Frontex-VO-2019 ist vorgesehen, dass ein mitgliedstaatliches Ersuchen zur Beendigung der Operation gestellt werden kann. Ein Recht des Exekutivdirektors zur einseitigen vollständigen oder teilweisen Aussetzung oder Beendigung jeglicher in der Frontex-VO-2019 vorgesehener Einsatzformen ist darüber hinaus in Art. 46 Abs. 4 Frontex-VO-2019 geregelt. Voraussetzung hierfür ist eine Einschätzung des Exekutivdirektors, dass „schwerwiegende oder voraussichtlich weiter anhaltende Verstöße gegen Grundrechte oder Verpflichtungen des internationalen Schutzes vorliegen". Bei dieser Bewertung der Situation durch den Exekutivdirektor sind Anzahl und Inhalt der registrierten Beschwerden nach Art. 111 Frontex-VO-2019 sowie sonstige Berichte über „schwerwiegende Vorfälle" zu berücksichtigen, Art. 46 Abs. 6 Frontex-VO-2019. Zuvor sind der Grundrechtsbeauftragte zu konsultieren und der betroffene Mitgliedstaat zu unterrichten, ferner ist der Verwaltungsrat über diese Entscheidung in Kenntnis zu setzen. Als alternative Maßnahme kann die Finanzierung der Operation ganz oder teilweise entzogen werden.[425]

[425] Die gleiche Möglichkeit besteht nach Art. 46 Abs. 3 Frontex-VO-2019 bei der Nichteinhaltung des Einsatzplans.

G. Kontrolle gemeinsamer Operationen unter Beteiligung von Frontex

Die Aufsicht und Kontrolle[426] über in der Frontex-VO-2019 vorgesehene gemeinsame Einsatzformen ist nicht eigenständig oder zentral geregelt, es existieren weder spezielle sekundärrechtliche Verfahren noch Instanzen. Vielmehr besteht ein Netz aus sich in Ziel, Zeitpunkt und Subjekten der Kontrolle unterscheidenden Formen der Überprüfung.[427] Gegenstand der Kontrolle ist das Verhalten der Einsatzkräfte in den hier untersuchten Operationen, die zwar nur einen, wenngleich in erheblichem Maße grundrechtsrelevanten Aktionsradius der Agentur betreffen. In Bezug auf die zu kontrollierenden Teammitglieder sind die Beamten des Einsatzmitgliedstaats und solche der verschiedenen Kategorien der ständigen Reserve zu unterscheiden. Die Überprüfung kann zudem während des Einsatzes und nachträglich[428] sowie in Form von Rechtsschutzverfahren, einer verwaltungsinternen oder politischen/öffentlichen Kontrolle erfolgen.

I. Verwaltungsinterne Kontrolle

Der verwaltungsinternen Kontrolle dienen Überwachungsmaßnahmen während der Operation sowie nachträgliche Prüfungsmöglichkeiten und Dokumentationspflichten, welche teilweise zwangsläufig ineinander übergehen.

1. Verwaltungsinterne Kontrolle während des Einsatzes

Während des Einsatzes sind neben den berichtspflichtigen Teammitgliedern auch anderweitige Instanzen zur Überwachung berufen, die allein zu Kontrollzwecken eingebunden werden. Insoweit sind durch die Frontex-VO-2019 weitere Stellen hinzugetreten: Neben dem in Art. 55 Abs. 5 lit. a) Frontex-VO-2019 vorgesehenen, aber bisher nicht umgesetzten Aufsichtsmechanismus für Zwangsanwendungen durch Statutspersonal sowie der (potentiellen) Überwachungsfunktion etwaiger Frontex-Außenstellen nach Art. 60 Abs. 3 lit. c) Frontex-VO-2019 wurde mit Art. 110 Frontex-VO-2019 die Überwachungsinstanz der Grundrechtebeobachter eingeführt.

[426] Vgl. zum hier zugrunde gelegten Begriffsverständnis oben in diesem Teil, Kapitel 4 G.

[427] Vgl. dazu *Groß*, ZAR 2020, 51 ff.

[428] „Präventive" Überprüfungen als Art der Kontrolle, wie etwa die obligatorische Anhörung des Grundrechtsbeauftragten zu den Einsatzplänen nach Art. 109 Abs. 2 lit. e) Frontex-VO-2019 sind hier ausgeklammert.

a) Berichtspflichten der Teammitglieder

Insbesondere in den verfügbaren Einsatzplänen[429] werden wie auch in den HOPs vorgesehen[430] Berichtspflichten der Teammitglieder etabliert.[431] Dies erfolgt neben der Nutzung der JORA[432] über ein „Serious Incident Reporting"-System[433] und über die Verpflichtung des Schlüsselpersonals zur Berichterstattung über Vorkommnisse in ihrem jeweiligen Zuständigkeitsbereich.

Das HOP-Sea betont die herausragende Bedeutung der Berichterstattung über relevante Zwischenfälle für die Arbeit, die Verantwortung und das öffentliche Ansehen von Frontex.[434] Neben „situations of high political and/or operational relevance"[435] (Kategorie 1) existiert eine Kategorie 2 für Vorfälle, die sich zwar während von Frontex koordinierten oder geführten Operationen ereignen, aber keinen Bezug zu Frontex-Personal oder Teammitgliedern aufweisen.[436] Eher auf das konkrete Einsatzhandeln gerichtet sind die in Kategorie 3 aufgeführten berichtspflichtigen Ereignisse, die Vorfälle in Hinblick auf die Gesundheit der Teammitglieder[437] oder die Einsatzbereitschaft der Ausrüstungsgegenstände betreffen. Zudem sollen demnach (vermutete) Verletzungen des Frontex-CoC oder des Rückkehr-CoC übermittelt werden. Kategorie 4 der zu übermittelnden Vor-

[429] Vgl. nur S. 24 ff. OP-Triton oder S. 13 ff. OP-Alexis.

[430] Vgl. etwa S. 25 ff. HOP-Sea.

[431] Vgl. aber auch die in Art. 7 Frontex-CoC und Art. 19 Rückkehr-CoC enthaltenen Verpflichtungen; diese Berichtspflichten beziehen sich auch auf Fehlverhalten anderer Teammitglieder.

[432] S. dazu oben in diesem Kapitel unter D. IV. 1. c).

[433] Nach den Jahresberichten der Agentur wurden im Jahr 2016 24 „serious incidents" (Jährlicher Tätigkeitsbericht Frontex 2016, S. 38) und im Jahr 2017 acht „serious incidents" gemeldet (Jährlicher Tätigkeitsbericht Frontex 2017, S. 32, enthalten in der englischsprachigen Entscheidung des Verwaltungsrates 11/2018).

[434] Vgl. S. 35 HOP-Sea. Dort werden „serious incidents" (SI) wie folgt definiert: „event or occurrence, natural or caused by human action, which may affect, or be relevant to a particular Frontex activity, the safety and security of participants in Frontex activities, the Agency's mission and reputation, or any combination thereof. SI also includes situations of alleged violations of Fundamental Rights of EU acquis or international law, particularly related to international protection obligations and of the Frontex Code of Conduct for all persons participating in Frontex activities and for Joint Return Operations coordinated by Frontex.".

[435] Hierzu zählen nach dem „Serious Incident Catalogue" auf S. 38 f. HOP-Sea u.a. terroristische Anschläge, Naturkatastrophen, bürgerkriegsähnliche Entwicklungen oder die Schließung von Grenzübergangsstellen.

[436] So die Bezeichnung der Kategorie 2; die aufgelisteten und zu übermittelnden Ereignisse weisen jedoch teilweise einen solchen Bezug auf, wie etwa die Anwendung von Gewalt oder Waffen, Uneinigkeit zwischen den beteiligten Mitgliedstaaten oder signifikante Abweichungen von den Vorgaben des Einsatzplans. Zu den übermittlungsbedürftigen Vorfällen zählen auch Todesfälle, das Sinken eines Schiffes oder sonstige Ereignisse während der Aktivitäten von Frontex, die öffentliches oder mediales Interesse wecken könnten; vgl. zum Ganzen S. 39 HOP-Sea.

[437] Dies gilt u.a. für Todesfälle, Verletzungen und ernsthafte Erkrankungen, S. 39 HOP-Sea.

fälle betrifft (vermutete) Verletzungen von Grundrechten oder internationaler Verpflichtungen.[438]

Der Bericht über einen Vorfall im Rahmen des Serious Incident Reporting System soll nach S. 36 HOP-Sea mit einem „Initial Serious Incident Report" beginnen, der dem Frontex Situation Centre innerhalb von zwei Stunden nach Kenntnisnahme übermittelt werden muss und eine Zusammenfassung der zu diesem Zeitpunkt vorhandenen Informationen beinhalten soll. Alle Teammitglieder sind zu einem „Initial Serious Incident Report" verpflichtet bzw. insoweit zuständig.[439] Diesem soll der eigentliche „Serious Incident Report" schnellstmöglich via E-Mail an das Frontex Situation Centre folgen, mit welchem ausführlichere Informationen, insbesondere zu möglichen Entwicklungen und Handlungsvorschläge übermittelt werden sollen. Weitere Entwicklungen sind sodann im „Follow up Serious Incident Report" zu dokumentieren.[440] Für den „Serious Incident Report" und den „Follow up Serious Incident Report" sind Frontex-Mitarbeiter oder (ggf.) das ICC zuständig. Die durch das Serious Incident Reporting System im Frontex Situation Centre gesammelten Informationen sind sodann von diesem an die eingebundenen Stellen der Mitgliedstaaten und an Frontex zu übermitteln.[441]

Ferner sieht das HOP-Sea anlasslose Berichtspflichten im Laufe der Operation vor. So hat der Team Leader einen täglichen Bericht und einen Bericht über etwaige Ausschiffungen zu erstellen[442], ferner sind Formulare für einen „Intelligence Officer Daily Report" und einen täglichen Bericht der „Frontex Support Officers"[443] vorgesehen.[444]

---

438 Diese sind nach S. 39 HOP-Sea ausdrücklich aus Kategorie 3 ausgeklammert. Hierzu sind nach S. 39 f. HOP-Sea die Gewährleistungen der EU-GRC (s. dazu ausführlich unten Teil 3 Kapitel 11 B. II. 3.) weiter Individualrechte wie das Gebot der Nichtzurückweisung, das Recht auf Asyl, das Recht auf Nichtdiskriminierung und das Recht auf einen Rechtsbehelf, zu zählen; vgl. dazu auch die ausführlichere Liste auf S. 42 HOP-Sea.

439 Vgl. nur S. 36 HOP-Sea, zur praktischen Umsetzung S. 26 OP-Triton.

440 Vgl. zum Ganzen S. 36 HOP-Sea; zu dem auszufüllenden Formular des Serious Incident Reporting System vgl. S. 54 HOP-Land.

441 Dies geht aus einem dem Verf. vorliegenden Annex 14 zu einem früheren Einsatzplan hervor, der mit „Serious Incident Reporting" betitelt ist.

442 Vgl. die diesbezüglichen Muster auf S. 71 f. HOP-Sea. In der einsehbaren Praxis werden dem „Team Leader" generell die Überwachung und Sicherstellung der Vereinbarkeit der Aktivitäten des Teams mit den Grundrechten, dem „EU Acquis" und dem Einsatzplan übertragen, vgl. dazu OP-Triton Annex 10.

443 Vgl. zum Rang des „Frontex Support Officers" vgl. oben in diesem Kapitel unter E.

444 Hinsichtlich der übrigen in der Praxis etablierten Berichtsformen vgl. nur S. 24 ff. OP-Triton.

b) Interne Kontrolle durch den Koordinierungsbeamten

Eine weitere Form der Überwachung vor Ort während einer Operation unter der Beteiligung von Frontex stellt die obligatorische Entsendung eines oder mehrerer Koordinierungsbeamten/r i.S.d. Art. 44 Frontex-VO-2019 dar. Diese, aus dem Statutspersonal der Agentur zu wählenden Sachverständigen überwachen zum einen die Umsetzung des Einsatzplans[445] und erfüllen zum anderen auch Berichtspflichten bei grundrechtsrelevantem Einsatzhandeln (Art. 44 Abs. 3 lit. b) Frontex-VO-2019). Im Übrigen sind sie verpflichtet, „in Bezug auf alle Aspekte des Einsatzes der Teams im Namen der Agentur zu handeln und der Agentur darüber Bericht zu erstatten".[446] Dies deckt sich mit der Zuständigkeit des Koordinierungsbeamten für die Abfassung des „Serious Incident Report" und des „Follow up Serious Incident Report".

c) Interne Kontrolle durch den Grundrechtsbeauftragten und das Konsultationsforum

Während die soeben beschriebene Form der Kontrolle durch den Koordinierungsbeamten im (Spannungs-)Verhältnis von Frontex und mitgliedstaatlichen Behörden erfolgt, soll der Grundrechtsbeauftragte zum Schutze der von Tätigkeiten unter Mitwirkung der Agentur betroffenen Grundrechtsträger agieren.[447] Zu diesem Zwecke soll der Grundrechtsbeauftragte „dem Umfang seines Mandats und seines Amtes entsprechende Mittel und Mitarbeiter erhalten"[448] und „Zugang zu allen Informationen, die sich im Zusammenhang mit sämtlichen Tätigkeiten der Agentur auf die Achtung der Grundrechte beziehen"[449], haben. Das gleiche Verhältnis betreffen die Aufgaben des Konsultationsforums, die aber grundsätzlich auf generelle und nicht während gemeinsamer Operationen wahrzunehmende Beratungsrechte beschränkt sind.[450] Art. 108 Abs. 5 Frontex-VO-2019 sieht diesbezüglich jedoch ein Recht des Konsultationsforum auf „effektiven Zugang zu allen Informationen, die sich auf die Achtung der Grundrechte beziehen, einschließlich bei Besuchen vor Ort", vor.[451]

---

[445] Vgl. dazu oben in diesem Kapitel unter E.

[446] Vgl. Art. 44 Abs. 3 lit. c) Frontex-VO-2019. Vgl. dazu auch den in der Praxis vorgesehenen Bericht des „Frontex Coordination Officers" (FCO), der ein „Feedback on performed activities in the area" enthalten soll, S. 27 OP-Triton.

[447] Vgl. nur Erw. 48 ff. Frontex-VO-2016. Die Funktion des Grundrechtsbeauftragen zur Wahrung und Überwachung individueller Rechte wird auch durch seine Einbindung in das Beschwerdeverfahren nach Art. 111 Abs. 4 Frontex-VO-2019 deutlich.

[448] Vgl. Erw. 48 Frontex-VO-2016. Aus Sicht des Konsultationsforums, das auf Stellungnahmen des Europäischen Parlaments und der Kommission verweist, wird Frontex dieser Verpflichtung nicht gerecht, vgl. S. 5 f., S. 17 des fünften Jahresberichts (2017) des Konsultationsforums.

[449] Vgl. Art. 109 Abs. 7 Frontex-VO-2019. Zu den Mitwirkungsbefugnissen des Grundrechtsbeauftragen in Bezug auf die Einsatzpläne, vgl. in diesem Kapitel unter D. IV.

[450] Vgl. Art. 108 Abs. 1 und 3 Frontex-VO-2019.

[451] Die tatsächlichen Zugangsmöglichkeiten sind aus Sicht des Konsultationsforums de-

d) Die Rolle der Grundrechtebeobachter

Die gemäß Art. 109 Abs. 2 lit. j) und 110 Abs. 1 Frontex-VO-2019 vom Grundrechtsbeauftragten aus dem Statutspersonal zu ernennenden und damit der internen Verwaltungskontrolle zuzuordnenden Grundrechtebeobachter sollen „kontinuierlich die Einhaltung der Grundrechte" im Rahmen der operativen Tätigkeiten „bewerten". Hierzu können sie vom Grundrechtsbeauftragten zur Überwachung, Beratung und Unterstützung im Bereich der Grundrechte beauftragt oder als Rückführungsbeobachter eingesetzt werden (Art. 110 Abs. 2 lit. a) bzw. b) Frontex-VO-2019). Zu diesem Zwecke überwachen sie nach Art. 110 Abs. 3 Frontex-VO-2019 die Erstellung der Einsatzpläne, können (langfristige) Vor-Ort-Besuche vornehmen und sollen mit dem Koordinierungsbeamten zusammenarbeiten. Nach Art. 110 Abs. 3 Frontex-VO-2019 ist für jede „Aktion" zumindest ein Grundrechtebeobachter abzustellen, welcher Zugang zu allen Bereichen der operativen Tätigkeit der Agentur und den relevanten Dokumenten haben muss. Die Grundrechtebeobachter sollen allein der Aufsicht des Grundrechtsbeauftragten unterstehen und im Einsatzgebiet eigene Erkennungsmerkmale tragen, Art. 110 Abs. 5 Frontex-VO-2019.

e) Sonderfall: Kontrolle von Rückkehraktionen

Eine überwiegend eigenständig geregelte Überwachung war in der Frontex-VO-2016 zudem für rückkehrbezogene Aktivitäten[452] vorgesehen. Die Entsendung von Rückkehrbeobachtern i.S.d. Art. 29 Frontex-VO-2016 konnte zur Erfüllung der nach Art. 8 Abs. 6 Rückführungs-RL den Mitgliedstaaten auferlegten Verpflichtung erfolgen.[453] Die Beobachtung der entsendeten Kräfte sollte sich auf die „gesamte Rückkehraktion von der Phase vor Verlassen des Landes

fizität, vgl. S. 17 des fünften Jahresberichts (2017) des Konsultationsforums. Diese „Besuche" sind außer im Fall von gemeinsamen Aktionen nur unter der Bedingung des Einverständnisses des Einsatzmitgliedstaats zulässig; im Jahr 2017 wurden drei Besuche von Rückkehraktionen durchgeführt, vgl. S. 15 des fünften Jahresberichts (2017) des Konsultationsforums.

[452] Die Terminologie hinsichtlich der zu überwachenden Vorgänge war innerhalb der Frontex-VO-2016 nicht einheitlich. Art. 28 Abs. 6 Frontex-VO-2016 sprach lediglich von einer Überwachung von Rückkehraktionen (vgl. dazu die Definition des Art. 2 Nr. 14 Frontex-VO-2016, die zwar eine Koordination durch Frontex, jedoch nicht zwangsläufig die Unterstützung durch eine von Frontex koordinierte gemeinsame Einsatzform voraussetzte), die nach Art. 2 Nr. 15 Frontex-VO-2016 *neben* einer Entsendung von europäischen Rückkehrteams oder Soforteinsätzen zu Rückkehrzwecken Teil eines Rückkehreinsatzes sein konnten. Art. 18 Abs. 4 lit. c) Frontex-VO-2016, der Europäische Rückkehrteams als Kategorie der Teams zur Unterstützung der Migrationsverwaltung festlegte, ging hingegen davon aus, dass Rückkehraktionen *von* Europäischen Rückkehrteams vorbereitet und organisiert werden können. Jedenfalls in diesem Bereich betraf die Beobachtung von Rückkehraktionen auch Europäische Rückkehrteams als von Frontex organisierte und koordinierte Form der Zusammenarbeit. Art. 29 Abs. 1 Frontex-VO-2016 bezog die Zuständigkeit von Rückkehrbeobachtern ferner auf (nicht näher definierte) „Rückkehrvorgänge".

[453] Vgl. dazu bereits in diesem Kapitel unter B. V. 1.

bis zur Übergabe der zur Rückkehr verpflichteten Personen im Bestimmungsdrittstaat" beziehen.[454] Nach dem Rückkehr-Handbuch der Kommission bedeutete dies, dass der Rückkehrbeobachter „während der gesamten Rückkehraktion [...] an Bord des Flugzeuges zugegen sein" musste.[455] Etwaige Bedenken der Agentur hinsichtlich der Gewährleistung des Grundrechtsschutzes sollten nach Art. 28 Abs. 6 Frontex-VO-2016 den teilnehmenden Mitgliedstaaten und der Kommission mitgeteilt werden. Der Rückkehr-CoC stellt die Wahrung der Grundrechte der rückzuführenden Personen in den Fokus der Tätigkeit des Rückkehrbeobachters und dessen Zugang zu allen relevanten Informationen und Bereichen in Bezug auf die Rückkehraktion als essentielle Voraussetzungen für eine effektive Überwachung heraus.[456] Auch unter der Frontex-VO-2019 bleibt ein neben der ständigen Reserve eigenständiger Pool für nun sog. Rückführungsbeobachter bestehen (Art. 51 Frontex-VO-2019), sodass die dargestellte Lage weiterhin gilt. Art. 51 Abs. 5 Frontex-VO-2019 eröffnet auch die Möglichkeit, Statutspersonal als Rückführungsbeobachter einzusetzen.

2. Verwaltungsinterne Kontrolle nach Abschluss des Einsatzes

a) Berichtspflichten nach Abschluss des Einsatzes

Zu den Vorkehrungen zur Kontrolle der Operationen während des Einsatzes kommen Pflichten der eingebundenen Stellen zu Evaluationen und Abschlussberichten hinzu. So ist für Teammitglieder ein binnen sieben Tagen auszufüllendes und an Frontex zu übermittelndes Reportmuster vorgesehen, in das u.a. Informationen über die Qualität der operativen Umsetzung des Einsatzes und Angaben zur Achtung der Grundrechte während des Einsatzes einzufügen sind.[457] Für den Einsatzmitgliedstaat und teilnehmende Mitgliedstaaten, die einsatzbezogene Geldmittel von der Agentur fordern, ist ebenfalls ein binnen sieben Tagen an Frontex zu sendendes Formular auszufüllen, das eine Bewertung der Koordination und Kooperation, des Informationsflusses sowie eine Übersicht über die Ergebnisse und Ereignisse während der Operation beinhaltet.[458] Auch zu Beobachtungszwecken eingebundene und Kostenausgleich durch Frontex fordernde Drittstaaten haben innerhalb dieser Frist ihre „Observations" zu übermitteln.

[454] Vgl. dazu Art. 28 Abs. 6 Frontex-VO-2016; die Beobachtung mündet hiernach in einer Pflicht zu einem Abschlussbericht gegenüber dem Exekutivdirektor, dem Grundrechtsbeauftragten, den zuständigen nationalen Behörden des Einsatzmitgliedstaats und den beteiligten Mitgliedstaaten. In Bezug auf die Inhalte dieses Berichts haben der Exekutivdirektor oder die zuständigen nationalen Behörden für „angemessene Folgemaßnahmen" zu sorgen.

[455] Vgl. S. 36 des Rückkehr-Handbuchs; vgl. dazu auch Art. 28 Abs. 3 S. 3 Frontex-VO-2016.

[456] Vgl. S. 18 f. Rückkehr-CoC.

[457] Vgl. dazu S. 75 ff. HOP-Sea.

[458] Vgl. dazu S. 78 f. HOP-Sea. Zu diesen Vorkommnissen zählen insbesondere die Anzahl von und der Umgang mit aufgegriffenen Migranten und Beförderungsmitteln, sowie die Identifizierung von Schleppern und die Aufdeckung von grenzüberschreitender Kriminalität.

Diese so übermittelten Informationen fließen auch in die vom Exekutivdirektor zusammen mit den Beobachtungen des Grundrechtsbeauftragten nach Art. 48 Frontex-VO-2019 binnen 60 Tagen nach Ende des Einsatzes zu erstellende Evaluation der Tätigkeiten ein. Die so erfolgende Analyse soll „Qualität, Kohärenz und Wirksamkeit" künftiger Operationen verbessern und ist in den jährlichen Tätigkeitsbericht nach Art. 106 Abs. 4 lit. d) Frontex-VO-2019 mitaufzunehmen, stellt aber folglich keine unmittelbar einzelfallbezogene Kontrollform dar.

b) Verwaltungsinterne Untersuchungen und Disziplinarmaßnahmen

Neben den durch das Beschwerdeverfahren (dazu sogleich) möglicherweise initiierten Folge- und Disziplinarmaßnahmen können solche nach dem „Frontex Disciplinary Procedure"[459] vorgenommen werden. Das FDP differenziert hinsichtlich verwaltungsinternen Untersuchungen („administrative inquiries", Art. 3 ff. FDP) und Disziplinarverfahren („disciplinary procedures" Art. 14 ff. FDP). Während verwaltungsinterne Untersuchungen neben genuinem Frontex-Personal sowohl abgeordnete Beamte[460] als auch anderweitig zur Verfügung gestellte nationale Experten betreffen können, soll dies bei Disziplinarmaßnahmen nur im Fall und gemäß einer entsprechenden Übereinkunft mit dem Herkunftsmitgliedstaat möglich sein, Art. 1 Abs. 3 FDP.[461] Die vom stellvertretenden Exekutivdirektor einzuleitende verwaltungsinterne Untersuchung (Art. 3 Abs. 1 FDP) kann u.a. mit einer Verwarnung oder – soweit zulässig – der Einleitung eines Disziplinarverfahrens enden, vgl. Art. 11 ff. FDP. Eröffnet der Exekutivdirektor ein Disziplinarverfahren (Art. 14 FDP), kann an dessen Ende eine Bandbreite möglicher Maßnahmen von einer schriftlichen Verwarnung bis hin zur Entfernung vom Dienstposten inklusive Reduktion etwaiger Pensionsansprüche (vgl. Art. 20 Abs. 2 FDP) stehen, wobei letzteres nur für Frontex-Personal relevant sein dürfte.[462]

[459] Das nur in englischer Sprache verfügbare „Frontex Disciplinary Procedure" (im Folgenden FDP) wurde durch die Entscheidung des Verwaltungsrates 23/2012 vom 27.09.2012 (als deren Annex) implementiert und wird jedenfalls von diesem als auch nach Inkrafttreten der Frontex-VO-2016 gültig angesehen, vgl. nur Erw. 4 der Entscheidung des Verwaltungsrates 12/2017 vom 30.04.2017.

[460] Art. 1 Abs. 2 FDP verweist auf den die Abordnung vor Inkrafttreten der Frontex-VO-2016 regelnden Art. 3b Abs. 3 Frontex-VO a.F.

[461] Dies würde eine Abweichung vom Grundsatz der Disziplinargewalt des Herkunftsmitgliedstaats in Bezug auf Teammitglieder (vgl. dazu Art. 43 Abs. 5 Frontex-VO-2019) bedeuten, weshalb eine entsprechende Zustimmung erforderlich ist.

[462] Vgl. aber die aktuell angestrebte Version der „Frontex Rules on Administrative Inquiries and Disciplinary Proceedings", im Anhang zur Entscheidung des Verwaltungsrats 21/2016 vom 10.08.2016. Hierin ist die Geltung der Vorschriften verwaltungsinterner Untersuchungen oder (optional) Disziplinarmaßnahmen durch Frontex für abgeordnete Beamte nicht vorgesehen.

c) Kontrolle durch den Verwaltungsrat

Neben seinen Hauptaufgaben im Bereich der Fassung strategischer Beschlüsse[463] und weiterer Maßnahmen genereller Natur[464], kann sich der Verwaltungsrat über die Rechenschaftspflicht des Exekutivdirektors (Art. 106 Abs. 5 Frontex-VO-2019)[465] gezielt über gemeinsame Operationen unter der Beteiligung von Frontex informieren. Hierzu gehört auch die Vorlage des jährlichen Tätigkeitsberichts der Agentur gem. Art. 106 Abs. 4 lit. d) Frontex-VO-2019, wenngleich dieser jedenfalls nach seiner Veröffentlichung durch den Verwaltungsrat gem. Art. 100 Abs. 2 i) Frontex-VO-2019 bisher keinerlei konkrete Informationen über vorgenommene Einsätze enthielt.

II. Beschwerdeverfahren nach Art. 111 Frontex-VO-2019

Eine Überprüfung in einem Rechtsschutzverfahren wurde durch die erstmals von Art. 72 Abs. 1 Frontex-VO-2016 vorgesehene[466] und vom Exekutivdirektor in Zusammenarbeit mit dem Grundrechtsbeauftragten erfolgte Einrichtung[467] eines individuellen Beschwerdeverfahrens ermöglicht. Ausgestaltet wird dieser Rechtsbehelf durch die „Complaint Mechanism Rules“ (CMR)[468], ein standardisiertes Beschwerdeformular[469] und ein Memorandum of Understanding[470] zwi-

[463] Vgl. Art. 100 Abs. 1 Frontex-VO-2019.

[464] Hierzu zählen etwa die Beschlussfassung über die erforderliche Qualifikation und Gesamtzahl der Grenzschutzbeamten nach Art. 54 Abs. 4 Frontex-VO-2019 oder die Festlegung eines Verfahrens für die die operativen und technischen Aufgaben der Agentur betreffenden Entscheidungen des Exekutivdirektors (Art. 62 Abs. 2 lit. l) Frontex-VO-2019).

[465] Über diesen übt der Verwaltungsrat ferner die Disziplinargewalt aus, vgl. Art. 100 Abs. 2 lit. n) Frontex-VO-2019.

[466] Die Einrichtung eines individuellen Beschwerdeverfahrens wurde vor Erlass der Frontex-VO-2016 vom Europäischen Parlament und vom Europäischen Bürgerbeauftragten nachdrücklich gefordert, vgl. dazu nur die Entschließung des Europäischen Parlaments vom 02.12.2015 (2017/C 399/01) unter Bezug auf die Untersuchung des Europäischen Bürgerbeauftragten OI/5/2012/BEH-MHZ.

[467] Vgl. die Entscheidung des Exekutivdirektors R-ED-2016-106 vom 06.10.2016.

[468] Die CMR wurden vom Exekutivdirektor im Anhang 1 der Entscheidung R-ED-2016-106 vom 06.10.2016 erlassen.

[469] Das Beschwerdeformular musste nach Art. 72 Abs. 10 UA 1 Frontex-VO-2016 vom Grundrechtsbeauftragten nach Anhörung des Konsultationsforums erstellt und dem Exekutivdirektor sowie dem Verwaltungsrat vorgelegt werden. Es ist in Anhang 2 der Entscheidung R-ED-2016-106 vom 06.20.2016 enthalten und soll nach Art. 111 Abs. 10 UA 2 S. 2 Frontex-VO-2019 in „Sprachen, die die Bürger von Drittstaaten verstehen oder bei denen es Grund zur Annahme gibt, dass sie sie verstehen, auf der Website der Agentur und während sämtlicher Tätigkeiten der Agentur in Papierform“ verfügbar zu halten sein. Zusätzlich ist auf der Homepage der Agentur in mehreren dieser (vermuteten) Sprachen von Drittstaatangehörigen ein Informationsbogen über das Beschwerdeverfahren abrufbar.

[470] Diese gem. Art. 72 Abs. 6 UA 2 S. 2 Frontex-VO-2016 geforderte und am 18.10.2016 geschlossene Vereinbarung soll die Aufgabenverteilung dieser beiden Stellen in Bezug auf eingehende Beschwerden regeln.

schen dem Grundrechtsbeauftragten und dem Datenschutzbeauftragten der Agentur.[471]

1. Beschwerdevoraussetzungen

Das Beschwerdeverfahren kann von jeder Person erhoben werden, die eine unmittelbare Betroffenheit durch Maßnahmen des an den in der Frontex-VO-2019 geregelten gemeinsamen Operationen beteiligten Personals geltend macht.[472] Diese Beschwerde muss eine konkrete Grundrechtsverletzung durch die Einsatzkräfte beinhalten[473], sowie schriftlich[474], begründet[475] und grundsätzlich innerhalb eines Jahres, nachdem die vermutete Grundrechtsverletzung erfolgt ist[476], erho-

[471] Die Stellung des Datenschutzbeauftragten der Agentur und dessen Aufgabenbereich wurden in Art. 45 Abs. 2 Frontex-VO-2016 und werden in Art. 86 Abs. 2 Frontex-VO-2019 nur oberflächlich thematisiert. Vgl. weitergehend die Art. 3 ff. der Entscheidung des Verwaltungsrats Nr. 34/2015 vom 10.11.2015 (geringfügig geändert durch die Entscheidung des Verwaltungsrats 34/2016 vom 28.10.2016).

[472] Diese Person kann auch vertreten werden, vgl. zum Ganzen Art. 111 Abs. 2 Frontex-VO-2019; eine anonymisierte Erhebung der Beschwerde ist ausgeschlossen, vgl. dazu Art. 111 Abs. 11 Frontex-VO-2019 und Art. 8 Nr. 1 v) CMR. Ein wie auf S. 5 der Entschließung des Europäischen Parlaments vom 02.12.2015 (2017/C 399/01) gefordertes objektives Verfahren, in dem auch Nichtregierungsorganisationen oder Journalisten Grundrechtsverletzungen an Dritten geltend machen könnten, wurde somit nicht umgesetzt, vgl. dazu auch *Carrera/Stefan*, Complaint Mechanisms, S. 24. Berichte Dritter über etwaige Verletzungen von Grundrechten können jedoch als „expression of concern" nach Art. 6 CMR vom Grundrechtsbeauftragten an die entsprechenden Stellen der Agentur weitergeleitet werden.

[473] Vgl. Art. 111 Abs. 3 Frontex-VO-2019; konkretisierend ferner Art. 8 Nr. 1 i) CMR, wonach durch dieses Erfordernis insbesondere eine missbräuchliche Inanspruchnahme oder ein Bezug zu Frontex-internen Angelegenheiten ausgeschlossen werden sollen. Das standardisierte Beschwerdeformular enthält hierfür einen ausführlichen Abschnitt, in welchem neben einer konkreten Beschreibung des Ortes, der Zeit und des Vorgangs der in Frage stehenden Handlung auch Informationen über den handelnden Beamten einzutragen sind, etwa dessen Uniformierung, Sprache oder sonstige Tätigkeit. Im Anhang des Beschwerdeformulars und auf der Frontex-Homepage ist ferner eine nicht abschließende Liste mit potentiellen Grundrechtsverletzungen während gemeinsamer Operationen, die (wohl) typischerweise während dieser Einsätze gefährdete Grundrechtspositionen enthält, abrufbar.

[474] So Art. 111 Abs. 2 Frontex-VO-2019. Unter https://microsite.frontex.europa.eu/en/Complaints (zuletzt abgerufen am 24.02.2024) wird zudem die Möglichkeit einer Einlegung per Mail oder über eine Schaltfläche der Frontex-Homepage als zulässig angesehen.

[475] Dieses Erfordernis dürfte bei entsprechender Ausfüllung des standardisierten Beschwerdeformulars erfüllt sein, dessen Verwendung jedoch nicht Zulässigkeitsvoraussetzung ist, vgl. Art. 111 Abs. 10 UA 2 S. 2 Frontex-VO-2019. Vgl. zu den Anforderungen an die Begründung ferner Art. 5 Nr. 1–3 CMR. Art. 111 Abs. 10 UA 2 S. 3 Frontex-VO-2019 fordert zudem, dass das standardisierte Beschwerdeformular auch auf mobilen Geräten verfügbar sein muss.

[476] Vgl. Art. 8 Nr. 1 iii) CMR. Diese weder in der Frontex-VO-2016 noch in der Frontex-VO-2019 vorgesehene Frist, beginnt alternativ bei erstmaliger Kenntnisnahme der bzw. Information über die vermutete Verletzung und erst, sobald der Beschwerdeführer nicht anderweitig (wohl: als durch fehlende Informationen) an der Erhebung gehindert ist.

ben werden. Die Erschöpfung innerstaatlicher behördlicher Verfahren oder Rechtswege ist nicht erforderlich.[477]

2. Verfahrensgang

a) Annahme und Weiterleitung der Beschwerde

Die an die Agentur gerichteten Beschwerden werden nach Art. 111 Abs. 4 Frontex-VO-2019, Art. 7 CMR durch den Grundrechtsbeauftragten auf ihre Zulässigkeit überprüft, von ihm registriert und an den Exekutivdirektor weitergeleitet; ggf. werden Beschwerden über Teammitglieder zusätzlich an deren Herkunftsmitgliedstaat weitergeleitet und die „für Grundrechte zuständige Stelle“ des Mitgliedstaats unterrichtet.[478] Ferner ist der Beschwerdeführer über die Zulässigkeit und das weitere Verfahren sowie ggf. die Kontaktdaten der informierten nationalen Behörden zu unterrichten. Wird eine Beschwerde als unzulässig angesehen, werden dem Beschwerdeführer „die entsprechenden Gründe und, sofern möglich, weitere Optionen zur Ausräumung seiner Bedenken“ mitgeteilt.[479]

b) Materielle Überprüfung der Beschwerde und Folgemaßnahmen

Die Zuständigkeit für die weitere Behandlung der Beschwerden und mögliche Konsequenzen variieren je nach der in der Beschwerde bezeichneten Einsatzkraft, welche die in Frage stehende Grundrechtsverletzung begangen haben soll. Die Frontex-VO-2019 unterscheidet hinsichtlich „Bediensteten der Agentur“ einerseits (Art. 111 Abs. 6 Frontex-VO-2019) und Teammitglieder „eines Einsatzmitgliedstaats oder eines anderen teilnehmenden Mitgliedstaats, einschließlich abgeordneter Teammitglieder oder abgeordneter nationaler Sachverständiger“ andererseits (Art. 111 Abs. 7 UA 1 Frontex-VO-2019).

Unter „Bedienstete der Agentur“ kann nach Art. 4 Nr. 8, Art. 10 Nr. 1 CMR zunächst nur solches Personal fallen, dass formal den für Beamte oder sonstige Bediensteten der Union geltenden Regeln unterworfen ist.[480] Zudem sollen dem-

---

[477] Vgl. nur Art. 5 Nr. 5 CMR, vielmehr wird dort eine gleichzeitige, anderweitige Geltendmachung als zulässig erachtet. Erw. 50 der Frontex-VO-2016 stellte für die umgekehrte Fragestellung klar, dass das Beschwerdeverfahren i.S.d. Art. 72 Frontex-VO-2019 keine Voraussetzung für den Zugang zu anderweitigen verwaltungsrechtlichen oder gerichtlichen Rechtsbehelfen sein sollte.

[478] Die Kontaktdaten dieser Stelle sind nach Art. 11 Abs. 1 CMR dem Beschwerdeführer zu übermitteln; hiernach ist die Beschwerde ferner zusätzlich der nationalen Kontaktstelle i.S.d. Art. 13 Frontex-VO-2019 weiterzuleiten.

[479] Vgl. zum Ganzen Art. 111 Abs. 5 UA 1 Frontex-VO-2019. Jede Entscheidung hat nach Art. 111 Abs. 5 UA 3 Frontex-VO-2019 schriftlich und begründet zu erfolgen.

[480] Verwiesen wird auf die Verordnung (EWG, EURATOM, EGKS) Nr. 259/68 des Rates vom 29. Februar 1968 zur Festlegung des Statuts der Beamten der Europäischen Gemeinschaften und der Beschäftigungsbedingungen für die sonstigen Bediensteten dieser Gemeinschaften sowie zur Einführung von Sondermaßnahmen, die vorübergehend auf die Beamten der Kommission anwendbar sind (ABl. L 56 vom 04.03.1968, S. 1–7); zur aktuellen und

nach „to the Agency's headquarters" abgeordnete nationale Sachverständige als Bedienstete der Agentur behandelt werden, auch wenn diese formal beim Herkunftsstaat angestellt sind; ausdrücklich nicht sollte diese Ausnahmeregelung jedoch für abgeordnete nationale Sachverständige i.S.d. Art. 20 Abs. 11 Frontex-VO-2016, welche als Teammitglied in einer Operation eingesetzt werden sowie andere Teilnehmer gelten.[481] Nach dieser Differenzierung ist anzunehmen, dass unter der Frontex-VO-2019 allein das Statutspersonal als „Bedienstete der Agentur" angesehen werden soll.[482]

Ist ein Bediensteter der Agentur verantwortlich für eine Grundrechtsverletzung, soll der Exekutivdirektor nach Art. 111 Abs. 6 UA 1 Frontex-VO-2019[483] in Absprache mit dem Grundrechtsbeauftragten für „angemessene Folgemaßnahmen" sorgen. Ferner hat der Exekutivdirektor dem Grundrechtsbeauftragten über die Durchführung von (Disziplinar-)Maßnahmen Bericht zu erstatten. Im Fall einer möglichen Verletzung von Datenschutzgrundrechten wird gem. Art. 111 Abs. 6 UA 2 Frontex-VO-2019 der Datenschutzbeauftragte durch den Exekutivdirektor miteinbezogen.[484] Das weitere Verfahren und die möglichen

---

konsolidierten Fassung dieser Verordnung s. Dokument 1962R0031 vom 01.05.2014. Somit geht das CMR davon aus, dass abgestellte und abgeordnete Teammitglieder keine Beschäftigte auf Zeit, Vertragsbedienstete oder Sonderberater i.S.d. Dokument 1962/R0031 vom 01.05.2014 S. 188 ff. sind. Zum EU-Beamtenstatut vgl. unten Teil 3 Kapitel 9 unter A. I.

[481] I.E. erfolgt somit eine Differenzierung nicht nach dem formalen Status der Abordnung, sondern nach dem jeweiligen Einsatzbereich. Erklärt werden kann dieser Unterschied jedoch durch die in den Entscheidungen des Verwaltungsrats 25/2012 vom 28.11.2012 und 12/2017 vom 30.03.2017: Letztere geht von einer Anwendbarkeit der Entscheidung 25/2012 auch nach Inkrafttreten der Frontex-VO-2016 aus und differenziert hinsichtlich „Frontex Seconded National Experts" (SNE) und dem „secondment of border guards or other relevant staff as national experts for deployment to European Border and Coast Guard teams", vgl. Erw. 3 Entscheidung 12/2017. Erw. 3 der Entscheidung 25/2012 betont die durch die unterschiedlichen Kompetenzen dieser „seconded guest officers" und der „seconded national experts" erforderliche getrennte Behandlung dieses Personals, welche sich (auch) in den Vorschriften des CMR niederschlägt.

[482] Hierfür spricht auch Art. 43 Abs. 5 Frontex-VO-2019, der vorschreibt, dass der Herkunftsmitgliedstaat „in Bezug auf Verstöße gegen Grundrechte [...] geeignete Disziplinarmaßnahmen oder sonstige Maßnahmen nach Maßgabe seines nationalen Rechts" ergreift.

[483] Das CMR enthält in Art. 10 eine kleinschrittigere Beschreibung dieses Vorgangs: Hiernach soll der Exekutivdirektor die Beschwerde nach Registrierung durch den Grundrechtsbeauftragten zunächst eigenständig untersuchen (Art. 10 Nr. 2) und einen „preliminary view" abgeben (Art. 10 Nr. 3). Sodann entscheidet der Exekutivdirektor – wenn nötig unter Konsultation des Grundrechtsbeauftragten und/oder des Datenschutzbeauftragten – über Folgemaßnahmen (Art. 10 Nr. 4 und 7), diese endgültig getroffene Entscheidungen sind dem Grundrechtsbeauftragten binnen sechs Monaten (dies stellt den „festgelegten Zeitraum" i.S.d. Art. 111 Abs. 6 UA 1 S. 2 Frontex-VO-2019 dar) zu übermitteln.

[484] Der Datenschutzbeauftragte untersucht sodann mögliche Verletzungen nach dem in Art. 9 der Entscheidung des Verwaltungsrats Nr. 34/2015 (s. dazu in diesem Gliederungspunkt (III.)) vorgesehenen Verfahren und hat dem Grundrechtsbeauftragten über seine Ergebnisse Bericht zu erstatten, welcher diese letztlich dem Beschwerdeführer übermitteln soll.

Disziplinarmaßnahmen richten sich gem. Art. 10 Nr. 5 CMR nach den diesbezüglichen Frontex-internen Vorgaben.

Bei Beschwerden, die ein mitgliedstaatliches Teammitglied betreffen, liegt die Verantwortung für Folge- und ggf. Disziplinarmaßnahmen gem. Art. 111 Abs. 7 Frontex-VO-2019 beim Herkunftsmitgliedstaat und richtet sich nach dem einschlägigen nationalen Recht.[485] Der betroffene Mitgliedstaat hat den Grundrechtsbeauftragten innerhalb von sechs Monaten und danach ggf. in „regelmäßigen Abständen" über die eingeleiteten Folgemaßnahmen zu unterrichten.[486] Nach Art. 111 Abs. 8 Frontex-VO-2019 und Art. 11 Abs. 4 CMR ist bei festgestellten Grundrechtsverletzungen oder „Verletzungen von Pflichten im Zusammenhang mit dem internationalen Schutz" eine Aufforderung der Agentur an den entsendenden Mitgliedstaat, diese Beamten unmittelbar aus Operationen der Agentur oder der ständigen Reserve abzuziehen, als weitere Reaktionsmöglichkeit vorgesehen.

Letztlich ist eine Informationspflicht des Grundrechtsbeauftragten gegenüber dem Exekutivdirektor und dem Verwaltungsrat hinsichtlich der Ergebnisse aller Beschwerden und die Aufnahme dieser Informationen in den Jahresbericht der Agentur geregelt, Art. 111 Abs. 9 Frontex-VO-2019.[487] Konkrete (Entschädigungs-)Maßnahmen gegenüber dem Beschwerdeführer sind in der Frontex-VO-2019 nicht vorgesehen.

III. Besondere Vorgaben zu gerichtlicher Kontrolle und Haftung

Die Frontex-VO-2019 schweigt weitgehend hinsichtlich einer gerichtlichen Überprüfung der im Rahmen gemeinsamer Operationen erfolgten Maßnahmen durch nationale Gerichte oder den EuGH, sodass insoweit auf allgemeine Grundsätze zurückgegriffen werden muss.[488]

Im Gegensatz zur Frontex-VO-2016 wird in Art. 98 Frontex-VO-2019 jedoch die Möglichkeit der Klage vor dem EuGH zumindest anerkannt. Dabei geht Art. 98 Abs. 1 Frontex-VO-2019 ausdrücklich davon aus, dass das Handeln von Frontex gegenüber Dritten sowohl Gegenstand der Nichtigkeitsklage nach Art. 263 AEUV, einer Untätigkeitsklage nach Art. 265 AEUV als auch einer

---

[485] Vgl. dazu jedoch oben in diesem Kapitel unter G. I. 2. b).

[486] Vgl. Art. 111 Abs. 7 UA 1 S. 2 Frontex-VO-2019 (der wiederum lediglich von einem „festgelegten Zeitraum" spricht) i.V.m. Art. 11 Nr. 2 CMR. Nach Art. 111 Abs. 7 UA 2 Frontex-VO-2019 i.V.m. Art. 11 Nr. 3 CMR hat die Agentur bei fehlender Reaktion durch den Herkunftsmitgliedstaat weitere Nachforschungen anzustellen.

[487] Im Jährlichen Tätigkeitsbericht von Frontex 2016 sind indes keine Angaben zu erhobenen Beschwerden vorhanden. Auf S. 32 des Jährlichen Tätigkeitsbericht von Frontex 2017 (auffindbar im Anhang der Entscheidung des Verwaltungsrats 11/2018 vom 13.06.2018) ist eine Gesamtzahl von 15 eingegangenen Beschwerden aufgelistet, von welchen jedoch nur fünf als zulässig erachtet wurden.

[488] S. dazu unten Teil 3 Kapitel 11.

Amtshaftungsklage nach Art. 268, 340 AEUV sein kann. Über die Vorgängerregelung in Art. 60 Frontex-VO-2016 geht auch Art. 97 Abs. 4, 5 Frontex-VO-2019 hinaus, der eine außervertragliche Haftung von Frontex und damit insbesondere von Statutspersonal auch für die Ausübung von Exekutivbefugnissen nach mitgliedstaatlichem Recht anerkennt, für deren Überprüfung der EuGH für zuständig erklärt wird. Allein diese Überprüfung der Anwendung mitgliedstaatlichen Rechts durch die unionale Exekutive durch den EuGH tangiert die Grundkonzeption des dualistischen Rechtsschutzmodells.[489]

Für den Rechtsschutz gegen das Handeln der (übrigen) Teammitglieder regelt die Frontex-VO-2019 zudem entscheidungserhebliche Vorfragen in Bezug auf die Rechtsstellung der Teammitglieder und das während der Operationen geltende Recht. Für etwaige gerichtliche Zuständigkeiten relevant ist zunächst die Unterwerfung der Aktionen sämtlicher Teammitglieder (zumindest auch) unter das Rechtsregime und die Befehlsgewalt des Einsatzmitgliedstaats, was insbesondere für das Tragen von Dienstwaffen und die Abfrage europäischer Datenbanken gilt. Infolgedessen geht die Frontex-VO-2019 davon aus, dass allein mitgliedstaatliche Gerichte für das Handeln von mitgliedstaatlichem Personal zuständig sind.

Hinsichtlich der Zuständigkeit nationaler Gerichte im Hinblick auf zivilrechtliche Streitigkeiten mit Dritten, die durch von Teammitgliedern im Rahmen eines Einsatzes verursachte Schäden hervorgerufen wurden, folgt aus Art. 84 Abs. 1 Frontex-VO-2019, dass allein der Einsatzmitgliedstaat im Außenverhältnis nach dessen nationalen Vorschriften haftet.[490] Auch in strafrechtlicher Hinsicht sollen Teammitglieder nach Art. 85 Frontex-VO-2019 in Bezug auf gegen sie oder von ihnen begangene Straftaten während der Operation wie Beamte des Einsatzmitgliedstaates behandelt werden, was eine (eventuell zusätzliche)[491] Begründung hinsichtlich der Anwendung der Strafrechtsvorschriften des Einsatzmitgliedstaats und der Zuständigkeit dessen Strafgerichtsbarkeit liefert.

---

[489] Vgl. hierzu vertiefend Teil 3 Kapitel 11 C. II. 1.; zur ähnlich gelagerten Problematik im Fall der EZB vgl. in diesem Teil Kapitel 7 G. I. 2. b).

[490] Ein Regress bei dem Herkunftsmitgliedstaat des handelnden Teammitglieds bzw. im Fall des Statutspersonals bei der Agentur ist nach Art. 84 Abs. 2 Frontex-VO-2019 nur bei Vorsatz oder grober Fahrlässigkeit vorgesehen. Gleiches gilt in Bezug auf etwaige von teilnehmenden Mitgliedstaaten erlittene Schäden in Bezug auf deren Regressansprüche gegen den Einsatzmitgliedstaat, Art. 84 Abs. 3 Frontex-VO-2019 und ferner für Schadensersatzansprüche in Bezug auf die zur Verfügung gestellte Ausrüstung durch Frontex, Art. 84 Abs. 5 Frontex-VO-2019. Bei nicht auflösbaren Streitigkeiten zwischen Mitgliedstaaten in diesem Bereich sind diese nach Art. 84 Abs. 4 Frontex-VO-2019 i.V.m. Art. 273 AEUV durch den EuGH zu entscheiden.

[491] Nach dem jeweils geltenden Strafanwendungsrecht dürfte die Zuständigkeit der Strafgerichtsbarkeit des Einsatzmitgliedstaats für auf dessen Territorium gegen oder von Teammitgliedern begangene Straftaten ohnehin eröffnet sein, vgl. aus deutscher Perspektive die Vorgaben der §§ 3 ff. StGB.

IV. Weitere Formen der Kontrolle

Weitere Informationsmöglichkeiten hinsichtlich der Aktivitäten von Frontex und somit – wenngleich auch nicht primär darauf abzielend – in Bezug auf die von der Agentur koordinierten oder organisierten Operationen und den Einsatz von Frontex-Personal, sind in der Frontex-VO-2019 für das Europäische Parlament, den Rat, die Europäische Kommission und die Öffentlichkeit vorgesehen.

1. Kontrolle durch das Europäische Parlament, den Rat und die Kommission

Die Überprüfung der Aktivitäten der Agentur durch die genannten Organe der EU ist in der Frontex-VO-2019 eher oberflächlich geregelt und in der Regel nicht auf konkrete Einsätze bezogen. Kommission, Rat und Parlament sind etwa die von der Agentur erstellten Lageanalysen zu übermitteln[492] und bei (kurzfristig) erhöhtem Finanzbedarf[493] einzuschalten. Gem. Art. 100 Abs. 2 j) Frontex-VO-2019 ist ihnen der jährliche Tätigkeitsbericht zuzuleiten, und sie sind in die Aufstellung, Ausführung und Kontrolle des Haushaltsplans eingebunden.[494] Das Europäische Parlament und der Rat haben theoretisch die Möglichkeit, Informationen zu konkreten Einsätzen über den Exekutivdirektor, welcher auch über die „Umsetzung und Überwachung der Grundrechtsstrategie" sowie „etwaige andere Fragen im Zusammenhang mit den Tätigkeiten der Agentur" nach Aufforderung Bericht erstatten muss, zu erlangen.[495] Darüber hinausgehende Kontrollmöglichkeiten in Bezug auf gemeinsame Operationen sind lediglich für die Kommission vorgesehen.[496] Wichtig für die Überwachung konkreter Einsätze

---

[492] Vgl. nur Art. 29 Abs. 2 Frontex-VO-2019 in Bezug auf die *allgemeinen* Risikoanalysen der Agentur (spezifische Risikoanalysen für operative Maßnahmen sind demnach von dieser Berichtspflicht nicht erfasst) und Art. 32 Abs. 11 Frontex-VO-2019 für die Ergebnisse der Schwachstellenbeurteilung durch die Agentur. Für beide Übermittlungen gelten gem. Art. 92 Abs. 1 und 2 Frontex-VO-2019 die Vorschriften bzw. die „Sicherheitsgrundsätze" des Beschlusses 2015/444 der Kommission vom 13.04.2015 über die Sicherheitsvorschriften für den Schutz von EU-Verschlusssachen (ABl. L 72 vom 17.03.2015, S. 53–88). Für Übermittlungen an das Europäische Parlament gelten zudem gem. Art. 92 Abs. 3 Frontex-VO-2019 die Regeln der Rahmenvereinbarung über die Beziehungen zwischen dem Europäischen Parlament und der Europäischen Kommission (abgedruckt in ABl. L 304, 20.11.2010, S. 47–62).

[493] Vgl. Art. 36 Abs. 4 Frontex-VO-2019, dies muss aufgrund (darzustellender) „bestimmter Umstände an den Außengrenzen" erfolgen.

[494] Vgl. Art. 115 f. Frontex-VO-2019; zur Definition der „Haushaltsbehörde" vgl. Art. 100 Abs. 6 Frontex-VO-2019.

[495] Vgl. zum Ganzen Art. 106 Abs. 2 Frontex-VO-2019. Grenzen für diese Verpflichtung folgen aus Art. 92 Frontex-VO-2019.

[496] Diese besondere Rolle der Kommission zeigt sich an mehreren Stellen. Dies gilt etwa für die Zusammensetzung des Verwaltungsrats, Art. 101 Abs. 1 S. 1 Frontex-VO-2019, ihre Führungsrolle in Bezug auf Teams zur Unterstützung der Migrationsverwaltung, vgl. Art. 40 Abs. 3 Frontex-VO-2019 sowie die Einbindung in den Abschluss von Arbeitsvereinbarungen gem. Art. 76 Abs. 1 Frontex-VO-2019.

unter der Frontex-VO-2016 war die Berichtspflicht der Agentur über mögliche Grundrechtsverletzungen bei Rückkehraktionen gem. Art. 28 Abs. 7 Frontex-VO-2016, die keine Entsprechung in der Frontex-VO-2019 gefunden hat. Die Kommission hatte ferner spätestens zum 07.10.2019 eine „unabhängige externe Bewertung" der Agentur in Auftrag zu geben, die auch eine Beachtung der EU-GRC bei „Anwendung" der Frontex-VO-2016 beinhalten sollte.[497]

2. Zentral koordinierte Öffentlichkeitsarbeit durch Frontex

Weitere Formen der Offenlegung von Informationen über die Tätigkeiten der Agentur bestehen in der Öffentlichkeitsarbeit nach Art. 114 Abs. 2 Frontex-VO-2019[498], der Möglichkeit der Anfrage von Dokumenten nach Art. 114 Abs. 1 Frontex-VO-2019 i.V.m. der EU-Dokumentenzugangs-VO[499] und der schriftlichen Anfragen (Art. 114 Abs. 4 Frontex-VO-2019).[500]

In Bezug auf die Informationsarbeit hinsichtlich (noch nicht abgeschlossener) gemeinsamer Operationen enthält das HOP-Sea „Press Communication Rules", welche Vorgaben für mitgliedstaatliche Behörden[501] und Frontex-Personal[502] hinsichtlich der Öffentlichkeitsarbeit beinhalten. Hierdurch werden gegenseitige In-

---

[497] Vgl. zum weiteren Inhalt dieser ab dem genannten Zeitpunkt alle vier Jahre vorzunehmende Bewertung Art. 121 Abs. 1 Frontex-VO-2019.

[498] Diese Öffentlichkeitsarbeit soll durch die Agentur „zu Themen innerhalb ihrer Aufgabenbereiche" erfolgen und „die betroffenen Kreise" mit Informationen über die Arbeit der Agentur versorgen. Schranken für diese Offenlegung erwachsen nach Art. 114 Abs. 2 Frontex-VO-2019 durch die in Art. 92-Frontex-VO-2019 getroffenen Regelungen über die Behandlung von Verschlusssachen und sonstigen sensiblen Informationen und durch die Gefährdung der Erreichung von Operationszielen.

[499] Der durch die EU-Dokumentenzugangs-VO definierte Begriff des Dokuments ist sehr weit (vgl. Art. 3 a) EU-Dokumentenzugangs-VO) und erfasst insbesondere (jedenfalls aus Sicht von Frontex) auch Einsatzpläne. Die gem. Art. 6 ff. EU-Dokumentenzugangs-VO vergleichsweise zügig zu behandelnden Nachfragen sind bei einer drohenden Beeinträchtigung des öffentlichen Interesses abzulehnen (vgl. zur Begründung hinsichtlich der teilweisen Schwärzung der Einsatzpläne oben in diesem Kapitel unter E. IV.), Art. 4 EU-Dokumentenzugangs-VO. Art. 114 Abs. 5 Frontex-VO-2019 stellt die Geltung der in Art. 8 Abs. 1 und 3 EU-Dokumentenzugangs-VO getroffenen Regelungen über Möglichkeit der Beschwerde beim Europäischen Bürgerbeauftragten bzw. der Erhebung einer Klage gegen die Agentur beim EuGH bei abschlägigen oder nicht erfolgten Reaktionen der Agentur klar. Vgl. zur Praxis https://www.frontex.europa.eu/transparency/public-access-to-documents/public-access-to-documents/ (zuletzt abgerufen am 24.02.2024) und die Entscheidung des Verwaltungsrates Nr. 25/2016 vom 21.11.2016.

[500] Weiter Voraussetzung ist die Nutzung einer Amtssprache der Union, welche auch in der Antwort der Agentur zu verwenden ist.

[501] Vgl. S. 23 HOP-Sea; die Zuständigkeiten beziehen sich hauptsächlich auf den Umgang mit „national media". Insbesondere soll die Agentur bezüglich der sie oder ihre Aktivitäten betreffenden Fragen unterrichtet werden.

[502] Nach S. 22 f. HOP-Sea kommt dem Pressebüro der Agentur die Zuständigkeit im Umgang mit „international media", für „media monitoring" und für Informationsfreigabe hinsichtlich Frontex und der gemeinsamen Operation zu.

formationspflichten und Abstimmungsabläufe in Bezug auf Medienanfragen festgelegt, insbesondere bezogen auf journalistische Tätigkeiten im Einsatzgebiet.[503] Detailliert und weitreichend sind die zudem enthaltenen „specific guidelines for participating officers if approached by the media“[504]. Teil der in dieser Form eher zweifelhaften Vorgaben sind insbesondere die Kategorien „What you can say“[505] und „What you should NOT say“[506], die bei verbindlicher Übernahme in den Einsatzplan den Verlauf etwaiger Interviews durch Medienvertreter vorbestimmen dürften. Jedenfalls fällt die formelle Einsatzleitung des Einsatzmitgliedstaats auf diese Weise mit der Zuständigkeit für die Informationsarbeit auseinander.

H. Finanzierung und Kosten gemeinsamer Operationen/ Einsatzpool für technische Ausrüstungsgegenstände

Auch die Finanzierung der gemeinsamen Einsätze fällt nicht mit der formellen Einsatzleitung zusammen. Art. 36 Abs. 3 i.V.m. Abs. 2 Frontex-VO-2019 schreibt eine Finanzierung oder Kofinanzierung der Entsendung von Grenzverwaltungsteams, Rückkehrteams oder Teams zur Unterstützung der Migrationsverwaltung durch Frontex vor.[507] Für bestimmte, den Mitgliedstaaten entste-

---

[503] Vgl. S. 23 HOP-Sea, „Management of Press Requests“.

[504] Vgl. S. 23 f. HOP-Sea. Hierdurch werden Pflichten der Teammitglieder im Umgang mit der Presse teilweise einschneidend geregelt. So haben alle Teammitglieder vor einer Interviewzusage mit der Pressestelle von Frontex Kontakt aufzunehmen und sich ein Briefing der Agentur über „the media, subject of the interview and sensitive topics“ zu unterziehen.

[505] Vgl. S. 23 HOP-Sea; diese Kategorie enthält teilweise vorgefertigte Satzbausteine oder verwendbare Statements wie etwa „I am not authorised to give the media any more details – please contact the Frontex Press Office“.

[506] Vgl. S. 23 f. HOP-Sea. Zu diesen zu vermeidenden Themen gehören – im Grundsatz nachvollziehbar – „details of the operation“, „the migratory situation in the host member state“ oder „individual incidents that may have taken place during the operation“. Eine etwas seltsame Verhaltensvorgabe lautet ferner: „Do not try to answer detailed questions about what Frontex is“. In Zweifelsfällen sollen Journalisten ferner an die Frontex-Pressestelle verwiesen werden.

[507] Gleiches galt für die unter der Frontex-VO-2016 speziell behandelten Rückkehraktionen gem. Art. 28 Abs. 9 Frontex-VO-2016 und die übrigen rückkehrbezogenen Aktivitäten, Art. 27 Abs. 1 lit. e) Frontex-VO-2016. Bei der Finanzierung von Tätigkeiten waren insbesondere die „Frontex Financial Regulation“ (s. Entscheidung des Verwaltungsrats 1/2014 vom 08.01.2014), deren „Implementing Rules“ (s. Entscheidung des Veraltungsrats 16/2014) und die Verordnung (EU, Euratom) Nr. 966/2012 des Europäischen Parlaments und des Rates vom 25.10.2012 zu beachten. Auf S. 44 des Jährlichen Tätigkeitsbericht 2016 sind die Gesamtausgaben für „operational activities“ mit ca. 188 Millionen € beziffert, wobei hiervon ca. 170 Millionen € in die (Ko-) Finanzierung von durch Frontex koordinierte Operationen flossen. Nach dem Jahresbericht 2017 (S. 44) wurden im darauffolgenden Jahr ca. 222 Millionen € für „operational activities“ verwendet.

hende Kosten im Hinblick auf die Bereitstellung von Personal der Kategorie 3 und 4 soll Frontex ebenfalls aufkommen.[508] Der Entzug einer solchen Finanzierung auch während einer gemeinsamen Aktion[509] kann einseitig durch den Exekutivdirektor erfolgen.

Eine Art indirekte Finanzierung der Einsätze kann ferner durch die Bereitstellung technischer Ausrüstung durch Frontex erfolgen, zu der auch Flugzeuge, Schiffe und Dienstfahrzeuge gehören können.[510] Diese Mittel können sowohl aus einem Frontex-eigenen Bestand[511] als auch aus dem gem. Art. 64 Frontex-VO-2019 einzurichtenden Pool für technische Ausrüstung stammen. Dieser Pool besteht neben den im (mehrheitlichen) Eigentum von Frontex stehenden Ausrüstungsgegenständen aus Beiträgen der Mitgliedstaaten.[512] Die erforderlichen technischem Standards werden ebenso wie Mindestkontingente durch die Agentur festgelegt.[513] Kosten des Einsatzes der zu den Mindestkontingenten gehörenden technischen Mittel werden von Frontex übernommen, bei sonstigen eingesetzten Ausrüstungsgegenständen der Mitgliedstaaten ist eine Kofinanzierung möglich, Art. 64 Abs. 16 Frontex-VO-2019. Besondere Bestimmungen bestehen für einen Teil des Ausrüstungspools: Den Ausrüstungspool für Soforteinsätze nach Art. 64 Abs. 8 Frontex-VO-2019. Im Ausrüstungspool für Soforteinsätze sind ebenfalls Beiträge der Mitgliedstaaten enthalten, deren Bereitstellung darf jedoch nicht verweigert werden und muss spätestens zehn Tage nach Vereinbarung des Einsatzplanes erfolgen.[514] In den Regelungen der Art. 63 f. Frontex-VO-2019 ist damit mehr als eine bloße indirekte Einsatzfinanzierung zu sehen: Die Verfügbarkeit eigener Ausrüstungsgegenstände bzw. die Koordination

[508] Vgl. Art. 45 Abs. 1 Frontex-VO-2019. Diese Kosten beinhalten u.a. Anreise, Impfkosten, Tagegelder und Unterbringungskosten; eine Zahlung der Gehälter o.ä. durch Frontex ist folglich nicht vorgesehen. Zur Berechnung der Kosten für Beamte des Einsatzmitgliedstaats bzw. teilnehmender Mitgliedstaaten vgl. die Entscheidung des Verwaltungsrates 33/2017 vom 22.11.2017 bzw. die Entscheidung des Verwaltungsrates 37/2017 vom 15.12.2017.

[509] Vgl. dazu Art. 46 Abs. 3 Frontex-VO-2019; vgl. dazu auch oben in diesem Kapitel unter F.

[510] Vgl. Art. 63 Abs. 4 Frontex-VO-2019.

[511] Nach Art. 63 Abs. 1 Frontex-VO-2019 kann Frontex technische Ausrüstung zwecks Verwendung in gemeinsamen Operationen „selbst oder als Miteigentürmer mit einem Mitgliedstaat erwerben oder leasen". Diese Ausrüstungsgegenstände müssen gem. Art. 63 Abs. 5 Frontex-VO-2019 auch bei einem alleinigen Erwerb durch die Agentur in einem Mitgliedstaat registriert werden, die gilt auch im Falle des (nur durch die Agentur vorgenommenen) Leasings. Mit diesem Mitgliedstaat sind Vereinbarungen über die Einsatzfähigkeit dieser Ausrüstungsgegenstände festzulegen. Etwaiges, für den Einsatz dieser Gegenstände benötigtes Personal, ist von dem betroffenen Mitgliedstaat zu stellen, Art. 63 Abs. 6 Frontex-VO-2019.

[512] Vgl. Art. 64 Abs. 8 und 9 Frontex-VO-2019. Der Umfang der Beiträge ist demnach in jährlichen bilateralen Verhandlungen festzulegen, zugesagte Ausrüstungsgegenstände dürfen nur in zu begründenden Ausnahmefällen und nur mindestens 30 Tagen vor dem geplanten Einsatz verweigert werden.

[513] Vgl. Art. 64 Abs. 6–10 Frontex-VO-2019; den erforderlichen Bestand des Ausrüstungspools legt die Entscheidung des Verwaltungsrates 12/2018 vom 14.06.2018 fest.

[514] Vgl. zum Ganzen Art. 39 Abs. 8 Frontex-VO-2019.

des Ausrüstungspools stellt neben der Neuregelung der ständigen Reserve einen weiteren wichtigen Schritt zu Errichtung einer supranationalen Grenzschutzpolizei dar.

Die Frontex-VO-2019 regelt ferner die finanzielle Unterstützung der Agentur in Bezug auf den Aufbau der ständigen Reserve neu: Während die Kosten für Statutspersonal als Teil der ständigen Reserve von Frontex (als Anstellungskörperschaft) übernommen werden, kann nach Art. 61 Frontex-VO-2019 eine nach den Kategorien der ständigen Reserve gestaffelte finanzielle Unterstützung der Mitgliedstaaten zur Erreichung der jeweilig vorgesehenen personellen Kapazitäten erfolgen. Für abgeordnete Beamte der Kategorie 2 sind nach Art. 95 Abs. 6 Frontex-VO-2019 „Finanzregelungen" nach Zustimmung der Kommission durch den Verwaltungsrat festzulegen. Davon zu trennen ist die lediglich in Bezug auf den Einsatz von Beamten der Kategorie 3 und 4 der ständigen Reserve vorgesehene Übernahme bestimmter Einsatzkosten durch die Agentur nach Art. 45 Frontex-VO-2019.

I. Seitenblick „außerhalb" des Raums der Freiheit, der Sicherheit und des Rechts: Gemeinsame Operationen in Drittstaaten

Ein Sonderregime besteht für den Einsatz gemeinsamer Teams, der in Drittstaaten erfolgt.[515] Durch Frontex koordinierte gemeinsame Operationen in Drittstaaten weisen Besonderheiten hinsichtlich ihres Zustandekommens, der Befugnisse und Pflichten der Teammitglieder, der Entscheidungsfindung innerhalb des Teams und im Bereich der – insbesondere gerichtlichen – Kontrolle auf.

I. Einsatzrahmen

Einsätze von Teams auf dem Territorium von Drittstaaten sind als eine Form der technischen und operativen Unterstützung sowie Koordinierung der Zusammenarbeit zwischen Mitgliedstaaten und Drittstaaten vorgesehen, welche generell durch Frontex erleichtert und gefördert werden soll.[516] In diesem politisch sensiblen Bereich kann die Agentur unter Abstimmung mit den Delegationen der EU und „im Einklang mit dem Unionsrecht und der Politik der Union"[517] mit den

[515] Vgl. generell zur „internationalen" Dimension von Frontex *Coman-Kund*, Agencies, S. 163 ff. und den Überblick auf S. 310 ff. zu den „Working Arrangements" von Frontex.

[516] Nach Art. 71 Abs. 4 Frontex-VO-2019 soll die „Einführung einer Zusammenarbeit mit Drittstaaten [...] der Förderung der Standards für die integrierte europäische Grenzverwaltung" dienen.

[517] Vgl. dazu Art. 77 Abs. 2 Frontex-VO-2019; Art. 71 Abs. 3 Frontex-VO-2019 stellt klar, dass Frontex und die Mitgliedstaaten auch bei der Zusammenarbeit mit Drittstaaten „das Unionsrecht, einschließlich der Normen und Standards, die Teil des Unionsbesitzstands sind", einzuhalten haben.

zuständigen Drittstaatsbehörden zusammenarbeiten, zur Regelung dieser Zusammenarbeit können Arbeitsvereinbarungen geschlossen werden.[518] Ebenfalls diesem Bereich zuzuordnen ist die Entsendung von Verbindungsbeamten in Drittstaaten nach Art. 77 Frontex-VO-2019.[519] Diese sind in bestehende Kooperationsnetze einzubinden[520] und sollen unter Abstimmung mit den Delegationen der EU Kontakte zu den zuständigen Behörden des Drittstaats herstellen und pflegen.[521] Ferner kann die Agentur „auf Basis der Gegenseitigkeit" Verbindungsbeamte aus den betroffenen Drittstaaten empfangen.[522]

II. Supranationale Einsetzung

Einsätze, die sich auf das Hoheitsgebiet eines Drittstaats[523], erstrecken können, bedürfen der Zustimmung dieses Drittstaats, Art. 74 Abs. 2 Frontex-VO-2019. Eine mitgliedstaatliche Beteiligung an diesen Operationen erfolgt auf freiwilliger Basis. Der Einsatzplan wird zwischen der Agentur und dem Drittstaat vereinbart und bedarf ggf. der Zustimmung der an den Drittstaat angrenzenden Mitgliedstaaten.[524]

Sehen diese Operationen den Einsatz von Teams vor, deren Mitglieder exekutive Befugnisse haben sollen oder sind vergleichbare Aktionen geplant, ist eine

---

[518] In diesen Arbeitsvereinbarungen, die der Zustimmung der Kommission bedürfen und vor deren Abschluss das Europäische Parlament zu informieren ist, sind „Umfang, Art und Zweck" der Zusammenarbeit anzugeben.

[519] Eine solche Entsendung setzt gem. Art. 77 Abs. 2 S. 4 Frontex-VO-2019 die Genehmigung des Verwaltungsrates und die vorherige Stellungnahme der Kommission voraus. In materieller Hinsicht erforderte Art. 55 Abs. 1 Frontex-VO-2016 bei einer Versendung das Vorhandensein von den „Mindestmenschenrechtsstandards" (was auch immer hiermit gemeint war) entsprechenden Grenzschutzmethoden im in Frage stehenden Drittstaat, diese Voraussetzung besteht unter der Frontex-VO-2019 nicht mehr. Bevorzugt werden sollen Drittstaaten, die nach den Risikoanalysen der Agentur „Ursprungs- oder Durchgangsland für illegale Einwanderung" sind, Art. 77 Abs. 2 Frontex-VO-2019. Vgl. zur praktischen Umsetzung die durch die Entscheidung des Verwaltungsrates 05/2018 vom 09.03.2018 erfolgte Entsendung eines Verbindungsbeamten nach Tunesien.

[520] Hierbei verweist Art. 77 Abs. 1 Frontex-VO-2019 insbesondere auf die Verordnung (EU) 2019/1240 des Europäischen Parlaments und des Rates vom 20. Juni 2019 zur Schaffung eines europäischen Netzes von Verbindungsbeamten für Zuwanderungsfragen (ABl. L 198 vom 25.07.2019, S. 88–104).

[521] Vgl. Art. 77 Abs. 3 Frontex-VO-2019.

[522] Art. 77 Abs. 2 S. 2 Frontex-VO-2019; nicht zuletzt hierdurch kommt den Verbindungsbeamten eine Botschafter-ähnliche Stellung zu.

[523] Während die Frontex-VO-2016 etwa in Art. 54 Abs. 3 S. 2 und Art. 14 Abs. 2 c) Frontex-VO-2016 lediglich Einsätze in benachbarten Drittstaaten regelte, ist nach Art. 3 Abs. 2 lit. g) Frontex-VO-2019 die „Zusammenarbeit mit Drittstaaten in von dieser Verordnung erfassten Bereichen mit besonderem Schwerpunkt auf benachbarten Drittstaaten und jenen Drittstaaten, die entsprechend der Risikoanalysen als Herkunfts- oder Transitländer für illegale Einwanderung zu betrachten sind", vorgesehen.

[524] Vgl. Art. 74 Abs. 3 Frontex-VO-2019.

Statusvereinbarung, die „alle Aspekte, die zur Durchführung der Aktionen erforderlich sind“ beinhalten soll, zwischen der EU und dem betreffenden Drittstaat zu schließen.[525] Hierfür hat die Kommission wie ehemals von Art. 54 Abs. 5 Frontex-VO-2016 (jetzt nach Art. 76 Abs. 1 Frontex-VO-2019: „Musterstatusvereinbarung“) vorgesehen eine Standardstatusvereinbarung[526] (im folgenden SSV) erlassen, die (notwendigerweise) von den bisher aufgeführten Grundsätzen in Bezug auf vom Territorium der Mitgliedstaaten ausgehende Operationen abweichende Regelungen trifft.[527] Ferner verweist Art. 74 Abs. 3 Frontex-VO-2019 auf die für den „regulären“ Einsatz von Teams an den Außengrenzen geltenden Bestimmungen über den Einsatzplan (Art. 38 Frontex-VO-2019), die Anweisungen für die Teammitglieder (Art. 43 Frontex-VO-2019) und die Beendigung des Einsatzes (Art. 46 Frontex-VO-2019).

III. Einsatzleitung durch den Drittstaat

Nach Art. 43 Abs. 1 Frontex-VO-2019 hat der Drittstaat den Teammitgliedern Anweisungen entsprechend der Statusvereinbarung zu erteilen. In Art. 3 SSV wird der notwendige Inhalt des Einsatzplans, welcher sich weitgehend mit den Vorgaben von Art. 38 Abs. 3 Frontex-VO-2019 und des Art. 73 Abs. 3 Frontex-VO-2019 für Statusvereinbarungen[528] deckt, festgelegt. Die Aufgaben und Befugnisse der Teammitglieder werden ähnlich Art. 40 Frontex-VO-2016 (jetzt Art. 82 Frontex-VO-2019) in Art. 4 SSV festgelegt: Grundsätzlich sind die Teammitglieder ermächtigt, die zur „Durchführung von Grenzkontrollen und Rückkehrmaßnahmen erforderlichen Aufgaben und hoheitlichen Befugnisse wahrzunehmen“ (Abs. 1), begrenzt durch die Rechts- und Verwaltungsvorschriften des Drittstaats (Abs. 2).[529] Der Drittstaat ist berechtigt, den Teammitgliedern Anweisungen entsprechend des Einsatzplans zu erteilen[530], welche neben dem

---

[525] Vgl. Art. 73 Abs. 3 Frontex-VO-2019, der auf Art. 218 AEUV verweist.

[526] Vgl. den Anhang zur Mitteilung der Kommission Brüssel, den 22.11.2016 COM(2016) 747 final.

[527] Nach S. 4 COM(2016) 747 final wird die Kommission in Bezug auf einzelfallbezogene Verhandlungen „darauf bedacht sein, dass der Kern der Standardstatusvereinbarungen in den Verhandlungen unangetastet bleibt“. Dies rechtfertigt eine nähere Untersuchung der darin getroffenen Regelungen.

[528] Nach Art. 73 Abs. 3 Frontex-VO-2019 soll die Statusvereinbarung insbesondere den Umfang des Einsatzes, Bestimmungen über zivil- und strafrechtliche Haftung, die Aufgaben und die Befugnisse der Teammitglieder, Maßnahmen in Bezug auf die Einrichtung von Außenstellen und praktische Maßnahmen in Bezug auf die Wahrung der Grundrechte festlegen.

[529] Die Bindung an Unionsrecht, inklusive an die „Normen und Standards, die Teil des Unionsbesitzstands sind“, bestätigt Art. 71 Abs. 3 Frontex-VO-2019 für Frontex und die Mitgliedstaaten. Die Bindung an „die Grundrechte und Grundfreiheiten“ wird inklusive diesbezüglicher Konkretisierungen zudem in Art. 8 Abs. 1 SSV aufgegriffen.

[530] Den Einklang dieser Anweisungen mit dem Einsatzplan überwacht wie auch im Fall des Art. 44 Frontex-VO-2019 ein von Frontex einzusetzender Koordinierungsbeamter, der dem Exekutivdirektor Bericht zu erstatten hat. Letzterer kann bei Abweichungen „geeignete

grundsätzlichen Erfordernis der Anwesenheit von Beamten des Drittstaats Voraussetzung für die Wahrnehmung von Befugnissen sind; eine Ermächtigung von Teammitgliedern zum Handeln im Namen des Drittstaats ist jedoch möglich (Abs. 3 UA 1).[531] Das Tragen von Dienstwaffen, Munition und Ausrüstung hat sich am Recht des Herkunftsmitgliedstaats der Teammitglieder[532] sowie am Recht des Drittstaats auszurichten, die Anwendung von Gewalt setzt die Zustimmung des Herkunftsmitgliedstaats und des Drittstaats voraus (Abs. 6) und der Drittstaat kann die Teammitglieder zur Abfrage seiner nationalen Datenbanken ermächtigen (Abs. 7).[533] Die Teammitglieder müssen durch ihre Uniformierung (Abs. 4) und einen mitzuführenden Sonderausweis (Art. 7 SSV) als solche erkennbar bzw. identifizierbar sein.

IV. Beendigung

Nach Art. 5 Abs. 1 und 2 SSV haben sowohl der Exekutivdirektor als auch der Drittstaat das Recht, die Operation bei Nichteinhaltung des Einsatzplanes durch den Drittstaat bzw. durch die Agentur oder einen teilnehmenden Mitgliedstaat, nach schriftlicher Unterrichtung auszusetzen oder zu beenden. Unabhängig davon besteht für die Agentur und den Drittstaat ein Aussetzungs- oder Beendigungsrecht bei Verstößen gegen „Grundrechte, den Grundsatz der Nichtzurückweisung, oder Datenschutzvorschriften", Art. 5 Abs. 3 SSV. Art. 74 Abs. 4 Frontex-VO-2019 ermöglicht es dem Exekutivdirektor, einen Einsatz zu beenden, wenn die Sicherheit des entsandten Personals im Drittstaat nicht gewährleistet werden kann.

V. Eingeschränkte Kontrolle durch den Drittstaat

Die SSV weist hinsichtlich der Überprüfung der Aktivitäten von Teammitgliedern in Bezug auf die außergerichtliche sowie gerichtliche Kontrolle Besonderheiten auf. Zunächst müssen gem. Art. 8 Abs. 2 SSV beide Parteien (EU und Drittstaat) ein Beschwerdeverfahren für potentielle Grundrechtsverletzungen durch das von ihr eingesetzte Personal vorhalten.[534]

Maßnahmen, einschließlich der Aussetzung oder Beendigung der Aktion ergreifen", vgl. Art. 4 Abs. 3 UA 2 und 3 SSV.

[531] Dies gilt gem. Art. 4 Abs. 6 SSV auch für Gewaltanwendung in Abwesenheit der Beamten des Drittstaats.

[532] Fraglich bleibt, wie etwaige Unterschiede des jeweiligen nationalen Einsatzrechts hier ausgeglichen werden können.

[533] Für die Agentur und die teilnehmenden Mitgliedstaaten gelten gem. Art. 9 Abs. 3–5 SSV die unionsrechtlichen Datenschutzbestimmungen.

[534] Auf Seite der Union wird diese Voraussetzung in der Theorie wohl durch das in Art. 111 Frontex-VO-2019 vorgesehene Verfahren erfüllt sein.

Im Übrigen werden die gerichtliche Kontrolle und weitere hoheitliche Befugnisse des Drittstaats in Bezug auf (Aktionen der) Teammitglieder durch Art. 6 SSV stark beschränkt. Nach dessen Abs. 1 dürfen Teammitglieder weder in Gewahrsam genommen noch festgehalten werden, ihre mitgeführten Gegenstände sind außer im Fall von zulässigen Vollstreckungsmaßnahmen[535] „unverletzlich" (Abs. 2).[536] Des Weiteren sollen die Teammitglieder außer bei Vorliegen einer ausdrücklichen Aufhebung dieser Privilegien durch den Herkunftsmitgliedstaat „uneingeschränkten Schutz vor strafrechtlicher Verfolgung durch die Gerichte" des Drittstaats genießen (Abs. 3). Gleiches gilt für zivil- und verwaltungsgerichtliche Verfahren, soweit sie Handlungen, welche Teammitglieder „in Ausübung ihrer offiziellen Funktion" vorgenommen haben betreffen. Die Entscheidungshoheit über das Vorliegen dieses Merkmals liegt offenbar beim Exekutivdirektor,[537] wird es bejaht, sind auch Vollstreckungsmaßnahmen gegen Teammitglieder ausgeschlossen (Abs. 6). Ferner sind die Teammitglieder nicht verpflichtet, als Zeugen auszusagen.[538]

J. Zwischenfazit: Frontex-Teams als Einheiten einer integrierten Grenzschutzpolizei

Auch die Grenzverwaltungsteams und Rückkehrteams stellen facettenreiche Untersuchungsgegenstände dar. Die Komplexität dieser an Frontex angegliederten gemeinsamen Einsatzformen entsteht hierbei nicht – wie etwa bei den JITs – durch eine Vielzahl der beteiligten unionalen Akteure, sondern vielmehr durch die unterschiedlichen Typen und Aufgaben der Teams. Sowohl die Einsetzung der Teams als auch der Einsatzablauf weisen eine starke supranationale Steuerung durch Frontex auf. Die Agentur entscheidet letztverbindlich über die Einleitung eines Einsatzes sowie über die personelle Zusammensetzung der Teams und übt auf die Ausbildung und Qualität der Einsatzkräfte nicht nur im Bereich des agentureigenen Statutspersonals bestimmenden Einfluss aus. Ferner erstellt primär sie den Einsatzplan, der Grundlage für den Ablauf des Einsatzes unter mitgliedstaatlicher Leitung ist. In diesem Einsatzplan werden unionale und nationale, gesetzliche wie unverbindliche Vorgaben aufgegriffen und im Verhältnis

---

[535] Vgl. dazu Art. 6 Abs. 6 SSV und sogleich.

[536] Nach Art. 6 Abs. 11 SSV unterliegt das Gepäck der Teammitglieder zudem grundsätzlich keiner Kontrolle.

[537] Vgl. zum Ganzen Art. 6 Abs. 4 SSV. Hiernach ist somit nur im Fall einer entsprechenden Einschätzung durch den Exekutivdirektor oder eines Betreibens des Verfahrens durch das Teammitglied (und folgender Widerklage) eine verwaltungs- oder zivilgerichtliche Überprüfung möglich.

[538] Vgl. Art. 6 Abs. 5 SSV. Weitere Regelungen bestehen bezüglich der Besteuerung von Gehältern und Bezügen (Abs. 9) und der Ein- und Ausfuhr von Gegenständen des persönlichen Gebrauchs (Abs. 10).

zwischen Agentur und (teilnehmenden) Mitgliedstaaten verbindlich für die konkrete Einsatzsituation operationalisiert. Auch im Bereich der Überwachung des Einsatzes sind es primär an Frontex angegliederte Stellen und Verfahren, die das Handeln der Teams überprüfen können und teilweise in die grundsätzlich bei den Mitgliedstaaten verbleibende Disziplinargewalt übergreifen. Das bereits durch die Frontex-VO-2016 eingeführte Beschwerdeverfahren wurde soweit ersichtlich nicht effektiv genutzt, insoweit sind durch die Frontex-VO-2019 keine Anpassungen erfolgt.[539] Vielmehr werden mit den Grundrechtebeauftragten und den Grundrechtebeobachtern weitere Instanzen zur objektiven Überwachung des Einsatzes eingebunden.

Die Frontex-VO-2019 weist Supranationalisierungstendenzen hin zu einer supranationalen Grenzschutzpolizei auf unterschiedlichen, den Einsatz gemeinsamer Teams in verschiedener Intensität beeinflussenden Ebenen auf: Dies gilt zunächst für die erweiterten Möglichkeiten der Agentur zur Beschaffung eigener Ausrüstungsgegenstände, zur Rekrutierung und Ausbildung des Personals der ständigen Reserve und für ihr mögliches Handeln mit und in Drittstaaten. Als (auch) im Hinblick auf die sich anschließenden Rechtsfragen bahnbrechende Reform ist der vorgesehene Einsatz des (genuin) unionalen Statutspersonals und dessen Ausstattung mit nationalen Exekutiv- und Zwangsbefugnissen zu bewerten. Insbesondere diese Befugniszuweisung an unionales Personal stellt im europäischen Verbundverwaltungsrecht und erst recht im Raum der Freiheit, der Sicherheit und des Rechts einen großen Supranationalisierungsschritt dar. Der Praxis sind für die diesbezügliche konkrete Ausgestaltung Spielräume eröffnet, deren Nutzung für die Frage, ob die Frontex-VO-2019 mehr (rechtliche) Problemstellungen schafft als sie auflöst, entscheidend sein wird.

Es hat sich gezeigt, dass sich die Einsatzpraxis – wohl nicht zuletzt aufgrund der sich überschlagenden tatsächlichen Entwicklungen – nicht strikt an Vorgaben der Frontex-VO-2016/2019 orientiert, diesen dadurch aber auch nicht zwangsläufig widerspricht: Insbesondere zwischen Frontex und den (Einsatz-)Mitgliedstaaten werden durch Sekundärrecht vorgegebene, hierarchisch anmutende Vorgaben teilweise in kooperativer Weise aufgelöst: Als Paradebeispiel hierfür können die gemeinsamen Entscheidungszentren angeführt werden, in welchen die formale Einsatzleitung durch den Einsatzmitgliedstaat und die Überwachungsfunktion von Frontex zusammenfallen. Auch dies erfolgt jedoch innerhalb der maßgeblich von Frontex konstruierten, rechtlichen[540] und tatsächlichen[541] Rahmenbedingungen zur Förderung eines effektiven Einsatzablaufs. Diese zentrale Rolle von Frontex, die besonders klar auch im Rahmen der zuletzt betrachteten Aktionen „außerhalb" des Raums der Freiheit, der Sicherheit und des Rechts

---

[539] Vgl. hierzu *Groß*, ZAR 2020, 51 ff., 53 f.

[540] Dies betrifft insbesondere den Einsatzplan und sonstige Verhaltensvorgaben für die Grenzverwaltungs- und Rückkehrteams.

[541] Dies betrifft etwa die Kommunikationsstrukturen und die sonstige, umfassende Organisation der für den Einsatz erforderlichen Ressourcen.

hervortritt, unterscheidet sich deutlich von den in Bezug auf die JITs festgestellten Einflussnahmemöglichkeiten unionaler Stellen. Als aktuelle und weiter zu beobachtende Entwicklung kann ein Trend zur Etablierung von Grenzverwaltungs- und Rückkehrteams als eigenständiger und speziell behandelter Form unionalen Verwaltens angesehen werden. Dies ergibt sich insbesondere aus den (anvisierten) Änderungen der Bestimmungen über die Zugriffsrechte auf die IT-Großsysteme im Raum der Freiheit, der Sicherheit und des Rechts.

Kapitel 6

Asyl-Unterstützungsteams des Europäischen Unterstützungsbüros für Asylfragen

A. Asyl-Unterstützungsteams als operative Einheiten des EASO

I. Die Rolle des EASO im europäischen Asylsystem

Das im Mai 2010 eingerichtete Europäische Unterstützungsbüro für Asylfragen[1] soll als Teil des in Titel V Kapitel 2 AEUV[2] anvisierten gemeinsamen europäischen Asylsystems[3] dessen „bessere Umsetzung" ermöglichen, die praktische Kooperation zwischen den Mitgliedstaaten im Asylbereich verstärken und Mitgliedstaaten in bestimmten Krisensituationen durch operative Aktionen oder

---

[1] Vgl. dazu die Verordnung (EU) 439/2010 des europäischen Parlaments und des Rates vom 19.05.2010 zur Einrichtung eines Europäischen Unterstützungsbüros für Asylfragen (ABl. L 132 vom 29.05.2010, S. 11–28), im Folgenden EASO-VO. Für das Europäische Unterstützungsbüro für Asylfragen wird im Folgenden das gängige Akronym „EASO" (European Asylum Support Office) verwendet. Vgl. zu der Errichtung EASOs als (Regulierungs-)Agentur *Comte*, EJML 12 (2010) S. 373 ff., der insbesondere den politischen Entstehungsprozess und möglichen alternativen Gestaltungsformen (z.B. ein informales Netzwerk für die Zusammenarbeit) aufzeigt. Nach *Comte*, EJML 12 (2010), S. 373 ff. (374), wurde mit EASO „one of the active agencies in the Home affairs sector" geschaffen, die mit Frontex, Europol und Eurojust vergleichbar ist.

[2] Vgl. instruktiv zu diesem Bereich, auch mit Nachweisen zur historischen Entwicklung, *Peers*, Immigration and Asylum, S. 791 ff.

[3] Vgl. dazu Art. 78 (Abs. 2) AEUV sowie instruktiv und kritisch zur (aktuellen) Umsetzung *Costello/Mouzourakis*, CEAS, S. 263 ff. In Art. 78 AEUV und in Art. 74 AEUV soll die EASO-VO ihre Rechtsgrundlage finden – insoweit sind die primärrechtlichen Grundlagen von Europol, Eurojust oder Frontex konkreter. *Thym*, in: Grabitz/Hilf/Nettesheim (Hrsg.), Art. 78 AEUV Rn. 37 ordnet die Errichtung der Agentur unter den Gesetzgebungskompetenztitel des Art. 78 Abs. 2 lit. d) AEUV ein, der die Regelung „gemeinsame(r) Verfahren für die Gewährung und den Entzug des einheitlichen Asylstatus beziehungsweise des subsidiären Schutzstatus" betrifft. Der Vorschlag zur Aufhebung der EASO-VO und zur Errichtung einer Europäischen Asylagentur (COM(2016) 271 final vom 04.05.2016, im Folgenden EASO-Änderungsvorschlag-2016) stützt sich indes lediglich auf Art. 78 Abs. 1 und 2 AEUV. Dieser Änderungsvorschlag wurde durch die in COM(2018) 633 final enthaltenen Änderungen ergänzt, die Neuordnungen werden bei den weiteren Verweisen auf den EASO-Änderungsvorschlag-2016 miteinbezogen.

deren Koordinierung unterstützen.[4] Die Förderung der praktischen Zusammenarbeit der Mitgliedstaaten soll nach der EASO-VO u.a. durch die Verbesserung des Datenaustauschs und die „Bündelung bewährter Praktiken im Asylbereich"[5], durch Schulungen nationaler Beamter und durch die Verarbeitung von Informationen zu den Herkunftsländern der internationalen Schutz beantragenden Personen gewährleistet werden.[6] Die Unterstützung mit „effizienten operativen Maßnahmen unter Verwendung aller zweckmäßigen ihm [d.h. EASO, Anmerkung des Verf.] zur Verfügung stehenden Mittel" kann die Koordination von Aktionen zum Zwecke einer „ersten Analyse" von vorliegenden Asylanträgen und von Maßnahmen zur Errichtung geeigneter Aufnahmeeinrichtungen umfassen. Einen insbesondere in der Praxis nicht zu unterschätzenden Schwerpunkt bildet zudem die Entsendung und Koordination von Asyl-Unterstützungsteams (ASTs) durch EASO.[7]

II. Bedeutungszuwachs der ASTs in der Praxis: die sog. Umverteilungsbeschlüsse des Rates

Als eine Reaktion auf die durch die sog. Migrationskrise[8] hervorgerufenen erheblichen Belastungen der Asyl- und Aufnahmesysteme Italiens und Griechenlands hat der Rat durch zwei Beschlüsse[9] das EASO und damit das Instrument

[4] Vgl. Art. 1 i.V.m. Art. 2 Abs. 1 bis 3 EASO-VO.

[5] S. dazu Art. 3 EASO-VO. Nach Art. 12 Abs. 1 EASO-Änderungsvorschlag-2016 sollen diese Befugnisse auf die „Entwicklung von operativen Normen, Indikatoren, Leitlinien oder bewährten Verfahren im Asylbereich" erweitert werden.

[6] Art. 4 bzw. Art. 6 EASO-VO.

[7] Vgl. Art. 2 Abs. 2 i.V.m. Art. 10 EASO-VO. Ein Asyl-Unterstützungsteam wird in den zur Verfügung stehenden englischsprachigen Dokumenten und „AST" (Asylum Support Team) abgekürzt.

[8] S. dazu und insbesondere zum sog. unionalen „hotspot-approach" oben in diesem Teil Kapitel 5 B. III.

[9] Beschluss (EU) 2015/1523 des Rates vom 14. September 2015 zur Einführung von vorläufigen Maßnahmen im Bereich des internationalen Schutzes zugunsten von Italien und Griechenland (ABl. L 239 vom 15.09.2015, S. 146–156) und Beschluss (EU) 2015/1601 des Rates vom 22. September 2015 zur Einführung von vorläufigen Maßnahmen im Bereich des internationalen Schutzes zugunsten von Italien und Griechenland (ABl. L 248 vom 24.09.2015, S. 80–94), (jeweils) betreffend die Einführung von vorläufigen Maßnahmen im Bereich des Internationalen Schutzes zugunsten von Italien und Griechenland. Die Umsetzung der Maßnahmen zur Umverteilung wird von der Kommission in Fortschrittsberichten dokumentiert (vgl. etwas den fünfzehnten Fortschrittsbericht der Kommission COM(2017) 465 final vom 06.09.2017; hierbei wird insbesondere die divergierende Bereitschaft der Mitgliedstaaten zur Umsetzung aufgegriffen, a.a.O. S. 3 ff. Eine Zusammenfassung und Bewertung dieser Maßnahmen findet sich bei *Heuser*, NVwZ 2018, S. 364 ff.

der ASTs[10] in den Bereich der „Umsiedlung“[11] von Migranten miteinbezogen.[12]

1. Einbindung von EASO und ASTs als Reaktion auf die sog. Migrationskrise

Nach Art. 7 Abs. 1 des zweiten Umverteilungsbeschlusses sollten die übrigen Mitgliedstaaten Italien und Griechenland durch die Bereitstellung nationaler Beamter über die vorhandenen Strukturen von EASO und Frontex unterstützen.[13] Zu den Aufgaben[14] der auf diese Weise eingesetzten nationalen Beamten gehörten die Identitätsüberprüfung[15] und Information[16] in Griechenland oder Italien eintreffender Drittstaatangehöriger sowie die „Vorbereitung und Organisation von Rückführungsaktionen“.[17] „Zum Zwecke der Erleichterung der Durchführung aller Schritte des Umsiedlungsverfahrens“ sollte nach Art. 7 Abs. 2 des zweiten Umverteilungs-Beschlusses ferner generalklauselartig (jede) „spezifische Unterstützung mittels relevanter Tätigkeiten, die vom EASO, Frontex und anderen einschlägigen Agenturen koordiniert werden“, zulässig sein.

In der Praxis wurde die Einbindung des EASO und der ASTs im Bereich der Umverteilung durch Vereinbarung spezieller bzw. die Erweiterung bestehende Einsatzpläne als „emergency support“ näher geregelt.[18] Zwischen Italien und

---

[10] Vgl. dazu insb. S. 19 f. EASO Jahresbericht 2015, der von „significant implications on EASO activities“ der beiden Ratsbeschlüsse spricht.

[11] Der Begriff der Umsiedlung erscheint mit Blick auf die Lage der betroffenen Personen eher unpassend; insoweit hat sich die Bezeichnung „Umverteilung“ eingebürgert; vgl. zur Unterscheidung von „resettlement“ und „relocation“ *Peers*, Relocation.

[12] Vgl. dazu etwa Art. 5 Abs. 1, 2 und 4 des zweiten Umverteilungsbeschlusses. Die Einbindung des EASO erfolgt demnach sowohl bei der Zusammenarbeit und dem Informationsaustauschs der mitgliedstaatlichen Behörden (Abs. 1) als auch in Bezug auf die Entscheidung konkreter Fälle umzuverteilender Personen (Abs. 2 und 3, hiernach „entscheiden Italien und Griechenland in Abstimmung mit dem EASO“).

[13] Nach dem Wortlaut des Art. 7 Abs. 1 des zweiten Umverteilungsbeschlusses sollen die Mitgliedstaaten „ihre operative Unterstützung im Bereich des internationalen Schutzes mittels der vom EASO, Frontex und anderen zuständigen Agenturen koordinierten Tätigkeiten, insbesondere indem sie gegebenenfalls nationale Sachverständige für die folgenden Unterstützungsmaßnahmen bereitstellen“, verstärken.

[14] Erw. 4 des zweiten Umverteilungsbeschlusses geht insoweit noch über diese Bestimmungen hinaus, als die ASTs „für eine gemeinsame Bearbeitung von Anträgen auf internationalen Schutz, einschließlich Registrierung und Erfassung von Fingerabdrücken, in die Mitgliedstaaten an den Außengrenzen zu entsenden“ sind.

[15] Hierzu zählen nach Art. 7 Abs. 1 lit. a) des zweiten Umverteilungsbeschlusses Maßnahmen zur „eindeutigen Identifizierung, der Abnahme ihrer (d.h. der Drittstaatangehörigen) Fingerabdrücke und der Registrierung sowie gegebenenfalls der Registrierung ihrer Anträge auf internationalen Schutz und, auf Antrag von Italien oder Griechenland, deren Erstbearbeitung“.

[16] Vgl. dazu Art. 7 Abs. 1 lit. a) des zweiten Umverteilungsbeschlusses, wonach zudem eventuell weitere Unterstützungsmaßnahmen für (potentielle) Antragsteller, die „auf Grundlage dieses Beschlusses umgesiedelt werden könnten“, zu gewähren sind.

[17] Vgl. dazu Art. 7 Abs. 1 lit. c) des zweiten Umverteilungsbeschlusses.

[18] Vgl. dazu S. 19 f. EASO Jahresbericht 2015.

dem EASO wurde in diesem Kontext im Jahr 2015 ein sog. hotspot-relocation operating plan (HROP) vereinbart, der neben anderen Maßnahmen die „pre-identification“ und die Unterstützung bei der Registrierung von „relocation candidates“ vorsah.[19] Der Einsatz des EASO und der ASTs im Bereich der Umverteilung in Griechenland wurde formalisiert und stellenweise institutionalisiert: Neben der Einrichtung von zwei „dedicated hotlines“ sowie von zwei „escalation desks“[20] und der Entwicklung eines „matching tool“[21] war bzw. ist gängige Praxis, dass „EASO caseworkers“ nach Unterstützung von Befragungen von Asylsuchenden eine Abschlusseinschätzung zur Berücksichtigung im weiteren Verfahren erstellen.[22]

2. *Gerichtliche Überprüfung der Umverteilungsbeschlüsse*

Der zweite Umverteilungsbeschluss war Gegenstand eines von Ungarn und der Slowakischen Republik angeregten Verfahrens vor dem EuGH,[23] das für das Verständnis des Art. 78 Abs. 3 AEUV und darüber hinaus für den gesamten Titel V AEUV weichenstellende Fragen aufwarf.[24]

Ein erster bemerkenswerter Aspekt betraf die für den Beschluss erforderliche Abstimmungsmehrheit im Rat. Ungarn, die Slowakische Republik, Tschechien und Rumänien stimmten gegen den streitgegenständlichen Beschluss, der infolgedessen lediglich mit qualifizierter Mehrheit angenommenen wurde[25] – ein Quorum, das den im Rahmen des Art. 78 Abs. 3 AEUV geltenden Mehrheitsanforderungen des Art. 16 Abs. 3 EUV grundsätzlich genügt.[26] Bezweifelt wurde dies (i.E. erfolglos) jedoch zum einen mit Blick auf die durch den Rat auf Grundlage des Art. 68 AEUV erlassenen Schlussfolgerungen, wonach sich die Mitgliedstaa-

---

[19] Die auf griechischen Inseln eingesetzten ASTs hatten einen vergleichbaren Einsatzbereich, dort kam jedoch auch „support in the area of document fraud detection“ als weiteres Einsatzgebiet hinzu, vgl. zum Ganzen EASO Jahresbericht 2015, S. 19.

[20] Vgl. dazu EASO Jahresbericht 2017, S. 22. Während hinsichtlich der eingerichteten Hotline, die etwa 7500 Anrufe pro Woche erreichten, keine weiteren Angaben vorhanden sind, ist die Arbeit der „escalation desks“ mit „quality review and advice“ für die Arbeit griechischer Behörden umschrieben.

[21] Vgl. dazu und zu weiteren von EASO eingerichteten Plattformen, Leitfäden und Mustern EASO Jahresbericht 2017, S. 27 f.

[22] Vgl. dazu an dieser Stelle nur EASO Jahresbericht 2017, S. 23.

[23] EuGH, Urt. v. 06.11.2017 C-643/15 u.a., Slowakei/Rat.

[24] Hier werden nur ausgewählte Problemkreise angesprochen. Weitere Rügen der Kläger etwa hinsichtlich der Missachtung der Regeln über den Sprachgebrauch (EuGH, Urt. v. 06.11.2017, C-643/15 u.a., Slowakei/Rat, Rn. 195 ff.) oder der als fehlerhaft angesehenen Anhörung des Europäischen Parlaments (EuGH, a.a.O., Rn. 151 ff.) werden hier ebenso ausgespart wie die Ausführungen des Gerichtshofs zu den Begriffen „vorläufig“ (EuGH, a.a.O., Rn. 89 ff.) und „plötzlich“ (EuGH, a.a.O., Rn. 113 ff.) i.S.d. Art. 78 Abs. 3 AEUV. Zu diesen Begriffen auch *Peers*, Relocation.

[25] Vgl. dazu und zum weiteren Verhalten der „ost-europäischen Staaten“ *Göbel-Zimmermann/Eichhorn/Beichel-Benedetti*, Asyl- und Flüchtlingsrecht, Teil 6 Rn. 1020 f.

[26] Vgl. dazu *Thym*, in: Grabitz/Hilf/Nettesheim (Hrsg.), Art. 78 AEUV Rn. 48.

ten „unter Berücksichtigung der besonderen Situationen der Mitgliedstaaten bis Ende Juli einvernehmlich über die Verteilung“ von „40 000 Personen, die unzweifelhaft internationalen Schutz benötigen“ einigen sollten.[27] Zum anderen war nach Ansicht der Kläger ein sich aus Art. 293 Abs. 1 AEUV ergebendes Einstimmigkeitserfordernis zu beachten[28]; die Ausnahme des Art. 293 Abs. 2 AEUV[29] sei nicht einschlägig, da für eine Änderung des Kommissionsvorschlags in diesem Sinne jedenfalls eine aktive und ausdrückliche Mitwirkung der Kommission erforderlich sei.[30] Der EuGH sah indes im Fall einer Entscheidung nach Art. 78 Abs. 3 AEUV ein durch die „Notlage“ gesteigertes[31] Bedürfnis nach Flexibilität im Rechtsetzungsverfahren, welches eine Billigung der auf den Tagungen des Rates vorgenommenen Änderungen durch die Kommission als Änderung i.S.d. Art. 293 Abs. 2 AEUV ausreichen lässt.[32]

Von grundlegender Bedeutung war ferner die vom EuGH zu untersuchende Frage, ob die im streitgegenständlichen Beschluss enthaltenen Abweichungen oder Aussetzungen von Gesetzgebungsakten zulässig sind.[33] Im hier gegebenen

---

[27] Vgl. dazu die Schlussfolgerungen des Rates vom 25. und 26.07.2015 EUCO 22/15, die hier zitierten Passagen finden sich unter I.4. lit. a) und b). Durch Nichtbeachtung des so statuierten Erfordernisses des Einvernehmens (aller) Mitgliedstaaten waren nach Ansicht der Kläger Art. 68 AEUV und „wesentliche“ Formvorschriften verletzt. Der EuGH, Urt. v. 06.11.2017 C-643/15 u.a., Slowakei/Rat, Rn. 143 ff. verwirft diesen Einwand mit zwei Begründungen: Zum einen sei der zeitlich erste Umsiedlungsbeschluss, der die Umsiedlung von 40 000 Personen betraf, einvernehmlich angenommen und somit seien die Schlussfolgerungen umgesetzt. Eine („politische“, auch für folgende Beschlüsse geltende) Bindungswirkung der Schlussfolgerungen im Hinblick auf die erforderlichen Abstimmungsmehrheiten im Rahmen des Art. 78 Abs. 3 AEUV wurde zum anderen mit Verweis auf den Grundsatz des institutionellen Gleichgewichts verneint, welcher einer Änderung der vertraglich vorgesehenen Abstimmungsregelung entgegenstehe.

[28] Demnach kann der Rat bei einem primärrechtlich vorgesehenen Tätigwerden aufgrund eines Kommissionsvorschlags diesen bis auf in ausdrücklich erwähnten, hier nicht einschlägigen Fällen nur einstimmig abändern.

[29] Vor Beschlussfassung des Rates kann die Kommission ihren Vorschlag jederzeit im Laufe des Verfahrens ändern, hinsichtlich des geänderten Vorschlags wäre dann (wiederum) die qualifizierte Mehrheit ausreichend.

[30] Vgl. EuGH, Urt. v. 06.11.2017 C-643/15 u.a., Slowakei/Rat, Rn. 171 ff.

[31] Zu den grundsätzlichen Anforderungen an eine Änderung i.S.d. Art. 293 Abs. 2 AEUV verweist der EuGH, Urt. v. 06.11.2017, Rs. C-643/15 u.a., Slowakei/Rat, Rn. 179, auf seine bisherige Rechtsprechung, wonach diese Änderungsvorschläge nicht zwangsläufig Schriftform aufweisen müssten, was in der notwendigen Flexibilität des Rechtsetzungsverfahrens begründet liege.

[32] Vgl. dazu EuGH Urt. v. 06.11.2017, Rs. C-643/15 u.a., Slowakei/Rat, Rn. 177 ff. Hierdurch sei insbesondere das von Art. 78 Abs. 3 AEUV i.V.m. Art. 293 Abs. 2 AEUV geschützte Initiativrecht der Kommission gewahrt; diese Einschätzung teilt auch die Kommission selbst, vgl. EuGH, a.a.O., Slowakei/Rat, Rn. 176, 182.

[33] Zum diesbezüglichen Streitstand vgl. *Thym*, in: Grabitz/Hilf/Nettesheim (Hrsg.), Art. 78 AEUV Rn. 48. Im vorliegenden Fall gerügt und untersucht wurde insbesondere die Aussetzung von Teilen der Dublin-III-Verordnung und der Verordnung (EU) Nr. 516/2014 des Europäischen Parlaments und des Rates vom 16. April 2014 zur Einrichtung des Asyl-,

Kontext relevanter ist die damit verknüpfte Frage, inwieweit durch einen Beschluss nach Art. 78 Abs. 3 AEUV sekundärrechtliche Bestimmungen über die Befugnisse von Agenturen bzw. die Kompetenzen von Personal, das an von diesen Agenturen organisierten Einsätzen teilnimmt, geändert oder erweitert werden kann. Dies gilt hier insbesondere für die Einbindung EASO und der ASTs im Bereich der „relocation" und die übertragenen Befugnisse bei der Behandlung von Asylsuchenden bzw. Asylanträgen. Nach Ablehnung des Vorbingens Ungarns, dass das in Art. 78 Abs. 3 AEUV geregelte Beschlussverfahren ein besonderes Gesetzgebungsverfahren i.S.d. Art. 289 Abs. 2 AEUV darstelle[34], stellt der EuGH heraus, dass „vorläufige Maßnahmen" i.S.d. Art. 78 Abs. 3 AEUV, soweit sie „inhaltlich als auch zeitlich in der Weise begrenzt sind, dass sie sich darauf beschränken, schnell und effektiv durch eine vorläufige Regelung auf eine ganz bestimmte Krisensituation zu reagieren", auch Abweichungen von Gesetzgebungsakten enthalten können.[35] Hierbei wird insbesondere auf die Systematik und verschiedenen Regelungsgegenstände von Art. 78 Abs. 2 AEUV einerseits, der Maßnahmen zur langfristigen Regelung struktureller Probleme ermöglichen soll, und Art. 78 Abs. 3 AEUV andererseits, der Reaktionsmöglichkeiten auf sich kurzfristig ergebende, konkrete Notlagen im Auge hat, verwiesen.[36]

Einen dritten Problemkreis betrafen Fragen der Verhältnismäßigkeit des zweiten Umverteilungsbeschlusses. Diesbezüglich stellte der EuGH zunächst klar, dass das den Unionsorganen nach seiner Rechtsprechung zukommende weite Ermessen für Bereiche, in denen „politische Entscheidungen und komplexe Beurteilungen" notwendig sind, auch und „insbesondere für vorläufige Maßnahmen auf der Grundlage von Art. 78 Abs. 3 AEUV" besteht.[37] Neben weiteren in Betracht kommenden milderen Mitteln[38] wurde von der Slowakischen Republik

Migrations- und Integrationsfonds, zur Änderung der Entscheidung 2008/381/EG des Rates und zur Aufhebung der Entscheidungen Nr. 573/2007/EG und Nr. 575/2007/EG des Europäischen Parlaments und des Rates und der Entscheidung 2007/435/EG des Rates (ABl. L 150 vom 20.05.2014, S. 168–194), vgl. EuGH, Urt. v. 06.11.2017, Rs. C-643/15 u.a., Slowakei/Rat, Rn. 47 f., 69.

[34] Vgl. dazu EuGH, Urt. v. 06.11.2017, Rs. C-643/15 u.a., Slowakei/Rat, Rn. 54 f., 57 ff.

[35] Vgl. EuGH, Urt. v. 06.11.2017, Rs. C-643/15 u.a., Slowakei/Rat, Rn. 78, so sei eine Umgehung des in Art. 78 Abs. 2 AEUV vorgesehenen ordentlichen Gesetzgebungsverfahrens ausgeschlossen; zur Herleitung vgl. EuGH, a.a.O., Rn. 68 ff.

[36] Vgl. EuGH, Urt. v. 06.11.2017, Rs. C-643/15 u.a., Slowakei/Rat, Rn. 72 ff. Hieraus schließt der EuGH, dass „vorläufigen Maßnahmen" in einem weiten Sinn ausgelegt werden müssen, „um es den Unionsorganen zu gestatten, alle vorläufigen Maßnahmen zu erlassen, die erforderlich sind, um effektiv und schnell auf eine aufgrund eines plötzlichen Zustroms von Drittstaatangehörigen eintretende Notlage zu reagieren".

[37] Vgl. dazu EuGH, Urt. v. 06.11.2017, Rs. C-643/15 u.a., Slowakei/Rat, Rn. 206 ff. mit Verweis auf EuGH, Urt. v. 04.05.2016, C-458/14, Promoimpresa, Rn. 79 und die dort angeführte Rechtsprechung. Auch an anderer Stelle verweist der EuGH auf seinen eingeschränkten Prüfungsumfang, der etwa auf „offensichtliche Beurteilungsfehler" (EuGH, a.a.O., Rn. 236) beschränkt ist bzw. sich nicht auf die politische Zweckmäßigkeit der im zweiten Umverteilungsbeschluss getroffenen Entscheidungen bezieht (EuGH, a.a.O., Rn. 257).

[38] Vgl. dazu EuGH, Urt. v. 06.11.2017, Rs. C-643/15 u.a., Slowakei/Rat, Rn. 225 ff.

auf die nach der Frontex-VO a.F. bestehenden, von Frontex zu leistenden Unterstützungsmöglichkeiten hingewiesen.[39] Dies wurde durch den Gerichtshof jedoch als „keine ausreichende Antwort“ auf die Umstände in Griechenland und Italien bzw. lediglich als „ergänzende Maßnahmen“ eingeordnet.[40] Ferner wurden der vor dem zweiten Umverteilungs-Beschluss erlassene Beschluss, der keine festen Verteilungsquoten vorsah, und die Möglichkeit bilateraler Initiativen auf freiwilliger Basis als (Beispiele für) die mitgliedstaatliche Souveränität schonendere Maßnahmen angeführt.[41] Mit Verweis auf den „besonders heiklen Kontext“, die „ernste Notlage“ und die fehlende Konsensfähigkeit der Mitgliedstaaten bei Verabschiedung des zweiten Umverteilungsbeschlusses verneinte der EuGH jedoch dahingehende offensichtliche Beurteilungsfehler des Rates.[42]

B. Rechtsgrundlagen und Einsatzbereiche der ASTs

Ungeachtet dieser Notsituation und -regelungen finden sich die maßgeblichen Bestimmungen hinsichtlich der Einrichtung und des Einsatzes der ASTs in Art. 13 ff. in einem eigenen Kapitel (III) der EASO-VO, welches nicht explizit auf etwaige anderweitige Rechtsgrundlagen oder Aufgabenbeschreibungen von ASTs verweist.[43] Strukturell und teilweise auch inhaltlich fällt eine wohl nicht zufällige Ähnlichkeit dieser Bestimmungen zu den Vorgaben der zum Erlasszeitpunkt der EASO-VO aktuellen RaBIT-VO[44] und den diese ersetzenden Bestimmungen der Frontex-VO-2016 auf.

I. Vorgaben der EASO-VO

Der Aktionsradius von ASTs ist nach Art. 8 S. 1 und Art. 10 EASO-VO auf ein Wirken innerhalb der Asyl- und Aufnahmesysteme der Mitgliedstaaten beschränkt.[45] Voraussetzung für den Einsatz eines ASTs ist demnach zudem, dass

[39] Nach EuGH, Urt. v. 06.11.2017, Rs. C-643/15 u.a., Slowakei/Rat, Rn. 228 ff.; konkret in Bezug genommen wurden die Möglichkeit der Entsendung von europäischen Grenzschutzteams und die Unterstützung bei der Rückführung.

[40] Vgl. EuGH, Urt. v. 06.11.2017, Rs. C-643/15 u.a., Slowakei/Rat, Rn. 258 f. Zutreffend stellt der EuGH dabei fest, dass etwaige europäische Grenzschutzteams zwar im Hinblick auf „neue Migrationsströme“ Unterstützung leisten könnten, jedoch „keine Abhilfe für das bestehende Problem der Auslastung des griechischen und italienischen Asylsystems durch bereits im Hoheitsgebiet dieser Mitgliedstaaten befindliche Personen schaffen könnten“.

[41] Vgl. EuGH, Urt. v. 06.11.2017, Rs. C-643/15 u.a., Slowakei/Rat, Rn. 231 ff.

[42] Vgl. EuGH, Urt. v. 06.11.2017, Rs. C-643/15 u.a., Slowakei/Rat, Rn. 235 ff.

[43] Auch wird nur selten (vgl. etwa Art. 14 EASO-VO) ein Bezug zu anderen Bestimmungen der EASO-VO hergestellt.

[44] So auch *Comte*, EMJL 12 (2010), S. 373 ff., S. 400.

[45] Diese sind insbesondere geprägt durch die Richtlinie 2013/33/EU des Europäischen Parlaments und des Rates vom 26. Juni 2013 zur Festlegung von Normen für die Aufnahme

diese Systeme einem „besonderen Druck" ausgesetzt sind. Der Bereich der Asyl- und Aufnahmesysteme und insbesondere die zu unterstützenden Behörden sind in der EASO-VO nicht näher konkretisiert[46], aus Art. 10 EASO-VO ergibt sich jedoch, dass zumindest die für die Prüfung von Asylanträgen (lit. a)) und für die Errichtung von Aufnahmeeinrichtungen zuständigen Behörden (lit. b)) erfasst sind. Das Merkmal des besonderen Drucks wird in Art. 8 S. 2 EASO-VO näher definiert, demnach kann dieser „durch einen plötzlichen Massenzustrom von Drittstaatsangehörigen, die internationalen Schutzes bedürfen, gekennzeichnet sein und aufgrund der geografischen oder demografischen Lage des Mitgliedstaates entstehen".[47]

II. Entwicklung der tatsächlichen Einsatzfelder der ASTs

In der Praxis[48] haben sich die Einsatzgebiete der ASTs[49] insbesondere im Zuge der sog. Migrationskrise (weiter-)entwickelt.[50] Dabei wird deutlich, dass die ASTs zunehmend unmittelbar grundrechtsrelevant agieren. Noch im Jahr 2014 bildeten etwa folgende, die generelle und systematische Verbesserung der Asylsysteme betreffenden Bereiche die Schwerpunkte der Tätigkeiten der elf nach Griechenland entsendeten ASTs: „Schulungen im Bereich Aufnahme, neue Bestimmungen in Bezug auf die Dublin-III-Verordnung, Unterstützung und der Kapazitätsauf-

---

von Personen, die internationalen Schutz beantragen (ABl. L 180 vom 29.06.2013, S. 96–116), im Folgenden Aufnahme-RL und die Richtlinie 2013/32/EU des Europäischen Parlaments und des Rates vom 26. Juni 2013 zu gemeinsamen Verfahren für die Zuerkennung und Aberkennung des internationalen Schutzes (ABl. L 180 vom 29.06.2013, S. 60–95), im Folgenden Asylverfahrens-RL. Zu Anwendungsbereich und Inhalt der Aufnahme-RL vgl. *Tsourdi*, EU Reception Conditions, S. 271 ff., insb. S. 273 ff. bzw. der Asylverfahrens-RL vgl. *Costello/Hancox*, Asylum Procedures Directive, S. 377 ff.

[46] Vgl. aber Art. 6 Abs. 1 EASO-VO, der im Hinblick auf die von EASO angebotenen Schulungen „einzelstaatlichen Verwaltungs- und Justizbehörden sowie sonstige(n) einzelstaatliche(n) Stellen", die für Asylfragen zuständig sind, als mögliche Teilnehmer ausweist.

[47] Vgl. zur Herkunft und anderweitigen Verwendung dieses Begriffs vgl. *Comte*, EMJL 12 (2010) S. 373 ff., S. 400, der in der gewählten Formulierung einen Ausdruck der „difficulties encountered during negotiations" sieht. Zur Entscheidungshoheit über das Vorliegen dieses Merkmals sogleich.

[48] In den Blick genommen werden hier die verfügbaren Jahresberichte EASOs von 2014 bis 2017.

[49] Die in Bezug genommenen Dokumente verwenden nicht einheitlich den Terminus der ASTs. Teilweise wird nur von über EASO abgestellten nationalen Beamten gesprochen, ohne dass ein Einsatz im Rahmen eines ASTs deutlich wird, vgl. etwa die Auflistung auf EASO Jahresbericht 2015, S. 17 oder die „Sonderunterstützung durch das EASO", EASO Jahresbericht 2014, S. 16. Hinzu kommen Zusammenarbeitsformen mit anderen wie etwa die „Mittelmeer-Task-Force" (MTF). Zudem werden stellenweise spezielle Bezeichnungen für abgestellte Teams verwendet (etwa „special support teams", EASO Jahresbericht 2015, S. 18; „mobile teams" und „roving team", S. 13 EASO Jahresbericht 2016 und S. 5 OP Italy 2018.

[50] Vgl. dazu bereits auch die Darstellung hinsichtlich der sog. Umverteilungsbeschlüsse des Rates oben in diesem Kapitel unter A. II.

bau im Hinblick auf die Ausschöpfung der EU-Mittel sowie der Austausch bewährter Vorgehensweisen mit anderen Mitgliedstaaten“[51]; in Bulgarien soll die Tätigkeit der von EASO entsendeten Experten „zur Optimierung und Beschleunigung des Workflows für die Registrierung und die Prüfung von Asylanträgen“ beigetragen haben.[52] Ab 2015 wurden ASTs-Teammitglieder sodann vermehrt in unmittelbarer Weise in die Befragung von und den Umgang mit Asylsuchenden eingebunden. Hierzu gehört(e) etwa die direkte Kontaktaufnahme mit Asylsuchenden oder sonstigen an den Außengrenzen befindlichen Personen mit dem Ziel (der Förderung) der Identifizierung[53] sowie Informationsübermittlung[54] und der Behandlung (nicht: Entscheidung) etwaiger (Asyl-) Anträge.[55]

C. Ein- und Zusammensetzung der ASTs

Auch die Ein- und Zusammensetzung der ASTs weist deutliche Parallelen zur RaBIT-VO bzw. Frontex-VO-2016 auf.

---

[51] Vgl. dazu S. 18 EASO Jahresbericht 2014.

[52] Vgl. S. 19 EASO Jahresbericht 2014. Durch den Einsatz sollte Bulgarien dabei geholfen werden, den wachsenden Zustrom von Asylbewerbern zu bewältigen; gleichzeitig sollte das bulgarische Asyl- und Aufnahmesystem vor dem Hintergrund der Umsetzung der Instrumente des Gemeinsamen Europäischen Asylsystems verbessert und gestärkt werden, S. 18 EASO Jahresbericht 2014.

[53] Die Beschreibungen in den Jahresberichten suggerieren hierbei eine (lediglich) unterstützende und/oder vorbereitende Funktion der Mitglieder der ASTs: so werden häufig Termini wie „pre-identification“ (S. 19 EASO Jahresbericht 2015, S. 13 EASO Jahresbericht 2016), „pre-registration“ (S. 19 EASO Jahresbericht 2017) oder „performing [...] interviews and drafting concluding remarks“ (S. 23 EASO Jahresbericht 2017) verwendet. Zur Praxis vgl. in diesem Kapitel D. II.

[54] Vgl. nur S. 19 EASO Jahresbericht 2015: „Asylum support teams were deployed in Lesvos to identify potential relocation candidates, provide relevant information about the program and international protection procedure, as well as refer them to the Greek Asylum Service“; insgesamt wurden 4000 Personen so informiert. Diese Zahl wurde nach S. 21 EASO Jahresbericht 2017 im Jahr 2017 um ein Vielfaches übertroffen: „EASO ASTs informed almost 44 000 migrants (arriving in Italy via the Central Mediterranean route) about the EU relocation programme and the Dublin procedure“.

[55] Vgl. nur S. 13 f. EASO Jahresbericht 2016, hiernach wurden die Registrierung von Asylanträgen von ASTs in Aufnahmeeinrichtungen, „hotspots“ und durch *ad hoc*-Einsätze von „roving teams“ unterstützt und zudem erfolgten „preparations of decisions on relocation“; vgl. ferner S. 20 f. EASO Jahresbericht 2017 in Bezug auf Aktionen in Italien und S. 22 f. EASO Jahresbericht 2017 für Einsätze in Griechenland, wozu auch ein „on-the-job-coaching“ von Sachbearbeitern gehörte. Auf S. 14 EASO Jahresbericht 2016 wird der Aufgabenbereich der ASTs auf betroffenen griechischen Inseln wie folgt beschrieben: „ASTs were deployed to examine requests for international protection, including specific parts of the procedure such as admissibility and eligibility for nationalities with low recognition rates“.

I. Einleitung von ASTs

Wie auch für die anderen durch die EASO-VO ermöglichten operativen Unterstützungsmaßnahmen, ist hinsichtlich der Einleitung des Einsatzes eines ASTs ein Ersuchen durch „ein oder mehrere Mitgliedstaaten, die besonderem Druck ausgesetzt sind“, erforderlich.[56] Einem solchen Ersuchen sind nach Art. 13 Abs. 1 S. 2 EASO-VO u.a. eine Beschreibung der Situation und eine Einschätzung des Bedürfnisses an Einsatzkräften beizufügen, damit diese nach Art. 18 Abs. 1 S. 2 EASO-VO im Einsatzplan aufgenommen werden können. An diese Einschätzung des Mitgliedstaats ist der Exekutivdirektor[57] nach Art. 17 Abs. 1 EASO-VO, wonach vor einer Entscheidung Experten der Agentur zur Beurteilung der Lage entsendet werden können, jedoch nicht gebunden. Die Reaktion des Exekutivdirektors auf das Ersuchen kann neben (anderer) technischer und operativer Unterstützungsmaßnahmen die Entsendung eines ASTs beinhalten, Art. 13 Abs. 2 EASO-VO. Diese Reaktion ist „unter Angabe der wichtigsten Gründe“ zeitgleich dem Verwaltungsrat und dem ersuchenden Mitgliedstaat mitzuteilen, Art. 17 Abs. 3 S. 2 EASO-VO. Entschließt sich der Exekutivdirektor zur Entsendung eines oder mehrerer ASTs, soll eine Abstimmung über den Einsatzplan, der auch Angaben über die Zusammensetzung des Teams enthalten muss, mit dem ersuchenden Mitgliedstaat erfolgen.[58]

II. Zusammensetzung der ASTs

Diese geteilte Entscheidungsbefugnis hinsichtlich der Zusammensetzung eines ASTs wird auch in Art. 16 Abs. 2 S. 2 EASO-VO deutlich, wenn auch Art. 16 Abs. 2 S. 1 EASO-VO eine Auswahl der Teammitglieder allein durch den Exekutivdirektor nahelegt.[59] Ist der Einsatzplan und mit ihm die Besetzung des ASTs festgelegt, beginnt nach Art. 17 Abs. 5 EASO-VO der konkrete Prozess zur Mobilisierung der Teammitglieder:

---

[56] Vgl. dazu Art. 13 Abs. 1, Art. 10 EASO-VO; nach dem EASO-Änderungsvorschlag-2016 soll EASO hingegen nach Art. 16 Abs. 1 lit. e) hinsichtlich operativer und technischer Unterstützung, die auch das Entsenden eines AST umfassen kann, sowie hinsichtlich des Einsatzes von Teams zur Unterstützung des Migrationsmanagements nach Art. 21 Abs. 1 initiativberechtigt sein, wobei jeweils die Zustimmung des Einsatzmitgliedstaats für eine Entsendung der Teams Voraussetzung ist.

[57] Der Exekutivdirektor hat alle Ersuchen unverzüglich an den Verwaltungsrat weiterzuleiten (Art. 17 Abs. 2 EASO-VO) und „so rasch wie möglich“ und jedenfalls innerhalb von fünf Arbeitstagen über das Ersuchen zu entscheiden (Art. 17 Abs. 2 EASO-VO).

[58] Vgl. dazu Art. 17 Abs. 4 i.V.m. Art. 18 Abs. 1 (S. 2 lit. e)) EASO-VO.

[59] Art. 16 Abs. 2 S. 1 EASO-VO enthält eine Pflicht des Exekutivdirektors zur Berücksichtigung der im ersuchenden Mitgliedstaat herrschenden „besonderen Umstände“ „bei der Zusammenstellung“ eines ASTs; Art. 16 Abs. 2 S. 2 EASO-VO betont hingegen die notwendige Übereinstimmung dieser Zusammenstellung des Teams mit dem Einsatzplan.

Die zu einem AST gehörenden Einsatzkräfte sollen nach der Konzeption der (insbesondere Art. 15 f., 17 Abs. 4) EASO-VO aus dem sog. Asyl-Einsatzpool, der dem Soforteinsatzpool unter der Frontex-VO-2016 ähnelt, entsendet werden.[60] Hierbei handelt es sich nach der Definition des Art. 15 Abs. 1 EASO-VO um von den Mitgliedstaaten für die Bildung von ASTs (grundsätzlich) bereitzustellende Experten.[61] Diese sind nach Art. 16 Abs. 1 S. 2 und 3 EASO-VO auf Ersuchen EASOs unverzüglich zu entsenden, eine diesbezügliche Weigerung ist nur aufgrund einer im Fall der Entsendung absehbaren, erheblichen Beeinträchtigung nationaler Aufgaben zulässig. Die Anzahl und Anforderungsprofile der benötigten mitgliedstaatlichen Beamten werden den betroffenen Mitgliedstaaten und den einzelstaatlichen Kontaktstellen[62] nach Art. 17 Abs. 5 EASO-VO übermittelt.

D. Kompetenzen und Pflichten der Teammitglieder

I. Vorgaben der EASO-VO und weitere abstrakt-generelle Ausgestaltungen

Die EASO-VO schweigt weitgehend zu Aufgaben, Kompetenzen und Verpflichtungen der Teammitglieder der ASTs. Aus Art. 18 Abs. 1 lit. d) EASO-VO, der die Aufnahme diesbezüglicher Angaben in den Einsatzplan vorsieht, geht jedoch hervor, dass den Teammitgliedern insbesondere die Abfrage von Datenbanken und die Verwendung von Ausrüstungsgegenständen erlaubt werden kann. Insoweit nicht eindeutig ist die Regelung in Art. 2 Abs. 6 EASO-VO, wonach „das Unterstützungsbüro“ keinen Einfluss auf die Behandlung einzelner Anträge auf internationalen Schutz nehmen darf. Nach Erw. 14 EASO-VO, sind diesbezügliche „direkte oder indirekte Befugnisse“ EASOs ausgeschlossen. Materiellrechtliche Befugnisse werden durch die EASO-VO so nicht begründet.

---

[60] Weitergehend insoweit Art. 18 Abs. 2 EASO-Änderungsvorschlag-2016, wonach ASTs „aus Experten der Agentur, Experten aus den Mitgliedstaaten oder von den Mitgliedstaaten zur Agentur abgeordneten Experten“ bestehen können und somit eine Annäherung an die durch die Frontex-VO-2019 erfolgte Kategorisierung des Personals erfolgt.

[61] Deren Anforderungsprofile und Gesamtzahl sollen demnach durch einen Beschluss des Verwaltungsrats mit Dreiviertelmehrheit festgelegt und ggf. zu einem späteren Zeitpunkt angepasst werden. Aus diesen Angaben ist von den Mitgliedstaaten nach Art. 15 Abs. 2 UA 1 EASO-VO jeweils einen einzelstaatlichen Pool einzurichten, vgl. dazu die Definition in Art. 16 Abs. 1 S. 1 EASO-VO. Eine besondere Rolle nehmen nach Art. 15 Abs. 1 S. 2, Abs. 2 UA 2 und 3 EASO-VO Dolmetscher ein, die auch über eine Videokonferenz „bereitgestellt“ werden können. EASO erstellt demnach mit Unterstützung der Mitgliedstaaten ein Dolmetscherverzeichnis.

[62] Bei den einzelstaatlichen Kontaktstellen handelt es sich nach Art. 19 EASO-VO um in jedem Mitgliedstaat einzurichtende Stellen, die mit EASO in Bezug auf ASTs im Austausch stehen sollen. Diesen ist im hier untersuchten Fall auch eine Kopie des Einsatzplans zu übersenden.

Vorgaben für Einsätze von ASTs finden sich jedoch zum einen in dem von EASO erlassenen Verhaltenskodex.[63] Art. 3 EASO-CoC betont neben seiner eigenen Bindungswirkung zunächst die Bindung an Völker- und Unionsrecht, an die nationalen Rechtsordnungen des Einsatz- und des entsendenden Mitgliedstaats[64] sowie andere ähnliche Regelungen und den Einsatzplan[65].[66] Im Übrigen beschränken sich die verhaltensbezogenen Bestimmungen auf „Behavioural standards"[67] und „Prohibited conduct"[68], ferner sind Vorgaben zu Geheimhaltungs- und Kooperationspflichten[69] sowie zur Vermeidung von Interessenkonflikten[70] enthalten.

Zum anderen wurden durch EASO mehrere Dokumente veröffentlicht, die teilweise sehr detaillierte Vorgaben für (nationale) Sachbearbeiter enthalten. Dies gilt insbesondere für die „Reihe EASO-Praxisleitfäden"[71], welche als unverbind-

---

[63] Vgl. dazu den „Code of conduct for persons participating in EASO operational support activities" (im Folgenden EASO-CoC, Stand 2016). Dieser soll nach Art. 1 UA 1 EASO-CoC „professional values based on the rule of law and the respect of fundamental rights" fördern und gilt nach Art. 1 UA 2 ausdrücklich für nach Art. 16 EASO-VO in ASTs entsendete Teammitglieder und Dolmetscher.

[64] Vgl. zu den Begriffsbestimmungen hinsichtlich „home Member State" Art. 2 d) EASO-CoC bzw. „host Member State Art. 2 e) EASO-CoC; zum Begriff des „Member State", der sich u.a. auch auf Staaten, die Arbeitsvereinbarungen mit EASO abgeschlossen haben, bezieht, vgl. Art. 2 lit. c) EASO CoC.

[65] Vgl. dazu auch Art. 5 Abs. 1 und Art. 7 EASO-CoC.

[66] Dies umfasst nach Art. 4 EASO-CoC ausdrücklich die Bindung an „fundamental rights".

[67] Vgl. dazu Art. 11 EASO-CoC. Zu unterlassen sind demnach u.a. Verhaltensweisen, die den Einsatzmitgliedstaat oder EASO in Misskredit bringen, der öffentlichen Ordnung („public order") zuwiderlaufen sowie eine unangemessene Ausdrucksweise gegenüber Teammitgliedern oder der Öffentlichkeit.

[68] Vgl. dazu Art. 12 ff. EASO-CoC, die u.a. herabwürdigende Verhaltensweisen, Diskriminierung, Korruption oder den Konsum bzw. den Besitz von Betäubungsmitteln verbieten.

[69] Vgl. zu ersterem Art. 10 EASO-CoC. Nach Art. 10 Abs. 2 EASO-CoC sind alle elektronischen Datenträger, die während des Einsatzes von Teammitgliedern genutzt wurden und „operational information" (einschließlich personenbezogener Daten) enthalten, nach Abschluss des Einsatzes an den „responsible officer in EASO" zu übergeben (vgl. dazu Art. 2 j) EASO-CoC, wonach dies ein aus dem Personal von EASO stammender, für die Koordination der Umsetzung bestimmter Aktionen zuständiger Beamter ist). Im Übrigen ist in Art. 10 EASO-CoC insbesondere die Weitergabe von Informationen an Medien geregelt, die nach Art. 10 Abs. 3 EASO-CoC nur mit Zustimmung des Exekutivdirektors erfolgen soll. Die in Art. 5 EASO-CoC vorgesehene Pflicht zur „Close Cooperation" soll insbesondere die Zusammenarbeit mit dem UNHCR und Frontex betreffen und mit dem „responsible officer in EASO" abgestimmt sein.

[70] Vgl. dazu Art. 9 EASO-CoC.

[71] Abrufbar in der Rubrik „Practical Tools" unter https://euaa.europa.eu/practical-tools-and-guides (zuletzt abgerufen am 24.02.2024); vorhanden sind dabei u.a. Praxisleitfäden zu den Themen „Beweiswürdigung", „Persönliche Anhörung" und „Ausschluss" (nach Art. 12 und 17 der sog. Anerkennungsrichtlinie 2011/95/EU des Europäischen Parlaments und des Rates vom 13. Dezember 2011). Hinzu kommen bereichsbezogene Sonderregelungen wie der

liche Hilfestellungen für Sachbearbeiter konzipiert sind. Zudem vorhanden sind „EASO Quality Tools“[72], die sich an die diese Sachbearbeiter überwachende Stellen richten[73] und somit zumindest mittelbar einsatzrelevant sein dürften.[74] Beide „Tools“ weisen eine derart hohe Regelungsdichte auf, dass sie – ihre vollständige Anwendung vorausgesetzt – den inhaltlichen sowie zeitlichen Ablauf der jeweils geregelten Arbeitsbereiche vorzeichnen und die Leistung des Sachbearbeiters auf das Ausfüllen der vorgegebenen Tabellen reduzieren können.[75] Ergänzt wird dies durch eine an EASO angegliederte interaktive Schaltfläche zur „Identification of Persons with Special Needs“ (IPSN), auf der etwaige besondere Umgangsbestimmungen für besonders verletzliche Personengruppen in den jeweiligen Verfahrensstadien abgefragt werden können.[76]

II. Umsetzung in der Praxis

Nach den einsehbaren Einsatzplänen für Italien und Griechenland für das Jahr 2018[77] haben die Mitglieder der ASTs neben dem Völker- und Unionsrecht (lediglich) das Recht des Einsatzmitgliedstaats zu beachten.[78] Konkrete Anweisungen und Angaben zu den Einsatzmodalitäten erhalten die Mitglieder der ASTs

---

EASO-Praxisleitfaden für die Altersbestimmung oder der EASO-Praxisleitfaden für die Suche nach Familienangehörigen.

[72] Ebenfalls unter der in der vorherigen Fußnote zitierten Webadresse abrufbar, von EASO auf Englisch erstellt wurden etwa ein „Assessment Form: Personal Interview“ und ein „Assessment Form: First Instance Decision“.

[73] Vgl. dazu den Überblick „EASO Quality Assurance Tool“ (2019) S. 3, wonach sich diese Vorgaben an „anyone conducting quality assessment“ richten.

[74] Wohl naheliegend ist, dass sich die entsprechenden Sachbearbeiter nach diesem auf sie bezogenen Beurteilungsbogen richten. Vgl. zum Zusammenhang zwischen den Quality Assurance Tools und den Practical Tools den Überblick „EASO Quality Assurance Tool“ (2019): „The tool and its two modules build on the common standards agreed in the following EASO practical guides and should be read in conjunction with them“.

[75] Vgl. dazu nur den Praxisleitfaden „Persönliche Anhörung“, der das Interview in die Arbeitsschritte „Vorbereitung“, „Beginn der Anhörung“, „Durchführung der Anhörung“, „Inhalt des Antrags“ und „Abschluss der Anhörung“ untergliedert und jeweils Checklisten und Erklärungen für diese Etappen vorsieht.

[76] Einsehbar und anwendbar nunmehr unter https://ipsn.euaa.europa.eu/european-union-agency-asylum (zuletzt abgerufen am 24.04.2024).

[77] Im Folgenden OPI 2018 (Operational Plan Italy) bzw. OPG 2018 (Operational Plan Greece). Beide Pläne haben (allein) „the deployment of Asylum Support Teams and the provision of technical, material and operational assistance“ (vgl. S. 2 OPI, S. 2 OPG) zum Inhalt und sind nunmehr unter https://euaa.europa.eu/archive-of-operations abrufbar (zuletzt abgerufen am 24.02.2024).

[78] Vgl. S. 7 OPG bzw. S. 6 OPI. Im Übrigen sind die dortigen Ausführungen unter der Überschrift „Lawfulness and Respect for Fundamental Rights“ eher floskelhaft und nicht auf konkrete Aufgabenbereiche zugeschnitten; vgl. etwa die erforderliche Einhaltung der „highest standards of integrity and conduct“ oder „zero tolerance attitude with respect to the infringement of fundamental human rights“.

über an EASO angegliederte Onlineplattformen.[79] Den ASTs ist durch die nationalen Behörden ausreichender Zugang zu sämtlichen relevanten Datenbanken zu gewähren,[80] bei der Verarbeitung personenbezogener Daten sollen die Teammitglieder im Auftrag der nationalen Behörden und unter Wahrung des Rechts des Einsatzmitgliedstaats handeln.[81] Im Übrigen sind die fallbezogenen Befugnisse der Mitglieder der ASTs nicht näher konkretisiert, es erfolgen jedoch ausführliche Aufgabenbeschreibungen[82]. Deren Inhalt kann hinsichtlich der unmittelbar gegenüber den betroffenen Personen vorzunehmenden Aktionen[83] in drei Bereiche unterteilt werden: Die Übermittlung von Informationen an (potentiell) asylsuchende Personen, deren Registrierung sowie deren Befragung.[84]

Die Befugnis von ASTs zur eigenständigen Information betroffener Personen[85] betrifft zunächst neben bei Ankunft zu übermittelnden Hinweisen auf die

---

[79] S. 10 OPG nennt etwa die generelle „EASO Asylum Intervention Pool's National Contact Point platform (EASO AIP NCP)" oder auf konkrete Einsatz(mitgliedstaaten) zugeschnittene Portale, (z.B. die EASO IDS Greece Operations Platform).

[80] Vgl. S. 10 OPI 2018, S. 10 OPG 2018.

[81] Vgl. dazu S. 7 OPI, S. 8 OPG; hiernach soll EASO zum einen im Rahmen des anwendbaren unionalen (dies betrifft insbesondere die EU-Datenschutz-VO) und nationalen Rechts die Rolle eines „data processors" und unter den Anweisungen des Einsatzmitgliedstaats die Rolle eines „data controllers" zukommen". In diesem Bereich soll EASO die technischen Vorkehrungen zur Gewährleistung der Sicherheit und Vertraulichkeit der verarbeiteten personenbezogenen Daten treffen, wodurch insbesondere sichergestellt werden soll, dass EASO lediglich anonymisierte Informationen zu statistischen Zwecken dauerhaft behält.

[82] Die Einsatzpläne sprechen bei der Beschreibung der einzelnen „measures" von „deliverables" von EASO. Dieses „deliverables" sind teilweise eher oberflächlich formuliert, sodass insbesondere für ein etwaiges außenwirksames Handeln keine konkreten Vorgehensweisen ersichtlich sind; häufig wird lediglich von einer „Unterstützung" gesprochen, vgl. etwa S. 13 OPG: „Support provided by EASO staff for the full and timely registration of applications for international protection."

[83] Außer Betracht bleiben hier die innerhalb der nationalen Verwaltungen wahrzunehmenden Aufgaben, die jedoch auch beachtliche mittelbare Folgen für die betroffenen Personen haben können wie etwa die Entwicklung von „standard operating procedures and/or manuals" oder „operational training" (vgl. dazu S. 14 OPG, S. 13 f. OPI). Dies gilt auch für die Einbindung des von EASO entsandten Personals in die Behandlung von Rechtsbehelfen gegen die Entscheidungen der erstinstanzlichen griechischen Asylbehörden: Die als „quasi-judicial" eingestufte „Appeals Authority" (vgl. dazu und zu deren Aufbau S. 9 OPG) soll durch die Aufbereitung individueller Fälle und die Erfüllung von „other necessary tasks" von EASO-Experten unterstützt werden (S. 17 OPG). In eine ähnliche Stoßrichtung gehen die Befugnisse von EASO-Personal zur Überwachung der Qualität der ggf. auch von nationalen Beamten durchgeführten Interviews und angefertigten Stellungnahmen (vgl. dazu S. 14 OPG).

[84] Vgl. zur Einbindung EASOs bzw. der ASTs in das griechische Asylverfahren und dabei bestehende Defizite, insbesondere hinsichtlich einer ordnungsgemäßen Anhörung betroffener Personen *Ziebritzki/Nestler*, Hotspots, S. 48 ff.

[85] In den hier untersuchten Einsatzplänen wird meist auf die wohl in der Praxis primär relevanten Personen, die internationalen Schutz beantragen (wollen), Bezug genommen; S. 12 OPI stellt jedoch klar, dass alle Drittstaatangehörigen und staatenlose Personen, die eine

Rechtslage und den Ablauf des Asylverfahrens[86] auch die Auskunftserteilung über den Stand eines laufenden Verfahrens.[87] Ebenfalls umfasst ist die „information" (i.S.v Belehrung) der angetroffenen Personen über die „obligations of newly arrived migrants, in particular with respect to their identification and fingerprinting".[88]

Eine in der Praxis wohl zeitlich nachgelagerte Aufgabenübertragung betrifft die (Mitwirkung bei der) Befragung betroffener Personen, ggf. zwecks Unterstützung bei der Behandlung etwaiger (Asyl-)Anträge. Hier räumen die untersuchten Einsatzpläne den Mitgliedern der ASTs teilweise Befugnisse zur Unterstützung der von nationalen Beamten durchgeführten „interviews" ein[89], in manchen Fällen wird aber auch die Durchführung selbst den ASTs übertragen.[90] Im Fall der Durchführung durch AST-Mitglieder sind von diesen formal unverbindliche „opinions" hinsichtlich einer Asylberechtigung anzufügen.[91] Durch ASTs soll hierbei auch eine Einordnung der betroffenen Person als unbegleitete(r) Minderjährige(r) oder „persons with special needs" sowie als Person, die für eine Umverteilung in Frage kommt oder auf welche die sog. Dublin-III-Verordnung anwendbar ist, erfolgen. Entsprechend dieser formal unverbindlichen (Vor-)Entscheidung werden die betroffenen Personen von den (jeweils) zuständigen nationalen Behörden behandelt.[92] Die Unterstützung nationaler Beamter kann durch

unionale Außengrenze überschreiten, über die Möglichkeit eines Asylantrags informiert werden müssen.

[86] Vgl. dazu S. 13 OPG, S. 13 f. OPI. Hierbei sollen nach S. 13 OPI Informationen über das Asylverfahren, die sog. Dublin-III-Verordnung (inklusive der Regelungen über die Familienzusammenführung) und die Möglichkeit der (freiwilligen) Umsiedlung enthalten sein.

[87] Nach S. 15 OPG hat der Umstand, dass Asylsuchende häufig weit entfernt von den zuständigen Asylbehörden untergebracht sind, den Einsatz von „mobile information teams" und die Einrichtung einer Hotline für „on-demand access to information for all applicants across Greece" erforderlich gemacht.

[88] So S. 12 OPI; nach S. 13 OPI sind diese Informationen in einer Sprache zu übermitteln, die die betroffene Person verstehen kann oder bei der davon ausgegangen werden kann, dass sie verstanden wird („in a language that the person [...] is reasonably supposed to understand").

[89] Vgl. dazu etwa S. 16 OPG, S. 14 f. OPI.

[90] Vgl. dazu S. 14 OPG. Nach S. 5 OPG haben „EASO caseworkers" im Zeitraum vom 01.01. bis 31.10.2017 über 7500 Befragungen selbstständig durchgeführt.

[91] Vgl. S. 14, 16 OPG, dies dürfte den „Concluding remarks" (vgl. S. 23 EASO Jahresbericht 2017) entsprechen, zu dieser Vorgehensweise im Rahmen des sog. hotspot-approachs vgl. bereits oben in diesem Kapitel unter A. II. 1.) Hierfür und für die Überprüfung der Qualität nationaler Einschätzungen sollen nach S. 16 OPG die notwendigen gesetzgeberischen Weichen gestellt werden; nach *Ziebritzki/Nestler*, Hotspots, S. 49 f. folgen die nationalen Behörden in der Regel den Einschätzungen durch EASO, und selbst wenn eine gegenteilige Bescheidung erfolgt, sind die von EASO gelieferten Informationen Entscheidungsgrundlage.

[92] Vgl. S. 12 f. OPI, hier wird von „referral to the Italian competent authorities" gesprochen und jedenfalls für die Behandlung von „vulnerable persons" das Ziel „to be channelled to specific procedures and dedicated centres of accommodation" angefügt.

die Bereitstellung von Dolmetschern im Befragungsprozess erfolgen[93], aber auch weit darüber hinausgehen: So werden ASTs eingesetzt, um vorab „country of origin information" sowie sonstige Besonderheiten herauszuarbeiten und nach Abschluss der Befragung den Entscheidungsfindungsprozess zu unterstützen, die Entscheidung im nationalen Verwaltungssystem zu begleiten sowie mit Blick auf die „second instance stage" vorzubereiten.[94]

Von eigenständiger Bedeutung ist zudem die Befugnis der Mitglieder der ASTs zur Registrierung von Individuen in nationalen und europäischen Datenbanken.[95] Zu den hierbei zu erhebenden Informationen können neben der Abnahme von Fingerabdrücken auch weitere, unter Hinzuziehung eines „cultural mediators" zu ermittelnde personenbezogene Daten[96] gehören.[97] Den Mitgliedern der ASTs wird teilweise eine Möglichkeit der Priorisierung von Asylsuchenden, die als „vulnerable" eingestuft werden, eingeräumt. Mit den erlangten Informationen sollen personenbezogene Akten vorbereitet werden, die einer sich anschließenden Befragung zugrunde gelegt werden (können). Zudem ist das eingesetzte AST-Personal befugt, „potential issues concerning identity and/or nationality claimed by the applicant" an die „Immigration Police" zu überstellen.[98]

Die Entwicklungen der Tätigkeiten der ASTs in der Praxis werden in dem EASO-Änderungsvorschlag-2016[99] aufgegriffen. In der aktuellen Fassung dieses Vorschlags sind die Tätigkeiten des ASTs-Personals in Art. 16 Abs. 2 aufgelistet[100] und werden durch Art. 16a EASO-Änderungsvorschlag-2016 durch die Möglich-

---

[93] Vgl. dazu S. 16 OPG, wonach der Einsatzbereich von Dolmetschern auch in anderen Aktivitäten der griechischen Asylbehörden liegen kann.

[94] Vgl. dazu S. 17 OPI. Diese weitgehende Einbindung der ASTs in die Beurteilung und Behandlung von (u.a.) Asylanträgen (wörtlich.: „on-the-spot pre- and post-interview assistance") wurde nach S. 16 OPI auf Anfrage der italienischen Asylkommission eingerichtet, um den bestehenden Arbeitsrückstand zu beheben.

[95] S. 14 OPI geht davon aus, dass sowohl die Registrierung im Eurodac-System als auch im sog. „Vestanet", welches auf S. 5 OPI als „Italian electronic system for registration of applications for international protection" beschrieben wird, zum Tätigkeitsfeld der eingesetzten ASTs gehören kann. Nach S. 5 OPI wurden Asylsuchende durch von EASO ad hoc entsendete „roving teams" registriert. Im OPG (vgl. etwa S. 13) wird uneindeutiger von „support provided by EASO staff for the full and timely registration of applications for international protection" gesprochen.

[96] Nach S. 14 OPI betrifft dies „all information about the applicant [...], from personal data, ethnicity, religion, family members and travel route to the reasons for leaving the country of origin".

[97] So S. 15 OPI.

[98] Vgl. dazu S. 15 OPI.

[99] S. hierzu oben in diesem Kapitel unter A. I.

[100] Demnach gehören zu den möglichen technischen und operativen Maßnahmen u.a. die Unterstützung der Mitgliedstaaten bei der Identifizierung und Registrierung von Drittstaatsangehörigen, die Unterstützung der zuständigen einzelstaatlichen Behörden, denen die Prüfung von Anträgen auf internationalen Schutz obliegt und die Beratung und Koordinierung bei der Errichtung oder Bereitstellung von Aufnahmeeinrichtungen durch die Mitgliedstaaten, insbesondere von Notunterkünften, Beförderungsmitteln und medizinischer Versorgung.

keit einer „verstärkte(n) Unterstützung beim Verfahren für internationalen Schutz und beim Dublin-Verfahren" ergänzt. Weiterhin wird – gewissermaßen als Pendant zur für Frontex bestehenden Rechtslage – eine Regelung des Einsatzes von ASTs-Personal in Teams zur Unterstützung des Migrationsmanagements in Art. 21 EASO-Änderungsvorschlag-2016 angestrebt.

E. Weisungshierarchie und Entscheidungsfindung

I. Bestimmungen der EASO-VO

Die Mitglieder der ASTs sollen in die bestehenden Hierarchien der Asyl- und Aufnahmesysteme der betroffenen Einsatzmitgliedstaaten eingebunden werden. Darüber hinaus können aus der EASO-VO nur wenige Schlüsse auf die Leitungs- und Entscheidungsstrukturen innerhalb eines ASTs gezogen werden. Als gewichtige diesbezügliche Weichenstellungen erscheinen jedoch die hervorgehobene Unterstützungsfunktion der ASTs[101], das Verbot der Einflussnahme auf die Bescheidung von Asylanträgen (Art. 2 Abs. 6 EASO-VO) und die Festlegung der Aufgaben sowie besonderer Anweisungen für die Teammitglieder im Einsatzplan durch den betroffenen Mitgliedstaat und den Exekutivdirektor (Art. 18 Abs. 1 lit. d) EASO-VO).

Eine hervorgehobene Rolle mit Möglichkeiten der Einflussnahme kommt der nach Art. 20 Abs. 1 EASO-VO aus dem Personal von EASO vom Exekutivdirektor zu ernennenden „Kontaktstelle der Union" zu. Diese Kontaktstelle soll EASO in allen Aspekten vertreten, „die mit dem Einsatz der ASTs zusammenhängen", und als Schnittstelle zwischen EASO und dem Einsatzmitgliedstaat sowie den Mitgliedern der ASTs dienen.[102] Ferner sind der Kontaktstelle der Union die Überwachung der ordnungsgemäßen Umsetzung des Einsatzplans und (diesbezügliche) Berichtspflichten an EASO übertragen.[103] Durch diese Aufgaben und der möglichen Funktion als Schlichtungsstelle hinsichtlich „Streitigkeiten im Zusammenhang mit der Durchführung des Einsatzplans und der Entsendung der ASTs" (vgl. dazu Art. 20 Abs. 3 EASO-VO) ähnelt die Position der Kontaktstelle der Union stark der des von Frontex einzusetzenden Koordinierungsbeamten. Nach alledem spricht viel dafür, dass die im EASO-CoC als „responsible officer in EASO" bezeichnete Stelle[104] die Kontaktstelle der Union

---

[101] Vgl. hierzu Erw. 15 EASO-VO.

[102] S. Art. 20 Abs. 2 S. 1 und 2 lit. a) und b) EASO-VO. Nach Art. 20 Abs. 4 EASO-VO unterliegt die Kontaktstelle der Union „bei der Wahrnehmung ihrer Aufgaben" nur den Weisungen EASOs.

[103] Vgl. dazu Art. 20 Abs. 2 S. 2 lit. c) und d) EASO-VO.

[104] Vgl. dazu und zur weiteren Aufgaben des „responsible officer in EASO" nach dem EASO-CoC an dieser Stelle nur Art. 5, 10 EASO-CoC, zur Rolle des „responsible officer in EASO" hinsichtlich der Kontrolle von ASTs-Aktionen s. in diesem Kapitel unter H. II. 2. und Art. 19 f. EASO-CoC.

betreffen soll. Durch bzw. mit jene(r) Stelle sollen die „instructions, directives and required duties" der Teammitglieder nach Art. 7 EASO-CoC konkretisiert werden.[105]

II. Umsetzung in der Praxis

In der Praxis wurden in den schwerpunktmäßigen Einsatzbereichen der ASTs Einsatzleitungs- und Entscheidungsinstanzen gebildet, in welchen von EASO stammendes Personal mit Beamten mitgliedstaatlicher Behörden zusammenarbeitet. Auf den griechischen Inseln Lesbos und Chios wurden „new shared office building (s)" generiert bzw. eingerichtet, und auch auf dem griechischen Festland ist EASO-Personal in die (tägliche) Arbeit regionaler Asylbehörden und Aufnahmebehörden eingegliedert.[106] In Italien sind ähnliche Strukturen entstanden[107]; mit der Errichtung eines „EASO Operational Office" in Rom im Jahr 2016, das Einsätze „on the ground" inklusive der Koordination von ASTs organisiert, wurde zudem eine Art eigenständige Zweigstelle von EASO eingerichtet.[108] Für konkrete Einsätze werden über an EASO angegliederte Online-Plattformen Anweisungen über diese Entscheidungszentren erteilt[109]; der in den aktuellen Einsatzplänen als „pre-condition" festgelegte Ernennung eines nationalen Beamten als Kontaktperson kann jedenfalls insoweit keine Bedeutung für die Entscheidungsfindung in der Praxis beigemessen werden.[110]

Das EASO soll darüber hinaus die Kooperation und Kommunikation mit den „relevant stakeholders"[111] aufrecht erhalten und Informationen an seine Partner, d.h. hier insbesondere andere EU-Agenturen, „as appropriate and in line with the EASO transparency and communication policies" weitergeben. Das Auftreten gegenüber der medialen Öffentlichkeit soll hinsichtlich Zeitpunkt und Inhalt zwischen EASO und dem jeweiligen Einsatzmitgliedstaat abgestimmt werden.[112]

---

[105] Der Wortlaut des Art. 7 EASO-CoC: „Participants in EASO operational support activities shall ensure, that instructions, directives and required duties, as informed by the deployment letter and followed up in cooperation with the responsible officer in EASO, are carried out promptly and diligently [...]". „followed up" kann ferner i.S.v. „weiterverarbeitet", „fortgesetzt" oder „ausgebaut" verstanden werden, jedenfalls ist so ein Einfluss des „responsible officer in EASO" auf die konkrete Steuerung des Einsatzes ermöglicht.

[106] Vgl. dazu S. 6 OPG. Hiernach hat EASO mit dem Einsatz von ASTs eine „significant presence on the ground" in Griechenland aufgebaut. Dem entspricht auch die auf S. 19 EASO Jahresbericht 2015 genannte Einbindung der ASTs in die „daily activities" griechischer Asylbehörden.

[107] Vgl. dazu S. 5 OPI.

[108] Vgl. dazu S. 14 EASO Jahresbericht 2016 und S. 5 OPI.

[109] S. dazu bereits oben in diesem Kapitel unter E. II.

[110] Vgl. dazu jeweils unter „pre-condition(s)", S. 11 ff. OPI und S. 12 ff. OPG.

[111] Vgl. zu den „key stakeholders" und deren Aufgabenbereichen S. 7 ff. OPI, S. 8 ff. OPG.

[112] Vgl. dazu S. 10 OPI, S. 11 OPG.

F. Beendigung

Die EASO-VO enthält nur implizite Angaben zur Beendigung und Abwicklung eines AST-Einsatzes. Aus Art. 13 Abs. 2 und Art. 18 Abs. 1 S. 2 lit. b) EASO-VO ist jedoch zu entnehmen, dass ASTs lediglich für begrenzte, im Einsatzplan festzulegende Zeiträume tätig werden sollen.[113] Dem gegenüber steht die (durch Krisen wohl erforderlich gewordene) Praxis, die in einer kontinuierlichen Aneinanderreihung von Einsatzplänen besteht, welche die Entsendung von ASTs jeweils für die Dauer eines Jahres regeln und aufeinander aufbauen.[114]

G. Aufsicht und Kontrolle des Einsatzhandelns

Für die Überwachung und nachträgliche Kontrolle der Aktivitäten von ASTs sind mehrere Wege möglich, hierbei kann insbesondere zwischen Stellen auf mitgliedstaatlicher und unionaler Ebene differenziert werden.[115] Ein speziell für das Instrument der ASTs konzipiertes Aufsichtsgremium besteht nicht. Auch hier wird wiederum ein weiter Kontroll- und Aufsichtsbegriff zugrundegelegt.[116] Bei den verschiedenen Überwachungsinstanzen bestehen unterschiedliche Kontrollzwecke: Zum einen erfolgt die Kontrolle ggf. zwischen verschiedenen Rechtsträgern verwaltungsintern oder es bestehen Kontrollmöglichkeiten im Rahmen des Individualrechtsschutzes. Ebenso wie im Fall von Frontex unterscheidet sich auch der Bezugspunkt der jeweiligen Überwachung: Teilweise erfolgt eine punktuelle Kontrolle bezüglich konkreter Verstöße, teilweise ist eine begleitende, dauerhafte Aufsicht vorgesehen.

I. Kontrolle durch mitgliedstaatliche Instanzen

1. (Behörden-)Interne Überprüfungen

Der Aktionsbereich der ASTs liegt innerhalb der nationalen Asyl- und Aufnahmestrukturen[117], weshalb auch Überwachung durch bestehende innerbehördliche Kontrollstrukturen naheliegt. Unional vorgegeben ist etwa eine Kontrolle im datenschutzrelevanten Bereich durch die nach Art. 51 ff. DSGVO einzurichten-

[113] Dies schließt nach dem Wortlaut des Art. 18 Abs. 2 EASO-VO eine Änderung oder Anpassung des Einsatzzeitraums jedoch nicht aus.

[114] Dies wird nach der Wertung der aktuellen Einsatzpläne als eher begrüßenswerte Entwicklung angesehen, vgl. dazu S. 4 OPG und S. 5 OPI, wo von einer (ununterbrochenen) Unterstützung durch EASO seit 2011 bzw. 2013 berichtet wird.

[115] In den Blick genommen werden hier lediglich Aktionen der Teammitglieder von ASTs, für andere von EASO entsandte Experten gelten eigene Regelungen.

[116] Vgl. dazu in diesem Teil Kapitel 4 G.

[117] Vgl. dazu (nochmals) S. 10 ff. OPI und S. 11 ff. OPG.

den mitgliedstaatlichen Aufsichtsbehörden.[118] Hinzukommt die gegenseitige Kontrolle der Teammitglieder. Formalisiert ist diese etwa durch die in Art. 19 Abs. 1 EASO-CoC vorgesehenen Berichtspflichten gegenüber dem „responsible officer in EASO" und dem Einsatzmitgliedstaat, wonach jede (drohende) Verletzung des EASO-CoC während des Einsatzes mitgeteilt werden soll.

Nach den hier untersuchten Einsatzplänen wird in diesem Zusammenhang in der Praxis ein „reporting system" etabliert, das in Verbindung mit der Überwachung durch die Kontaktstelle der Union[119] den Zwecken „monitoring, reporting and communication" dienen soll. Hierzu zählt etwa ein durch die Mitglieder der ASTs anzufertigender „Final Report", der in einem von EASO erstellten Formular über eine an EASO angegliederte Onlineplattform einzureichen ist[120]; Meldungen sollen demnach aber auch während des Einsatzes in Bezug auf etwaige relevante Veränderungen oder Bedürfnisse bei der Umsetzung des Einsatzplans erfolgen.

Für den Rechtschutz der von den Tätigkeiten der ASTs betroffenen Personen am ehesten förderlich ist indes die in den aktuellen Einsatzplänen vorgesehene Pflicht der Teammitglieder zur Meldung (vermuteter, eingetretener oder bevorstehender) Verstöße gegen den EASO-CoC. Diese, auch in Art. 19 EASO-CoC aufgeführte Verpflichtung ist durch Berichte an den Exekutivdirektor und den für die Umsetzung des Einsatzplans verantwortlichen nationalen Beamten unter Nutzung eines auf einer von EASO betriebenen Online-Plattform abrufbaren Formulars zu erfüllen.[121]

2. *Vorgaben der DSGVO*

Die Aktivitäten der ASTs sind primär informationsbezogen und betreffen jedenfalls nicht unmittelbar die Bearbeitung von Asylanträgen als solche.[122] Als in allen

---

[118] Diese Aufsichtsbehörden sind zugleich objektive Kontrollbehörden und zuständig für Individualbeschwerden. (vgl. dazu nur die Aufgaben und Befugnisse in Art. 5f f. DSGVO) sowie ferner die Pflicht zur „Meldung von Verletzungen des Schutzes personenbezogener Daten an die Aufsichtsbehörde nach Art. 33 DSGVO.

[119] Vgl. dazu unten in diesem Kapitel unter G. II. 2.

[120] Zu unterscheiden ist dies von der ebenfalls in den Einsatzplänen vorgesehenen Pflicht der Teammitglieder zur Evaluation des Einsatzes, die vor der Rückerstattung von deren Ausgaben zu erfolgen hat. Zusätzlich wird ein „periodical or mid-term review" angeregt, vgl. zum Ganzen S. 12 OPG, S. 11 OPI.

[121] Vgl. dazu S. 11 OPG bzw. S. 11 OPI. Diese Pflicht trifft alle „participants in EASO activities", für die Mitglieder von ASTs wird die Verpflichtung zur Meldung jeglicher „incidents" eigenständig betont. Relevant für den (Rechts-) Schutz betroffener Personen sind insbesondere die Vorgaben der Art. 3 f., 6, 11 ff. EASO-CoC; zu den in den Einsatzplänen enthaltenen Verpflichtungen hinsichtlich grund- und menschenrechtlichen Standards und Verhaltensweisen, vgl. in diesem Kapitel oben unter E. II. Bezüglich der Zuständigkeit für etwaige Disziplinarmaßnahmen s. in diesem Kapitel unter G. II. 1 und Art. 20 EASO-CoC.

[122] Für das Asylverfahren und damit mittelbar für ASTs potentiell bedeutsam sind freilich die nationalen Bestimmungen, die in Umsetzung der (insb. Art. 46) Asylverfahrens-RL ergangen sind.

Mitgliedstaaten zu gewährleistende (Mindest-)Formen der Kontrolle der datenschutzrelevanten Aktivitäten der Teammitglieder können die durch die DSGVO etablierten individualrechtlichen Garantien und Rechtsbehelfe angesehen werden. Hierbei sind etwaige Rechtsschutzmöglichkeiten gegenüber nicht informationsbezogenen Handlungen der ASTs ausgeklammert.

a) Anwendbarkeit der DSGVO im Hinblick auf die Tätigkeiten der ASTs

Die Anwendbarkeit der DSGVO auf Aktionen von ASTs ergibt sich aus Art. 2 f. DSGVO. In sachlicher Hinsicht bleibt es bei der grundsätzlichen Anwendbarkeit der DSGVO auf die Verarbeitung personenbezogener Daten durch mitgliedstaatliche Behörden[123], da die auf den ersten Blick möglicherweise einschlägigen Ausnahmetatbestände des Art. 2 Abs. 2 lit. a), b) und d) DSGVO nicht betroffen sind: Die Einordnung der Aktivitäten EASOs und folglich auch derjenigen der ASTs in unter den von Art. 78 AEUV umfassten Bereich, lässt diese in den Anwendungsbereich des Unionsrechts fallen[124]; ferner ist weder der Bereich der GASP betroffen, noch handelt es sich jedenfalls aus rechtlicher Perspektive bei den zu unterstützenden „Asyl- und Unterbringungssystemen" um für Strafverfolgung, -vollstreckung oder Gefahrenabwehr zuständige Behörden.

Relevant für das Handeln der ASTs an und vor den europäischen Außengrenzen ist ferner die Bestimmung des räumlichen Anwendungsbereichs der DSGVO durch Art. 3 DSGVO. Hiernach ist die DSGVO dann anwendbar, wenn die Datenverarbeitung „im Rahmen der Tätigkeit" einer innerhalb der Union befindlichen Behörde erfolgt. Irrelevant ist hierbei, ob die konkrete Datenverarbeitung außerhalb des Territoriums der Mitgliedstaaten vorgenommen (Art. 3 Abs. 1 DSGVO) wird oder, ob die betroffene Person Unionsbürger ist.[125]

---

[123] Diese grundsätzliche sachliche Anwendbarkeit ergibt sich aus Art. 2 Abs. 1 i.V.m. den Definitionen des Art. 4 Nr. 1, 2 und 7 DSGVO. Unabhängig von der rechtlichen Einordnung der von EASO entsendeten mitgliedstaatlichen Beamten (s. dazu unten Teil 3 Kapitel 9) liegt bei datenschutzrelevanten Aktionen der Teammitglieder eine Datenverarbeitung durch mitgliedstaatliche Stellen nahe. Diese Feststellung kann deshalb von Bedeutung sein, da für EASO-Personal nicht die DSGVO, sondern nach Art. 2 Abs. 3 DSGVO die (angepassten) Anforderungen der EU-Datenschutz-VO gelten; auch das BAmF geht von einer Anwendbarkeit der DSGVO im Asylverfahren aus, vgl. dazu https://www.bamf.de/DE/Themen/AsylFluechtlingsschutz/InformationenGefluechtete/_documents/informationen-nach-dsgvo-asylverfahren.html?nn=282656 (zuletzt abgerufen am 24.02.2024).

[124] Vgl. zu diesem Begriff und dessen Anforderungen im Kontext der JI-Richtlinie bereits oben in diesem Teil Kapitel 4 G. II. 2.; zum hiervon grundsätzlich zu unterscheidenden, jedoch Überschneidungen aufweisenden Bereich der Anwendbarkeit der EU-GRC vgl. unten in Teil 3 Kapitel 11 B. II. b) aa).

[125] Vgl. zu letzterem und den diesbezüglichen Kontroversen im Gesetzgebungsverfahren zur DSGVO *Klar*, in: Kühling/Buchner (Hrsg.), Art. 3 DSGVO Rn. 30 und *Zerdick*, in: Ehmann/Selmayr (Hrsg.), Art. 3 Rn. 17, der als Beispiele „Touristen, Flüchtlinge oder Staatenlose" nennt.

b) Rechte betroffener Personen nach der DSGVO und der Eurodac-VO

Als individuelle Rechtsschutz- und somit subjektive Kontrollmöglichkeiten gegenüber den die Verarbeitung personenbezogener Daten vornehmenden Behörden kommen zunächst die in Art. 13 f.[126] und Art. 34 DSGVO[127] normierten Informationspflichten, das in Art. 15 DSGVO enthaltene Recht auf Auskunft und die in Art. 16 ff. DSGVO enthaltenen Rechte auf Berichtigung, Löschung oder Einschränkung der Verarbeitung[128] in Betracht. Art. 12 DSGVO schreibt diesbezügliche allgemeine Informations- und Kommunikationspflichten des Verantwortlichen[129] vor.[130] Nach Art. 12 Abs. 1 S. 1 DSGVO sind Informationen in „präziser, transparenter, verständlicher und leicht zugänglicher Form und einfacher Sprache zu übermitteln; dies gilt insbesondere für Informationen, die sich speziell an Kinder richten".[131] Auf die Möglichkeit der Beschwerde bei der Aufsichtsbe-

[126] Zu den im Fall des Art. 13 DSGVO bereitzustellenden Informationen gehören u.a. die Kontaktdaten des Verantwortlichen und dessen Datenschutzbeauftragten, Rechtsgrundlage und Zweck der Verarbeitung, sowie Informationen über die der betroffenen Person zustehenden Rechte und Beschwerdemöglichkeiten, vgl. dazu Art. 13 Abs. 1 lit. a), b) und c) und Abs. 2 lit. b) und d) DSGVO. Die Informationen nach Art. 13 Abs. 2 DSGVO sollen solche sein, „die notwendig sind, um eine faire und transparente Verarbeitung zu gewährleisten". Ob daraus eine diesbezügliche situationsabhängige Entscheidungsbefugnis des Verantwortlichen folgt, ist strittig, vgl. dazu *Knyrim*, in: Ehmann/Selmayr (Hrsg.), Art. 13 DSGVO Rn. 28 ff.

[127] Eine Benachrichtigung ist nach Art. 34 Abs. 1 DSGVO nur dann vorzunehmen, wenn die Verletzung des Schutzes personenbezogener Daten „voraussichtlich ein hohes Risiko für die persönlichen Rechte und Freiheiten natürlicher Personen zur Folge" hat.

[128] Das Recht auf unverzügliche Berichtigung bei Unrichtigkeit der Daten kann keinen Beschränkungen unterworfen werden und „unter Berücksichtigung der Zwecke der Verarbeitung" hat eine Vervollständigung personenbezogener Daten zu erfolgen. Einem Antrag auf Löschung ist u.a. stattzugeben ist, wenn die personenbezogenen Daten unrechtmäßig verarbeitet wurden. Eine solche Löschung kann jedoch aus den in Art. 17 Abs. 3 DSGVO genannten Gründen verweigert werden. Hier in Betracht kommt insbesondere der Ausnahmetatbestand des Art. 17 Abs. 3 lit. b) DSGVO, wonach eine Löschung nicht vorgenommen werden soll, wenn dies die „Erfüllung einer rechtlichen Verpflichtung" erfordert oder „zur Wahrnehmung einer Aufgabe, die im öffentlichen Interesse liegt", erfolgt. Die Voraussetzungen, unter denen eine Einschränkung der Verarbeitung personenbezogener Daten zu gewährleisten ist, sind in Art. 18 Abs. 1 DSGVO aufgeführt.

[129] Vgl. dazu Art. 4 Nr. 7 DSGVO, wonach Verantwortlicher eine „Behörde, Einrichtung oder andere Stelle, die allein oder gemeinsam mit anderen über die Zwecke und die Mittel der Verarbeitung von personenbezogenen Daten entscheidet", sein kann. Für den Fall, dass „Zwecke und Mittel dieser Verarbeitung durch das Unionsrecht oder das Recht der Mitgliedstaaten vorgegeben" sind, soll der Verantwortliche durch ebendieses Recht definierbar sein. Im Fall einer u.U. arbeitsteiligen Informationserhebung durch ein AST, können somit etwa die beteiligten Stellen des Einsatzmitgliedstaats als „Verantwortliche" ausgewiesen werden, wodurch jedoch eine Verpflichtung bzw. Rechenschaftspflicht der anderen beteiligten Teammitglieder nach der DSGVO ausgeschlossen sein dürfte.

[130] Vgl. zur Pflicht des Verantwortlichen, der betroffenen Person die Ausübung der in Art. 15–22 DSGVO enthaltenen Rechte zu erleichtern vgl. Art. 12 Abs. 2 DSGVO.

[131] Im Hinblick auf die nach Art. 13 f. DSGVO bereitzustellenden Informationen können nach Art. 12 Abs. 7 DSGVO auch „Bildsymbole" verwendet werden.

hörde[132] ist hinzuweisen. Ferner sind nach Art. 12 Abs. 5 DSGVO Informationen nach Art. 13 f. DSGVO und „Mitteilungen und Maßnahmen" nach Art. 15–22 und 34 DSGVO grundsätzlich unentgeltlich zur Verfügung zu stellen.

Die für die Praxis der ASTs relevante Eurodac-VO sieht in Art. 29 ähnliche, jedoch teilweise modifizierte Bestimmungen vor und verweist hinsichtlich der betroffenen Personen zustehenden Rechte (wohl) auf die Bestimmungen der DSGVO.[133] So wird etwa in Bezug auf Personen, die internationalen Schutz beantragen oder „beim illegalen Überschreiten der Außengrenze" aufgegriffene Personen, deren Belehrung „schriftlich, falls notwendig auch mündlich, in einer Sprache, die sie verstehen oder bei der vernünftigerweise davon ausgegangen werden kann, dass sie sie verstehen" verlangt.[134]

Die hier untersuchten Rechte betroffener Personen und Informationspflichten können nach Art. 23 DSGVO durch mitgliedstaatliche oder unionale „Gesetzgebungsmaßnahmen" beschränkt werden. Diese können zu den in Art. 21 Abs. 1 lit. a)–j) DSGVO genannten Zwecken erlassen werden[135] und müssen den „Wesensgehalt der Grundrechte und Grundfreiheiten" achten „und in einer demokratischen Gesellschaft eine notwendige und verhältnismäßige Maßnahme darstellen". Diese legislativen Maßnahmen müssen zudem den inhaltlichen Anforderungen des Art. 2 Abs. 2 DSGVO gerecht werden.[136]

---

[132] Vgl. zur Aufsichtsbehörde Art. 4 Nr. 21 und Nr. 22 sowie Art. 51 ff. DSGVO; zu den von der DSGVO vorgesehenen Rechtsbehelfen sogleich.

[133] Dies kann zum einen aus Art. 29 Abs. 1 e) Eurodac-VO gefolgert werden, zum anderen verweisen etwa Art. 29 Abs. 4 und Abs. 12 Eurodac-VO auf die Vorgängerregelung der DSGVO.

[134] Vgl. dazu Art. 29 Abs. 1 i.V.m. Art. 9 und 14 Eurodac-VO.

[135] Denkbare, in Bezug auf die Arbeit von ASTs relevante Einschränkungen sind demnach aufgrund der öffentlichen (lit. c) oder gar nationalen (lit. a) Sicherheit, zur Strafverfolgung und Gefahrenabwehr (lit. d)) und zum „Schutz sonstiger wichtiger Ziele des allgemeinen öffentlichen Interesses der Union oder eines Mitgliedstaats" (lit. e)) zulässig. Darüber hinaus sollen Beschränkungen aufgrund von „Kontroll- Überwachungs- und Ordnungsfunktionen, die dauernd oder zeitweise mit der Ausübung öffentlicher Gewalt für die unter den Buchstaben a bis e und g genannten Zwecke verbunden sind" nach Art. 23 Abs. 1 lit. h) DSGVO zulässig sein. Wenngleich dieser Tatbestand häufig als deklaratorisch eingeordnet wird (vgl. etwa *Bäcker*, in: Kühling/Buchner (Hrsg.), Art. 23 DSGVO Rn. 28, wonach der durch Art. 23 Abs. 1 lit. h) DSGVO gewährleistete „verfahrensrechtliche Rahmen" ohnehin den in Bezug genommenen Zwecken zuzuordnen sei; ferner *Paal*, in: Paal/Pauly (Hrsg.), Art. 23 DSGVO Rn. 38), betrifft er jedenfalls einen für das Einsatzgebiet der ASTs relevanten Bereich: Die ebenfalls schützenswerte, unabhängig von der konkreten Aufgabe der handelnden Behörde (etwa die Behandlung von Anträgen auf internationalen Schutz) stehende „Ordnungsfunktion" der Ausübung öffentlicher Gewalt in diesem Bereich, kann demnach eigenständiger Grund zu Einschränkungen der Gewährung der hier untersuchten Rechte und Informationspflichten sein. Nach diesem Wortlaut kann folglich auch eine die Ordnungsfunktion bedrohende Überforderung einer Behörde Beschneidungen der Betroffenenrechte rechtfertigen.

[136] Diese Mindestanforderungen enthalten u.a. ein Recht des Betroffenen hinsichtlich der Information über die Beschränkung, „sofern dies nicht dem Zweck der Beschränkung abträglich ist", vgl. dazu Art. 23 Abs. 2 lit. h) DSGVO.

c) Individuelle Rechtsschutzmöglichkeiten nach der DSGVO

Neben den Anträgen, die beim Verantwortlichen zur Durchsetzung der in Art. 16 ff. DSGVO normierten Rechte gestellt werden können, sind weitere Überprüfungsmöglichkeiten durch betroffene Personen vorgesehen.

aa) Widerspruch nach Art. 21 DSGVO

Zunächst kommt das in Art. 21 DSGVO geregelte Widerspruchsrecht in Betracht, welches im Hinblick auf datenschutzrelevante Aktionen von ASTs grundsätzlich anwendbar ist.[137] Auf dieses Recht muss nach Art. 21 Abs. 3 DSGVO „spätestens zum Zeitpunkt der ersten Kommunikation“ gesondert hingewiesen werden. Dieser Rechtsbehelf ist für betroffene Personen konzipiert, die sich in einer „besonderen Situation“ befinden. Auch wenn die in der Regel von der Arbeit der ASTs betroffenen Personen sich nicht in einer „besonderen Situation“ i.S.d. Art. 21 DSGVO befinden sollten[138], treten allein durch die Einlegung eines Widerspruchs bestimmte (Rechts-)Folgen ein, die über eine bloße Pflicht zur Bearbeitung des Widerspruchs[139] hinausgehen: So ist nach Art. 21 Abs. 1 S. 2 DSGVO die Verarbeitung grundsätzlich einzustellen, wenn der Verantwortliche nicht „zwingende schutzwürdige Gründe“ für eine Verarbeitung geltend machen kann.[140] Zudem ist ein Antrag auf Löschung nach Art. 17 Abs. 1 lit. c) alt. 1 DSGVO begründet, wenn „keine vorrangigen berechtigten Gründe für die Verarbeitung“ vorliegen.[141] Ein Antrag auf Einschränkung der Verarbeitung hindert nach Art. 18 Abs. 1 lit. d) DSGVO jedenfalls solange die Verarbeitung bis „fest-

---

[137] Art. 21 Abs. 1 HS. 1 DSGVO setzt eine Verarbeitung „aufgrund von Art. 6 Abs. 1 lit. e) oder f) DSGVO“ voraus; Art. 6 Abs. 1 lit. e) DSGVO erfasst – insoweit für die Arbeit von ASTs relevant – jede Datenverarbeitung, die „für die Wahrnehmung einer Aufgabe erforderlich ist, die im öffentlichen Interesse liegt oder in Ausübung öffentlicher Gewalt erfolgt“.

[138] Hinsichtlich der diesbezüglichen Begriffsbestimmung herrscht Einigkeit, dass es sich um atypische Konstellationen handeln muss, vgl. nur *Kamann/Braun*, in: Ehmann/Selmayr (Hrsg.), Art. 21 DSGVO Rn. 19 ff.; *Helfrich*, in: Sydow (Hrsg.), Art. 21 DSGVO Rn. 61 und *Martini*, in: Paal/Pauly (Hrsg.), Art. 21 Rn. 30. Es müssen Umstände vorliegen, die über die (ohnehin) in die nach Art. 6 Abs. 1 e), Abs. 3 UA 2 DSGVO erforderliche Abwägung bei Festlegung der einschlägigen Rechtsgrundlage zu berücksichtigenden Belange potentiell betroffener Personen hinausgehen. Hierdurch soll nach *Kamann/Braun*, in: Ehmann/Selmayr (Hrsg.), Art. 21 DSGVO Rn. 10 eine „Korrektur besonderer Einzelfälle“ ermöglicht werden.

[139] Vgl. dazu Art. 12 Abs. 3 DSGVO und *Kamann/Braun*, in: Ehmann/Selmayr (Hrsg.), Art. 21 DSGVO Rn. 38.

[140] Weiterhin erlauben die „Geltendmachung, Ausübung oder Verteidigung von Rechtsansprüchen“ eine Fortsetzung der Verarbeitung. Hinsichtlich des Vorliegens dieser Umstände, die den materiellen Unterlassungsanspruch (vgl. zu dieser Einordnung *Kamann/Braun*, in: Ehmann/Selmayr (Hrsg.), Art. 21 DSGVO Rn. 5) der betroffenen Person abwenden können, trägt der Verantwortliche die Beweislast, vgl. dazu *Herbst*, in: Kühling/Buchner (Hrsg.), Art. 21 DSGVO Rn. 22.

[141] Vgl. zu diesem „Folgenbeseitigungsanspruch“ *Kamann/Braun*, in: Ehmann/Selmayr (Hrsg.), Art. 21 DSGVO Rn. 5.

steht, ob die berechtigten Gründe des Verantwortlichen gegenüber denen der betroffenen Person überwiegen".[142]

bb) Beschwerde bei einer Aufsichtsbehörde

Nach Art. 77 Abs. 1 DSGVO steht jeder betroffenen Person hinsichtlich eines (vermeintlichen) Verstoßes gegen die DSGVO[143] ein Recht auf Beschwerde bei einer Aufsichtsbehörde i.S.d. Art. 51 DSGVO zu. Grundsätzlich ist jede Aufsichtsbehörde zuständig, betont („insbesondere") wird jedoch sowohl eine durch den Aufenthaltsort der betroffenen Person als auch durch den Ort, an dem der gerügte Verstoß stattgefunden haben soll, begründete Zuständigkeit.[144] Die betroffene Person kann sich nach Maßgabe des Art. 80 DSGVO im Verfahren vertreten lassen.[145] Demnach können auch bestimmten Anforderungen genügende Organisationen[146] bei entsprechender Beauftragung[147] im Namen der betroffenen Person Beschwerde einlegen.[148] Die Aufsichtsbehörde trifft die Pflicht, die Beschwerde in einem „angemessenen Umfang" zu bearbeiten und die betroffene Person innerhalb einer „angemessenen Frist über Fortgang und Ergebnis der Untersuchung zu unterrichten".[149] Im Falle einer begründeten Beschwerde kann die Aufsichtsbehörde eine der in Art. 58 Abs. 2 DSGVO aufgeführten Maßnah-

---

[142] Vgl. zu diesem „vorläufigen Sicherungsanspruch" *Kamann/Braun*, in: Ehmann/Selmayr (Hrsg.), Art. 21 DSGVO Rn. 5.

[143] Vgl. zu diesem Entscheidungsmaßstab *Nemitz*, in: Ehmann/Selmayr (Hrsg.), Art. 77 Rn. 15 ff.

[144] Vgl. dazu *Bergt*, in: Kühling/Buchner (Hrsg.), Art. 77 Rn. 9.

[145] Dies gilt auch für die Verfahren nach Art. 78 und 79 DSGVO; für ein Verfahren nach Art. 82 DSGVO indes nur, insoweit dies im einschlägigen mitgliedstaatlichen Recht vorgesehen ist (vgl. zu dieser Differenzierung *Frenzel*, in: Paal/Pauly (Hrsg.), Art. 80 Rn. 9).

[146] Zu einer Vertretung berechtigt sind nach Art. 80 Abs. 1 S. 1 DSGVO „eine Einrichtung, Organisationen oder Vereinigung ohne Gewinnerzielungsabsicht, die ordnungsgemäß nach dem Recht eines Mitgliedstaats gegründet ist, deren satzungsmäßige Ziele im öffentlichen Interesse liegen und die im Bereich des Schutzes der Rechte und Freiheiten von betroffenen Personen in Bezug auf den Schutz ihrer Personenbezogenen Daten tätig ist"; vgl. zu diesen Anforderungen *Bergt*, in: Kühling/Buchner (Hrsg.), Art. 80 DSGVO Rn. 5 ff.

[147] Nach *Frenzel*, in: Paal/Pauly (Hrsg.), Art. 80 DSGVO Rn. 9 ist hierfür eine schriftliche ausdrückliche Erklärung notwendig. Art. 80 Abs. 2 DSGVO eröffnet zudem die Möglichkeit, durch mitgliedstaatliches Recht auch eine auftragslose Beschwerde oder Klage für zulässig zu erklären.

[148] Vgl. zur Einordnung dieser Regelung im „System der Verletztenklage" *Frenzel*, in: Paal/Pauly (Hrsg.), Art. 80 DSGVO Rn. 6 m.w.N.

[149] Vgl. dazu Art. 57 Abs. 1 lit. f) DSGVO und ferner Art. 77 Abs. 2 DSGVO, wonach eine Information über die Möglichkeit der Einlegung eines gerichtlichen Rechtsbehelfs hinzukommen muss; vgl. zum Ganzen *Bergt*, in: Kühling/Buchner (Hrsg.), Art. 77 Rn. 16 ff. und 22 ff. Im Übrigen ist bei fehlenden anderweitigen Bestimmungen der DSGVO das mitgliedstaatliche Verfahrensrecht einschlägig, vgl. dazu Art. 58 Abs. 4 DSGVO und *Nemitz*, in: Ehmann/Selmayr (Hrsg.), Art. 77 DSGVO Rn. 9; zu aus der DSGVO ableitbaren Vorgaben zu Form und Frist der Beschwerde vgl. etwa *Bergt*, in: Kühling/Buchner (Hrsg.), Art. 77 Rn. 11 ff.

men ergreifen, die insbesondere die Anweisung des Verantwortlichen zur Stattgabe eines Antrags auf Auskunft oder Löschung beinhalten kann.[150]

3. Gerichtliche Kontrolle

Die EASO-VO enthält nur rudimentäre Vorgaben zur gerichtlichen Kontrolle der Aktivitäten von ASTs, sodass hinsichtlich einer verwaltungsgerichtlichen Kontrolle auf allgemeine Grundsätze zurückzugreifen ist.[151] Nach Art. 45 Abs. 3 und 4 EASO-VO ist allein ein durch EASO-Bedienstete verursachter Schaden zu ersetzen und hierfür der EuGH zuständig. Hinsichtlich der AST-Mitglieder trifft die EASO-VO keine Regelung. Dies legt im Umkehrschluss nahe, dass die Gerichte des Einsatzmitgliedstaats insoweit zuständig sein sollen. Eine solche Sichtweise würde dem dualistischen Rechtsschutzmodell entsprechen und kann durch die Einbindung der entsendeten AST-Mitglieder in die mitgliedstaatlichen Verwaltungsstrukturen sowie die Unterwerfung unter mitgliedstaatliches Recht begründet werden. Die erheblichen Einflüsse EASOs auf den Einsatzablauf bleiben dabei jedoch unberücksichtigt.[152] Bei einer Verletzung der Rechte aus der DSGVO durch die ASTs als demnach mitgliedstaatliche Einheiten, sehen Art. 78 f. DSGVO das Recht auf einen wirksamen gerichtlichen Rechtsbehelf vor.

Regelungen für eine zivilrechtliche Haftung und strafrechtliche Verantwortlichkeit finden sich demgegenüber in Art. 21 f. EASO-VO. Auch diese gehen von einer Zuordnung der ASTs zum Einsatzmitgliedstaat aus. Im Bereich der zivilrechtlichen Haftung soll der Einsatzmitgliedstaat „nach seinem innerstaatlichen Recht" für alle von Teammitgliedern verursachten Schäden im Außenverhältnis haften (Art. 21 Abs. 1 EASO-VO), ein Rückgriff gegenüber dem Herkunftsmitgliedstaat bei Vorsatz oder grober Fahrlässigkeit des entsandten Teammitglieds ist jedoch möglich; dieser Verschuldensmaßstab gilt auch für die Geltendmachung von sonstigen Schadenersatzforderungen des Einsatzmitgliedstaats gegenüber anderen Mitgliedstaaten.[153] In diesbezüglichen, nicht durch Verhandlungen zu lösenden Streitfällen zwischen den beteiligten Mitgliedstaaten ist nach Art. 21 Abs. 4 EASO-VO der EuGH anzurufen. Für während des Einsatzes an den Ausrüstungsgegenständen EASOs entstandene Schäden trägt EASO die Kosten, soweit der Schaden nicht vorsätzlich oder grob fahrlässig verursacht wurde. Nach Art. 22 EASO-VO sind die Teammitglieder der ASTs hinsichtlich von ihnen oder zu ihrem Nachteil begangenen Straftaten den Beamten des Einsatzmitgliedstaats gleichgestellt.

---

[150] Vgl. dazu Art. 58 Abs. 2 lit. c) DSGVO. Neben anderen Entscheidungsmöglichkeiten der Aufsichtsbehörde ist auch die Verhängung einer Geldbuße nach Art. 58 Abs. 2 lit. i) i.V.m. Art. 83 DSGVO eine mögliche Form der Reaktion; vgl. zum Ganzen *Nemitz*, in: Ehmann/Selmayr (Hrsg.), Art. 77 DSGVO Rn. 15 ff.

[151] Vgl. dazu Teil 3 Kapitel 11 A. und C. II. 1.

[152] Vgl. dazu und zu diesbezüglichen Lösungsansätzen Teil 3 Kapitel 11 C. II. 1. und III.

[153] Vgl. dazu Art. 21 Abs. 2 und 3 EASO-VO.

II. Kontrolle durch unionale Instanzen

Für eine supranational angesiedelte Kontrolle der Tätigkeiten von ASTs kommen mehrere Stellen in Betracht, welche teilweise speziell auf die Tätigkeiten der ASTs und teilweise (lediglich) generell auf die Tätigkeiten EASO-Personals gerichtet sind.

1. Kontrolle durch bzw. über den Exekutivdirektor und den Verwaltungsrat[154]

Nach dem Konzept der EASO-VO soll die Zusammensetzung[155] und der Aufgabenbereich des Verwaltungsrats eine wirksame Kontrolle der Tätigkeiten des EASO durch diesen garantieren.[156] Die konkrete Ausübung dieser Aufgabe ist jedoch nicht näher geregelt, insbesondere enthält der nicht abschließende Aufgabenkatalog des Art. 29 Abs. 1 S. 3 EASO-VO keine konkreten Vorschriften zur Ausübung dieser Kontrolle.[157] Ein maßgeblicher Teil der Kontrollmöglichkeiten des Verwaltungsrats im Hinblick auf operative Tätigkeiten EASOs dürfte in der Rechenschaftspflicht des Exekutivdirektors gegenüber dem Verwaltungsrat nach Art. 31 Abs. 1 S. 1 EASO-VO liegen.[158] Diese Offenlegungspflicht bezieht sich auf alle Tätigkeiten des Exekutivdirektors, folglich auch auf dessen in der EASO-VO vorgesehene Mitwirkung bei der Einsetzung und die Einwirkungsmöglichkeiten auf die Arbeit von ASTs.[159]

[154] Nach Art. 24 EASO-VO stellen diese beiden Stellen die grundsätzliche „Leitungs- und Verwaltungsstruktur" EASOs dar, die durch die Einsetzung eines Exekutivausschusses nach Art. 24 UA 2 i.V.m. Art. 29 Abs. 2 EASO-VO ergänzt werden kann. Dieses, sich aus acht Mitgliedern des Verwaltungsrats zusammensetzende und eine unterstützende Funktion ausfüllende Organ, soll nach Art. 29 Abs. 2 S. 2 EASO-VO in Eilfällen „bestimmte vorläufige Beschlüsse" für den Verwaltungsrat treffen. Der Verwaltungsrat und der Exekutivdirektor sollen gem. Art. 51 Abs. 4 EASO-VO von einem Beirat (vgl. zu dessen Zusammensetzung Art. 51 Abs. 1–3 EASO-VO) unterstützt werden.

[155] Der Verwaltungsrat setzt sich aus jeweils einem mitgliedstaatlichen Vertreter (bis auf Dänemark, vgl. dazu Erw. 22, Art. 25 Abs. 1 EASO-VO) und zwei stimmberechtigten von der Kommission zu ernennenden Mitgliedern zusammen. Ein weiteres, nicht stimmberechtigtes Mitglied soll ein Vertreter des UNHCR sein, vgl. zum Ganzen Art. 25 Abs. 1 und 4 EASO-VO. Diesem Vertreter des UNHCR kommt jedoch nur ein eingeschränktes Recht zur Teilnahme an den Sitzungen des Verwaltungsrats zu, vgl. Art. 27 Abs. 1 S. 3 EASO-VO.

[156] Vgl. dazu insb. Erw. 17 EASO-VO, nach Art. 29 Abs. 2 S. 2 soll der Verwaltungsrat als „die Planungs- und Überwachungsinstanz" EASOs fungieren.

[157] Als diesbezügliche Ansätze können allenfalls Art. 29 Abs. 2 S. 3 lit. c) EASO-VO, der die Annahme eines jährlichen Tätigkeitsberichts durch den Verwaltungsrat vorsieht und die Auffangklausel des Art. 29 Abs. 2 S. 3 lit. k) EASO-VO, wonach alle im Hinblick auf das Mandats EASOs erforderlichen Beschlüsse durch den Verwaltungsrat zu fassen sind, gesehen werden.

[158] Der Exekutivdirektor ist nach Art. 31 Abs. 3 S. 1 EASO-VO ferner dem Europäischen Parlament nach Aufforderung berichtspflichtig, auch der Rat kann den Exekutivdirektor nach Art. 31 Abs. 3 S. 2 EASO-VO auffordern, „über die Erfüllung seiner Aufgaben Bericht zu erstatten".

[159] S. dazu auch generalklauselartig zur Aufgabenbeschreibung des Exekutivdirektors

Nach Art. 20 Abs. 2 EASO-CoC, der die praktische Umsetzung näher regelt, hat der Exekutivdirektor ferner die Pflicht, Verletzungen des EASO-CoC bei Einsatz eines ASTs durch ein mitgliedstaatliches Teammitglied dem entsprechenden Mitgliedstaat zu melden. Dies wird um die Möglichkeit ergänzt, die betroffene Person umgehend von dem Einsatz abzuziehen. Hierbei wird von dem betroffenen Mitgliedstaat erwartet, die „necessary disciplinary procedures" zu ergreifen und den in Frage stehenden Beamten aus dem Asyl-Einsatzpool zu entfernen. In diesem Kontext trifft Art. 20 Abs. 3 EASO-CoC eine bemerkenswerte Regelung: EASO soll sich das Recht vorbehalten, die individuelle Verantwortlichkeit der betroffenen Person durch (eigene) interne Untersuchungen festzustellen – unabhängig von Folgemaßnahmen der nationalen Instanzen.[160]

2. Kontrolle durch die Kontaktstelle der Union

Die nach Art. 20 Abs. 1 S. 1 EASO-VO durch den Exekutivdirektor zwecks Koordinierung eines Einsatzes eines ASTs zu ernennende Kontaktstelle der Union[161] soll nach Art. 20 Abs. 2 lit. c) EASO-VO „die korrekte Durchführung des Einsatzplanes überwachen".[162] Sie ist nach Art. 20 Abs. 2 lit. d) EASO-VO gegenüber dem Unterstützungsbüro im Hinblick auf „alle Aspekte der Entsendung der ASTs" berichtspflichtig und soll nach Art. 19 EASO-CoC Anlaufstelle für Teammitglieder im Hinblick auf etwaiges Fehlverhalten während des Einsatzes sein.[163] Nach Art. 20 Abs. 1 EASO-CoC kann der Exekutivdirektor (neben anderen Maßnahmen) die Kontaktstelle der Union[164] bei Verstößen gegen den EASO-CoC durch EASO-Personal umgehend abberufen.

Art. 31 Abs. 6, insb. S. 2 lit. a) EASO-VO. In diesen Einwirkungsmöglichkeiten kann auch eine eigenständige Form der Kontrolle der Aktionen von ASTs durch den Exekutivdirektor gesehen werden.

[160] Diese Bestimmung ist im Zusammenhang mit Art. 8 EASO-CoC zu sehen; hiernach sind die Teammitglieder „primarily and individually responsible for the way in which they perform their work".

[161] Zur Einbindung dieser Stelle in die Arbeit der ASTs siehe oben in diesem Kapitel unter E.

[162] Diese Rolle wird auch in der Praxis so übernommen, vgl. dazu S. 10 OPI, S. 11 OPG.

[163] Berichte über etwaige Vorfälle sind demnach an den Exekutivdirektor weiterzuleiten.

[164] Hier wird wie bisher vorausgesetzt, dass der „responsible officer in EASO" gleichbedeutend mit der bzw. eingebunden in die Stellung der „Kontaktstelle der Union" ist.

3. *Überwachung durch den Europäischen Bürgerbeauftragten*[165]

a) Rechtlicher Rahmen der Kontrolle durch den EBB

Nach Art. 47 EASO-VO unterliegen „die Tätigkeiten des Unterstützungsbüros" der Kontrolle durch den EBB.[166] Diese (i.E. deklaratorische) Bestimmung verweist auf die in Art. 228 Abs. 1 AEUV vorgesehene Funktionen des EBB, der als Beschwerdestelle und objektive Kontrollinstanz agieren kann.[167] Insbesondere die Einbindung als Instanz für Individualbeschwerden wirft im Hinblick auf eine effektive Kontrolle von EASO im Einsatzbereich der ASTs jedoch Fragen auf[168]:

Die Zulässigkeitsvoraussetzungen der Beschwerden sind in Art. 228 Abs. 1 AEUV, im EBB-Statut und im EBB-Beschluss geregelt. Demnach sind nach Art. 228 Abs. 1 AEUV nur Unionsbürger und natürliche Personen mit Wohnort in der EU beschwerdeberechtigt, wodurch an den Außengrenzen betroffene Drittstaatangehörige als ausgeschlossen angesehen werden könnten[169] – wenngleich die Praxis diese Kriterien weniger streng handhabt.[170] Die Beschwerdebe-

---

[165] Im Folgenden „EBB"; zur Entstehungsgeschichte vgl. *Haas*, Ombudsmann, S. 239 ff. Die Stelle des EBB ist durch Art. 228 AEUV primärrechtlich vorgesehen und wurde durch den Beschluss des Europäischen Parlamentes vom 9. März 1994 über die Regelungen und allgemeinen Bedingungen für die Ausübung der Aufgaben des Bürgerbeauftragten (94/262/EGKS, EG, Euratom) (ABl. L 113 vom 04.05.1994, S. 15–18), im Folgenden EBB-Statut, eingerichtet; hier wird auf die konsolidierte Fassung 1994D0262 – DE- 31.07.2008 Bezug genommen. Bestimmungen über das Beschwerdeverfahren und die Arbeitsweise des EBB sind zudem im Beschluss des Europäischen Bürgerbeauftragten (2016/C 32 1/01) zur Annahme von Durchführungsbestimmungen (ABl. C 321 vom 01.09.2016), im Folgenden EBB-Beschluss, enthalten.

[166] Dies entspricht dem Untersuchungsumfang des EBB, der sich nach Art. 2 Abs. 1 EBB-Statut auf „Mißstände bei der Tätigkeit der Organe und Institutionen der Gemeinschaft" beschränkt. Insoweit ist fraglich, inwiefern die Tätigkeit von ASTs vom Kontrollauftrag des EBB erfasst ist. Generell zur Kontrolle der EU-Eigenverwaltung durch den EBB *Lorenzen*, Kontrolle, S. 228 ff.

[167] Die Kontrolle „gemäß Art. 228 AEUV" spricht dafür, dass auch eine Einbeziehung der Funktion als Beschwerdestelle, die (nun) primärrechtlich vorgegeben ist, gewollt war. Die Verfahrensvorschriften und Vorgehensweisen des EBB sind für beide Anlässe der Kontrolle vereinheitlicht, vgl. Art. 2 ff. bzw. Art. 8 EBB-Beschluss.

[168] Zur eher zurückhaltend ausgeübten Möglichkeit des „Einschreitens von Amts wegen" vgl. ausführlich *Haas*, Ombudsmann, S. 279 ff.

[169] So etwa *Hölscheidt*, in: Grabitz/Hilf/Nettesheim (Hrsg.), Art. 228 AEUV Rn. 10; *Kluth*, in: Calliess/Ruffert (Hrsg.), Art. 228 AEUV Rn. 10 und *Haag*, in: von der Groeben/Schwarze/Hatje (Hrsg.), Art. 228 AEUV Rn. 31, die jeweils auf den Kreis der Berechtigten im Rahmen des Art. 227 AEUV verweisen und dementsprechend zumindest einen („faktischen") Wohnort im Unionsgebiet fordern.

[170] *Haas*, Ombudsmann, S. 270 verweist auf einen vom Bürgerbeauftragten entschiedenen Fall, in dem die physische Anwesenheit in einem (Gefängnis eines) Mitgliedstaat(s) für ausreichend erachtet wurde. Folgt man dieser vorzugswürdigen, mit dem Wortlaut des Art. 228 Abs. 1 AEUV aber nur schwer vereinbaren Ansicht, sind auch Drittstaatangehörige, die die Außengrenzen der Union überschritten haben, grundsätzlich beschwerdeberechtigt, so auch *Tsadiras*, Ombudsman, S. 799. Weiterhin fraglich ist, ob ein legaler Aufenthalt im Unions-

rechtigung ist im Übrigen nicht von einem persönlichen Interesse oder einer subjektiven Betroffenheit abhängig.[171] Beschwerde- bzw. Untersuchungsgegenstand können alle Tätigkeiten[172] von Unionsagenturen[173] sein, die „Missstände" aufweisen. Solche Defizite können insbesondere in Verstößen unionaler Stellen gegen den Grundsatz der Gesetzmäßigkeit der Verwaltung, das Verhältnismäßigkeitsprinzip und Nichtdiskriminierungsgebote liegen.[174] Art. 2 Abs. 4 EBB-Staut bestimmt neben einer Zweijahresfrist für Beschwerden (S. 1), dass der Weg zum EBB erst nach vorherigen „geeigneten administrativen Schritte(n)" eröffnet ist.[175] Art. 13 EBB-Beschluss fordert in Bezug auf die Form der Beschwerde die Verwendung einer „Vertragssprache", was für von den Einsätzen der ASTs betroffene Personen ein häufiges Hindernis darstellen dürfte.[176] Wie in Art. 228 Abs. 1 UA 2 S. 1 HS 2 AEUV angelegt, bestimmen Art. 6 Abs. 4 EBB-Beschluss und Art. 2 Abs. 7 EBB-Statut, dass Sachverhalte, die Gegenstand eines anhängigen oder abgeschlossenen Gerichtsverfahren sind bzw. waren, nicht Gegenstand einer Beschwerde sein dürfen.[177] Dieser Ausschluss erfordert jedoch die Identität der Beteiligten und des Streitgegenstandes sowie ein Sachurteil als Ergebnis des gerichtlichen Verfahrens.[178]

---

gebiet erforderlich ist: Während *Haag*, in: von der Groeben/Schwarze/Hatje (Hrsg.), Art. 228 AEUV Rn. 31 darin im Gleichlauf mit Art. 227 AEUV ein ungeschriebenes Kriterium sieht, verneinen dies *Haas*, Ombudsmann S. 270 und *Tsadiras*, Ombudsman, S. 799 mit Verweis auf die Praxis.Haas

[171] Vgl. nur *Hölscheidt*, in: Grabitz/Hilf/Nettesheim (Hrsg.), Art. 228 AEUV Rn. 10 m.w.N. („Popularbeschwerde") und *Haas*, Ombudsmann, S. 271 f. So konnte auch die deutsche Nichtregierungsorganisation „European Center for Constitutional and Human Rights" eine Mandatsüberschreitung und eine Verletzung des Art. 41 EU-GRC durch EASO während seiner Tätigkeiten in den „hotspots" in Griechenland rügen, vgl. dazu die Beschwerde 735/2017/MDC.

[172] Zum weit auszulegenden Begriff der Tätigkeit vgl. *Haas*, Ombudsmann, S. 257 ff.

[173] Der Einbezug von Agenturen ist mittlerweile durch Art. 228 Abs. 1 UA 1 S. 1 AEUV klargestellt (vgl. insoweit auch Art. 1 lit. a) EBB-Beschluss), weiterführend zu der im auch im EBB-Statut verwendeten Wortwahl („Organe und Institutionen") vgl. *Haas*, Ombudsmann, S. 253 ff.

[174] Vgl. zu dem Kontrollmaßstab des EBB, der mittlerweile wesentlich durch den „Europäischen Kodex für gute Verwaltungspraxis" geprägt ist, *Haas*, Ombudsmann, S. 260 ff. und ferner *Tsadiras*, Ombudsman, S. 812.

[175] Vgl. dazu und insbesondere zum primärrechtlich nicht vorgesehenen Erfordernis eines „Abhilfeversuchs" bei der handelnden Stelle *Haas*, Ombudsmann, S. 274 ff.

[176] Zu weiteren formalen Anforderungen vgl. Art. 2 Abs. 3 EBB-Statut und Art. 2 Abs. 2 und 3 EBB-Beschluss.

[177] Vgl. dazu *Tsadiras*, Ombudsman, S. 801 f. Nach Art. 1 Abs. 3 EBB-Statut ist es dem EBB zudem verwehrt, in ein laufendes gerichtliches Verfahren einzugreifen oder die Rechtmäßigkeit gerichtlicher Entscheidungen in Frage zu stellen; Art. 6 Abs. 4 EBB-Beschluss sieht vor, dass ein Beschwerdeverfahren zu beenden ist, sobald „der Sachverhalt der Untersuchung des Bürgerbeauftragten Gegenstand eines gerichtlichen Verfahrens geworden ist". Dies wird von *Haas*, Ombudsmann, S. 276 f. als Ausprägung des dem Amtes des EBB innewohnenden Neutralitätsgebots eingeordnet.

[178] Vgl. dazu *Haas*, Ombudsmann, S. 276 m.w.N., die die letztgenannte Voraussetzung als

Die Annahme einer zulässigen Beschwerde setzt zudem voraus, dass der EBB die Durchführung einer Untersuchung „für gerechtfertigt hält".[179] Dieses, dem EBB eingeräumte Entschließungsermessen soll die Prüfung von Fehlverhalten, das unterhalb einer Bagatellgrenze liegt und Mehrfachkontrollen verhindern.[180] Beschließt der EBB, eine Beschwerde weiter zu verfolgen, sind die betroffenen unionalen Institutionen grundsätzlich verpflichtet, dem EBB angefragte Informationen und Unterlagen zur Verfügung zu stellen.[181] Nach Art. 3 Abs. 3 EBB-Statut gilt dies im Grundsatz auch für mitgliedstaatliche Behörden.[182] Die vor diesem Hintergrund dem EBB zustehenden „Maßnahmen zur Einholung von Informationen im Zuge von Untersuchungen" sind in Art. 4 EBB-Beschluss weiter ausgestaltet; wie in Art. 3 Abs. 4 EBB-Statut vorgesehen ist als ultima ratio eine Befassung des Europäischen Parlaments bei nicht ausreichender Kooperation der betroffenen Stellen bestimmt.[183] Der EBB ist hinsichtlich erlangter Informationen nach Art. 3 Abs. 2 UA 6, Art. 4 Abs. 1 EBB-Statut zur Geheimhaltung verpflichtet, davon unabhängig ist jedoch die in Art. 4 Abs. 2 EBB-Statut geregelte Pflicht des EBB zur unverzüglichen Benachrichtigung der zuständigen (nationalen) Behörden bei „Sachverhalten, die seines Erachtens unter das Strafrecht fallen".

Ergibt die Untersuchung des EBB, dass ein Missstand vorliegt, für den keine Lösung nach Art. 3 Abs. 5 EBB-Statut i.V.m. Art. 5 EBB-Beschluss[184] gefunden

---

Subsidiaritätsklausel, die der Verhinderung von Mehrfachkontrollen mit voneinander abweichenden materiellen Ergebnissen dient, einordnet.

[179] Vgl. dazu Art. 228 Abs. 1 UA 1 S. 1 AEUV und Art. 3 Abs. 1 EBB-Statut, Art. 3 Abs. 3 EBB-Beschluss.

[180] Vgl. dazu *Haas*, Ombudsmann, S. 277 ff., die ferner die diesbezügliche Praxis des EBB darstellt und Beispielsfälle anführt.

[181] Vgl. dazu Art. 3 Abs. 2 EBB-Statut. Hierin enthalten sind besondere Regelungen für die Behandlung sensibler Dokumente i.S.d. Art. 9 EU-Dokumentenzugangs-VO und von „unter das Dienstgeheimnis fallenden Informationen"; für die Preisgabe aus einem Mitliedstaat stammender Dokumente ist dessen Zustimmung erforderlich, soweit die betreffenden Unterlagen „Rechts- oder Verwaltungsvorschriften der Geheimhaltung unterliegen", im Übrigen ist der betroffene Mitgliedstaat zu benachrichtigen. Der Inhalt der so erlangten Dokumente darf durch den EBB nicht verbreitet werden.

[182] Eine Ausnahme besteht bei Informationen, bezügliche derer „Rechts- oder Verwaltungsvorschriften betreffend die Geheimhaltung oder der Veröffentlichung entgegenstehenden Bestimmungen" vorhanden sind.

[183] Vgl. Art. 4 Abs. 9 EBB-Beschluss, das Europäische Parlament hat sodann „Maßnahmen zu ergreifen, die es für angemessen erachtet". Zu den möglichen vorgeschalteten Maßnahmen vgl. Art. 4 Abs. 2–5, 7 EBB-Beschluss. Zur Möglichkeit einer (Nichtigkeits-) Klage des EBB gegenüber den betreffenden unionalen Stelle und generell zu den Untersuchungsbefugnissen vgl. *Haas*, Ombudsmann, S. 283 ff.

[184] Diese Lösungssuche soll zunächst zwischen dem EBB und dem betroffenen Organ innerhalb einer Frist, „die in der Regel höchstens drei Monate umfasst" (Art. 5 Abs. 2 S. 1 EBB-Beschluss) erfolgen. Innerhalb eines Monats kann der Beschwerdeführer nach Übermittlung des Lösungsvorschlags des EBB und der Stellungnahme des Organs „Kommentare übermitteln", vgl. Art. 5 Abs. 3 EBB-Statut. Als mögliche, „einvernehmliche Lösung" kann

werden kann[185], übermittelt der EBB dem betroffenen Organ „Empfehlungen“.[186] Diesbezüglich hat das betroffene Organ innerhalb von drei Monaten Stellung zu nehmen.[187] Als Abschluss der Untersuchung und schärfstes Schwert des EBB ist ein Bericht an das Europäische Parlament vorgesehen.[188] Eine justizielle Überprüfbarkeit dieser und anderer Entscheidungen durch die im AEUV vorgesehenen Klagearten ist angesichts der zu verneinenden rechtlichen (Bindungs-) Wirkung der Untersuchungsergebnisse des EBB nur sehr eingeschränkt möglich.[189]

Insgesamt erscheint die Berufung des EBB im Hinblick auf eine Kontrolle von EASO-Personal, dessen Aktionsradius in der Migrationsverwaltung an den Außengrenzen der EU liegt, für den Individualrechtsschutz damit nicht zielführend. Dies betrifft insbesondere die in Bezug auf den Kreis der potentiell betroffenen Personen teilweise unpassend zugeschnittenen Zulässigkeitsvoraussetzungen und die sehr beschränkten Aktionsmöglichkeiten und Rechtswirkungen einer Entscheidung des EBB bei Feststellung eines Missstandes. Der EBB tritt (hier) als eine Art Schlichtungsstelle auf, was vor dem Hintergrund der im Einsatzbereich von EASO denkbaren Konfliktlagen bereits für sich genommen als unangemessen anzusehen ist.[190]

---

es nach *Haas*, Ombudsmann, S. 289 f. angesehen werden, „wenn die betroffene Institution ihr Fehlverhalten einräumt, eine Entschuldigung an den Beschwerdeführer abgibt oder ggf. sogar Entschädigungszahlungen anbietet“.

[185] Stellt der EBB keinen Missstand fest, wurde eine (anderweitige) Lösung gefunden oder hält der EBB weitere Untersuchungen für nicht gerechtfertigt, schließt der EBB das Beschwerdeverfahren ab. Hierüber sind der Beschwerdeführer und die betroffene Institution zu unterrichten, vgl. Art. 6 Abs. 2 EBB-Beschluss.

[186] Zu den diesbezüglichen primärrechtlichen Vorgaben vgl. Art. 228 Abs. 2 S. 2–4 AEUV.

[187] Vgl. zum Ganzen Art. 3 Abs. 6 EBB-Statut, Art. 6 Abs. 3 S. 1 und 2 EBB-Beschluss, wonach diese Stellungnahme ggf. auch (geplante) Abhilfemaßnahmen beschreiben soll. Nach Art. 6 Abs. 3 S. 3 EBB-Beschluss ist dem Beschwerdeführer die Stellungnahme der betroffenen Institution zu übermitteln, der innerhalb von einem Monat „Kommentare“ abgeben kann.

[188] Vgl. dazu Art. 6 Abs. 7 EBB-Statut und Art. 7 EBB-Beschluss. Nach Art. 7 Abs. 3 EBB-Beschluss kann der EBB neben den nach Art. 7 Abs. 2 EBB-Beschluss vorgesehenen regelmäßigen Berichten und dem Jahresbericht einen Sonderbericht erstellen, wenn nach seiner Einschätzung ein erhebliches öffentliches Interesse besteht.

[189] Vgl. dazu *Haas*, Ombudsmann, S. 309 m.w.N., die insbesondere auf die entsprechenden Ausführungen des EuG, Beschluss v. 22.05.2000, Rs. T-103/99, Associazione delle Cantine Sociali Venete, Rn. 47–51 verweist. Hiernach kommt eine Untätigkeits- oder Nichtigkeitsklage gegen den EBB im Hinblick auf eine Missstandsfeststellung grundsätzlich nicht in Betracht; erstere erscheint jedoch in Bezug auf andere Verfahrensaspekte denkbar, etwa, wenn der EBB auf keine Weise auf eine Beschwerde reagiert.

[190] Insoweit ist es umso bedauerlicher, dass auch der EASO-Änderungsvorschlag-2016 in seinem Art. 62 (S. 59) die Verwaltungskontrolle dem EBB überantwortet.

b) Praktische Ausübung der Kontrolle

In einem aktuellen Verfahren[191] hatte die EBB über die Beschwerde einer deutschen Nichtregierungsorganisation zu entscheiden. Hierin wurde die faktische Einflussnahme von EASO auf die Bescheidung von Asylanträgen[192] durch griechische Behörden und die damit einhergehende Überschreitung des Mandats EASOs (Art. 2 EASO-VO)[193] sowie eine Verletzung von in Art. 41 EU-GRC normierten (insbesondere Anhörungs-) Rechten[194] im Rahmen der Durchführung von Interviews durch EASO-Personal gerügt. Letztlich wurden beide Beschwerdegründe aufgrund der Letztentscheidungsbefugnis griechischer Behörden für nicht durchgreifend erachtet.[195]

Der erste Beschwerdegrund wird neben einem solchen Verweis auf die Unverbindlichkeit des Tätigwerdens EASOs zumindest fragwürdig dadurch abgelehnt, dass eine Neuregelung der EASO-VO bevorstehe und die sekundärrechtliche Zulässigkeit der Tätigkeiten EASOs anhand dieser Vorgaben zu prüfen sei – Überprüfungen anhand der Maßstäbe der EASO-VO „would serve no useful purpose and are therefore not justified“.[196] (Noch) weniger nachvollziehbar ist die Argumentation der EBB in Bezug auf die Verletzung von Verfahrensrechten durch EASO-(Team-)Personal: Aufgrund der Möglichkeit griechischer Behörden ggf. nach Durchsicht einer Dokumentierung des Interviews, Mängel des Verfahrens auszugleichen oder ein solches zu wiederholen sowie die Möglichkeit des Rechtsschutzes vor nationalen Instanzen, liege die „ultimate legal responsibilty for decisions on individual asylum applications“ bei griechischen Behörden. Dies führt die EBB zu folgender abschließenden Einschätzung: „any shortcomings in the interview process [...] are best addressed in course of individual appeals [...], rather than in the context of an Ombudsman inquiry. She therefore considers that no further inquiries into this aspect of the complaint is warranted“.[197] So wird das im gerichtlichen Rechtsschutz im Ausgangspunkt geltende Trennungsprinzip[198] ebenfalls auf Ebene des Verwaltungsrechtsschutzes angewendet und zwar sogar auch dort, wo es nicht allein um eine Rechtmäßigkeitskontrolle geht.

---

[191] Vgl. die Entscheidung vom 05.07.2018, 735/2017/MDC.

[192] Vgl. zu diesen „opinions“ oben in diesem Kapitel D. II.

[193] S. dazu oben in diesem Kapitel D. I.

[194] Vgl. dazu unten Teil 3 Kapitel 11 B. II. 3. a) aa).

[195] Wörtlich heißt es in der Zusammenfassung der Entscheidung vom 05.07.2018, 735/2017/MDC: „The primary reason for the Ombudsman's decision is that responsibility for decisions on individual asylum applications rests with the Greek authorities“.

[196] Vgl. dazu Entscheidung vom 05.07.2018, 735/2017/MDC Rn. 32 ff. (Zitat aus Rn. 35); in Rn. 33 wird in Bezug auf EASO mit Bezug zu politischen Verlautbarungen und den Vorgaben der EASO-VO folgendes Dilemma beschrieben, aber aus den genannten Gründen nicht weiter verfolgt: „EASO is being encouraged politically to act in a way which is, arguably, not in line with ist existing statutory role.“

[197] Vgl. dazu Entscheidung vom 05.07.2018, 735/2017/MDC Rn. 45 f. (Zitat aus Rn. 46).

[198] Hierzu Teil 3 Kapitel 11 C. II. 1. a).

Ein solches Verständnis hindert jedoch eine umfassende Überprüfung des Einsatzhandelns der Teams, trägt nicht zur Steigerung der Verantwortungsklarheit bei und entspricht wohl auch nicht dem Auftrag der EBB.

H. Zwischenfazit: ASTs als institutionalisierte Bausteine des europäischen Asylsystems

Die ASTs weisen in Bezug auf ihr Einsetzungsverfahren, ihre Zusammensetzung und die Steuerung des Einsatzes konzeptionelle Ähnlichkeiten mit den europäischen Grenz- und Küstenwachteams unter der Frontex-VO-2016 auf, sodass vergleichbare Fragestellungen bestehen. Das EASO ist in Bezug auf die Einleitung eines AST-Einsatzes letztentscheidungsbefugt, spielt eine entscheidende Rolle bei der Erstellung des den Einsatzablauf bestimmenden Einsatzplans und verfügt auch während des Einsatzes über Steuerungsmöglichkeiten. Ebenso wie im Fall der Teams unter Frontex-Beteiligung setzt sich das im Einsatzplan operationalisierte Einsatzrecht aus Unionsrecht, aus von EASO erlassenen Verhaltensvorgaben und mitgliedstaatlichem Recht zusammen. Die von den ASTs wahrgenommenen Aufgaben sind primär informationsbezogener, unverbindlicher und vorbereitender Natur, haben faktisch jedoch erheblichen Einfluss auf die Asylentscheidungen der mitgliedstaatlichen Behörden. Die informationsbezogene Tätigkeit betrifft den von der DSGVO geregelten Bereich, was entsprechende Rechte und Rechtsschutzmöglichkeiten für betroffene Personen begründet. Auf der Kontroll- und Aufsichtsebenebene bestehen maßgebliche Unterschiede zur Ausgestaltung bei den Frontex-Teams: Statt eines agentureigenen Individualbeschwerdeverfahrens wird der verwaltungsbehördliche Rechtsschutz auf den EBB ausgelagert, was jedenfalls in der Praxis den durch das Einsatzhandeln der ASTs geschaffenen Rechtsschutzbedürfnissen betroffener Personen nicht gerecht wird. Auch im Bereich der objektiven, laufenden Kontrolle bleibt die EASO-VO hinter den für Frontex-Einsätze geltenden Bestimmungen zurück: Zwar bestehen Berichtspflichten der Teammitglieder und eine Kontrolle während des Einsatzes durch die Kontaktstelle der Union, insgesamt liegt jedoch kein vergleichbar dichtes Netz (inter-)administrativer Überwachung vor. Im Bereich des gerichtlichen Rechtsschutzes sind nach der Konzeption der EASO-VO für eine Überprüfung des Handelns der mitgliedstaatlichen AST-Mitglieder die nationalen Gerichte berufen.

In Bezug auf die (Weiter-)Entwicklung des Instruments der ASTs stellt die sog. Migrationskrise einen beschleunigenden und intensivierenden Faktor dar, was insbesondere für die praktische Umsetzung gilt. Die noch anhaltenden Auswirkungen der Krise haben – mehr noch als im Bereich der Grenzverwaltungsteams – zu Institutionalisierungen im Hinblick auf den Einsatz von ASTs in bestimmten Mitgliedstaaten geführt. Dies gilt etwa für die Bildung von Entscheidungszentren in Italien oder Griechenland, welche die Einsätze der ASTs koordinieren, oder die kontinuierliche Aneinanderreihung von jährlichen Einsatzplänen. So erfolgt ein dauerhafter Einsatz der ASTs in mitgliedstaatlichen oder teilweise neu geschaffenen unionalen Verwaltungsstrukturen. Auch insoweit besteht sekundärrechtlicher Anpassungsbedarf, diesem wird der EASO-Änderungsvorschlag-2016 nur teilweise gerecht.

Kapitel 7

Joint Supervisory Teams im Einheitlichen Bankenaufsichtsmechanismus

A. JSTs als exekutives Instrument der EZB

Ab dem Jahr 2007 hat die sog. Finanz- bzw. Eurokrise ein verstärktes Interesse an einer zentralen und unionalen Regulierung der europäischen Finanzmärkte hervorgerufen.[1] Dies hat sich zunächst maßgeblich in der Einführung eines Europäischen Finanzaufsichtssystems niedergeschlagen[2], welches aus dem Europäischen Ausschuss für Systemrisiken[3], der Europäischen Bankenaufsichtsbehörde[4], der Europäischen Aufsichtsbehörde für das Versicherungswesen und die betriebliche Altersversorgung[5], der Europäischen Wertpapier- und Marktauf-

[1] Einen Überblick über Entwicklung des Europäischen Finanzmarktrechts bis zu diesem Ereignis gibt *Schemmel*, Europäische Finanzmarktverwaltung, S. 6 ff.; dazu auch *Teixeira*, in: Fossum/Menéndez (Hrsg.), S. 531 ff., der die Entwicklungsperioden in „Integration through harmonization" (1973–1984), „Integration through competition" (1985–1998), „Integration governance" (1999–2007) und „(Dis-)integration through crisis" (2008–2012) unterteilt.

[2] Häufig und im Folgenden abgekürzt mit ESFS (European System of Financial Supervision).

[3] Vgl. dazu die Verordnung (EU) Nr. 1092/2010 des Europäischen Parlaments und des Rates vom 24.11.2010 über die Finanzaufsicht der Europäischen Union auf Makroebene und zur Errichtung eines Europäischen Ausschusses für Systemrisiken (ABl. L 331 vom 15.12.2010, S. 1–11), häufig abgekürzt mit ESRB-Verordnung (European Systemic Risk Board). Der ESRB soll demnach makroprudentielle Aufgaben übernehmen, die übrigen Einrichtungen sollen hingegen in mirkoprudentiellen Bereiche agieren; zu dieser Differenzierung und Terminologie vgl. *Schemmel*, Europäische Finanzmarktverwaltung S. 28 ff. und unten in diesem Kapitel unter D. II., ferner die Darstellung der BaFin unter https://www.bafin.de/DE/Internationales/EuropaeischeAufsicht/Makro/makro-aufsicht_node.html (zuletzt abgerufen am 24.02.2024).

[4] S. dazu die Verordnung (EU) Nr. 1093/2010 des Europäischen Parlaments und des Rates vom 24.11.2010 zur Errichtung einer Europäischen Aufsichtsbehörde (Europäische Bankenaufsichtsbehörde), zur Änderung des Beschlusses Nr. 716/2009/EG und zur Aufhebung des Beschlusses 2009/78/EG der Kommission (ABl. L 331 vom 15.12.2010, S. 12–47), abgekürzt mit EBA-Verordnung (European Banking Authority).

[5] Vgl. die Verordnung (EU) Nr. 1094/2010 des Europäischen Parlaments und des Rates vom 24.11.2010 zur Errichtung einer Europäischen Aufsichtsbehörde (Europäische Aufsichtsbehörde für das Versicherungswesen und die betriebliche Altersversorgung), zur Änderung des Beschlusses Nr. 716/2009/EG und zur Aufhebung des Beschlusses 2009/79/EG der Kommission (ABl. L 331 vom 15.12.2010, S. 48–83), abgekürzt mit EIOPA-Verordnung (European Insurance and Occupational Pensions Authority).

sichtsbehörde[6], dem Gemeinsamen Ausschuss der Europäischen Aufsichtsbehörden[7] sowie den nationalen Aufsichtsbehörden besteht.[8] Der weitere Verlauf der Krise ließ aus unionaler Sicht weitergehende Maßnahmen zur Verwirklichung der anvisierten Bankenunion erforderlich werden.[9] Ein in vielerlei Hinsicht weitgehende und umstrittene[10] diesbezügliche Innovation liegt in der Einführung eines überwiegend in den Aufgabenbereich der EZB angesiedelten Einheitlichen Aufsichtsmechanismus für Banken[11], der u.a. die individuelle Beaufsichtigung von systemrelevanten Unternehmen beinhaltet.[12] Der SSM wird als erste Säule der europäischen Bankenunion verstanden[13], die zudem aus dem Ein-

[6] S. dazu die Verordnung (EU) Nr. 1095/2010 des Europäischen Parlaments und des Rates vom 24.11.2010 zur Errichtung einer Europäischen Aufsichtsbehörde (Europäische Wertpapier- und Marktaufsichtsbehörde), zur Änderung des Beschlusses Nr. 716/2009/EG und zur Aufhebung des Beschlusses 2009/77/EG der Kommission (ABl. L 331 vom 15.12.2010, S. 84–119), abgekürzt mit ESMA-Verordnung (ESMA steht hierbei für European Securities and Markets Authority).

[7] Dieser setzt sich nach Art. 55 Abs. 1 ESMA-Verordnung (die EBA-Verordnung und EIOPA-Verordnung enthalten den Art. 55 ff. ESMA-Verordnung entsprechende Regelungen) aus den Vorsitzenden der EBA, EIOPA und ESMA sowie den Vorsitzenden etwaiger nach Art. 57 ESMA-Verordnung eingerichteter Unterausschüsse zusammen. In die Zuständigkeit des Ausschusses fällt insbesondere die sektorübergreifende Abstimmung und die Zusammenarbeit mit dem ESRB, vgl. Art. 54 Abs. 2, zur institutionalisierten Vernetzung Art. 55 Abs. 2 und 3 ESMA-Verordnung.

[8] Vgl. ausführlich zur Verwaltungsstruktur der unionalen Bankenaufsicht *Paraschiakos*, Bankenaufsicht, S. 61 ff.; knapper zum „europäischen Bankenaufsichtsverbund" *Möstl*, Bankenregulierung, S. 88 ff.

[9] Einen Überblick über die Entwicklungen gibt *Möstl*, Bankenregulierung, S. 79 ff.

[10] In Frage steht insbesondere eine mögliche Primärrechtswidrigkeit der SSM-VO, welche als Rechtsgrundlage Art. 127 Abs. 6 AEUV ausweist. Nach dieser Bestimmung ist (lediglich) die Übertragung „besonderer Aufgaben" im Zusammenhang mit der Aufsicht über Banken auf die EZB zulässig; vgl. zu dieser Problematik *Selmayr*, in: von der Groeben/Schwarze/Hatje (Hrsg.), Art. 127 AEUV Rn. 53 f., *Wutscher*, in: Schwarze/Becker/Hatje/Schoo (Hrsg.), Art. 127 AEUV Rn. 40, *Möstl*, Bankenregulierung, S. 86 ff. und *Teixeira*, in: Fossum/Menéndez (Hrsg.), S. 548 ff. Vor dem BVerfG ist eine auf eine Verletzung von Art. 14 Abs. 1 i.V. m Art. 88 Satz 2 GG sowie von Art. 38 Abs. 1 Satz 1 i.V.m. Art. 20 Abs. 1 und Abs. 2 GG gestützte Verfassungsbeschwerde gescheitert, BVerfG, Urt. v. 30.07.2019 – 2 BvR 1685/14–. Für *Ohler*, Bankenaufsicht § 5 Rn. 21 f. bewegt sich die Kompetenzübertragung auf die EZB jedenfalls am „äußersten Rand" des nach Art. 127 Abs. 6 AEUV Erlaubten, sodass in der konkreten Umsetzung eine zurückhaltende Auslegung bzw. -übung von Eintritts- oder Weisungsrechten der EZB angebracht sei.

[11] Vgl. zur Entstehung und Einordnung des SSM in der europäischen Bankenaufsicht *Ohler*, Die Verwaltung, 2016, S. 309 ff., insb. S. 330 ff.

[12] Vgl. dazu die Verordnung (EU) Nr. 1024/2013 des Rates vom 15.10.2013 zur Übertragung besonderer Aufgaben im Zusammenhang mit der Aufsicht über Kreditinstitute auf die Europäische Zentralbank (ABl. L 287 vom 29.10.2013, S. 63–89), im Folgenden mit SSM (Single Supervisory Mechanism) bzw. hinsichtlich des Rechtsakts mit SSM-VO abgekürzt. Nach *Ferran/Babis* JCLS 2013, S. 255 ff., S. 255 ff., soll der Wortteil „Mechanismus" bewusst gewählt worden sein, um die erforderliche Zusammenarbeit und insbesondere Verantwortungsteilung zwischen EZB und nationalen Aufsichtsbehörden zu verdeutlichen.

[13] Vgl. dazu ausführlich *Almhofer*, Haftung der EZB, S. 17–116 und *Wymeersch*, The Single Supervisory Mechanism, S. 1 ff.

heitlichen Abwicklungsmechanismus[14] besteht und durch das europäische Einlagenversicherungssystem ergänzt werden soll.[15] Die Wahrnehmung der im Rahmen des SSM übertragenen Aufgaben[16] wurde durch die EZB wie von Art. 33 Abs. 1 und 2 SSM-VO vorgeschrieben vor Arbeitsaufnahme am 04.11.2014 durch Verordnung konkretisiert (SSM-Rahmen-VO).[17] Nach dieser Konkretisierung liegt ein wesentlicher Bestandteil[18] der komplexen Organisation und Arbeitsweise des SSM[19] in der Bildung eines gemeinsamen Aufsichtsteams (JSTs)[20] für jedes in den Aufsichtsbereich der EZB fallende bedeutende beaufsichtigte Unternehmen.[21] Die EZB selbst bezeichnet die JSTs in ihrem Jahresbericht über ihre Aufsichtstätigkeiten (2015) als „cornerstone in the implementation of the SSM model of supervision". Nach einem Bericht der Kommission an das Europäische Parlament und den Rat repräsentieren die JSTs „den SSM als System: sie sind das Instrument, mit dem die EZB sich die Erfahrung des Personals der

[14] Im Folgenden abgekürzt mit SRM (Single Resolution Mechanism); der SRM wurde durch die Verordnung (EU) Nr. 806/2014 des Europäischen Parlaments und des Rates vom 15.07.2014 zur Festlegung einheitlicher Vorschriften und eines einheitlichen Verfahrens für die Abwicklung von Kreditinstituten und bestimmten Wertpapierfirmen im Rahmen eines einheitlichen Abwicklungsmechanismus und eines einheitlichen Abwicklungsfonds sowie zur Änderung der Verordnung (EU) Nr. 1093/2010 (ABl. L 225 vom 30.07.2014, S. 1–90), im Folgenden SRM-VO eingerichtet.

[15] Vgl. zu diesem, mit EDIS (European Deposit Insurance Scheme) abgekürzten, geplanten Bestandteil den Vorschlag der Kommission für eine Verordnung des Europäischen Parlaments und des Rates zur Änderung der Verordnung (EU) Nr. 806/2014 im Hinblick auf die Schaffung eines europäischen Einlagenversicherungssystems vom 24.11.2015, COM(2015) 586 final.

[16] Vgl. dazu Art. 4 (insb. Abs. 3) und Art. 6 SSM-VO.

[17] Vgl. dazu die Verordnung (EU) Nr. 468/2014 der EZB vom 16.04.2014 zur Einrichtung eines Rahmenwerks für die Zusammenarbeit zwischen der Europäischen Zentralbank und den nationalen zuständigen Behörden und den nationalen benannten Behörden innerhalb des einheitlichen Aufsichtsmechanismus (SSM-Rahmenverordnung) (ABl. L 141 vom 14.05.2014, S. 1–50), im Folgenden abgekürzt mit SSM-Rahmen-VO.

[18] Zur Bedeutung der JSTs vgl. auch *Paraschiakos*, Bankenaufsicht, S. 330 f.

[19] *Teixeira*, in: Fossum/Menéndez (Hrsg.), S. 554 beschreibt die insgesamt schwer kategorisier- bzw. definierbaren Strukturen des SSM wie folgt: „The SSM consists of a unique and unprecedented juxtaposition of European and national competences, which defies any clear definition or categorisation. It includes, at least, the following layers of competences: exclusive competences of the ECB regarding the direct supervision of euro area banks; national competences of supervision regarding the tasks not transferred to the ECB and also the banks not within the scope of the supervision of the ECB; oversight competences of the ECB over national supervisors, including the powers to give instructions; shared and parallel competences among the ECB and national authorities regarding some supervisory tasks; and the combination of both European and national competences to give effect to certain tasks".

[20] Hier werden die gemeinsamen Aufsichtsteams mit dem gängigen Akronym JST (Joint Supervisory Teams) abgekürzt.

[21] Zum Begriff des bedeutenden beaufsichtigten Unternehmens vgl. an dieser Stelle nur Art. 2 Nr. 16 SSM-Rahmen-VO.

NCAs zunutze macht, um ihrer unmittelbaren Aufsichtszuständigkeit mit Blick auf bedeutende Institute nachzukommen". Hierbei fällt die Einschätzung der Wirksamkeit dieses Instrument positiv aus: „In den ersten Jahren ihrer Tätigkeit haben die JST(s) sich bewährt und als zuverlässig erwiesen; die erlassenen Aufsichtsbeschlüsse beruhen weitgehend auf der Tätigkeit der JST(s). Die EZB hat erhebliche Anstrengungen unternommen, um die JST(s) zu einem Schlüsselinstrument für die harmonisierte Aufsicht im Euro-Währungsgebiet zu machen."[22].

B. Rechtsgrundlagen für JSTs

Das Instruments der JSTs ist primärrechtlich nicht ausdrücklich vorgesehen und wird auch in der SSM-VO nicht als Mittel der direkten Aufsicht über Finanzinstitute erwähnt.[23] Eine Organisation der Aufsicht durch JSTs wurde in der von der EZB erlassenen SSM-Rahmen-VO vorgenommen. Art. 2 Nr. 6 SSM-Rahmen-VO definiert ein JST als „ein Team von Aufsehern, die mit der Aufsicht eines bedeutenden beaufsichtigten Unternehmens oder einer bedeutenden beaufsichtigten Gruppe betraut sind". Der Kernbestand der Regelungen hinsichtlich JSTs in Art. 3 bis 6 SSM-Rahmen-VO bildet dabei zugleich in Teil II „Organisation des SSM" unter dem gleichnamigen Titel 1 allein das Kapitel 1 „Beaufsichtigung bedeutender beaufsichtigter Unternehmen"[24], was die von der EZB angenommene, zentrale Rolle der JSTs bei der Aufsicht verdeutlicht. Ergänzt werden diese Rechtsgrundlagen durch teilweise nicht rechtsverbindliche, von der EZB erlas-

[22] Vgl. dazu den Bericht der Kommission an das Europäische Parlament und den Rat über den einheitlichen Aufsichtsmechanismus vom 11.10.2017, COM(2017) 591 final, S. 10.

[23] Die SSM-VO spricht in Art. 31 Abs. 2 SSM-VO von Aufsichtsteams, hierbei sind indes (allein) durch die NCAs eingesetzte nationale Aufsichtsteams gemeint; Erw. 79 SSM-VO betrifft vorrangig ebenfalls diesen Bereich, betont jedoch die grundsätzliche Wichtigkeit von „Aufsichtsteams von geographischer Diversität mit speziellem Fachwissen und Profil" und einer „Kontrolle unter Gleichgestellten insbesondere bei der Beaufsichtigung großer Kreditinstitute", was die direkte Aufsicht bedeutender beaufsichtigter Unternehmen (wohl) miteinschließt; mit *Ohler*, Die Verwaltung, 2016, S. 309 ff., S. 334 f. kann die Rechtsgrundlage für JSTs jedoch in der in Art. 6 Abs. 3 S. 1 SSM-VO normierten „allgemeinen Unterstützungspflicht" der nationalen Aufsichtsbehörden gesehen werden.

[24] Die Anwendbarkeit dieser Vorschriften wird durch Art. 115 Abs. 1 SSM-Rahmen-VO grundsätzlich auf teilnehmende Mitgliedstaaten in enger Zusammenarbeit (vgl. zur Definition Art. 2 Nr. 15 SSM-Rahmen-VO) erweitert. Im Übrigen finden sich JST-bezogene Vorschriften punktuell in der SSM-Rahmen-VO (vgl. etwa Art. 91 Abs. 3 SSM-Rahmen-VO) und in weiteren, von der EZB erlassenen Beschlüssen und Leitlinien, die die dort vorgesehenen und im folgenden behandelten Regelungen ergänzen bzw. modifizieren.

sene Vorschriften, hauptsächlich durch den Leitfaden zur Bankenaufsicht[25], das SSM-Aufsichtshandbuch[26] und die Ethik-Leitlinie der EZB.[27]

C. Einsatzbereiche der JSTs

Ein JST wird nach Art. 3 Abs. 1 S. 1 SSM-Rahmen-VO für jedes einzelne bedeutende beaufsichtigte Unternehmen und jede einzelne bedeutende beaufsichtigte Gruppe durch die EZB eingerichtet. Durch diese Anbindung an konkrete Institute wird der Einsatzbereich begrenzt[28], weshalb die Bestimmung der Zuordnungsobjekte von herausragender Bedeutung ist. Die Charakteristika eines bedeutenden beaufsichtigten Unternehmens bzw. einer bedeutenden beaufsichtigten Gruppe werden maßgeblich durch die Definitionen des Art. 2 SSM-Rahmen-VO bestimmt. Voraussetzung ist hierbei zunächst, dass es sich um eine beaufsichtigte Gruppe (Art. 2 Nr. 5 i.V.m. Art. 2 Nr. 21 SSM-Rahmen-VO) bzw. ein beaufsichtigtes Unternehmen (Art. 2 Nr. 20 SSM-Rahmen-VO) handelt. Die Eigenschaft als beaufsichtigtes Unternehmen kann insbesondere durch die Niederlassung des Unternehmens in einem Mitgliedstaat bzw. den Hauptsitz des Mutterunternehmens[29] einer Gruppe in einem Mitgliedstaat[30] begründet werden.

---

[25] Dieser, im Folgenden mit SSM-Leitfaden abgekürzte Leitfaden wurde „als praktische Orientierungshilfe und zur Unterstützung von Interessenträgern bei ihrer Vorbereitung" (S. 2 SSM-Leitfaden) vor Arbeitsaufnahme des SSM von der EZB im September 2014 veröffentlicht.

[26] Das im März 2018 von der EZB veröffentlichte Aufsichtshandbuch (im Folgenden SSM-Handbuch) soll nach S. 3 SSM-Handbuch den „organisatorischen Rahmen" des SSM beschreiben und „die Methoden, Prozesse und Verfahren der Bankenaufsicht im Euro-Währungsgebiet" definieren.

[27] Vgl. dazu die Leitlinie (EU) 2015/856 der Europäischen Zentralbank vom 12.04.2015 über die Festlegung von Grundsätzen eines Ethik-Rahmens für den Einheitlichen Aufsichtsmechanismus (Single Supervisory Mechanism — SSM) (EZB/2015/12) (ABl. L 135 vom 02.06.2015, S. 29–34), im Folgenden „Ethik-Leitlinie"; s. dazu auch unten in diesem Kapitel unter E.

[28] Die Tragweite der in der SSM-VO angelegten Differenzierung hinsichtlich bedeutender und weniger bedeutender Unternehmen fasst Erw. 5 SSM-Rahmen-VO übersichtlich zusammen: Demnach obliegt der EZB die Beaufsichtigung bedeutender Institute, weniger bedeutende Unternehmen werden grundsätzlich durch die zuständige nationale Behörde (vgl. dazu Art. 2 Nr. 2 SSM-VO) überwacht (zu den Ausnahmen sogleich). Durch die Zuteilung eines JSTs je Aufsichtsobjekt bewegt sich das Instrument der JSTs wie von Art. 4, 6 SSM-VO und Erw. 2 SSM-Rahmen-VO vorgesehen im mikroprudentiellen Bereich. Für das Jahr 2019 war nach Pressemitteilung der EZB vom 14.12.2018 die Aufsicht über 119 „bedeutende Institute" vorgesehen.

[29] Vgl. zum Begriff des Mutterunternehmens Art. 2 Nr. 14 SSM-Rahmen-VO.

[30] Bezüglich des Terminus „Mitgliedstaat" wird zwischen einem „Mitgliedstaat des Euro-Währungsgebiets" (Art. 2 Nr. 4 SSM-Rahmen-VO), einem „nicht dem EURO-Währungsgebiet angehörende(m) Mitgliedstaat" (Art. 2 Nr. 13 SSM-Rahmen-VO) und einem „teilnehmende(n) Mitgliedstaat in enger Zusammenarbeit" (Art. 2 Nr. 15 SSM-Rahmen-VO) unter-

Für die Einordnung als *bedeutendes* beaufsichtigtes Unternehmen bzw. als *bedeutende* beaufsichtigte Gruppe ist zudem eine dementsprechende Einstufung durch die EZB nach Art. 6 Abs. 4 SSM-VO oder ein Beschluss der EZB i.S.d. Art. 6 Abs. 5 lit. b) SSM-VO erforderlich.[31] Ein bedeutendes Kreditinstitut bzw. eine bedeutende Gruppe ist nach Art. 6 Abs. 4 UA 1 SSM-VO anhand der Größe, der „Relevanz für die Wirtschaft der Union oder eines teilnehmenden Mitgliedstaats" oder der „Bedeutung der grenzüberschreitenden Tätigkeiten" zu ermitteln.[32] Das Verfahren zur Einstufung eines Aufsichtsobjekts nach Art. 6 Abs. 4 SSM-VO als bedeutend bzw. weniger bedeutend ist in den Art. 39–66 SSM-Rahmen-VO vertieft und differenziert geregelt.[33]

Bei einem Beschluss nach Art. 6 Abs. 5 lit. b) SSM-VO, der in Art. 67 ff. SSM-Rahmen-VO näher ausgestaltet ist, handelt es sich jedenfalls nach dem Wortlaut streng genommen nicht um eine Entscheidung der EZB, die dem betroffenen Unternehmen bzw. der betroffenen Gruppe den Status eines bedeutenden beaufsichtigten Unternehmens verleiht. Vielmehr kann die EZB auf diesem Wege auch ein als weniger bedeutend eingestuftes Unternehmen anlässlich eines entsprechenden Ersuchens einer nationalen zuständigen Behörde oder aus eigener Initiative[34] ihrer direkten Aufsicht unterwerfen. Art. 6 Abs. 5 lit. b) SSM-VO statuiert hierfür als materielle Voraussetzung die Erforderlichkeit „für die Sicherstellung der kohärenten Anwendung hoher Aufsichtsstandards". In Art. 67 (Abs. 2) SSM-Rahmen-VO werden diese Anforderungen aufgegriffen und klargestellt, dass der EZB in diesem Zusammenhang eine Einschätzungsprärogative zukommt.[35] Ein solcher Beschluss hat zur Folge, dass in Bezug auf diese Unternehmen dieselben Bestimmungen wie für bedeutende beaufsichtigte Unternehmen gelten und folglich ein JST einzurichten ist.

---

schieden. Diese Unterscheidung ist in Art. 2 Nr. 1 SSM-VO angelegt, wonach ein „teilnehmender Mitgliedstaat" ein Mitgliedstaat, „dessen Währung der Euro ist" oder der „eine enge Zusammenarbeit nach Maßgabe des Art. 7 (SSM-VO) eingegangen ist", ist.

[31] Vgl. dazu Art. 2 Nr. 16–18 SSM-Rahmen-VO, die hinsichtlich beaufsichtigter Unternehmen zwischen der Niederlassung des Unternehmens im Euro-Währungsgebiet differenzieren sowie Art. 2 Nr. 22 SSM-Rahmen-VO für beaufsichtigte Gruppen.

[32] Diesbezüglich stellt Art. 6 Abs. 4 UA 1 SSM-VO eine Art Regelvermutung für die Kreditinstitute, Finanzholdinggesellschaften und gemischte Finanzholdinggesellschaften (vgl. zu den diesbezüglichen Definitionen Art. 2 Nr. 3–5 SSM-VO) in bestimmten Fällen auf, etwa bei einem Gesamtwert der Aktiva von 30 Milliarden € oder einem signifikanten Verhältnis der Aktiva zum Bruttoinlandsprodukt des (teilnehmenden) Mitgliedstaats der Niederlassung.

[33] Ausgestaltende Vorschriften bestehen etwa für die Feststellung der Bedeutung aufgrund eines der verschiedenen, in Art. 6 Abs. 4 SSM-VO angelegten Kriterien (Art. 50 ff. SSM-Rahmen-VO) sowie für Zweigstellen (vgl. dazu die Definition in Art. 2 Nr. 2 SSM-Rahmen-VO) und in Drittländern niedergelassene Kreditinstitute (Art. 40 ff. SSM-Rahmen-VO).

[34] Vgl. dazu auch die unterschiedliche Regelung des Verfahrens in Art. 68 bzw. 69 SSM-Rahmen-VO.

[35] Zu den bei einer Entscheidung zu berücksichtigenden Faktoren können u.a. die Nichtbefolgung von Anweisungen der EZB sowie ein Verstoß gegen einschlägiges (nationales) Recht sein, Art. 67 Abs. 2 lit. d) bzw. lit. e) SSM-Rahmen-VO i.V.m. Art. 4 Abs. 3 UA 1 SSM-VO.

D. Ein- und Zusammensetzung der JSTs

I. Einsetzung eines JSTs

Mit der Einstufung als bedeutendes beaufsichtigtes Unternehmen oder bedeutende beaufsichtigte Gruppe bzw. einem Beschluss nach Art. 6 Abs. 5 lit. b) SSM-VO, Art. 67 ff. SSM-Rahmen-VO geht die Verpflichtung und Berechtigung der EZB zur Schaffung eines JSTs für dieses Aufsichtsobjekt einher. Ein einmal eingesetztes JST existiert formal (d.h. unabhängig von dem Wechsel des Personals) grundsätzlich solange fort, wie die jeweilige Einstufung als bedeutendes beaufsichtigtes Unternehmen andauert bzw. der Beschluss nach Art. 6 Abs. 5 lit. b) SSM-VO gilt.

II. Zusammensetzung der JSTs

Ein JST setzt sich nach Art. 3 Abs. 1 S. 2 SSM-Rahmen-VO aus EZB-Personal und Mitarbeitern der nationalen zuständigen Behörden (NCAs)[36] zusammen. Nach Art. 4 Abs. 1 S. 1 SSM-Rahmen-VO ist die EZB primär für die „Einrichtung und Zusammensetzung" der JSTs zuständig.[37]

Bei dem von der EZB bereitzustellenden Personal ist der EZB-spezifische, sog. Trennungsgrundsatz zu beachten. Dieser fordert nach Art. 25 Abs. 1 SSM-Rahmen-VO generell eine unabhängige Wahrnehmung der beiden maßgeblichen Funktionen der EZB (Geldpolitik und Finanzaufsicht), um nach der Formulierung des S. 11 SSM-Handbuch „Interessenkonflikte zwischen den geldpolitischen und den aufsichtlichen Aufgaben der EZB zu vermeiden".[38] Im Zuge dessen soll eine „organisatorische Trennung" des für geldpolitische Funktionen der EZB zuständigen Personals und den für die Ausübung von Aufsichtsaufgaben zuständigen Mitarbeitern erfolgen.[39] Einem der ernannten Mitarbeiter der EZB ist nach Art. 3 Abs. 1 S. 2 SSM-Rahmen-VO der Posten des JST-Koordinators zuzuschreiben.[40]

---

[36] Vgl. zur Begriffsbestimmung Art. 2 Nr. 9 SSM-Rahmen-VO i.V.m. Art. 2 Abs. 2 SSM-VO, im Folgenden abgekürzt mit NCA (National Competent Authority). In Deutschland nimmt die Bundesanstalt für Finanzdienstleistungsaufsicht (BaFin) diese Stellung ein. Zu unterscheiden sind diese Behörden von (sonstigen) nationalen benannten Behörden i.S.d. Art. 2 Nr. 11 SSM-Rahmen-VO i.V.m. Art. 2 Nr. 7 SSM-VO.

[37] Zu möglichen Vor- und Nachteilen der im Folgenden beschriebenen Zusammensetzung eines JSTs vgl. *Wissink*, Eur Bus Org Law Rev (2017) 18 S. 431 ff., S. 444 ff.

[38] Vgl. dazu auch den Beschluss der Europäischen Zentralbank EZB/2014/39 vom 17.11.2014 über die Umsetzung der Trennung zwischen der geldpolitischen Funktion und der Aufsichtsfunktion der Europäischen Zentralbank (ABl. L 300 vom 18.10.2014, S. 57–62).

[39] Vgl. zu den Auswirkungen des Trennungsgrundsatzes in Bezug auf das Personal der EZB auch Art. 25 und Erw. 65 f. SSM-VO.

[40] Diesbezüglich legt S. 17 SSM-Leitfaden nahe, dass der JST-Koordinator „eine andere Nationalität als das der Aufsicht unterliegende Institut" aufweisen soll. Dies erscheint ins-

Die Ernennung der nationalen Teammitglieder soll nach Art. 4 Abs. 1 S. 2, Abs. 2 SSM-Rahmen-VO von den „jeweiligen NCAs" vorgenommen werden. Dies betrifft die NCAs derjenigen Länder, „in denen die bedeutenden Institute einschließlich ihrer Tochtergesellschaften oder bedeutender ausländischer Zweigstellen niedergelassen sind".[41] Hierbei sind die NCAs nach Art. 4 Abs. 2 SSM-Rahmen-VO i.V.m Art. 6 Abs. 8 SSM-VO an in (anderen) unionalen Rechtsakten normierte Bestimmungen zur Zuständigkeitsverteilung und Zusammenarbeit verschiedener zuständiger mitgliedstaatlicher Behörden gebunden.[42] Der EZB bleibt es nach Art. 4 Abs. 3 SSM-Rahmen-VO jedoch unbenommen, „Modifizierungen" der Ernennungen zu fordern, „wenn dies für die Zwecke der Zusammensetzung der gemeinsamen Aufsichtsteams angemessen ist".[43] Zudem ist von jeder beteiligten NCA, falls diese mehr als ein Mitglied eines JSTs ernennt, nach Art. 6 Abs. 2 S. 1 SSM-Rahmen-VO einer dieser Mitarbeiter als „NCA-Unterkoordinator" zu bestimmen.

Auch wenn die Einstufung eines Aufsichtsobjekts als bedeutendes beaufsichtigtes Unternehmen sich über Jahre erstrecken kann[44], soll sich der Einsatz eines JST in personeller Hinsicht in der Praxis nicht verfestigen. Nach S. 17 SSM-Leitfaden ist vorgesehen, dass die Mitglieder der JSTs regelmäßig rotieren, und

---

besondere in Anbetracht des Anliegens der Bankenunion „Banken nicht mehr national, sondern europäisch zu beaufsichtigen nachvollziehbar, um so zu verhindern, dass nationale Aufsichtsbehörden im Interesse der nationalen Wettbewerbsfähigkeit oder aus fiskalischen Gründen ihre Aufsichtsbefugnisse gegenüber heimischen Instituten nur zurückhaltend oder gar nicht ausüben" (so *Selmayr*, in: von der Groeben/Schwarze/Hatje (Hrsg.), Art. 127 AEUV Rn. 51).

[41] Vgl. S. 13 SSM-Handbuch und S. 17 SSM-Leitfaden; demnach kann es ferner „je nach Art, Komplexität, Größe, Geschäftsmodell und Risikoprofil des beaufsichtigten Kreditinstituts [...] Unterschiede in der Größe, Zusammensetzung und Organisation eines JST" geben. Nach *Sporenberg*, Gemeinsame Aufsichtsteams, kann dies zu JSTs mit „weit mehr als 50" Mitarbeitern führen.

[42] Ferner soll die Auswahl nach Art. 4 Abs. 2 S. 1 SSM-Rahmen-VO „unbeschadet von Art. 31 SSM-VO" gelten, der den generellen Austausch von Personal zwischen EZB und den NCAs, Befugnisse der EZB hinsichtlich nationaler Aufsichtsteams und die Überprüfung von Mitarbeitern der EZB und Mitgliedern des Aufsichtsgremiums auf etwaige Interessenkonflikte regelt.

[43] Eine Konkretisierung dieses Entscheidungsspielraums der EZB erfolgt in der SSM-Rahmen-VO nicht, naheliegend ist jedoch eine Orientierung der möglichen Entscheidungsgründe an Erw. 79 der SSM-VO, der zum einen „hoch motivierte, gut ausgebildete und unparteiische Mitarbeiter" als für eine „wirksame Aufsicht von entscheidender Bedeutung" erklärt, zum anderen ein Idealbild von „Aufsichtsteams von geografischer Diversität mit speziellem Fachwissen und Profil" zeichnet. Nach S. 18 SSM-Leitfaden verfolgt die Zusammensetzung der JSTs mit Personal aus verschiedenen NCAs den Zweck der Förderung einer „gemeinsame(n) Aufsichtskultur". Diese soll nach S. 19 SSM-Leitfaden „das Fundament einheitlicher Aufsichtspraktiken und -ansätze in allen teilnehmenden Mitgliedstaaten" bilden.

[44] Vgl. zu Beginn und Ende der direkten Beaufsichtigung durch die EZB Art. 45 ff. SSM-Rahmen-VO.

die JST-Koordinatoren sollen demnach je nach „Risikoprofil und Komplexität" des beaufsichtigten Instituts im Abstand von drei bis fünf Jahren ausgetauscht werden.[45]

E. Einsatzrecht der JSTs i.e.S.

Hinsichtlich der Bindungen und Berechtigungen von JSTs ist auf die SSM-VO, deren Ausgestaltung durch die SSM-Rahmen-VO und die von der EZB erlassenen (unverbindlichen) Konkretisierungen abzustellen. Da die JSTs einen exekutiven Arm der EZB darstellen, sind ihre Aufgaben und Befugnisse jedenfalls durch diejenigen der EZB begrenzt.

I. Aufgaben und Rechtsrahmen

1. Aufgabenrahmen der EZB

Die möglichen Zuständigkeiten der JSTs bewegen sich notwendigerweise im Rahmen derjenigen „Aufgaben zur Beaufsichtigung", die der EZB im mikroprudenziellen Bereich (d.h. bezüglich der Beaufsichtigung einzelner Unternehmen) nach Art. 4 SSM-VO übertragen wurden. Hierzu zählen zunächst grundlegende sowie einzelfallbezogene Entscheidungen wie etwa die Zulassung bzw. des Entzugs der Zulassung von Kreditinstituten[46] oder die Prüfung des Handels mit Beteiligungen an Kreditinstituten.[47] Die diesbezüglichen Verfahren sehen in der Regel ein zweistufiges Prozedere vor, in dem die NCAs für die Informationsbeschaffung[48] und Erstellung von Beschlussentwürfen[49] zuständig sind und die EZB abschließende Beschlüsse erlässt.[50] Darüber hinaus soll die EZB

[45] Vgl. dazu auch S. 14 SSM-Handbuch, wonach freilich nicht alle JST-Mitglieder gleichzeitig ausgetauscht werden sollen.

[46] Vgl. dazu Art. 4 Abs. 1 lit. a) i.V.m. Art. 14 SSM-VO i.V.m. Art. 73 ff. SSM-Rahmen-VO, wonach auch der Entzug der Zulassung erfasst ist.

[47] Vgl. dazu Art. 4 Abs. 1 lit. c) i.V.m. Art. 15 SSM-VO i.V.m. Art. 85 ff. SSM-Rahmen-VO.

[48] Vgl. etwa Art. 73 Abs. 3, Art. 85 Abs. 2 SSM-Rahmen-VO.

[49] Vgl. etwa Art. 76 Abs. 1, Art. 80 Abs. 1, Art. 86 Abs. 2 SSM-Rahmen-VO.

[50] Vgl. dazu und zum einstufigen Verfahren als Gegenstück *Berger*, WM 2016 Heft 50 S. 2361 ff., S. 2361 f. Dieses zweistufige Verfahren hat Zurechnungsproblematiken und daraus resultierende Zuständigkeitsfragen im gerichtlichen Rechtsschutzsystem der EU aufgeworfen (s. zu den einschlägigen Rechtsweg betreffenden Fragestellungen generell Teil 3 Kapitel 11 C. II. 1. a)): nach EuGH, Urt. v. 18.12.2018, Rs C-219/17, Fininvest/IVASS, Rn. 58 ist es nationalen Gerichten verwehrt, „verfahrenseinleitende Handlungen, vorbereitende Handlungen oder nicht bindende Vorschläge, die die zuständigen nationalen Behörden im Rahmen des Verfahrens nach den [...] Art. 4 Abs. 1 lit. c) und Art. 15 SSM-VO sowie den Art. 85 bis 87 SSM-Rahmen-VO vorgenommen haben, auf ihre Rechtmäßigkeit hin" zu überprüfen. Dem stehe Art. 263 AEUV entgegen, der mit der Zuständigkeit der Unionsgerichtsbarkeit für die

die „Gewährleistung der Einhaltung“ von Rechtsakten sicherstellen, die hinsichtlich ihres Regelungsgegenstands und in Bezug auf den Normgeber in Art. 4 SSM-Rahmen-VO näher bestimmt werden.[51] Inhaltlich betrifft dies Einhaltung von Normen, die Anforderungen an die Kreditinstitute[52] und deren (Führungs-) Personal[53] enthalten. Durch die Vorgaben des Art. 4 Abs. 3 UA 1 SSM-VO gilt dies für entsprechende Normen des einschlägigen Unionsrechts und in zwei Fällen auch für nationales Recht: Zum einen, wenn es sich bei dem nationalen Recht um Umsetzungsrechtsakte zu Richtlinien handelt, zum anderen, wenn es sich um nationale Normen handelt, durch die ein den Mitliedstaaten im Rahmen einer Verordnung eingeräumtes „Wahlrecht(e) ausgeübt“ wird.[54] Des Weiteren fallen

---

Überprüfung des verfahrensabschließenden Beschlusses der EZB auch die Überprüfung, „ob die nationalen vorbereitenden Handlungen Mängel aufweisen, die die Gültigkeit des Beschlusses der EZB beeinträchtigen können“, abschließend umfasst.

[51] In der Praxis besonders bedeutsam sind die Vorgaben der Verordnung (EU) Nr. 575/2013 des Europäischen Parlaments und des Rates vom 26.06.2013 über Aufsichtsanforderungen an Kreditinstitute und Wertpapierfirmen und zur Änderung der Verordnung (EU) Nr. 646/2012 (ABl. L 176 vom 27.06.2013, S. 1–337), für die sich die auch hier verwendete Abkürzung „CRR“ (Capital Requirements Regulation) eingebürgert hat, und der Richtlinie 2013/36/EU des Europäischen Parlaments und des Rates vom 26.06.2013 über den Zugang zur Tätigkeit von Kreditinstituten und die Beaufsichtigung von Kreditinstituten und Wertpapierfirmen, zur Änderung der Richtlinie 2002/87/EG und zur Aufhebung der Richtlinien 2006/48/EG und 2006/49/EG (ABl. L 176 vom 27.06.2013), für die das Akronym CRD IV (Capital Requirements Directive IV) besteht. Diese Rechtsakte stellen die unionale Umsetzung der Empfehlungen des Baseler Ausschusses für Bankenaufsicht vom Dezember 2010 („Basel III“) dar. Ferner sind diese Rechtsakte Teil des sog. Einheitlichen Regelwerks der Bankenunion („single rulebook“), vgl. dazu https://www.eba.europa.eu/single-rulebook/ (zuletzt abgerufen am 24.02.2024).

[52] Vgl. dazu Art. 4 Abs. 1 lit. d) SSM-VO, hierzu zählen insbesondere Bestimmungen bezüglich der Liquidität und des Verschuldungsgrades der Kreditinstitute.

[53] Vgl. dazu Art. 4 Abs. 1 lit. e) SSM-VO, der Rechtsakte miteinschließt, die „solide(r) Regelungen für die Unternehmensführung, einschließlich Eignungsanforderungen an die für die Geschäftsführung der Kreditinstitute verantwortlichen Personen“ oder die „Vergütungspolitiken und -praktiken“ betreffen.

[54] *Boucon/Jaros*, EJLS 2018 S. 155 ff., sehen dies als grundsätzlich neuartige Form der europäischen Integration an, die insbesondere aus Betroffenenperspektive in Bezug auf die Abgrenzung der Kompetenzen zwischen EZB und den nationalen zuständigen Behörden sowie hinsichtlich des anwendbaren Rechts ihre eigenen Rechtsunsicherheiten und Umsetzungsschwierigkeiten birgt. Konkret werden drei Problemkreise ausgemacht (*Boucon/Jaros*, a.a.O., S. 166 ff.): Zum einen kann unklar sein, welche nationalen Vorschriften zur Umsetzung von Richtlinien erlassen wurden und welche als „purely national“ (*Boucon/Jaros*, a.a.O., S. 169) einzuordnen sind. Zum anderen ist davon auszugehen, dass in den 19 am SSM beteiligten Mitgliedstaaten 19 unterschiedliche und ggf. lückenhafte oder Spielräume enthaltene Umsetzungsrechtsakte für eine Unionsvorschrift existieren, bei deren Anwendung grundsätzlich nationales Richter-, Gewohnheitsrecht oder Verwaltungspraktiken zu beachten sind – ob dies auch für eine Anwendung durch die EZB gilt, ist hierbei fraglich. Drittens ist unklar, ob die nationalen Verfahrensvorschriften, die über die Bestimmungen der SSM-VO bzw. SSM-Rahmen-VO hinausgehen, bei der Anwendung nationalen Rechts ebenfalls anwendbar sind. Diese Unklarheiten setzen sich auf Rechtsschutzebene fort, s. dazu unten in diesem Kapitel

die Durchführung aufsichtlicher Überprüfungen[55] und die darauf aufbauende Festlegung von Verpflichtungen von Kreditinstituten, die Beaufsichtigung auf konsolidierter Basis[56] sowie die Wahrnehmung von Aufsichtsaufgaben in Bezug auf Sanierungspläne und „frühzeitiges Eingreifen" gegenüber (voraussichtlich) gegen aufsichtsrechtliche Anforderungen verstoßenden Aufsichtsobjekten, inklusive der Vornahme von „erforderliche(n) strukturelle(n) Änderungen bei Kreditinstituten zur Verhinderung finanzieller Stresssituationen oder von Zusammenbrüchen" in den Aufgabenbereich der EZB.[57]

2. Einbindung der JSTs

Vor diesem Hintergrund muss die zentrale Aufgabenbeschreibung der JSTs in Art. 3 Abs. 2 SSM-Rahmen-VO gelesen werden.[58] So ist den JSTs zunächst die Durchführung des Überprüfungs- und Bewertungsprozesses nach Art. 97 CRD IV übertragen.[59] Die Ergebnisse dieses Prozesses der Risikoermittlung sind (u.a.) dem von den JSTs zu erstellenden aufsichtlichen Prüfprogramm zu Grunde zu legen. Das aufsichtliche Prüfprogramm kann nach Art. 3 Abs. 2 lit. b) SSM-Rahmen-VO einen Vor-Ort-Prüfungsplan enthalten und ist dem Aufsichtsgre-

---

unter G. I. 2. b). Um diesen Problemen entgegenzuwirken schlagen *Boucon/Jaros*, a.a.O., S. 175 eine Neuregelung der Vorgaben von CRR und CRD IV in einer Verordnung vor.

[55] Vgl. dazu Art. 4 Abs. 1 lit. f) SSM-VO; Voraussetzung für die Wahrnehmung dieser Aufgaben durch die EZB ist, dass „diese Befugnisse nach dem einschlägigen Unionsrecht ausdrücklich den zuständigen Behörden zustehen". Als Beispiel kann hier auf die Vorgaben der CRR verwiesen werden, vgl. dazu insb. deren Erw. 5 ff.

[56] Vgl. zum Begriff der Beaufsichtigung auf (teil-) konsolidierter Basis Art. 3 Abs. 1 Nr. 43 ff., Art. 111 ff. CRD IV (i.V.m. Art. 4 Abs. 1 Nr. 47 ff. CRR); zur diesbezüglichen Stellung der EZB (als Vorsitzende/Mitglied des einzurichtenden Aufsichtskollegiums vgl. Art. 17 SSM-VO, Art. 8 ff. SSM-Rahmen-VO; nach S. 36 SSM-Handbuch wird der Vorsitz des Aufsichtskollegiums für den Fall, dass die EZB konsolidierende Aufsichtsbehörde ist, vom JST-Koordinator eingenommen).

[57] Vgl. hierzu Art. 4 Abs. 1 lit. i) SSM-VO. Ausdrücklich ausgenommen sind jedoch „jegliche(r) Abwicklungsbefugnisse", vgl. zum Bereich der Abwicklung unten in diesem Kapitel unter H.

[58] Im Übrigen finden sich nur an wenigen weiteren Stellen der SSM-Rahmen-VO Bezugnahmen zum Aufgabenbereich der JSTs, vgl. aber Art. 91 Abs. 3 SSM-Rahmen-VO, der ein JST als Mittler für Beschlussentwürfe einer NCA aus Eigeninitiative vorsieht.

[59] Vgl. dazu Art. 3 Abs. 2lit. a) SSM-Rahmen-VO und zur Einordnung in die Gesamtkonzeption der Bankenaufsicht *Gortsos*, Eur Bus Org Law Rev (2015) 16, S. 401 ff., S. 409 f.; diese mit SREP (supervisory review and evaluation process) bezeichnete Prüfung umfasst die Ermittlung von Risiken, insbesondere durch die Durchführung von Stresstests und die Bewertung der diesbezüglichen Maßnahmen bzw. Ausstattung des beaufsichtigten Unternehmens, vgl. zu den „technischen Kriterien" Art. 98 CRD IV. Vgl. dazu auch die von der EBA erlassenen „Leitlinien zu gemeinsamen Verfahren und Methoden für den aufsichtlichen Überprüfungs- und Bewertungsprozess (SREP)" EBA/GL/2014/13 vom 19.12.2014. Zur Umsetzung des SREP in der Praxis vgl. S. 92 SSM-Handbuch.

mium[60] vorzulegen.[61] Wird das vorgelegte Prüfungsprogramms sodann durch die EZB genehmigt, ist dessen „Umsetzung" durch das jeweilige JST vorzunehmen. Soweit ein Vor-Ort-Prüfungsplan Bestandteil des aufsichtlichen Prüfprogramms ist, hat diesbezüglich eine Kooperation mit Vor-Ort-Prüfungsteams zu erfolgen.[62] Nach Art. 3 Abs. 2 lit. c) SSM-Rahmen-VO sind die JSTs ferner für die Umsetzung anderweitiger Aufsichtsbeschlüsse der EZB zuständig.[63] Art. 3 Abs. 2 lit. c) SSM-Rahmen-VO erlaubt den JSTs bezüglich (aller) Tätigkeiten, die in ihren Einsatzbereich fallen, die (direkte) Kontaktaufnahme zu den NCAs.

II. Kompetenzen der JSTs

1. Kompetenzrahmen der EZB

Die Befugnisse der EZB, die gleichzeitig den äußersten Rahmen der den JSTs übertragbaren Kompetenzen bilden, können in Untersuchungs- und Aufsichtsbefugnisse unterteilt werden.[64] Das SSM-Handbuch nimmt hinsichtlich der Kategorisierung des „Aufsichtsinstrumentariums" eine weitere Differenzierung vor, indem zwischen „Verwaltungshandeln" und „Aufsichtsmaßnahmen" unterschieden wird.[65] Ein als Verwaltungshandeln bezeichneter „operational act" ist nicht Teil des Beschlussverfahrens, hat „keine vorgeschriebene Rechtsform und umfasst unverbindliche und nicht einklagbare aufsichtliche Erwartungen, Äußerungen und sonstige Maßnahmen" (S. 22 SSM-Handbuch).[66] „Aufsichtsmaßnahmen" sind demnach von den Aufsichtsbeschlüssen zu unterscheiden.

---

[60] Vgl. dazu Art. 26 SSM-VO, der insbesondere die Zusammensetzung, Zuständigkeit und Beschlussfassung des Aufsichtsgremiums regelt. Hauptaufgabe des Aufsichtsgremiums ist es, dem EZB-Rat nach Art. 26 Abs. 8 S. 1 SSM-VO „fertige Beschlussentwürfe zur Annahme" vorzulegen; zur Einbindung ins Beschlussverfahren der EZB s. unten in diesem Kapitel unter F. II.

[61] Vgl. bezüglich dieses Prüfungsprogramms Art. 99 CRD IV und S. 73 ff. SSM-Handbuch. Die Erstellung eines Plans „für Inspektionen in den Geschäftsräumen eines Instituts" ist in Art. 99 Abs. 1 lit. c) CRD IV vorgesehen". Nach S. 32 f. SSM-Rahmen-VO ist dieses Supervisory Examination Programme (SEP) mit den jeweiligen Kreditinstituten zu besprechen, die JSTs können jedoch „jederzeit außerplanmäßige Aufgaben und Aktivitäten ausführen".

[62] Vgl. Art. 3 Abs. 2 lit. d) SSM-Rahmen-VO, zu den Vor-Ort-Prüfungsteams s. in diesem Kapitel unter E. II. 3.

[63] Hierzu kann etwa die in S. 109 ff. SSM-Handbuch vorgesehene Rolle der JSTs in Bezug auf Krisenprävention und Management gehören. S. 111 SSM-Handbuch überträgt den JSTs hierbei die Durchführung von „Abwicklungsbezogenen Konsultationen"; diese „in erster Linie beratende Funktion" (S. 113 SSM-Handbuch) dürfte das Verbot „jeglicher Abwicklungsbefugnisse" i.S.d. Art. 4 Abs. 1 lit. i) SSM-VO nicht überschreiten.

[64] Vgl. dazu Art. 9 ff. SSM-VO. Hier ausgenommen bleiben die „besonderen Aufsichtsbefugnisse" hinsichtlich Zulassungen (Art. 14 SSM-VO) und der Beurteilung des Erwerbs von qualifizierten Beteiligungen (Art. 15 SSM-VO).

[65] Vgl. dazu S. 22 f. SSM-Handbuch und das Schaubild auf S. 115 SSM-Handbuch.

[66] Vgl. dazu etwa S. 16 Vor-Ort-Prüfungs-LF, der als Abschlussmaßnahme einer Vor-Ort-Prüfung (s. in diesem Kapitel unter E. II. 3.) einerseits ein „nicht rechtsverbindlich(es)", die

a) Untersuchungsbefugnisse

Art. 9 SSM-VO, enthält neben einem Vorbehalt der Zweckdienlichkeit hinsichtlich der Untersuchungsbefugnisse weichenstellende Regelungen: So „gilt die EZB nach Maßgabe des einschlägigen Unionsrechts in den teilnehmenden Mitgliedstaaten je nach Sachlage als zuständige oder benannte Behörde" und besitzt grundsätzlich die gleichen Befugnisse, die durch andere Unionsrechtsakten zuständigen und benannten Behörden übertragen werden.[67] Ferner besteht im Grundsatz ein Weisungsrecht gegenüber nationalen Behörden nach Art. 9 Abs. 1 UA 3 SSM-VO.[68] Bei der Ausübung dieser Befugnisse ist die EZB an das in Art. 4 Abs. 3 UA 1 SSM-VO genannte nationale Recht gebunden und für dessen Vollzug zuständig.[69] Die auf Informationsbeschaffung gerichteten Untersuchungsbefugnisse der EZB umfassen nach der SSM-VO Informationsersuchen[70], sog.

„Erwartungen der Aufsicht" beinhaltendes „Follow-up-Schreiben", das maßgeblich von dem zuständigen JST erstellt und dem betroffenen Institut übermittelt wird, vorsieht. Als diesbezügliches Gegenstück wird ein bindender Aufsichtsbeschluss der EZB dargestellt, bei welchem das JST für die Abfassung des Beschlussentwurfs zuständig ist.

[67] Vgl. dazu Art. 9 Abs. 1 UA 1 und UA 2 SSM-VO. Davon umfasst sind zunächst Verordnungen, die den zuständigen nationalen Behörden Optionen und Ermessensspielräume einräumen, vgl. hierzu die Verordnung (EU) 2016/445 der Europäischen Zentralbank vom 14.03.2016 über die Nutzung der im Unionsrecht eröffneten Optionen und Ermessensspielräume (EZB/2016/4) (ABl. L 78 vom 24.03.2016, S. 60–73), welche neben Bestimmungen zu einschlägigen Vorschriften in Erw. 9 die Bedeutung der allgemeinen Grundsätze des Unionsrechts, wie etwa des Grundsatzes des Vertrauensschutzes, der Gleichbehandlung und der Verhältnismäßigkeit für die Nutzung von Optionen und Ermessensspielräumen hervorhebt. Hinzu treten nach Art. 9 Abs. 2 SSM-VO auch nationale Rechtsvorschriften i.S.d. Art. 4 Abs. 3 UA 1 SSM-VO, diesbezüglich ist nach *Berger*, WM 2016 Heft 50, S. 2361 ff., S. 2362 (mit Beispielen) Voraussetzung, dass das nationale Recht eine entsprechende Ermächtigung für die EZB beinhaltet.

[68] Das Weisungsrecht ergänzt die Zuständigkeiten der EZB nach der SSM-VO insoweit, als es sich auf Vornahme von nach nationalem Recht gebotenen Handlungen nationaler Behörden bezieht, welche nicht im von Art. 4 Abs. 3 UA 1 SSM-VO erfassten Recht geregelt sind. Bedingung für eine zulässige Weisung ist (lediglich), dass sie zur Erfüllung der nach Art. 4 Abs. 1 SSM-VO der EZB übertragenen Aufgaben erforderlich ist; vgl. dazu auch *Boucon/Jaros*, EJLS 2018, S. 155 ff. S. 168 f., welche das Weisungsrecht als „ECB's indirect competence to make use of national law" beschreiben, die neben die Befugnis zur direkten Anwendung nationalen Rechts tritt und von dieser abgegrenzt werden muss.

[69] Vgl. dazu Art. 9 Abs. 2 SSM-VO. Hier wird auch die Erforderlichkeit einer engen Zusammenarbeit der EZB mit den nationalen Behörden betont. Zur Frage, ob hierin ein Verstoß gegen den Grundsatz des Vorrangs des Unionsrechts zu sehen ist, s. in diesem Kapitel unter G. I. 2. b).

[70] Vgl. dazu Art. 10 SSM-VO. Die möglichen Adressaten der Informationsersuchen sind in Art. 10 Abs. 1 lit. a)–f) SSM-VO aufgelistet, kraft Verweisung in Art. 11 Abs. 1 und 2 SSM-VO entspricht dies auch dem Kreis der potentiellen Betroffenen einer Allgemeinen Untersuchung. Diese Personen trifft nach Art. 11 Abs. 2 SSM-VO die grundsätzliche Pflicht, dem Informationsersuchen nachzukommen; eine Bereitstellung von Daten in diesem Zusammenhang gilt demnach nicht als „Verstoß gegen die Geheimhaltungspflicht". Abzugrenzen sind diese Informationsrechte von der ebenfalls dem Aufgabenbereich der EZB angehörenden

Allgemeine Untersuchungen[71] und Prüfungen vor Ort[72], und gelten jeweils vorbehaltlich anderer Bedingungen des einschlägigen Unionsrechts.[73] Wird die Durchführung einer Untersuchung durch Personen vor Ort verhindert, sind die nationalen Behörden nach Art. 11 Abs. 2 UA 2, Art. 12 Abs. 5 SSM-VO zur Amtshilfe verpflichtet und in diesem Rahmen für eine erforderliche Zwangsanwendung zuständig. Dies betrifft insbesondere den Zugang zu den relevanten Räumlichkeiten und „die Versiegelung jeglicher Geschäftsräume und Bücher oder Aufzeichnungen". Eine nach nationalem Recht diesbezüglich oder hinsichtlich einer Prüfung vor Ort erforderliche richterliche Genehmigung ist nach Art. 13 Abs. 1 SSM-VO einzuholen.[74]

b) Aufsichtsbefugnisse i.e.S.

Kommt die EZB zu dem Schluss, dass eine der in Art. 16 Abs. 1 SSM-VO bezeichneten Problemsituationen vorliegt, können die konfliktlösungsorientierten Aufsichtsbefugnisse des Art. 16 Abs. 2 SSM-VO wahrgenommen werden.[75] Neben einer mangelnden Gewährleistung eines soliden Risikomanagements und einer soliden Risikoabdeckung (Art. 16 Abs. 1 lit. c) SSM-VO) kann ein Tatbestand, der die EZB zum Eingreifen ermächtigt, in einem (innerhalb der nächsten zwölf

---

Zuständigkeit „für die Sicherstellung der Einhaltung des einschlägigen Unionsrechts [...], das Anforderungen an Kreditinstitute im Bereich des Meldewesens [...] festlegt", vgl. Art. 140 Abs. 1 SSM-Rahmen-VO und S. 79 f. SSM-Handbuch; Dies ist wiederum von der in Art. 23 SSM-VO, 36 ff. SSM-Rahmen-VO vorgesehenen Einrichtung eines Whistleblowing-Mechanismus zu unterscheiden.

[71] Vgl. zum möglichen Umfang der Allgemeinen Untersuchung Art. 11 Abs. 1 UA 2 SSM-VO.

[72] Vgl. zu den Prüfungen vor Ort unten in diesem Kapitel unter E. II. 3.

[73] Vgl. Art. 10 Abs. 1, Art. 11 Abs. 1, Art. 12 Abs. 1 SSM-VO. Hierzu dürften insbesondere die in der EU-Datenschutz-VO niedergelegten Grundsätze (vgl. insb. deren Art. 4 ff.) gehören; vgl. dazu auch Erw. 81 SSM-VO der noch auf die Vorgängerversion der EU-Datenschutz-VO verweist. Die Untersuchungsbefugnisse der EZB sind in Art. 138 ff. SSM-Rahmen-VO ausgestaltet. Zur Vor-Ort-Prüfung durch ein Vor-Ort-Prüfungsteam s.u. in diesem Kapitel unter E. II. 3. a).

[74] Der Prüfungsmaßstab der nationalen Gerichte ist in Art. 13 Abs. 2 SSM-VO festgelegt. Demnach ist in Bezug auf den zugrundeliegenden EZB-Beschluss lediglich dessen Authentizität zu prüfen und hinsichtlich der beabsichtigten Zwangsmaßnahmen nur zu untersuchen, ob diese „im Hinblick auf den Gegenstand der Prüfung nicht willkürlich oder unverhältnismäßig sind". Insbesondere bei einem durch die EZB vermuteten Verstoß gegen nationales Recht „kann das nationale Gericht die EZB um detaillierte Erläuterungen bitten" – weitere Aktionsmöglichkeiten sind nicht vorgesehen.

[75] Zu diesen Maßnahmen kann u.a. das Verlangen zur Vorhaltung von Eigenmitteln, (lit. a)), Ausschüttungen des Instituts an Anteilseigner, Gesellschafter oder Inhaber von Instrumenten des zusätzlichen Kernkapitals einzuschränken (lit. i)) oder Abberufen von Mitgliedern des Leitungsorgans des Kreditinstituts (lit. m)) gehören. Vgl. zum für den Erlass solcher Aufsichtsbeschlüsse anwendbaren EZB-Aufsichtsverfahren Art. 22 SSM-VO i.V.m. Art. 25 ff. SSM-Rahmen-VO.

Monate drohenden) Verstoß gegen die Anforderungen des in Art. 4 Abs. 3 UA 1 SSM-VO genannten Rechts bestehen.[76] Zu unterscheiden sind diese Reaktionsmöglichkeiten von den in Art. 18 SSM-VO geregelten Sanktionen („Verwaltungsgeldbußen"), die ebenfalls von der EZB veranlasst werden können.[77]

c) Verhaltensvorgaben der Ethik-Leitlinie der EZB

Neben der im Rahmen der Wahrnehmung dieser Befugnisse bestehenden Unionsrechtsbindung und – in den oben genannten Fällen – Anwendung nationalen Rechts wird die Tätigkeit der JSTs auch durch unverbindliche Vorgaben, wie etwa die der Ethik-Leitlinie der EZB ergänzt. Diese Festlegung eines Mindeststandards[78] von Ethikregeln und „best-practices" (vgl. dazu Art. 3 Abs. 1 Ethik-Leitlinie) in Form einer Leitlinie richtet sich an EZB-Personal[79] und NCA-Mitarbeiter, die mit der Wahrnehmung der der EZB übertragenen Aufsichtsaufga-

[76] Vgl. dazu Art. 16 Abs. 1 lit. a) und b) SSM-VO.

[77] Insoweit wird hinsichtlich des Ursprungs der Norm, gegen die das Kreditinstitut (mutmaßlich) verstoßen hat, differenziert: Art. 18 Abs. 1 SSM-VO erlaubt in Bezug auf Verstöße gegen „direkt anwendbare(n) Rechtsakte(n) der Union", die den zuständigen Behörden die Möglichkeit der Verwaltungsgeldbuße einräumen, eine direkt an die Kreditinstitute gerichtete Sanktionierung durch die EZB. Diese Geldbußen sind nur zum Zwecke der Wahrnehmung der Aufsicht durch die EZB zulässig (vgl. dazu auch Art. 18 Abs. 3 SSM-VO) und auf die zweifache Höhe des aufgrund des Verstoßes erwirtschafteten Gewinns bzw. abgewendeten Verlusts oder auf maximal 10% des jährlichen Gesamtumsatzes zu beschränken. Art. 18 Abs. 5 SSM-VO sieht für die nicht von Art. 18 Abs. 1 SSM-VO erfassten Fälle eine Art Weisungsrecht gegenüber den zuständigen nationalen Behörden vor. Dieses Verfahren, in dem insbesondere die Einrichtung einer unabhängigen Untersuchungsstelle i.S.d. Art. 123 SSM-Rahmen-VO erfolgen kann, ist in Art. 120 ff. SSM-Rahmen-VO ausgestaltet. Weiterhin durch die EZB sanktionierbar sind Verstöße gegen die von ihr erlassenen Verordnungen und Beschlüsse, hier gelten jedoch eigene Verfahrensregeln, vgl. dazu Art. 18 Abs. 7 SSM-VO i.V.m. Art. 121 SSM-Rahmen-VO i.V.m. der Verordnung (EG) Nr. 2532/98 des Rates vom 23.11.1998 über das Recht der Europäischen Zentralbank, Sanktionen zu verhängen (ABl. L 318 vom 27.11.1998, S. 4).

[78] Art. 2 Abs. 3 Ethik-Leitlinie lässt etwaige „strengere Ethikregeln durch die EZB oder die NCAs für ihre Mitarbeiter oder Organe" unberührt.

[79] Für die Mitglieder des EZB-Rates (Verhaltenskodex der Europäischen Zentralbank für die Mitglieder des EZB-Rates (ABl. C 123 vom 24.05.2002, S. 9)) und des Aufsichtsgremiums (Verhaltenskodex für die Mitglieder des Aufsichtsgremiums der Europäischen Zentralbank (ABl. C 93 vom 20.03.2015, S. 2)) bestehen besondere Bestimmungen. Für den geldpolitischen Aufgabenbereich der EZB gilt die Leitlinie (EU) 2015/855 der Europäischen Zentralbank vom 12.04.2015 über die Festlegung von Grundsätzen eines Ethik-Rahmens für das Eurosystem und zur Aufhebung der Leitlinie EZB/2002/6 über die für die EZB und die nationalen Zentralbanken bei der Durchführung von geldpolitischen Geschäften und Devisengeschäften mit den Währungsreserven der EZB sowie der Verwaltung der Währungsreserven der EZB geltenden Mindeststandards (EZB/2015/11) (ABl. L 135 vom 02.06.2015, S. 23–28). Der wohl vor dem Hintergrund der Ethik-Leitlinie erlassene (hier und im folgenden sog.) EZB-Ethikrahmen, 2015/C 204/04 (ABl. C 204 vom 20.06.2015, S. 3–16) richtet sich demgegenüber an sämtliche Mitarbeiter der EZB.

ben im Rahmen des SSM betraut sind. Dies schließt das Personal der JSTs mit ein.[80] Inhaltlich sind die Vorgaben der Ethik-Leitlinie darauf ausgelegt, „die Glaubwürdigkeit und Reputation des SSM sowie das Vertrauen der Öffentlichkeit in die Integrität und Unparteilichkeit der Mitglieder seiner Organe und Mitarbeiter der EZB und der nationalen zuständigen Behörden" (Erw. 2 Ethik-Leitlinie) zu gewährleisten. Dies spiegelt sich in den geregelten Bereichen wider: So sollen (ggf. durch interne Regeln und Mechanismen) die missbräuchliche Verwendung von Insiderinformationen[81] und die Annahme von Vorteilen[82] verboten sowie Interessenkonflikte (Art. 9 i.V.m. Art. 1 Nr. 8 f. Ethik-Leitlinie) vermieden werden.[83]

2. *Befugnisse der JSTs*

Die Kompetenzen der JSTs sind aus der SSM-VO und der SSM-Rahmen-VO nur teilweise ersichtlich. Neben den dargestellten informationsverarbeitenden und koordinativen Aufgaben ist den JSTs nach Art. 3 Abs. 2 lit. e) SSM-VO die nicht näher definierte „Umsetzung" der Beschlüsse der EZB übertragen.[84] Hierbei ist zwischen einem Tätigwerden der JSTs im Rahmen der Aufsichts- und Untersuchungsbefugnisse der EZB zu unterscheiden.

Die bei der Wahrnehmung der Aufsichtsbefugnisse der EZB möglichen Aufsichtsbeschlüsse, die vom EZB-Rat zu treffen sind[85], enthalten von den adressierten Kreditinstituten umzusetzende oder durch den Beschluss selbst wirksam werdende Maßnahmen. Insoweit ist ein Tätigwerden der JSTs nicht vorgesehen bzw. erforderlich. Auch sind neben den Verwaltungssanktionen des Art. 18 SSM-VO keine weiteren Einwirkungsmöglichkeiten der EZB vorgesehen, die von den JSTs umgesetzt werden könnten, sodass auf diesem Gebiet insgesamt ein Tätigwerden

---

[80] Nach Art. 2 Abs. 2 Ethik-Leitlinie sollen diese Mindeststandards nach Möglichkeit gegenüber Personen zur Geltung gebracht werden, „die an der Erfüllung von Aufsichtsaufgaben beteiligt, jedoch keine Mitarbeiter sind."

[81] Vgl. dazu Art. 7 f. und die Definitionen des Art. 1 Nr. 2–4 Ethik-Leitlinie.

[82] Vgl. dazu Art. 10 i.V.m. Art. 1 Nr. 10 Ethik-Leitlinie; Art. 10 Abs. 3 Ethik-Leitlinie stellt für Vor-Ort-Prüfungen (s.u. in diesem Kapitel unter E. II. 3. a)) und Audit-Prüfungen besonders strenge Regeln auf, hier sind nur „Bewirtungsleistungen von unbedeutendem Wert während arbeitsbezogener Zusammenkünfte" zulässig.

[83] Vgl. insoweit auch den „Abschnitt 0 der Dienstvorschriften der EZB in Bezug auf den Ethik-Rahmen" des EZB-Ethikrahmens.

[84] Vgl. dazu auch S. 115 SSM-Handbuch, wonach die JSTs dafür verantwortlich sind, „zeitnah zu prüfen, ob ein beaufsichtigtes Unternehmen die Aufsichtsmaßnahmen, Empfehlungen, Anforderungen, Beschlüsse oder sonstigen Maßnahmen (z. B. Verwaltungshandeln) der EZB befolgt, und sie müssen im Fall der Nichteinhaltung rasch reagieren". Hierbei ist den JSTs konsequenterweise auch die Prüfung der Einhaltung von nationalem Recht i.S.d. Art. 4 Abs. 3 UA 1 SSM-VO übertragen, vgl. dazu S. 34 SSM-Leitfaden.

[85] Vgl. dazu unten in diesem Kapitel unter F. II. Insoweit jedenfalls missverständlich S. 115 SSM-Handbuch „Die SSM-Verordnung enthält eine nicht abschließende Liste möglicher Aufsichtsmaßnahmen, die ein JST ergreifen kann."

der JSTs über die allgemeine Informationsbeschaffung und Überwachung (dazu sogleich) hinaus fernliegend ist.[86]

Anders gestaltet sich dies bei den Untersuchungsbefugnissen der EZB: Hinsichtlich der Vornahme von Allgemeinen Untersuchungen ist ein Beschluss durch die EZB Voraussetzung[87], mit der Übertragung seiner Umsetzung auf die JSTs kommen diesen allerdings die in Art. 11 Abs. 1 UA 2 SSM-VO genannten Befugnisse bei Vornahme der Untersuchung zu. Diese umfassen bei Allgemeinen Untersuchungen das Recht, die Vorlage von Akten zu verlangen, „Bücher und Aufzeichnungen“ zu prüfen oder zu kopieren und Personenbefragungen durchzuführen.[88] Aus Art. 11 Abs. 2 UA 3 SSM-VO ergibt sich zudem, dass den JSTs die Befugnis zum Zugang zu den Geschäftsräumen des beaufsichtigten Instituts zukommen kann. Nicht eindeutig ersichtlich ist, ob auch ein Informationsersuchen i.S.d. Art. 10 SSM-VO eines Beschlusses der EZB bedarf oder, ob dessen Ausübung im Entschließungsermessen der JSTs liegt.[89] Das SSM-Handbuch geht davon aus, dass die JSTs sowohl für Informationserhebung als auch für -weitergabe zuständig sind,[90] stellenweise wird eine Kompetenz zu „Informations- und Datenanforderungen“ vorausgesetzt (etwa S. 112 SSM-Handbuch). Insgesamt soll die Informationsbasis der JSTs jedoch insbesondere durch einen „fortlaufenden Aufsichtsdialog“ (S. 89 SSM-Handbuch) sichergestellt werden, was eine eher kooperative Umsetzung nahelegt, welche unter der Führung der JSTs ablaufen soll.[91]

---

[86] Nach S. 115 SSM-Handbuch besteht ferner eine von den JSTs zu unterscheidende „Abteilung Durchsetzung und Sanktionen“, zur Zusammenarbeit dieser Stellen vgl. S. 42 f. SSM-Leitfaden.

[87] Vgl. Art. 11 Abs. 2 SSM-VO i.V.m. Art. 142 SSM-Rahmen-VO. In den Vorschriften der SSM-Rahmen-VO ist insbesondere der notwendige Inhalt des Beschlusses (u.a. Rechtsgrundlage, Hinweis auf Folgen einer Behinderung der Untersuchung) aufgeführt.

[88] Vgl. dazu Art. 11 UA 2 lit. a)–d) SSM-VO; bei den Befragungen ist bei Personen, die nicht Vertreter oder Mitarbeiter des beaufsichtigten Kreditinstituts sind, deren Zustimmung erforderlich.

[89] Im Gegensatz zu den anderen ausdrücklich erwähnten Untersuchungsbefugnissen (vgl. das jeweilige Beschlusserfordernis in Art. 11 Abs. 2, 12 Abs. 3 SSM-VO bzw. Art. 142, 133 Abs. 2 SSM-Rahmen-VO) wird in Art. 10 SSM-VO und dessen Ausgestaltung in Art. 139, 141 SSM-Rahmen-VO, die zwischen ad-hoc und regelmäßigen Informationsersuchen differenziert, nicht ausdrücklich eine Entscheidung durch Beschluss vorausgesetzt.

[90] Vgl. dazu S. 89 SSM-Handbuch, wo der Zugriff der JSTs auf „vielfältige Informationsquellen quantitativer und qualitativer Art“ vorausgesetzt wird. Diese Informationen sind demnach durch das JST an „alle Beteiligten“ weiterzuleiten. Nach S. 33 SSM-Leitfaden wird der diesbezügliche Tätigkeitsbereich wie folgt beschrieben: „In der laufenden Aufsicht analysieren die JSTs die aufsichtliche Berichterstattung, Abschlüsse und die interne Dokumentation der beaufsichtigten Institute, halten auf verschiedenen Hierarchieebenen regelmäßige und außerplanmäßige Treffen mit den beaufsichtigten Kreditinstituten ab, führen laufend Risikoanalysen und Analysen genehmigter Risikomodelle durch und analysieren und beurteilen die Sanierungspläne der Kreditinstitute“.

[91] Diese hervorgehobene Rolle der JSTs wird etwa durch ihre Befugnis zur Aufstellung eines Jahressitzungskalenders oder der Pflicht der NCAs, das JST von außerordentlichen

Im Übrigen ist nach dem SSM-Handbuch den JSTs die direkte Vornahme von „Verwaltungshandeln" gegenüber dem beaufsichtigten Kreditinstitut möglich, bei „Aufsichtsmaßnahmen"[92] ist den JSTs demgegenüber maximal die Vorarbeit überantwortet.[93] Teilweise werden den JSTs dort punktuell auch über die Abfassung von Beschlussentwürfen und Vorprüfungen[94] hinausgehende Entscheidungsbefugnisse zugeschrieben.[95] Nächste Instanz für die Bearbeitung der Entwürfe der JSTs ist in der Regel die Generaldirektion Sekretariat des Aufsichtsgremiums, welche diese an das Aufsichtsgremium weiterleitet.[96] Als letzte Stelle für (Aufsichts-)Beschlüsse zuständig ist sodann der EZB-Rat.[97] Häufig sind in diesem Prozess Zwischenvorlagen an die JSTs vorgesehen, etwa nach Stellungnahme des zu adressierenden Instituts.

3. Abgrenzung zu und Zusammenwirken mit Vor-Ort-Prüfungsteams

a) Die Prüfung vor Ort i.S.d. Art. 12 SSM-VO

Die in die Zuständigkeit der JSTs fallenden Untersuchungen sind von den in Art. 12 SSM-VO vorgesehenen Prüfungen vor Ort abzugrenzen. Solche dürfen nach Art. 12 Abs. 1 SSM-VO durchgeführt werden, soweit sie erforderlich zur Wahrnehmung der Aufgaben der EZB sind. Die Formulierung des Art. 12 SSM-VO legt nahe, dass die Zuständigkeit für Prüfungen vor Ort derjenigen für die Ausübung der Befugnisse nach Art. 10 f. SSM-VO entsprechen und damit den JSTs zufallen könnte. In personeller Hinsicht ordnet die SSM-Rahmen-VO jedoch die Entsendung von Vor-Ort-Prüfungsteams an. Diese werden nach Art. 144 Abs. 1 SSM-Rahmen-VO von der EZB „unter Einbindung der NCAs" eingerichtet und zusammengesetzt. Auch wenn ein JSTs Sitzungen in den Geschäftsräumen eines Aufsichtsobjekts zwecks Überprüfung zu einem bestimmten

---

Treffen mit dem beaufsichtigten Kreditinstitut in Kenntnis zu setzen, deutlich; vgl. dazu S. 90 SSM-Handbuch.

[92] Vgl. zur Einbindung in den Erlass von Aufsichtsbeschlüssen der EZB S. 26 SSM-Handbuch (Beschlussverfahren), S. 28 SSM-Handbuch (schriftliches Beschlussverfahren), S. 29 SSM-Handbuch (Eilverfahren) und in den allgemeinen Prozess für Anträge und Anzeigen S. 57 SSM-Handbuch.

[93] Diese Terminologie wird im SSM-Handbuch jedoch nicht durchweg eingehalten, vgl. nur S. 83 SSM-Handbuch „[...] ergreift das JST Aufsichtsmaßnahmen".

[94] Hinsichtlich bereits oben thematisierten Einbindung in das EZB-Beschlussverfahren vgl. an dieser Stelle nur S. 103 SSM-Handbuch.

[95] Vgl. etwa S. 91 SSM-Handbuch, ein Letztentscheidungsrecht der JSTs über „Anträge (Anm. des Verf.: des beaufsichtigten Kreditinstituts) zur Anhebung des Verhältnisses zwischen variablen und festen Vergütungsbestandteilen" der Mitarbeiter des beaufsichtigten Kreditinstituts unter der Bedingung einer „weiterhin soliden Kapitalbasis".

[96] *Teixeira*, in: Fossum/Menéndez (Hrsg.), S. 572 vergleicht die Rolle des Aufsichtsgremiums hinsichtlich der Zuständigkeit für die Vorschläge von Beschlüssen mit der Rolle der Kommission als einzig initiativberechtigtem Organ der Unionsgesetzgebung.

[97] Zur in der Praxis erfolgten Delegation dieser Beschlusskompetenz s. in diesem Kapitel unter F. II.

Thema abhält (sog. deep dive), ist darin keine Prüfung vor Ort i.S.d. Art. 12 SSM-VO zu sehen.[98]

Die SSM-Rahmen-VO[99] sieht für die Vornahme von Vor-Ort-Prüfungen i.S.d. Art. 12 SSM-VO zunächst einen entsprechenden Beschluss durch die EZB vor[100]; nach Art. 12 Abs. 1 S. 2 SSM-VO, kann die Vor-Ort-Prüfung mit oder ohne Ankündigung erfolgen.[101] Die EZB benennt einen Teamleiter (HoM), der gegenüber den übrigen Teammitgliedern weisungsbefugt ist.[102] Das mögliche konkrete Vorgehen bei Vor-Ort-Prüfungen ist in der SSM-VO oder der SSM-Rahmen-VO nicht näher konkretisiert. Nach dem Vor-Ort-Prüfungs-LF soll eine Vor-Ort-Prüfung generell „eine gründliche Analyse der verschiedenen Risiken, internen Kontrollsysteme, Geschäftsmodelle und Ansätze bei der Unternehmensführung ermöglichen".[103]

Während des Einsatzes haben die Mitglieder des Vor-Ort-Prüfungsteams nach Art. 12 Abs. 2 SSM-VO die auch im Rahmen von Allgemeinen Untersu-

---

[98] Vgl. dazu auch S. 5, 8 des von der EZB im September 2018 erlassenen „Leitfaden für Vor-Ort-Prüfungen und Prüfungen interner Modelle" (im Folgenden Vor-Ort-Prüfungs-LF); vgl. zu den Vor-Ort-Prüfungen auch S. 37 ff. und S. 44 SSM-Leitfaden. Ferner ist eine Vor-Ort-Prüfung im Rahmen der direkten Aufsicht durch die EZB von Vor-Ort-Prüfungen nationaler Behörden bei weniger bedeutenden Unternehmen, an denen EZB-Personal teilnehmen kann, zu unterscheiden, vgl. dazu S. 134 f. SSM-Handbuch, S. 44 SSM-Leitfaden.

[99] Zudem relevant sind die Vorgaben der Art. 65 Abs. 3 lit. b), Art. 52, 53, 97, 99 und 118 CRD IV); vgl. zu den Vor-Ort-Prüfungen auch S. 37 ff. und S. 44 SSM-Leitfaden.

[100] Vgl. zu den diesbezüglichen grundsätzlichen (inhaltlichen) Anforderungen Art. 143 Abs. 1 und 2 SSM-Rahmen-VO; Art. 143 Abs. 3 SSM-Rahmen-VO lässt zudem einen Beschluss der EZB, mit dem eine Allgemeine Untersuchung angeordnet wurde, als Grundlage für eine Vor-Ort-Prüfung ausreichen, wenn die Vor-Ort-Prüfung „denselben Zweck und Umfang" hat.

[101] Im Grundsatz sind der Prüfungsbeschluss und die Zusammensetzung des Vor-Ort-Prüfungsteams nach der diesbezüglichen Ausgestaltung des Art. 145 Abs. 1 SSM-Rahmen-VO dem betroffenen Kreditinstitut fünf Arbeitstage vor Beginn der Vor-Ort-Prüfung mitzuteilen. Mindestens eine Woche vor dieser Mitteilung sind die NCAs des Mitgliedstaats, in dem die Vor-Ort-Prüfung stattfinden soll, zu unterrichten. Eine Durchführung der Vor-Ort-Prüfung ohne vorherige Information des betroffenen Unternehmens ist nach Art. 145 Abs. 2 SSM-Rahmen-VO nur zulässig, wenn „die ordnungsgemäße Durchführung und Effizienz der Prüfung dies erfordern".

[102] Vgl. dazu Art. 144 Abs. 2, Art. 146 Abs. 1 SSM-Rahmen-VO. Im Vor-Ort-Prüfungs-LF wird in diesem Kontext der Head of Mission (dort und hier im Folgenden mit HoM abgekürzt) genannt, vgl. etwa S. 7 f. Vor-Ort-Prüfungs-LF. Hiernach ist der HoM „Hauptansprechpartner des geprüften Rechtssubjekts bei Fragen zu den Prüfungsthemen. Ihm obliegen die Leitung des Prüfungsteams und die Organisation der einzelnen Prüfschritte. Er ist das einzige Mitglied des Prüfungsteams, das zur Unterzeichnung des Prüfungsberichts vorgesehen ist. Zudem ist es Aufgabe des HoM, die zuständigen EZB-Abteilungen und Manager fortlaufend über den Prüfungsfortschritt zu informieren".

[103] Vgl. S. 6 Vor-Ort-Prüfungs-LF. Hierauf folgt eine Liste mit Beispielen der zu prüfenden Gebiete, die u.a. „die Überprüfung und Bewertung von Umfang, Art und Eigenschaften der inhärenten Risiken" und die „Überprüfung und Bewertung der Angemessenheit und Qualität der Unternehmensführung" umfasst. Zum Prüfungsablauf vgl. S. 9 ff. Vor-Ort-Prüfungs-LF.

chungen bestehenden Befugnisse inne. Demnach besteht ein Recht der Teammitglieder[104], die Geschäftsräume und Grundstücke der zu überprüfenden juristischen Person zu betreten[105]; hierbei sollen sie nach Art. 12 Abs. 4 SSM-VO durch die nationalen Behörden des Mitgliedstaats, in dem die Örtlichkeiten liegen, unter Aufsicht und Koordinierung durch die EZB „aktiv" unterstützt werden.[106] Dies umfasst nach Art. 12 Abs. 5 SSM-VO auch die erforderliche Amtshilfe für den Fall, dass sich eine Person der Prüfung widersetzt. Soweit für eine solche Amtshilfe nach dem Recht des Mitgliedstaats eine gerichtliche Genehmigung erforderlich ist, ist diese einzuholen, Art. 13 Abs. 1 SSM-VO.

b) Einbindung der JSTs in Vor-Ort-Prüfungen

Das Zusammenwirken JSTs und Vor-Ort-Prüfungsteams ist in der SSM-Rahmen-VO nur fragmentarisch geregelt. Art. 146 Abs. 2 SSM-Rahmen-VO legt eine jedenfalls organisatorische Trennung zwischen dem JST eines bedeutenden beaufsichtigten Unternehmens und einem dieses Unternehmen untersuchenden Vor-Ort-Prüfungsteam nahe, indem dem Leiter des Vor-Ort-Prüfungsteams die Koordination mit dem JST übertragen wird. Dies kann als Ausprägung des auf S. 7 Vor-Ort-Prüfungs-LF beschriebenen „Grundsatz(es)" der Unabhängigkeit zwischen den Vor-Ort-Tätigkeiten der EZB und ihrer externen Aufsichtstätigkeit angesehen werden. Diese Unabhängigkeit schreibt dem HoM demnach grundsätzlich die „alleinige Verantwortung" für die Umsetzung der Prüfung zu und verbietet, dass ein Mitglied eines JSTs als HoM eingesetzt wird.[107] Insgesamt kann sich dies jedoch weitgehend nur auf die konkrete Vornahme von Prüfungsaktivitäten beziehen, da (notwendige) Verschränkungen zwischen dem Zuständigkeitsbereich der JSTs und der Vor-Ort-Prüfungsteams in der praktischen Umsetzung nicht zu vermeiden bzw. teilweise ausdrücklich vorgesehen sind[108]: So schafft das jeweilige JST mit der Erstellung des aufsichtlichen Prüfprogramms

---

[104] Art. 12 Abs. 2 SSM-VO spricht insoweit von „Bediensteten der EZB und sonstige von ihr zur Durchführung der Prüfung vor Ort bevollmächtigte Personen"; S. 8 Vor-Ort-Prüfungs-LF stellt diesbezüglich klar, dass die Teammitglieder der Vor-Ort-Prüfungsteams „ungeachtet ihrer Herkunft" im Auftrag der EZB handeln und dem HoM unterstellt sind.

[105] S. 12 f. Vor-Ort-Prüfungs-LF konkretisiert die möglichen Maßnahmen und erklärt u.a. den „Lesezugriff auf sämtliche maßgeblichen IT-Systeme", einen „walk-through", die Vornahme von Stichproben und die Prüfung der Daten des Instituts auf „Integrität, Korrektheit und Konsistenz" für zulässig.

[106] Nach S. 29 ff. Vor-Ort-Prüfungs-LF werden diese Befugnisse in ein „Recht auf Zugang zu den Geschäftsräumen", welches die nationalen Vorschriften zum „Schutz des Eigentums" zu beachten hat, ein Recht auf Anordnung von Informationen und Unterlagen, ein Recht auf Erläuterung und ein Recht auf Amtshilfe durch die nationalen Behörden bei einem Widersetzen des betroffenen Unternehmens, unterteilt.

[107] Vgl. dazu auch S. 39 SSM-Leitfaden, wonach gerade dies eine unabhängige Prüfung sicherstellen soll.

[108] Nach S. 70 SSM-Handbuch soll das Vor-Ort-Prüfungsteam organisatorisch unabhängig sein, „aber eng mit dem jeweiligen JST zusammenarbeiten".

die Grundlage und kann eine Vor-Ort-Prüfung anfordern[109], steht während der Prüfung in Kommunikation mit dem Vor-Ort-Prüfungsteam und unterstützt die Vor-Ort-Prüfungsteams bei Abfassung der Prüfungsfeststellungen.[110] Anschlussmaßnahmen auf Grundlage des Prüfungsberichts fallen sodann in den alleinigen Zuständigkeitsbereich der JSTs. Dieser Zuständigkeitsbereich beginnt in zeitlicher Hinsicht mit der Organisation einer Abschlussbesprechung und der vorherigen Versendung eines (etwaigen) follow-up-Schreibens an das betroffene Institut.[111]

F. Weisungshierarchie und Entscheidungsfindung innerhalb eines JSTs

I. Vorgaben für das JST

Für das EZB-Personal gelten die Vorgaben des Ethik-Rahmens der EZB hinsichtlich des Umgangs mit Weisungen.[112] Für die „Abstimmung der Arbeiten innerhalb des JSTs" ist der nach Art. 3 Abs. 1 S. 2 SSM-Rahmen-VO zu ernennende JST-Koordinator[113] zuständig, Art. 6 Abs. 1 S. 1 SSM-Rahmen-VO.[114] Er wird von den gemäß Art. 6 Abs. 2 S. 1 SSM-Rahmen-VO zu bestimmenden

[109] Vgl. dazu S. 5 Vor-Ort-Prüfungs-LF, S. 37 SSM-Leitfaden und bereits in diesem Kapitel unter E. I. Nach S. 74 SSM-Handbuch wird eine Vor-Ort-Prüfung „auf Anforderung des zuständigen JSTs nach einem risikoorientierten Ansatz und dem Grundsatz der Verhältnismäßigkeit durchgeführt".

[110] Vgl. zum Ganzen S. 5 Vor-Ort-Prüfungs-LF. Konkret vorgesehen ist etwa die von dem HoM und dem Leiter des JSTs gemeinsam vorzunehmende Erstellung eines „Prüfungsmemorandums", das „die Grundlagen, den Gegenstand und die Ziele der Prüfung" beinhaltet, (S. 10 Vor-Ort-Prüfungs-LF), eine Information des HoM an den Leiter des JSTs hinsichtlich des mit dem betroffenen Institut abzuhaltenden „kick-off-meetings", an dem JST-Mitglieder teilnehmen dürfen (S. 11 Vor-Ort-Prüfungs-LF) und die Einbeziehung der JSTs bei der Erörterung eines Berichtsentwurfs mit dem betroffenen Instituts zwecks „Sachverhaltsklärung" (S. 14 Vor-Ort-Prüfungs-LF).

[111] Vgl. dazu S. 16 ff. Vor-Ort-Prüfungs-LF, zu den dort beschriebenen Reaktionsmöglichkeiten (Follow-up-Schreiben oder Aufsichtsbeschluss) und den jeweiligen Zuständigkeiten des JSTs auch oben in diesem Kapitel unter E. II. 1.

[112] Hiernach (vgl. Punkt III.0.3.3.1.) ist bei vermeintlich rechtswidrigen Weisungen durch EZB-Personal zunächst der „direkte Vorgesetzte" einzuschalten und falls dieser die Bedenken nicht ausräumen kann, der zuständige Generaldirektor, Direktor oder deren jeweilige Vertreter. Bestätigen letztere die erteilte Weisung, ist sie auszuführen, „sofern sie nicht offensichtlich rechtswidrig ist".

[113] Vgl. dazu bereits oben in diesem Kapitel unter D. II. Häufig wird diese Stellung mit JSTC abgekürzt, etwa im Vor-Ort-Prüfungs-LF.

[114] Vgl. dazu auch *Paraschiakos*, Bankenaufsicht, S. 331, der darin einen Ausdruck der Einordnung in die EZB-Hierarchie sieht, da „trotz des personellen Mischarrangements [...] die inhaltliche Entscheidungskompetenz bei der EZB" verbleibt.

NCA-Unterkoordinatoren[115] unterstützt, was insbesondere für die Wahrnehmung von Aufgaben durch diejenigen Teammitglieder gilt, die von derselben NCA wie der NCA-Unterkoordinator ernannt wurden.[116] Zur Erfüllung ihrer Aufgaben im Rahmen des JSTs sind die übrigen Teammitglieder den Weisungen des JSTs-Koordinators unterworfen; dies hat jedoch keine Auswirkungen auf deren „Aufgaben und Pflichten gegenüber ihrer jeweiligen NCA".[117] Im Rahmen der Weisungen des JSTs-Koordinators sind die NCA-Unterkoordinatoren gegenüber Teammitgliedern, die von derselben NCA ernannt wurden, ebenfalls befugt, Weisungen zu erteilen. Eine Ausnahme von dieser Konstruktion gilt nach Art. 4 Abs. 5 SSM-Rahmen-VO für „die Verwendung von NCA-Ressourcen im Hinblick auf die JSTs", hier ist eine Abstimmung zwischen EZB und NCAs vorgesehen.

Für die Umsetzung in der Praxis schreibt S. 15 SSM-Handbuch insbesondere dann, „wenn die JSTs viele Mitglieder umfassen", die Einrichtung eines Kern-JSTs als Zwischenebene vor. Dieses besteht aus dem JST-Koordinator sowie (ausgewählten)[118] NCA-Unterkoordinatoren und soll die Aufgabenverteilung unter den Teammitgliedern, die Vorbereitung, Überprüfung sowie Überwachung der Umsetzung des aufsichtlichen Prüfprogramms übernehmen.[119] Ferner soll die Entscheidungsfindung innerhalb eines JSTs durch die Querschnitts- und Fachabteilungen der Generaldirektion Mikroprudenzielle Aufsicht IV der EZB[120] unterstützt werden, wodurch im Grundsatz zwei Anliegen verfolgt werden: Zum einen sollen die JSTs insbesondere in komplexen Fällen[121] durch die Spezialkenntnisse der Fachabteilungen in konkreten Beurteilungen unterstützt werden, zum anderen eine konsistente Aufsicht sichergestellt werden.[122]

---

[115] Vgl. dazu bereits oben in diesem Kapitel unter D. II., im SSM-Handbuch wird diese Stellung mit „Sub-Koordinator" und im SSM-Leitfaden mit „Unterkoordinator" beschrieben.

[116] Nach S. 17 SSM-Leitfaden ist die Aufgabenzuschreibung an die Unterkoordinatoren flexibler, demnach können diese für „klar abgegrenzte thematische Bereiche der Aufsicht oder bestimmte Regionen zuständig" sein.

[117] Vgl. dazu Art. 6 Abs. 1 S. 2 und 3 SSM-VO.

[118] Nach S. 15 SSM-Handbuch bestimmt sich die Zugehörigkeit zum Kern-JST „je nach Bedeutung der örtlichen Tochterinstitute oder Zweigstellen die Sub-Koordinatoren aus allen betreffenden nationalen Aufsichtsbehörden".

[119] Nach S. 17 SSM-Leitfaden kommen dem Kern-JST darüber hinaus folgende Aufgaben zu: „Es überprüft außerdem die konsolidierte Risiko-, Kapital- und Liquiditätsbewertung. Das Kern-JST führt die Einschätzungen der JST-Mitglieder zusammen.".

[120] Zu diesen horizontalen und spezialisierten Abteilungen gehören nach S. 18 SSM-Leitfaden die Abteilungen „Risikoanalyse, Aufsichtliche Grundsatzfragen, Aufsichtsplanung, Zentrale Vor-Ort-Prüfungen, Interne Modelle, Durchsetzung und Sanktionen, Zulassungsverfahren, Krisenmanagement, Aufsichtliche Qualitätssicherung sowie Methodik und Entwicklung von Standards". Eine (wohl) aktualisierte Übersicht über die Zuschnitt der Abteilungen findet sich in einem von der EZB erstellten Organigramm, abrufbar unter https://www.ecb.europa.eu/ecb/orga/orgachart/html/index.de.html (zuletzt abgerufen am 24.02.2024).

[121] Vgl. dazu beispielhaft etwa S. 106, 109 SSM-Handbuch.

[122] Vgl. dazu S. 18 SSM-Leitfaden; eine nachgelagerte Aufgabe der Fachabteilungen ist

II. Sonderfall: Kompetenz und Verfahren zum Erlass eines außenwirksamen Beschlusses durch Untereinheiten der EZB – keine Anwendung auf JSTs

Der EZB-Rat fasst die (Aufsichts-)Beschlüsse grundsätzlich nach allgemein[123] für die Beschlussfassung der EZB geltenden Vorschriften.[124] Diesbezüglich hat sich das Verfahren der impliziten Zustimmung etabliert, wonach ein vom Aufsichtsgremium vorgelegter Beschlussentwurf durch den EZB-Rat als genehmigt gilt, wenn dieser nicht innerhalb einer höchstens zehntägigen Frist[125] schriftlich und begründet widerspricht.[126] Durch Beschluss hat die EZB die Möglichkeit geschaffen, Entscheidungsbefugnisse in Bezug auf „aufsichtliche Rechtsinstrumente" auf „Leiter von Arbeitseinheiten der EZB" zu delegieren.[127] Nach dieser Konzeption ist zunächst ein Ermächtigungsbeschluss des EZB-Rates erforderlich, der die Reichweite der übertragenen Befugnisse beinhaltet. Sodann legt das EZB-Direktorium in personeller Hinsicht durch Beschluss fest, welcher Leiter einer Arbeitseinheit die sog. delegierten Beschlüsse „im Namen und unter der Verantwortung des EZB-Rates" fassen darf.[128] Unter eine „Arbeitseinheit der

---

demnach die Entwicklung und Bereitstellung von „Informationen und Verfahren für die Entwicklung eines gemeinsamen Verständnisses und eines koordinierten Ansatzes" der Bankenaufsicht, die den JSTs zur Verfügung gestellt werden sollen.

[123] Dies sind zum einen Art. 129, 132 und 282 f. AEUV i.V.m. insb. Art. 9 ff. des Protokolls (Nr. 4) über die Satzung des Europäischen Systems der Zentralbanken und der Europäischen Zentralbank (ABl. C 202 vom 07.06.2016, S. 230). Vgl. zum anderen die Ausgestaltung in der durch Beschluss EZB/2004/2 der Europäischen Zentralbank vom 19.02.2004 zur Verabschiedung der Geschäftsordnung der Europäischen Zentralbank (ABl. L 80 vom 18.03.2004, S. 33) erlassenen Geschäftsordnung der EZB (im Folgenden GO-EZB, hier wird auf die konsolidierte Fassung vom 24.09.2016 Bezug genommen), insb. Art. 4 ff. GO-EZB.

[124] In diese Struktur fügen sich die Bestimmungen der SSM-VO und (zwangsläufig) der SSM-Rahmen-VO ein. Dem Aufsichtsgremium selbst kommen keine Befugnisse zu außenwirksamen Beschlüssen zu (insoweit leicht missverständlich Art. 26 Abs. 1 S. 1 SSM-VO: „Die Planung und Ausführung der der EZB übertragenen Aufgaben erfolgt uneingeschränkt durch ein internes Organ [...]". Das EZB-Direktorium (vgl. dazu Art. 283 AEUV, Art. 11 Protokoll Nr. 4 zum AEUV) ist demgegenüber vor allem für die interne Organisationsstruktur und Personalfragen zuständig, vgl. nur Art. 13m Abs. 1 GO-EZB.

[125] Vgl. dazu Art. 13g Abs. 2, Art. 13i GO-EZB, Art. 26 Abs. 8 SSM-VO.

[126] Vgl. dazu insb. die Schaubilder auf S. 27 ff. SSM-Handbuch, auch zum sog. schriftlichen Beschlussverfahren. In der Praxis wird demnach die Zustimmung des EZB-Rates bereits vor Ablauf der Zehntagesfrist signalisiert. Erfolgt ein Widerspruch, stellt entweder eine vom abgelehnten Beschluss betroffene NCA einen Schlichtungsantrag oder das Aufsichtsgremium ändert den Beschlussentwurf entsprechend ab.

[127] Vgl. dazu den Beschluss (EU) 2017/933 der Europäischen Zentralbank vom 16.11.2016 über einen allgemeinen Rahmen für die Übertragung von Entscheidungsbefugnissen in Bezug auf Rechtsinstrumente im Zusammenhang mit Aufsichtsaufgaben (ABl. L 141, 01.06.2017, p. 14–17), der zum einen das Aufsichtsgremium und das EZB-Direktorium als mögliche (weitere) Beschlussorgane ablehnt (Erw. 3 ff.) und die Notwendigkeit der Delegation selbst in der drohenden Überlastung des EZB-Rates sieht (Erw. 6).

[128] Vgl. zum Ganzen Art. 3 ff. des in der vorigen Fn. genannten Beschlusses und S. 29 f. SSM-Handbuch. Übertragen wurde etwa die Kompetenz zu Beschlüssen über die Bedeutung

EZB" fallen nach Art. 10 GO-EZB die durch das EZB-Direktorium festgelegten dauerhaften Abteilungen der EZB, sodass eine Übertragung einer Beschlussbefugnis auf den Leiter eines JSTs unter diesen Voraussetzungen nicht in Frage kommt.[129]

G. Kontrolle und Rechtsschutz

Hinsichtlich der prozeduralen und sonstigen Kontrollmöglichkeiten gegenüber JITs kann zwischen Instrumenten des subjektiven Rechtsschutzes und der objektiven Kontrolle unterschieden werden.[130] Hierbei ist besonderes Augenmerk auf mögliche Kontrollgegenstände zu richten, welche mit dem Einsatzhanden der JSTs weitgehend im informalen und tatsächlichen, vorbereitenden Bereich liegen.[131]

I. Individualrechtsschutz

Von dem Handeln der EZB auch durch JSTs betroffenen Personen und Instituten wird nach der Konzeption der SSM-VO und der SSM-Rahmen-VO durch administrative Rechtsschutzmöglichkeiten sowie ein mögliches gerichtliches Verfahren Rechtsschutz gewährleistet. Hier nicht behandelt wird der Rechtsschutz nationaler (Aufsichts-)Behörden gegen Handlungen der EZB (insb. Weisungen

---

beaufsichtigter Unternehmen, vgl. dazu den Beschluss (EU) 2017/934 der Europäischen Zentralbank vom 16.11.2016 über die Übertragung von Beschlüssen über die Bedeutung der beaufsichtigten Unternehmen (ABl. L 141 vom 01.06.2017, S. 18) und den Beschluss (EU) 2017/937 der Europäischen Zentralbank vom 23.05.2017 zur Ernennung von Leitern von Arbeitseinheiten für den Erlass von delegierten Beschlüssen über die Bedeutung der beaufsichtigten Unternehmen (ABl. L 141 vom 01.06.2017, S. 28).

[129] Dem entspricht auch die bisherige Praxis, die dem Generaldirektor der Generaldirektion Mikroprudenzielle Aufsicht I oder den Generaldirektor der Generaldirektion Mikroprudenzielle Aufsicht II diese Befugnisse übertragen hat, vgl. dazu Art. 1 des Beschlusses 2017/937 (in der vorigen Fn.). Durch den Beschluss (EU) 2018/228 der Europäischen Zentralbank vom 13.02.2018 zur Änderung des Beschlusses (EU) 2017/936 zur Ernennung von Leitern von Arbeitseinheiten für den Erlass von delegierten Beschlüssen über die Eignungsprüfung (ABl. L 43 vom 16.02.2018, S. 18) wurden Beschlusskompetenzen in diesem Bereich auch auf den Generaldirektor oder stellvertretenden Generaldirektor der Generaldirektion Sekretariat des Aufsichtsgremiums übertragen.

[130] Einen knappen Überblick über die Facetten der Kontrolle geben die Erw. 54 ff. SSM-VO. Hier werden lediglich die durch oder aufgrund von Protokoll Nr. 4 zum AEUV, SSM-VO oder SSM-Rahmen-VO vorgesehenen bzw. konkretisierten, besonderen Rechtsschutzmöglichkeiten behandelt. Allgemeine Bestimmungen zu Rechtsschutzmöglichkeiten, wie etwa die durch den EDSB nach der EU-Datenschutz-VO oder durch den EBB (s. dazu bei in diesem Teil Kapitel 6 G. II. 3.), bleiben hier außer Betracht.

[131] Vgl. zu den vorgesehenen Handlungsmöglichkeiten der JSTs oben in diesem Kapitel unter E. II. 2.

oder Selbsteintritte der EZB) oder der EZB gegenüber nationalen Behörden (etwa bei Weigerung der Umsetzung einer Weisung).[132]

1. Administrativer Rechtsschutz

Für die Gewährleistung von Individualrechtsschutz kommen zwei Verwaltungsverfahren in Frage, die als Verfahrensgegenstand jeweils einen der EZB zuzurechnenden Beschluss voraussetzen.

a) Rechtsschutz im EZB-Aufsichtsverfahren

Den Schutz der von EZB-Aufsichtsbeschlüssen potentiell betroffenen Personen fördern zunächst die Vorschriften über das Verfahren für die Annahme von Aufsichtsbeschlüssen (sog. EZB-Aufsichtsverfahren)[133]. Insoweit sind rechtsstaatliche Grundsicherungen bereits im Verfahren zum Erlass einer Aufsichtsentscheidung zu berücksichtigten. Dieses Verfahren kann auch auf „Initiative eines JSTs" eingeleitet werden.[134] Von Art. 22 SSM-VO vorgesehen und in der SSM-Rahmen-VO konkretisiert sind das „Recht auf rechtliches Gehör"[135] und das Recht zur Akteneinsicht.[136] Diese Gewährleistungen sowie die Pflicht zur Begründung der Aufsichtsbeschlüsse (Art. 33 SSM-Rahmen-VO), die mögliche Aussetzung der Vollziehung nach Art. 34 SSM-Rahmen-VO und die Regelungen zur Bekanntgabe der Beschlüsse (Art. 35 SSM-Rahmen-VO) sind Mittel zur Berücksichtigung der Interessen der potentiellen Beschlussadressaten, welche die Stellung der EZB als Herrin des Aufsichtsverfahrens jedoch nicht beeinflussen können.[137]

---

[132] Vgl. dazu *Kämmerer*, WM 2016 Heft 1 S. 1 ff., S. 6 f.

[133] Vgl. dazu die rudimentäre Regelung des Art. 22 SSM-VO und die Art. 25 ff. SSM-Rahmen-VO.

[134] Vgl. S. 24 SSM-Handbuch. Diese Formulierung betont jedoch die im Hintergrund spielende Rolle der JSTs in diesem Zusammenhang: Anders als etwa beaufsichtigte Unternehmen sind die JSTs wie NCAs nicht antragsberechtigt (vgl. dazu auch Art. 26 Abs. 2 SSM-Rahmen-VO) oder parteifähig, können jedoch eine Einleitung des Verfahrens „von Amts wegen" (vgl. dazu Art. 28 Abs. 1 SSM-Rahmen-VO) durch Informationsaufbereitung anstoßen.

[135] Vgl. dazu Art. 22 Abs. 1 SSM-Rahmen-VO. Die Frist für das Äußerungsrecht der betroffenen Partei beträgt nach Art. 31 Abs. 3 SSM-Rahmen-VO grundsätzlich zwei Wochen, nach Art. 22 Abs. 1 S. 2 SSM-VO, Art. 33 Abs. 3 SSM-Rahmen-VO dürfen nur Gesichtspunkte, zu denen sich die betroffene Partei äußern konnte, Grundlage des Aufsichtsbeschlusses sein. Wie in Art. 22 Abs. 1 UA 2 SSM-VO vorgesehen, ist jedoch nach Art. 31 Abs. 4 und Abs. 5 SSM-Rahmen-VO in Konstellationen, die „einen ernsthaften Schaden vom Finanzsystem" befürchten lassen, ein Beschluss, der nicht die Verhängung von Sanktionen zum Inhalt hat, ohne Anhörung zulässig; diese ist jedoch nachzuholen.

[136] Vgl. dazu Art. 22 Abs. 2 UA 1 SSM-VO und Art. 32 SSM-Rahmen-VO. Das Akteneinsichtsrecht erstreckt sich demnach nicht auf vertrauliche Informationen und ist mit dem „berechtigten Interesse(s) anderer juristischer und natürlicher Personen an der Wahrung ihrer Geschäftsgeheimnisse" in Einklang zu bringen.

[137] So ist etwa die Aussetzung des Vollzugs nach Art. 34 SSM-Rahmen-VO in das Ermes-

b) Rechtsschutz durch den Administrativen Untersuchungsausschuss

Die in Art. 24 SSM-VO geregelte Überprüfung von Beschlüssen der EZB[138] durch den demnach einzurichtenden administrativen Überprüfungsausschuss[139] umfasst ihre formelle und materielle Rechtmäßigkeit, Prüfungsmaßstab ist die SSM-VO. Wenngleich Art. 24 Abs. 1 S. 1 SSM-VO von einer „interne(n) administrative(n) Überprüfung" spricht, ist ein Antrag einer natürlichen oder juristischen Person zur Einleitung der Überprüfung erforderlich,[140] dessen Zulässigkeit insbesondere die Eigenschaft als Adressat des Beschlusses oder eine unmittelbare und individuelle Betroffenheit erfordert, Art. 24 Abs. 5 S. 1 SSM-VO.[141] Wie im EZB-Aufsichtsverfahren kommt der betroffenen Person grundsätzlich das Recht auf Anhörung sowie Akteneinsichtsrechte[142] zu. Der Antrag hat grundsätzlich keine aufschiebende Wirkung.[143] Hält der administrative Überprüfungsausschuss einen Antrag für zulässig[144], ist spätestens zwei Monate nach

---

sen der EZB gestellt, und der Modus der Gewährleistung des Rechts auf Akteneinsicht kann nach Art. 32 Abs. 3 SSM-Rahmen-VO durch die EZB bestimmt werden; auch bei der Durchführung der nach Art. 31 SSM-Rahmen-VO gebotenen Anhörung werden der EZB Spielräume zugestanden (vgl. etwa Art. 31 Abs. 2 S. 2 SSM-Rahmen-VO zur Verschiebung einer Sitzung sowie Art. 31 Abs. 3 UA 2 und UA 3 SSM-Rahmen-VO bzgl. Verlängerungen und Verkürzungen der Frist zur Stellungnahme).

[138] Nach dem Wortlaut des Art. 24 Abs. 1 S. 1 SSM-VO erstreckt sich die Zuständigkeit des administrativen Untersuchungsausschusses nicht nur auf Aufsichtsbeschlüsse.

[139] Dieser setzt sich nach Art. 24 Abs. 2 SSM-VO aus fünf weisungsunabhängigen Experten (vgl. dazu auch Art. 24 Abs. 4 SSM-VO), die für die Dauer von fünf Jahren bestellt werden, zusammen. Nach Art. 24 Abs. 3 SSM-VO fasst der administrative Überprüfungsausschuss „seine Beschlüsse mit einer Mehrheit von mindestens drei seiner fünf Mitglieder". Wie von Art. 24 Abs. 10 SSM-VO vorgeschrieben hat die EZB durch den Beschluss 2014/360/EU der Europäischen Zentralbank vom 14.04.2014 zur Einrichtung eines administrativen Überprüfungsausschusses und zur Festlegung der Vorschriften für seine Arbeitsweise (EZB/2014/16) ABl. L 175 vom 14.06.2014, S. 47–53), im Folgenden EZB-Untersuchungsausschuss-Beschluss, die Vorschriften der SSM-VO konkretisiert.

[140] Erw. 4 EZB-Untersuchungsausschuss-Beschluss definiert die Überprüfung insoweit treffender als „eine fakultative Überprüfung auf Antrag einer Person [...], bevor ein Verfahren vor dem Gerichtshof angestrengt wird".

[141] Dies ist nur eine von mehreren Parallelen der Ausgestaltung des Verfahrens zu dem der Nichtigkeitsklage nach Art. 263 AEUV, vgl. zu den Ähnlichkeiten auch *Witte*, EuR 2017 S. 648 ff., S. 655. Nach Art. 24 Abs. 6 SSM-VO, Art. 7 EZB-Untersuchungsausschuss-Beschluss ist der Antrag schriftlich und begründet innerhalb eines Monats ab Bekanntgabe gegenüber bzw. Kenntniserlangung der betroffenen Person zu stellen. Die Begründung des Antrags limitiert nach Art. 10 Abs. 2 EZB-Untersuchungsausschuss-Beschluss gleichzeitig den Prüfungsumfang, was so jedenfalls nicht ausdrücklich in Art. 24 SSM-VO angelegt ist.

[142] Vgl. dazu Art. 14 und 20 EZB-Untersuchungsausschuss-Beschluss.

[143] Auf schriftlichen Antrag des Betroffenen (vgl. Art. 7 Abs. 4 EZB-Untersuchungsausschuss-Beschluss) und auf Vorschlag des administrativen Überprüfungsausschusses kann der EZB-Rat eine Aussetzung der Vollziehung nach eigenem Ermessen jedoch anordnen, vgl. dazu Art. 24 Abs. 8 SSM-VO, Art. 9 EZB-Untersuchungsausschuss-Beschluss.

[144] Vgl. dazu Art. 24 Abs. 7 SSM-VO Art. 11 EZB-Untersuchungsausschuss-Beschluss, wonach insbesondere auch im Fall der Unzulässigkeit eine Stellungnahme des administrativen Untersuchungsausschusses vorgesehen ist.

Eingang des Antrags ein Vorschlag zu erstellen, welcher eine Änderung, Bestätigung oder Aufhebung des überprüften Beschlusses beinhalten kann.[145] Diese Stellungnahme ist nach dem Wortlaut der einschlägigen Vorschriften weder für das sodann zwischengeschaltete Aufsichtsgremium, welches letztlich dem EZB-Rat nach einer eigenen Prüfung einen Beschlussentwurf vorlegt, noch für den EZB-Rat als letztentscheidungsbefugte Stelle verbindlich.[146] Der unverzüglich zu erstellende Beschlussentwurf des Aufsichtsgremiums gilt als angenommen, wenn der EZB-Rat nicht innerhalb von zehn Arbeitstagen widerspricht, vgl. Art. 24 Abs. 7 S. 2 und 4 SSM-VO. Die Bekanntgabe des endgültigen Ergebnisses der Untersuchung samt Begründung erfolgt nach Art. 18 EZB-Untersuchungsausschuss-Beschluss durch das Sekretariat des EZB-Rats.

Insgesamt ist das Verfahren vor dem administrativen Überprüfungsausschuss trotz dessen Unabhängigkeit und partiellen Ähnlichkeiten zu einem gerichtlichen Prozess insbesondere aufgrund der fehlenden Kompetenz zum Erlass verbindlicher Entscheidungen dem EZB-internen Überprüfungsbereich zuzuordnen.[147]

2. Gerichtlicher Rechtsschutz

a) Allgemeine Bestimmungen

Nach dem insoweit eindeutigen Wortlaut des Art. 23 Abs. 11 SSM-VO ist die Durchführung eines Verfahrens vor dem Administrativen Untersuchungsausschuss keine Voraussetzung für das Anstrengen eines gerichtlichen Verfahrens vor dem EuGH.[148] Dieses kann nach den allgemeinen Regeln des Rechtsschutz-

[145] Vgl. dazu Art. 24 Abs. 7 SSM-VO, Art. 16 EZB-Untersuchungsausschuss-Beschluss.

[146] So ausdrücklich Art. 16 Abs. 5 EZB-Untersuchungsausschuss-Beschluss, nach Art. 24 Abs. 7 S. 2 SSM-VO hat der Beschlussentwurf des Aufsichtsgremiums der Stellungnahme des administrativen Überprüfungsausschusses Rechnung zu tragen. In EuG, Urt. v. 16.05.2017 Rs. T-122/15, Landeskreditbank Baden-Württemberg/EZB, Rn. 124 ff. misst das EuG der Stellungnahme des administrativen Untersuchungsausschusses eine stärkere Bindungswirkung zu, indem es für „zwangsläufig" hält, dass die in der Stellungnahme „enthaltenen Erläuterungen für die Beurteilung, ob der angefochtene Beschluss ausreichend begründet ist, berücksichtigt werden können" (EuG, a.a.O., Rn. 127); nach der Formulierung des Gerichts kann sich diese Maßgeblichkeit sowohl auf das Erfordernis einer formellen Begründung als auch auf dessen materielle Begründetheit beziehen, kritisch dazu *Witte*, EuR 2017 S. 648 ff., 655 f.

[147] Dies sieht *Witte*, EuR 2017 S. 648 ff., S. 657 durch EuG, Urt. v. 16.05.2017, Rs. T-122/15, Landeskreditbank Baden-Württemberg/EZB bestätigt.

[148] So auch *Müller-Graff*, EuZW 2018 S. 101 ff., 106 m.w.N., der damit auch eine Einordnung „als eine Art Widerspruchsverfahren im Sinne des deutschen Verwaltungsrechts als Voraussetzung für eine Anfechtungsklage" ablehnt. Auch abgesehen von der Eigenschaft als Zulässigkeitsvoraussetzung im deutschen Verwaltungsprozess lassen sich zwar (punktuell) Ähnlichkeiten feststellen (eine „ähnliche Funktion" sieht *Berger*, WM 2016 Heft 50, S. 2361 ff., S. 2368), einen entscheidenden Unterschied stellt jedoch die Unverbindlichkeit der Entscheidungen des administrativen Untersuchungsausschusses dar.

systems der EU[149] insbesondere in Form der Nichtigkeitsklage[150] gegen Beschlüsse, aber auch gegen sonstige an den potentiellen Kläger gerichtete oder diesen unmittelbar und individuell betreffende Handlungen[151] der EZB eingeleitet werden.[152]

b) Besonderheit: Anwendung nationalen Rechts durch die EZB

Das durch die Vorschrift des Art. 4 Abs. 3 UA 1 SSM-VO eingeführte „Novum im Europäischen Verwaltungsverbund“[153], welches der EZB die Befugnis zum Vollzug des einschlägigen[154] nationalen Rechts überträgt[155], wirft auch[156] im Bereich des Rechtsschutzes nicht abschließend geklärte Fragen auf.[157] Beim Vollzug mitgliedstaatlichen Rechts handelt die EZB weder (etwa durch die Konstruktion einer Organleihe) als Stelle der Mitgliedstaaten, noch erfolgt eine „Rechtsleihe“, durch die nationales Recht in Unionsrecht umgedeutet wird.[158] Folglich hat der

---

[149] Entscheidend ist hierbei zunächst eine Zurechnung der in Frage stehenden, endgültigen Entscheidung zur EZB bzw. zu den nationalen Behörden, vgl. dazu im gegebenen Kontext *Boucon/Jaros* EJLS 2018, S. 155 ff., S. 178, ausführlich zu den Rechtsschutzmöglichkeiten Teil 3 Kapitel 11 C.

[150] Einen Überblick über die im Übrigen in Frage kommenden Verfahren gibt *Müller-Graff*, EuZW 2018, S. 101 ff., 104 f.

[151] Nach *Martini/Weinzierl* NVwZ 2017, S. 177 ff., S. 178 gilt dies auch für Einzelweisungen. Eine Beschränkung der Überprüfung auf die nach Art. 4 Abs. 3 UA 2 SSM-VO vorgesehenen Handlungsformen ist nicht geboten, zum Rechtsschutz gegen diese *Müller-Graff*, EuZW 2018 S. 101 ff., S. 104 f.

[152] Vgl. dazu auch Erw. 60 SSM-VO, der alle „Maßnahmen, die auf die Herbeiführungen von Rechtswirkungen gegenüber Dritten gerichtet sind“, als vom Zuständigkeitsbereich des EuGHs erfasst ansieht. Die EZB ist in Art. 263 Abs. 1 S. 1 AEUV ausdrücklich genannt.

[153] So etwa die Einschätzung von *Martini/Weinzierl*, NVwZ 2017, S. 177 ff., 177 und *Peuker* JZ 2014, S. 764 ff.

[154] Zur Eingrenzung der von Art. 4 Abs. 3 UA 1 SSM-VO erfassten nationalen Bestimmungen vgl. *Kämmerer*, WM 2016 Heft 1 S. 1 ff., S. 3 f. und *Paraschiakos*, Bankenaufsicht, S. 336 f.

[155] Zum damit zusammenhängenden Selbsteintrittsrecht der EZB nach Art. 9 Abs. 1 UA 1 Abs. 2 SSM-VO vgl. bereits oben in diesem Kapitel unter E. II. 1. a).

[156] Vgl. zu Bedenken in Bezug auf die Vereinbarkeit mit deutschem Verfassungsrecht und dem Primärrecht, insbesondere dem Grundsatz der Subsidiarität und dem Demokratieprinzip *Peuker*, JZ 2014, S. 764 ff., 767 ff.; *Teixeira*, in: Fossum/Menéndez (Hrsg.), S. 568 f. thematisiert und verneint letztlich einen Verstoß gegen den Grundsatz des Vorrangs des Unionsrechts durch eine etwaige Bindung der EZB an nationales, unionale Richtlinien umsetzendes Recht. Dies liege vielmehr in der „composite nature of the law of the single market“ begründet und sei Ausdruck des „current state of evolution“ des Grundsatzes des Vorrangs des Unionsrechts. Zu weiteren mit Art. 4 Abs. 3 UA 1 SSM-VO verknüpften Fragen vgl. *Boucon/Jaros* EJLS 2018, S. 155 ff.

[157] Nach *Müller-Graff*, EuZW 2018, S. 101 ff. ist der „gerichtliche Rechtsschutz von Kreditinstituten in der Bankenaufsicht der Europäischen Zentralbank [...] Neuland“.

[158] Vgl. dazu *Kämmerer*, WM 2016 Heft 1, S. 1 ff., S. 3, der folglich zu einem Auseinanderfallen der Rechtskreise des Streitgegenstands und potentiellen Klagegegners kommt, ebenso *Almhofer*, Haftung der EZB, S. 133 ff.

EuGH die Anwendung von nationalen Vorschriften durch die EZB zu prüfen und nationales Recht als Prüfungsmaßstab heranzuziehen,[159] was teilweise als nicht tragfähige Lösung angesehen wird.[160] Lässt man die durchaus schwerwiegenden dogmatischen Bedenken jedoch beiseite, spricht aus praktischer Sicht[161] wenig gegen eine Kontrolle der Beschlüsse der EZB unter Anwendung nationalen Rechts durch den EuGH[162], die jedenfalls in diesem Bereich Rechtsschutzlücken vermeidet.[163] Dies gilt auch für den Tätigkeitsbereich der JSTs, insbesondere für den Fall, dass diese ggf. kompetenzwidrig bindende Anordnungen treffen.

II. Objektive Kontrollmöglichkeiten

Im Bereich der (inter-)institutionellen Kontrolle[164] der Tätigkeiten der JSTs stechen zwei mögliche Überprüfungsverfahren heraus: Die Leistungsbeurteilung von Unterkoordinatoren der nationalen zuständigen Behörden durch die EZB[165]

---

159 Davon geht jedenfalls Art. 13 Abs. 2 S. 4 SSM-VO aus, der die Prüfungszuständigkeit hinsichtlich der Rechtmäßigkeit eines EZB-Beschlusses ausschließlich beim EuGH sieht. Denkbar, wenngleich aus Gründen der Rechtssicherheit und rechtspolitisch (vgl. dazu *Kämmerer*, WM 2016 Heft 1, S. 1 ff., S. 4) abzulehnen und im Rahmen der Rechtsprechung des BVerfG grundsätzlich unzulässig (vgl. dazu im gegebenen Kontext *Peuker*, JZ 2014, S. 764 ff., S. 768 f.) ist eine Überprüfung einer Entscheidung der EZB durch nationale Gerichte. Die europäische Gerichtsbarkeit (hier konkret das EuG) hat ihre Aufgabe indes bereits angenommen, vgl. dazu etwa EuG, Urt. v. 24.04.2018, Rs. T-133/16 u.a., Caisse régionale de crédit agricole mutuel Alpes Provence/EZB, Rn. 84 ff. in dem nationales französisches Recht und die diesbezügliche Rechtsprechung des Conseil d'Etat als Maßstab der Prüfung verwendet wurde; zur Zuständigkeit der Unionsgerichtsbarkeit im Fall der Anwendung nationalen Rechts durch die EZB jedenfalls für Schadensersatzklagen überzeugend *Almhofer*, Haftung der EZB, S. 135 ff.

160 Vgl. dazu *Peuker*, JZ 2014, S. 764 ff., S. 769; *Martini/Weinzierl*, NVwZ 2017, S. 177 ff., S. 177 sehen unter der Voraussetzung, dass der EuGH bei der Verwendung nationaler Vorschriften als Prüfungsmaßstab auch deren Verfassungsmäßigkeit zu prüfen hat, ein de lege lata unlösbares „Dilemma", das sich nur „durch einen Rückbau der einheitlichen Bankenaufsicht oder durch die Einführung eines Vorlageverfahrens an die nationalen Verfassungsgerichte auflösen" lässt. Nach *Müller-Graff*, EuZW 2018 S. 101, S. 107 können kompetenzrechtliche Bedenken dadurch abgefedert werden, dass es sich bei dem von der EZB anzuwendenden Recht um „funktionales Unionsrecht" handelt „und daher dessen Auslegung durch die EZB von der Unionsgerichtsbarkeit überprüfbar ist".

161 *Paraschiakos*, Bankenaufsicht, S. 338 f. geht von einer untergeordneten Relevanz der gerichtlichen Überprüfungskompetenzen in diesem Kontext aus.

162 Vgl. dazu mit Nachweisen zu anderen Situationen, in denen der EuGH nationales Recht als Grundlage seiner Prüfung heranzieht *Gundel* EuZW 2019, S. 128 ff., S. 131, der die Rolle des EuGHs hier mit der eines nationalen Gerichts, das eine fremde nationale Rechtsordnung in Fällen des internationalen Privatrechts anwenden muss, vergleicht.

163 So auch *Müller-Graff*, EuZW 2018, S. 101 ff., S. 107.

164 Vgl. zum hier zugrunde gelegten, weiten Kontrollbegriff oben in diesem Teil Kapitel 4 G.

165 Vgl. dazu den Beschluss (EU) 2017/274 der Europäischen Zentralbank vom 10.02.2017 zur Festlegung der Verfahrensgrundsätze zur Leistungsbeurteilung von Unterkoordinatoren

und die besonders geregelten Untersuchungen durch OLAF[166]. Diese beiden Kontrollmöglichkeiten ergänzen die gegenseitige interne Kontrolle, die auch durch Art. 6 Abs. 1 Ethik-Leitlinien gefordert wird.[167]

1. Leistungsbeurteilung der Unterkoordinatoren durch die EZB

Die vorgesehene Leistungsbeurteilung der NCA-Unterkoordinatoren[168] durch den JST-Koordinator (vgl. dazu Art. 2 Abs. 1 Leistungsbeurteilungs-Beschluss) stellt eine dienstrechtliche Überlappung zwischen mitgliedstaatlicher und unionaler Kontrollmöglichkeit dar. Sie unterstreicht zwar die Leitungsfunktion der EZB im SSM, ist hinsichtlich ihrer effektiven Umsetzung jedoch auf die dienstrechtlich zuständigen nationalen Behörden angewiesen. Nichtsdestotrotz erhöht dieses Verfahren jedenfalls die informelle Rechenschaftspflicht der eingesetzten NCA-Unterkoordinatoren. Erw. 4 Leistungsbeurteilungs-Beschluss fasst diese Situation wie folgt zusammen: „Für die Beurteilung ihrer Mitarbeiter ist allein die NCA verantwortlich; für die Beurteilung der Mitarbeiter der EZB allein die EZB. Gleichwohl können die NCAs eine Leistungsbeurteilung im Einklang mit diesem Beschluss im Rahmen ihrer Personalführung nutzen und in die internen Beurteilungssysteme der NCAs einfließen lassen, soweit dies nach den einschlägigen nationalen Rechtsvorschriften zulässig ist."[169] Vorgesehen sind informelle Leistungsrückmeldungen während des Beurteilungszyklus und eine formelle Einschätzung zum Zyklusende.[170] Die (geplante) Leistungsbeurteilung determiniert

---

der nationalen zuständigen Behörden und zur Aufhebung des Beschlusses (EU) 2016/3 (EZB/2017/6) (ABl. L 40 vom 17.02.2017, S. 72–77), im Folgenden Leistungsbeurteilungs-Beschluss.

[166] Vgl. dazu den Beschluss (EU) 2016/456 der Europäischen Zentralbank vom 04.03.2016 über die Bedingungen und Modalitäten der Untersuchungen des Europäischen Amtes für Betrugsbekämpfung in der Europäischen Zentralbank zur Bekämpfung von Betrug, Korruption und sonstigen gegen die finanziellen Interessen der Union gerichteten rechtswidrigen Handlungen (EZB/2016/3), (ABl. L 79 vom 30.03.2016, S. 34–40), im Folgenden OLAF-Beschluss der EZB.

[167] Hiernach sind durch die EZB und die NCAs „interne Verfahren für die Meldung von Fällen der Nichteinhaltung der Regeln", zu schaffen; innerhalb dieser Verfahren sind nach Art. 6 Abs. 2 Ethik-Leitlinien „Maßnahmen zur Gewährleistung des angemessenen Schutzes" derjenigen Personen, die die Nichteinhaltung melden, festzulegen. Bei schwerwiegenden Vorfällen ist der EZB-Rat zu befassen, Art. 6 Abs. 4 Ethik-Leitlinien; vgl. generell zu Peer review-Verfahren im Kontext ihrer legitimatorischen Bedeutung unten Teil 3 Kapitel 9 unter C. II. 2. b).

[168] Beurteilt werden nach Grundsatz 1 Anhang I Leistungsbeurteilungs-Beschluss Unterkoordinatoren, die mit mindestens 25 % ihres Vollzeitäquivalents in einem JST beschäftigt sind.

[169] Zugriff auf die Daten der Leistungsbeurteilung erhalten die NCAs nach Grundsatz 4 Anhang I Leistungsbeurteilungs-Beschluss nicht automatisch, sondern nur auf Verlangen und im Einklang mit (den Vorgängerbestimmungen) der EU-Datenschutz-VO.

[170] Hierzu werden „Ziele und Aufgaben" der NCA-Unterkoordinatoren in einem „Beurteilungsbogen zur SSM-Leistung" festgehalten, die bei der Beurteilung ebenso wie die in

den Verwendungszweck der erhobenen Daten, die für eine Höchstdauer von fünf Jahren gespeichert werden dürfen, vgl. dazu Grundsatz 5 Abs. 2 Anhang I Leistungsbeurteilungs-Beschluss.

2. Untersuchungen durch OLAF

Eine weitergehende Form der Überprüfung im Hinblick auf das Handeln der JSTs soll durch OLAF gewährleistet werden.[171] Eine Kontrolle durch OLAF ist zwar auch hinsichtlich der bisher untersuchten Agenturen vorgesehen[172] und damit jedenfalls indirekt sowie partiell auch für deren Beteiligung in gemeinsamen Einsatzformen denkbar. Im Fall der JSTs besteht jedoch die Besonderheit der weitgehenden Konvergenz zwischen deren Einsatzbereich und dem Mandat von OLAF: Die besondere Nähe der Tätigkeit der JSTs bzw. der gesamten mikroprudenziellen Aufsicht zu den das Schutzobjekt OLAFs bildenden finanziellen Interessen der Union[173] macht es zur Aufgabe OLAFs, auch in diesem Bereich „Betrug, Korruption und sonstige rechtswidrige Handlungen zum Nachteil der finanziellen Interessen der EU" zu bekämpfen.[174]

Nach der Konzeption des OLAF-Beschlusses der EZB erfolgt dies in Bezug auf JSTs über interne Untersuchungen, deren Prüfungssubjekte nach dem Wortlaut des Art. 4 Abs. 1 i.V.m. Art. 1 Abs. 4 OLAF-VO (lediglich) „durch die Verträge oder auf deren Grundlage geschaffene(n) Organe(n), Einrichtungen und sonstige Stellen" und somit deren Personal sind.[175] Bemerkenswerterweise wird die Anwendbarkeit des OLAF-Beschlusses der EZB durch dessen Art. 1 auf „Personen, die auf einer anderen Grundlage als aufgrund eines Arbeitsvertrags für die EZB tätig sind, einschließlich Mitarbeiter der nationalen zuständigen Behörden, die Mitglieder der gemeinsamen Aufsichtsteams und der Vor-Ort-Prüfungsteams sind, in Angelegenheiten, die ihre Tätigkeit für die EZB betreffen", erstreckt.[176]

Anhang II Leistungsbeurteilungs-Beschluss aufgeführten Kompetenzen zu berücksichtigen sind. Zu diesen beurteilungsrelevanten Kompetenzen zählen neben dem Fachwissen überwiegend „soft skills" wie etwa „Entschlossenheit bei der Zielverfolgung", „umfassendes Bewusstsein und zukunftsorientiertes Denken" oder „Urteilsvermögen und Eindringlichkeit".

[171] Eine Kontrolle der EZB durch OLAF ist mit deren primärrechtlich vorgegebener Unabhängigkeit vereinbar, diese Problematik war bereits Gegenstand von Verfahren vor dem EuGH, vgl. etwa EuGH, Urt. v. 10.07.2003, Rs. C-11/00, Kommission/EZB, insb. Rn. 113 ff., vgl. hierzu und zu diesem Bereich generell *Orator*, Unionsagenturen, S. 256 ff.

[172] Vgl. dazu etwa Art. 66 Europol-VO, Art. 77 Frontex-VO-2016 bzw. Art. 117 Frontex-VO-2019 oder Art. 44 EASO-VO.

[173] Vgl. dazu oben in diesem Teil Kapitel 4 D. II 1.

[174] Vgl. dazu auch Erw. 1–5 OLAF-Beschluss der EZB.

[175] Vgl. dazu insbesondere Art. 5 Abs. 1 und Erw. 1 OLAF-Beschluss der EZB. Zu den Rechten OLAFs bei einer Untersuchung und dem anzuwendenden Verfahren vgl. Art. 4 ff. OLAF-VO.

[176] Erw. 10 stellt in diesem Kontext jedoch klar, dass das Untersuchungsmandat OLAFs sich bei internen Untersuchungen nicht auf die den Mitgliedern der JSTs oder Vor-Ort-Prüfungsteams zukommende Pflicht zur Erfüllung nationaler Aufgaben und damit zusammen-

Diesbezügliche Begründungsansätze liefert Erw. 7 OLAF-Beschluss der EZB, der zum einen die Verantwortlichkeit der EZB für das wirksame und einheitliche Funktionieren des SSM und zum anderen die Weisungsunterworfenheit der nationalen JST-Mitglieder gegenüber dem JST-Koordinator anführt.[177] Die Bestimmungen des OLAF-Beschlusses der EZB hinsichtlich Kooperations- und Meldepflichten (Art. 2 f.), dem Umgang mit vertraulichen Informationen (Art. 4) sowie der Unterstützung bei internen Untersuchungen (Art. 5) sind vor dem Hintergrund der diesbezüglichen Regelungen der OLAF-VO[178] zu betrachten.[179] U.a. erheblich ist die Einordnung als interne Untersuchung für die nach Art. 11 OLAF-VO möglichen Folgemaßnahmen. Die im Abschlussbericht einer internen Untersuchung[180] enthaltenen Empfehlungen sind in Bezug auf etwaige strafrechtliche Folgemaßnahmen an die mitgliedstaatlichen Justizbehörden zu übermitteln (Art. 11 Abs. 5 OLAF-VO), anderweitige Empfehlungen sind an das Untersuchungssubjekt zu richten.[181] Beide Adressaten trifft eine Berichtspflicht über ergriffene Folgemaßnahmen.[182]

hängenden Aktivitäten erstrecken kann. Prüfungsgegenstand dürfen nach Erw. 10 S. 3 nur „die beruflichen Tätigkeiten der genannten Personen [...] sein, die sie in ihrer Eigenschaft als [...] Mitglieder der gemeinsamen Aufsichtsteams und Vor-Ort-Prüfungsteams ausüben".

[177] In diesem Zusammenhang und generell auch in Bezug auf die relevanten Maßstäbe des EuGH *D'Ambrosio*, in: Andenas/Deipenbrock (Hrsg.), S. 330.

[178] Vgl. zum Ablauf und den Befugnissen OLAFs sowie den Pflichten der Untersuchungsobjekte vor, während und nach der Untersuchung Art. 5 ff. OLAF-VO. OLAF kann insbesondere eine Abfrage von Datenbanken (Art. 6 OLAF-VO) durchführen und „administrative Sicherungsmaßnahmen zum Schutz der finanziellen Interessen der Union" (Art. 7 Abs. 6 OLAF-VO) ergreifen.

[179] Gegenüber den Bestimmungen der OLAF-VO soll durch den OLAF-Beschluss der EZB nach dessen Erw. 8 die Pflicht der EZB, „etwaige Einschränkungen von internen Untersuchungen zu rechtfertigen, die Auswirkungen auf spezifische, der EZB [...] anvertraute Aufgaben und Pflichten haben", normiert werden. Dies soll nach Erw. 9 insbesondere für den Zugang zu vertraulichen Informationen gelten, deren „Verbreitung [...] das Funktionieren der EZB ernsthaft beeinträchtigen könnte". Nach Art. 4 OLAF-Beschluss der EZB ist die Entscheidung über deren Freigabe dem Direktorium der EZB übertragen, hiernach kann OLAF in bestimmten Fällen der Zugang (temporär) verwehrt werden.

[180] Vgl. dazu bereits oben in diesem Teil Kapitel 4 G. III. 3. c).

[181] Vgl. dazu Art. 11 Abs. 4 OLAF-VO. Nach Art. 11 Abs. 1 UA 1 OLAF-VO können Empfehlungen generell „disziplinarische, administrative, finanzielle und/oder justizielle Maßnahmen betreffen". Die erstellten Berichte haben nach Art. 11 Abs. 2 OLAF-VO die gleiche Beweisqualität wie „Verwaltungsberichte der Kontrolleure der nationalen Verwaltungen".

[182] Vgl. dazu Art. 11 Abs. 4 S. 2 Abs. 6 OLAF-VO; hinsichtlich der Organe, Einrichtungen und sonstigen Stellen der Union hat dies in einer von OLAF gesetzten, in Bezug auf nationale Behörden in einer „angemessenen Frist" zu erfolgen.

H. Interne Abwicklungsteams im Einheitlichen Abwicklungsmechanismus

Im SRM als der zweiten Säule der Bankenunion[183] existiert mit den internen Abwicklungsteams (IRTs)[184] ein im Grundsatz mit den JSTs vergleichbares, jedoch stärker einzelfallbezogenes Instrument der Zusammenarbeit. Die durch die SRM-Verordnung geschaffenen[185] einheitlichen (Verfahrens-)Vorgaben zur Abwicklung von Unternehmen[186] sollen durch den ebenfalls durch die SRM-Verordnung errichteten Ausschuss für die einheitliche Abwicklung (SRB)[187] „in Zusammenarbeit mit dem Rat und der Kommission sowie den nationalen Abwicklungsbehörden im Rahmen des mit dieser Verordnung geschaffenen einheitlichen Abwicklungsmechanismus“ angewendet werden.[188] Wenngleich Erw. 11 SRM-VO von einer mutmaßlich gleichrangigen Übertragung einer „zentrale(n) Abwicklungsbefugnis“ auf den SRB und die nationalen Abwicklungsbehörden spricht, folgt aus den Bestimmungen der SRM-VO zur Aufgabenverteilung eine übergeordnete Rolle des SRB.[189] Hierbei ist die „Beziehung zur Richtlinie 2014/59 und zum anwendbaren nationalen Recht“ in Art. 5 Abs. 1 SRM-VO eigens und be-

---

[183] Vgl. dazu oben in diesem Kapitel unter A.

[184] Auch in deutschen Texten wird wie hier im Folgenden überwiegend das englische Akronym „IRT“ („Internal Resolution Team)“ verwendet.

[185] Die SRM-Verordnung ergänzt und wirkt zusammen mit der Richtlinie 2014/59/EU des Europäischen Parlaments und des Rates vom 15.05.2014 zur Festlegung eines Rahmens für die Sanierung und Abwicklung von Kreditinstituten und Wertpapierfirmen und zur Änderung der Richtlinie 82/891/EWG des Rates, der Richtlinien 2001/24/EG, 2002/47/EG, 2004/25/EG, 2005/56/EG, 2007/36/EG, 2011/35/EU, 2012/30/EU und 2013/36/EU sowie der Verordnungen (EU) Nr. 1093/2010 und (EU) Nr. 648/2012 des Europäischen Parlaments und des Rates (ABl. L 173 vom 12.06.2014, S. 190–348), im Folgenden Abwicklungs-RL.

[186] Vorgegeben und vereinheitlicht sind etwa Abwicklungsziele (Art. 14 insb. Abs. 2 SRM-VO), Abwicklungsinstrumente (Art. 22 insb. Abs. 2, 24 ff. SRM-VO), Abwicklungsbefugnisse (Art. 8 ff. SRM-VO) und das Abwicklungsverfahren (insb. Art. 18 SRM-VO). Von den Abwicklungsbefugnissen zu unterscheiden sind die in den Art. 34 ff. SRM-VO geregelten Untersuchungsbefugnisse, die an die der EZB im SSM angelehnt sind; unterschieden wird zwischen Auskunftsersuchen (Art. 34 SRM-VO), Allgemeinen Untersuchungen (Art. 35 SRM-VO) und Prüfungen vor Ort (Art. 36 f. SRM-VO).

[187] Vgl. dazu insbesondere Art. 42 ff. SRM-VO. Der unter dem Akronym „SRB“ (Single Resolution Board) bekannte Ausschuss ist nach Art. 42 Abs. 1 S. 2 SRM-VO „eine Agentur der Union“.

[188] Vgl. dazu Art. 1 Abs. 2 SRM-VO. Bei den „nationalen Abwicklungsbehörden“ handelt es sich um die nach Art. 3 Abwicklungs-RL einzurichtenden Behörden.

[189] Art. 7 Abs. 1 SRM-VO überträgt dem SRB zunächst die Verantwortlichkeit für ein einheitliches und effektives Funktionieren des SRM; insbesondere Art. 7 und Art. 31 SRM-VO regeln die Aufgaben- und Kompetenzverteilung zwischen SRB und den nationalen Abwicklungsbehörden. Dem SRB kann etwa im Extremfall, insbesondere wenn eine Warnung an die betreffende nationale Abwicklungsbehörde nach Art. 7 Abs. 4 lit. a) SRM-VO „nicht gebührend beachtet wird“, ein Selbsteintrittsrecht nach Art. 7 Abs. 4 lit. b) SRM-VO zustehen.

merkenswert geregelt: „Wenn der Ausschuss gemäß dieser Verordnung Aufgaben wahrnimmt oder Befugnisse ausübt, die gemäß der Richtlinie 2014/59/EU von der nationalen Abwicklungsbehörde wahrzunehmen oder auszuüben sind, tritt der Ausschuss für die Zwecke der Anwendung dieser Verordnung und der Richtlinie 2014/59/EU an die Stelle der betreffenden nationalen Abwicklungsbehörde [...]".[190]

In diese grundsätzliche Kompetenzverteilung der Aufsichtsbefugnisse fügen sich die in der Praxis sehr bedeutsamen[191] IRTs ein, die der SRB nach Art. 83 Abs. 2 SRM-VO einrichten kann und die sich aus Mitarbeitern des SRB sowie der nationalen Abwicklungsbehörden zusammensetzen.[192] Die Leitung eines IRT soll nach Erw. 37 S. 2 SRM-VO durch „aus den Reihen der leitenden Mitarbeiter des Ausschusses" stammende Koordinatoren erfolgen.[193] Einzige weitere, konkret auf die Arbeit der IRTs bezogene Regelung der SRM-VO ist Art. 84 Abs. 4 S. 2 SRM-VO, wonach die Koordinatoren der IRTs auch an denjenigen Präsidiumssitzungen des SRB als Beobachter teilnehmen dürfen, an welchen von den nationalen Abwicklungsbehörden benannte Mitglieder teilnehmen.[194]

Im Übrigen wurde der Aktionsbereich der IRTs maßgeblich durch die Praxis ersichtlich: Einblicke gewähren insbesondere das vom SRB veröffentlichte Dokument „Introduction to Resolution Planing" (im Folgenden SRM-Introduction)[195] und die jährlichen Tätigkeitsberichte des SRB.[196] Hiernach kom-

---

[190] *Kämmerer*, WM 2016 Heft 1 S. 1 ff., S. 9 sieht hierin eine „normative Fiktion", wonach nationales Recht, das infolge der Abwicklungs-RL erlassen wurde, in Unionsrecht „umgedeutet wird", sodass letztlich eine „Rechtsleihe" (*Kämmerer*, a.a.O., S. 3) stattfindet. Folgt man diesem Verständnis, vollzieht das SRB anstelle der nationalen Behörden Unionsrecht, und die sich hinsichtlich des Vollzugs nationaler Vorschriften durch die EZB (s. dazu insbesondere oben in diesem Kapitel unter G. I. 2. b)) stellenden Fragen erübrigen sich in Bezug auf das Handeln des SRB weitgehend.

[191] Nach S. 13 AR-2017 existierten im Jahr 2017 76 IRT, die insgesamt 92 vom SRB übernommene Abwicklungspläne ausarbeiteten. Im Work Programme 2019 des SRB war für 2019 (abrufbar unter https://www.srb.europa.eu/en/content/single-resolution-board-publishes-2019-work-programme, zuletzt abgerufen am 24.02.2024) vorgesehen, dass die IRTs 113 Abwicklungspläne entwerfen bzw. weiter verbessern.

[192] Die Einrichtung von IRTs wird in Erw. 37 S. 1 SRM-VO empfohlen. Nationale Abwicklungsbehörden nicht teilnehmender Mitgliedstaaten (vgl. zu diesem Begriff Art. 4 SRM-VO, der weitgehend auf die diesbezüglichen Bestimmungen der SSM-VO verweist) können Beobachter in den IRTs stellen.

[193] Nicht ganz deckungsgleich mit dieser Empfehlung bzw. uneindeutig ist die Bestimmung des Art. 83 Abs. 4 S. 1 SRM-VO, der dem Ausschuss lediglich die Ernennung der „Koordinatoren derjenigen Teams, die sich aus eigenen Mitarbeitern zusammensetzen", überträgt.

[194] Vgl. dazu Art. 51 Abs. 3 i.V.m. Art. 53 Abs. 3 und 4 SRM-VO, wonach sich das Teilnahmerecht der benannten Mitglieder (vgl. dazu Art. 43 Abs. 1 lit. c) SRM-VO) der nationalen Abwicklungsbehörden maßgeblich am Sitz des betroffenen Unternehmens orientiert.

[195] Abrufbar unter https://srb.europa.eu/sites/default/files/intro_resplanning.pdf.pdf (zuletzt abgerufen 24.02.2024). Die SRM-Introduction betont auf S. 4 ihren rein informativen Charakter und ihre rechtliche Unverbindlichkeit.

[196] Hier wird auf die Jahresberichte zu 2016 (abgekürzt mit AR-2016) und 2017 (abgekürzt mit AR-2017) Bezug genommen.

men den IRTs zum einen vorbereitende (Analyse-)Aufgaben, insbesondere hinsichtlich der Erstellung des nach Art. 8 f. SRM-VO vom SRB festzulegenden Abwicklungsplans, zu.[197] Zum anderen sind die IRTs Foren für den Informationsaustausch zwischen nationalen (Abwicklungs-)Behörden und dem SRB.[198] Hierbei sind die IRTs auf die Bereitstellung von Informationen durch die betroffenen Unternehmen angewiesen, soweit diese nicht durch andere „supervisory authorities" bereits erhoben wurden.[199] Ein zentraler Partner eines für ein Unternehmen zuständigen IRTs ist das jeweilige, ebenfalls für dieses Unternehmen eingesetzte JST,[200] was Ausdruck der engen und jedenfalls nach dem Selbstverständnis der Akteure komplementären Verknüpfung zwischen Überwachung und Abwicklung in der Bankenunion ist.[201] Diese Wesensverwandtschaft kann in weiteren Parallelen gesehen werden: Auch im SRM ist ein Beschwerdeausschuss einzurichten, der jedoch lediglich für die Überprüfung von Beschlüssen des SRB

---

[197] Ausgangspunkt des zu erstellenden Abwicklungsplans ist ein von dem betroffenen Institut aufzustellender „recovery plan", vgl. dazu S. 21 SRM-Introduction. Diesbezüglich und auch im Übrigen wird den IRTs eine Prüfung der Richtigkeit der Informationen jedoch vorbehalten; S. 22 fasst dies zusammen: „As the responsibility for the resolution plan lies with the IRT, the information and analyses provided by the bank will be assessed by the IRT". Hierzu sind nach S. 25 SRM-Introduction die Identifikation von „critical functions" des überwachten Unternehmens durch das zuständige IRT zu zählen. Die IRTs sind in der Praxis ferner zuständig für die Erstellung von Entwürfen von „resolution schemes" (S. 14 SRM-Introduction) und eines „financial overview" (S. 15 SRM-Introduction). Für eine Zusammenfassung des Vorgehens der IRTs bei einem „assessment of resolvability" vgl. S. 37 ff. SRM-Introduction.

[198] Vgl. dazu die Definition der IRTs auf S. 76 AR-2017 bzw. S. 82 AR-2016, wonach den IRTs die Aufgabe zukommt, „die Erstellung von Abwicklungsplänen besser zu koordinieren und einen reibungslosen Informationsaustausch zu gewährleisten". S. 11 SRM-Introduction führt diesbezüglich aus: „IRTs are the main fora via which the SRB and NRAs cooperate in performing resolution activities (resolution planning and preparation of resolution schemes) at expert level".

[199] Vgl. dazu auch S. 21 f. SRM-Introduction, wonach die IRTs formelle und informelle Informationsersuchen („in writing or during workshops") direkt an die betroffenen Unternehmen richten können.

[200] Vgl. dazu S. 17 Work Programme 2019 des SRB und S. 24 AR-2017, wonach JSTs und IRTs „täglich bei einzelnen Instituten" zusammenarbeiten. Hiernach und nach S. 32 AR-2016 nehmen Angestellte der EZB an Sitzungen des SRB mit „Beobachterstatus" teil und wird das SRB umgekehrt an Sitzungen des Aufsichtsgremiums beteiligt. Die Zusammenarbeit und der Informationsaustausch von EZB und SRB sind in einem Memorandum of Unterstanding vom 22.12.2015 (zuletzt überarbeitet am 30.05.2018) festgelegt. Erw. 10 dieser interinstitutionellen Vereinbarung stellt klar, dass vom SRB erhaltene Informationen durch die EZB mit den in einem JST beteiligten nationalen Behörden geteilt werden dürfen und spiegelbildlich auch von der EZB übermittelte Informationen durch das SRB an die in den betreffenden IRTs involvierten nationalen Abwicklungsbehörden weitergegeben werden dürfen.

[201] Erw. 4 des Memorandum of Understanding führt hierzu aus: „Supervision and resolution are two complementary aspects of the establishment of the internal market for financial services whose application at the same level is regarded as mutually dependent".

zuständig ist,[202] die Untersuchungsbefugnisse des SRB gleichen denen des Aufsichtsgremiums, und es besteht die Möglichkeit der Festsetzung von Sanktionen.[203]

I. Zwischenfazit: JSTs als supranationale Exekutiveinheiten

Die JSTs stellen eine im Vergleich zu den anderen untersuchten Teams in vielerlei Hinsicht besondere Zusammenarbeitsform dar, dies gilt auch für die in vergleichbaren Rahmen agierenden Vor-Ort-Prüfungsteams und Internen Abwicklungsteams (IRTs). Insgesamt treten die JSTs trotz ihrer heterogenen Besetzung als ein Verwaltungsunterbau bzw. exekutiver Arm allein der EZB und – im Vergleich zu den übrigen betrachteten gemeinsamen Einsatzformen – weniger als Phänomen des verbundförmigen Verwaltens auf. Dies zeigt sich durch den Einfluss der EZB bei der Personalauswahl, der Einbindung der JSTs in die Verwaltungsstrukturen der EZB, die Wahrnehmung von der EZB zukommenden Kompetenzen durch die JSTs und die vorgesehene Zuständigkeit von unionalen Rechtsschutz- und objektiven, teilweise interadministrativen Kontrollinstanzen. Nehmen insoweit JSTs die für die EZB teilweise vorgesehene Anwendung mitgliedstaatlichen Rechts vor, stellen sich im Hinblick auf den gerichtlichen Rechtsschutz grundlegende Zuständigkeitsfragen.[204]

Nichtsdestotrotz und auch in Anbetracht der sich deutlich unterscheidenden Einsatzbereiche, weisen die Einsatzaktivitäten der JSTs jedenfalls mit Blick auf die Handlungsformen und Auswirkungen Überschneidungen mit den ASTs, JITs und den an Frontex angegliederten Einsatzformen auf. Auch die JSTs sind nicht zu abschließenden, rechtsverbindlichen Entscheidungen wie etwa dem Erlass eines außenwirksamen Beschlusses berufen, sondern sollen primär informal, vorbereitend und informationsbezogen tätig werden. Durch diese Tätigkeit kommt ihnen – insoweit insbesondere vergleichbar mit den ASTs – durch entsprechende Vorentscheidungen zumindest mittelbarer Einfluss auf die Abschlussentscheidung durch die EZB zu und ihr Handeln ist maßgeblich im Bereich der Informationserhebung grundrechtsrelevant.

---

[202] Vgl. zum Ganzen Art. 85 SRM-VO; nach Art. 85 Abs. 3 SRM-VO ist neben dem Adressaten eines SRB-Beschlusses auch derjenige beschwerdeberechtigt, der durch den Beschluss „unmittelbar und einzeln" betroffen wird.

[203] Vgl. dazu Art. 38 ff. SRM-VO.

[204] Vgl. dazu in diesem Kapitel G. I. 2. Diese Problematik ist mit der Anwendung mitgliedstaatlicher Befugnisse durch das Statutspersonal von Frontex vergleichbar (s. in diesem Teil Kapitel 5 D. I. 2.) und wird in Teil 3 Kapitel 11 A. und C. II. 1. a) vertieft.

Kapitel 8

Systembildung: Teams als Bauform europäischer Verbundverwaltung

Die Bestandsaufnahme aus den gewählten Referenzgebieten zeigt, dass das Verwaltungshandeln in Teams ein sektorübergreifendes Phänomen der Verwaltung in der Europäischen Union darstellt. Zwischen den untersuchten gemeinsamen Einsatzformen bestehen deutliche Parallelen. Ein gemeinsames Merkmal ist, dass sich zumindest überlappende Aufgabenbereiche durch unionales wie mitgliedstaatliches Personal gemeinsam in Teams durch Kompetenzübertragungen wahrgenommen werden. Zum anderen besteht bei sämtlichen untersuchten Teams eine zentrale Koordination und Steuerung durch Unionsstellen.

A. Kooperative Aufgabenwahrnehmung bei einseitiger Kompetenz

Teams werden in Sachgebieten eingesetzt, für die eine gemeinsame Aufgabenwahrnehmung durch die Mitgliedstaaten und die Europäische Union vorgesehen ist. In der vorliegenden Untersuchung betrifft dies den Raum der Freiheit, der Sicherheit und des Rechts, das gemeinsame europäische Asylsystem und das Europäische Finanzaufsichtssystem. Die ebenenübergreifende Aufgabenzuweisung spiegelt sich zum einen in der Zusammensetzung der Teams aus mitgliedstaatlichen wie unionalen Personalquellen und zum anderen in dem grenzüberschreitenden Einsatzbereich der Teams wider. Der Einsatz der Teams erfolgt unter horizontaler wie vertikaler Kooperation.

Das für die interadministrativen Beziehungen geltende formelle Einsatzrecht wird dabei – in unterschiedlicher Regelungsdichte – durch Unionsrecht vorgegeben. Regelungen in Bezug auf außenwirksames Teamhandeln finden sich auf unionaler Ebene hingegen allenfalls in Form von Aufgabenbeschreibungen. Daher werden die kompetenzbedingt auf unionaler (im Fall der JSTs) oder im Regelfall auf mitgliedstaatlicher Ebene bestehenden materiellen (Eingriffs-)Befugnisse der Teams im Wege einer Ermächtigung durch die jeweilige Ebene auf das gesamte Team übertragen. Diese Ermächtigung hat eine Unterwerfung auch unter das die Ausübung von Befugnissen beschränkende nationale Recht zur Folge, die neben eine Bindung an Unionsrecht tritt, und umfasst teilweise das Handeln im Namen der ermächtigenden Stelle. Die notwendigen Befugnisse werden in der Regel in einer interadministrativ verbindlichen Vereinbarung (Einsatzpläne) zwischen den mitgliedstaatlichen und unionalen Stellen übertragen, in welcher auch das einsatzrelevante weitere mitgliedstaatliche und unionale Recht für das geplante Teamhandeln in Form von konkreten Vorgehensweisen operationalisiert wird. Anhand dieser Vorfestlegungen erteilen die Mitgliedstaaten, auf deren Territorium der Einsatz stattfindet, Anweisungen während des Einsatzes.

Die Teams handeln im Außenverhältnis gegenüber Grundrechtsträgern. Die Tätigkeiten sind dabei konzeptionell primär informationsbezogen, teilweise sind jedoch auch Zwangsbefugnisse vorgesehen.[1] Das Einsatzhandeln ist in der Regel auf die Förderung und Herbeiführung einer abschließenden, in der alleinigen Kompetenz der ermächtigenden Stelle liegenden, verbindlichen Verwaltungsentscheidung gerichtet. Für eine verwaltungsbehördliche Überprüfung des spezifischen Teamhandelns bestehen in der Regel keine eigenständigen Rechtsschutz- oder objektiven Kontrollinstanzen, hierbei bildet das Beschwerdeverfahren im Fall von Frontex-Teams eine dysfunktionale Ausnahme. Vielmehr kann eine rechtliche Überprüfung des Einsatzhandelns (der Teammitglieder) lediglich über die auf der jeweiligen unionalen oder mitgliedstaatlichen Ebene vorgesehenen, teilweise interadministrativen Kontrollinstanzen erfolgen. Im Gegensatz zur strafrechtlichen, zivilrechtlichen und disziplinarrechtlichen Verantwortlichkeit der Teammitglieder und der diesbezüglichen behördlichen und gerichtlichen Zuständigkeiten ist die verwaltungsgerichtliche Kontrolle des Einsatzhandelns und damit ein wesentlicher Teil des Individualrechtsschutzes überwiegend nicht geregelt. Soweit Bestimmungen bestehen, gehen diese unabhängig vom angewendeten, i.d.R. nationalen Recht von einer formalen Trennung der gerichtlichen Zuständigkeit nach (ursprünglicher) Zugehörigkeit des jeweiligen Teammitglieds zur unionalen oder mitgliedstaatlichen Ebene aus. Eine allein an die Verwaltungseinheit „Team" anknüpfende Verantwortungszuschreibung ist nicht vorgesehen.[2]

B. Zentrale Steuerung durch Unionsstellen

Unionale Instanzen sind zum einen in die Weiterentwicklung der jeweiligen Teams als Instrument unionaler Verwaltung eingebunden. Dies erfolgt durch Evaluationen, die Bündelung bewährter Praktiken, abstrakte Empfehlungen zur Einsetzung und zum Einsatzablauf (z. B. Codes of Conduct, Leitlinien und Handbücher) sowie insbesondere durch Ausbildung und Schulung des potentiellen Teampersonals. Zum anderen sind sie für die Koordinierung des konkreten Einsatzes zuständig. Daraus folgt eine Steuerung insbesondere durch Unions-

[1] Vgl. zu den im jeweiligen Einsatzbereich primär bedrohten Grundrechten Teil 3 Kapitel 11 B.

[2] Die rechtliche Zuordnung der handelnden Einsatzkräfte und die sich daraus ergebenden Legitimations- und Rechtsschutzfragen werden im nächsten Teil, insbesondere in Kapitel 9 und 11 untersucht.

agenturen, die auf verschiedenen Ebenen ansetzt. Die im folgenden systematisierten Steuerungsmöglichkeiten bestehen nicht ausnahmslos und in unterschiedlicher Intensität, jedoch sind bei allen untersuchten Teams insoweit zumindest informelle Einwirkungsmöglichkeiten auf der jeweiligen Einsatzebene vorhanden.[3]

Die beteiligten Unionsstellen können den Einsatz eines Teams initiieren und entscheiden teilweise mit einem eigenständigen Beurteilungsspielraum letztverbindlich über dessen Einleitung. Darüber hinaus bestehen weitere Einwirkungsmöglichkeiten im Einsetzungsverfahren, insbesondere das Recht zur Personalauswahl. In der weiteren Einsatzplanung kommt den Unionsagenturen teilweise bestimmender Einfluss auf die Abfassung des Einsatzplans oder einer ähnlichen auf die Einsatzsituation angepassten Vorfestlegung zu. Wie oben dargestellt, legt dieser Einsatzplan bestimmte Vorgehensweisen im Einsatz fest. Der Einfluss unionaler Stellen wird hierbei dadurch verstärkt, dass von ihnen als unverbindliche Verhaltensvorgaben erlassene Kodizes und Leitlinien, die schon für sich genommen ein Steuerungsinstrument darstellen, als Maßgaben für mitgliedstaatliches und unionales Personal in den interadministrativ verbindlichen Einsatzplan aufgenommen werden. Während des Einsatzes erfolgt der einsatzbezogene Informationsaustausch über supranational bereitgestellte Kanäle, und es bestehen „harte" und „weiche" Steuerungsmöglichkeiten der Agenturen. Im Fall der Nichtumsetzung von Vorgaben der Agenturen kann ein Entzug der Finanzierung oder eine Beendigung des Einsatzes bzw. der Beteiligung der jeweiligen unionalen Stelle erfolgen. Die Überwachung des Einsatzes wird durch eine Einbindung der unionalen Stellen in die ex-post Kontrolle des Einsatzhandelns ergänzt, die zu einem Überwirken in (mitgliedstaatliche) Disziplinarverfahren führen kann. Letztlich stellt auch die an bestimmte Mitwirkungspflichten der Mitgliedstaaten gekoppelte Bereitstellung finanzieller Mittel, von Ausrüstungsgegenständen und von räumlichen Kapazitäten eine Dimension des Einflusses der unionalen Stellen dar.

Diese Steuerungsmöglichkeiten werden durch Institutionalisierungstendenzen in der Praxis noch intensiviert. Eine Verstetigung von Einsatzstrukturen erfolgt dabei teilweise entgegen der sekundärrechtlich vorgegeben zeitlichen und/oder sachlich auf Not- und Ausnahmesituationen bezogenen Begrenzung eines Teameinsatzes. Ein Charakteristikum einer solchen Institutionalisierung ist die Bildung von dauerhaften Entscheidungszentren vor Ort (etwa das International Coordination Center), in welchen mitgliedstaatliche und unionale Beamte einsatzleitend tätig werden.

[3] Die Auswirkungen dieser Unterschiede werden im folgenden Teil, insbesondere in Kapitel 10 untersucht.

Dritter Teil

Rechtsstaatliche und demokratische Anforderungen

Die Teams handeln in allen Konstellationen gegenüber Grundrechtsträgern. Die Untersuchung macht diese außengerichtete Tätigkeit und dabei zuvorderst die Rechtsschutzperspektive Dritter zum Ausgangspunkt bereichsübergreifender Rechtsfragen. Dies wirft die entscheidende Frage der Zurechnung des Teamhandelns auf. Hierfür werden zunächst die organisationsrechtliche Zuordnung, insbesondere der Bereitstellungsvorgang, und die demokratische Legitimation des Teampersonals als maßgebliche Zurechnungskriterien in den Blick genommen. Im Anschluss erfolgt eine Kategorisierung der Einflüsse und Steuerungsmöglichkeiten unionaler Stellen, die ebenfalls auf ihre Relevanz für Zurechnung und Individualrechtsschutz untersucht werden. In einem letzten Schritt werden die gefundenen Ergebnisse aufgegriffen, die jeweiligen einsatzrelevanten grundrechtlichen Garantien Betroffener sowie Grundrechtsbindungen der Teams dargestellt und das Teamhandeln in das bestehende Rechtsschutzsystem der Union eingeordnet. Dabei werden jeweils auch die Bedeutung der untersuchten Aspekte für die interadministrative Zusammenarbeit und diesbezügliche Konfliktlösungsmöglichkeiten beleuchtet.

Kapitel 9

Einordnung des Bereitstellungsvorgangs und verbundspezifische Legitimationsfragen

Sowohl die organisationsrechtliche Einordnung der Teammitglieder als auch die demokratische Legitimation des Teamshandelns stellen zurechnungsrelevante Kriterien dar.

A. Die Bereitstellung bzw. Entsendung von Personal als Phänomen des Europäischen Verwaltungsverbundes

Sämtliche hier untersuchten gemeinsamen Einsatzformen nehmen ihre Aufgaben in einem von Unionsrecht und Unionsstellen gestalteten Feld wahr. Wenngleich dieser Einfluss in Bezug auf die jeweiligen Teams eine unterschiedliche Intensität besitzt, ist den Teams gemeinsam, dass bei ihnen das Charakteristikum der Personalbereitstellung in der Europäischen Verwaltung als solches vorliegt.[1] Die übergreifende Bauform des Teams entsteht dabei durch unterschiedliche Zusammensetzungsmechanismen.

I. Überblick und Abgrenzung zu anerkannten Formen des mitgliedstaatlichen Personalaustauschs in der EU

Die Entsendung mitgliedstaatlicher Beamter an unionale Stellen und der Austausch von Beamten zwischen mitgliedstaatlichen Verwaltungen sind im Europäischen Verwaltungsrecht aus einem weiten Blickwinkel betrachtet kein Novum. Zu nennen sind zum einen „Instrumente zur Förderung der Europafähigkeit des Verwaltungspersonals“[2], die einerseits Abordnungen nationaler Beamter über eine gewisse Zeitspanne an unionale Institutionen und andererseits von der Union angestoßene Austauschprogramme zwischen mitgliedstaatlichen Verwaltungen umfassen.[3] Erstere sind auf Grundlage eines befristeten Vertrags bei einer

[1] Ausgespart werden im Folgenden Fragen der Zulässigkeit des Personalaustauschs nach dem jeweiligen nationalen Recht, vgl. zur verfassungsrechtlichen Zulässigkeit des Einsatzes deutscher Polizeieinheiten im Ausland vgl. etwa *Thiel*, „Entgrenzung“ der Gefahrenabwehr, S. 457 ff.

[2] Formulierung nach *Sydow*, Verwaltungskooperation, S. 91.

[3] Vgl. zum Ganzen *Sydow*, Verwaltungskooperation, S. 91 ff. Ein Beispiel für ein solches

unionalen Stelle (im Zentrum steht hierbei die Kommission, vermehrt nehmen auch Agenturen nationale Sachverständige temporär auf) angestellt und in diese eingegliedert, die Vergütung erfolgt jedoch über den abordnenden Mitgliedstaat.[4] Diese „new eurocrats"[5] sind keine Beamten der Europäischen Union im Sinne des Beamten-Statuts der EU.[6] Zum anderen können auf anderen Ebenen personell-organisatorische Verflechtungen beobachtet werden, wie etwa bei der Zusammensetzung der Verwaltungsräte der unionalen Agenturen aus (auch) mitgliedstaatlichen Experten,[7] aber auch bei loseren, netzwerkartigen Gebilden.

II. Grenzüberschreitende Personalbereitstellung als sektorübergreifender Mechanismus in der europäischen Verwaltung

Die im vorangegangenen Teil untersuchten Formen der Entsendung mitgliedstaatlichen und unionalen Personals zur Bildung punktueller, unionsrechtlich zumindest beeinflusster gemeinsamer Einsatzformen erweisen sich in personell-organisatorischer Hinsicht schon vor diesem Hintergrund als eine neue und sich verbreitende Erscheinungsform europäischer Verwaltung. Untermauert wird dieser Ausnahmecharakter durch eine Lokalisierung dieser Phänomene im System des europäischen Verwaltungsvollzugs: Dies gilt zunächst für das sog. duale Vollzugsmodell, das die organisatorische Trennung von (einzel-)mitgliedstaatli-

---

Programm ist das gem. Art. 62 Abs. 9 Frontex-VO-2019 von Frontex zu organisierende „Austauschprogramm, das es an ihren Teams beteiligten Grenzschutzbeamten und dem Personal der Rückkehrteams ermöglicht, bei der Arbeit mit Grenzschutzbeamten und an rückkehrbezogenen Aufgaben beteiligtem Personal in einem anderem als ihrem eigenen Mitgliedstaat Wissen oder spezielles Know-how aus Erfahrungen und bewährten Verfahren im Ausland zu erwerben."

[4] Vgl. dazu *Curtin*, Executive Power, S. 107 ff.; diesbezügliche Untersuchungen beschäftigen sich häufig mit potentiellen Interessenkonflikten dieser „seconded national experts" mit Blick auf die nationale bzw. unionale Zielsetzungen, vgl. etwa *Suvarierol/van den Berg*, in: Geuijuen et al. (Hrsg.), S. 103 ff. und *Geys/Murdoch/Trondal*, Regulation & Governance 2016, S. 335 ff., S. 335 ff.

[5] So *Curtin*, Executive Power, S. 106, die so einen Gegensatz zu den „core eurocrats" herstellt.

[6] Vgl. dazu die Verordnung Nr. 31 (EWG) 11 (EAG) über das Statut der Beamten und über die Beschäftigungsbedingungen für die sonstigen Bediensteten der Europäischen Wirtschaftsgemeinschaft und der Europäischen Atomgemeinschaft (ABl. 45 vom 14.06.1962, S. 1385), im Folgenden EU-Beamtenstatut; hier wird auf die konsolidierte Fassung vom 01.01.2019 Bezug genommen. Nach Art. 1a EU-Beamtenstatut ist für den Beamtenstatus u.a. eine Einweisung in einer Dauerplanstelle erforderlich.

[7] *Groß*, EuR 2005, S. 54 ff., S. 59, bezeichnet dies als „organisationsbezogene Partizipation". Hierbei kann -abhängig vom Grad der Institutionalisierung – ein fließender Übergang zu den Erscheinungsformen der Netzwerke und Verbünde (s. dazu sogleich) bestehen. Zum Ausschusswesen als weiteres Beispiel und „schon traditionellen Baustein der Verflechtung in vertikaler und horizontaler Hinsicht" vgl. *Trute*, in: Hoffmann-Riem/Schmidt-Aßmann/Voßkuhle (Hrsg.), Bd. I § 6 Rn. 428.

chen und unionalen Behörden als „Ausgangspunkt" hat.[8] Doch auch die das Konzept des Europäischen Verwaltungsverbunds[9] charakterisierenden horizontalen und vertikalen Verflechtungen[10] betreffen weit überwiegend die funktionale Seite des Vollzugs und lassen die organisatorische Zuordnung mitgliedstaatlichen bzw. unionalen Personals zu ihrer (ursprünglichen) Stelle grundsätzlich unberührt.[11] Nach *Schmidt-Aßmann* beruht das vom Vertrag von Lissabon vorgegebene Verwaltungskonzept der EU demnach auf „zwei komplementären Konstitutionsprinzipien: auf Trennung in organisatorischer und auf Zusammenarbeit in funktionaler Hinsicht".[12]

Der Untersuchung der organisationsrechtlichen Seite (insbesondere: Die Konstruktion der Bereitstellung des Teampersonals) kommt – angesichts der sich überlappenden Aufgaben der beteiligten Stellen und einer materiellen Steuerung der Zusammenarbeit in funktionaler Hinsicht durch Unionsrecht – im Europäischen Verwaltungsverbund entscheidende Bedeutung mit Blick auf die erforderliche Verantwortungsklarheit[13] zu.[14] Hieraus können sich gewissermaßen spiegelbildlich auch entscheidende Weichenstellungen für die Bestimmung der demokratischen Legitimation der untersuchten Einsatzformen ergeben.[15] Dieses Ordnungsbedürfnis besteht umso mehr, als hier die Bildung von punktuellen Einheiten auf der Mikroebene des Vollzugs ins Auge gefasst wird, welche eine der

---

[8] So ausdrücklich *von Danwitz*, Europäisches Verwaltungsrecht, S. 312 f.; vgl. dazu auch generell oben in Teil 1 Kapitel 2 A. II.

[9] Vgl. dazu an dieser Stelle nur *Peuker*, Bürokratie, S. 7 ff. und ausführlicher oben in Teil 1 Kapitel 2 A. II.

[10] S. *von Danwitz*, Europäisches Verwaltungsrecht, S. 609 ff.

[11] Vgl. zur Unterscheidung der organisatorischen Seite des Vollzugs von dessen funktionellen Seite im Europäischen Verwaltungsverbund grundlegend *Schmidt-Aßmann*, Verwaltungsverbund, S. 1 f. Vgl. dazu auch *Peuker*, Bürokratie, S. 23 unter Verweis auf den von *Groß*, EuR 2005, S. 54 ff. verwendeten Begriff der polyzentralen EU-Verwaltung.

[12] Zitat nach *Schmidt-Aßmann*, in: Hoffmann-Riem/Schmidt-Aßmann/Voßkuhle (Hrsg.), Bd. I § 5 Rn. 18; ähnlich *ders.*, Verwaltungsverbund, S. 2 und *Thienel*, Rechtsschutz im Verwaltungsverbund, S. 162; an dieser Grundsätzlichkeit jedoch zweifelnd *Weiß*, Verwaltungsverbund, S. 61 f. m.w.N. Grundsätzlich zu den Verschränkungen von Organisationsrecht, Verfahrensrecht und materiellem Recht *C. Möllers*, Materielles Recht – Verfahrensrecht – Organisationsrecht, S. 489 ff., konkret in Bezug auf „Mehrebenen-Rechtsordnungen" S. 511 f.

[13] Vgl. dazu und zur Bedeutung der Verantwortungsklarheit im Rahmen des Rechtsschutzes in diesem Teil Kapitel 11 A.

[14] Vgl. dazu generell und treffend *Schmidt-Aßmann*, Verwaltungsverbund, S. 22 f. „So sehr die Aufgaben der Gemeinschaft den Aufgaben nationaler Verwaltungen entsprechen […], so sehr divergieren die Organisationsformen. In ihren organisationsrechtlichen Arrangements liegt das Spezifikum Europäischer Verwaltung. Ein Europäisches Verwaltungsrecht muß folglich wesentlich mehr, als das für das nationale Verwaltungsrecht gilt, ein Recht der Organisation und der inter-administrativen Verfahren sein.".

[15] Zur demokratischen Legitimation als Kehrseite der Verantwortung s. u. in diesem Kapitel unter C.

intensivsten Formen der Kooperation im Verwaltungsverbund darstellt und selbst unmittelbare Haftungs- und Rechtsschutzfragen aufwirft.[16]

B. Einordnung der Teams als Formen des grenzüberschreitenden Personalaustauschs

Die untersuchten Teams haben gemeinsam, dass eine Zuordnung allein zur mitgliedstaatlichen oder unionalen Verwaltungsebene nicht eindeutig möglich ist. Dies gilt etwa für die Zuständigkeit im Einsetzungs- bzw. Personalauswahlverfahren, das Einsatz- und das Disziplinarrecht. Für die rechtliche Einordnung der Bereitstellung von Personal eines Verwaltungsträgers an einen anderen besteht kein numerus clausus. Dies gilt in besonderem Maße für die Strukturen des Europäischen Verwaltungsverbundes, welcher insbesondere ein Verbot der Mischverwaltung nicht kennt.[17] Nichtsdestotrotz können im nationalen, europäischen und internationalen Recht tradierte (Erscheinungs-)Formen als Systematisierungsansatz herangezogen werden.[18] Dies hat den Vorteil, dass die in Bezug auf diese anerkannten Konstruktionen bestehenden Grundsätze, insbesondere hinsichtlich Legitimation und Zurechnung, im Fall einer Übertragbarkeit auf die Teams auch für die vorliegende Untersuchung fruchtbar gemacht werden können. Hierbei kann im Ausgangspunkt zwischen konkret-individuellen rechtlichen Bereitstellungsvorgängen wie dem Mandat, der Delegation, der Amtshilfe oder der Organleihe und eher dauerhaften, generellen Formen der Zusammenarbeit differenziert werden. Während sich erstere auf die Entsendung einer bestimmten Person in einen festgelegten bzw. antizipierbaren Aufgaben- und Einsatzbereich beziehen, umfassen letztere Entsendungen in teilweise verfestigte bzw. jedenfalls auf Dauer angelegte Zusammenarbeitsstrukturen, deren Arbeitsprogramm nur vage bestimmt ist.

I. Ungeeignetheit des Netzwerkbegriffs für Teams

Das gemeinsame Wirken von nationalen und unionalen Beamten in Teams ist nicht als Netzwerk einzuordnen.[19]

---

[16] Vgl. dazu unten in diesem Teil Kapitel 11.

[17] Vgl. dazu nur *v. Danwitz*, Europäisches Verwaltungsrecht, S. 609 f.

[18] *Meyer*, Grenzen und Entwicklungsmöglichkeiten des Souveränitätsprinzips in transnationalen Handelsbeziehungen, S. 152 spricht insofern von „Idealtypen grenzüberschreitender Zusammenarbeit".

[19] Hier wird der Netzwerkbegriff als Modell (lediglich) zur Beschreibung einer Organisationsstruktur im Europäischen Verwaltungsverbund und nicht als feststehender verwaltungsorganisationsrechtlicher Begriff verwendet, vgl. zu dieser Differenzierung *Schmidt-Aßmann*, Verwaltungsrechtliche Dogmatik, S. 163; *S. Augsberg*, in: Terhechte (Hrsg.), § 6 Rn. 53 m.w.N. und ferner auch zu Ansätzen, die den Begriff des Netzwerks für die „Beschreibung

1. Der Netzwerkbegriff als Auffangkategorie

Der Netzwerkbegriff, der nicht nur im Bereich des (öffentlichen) Rechts vermehrt herangezogen wird[20], ist auch in seiner Bedeutung im Europäischen Verwaltungsverbund[21] nicht abschließend durchleuchtet.[22] Einigkeit besteht jedoch weitgehend darin, dass es sich nicht um einen Rechtsbegriff handelt[23] und das Phänomen des Netzwerks auf mehreren Ebenen des Verwaltungs(organisations)rechts für das Verschwimmen von tradierten Grenzen sorgt.[24] Als Ausgangspunkt soll hier die prägnante Definition von *Peuker* dienen: „Netzwerke verweisen auf dauerhafte, gleichsam institutionalisierte Verhandlungen sowie den Austausch von materiellen und immateriellen Ressourcen zwischen staatlichen und/oder nichtstaatlichen Akteuren ohne eigene übergeordnete Instanz und feste Entscheidungsregeln auf der Grundlage von Informalität, Gleichrangigkeit und Dezentralität“[25].[26] Gegenstand des Austauschs sind überwiegend Informationen[27], dieser Informationsaustausch ist häufig sogar Gründungszweck des Netzwerks.[28] Hierbei wird die Eigenständigkeit der am Netzwerk beteiligten Ak-

verfahrensrechtlicher Erscheinungen europäischer Verwaltung“ nutzen, m.w.N. *Wettner*, Amtshilfe, S. 290 f.

[20] Vgl. dazu *Schwind*, Netzwerke, S. 19 ff. mit Nachweisen zu den Bereichen der Naturwissenschaften, der Informatik, der Institutionenökonomik und dem Zivilrecht.

[21] Vgl. zu europäischen Netzwerken als Bausteine eines Europäischen Kooperationsverwaltungsrechts jedoch *Nowak*, in: Hatje/Müller-Graff/Leible/Terhechte (Hrsg.), § 34 Rn. 31 ff.

[22] Vgl. ausführlich zu den Begriff des Netzwerks behandelnden Theorien und Ansätzen *Schwind*, Netzwerke, S. 31 ff., der hierbei zwischen „den Netzwerkauffassungen von System-, Governance- und Steuerungstheorie“ (S. 131) unterscheidet. Vgl. ferner („Netzwerk als variabler Begriff“) *Glaser*, Internationale Verwaltungsbeziehungen, S. 264 ff.

[23] So ausdrücklich *Siegel*, Entscheidungsfindung, S. 13 f.; *Sydow*, Verwaltungskooperation, S. 79; vgl. dazu auch *Schmidt-Aßmann*, Verwaltungsrechtliche Dogmatik, S. 163 („Beschreibungsformel“) und *Schöndorf-Haubold*, Netzwerke, S. 152 („Vermittlungs- oder Leitbildcharakter“) bzw. S. 164 („schillernde Metapher“).

[24] Vgl. dazu die Auflistung von *Schuppert*, in: Hoffmann-Riem/Schmidt-Aßmann/Voßkuhle (Hrsg.), Bd. I § 16 Rn. 154 m.w.N., der „Grenzvermischungen“ bzw. das Verschwinden von „herkömmliche(n) Unterscheidungen“ hinsichtlich folgender Kategorien herausstellt: Kooperation und Hierarchie, hoheitlichem und privatem Handeln, formeller und informeller Steuerung sowie Steuerung und Kooperation.

[25] *Peuker*, Bürokratie, S. 74 m.w.N.

[26] Ähnlich *Wettner*, Amtshilfe, S. 289 f. m.w.N.: „Ein Netzwerk lässt sich charakterisieren als Verbindung öffentlicher und u.U., auch privater Stellen unterschiedlicher territorialer Ebenen mit verschiedenen Funktionen, Zuständigkeiten und Verantwortlichen mit dem Ziel der Realisierung gemeinsamer Ziele.“.

[27] Vgl. zur „Eigenschaft von Netzwerken als Wissensträger“, die sämtliche dort untersuchten Netzwerktheorien annähmen, *Schwind*, Netzwerke, S. 132. Vgl. ferner *Peuker*, Bürokratie, S. 75 m.w.N. und *Weiß*, Verwaltungsverbund, S. 91 f., der die Netzwerke hierbei mit unionalen Agenturen vergleicht und letztlich eine „verstärkte Annäherung“ (S. 111) feststellt.

[28] Vgl. zu Informationsnetzwerke als „Bauformen der Europäischen Verwaltung“ *Schmidt-Aßmann*, Verwaltungsverbund, S. 15 ff. u.a. mit Abgrenzung zu „Informationsver-

teure[29] gewahrt, die ferner grundsätzlich gleichberechtigt agieren.[30] Nach diesem Verständnis ist die Beteiligung an einem Netzwerk nicht auf die Teilnahme bestimmter Personen sondern vielmehr von Verwaltungsstellen, unabhängig von ihrer konkreten Besetzung, angelegt. Das Arbeitsprogramm in so definierten Netzwerken ist zumindest teilweise nicht vorbestimmt oder einzelfallabhängig, sondern auf eine dauerhafte Zusammenarbeit angelegt und definiert sich erst im Laufe der Zeit.[31]

2. Einordnung der untersuchten Einsatzformen unter den Netzwerkbegriff?

Die hier in den Blick genommenen gemeinsamen Einsatzformen betreffen zwar (auch) den Informationsaustausch sowie ein Zusammenwirken von nationalen und unionalen Beamten, lassen sich jedoch nicht als Netzwerke einordnen.[32] Hiergegen sprechen zunächst die bei Teams unter Frontex-Beteiligung, ASTs und JSTs[33] erfolgende Einordnung in hierarchische Strukturen sowie der formale und rechtsgebundene Charakter dieser Zusammenarbeit.[34] Außerdem liegt ein einzelfallbezogener und jedenfalls antizipierbarer Einsatzbereich (dies gilt auch für die JITs)[35] vor, und damit keine netzwerktypische generelle Zielsetzung. Netz-

---

bünden"; nach *Schwind*, Netzwerke, S. 167 stellen die Informationsnetzwerke „das Gros netzwerkartiger Behördenkooperation im Verwaltungsverbund" dar. Im Folgenden stellt *Schwind* neben „Netzwerken zum schlichten Informationsaustausch" (*Schwind*, Netzwerke, S. 170 ff.) auch sog. vollzugsunterstützende Netzwerke (*Schwind*, Netzwerke, S. 184 ff.) dar. Für letzteres wird das u.a. aus Frontex und Europol zusammengesetzte „Netzwerk europäischer Sicherheitsbehörden herangezogen", wobei die Bildung von JITs (Schwind, Netzwerke, S. 199) die Schwachstellenbeurteilung durch Frontex (*Schwind*, Netzwerke, S. 200) als Beispiele für eine Vollzugsunterstützung herangezogen werden. Als weiteres Beispiel wird die Entsendung von Grenz- und Küstenwachteams (*Schwind*, Netzwerke, S. 200 ff.) als „intensivste Form der Vollzugsunterstützung im Netzwerk der Sicherheitsbehörden" eingeordnet. Als weitere Kategorien stellt *Schwind* „vollzugsbeeinflussende Netzwerke" und „vollzugsgestaltende Informationsnetzwerke" (*Schwind*, Netzwerke, S. 220 ff.) vor. Demgegenüber wird u.a. der SSM in das „Netzwerk Europäischer Finanzaufsichtsbehörden" als Kategorie der „Regulierungsnetzwerke" eingeordnet (*Schwind*, Netzwerke, S. 273 ff., insb. S. 275).

[29] Zu Privaten als beteiligten Akteuren vgl. *Peuker*, Bürokratie, S. 75, *Schuppert*, in: Hoffmann-Riem/Schmidt-Aßmann/Voßkuhle (Hrsg.), Bd. I § 16 Rn. 154 und verallgemeinernd *Schwind*, Netzwerke, S. 131.

[30] Vgl. dazu nur *Schöndorf-Haubold*, Netzwerke, S. 153; *Schwind*, Netzwerke, S. 132 und *Simantiras*, Netzwerke, S. 40 („Alle Netzwerkmitglieder sind in formell-rechtlicher Hinsicht gleichrangig und zwischen ihnen herrscht kein hierarchisches Über- und Unterordnungsverhältnis.").

[31] Vgl. dazu mit Beispielen *Simantiras*, Netzwerke, S. 24 ff.

[32] Vgl. zur im folgenden ausgesparten Frage, inwieweit zwischen Agenturen und Netzwerken Unterschiede bzw. Gemeinsamkeiten bestehen *Weiß*, Verwaltungsverbund, S. 87 ff.

[33] *Paraschiakos*, Bankenaufsicht, S. 331 sieht durch die JSTs indes „Netzwerkelemente in der Tiefenstruktur der Aufsichtsorganisation" verankert.

[34] Demgegenüber steht der von *Simantiras*, Netzwerke, S. 245 hinsichtlich der Netzwerke verwendete Begriff der (lediglich) funktionalen Einheit.

[35] Dies grenzt JITs maßgeblich von polizeilichen Netzwerken wie etwa dem Netz zum

werke können zwar als „Infrastruktur“[36] oder Rahmen[37] und damit Voraussetzung für konkrete Unterstützungshandlungen (wie die Bereitstellung von Personal) dienen, erfassen letztere nach der hier zugrunde gelegten Definition jedoch nicht.[38]

II. Konkret-individuelle Vorgänge

Als interadministrative Bereitstellungs- bzw. Unterstützungsmodi, die sich auf eine konkrete Person oder jedenfalls individualisierbare Stelle beziehen und hinsichtlich des dieser zukommenden Aufgabenbereichs einen hohen Bestimmtheitsgrad aufweisen, kommen grundsätzlich die Delegation (von Zuständigkeiten), die Mandatierung einer anderen Behörde, die Amtshilfe sowie die Organleihe in Betracht.

1. Delegation

a) Charakteristika der Delegation

Unter einer Delegation ist die „außenrechtswirksame Übertragung einer Zuständigkeit vom an sich zuständigen Rechtsträger (Verwaltungsträger oder Organ), dem Deleganten, auf einen anderen Rechtsträger, den Delegatar, zur Ausübung im eigenen, d.h. in des Delegatars Namen“ zu verstehen.[39] Streng genommen handelt es sich bei der Delegation demnach nicht um die Bereitstellung von Personal, sondern um die Übertragung von Zuständigkeiten – ein zusätzlich zur Änderung der Kompetenzordnung erfolgender Ortswechsel der begünstigten Verwaltungsstelle dürfte jedoch unschädlich sein. Auf unionaler Ebene ist das Konzept der Delegation anerkannt[40] und wird insbesondere bei Zuständigkeits-

---

Schutz der Persönlichkeiten des öffentlichen Lebens und ähnlichen, auf Dauer angelegten Einrichtungen ab, vgl. dazu mit jeweils weiteren Beispielen *Schöndorf-Haubold*, Europäisches Sicherheitsverwaltungsrecht, Rn. 75 und *Sydow*, Verwaltungskooperation, S. 114 f. Das JITs-Netzwerk (vgl. dazu oben in Teil 2 Kapitel 4 unter G. I.) kann hingegen als Netzwerk nach dem hier verfolgten Ansatz eingeordnet werden.

[36] So *Wettner*, Amtshilfe, S. 302 in Bezug auf die Amtshilfe: „Diese Behördennetze bilden die Infrastruktur des verfahrensrechtlichen Zusammenwirkens“, so i.E. auch *Glaser*, Internationale Verwaltungsbeziehungen, S. 268: „Insofern lässt sich das Netzwerk als Infrastruktur internationaler Verwaltungsbeziehungen bezeichnen. Es besitzt Vermittlungsfunktion für Kooperationsvorgänge“.

[37] Dahingehend *Simantiras*, Netzwerke, S. 25.

[38] Wie hier i.E. auch *Glaser*, Internationale Verwaltungsbeziehungen, S. 267, wonach „Personalleihe sowie einzelne Verwaltungsbeiträge, die auf Hilfeleistung oder Kooperation angelegt sind“ als solche nicht als Netzwerk eingeordnet werden können.

[39] Zitat nach *Jestaedt*, in: Hoffmann-Riem/Schmidt-Aßmann/Voßkuhle (Hrsg.), Bd. I § 14 Rn. 48; vgl. auch die ähnlichen Definitionen bei *Lehnert*, Frontex, S. 222 f., *Reinhart*, Delegation und Mandat, S. 20 und *Schmitz*, in: Stelkens/Bonk/Sachs (Hrsg.), § 4 Rn. 31 jeweils m.w.N.

[40] Vgl. dazu m.w.N. *Lehnert*, Frontex, S. 324, zur Delegation aus unionaler Sicht auch *Hofmann*, Rechtsschutz und Haftung, S. 223 f., *Wettner*, Amtshilfe, S. 134 ff.

übertragungen des Unionsgesetzgebers an die Kommission oder unionale Agenturen diskutiert: Zentral sind in Bezug auf eine Delegation an die Kommission die Vorschriften des Art. 290 (f.) AEUV[41], die der Kommission in einem bestimmten Rahmen[42] den Erlass von „delegierten Rechtsakten" erlauben.[43] Damit verknüpft ist das Problemfeld der Delegation von Befugnissen auf unionale Agenturen.[44]

b) Parallelen der untersuchten Einsatzformen zu dem Konzept der Delegation

In Bezug auf die an einem JIT beteiligten Beamten liegt keine Delegation vor. Dies folgt bereits aus dem Umstand, dass diese lediglich im Rahmen ihrer jeweils national begründeten Zuständigkeiten ggf. auf fremdem Hoheitsgebiet handeln. Bei den Teams unter Frontex-Beteiligung sowie ASTs nehmen die entsendeten Teammitglieder zwar Zuständigkeiten des Einsatzmitgliedstaats wahr, dies erfolgt jedoch unter dessen Anweisung und Kontrolle bzw. in dessen Namen, sodass auch hier eine Delegation ausscheidet. Auch die Mitglieder der JSTs handeln im Namen der EZB, eine Delegation ist aus diesem Grund ebenfalls abzulehnen. Hinsichtlich der entsendeten Mitglieder kommt somit bei den untersuchten gemeinsamen Einsatzformen keine Delegation in Betracht.

Davon zu trennen ist die Frage, ob den gebildeten Einheiten in ihrer Gesamtheit Zuständigkeiten von einem anderen Verwaltungsträger (ggf. auch von der in die jeweilige Einsatzform eingeschalteten unionalen Stelle) per (Sub-)Delegation übertragen werden (können). Hierfür müsste es sich jedoch bei den untersuchten Teams um eigenständige und eher unabhängige Verwaltungseinheiten handeln, ferner müsste eine Veränderung der bestehenden Kompetenzordnung erfolgen.

---

[41] Das Verhältnis des Art. 290 AEUV zu Art. 291 AEUV ist umstritten, teilweise wird Art. 290 AEUV als Sonderfall des Art. 291 AEUV angesehen, vgl. zum Ganzen *Nettesheim*, in: Grabitz/Hilf/Nettesheim (Hrsg.), Art. 290 AEUV Rn. 19 ff. m.w.N. und ausführlich unten, in diesem Teil Kapitel 10 B. III.

[42] Durch die Kommission darf nach Art. 290 Abs. 1 UA 1 AEUV die „Ergänzung oder Änderung bestimmter nicht wesentlicher Vorschriften" eines Gesetzgebungsakts (vgl. dazu Art. 289 Abs. 3 AEUV) erfolgen, vgl. dazu nur *Nettesheim*, in: Grabitz/Hilf/Nettesheim (Hrsg.), Art. 290 AEUV Rn. 33 ff. m.w.N.

[43] Vgl. dazu ausführlich unten in diesem Teil Kapitel 10 B. III. 2. und z.B. jeweils inklusive einer Darstellung der Rechtslage vor dem Vertrag von Lissabon *Ilgner*, Die Durchführung der Rechtsakte des Europäischen Gesetzgebers durch die Europäische Kommission: Art. 290 und 291 AEUV und deren Auswirkungen auf die Komitologie, *Haselmann*, Delegation und Durchführung gemäß Art. 290 und Art. 291 AEUV; ferner *Bergström/Ritleng* (Hrsg.), Rulemaking by the European Commission – The New System for Delegation of Powers.

[44] Zentral sind in diesem Bereich die durch den EuGH, Urteile v. 13. 06. 1958 Rs. 9/56, Meroni/Hohe Behörde I und Rs. 10/56 Meroni/Hohe Behörde II, entwickelte sog. Meroni-Doktrin und deren Weiterentwicklung durch das sog. Leerverkäufe-Urteil, EuGH, Urt. v. 22.01.2014, Rs. C-270/12, Leerverkäufe, vgl. dazu ausführlich bereits oben in Teil 1 Kapitel 2 A. II. und an dieser Stelle m.w.N. *Orator*, Unionsagenturen, S. 228 ff., knapper *Ruffert*, in: Calliess/Ruffert (Hrsg.), Art. 290 AEUV Rn. 4 ff.; zur Relevanz im hier gegebenen Kontext vgl. insbesondere in diesem Teil Kapitel 10 unter B. III. 2. a).

Jedenfalls letzteres[45] ist in den hier untersuchten Fällen nicht ersichtlich: Die untersuchten Einheiten sind bis auf die JITs[46] integrale Bestandteile bestehender oder im sekundärrechtlichen Rahmen (ad hoc) zu schaffender Verwaltungsstrukturen. Diese begründen eine genuine Zuständigkeit, sodass nicht von einer Übertragung einer ehemals fremden Zuständigkeit gesprochen werden kann.

2. Mandat

a) Charakteristika des Mandats

Auch bei der Rechtsfigur des Mandats wird teilweise eine außenrechtswirksame Zuständigkeitsübertragung vom ursprünglichen Inhaber (Mandant) auf eine andere Verwaltungseinheit (Mandatar) vorausgesetzt[47], im Unterschied zur Delegation übt der Mandatar die so gewonnenen Kompetenzen jedoch im (fremden) Namen des Mandanten aus.[48] Dies führt zu einem weiteren maßgeblichen Unterschied zwischen Delegation und Mandat: Die Handlungen des Mandatars[49] werden dem Mandanten zugerechnet, spiegelbildlich hierzu werden Kontroll- und Überwachungsmöglichkeiten des Mandanten vorausgesetzt.[50] Differenziert wird hinsichtlich innerbehördlichem und interbehördlichem Mandat[51], letzteres ist insbesondere von der Organleihe abzugrenzen.[52] Entscheidendes Kriterium[53]

---

[45] Die JSTs besitzen bis auf wenige Ausnahmen einen homogenen Charakter und genuine Zuständigkeiten innerhalb des SSM, sodass hier keine Kompetenzverlagerung von der EZB auf (die Mitglieder der) JSTs erfolgt.

[46] Hier ist eine solche Konstruktion jedoch besonders fernliegend, da die Einflussnahmemöglichkeiten der beteiligten Agenturen und Ämter nur gering sind.

[47] Ob es zu einer Zuständigkeitsübertragung kommt, ist umstritten. *Wettner*, Amtshilfe, S. 148 m.w.N. sieht den Mandanten weiterhin als Inhaber der Kompetenz und den Mandatar lediglich als dessen Stellvertreter, ebenso i.E. *Lehnert*, Frontex, S. 222. *Jestaedt*, in: Hoffmann-Riem/Schmidt-Aßmann/Voßkuhle (Hrsg.), Bd. I § 14 Rn. 48 m.w.N. nimmt hingegen eine Übertragung der Zuständigkeit an. *Reinhardt*, Delegation und Mandat, S. 49 unterscheidet in diesem Kontext zwischen formeller und materieller Kompetenzübertragung.

[48] Vgl. dazu *Jestaedt*, in: Hoffman-Riem/Schmidt-Aßmann/Voßkuhle (Hrsg.), Bd. I § 14 Rn. 48; zur unionalen Perspektive auf das Mandat vgl. *Wettner*, Amtshilfe, S. 148 f. und *Lehnert*, Frontex, S. 222 f, letzterer stellt auch die völkerrechtliche Anerkennung dieser Figur dar.

[49] Diese setzen, im Unterschied zu einer Einordnung als Bote, einen eigenen Entscheidungsspielraum des Mandatars voraus, vgl. dazu *Reinhardt*, Delegation und Mandat, S. 48 f.; *Wettner*, Amtshilfe S. 148

[50] Vgl. dazu *Wettner*, Amtshilfe, S. 148 m.w.N., der bei einem Fehlen solcher Einflussnahmemöglichkeiten „materiell eine Preisgabe der Zuständigkeit und damit eine Delegation" sieht. Vgl. dazu auch *Lehnert*, Frontex, S. 222 f.

[51] Vgl. dazu *Reinhardt*, Delegation und Mandat, S. 41 und *Wettner*, Amtshilfe, S. 148.

[52] Vgl. zu der in diesem Zusammenhang vertretenen, abzulehnenden Auffassung, dass bei gleichem Rechtsträger der beteiligten Behörde ein Mandat und bei verschiedenen Rechtsträgern eine Organleihe vorliegt *Reinhardt*, Delegation und Mandat, S. 47. Eine solche Auffassung lässt das wesentliche Kriterium der Ausgliederung unberücksichtigt.

[53] So auch *Reinhardt*, Delegation und Mandat, S. 46 f. m.w.N.

bei dieser Abgrenzung ist die bei der Organleihe erfolgende Ausgliederung der Verwaltungseinheit aus ihrer ursprünglichen Stellung und die Eingliederung in eine andere Verwaltungsstruktur.[54] Im Gegensatz dazu erfolgt beim Mandat zwar eine funktionelle, jedoch keine organisatorische Übernahme der betroffenen Einheit.

b) Parallelen der untersuchten Einsatzformen zu dem Konzept des Mandats

Die Teams lassen sich nicht als mandatierte Verwaltungseinheit begreifen. Hinsichtlich der JITs liegt kein Mandat vor, die Teammitglieder handeln hier weiter als Angehörige ihrer ursprünglichen Behörden und in deren Namen. Schwieriger ist eine Einordnung in Bezug auf die entsendeten Mitglieder der Teams unter Frontex-Beteiligung sowie der ASTs: Hier werden den Teammitgliedern Zuständigkeiten durch den Einsatzmitgliedstaat übertragen, die sie (jedenfalls nach der rechtlichen Umsetzung in der Praxis) in fremdem Namen ausüben. Diesem obliegt ferner (jedenfalls formell) die Einsatzleitung und zumindest teilweise die -kontrolle. Letztlich gegen eine Einordnung der Entsendung in die genannten Teams als Mandatierung durch den Einsatzmitgliedstaat spricht jedoch, dass die Beamten aus ihrer ursprünglichen nationalen Verwaltungsstruktur ausgegliedert und (nach einem Ortswechsel) in eine andere eingegliedert werden; dies deutet eher auf eine Organleihe hin. Gleiches gilt noch in gesteigertem Maße für die in JSTs entsendeten Mitarbeiter der NCAs: Für die Tätigkeit im Rahmen eines JSTs werden die nationalen Beamten in eine Verwaltungsstruktur, an deren Spitze die EZB steht, eingegliedert, sodass eine Einordnung dieser Eingliederung als Mandat trotz Handelns im Namen der EZB und Kompetenzübertragung durch diese im Ergebnis abzulehnen ist.

3. Amtshilfe

Die Amtshilfe als Modus der ergänzenden Einschaltung von Personal einer Verwaltungseinheit in die einer anderen Stelle obliegenden Aufgabenerfüllung ist auf nationaler[55] und völkerrechtlicher Ebene[56] anerkannt. In Bezug auf die unionale Ebene ist zunächst festzustellen, dass binnengrenzüberschreitende Sachverhalte im Regelfall[57] nicht nach den Vorgaben für innerstaatliche Amtshilfe zu behan-

---

[54] S. zu diesem Merkmal und zum Folgenden sogleich unter 4.

[55] Vgl. dazu *Wettner*, Amtshilfe, S. 16 ff., der insbesondere darlegt, dass die Amtshilfe – wenn auch nicht begrifflich – auch in Staaten ohne föderalen Aufbau anerkannt ist.

[56] Vgl. zu relevanten völkerrechtlichen Abkommen *von Danwitz*, in: von Mangoldt/Klein/Starck (Hrsg.), Art. 35 GG Rn. 48 und ausführlicher *Wettner*, Amtshilfe, S. 29 ff., zur den Begriffsmerkmalen der „internationalen Amtshilfe" *Glaser*, Internationale Verwaltungsbeziehungen, S. 227 ff.

[57] Zu einer Ausnahme vgl. oben in Teil 2 Kapitel 4 D. I. 2., wonach Ersuchen von JITs-Mitgliedern, die über ein aus dem betreffenden Staat stammendes Teammitglied eingereicht werden, wie innerstaatliche Anfragen zu behandeln sind.

deln sind.[58] Vielmehr kann von einem eigenständigen unionsrechtlichen Amtshilfebegriff ausgegangen werden,[59] der primärrechtlich im Grundsatz der loyalen Zusammenarbeit (Art. 4 Abs. 3 EUV) verankert ist.[60]

a) Verhältnis von Amts- und Rechtshilfe

Jedenfalls in deutscher terminologischer Hinsicht bestehen nicht abschließend geklärte Ungewissheiten in Bezug auf das Verhältnis von Amts- und Rechtshilfe. Hält man eine Unterscheidung für relevant[61], kommen mehrere Abgrenzungsansätze in Betracht.[62] So kann zum einen auf die Zuordnung der hoheitlichen Stellen zu einer der drei Staatsgewalten abgestellt werden: Im Grundsatz wären demnach Unterstützungsmaßnahmen zwischen Gerichten stets Rechtshilfe und die (ergänzende) Zusammenarbeit zwischen Verwaltungsbehörden stets Amtshilfe.[63] Zum anderen kann auf den Charakter des durch die Unterstützungshandlung zu fördernden Verfahrens abgestellt werden: Ist dieses ein gerichtliches Verfahren, liegt Rechtshilfe vor – bei Verwaltungsverfahren hingegen Amtshilfe.[64] Vorzugswürdig erscheint jedoch eine Abgrenzung nach Art der angeforderten Unter-

---

[58] Vgl. dazu exemplarisch die §§ 4 ff. VwVfG unter der Überschrift „Amtshilfe" als einfachgesetzliche Konkretisierung des Art. 35 GG einerseits und die §§ 8a ff. VwVfG („Europäische Verwaltungszusammenarbeit") andererseits. Nach *Schneider*, in: Hoffmann-Riem/Schmidt-Aßmann/Voßkuhle (Hrsg.), Bd. II § 28 Rn. 97a soll diese Unterscheidung u.a. den Spielraum für mögliche Beiträge deutscher Behörden im Europäischen Verwaltungsverbund vergrößern. Zum Recht der Amtshilfe vor Inkrafttreten des Grundgesetzes vgl. *Holznagel*, in: Hoffmann-Riem/Schmidt-Aßmann/Voßkuhle (Hrsg.), Bd. II § 24 Rn. 21 ff.

[59] So ein Ergebnis der Untersuchung von *Wettner*, Amtshilfe, insb. S. 383 ff., auf dessen Konturierungen des europäischen Amtshilfebegriffs hier maßbeglich Bezug genommen wird; vgl. auch *Lehnert*, Frontex, S. 319 ff. Auch *Galetta/Hofmann/Schneider/Tünsmeyer*, in: Schneider/Hofmann/Ziller (Hrsg.), schreiben der Amtshilfe im europäischen Verwaltungsrecht in Buch V des ReNEUAL-Musterentwurfs insbesondere in Abgrenzung zum Informationsaustausch (Einleitung Buch V Rn. 6) und zur Vollstreckungshilfe bei EU-Inspektionen (Einleitung Buch V Rn. 10) eigenständige Bedeutung zu und stellen ein Bedürfnis nach „(e)inheitlichen Mindestanforderungen" heraus (Einleitung Buch V Rn. 12 f.); *Nowak*, in: Hatje/Müller-Graff/Leible/Terhechte (Hrsg.), § 34 Rn. 14 ff. sieht die „horizontale und vertikale Amtshilfe" als einen zentralen Baustein des europäischen Kooperationsverwaltungsrechts an.

[60] Vgl. dazu *von Bogdandy*, in: Hoffmann-Riem/Schmid-Aßmann/Voßkuhle (Hrsg.), Bd. II § 25 Rn. 11 und *Wettner*, Amtshilfe, S. 234 ff.

[61] Dies verneinen *Breitenmoser/Weyenetz*, Polizeizusammenarbeit, S. 159 f.

[62] Zur Abgrenzung mit Blick auf JITs aus schweizerischer bzw. deutscher Sicht *Zurkinden*, Joint Investigation Teams, S. 110 ff. bzw. S. 130 ff. Zum unklaren Bild „auf Ebene der EU" vgl. *Zurkinden*, a.a.O., S. 136 ff.

[63] Vgl. dazu ablehnend, aber m.w.N. zur Gegenansicht *Ambos/Poschadl*, in: Ambos/König/Rackow (Hrsg.) 1. HT 1. Teil 3. Abschnitt Rn. 11.

[64] So *Ambos/Poschadl*, in: Ambos/König/Rackow (Hrsg.), 1. HT 1. Teil 3. Abschnitt Rn. 12 unter Verweis auf die im selben Abschnitt in Rn. 5 enthaltene Definition des Strafverfahrens.

stützungshandlung: Ist diese Maßnahme judikativer Natur, liegt Rechts- bei Exekutivmaßnahmen Amtshilfe vor.[65]

b) Charakteristika der Amtshilfe

Amtshilfe erfolgt in der Regel auf ein behördliches Ersuchen an eine andere Behörde.[66] Bereits angedeutet wurde, dass es sich bei der im Rahmen eines Amtshilfeersuchen angefragten Unterstützungsmaßnahme grundsätzlich um einen ergänzenden Beitrag zu einem fremden Verfahren handeln muss.[67] Damit im Zusammenhang steht der ausnahme- und einzelfallbezogene Charakter der Amtshilfe[68], der sie insbesondere von der in der Regel auf Dauer angelegten Organleihe und sog. gestuften Verwaltungsverfahren abgrenzt,[69] welche einen höheren Institutionalisierungsgrad aufweisen. Die Vornahme der angeforderten Maßnahme erfolgt im Namen und in Verantwortung der ersuchten Behörde, dies unterscheidet die Amtshilfe insbesondere von den Konstruktionen der Delegation und des Mandats[70]. Maßgeblich für die Rechtmäßigkeit der Unterstützungshandlung ist in der Regel zumindest vorrangig das Recht des Staats der ersuchten Behörde, hierbei ist jedoch ggf. auch das Verfahrensrecht des begünstigten Verwaltungs-

---

[65] So *Wettner*, Amtshilfe, S. 188 f. für den Begriff der europäischen Amtshilfe mit Verweisen auf entsprechende Ansichten hinsichtlich nationalem und Völkerrecht; dieses Verständnis wird den folgenden Ausführungen zugrunde gelegt.

[66] Vgl. für das deutsche Recht § 4 Abs. 1 VwVfG, für den Bereich der EU *Wettner*, Amtshilfe S. 190 ff., der jedoch im unionalen Recht auch eine „spontane Amtshilfe" ohne Ersuchen, insbesondere hinsichtlich Informationsübermittlungen ausmacht; vgl. dazu auch *Hofmann*, Rechtsschutz und Haftung, S. 140 f. Auch die Normen des ReNEUAL-Musterentwurfs gehen von dem Erfordernis eines Ersuchens aus, vgl. *Galetta/Hofmann/Schneider/Tünsmeyer*, in: Schneider/Hofmann/Ziller (Hrsg.), S. 147 ff.

[67] Vgl. aus deutscher Sicht § 4 Abs. 1 VwVfG („ergänzende Hilfe") und *Jestaedt*, in: Hoffmann-Riem/Schmidt-Aßmann/Voßkuhle (Hrsg.), Bd. II § 14 Rn. 48 f. und aus unionaler Sicht *Wettner*, Amtshilfe, S. 133 ff., die beide in diesem Merkmal das entscheidende Abgrenzungsmerkmal zur Delegation sehen; vgl. dazu auch *Reinhardt*, Delegation und Mandat S. 31 f.; *Luchtmann/Vervaele*, in: dies. (Hrsg.), S. 249 sehen in der bei OLAF-Untersuchungen zu leistenden Kooperation mitgliedstaatlicher Behörde (etwa Zwangsanwendungen oder praktische Unterstützung zur Durchführung der Untersuchung) solche amtshilfetypischen unterstützenden Maßnahmen und stellen fest: „Beyond that, however, MS (Member States, Anm. d. Verf.) have no say over the actions performed on their territories". Vergleichbar damit ist die in Art. 12 Abs. 5 SSM-VO ausdrücklich als solche vorgesehene Amtshilfe nationaler Behörden im Fall einer notwendigen Zwangsanwendung im Rahmen einer Prüfung vor Ort.

[68] Aus deutscher Perspektive vgl. dazu *Holznagel*, in: Hoffmann-Riem/Schmidt-Aßmann/Voßkuhle (Hrsg.), Bd. II § 24 Rn. 28; zur „gemeinschaftsrechtlichen Amtshilfe" vgl. *Wettner*, Amtshilfe, S. 139 f.; zur „internationalen Amtshilfe" *Glaser*, Internationale Verwaltungsbeziehungen, S. 232.

[69] Vgl. dazu *Jestaedt*, in: Hoffmann-Riem/Schmidt-Aßmann/Voßkuhle (Hrsg.), Bd. I § 14 Rn. 49 bzw. *Wettner*, Amtshilfe, S. 141 f.; zur „ad-hoc-Organleihe" s. aber unten sogleich unter 4. sowie *Wettner*, Amtshilfe, S. 152 ff.

[70] Vgl. dazu *Jestaedt*, in: Hoffmann-Riem/Schmidt-Aßmann/Voßkuhle (Hrsg.), Bd. I § 14 RN. 48 f. und *Wettner*, Amtshilfe S. 147 ff.

trägers zu beachten.[71] Ausgeschlossen ist eine Einordnung als Amtshilfe nach der deutschen Konzeption und wohl auch im Hinblick auf die unionale Ebene (auch daher), wenn die ersuchte Handlung eine eigene Aufgabe der ersuchten Behörde darstellt[72] oder bereits vor dem Ersuchen eine Weisungsgebundenheit der ersuchten Behörde gegenüber der ersuchenden Behörde besteht.[73]

c) Parallelen der untersuchten Einsatzformen zu dem Konzept der Amtshilfe

Sowohl die Bereitstellung der Einsatzkräfte in Bezug auf mit Frontex verknüpfte gemeinsame Einsatzformen als auch die Entsendung nationaler Beamter in ASTs oder JSTs weisen auf mehreren Ebenen strukturelle Unterschiede zu dem skizzierten Typus der Amtshilfe auf. Hinsichtlich der JSTs scheitert eine solche Einordnung aufgrund der auf Dauer und nicht nur für den einzelnen (Ausnahme-)Fall angelegten Bildung eines Teams, außerdem handelt das jeweilige JST im Namen der EZB und nach dem für sie maßgeblichen Recht; zudem ist es in deren Verwaltungsaufbau und -verfahren eingegliedert.[74] Auch bei ASTs und den Teams unter Frontex-Beteiligung ist eine solche Eingliederung, insbesondere in jeweils (eigens) vorgesehene, sich teilweise verfestigende Verwaltungsstrukturen zu beobachten, was eine Einordnung als Amtshilfe fernliegend erscheinen lässt. Hiermit verknüpft ist, dass die weitere Regelung dieser Zusammenarbeitsformen durch Unionsstellen und den (jeweiligen) Einsatzmitgliedstaat gegen ein amtshilfetypisches Handeln im Namen und in Anwendung des Rechts der entsendenden Behörde spricht.[75] Hinzu kommt letztlich, dass, selbst wenn man die Bildung dieser Teams entgegen der Institutionalisierungstendenzen der Praxis aufgrund ihrer Einsetzungsvoraussetzungen als eine Reaktion auf einen Ausnahme- oder

---

[71] Vgl. dazu *Wettner*, Amtshilfe, S. 154 ff., dies gilt unbeschadet etwaiger Befugnis- oder Verfahrensregeln des Unionsrecht.

[72] Für das deutsche Recht schreibt § 4 Abs. 2 Nr. 2 VwVfG dieses Kriterium der Fremdnützigkeit ausdrücklich fest, für eine grundsätzliche Übertragbarkeit dieses Merkmals auf die europäische Ebene *Wettner*, Amtshilfe, S. 142 ff.

[73] Vgl. dazu § 4 Abs. 2 Nr. 1 VwVfG aus deutscher Perspektive. Auch aus unionaler Sicht liegt bei einer rechtlichen Unterworfenheit der ersuchten Behörde ein „vom amtshilferechtlichen Gleichordnungsverhältnis zu unterscheidendes Über-Unterordnungsverhältnis" vor, vgl. dazu *Wettner*, Amtshilfe, S. 176 ff. und *Hofmann*, Rechtsschutz und Haftung, S. 138 f.

[74] Hiervon zu unterscheiden ist die ausdrücklich vorgesehene Amtshilfe durch nationale Behörden bei den durch die EZB initiierten Untersuchungen nach Art. 11 Abs. 2 UA 2, Art. 12 Abs. 5 SSM-VO. Die vorzunehmende Handlung ist – ebenso wie die soeben angesprochene Unterstützung OLAFs – den handelnden Unionsbeamten aus kompetenziellen Gründen unmöglich. Diese Amtshilfe „von außen" betrifft die Arbeitsweise der JSTs und nicht deren Bildung.

[75] Sowohl die ASTs als auch Teams unter Frontex-Beteiligung müssen (nach den untersuchten Einsatzplänen) lediglich das Recht des Einsatzmitgliedstaats (und nicht das ihres Herkunftmitgliedstaats) zu beachten. Hinzu kommen weitere die Homogenität der Teammitglieder verstärkende Aspekte wie etwa die teilweise einheitliche Uniformierung des über Frontex eingesetzten Personals.

Notfall begreift, der Modus der Bereitstellung auf einem permanenten Poolsystem oder vergleichbar verpflichtend ausgestalteten Mechanismen beruht und die Beteiligung einer unionalen Stelle erfordert – (zuerst) ersuchte und entsendende Behörde können somit aus formaler Sicht auseinanderfallen.

Die Entsendung und das Wirken nationaler Beamter im Instrument der JITs weisen hingegen einige Charakteristika der Amtshilfe auf. So handeln die einzelnen Mitglieder der JITs im Namen der sie entsendenden Behörde, sind vorrangig an das einschlägige (Verfahrens-)Recht ihres Herkunftsstaats gebunden[76] und haben (ggf. jeweils) im Verfahren eines anderen Mitgliedstaats eine untergeordnete und unterstützende Rolle. Amtshilfetypisch ist ferner, dass ein einzelfallbezogenes Ersuchen hinsichtlich des Einsetzens eines JITs von einer mitgliedstaatlichen Behörde an eine andere Behörde erfolgen muss und die konkreten Modalitäten der vorzunehmenden Unterstützungshandlungen zwischen diesen Behörden festzulegen sind.[77] Nicht in das oben skizzierte Konzept der Amtshilfe passt hingegen, dass die Zielsetzung der JITs in der Regel in den (eigenen) Aufgabenbereich beider bzw. aller beteiligten nationalen Stellen fällt bzw. sogar fallen muss,[78] also eine Aufgabenüberschneidung bei territorialer Trennung vorliegt. Die Entsendung in ein JIT erfolgt jeweils, um die eigene Aufgabenerfüllung zu optimieren, sodass keine rein fremdnützige Tätigkeit vorliegt. Eindeutig lässt sich somit auch die Bereitstellung nationaler Beamter in JITs nicht als Amtshilfe einordnen.[79] Hinzu tritt, dass in Bezug auf ein gebildetes JIT Einflussmöglichkeiten von verschiedenen unionalen Stellen vorgesehen sind, die in die Beziehung und Zusammenarbeit der „Amtshilfe“ leistenden und „Amtshilfe“ empfangenden Behörde zwischengeschaltet werden.

---

[76] Hiervon zu unterscheiden ist das Einsatzrecht der JITs, das sich nach der Rechtsordnung des Einsatzmitgliedstaats richtet und für die Rechtmäßigkeit der Handlungen des JITs Beurteilungsgrundlage ist.

[77] Europol und Eurojust kommen nur Vorschlagsrechte zu, auf die jedenfalls eine begründete Ablehnung erfolgen muss, was jedoch die Kontaktaufnahme zwischen den mitgliedstaatlichen Behörden nicht ersetzt.

[78] Dies gilt insbesondere, aber nicht nur für den Fall, dass in den beteiligten Mitgliedstaaten jeweils ein Ermittlungsverfahren eingeleitet wurde, was teilweise als Voraussetzung für die Bildung eines JITs angesehen wird.

[79] Anders wohl *Riegel*, KriPol 3/2008, S. 80 ff., S. 81, der in den JITs eine Form der Rechtshilfe (zum Verhältnis dieses Begriffs zur Amtshilfe vgl. in diesem Kapitel oben unter B. 3. a)) sieht. In einigen Mitgliedstaaten ist die Einordnung als „besondere Form der Rechtshilfe“ erfolgt, vgl. dazu S. 9 JITs-Handbuch, welches auch von einem erforderlichen Rechtshilfeersuchen ausgeht. In diese Richtung auch *Zurkinden*, Joint Investigation Teams, S. 142, jedoch vorrangig unter dem Aspekt der Abgrenzung zur Amtshilfe. Eine Einordnung als Rechtshilfe nach deutschen Verständnis würde eine ausschließlich repressive Zielsetzung von JITs auf europäischer Ebene und die Eröffnung gerichtlicher bzw. Ermittlungsverfahren in allen beteiligten Mitgliedstaaten voraussetzen, was nach hier vertretener Auffassung und wohl auch aus unionaler und praktischer Perspektive abzulehnen ist.

4. Organleihe

Ein weiteres, national[80] und international[81] anerkanntes Institut der Entsendung von Personal eines Hoheitsträgers an einen anderen, welches grundsätzlich auch auf Unionsebene in Betracht kommt[82], ist die Organleihe.[83]

Hohe Aufmerksamkeit erfährt das Konzept der Organleihe aktuell hinsichtlich der „vertragsfremden Instrumentalisierung von Unionsorganen".[84] Primärrechtlicher Anknüpfungspunkt der diesbezüglichen Überlegungen ist Art. 13 Abs. 2 EUV vor dem Hintergrund des Grundsatzes der loyalen Zusammenarbeit und des Prinzips der begrenzten Einzelermächtigung. Der EuGH hat in diesem Zusammenhang ausgeführt, dass „die Mitgliedstaaten in Bereichen, die nicht in die ausschließliche Zuständigkeit der Union fallen, berechtigt sind, außerhalb des Rahmens der Union die Organe mit Aufgaben wie der Koordinierung einer von den Mitgliedstaaten gemeinsam unternommenen Aktion oder der Verwaltung einer Finanzhilfe zu betrauen […] sofern diese Aufgaben die den Organen

---

[80] Vgl. für das deutsche Recht BVerfGE 32, 145 (154), wo eine Einordnung der Organleihe (ebenso in Bezug auf die Amtshilfe) als „hergebrachtes Rechtsinstitut" erfolgt, BVerfGE 63, 1 (31 ff.); *Schmitz*, in: Stelkens/Bonk/Sachs (Hrsg.), VwVfG § 4 Rn. 39 und *Jestaedt*, in: Hoffmann-Riem/Schmidt-Aßmann/Voßkuhle (Hrsg.), Bd. II § 14 Rn. 35, 49.

[81] Vgl. dazu und zum diesbezüglichen Entwicklungsprozess *Hofsommer*, AVR 2011 S. 310 ff., S. 310 ff., *Stein/von Buttlar/Kotzur*, Völkerrecht, Rn. 1123 ff. und den Bericht der Völkerrechtskommission über ihre 53. Sitzung (UN Doc A/56/10,2001), der die „Articles on Responsibility of States for Internationally Wrongful Acts" (im Folgenden mit ARS abgekürzt) enthält; hier relevant Art. 6 ARS: „The conduct of an organ of a State or of a person or entity empowered to exercise elements of the governmental authority shall be considered an act of the State under international law if the organ, person or entity acts in that capacity, even if it exceeds its authority or contravenes instructions". Zu den Voraussetzungen des Art. 6 ARS und der einschlägigen Rechtsprechung des EGMR vgl. *Fink*, Frontex and Human Rights, S. 114 ff.; generell zur den ARS *Dörr*, in: Ipsen (Hrsg.), § 29 Rn. 2 (die ARS „*grosso modo* als Ausdruck geltenden Völkergewohnheitsrechts") und ausführlich zur völkerrechtlichen Staatenverantwortlichkeit § 30 Rn. 1 ff.

[82] Vgl. dazu *Mrozek*, DÖV 2010 S. 886 ff., S. 890 f.; hiervon gehen auch *Schöndorf-Haubold*, Europäisches Sicherheitsverwaltungsrecht, Rn. 109 f., *Luchtmann/Vervaele*, in: dies. (Hrsg.), S. 250 f. und der Wissenschaftliche Dienst des Bundestags (Sachstand WD2 – 3000 – 188/18, S. 6) aus. *Lehnert*, Frontex, S. 325 ff. spricht in diesem Kontext von einem „allgemeinen Rechtsgrundsatz", wodurch die „Rechtsfigur der Organleihe auch in unionsrechtlich gerahmten horizontalen Kooperationen zwischen Mitgliedstaaten nicht ausgeschlossen" sein kann (Zitat nach *Lehnert*, Frontex, S. 326).

[83] *Glaser*, Internationale Verwaltungsbeziehungen, S. 231 ff. m.w.N. geht von einer fehlenden Organeigenschaft des einzelnen Amtswalters aus und bevorzugt aus diesem Grund den Begriff der Personalleihe, die er als Unterfall der (internationalen) Amtshilfe einordnet. Organleihe sei nur dann anzunehmen, wenn es am „Ausnahmecharakter der Amtshilfeleistung" fehle und ein dauerhafter Einsatz des ausländischen Personals und somit strukturelle Verfestigung vorliege.

[84] Vgl. dazu die Ausarbeitung des wissenschaftlichen Diensts des Bundestags PE 6 – 3000 – 124/16 S. 1 ff., die als Beispiele die sog. EU-Türkei Erklärung und den sog. Fiskalvertrag heranzieht.

durch den EU-Vertrag und den AEU-Vertrag übertragenen Befugnisse nicht verfälschen […]"[85] [86]

a) Charakteristika der Organleihe

Hier relevant ist jedoch die Organleihe in Form der Bereitstellung von (mitgliedstaatlichem oder unionalem) Verwaltungspersonal. Ebenso wie im Fall der Amtshilfe erfolgt bei dem Konzept der Organleihe durch die Bereitstellung von Personal (ggf. inklusive Sachmittel) keine Zuständigkeitsverlagerung.[87] Die entsendete Verwaltungseinheit wird vielmehr aus ihrer ursprünglichen Verwaltungsstruktur aus- und in eine andere[88] eingegliedert.[89] Diese Eingliederung führt zu einer Weisungs- und Kontrollbefugnis des Empfängers, einer Unterwerfung unter dessen Rechtsordnung[90] und berechtigt zu einem Handeln „in dessen Namen"[91], was eine Zurechnung des Handelns des entliehenen Organs zu dessen Empfänger ermöglicht.[92] Aus deutscher Perspektive ist die Organleihe in zeitlicher Hinsicht primär ein Konzept zur dauerhaften Bereitstellung von Verwaltungspersonal[93], jedenfalls auf internationaler Ebene ist indes auch eine ad-hoc Organleihe anerkannt.[94] In sachlicher Hinsicht können dem entliehenen Organ

[85] Vgl. EuGH, Urt. v. 27.11.2012, Rs. C-370/12, Pringle, Rn. 158 m.w.N., wobei auf eine bestehende Rechtsprechungspraxis des EuGH verwiesen wird.

[86] Kritisch hierzu *Fischer-Lescano/Oberndorfer*, NJW 2013 S. 9 ff., S. 9 ff., dagegen die Ausarbeitung des wissenschaftlichen Dienstes des Bundestags PE 6 – 3000 – 124/16 S. 9 f. Die in diesem Zusammenhang bestehenden rechtlichen Probleme der Organleihe sind für die vorliegende Untersuchung nicht relevant.

[87] So *Jestaedt*, in: Hoffmann-Riem/Schmidt-Aßmann/Voßkuhle (Hrsg.), Bd. I § 14 Rn. 49.

[88] Nach dem deutschen Verständnis kann eine Organleihe nicht zwischen Behörden desselben „Verwaltungsträgers" (*Schmitz*, in: Stelkens/Bonk/Sachs (Hrsg.), VwVfG § 4 Rn. 39) bzw. „Körperschaften" (*Lehnert*, Frontex, S. 325 unter Verweis auf *Reinhardt*, Delegation und Mandat S. 32, 45) erfolgen, diese Voraussetzung ist für die vorliegende Untersuchung in dieser Form jedoch irrelevant.

[89] Vgl. nur BVerfGE 63, 1 (31 f.); *Hofmann*, Rechtsschutz und Haftung, S. 220; *Wettner*, Amtshilfe, S. 152 f.; *Jestaedt*, in: Hoffmann-Riem/Schmidt-Aßmann/Voßkuhle (Hrsg.), Bd. I § 14 Rn. 35, 49 differenziert in diesem Kontext zwischen einer institutionellen und einer funktionellen Betrachtungsweise, nach letzterer ist das entliehene Organ von vornherein ein eigenes Organ des eingliedernden Verwaltungsträgers. In dieser Eingliederung liegt ein wesentliches Abgrenzungsmerkmal zur Amtshilfe.

[90] Dies gilt jedenfalls für das Einsatz- und Verfahrensrecht, hinsichtlich des Dienstrechts (insb. des Disziplinarrechts) bleibt jedoch der entsendende Staat zuständig und dessen Recht anwendbar, vgl. dazu *Mrozek*, DÖV 2010 S. 886 ff., S. 890 f. m.w.N. und *Lehnert*, Frontex, S. 325.

[91] Streng genommen liegt hier – im Unterschied zum bereits behandelten Mandat – ein Handeln als Teil des begünstigten Staats und nicht (lediglich) in dessen Namen vor.

[92] Vgl. zum Ganzen *Hofmann*, Rechtsschutz und Haftung, S. 229 f., *Lehnert*, Frontex, S. 325 und *Wettner*, Amtshilfe, S. 152 f.; aus deutscher Sicht BVerfGE 63, 1 (31 f.) m.w.N.; die Zurechnung an den „Empfängerstaat" schreibt auch Art. 6 ARS vor.

[93] Vgl. dazu BVerfGE 63, 1 (32), *Jestaedt*, in: Hoffmann-Riem/Schmidt-Aßmann/Voßkuhle (Hrsg.), Bd. II § 14 Rn. 49 und *Wettner*, Amtshilfe, S. 153 m.w.N.

[94] Vgl. dazu *Wettner*, Amtshilfe, S. 153 m.w.N. und *Schöndorf-Haubold*, Europäisches Sicherheitsverwaltungsrecht, Rn. 110 insb. Fn. 331.

ggf. durch eine allgemeine Ermächtigung eigene Aufgabenkreise übertragen werden, die nicht auf Unterstützungshandlungen beschränkt sind.[95]

b) Parallelen der untersuchten Einsatzformen zu dem Konzept der Organleihe

Neben der Nähe zur Amtshilfe weist das Konstrukt der JITs auch im Übrigen keine hinreichend relevanten Merkmale der Organleihe auf: Die Teammitglieder bleiben ihrer nationalen Behörde zugeordnet, handeln in deren Namen und sind jedenfalls keiner rechtlich verbindlichen Weisungsbefugnis oder Kontrolle durch eine fremde Instanz unterworfen.

aa) Organleihe hinsichtlich Grenzverwaltungsteams sowie Rückkehrteams

(1) Lage unter der Frontex-VO-2016

Hinsichtlich des Einsatzes nationaler Beamter in Teams unter Frontex-Beteiligung wurde unter der Rechtslage der Frontex-VO-2016 eine Einordnung als Organleihe vorgenommen.[96] Hierfür sprach zunächst die Ausgliederung aus der ursprünglichen Stellung und die Eingliederung in eine fremde (Verbund-)Verwaltungsstruktur. Ferner waren die abgestellten nationalen Beamten in der Regel dem Recht[97] sowie jedenfalls nach der Konstruktion des Art. 21 Abs. 1 Frontex-VO-2016 den Weisungen des Einsatzmitgliedstaats unterworfen[98] und handelten rechtlich teilweise in dessen Namen. Des Weiteren wurden dauerhaft und nicht lediglich einzelfallbezogen Aufgabenbereiche festgelegt und übertragen. Sieht man die Tätigkeit am Ort des begünstigten Verwaltungsträgers ebenfalls als Kriterium der Organleihe an, wäre auch diese Voraussetzung erfüllt.[99]

[95] Vgl. dazu *Wettner*, Amtshilfe, S. 153 und S. 5 der Ausarbeitung des wissenschaftlichen Dienstes des Bundestags PE 6 – 3000 – 124/16. Dies grenzt die Organleihe zusätzlich von der Amtshilfe ab, die grundsätzlich auf Unterstützungshandlungen in Einzel- und Ausnahmefällen beschränkt ist, s. dazu auch oben in diesem Kapitel unter B. I. 2. a).

[96] So *Mrozek*, DÖV 2010 S. 886 ff., S. 890 ff.; *Lehnert*, Frontex, S. 325 ff. und der Sachstand des Wissenschaftlichen Dienstes des Bundestags WD 2 – 3000 – 188/18 S. 7 f.

[97] Dies gilt jedenfalls für das Einsatzrecht und ausdrücklich für das Strafrecht, was eine Delegation (s. dazu generell oben in diesem Kapitel unter B. II. 1. und konkret *Lehnert*, Frontex, S. 328) ausschließt. Typisch für die Organleihe ist zudem die (weitgehend) verbleibende Anwendbarkeit des Dienstrechts des Herkunftsmitgliedstaats.

[98] Dies gilt jedoch nicht für nationale Beamte, die technische Geräte (etwa Hubschrauber oder Schiffe) ihres Einsatzmitgliedstaats steuern, s. dazu und zur diesbezüglichen Differenzierung zwischen „tactical command" und „operational command" in den Einsatzplänen oben in Teil 2 Kapitel 5 E. Diese Differenzierung deutet auf die Parameter des Seerechts hin, vgl. dazu *Mrozek*, DÖV 2010 S. 886 ff., S. 892 f. Das „operational command" ist für das konkrete Verhalten maßgeblich und muss dem „tactical command" grundsätzlich nicht folgen, was eine Weisungsbefugnis (allein) des Herkunftsmitgliedstaats nahelegt. Für *Fink*, Frontex and Human Rights, S. 126 ist schon die Aufteilung der Befehlsgewalt hinreichender Grund für eine Verneinung der Anwendbarkeit des Art. 6 ARS (als völkerrechtliche Kodifizierung der Organleihe) auf diese Fälle.

[99] So und i.E. wie hier *Lehnert*, Frontex, S. 325, 328.

Diese Kriterien der Organleihe lagen bei genauerer Betrachtung jedoch häufig jedenfalls nicht idealtypisch vor. So war schon in den Bereitstellungsvorgang als solchen und insbesondere die Auswahl des Personals mit Frontex atypischerweise eine dritte Stelle eingeschaltet. Dies betraf etwa die Erstellung von Personallisten für Gemeinsame Aktionen, die Aufstellung der Anforderungen an die Beamten oder – insoweit als intensivste Einwirkung – die (geteilte) Zuständigkeit für den Ausschluss[100] und die Auswahl des konkreten Personals aus den vorgesehenen Personalpools. Letzteres kann als Sonderform einer „gestuften Organleihe" angesehen werden[101] oder als Fall einer „gesetzlich verpflichtenden" Organleihe, die unter der Bedingung eines mitgliedstaatlichen Ersuchens steht und durch dieses Ersuchen sowie durch Frontex (etwa in Form des zu erstellenden Einsatzplans) „verbindlich konkretisiert« wurde.[102] Auch hinsichtlich weiterer, die Organleihe bestimmender Kriterien sind ähnliche, punktuelle Abweichungen zu beobachten: Die Weisungsbefugnis des Einsatzmitgliedstaats war etwa entsprechend dem mit (maßgeblicher) Beteiligung von Frontex ausgearbeiteten Einsatzplan auszuüben, in der Praxis wurden Einsatzanweisungen von einem aus Personal von Frontex und dem Einsatzmitgliedstaat zusammengesetzten Gremien[103] über an Frontex angegliederte Kanäle erteilt[104] und auch die Kontrolle der Einsätze war mit Frontex verwoben.[105]

Nach alledem erscheint es grundsätzlich möglich, dass nicht nur zwischen den beteiligten Mitgliedstaaten eine Organleihe unter Einfluss von Frontex in Betracht kommt: Mit einem unbefangenen, auf die Praxis gerichteten Blick ließe sich aufgrund der vielschichtigen Einflussmöglichkeiten auch eine Art Organleihe von den (Einsatz- und Herkunfts-)Mitgliedstaaten an Frontex[106] konstruieren.[107] Dem steht letztlich zwar insbesondere die formal vorgesehene alleinige

---

[100] Vgl. zur Möglichkeit des Ausschlusses von Beamten aus dem Soforteinsatzpool vgl. oben in Teil 2 Kapitel 5 A. I. 6. und Art. 111 Abs. 8 Frontex-VO-2019.

[101] So *Schöndorf-Haubold*, Europäisches Sicherheitsverwaltungsrecht, Rn. 110, wonach „Frontex als Scharnier zwischen die beteiligten Staaten" geschaltet ist und mit den zusammengestellten Teams eine „Einsatzgesamtheit" an den ersuchenden Staat entsendet.

[102] So *Lehnert*, Frontex, S. 329.

[103] Zu nennen sind insbesondere das International Coordination Centre und das darin enthaltene Joint Coordination Board als operatives Zentrum, zur Zusammensetzung, vgl. dazu oben in Teil 2 Kapitel 5 E.

[104] S. dazu oben in Teil 2 Kapitel 5 D. V. Dies betrifft insbesondere den Frontex One-Stop-Shop, JORA und OPERA sowie das Frontex Situation Center als Knotenpunkt des Informationsaustauschs.

[105] S.o. in Teil 2 Kapitel 5 G. Auch in Bezug auf Disziplinarmaßnahmen hinsichtlich nationaler Teammitglieder kann Frontex per Vereinbarung eingebunden werden und ist in jedem Fall über ergriffene Maßnahmen zu unterrichten, was über den Regelfall der Organleihe hinausgeht.

[106] Eine Organleihe von Frontex an die Mitgliedstaaten scheidet aus, da Frontex-Personal im Rahmen der hier untersuchten Tätigkeiten seine genuinen Aufgaben wahrnimmt.

[107] Hierbei gerät insbesondere Art. 7 der im Bericht der Völkerrechtskommission über ihre 63. Sitzung (A/66/10, para. 87) enthaltenen „Draft Articles on the responsibility of interna-

Befehlsgewalt des Einsatzmitgliedstaats entgegen[108], hierdurch wird jedoch die Atypik der hier untersuchten Bereitstellung von Personal vor dem Muster der Organleihe verdeutlicht. Dies hat insbesondere zur Folge, dass die für die Organleihe bestehenden Ansätze hinsichtlich Zurechnung und Legitimation nur als Ausgangspunkt herangezogen werden können.

Begründet liegen die hier dargestellten Zuordnungsschwierigkeiten in der Konstruktion einer Europäischen Grenz- und Küstenwache, die Frontex und den Mitgliedstaaten gleichermaßen eine integrierte europäische Grenzverwaltung zum Ziel setzt.[109] Es handelt sich somit nicht, wie bei der Organleihe regelmäßig der Fall, um zwei trennbare, voneinander unabhängige Verwaltungsstrukturen sondern vielmehr um ein durch gemeinsame Zielsetzung und Aufgaben von vornherein sowie konzeptionell aufeinander angewiesenes System aus mitgliedstaatlichen und unionalen Verwaltungsstellen.[110]

(2) Änderungen durch die Frontex-VO-2019

Diese Verflechtungen und die damit verknüpften Schwierigkeiten hinsichtlich einer Zuordnung des Personals der Teams der Europäischen Grenz- und Küstenwache zu einem der „klassischen" Modelle der Bereitstellung von Personal werden durch die Frontex-VO-2019 noch intensiviert. Bei einer Untersuchung des Bereitstellungsvorgangs des Teampersonals ist die Zusammensetzung der ständigen Reserve als Ausgangspunkt zu nehmen.

Die Entsendung des Statutspersonals der Kategorie 1, d.h. der originären supranationalen Einsatzkräfte, erfolgt durch und von Frontex. Der Einsatz des Statutspersonals unterliegt jedoch den Anweisungen und (auch) dem nationalen Recht des Einsatzmitgliedstaats. Aufgrund der durch die Frontex-VO-2019 noch ausgeweiteten Einflussnahmemöglichkeiten von Frontex kann jedoch nicht von der Eingliederung in ein fremdes Verwaltungssystem gesprochen werden. Dies lässt eine Organleihe von Frontex an den Einsatzmitgliedstaat ausscheiden. Zudem ist die konkrete Ausgestaltung der Befugniswahrnehmung maßnahmenabhängig: Die dem Statutspersonal übertragbaren Aufgaben sind durch die Fron-

tional organizations" (im Folgenden mit ARIO abgekürzt) in den Focus, welcher Folgendes besagt: „The conduct of an organ of a state or agent of an international organization that is placed at the disposal of another organization shall be considered under international law an act of the latter organization if the organization exercises effective control over that conduct". Vgl. dazu und zur einschlägigen Rechtsprechung des EGMR *Fink*, Frontex and Human Rights, S. 127 ff. und *Dörr*, in: Ipsen (Hrsg.), § 29 Rn. 3 und § 31 Rn. 1 ff.

[108] So, unter dem Gesichtspunkt der Zurechnung und mit Blick auf Art. 7 ARIO *Fink*, Frontex and Human Rights, S. 136 ff. mit Nachweisen zu Gegenansichten.

[109] S. dazu oben Teil 2 Kapitel 5 insb. unter A.

[110] Begreift man die Europäische Grenz- und Küstenwache als integriertes Verwaltungssystem, könnte das oben erwähnte Ausschlusskriterium für den Fall der Zugehörigkeit zum selben Verwaltungsträger/zur selben Körperschaft hier in modifizierter Form ebenfalls gegen eine Einordnung als Organleihe sprechen.

tex-VO-2019 begrenzt; teilweise ist zwingend ein Handeln im Namen des Einsatzmitgliedstaats vorgesehen, teilweise ist dies optional, sodass auch die Kriterien des Mandats bzw. der Delegation nicht vorliegen.

An seine Grenzen stößt das Leistungsvermögen der klassischen Modelle auch hinsichtlich des der Kategorie 2 zuzuordnenden Personals. Kann man in langfristig abgeordneten Beamten noch „new eurocrats“[111] und allein hierauf bezogen eine Art Organleihe auf Zeit an Frontex erblicken, stellt sich die Frage, wie der konkrete Entsendevorgang in ein Team einzuordnen ist: Eine weitere Organleihe „auf zweiter Stufe“ an den Einsatzmitgliedstaat scheidet aufgrund der bereits in Bezug auf die Kategorie 1 genannten, auch praxisabhängigen Aspekte wohl aus: Der „fremde Verwaltungsapparat“, in das mitgliedstaatliche Beamte insbesondere zeitlich und örtlich gefestigt eingeordnet werden, ist die ständige Reserve als Teil der Europäischen Grenz- und Küstenwache, welche konkrete Entsendungen systemimmanent vorsieht. Zudem bestehen jedoch weiterhin Einwirkungsmöglichkeiten des Herkunftsmitgliedstaats (und nicht von Frontex), etwa hinsichtlich der erforderlichen Genehmigung in Bezug auf Zwangsanwendungen bzw. der zivilrechtlichen Haftung. Hier zeigt sich damit am deutlichsten die Verflechtung von Einwirkungsmöglichkeiten des Einsatz-, Herkunftsmitgliedstaat und Frontex, die allesamt ein integriertes Verwaltungssystem bilden, innerhalb dessen die „tradierten“ Bereitstellungskategorien versagen.

Die Entsendung des Personals aus Kategorie 3 ähnelt der Rechtslage unter der Frontex-VO-2016. Die Entsendung ist bedarfsabhängig, erfolgt nicht dauerhaft und auf Ersuchen der Agentur, im Übrigen bleiben die Einsatzkräfte solche ihres Herkunftsmitgliedstaats. Im Fall eines Ersuchens wird das Personal der Kategorie 3 auf direktem Wege und grundsätzlich unter den gleichen Voraussetzungen wie das der Kategorie 2 in operative Tätigkeiten im Einsatzmitgliedstaat entsendet und dessen Anweisungen und Recht unterworfen. Insgesamt weist eine Entsendung von Personal der Kategorie 3 jedoch höhere Einflussnahmemöglichkeiten durch Frontex auf, was sie noch weiter von einer Einordnung als Organleihe an den Einsatzmitgliedstaat oder Frontex entfernt, als es hinsichtlich des Personals im Soforteinsatzpool der Fall ist. Für die Kategorie 4, die die Nachfolge des Soforteinsatzpools antritt, gelten die Ausführungen in Bezug auf die Rechtslage unter der Frontex-VO-2016 vollumfänglich weiter.

bb) Organleihe hinsichtlich ASTs

Hinsichtlich der Entsendung nationaler Beamter in ASTs ergibt sich ein der Rechtslage unter der Frontex-VO-2016 ähnliches Bild[112]; auch dieser Vorgang wurde bereits als Organleihe klassifiziert.[113] Für eine solche Einordnung spricht

---

[111] Vgl. dazu oben in diesem Kapitel unter A. I.

[112] Zur Ähnlichkeit der in Bezug auf die ASTs relevanten Regelungen zu den Bestimmungen der RaBIT-VO vgl. Teil 2 Kapitel 6 B.

[113] So etwa *Giegerich*, Deutsche Verwaltungsbeamte in Hotspots, S. 4 unter Verweis auf

zunächst neben der vorgesehenen notfallabhängigen, jedoch insoweit dauerhaften Eingliederung der ASTs in die Verwaltungsstrukturen des Einsatzmitgliedstaats, dass dessen Recht maßgeblich ist und in dessen Namen gehandelt wird.[114] Doch auch hier sind Einflussnahmemöglichkeiten einer dritten Stelle zu beobachten, welche eine Kategorisierung als Organleihe erschweren: Die Zusammensetzung der Teams erfolgt unter maßgeblicher Beteiligung EASOs als dritter Stelle ebenfalls über ein Pool-System, EASO ist für die Erstellung des einsatzleitenden Einsatzplans (mit-)zuständig, und es wurden heterogen besetzte Entscheidungsinstanzen zur Steuerung des Einsatzablaufs geschaffen. Da diese Rolle EASOs mit der oben dargestellten Einbindung von Frontex vergleichbar ist, kann ebenfalls die Frage nach einer Organleihe an EASO aufgeworfen und muss aus den gleichen Gründen verneint werden. Nichtsdestotrotz sind auch hier die Besonderheiten, welche die „Organleihe" an den Einsatzmitgliedstaat jedenfalls atypisch machen, hinsichtlich Legitimation und Zurechnung zu berücksichtigen. Gleichfalls spiegelbildlich zur Europäischen Grenz- und Küstenwache liegen die dargestellten Einordnungsschwierigkeiten in dem auf gegenseitige Unterstützung angelegten gemeinsamen europäischen Asylsystem[115] begründet.

cc) Organleihe hinsichtlich JSTs

Auch die Bildung der JSTs durch Beamte der NCAs[116] weist mehrere Kriterien der Organleihe auf.[117] Im Unterschied zu den soeben behandelten gemeinsamen Einsatzformen kommt hier jedoch (lediglich) eine Organleihe der Mitgliedstaaten an die EZB in Betracht.[118] Allein in deren – den SSM betreffenden – Verwaltungsstruktur sind die JSTs eingegliedert. Die JSTs werden von einem der EZB

Art. 6 ARS. Ebenso *Giegerich/Müller* in: Bungenberg/Giegerich/Stein (Hrsg.), S. 221 ff., S. 223 f., die diese Form der Organleihe von einer Indienstnahme nationaler Beamter durch eine Einrichtung der EU abgrenzen.

[114] S. dazu Teil 2 Kapitel 6 D.

[115] S. dazu oben in Teil 2 Kapitel 6 A.

[116] Zur letztlich zu verneinenden Frage, ob im Rahmen des SSM die NCAs (in ihrer Gesamtheit) der EZB im Wege der Organleihe zur Verfügung gestellt werden, vgl. *Almhofer*, ZöR 2016 S. 59 ff., 73 ff., auf S. 70 ff. auch zu einer letztlich abgelehnten Heranziehung der Theorie des *dédoublement fonctionnel* in diesem Kontext.

[117] *Luchtmann/Vervaele* in: dies. (Hrsg.), S. 251, führen hierzu und in Bezug auf die Vor-Ort-Prüfungsteams aus: „*Organleihe* appears to be the most accurate form to qualify the cooperation between ECB and NCAs for significant entities in the framework of Joint Supervisory Teams (responsible for the monitoring of significant entities) [...]. A similar reasoning also applies to the on-site inspection teams in the SSM Framework".

[118] Dies liegt aus einem breiteren Blickwinkel betrachtet in der rechtlich vorgesehenen und ebenso umgesetzten dominanten Rolle der EZB im SSM hinsichtlich der Beaufsichtigung bedeutender Unternehmen begründet. In einem Verwaltungsgebilde, in dem den Mitgliedstaaten nur wenige Befugnisse verbleiben und die Aufsicht maßgeblich durch die EZB wahrgenommen wird, ist die Einordnung der EZB als von der Organleihe begünstigter Verwaltungsträger Folge dieses Systems.

zugehörigen JST-Coordinator geleitet, setzen von der EZB vorgegebene Maßnahmen um, sind ihr gegenüber rechenschaftspflichtig und treten als deren „verlängerter Arm“ gegenüber den beaufsichtigten Kreditunternehmen auf.[119] Der EZB kommt ferner bestimmender Einfluss auf die Auswahl der nationalen Beamten und somit der Zusammensetzung des JSTs zu. Diese extrem weiten, auch auf den Bereitstellungsvorgang als solchen bezogenen Einwirkungsmöglichkeiten der EZB, die rechtliche Unumgänglichkeit der Bildung eines JSTs für jedes bedeutende beaufsichtigte Unternehmen und die minimalen Einwirkungsmöglichkeiten der Mitgliedstaaten in diesem Bereich geben der Entsendung der Beamten einen institutionalisierten und imperativen Charakter. Ob dies mit dem Begriff der Organleihe adäquat beschrieben wird, ist fraglich. Dieser kann jedoch als Ausgangspunkt verwendet werden, wenn die dargestellten Besonderheiten in Bezug auf die zu behandelnden Folgefragen angemessen berücksichtigt werden.

III. Zwischenfazit: Teams als eigenständige und systemabhängige Bereitstellungsform

Die vorstehende Untersuchung hat gezeigt, dass teilweise starke Parallelen zwischen den tradierten Mustern der Bereitstellung von Personal und den hier in den Blick genommenen Zusammenarbeitsformen bestehen. Die Entsendung von nationalen Beamten in ASTs, in Grenzverwaltungs-, Rückkehrteams und JSTs weist deutliche Charakteristika der Organleihe auf, wohingegen die Kooperation in JITs maßgebliche Wesenszüge der Amtshilfe trägt. In allen untersuchten Fällen liegen die herangezogenen herkömmlichen Formen jedoch nicht in ihrer „tradierten“ Gestalt vor und eine eindeutige oder gar abschließende Einordnung ist daher nicht möglich. Hierfür sind verschiedene Ursachen sichtbar geworden, die im Folgenden systematisiert werden sollen.

Zum einen existieren bei den diskutierten anerkannten Bereitstellungsmustern konzeptionelle Überschneidungen. Exemplarisch sei auf die graduelle und teilweise nicht für erforderlich gehaltene Abgrenzung zwischen Mandat und Organleihe verwiesen. Ferner schließt die Einordnung der untersuchten Bereitstellungsformen als Organleihe bzw. Amtshilfe nicht aus, dass sich etwa innerhalb der Zusammenarbeit in den gebildeten Teams eine Art Mikro-Netzwerk bildet, innerhalb dessen wiederum Mandatierungen, Delegationen oder Amtshilfehandlungen erfolgen können. Die hier vorgenommene Einordnung der Bereitstellungsvorgänge bildet zwar ein nützliches Fundament, legt die rechtliche Erfassung konkreter Arbeitsweisen innerhalb der gebildeten Einheiten jedoch nicht abschließend fest.

---

[119] Treffend *Ohler*, Die Verwaltung, 2016, S. 309 ff., S. 335 wonach die JSTs sich „nicht als internationale gemischte Behörden begreifen, wie sie zur Koordinierung grenzüberschreitender Aufgaben durchaus bereits vorkommen. Vielmehr handeln die JSTs stets als Behörde der EZB, so dass auch ihre Maßnahmen der EZB rechtlich zurechenbar sind“.

Zum anderen sind die hier herangezogenen „Idealtypen“ (grenzüberschreitender) Zusammenarbeit zumindest nach ihrer Ursprungskonzeption primär auf Kooperations- und Entsendevorgänge zwischen zwei voneinander hinsichtlich Aufbau, Zuständigkeit und Zielsetzung grundsätzlich unabhängigen Verwaltungsträger zugeschnitten. Die hier untersuchten gemeinsamen Einsatzformen sind jedoch jeweils Bestandteil von konzeptionell auf gegenseitige Unterstützung und Kooperation angelegten und angewiesenen Systemen des Europäischen Verwaltungsverbundes[120], die indes einen unterschiedlichen Integrationsgrad aufweisen. So sind die JITs dem vergleichsweise wenig integrierten aber dennoch stark unional beeinflussten Bereich der polizeilichen und justiziellen Zusammenarbeit zuzuordnen. Die ASTs stellen einen Arbeitsmodus im gemeinsamen europäischen Asylsystem dar, und die Teams unter Frontex-Beteiligung sind Bestandteil der integrierten europäischen Grenzverwaltung, deren Integrationsgrad durch die Frontex-VO-2019 noch gesteigert wurde. Letztlich ist auch der SSM als Aktionsort der JSTs als stark integriertes System der Zusammenarbeit zwischen nationalen Behörden und der EZB konzipiert. Vor diesem Hintergrund kann hinsichtlich der JSTs und in abgestufter Weise auch bezüglich der ASTs und der Teams unter Frontex-Beteiligung keine eindeutige Einordnung als Organleihe vorgenommen werden: Die Bildung der Teams ist (in bestimmten Situationen) rechtlich vorgesehen und die Entsendung von Personal ist grundsätzlich verpflichtend. Jedenfalls in Bezug auf die JSTs ist es zudem wohl treffender, von der Neubildung einer Verwaltungseinheit statt einer (organleihetypischen) Eingliederung in eine fremde Stelle sowie von genuinen, rechtlich vorgesehenen Zuständigkeiten der JSTs statt übertragener bzw. delegierter Zuständigkeiten zu sprechen. Eine entsprechend deutliche sekundärrechtliche Regelung würde auch hinsichtlich der nunmehr auch Statutspersonal beinhaltenden heterogenen Teams nach der Frontex-VO-2019 – entweder im Wege eine umfassenden rechtlichen Zuordnung der Teams an den Einsatzmitgliedstaat oder an Frontex – für Klarheit sorgen.[121]

Zudem ist noch ein weiterer Umstand für die Charakterisierung der Teams vor dem Hintergrund der Dogmatik der Amtshilfe und Organleihe maßgeblich: Für jede der untersuchten Zusammenarbeitsformen sind mehr oder weniger stark ausgeprägte Einflüsse unionaler Stellen[122] festzustellen, die sich schon auf die

---

[120] Dies dürfte auch der Grund für die fortschreitende rechtliche Formalisierung bzw. (beim Fehlen einer solchen) für die (faktischen) Institutionalisierungstendenzen in der Praxis sein.

[121] Nach den Entwürfen für bzw. den aktuellen Änderungen von Eurodac und das VIS sollen den Mitgliedern der Grenz- und Küstenwachteams als solchen Abfragebefugnisse in diesen Informationssystemen zukommen. Diese Kompetenz kann als genuin durch die Beteiligung an einem Grenz- und Küstenwachteam begründet und nicht durch Frontex oder den Einsatzmitgliedstaat übertragen angesehen werden, was einen eigenständigen Charakter der Grenz- und Küstenwachteams stärken könnte.

[122] Für die JITs sind dies insbesondere Europol, Eurojust und OLAF, für die ASTs EASO, für die Europäischen Grenz- und Küstenwach sowie Rückkehrteams Frontex und für die JSTs (allein) die EZB.

Einleitung des Bereitstellungsvorgangs oder die Auswahl des Personals beziehen und sich in der folgenden Zusammenarbeit fortsetzen. Dies modifiziert jedenfalls die tradierten Konzepte, die zumindest primär auf den bilateral abgestimmten (Personal-)Austausch zwischen Verwaltungsträgern angelegt sind. Ferner wird dadurch das Bedürfnis begründet, diese Einflussnahmemöglichkeiten näher zu betrachten, zu systematisieren und auf deren rechtliche Relevanz zu überprüfen.[123]

C. Verbundspezifische Legitimationsaspekte der Teams

Von der Einordnung des Bereitstellungsvorgangs des Personals können unmittelbare Schlüsse in Bezug auf die Bewertung der demokratischen Legitimation (der Handlungen) der Teams gezogen werden. Wird Personal in Verwaltungsstrukturen aus- bzw. eingegliedert, zur Durchführung fremden Rechts ermächtigt und/oder gegenüber fremden Stellen rechenschaftspflichtig, werden bestehende Legitimationsstränge gekappt und neue entstehen. Eine Untersuchung der diesbezüglichen Situation in den Teams ist jedoch nicht nur aufgrund ihrer demokratietheoretischen Bedeutung angebracht: Sieht man Legitimation als Kehrseite oder zumindest Indiz von Verantwortlichkeit und Zurechnung[124], können hier gefundene Ergebnisse auch für Folgefragen, insbesondere auf der Ebene des (Individual-) Rechtsschutzes relevant werden.[125]

I. Demokratische Legitimation und ihre Bedeutung im Europäischen Verwaltungsverbund

Die Untersuchung der Legitimation der Verwaltung ist als Frage nach „der *Rechtfertigung* der in den Handlungs- und Organisationsformen öffentlicher Ver-

---

[123] Dazu sogleich in diesem Teil Kapitel 10.

[124] Vgl. zu Zusammenhängen in diesem Bereich nur m.w.N. *S. Augsberg*, in: Terhechte (Hrsg.), § 7 Rn. 80 („partiell komplementäre(n) Anforderungen der Legitimation, Transparenz und Verantwortungsklarheit“) und *Weiß*, Verwaltungsverbund, S. 168 („Praktische Kehrseite der Legitimationsproblematik sind die Mechanismen der Verantwortlichkeit“) sowie *Peuker*, Bürokratie, S. 172 f., der in einer im Verwaltungsverbund erschwerten Zurechenbarkeit von Verantwortungsbeiträgen zugleich einen das Legitimationsniveau minimierenden Umstand sieht; ähnlich *Trute*, in: Hoffmann-Riem/Schmidt-Aßmann/Voßkuhle (Hrsg.), Bd. I § 6 Rn. 112 f., speziell in Bezug auf das Sicherheitsrecht *Trute*, a.a.O. Rn. 113; hierzu auch *Schöndorf-Haubold*, Europäisches Sicherheitsverwaltungsrecht, Rn. 80; generell zu „Kontrolle als Korrelat von Verantwortung“ *Hoffmann-Riem*, Verwaltungskontrolle, S. 338 ff.

[125] Vgl. zur Verknüpfung der vielfältigen Kontrollformen als „kooperative Überwachung im Europäischen Verwaltungsverbund“ mit „Steuerungs- Rechtsschutz- und Haftungsproblemen“ *Huber*, in: Hoffmann-Riem/Schmidt-Aßmann/Voßkuhle (Hrsg.), Bd. III § 45 Rn. 86.

waltung ausgeübten Herrschaft“ zu verstehen.[126] Das Unionsrecht kommt mit Art. 10 EUV auf zwei Wegen zu einer demokratischen Legitimation der Europäischen Union als Ganzer: Ein Legitimationsstrang besteht direkt über das unmittelbar gewählte Europäische Parlament, ein weiterer verläuft indirekt über die (nationale) demokratische Legitimation der im Europäischen Rat und Rat vertretenen Regierungen.[127] Diese doppelte Legitimationsstruktur des Art. 10 EUV ist auch[128] in Bezug auf die Untersuchung der demokratischen Legitimation der unionalen Exekutive Ausgangspunkt[129], welche in letzter Zeit insbesondere im Hinblick auf die Legitimation unionaler Agenturen untersucht wurde[130] und Gegenstand einer aktuellen und insoweit wegweisenden Entscheidung des BVerfG in Bezug auf die EZB war.[131] In der deutschen Wissenschaft[132] wird hinsichtlich der demokratischen Legitimation der (nationalen) Administrative im Ausgangspunkt klassisch[133] zwischen drei Legitimationssträngen differenziert: Dies betrifft die institutionell-funktionelle Legitimation, die organisatorisch-

---

[126] Zitat nach *Schmidt-Aßmann*, AöR 116 (1991), S. 329 ff., S. 330, ebenso *Peuker*, Bürokratie, S. 123.

[127] Ergänzt wird dies noch um die in Art. 11 EUV vorgesehene Bürgerbeteiligung, vgl. zu diesem partizipativen Element des Demokratiekonzepts der Union m.w.N. nur *Heselhaus*, in: Pechstein/Nowak/Häde (Hrsg.), Art. 11 EUV Rn. 1; zur hier nicht zu vertiefenden, (immer noch aktuell) diskutierten Frage der demokratischen Legitimation der Union als Ganze vgl. nur *Dann*, in: von Bogdandy/Bast (Hrsg.), S. 335 ff., S. 378 ff. und ausführlich *Schliesky*, Souveränität und Legitimität, S. 277 ff. und S. 588 ff.; zu dem im diesen Kontext häufig auftauchenden Begriff des Demokratiedefizits *Nettesheim*, in: Grabitz/Hilf/Nettesheim (Hrsg.), Art. 10 EUV Rn. 115 ff.; zur Sicht des BVerfG aus Perspektive des Art. 23 Abs. 1 S. 1 GG vgl. BVerfGE 89, 155 (182 ff.) und BVerfGE 123, 267 (363 ff.).

[128] Zur demokratischen Legitimation der unionalen Legislative vgl. ausführlich *von Achenbach*, Demokratische Gesetzgebung, S. 300 ff.

[129] So *Schmidt-Aßmann*, in: Hoffmann-Riem/Schmidt-Aßmann/Voßkuhle (Hrsg.), Bd. I § 5 Rn. 60, *Groß*, Legitimation, S. 10 f.; zur Legitimation im europäischen Verfassungs- wie Verwaltungsverbund ausführlich *Simantiras*, Netzwerke, S. 60 ff.

[130] Vgl. nur *Görisch*, Unionsagenturen, S. 330 ff., insb. S. 361 ff., der insbesondere einen demokratietheoretischen Gehalt in der sog. Meroni-Doktrin (dazu oben in Teil 1 Kapitel 2 B. I.) sieht; knapp in Bezug auf diesbezüglich relevante Theorien, Instrumente und rechtsvergleichende Aspekte *Groß*, JZ 2012, S. 1087 ff., S. 1090 ff.; ausführlich ferner *Orator*, Unionsagenturen, S. 333 ff.; aus Perspektive des „accountability“-Ansatzes (dazu sogleich) die Untersuchung von *Busuioc*, Accountability.

[131] BVerfG, Urt. v. 30.07.2019 – 2 BvR 1685/14 –, insbesondere Rn. 127 ff.

[132] Dies stellt sich mit Blick auf die französische (dazu *Lorenzen*, Kontrolle, S. 45 ff.), britische (dazu *Lorenzen*, Kontrolle, S. 54 ff.), italienische, spanische oder schwedische Dogmatik (vgl. zu der jeweiligen nationalen Lage die Beiträge in *Ruffert* (Hrsg.), Legitimacy) freilich abweichend dar, wobei teilweise Gemeinsamkeiten durchaus vorhanden sind, vgl. dazu *Ruffert*, in: Ruffert (Hrsg.), S. 351 ff.; knapp zum Ganzen *Schmidt-Aßmann*, in: Hoffmann-Riem/Schmidt-Aßmann/Voßkuhle (Hrsg.), Bd. I § 5 Rn. 59 sowie unter Einbezug der unionalen Ebene als Vergleichsobjekt *Lorenzen*, Kontrolle, S. 103 ff.

[133] Diese im Folgenden dargestellte Differenzierung wird in der Regel als Ausgangspunkt genommen, zu den schon frühzeitig einsetzenden Modifikationsbemühungen vgl. *Bogumil/Kuhlmann*, dms 2015, S. 237 ff., S. 242 ff.

personelle Legitimation und die sachlich-inhaltliche Legitimation.[134] Entscheidend für ein diesen Ansprüchen genügendes Verwaltungshandeln ist dabei, dass durch ein Zusammenspiel dieser Legitimationsbeiträge insgesamt ein ausreichendes Legitimationsniveau besteht.[135]

Im Bereich des verbundförmigen Zusammenwirkens unionaler und nationaler Stellen[136] in Teams ist Verwaltungslegitimation notwendigerweise mehrdimensional[137]; bei jedem Einsatz eines der hier untersuchten Teams laufen mehrere mitgliedstaatliche und unionale Legitimationsstränge zusammen.[138] Besonders anschaulich zeigt sich dies hier in den bei den jeweiligen Teams gebildeten, heterogen besetzten Entscheidungszentren.[139] Zur Bestimmung des Legitimationsgehalts von Verbundhandlungen wird teilweise eine über die schlichte „Addition" der einfließenden nationalen und unionalen Legitimationsbeiträge hinausgehende, spezifisch dem Europäischen Verwaltungsverbund innewohnende (Basis-)Legitimation angenommen.[140] Teilweise wird im Bereich solcher Kooperati-

---

[134] Vgl. hierzu die Überblicke bei *Peuker*, Bürokratie, S. 136 ff., *Schmidt-Aßmann*, AöR 116 (1991), S. 329 ff., 355 ff. und *Trute*, in: Hoffmann-Riem/Schmidt-Aßmann/Voßkuhle (Hrsg.), Bd. I § 6 Rn. 7 ff. Hiernach liegt – grob zusammengefasst – die institutionell-funktionelle Legitimation der Verwaltung unmittelbar in der ihr durch die Verfassung übertragenen Funktion begründet, im Rahmen der personell-organisatorischen Legitimation ist das Bild der ununterbrochenen Legitimationskette vom Wahlvolk hin zum handelnden Amtswalter vorherrschend (vgl. dazu bereits BVerfGE 47, 253 (275)). Sachlich-inhaltliche Legitimation erfolgt primär über auf das Staatsvolk zurückführbare Gesetze, aber auch durch Weisungsrechte und sonstige hierarchische Einwirkungsformen innerhalb der Exekutive.

[135] Vgl. dazu aktuell BVerfG, Urt. v. 30.07.2019 – 2 BvR 1685/14 –, Rn. 128 ff., auch zu Modifikationsmöglichkeiten vor dem Hintergrund des Art. 20 Abs. 1 und Abs. 2 GG, generell bereits BVerfGE 93, 37 (66 ff.), dazu *Schmidt-Aßmann*, Ordnungsidee, S. 99 f., (kritisch) *Peuker*, Bürokratie, S. 142 ff., *Schmidt-Aßmann*, AöR 116 (1991), S. 329 ff., S. 366 ff. ihm zustimmend *Trute*, in: Hoffmann-Riem/Schmidt-Aßmann/Voßkuhle (Hrsg.), Bd. I § 6 Rn. 14.

[136] Vgl. generell zum Bedürfnis der „Fortentwicklung des demokratischen Legitimationskonzepts" im Europäischen Verwaltungsverbund *Weiß*, Verwaltungsverbund, S. 165 ff. sowie zur Legitimation von administrativen Kooperationsverfahren im Unionsverwaltungsrecht *Sydow*, Verwaltungskooperation, S. 235 ff.

[137] So überzeugend *Trute*, in: Hoffmann-Riem/Schmidt-Aßmann/Voßkuhle (Hrsg.), Bd. I § 6 Rn. 102, der zudem herausstellt (*Trute*, a.a.O., Rn. 112), dass eine solche Verknüpfung von Legitimationssträngen schon bei Standardformen des mitgliedstaatlichen Vollzugs vorliegt: die sachlich-inhaltliche Legitimation durch das umzusetzende Unionsrecht wird mit der personell-organisatorischen Legitimation der nationalen Beamten verknüpft.

[138] *Kahl*, Der Staat 2011 S. 253 ff., S. 256 f. weist darauf hin, dass eine getrennte Betrachtung dieser Legitimationsquellen durch das duale Vollzugsmodell vorgegeben ist und der „Vermeidung von Verantwortungs- und Zurechnungsdiffusion" dient. Speziell zur Legitimation von auch an den hier relevanten Einsätzen beteiligten Stellen der Union *Orator*, Unionsagenturen, S. 371 ff.

[139] Vgl. dazu unten in diesem Teil Kapitel 10 B. IV. 2.

[140] Grundgedanke der Figur einer Basislegitimation des Bereichs europäischer Verwaltung ist die Annahme, dass in diesem die durch das Unionsrecht vorgegebenen Verwaltungs(mindest-)standards herrschen, vgl. dazu *Trute*, in: Hoffmann-Riem/Schmidt-Aßmann/Voßkuhle (Hrsg.), Bd. I § 6 Rn. 114 sowie ausführlich *Peuker*, Bürokratie, S. 176 ff. und S. 228 ff.; auf

onsstrukturen die auf Rechtsschutzebene essentielle Verantwortungsklarheit als eigener Legitimationsbaustein[141] angeführt. Unabhängig davon ist jedenfalls festzuhalten, dass die in Bezug auf *staatliche* Strukturen entwickelten, „traditionellen" Legitimationsstränge nicht zwangsläufig auf den Einsatz der hier untersuchten Teams im Europäischen Verwaltungsverbund übertragbar sind.[142] Dies verdeutlichen auch sich insbesondere im Kontext des Unionsrechts herausbildende „alternative(n)"[143] Legitimationsvorstellungen.

II. Relevante Legitimationsstränge im Bereich der hier untersuchten Teams

Die mit der Entsendung der Teams verknüpften unionalen und nationalen Legitimationswege und -instrumente sind derart vielgestaltig auf verschiedenen Ebenen vorhanden, dass hier nur ein Überblick gegeben werden kann (1.). Zwei als Legitimationsbeiträge in Frage kommende Aspekte stechen in Bezug auf den Einsatz der Teams jedoch heraus (2.).

1. Generelle Formen möglicher Legitimation gemeinsamer Einsatzformen

Was die „typischen" Legitimationswege betrifft, so kann bei sämtlichen Einsatzformen auf die sachlich-inhaltlich legitimierende Wirkungen des angewendeten nationalen und/oder unionalen Rechts verwiesen sowie auf das auf unionaler Ebene hinsichtlich der Mitwirkung unionaler Stellen relevante und auf nationaler Ebene generell legitimationsbegründende Haushaltsrecht[144] abgestellt wer-

eine solche Konstruktion kann sich eine auf völkerrechtlicher Basis agierende internationale Verwaltung demgegenüber nicht berufen, vgl. zur Legitimation einer solchen *Eifert*, Legitimationsstrukturen, S. 307 ff.

[141] Vgl. dazu m.w.N. *Sydow*, Verwaltungskooperation, S. 241 f.

[142] Die aus der Fixierung auf staatliche Strukturen resultierenden Probleme der Übertragung des „klassischen Modells der Verwaltungslegitimation" auf den Europäischen Verwaltungsverbund stellt *Schliesky*, Souveränität und Legitimität, S. 389 ff. dar, zusammenfassend *Peuker*, Bürokratie, S. 154 ff.; *Simantiras*, Netzwerke, S. 56 ff. führt zutreffend aus, dass die oben zitierte „Legitimationskette" „Hierarchie als Organisationsstruktur" voraussetzt und Mischverwaltungen grundsätzlich feindlich gegenübersteht.

[143] Vgl. dazu den Überblick bei *Orator*, Unionsagenturen, S. 337 ff., in Bezug auf traditionelle Legitimationsmodelle und *Orator*, Unionsagenturen, S. 347 ff. sowie *Groß*, Legitimation, S. 110 ff. und *Peuker*, Bürokratie, S. 179 ff. hinsichtlich anderweitiger potentiell legitimationsfördernder Umstände; im hier gegebenen Kontext kommt hinsichtlich der pluralen Konzepte wohl einzig die dort sog. Legitimation durch „Technokratie" (*Orator*) bzw. Expertise (*Groß*) in Betracht; die weiteren Legitimationsstränge, insbesondere der Deliberation, der Partizipation und der Transparenz dürften im Hinblick auf die hier relevanten gemeinsamen Einsatzformen – wenn überhaupt – nur in Bezug auf die Arbeit der JSTs relevant sein. Zur Legitimation der Bankenaufsicht durch die EZB vor diesem Hintergrund vgl. *Groß*, Legitimation, S. 128 ff.

[144] Vgl. zu legitimierenden Wirkung des Haushaltsrechts als Teil der sachlich-inhaltlichen Legitimation etwa *Trute*, in: Hoffmann-Riem/Schmidt-Aßmann/Voßkuhle (Hrsg.), Bd. I § 6 Rn. 51 und *Schmidt-Aßmann*, Ordnungsidee, S. 91.

den. Für mitgliedstaatliche Beamte (hier insbesondere solche des Einsatzmitgliedstaats) gilt, dass diese – soweit kein Ausgliederungsvorgang erfolgt – ihre national vermittelte (insbesondere institutionell-funktionelle sowie organisatorisch-personelle) Legitimation beibehalten.[145] Hinsichtlich der entsendeten und neu eingegliederten Beamten aus (anderen) Mitgliedstaaten, die auf fremdem Gebiet handeln, gehen zwar jedenfalls ihre ursprüngliche institutionell-funktionelle und zumindest weite Teile ihrer organisatorisch-personellen (den entsendenden Mitgliedstaaten bleibt in der Regel das Disziplinarrecht) Legitimation verloren, ein Plus kann jedoch – soweit man dies als legitimationsfördernd bzw. -ergänzend anerkennt[146] – durch deren fachliche Qualifikation einfließen. Unionales Personal kann ebenfalls Expertise und zumindest mittelbar Teile der ihrer Anstellungseinheit zukommende Legitimation (ergänzend) in das Einsatzhandeln der Teams miteinbringen.

2. *„Accountability": Rechenschaftspflicht als Legitimationsfaktor*

Löst man sich von dem wie dargestellt auch in Bezug auf die hier untersuchten Einsatzformen fruchtbar zu machenden deutschen Verständnis der Verwaltungslegitimation und nähert sich aus der Perspektive des zumindest vergleichbare Problematiken betreffenden[147] Modells der „accountability"[148], so rücken primär für die Teammitglieder bestehende Rechenschaftspflichten[149] im Rahmen einer ex-post Kontrolle[150] in das Zentrum der Untersuchung. Aus deutscher Perspek-

[145] Diese zwar naheliegende aber selten betonte Feststellung trifft *Schmidt-Aßmann*, in: Hoffmann-Riem/Schmidt-Aßmann/Voßkuhle (Hrsg.), Bd. I § 5 Rn. 56.

[146] Vgl. zu Expertise als legitimationsfördernden Faktor *Groß*, Legitimation, S. 110 ff., m. zahlreichen w.N. auch *Orator*, Unionsagenturen, S. 347 ff. der dies zutreffend als Form der sog. Output-Legitimation einordnet, ebenso *Peuker*, Bürokratie, S. 226 f. generell zum Konzept der Output-Legitimation *Trute*, in: Hoffmann-Riem/Schmidt-Aßmann/Voßkuhle(Hrsg.), Bd. I § 6 Rn. 53; zusammenfassend *Fleischer*, dms 2015, S. 315 ff., 317 ff.

[147] Vgl. zu diesen Ähnlichkeiten, die in der Literatur (wohl) häufig stillschweigend unterstellt werden, *Groß*, Legitimation, S. 102 ff., *ders.*, JZ 2012, S. 1087 ff., S. 1090; aus politikwissenschaftlicher Sicht *Bogumil/Kuhlmann*, dms 2015, S. 237 ff.

[148] Der Begriff der „accountability" wird von *Bovens*, ELJ 2007, S. 447 ff., S. 450 wie folgt umschrieben: „Accountability is a relationship between an actor and a forum, in which the actor has an obligation to explain and to justify his or her conduct, the forum can pose questions and pass judgement, and the actor may face consequences", diese Definition wird in der relevanten Literatur weitgehend zugrundegelegt, vgl. dazu nur m.w.N. *Busuioc*, Accountability, S. 44 ff., und *Harlow/Rawlings*, ELJ 2007, S. 542 ff., 545 f.

[149] Dieser Begriff kann auch Formen der „informellen Kontrolle", die gewissermaßen spiegelbildlich zu den unverbindlichen Einwirkungsmöglichkeiten insbesondere unionaler Stellen existieren, umfassen, vgl. dazu *Kahl*, in: Hoffmann-Riem/Schmidt-Aßmann/Voßkuhle (Hrsg.), Bd. III § 47 Rn. 179.

[150] Diese Beschränkung wird – in Abgrenzung zur (tatsächlichen) ex ante oder „in Echtzeit" erfolgenden Kontrolle des Verwaltungshandelns – häufig betont, was „accountability" nur als eine Form der Kategorie „control" erscheinen lässt, vgl. dazu die ausführliche Darstellungen bei *Busuioc*, Accountability, S. 48 ff. und *Curtin*, ELJ 2007 S. 523 ff., S. 524 ff.;

tive lassen sich diese Kontrollformen am ehesten der sachlich-inhaltlichen Verwaltungslegitimation zuordnen.[151] Diese sind hier besonders bedeutsam, da infolge der überwiegend mangelnden primärrechtlichen Kompetenz für rein supranationale Teams auch eine rein unionale Kontrolle der Teams ausgeschlossen ist. Eine objektive systemische Kontrolle durch Unionsstellen und das Mitwirken von unionalem Personal als Teammitglieder lassen jedoch insoweit Kontrollstrukturen sichtbar werden.

a) Objektive systemische Wahrnehmung und Kontrolle der gemeinsamen Einsatzformen

Die in diesem Kontext relevanten Überwachungs- sowie objektiven Kontrollmöglichkeiten und Rechenschaftspflichten können bei den hier untersuchten Einsatzformen auf multiplen Ebenen[152] und dabei nicht allein bei bzw. gegenüber demjenigen Hoheitsträger bestehen, für den bzw. in dessen Auftrag das am Team beteiligte Personal handelt. Besonders eindrücklich stellt sich dieser Umstand, der insoweit als Besonderheit der demokratischen Legitimation der hier untersuchten Teams heraussticht, etwa[153] bei den JITs dar: Durch die (mögliche) Be-

---

knapper *Bovens*, ELJ 2007 S. 447 ff., S. 453; aus deutscher Perspektive hinsichtlich der Kontrollformen auf unionaler Ebene bereits *Kadelbach*, Verwaltungskontrollen im Mehrebenen-System, S. 208 ff.

[151] So für ex-post Kontrollrechte etwa *Schmidt-Aßmann*, Ordnungsidee, S. 91 f., ähnlich *Trute*, in: Hoffmann-Riem/Schmidt-Aßmann/Voßkuhle (Hrsg.), Bd. I § 6 Rn. 52, zu Rechenschafts- und Einstandspflichten *Peuker*, Bürokratie S. 140 f.; generell zur Verwaltungskontrolle als legitimationsförderndem Instrument im unionalen Verfassungsrecht *Lorenzen*, Kontrolle, S. 68 ff. sowie zu Verknüpfungen mit dem Rechtsstaatsprinzip und dem Grundsatz des institutionellen Gleichgewichts *dies.*, Kontrolle, S. 81 ff., bzw. S. 87 ff. Zur Vereinbarkeit der aktuellen Ausgestaltung der außergerichtlichen Kontrolle der EU-Eigenverwaltung mit den legitimationsbezogenen Vorgaben des Primärrechts ausführlich *dies.*, Kontrolle, S. 336 ff.

[152] Im Folgenden liegt der Fokus entsprechend der „accountability"-Definition auf exante Kontrollmechanismen, wobei Individual- und mitgliedstaatlicher Rechtsschutz ausgespart bleiben; zur dieser „judicial accountability" vgl. knapp *Bovens*, ELJ 2007, S. 447 ff., S. 456, ausführlicher (in Bezug auf Agenturen) *Busuioc*, Accountability, S. 191 ff.

[153] Vgl. zu den vielfältigen Überwachungs-, Kontroll- und Rechenschaftsverfahren und -mechanismen die einsatzformbezogenen Ausführungen zu den jeweiligen Instanzen in Teil 2, in Kapitel 4–7 unter „Kontrolle und Aufsicht"; diese einzelnen Ausprägungen lassen sich in die von *Bovens*, ELJ, 2007, S. 447 ff., S. 455 ff. und *Busuioc*, Accountability, S. 114–243 dargestellten Formen, etwa der „political accountability", „financial accountability" und insbesondere der internen wie externen „non-judicial/administrative accountability" einordnen. Dem entspricht in Bezug auf das (gesamte) EU-Eigenverwaltungsrecht die ausführliche Darstellung bei *Lorenzen*, Kontrolle, welche hinsichtlich der Kontrolle durch das Europäische Parlament (*Lorenzen*, a.a.O., S. 274 ff.; vgl. zu einer solchen Kontrolle instruktiv und in Bezug auf Europol, Frontex und EASO *Trauner*, West European Politics 2012, S. 784 ff., S. 784 ff.), der „Finanzkontrolle" durch den Europäischen Rechnungshof (*Lorenzen*, Kontrolle, S. 205 ff.), der Kontrolle durch den EBB (*Lorenzen*, a.a.O., S. 228 ff.), durch den EDSB (*Lorenzen*, a.a.O., S. 252 ff.), der Kontrolle durch OLAF (*Lorenzen*, a.a.O., S. 180 ff.), die Kontrolle der Agenturen durch die Kommission (*Lorenzen*, a.a.O., S. 157 ff.) sowie Kon-

teiligung mehrerer Mitgliedstaaten, OLAFs, Europols und Eurojusts werden sämtliche zu deren jeweiliger Überwachung und Kontrolle berufenen Instanzen aktiviert. Durch die Gründung eines JITs nach den unionsrechtlichen Vorgaben werden zum einen unionsrechtlich vorgesehene, mitgliedstaatliche Datenschutzinstanzen zuständig.[154] Zum anderen erfolgt aber auch eine Einbeziehung unionaler Stellen in die Überwachung des Einsatzablaufs: Sei es etwa nur mittelbar über die Rechenschaftspflicht eines Europol-Angestellten gegenüber dem Exekutivdirektor und damit dem (auch ein Mitglied dieses Mitgliedstaats beinhaltenden) Verwaltungsrat von Europol oder den Einbezug des nationalen Mitglieds von Eurojust in die Gründungsphase des JITs. Durch diese Aktivierung der zur Überwachung der am Einsatz beteiligten unionalen Stellen berufenen internen und externen Instanzen, für deren Überwachung der Beiträge ihres eigenen Personals jedenfalls die Wahrnehmung des Einsatzhandelns der Teams erforderlich ist, wird damit auch das Legitimationsniveau für eben dieses mitgliedstaatliche Teamhandeln erhöht. Konzeptionell qualitativ weitergehend als im Fall der JITs ist etwa die „accountability" von Teams unter Frontex-Beteiligung ausgestaltet: Hier tritt neben die mittelbare Überwachung des Teameinsatzes durch die zur (objektiven) Kontrolle über das beteiligte Frontex-Personal berufenen internen und externen unionalen Stellen eine – ebenso wie im Fall von EASO in Bezug auf die ASTs in der Zuständigkeit für die Überwachung der Umsetzung des Einsatzplans begründete – Rechenschaftspflicht der mitgliedstaatlichen Teammitglieder gegenüber Frontex, deren Inhalt und Übermittlungsmodi durch Frontex vorgegeben werden.

Die Anzahl der Foren, gegenüber welchen über das Handeln der Teams im weitesten Sinne Rechenschaft abzulegen ist und damit deren „accountability" wird folglich durch den Verbundcharakter erhöht. Dies gilt insbesondere für Konstellationen, in welchen das Teamhandeln nicht allein durch Kontrollinstanzen desjenigen Hoheitsträgers, auf dessen „Rechnung" es erfolgt, überwacht wird. Jedenfalls insoweit kann eine einsatzformspezifische Legitimationserhöhung im Rahmen der Verbundverwaltung angenommen werden.

b) Die Team-Konstruktion als eigenständiger Kontrollfaktor: Bedeutung des Peer review

Eine weitere, eigenständige Form der internen Kontrolle kann durch das Phänomen des sog. Peer review erfolgen, welches auch bei Aufgabenerfüllungen

---

trollstrukturen innerhalb dezentraler Agenturen (*Lorenzen*, a.a.O., S. 143 ff.) differenziert; knapper *Groß*, Legitimation, S. 102 ff. und *Kayser*, in: von Bogdandy/Cassese/Huber (Hrsg.), Bd. V § 91 Rn. 6 ff.; ausführlich zur administrativen Kontrolle von Verwaltungshandlungen in der EU auch *Rowe*, in: Hofmann/Türk (Hrsg.), S. 179 ff.

[154] Vgl. zu den Vorgaben der JI-Richtlinie bzw. DSGVO in Teil 2 Kapitel 4 G. II. 2. bzw. Kapitel 6 G. I. 2.

durch Teams im privaten Bereich eine Rolle spielt.[155] Peer review[156] wird als eigenständige Form der verwaltungsinternen Kontrolle[157] insbesondere in netzwerkartigen, häufig informalen Strukturen verstanden. Insoweit kann es als Gegenstück zu dem im Nationalstaat in der Regel vorherrschenden sog. „principal-agent"-Modell angesehen werden, welches insbesondere über formalisierte Regeln hinsichtlich Kommando und Kontrolle verfügt.[158] Diskutiert und formalisiert wurden Formen des Peer review insbesondere im Verhältnis zwischen Unionsagenturen bzw. der Kommission und mitgliedstaatlichen Behörden.[159] Davon abgesehen sind Peer review Dynamiken auch im Bereich der gegenseitigen Kontrolle von Agenturen zu beobachten.[160] Die Besonderheiten und Vorteile einer (informellen und nicht hierarchischen) Überwachung und Rechenschaftspflicht gegenüber gleichgeordneten, dasselbe Ziel verfolgenden und häufig denselben unionalen bzw. völkerrechtlichen und jedenfalls vergleichbaren nationalen Rechtsvorschriften unterworfenen Partnern sind durch ebendiese Umstände begründet[161]: Das gemeinsame Interesse an einer Erreichung des Ziels und an der

---

155 Vgl. dazu m.w.N. *Sewell*, Administrative Science Quarterly Vol. 43, No. 2 1998 S. 397 ff., S. 409 f.: „In the context of teamwork there are two principal forms of surveillance at play: vertical and horizontal" Im Gegensatz zu vertikal ausgerichteten Kontrollen führt *Sewell*, a.a.O., hinsichtlich der hier angedeuteten Form der peer-to-peer Kontrolle aus: „Horizontal surveillance, operating in nominally autonomous work teams, is enacted through peer group scrutiny. Although this is a direct form of surveillance, it is not panoptic, as equals, rather than superiors, perform it. In different circumstances, however, it is the type of scrutiny that might be associated with the traditional role of an overseer or superior".

156 Teilweise auch als „peer control" bezeichnet; übersetzen lässt sich dieser Terminus etwa mit „Kontrolle unter Gleichgeordneten".

157 Vgl. ausführlich zur Selbstkontrolle der Verwaltung *Schiedermair*, in: Hoffmann-Riem/Schmidt-Aßmann/Voßkuhle (Hrsg.), Bd. III § 48 Rn. 1 ff., insbesondere auch zur Verknüpfung mit Legitimationsfragen.

158 Vgl. dazu *Sabel/Zeitlin*, in: Sabel/Zeitlin (Hrsg.), S. 10 ff., die über die Bedeutung des peer review insbesondere Folgendes ausführen: „Peer review becomes in turn dynamic accountability—accountability that anticipates the transformation of rules in use—and dynamic accountability becomes the key to ‚anomalous' administrative law: the exceptional kind of administrative law that must become the rule when administration is not built on a ‚core of command-and-control', and cannot be because it does not operate in the state's shadow. Accountability generically understood means presenting the account of one's choices that is owed to others in comparable situations. Here then is a form of accountability that does not require a central, delegating authority." (*Sabel/Zeitlin*, a.a.O., S. 12). Weiterführend zu „horizontal forms of accountability" *Schillemans*, Administration & Society 43(4) 2011, S. 387 ff. (insb. S. 388).

159 Vgl. für den Bereich des Wettbewerbs *Svetiev*, in: Sabel/Zeitlin (Hrsg.), S. 84 ff., der Lebensmittelsicherheit *Vos*, in: Sabel/Zeitlin (Hrsg.), insb. S. 166 f. und des Umweltschutzes *von Homeyer*, in: Sabel/Zeitlin (Hrsg.), S. 121, insb. 135.

160 Vgl. zu in Bezug auf Frontex in Frage kommenden „peers" *Giannetto*, The Borders of Accountability: The Case of Frontex S. 46 ff. (allgemein zum Stand der Diskussion) und 128 f. sowie *Barner-Gaedicke*, Frontex, S. 170.

161 Vgl. dazu auch *Sabel/Zeitlin*, in: Sabel/Zeitlin (Hrsg.), S. 13, die die Effektivität eines Peer review Systems von den von außen drohenden negativen Folgen abhängig machen.

Vermeidung von durch etwaige Rechtsverstöße auftretenden Hindernissen oder Konsequenzen macht eine peer-to-peer Kontrolle aus Sicht des Kontrolleurs nachvollziehbar und aus Sicht des Kontrollierten grundsätzlich wünschenswert.

Diese Überlegungen können auf die gemeinsamen Einsätze in Teams übertragen werden. Im politischen Feld der Sicherheitsgewährleistung im weiteren Sinne ist hinsichtlich der Umsetzung auf zwischenstaatlicher oder unionaler Ebene verabschiedeter Zielsetzungen, Programme, Rechtsakte oder getroffener Vereinbarungen teilweise ein peer-to-peer Kontrollverhältnis der beteiligten (Mitglied-)Staaten („macro-level") anerkannt und punktuell sogar normiert.[162] Die konkrete Umsetzung und Anwendung dieser Übereinkommen erfolgt in der Regel auf der Ebene (nationaler) Sicherheitsbehörden.[163] Auf diesem „micro-level" der Sicherheitskooperation agieren insbesondere JITs, aber ebenso die weiteren hier in den Blick genommenen Formen der Zusammenarbeit mitgliedstaatlichen (Sicherheits-)Personals.[164] Wenngleich die Übertragbarkeit der für die übergeordneten Ebenen bestehenden Peer-review-Grundsätze auf dieses „micro-level" wenig (empirisch) untersucht wurde, spricht viel für eine solche Annahme: Die mit Blick auf die beteiligten mitgliedstaatlichen Behörden heterogene, aber grundsätzlich gleichberechtigte[165] Zusammensetzung der Teams, die (mögliche) Einbindung europäische Stellen (jedenfalls) als „Moderatoren" und insoweit neutrale Stellen, die Verfolgung eines gemeinsamen übergeordneten Ziels[166] und die alle Teammitglieder treffende Verpflichtung zur Wahrung des einschlägigen (Unions-)Rechts sind Faktoren, die für ein effektives Peer-review System sorgen können. Zwar sind die auf dem „macro-level" bzw. „micro-level" eingebundenen (meist exekutiven) Instanzen der Mitgliedstaaten in der innerstaatlichen Hierarchie weit voneinander entfernt. Im Kern handelt es sich jedoch auf beiden Ebenen um die Errichtung einer Kooperation, die nationale und (teilweise) sogleich unionale Interessen verfolgt.

In Bezug auf die Einsätze unter der Beteiligung von Frontex kann in dem sog. Serious Incident Reporting System die Einführung eines formalisierten Peer review-Prozess gesehen werden. Solche Berichtspflichten stellen eine Mischform zwischen kooperativer Selbstvornahme und informeller hierarchischer Koordinierung der Kontrolle dar. Entsprechende Berichtspflichten – wenn auch ohne

---

[162] Vgl. dazu *Monar*, in: Sabel/Zeitlin (Hrsg.), S. 248 ff., insbesondere S. 250 f. u.a. zum sog. Schengen-Evaluations-Mechanismus.

[163] Vgl. dazu *Monar*, in: Sabel/Zeitlin (Hrsg.), S. 245.

[164] Vgl. dazu bereits oben in Teil 1 Kapitel 1 und Kapitel 2 B. II. sowie *Knelangen*, in: Aden (Hrsg.), S. 137, der dem „macro-level" die Aushandlung internationaler Abkommen und unionaler Rechtsakte, dem „meso-level" die Entwicklung und Einführung operativer Strukturen, Verfahren und Praktiken" und dem „micro-level" die Umsetzung des macro- und meso-levels, folglich die praktische (polizeiliche) Kooperation zuordnet.

[165] Die (vorgeschriebene) Hierarchie zwischen Gruppenleiter(n) und JITs-Mitgliedern bezieht sich auf konkrete Handlungsanweisungen und nicht auf die generellen Ziele der JITs.

[166] Dies gilt sowohl für etwaige auf dem „macro-level" ausgewiesene Zielsetzungen als auch für die konkreten Ziele des Einsatzes.

vergleichbar eigens dafür eingerichtete Übermittlungsstrukturen – existieren auch im Bereich der Arbeit der ASTs. In beiden Fällen ist eine Berichtspflicht im von der jeweiligen Agentur erlassenen Code of Conduct vorgesehen. Im Gegensatz hierzu sind in den die JITs betreffenden Rechtsakten und Leitlinien keine Berichtspflichten o.ä. über ein Fehlverhalten anderer Teammitglieder enthalten, in Extremfällen (insbesondere bei strafrechtlich relevantem Verhalten) dürften jedoch durch mitgliedstaatliches Recht oder Unionsrecht bestehende Anzeige- und Unterrichtungspflichten greifen. Insgesamt kann jedenfalls eine im Vergleich zu rein nationalen Ermittlungen gesteigerte (faktische) Kontrolle zwischen den beteiligten Beamten der verschiedenen Mitgliedstaaten und Unionsstellen entstehen. Eine mögliche Kontrolle durch ein solches (informales) Peer review-System erfolgt neben und ergänzend zu der formalisierten, oben dargestellten objektiven systemischen Kontrolle. Aus theoretischer Sicht ist ein solches Peer review System wohl jedenfalls als „accountability"-fördernd[167] einzuordnen.[168]

III. Zwischenfazit: Das Instrument des Teams als Konglomerat von Legitimationssträngen

Der mehrdimensionale Charakter des Europäischen Verwaltungsverbundes zeigt sich besonders deutlich auch im Bereich der hier aufgeworfenen Fragen der Verwaltungslegitimation. Verschränkungen und Verknüpfungen von Legitimationssträngen werden insbesondere, aber nicht nur durch eine – mehr oder minder stark ausgeprägte – Indienstnahme „fremden" Personals erzeugt, häufig entstehen auch – unionsrechtlich intendiert – neue Legitimationsbeiträge. Dies gilt insbesondere für die Vielzahl der zur Kontrolle oder jedenfalls Wahrnehmung des Teamhandelns berufenen Stellen. Insoweit ist jedoch fraglich, ob die multiplen Rechenschaftspflichten in der Praxis umfassend erfüllt werden können und, damit verknüpft, ob hierdurch tatsächlich ein Legitimationsgewinn erreicht werden kann.[169] Denn eine undurchsichtige Vielzahl und Gemengelage von Legitimationsbeiträgen, insbesondere von Kontrollstellen könnte mit Blick auf den Zusammenhang von Verwaltungslegitimation, Verantwortung und Zurechnung auf diese Weise auch negative Auswirkungen haben.

---

[167] *Bovens*, ELJ 2007, S. 447 ff., S. 456 spricht von „Professional Accountability" gegenüber „Professional Peers", auch hinsichtlich der Gruppe „police officers".

[168] *Barner-Gaedicke*, Frontex, S. 268, sieht am ehesten Parallelen zwischen der peer-to-peer Kontrolle und der „sachlich-inhaltlichen Legitimation oder Kontrolle".

[169] Vgl. dazu grundsätzlich *Halachmi*, Accountability Overload, S. 560 ff., wonach eine Überforderung mit Rechenschaftspflichten sich negativ auf „productivity, responsiveness and service quality" auswirken kann und damit zumindest einen Teil der sog. output-Legitimation zu verringern droht.

Kapitel 10

Teams zwischen transnationaler Kooperation und supranationaler Hierarchie

Ebenso wie die organisationsrechtliche Seite und die demokratische Legitimation der Teams lässt die Steuerung des Teamhandelns durch unionale Stellen Rückschlüsse auf die Zurechnung des Einsatzhandelns zu und ist insoweit auch für den Individualrechtsschutz relevant. Nach den jeweiligen (sekundär-)rechtlichen Konzeptionen[1] handeln grundsätzlich[2] mitgliedstaatliche Beamte unter mitgliedstaatlicher Einsatzleitung auf Grundlage von Befugnissen im nationalen Recht und im Bereich einer mitgliedstaatlichen Kompetenz. Dabei erfolgt eine unionsrechtliche Indienstnahme der handelnden Beamten und eine unionsrechtliche Überformung des Einsatzrechts. Diese erfolgt in organisatorischer Hinsicht durch die Einbindung von und die Kooperation in Agenturen oder Organen der EU. Eine sachliche Steuerung besteht in genereller Form durch Unionsrecht und informelle supranationale Verhaltensvorgaben sowie in Bezug auf den konkreten Einsatz durch ggf. „weiche" Lenkungsmöglichkeiten. Daneben existieren unionale Einflüsse durch Schulungen und Erfahrungsaustausch.

A. Einflussnahmen unionaler Stellen als Notwendigkeit und Konfliktpotential im Europäischen Verwaltungsverbund

Solche „vertikalen" Einwirkungsmöglichkeiten unionaler Einrichtungen auf den mitgliedstaatlichen Vollzug sind dem europäischen Verbundmodell ebenso systemimmanent wie die „horizontale" Zusammenarbeit mitgliedstaatlicher Ver-

[1] Vgl. dazu Teil 2 Kapitel 4–6, insbesondere jeweils unter A. und B. und in diesem Teil Kapitel 9 A. und B.

[2] Dies gilt nicht für die JSTs, bei denen die im Folgenden dargestellten Steuerungselemente jedoch ebenfalls vorliegen.

waltungen.[3] Erstere existieren in vielerlei Formen, teilweise explizit geregelt[4], teilweise als Ergebnis praktischer Bedürfnisse. Insbesondere primär- und sekundärrechtlich nicht vorgesehene Einwirkungsmöglichkeiten unionaler Stellen sind sowohl aus Betroffenen- (d.h. grundrechtlicher)[5] als auch aus mitgliedstaatlicher, Fragen der Kompetenzverteilung betreffender Perspektive[6] rechtlich bedeutsam.[7] Vertikale Einflussnahmen sind in besonderem Umfang bei der bzw. durch die Arbeitsweise der hier zentral in den Blick genommenen[8] unionalen Agenturen im Raum der Freiheit, der Sicherheit und des Rechts zu beobachten. Dies gilt in gesteigerter Form für ihren mit den hier untersuchten teamförmigen Einsatzformen verschränkten „operativen" Wirkungsbereich.[9] Die im vorangegangenen

---

[3] Vgl. dazu bereits in diesem Teil Kapitel 9 A. II.; *Siegel*, Entscheidungsfindung, S. 320 ff. untergliedert diese Kategorisierung weiter: Aufgrund des Umstandes, dass auch zwischen den Stellen der Union Entscheidungsstufungen vorgesehen sein können, werden diese als intravertikal (bei Bestehen eines hierarchischen Verhältnisses) bzw. intrahorizontal (bei Gleichordnungsverhältnissen) bezeichnet; die Beziehungen zwischen Unionsstellen und mitgliedstaatlichen Verwaltungen hingegen als intervertikal. Zwischen Mitgliedstaaten sollen Entscheidungsstufungen aufgrund der Gleichordnung der Beteiligten (stets) als interhorizontal eingeordnet werden. Die hier untersuchten Einsatzformen weisen (mit Ausnahme der JSTs) jedoch stets einen mitgliedstaatlichen Einsatzleiter auf, sodass jedenfalls auf dieser Mikroebene auch ein intervertikales Verhältnis zwischen den Mitgliedstaaten denkbar ist. Im Bereich des Rechtsschutzes zwischen Vertikalverhältnis und Horizontalverhältnis differenzierend *Hofmann*, Rechtsschutz und Haftung, S. 217 ff. bzw. S. 228 ff

[4] Nach *Chiti*, LCP 2004 (68) S. 221 ff., S. 222 ist eine in Unionsrechtsakten vorgesehene prozedurale und organisatorische Verknüpfung essentiell für eine (Gewährleistung der) „functional integration". Ähnlich *Schmidt-Aßmann*, in: Hoffmann-Riem/Schmidt-Aßmann/Voßkuhle (Hrsg.), Bd. I § 5 Rn. 21a, wonach die im Europäischen Verwaltungsverbund vorgesehenen „Informations-, Überwachungs- und Koordinierungsaufgaben" eine (wohl souveränitätsschonendere) Alternative zur „Zentralisierung von Vollzugsentscheidungen" darstellen.

[5] Vgl. dazu *Chiti* LCP 2004 (68) S. 221 ff., S. 222. und *Schmidt-Aßmann*, in: Hoffmann-Riem/Schmidt-Aßmann/Voßkuhle (Hrsg.), Bd. I § 5 Rn. 21a mit jeweilig Ausführungen bzgl. des Rechtsschutzes gegen unionale Einwirkungen; konkret in Bezug auf die „Unterstützungs- und Lenkungsleistungen von Europol und Eurojust" *Meyer*, in: Hatje/Müller-Graff/Leible/Terhechte (Hrsg.), § 38 Rn. 34 und Rn. 60.

[6] Vgl. dazu mit einem Beispiel aus dem deutschen Recht *Schmidt-Aßmann*, in: Hoffmann-Riem/Schmidt-Aßmann/Voßkuhle (Hrsg.), Bd. II § 27 Rn. 100.

[7] Dies gilt umso mehr, als die hier untersuchte Verknüpfung zwischen unionalen und mitgliedstaatlichen Stellen sich zwar „im Gewande des Verfahrensrechts" zeigt, sich hierdurch jedoch eine „einheitliche Vollzugsstruktur" ergeben kann, die sich „(d)er Sache nach [...] *einer* Organisation" (Hervorhebung durch Verf.) annähert, Zitate und Inhalt nach *Röhl*, in: Hoffmann-Riem/Schmidt-Aßmann/Voßkuhle (Hrsg.), Bd. II § 30 Rn. 48.

[8] Hinsichtlich der vorhandenen Einwirkungsmöglichkeiten auf den mitgliedstaatlichen Vollzug lassen sich die EZB und diesen Stellen vergleichen, die hier untersuchten JSTs werden zwar stärker in den Verwaltungsapparat der EZB eingegliedert (vgl. dazu oben in diesem Teil Kapitel 9 B. II. 4. b) cc), es bestehen jedoch starke Parallelen mit Blick auf die Handlungsabläufe im Einsatz.

[9] *Santos Vara*, in: Ripoll Servent/Trauner (Hrsg.), S. 445 ff., S. 445 f. schreibt den „AFSJ-Agencies operational activities" u.a. hinsichtlich ihrer Grundrechtsrelevanz eine besondere Bedeutung zu.

Teil erfolgte Bestandsaufnahme hinsichtlich dieser nur teilweise explizit sekundärrechtlich vorgesehenen Verknüpfungen erfordert als nächsten Schritt eine Systematisierung des Zusammenspiels nationaler Verwaltungen mit unionalen Stellen im Einsatzablauf der Teams, aus der sich ein europäisches Einsatzrecht ergeben kann. Die folgende Untersuchung knüpft an bestehende Erkenntnisse im sicherheitsrechtlichen Bereich[10] an und geht neben der Einbeziehung der JSTs und ASTs insoweit einen Schritt weiter, als vorrangig die Parallelen zwischen den untersuchten Einsatzformen herausgestellt werden, um generelle Charakteristika eines Einsatzrechts zu identifizieren. Je verfestigter sich die Strukturen dieses Sonderrechts darstellen, desto dringender und bedeutungsvoller ist eine grundsätzliche Klärung der sich hinsichtlich dieser Strukturen ergebenden Anschlussfragen.[11]

Im Folgenden werden zwei Systematisierungsansätze kombiniert: Zum einen können die Einwirkungen der supranationalen Stellen auf die Tätigkeit der Teams in chronologischer Reihenfolge von der Einsetzung des Teams bis zum Einsatzabschluss identifiziert und analysiert werden, zum anderen kann auf die Rechtsnatur und Wirkungsweise der jeweiligen Interferenz abgestellt werden.[12] Der erste Ansatz hat den Vorteil, dass die Einleitung und Abschluss(entscheidung) als maßgebliche Eckpunkte des Verfahrens[13] und der starke Verfahrensbezug aller Einwirkungsformen besonders herausgestellt werden können, was eine Einordnung in die zum Teil verwendeten Kategorien der „Bottom- Up“- bzw. „Top-Down“-Verfahren[14] erleichtert. Eine solche Betrachtungsweise würde

---

[10] *Schöndorf-Haubold*, Europäisches Sicherheitsverwaltungsrecht, Rn. 96 ff. stellt in Bezug auf RaBITs (s. dazu oben in Teil 2 Kapitel 5 A. I. 2. und JITs (jeweils) bereits „Ansätze eines sicherheitsrechtlichen Einsatzrechts“ heraus.

[11] So, aus einem breiteren Blickwinkel auf „mixed administrative proceedings“ auch *della Cananea*, LCP 2004 (68) S. 197 ff., wonach insbesondere Anschlussproblematiken „not only in terms of judicial protection, but also in terms of transparency and accountability“ zu klären sind. Ebenso *Schmidt-Aßmann*, in: Hoffmann-Riem/Schmidt-Aßmann/Voßkuhle (Hrsg.), Bd. II § 27 Rn. 81 m.w.N.: „Die juristisch schwer fassbare Netzwerkstruktur des Verbundes bedarf der prozeduralen Aufhellung. Diese Verbundverfahren müssen zunächst einmal typenmäßig zusammengefasst und genau analysiert werden.“ Zu Zurechnung und Rechtsschutz s.u. in diesem Teil Kapitel 11.

[12] Vgl. zur Bedeutung der Unterscheidung von Verfahrensphasen *Schmidt-Aßmann*, in: Hoffmann-Riem/Schmidt-Aßmann/Voßkuhle (Hrsg.), Bd. II § 27 Rn. 97 m.w.N., der grundsätzlich hinsichtlich Einleitungsphase, Entscheidungsvorbereitung, der Entscheidungsfindung und der Entscheidungsformung differenziert; dazu aus deutscher Perspektive *Schneider*, in: Hoffmann-Riem/Schmidt-Aßmann/Voßkuhle (Hrsg.), Bd. II § 28 Rn. 14 ff.

[13] Nach *Glaser*, Entwicklung des Europäischen Verwaltungsrechts, S. 597 (im Anschluss an *Sydow*, Die Verwaltung 34 (2001), S. 517 ff., S. 532) „befinden sich die kritischen Schritte der Verzahnung zwischen nationalen Verfahren und Verfahren auf der Ebene der Union bei der Verfahrenseinleitung, dem Übergang zu Vereinheitlichungs- und Koordinierungsverfahren sowie dem Verfahrensabschluss“.

[14] Es wird hinsichtlich der Initiierungsinstanz und derjenigen Stelle, welche die verfahrensabschließende Entscheidung trifft, differenziert. Wird ein Verfahren durch unionale Stellen angeregt und durch eine (verbindliche) Entscheidung mitgliedstaatlicher Stellen abgeschlos-

hier jedoch die fließenden Übergänge zwischen den Formen der Einflussnahme und deren Fortwirken auf späterer Stufe vernachlässigen.[15] Andererseits würde jedoch auch ein Abstellen allein auf die Rechtsnatur der Interferenz den teilweise primär verfahrensrechtlichen Charakter des Einsatzrechts sowie insbesondere die diesbezüglichen Gemeinsamkeiten der untersuchten Einsatzformen nicht ausreichend abbilden.

B. Ausgewählte Interferenzen unionaler Stellen

Die folgende Darstellung orientiert sich aus diesen Gründen sowohl an Verfahrensstadien als auch an einander zumindest ähnlichen beeinflussenden rechtlichen Einflussnahmen unionaler Stellen. Die sekundärrechtlichen Regelungen der Teams unterscheiden in der Regel zwischen Stadien der Einsetzung des Teams, der Einsatzplanung, der Durchführung des Einsatzes und der Beendigung. Als vorrangige Steuerungsinstrumente bestehen dabei der Einsatzplan oder eine ähnliche Vorfestlegung, abstrakt-generelle, in der Regel unverbindliche sowie einzelfallbezogene, teilweise weisungsähnliche unionale Verhaltensvorgaben.

I. Initiativrechte

Zentrale Bedeutung für den Einsatz kommt dem Initiativrecht zu, welches das Einsetzungsverfahren der Teams auslöst, das in eine (formelle) Einleitungsentscheidung mündet. Damit verknüpft sind die Regelungen der personellen Besetzung der Teams.

1. Verteilung der Initiativrechte und der Kompetenzen zur rechtsverbindlichen Einsetzung inklusive der Personalauswahl

Bei sämtlichen untersuchten Einsatzformen ist die Einsetzung der Teams explizit und im Gegensatz zu anderen Phasen des Einsatzablaufs vergleichsweise deutlich geregelt.[16] Die verschiedenen Regelungen der Initiativrechte und entsprechender

---

sen, soll ein „Top-Down"-Verfahren vorliegen, im umgekehrten Fall ein „Bottom-Up"- Verfahren. Vgl. dazu etwa *Chiti*, in: Hofmann/Türk (Hrsg.), S. 9 ff., insb. S. 14 ff. und *della Cananea*, LCP 2004 (68) S. 197 ff., S. 199 ff., der ebenso wie *Hofmann*, European Administration, S. 21 ff., S. 36, den begrenzten Nutzen dieser Kategorisierung betont. Vgl. ferner die unter dieser Überschrift erfolgten Beiträge in *de Graaf* et al. (Hrsg.), European Administrative Law: Top-Down and Bottom-Up, Groningen 2010.

[15] Dies gilt etwa für die teilweise mit der Erstellung des Einsatzplans verknüpfte Personalauswahl oder die weitere Verwendung des Einsatzplans als eine entsprechende Hinweise bzw. Weisungen rechtfertigende Grundlage.

[16] Das im Folgenden untersuchte Recht der Einsetzung kann begrifflich vom Einsatzrecht unterschieden werden, in Bezug auf letzteres bestehen vergleichsweise wenige Vorschriften in den einschlägigen Sekundärrechtsakten.

Einschätzungsprärogativen weisen jedoch hinsichtlich ihrer Verbindlichkeit und Intensität ein gewisses Stufenverhältnis auf:

Die Bildung eines JITs kann formal unabhängig von unionalen Stellen durch eine mitgliedstaatliche Behörde gegenüber einer anderen initiiert und durchgeführt werden.[17] Vor einer solchen Anfrage wird die Einbeziehung Eurojusts und Europols durch das JITs-Netzwerk empfohlen. Die genannten Agenturen können den in Frage kommenden Behörden ebenfalls die Bildung eines JIT vorschlagen, welche die nationalen Behörden entweder vornehmen oder (begründet) ablehnen können[18]. Wird dem Vorschlag gefolgt, erfolgt eine (förmliche) Initiierung gegenüber (einer) anderen mitgliedstaatlichen Behörde(n). Eine Rechtspflicht zur Einsetzung eines JITs besteht jedoch in keinem Fall, entscheidungsbefugt bleiben stets die jeweiligen mitgliedstaatlichen Stellen, die ggf. selbst Mitglieder in die JITs entsenden.[19] Dies gilt insbesondere für die Einschätzungshoheit darüber, ob ein JIT einen Mehrwert für die mitgliedstaatlichen Ermittlungen darstellen kann oder wie ein etwaiges JIT zusammengesetzt wird. Unionale Einflussmöglichkeiten auf die Initiierung von JITs sind folglich nur beschränkt und ohne verbindliche (Letzt-)Entscheidungsbefugnis vorhanden.

Die Einsetzung von ASTs erfordert nach der aktuellen sekundärrechtlichen Lage[20] ein Ersuchen durch einen oder mehrere Mitgliedstaaten an EASO, in dem die Einsetzung bedingende Notsituation[21] dargelegt werden muss. Formal sind folglich allein die Mitgliedstaaten initiativberechtigt. Die übermittelte Einschätzung ist für EASO als Adressat des Ersuchens jedoch nicht bindend und kann durch eine eigene Beurteilung ersetzt werden. Die abschließende Entscheidung über die Einsetzung sowie die personelle Zusammensetzung und Entsendung liegt sodann bei EASO, nur im Ausnahmefall können die Mitgliedstaaten auf die Zusammenstellung der Teammitglieder Einfluss nehmen.[22]

Ein ähnliches Bild mit jedoch erheblichen Abweichungen ergibt sich für Grenzverwaltungs- und Rückkehrteams. Die Einsetzung der Grenzverwaltungsteams erfordert grundsätzlich als ersten Schritt einen entsprechenden Vorschlag eines Mitgliedstaats, an dessen Einschätzung hinsichtlich des Bedarfs der Entsendung eines Grenzverwaltungsteams Frontex aber nicht gebunden ist. Auch bei Rückkehrteams ist ein Ersuchen eines Mitgliedstaats erforderlich; soll dieses

[17] Obligatorisch ist die Unterrichtung des (jeweiligen) nationalen Eurojusts-Mitglieds erst bei Errichtung des JITs.

[18] Eine Begründungspflicht und somit ein Rechtfertigungsbedürfnis der nationalen Behörden ist teilweise explizit vorgesehen, vgl. zu einer solchen Konstruktion ausführlich in diesem Kapitel unter B. IV. 1. c).

[19] Vgl. zur Differenzierung zwischen Mitgliedern und Teilnehmern eines JITs oben in Teil 2 Kapitel 4 C.

[20] Vgl. zu den im EASO-Änderungsvorschlag-2016 enthaltenen Initiativrechten EASOs jedoch in Teil 2 Kapitel 6 C. I.

[21] S. dazu nur Art. 13 Abs. 1 EASO-VO, der ein Ersuchen von Mitgliedstaaten, „die besonderem Druck ausgesetzt sind", und eine Beschreibung der Lage durch diese vorsieht.

[22] Vgl. dazu oben in Teil 2 Kapitel 6 C. II.

im Rahmen eines Soforteinsatzes zu Rückkehrzwecken eingesetzt werden, kann Frontex dem betroffenen Mitgliedstaat jedoch auch eine solche Entsendung vorschlagen. Zentraler Unterschied zu den ASTs ist die Ausnahmeregelung des Art. 42 Frontex-VO-2019, die bei Untätigkeit eines Mitgliedstaats trotz Notsituation (die diesbezügliche Beurteilungshoheit liegt bei Frontex) ein initiatives Tätigwerden der Agentur vorsieht, welches zu einer Aufforderung des betroffenen Mitgliedstaats durch einen Ratsbeschluss führen kann. Die Konkretisierung dieses Beschlusses ist sodann Frontex in Form der Planung eines Einsatzes übertragen. Weigert sich der betreffende Mitgliedstaat, kann dies in das Verfahren nach Art. 42 Abs. 10 Frontex-VO-2019 i.V.m. Art. 29 Schengener Grenzkodex münden.[23] Diese weitreichenden (politischen) Einwirkungsmöglichkeiten können zwar das grundsätzliche Initiativrecht des betroffenen Mitgliedstaats nicht in einem Sinne ersetzen, dass ein Einsatz eines Teams auf dessen Territorium gegen dessen Willen möglich ist. Neben der Ermöglichung der Ausübung politischen Drucks geht hierdurch jedoch insbesondere (formal) die primäre Beurteilungszuständigkeit von (Not-)Situationen vom betroffenen Mitgliedstaat auf Frontex über. Die Zusammensetzung der Teams wird durch Frontex[24] festgelegt. Diesbezügliche Einflussnahmemöglichkeiten der Mitgliedstaaten bestehen, insoweit wieder vergleichbar mit den Möglichkeiten EASOs in Bezug auf ASTs, nicht bzw. nur in nationalen Notsituationen. Nach der Frontex-VO-2019 werden die Initiativrechte von Frontex punktuell dahingehend ausgebaut, dass die Einleitung eines Einsatzes stellenweise durch einen Vorschlag von Frontex und mit Zustimmung des betreffenden Mitgliedstaats erfolgen kann. Zudem ist mit Art. 41 Frontex-VO-2019 ein umfassendes Empfehlungsrecht von Frontex vorgesehen, wobei die Nichtbefolgung einer solchen Empfehlung bestimmte verfahrensrechtliche Voraussetzungen erfüllen muss. Des Weiteren steigern insbesondere die Bestimmungen zur Etablierung und Besetzung der ständigen Reserve die Einwirkungsmöglichkeiten von Frontex im Bereich der Auswahl des Personals.

Keiner (insbesondere keiner mitgliedstaatlichen) Initiierungsmaßnahme bedarf es schließlich bei der Einleitung der Bildung eines JSTs, die mit der Eigenschaft eines Kreditinstituts als bedeutendes beaufsichtigtes Unternehmen *ipso jure* erfolgt. Dies kann mit Blick auf das Einsetzungsrecht als höchste Stufe der integrierten Systembildung angesehen werden. In die Hände der EZB gelegt ist jedoch die Einstufung bzw. Behandlung eines Instituts als bedeutendes beaufsichtigtes Unternehmen, was eine obligatorische Bildung eines JSTs nach sich zieht. Insoweit kann – insbesondere soweit ein Einschätzungsspielraum der EZB besteht – gewissermaßen von einem alleinigen Einsetzungsrecht der EZB gesprochen werden. Auf die im Ausgangspunkt zwar durch die NCAs vorzunehmende Benennung der Teammitglieder kommt der EZB bei Änderungswünschen bestimmender Einfluss zu.

---

[23] Dies kann letztlich zur Wiedereinführung der Binnengrenzkontrollen führen, vgl. dazu in Teil 2 Kapitel 5 C. II. 5.

[24] Teilweise ist eine „Abstimmung“ mit dem Einsatzmitgliedstaat vorgesehen.

2. Rechtliche Einordnung und Relevanz

a) Bedeutung der Initiativrechte und der Einsetzungskompetenz

Die Zuschreibung von Initiativrechten kann grundsätzlich als primärer Anknüpfungspunkt für die Untersuchung der Rollenverteilung in einem Verbundverfahren dienen. Dies gilt in besonderem Maße für ausschließliche Initiativrechte: Kommt einer Stelle die alleinige Kompetenz hinsichtlich der Entscheidung über das „ob" eines Verfahrens zu, kann dies eine übergeordnete Stellung im oder jedenfalls eine starke Beteiligungsposition am Verfahren bedeuten.[25] Dies gilt auch für unionale Verbundverwaltungsstrukturen, insbesondere ist die Durchsetzung der Initiativrechte den jeweiligen Behörden möglich: Mit Blick auf Rechtsstreitigkeiten in „bottom-up"-Verfahren ist eine gerichtliche Durchsetzung der Initiativrechte mit dem Ziel der Weiterführung des Verfahrens mittels Nichtigkeits- bzw. Untätigkeitsklage denkbar[26]; in „top-down"-Konstellationen kommt ein von der Kommission anzustrengendes Vertragsverletzungsverfahren nach Art. 258 AEUV in Betracht.

Aus Perspektive der betroffenen Grundrechtsträger ist die demnach praktisch und verwaltungsintern hohe Bedeutung der Verteilung des Initiativrechts aufgrund der in diesem Zusammenhang grundsätzlich auf die Überprüfung verfahrensabschließender Entscheidungen fixierten Rechtsprechung des EuGH[27] jedoch weitgehend irrelevant.[28] Damit im Zusammenhang steht, dass nationalen

---

[25] Ähnlich auch *von Alemann*, Handlungsform der interinstitutionellen Vereinbarung, S. 58 hinsichtlich (ausschließlicher) Initiativrechte in Normsetzungsverfahren: „Wem das Recht zukommt, einen solchen Prozess in Gang zu setzen, dem ist ein erheblicher Einfluss auf das Ergebnis sicher. Das gilt verstärkt bei ausschließlichen Initiativrechten für einzelne Akteure. Über das Initiativrecht lässt sich außerdem der Charakter eines institutionellen Gefüges erheblich steuern. Ob das Verhältnis verschiedener Institutionen eher kooperativen oder hegemonialen Charakter hat, wird auch dadurch beeinflusst, wie die Initiativrechte verteilt sind.". Wohl prominentestes unionsrechtliches Beispiel für ein ausschließliches Initiativrecht ist die grundsätzliche alleinige Kompetenz der Kommission zur Einleitung des unionalen Gesetzgebungsverfahrens. Hieraus wird zudem spiegelbildlich ein jederzeit aktivierbares Recht der Kommission zum Rückzug ihres Vorschlags geschlossen, vgl. zum Ganzen *von Achenbach*, Demokratische Gesetzgebung, S. 22 f. *Lehnert*, Frontex, S. 391 sieht (faktische) Initiativrechte von Frontex zur Einsetzung der Teams, die nach seinen Erkenntnissen den „praktischen Regelfall" bilden, als potentielles steuerndes Kontrollinstrument.

[26] Nach *Pechstein/Görlitz*, in: Pechstein/Nowak/Häde (Hrsg.), Art. 263 AEUV Rn. 42, 44 ist das „Schweigen eines Unionsorgans" grundsätzlich kein tauglicher Klagegegenstand der Nichtigkeitsklage nach Art. 263 AEUV; als privilegierter Kläger i.S.d. Art. 263 Abs. 2 AEUV muss der klageführende Mitgliedstaat kein subjektives Interesse darlegen, vgl. dazu *Pechstein/Görlitz*, in: Pechstein/Nowak/Häde (Hrsg.), Art. 263 AEUV Rn. 22.

[27] Vgl. dazu grundlegend EuGH, Urt. v. 11.11.1981, Rs. 60/81, IBM/Kommission, Rn. 10; dazu ausführlich *Rademacher*, Realakte, S. 12 ff. S. 63 ff., der in diesem Urteil einen Ausdruck der „Sensibilität für die institutionelle Ordnung der EU" und der (nachträglichen) Kontrollfunktion des EuGH sieht. M.w.N. dazu auch *Pechstein/Görlitz*, in: Pechstein/Nowak/Häde (Hrsg.), Art. 263 AEUV Rn. 54 m.w.N und *Lenaerts* et al., EU Procedural Law, S. 273 f.

[28] Vgl. zum Individualrechtsschutz ausführlich in diesem Teil Kapitel 11 C. Anderes gilt für

Gerichten die Überprüfung der Rechtmäßigkeit einer Verfahrenseinleitung durch nationale Behörden, die auf einen Verfahrensabschluss auf unionaler Ebene abzielt, verwehrt ist und insoweit eine ausschließliche Zuständigkeit der Unionsgerichtsbarkeit besteht.[29] Als ausschlaggebender Aspekt für Zurechnung, Rechtsschutz und anwendbares Recht dürfte ein Initiativrecht allein zudem umso weniger in Frage kommen, als es durch weitere Faktoren abgeschwächt wird. Hierzu kann die (faktische) Beeinflussung durch andere Stellen zählen und ferner bedeutsam sein, dass der Inhalt der Initiative keine bzw. nur begrenzte Bindungswirkung entfaltet oder keine (eindeutig) vorhersehbare Reaktion auf die Initiative vorgesehen ist. Spiegelbildlich sind jedoch die durch diese Abschwächung begünstigten Entscheidungsträger und ihre Einwirkungsmöglichkeiten bei der Initiierung im Gesamtbild der Einsatzsteuerung festzuhalten. Auch die das Initialverfahren abschließende Einsetzung des Teams, ggf. durch eine Vereinbarung (eines Einsatzplans), stellt vor diesem Hintergrund mit Blick auf ein etwaiges außenwirksames Handeln der gemeinsamen Einsatzform einen verwaltungsinternen Vorbereitungsakt dar, der eher zwischen den beteiligten Behörden als im Außenverhältnis zu Grundrechtsträgern rechtliche Relevanz und Streitpotential aufweisen kann.

b) Bedeutung des Rechts zur Personalauswahl

Wenngleich sich der Vorgang der Bereitstellung des Personals grob in die bekannten Muster der Amtshilfe bzw. der Organleihe einordnen lässt und sich somit zumindest im Ansatz Folgefragen etwa der Zurechnung oder des Rechtsschutzes nach den so vorgezeichneten Spuren beantworten lassen[30], ist die (praktische) Bedeutung der Entscheidungshoheit über das individuell eingesetzte Personal davon zu trennen und nicht zu unterschätzen.[31] Dies gilt in erhöhtem Maße für Bereiche, in denen das Handeln der Beamten nur wenig durch (gesetzliche) Vorgaben vorgezeichnet ist und das Personal zum Steuerungsfaktor[32] wird:[33] Gerade

eine mögliche Verletzung individueller Rechte durch eine Ablehnung der Verfahrenseinleitung, vgl. dazu nur EuG, Urt. v. 12.09.2002, T-113/00, Dupont u.a./Kommission, worin eine Weigerung der Kommission zur Verfahrenseinleitung als tauglicher Klagegegenstand eingeordnet wurde, dazu auch *Türk*, in: Hofmann/Türk (Hrsg.), S. 218 ff., S. 221 f.

[29] Vgl. EuGH, Urt. v. 19.12.2018, Rs. C-219/17, Fininvest/IVASS, Rn. 50 und 57, zu diesem Urteil bereichsspezifisch bereits oben Teil 2 Kapitel 7 E I. 1.; der EuGH, a.a.O., Rn. 49 f. hat dies mit der Gefahr begründet, dass es zu „unterschiedlichen Beurteilungen" kommt, die die „Wirksamkeit eines solchen Entscheidungsprozesses" beeinträchtigen könnten.

[30] Vgl. zum Ganzen oben in diesem Teil Kapitel 9, insbesondere unter B. II. 3. und 4.

[31] Nach *Schuppert*, Verwaltungswissenschaft, S. 684 ff. m.w.N. ist „(d)ie Art der Rekrutierung von Verwaltungspersonal [...] von zentraler Bedeutung für die Qualität öffentlicher Verwaltung und zugleich von großer politischer Bedeutung".

[32] So *Voßkuhle*, in: Hoffmann-Riem/Schmidt-Aßmann/Voßkuhle (Hrsg.), Bd. III § 43 Rn. 1.

[33] In diesem Sinne die von *Schuppert*, Verwaltungswissenschaft, S. 625 f. dargestellte „Jedesto-Beziehung": „*Je steuerungsschwächer das Gesetz ist* – sei es, daß der Gesetzgeber das

in diesen Verwaltungsfeldern werden in Bezug auf den eingesetzten Beamten „nicht nur dessen Professionalität im Umgang mit Rechtsnormen, sondern auch dessen methodische Grundhaltung, Wertemaßstäbe und Ansichten“[34] besonders relevant.[35] Während im Fall der JITs und der JSTs diejenigen Stellen für die Auswahl der Teammitglieder zuständig sind, in deren Namen sie handeln bzw. deren Interessen sie vertreten, besteht bei der personellen Besetzung der ASTs, Grenzverwaltungs- und Rückkehrteams eine geteilte Entscheidungsbefugnis: Insbesondere in den einander ähnlichen Poolsystemen trifft zunächst der (potentiell) entsendende Mitgliedstaat eine Auswahlentscheidung anhand der von EASO/Frontex erstellten Qualifikationsmerkmalen. Die Entnahme aus dem Pool obliegt sodann der jeweiligen Agentur und dem Einsatzmitgliedstaat, wobei letzterer sich hier in einer eher untergeordneten Rolle befindet. Hier unterliegt folglich der „Steuerungsfaktor Personal“ nicht allein der Herrschaft des Einsatzmitgliedstaats, dem das Verhalten dieses Personals (theoretisch)[36] letztlich zugerechnet werden soll.[37] Unter der Frontex-VO-2019 wird diese Unklarheit nur teilweise aufgelöst: Zwar besteht ein Teil der Teams aus Personal der Kategorie 1, für dessen Verhalten Frontex unmittelbar verantwortlich sein soll – teilweise ist jedoch (zwingend) vorgesehen, dass auch dieses Personal im Namen des Einsatzmitgliedstaats handeln soll. Bei den übrigen Kategorien der ständigen Reserve besteht die hinsichtlich der Frontex-VO-2016 beschriebenen Lage auch weiterhin, wobei sich der Einfluss von Frontex auf die Personalauswahl noch verstärkt.

3. Zwischenfazit: Keine ausschlaggebende Relevanz der Initiativrechte

Die im Stadium der Initiierung eines gemeinsamen Einsatzes und in Bezug auf die personelle Zusammenstellung der Teams in ihrer Intensität variierenden Möglichkeiten bzw. Vorkehrungen unionaler Interferenzen betreffen schwerpunktmäßig die vertikalen Dimensionen des Verwaltungsverbunds und können somit mittelbar für Zurechnungsproblematiken relevant werden. Eine unmittelbare rechtliche Relevanz dieser Einwirkungsmöglichkeiten für potentiell betroffene

---

Verwaltungshandeln […] nur durch Zweckvorgaben programmieren *will*, sei es, daß der Gesetzgeber das Verwaltungshandeln nicht im Detail programmieren *kann,* […] *desto bedeutsamer wird das gesetzesanwendende Personal* […]“ (Hervorhebung durch Verf.); ihm folgend *Voßkuhle*, in: Hoffmann-Riem/Schmidt-Aßmann/Voßkuhle (Hrsg.), Bd. III § 43 Rn. 1.

[34] So Schuppers*Schuppert*, Verwaltungswissenschaft, S. 626 und *Voßkuhle*, in: Hoffmann-Riem/Schmidt-Aßmann/Voßkuhle (Hrsg.), Bd. III § 43 Rn. 1 m.w.N.

[35] Für die unionale Verwaltungskooperation sieht *Sydow*, Verwaltungskooperation, S. 90 „ein Mindestmaß an gegenseitiger Vertrautheit mit organisatorischen Grundstrukturen und üblichen Verwaltungsroutinen der anderen Mitgliedstaaten oder Fremdsprachenkenntnisse“ als essentiell an.

[36] So jedenfalls die Konzeption der Einsätze; zu Zurechnungsfragen im Rechtsschutzsystem der Union vgl. jedoch unten in diesem Teil Kapitel 11 C.

[37] Den praktischen Folgen dieser Einwirkungsmöglichkeiten soll wohl durch Ausbildungsprogramme, die mit den jeweiligen Agenturen verknüpft sind, (vgl. dazu in diesem Kapitel B. V. 1.) entgegengewirkt werden.

außenstehende Personen lässt sich jedoch nicht feststellen, dies spiegelt sich auch in den insoweit nach der Rechtsprechung des Gerichtshofs eingeschränkten Rechtsschutzmöglichkeiten wider.

II. Konkrete Festlegung des Einsatzumfangs und -ablaufs

Hinsichtlich der konkreten Planung des Einsatzes sind Parallelen zwischen den Teams festzustellen, die häufig mit der Rollenverteilung bei deren Umsetzung verknüpft sind. Gemeinsam ist den Teams, dass die Umsetzung der mit dem Einsatz verfolgten Ziele überwiegend nicht unmittelbar durch Anwendung abstrakt-genereller Vorschriften oder an diesen orientierten Weisungen (dazu noch unten) erfolgt. Bei sämtlichen untersuchten Formen der Zusammenarbeit ist eine Abstimmung der beteiligten Stellen, zur Operationalisierung der jeweiligen gesetzlichen Vorgaben und zur Übertragung von Befugnissen, in einer (teilweise) sehr detailliierten[38] formalen Vereinbarung bzw. Festsetzung vorgesehen, welche von allen Beteiligten als grundsätzlich verbindliche[39] Einsatzbasis anerkannt wird. Der Abschluss einer solchen interadministrativen Vereinbarung erfolgt zwischen der Einleitungs- und der Einsatzphase. Auch hier ist ein bestimmender Einfluss unionaler Stellen auf die Einsatzplanung zu verzeichnen, welcher für

[38] Dies gilt jedenfalls für die mit Frontex ausgehandelten Einsatzpläne, die stellenweise sehr kleinschrittige Verhaltensanweisungen enthalten, etwa hinsichtlich der Durchführung eines Interviews. Etwas weniger detailreich, aber dennoch den Arbeitsprozess bestimmend sind die von EASO veröffentlichen Einsatzpläne (z.B. OP Italy 2018 S. 12 f.). Das aufsichtliche Prüfprogramm ist Arbeitsleitfaden der JSTs, und die OAP der JITs dürften die JIT-Vereinbarung weiter konkretisieren und dadurch ebenfalls genaue Verhaltensvorgaben enthalten.

[39] Dies ergibt sich bei den JSTs aus deren Verpflichtung zur „Umsetzung" des aufsichtlichen Prüfprogramms, hinsichtlich der an Frontex angegliederten Einsatzformen ausdrücklich aus Art. 38 Abs. 3 S. 1 Frontex-VO-2019 und hinsichtlich ASTs implizit aus Art. 18 Abs. 2 EASO-VO, wonach eine Änderung nur mit Einverständnis der anderen Vertragsparteien als zulässig angesehen wird. Vgl. in diesem Kontext auch EuGH, Urt. v. 05.09.2012, Rs. C-355/10, Parlament/Rat, Rn. 81 f., wonach eine Bindungswirkung des Einsatzplans (allein) aufgrund der in ihm niedergelegten „genauen Bedingungen des Einsatzes" und der diesbezüglichen Überwachungsfunktion des Koordinierungsbeamten angenommen wird. In Bezug auf die bei Bildung und Arbeit eines JITs zu schließenden Vereinbarung(en) sind keine entsprechenden expliziten Vorgaben hinsichtlich deren Verbindlichkeit vorhanden, die zitierte Rechtsprechung des EuGHs kann jedoch grundsätzlich übertragen werden. Zudem kann ein insoweit maßgeblicher Bindungswille der Beteiligten (vgl. zum diesem Kriterium beim völkerrechtlichen Vertrag *Heintschel von Heinegg*, in: Ipsen (Hrsg.), § 12 Rn. 3 f.) aus den Umständen geschlossen werden: Die Existenz rechtlich bindender Grundlagen hinsichtlich des Inhalts, die Regelung grundrechts-, ressourcen- und für den Ermittlungserfolg relevanter Modalitäten in einer nicht lediglich abstrakten Form sowie die aufgrund der Vereinbarung als zulässig angesehenen, souveränitätssensiblen Einsätze fremder Polizeieinheiten auf staatlichem Territorium schaffen eine Bedürfnis nach einer verbindlichen und dadurch verlässlichen Regelung des Einsatzes; entsprechend (hypothetisch) für einen zwischen Frontex und den Mitgliedstaaten ausgehandelten Einsatzplan *Lehnert*, Frontex, S. 306 ff.

Zurechnungs- und Rechtsschutzfragen relevant ist: Je mehr sich das Einsatzhandeln als bloße Ausführung eines durch Unionsstellen bindend festgelegten Einsatzablaufs darstellt, desto näher liegt es, dieses Handeln der Unionsebene zuzurechnen.

1. Beteiligung unionaler Stellen bei der Einsatzplanung

In Bezug auf diese Zwischenetappe der Einsatzplanung ist ein Stufenverhältnis der Einflussnahmemöglichkeiten der beteiligten unionalen Stellen ersichtlich: Während bei den JSTs diese Konkretisierung des einsatzbezogenen Vorgehens (maßgeblich) im aufsichtlichen Prüfprogramm, das allein von der EZB zu genehmigen ist, erfolgt, erstellen EASO und Frontex in Abstimmung mit dem Einsatzmitgliedstaat sowie teilweise unter Beteiligung der Personal entsendenden Mitgliedstaaten Einsatzpläne, welche die Grundlage für Handlungsanweisungen des Einsatzmitgliedstaats an die eingesetzten Beamten darstellen. Hierbei kommt EASO und Frontex ein eigenständiger Beurteilungsspielraum hinsichtlich der Erforderlichkeit eines Einsatzes bzw. des erforderlichen Umfangs des Einsatzes zu. Durch die in der Frontex-VO-2019 vorgesehene Entwicklung der Einsatzpläne aus der integrierten Planung i.S.d. Art. 9 Frontex-VO-2019[40] wird der Einfluss von Frontex auf die Erstellung der Einsatzpläne noch verstärkt. Bei JITs können diejenigen konkreten Einsatzmodalitäten, die (noch) nicht Teil der JIT-Vereinbarung sind, durch den OAP geregelt werden, auf den unionale Stellen ebenso wie auf die JITs-Vereinbarung (lediglich) informalen Einfluss ausüben können.

Diese konzeptionellen Unterschiede finden ihre Ursache in den rechtlichen und dabei insbesondere kompetenziellen Rahmenbedingungen, die den Vereinbarungen jeweils zugrunde liegen. Während bei dem die JSTs betreffenden und von diesen zu entwerfenden aufsichtlichen Prüfprogramm die Strukturierung des Aufgabenumfangs und Vorgehens durch unterschiedliche Instanzen desselben Hoheitsträgers (EZB) erfolgt, handelt es sich bei den übrigen Vereinbarungen zwischen (mehreren) Mitgliedstaaten und/oder Agenturen auch um eine Form des Interessenausgleichs: Der Einsatzmitgliedstaat überträgt Kompetenzen und erhält Unterstützung, die übrigen Mitgliedstaaten/Agenturen entsenden Personal und die beteiligten Agenturen koordinieren den Einsatz.

2. Rechtliche Einordnung und Bedeutung

Bei den Vorfestlegungen zwischen Mitgliedstaaten und unionalen Stellen[41] handelt es sich um interadministrative Vereinbarungen. Durch eine strikt verstan-

[40] Diese dient der langfristigen Planung von operativen Aktivitäten im Jahresrhythmus, vgl. dazu oben in Teil 2 Kapitel 5 unter D. IV.

[41] Dies betrifft hier die zwischen Mitgliedern und Teilnehmern eines JITs zu treffenden Vereinbarungen und die Einsatzpläne der an Frontex und EASO angegliederten Einsatzformen; die sich innerhalb der EZB-Verwaltung abspielende Erstellung eines Aufgabenkatalogs

dene Verbindlichkeit können sie die Steuerungsmöglichkeiten unionaler Stellen in der Praxis stark erhöhen. Die exakte rechtliche Behandlung fällt jedoch schwer: Ob und inwiefern den Einsatzplänen und dem aufsichtlichen Prüfprogramm rechtliche Bindungswirkung zukommt, hängt entscheidend von ihrer rechtlichen Qualifikation, der sekundärrechtlichen Einbindung und dem (mutmaßlichen) Willen der Beteiligten ab. Letzterer spricht für eine Verbindlichkeit, da ein erhebliches rechtsstaatliches Interesse der Beteiligten daran besteht bzw. bestehen dürfte, dass die in den Vereinbarungen enthaltenen Befugnisübertragungen rechtlichen Bestand haben.

a) Rechtliche Qualifikation

Die Vereinbarungen haben zumindest vertragsähnlichen Charakter, sodass eine gewisse Verwandtschaft mit einem interadministrativen öffentlich-rechtlichen Vertrag besteht. Dieser stellt im Europäischen Verwaltungsverbund eine verbreitete Handlungsform dar: Die bisherigen Untersuchungen der Bedeutung und Rechtsbindungen der Handlungsform des öffentlich-rechtlichen Vertrags bzw. vertragsähnlicher Vereinbarungen im Unionsrecht haben sich zum einen mit vertraglichen Beziehungen zwischen unionalen Stellen und Privaten beschäftigt.[42] Zum anderen wurde herausgestellt, dass vertragsähnliche Instrumente aber auch im auf Kooperation und Koordination mitgliedstaatlicher und unionaler Stellen angewiesenen Europäischen Verwaltungsverbund adäquates Mittel der Wahl[43] sind, dies gilt auch für den hier betroffenen Bereich des Sicherheitsverwaltungs-

---

in Form des aufsichtlichen Prüfprogramms bleibt hier zunächst außer Betracht, die sogleich und unten bei der Thematisierung abstrakt-genereller Regelungen erfolgenden Ausführungen hinsichtlich Außenwirkung und Justiziabilität sind indes auch auf diese Festsetzungen zumindest teilweise übertragbar.

[42] Vgl. dazu etwa *Napolitano*, in: von Bogdandy/Cassese/Huber (Hrsg.), Bd. V § 89 Rn. 77 ff. und *Auby/Mirschberger/Schröder/Stelkens/Ziller*, in: Schneider/Hofmann/Ziller (Hrsg.), Buch IV des ReNEUAL-Musterentwurfs, welches in seinen Anwendungsbereich (lediglich) Verträge aufnimmt, die zwischen EU-Behörden und Privatpersonen bzw. einer mitgliedstaatlichen Behörde, die wie eine Privatperson agiert, geschlossen werden; dazu *Stelkens*, in: Schneider/Rennert/Marsch (Hrsg.), S. 165 ff. Das Bürger-Staat-Verhältnis ist auch primärer Schwerpunkt der rechtsvergleichenden Untersuchung von *Athanasiadou*, Der Verwaltungsvertrag im EU-Recht. *Glaser*, Entwicklung des Europäischen Verwaltungsrechts, S. 296 m.w.N. stellt indes eine generelle „Bedeutungszunahme des vertraglichen Verwaltungshandelns auf Kosten der einseitigen Einzelfallentscheidung" heraus.

[43] Vgl. dazu nur *Glaser*, Entwicklung des Europäischen Verwaltungsrecht, S. 404, S. 542 f., der öffentlich-rechtliche Verträge in diesem Kontext als eines von mehreren „konsensuale(n) Instrumente(n)" der Verbundverwaltung einordnet; vgl. ferner *Bauer*, in: Hoffmann-Riem/Schmidt-Aßmann/Voßkuhle (Hrsg.), Bd. II § 36 Rn. 27 f. und *Schöndorf-Haubold*, Europäisches Sicherheitsverwaltungsrecht, Rn. 150 ff. jeweils m.w.N.

rechts[44] und das Handeln unionaler Agenturen.[45] Materiellrechtlich befinden sich zwischen Verwaltungsstellen geschlossene unionsrechtliche Verträge mehr als entsprechende Verträge mit Privaten in einem nur wenig erschlossenen Bereich.[46] Ein Unionsverwaltungsvertragsrecht für den interadministrativen Bereich muss sich – falls keine speziellen Vorschriften bestehen – weitgehend mit allgemeinen Rechtsgrundsätzen des Unionsrechts begnügen, um etwa die Haftung der Vertragspartner zu klären.[47]

Unabhängig von etwaigen Hindernissen in Rechtsschutzverfahren vor dem EuGH (dazu sogleich) spricht gegen eine Qualifikation der Einsatzpläne mit Frontex und EASO als öffentlich-rechtliche Verträge, dass diese Einordnung ein überwiegend synallagmatisches Verhältnis und insbesondere eine freiwillige Beteiligung voraussetzen würde.[48] In den hier untersuchten Vereinbarungen steht jedoch primär die Verfolgung eines gemeinsamen Zwecks und nicht etwa ein Gegenseitigkeitsverhältnis im Vordergrund, ferner ist der Abschluss einer Vereinbarung sekundärrechtlich angeordnet. Idealerweise sollen die im Bereich der vorliegenden Untersuchung beteiligten Akteure aufgrund eines gemeinsamen Interesses handeln. Die abgeschlossenen Vereinbarungen beinhalten jedoch jedenfalls auch synallagmatische Tendenzen: Als Inhalt eines solchen Gegenseitigkeitsverhältnisses können hier, überspitzt formuliert, die Übertragung von Befugnissen

---

[44] Vgl. dazu *Schöndorf-Haubold*, Europäisches Sicherheitsverwaltungsrecht, Rn. 150; dies dürfte auf die – vergleichsweise weitreichenden – „Kompetenzreservate" (s. dazu oben in Teil 1 Kapitel 2 A. I.) der Mitgliedstaaten in diesem Bereich der inneren Sicherheit zurückzuführen sein, die gegen die Etablierung von (generellen) hierarchischen Strukturen sprechen.

[45] So *Bauer*, in: Hoffmann-Riem/Schmidt-Aßmann/Voßkuhle (Hrsg.), Bd. II § 36 Rn. 28, der durch die erfolgte „Agencification" (s. dazu oben in Teil 1 Kapitel 2 B. I.) mit „einer schwunghaften Zunahme der Verträge, zumindest aber mit einer weiteren Aufwertung des Vertragswesens" rechnet.

[46] Etwas anderes gilt teilweise für unionsrechtliche Verträge zwischen unionalen Stellen und Privaten, zu diesbezüglichen Rechtmäßigkeitsvoraussetzungen in Teilgebieten vgl. *Athanasiadou*, Der Verwaltungsvertrag im EU-Recht, S. 142 ff.

[47] So zur früheren Rechtslage bereits *Stelkens*, EuZW 2005 S. 299 ff., S. 300. Zur aktuellen Lage *Schöndorf-Haubold*, Europäisches Sicherheitsverwaltungsrecht Rn. 152; *Bauer*, in: Hoffmann-Riem/Schmidt-Aßmann/Voßkuhle (Hrsg.), Bd. II § 36 Rn. 27, der von einem „Europäischen Verwaltungsvertragsrecht im Werden" spricht; ausführlich dazu auch *Glaser*, Entwicklung des Europäischen Verwaltungsrechts, S. 395 ff., insb. S. 399, der insgesamt aus Gründen der Rechtssicherheit (wohl) eine primäre Anwendung von mitgliedstaatlichem Recht bevorzugen würde. Zur Verteilung der gerichtlichen Zuständigkeit in Haftungsfragen s. *Jacob/Kottmann*, in: Grabitz/Hilf/Nettesheim (Hrsg.), Art. 340 AEUV Rn. 26.

[48] *Glaser*, Internationale Verwaltungsbeziehungen, S. 98 f. zieht in Bezug auf „Willenseinigungen zwischen Verwaltungsbehörden [...], die sich auf einen völkerrechtlichen Basisvertrag der internationalen Verbundverwaltung" beziehen, den Begriff der Verwaltungsvereinbarung als besondere Form eines Vertrages, bei dem „die Willenserklärungen der beteiligten Subjekte sich inhaltlich gleichen und zu einem gemeinsamen Zweck im gemeinsamen Interesse abgegeben werden", nachvollziehbar vor; demgegenüber bestehe bei einer vertraglichen Einigung eine „widerstreitende Interessenlage".

einerseits und die damit im Synallagma stehende Gewährung von Unterstützungsleistungen andererseits angesehen werden.[49]

b) (Sekundär-)rechtliche Einbindung

Die Bindungswirkung der Einsatzpläne wird in der Frontex-VO-2019 und der EASO-VO thematisiert, die Rechtsgrundlagen für eine JITs-Vereinbarung enthalten keine diesbezüglichen Vorgaben. Eine Verbindlichkeit des Frontex-Einsatzplans wird ausdrücklich angeordnet (Art. 38 Abs. 3 S. 1 Frontex-VO-2019), teilweise ergeben sich die Rechtswirkungen der Einsatzpläne auch aus der weiteren Bedeutung für den Einsatzablauf: So hat der Einsatzmitgliedstaat Anweisungen entsprechend dem Einsatzplan zu erteilen (Art. 43 Abs. 1 Frontex-VO-2019, Art. 38 Abs. 1. lit. d) EASO-VO) und der Einsatzplan ist Basis der Überwachung durch EASO/Frontex (Art. 20 Abs. 2 lit. c) EASO-VO, Art. 44 Abs. 3 lit. b) Frontex-VO-2019). Die Rechtsverbindlichkeit eines Einsatzplans nach der Frontex-VO a.F. hat der EuGH[50] (allein) mit der überwachenden Rolle des Koordinierungsbeamten begründet. Angesichts der über die Regelung in der Frontex-VO a.F. hinausgehenden Einwirkungsmöglichkeiten nach der Frontex-VO-2019/EASO-VO, dürfte diese Rechtsprechung (erst-recht) auf die aktuelle Rechtslage übertragbar sein. Dieser Schluss allein von Aufsicht(smöglichkeit) auf die Rechtsverbindlichkeit erscheint jedoch fraglich, da er weder auf den Willen der Beteiligten abstellt noch die rechtliche Qualität des Einsatzplans miteinbezieht. Unabhängig davon stellt sich in Bezug auf die aktuelle Rechtslage die Frage, weshalb ein ausdrücklicher Verbindlichkeitsausspruch in der Frontex-VO-2019 noch erforderlich sein soll.

Sämtliche hier untersuchten einsatzleitenden Vereinbarungen werden aufgrund von Sekundärrecht geschlossen, welches Vorgaben für ihren Inhalt und Rechtswirkung enthält. Dies unterstellt ihre Rechtmäßigkeitsanforderungen und insbesondere die Wirksamkeit dieser Vereinbarungen insgesamt dem Unionsrecht[51] und erfordert eine jedenfalls grundsätzlich mögliche gerichtliche Über-

---

[49] Diese Umstände schließen nicht aus, dass ein gemeinsames übergeordnetes Ziel vorliegt; daraus, „materiell betrachtet", im Rahmen der Verbundverwaltung ein typisches Vorliegen einer einem privatrechtlichen Gesellschaftsvertrag ähnlichen Vereinbarung (statt synallagmatischen Vertrag) folgert *Glaser*, Internationale Verwaltungsbeziehungen, S. 98 f.

[50] EuGH, Urt. v. 02.09.2012, Rs. C-355/10, Parlament/Rat, Rn. 81 f.; vgl. zu diesem Urteil ausführlich in diesem Teil Kapitel 10 B. III. 2. und 3. a) bb) (1).

[51] Diese Zuordnung zum Unionsrecht ist im Hinblick auf die mit EASO und Frontex abgeschlossenen Einsatzpläne, die auf Rechtsgrundlagen in deren Errichtungsvereinbarungen beruhen, relativ naheliegend anzunehmen, vgl. dazu auch *Schöndorf-Haubold*, Europäisches Sicherheitsverwaltungsrecht, Rn. 152, zustimmenden *Lehnert*, Frontex, S. 270. Die JIT-Vereinbarung findet ebenfalls ihre Rechtsgrundlage im Unionsrecht, jedoch ist keine unionale Stelle beteiligt (dies gilt nicht für die zwischen JIT-Mitgliederung und JIT-Teilnehmern geschlossenen Vereinbarungen). Nichtsdestotrotz sind diese Vereinbarungen als dem Unionsrecht unterliegende öffentlich-rechtliche Vereinbarungen einzuordnen, da dieses „Rechtmäßigkeits- und Geltungsvoraussetzungen" regelt, vgl. dazu *Schöndorf-Haubold*, Eu-

prüfung anhand dieser Maßstäbe. Je höher der Einfluss unionalen Rechts bzw. unionaler Stellen in diesem Bereich ist, desto mehr spricht dafür, eine Überprüfung (allein) in die Hände des EuGH zu legen.

Durch die Vereinbarung eines einsatzleitenden Dokuments wird unionales und mitgliedstaatliches Recht in den hier untersuchten Fällen administrativ konkretisiert.[52] Je mehr der unionalen Seite hinsichtlich des „Aushandelns" der Vereinbarung ein überwiegender Einfluss zukommt und eine „Einigung" bloße Formsache wird, desto eher trägt die getroffene Vereinbarung Charakterzüge einer einseitig-verbindlichen Entscheidung dieser unionalen Stelle.[53] Abhängig von ihrem Detaillierungsgrad und ihrer Geltungsreichweite bewegen sich die hier in den Blick genommenen Vorgaben funktional gesehen zwischen administrativ-kooperativer konkret-genereller Rechtsetzung und (allgemeinen) Weisungen für das eingesetzte Personal. Dementsprechend ordnet etwa *Lehnert* den Einsatzplan von Frontex als „maßgebliche materielle Rechtsgrundlage der operativen Grenzschutzmaßnahmen" ein.[54] Dabei ist zu beachten, dass der Einsatzplan eher die Wahrnehmung von (einsatz-)mitgliedstaatlichen Kompetenzen regelt und diese nicht begründet bzw., dass allein aus der internen Verbindlichkeit der Einsatzpläne nicht notwendigerweise entsprechende Ermächtigungen im Außenverhältnis angenommen werden können; die mitgliedstaatlichen Kompetenzen müssen

ropäisches Sicherheitsverwaltungsrecht, Rn. 103 und ferner Rn. 152; ebenfalls in Bezug auf öffentlich-rechtliche Verträge (allein) auf die Unterwerfung unter Gemeinschaftsrecht abstellend *Stelkens*, EuZW 2005 S. 299 ff., S. 300.

[52] Der Grad der Konkretisierung hängt dabei von der Regelungsdichte der getroffenen Vereinbarung ab; *Glaser*, Internationale Verwaltungsbeziehungen, S. 101 ff., differenziert in diesem Kontext zwischen „Normkonkretisierung durch die abstrakte Verwaltungsvereinbarung" und „einzelfallbezogene(r) Rechtsanwendung durch die konkrete Verwaltungsvereinbarung". Der konkret-generelle Charakter der hier interessierenden einsatzbezogenen Vorfestlegungen grenzt sie von (eher) abstrakt-generell formulierten, die Kooperation in einem bestimmten Bereich übergeordnet und auf Dauer angelegt regelnden, zwischenstaatlichen Abkommen ab, vgl. dazu etwa die von *Heesen*, Interne Abkommen, S. 114 ff. vorgestellte Kategorie der „sekundärrechtlich verankerte(n) Abkommen", die als Beispiel die Abkommen über polizeiliche Zusammenarbeit nach dem SDÜ anführt. Nichtsdestotrotz können die hier in den Blick genommenen Vereinbarungen Wesenszüge von völkerrechtlichen Abkommen aufweisen, vgl. dazu generell mit Blick auf zwischen „unterstaatlichen Verwaltungseinheiten" geschlossene grenzüberschreitende Vereinbarungen und deren „Nähe zum völkerrechtlichen Vertrag" *Heesen*, Interne Abkommen, S. 4.

[53] In diese Richtung auch *Glaser*, Entwicklung des Europäischen Verwaltungsrechts, S. 404: „Die von der Exekutive der Union mit den Mitgliedstaaten [...] geschlossenen öffentlich-rechtlichen Verträge bewegen sich hingegen funktional im Bereich der Durchführungsrechtsakte gemäß Art. 291 AEUV. Sie substituieren regelmäßig an Mitgliedstaaten oder Privatpersonen gerichtete adressatenbezogene Beschlüsse und besitzen deshalb genuin administrativen Charakter".

[54] *Lehnert*, Frontex, S. 270, wobei er dies mit deren Rechtsverbindlichkeit begründet. Sieht man die Einsatzpläne als „tertiären Rechts(setzungs)akt" an, würden sie funktional aufgrund des konkret-generellen Situationsbezugs insoweit wohl in die Nähe der Handlungsform des Beschlusses i.S.d. Art. 288 Abs. 4 AEUV rücken.

bereits vor dem Einsatzplan im nationalen Recht des Einsatzmitgliedstaats bestehen. Diese Umstände werfen die Frage auf, inwieweit die Reichweite und Rechtswirkungen der getroffenen Vereinbarung über eine Bindung *inter partes* hinausgehen können, wodurch insbesondere die Herausbildung von Kriterien für deren Rechtmäßigkeit und ggf. judikative Überprüfbarkeit umso eher notwendig wird.

3. Justiziabilität der einsatzleitenden Vorfestlegungen

An die mit der rechtlichen Einordnung verknüpften Problematiken schließen sich Fragen der gerichtlichen Überprüfbarkeit der einsatzleitenden Vorfestlegungen an.

a) Überprüfung durch die Beteiligten: Schranke des Art. 272 AEUV

In Betracht kommt zunächst eine Überprüfung der Wirksamkeit der Einsatzpläne durch den EuGH auf Antrag der beteiligten Verwaltungsträger nach Art. 263 AEUV. Für eine solche Überprüfung durch den EuGH müsste – eine Einordnung dieser Vereinbarungen als öffentlich-rechtlicher Vertrag vorausgesetzt[55] – jedoch die primärrechtlich vorgesehene Schranke des Art. 272 AEUV überwunden werden, die dem EuGH grundsätzlich eine Zuständigkeit für Streitigkeiten bezüglich von der Union geschlossener öffentlich-rechtlicher Verträge ohne entsprechende Schiedsklausel verwehrt.[56] Dies ist insbesondere für die Einsatzpläne von EASO und Frontex relevant.[57] Selbst wenn man diese als öffentlich-rechtliche Verträge einordnet und keine Schiedsklausel vorliegt, könnte sich eine Ausnahme von Art. 272 AEUV jedoch aus der – durch die in der rechtlich vorgesehenen, übergeordneten Rolle der jeweiligen Agentur sowie Steuerungsfunktion der Einsatzpläne begründet liegenden – Atypik dieser Vereinbarungen ergeben.[58] Für Außenstehende hat die mit Art. 272 AEUV verknüpfte Proble-

---

[55] Dies hängt von der konkreten Ausgestaltung der Vereinbarung und dabei insbesondere von einer synallagmatischen Prägung bzw. der primären Verfolgung eines gemeinsamen Zwecks ab.

[56] Vgl. dazu Art. 272 AEUV, der für die Zuständigkeit des EuGH für Streitigkeiten aus öffentlich-rechtlichen Verträgen eine entsprechende Schiedsklausel fordert sowie die entsprechenden Regelungen in Art. 45 Abs. 2 EASO-VO und Art. 97 Abs. 3 Frontex-VO-2019 sowie, *Dörr*, in: Grabitz/Hilf/Nettesheim (Hrsg.), Art. 272 AEUV Rn. 33. Aus der Perspektive des Art. 263 AEUV, wonach Nichtigkeitsklagen in Bezug auf Verträge grundsätzlich ausgeschlossen sind, *Lenaerts* et al. EU Procedural Law, S. 262 f.

[57] Bei der JIT-Vereinbarung handelt es sich um eine Vereinbarung zwischen Mitgliedstaaten, für die ohnehin eine Nichtigkeitsklage nicht in Betracht kommt; das aufsichtlichen Prüfprogramm stellt demgegenüber keine vertragliche Handlungsform dar.

[58] Dies wird durch die entsprechenden sekundärrechtlichen Regelungen nicht ausgeschlossen: Generell enthalten Art. 97 f. Frontex-VO-2019 und Art. 45 EASO-VO keinen Hinweis darauf, dass der Einsatzplan als öffentlich-rechtlicher Vertrag zu behandeln ist. Dafür spricht auch, dass in den vorhandenen Einsatzplänen – soweit ersichtlich – keine Schiedsklausel o.ä. vorhanden ist.

matik der grundsätzlichen Unzuständigkeit des EuGH für Streitigkeiten betreffend öffentlich-rechtlicher Verträge keine Relevanz; dieser Ausschluss bezieht sich nur auf das vertragliche Verhältnis und erfasst allein die Vertragsparteien.[59]

b) Einsatzleitende Vereinbarungen und Art. 263 AEUV

Aus Perspektive der vom Einsatzhandeln betroffenen Grundrechtsträger drängt sich jedoch die Frage nach einer Außenwirkung einsatzleitender Festlegungen[60] und (damit verknüpft) deren Zurechnung sowie Justiziabilität auf. Diese werden zumindest auch durch Unionsstellen geschaffen, was eine Zurechnung der Vereinbarung auch zu diesen ermöglicht.[61] Zunächst ist festzuhalten, dass aus der dargestellten interadministrativen Verbindlichkeit für die am Abschluss der Vereinbarung beteiligten Stellen allein keine Schlüsse auf eine (für ein Verfahren nach Art. 263 Abs. 4 AEUV erforderliche) Rechtswirkung gegenüber Individualklägern abgeleitet werden können.[62]

Entscheidend ist insoweit die (rechtliche) Einordnung dieser Vorfestlegungen. Hierbei muss geklärt werden, ob es sich (lediglich) um vorbereitende verwaltungsinterne Akte handelt oder, ob sie (zudem) als weisungsäquivalenter Teil (inter-)administrativer Normsetzung für einen umgrenzten (Einsatz-)Bereich einzustufen sind. Im ersten Fall würde es sich nach der einschlägigen Rechtsprechung des Gerichtshofs trotz anzunehmender interadministrativer Rechtsverbindlichkeit[63] nicht um durch individuell Betroffene mit der Nichtigkeitsklage angreifbare Entscheidungen handeln.[64] Betrachtet man die Vorfestlegungen jedoch aus einem funktionalen, auf ihre Auswirkungen konzentrierten Blickwinkel, kann eine Übertragung der Rechtsprechungsgrundsätze für (allgemeine) Weisungen innerhalb der Verwaltung erwogen werden. Letztere haben grundsätzlich keine Außenwirkung gegenüber Dritten, eine Ausnahme besteht jedoch dann, wenn die weisungsunterworfene Stelle auf eine bestimmte Handlung bzw.

---

[59] Vgl. dazu nur *Pechstein/Görlitz*, in: Pechstein/Nowak/Häde (Hrsg.), Art. 267 AEUV Rn. 45; *Dörr*, in: Grabitz/Hilf/Nettesheim (Hrsg.), Art. 272 AEUV Rn. 33.

[60] Die folgenden Ausführungen können auch auf das für die JSTs erstellte aufsichtliche Prüfprogramm übertragen werden.

[61] Vgl. zu diesem Erfordernis ausführlich *Pechstein/Görlitz*, in: Pechstein/Nowak/Häde (Hrsg.), Art. 267 AEUV Rn. 45 ff. Auch aus diesem Grunde scheidet eine Anfechtbarkeit der JIT-Vereinbarung nach Art. 263 AEUV aus. Etwas Anderes kann jedoch für die mit Europol, Eurojust und OLAF getroffenen Vereinbarungen gelten. Eine Zurechnung der jeweiligen Einsatzpläne zu Frontex und EASO ist aufgrund der (dominierender) Rolle der Agenturen bei Erlass der Pläne anzunehmen.

[62] Vgl. dazu *Rademacher*, Realakte, S. 70 m.w.N.

[63] S. dazu oben unter B. II. 2.

[64] S. dazu im Hinblick auf oben untersuchten Initiativrechte bereits oben in diesem Kapitel unter B. I. 2. a), insbesondere die individuelle und unmittelbare Betroffenheit scheidet hier aus. Praktisch näherliegend ist zudem ein Vorgehen eines Mitgliedstaats gegen einen Einsatzplan, an dessen Erstellung der in Frage stehende Mitgliedstaat nicht beteiligt ist, vgl. zum Ganzen in Bezug auf Frontex *Rademacher*, Realakte, S. 121 f.

Haltung verbindlich festgelegt wird[65] oder, wenn die Weisung über die im Basisrechtsakt hinausgehende Verpflichtungen des adressierten Mitgliedstaats begründet.[66]

Wendet man diese Überlegungen auf die hier untersuchten Vorfestlegungen des Einsatzablaufs an, ergibt sich folgendes Bild: Die Vereinbarungen mit OLAF, Europol und Eurojust und den Mitgliedern eines JITs erreichen den erforderlichen Konkretisierungsgrad mit Blick auf die vorzunehmenden Handlungen nicht, die Einsatzpläne von EASO und Frontex mit ihren kleinschrittig geregelten Vorgehensweisen könnten das genannte, für die Annahme einer Außenwirkung maßgebliche Kriterium an den entsprechenden, detaillierte Handlungsvorgaben beinhaltenden Stellen jedoch erfüllen. Eine Nichtigkeitsklage gegen diesen funktional *allgemeine* Weisungen enthaltenen Teil des Einsatzplans würde jedoch wohl letztlich an dem von der Außenwirkung grundsätzlich zu unterscheidenden, gleichwohl im Rahmen des Art. 263 Abs. 4 AEUV erforderlichen Merkmal der unmittelbaren[67] bzw. (hier entscheidend) individuellen[68] Betroffenheit scheitern. Denn den Teammitgliedern bleibt trotz der Festlegungen im Einsatzplan ein eigener Ermessensspielraum und der Einsatzplan adressiert keine von den Teameinsätzen betroffene Person. Etwas anderes könnte sich lediglich für die instituts- und somit individualbezogenen aufsichtlichen Prüfprogramme der JSTs ergeben: Unterstellt man, dass die dargestellten weisungsbezogenen Grundsätze auch innerhalb desselben Verwaltungsträgers zur Anwendung kommen[69], dürfte der Zulässigkeit einer Nichtigkeitsklage des betroffenen Instituts[70] letztlich nur ein dem Personal der JSTs verbleibender Ermessensspielraum entgegenstehen. Denn das Kriterium der individuellen Betroffenheit wäre durch den institutsbezogenen Charakter des aufsichtlichen Prüfprogramms erfüllt, sodass allein eine unmittelbare Betroffenheit fraglich bliebe.

---

[65] Vgl. nur *Pechstein*, EU-Prozessrecht, Rn. 398; ihm folgend *Rademacher*, Realakte, S. 71.

[66] Vgl. dazu nur EuGH, Urt. v. 13.11.1991, Rs. C-303/90, Frankreich/Kommission, Rn. 24 f. (in Bezug auf einen unverbindlichen Verhaltenskodex), dazu *Gaitanides*, in: von der Groeben/Schwarze/Hatje (Hrsg.), Art. 263 AEUV Rn. 33.

[67] Bei diesem Kriterium können insbesondere den Einsatzkräften konkret verbleibende Ermessensspielräume entscheidend sein, vgl. zu diesem Merkmal unten in diesem Kapitel unter B. IV. 3.

[68] Insbesondere an den Außengrenzen ange- und betroffene Dritte sind nicht Adressat des Einsatzplans von Frontex bzw. EASO und auch nicht i.S.d. sog. Plaumann-Formel (vgl. dazu unten in diesem Kapitel unter B. IV. 3. b) (2)) als individuell betroffen zu behandeln.

[69] Vgl. zu den diesbezüglichen Anforderungen *Rademacher*, Realakte, S. 65.

[70] Zu der Möglichkeit einer mitgliedstaatlichen Nichtigkeitsklage vgl. unten in diesem Kapitel unter B. IV. 2. b) (1).

c) Einsatzleitende Vereinbarungen und Art. 267 AEUV

Unabhängig davon[71] kommt jedoch eine unionsgerichtliche Prüfung[72] der einsatzbestimmenden Vorfestlegungen[73] im Wege des Vorabentscheidungsverfahrens nach Art. 267 AEUV in Betracht.[74] Dieses kann in Form eines Eilverfahrens zur Anwendung kommen, wenn die Vorlagefrage „eine oder mehrere Fragen zu den von Titel V des Dritten Teils des AEU-Vertrags erfassten Bereichen aufwirft“[75], d.h. den Raum der Freiheit, der Sicherheit und des Rechts betrifft.[76]

---

[71] Miteinander verknüpft sind die Verfahren nach Art. 263 AEUV und Art. 267 AEUV grundsätzlich jedoch dadurch, dass die mit Ablauf der Klagefrist nach Art. 263 Abs. 6 AEUV eintretende Bestandskraft unionaler Akte nach der weitgehend gebilligten Rechtsprechung des EuGHs nicht durch eine Vorlage dieses Aktes im Vorabentscheidungsverfahren unterlaufen werden darf, vgl. dazu grundlegend EuGH, Urt. v. 09.03.1994, Rs. C-188/92, Textilwerke Deggendorf, Rn. 17 ff.; sowie ausführlich *Pechstein/Görlitz*, in: Pechstein/Nowak/Häde (Hrsg.), Art. 267 AEUV Rn. 27 f. und *Lenaerts* et al., EU Procedural Law, S. 465 ff. Demnach muss jedoch eine Erhebung der Nichtigkeitsklage durch den Betroffenen „ohne jeden Zweifel“ zulässig gewesen sein, was insbesondere bei adressatenlosen Unionsrechtsakten fraglich sein kann. Geht man wie hier in Bezug auf die einsatzleitenden Vorfestlegungen (weitgehend) von der Unzulässigkeit eines Verfahrens nach Art. 263 AEUV aus, erübrigt sich diese Problematik indes für diesen Bereich.

[72] Genaugenommen muss dem vorgeordnet (zwangsläufig) auch eine Prüfungskompetenz in Bezug auf das in Frage stehende Unionsrecht für das nationale Gericht bestehen, die (nur) bei negativem Ausgang der Prüfung eine Vorlage nach sich zieht – nimmt das nationale Gericht hingegen die Gültigkeit des Unionsakts an, ist dieser anzuwenden, vgl. dazu grundlegend EuGH, Urt. v. 22.10.1987, Rs. C-314/85, Foto Frost, Rn. 10 ff. und *Pechstein/Görlitz*, in: Pechstein/Nowak/Häde (Hrsg.), Art. 267 AEUV Rn. 58 m.w.N.

[73] Dies und die folgenden Ausführungen gelten wiederum nicht für die Handlungen der JSTs, für die allein die Unionsgerichtsbarkeit zuständig ist.

[74] Vgl. dazu instruktiv *Albors-Llorens*, Judicial Protection, S. 293 ff. und *von Danwitz*, in: Hatje/Müller-Graff (Hrsg.), § 13 Rn. 23 ff.; ausführlicher *Karpenstein*, in: Hatje/Müller-Graff/Leible/Terhechte (Hrsg.), § 8 Rn. 1 ff. Vgl. zu den primär objektiven Zwecken des Verfahrens nach Art. 267 AEUV, die insbesondere das Verwerfungsmonopol des EuGH für (hier in Form der Vereinbarungen vorliegendes) Unionsrecht zur Wahrung seiner einheitlichen Anwendung betreffen, *Pechstein*, EU-Prozessrecht, Rn. 748 ff., der jedoch auch seine mittelbar dem subjektiven Rechtschutz dienende Funktion hervorhebt (Rn. 743 und 751). Bezeichnend ist hierbei, dass dem Kläger vor nationalen Gerichten keine Möglichkeit zukommt, eine Vorlage zu erzwingen, vgl. dazu *Pechstein*, EU-Prozessrecht, Rn. 751 und 837 f.

[75] Zitiert nach Art. 107 Abs. 1 EuGH-Verfahrensordnung. Die Festlegung auf diesen Bereich erfolgte aufgrund ihrer Nähe zu essentiellen und grundrechtssensiblen Bereichen, insbesondere in Bezug auf Freiheitsentziehungen, Asyl, Einwanderung, elterliche Sorge, vgl. dazu *Pechstein*, EU-Prozessrecht, Rn. 883 und *Kühl*, EuZW 2008, S. 263 ff. Bisher wurden insbesondere Fälle, die inhaltlich das Eltern-Kind-Verhältnis oder die (Auslieferungs- oder Abschiebehaft-) Haft(dauer) betrafen, angenommen, vgl. *Latzel/Streinz*, NJOZ 2013, S. 97 ff., S. 106. Generell zum Merkmal der Dringlichkeit *Pechstein*, EU-Prozessrecht, Rn. 894 ff., wonach „die konkrete Gefährdung bzw. die irreparable Schädigung wichtiger Rechtsgüter in den Mittelpunkt“ der Entscheidungserwägungen des EuGHs gestellt werden. Vgl. auch aktuell bezüglich einer individuellen Inhaftierung in Verbindung mit dem Europäischen Haftbefehl EuGH, Urt. v. 27.05.2019, Rs. C-508/18 und C-82/19 PPU, Parquet de Lübeck, (der Zusatz zum Aktenzeichen PPU steht für *procédure préjudicielle d'urgence*)

[76] Vgl. dazu ausführlich *Pechstein*, EU-Prozessrecht, Rn. 883 ff. und knapper *von Danwitz*,

Dieses Verfahren könnte bei einer extensiven Anwendung eine entscheidende Rolle im Bereich des unionsrechtlichen (mittelbaren) Individualrechtsschutzes spielen, da von diesem Prüfungsbereich die Einsatzpläne von EASO, Frontex sowie die im Zusammenhang mit JITs getroffenen Vereinbarungen erfasst werden.[77] Davon zu trennen ist die mit dem Vorlageverfahren und hohen Voraussetzungen verknüpfte zusätzliche Möglichkeit mitgliedstaatlicher Gerichte, einen Unionsrechtsakt für vorläufig unanwendbar zu erklären[78], welche bei entsprechender Anwendung in der Praxis den selben Zwecken dienen könnte.[79]

Eine Vorlage ist grundsätzlich unabhängig von der rechtlichen Qualifikation der einsatzleitenden Vereinbarungen möglich, entscheidend ist zunächst lediglich, dass deren Gültigkeit sich nach Unionsrecht richtet.[80] Im gegebenen Kontext relevant sind zudem zwei weitere Voraussetzungen des Vorabentscheidungsverfahrens: Dies betrifft zunächst das grundsätzliche Erfordernis eines anhängigen Gerichtsverfahrens[81], dessen Eröffnung in der Regel eine bereits erfolgte

---

in: Hatje/Müller-Graff (Hrsg.), § 13 Rn. 32. Das mittlerweile in Art. 107 ff. EuGH-Verfahrensordnung geregelte Verfahren kann auf Antrag und nach Prüfung durch die zuständige Kammer des EuGH oder durch diesen von Amts wegen angewendet werden.

[77] Zum (schwach ausgestalteten) Individualrechtsschutz gegen die unionale Beteiligung an den Einsätzen vgl. generell unten in diesem Teil Kapitel 11 insb. unter C.; diese Defizite könnten zumindest teilweise durch eine Anwendung des Eilvorabentscheidungsverfahrens in diesem Sinne kompensiert werden.

[78] Vgl. zu dieser als Ausnahme zur „Foto-Frost-Doktrin" begreifbaren Rechtsprechungslinie des EuGH grundlegend EuGH, Urt. v. 09.11.1995, Rs. C-465/93, Atlanta u.a., Rn. 19 ff., und insb. Rn. 31 ff., das in seiner Begründung häufig auf das ebenso grundlegende EuGH, Urt. v. 21.02.1991, Rs. C-143/88, Zuckerfabrik Süderdithmarschen, verweist und hierbei bemerkenswerte Vergleiche zieht: „Der vorläufige Rechtsschutz, den das Gemeinschaftsrecht den Bürgern vor den nationalen Gerichten sichert, muß unabhängig davon derselbe sein, ob sie die Unvereinbarkeit nationalen Rechts mit dem Gemeinschaftsrecht oder die Ungültigkeit abgeleiteten Gemeinschaftsrechts geltend machen, da diese Rüge in beiden Fällen auf das Gemeinschaftsrecht selbst gestützt ist" (EuGH, a.a.O., Rn. 24). Zu den Voraussetzungen einer solchen einstweiligen Anordnung, die u.a. eine sich unmittelbar anschließende Vorlage an den EuGH und drohende schwerwiegende und irreversible Rechtsguteinbußen des Klägers voraussetzt, *Pechstein/Görlitz*, in: Pechstein/Nowak/Häde (Hrsg.), Art. 267 AEUV Rn. 59 f. Für den hier relevanten Kontext bedeutet dies: Entweder das mitgliedstaatliche Gericht verbietet eine dem Einsatzplan/der JIT-Vereinbarung entsprechende nationale Handlung oder es erklärt diese Vereinbarungen selbst für (vorläufig) unanwendbar.

[79] Vgl. dazu aus genereller Sicht für Realakte *Rademacher*, Realakte, S. 315 f.

[80] Nach überwiegender Ansicht sind mit Blick auf den Wortlaut des Art. 267 Abs. 1 lit. b) AEUV, der sämtliche „Handlungen der Organe, Einrichtungen und sonstigen Stellen der Union" als taugliche Vorlagegegenstände ansieht, auch Realakte und (wie hier) nur intern Bindungswirkung entfaltende Maßnahmen erfasst; vgl. dazu nur *Lenaerts* et al., EU Procedural Law, S. 464; *Pechstein*, EU-Prozessrecht, Rn. 771 f. und vertiefend, auch zu anderen Ansichten, *Rademacher*, Realakte, S. 306; grundlegend in der Rechtsprechung EuGH, Urt. v. 13.12.1989, Rs. C-322/88, Grimaldi, Rn. 8 ff.

[81] Vgl. zum Erfordernis der Anhängigkeit *Pechstein/Görlitz*, in: Pechstein/Nowak/Häde (Hrsg.), Art. 267 AEUV Rn. 1 m.w.N.; zum genuin unionsrechtlich zu bestimmenden Gerichtsbegriff des Art. 267 AEUV vgl. *Pechstein/Görlitz*, in: Pechstein/Nowak/Häde (Hrsg.),

Handlung einer mitgliedstaatlichen Stelle erfordert.[82] Dies gilt nicht für den Fall der hier wohl praktisch nicht in Frage kommenden Möglichkeit einer vorbeugenden Klage potentiell betroffener Personen.[83] Eine zweite, hier auf den ersten Blick problematische Voraussetzung einer zulässigen Vorlage ist, dass eine Entscheidung des EuGH über die Vereinbarkeit des Vorlagegegenstandes mit Unionsrecht für das vorlegende nationale Gericht entscheidungserheblich sein muss. Nur dann ist das mitgliedstaatliche Gericht zur Vorlage berechtigt bzw. verpflichtet.[84] Nimmt man an, dass die den (grundsätzlich erforderlichen) Aufhänger des nationalen Gerichtsverfahrens bildende Einsatzhandlung eines Teammitglieds sich nach dem (in der Vorfestlegung konkretisierten) nationalem Recht des Einsatzmitgliedstaats und dem Unionsrecht richtet, liegt der Prüfungsmaßstab des mitgliedstaatlichen Gerichts damit bereits vor, sodass es auf die hier untersuchten Vorfestlegungen nicht mehr ankommen könnte.[85]

Dies gilt jedoch primär für Maßnahmen der Beamten des Einsatzmitgliedstaats; für fremdes Personal können die Vereinbarungen jedenfalls als rechtliche Normierung des Bereitstellungsvorgangs und der Befugnisübertragung in diesem Zusammenhang als Rechtmäßigkeitsvoraussetzungen des Einsatzes angesehen werden.[86] Hinzu kommt, dass die EuGH-Rechtsprechung das Merkmal der Entscheidungserheblichkeit sehr großzügig auslegt und den mitgliedstaatlichen Gerichten so eine Einschätzungsprärogative sowie ein weiter Beurteilungsspielraum hinsichtlich der Frage der Entscheidungserheblichkeit zukommt[87]: Eine Beein-

---

Art. 267 AEUV Rn. 37 ff. und *Wegener*, in: Calliess/Ruffert (Hrsg.), Art. 267 AEUV Rn. 19 ff.

[82] Vgl. zu der Frage, ob sich vor dem Hintergrund der Rechtsschutzgarantien des Mehrebenensystems (vgl. dazu unten in diesem Teil Kapitel 11 B. II. 3. a) bb) (2)) nicht auch eine Zulässigkeit des Vorabentscheidungsverfahrens auch ohne mitgliedstaatliche Maßnahme konstruieren ließe *Rademacher*, Realakte, S. 311 ff.

[83] Vgl. zur „Notwendigkeit (auch) mitgliedstaatlichen Handelns" in diesem Kontext *Rademacher*, Realakte, S. 309 f. Dies würde etwa für den Fall gelten, dass zwar ein EASO-Einsatzplan beschlossen wurde, jedoch noch keine ASTs vor Ort sind.

[84] Vgl. dazu Art. 267 Abs. 2 und Abs. 3 AEUV und die Darstellung der Rechtsprechung des EuGHs bei *Pechstein*, EU-Prozessrecht, Rn. 816 f., 825 ff., wonach auch eine Vorlagepflicht nicht-letztinstanzlicher Gerichte besteht, wenn sie sekundäres oder „tertiäres" Unionsrecht wegen (vermuteter) Ungültigkeit nicht anwenden wollen. Zu Ausnahmen von der Vorlagepflicht, deren Vorliegen jedoch im gegebenen Kontext unwahrscheinlich ist, vgl. nur *Pechstein/Görlitz*, in: Pechstein/Nowak/Häde (Hrsg.), Art. 267 AEUV Rn. 63 ff.

[85] Ähnlich für die Konstellation EuG, Urt. v. 04.10.2006, Rs. T-193/04, Tillack/Kommission, in welcher eine konkrete personenbezogene (unverbindliche) Informationsübermittlung von OLAF an die Brüsseler Staatsanwaltschaft Streitgegenstand war, *Rademacher*, Realakte, S. 311, und ausführlich zu diesem Urteil *Rademacher*, a.a.O., S. 23 ff.

[86] Dieser Umstand dürfte die Vorlage einer JIT-Vereinbarung, wonach außenwirksame Handlungen fremden Personals eher den Ausnahmefall bilden, in der Praxis unwahrscheinlicher machen als die eines Einsatzplanes von EASO oder Frontex. Vgl. zu den möglichen rechtlichen Wirkungen dieser Einsatzpläne, auch als „materieller Rechtsgrundlage" oben in diesem Kapitel unter B. I. 2. a).

[87] Vgl. dazu ausführlich mit Nachweisen zur Rechtsprechung und (hier nicht einschlägi-

flussung der nationalen Handlungen durch verbindliches Unionsrecht in Form der hier untersuchten Vereinbarungen dürfte nach alledem einen tauglichen Vorlagegegenstand darstellen – es bleibt jedoch Aufgabe der gerichtlichen Praxis, diese Möglichkeit der Klärung durch den EuGH im Einzelfall zu nutzen.

d) Aus praktischer Sicht: Zugang zu den einsatzleitenden Dokumenten

Eine gerichtliche Überprüfung der Vorfestlegungen setzt jedoch ihre praktische Verfügbarkeit bzw. die Möglichkeit der Einsichtnahme voraus. Die Bereitstellung eines Dokuments kann zum einen unmittelbar durch die Öffentlichkeit/durch einen Betroffenen erstrebt werden, in Betracht kommt zum anderen eine Anforderung als rechtliche Einsatzgrundlage in einem nationalen oder unionalen Verwaltungs- oder Gerichtsverfahren.[88]

aa) Direkter Zugang der Öffentlichkeit

Der erste Weg ist primärrechtlich vorgegeben[89], sekundärrechtlich ausgestaltet[90] und wurde auch vom Verfasser hinsichtlich der untersuchten Einsatzpläne von Frontex beschritten: Unionsrechtlich vorgesehen ist ein grundsätzliches „Recht auf Zugang zu den Dokumenten der Organe, Einrichtungen und sonstigen Stellen der Union", sodass dessen Vorgaben auf die hier relevanten Agenturen und sonstigen Stellen der Union anwendbar sind.[91] Dies gilt im gegebenen Kontext

---

gen) Ausnahmen in Bezug auf zulässige Vorlagegegenstände *Pechstein/Görlitz*, in: Pechstein/Nowak/Häde (Hrsg.), Art. 267 AEUV Rn. 54 f., die insgesamt von einer „bejahenden Regelvermutung" für die Vorlagefähigkeit ausgehen.

[88] Relevant sind die folgenden Ausführungen insbesondere für die nicht ohnehin veröffentlichten (Teile der) einsatzleitenden Dokumente.

[89] Vgl. dazu Art. 42 EU-GRC und den weitgehend inhaltsgleichen Art. 15 AEUV (vgl. zum Verhältnis der beiden Vorschriften *Heselhaus*, in: Pechstein/Nowak/Häde (Hrsg.), Art. 42 GRC Rn. 1 ff.), welcher den „Grundsatz der Offenheit" (so *Krajewski/Rösslein*, in: Grabitz/Hilf/Nettesheim (Hrsg.), AEUV Art. 15 AEUV Rn. 8 ff.) bzw. das sog. Transparenzprinzip (*Wegener*, in: Calliess/Ruffert (Hrsg.), Art. 15 AEUV Rn. 1) beinhaltet. Hier besonders relevant ist das in Art. 15 Abs. 3 AEUV Recht auf Zugang zu Dokumenten. Zur „Etablierung des Dokumentenzugangsrecht im Primärrecht" vgl. *Wolff*, Das unionale Dokumentenzugangsrecht, S. 38 ff. Dass das Dokumentenzugangsrecht durch Sekundärrecht zu konkretisieren ist, schließt eine unmittelbare Anwendbarkeit des Art. 15 Abs. 3 AEUV aus, so mit Nachweisen zur Gegenansicht auch *Krajewski/Rösslein*, in: Grabitz/Hilf/Nettesheim (Hrsg.), Art. 15 AEUV Rn. 8 f.

[90] Entsprechende Bestimmungen sind maßgeblich in der EU-Dokumentenzugangs-VO enthalten.

[91] Dieser Wortlaut des Art. 15 Abs. 3 AEUV und Art. 42 EU-GRC hat (noch) keinen Einzug in die EU-Dokumentenzugangs-VO gefunden, die nach Art. 1 lit. a) EU-Dokumentenzugangs-VO nur die Kommission, den Rat und das Europäische Parlament adressiert, eine Anwendung durch die übrigen Stellen jedoch empfiehlt (vgl. Erw. 8). Unabhängig von einer primärrechtlichen Überlagerung sind die Bestimmungen der EU-Dokumentenzugangs-VO für die hier relevanten unionalen Stellen verbindlich, vgl. Art. 74 Abs. 1 Frontex-VO, Art. 42 Abs. 1 EASO-VO, Art. 65 I Europol-VO und Art. 39 Eurojust-Beschluss. In Bezug

auch für die EZB; die in Art. 15 Abs. 3 UA 4 AEUV normierte Ausnahme ist hier nicht einschlägig.[92] Die in den Blick genommenen einsatzleitenden Dokumente fallen in sachlicher Hinsicht in den Anwendungsbereich der EU-Dokumentenzugangs-VO.[93] In persönlicher Hinsicht ist der Kreis der Antragssteller (zumindest in der praktischen Umsetzung) nicht auf Unionsbürger beschränkt.[94] Für die Eigenschaft als tauglicher Antragsgegner und den Erfolg einer Anfrage ist die Urheberschaft eines Dokuments grundsätzlich irrelevant, nach Art. 2 Abs. 3 EU-Dokumentenzugangs-VO sind alle Dokumente erfasst, „die von dem Organ erstellt wurden oder bei ihm eingegangen sind und sich in seinem Besitz befinden".[95] Ungeachtet besonderer Bestimmungen für die „Behandlung sensibler Dokumente"[96] unterliegen etwaige Anfragen den Ausnahmen des Art. 4 EU-Dokumentenzugangs-VO, der insgesamt restriktiv auszulegende[97] absolute

auf OLAF geht der EuGH, Urt. v. 26.04.2016, Rs. T-221/08, Strack, Rn. 49 ff. von einer Verbindlichkeit aus.

[92] Demnach gilt die Verpflichtung zur Transparenz für den EuGH, die EZB und die Europäische Investitionsbank nur, wenn sie Verwaltungsaufgaben wahrnehmen; dies ist bei der EZB im finanzpolitischen Bereich nicht der Fall, im hier betroffenen mikroprudenziellen Bereich jedoch anzunehmen, vgl. dazu auch Art. 4 Abs. 1 lit. a) 4. Spiegelstrich EU-Dokumentenzugangs-VO. Vgl. die Ausgestaltung im Beschluss der EZB (2004/258/EG) vom 04.03.2004, über den Zugang der Öffentlichkeit zu Dokumenten der Europäischen Zentralbank (ABl. 2004 Nr. L 80, 42), der jedenfalls eine stillschweigende Billigung durch den EuGH erfahren hat, vgl. dazu EuG, Urt. v. 12.03.2019, Rs. T-798/17, De Masi und Varoufakis/EZB, Rn. 15 ff.

[93] Vgl. zu deren weiten Verständnis des Begriffs „Dokument" Art. 3 lit. a) EU-Dokumentenzugangs-VO, hierzu *Wolff*, Das unionale Dokumentenzugangsrecht, S. 112 ff. und *Görlitz/Schoo*, in: Schwarze/Becker/Hatje/Schoo (Hrsg.), Art. 15 AEUV Rn. 36 ff.

[94] Vgl. dazu Art. 2 Abs. 1, 2 EU-Dokumentenzugangs-VO und zur Praxis *Krajewski/Rösslein*, in: Grabitz/Hilf/Nettesheim (Hrsg.), AEUV Art. 15 AEUV Rn. 41–44; das für und wider einer verbindlichen universellen Regelung des Zugangsrechts abwägend *Wolff*, Das unionale Dokumentenzugangsrecht, S. 96 ff.

[95] Somit ist grundsätzlich auch eine an Eurojust, Europol oder OLAF gerichtete Anfrage zur Herausgabe einer JIT-Vereinbarung denkbar. Hier könnte dann die Freigabe nach Art. 4 Abs. 5 EU-Dokumentenzugangs-VO an die Zustimmung des betroffenen Mitgliedstaats gebunden sein, vgl. zur restriktiven Auslegung dieses auf aus Mitgliedstaaten „stammende(s) Dokument(e)" bezogenen Zustimmungsvorbehalts durch den EuGH *Wolff*, Das unionale Dokumentenzugangsrecht, S. 115 ff. Bei den übrigen einsatzleitenden Bestimmungen handelt es sich nicht um ein aus einem „Mitgliedstaat stammendes Dokument".

[96] Vgl. dazu Art. 9 Abs. 1 i.V.m. Art. 4 Abs. 1 lit a) EU-Dokumentenzugangs-VO, wonach hierfür insbesondere eine Klassifizierung als „top secret", „secret" oder „confidentiel" erforderlich ist; zur Einteilung von EU-Verschlusssachen vgl. generell den Beschluss des Rates vom 23.09.2013 (2013/488/EU) über die Sicherheitsvorschriften für den Schutz von EU-Verschlusssachen (ABl. L 274 vom 15.10.2013, S. 1–50). Zum Verhältnis dieser Vorschrift zu Art. 4 Abs. 1 EU-Dokumentenzugangs-VO vgl. EuGH, Urt. v. 28.11.2013, Rs. C-576/12 P, Jurasinovic/Rat, Rn. 42 ff.

[97] Vgl. zum sich auf absolute und relative Weigerungsgründe beziehenden „Gebot der engen Auslegung der Ausnahmetatbestände" *Wolff*, Das unionale Dokumentenzugangsrecht, S. 122 ff; vgl. zu den weiteren bestehenden Grundlinien der Rechtsprechung des EuGH,

(Art. 4 Abs. 1 EU-Dokumentenzugangs-VO[98]) und abwägungsoffene Weigerungsgründe (Art. 4 Abs. 2 EU-Dokumentenzugangs-VO)[99] enthält. Einer Abwägung zugänglich sind nach Art. 4 Abs. 3 UA 1 EU-Dokumentenzugangs-VO auch Anfragen, die sich auf Dokumente „zum internen Gebrauch" beziehen. Dies gilt jedoch nur für den Fall, dass „eine Verbreitung des Dokuments den Entscheidungsprozess des Organs ernstlich beeinträchtigen würde" und das betreffende Organ noch keinen Beschluss gefasst hat.[100] Geht der Antragssteller gegen eine Weigerung gerichtlich vor, ist das entscheidende Gericht verpflichtet, das verweigerte Dokument einzusehen und zu prüfen, ob der Zugang rechtmäßig verweigert wurde.[101]

bb) Zugang im Verwaltungs- und Gerichtsverfahren

Zugang zu den einsatzbestimmenden Dokumenten kann darüber hinaus auch generell im Rahmen von (Individual-)Rechtsschutzverfahren begehrt werden bzw. erforderlich sein. Ausgangspunkt möglicher unional garantierter[102] Ein-

---

insb. zum „Gebot der konkreten und individuellen Prüfung" *Wolff*, Das unionale Dokumentenzugangsrecht, S. 124 ff.

[98] Vgl. dazu kritisch („grundlegender Konstruktionsfehler") *Wegener*, in: Calliess/Ruffert (Hrsg.), Art. 15 AEUV Rn. 24 ff und *Wolff*, Das unionale Dokumentenzugangsrecht, S. 120 ff. Hierbei dürfte der Schutz des öffentlichen Interesses im Hinblick auf die öffentliche Sicherheit einen einschlägigen Weigerungsgrund für sämtliche einsatzleitenden Bestimmungen (außer, bei entsprechender Auslegung, für das aufsichtliche Prüfprogramm) wohl jedenfalls während des Einsatzes in Betracht kommen. Zur generellen und auch für die gerichtliche Überprüfbarkeit (dazu sogleich) relevanten Bedeutung von Sicherheitsinteressen als potentiellen Gründe gegen eine Offenlegung von Dokumenten vgl. *Abazi/Curtin*, EU Security Exception, S. 188 ff.

[99] Vgl. dazu *Wegener*, in: Calliess/Ruffert (Hrsg.), Art. 15 AEUV Rn. 27 ff. Hierbei abwägungsrelevant sind u.a. der Schutz der geschäftlichen Interessen einer natürlichen oder juristischen Person, „von Gerichtsverfahren" oder „der Schutz des Zwecks von Inspektions-, Untersuchungs-, und Audittätigkeiten". Letztere Ausnahme könnte für die Tätigkeiten der JSTs und somit für das aufsichtliche Prüfprogramm in Betracht kommen, solange die Prüfung nicht abgeschlossen ist, vgl. zu den diesbezüglichen Maßstäben inklusive Verweisen auf die einschlägige Rechtsprechung des EuGH *Görlitz/Schoo*, in: Schwarze/Becker/Hatje/Schoo (Hrsg.), Art. 15 AEUV Rn. 68 f.

[100] Diese Ausnahme dient dem Schutz des Beratungsprozesses (vgl. dazu und zur restriktiven Auslegung dieser Zugangsschranken *Wegener*, in: Calliess/Ruffert (Hrsg.), Art. 15 AEUV Rn. 32 ff. und *Wolff*, Das unionale Dokumentenzugangsrecht, S. 172 ff.). Sie ist somit wohl nicht auf die hier untersuchten Einsatzvereinbarungen anzuwenden, die selbst einen eine Verhandlung abschließende Akt darstellen und sich auf mehrere Organe beziehen. Etwas Anderes könnte insoweit für das aufsichtliche Prüfprogramm der JSTs gelten, wobei dann eine „ernstliche Beeinträchtigung" des Entscheidungsprozesses durch die EZB dargelegt werden müsste.

[101] Vgl. dazu EuGH, Urt. v. 28.11.2013, Rs. C-576/12 P, Jurasinovic/Rat, Rn. 27.

[102] Die im Grundsatz vergleichbaren Anknüpfungspunkte in den Art. 6, 13 und 34 f. EMRK, die nach der Rechtsprechung des EGMR ähnliche bzw. teilweise weitergehenden Garantien beinhalten, beziehen sich vorrangig auf Straf- und Zivilverfahren, vgl. zum Ganzen und für eine Übertragbarkeit auf den Verwaltungsprozess *Lehnert*, Frontex, S. 288 f.

sichtsrechte ist in diesem Kontext Art. 41 Abs. 2 lit. b) EU-GRC hinsichtlich Verwaltungsverfahren bzw. Art. 47 UA 2 EU-GRC in Bezug auf Gerichtsverfahren.[103] Wenngleich diese Bestimmungen im Hinblick auf ihren jeweiligen Anwendungsbereich strikt voneinander zu trennen sind, existieren in dem hier relevanten inhaltlichen Bereich starke Überschneidungen.[104]

Das Recht auf Zugang zu Dokumenten bzw. zur Akteneinsicht ist Ausdruck des Grundsatzes des fairen Verfahrens bzw. der im kontradiktorischen (Gerichts-)Verfahren zu gewährleistenden „Waffengleichheit"[105]: Hiernach müssen die Entscheidungsgrundlagen oder die sonst für das streitgegenständliche Handeln relevanten Dokumente einsehbar gemacht werden, um ungerechtfertigte Vorteile einer Partei im Prozess zu verhindern.[106] Dieses prozessuale Einsichtsrecht ist jedoch einer Abwägung mit entgegenstehenden Interessen zugänglich, so nennt etwa Art. 41 Abs. 2 lit. b) EU-GRC die „Wahrung des berechtigten Interesses der Vertraulichkeit sowie des Berufs- und Geschäftsgeheimnisses" als abwägungsrelevante Belange.[107] Die Kategorie des berechtigten Interesses dürfte auch Sicherheits- und Effektivitätsgesichtspunkte umfassen,[108] sodass sich eine

---

[103] Art. 47 EU-GRC umfasst hierbei nach allgemeiner Auffassung auch Verfahren vor nationalen Gerichten. In Bezug auf Art. 41 EU-GRC ist fraglich, ob auch nationale Verwaltungsverfahren erfasst sind, vgl. zum Ganzen *Nehl*, in: Pechstein/Nowak/Häde (Hrsg.), Art. 47 EU-GRC Rn. 79 m.w.N und ausführlich unten in diesem Teil Kapitel 11 B. II. 3. a) bb) (1).

[104] Vgl. dazu nur *Nehl*, in: Pechstein/Nowak/Häde (Hrsg.), Art. 47 EU-GRC Rn. 79 m.w.N.; von einer weitgehenden inhaltlichen Überlappung geht auch *Lehnert*, Frontex, S. 283 f., aus, der Art. 47 EU-GRC als „Fortsetzung des Akteneinsichtsrechts im Verwaltungsverfahren" nach Art. 41 Abs. 2 lit. b) EU-GRC begreift, was eine stärkere Berücksichtigung individueller Interessen im gerichtlichen Verfahren jedoch nicht ausschließt, vgl. dazu auch *Jarass*, NJW 2011 S. 1393 ff., S. 1397, der die Gewährleistungen in Bezug auf das Verwaltungsverfahren als „Untergrenze" der Verbürgungen des Art. 47 Abs. 2 EU-GRC sieht.

[105] Vgl. dazu *Eser*, in: Meyer/Hölscheidt (Hrsg.), Art. 47 EU-GRC Rn. 34; *Nehl*, in: Pechstein/Nowak/Häde (Hrsg.), Art. 47 EU-GRC Rn. 61 f.; *Blanke*, in: Calliess/Ruffert (Hrsg.), Art. 47 EU-GRC Rn. 14 f.

[106] Dies folgt auch aus einer weiten Auslegung des in Art. 41 Abs. 2 lit. b) EU-GRC ausdrücklich enthaltenen Kriteriums der die in Frage stehende Person „betreffenden Akten". Dieses setzt keine Adressatenstellung o.ä. voraus, sondern ist erfüllt, soweit es im fraglichen Dokument „materiell auch um Angelegenheiten des Grundrechtsträgers geht", so *Jarass*, EU-GRC, Art. 41 EU-GRC Rn. 19 f.; ebenso *Terhechte*, in: Pechstein/Nowak/Häde (Hrsg.), Art. 41 EU-GRC Rn. 18 und *Klatt*, in: von der Groeben/Schwarze (Hrsg.), Art. 41 EU-GRC Rn. 14 jeweils m.w.N. Unerheblich ist demnach auch, ob das Dokument für den Kläger/Verfahrensführer belastend ist. *Lehnert*, Frontex, S. 284 ordnet vor diesem Hintergrund einen von Frontex erstellten Einsatzplan als tauglichen Gegenstand der Einsichtnahme ein.

[107] Vgl. dazu *Jarass*, EU-GRC, Art. 41 EU-GRC Rn. 22 f., der so „die Vorlage von Schriftstücken, die den internen Entscheidungsprozess betreffen", ausschließt. Dies trifft auf die hier untersuchten Vorfestlegungen jedoch nicht zu.

[108] Vgl. dazu mit Nachweisen auch zur Ausgestaltung der EuGH-Satzung *Lehnert*, Frontex, S. 285 ff. Inhaltlich können somit weitgehend die gleichen Weigerungsgründe wie in Art. 4 Abs. 1 EU-Dokumentenzugangs-VO geltend gemacht werden, vgl. dazu *Klatt*, in: von der Groeben/Schwarze (Hrsg.), Art. 41 EU-GRC Rn. 14.

Einsicht in Vorfestlegungen zu laufenden Operationen besonders schwierig gestalten könnte.

4. Zwischenfazit: Bedeutung für den Individualrechtsschutz nur im Ausnahmefall

Die an Unionsrecht zu messenden einsatzleitenden Vereinbarungen bzw. Vorfestlegungen weisen nicht nur im Verhältnis der beteiligten unionalen und nationalen Stellen rechtliche Relevanz auf. Im interadministrativen Verhältnis beanspruchen sie weitgehend Bindungswirkung, was sich aus dem Willen der Beteiligten und insbesondere aus sekundärrechtlichen Anordnungen ergibt. Eine Einordnung der Einsatzpläne als öffentlich-rechtlicher Vertrag ist aufgrund des speziellen, sekundärrechtlich vorgegebenen Charakters zweifelhaft, dennoch liegen vertragsähnliche Komponenten vor. Im Ausnahmefall kann denn Vorfestlegungen unmittelbare Rechtswirkung i.S.d. Art. 263 Abs. 4 AEUV zukommen, entscheidend ist insoweit ein verbleibender Handlungsspielraum des eingesetzten Personals. Dies ist jedoch nicht gleichbedeutend mit einer Anfechtbarkeit im Rahmen der Individualnichtigkeitsklage, die in der Regel jedenfalls mangels individueller Betroffenheit unzulässig ist. Mittelbarer effektiver Individualrechtsschutz und somit eine Überprüfbarkeit des Einwirkens unionaler Stellen in Bezug auf die einsatzleitenden Bestimmungen kann jedoch – eine entsprechende Praxis der nationalen Gerichte vorausgesetzt – durch das Vorabentscheidungsverfahren gewährt werden, da dessen (richter-)rechtliche Ausgestaltung zumindest in der Theorie für die hier relevanten (Not-)Situationen adäquate Instrumente bereit hält.

III. Abstrakt-generelle unionale Einsatzvorgaben

In der Zielsetzung auf die Steuerung des Einsatzablaufs mit den soeben untersuchten Vorfestlegungen vergleichbar, diesen jedoch in der Regel zumindest zeitlich und funktional vorgelagert, sind abstrakt-generelle Einsatzvorgaben durch unionale Stellen. Hinsichtlich des hier untersuchten Teamhandelns bestehen etwa Verhaltenskodizes, Leitlinien, Handbücher und sonstige Hilfestellungen zur praktischen Umsetzung, die teilweise in den Einsatzplan aufgenommen werden (sollen). Auch solche Bestimmungen, die aus der Perspektive des deutschen Rechts am ehesten mit der administrativen Handlungsform der Verwaltungsvorschrift vergleichbar sind[109], befinden sich als eine Art „exekutivistischer Selbst-

---

[109] Vgl. dazu in Bezug auf unverbindliche, abstrakt-generelle Vollzugsregelungen *Sydow*, Verwaltungskooperation, S. 52 ff., und *Schöndorf-Haubold*, Europäisches Sicherheitsverwaltungsrecht, Rn. 147; genereller („Behördenrecht") *Stelkens*, VVDStRL 71 (2012), S. 369 ff., 401 ff.; *von Danwitz*, Europäisches Verwaltungsrecht, S. 248 und *Hill/Martini*, in: Hoffmann-Riem/Schmidt-Aßmann/Voßkuhle (Hrsg.), Bd. II § 34 Rn. 82 f. für die Handlungsform der Leitlinie. Zur vermehrten Verwendung auf unionaler Ebene vgl. *Türk*, ELJ 2013, S. 126 ff., S. 127.

programmierung" zwischen verbindlichen (formell-)gesetzlichen Vorgaben und der konkret-individuellen Vollzugshandlung. Sie stellen somit ebenfalls einen wesentlichen Steuerungsfaktor des außenwirksamen und einzelfallbezogenen Verwaltungshandels dar.[110] In dieser Funktion dienen sie grundsätzlich sowohl dem agierenden Amtswalter als auch einem durch die Amtshandlung (potentiell) betroffenen Außenstehenden als Richtschnur für das jeweilige eigene Handeln.[111]

Diese informellen Vorgaben beziehen sich abstrakt-generell auf die Verwaltungstätigkeit der handelnden Beamten. Sie unterscheiden sich jedoch in ihrem Anwendungsbereich: Entweder sie sind ausschließlich an EU-eigenes Personal gerichtet oder sie schließen auch mitgliedstaatliches Personal mit ein, insofern ist eher von „exekutivistischer Fremdprogrammierung" zu sprechen.

1. Erscheinungsformen mit Auswirkungen auf Teams

Diese (inter-)administrativen Vorgaben bestehen als (potentiell) beeinflussende Faktoren in vielen Variationen für sämtliche der hier untersuchten Einsatzformen. Eine Gemeinsamkeit besteht darin, dass sie von Unionsstellen erlassen wurden. Unterschiede bestehen insbesondere im Hinblick auf die Regelungsdichte und den Verbindlichkeitsanspruch, der nur ausnahmsweise formuliert wird.

Abstrakt-generelle Arbeitsanweisungen für JSTs finden sich sowohl in sich selbst als (grundsätzlich) unverbindlich bezeichnenden Dokumenten wie dem SSM-Leitfaden, dem SSM-Handbuch und dem Vor-Ort-Prüfungs-LF[112], als auch ihrem Wortlaut nach verbindlich formulierten Vorgaben, hier maßgeblich die Ethik-Leitlinie der EZB. Erstere thematisieren ihre möglichen Rechtswirkungen trotz der Bezeichnung als „unverbindlich" selbst und stellen als verfolgte Zwecke neben einer Hilfestellung für die handelnden Beamten auch eine Erhöhung der Transparenz für Außenstehende heraus.[113] Letztere enthalten in Bezug auf das Verhalten der JST-Mitglieder im Gegensatz zu den unverbindlich formulierten Regelungen primär restriktive Bestimmungen, die „die Glaubwürdigkeit des SSM und dafür, das Vertrauen der Bürger Europas" sicherstellen sollen.[114]

---

[110] Vgl. zu dieser Funktion (informeller) administrativer Normsetzung „als Scharnier zwischen gesetzlicher Steuerung und ihrem Vollzug", wodurch u.a. der „Operationalisierung gesetzlicher Begriffe" bezweckt wird *Hill/Martini*, in: Hoffmann-Riem/Schmidt-Aßmann/Voßkuhle (Hrsg.), Bd. II § 34 Rn. 5.

[111] Vgl. zu diesen beiden Funktionen *Schuppert*, Verwaltungswissenschaft, S. 258 ff. m.w.N., wobei eine theoretische und insbesondere praktisch durchführbare Einsichtsmöglichkeit Voraussetzung ist; ausführlich zur behördlichen Dimension *Hill/Martini*, in: Hoffmann-Riem/Schmidt-Aßmann/Voßkuhle (Hrsg.), Bd. II § 34 Rn. 5 ff.

[112] Vgl. nur den S. 2 SSM-Leitfaden, S. 3 SSM-Handbuch und S. 3 Vor-Ort-Prüfungs-LF.

[113] Vgl. dazu nur S. 3 Vor-Ort-Prüfungs-LF und S. 3 SSM-Handbuch, die eine Veröffentlichung im Rahmen der „Transparenzpolitik" der EZB vorsehen, das SSM-Handbuch zitiert a.a.O. auch die auf „interne Leitfäden" bezogene Rechtsprechung des EuGH.

[114] Vgl. dazu Erw. 1 SSM-Leitfaden.

Vergleichbar restriktive Grundsätze, die jedoch inhaltlich neben der Integrität der Einsatzform deutlich mehr den Grundrechtsschutz potentiell betroffener Außenstehender anvisieren, sind im für die Mitglieder der ASTs relevanten EASO-CoC vorhanden, der selbst einen Verbindlichkeitsanspruch formuliert.[115] Konkrete, jedoch unverbindlich formulierte Verhaltensmaßstäbe für die Arbeit von nationalen Beamten sind ferner u.a. in der Reihe der EASO-Praxisleitfäden und den EASO Quality Assurance Tools enthalten.

Auch Frontex ist in weitem Umfang im Bereich der unverbindlichen Vorgabe abstrakt-genereller Einsatzmodalitäten aktiv. Dies gilt zunächst für das in drei Versionen erlassene „Handbook to the Operational Plan", welches jeweils für gemeinsame Land-, Luft- und Seeoperationen allgemeine, insbesondere auch verhaltensbezogene Vorgaben enthält. Diese, konzeptionell eine konkretisierende Stufe zwischen gesetzlichen Vorgaben und dem Einsatzplan darstellenden Bestimmungen erfüllen in der Praxis noch einen weiteren Zweck: Sie werden den Einsatzplänen regelmäßig als Annex beigefügt[116] und sind somit Bestandteil der zwischen Mitgliedstaaten und Frontex getroffenen Vereinbarungen. Hierdurch kommt ihnen in diesen Fällen dieselbe rechtliche Verbindlichkeit wie den konkret einsatzbezogenen (Kern-)Bestimmungen des Einsatzplans zu.[117] Durch diese Konstruktion werden auch jedenfalls für den konkreten Einsatz die von Frontex erlassenen Verhaltenskodizes verbindlich: Diese nach ihrem Wortlaut für mitgliedstaatliche Beamte unverbindliche Vorgaben werden spätestens[118] durch die

[115] Vgl. dazu das Vorwort auf S. 1 EASO-CoC aus, auch die Formulierung der einzelnen Bestimmungen spricht hierfür.

[116] Vgl. dazu auch *Fink*, Frontex and Human Rights, S. 60 f.

[117] Diese Beziehung wurde in einer Vorgängerversion (Erlassdatum 13.02.2014) des HOP-SEA wie folgt beschrieben (S. 7): „The Operational Plan is composed of the Main part, Annexes and Handbook to the Operational Plan. The Main part, its Annexes and the Handbook are an integral part of the Operational Plan, having the same importance and legal binding character." Die zur Verfügung stehenden aktuellen Handbücher betonen diese Wirkung nicht in dieser Deutlichkeit, dafür findet sich in den jeweiligen Einsatzplänen folgender Passus bzw. entsprechende Ausführungen, was ebenfalls eine durch die Aufnahme als Annex erfolgende Bindungswirkung nahelegt (vgl. nur OP-Triton 2017, S. 4): „This operational Plan, composed of the Main part and Annexes, was agreed with the authorities of the host Member State (MS), in consultation with the participating MS" und „The Handbook referred to in the Operational Plan contains the guidelines and complementary information [...]. References to the Handbook are made in the Main Part and Annexes of the Operational Plan".

[118] Der Frontex-CoC „[...] should serve as a framework for persons who are seconded national experts, other law enforcement officers or officers or participants from third countries" (Art. 1 Abs. 2 Frontex-CoC) und ist somit wohl nicht unmittelbar verbindlich, gleiches gilt für den JRO-Air-guide, auf dessen S. 9 folgendes ausgeführt ist „This document does not aim at creating new legally binding obligations of Member States". Eindeutig durch den Wortlaut auszuschließen ist eine intendierte unmittelbare Bindungswirkung des Rückkehr-CoC hingegen nicht: Art. 1 Abs. 1 Rückkehr-CoC schreibt zunächst vor: „This code sets out common standardised procedures and principles to be followed during all return operations [...] and return interventions [...]". Diese soll nach Art. 1 Abs. 2 Rückkehr-CoC i.V.m. Art. 2 Abs. 1 Rückkehr-CoC anwendbar auf „all persons participating in Frontex operational ac-

vertragsähnliche Vereinbarung zwischen Einsatzmitgliedstaat und Frontex Teil des einzuhaltenden Pflichtenprogramms der eingesetzten Beamten.[119]

Eine vergleichsweise geringe Regelungsdichte und einen eindeutig auf Unverbindlichkeit ausgerichteten Charakter weisen die in Bezug auf JITs von unionalen Stellen (hier mittlerweile maßgeblich das JITs-Netzwerk) erlassenen Handbücher und Leitfäden auf. Zu nennen sind das JITs-Handbuch bzw. der JITs-Leitfaden[120] sowie die teilweise darin enthaltenen Mustervereinbarungen, welche nach S. 8 JITs-Leitfaden als „unverbindliche Grundlage" betrachtet werden sollen, die den regelmäßigen Bedürfnissen der Praxis angepasst ist. Konkrete Verhaltensvorgaben werden von den potentiell an einem JIT teilnehmenden unionalen Stellen lediglich für ihr eigenes Personal formuliert.[121]

2. Rechtliche Einordnung und Bedeutung – Abgrenzung zur exekutiven Rechtsetzung

Bevor näher auf die Systematisierung und die (insbesondere prozessual) relevanten rechtlichen Eigenschaften dieser administrativen Steuerungsakte eingegangen werden kann, sind die rechtlichen Voraussetzungen für solche Akte zu untersuchen. Es handelt sich bei ihnen nicht um Rechtsakte als Ergebnisse administrativer Rechtsetzung im formalen Sinn, sondern vielmehr um (inter-)administrative Handlungsanweisungen, die teilweise einen Verbindlichkeitsanspruch formulieren, teilweise lediglich einen steuernden Charakter über Berücksichtigungspflichten aufweisen und/oder zur Information der handelnden Beamten erstellt werden. Nichtsdestotrotz können aus dem rechtlichen Rahmen der administrativen Rechtsetzung durch Unionsagenturen Rückschlüsse auf die Zulässigkeit solcher (unverbindlicher) administrativer Steuerungsakte gezogen werden.

tivities" sein. Eine gewisse unmittelbare Rechtswirkung kommt den Verhaltensvorgaben jedoch jedenfalls dadurch zu, dass eine Pflicht zur Meldung von Verstößen gegen sie vorgesehen ist (vgl. Art. 7 Frontex-CoC, Art. 19 Rückkehr-CoC bzw. S. 12 JRO-Air-Guide) und teilweise Sanktionen geregelt sind (vgl. dazu an dieser Stelle nur Art. 21 Rückkehr-CoC und Art. 21 Frontex-CoC).

[119] Die Verhaltenskodizes befinden sich üblicherweise im Annex der Einsatzpläne, so etwa der Frontex-CoC in Annex I des Einsatzplans der Operation Alexis 2017.

[120] Dieser verfolgt nach S. 4 JITs-Leitfaden (lediglich) den Zweck, „Praktikern Informationen, Orientierung und Beratung zur Bildung gemeinsamer Ermittlungsgruppen" zu geben.

[121] So etwa „The Code of Conduct of Europol", der jedoch die Erwartung der Einhaltung seiner Prinzipien auch durch Dritte, die „for or at Europol" arbeiten (S. 1), beinhaltet. Vgl. ferner den „Code of Good Administrative Behaviour of EUROJUST", der sich nur auf bei Eurojust Beschäftigte bezieht (Art. 2). In Bezug auf OLAF kommt „OLAF-interne(n) Leitlinien für Untersuchungsverfahren" eine ähnliche Bedeutung zu.

a) Überblick: Primärrechtliche Zulässigkeit und Grenzen der Übertragung von Rechtsetzungskompetenzen auf unionale Agenturen

Rechtsetzung durch Agenturen ist im Primärrecht nicht explizit geregelt, diesbezügliche Grundsätze und Grenzen lassen sich jedoch aus einer Zusammenschau anderweitiger Bestimmungen ermitteln. Eine exekutive Rechtsetzung ist im Unionsrecht grundsätzlich der Kommission vorbehalten und nur in engen materiellen Grenzen auch durch Agenturen zulässig.

aa) Primärrechtlicher Rahmen exekutiver Rechtsetzung

Exekutive Rechtsetzung ist im Primärrecht zunächst in Form der Bestimmungen über den Erlass sog. delegierter Rechtsakte (Art. 290 AEUV) bzw. von Durchführungsrechtsakten (Art. 291 AEUV) vorgesehen.[122] Diese Formen unterscheiden sich (theoretisch) in ihrem Regelungsgehalt und -ziel: Während delegierte Rechtsakte primär zwecks inhaltlicher Modifizierung oder Änderung von Sekundärrecht erlassen werden und somit dem legislativen Bereich zuzuordnen sind, sollen Durchführungsrechtsakte den exekutiven Vollzug sekundärrechtlicher Bestimmungen betreffen und konkreter regeln.[123] Klarheit und Einigkeit besteht jedenfalls dahingehend, dass die Kommission in diesem Kontext – abgesehen von der Ausnahme des Art. 291 Abs. 2 AEUV – den einzig möglichen Delegatar darstellt,[124] weshalb Art. 290 f. AEUV nicht unmittelbar auf die Rechtsetzung durch sonstige Stellen der Union, insbesondere Agenturen anwendbar sind.[125]

---

[122] Vgl. zu dieser „Doppelstruktur" der Regelung der exekutiven Rechtsetzungsbefugnisse im AEUV, deren Produkte als unionales „Tertiärrecht" bezeichnet werden, *Gundel*, in: Pechstein/Nowak/Häde (Hrsg.), Art. 290 AEUV Rn. 1 ff. Ausführlich dazu auch *Mendes*, ELJ 2013, S. 22 ff., 22 ff.; *Ruffert*, Rechtserzeugung und Rechtsdurchsetzung, S. 95 ff., S. 106 ff und *Röhl*, in: Hoffmann-Riem/Schmidt-Aßmann/Voßkuhle (Hrsg.), Bd. II § 30 Rn. 70 ff.

[123] Vgl. dazu und zur Praktikabilität dieser Differenzierung kritisch *Nettesheim*, in: Grabitz/Hilf/Nettesheim (Hrsg.), Art. 290 AEUV Rn. 18 ff.; auch bei *Bast*, Legislative, Delegated and Implementing Acts, S. 157 ff. insb. S. 171 bestehen Zweifel an der klaren Unterscheidbarkeit dieser Rechtsetzungsformen. *Gundel*, in: Pechstein/Nowak/Häde (Hrsg.), Art. 290 AEUV Rn. 14 sieht in dieser Abgrenzungsproblematik das „zentrale Problem des neuen Regimes".

[124] Vgl. dazu nur *Nettesheim*, in: Grabitz/Hilf/Nettesheim (Hrsg.), Art. 290 AEUV Rn. 30; *Ruffert*, in: Calliess/Ruffert (Hrsg.), Art. 290 AEUV Rn. 4 und *Schmidt*, in: von der Groeben/Schwarze/Hatje (Hrsg.), Art. 290 AEUV Rn. 19 f., was folglich auch eine Subdelegation ausschließt. Zur historischen Entwicklung der Rechtsetzungsbefugnisse der Kommission vgl. *Curtin*, Executive Power, S. 113 ff.

[125] Vgl. zur Übertragbarkeit der aus Art. 290 f. AEUV für die Kommission erwachsenden Grenzen auf die exekutive Rechtsetzung der Agenturen jedoch in diesem Kapitel unter B. III. 2. *Weiß*, EuR 2016, S. 631 ff., S. 649 ff. ordnet den Erlass von delegierten Rechtsakten nach Art. 290 AEUV als legislative, Durchführungsrechtsakte als administrative Maßnahmen ein, weshalb Agenturen die Befugnis zum Erlass delegierter Rechtsakte grundsätzlich nicht übertragen werden könne.

Dies hat die Frage nach einer generellen primärrechtlichen Zulässigkeit der Übertragung abstrakt-genereller Rechtsetzungsbefugnisse auf unionale Agenturen aufgeworfen[126], die durch den EuGH grundsätzlich positiv beantwortet wurde.[127] Der Gerichtshof begründete seine Entscheidung insbesondere durch Verweis auf Art. 263 Abs. 1 S. 2 AEUV und Art. 277 AEUV, die den Erlass eines „Rechtsakts mit allgemeiner Geltung" durch Stellen der Union voraussetzen[128], wodurch eine abschließende Regelung der Art. 290 f. AEUV im Bereich der exekutiven Normsetzung bzw. ein diesbezügliches Monopol der Kommission verneint wurden.[129]

bb) Materielle Vorgaben für Rechtsetzung durch Unionsagenturen

Von der grundsätzlichen Zulässigkeit der Übertragung sind deren Rechtmäßigkeitsanforderungen und Grenzen zu unterscheiden, die zum einen aus der *Meroni*-Doktrin[130] erwachsen.[131] Dies gilt insbesondere im Hinblick auf das Erfordernis einer konkreten sekundärrechtlichen Ermächtigung (etwa hinsichtlich Ziel, Umfang und Dauer) und dem grundsätzlichen Verbot der Übertragung von Entscheidungsbefugnissen mit Ermessensspielraum. Zum anderen können Delegationsgrenzen aus einer Übertragung der in Art. 290 f. AEUV geltenden

[126] Nicht gemeint ist hier die Problematik der Einbeziehung von Agenturen in ein Verfahren nach Art. 290 bzw. 291 AEUV, vgl. dazu *Weiß*, EuR 2016, S. 631 ff., 637 ff.; *Ruffert*, in: Calliess/Ruffert (Hrsg.), Art. 290 AEUV Rn. 4d.

[127] Zentral insoweit das Urteil des EuGH, Urt. v. 22.01.2014, Rs. C-270/12, Leerverkäufe, insb. Rn. 77 ff., das zumindest als Weiterentwicklung der im Urteil des EuGHs, Urt. v. 14.05.1981, Rs. 98/80, Romano, Rn. 20 angesehen werden kann, vgl. dazu ähnlich *Ohler*, JZ 2014, S. 250. Ersteres betraf von der Europäischen Wertpapier- und Marktaufsichtsbehörde erlassene Leerverkaufsverbote, vgl. dazu *Craig*, The Lisbon Settlement, S. 173 ff. insb. S. 194 ff.

[128] Vgl. dazu EuGH, Urt. v. 22.01.2014, Rs. C-270/12, Leerverkäufe, Rn. 79 ff. Diese Argumentation mit (allein) prozessualen primärrechtlichen Bestimmungen wird heftig kritisiert, vgl. dazu nur *Ruffert*, in: Calliess/Ruffert (Hrsg.), Art. 290 AEUV Rn. 4b ff. m.w.N., der in diesen Regelungen lediglich Reaktionsmöglichkeiten auf ein Handeln der Unionsstellen *ultra vires* sieht.

[129] Vgl. dazu und zum weiteren Vorbringen der Parteien im Verfahren EuGH, Urt. v. 22.01.2014, Rs. C-270/12, Leerverkäufe, Rn. 69 ff. Als abschließend ist Art. 290 AEUV (im Gegensatz zu Art. 291 AEUV) indes für den Bereich zu beachten, der die Änderung oder Ergänzung von Gesetzgebungsakten betrifft, vgl. dazu *Möstl*, DVBl. 2011 S. 1079 ff., 1083; ebenso *Stelkens*, VVDStRL 71 (2012), S. 369 ff., S. 397 f., („keine ‚echten' Rechtssetzungskompetenzen"). Instruktiv zur aktuellen Rechtslage und Entwicklung *Hofmann*, General Principles, S. 202 ff.

[130] Vgl. dazu oben in Teil 1 Kapitel 2 B. I.

[131] Hiervon geht der EuGH, Urt. v. 22.01.2014, Rs. C-270/12, Leerverkäufe, Rn. 41 ff. aus, verneint einen Verstoß jedoch im konkreten Fall, vgl. konkret dazu *Craig*, The Lisbon Settlement, S. 195, generell zur Geltung der *Meroni*-Doktrin im Bereich Übertragung administrativer Rechtsetzungsbefugnisse auf unionale Agenturen *Weiß*, EuR 2016, S. 631 ff., S. 652.

Grundsätze[132] gewonnen werden.[133] Wie in Art. 290 Abs. 1 UA 2 S. 2 AEUV festgehalten, müssen die „wesentlichen Aspekte eines Bereichs“ durch den Unionsgesetzgeber selbst geregelt werden, eine Delegation ist insoweit auch (erst-recht) auf unionale Agenturen ausgeschlossen.[134]

Entscheidende Bedeutung kann folglich diesem – noch nicht abschließend umrissenen[135] – Merkmal der Wesentlichkeit zukommen. Diesbezüglich ist zunächst festzuhalten, dass das Wesentlichkeitskriterium des Art. 290 Abs. 1 UA 2 S. 2 AEUV inhaltlich grundsätzlich streng von der durch das BVerfG mit Blick auf den Grundsatz des Vorbehalt des Gesetzes entwickelten Wesentlichkeitstheorie[136] zu unterscheiden ist. Etwas anderes ergibt sich auch nicht zwangsläufig aus Art. 52 Abs. 1 S. 1 EU-GRC, wonach jeder Eingriff in die durch die Charta gewährten Grundrechte „gesetzlich vorgesehen sein muss“.[137] Die Wesentlichkeit der Übertragung von Rechtsetzungsbefugnissen nach Art. 290 Abs. 1 UA 2 S. 2 AEUV richtet sich nach der nicht unumstrittenen[138] Rechtsprechung des EuGH

---

[132] Für eine Übertragbarkeit der Anforderungen des Art. 291 Abs. 2 AEUV (Erfordernis einheitlicher Bedingungen für die Durchführung von Unionsrecht) und des Art. 291 Abs. 3 AEUV (Kontrollbefugnisse der Mitgliedstaaten) auf die Rechtsetzungsermächtigung unionaler Agenturen im Wege eines Erst-Recht-Schlusses überzeugend *Weiß*, EuR 2016, S. 631 ff., 655 f.

[133] Art. 290 f. AEUV werden dabei als Normierung der bis dahin bestehenden Rechtsprechungsgrundsätze des EUGH interpretiert, grundlegend insoweit EuGH, Urt. v. 17.12.1970, Rs. C-25/70, Köster, insb. Rn. 6; vgl. zum Ganzen *Gundel*, in: Pechstein/Nowak/Häde (Hrsg.), Art. 290 AEUV Rn. 8; *Ruffert*, in: Calliess/Ruffert (Hrsg.), Art. 290 AEUV Rn. 10; *Gellermann*, in: Streinz (Hrsg.), Art. 290 AEUV Rn. 7.

[134] Diese Einschränkung liegt im Demokratieprinzip begründet, vgl. dazu *Gellermann*, in: Streinz (Hrsg.), Art. 290 AEUV Rn. 7 und ausführlicher *Möllers/von Achenbach*, EuR 2011, S. 39 ff., 47 ff; eine darüberhinausgehende Übertragung von Rechtsetzungsbefugnissen würde (ebenfalls) in Konflikt mit dem Grundsatz des institutionellen Gleichgewichts geraten, vgl. dazu *Gundel*, in: Pechstein/Nowak/Häde (Hrsg.), Art. 290 AEUV Rn. 4.

[135] Vgl. nur die Darstellung bei *Ritleng*, Essential Elements, S. 133 ff.

[136] Vgl. dazu bereits BVerfGE 34, 165 (192 f.); ferner BVerfGE 49, 89 (127), wo zur Bestimmung der Wesentlichkeit folgendes ausgeführt wird: „Die verfassungsrechtlichen Wertungskriterien sind dabei in erster Linie den tragenden Prinzipien des Grundgesetzes, insbesondere den vom Grundgesetz anerkannten und verbürgten Grundrechten zu entnehmen“. Die Wesentlichkeit eines Regelungsbereichs ergibt sich somit primär aus der Betroffenheit von Grundrechten, vgl. dazu m.w.N. nur *Sachs*, in: Sachs (Hrsg.), GG Art. 20 GG Rn. 116 f., ausführlicher *Sommermann*, in: von Mangoldt/Klein/Starck (Hrsg.), GG Art. 20 GG Rn. 275 ff. auch zu anderen wesentlichen Bereichen in diesem Sinne.

[137] Entscheidend ist hierbei, wie das Merkmal „gesetzlich“ auszulegen ist, vgl. dazu und zu anderen Sprachfassungen *Jarass*, EU-GRC, Art. 52 EU-GRC Rn. 23 ff., der dies nicht auf Gesetzgebungsakte nach Art. 288 AEUV beschränkt, jedoch nach der Intensität der Grundrechtsbetroffenheit differenzieren will, enger wohl *Nettesheim*, in: Grabitz/Hilf/Nettesheim (Hrsg.), Art. 290 AEUV Rn. 42 m.w.N. Gegen eine derartige Auslegung des Art. 52 EU-GRC jedoch überzeugend *Gundel*, in: Pechstein/Nowak/Häde (Hrsg.), Art. 290 AEUV Rn. 9 m.w.N.

[138] Nach *Nettesheim*, in: Grabitz/Hilf/Nettesheim (Hrsg.), Art. 290 AEUV Rn. 38 ff. m.w.N. verfolgt der EuGH in diesem Bereich vorrangig das Ziel der Aufrechterhaltung der

nämlich primär (lediglich) danach, ob die „grundsätzlichen Ausrichtungen der Gemeinschaftspolitik" betroffen sind. Ausschlaggebend ist demnach, ob eine Entscheidungsbefugnis im Bereich primärrechtlich normierter oder (sonstiger) durch den Unionsgesetzgeber verfolgter Politikziele übertragen werden soll.[139]

Dies schließt jedoch eine Berücksichtigung grundrechtlicher Belange ggf. als Teil der „grundsätzlichen Ausrichtungen der Gemeinschaftspolitik" nicht grundsätzlich aus. Insbesondere wertet das bereits oben behandelte Urteil des EuGH[140] die grundrechtliche Perspektive auf die „Wesentlichkeit" auf[141]: Der Gerichtshof zieht für die Begründung der Wesentlichkeit von in Leitlinien enthaltenen Verhaltensvorgaben zum einen die mögliche Betroffenheit der „Souveränitätsrechte von Drittstaaten" und die Verleihung von Zwangsbefugnissen, die „eine Abwägung der widerstreitenden Interessen auf der Grundlage einer Beurteilung zahlreicher Gesichtspunkte" voraussetzt, heran.[142] Zum anderen bewertet der EuGH als eigenständigen Anknüpfungspunkt für eine Wesentlichkeit „Eingriffe in die Grundrechte der betroffenen Personen in einem Umfang [...], der das Tätigwerden des Unionsgesetzgebers erforderlich macht". In der Konsequenz ordnet der

---

Flexibilität des politischen Prozesses und weniger den „Schutz demokratischer Entscheidungsperspektiven" oder Aspekte des Grundrechtsschutzes: Er stelle „sich der politischen Praxis nicht in den Weg". Kritisch dazu auch *Möllers/von Achenbach*, EuR 2011, S. 39 ff., S. 48 f., die wie *Nettesheim*, in: Grabitz/Hilf/Nettesheim (Hrsg.), Art. 290 AEUV Rn. 340 den empirischen Befund hervorheben, dass der EuGH noch keinen Basisrechtsakt wegen eines Verstoßes gegen das Verbot der Übertragung wesentlicher Entscheidungen für ungültig erklärt hat.

[139] Zitat nach dem in diesem Kontext grundlegenden Urteil EuGH, Urt. v. 27.10.1992, Rs. C-240/90, Deutschland/Kommission, Rn. 37. Vgl. dazu *Ruffert*, in: Calliess/Ruffert (Hrsg.), Art. 290 AEUV Rn. 10; *Nettesheim*, in: Grabitz/Hilf/Nettesheim (Hrsg.), Art. 290 AEUV Rn. 38; *Gundel*, in: Pechstein/Nowak/Häde (Hrsg.), Art. 290 AEUV Rn. 8; *Möllers/von Achenbach*, EuR 2011 S. 39 ff., S. 48 f. und *Weiß*, EuR 2016, S. 631 ff., S. 644. Nicht unbeachtet bleiben darf, dass hierdurch sowohl Grenzen hinsichtlich der Delegation als solcher als auch in Bezug auf deren Wahrnehmung gezogen werden, vgl. dazu *Epiney*, NVwZ 2016 614 ff., S. 617.

[140] EuGH, Urt. v. 02.09.2012, Rs. 355/10, Parlament/Rat; vgl hierzu in Teil 2 Kapitel 5 A. I. 4. b). Ausführlich zu diesem Urteil auch *den Heijer/Tauschinsky*, EUConst 2013, S. 513 ff., 513 ff. und sehr kritisch *Chamon*, CMLR 2013, S. 849 ff., 857 ff., der die von ihm ebenfalls dargestellte Sichtweise des Generalanwalts Mengozzi bevorzugen würde. Vgl. auch zu den Ausführungen des EuGH zur Verbindlichkeit der streitgegenständlichen „nicht-bindenden" Leitlinien ausführlich unten in diesem Kapitel unter B. III. 3. a) (2) (b).

[141] Insoweit optimistisch unter Bezugnahme auf das im Folgenden dargestellte Urteil auch *Gundel*, in: Pechstein/Nowak/Häde (Hrsg.), Art. 290 AEUV Rn. 8, *den Heijer/Tauschinsky*, EUConst 2013, S. 513 ff., S. 533 und treffend *Weiß*, EuR 2016, S. 631 ff., 644 m.w.N. „Die neuere Judikatur bewegt das Wesentlichkeitskriterium damit über die rein demokratische Legitimationskomponente, die dieser Anforderung bislang allein attestiert worden war, hinaus auch in Richtung auf ein rechtsstaatlich freiheitssicherndes Momentum". Generell die „voranschreitende Institutionalisierung des Grundrechtsschutzes auf europäischer Ebene" als Kriterium für eine „Annäherung der Maßstäbe" wertend *Mehde*, VVDStRL 71 (2012), S. 418 ff., 429 ff.

[142] EuGH, Urt. v. 02.09.2012, Rs. 355/10, Parlament/Rat, Rn. 76.

EuGH die angegriffenen Leitlinien als kompetenzwidrig ein und verbietet eine Übertragung von Legislativbefugnissen bei grundrechtssensiblen Regelungen.

Diese zweifache Begründung greift nach *von Danwitz* „sowohl auf die grundrechtliche wie auch auf die demokratische Wurzel des Gesetzesvorbehaltes" zurück".[143] Hervorzuheben ist jedoch, dass die Grundrechtsbetroffenheit wohl nur ab einer gewissen Erheblichkeitsschwelle („Umfang [...], der erforderlich macht") ein die Wesentlichkeit begründendes Kriterium darstellen soll;[144] ferner muss die Ermöglichung eines solchen Eingriffs hinreichend wahrscheinlich sein.[145] Eine solche Auslegung des Wesentlichkeitskriteriums könnte dann insgesamt einen Gleichlauf mit den Anforderungen des Art. 52 Abs. 1 S. 1 EU-GRC herstellen.[146] Die Überschreitung dieser Erheblichkeitsschwelle ist im vergleichsweise grundrechtssensiblen Raum der Freiheit, der Sicherheit und des Rechts jedenfalls grundsätzlich wahrscheinlicher als in anderen Politikbereichen der Union.[147]

---

[143] So *von Danwitz*, der seinerseits Berichterstatter im hier herangezogenen Urteil des EuGH war, EuGRZ 2013 S. 253 ff., S. 258. Auch *Epiney*, NVwZ 2016 614 ff., 617 hebt die „getrennte Aufführung dieser beiden Aspekte" hervor, die darauf schließen lässt, „dass es um zwei selbstständige Anforderungen geht [...].".

[144] So wohl auch *Epiney*, NVwZ 2016, 614 ff., 617 und *Chamon*, CMLR 2013, S. 849 ff., S. 859. Hingegen liest *Weiß*, EuR 2016, S. 631 ff., S. 644 m.w.N. aus diesem Urteil eine eher niedrige Erheblichkeitsschwelle ab („Eingriffe in die Grundrechte betroffener Personen von einem gewissen, nicht ganz vernachlässigbaren Umfang"). *den Heijer/Tauschinsky*, EUConst 2013, S. 513 ff., S. 527 sehen in den Ausführungen des EuGH jedenfalls eine Bagatellgrenze, schließen höhere Anforderungen jedoch nicht aus.

[145] Vgl. dazu das Urteil des EuGH, Urt. v. 10.11.2015, Rs. C-363/14, Parlament/Rat, Rn. 52 ff., das einen Beschluss des Rates über eine Liste von Drittstaaten, mit welchen Europol ein Abkommen (auch) über den Austausch personenbezogener Daten abschließen kann, zum Gegenstand hatte: Zunächst erfolgt eine Bestätigung der Ausführungen des hier zuvor behandelten Urteils des EuGH, Urt. v. 02.09.2012, Rs. 355/10, Parlament/Rat, mit Blick auf die Grundrechtsbetroffenheit (hier wegen des Austauschs personenbezogener Daten) als mögliches Kriterium der Wesentlichkeit (EuGH, Urt. v. 10.11.2015, Rs. C 363/14, Parlament/Rat, Rn. 53). Im Folgenden wird letztere jedoch (auch) aufgrund der nicht unmittelbar in Grundrechte eingreifenden Wirkung des Beschlusses verneint (EuGH, Urt. v. 10.11.2015, Rs. C 363/14, Parlament/Rat, Rn. 55: „Jedenfalls erlaubt die Aufnahme eines Drittstaats in die Liste als solche keine Übermittlung der personenbezogenen Daten an diesen".

[146] Vgl. dazu nur *Jarass*, EU-GRC, Art. 52 EU-GRC Rn. 25 m.w.N., der unter Bezug zu dem hier dargestellten Urteil für Art. 52 Abs. 1 S. 1 EU-GRC folgert, dass der dort aufgeführte „Gesetzesvorbehalt" fordert, dass „Maßnahmen mit gewichtigen Auswirkungen auf Grundrechte nur in dem Verfahren mit der stärksten Beteiligung von Parlament und Rat" ergehen können.

[147] *den Heijer/Tauschinsky*, EUConst 2013, S. 513 ff., 526 f. halten es unter Bezugnahme zur Rechtsprechung des EuGH in vergleichbaren Konstellationen im Bereich der Agrarpolitik der EU für möglich, dass die soeben dargestellte Rechtsprechung des EuGH generell auf den Bereich der ehemals dritten Säule beschränkt bleiben soll.

b) Unverbindlichkeit als Königsweg der abstrakt-generellen Steuerung durch unionale Agenturen?

Diese relativ engen Voraussetzungen zulässiger abstrakt-genereller administrativer Rechtsetzung beziehen sich primär auf verbindlich formulierte Rechtsakte. Abstrakt-generelles Handeln ohne Rechtsverbindlichkeit[148], das auch im Bereich der vorliegenden Untersuchung überwiegend auftritt,[149] unterfällt diesen Maßstäben weitgehend nicht[150] – dies gilt jedenfalls aus Sicht der einschlägigen (Rechtsprechungs-)Praxis insbesondere für die Anforderungen der *Meroni*-Doktrin.[151] Dennoch bewegt es sich nicht in einem gänzlich von (primär-)rechtlichen Grenzen verschonten Bereich: Eingehalten werden müssen etwa das Sekundärrecht, das Prinzip der begrenzten Einzelermächtigung[152] und die aus dem Primärrecht abgeleiteten generellen Vorgaben für die unionale Exekutive.[153] Dies spricht dafür, dass zumindest eine sekundärrechtliche Ermächtigungsgrundlage für den Erlass unverbindlicher Verhaltensvorgaben vorhanden sein muss. Zudem ist aus der Rechtsprechung des EuGH zu entnehmen, dass allein ein unverbindlicher Charakter eine Einstufung als „wesentliche Bestimmungen" nicht grund-

---

[148] Vgl. zur Bedeutung unverbindlicher Regelungsansätze im Recht der Union auch aus empirischer Sicht *von Bogdandy/Bast/Arndt*, ZaöRV 2002, S. 77 ff., S. 114 ff.

[149] Die Mehrheit der erlassenen Handbücher, Practical Guides, Leitlinien, Code of Conducts etc. sind als unverbindlich bezeichnet. Dies zeichnet einen generellen Trend ab, vgl. dazu ausführlich *Senden/van den Brink*, Checks and Balances, S. 8 (ff.): „soft [...] administrative rule-making is ‚booming business' in the context of the EU". Ebenso *Wörner*, Weiche Verhaltenssteuerungsformen, S. 2, der zudem eine durch die steigende Einflussnahme unionaler Agenturen bedingte steigende Tendenz der Verwendung dieser Handlungsformen prognostiziert, und *Weiß*, Verwaltungsverbund, S. 74 ff., der „mehr oder minder bindende" exekutive Normkonkretisierungen als „(s)pezifische Handlungsform des Europäischen Verwaltungsverbundes" ausmacht; zum Soft Law als Ebene der „eigentliche(n) Ausdifferenzierung" des internationalen Sicherheitsverwaltungsrechts *Schöndorf-Haubold*, Internationales Sicherheitsverwaltungsrecht, S. 596 ff.

[150] Gewissermaßen spiegelbildlich hierzu ist Rechtsschutz gegen diese Formen des Verwaltungshandels grundsätzlich ausgeschlossen, vgl. dazu nur *Pechstein/Görlitz*, in: Pechstein/Nowak/Häde (Hrsg.), Art. 263 AEUV Rn. 52 f. und *Cremer*, in: Calliess/Ruffert (Hrsg.), Art. 263 AEUV Rn. 15, dazu ausführlich unten in diesem Kapitel unter B. III. 2. b) und 3.

[151] Vgl. dazu und zu weiteren „problem areas" *Senden/van den Brink*, Checks and Balances, S. 64 ff. Für eine Übertragbarkeit dieser Grundsätze auf unverbindliche abstrakt-generelle Rechtsetzung aufgrund des im Hinblick auf verbindliche Regelungen „vergleichbare(n) Steuerungsniveau(s)" *Wörner*, Weiche Verhaltenssteuerungsformen, S. 291 ff. Zur Frage einer „spezialgesetzlichen Ermächtigung" zum Erlass konkretisierender Leitlinien und Empfehlungen ausführlich *Wörner*, a.a.O., S. 356 ff.

[152] Vgl. befürwortend und zum Streitstand *Wörner*, Weiche Verhaltenssteuerungsformen, S. 280 f. Ebenso, auch hinsichtlich weiterer dort sog. „‚First Generation' institutional principles", zu denen etwa das Subsidiaritätsprinzip und der Grundsatz der Verhältnismäßigkeit zählen, überzeugend *Senden/van den Brink*, Checks and Balances, S. 21 ff., vgl. dazu ferner *Gundel*, in: Pechstein/Nowak/Häde (Hrsg.), Art. 288 AEUV Rn. 98 m.w.N.

[153] Vgl. dazu *Senden/van den Brink*, Checks and Balances, S. 26 ff.; hierzu zählen etwa Transparenz, Offenheit und Gleichbehandlung.

sätzlich in Frage stellt,[154] sodass auch die Grundrechtssensibilität nach den soeben dargestellten Grundsätzen relevant sein kann.

aa) Soft Law: Begriff, Funktionen und Risiken

Für unverbindliche administrative Steuerungsakte hat sich auch im unionalen Kontext der aus dem Völkerrecht bekannte Begriff[155] des „Soft Law" eingebürgert[156], welches überwiegend im Zusammenhang mit den Aktivitäten der Kommission untersucht wird,[157] in Bezug auf unionale Agenturen jedoch strukturähnliche Fragen aufwirft.[158] Es existiert über die primärrechtlich vorgesehenen Typen hinaus[159] in mannigfaltigen Erscheinungsformen und Bezeichnungen,[160] was als Ausprägung seiner Unverbindlichkeit angesehen wird[161] und ein Systematisierungsbedürfnis hervorgerufen hat.[162]

---

[154] EuGH, Urt. v. 05.09.2012, Rs. C-355/10, Parlament/Rat, Rn. 80; zum vollständigen Zitat vgl. unten unter 3. a) (2) (a).

[155] Vgl. nur *Dörr*, in: Ipsen (Hrsg.), § 21 Rn. 8 f. m.w.N.

[156] Vgl. zum Begriff und zur Einordnung im Unionsrecht *Schwarze*, EuR 2011 S. 3 ff., S. 3 ff., *Müller-Graff*, EuR 2012 S. 18 ff., S. 18 ff., *Braams*, Koordinierung als Kompetenzkategorie, S. 149 ff. und eingehend *Knauff*, Der Regelungsverbund, S. 213 ff sowie *Wörner*, Weiche Verhaltenssteuerungsformen, S. 7 ff. Instruktiv zu Soft Law als Gegenstand verwaltungsrechtlicher Wissenschaft *Schmidt-Aßmann*, Verwaltungsrechtliche Dogmatik, S. 54 ff.

[157] Vgl. dazu nur *Schladebach*, NVwZ 2018, S. 1241 ff., S. 1243 f.; *Schwarze*, EuR 2011, S. 3 ff., 9 ff.; *Möstl*, DVBl 2011 S. 1076 ff., S. 1082 ff.; *Senden*, ELJ 2013, S. 57 ff., 57 ff.; *Röhl*, in: Hoffmann-Riem/Schmidt-Aßmann/Voßkuhle (Hrsg.), Bd. II § 30 Rn. 76 ff. und *Siegel*, Entscheidungsfindung, S. 255 ff. sowie zur Kommission als „Hauptурheber des europäischen Soft Law" *Knauff*, Der Regelungsverbund, S. 299.

[158] *Chiti*, ELJ 2013, S. 93 ff., insb. S. 99, 101 ff. sieht in dem Erlass von Soft Law neben der Mitwirkung am Erlass von verbindlichen Rechtsakten die zentrale auf abstrakt-generelle Vorgaben bezogene Tätigkeit unionaler Agenturen.

[159] Primärrechtlich vorgesehen sind nach Art. 288 Abs. 5 AEUV Empfehlungen und Stellungnahmen, *Knauff*, Der Regelungsverbund, S. 305 ff. zählt auch die in Art. 5 Abs. 3, 138 AEUV vorgesehene offene Methode der Koordinierung dazu. Es besteht jedenfalls Einigkeit dahingehend, dass dies keine abschließende Aufzählung der unverbindlichen Handlungsformen darstellt, explizit so *Gundel*, in: Pechstein/Nowak/Häde (Hrsg.), Art. 288 AEUV Rn. 88, unter Hinweis auf die Genese des Art. 288 AEUV auch *Schwarze*, EuR 2011, S. 3 ff., S. 14 f.; *Röhl*, in: Hoffmann-Riem/Schmidt-Aßmann/Voßkuhle (Hrsg.), Bd. II § 30 Rn. 76.

[160] Hervorzuheben sind hierbei insbesondere Mitteilungen und Leitlinien der Kommission, vgl. dazu nur *Glaser*, Entwicklung des Europäischen Verwaltungsrechts, S. 379 ff. *Röhl*, in: Hoffmann-Riem/Schmidt-Aßmann/Voßkuhle (Hrsg.), Bd. II § 30 Rn. 76 ff. und *Gundel*, in: Pechstein/Nowak/Häde (Hrsg.), Art. 288 AEUV Rn. 110 ff. Auch darüber hinaus variieren die Bezeichnungen: Erstellt werden etwa Weißbücher, Grünbücher, Handbücher, Leitfäden, Entschließungen, EU-Rahmen, Bekanntmachungen, Aktionsprogramme, Verhaltenskodizes und Verhaltenskodizes.

[161] So *Glaser*, Entwicklung des Europäischen Verwaltungsrechts, S. 381, ähnlich auch *Schöndorf-Haubold*, Strukturfonds, S. 403 f.

[162] Vgl. nur die Kategorisierungen von *Knauff*, Der Regelungsverbund, S. 372 ff. oder *Terpan*, ELJ 2015, S. 68 ff., insb. S. 76 ff.

Die Entscheidung zum Erlass von Soft Law kann durch unterschiedliche Motive veranlasst sein. Hierzu gehören einerseits etwa eine in Bezug auf den Erlass von „Hard Law“ nicht vorhandene Rechtsetzungskompetenz bzw. eine nicht mögliche politische Einigung, andererseits die Steigerung von Transparenz, Rechtssicherheit und Kohärenz im Vollzug des Unionsrechts.[163] Damit sind teilweise die divergierenden Funktionen und möglichen Inhalte verknüpft: Soft Law kann administrative, legislative, interpretierende, vorläufige, vorbereitende, ergänzende und zahlreiche weitere Funktionen erfüllen.[164] Eine dem Soft Law innewohnende rechtsstaatliche Problematik[165] liegt hierbei in der Umgehung der für entsprechendes verbindliches Recht vorgesehenen Verfahren und somit der demokratischen Beteiligungsrechte und Kontrollmöglichkeiten anderer Organe bzw. der Öffentlichkeit.[166] Dies gilt insbesondere für Fälle, in welchen sich die praktische (Steuerungs-) Wirkung von Soft Law der von „Hard Law“ annähert.[167] Letzteres wird jedenfalls mit Blick auf unionales Soft Law auch durch die Verfahren zum Erlass des Soft Law – soweit solche überhaupt geregelt sind – in der Regel nicht kompensiert.[168]

---

[163] Vgl. dazu jeweils mit eigenen Schwerpunkten nur *Knauff*, Der Regelungsverbund, S. 298 ff. für das Unionsrechts und auf S. 248 ff. mit allgemeingültigen Begründungen sowie *Schwarze*, EuR 2011, S. 3 ff., S. 6; *Senden*, ELJ 2013 S. 57 ff. S. 64 ff. und *Weiß*, EuR 2016, S. 631 ff., S. 634.

[164] Vgl., jeweils auf einige der genannten und weitere Charakteristika eingehend *Schwarze*, EuR 2011, S. 3 ff., S. 7, *Senden*, ELJ 2013, S. 57 ff., S. 60 („Post-Legislative Nature“), *Glaser*, Entwicklung des Europäischen Verwaltungsrechts, S. 387 („Rechtsakzessorische Funktionen“) und *Knauff*, Der Regelungsverbund, S. 378 ff., der nachvollziehbar zwischen rechtsvorbereitendem, rechtsbegleitendem und rechtsersetzendem Soft Law unterscheidet. Zur für den Erlass von verbindlichen Regelungen wegbereitenden und erprobenden Funktion von Soft Law vgl. *Schöndorf-Haubold*, Europäisches Sicherheitsverwaltungsrecht, Rn. 148 m.w.N.

[165] Zu Zweifeln an (der Legitimation) der Soft Law-Setzung unionaler Agenturen generell *van Rijsbergen*, ULR 2014 10 (5) S. 1167 ff., S. 117 ff., grundsätzlichen Reformbedarf sieht auch *Senden*, ELJ 2013, S. 57, S. 57 ff.

[166] Vgl. dazu nur *Senden*, ELJ 2013, S. 57 ff., S. 64 ff., und *von Bogdandy/Bast/Arndt*, ZaöRV 2002, S. 77 ff., S. 114 ff. Zur Perspektive des Europäischen Parlaments *Knauff*, Der Regelungsverbund, S. 299 und *Schwarze*, EuR 2011 S. 3 ff. S. 15 f.; zu Umgehungsanreizen (etwa: Mitteilungen statt Gesetzgebungsvorschläge der Kommission) des Soft Law auch *Mehde*, VVDStRL (2012) 71, S. 418 ff., 425 f.; *Schöndorf-Haubold*, Europäisches Sicherheitsverwaltungsrecht, Rn. 149 sieht ein durch „Intention, Wirkung und Bedeutung“ dieser Regelungen indiziertes Legitimationsbedürfnis.

[167] Vgl. zu diesem Umstand *Knauff*, Der Regelungsverbund, S. 298 m.w.N.; auch im Übrigen wird ein faktisches Bindungspotential von Soft Law grundsätzlich angenommen, vgl. dazu generell m.w.N. *Senden*, ELJ 2013 S. 57 ff., S. 66; bezüglich Auslegungsmitteilungen der Kommission *Stelkens*, VVDStRL 71 (2012) S. 369 ff., S. 407; bereichsbezogen *Weiß*, EuR 2016, S. 631 ff., S. 365; *Schöndorf-Haubold*, Strukturfonds, S. 399 und *dies.*, Europäisches Sicherheitsverwaltungsrecht, Rn. 148; generell zur Verbindlichkeit von Soft Law „jenseits der Rechtsverbindlichkeit“ *Knauff*, Der Regelungsverbund, S. 224 ff.

[168] Vgl. dazu kritisch *Chiti*, ELJ 2013 S. 93 ff., S. 102 f., *Senden/van den* Brink, Checks and Balances, S. 71 ff.; deutlich auch *Senden*, ELJ 2013, S. 57 ff., S. 66 ff. Im ReNEUAL Muster-

bb) „Brücken" zur Verbindlichkeit

Die Unverbindlichkeit des Soft Law führt jedoch nicht zu einer Einordnung als „Nicht-Recht",[169] was die Frage einer gerichtlichen Handhabung aufwirft.[170] Eine der Frage der Justiziabilität solcher unverbindlichen Regelungen vorgelagerte Problematik betrifft jedoch konkrete Fallgestaltungen, in denen „Soft Law" Rechtsverbindlichkeit zukommt.[171]

Eine – im Vergleich zum „hard law" – beschränkte rechtliche Bindungswirkung können selbst-gerichtete, unverbindliche Regelungen für das sie verabschiedende Organ erzeugen – insoweit zeigt sich die Parallele zu den deutschen Verwaltungsvorschriften in besonderem Maße.[172] Die in der Rechtsprechung des Gerichtshofs entwickelten Grundsätze, die sich in diesem Zusammenhang insbesondere mit internen Auslegungsmitteilungen bzw. Leitlinien der Kommission beschäftigen, sind auf den selbstbezogenen Erlass von Soft Law durch Stellen der Union übertragbar[173]: Nach dem EuGH können Gleichbehandlungsgebot, Rechtssicherheit und Vertrauensschutz eine (eingeschränkte) Selbstbindung der Exekutive begründen, dies gelte erst recht für solche Verhaltensnormen, die „Außenwirkung entfalten sollen".[174] Dieselbe Interessenlage liegt auch bei von Agen-

---

entwurf, der in Buch II ein einheitliches Verfahren für administrative Normsetzung enthält, begründen *Curtin/Hofmann/Mendes*, in: Schneider/Hofmann/Ziller (Hrsg.), S. 35 f. die Nichtaufnahme von Soft Law in seinen Regelungsbereich mit dem (wohl praktischen) Bedürfnis nach flexiblen Erlass- und Änderungsmöglichkeiten „nicht-förmlicher Rechtsakte".

[169] Vgl. dazu nur *Knauff*, Der Regelungsverbund, S. 227; *Schwarze*, EuR 2011, S. 3 ff., S. 6; *Terpan*, EuR 2015, S. 68 ff., 74 ff.; und die Rechtsprechungslinie des EuGH, welche unverbindliche Rechtsakte wie etwa Empfehlungen „nicht als völlig wirkungslos" ansieht, da sie jedenfalls zu einer Berücksichtigungspflicht des adressierten Mitgliedstaats führen, grundlegend EuGH, Urt. v. 13.12.1989, Rs. C-322/88, Grimaldi, Rn. 18, vgl. dazu und zur folgenden Rechtsprechung *Schwarze*, EuR 2011 S. 3 ff., 7 ff.

[170] Davon zu unterscheiden ist die Frage, inwieweit Soft Law im Bereich der unionalen Judikative „maßstabskonkretisierende Wirkung" zukommen kann, vgl. dazu *Müller-Graff*, EuR 2012, S. 18 ff., S. 29 und *Schwarze*, EuR 2011, S. 3 ff., S. 8 m.w.N.; zur generellen Rolle von „Soft Law als Kontrollmaßstab" *Knauff*, Der Regelungsverbund, S. 509 ff. Zur Bedeutung für unionale und nationale Gerichte vgl. *von Graevenitz*, EuZW 2013, S. 169 ff., S. 171 ff. und (bezüglich letzterem) *von Danwitz*, Europäisches Verwaltungsrecht, S. 251.

[171] Zur im Folgenden ausgeklammerten Spezialkonstellation der „konsentierenden Bindungswirkung" unter Verweis auf das Beihilfenaufsichtsrecht auch *Schöndorf-Haubold*, Strukturfonds, S. 403 m.w.N.

[172] Vgl. dazu generell bereits oben in diesem Kapitel unter B. III. und zu einer „über" Art. 3 Abs. 1 GG vermittelten Selbstbindung sog. ermessenslenkender Verwaltungsvorschriften im deutschen Recht *Hill/Martini*, in: Hoffmann-Riem/Schmidt-Aßmann/Voßkuhle (Hrsg.), Bd. II § 34 Rn. 42.

[173] So auch *Hill/Martini*, in: Hoffmann-Riem/Schmidt-Aßmann/Voßkuhle (Hrsg.), § 34 Rn. 82g.

[174] Vgl. dazu nur, die bisherige Rechtsprechung bestätigend, EuGH, Urt. v. 28.06.2005, Rs. C-189/02 P, Dansk Rorindustri u.a., Rn. 209 ff.; besonders interessant ist hierbei, dass der EuGH davon ausgeht, die zitierte Rechtsprechungspraxis sei erst recht auf Verhaltensnormen, die Außenwirkungen entfalten sollen, wie es bei den Leitlinien der Fall ist, die Wirt-

turen erlassenen Verhaltensvorgaben vor. Davon zu unterscheiden sind fremdgerichtete unverbindliche Verhaltensvorgaben (der Kommission), welchen keine Bindungswirkungen zukommt; eine „Fremdbindung" der Adressaten durch die Kommission tritt grundsätzlich nicht ein.[175]

Weiterhin kommt eine Rechtsverbindlichkeit des Inhalts unverbindlicher Vorgaben unmittelbar durch sekundärrechtliche Anordnung[176] oder im Wege der Einbeziehung in einen (öffentlich-rechtlichen) Vertrag oder vertragsähnliche Handlungsformen[177] in Betracht. Dies ändert den Charakter des erlassenen Soft Laws für sich genommen jedoch nicht, es erfolgt (lediglich) ein (statischer oder auch dynamischer) Verweis bzw. eine freiwillige Aufnahme in das gegenseitige Pflichtenprogramm.

3. Justiziabilität

Hinsichtlich der gerichtlichen Überprüfbarkeit des von Unionsstellen erlassenen Soft Law sind neben den Rechtsschutzmöglichkeiten potentiell betroffener Außenstehender auch den Mitgliedstaaten eröffnete Verfahren in den Blick zu nehmen.[178] Letzteres gilt umso mehr, als mitgliedstaatliche Behörden in den Anwendungsbereich unverbindlicher abstrakt-genereller Verhaltensvorgaben durch Unionsstellen miteinbezogen werden bzw. diese sich teilweise ausschließlich an mitgliedstaatliche Stellen bzw. mitgliedstaatliches Personal richten.

a) Vorgehen der Mitgliedstaaten im Verfahren nach Art. 263 AEUV

Mitgliedstaaten können grundsätzlich im Wege der Nichtigkeitsklage nach Art. 263 AEUV gegen verbindliche ((1)) und unverbindliche ((2)) exekutive Vorgaben vorgehen.

---

schaftsteilnehmer betreffen, übertragbar (EuGH, a.a.O., Rn. 210). Zum Ganzen ausführlich mit Nachweisen zur Rechtsprechung *Schöndorf-Haubold*, Strukturfonds, S. 400 ff.; *Rademacher*, Realakte, S. 42 ff.; knapper *von Danwitz*, Europäisches Veraltungsrecht, S. 252 f.; *Senden*, ELJ 2013, S. 57 ff., S. 62 f.; *Möstl*, DVBl 2011 S. 1076, 1082 f.; *Knauff*, Der Regelungsverbund, S. 337 und *Glaser*, Entwicklung des Europäischen Verwaltungsrechts, S. 385 f.

[175] Vgl. dazu *Glaser*, Entwicklung des Europäischen Verwaltungsrechts, S. 384 f.; ebenfalls nach den Adressaten der Mitteilungen differenzierend *Röhl*, in: Hoffmann-Riem/Schmidt-Aßmann/Voßkuhle (Hrsg.), § 30 Rn. 77 ff. und *Rademacher*, Realakte, S. 43 f. Zu Rechtswirkungen und daraus abgeleiteter Anfechtbarkeit „fremdgerichteter" Mitteilungen in der Rechtsprechung des EuGH jedoch sogleich.

[176] Vgl. zu dieser „sekundärrechtlichen Verrechtlichung" *Schöndorf-Haubold*, Strukturfonds, S. 400 m.w.N. bzw. *Müller-Graff*, EuR 2012, S. 18 ff., S. 29 („legislative Bezugstechnik").

[177] Vgl. zu dieser wohl möglichen „vertraglichen Bezugstechnik" *Müller-Graff*, EuR 2012, S. 18 ff., S. 29; speziell für den Bereich des Sicherheitsrechts *Schöndorf-Haubold*, Europäisches Sicherheitsverwaltungsrecht, Rn. 148, zur Erlangung von Rechtsverbindlichkeit aufgrund einer „vertraglichen bzw. vertragsähnlichen Zustimmung".

[178] Zur objektiven bzw. subjektiven Komponente des Kontrollbedürfnisses bei Leitlinien und Empfehlungen vgl. *Wörner*, Weiche Verhaltenssteuerungsformen, S. 390 ff.

aa) Justiziabilität verbindlicher abstrakt-genereller Regelungen

Verbindlich erlassene, ggf. kompetenzwidrige exekutive Vorgaben können im Wege der Nichtigkeitsklage durch die Mitgliedstaaten angegriffen werden. Im Verfahren nach Art. 263 AEUV sind Mitgliedstaaten sog. privilegierte Kläger, die insbesondere keine – irgendwie geartete – eigene Betroffenheit durch die angegriffene Handlung[179] gelten machen müssen.[180] Erforderlich ist, dass der Klagegegenstand eine einer unionalen Stelle zuzuordnende Handlung „mit Rechtswirkungen gegenüber Dritten" darstellt, wobei wiederum unerheblich ist, ob diese Rechtswirkungen gerade gegenüber dem klagenden Mitgliedstaat eintreten.[181] Dieses Kriterium ist erfüllt, wenn gegenüber den eigenen Bediensteten ausdrücklich verbindliche Verhaltensvorgaben erlassen werden.[182] Darüber hinaus kann eine „Rechtswirkung gegenüber Dritten" bereits in der Regelung der Verpflichtungen des eigenen Personals zu sehen sein.[183] Im Hinblick auf die erforderliche Außenwirkung kann eine intern verbindliche abstrakt-generelle Regelung auch als allgemeine Weisung charakterisiert werden.[184] Letztlich kann die Annahme einer „Rechtswirkung gegenüber Dritten" in Grenzfällen eine Frage der Auslegung der erlassenen Bestimmungen sein, in deren Rahmen insbesondere auf Regelungsinhalt und die Intention des Urhebers abzustellen ist. Insgesamt ist ein mitgliedstaatliches Vorgehen gegen als verbindlich gekennzeichnete, auch lediglich in Bezug auf die eigenen Bediensteten erlassene abstrakt-generelle Verhaltensvorgaben unionaler Stellen in der Regel möglich.[185]

---

[179] Die folgenden Ausführungen sind auch relevant für ein etwaiges mitgliedstaatliches Vorgehen gegen das von der EZB erlassene aufsichtliche Prüfprogramm, welches oben mangels vertragsähnlicher Eigenschaft dieser Vorfestlegung nicht zusammen mit den Einsatzplänen/JIT-Vereinbarungen behandelt wurde.

[180] Vgl. dazu nur *Cremer*, in: Calliess/Ruffert (Hrsg.). Art. 263 AEUV Rn. 21; *Pechstein/Görlitz*, in: Pechstein/Nowak/Häde (Hrsg.), Art. 263 AEUV Rn. 22 und *Dörr*, in: Grabitz/Hilf/Nettesheim (Hrsg.), Art. 272 AEUV Rn. 52, wonach dem Verfahren nach Art. 263 AEUV in diesem Fall die Funktion eines objektiven Kontrollverfahrens zukommt.

[181] Vgl. dazu nur *Dörr*, in: Grabitz/Hilf/Nettesheim (Hrsg.), Art. 272 AEUV Rn. 52 und *Lenaerts* et al., EU Procedural Law, S. 309 f. jeweils m.w.N.

[182] Hierfür sprechen jedenfalls die Ausführungen in EuGH, Urt. v. 30.04.1996, Rs. C-58/94, Niederlande/Rat, Rn. 22 ff. Hier wurde eine Nichtigkeitsklage, mit der ein Verhaltenskodex angegriffen wurde, (wohl) allein wegen dessen ausdrücklicher Unverbindlichkeit für unzulässig erklärt.

[183] Dies generell befürwortend und kritisch zum diesbezüglichen „Interna-Vorbehalt" der Rechtsprechung des EuGH (vgl. dazu *Lenaerts* et al., EU Procedural Law, S. 272 f.) *Rademacher*, Realakte, S. 70 ff. Immerhin wurde eine Außenwirkung in Bezug auf Regelungen der Rechtsverhältnisse des unionalen Personals festgestellt, vgl. dazu m.w.N. *Dörr*, in: Grabitz/Hilf/Nettesheim (Hrsg.), Art. 263 AEUV Rn. 52.

[184] Vgl. zu diesem Bereich *Rademacher*, Realakte, S. 71: Eine nicht vorhandene Abweichungsmöglichkeit bei der Umsetzung interner Leitlinien kann zu einer unmittelbaren Rechtswirkung i.S.d. Art. 263 Abs. 4 AEUV führen.

[185] Dies erfasst somit in jedem Fall den EASO-CoC, der auch eine Verbindlichkeit für mitgliedstaatliches Personal beansprucht und nach hier vertretener Auslegung zumindest auch Teile der von Frontex erlassenen Verhaltenskodizes sowie die Ethik-Leitlinien der EZB.

bb) Justiziabilität von Soft Law

Daraus könnte im Umkehrschluss gefolgert werden, dass unverbindliche Rechtsakte grundsätzlich kein tauglicher Klagegegenstand der Nichtigkeitsklage sind, was teilweise zudem unter Verweis auf Art. 263 Abs. 1 S. 1 AEUV begründet wird.[186] Bei ausdrücklich als unverbindlich ausgewiesenen Verlautbarungen können jedoch weitere Umstände hinzutreten, die ihnen generell oder im konkreten Fall „Rechtswirkung gegenüber Dritten" verleihen.

(1) Rechtswirkungen bei intendierter Außenwirkung

Ähnlichkeit zu den beiden bereits oben angesprochen Möglichkeiten des „Verbindlich-Werdens" von Soft Law, jedoch von diesen in wesentlichen Punkten abweichend[187], weist die Annahme der Rechtsverbindlichkeit von als „nicht verbindlich" gekennzeichneten „Leitlinien" durch den EuGH in einer hier höchst relevanten Konstellation auf: In seinem – vorwiegend aufgrund seiner Bedeutung für die Berücksichtigung von Grundrechten im Rahmen exekutiver Rechtsetzung Beachtung findenden[188] – Urteil[189], stellt der Gerichtshof zunächst fest (EuGH, a.a.O., Rn. 80):

„Allein der Umstand, dass die Überschrift des Teils II des Anhangs des angefochtenen Beschlusses das Wort ‚Leitlinien' enthält und dass in Art. 1 Satz 2 dieses Beschlusses die in diesem Teil II enthaltenen Voschriften und Leitlinien als ‚nicht verbindlich' gekennzeichnet werden, vermag ihre Einstufung als wesentliche Bestimmungen nicht in Frage zu stellen."

---

[186] Hiernach sind Empfehlungen und Stellungnahmen von der Anfechtbarkeit ausgenommen, was grundsätzlich auch auf anderweitige ungeregelte unverbindliche Handlungsformen erstreckt wird, vgl. dazu nur *Cremer*, in: Calliess/Ruffert (Hrsg.), Art. 263 AEUV Rn. 15, *Gaitanides*, in: von der Groeben/Schwarze/Hatje (Hrsg.), Art. 263 AEUV Rn. 29 und *Pechstein/Görlitz*, in: Pechstein/Nowak/Häde (Hrsg.), Art. 263 AEUV Rn. 51. Zu einer möglichen Auffangfunktion des Europäischen Bürgerbeauftragten in diesem Bereich vgl. *Senden/van den Brink*, Checks and Balances, S. 58 ff. Zu „Soft Law als Kontrollgegenstand" aus einem weiteren Blickwinkel *Knauff*, Der Regelungsverbund, S. 511 ff.

[187] Vgl. zur Verbindlichkeit kraft sekundärrechtlicher Anordnung oder durch Aufnahme in einen Vertrag oben unter III. 2. b) (2). In der im Folgenden dargestellten Konstellation der Annahme von Rechtsverbindlichkeit existiert keine unmittelbare Verbindlichkeitsanordnung durch Sekundärrecht, da der Einsatzplan zwischengeschaltet ist; auf eine *tatsächliche* Aufnahme in einen Vertrag bzw. eine vertragsähnliche Vereinbarung kommt es nicht an.

[188] Vgl. dazu oben in diesem Kapitel unter B. III. 2. a) (2). Soweit ersichtlich gehen lediglich *den Heijer/Tauschinsky*, EUConst 2013, S. 513 ff. S. 520 f. vertieft auf die folgenden Ausführungen des EuGH ein und betonen treffend die Leichtigkeit, mit der die geltend gemachte Unverbindlichkeit der „Leitlinien", die ein zentrales Argument der Verteidigung darstellte, verneint wurde.

[189] EuGH, Urt. v. 05.09.2012, Rs. C-355/10, Parlament/Rat, vgl. dazu generell bereits oben in diesem Teil Kapitel 10 B. II 2. b) und III. 3 a) aa) (1).

Nachdem sodann die Verbindlichkeit des von Frontex nach Art. 8e der Frontex-VO a.F. aufzustellenden Einsatzplans (allein)[190] mit der Aufgabe des Koordinierungsbeamten von Frontex zur Überwachung des Einsatzplans begründet wird[191] und der Gerichtshof die Bestimmung der Leitlinien herausstellt, die darauf abzielt, dass die Leitlinien in den Einsatzplan aufgenommen werden, kommt der EuGH zu folgendem Ergebnis (EuGH, a.a.O., Rn. 82):

„Da somit die im Einsatzplan festgelegten Bedingungen eingehalten werden müssen, ergibt sich zwingend der Schluss, dass die Vorschriften der Nrn. 1.1 und 2.1 des Teils II des Anhangs des angefochtenen Beschlusses bindende Rechtswirkungen erzeugen sollen."

Nach dieser Rechtsprechung ist folglich die (ausdrücklich) anvisierte Aufnahme von als unverbindlich deklarierten Rechtsakten in eine *inter partes* Bindungswirkung erzeugende, vertragsähnliche Vereinbarung ausreichend, um Rechtswirkungen und somit eine Anfechtbarkeit zu begründen.[192] Daraus folgt nach dem EuGH weiterhin[193], dass auf Begründetheitsebene dieselben Rechtmäßigkeitsanforderungen wie an einen verbindlichen Rechtsakt zu stellen sind, was bei „wesentlichen" Entscheidungen aufgrund einer fehlenden Kompetenz von Agenturen zur Unwirksamkeit der in Frage stehenden Verhaltensvorgabe führen kann.

Diese Entscheidung reiht sich in die Grundsätze der Rechtsprechung des EuGH ein, wonach zwar als unverbindlich bezeichneten Rechtsakten, welche sich jedoch nach Inhalt und Zielsetzung als verbindliche Regelungen darstellen, Rechtswirkungen zukommen. Insoweit ist nicht die Bezeichnung als Leitlinie o.ä. entscheidend, sondern der Wortlaut der erlassenen Regelungen und die Intention des Urhebers maßgeblich.[194]

---

[190] Dies ist auch deshalb beachtlich, weil dem Koordinierungsbeamten von Frontex damals wie heute kein „hartes" Weisungsrecht in Bezug auf die Umsetzung des Einsatzplans zukommt, vgl. dazu unten in diesem Kapitel B. IV. 1. c).

[191] EuGH, a.a.O., Rn. 81; vgl. zur Kritik an diesem Begründungsansatz oben in diesem Kapitel unter B. II. 2. b).

[192] Eine andere Lesart – freilich mit demselben Ergebnis – könnte die Ausführungen des EuGH auch (lediglich) als Auslegung der „nicht bindenden" Leitlinien interpretieren, die maßgeblich auf die Intention des Urhebers abstellt und so zu Rechtswirkungen kommt. Dies würde sich in eine Rechtsprechungslinie des EuGH einfügen, wonach eine Außenrechtsverbindlichkeit auch dann angenommen wird, wenn „es um Handlungen geht, ‚die dazu bestimmt sind, Rechtswirkungen zu erzeugen'", vgl. dazu m.w.N. *Dörr*, in: Grabitz/Hilf/Nettesheim (Hrsg.), Art. 263 AEUV Rn. 41 ff. Diese verschiedenen Ansätze, die einerseits auf die Intention des Urhebers und andererseits auf tatsächliche Rechtswirkungen abstellen, liegen wohl auch in den unterschiedlichen Sprachfassungen begründet: Art. 263 Abs. 1 S. 1 AEUV formuliert in seiner englischen Fassung „[...] acts [...] *intended* to produce legal effects *vis-à-vis* third parties" (Hervorhebung durch Verf.), vgl. zu den Fragen, die dieses Auseinanderfallen der Formulierungen mit sich bringt, ausführlich *Senden/van den Brink*, Checks and Balances, S. 56 ff.

[193] Vgl. dazu oben unter B. III. 2. a) (2).

[194] Vgl. dazu *van Rijsbergen*, ULR 2013 10 (5), S. 116 ff., S. 122 f. m.w.N. auch zur ein-

(2) Rechtswirkungen bei materieller Unionsrechtswidrigkeit

Darüber hinaus hat der EuGH in einer bisher hier noch nicht behandelten Konstellation als unverbindlich intendierten Handlungen Rechtswirkungen zugeschrieben: Bei abstrakt-generellen, drittgerichteten und als unverbindlich gekennzeichneten Auslegungsmitteilungen der Kommission kann eine Nichtigkeitsklage dann zulässig sein, wenn eine Befolgung der unverbindlichen Auslegungshinweise durch die adressierten nationalen Behörden zu rechtswidrigen bzw. über den Rahmen des geltenden Rechts hinausgehenden Entscheidungen führen würde.[195] Die inhaltliche Unvereinbarkeit mit Unionsrecht bedingt somit neben der Begründetheit auch die Zulässigkeit der Nichtigkeitsklage.[196] Auch hier kann die Nichtigkeit dieser, die Adressaten nicht bindenden Auslegungsmitteilungen, durch ein Verfahren nach Art. 263 AEUV festgestellt werden.[197]

Zusammenfassend lässt sich feststellen, dass auch als Soft Law erlassene Verhaltensvorgaben Rechtswirkungen i.S.d. Art. 263 AEUV entfalten können. Nimmt man alle behandelten, insbesondere durch die Rechtsprechung des EuGH geprägten Möglichkeiten des Vorgehens gegen abstrakt-generelle, als unverbindlich erlassene Vorgaben im Wege der Nichtigkeitsklage zusammen, besteht Potential für eine gerichtliche Überprüfung auch der hier untersuchten unverbindlichen administrativen abstrakt-generellen Steuerung.[198] Aus praktischer Sicht setzt dies jedoch ein entsprechendes Klärungsbedürfnis und -interesse der Mitgliedstaaten voraus.

---

schlägigen Rechtsprechung des EuGH und *Weiß*, EuR 2016, 631 ff., 635 f.; ähnlich bereits *Schöndorf-Haubold*, Strukturfonds, S. 300 („Regelungswirkung und Regelungsintention" entscheidend). Dies gilt insbesondere auch aus prozessualer Perspektive im Rahmen eines Verfahrens nach Art. 263 AEUV, vgl. dazu nur *Pechstein/Görlitz*, in: Pechstein/Nowak/Häde (Hrsg.), Art. 263 AEUV Rn. 52 und *Dörr*, in: Grabitz/Hilf/Nettesheim (Hrsg.), Art. 263 AEUV Rn. 42 jeweils m.w.N. zur Rechtsprechung, wonach neben dem Inhalt auch die Absicht des Urhebers ausschlaggebend ist.

[195] Vgl. zu dieser Rechtsprechungslinie nur EuGH, Urt. v. 20.03.1997, Rs. C-57/95, Frankreich/Kommission, und aktueller EuG, Urt. v. 20.05.2010, Rs. T-258/06, Deutschland/Kommission, Rn. 25 ff., konkret zu letzterem *Knauff/Schwensfeier*, EuZW 2010, S. 611 ff., S. 611 ff., zusammenfassend und kritisch *Rademacher*, Realakte, S. 36 ff., mit einer Aufzählung von Fällen „anfechtbarer Mitteilungen und sonstigen informellen Kommissionshandels"; dazu auch *Schöndorf-Haubold*, Strukturfonds, S. 410 ff.

[196] So deutlich *Stelkens*, VVDStRL 71 (2012), S. 408 f., ebenso und zu Begründungsmöglichkeiten dieser Sichtweise des EuGH *Rademacher*, Realakte, S. 37 ff.

[197] Nach *Schöndorf-Haubold*, Strukturfonds, S. 423 ff. ist darin die Einführung einer Feststellungsklage in Bezug auf Maßnahmen zu sehen, die sich unterhalb der Verbindlichkeitsschwelle bewegen. Deren rechtswidrige „Rechtsverbindlichkeit" kann dann nämlich nicht beseitigt werden, vielmehr kann (nur) die Rechtswidrigkeit festgestellt werden. Zustimmend insoweit *Rademacher*, Realakte, S. 39, eine Notwendigkeit dieser Rechtsprechungsentwicklung zum Schutz der Mitgliedstaaten verneint *Stelkens*, VVDStRL 71 (2012), S. 409.

[198] Konkreter dazu im Zwischenfazit in diesem Kapitel unter B. III. 3.

b) Kein Individualrechtsschutz nach Art. 263 AEUV

Dem Individualkläger ist ein Vorgehen im Wege der Nichtigkeitsklage im gegebenen Kontext in aller Regel verwehrt. In Bezug auf abstrakt-generelle, unverbindliche wie verbindliche, extern wie intern gerichtete Verhaltensvorgaben unionaler Stellen wird es in der Regel an der nach Art. 263 Abs. 4 Var. 1 und Var. 2 AEUV erforderlichen unmittelbaren Betroffenheit des Individualklägers fehlen.[199] Darüber hinaus ist jedenfalls eine individuelle Betroffenheit nach Art. 263 Abs. 4 Var. 1 AEUV zu verneinen[200], und auch ein „Rechtsakt mit Verordnungscharakter“[201], der „keine Durchführungsmaßnahmen nach sich“ zieht[202], liegt (erst recht) nicht vor.[203]

---

[199] Vgl. dazu bereits oben in diesem Kapitel unter B. III. 3. b); hier ist eine unmittelbare Betroffenheit aufgrund der höheren Nähe zu (allgemeinen) Verwaltungsvorschriften nach alldem noch fernliegender. Dies und die folgenden Ausführungen gelten primär für betroffene Private. Ein mögliches – in der Praxis im hier relevanten Bereich wohl fernliegendes – Vorgehen mitgliedstaatlicher Behörden nach Art. 263 Abs. 4 AEUV (statt eines Vorgehens des betroffenen Mitgliedstaats als privilegierter Kläger) thematisiert *Wörner*, Weiche Verhaltenssteuerungsformen, S. 466 ff. ausführlich, zur Einordnung der zuständigen Behörden als nichtprivilegierte Kläger *Wörner*, a.a.O., S. 424 f.

[200] Vgl. dazu in Bezug auf den konkret-generellen Einsatzplan bereits oben in diesem Kapitel unter B. II. 2. b); die Ausführungen gelten erst recht für die hier in den Blick genommenen abstrakt-generellen Regelungen.

[201] Vgl. zu diesem Terminus richtungsweisend EuGH, Urt. v. 03.10.2013, Rs. C-583/11 P, Inuit Tapiriit Kanatami, Rn. 31 ff., der darunter „Handlungen mit allgemeiner Geltung unter Ausschluss von Gesetzgebungsakten“ fasst. Zu den diesbezüglichen Kontroversen und mit Kritik zur Rechtsprechung des EuGH vgl. *Pechstein/Görlitz*, in: Pechstein/Nowak/Häde (Hrsg.), Art. 263 AEUV Rn. 70 ff. m.w.N., befürwortend *Gaitanides*, in: von der Groeben/Schwarze/Hatje (Hrsg.), Art. 263 AEUV Rn. 73 ff., die hierin einen Ausdruck der „in den Unionsverträgen angelegten Subsidiarität des Individualrechtsschutzes“ bestätigt sieht.

[202] Vgl. zu den hierzu vertretenen Ansätzen nur *Grünewald*, Individualrechtsschutz, S. 64 ff., und *Cremer*, in: Calliess/Ruffert (Hrsg.), Art. 263 AEUV Rn. 73 ff.; hiernach wird das Merkmal der erforderlichen Durchführungsmaßnahmen teilweise mit dem der unmittelbaren Betroffenheit gleichgesetzt. Teilweise (und wohl auch durch den Gerichtshof, dazu sogleich) wird es jedoch insoweit enger verstanden, dass – anders als im Fall der unmittelbaren Betroffenheit – Art. 263 Abs. 4 Var. 3 AEUV auch dann nicht einschlägig ist, wenn kein mitgliedstaatliches Ermessen bei der Umsetzung einer abstrakt-generellen unionalen Vorgabe besteht; wie hier *Wörner*, Weiche Verhaltenssteuerungsformen, S. 500 ff.

[203] Vgl. zu diesem Bereich des Art. 263 Abs. 4 AEUV grundlegend EuGH, Urt. v. 19.12.2013, Rs. C-274/12 P, Telefónica SA/Kommission, Rn. 27 ff. Demnach müsste den Regelungen ein „self-executing-Charakter“ zukommen, und ein Vorgehen gegen Durchführungsmaßnahmen mitgliedstaatlicher Behörden dürfte nicht ebenso rechtsschutzintensiv möglich sein, vgl. dazu nur *Pechstein/Görlitz*, in: Pechstein/Nowak/Häde (Hrsg.), Art. 263 AEUV Rn. 81 ff. m.w.N. und *Albors-Llorens*, Judicial Protection, S. 285 ff. Dies liegt im Telos des Art. 263 Abs. 4 Var. 3 AEUV begründet, der vorrangig darin besteht „zu verhindern, dass ein Einzelner gezwungen ist, gegen das Recht zu verstoßen, um Zugang zu den Gerichten zu erlangen“, was auf die vorliegenden Konstellationen nicht übertragbar ist. Generell zum Rechtsschutz gegen administrative Rechtsetzung in der Union vgl. *Türk*, ELJ 2013, S. 126 ff., S. 126 ff.

Ebenso wie in Bezug auf einsatzbezogene Vorfestlegungen kann nach den gleichen Grundsätzen mittelbarer Individualrechtsschutz im Rahmen des Vorabentscheidungsverfahrens nach Art. 267 AEUV gewährt werden. Auch unverbindliche abstrakt-generelle Verhaltensvorgaben unionaler Agenturen stellen einen tauglichen Vorlagegegenstand dar.[204] Für die Problematiken der Entscheidungserheblichkeit der Vorlagefrage und des fehlenden Individualanspruchs auf Vorlage gelten ebenfalls die hinsichtlich der Einsatzpläne aufgeführten Prinzipien, sodass hier die Frage der Überprüfbarkeit ebenfalls von dem Verhalten der nationalen Gerichte in der Praxis abhängt. Eine Entscheidungserheblichkeit kann etwa dann angenommen werden, wenn die Verhaltensvorgaben über sekundärrechtliche oder nationale Bestimmungen hinausgehen.

4. Zwischenfazit und Einhaltung der Anforderungen durch die hier untersuchten Bestimmungen

Auch im hier untersuchten Einsatzbereich der Teams zeigt sich die generell zu beobachtende und eine steigende Tendenz aufweisende Verwendung abstrakt-genereller unverbindlicher Steuerungsvorgaben durch unionale Stellen als wesentlicher Steuerungsfaktor des (mitgliedstaatlichen) Verwaltungshandelns. Enge primärrechtliche und in der Rechtsprechung des EuGH ausdifferenzierte Grenzen bestehen jedoch nur für die Ermächtigung zum bzw. den Erlass verbindlicher Rechtsakte durch Agenturen. Diese müssen als Rechtmäßigkeitsvoraussetzungen insbesondere eine entsprechende Delegationsnorm aufweisen und dürfen keine wesentlichen, dem Unionsgesetzgeber vorbehaltenen Bereiche betreffen. In Bezug auf letzteres ist eine steigende Bedeutung der (potentiellen) Grundrechtsbetroffenheit zu verzeichnen. Hiermit (wohl) im Zusammenhang steht die bevorzugte Verwendung unverbindlicher bzw. als unverbindlich ausgewiesener abstrakt-genereller Regelungen durch Stellen der Union. Doch auch wenn diese Praxis es vermuten ließe, befinden sich solche Rechtsakte nicht in einem (primär-)rechtsfreien Raum: Neben dem Prinzip der begrenzten Einzelermächtigung sind weitere rechtsstaatliche Grundsätze des Primärrechts zu beachten. Dies lässt sich auch durch die rechtlich relevanten Wirkungsweisen von Soft Law unionaler Agenturen begründen: Zum einen kann es verwaltungsinterne Bindungswirkung aufweisen und durch sekundärrechtliche Anordnung oder durch Bezugnahme in einem Vertrag inhaltlich verbindlich werden. Der EuGH attestiert unverbindlichen Vorgaben zum anderen in einer facettenreichen Rechtsprechung in bestimmten Konstellationen Rechtswirkungen i.S.d. Art. 263 Abs. 1 AEUV, wodurch eine gerichtliche Überprüfbarkeit ermöglicht wird.

Für den Erlass von Soft Law durch Agenturen bestehen demnach folgende Grundsätze: Diese können eine interne (Selbst-)Bindung nach sich ziehen. Eine

---

[204] Vgl. zu den Grundsätzen bereits oben in diesem Kapitel unter B. III. 3., konkret in Bezug auf die Vorlagefähigkeit von Soft Law und Rechtsprechungsentwicklung *Senden/van den Brink*, Checks and Balances, S. 57 f. und *Knauff*, EuR 2011 S. 735 ff., S. 735 ff.

Unvereinbarkeit mit Sekundärrecht führt zur Rechtswidrigkeit und gleichzeitig zur gerichtlichen Überprüfbarkeit auf mitgliedstaatlichen Antrag. Gleiches gilt für den Fall, dass unverbindliche Vorgaben darauf angelegt sind, in eine interadministrativ verbindliche Vereinbarung aufgenommen zu werden und nicht in die Kompetenz der Agenturen fallende Bereiche regeln. Wendet man diese Grundsätze auf die hier ausgewählten abstrakt-generellen Verhaltensvorgaben der in die Einsätze der untersuchten Teams involvierten Unionsstellen an, sind folgende Schlüsse zu ziehen:

Eine Regelung für die Verhaltensvorgaben durch die EZB kann in Art. 4 Abs. 3 UA 2 SSM-VO gefunden werden, sodass eine sekundärrechtliche Ermächtigung vorliegt. Den intern gerichteten Vorgaben der EZB im SSM-Leitfaden und im SSM-Handbuch kommt in Bezug auf die Arbeit der JSTs insofern rechtliche Wirkung zu, als sie zu einer Selbstbindung dieser Stellen führen.[205] Gleiches gilt für die Ethik-Leitlinien der EZB. Schreibt man diesen nach entsprechender Auslegung eine intern verbindliche Intention zu, liegen die im Rahmen des Art. 263 Abs. 1 AEUV geforderten „Rechtswirkung gegenüber Dritten" vor.[206]

Demgegenüber kann dem EASO-CoC aufgrund dessen Formulierung ein genuiner Verbindlichkeitsanspruch auch gegenüber mitgliedstaatliche Behörden entnommen werden. Als Ermächtigungsgrundlage kommt hier grundsätzlich Art. 12 Abs. 2 EASO-VO in Betracht, dies schließt jedoch verbindliche Vorgaben an mitgliedstaatliche Beamte nicht ein.[207] Weitere Zweifel an der Zulässigkeit der Regelungen des EASO-CoC können sich mit Blick auf die hohe Grundrechtssensibilität dieser Verhaltensvorgaben ergeben. Die ebenfalls an mitgliedstaatliche Behörden gerichteten „Praxisleitfäden" können hingegen nach ihrem Wortlaut zwar als unverbindlich ausgelegt und wohl noch auf Art. 12 Abs. 2 EASO-VO gestützt werden. Rechtswirkungen und damit eine gerichtliche Überprüfbarkeit können sich diesbezüglich nach der Rechtsprechung des EuGH jedoch auch dann ergeben, wenn sie inhaltlich unionsrechtswidrige Vorgaben machen und insoweit Unionsrecht unzutreffend konkretisieren.[208]

Diese Ansätze für die Annahme von Rechtswirkungen i.S.d. Art. 263 Abs. 1 AEUV können auch für die von Frontex erlassenen Verhaltenskodizes angeführt werden, die sich selbst in Bezug auf mitgliedstaatliche Beamte als unverbindlich

---

[205] Vgl. dazu die oben aufgeführte Rechtsprechung zur Selbstbindung. Hiervon geht auch das SSM-Handbuch (S. 3) unter Aufführung dieser Judikatur selbst aus.

[206] Vgl. zur Problematik eines „Interna-Vorbehalts" oben in diesem Kapitel unter B. III. 3. a) (2).

[207] Erlaubt ist hiernach lediglich die Annahme von „technische Dokumentationen, einschließlich Leitlinien oder Handbücher, zur Durchführung der Instrumente der Union im Asylbereich", allerdings wird demnach „nicht die Absicht verfolgt, den Mitgliedstaaten Anweisungen für die Bewilligung oder Ablehnung von Anträgen auf internationalen Schutz zu erteilen".

[208] Diese Gefahr besteht bei den extrem detailreichen Vorgaben, die – eine Heranziehung vorausgesetzt – den Handlungsspielraum der nationalen Beamten potentiell stark begrenzen können, in besonderem Maße.

ausweisen[209] und in Art. 81 Frontex-VO-2019 (Art. 35 Frontex-VO-2016) ihre Rechtsgrundlage finden dürften. Jedenfalls[210] für eine Einordnung der HOPs als tauglichen Klagegegenstand in einem Verfahren nach Art. 263 AEUV können weitere Ansätze herangezogen werden: Die Praxis und die früheren Formulierungen der HOPs legen nahe, dass diese zwecks Aufnahme in den verbindlichen Einsatzplan erlassen werden, was dem Gerichtshof in einer vergleichbaren Situation für die Annahme von Rechtswirkungen i.S.d. Art. 263 AEUV ausgereicht hat.[211] Bei einer entsprechenden Überprüfung dürften die geregelten grundrechtssensiblen Bereiche und die nur für den Erlass der HOPs in Frage kommenden, vage gehaltenen Rechtsgrundlagen der Frontex-VO-2016 eine besondere Rolle spielen.[212] Durch die Frontex-VO-2019 wurde mit Art. 8 Abs. 2 S. 2 Frontex-VO-2019 wohl eine umfassende, auf sämtliche Komponenten der integrierten europäischen Grenzverwaltung bezogene Kompetenz zum Erlass strategischer „Leitlinien" eingeführt.

Demgegenüber können den vom JITs-Netzwerk erlassenen, an mitgliedstaatliche Behörden gerichteten Dokumenten keine Rechtswirkungen i.S.d. Art. 263 Abs. 1 AEUV zugeschrieben werden. Sie beschränken sich auf nicht unmittelbar grundrechtsrelevante, häufig deskriptive bzw. die Rechtslage wiederholende und ihrer Formulierung nach unverbindlich gehaltene Empfehlungen. Vorausgesetzt, die Rechtsausführungen und -interpretationen treffen zu, bleibt insgesamt wenig Potential für eine Überprüfung im Wege der Nichtigkeitsklage. Die Annahme von Rechtswirkungen der von den möglicherweise an einem JIT teilnehmenden Agenturen und Ämtern für ihre eigenen Mitarbeiter erlassenen Verhaltenskodizes muss sich demgegenüber nach den diesbezüglich aufgezeigten Regeln richten.

Nach alledem ist eine gerichtliche Überprüfung der überwiegenden Mehrheit der hier untersuchten abstrakt-generellen unverbindlichen Vorgaben durch den EuGH möglich. Hierfür und damit gleichbedeutend für die weitere rechtliche Konturierung der Grenzen insbesondere „unverbindlicher" abstrakt-genereller Vorgaben ist jedoch ein entsprechendes Tätigwerden der Mitgliedstaaten bzw. eine entsprechende Vorlagepraxis mitgliedstaatlicher Gerichte erforderlich.

---

[209] Für Frontex-Mitarbeiter sind sie hingegen explizit verbindlich.

[210] Auch der Frontex-CoC wird in der Praxis in die Einsatzpläne als Annex mitaufgenommen; hier ist eine diesbezügliche, bei Erlass bestehende Intention jedoch (allein) in Anbetracht des Wortlauts des Frontex-CoC nicht gleich naheliegend.

[211] Vgl. dazu oben in diesem Kapitel unter B. III. 3. a) (2) (b).

[212] Ausdrücklich war der Erlass (rechtsverbindlicher) abstrakt-genereller Akte durch Frontex in der Frontex-VO-2016 nur bereichsbezogen geregelt wie etwa in Art. 53 Abs. 1 lit. c) Frontex-VO-2016 (Leitlinien im Bereich der Küstenwache), im Übrigen musste wohl auf die allgemein gehaltenen Formulierungen der Art. 6 Abs. 2 und 3 Frontex-VO-2016 sowie Art. 8 Abs. 1 lit. u) Frontex-VO-2016 abgestellt werden.

IV. Einzelfallbezogene Steuerungsinstrumente

Neben den bisher thematisierten Einflüssen auf die Initiative gemeinsamer Einsätze sowie durch konkret-generell gestaltete einsatzleitende Vorfestlegungen und abstrakt-generelle Einwirkungsmöglichkeiten durch unverbindliche Verhaltensvorgaben, existieren konkrete, situationsbezogene Steuerungsmöglichkeiten unionaler Stellen. Diese finden sich in unterschiedlichsten Formen und Spielarten über die gesamte Einsatzspanne hinweg: Bereits vor einer (mitgliedstaatlichen) Initiative und auch nach Abschluss des Einsatzes[213] werden mitgliedstaatliche Behörden bzw. das eingesetzte Personal durch unterschiedliche Mechanismen unionaler Einflussnahme gesteuert. Diese Aktivitäten sind von Einsatzform zu Einsatzform sowie in den jeweiligen zeitlichen Einsatzstufen verschieden ausgestaltet und wirken unterschiedlich intensiv, sodass eine Systematisierung nach dem jeweiligen Wirkungsmechanismus hilfreich ist[214], um Aspekte der rechtlichen Einordnung und damit einhergehend der Rechtsschutzmöglichkeiten zu strukturieren. Vorab ist in diesem Kontext festzustellen, dass die vorgesehenen Steuerungsfaktoren teilweise mit den in sämtlichen Einsatzformen gegebenen (Teil-)Finanzierungen durch unionale Stellen verknüpft sind.[215] Die Frage der Finanzierung kann Auswirkungen auf das (Macht-)Verhältnis zwischen EU und Mitgliedstaaten haben, da unionalen Stellen damit zumindest in finanzieller Hinsicht eine „Geber-Rolle" zukommt.[216]

1. Rechtlich vorgesehene Erscheinungsformen: Herrschaft der Unverbindlichkeit?

Vor einer solchen Systematisierung ist des Weiteren herauszustellen, dass unmittelbar verbindliche Handlungsanweisungen durch unionale Stellen außer im Bereich der JSTs[217] sekundärrechtlich nicht vorgesehen sind. Unterhalb der

[213] Vgl. zur möglichen legitimatorischen Bedeutung von Einflussnahmen im Wegen von ex-post Kontrollen bereits oben in diesem Teil Kapitel 9 C., und hinsichtlich der Kompensation gerichtlicher Rechtsschutzlücken durch Verwaltungskontrollen unten in diesem Teil Kapitel 11 D.

[214] Vgl. generell zu Typen und Systematisierungskriterien *Fehling*, in: Hoffmann-Riem/Schmidt-Aßmann/Voßkuhle (Hrsg.), Bd. II § 38 Rn. 28 ff. und 39 ff.

[215] So ist etwa eine finanzielle Förderung eines JITs von einer Verpflichtung zu einer beim JITs-Netzwerk vorzunehmenden Evaluierung abhängig und die nationalen Eurojust-Mitglieder sind zur Teilnahme an dem geförderten JIT einzuladen (so ausdrücklich Art. 9f Eurojust-Beschluss). Ein weiteres Beispiel stellt der sogleich behandelte mögliche Entzug der Finanzierung von Einsätzen durch Frontex bei Verstößen gegen den Einsatzplan dar.

[216] Vgl. generell zum „Steuerungsfaktor Geld im Verwaltungsrecht" *Korioth*, in: Hoffmann-Riem/Schmidt-Aßmann/Voßkuhle (Hrsg.), Bd. III § 44 Rn. 3 f., der Finanzen als Grundlage anderer, auch hier relevanter Steuerungsmittel wie Personal, Verfahren und Organisation sieht.

[217] Die folgende Systematisierung und Behandlung von Anschlussfragen sind insoweit für die JSTs irrelevant, als sie integraler Teil der EZB-Verwaltung sind und damit weniger von zwischenbehördlichen Problematiken der unionalen Mehrebenenverwaltung betroffen sind.

Schwelle einer direkten Rechtsverbindlichkeit sind jedoch Abstufungen in der Intensität konkreter Steuerungsmöglichkeiten zu beobachten. Art. 43 Abs. 1 Frontex-VO-2019 sieht ausdrücklich vor, dass der Einsatzmitgliedstaat Anweisungen entsprechend dem Einsatzplan erteilt, der Frontex-Koordinierungsbeamte kann nach Art. 38 Abs. 3 Frontex-VO-2019 einen diesbezüglichen Standpunkt der Agentur mitteilen, dem der Mitgliedstaat „soweit wie möglich" nachkommt. Eine ähnliche Rolle kommt der Kontaktstelle von EASO nach Art. 20 EASO-VO zu, die den Einsatz überwacht, entsprechende Vorgaben zu Standpunkten von EASO sind jedoch nicht enthalten. Art. 20 Abs. 4 EASO-VO sieht vor, dass die Kontaktstelle allein Weisungen von EASO unterworfen ist. Art. 1 Abs. 3 lit. b) JITs-Beschluss bestimmt, dass der Einsatz unter mitgliedstaatlicher Leitung erfolgt, konkrete Steuerungsmöglichkeiten unionaler Stellen sind nicht vorgesehen. Diese Gestaltung dürfte maßgeblich in souveränitätsbezogenen Aspekten begründet liegen.[218] Dies gilt insbesondere für den konkreten Einsatzablauf und damit verknüpfte Handlungen gegenüber Außenstehenden.[219]

a) *„Reine" Beratungs- und Informationsaktivitäten unionaler Stellen*

Im Vergleich zu einer klassischen Weisung, die durch ihre formal-mechanische Verbindlichkeit gekennzeichnet ist, weisen informative Handlungen[220] das geringste Steuerungspotential auf. Diese sind nicht ausdrücklich an Berücksichtigungspflichten o.ä. gekoppelt und werden teilweise durch unionale Stellen in der Funktion eines Mediators übernommen.[221] Selbst solche Umstände können je-

---

[218] Vgl. dazu Art. 72 AEUV, wonach die „Wahrnehmung der Zuständigkeiten der Mitgliedstaaten für die Aufrechterhaltung der öffentlichen Ordnung und den Schutz der inneren Sicherheit" allein in mitgliedstaatlicher Kompetenz liegt; generell zu Souveränitätsschranken oben Teil 1 Kapitel 2 A. I.; eine (generelle) „Zunahme unverbindlichen Handelns der Unionsverwaltung", das auch konkret-individuelle Handlungsweisen miteinschließt, verzeichnet *Rademacher*, Realakte, S. 76 ff., hier besonders relevant S. 113 ff., die sich auf die „Einbindung der EU in operative Verwaltungsvorgänge" beziehen; generell zu einer „Entformalisierung" im interadministrativen Bereich des Europäischen Verwaltungsverbundes *Kahl*, in: Hoffmann-Riem/Schmidt-Aßmann/Voßkuhle (Hrsg.), Bd. III § 47 Rn. 179; speziell für den Bereich europäischer Sicherheitsverwaltung *Schöndorf-Haubold*, Europäisches Sicherheitsverwaltungsrecht, Rn. 147.

[219] Verbindliche Entscheidungen außerhalb dieses Bereichs stellen etwa die abschließende Festlegung des Einsatzplans durch Frontex/EASO und damit verknüpft die Auswahl und der Ausschluss von Personal aus den jeweiligen Einsatzpools dar, wobei letzteres funktional in den Bereich der Disziplinarmaßnahmen eingeordnet werden kann. Solche Entscheidungen sind durch die Mitgliedstaaten angreifbar, vgl. dazu in Bezug auf die Aufstellung des Einsatzplans in diesem Kapitel unter II. 3. a).

[220] Nach *Rademacher*, Realakte, S. 77 m.w.N. ist „(i)nformationelles Handeln [...] wahrscheinlich *das* klassische Referenzfeld schlicht-hoheitlichen Handelns", wobei *Rademacher* im Folgenden zwischen „Publikumsinformation" (*Rade*macher, a.a.O., S. 78 ff.) und der hier relevanten „Behördenkommunikation" (*Rademacher*, a.a.O., S. 100 ff.) differenziert.

[221] Instruktiv zu Informationsverbindungen zwischen nationalen und unionalen Stellen *von Bogdandy*, in: Hoffmann-Riem/Schmidt-Aßmann/Voßkuhle (Hrsg.), Bd. II § 25 Rn. 1 ff.

doch eine faktisch übergeordnete Stellung bedeuten und damit erhebliches Steuerungspotential bergen.[222] Insbesondere die Arbeit von JITs ist von derartigen unterstützenden Maßnahmen geprägt, zu nennen sind etwa die Hilfe bei der Formulierung der JIT-Vereinbarung, das Veranstalten von Meetings oder Koordinationstreffen durch unionale Stellen aber auch Beratungsmöglichkeiten im konkreten Einsatzablauf. Auch bei den weiteren hier untersuchten gemeinsamen Einsatzformen liegen Einflussnahmemöglichkeiten dieser Kategorie vor, dies betrifft beispielsweise die Erstellung eines Europäischen Lagebildes gem. Art. 10 Eurosur-VO, die in den an Frontex angegliederten und durch die Frontex-VO-2019 ausgebauten Online-Plattformen bereitgestellten Informationen, oder die Rolle der von EASO eingesetzten „Kontaktstelle der Union" als Mediator i.S.d. Art. 20 Abs. 3 EASO-VO bzw. des Koordinierungsbeamten von Frontex nach Art. 44 Abs. 4 Frontex-VO-2019.

b) „Naming and shaming"[223] als potentieller Steuerungsfaktor

Weiterhin erfolgen Einflussnahmemöglichkeiten in Form von Mechanismen, die in Bezug auf aus Kompetenzgründen nicht rechtsverbindlich steuerbares Verhalten mitgliedstaatlicher Einsatzkräfte die (drohende) Preisgabe dieses Verhaltens an die Öffentlichkeit bzw. einen größeren (Behörden-)Kreis vorsehen. Dies betraf etwa den noch in Art. 20 Abs. 12 Frontex-VO-2016 vorgesehenen Bericht von Frontex an das Europäische Parlament über mitgliedstaatliche Weigerungen zur Bereitstellung von Personal für Europäische Grenz- und Küstenwachteams, betrifft Leistungsbeurteilungen für NCA-Unterkoordinatoren durch die EZB, Evaluationen von JITs und – insoweit als Minimalwirkung – die vorgesehenen Berichtspflichten über Fehlverhalten der Teammitglieder von ASTs, Grenzverwaltungsteams oder Rückkehrteams, die über unionale Stellen nationale Behörden erreichen. Es erscheint aus praktischer Sicht naheliegend aber nicht zwin-

[222] Vgl. zum erheblichen Steuerungspotential durch Informationsübermittlung und „fachliche Beratung" im Europäischen Verwaltungsverbund nur *Schmidt-Aßmann*, in: Hoffmann-Riem/Schmidt-Aßmann/Voßkuhle (Hrsg.), Bd. I § 5 Rn. 23 m.w.N. sowie *Aden*, dms 2013 S. 55 ff., S. 58 ff. mit Schwerpunkt auf dem Informationsaustausch von Sicherheitsbehörden. Zu einer damit verwandten „indirekte(n) Steuerung durch Wissenserklärungen" gegenüber Privaten vgl. *Hermes*, in: Hoffmann-Riem/Schmidt-Aßmann/Voßkuhle (Hrsg.), Bd. II § 39 Rn. 52 f.

[223] Der Begriff des „naming and shaming" wird grundsätzlich nur für die Veröffentlichung negativer Informationen über bzw. Rechtsverstößen von Privaten durch hoheitliche Stellen verwendet, wie z.B. die Veröffentlichung von Sanktionsentscheidungen der EZB im Rahmen des SSM, vgl. dazu *Irmscher*, EWS 2014, S. 318 ff., S. 318 ff. *Wörner*, Weiche Verhaltenssteuerungsformen, S. 169 verwendet diesen Begriff jedoch auch in der von ihm verwendeten Kategorie des behördenbezogenen „comply or explain induziertes naming and shaming", die die Veröffentlichung einer behördlichen „explain"-Entscheidung (dazu sogleich) betrifft. Generell zur informationellen Handlungsform des „naming and shaming" *Rademacher*, Realakte, S. 87 ff., der ihr in der Gegenüberstellung zu (präventiven) hoheitlichen Warnungen einen *„repressiv-pönalen* Charakter" zuschreibt.

gend, dass diese drohenden Offenlegungen ein die Bewertungsmaßstäbe möglichst optimal erfüllendes Handeln mitgliedstaatlicher Stellen beeinflussen können.[224]

c) Berücksichtigungspflichten und „comply or explain (+ X)"-Konstruktionen

Weitaus näher an einer verbindlichen Vorgabe sind demgegenüber Einzelfallvorgaben[225], die zwar keine diesen Vorgaben entsprechenden strikten Handlungspflichten der adressierten Stelle beinhalten, jedoch eine ausdrückliche bzw. konkretisierte Berücksichtigungspflicht vorsehen und teilweise darüber hinaus den adressierten Stellen im Fall der (geplanten) Nichtbefolgung (ausdrücklich) eine Begründungspflicht auferlegen.[226] Solche „comply or explain"-Konstruktionen[227] können zudem um sanktionsähnliche Folgemaßnahmen ergänzt werden. Als Beispiel einer (reinen) „comply or explain"-Konstruktion kann hier der Vorschlag von Eurojust (und bei entsprechender Auslegung auch von Europol)[228] zur Einrichtung eines JITs dienen, dessen Nichtbefolgung zu begründen ist.[229] Eine strukturell ähnliche Konstellation, die zudem auch die möglichen Weigerungsgründe begrenzt, liegt demgegenüber in der grundsätzlichen Verpflichtung der

[224] Generell zum Zusammenhang von informellen Steuerungsvorgaben und „den Eigeninteressen der Verwaltung" *Fehling*, in: Hoffmann-Riem/Schmidt-Aßmann/Voßkuhle (Hrsg.), Bd. II § 38 Rn. 52: „Kooperation statt Konfrontation führt auch zu einem angenehmeren Arbeitsklima".

[225] Gleichartige Berücksichtigungs- und damit verknüpfte Begründungsvorgaben können neben konkret-individuellen Vorgaben auch in abstrakt-genereller Form erlassen werden, vgl. zu dieser Differenzierung *Rademacher*, Realakte, S. 141 m.w.N; häufig sind es gerade „comply-or-explain"-Mechanismen, die die Umsetzung abstrakt-genereller unverbindlicher Regelungen sicherstellen sollen.

[226] Vgl. dazu allgemein *Rademacher*, Realakte, S. 141 ff. (i.V.m. S. 121), der eine steigende Verwendung solcher Konstruktionen im gesamten Unionsrecht beobachtet und auch bei nicht ausdrücklich normierten Begründungserfordernissen einen „besonderen Rechtfertigungsdruck" (*Rademacher*, a.a.O., S. 121) der adressierten Stelle hervorhebt. Vgl. zu einer solchen Konstruktion in Art. 5 Abs. 2 RaBIT-VO *Schöndorf-Haubold*, Europäisches Sicherheitsverwaltungsrecht, Rn. 108, die allein aus der Berücksichtigungspflicht ein Abweichen von der Vorgabe des Koordinierungsbeamten als begründungsbedürftig ansieht, was jedenfalls aus praktischer Sicht verallgemeinerungsfähig für normierte Berücksichtigungspflichten sein dürfte.

[227] Vgl. zur Bedeutung dieser Regulierungsmethode in ihrem wohl populärsten Anwendungsbereich des Europäischen Gesellschaftsrechts *Leyens*, ZEuP 2016, S. 388 ff.; *Wörner*, Weiche Verhaltenssteuerungsformen, S. 153 ff. sieht in dem in Art. 16 Abs. 3 ESMA-Verordnung, EBA-Verordnung bzw. EIOPA-Verordnung (bei *Wörner*, a.a.O, dort als ESA-VO bezeichnet) enthaltenen „comply-or-explain"-Mechanismus „nicht weniger als das Schlüsselelement zum Verständnis von Funktions- und Wirkmodus und Steuerungseffektivität der Leitlinien und Empfehlungen" der Europäischen Aufsichtsagenturen.

[228] Vgl. dazu ausführlich oben in Teil 2 Kapitel 4 C. I. 2.

[229] Vgl. dazu an dieser Stelle nur Art. 6 Abs. 1 lit. a) iv), Art. 7 Abs. 1 lit. a) iv) i.V.m. Art. 8 Eurojust-Beschluss. Eine in den hier wesentlichen Punkten vergleichbare Regelung ist auch in Art. 4 Abs. 2 lit. d) i.V.m. Art. 4 Abs. 6 Eurojust-Verordnung vorgesehen.

Mitgliedstaaten zur Entsendung der angeforderten Teammitglieder in ASTs (Art. 16 Abs. 1 EASO-VO) bzw. nach Art. 51 Abs. 3 Frontex-VO-2019[230] vor, die nur aufgrund bestimmter nationaler Interessen verweigert werden kann. Ein durch die Frontex-VO-2019 eingeführter und in seinem materiellen Anwendungsbereich weiter „comply-or-explain"-Mechanismus ist in Art. 41 Frontex-VO-2019 vorgesehen. Hiernach sind Vorschläge von Frontex für Aktionen an den Außengrenzen innerhalb von sechs Arbeitstagen zu behandeln, eine Ablehnung muss begründet werden und wird an den Verwaltungsrat und die Kommission weitergeleitet. Eine nah an einer verbindlichen Weisung orientierte Berücksichtigungspflicht inklusive Reaktionsmöglichkeiten bei Nichtberücksichtigung ist etwa in der Überwachung durch den Koordinierungsbeamten von Frontex bei (potentiellen) Verstößen mitgliedstaatlicher Behörden gegen den Einsatzplan zu sehen: Entsprechenden, über den Koordinierungsbeamten verlautbarten Stellungnahmen von Frontex muss der Einsatzmitgliedstaat Rechnung tragen und „soweit wie möglich" nachkommen, was zumindest eine gesteigerte Berücksichtigungspflicht bedeutet. Ist dem aus Sicht des Koordinierungsbeamten nicht genüge getan, kann er dem Exekutivdirektor von Frontex vorschlagen, die Finanzierung des Einsatzes zurückzuziehen sowie den Einsatz nach Art. 46 Frontex-VO-2019 auszusetzen oder zu beenden.

2. Gängige Lösung der Praxis: Heterogen zusammengesetzte Entscheidungszentren

Die dargestellten sekundärrechtlichen Einwirkungsformen werden in der Praxis jedenfalls in Bezug auf den Einsatzablauf nicht schematisch umgesetzt. Im konkreten Einsatz erfolgt eine gemeinsame Steuerung durch den weisungsbefugten Einsatzmitgliedstaat und die überwachungsbefugten unionalen Stellen in Form von plural besetzten Gremien. Hierbei macht der Einsatzmitgliedstaat im Verhältnis zu den Teammitgliedern von seinem Weisungsrecht Gebrauch, die Entscheidung über die Ausübung dieses Weisungsrechts wird jedoch kooperativ getroffen: Das ICC im Fall von Grenzverwaltungsteams, das „EASO Operational Office" oder ähnliche Gremien in Bezug auf ASTs und z.B. mobile Einsatzbüros von Europol für Einsätze von JITs können als einander ähnliche gemeinsame Entscheidungszentren operativer Einsätze angesehen werden. Die (formal) mitgliedstaatlichen Weisungen werden sodann über von den beteiligten unionalen Stellen bereitgestellte Kanäle an die jeweiligen Teams übermittelt.[231] Es erfolgen

---

[230] Diese Bestimmung gilt nur für Rückführungsbeobachter, in Art. 20 Abs. 3 Frontex-VO-2016 war eine entsprechende Regelung für alle Entsendungen vorgesehen. Art. 64 Abs. 9 Frontex-VO-2019 regelt ein ähnliches Verfahren für die Bereitstellung von Ausrüstungsgegenständen.

[231] Die Nutzung von Informationsaustauschkanälen und Plattformen ist auch für sich genommen eine eigene Interferenz unionaler Stellen, die bei sämtlichen hier untersuchten Einsatzformen auftaucht, vgl. dazu etwa oben in Teil 2 Kapitel 4 unter D. 2. (zur von Europol bereitgestellten SIENA) oder oben in Teil 2 Kapitel 5 D. V. 1. (zu den von Frontex eingerichteten Informationskanälen).

damit eine Indienstnahme und Instrumentalisierung mitgliedsaatlicher Weisungsrechte. Die so im Idealfall unter allen Beteiligten abgestimmte und mitgetragene Entscheidung besitzt dadurch eine gewisse Legitimationsbündelung[232] – die einzelnen (Verursachungs-)Beiträge dieser Entscheidungen sind allerdings nicht mehr eindeutig nachvollziehbar, was Auswirkungen auf Rechtsschutzebene haben kann.[233]

3. Rechtliche Einordnung unverbindlicher Einflussnahmemöglichkeiten

a) Rechtsnatur

Die hier in den Blick genommenen, unterhalb der Schwelle der Rechtsverbindlichkeit konstruierten Einflussnahmemöglichkeiten sind ebenso wie die heterogen besetzten Entscheidungszentren als (formal) konsensuale Steuerungsformen typisch für Bereiche, in denen es an einer Kompetenz zum Erlass verbindlicher Vorgaben mangelt.[234] Insoweit können sie als einzelfallbezogenes Pendant zu abstrakt-generellen unverbindlichen Vorgaben verstanden werden[235], sodass im Kern ähnliche Fragestellungen aufgeworfen werden[236]: Die Steuerungs- und teilweise faktische Bindungswirkung solcher häufig als „weich" bezeichneter, unverbindlicher konkreter Vorgaben wird soweit ersichtlich nicht bezweifelt.[237] Gleichsam wie im Fall des unionalen Soft Law stellen sich sodann Fragen nach einer ausreichenden Legitimation und (insbesondere gerichtlichen) Kontrollmöglichkeiten.

---

[232] Vgl. dazu oben in diesem Teil Kapitel 9, C. II.

[233] Vgl. dazu unten in diesem Teil Kapitel 11 C. II. 2. a).

[234] Generell zu „‚Motiven' für Informalität" *Hoffmann-Riem*, in: Hoffmann-Riem/Schmidt-Aßmann/Voßkuhle (Hrsg.), Bd. II § 33 Rn. 86; zu den „Risiken informellen Vorgehens" *Fehling*, in: Hoffmann-Riem/Schmidt-Aßmann/Voßkuhle (Hrsg.), Bd. II § 38 Rn. 53 ff.; konkret in Bezug auf das europäische Sicherheitsverwaltungsrecht *Schöndorf-Haubold*, Europäisches Sicherheitsverwaltungsrecht, Rn. 114 und Rn. 146 und *Rademacher*, Realakte, S. 113 f.

[235] So ausdrücklich *Knauff*, Der Regelungsverbund, S. 240 f. („konkret-individuelles Äquivalent zu Soft Law"), der zwischen diesen Kategorien fließende Grenzen feststellt und hervorhebt, dass unverbindliche abstrakt-generelle Vorgaben durch unverbindliche Individualregelungen „vollzogen" werden.

[236] So im Allgemeinen auch *Fehling*, in: Hoffmann-Riem/Schmidt-Aßmann/Voßkuhle (Hrsg.), Bd. II Rn. 39, der in Bezug auf die Ebene des Verwaltungsvollzugs eine höhere gesetzliche Regelungsdichte sieht.

[237] Vgl. dazu nur *Fehling*, in: Hoffmann-Riem/Schmidt-Aßmann/Voßkuhle (Hrsg.), Bd. II § 38 Rn. 7 ff. („Faktische Bindungswirkung bei rechtlicher Unverbindlichkeit"), vgl. zum dort verwendeten Begriff des informellen Verwaltungshandelns jedoch sogleich. Ihm folgend *Knauff*, Der Regelungsverbund, S. 240 f.; vgl. zur Steuerungswirkung ferner *Hermes*, in: Hoffmann-Riem/Schmidt-Aßmann/Voßkuhle (Hrsg.), Bd. II § 39 Rn. 47 ff.; *Kahl*, in: Hoffmann-Riem/Schmidt-Aßmann/Voßkuhle (Hrsg.), Bd. III § 47 Rn. 179 und *Steiner*, Außervertragliche Haftung, S. 110; zum „weichen Charakter" *Rademacher*, Realakte, S. 114 („weiche Steuerungsmittel"), in Bezug auf den Bereich des europäischen Sicherheitsverwaltungsrechts *Schöndorf-Haubold*, Europäisches Sicherheitsverwaltungsrecht, Rn. 114 („weich ausgestaltete Einwirkungsmöglichkeiten") bzw. Rn. 108 („weiches Weisungsrecht").

In begrifflicher Hinsicht ist aufgrund der Unverbindlichkeit dieser Steuerungsformen zumindest aus deutscher Perspektive zunächst eine Einordnung als informelles[238] bzw. schlicht-hoheitliches[239]/tatsächliches[240] (Verwaltungs-) Handeln oder (insoweit als Überbegriff) in die Kategorie der Realakte naheliegend. Durch das Fehlen einer entsprechenden Differenzierung im Unionsrecht sind diese terminologischen Kategorisierungen zwar für eine etwaige Übertragbarkeit von Problemfeldern ein Ausgangspunkt, lassen jedoch keine unmittelbaren Schlüsse auf die rechtliche Behandlung dieser Steuerungsformen zu.

b) Aus Rechtsschutzperspektive: „Rechtswirkung" als Voraussetzung für „Primärrechtsschutz"

Nimmt man die Unverbindlichkeit der dargestellten konkreten Einwirkungsmodalitäten als Ausgangspunkt, so gilt auch hier im Grundsatz, dass unverbindliches unionales Handeln keinen tauglichen Klagegegenstand einer Nichtigkeitsklage nach Art. 263 AEUV darstellt, eine Überprüfung jedoch (teilweise) im Rahmen eines Vorabentscheidungsverfahrens nach Art. 267 AEUV ebenso wie im Rahmen des sog. Sekundärrechtschutzes möglich ist. Im Folgenden ausgenommen sind mangels (ersichtlichem) Gebrauch und fehlenden Auswirkungen auf Außenstehende die dem „naming and shaming" zuzuordnenden Steuerungsansätze.

aa) Beratungs- und Informationsaktivitäten

Der Grundsatz der Unanfechtbarkeit unverbindlichen unionalen Handelns im Rahmen der Nichtigkeitsklage kann erhebliche Auswirkungen auf die Reichweite des unionalen gerichtlichen Grundrechtsschutzes haben[241], was sich beson-

---

[238] Vgl. zu diesem Begriff ausführlich *Fehling*, in: Hoffmann-Riem/Schmidt-Aßmann/Voßkuhle (Hrsg.), Bd. II Rn. 6 ff., der ein wesentliches Merkmal jedoch in dem „Vorhandensein einer rechtsförmlichen Alternative" (*Fehling*, a.a.O., Rn. 10 f. m.N. zur Gegenansicht) sieht, was im gegebenen Kontext in der Regel ausgeschlossen ist. Der Begriff des informellen Verwaltungshandeln ist demnach primär auf ein Verwaltungshandeln im Staat-Bürger Verhältnis zugeschnitten, kann jedoch auch im interadministrativen EU-Mitgliedstaaten-Verhältnis fruchtbar gemacht werden (*Fehling*, a.a.O., Rn. 19 f.). Eine Verwendung des Begriffs des informellen Handelns in Bezug auf weiche Verhaltenssteuerung lehnt *Wörner*, Weiche Verhaltenssteuerungsformen, S. 10 ff. ab.

[239] Vgl. zu diesem Begriff *Hermes*, in: Hoffmann-Riem/Schmidt-Aßmann/Voßkuhle (Hrsg.), Bd. II § 39 Rn. 20 ff., zu Abgrenzungsansätzen hinsichtlich informellen Verwaltungshandelns vgl. *Hermes*, a.a.O., Rn. 30 f. und *Fehling*, in: Hoffmann-Riem/Schmidt-Aßmann/Voßkuhle (Hrsg.), Bd. II Rn. 14 ff.

[240] Eine entsprechende Einordnung der hier in den Blick genommenen Einflussnahmemöglichkeiten findet sich bei *Glaser*, Entwicklung des Europäischen Verwaltungsrechts, S. 404 f.

[241] Zu den „Datenschutzgrundrechten" im grundrechtlichen Mehrebenensystem und ihrer Betroffenheit auch durch die Eingriffsmodalitäten des Abfragens, Weiterleitens und Zurverfügungstellens von Daten vgl. unten in diesem Teil Kapitel 11 B. II. 3. a) aa).

ders drastisch im Rahmen der ersten Gruppe der Informations- und Beratungsvorgänge zeigt, sobald personenbezogene Daten im Spiel sind.

Unterstützungsleistungen durch situations- aber nicht personenbezogene Informationen und (Mediations-)Beratungen sind im Zeitpunkt ihrer Erbringung und durch ggf. (mit-)verursachtes Verwaltungshandeln naturgemäß irreversibel.[242] Daher bieten sie mangels Verbindlichkeit und aufgrund ihres Charakters als (Vorbereitungs-)Handlungen innerhalb eines mehrstufigen Verfahrens in der Regel wohl weder aus mitgliedstaatlicher[243] noch aus individueller Perspektive ausreichend Anlass zu einer eigenständigen Überprüfung und sind auch aus denselben Gründen kein tauglicher Klagegenstand einer Nichtigkeitsklage.

Hingegen können Informationsübermittlungen unionaler Stellen, die (ggf. in rechtswidriger Weise) personenbezogene Daten beinhalten, unmittelbar grundrechtsrelevant sein[244], was einen isolierten gerichtlichen Individualrechtsschutz auf unionaler Ebene erfordern kann.[245] Voraussetzung hierfür ist jedoch, dass in dieser Informationsübermittlung eine Handlung „mit Rechtswirkung gegenüber Dritten" i.S.d. Art. 263 Abs. 1 S. 2 AEUV zu sehen ist.[246] Verneint man eine Regelungswirkung der unverbindlichen Informationsübermittlung aufgrund ihres Charakters als schlicht-hoheitlichen Handelns[247], liegt es jedenfalls auf den ersten Blick aus deutscher Perspektive nahe, eine solche Rechtswirkung in einer (möglichen) Grundrechtsverletzung zu sehen.[248] In der insoweit teilweise stark kritisierten Rechtsprechung des Gerichtshofs wird eine „Rechtswirkung gegenüber Dritten" in den hier dargestellten Konstellationen jedoch verneint[249], selbst wenn

[242] Vgl. dazu m.w.N. *Rademacher*, Realakte, S. 78, der daraus ein starkes Bedürfnis nach vorbeugenden Rechtsschutzmöglichkeiten ableitet.

[243] Dies gilt selbst dann, wenn man eine (ggf. aus dem Grundsatz der loyalen Zusammenarbeit abgeleitete) „Pflicht zur Kenntnisnahme" als prozedurale Voraussetzung ansieht; nach *Rademacher*, Realakte, S. 140 f. ist deren „Einhaltung nicht überprüfbar […]; damit sinkt freilich auch das Rechtsschutzbedürfnis spezifisch gegen diesen rechtlichen Mechanismus auf Null".

[244] Vgl. dazu m.w.N. nur *Aden*, dms 2014 S. 55 ff., S. 67 f. und generell zum polizeilichen Informationsaustausch in der EU *Würtenberger*, Europäisches Sicherheitsrecht, Rn. 60 ff.

[245] Zum diesbezüglichen und weiteren Konfliktpotential im Bereich des zwischenbehördlichen Informationsaustauschs *Schmidt-Aßmann*, Kohärenz und Konsistenz, S. 193 ff., der zwischen der singulären Informationsweitergabe im Wege der Amtshilfe und eher institutionalisierten Informationsverbünden differenziert; zu „neuen Gefahren" durch die sich in Quantität und Intensität steigernden zwischenbehördlichen Informations- und Kommunikationsvorgänge und die Erforderlichkeit einer darauf abgestimmten Verwaltungskontrolle bereits *Schmidt-Aßmann*, Verwaltungskontrolle, S. 25 f.

[246] Dies ist zu trennen von der Frage der individuellen und unmittelbaren Betroffenheit, die der Klagebefugnis zuzuordnenden ist und in der gegebenen Konstellation wohl zu bejahenden wäre.

[247] Vgl. dazu nur *Schmidt-Aßmann*, Verwaltungsrechtliche Dogmatik, S. 103 f.

[248] So in Bezug auf den Verfassungsvertrag *Srock*, Europol, S. 231 und hinsichtlich des Vertrags von Lissabon *Kastler*, Föderaler Rechtsschutz, S. 299.

[249] Grundlegend insoweit die Rechtssache *Tillack*, vgl. dazu EuG, Urt. v. 04.10.2006, Rs. T-193/04 und EuGH, Beschluss v. 15.10.2004, Rs. T-193/04 R, Tillack/Kommission und

die personenbezogene Daten enthaltende Informationsübermittlung ausdrücklich mit „Handlungsempfehlungen" versehen ist[250]: Erforderlich seien vielmehr „Maßnahmen, die verbindliche Rechtswirkungen erzeugen, die geeignet sind, die Interessen des Klägers zu beeinträchtigen, indem sie seine Rechtsstellung in qualifizierter Weise ändern".[251] Maßgeblich für eine solche Rechtsänderung in „qualifizierter Weise" soll in diesem Kontext sein, ob aus (den Umständen) der Informationsübermittlung zwangsläufig ein bestimmtes Handeln der adressierten nationalen Behörden und damit eine rechts*verbindliche* Einwirkung auf die Rechte Außenstehender folge.[252] (Potentiell) unmittelbar rechts*verletzende* Auswirkungen bleiben bei der Beantwortung dieser Frage jedoch damit außer Betracht.[253]

Aus einer solchen grundrechtlichen Perspektive kann diese Rechtsprechungslinie auch vor dem Hintergrund des Art. 47 EU-GRC[254] hinterfragt werden,[255] der

EuGH, Beschluss v. 19.04.2005, Rs. C-521/04 P(R), Tillack/Kommission; vgl. dazu ausführlich *Rademacher*, Realakte, S. 23 ff. auch zu verwandten Entwicklungen sowie OLAF-bezogen *Braum*, wistra 2005, S. 401 ff., S. 401 ff.; zu vergleichbaren Fällen, in welchen festgestellt wurde, dass die Versorgung mit Informationen keine Rechtswirkungen i.S.d. Art. 263 Abs. 1 AEUV erzeugt *Türk*, in: Hofmann/Türk (Hrsg.), S. 218 ff., S. 224 ff.

[250] In Bezug auf die *Tillack*-Rechtsprechung verweist *Schöndorf-Haubold*, Europäisches Sicherheitsverwaltungsrecht, Rn. 177 zutreffend auf die Bedeutung von Steuerungswirkungen reiner Informationsübermittlungen vor dem Hintergrund des Art. 4 Abs. 3 EUV. *Rademacher*, Realakte, S. 61 ff. stellt dieser Rechtsprechungslinie in Bezug auf konkret-individuelle Informationsübermittlungen mit Handlungsempfehlungen die durch den EuGH angenommene Anfechtbarkeit entsprechender abstrakt-genereller unverbindlicher Vorgaben gegenüber.

[251] EuG, Urt. v. 04.10.2006, Rs. T-193/04, Tillack/Kommission, Rn. 67, insoweit unter Berufung auf die (sog.) IBM-Rechtsprechung des EuGH (vgl. dazu oben in diesem Kapitel unter B. I. 2. a)). Zur Anwendung dieses Merkmals in anderen Bereichen vgl. *Türk* in Hofmann/Türk (Hrsg.), S. 218 ff., S. 228 ff.

[252] Vgl. dazu EuG, Urt. vom 04.10.2006, Rs. T-193/04, Tillack/Kommission, Rn. 68 ff., eine kleinschrittige Darstellung und Untersuchung dieser Ausführungen findet sich bei *Rademacher*, Realakte, S. 24 ff. zusammenfassend S. 27, knapp und treffend auch *Schoch*, in: Hoffmann-Riem/Schmidt-Aßmann/Voßkuhle (Hrsg.), Bd. III § 50 Rn. 24 „[...] die Informationsübermittlung sei keine anfechtbare Handlung, weil sie keine verbindliche Rechtswirkung entfalte"; kritisch zu dieser Rechtsprechung *Schmidt-Aßmann*, Kohärenz und Konsistenz, S. 49 f.

[253] Diese Lesart teilen *Pechstein/Görlitz*, in: Pechstein/Nowak/Häde (Hrsg.), Art. 263 AEUV Rn. 53; *Dörr*, in: Grabitz/Hilf/Nettesheim (Hrsg.), Art. 263 AEUV Rn. 44; *Mader*, EuR 2018, S. 339 ff., S. 351 f.; *Rademacher*, Realakte, S. 27; *Epiney*, NVwZ 2006, S. 407 ff., S. 410 und *Schenke*, in: Wolters et al. (Hrsg.), S. 367 ff., S. 390 f. Nach *Rademacher*, Realakte, S. 353 ff. wäre eine auf eine Rechtsverletzung fixierte Bestimmung des Klagegegenstandes in Anbetracht der Frist des Art. 263 AEUV und der in Art. 264 und Art. 266 AEUV vorgesehenen Urteilsfolgen mit Blick auf das Ziel des effektiven Individualrechtsschutz kontraproduktiv.

[254] Zur Bedeutung des Art. 47 EU-GRC insbesondere im Hinblick auf Auswirkungen auf das anderweitige Primärrecht vgl. in diesem Teil Kapitel 11 A. und B. II. 3. a) bb) (2).

[255] In diese Richtung *Gärditz*, in: Hatje/Müller-Graff/Böse (Hrsg.), § 24 Rn. 58 ff. und deutlich *Meyer*, in: Hatje/Müller-Graff/Leible/Terhechte (Hrsg.), § 35 Rn. 33. Vgl. zu Art. 47

nicht nach einer rechtlichen Handlungsform differenziert. Teilweise wird vorgebracht, dass im Fall einer direkt bei der betroffenen Person durch unionale Stellen erfolgten Informationserhebung, die einen Grundrechtseingriff von gleicher Intensität bedeuten kann, eine eigenständige Anfechtbarkeit zu bejahen wäre und daher eine Inkonsistenz der Rechtsprechung bestehe.[256] Ein solcher vermeintlicher Wertungswiderspruch ist jedoch insoweit hinzunehmen, als die Unanfechtbarkeit innerbehördlicher Informationsübermittlungen dem Schutz laufender Verwaltungsverfahren dient und gerade keine abgeschlossene Verwaltungshandlung überprüft werden soll. In diesem Kontext haben die kompensatorischen Funktionen des Vorabentscheidungsverfahrens[257] und des Sekundärrechtsschutzes nach Art. 340 Abs. 2 AEUV[258] Potential, diese unterschiedliche Behandlung rechtsschutzwahrend aufzufangen.

bb) Berücksichtigungspflichten und „comply or explain (+ X)"-Konstruktionen

Die zweite Gruppe der unionalen konkreten Einwirkungsmechanismen, zu der ein fließender Übergang bestehen kann[259], kann auf der Ebene des Primärrechtsschutzes[260] sowohl aus mitgliedstaatlicher Sicht als auch aus Perspektive der von der ggf. eingeforderten mitgliedstaatlichen Handlung (potentiell) betroffenen Personen unmittelbar rechtsschutzrelevant sein. Für beide Blickwinkel ist zu untersuchen, inwieweit die hier in den Blick genommenen „weichen" Steuerungsmittel einer „harten" Weisung ähneln und, ob diesbezügliche Rechtsschutzmöglichkeiten und Rechtsprechungslinien des EuGH übertragbar sind.

Festzustellen ist zunächst, dass eine mitgliedstaatliche Behörden betreffende Weisung durch Unionsstellen, d.h. eine verbindliche Festlegung von Pflichten im

---

Abs. 1 EU-GRC und Informationsübermittlungen nur *Schmidt-Aßmann*, Verwaltungsrechtliche Dogmatik, S. 104, ausführlicher und unter Bezug zur *Tillack*-Konstellation *Rademacher*, Realakte, S. 174 ff., insb. S. 176 f. Generell zu der von Art. 47 EU-GRC bewirkten Erweiterung tauglicher Klagegegenstände durch die Beeinträchtigung von Grundrechten (und Verfahrensrechten) *Mader*, EuR 2018, S. 339 ff., S. 359 f.

[256] Vgl. zu diesem Aspekt *Gärditz*, in: Hatje/Müller-Graff/Böse (Hrsg.), § 24 Rn. 58 und 60, der in einem solchen Fall eine „Regelungswirkung" durch eine „implizite Duldungsverpflichtung" annimmt; kritisch zu einer solchen Konstruktion *Rademacher*, Realakte, S. 74 f. Zur Justiziabilität solcher direkt bei den betroffenen Personen erfolgenden Grundrechtseingriffen vgl. unten in diesem Teil Kapitel 11 insb. unter C.

[257] Vgl. dazu und insbesondere zum Bereich tauglicher Vorlagegegenstände bereits oben in diesem Teil Kapitel 10 B. II. 3. c), worunter auch Informationsübermittlungen fallen, vgl. ebenso unter Behandlung der *Tillack*-Konstellation *Rademacher*, Realakte, S. 306 ff., insb. S. 308.

[258] Zum unionalen Amtshaftungsanspruch gegen schadensstiftendes, unionales Verhalten s. ausführlich unten in diesem Teil Kapitel 11 C. III.

[259] Dies betrifft insbesondere etwaige, aus dem Grundsatz der loyalen Zusammenarbeit abgeleitete Begründungspflichten bei Abweichungen von einem angeratenen Verhalten.

[260] Zur Bedeutung der „comply-or-explain"-Mechanismen in Bezug auf Haftungsfragen sogleich.

konkreten Fall, tauglicher Klagegegenstand einer mitgliedstaatlichen Nichtigkeitsklage sein kann, wenn dadurch eine bestimmte Haltung der adressierten Behörde gegenüber einem Dritten festgelegt wird.[261] Damit können im Bereich der Teams insbesondere aus Kompetenzgründen rechtswidrige Weisungen von den Mitgliedstaaten angegriffen werden. Aus dieser verbindlichen Festlegung der adressierten Stelle kann sich auch die für Individualkläger erforderliche Außenwirkung ergeben.[262] Während Mitgliedstaaten als privilegierte Kläger keine Klagebefugnis aufweisen müssen, ist eine Klage eines von der Ausführung der Weisung potentiell tangierten Individualklägers nur dann zulässig, wenn dieser von der Weisung „unmittelbar und individuell" i.S.d. Art. 263 Abs. 4 Var. 2 AEUV betroffen[263] ist.[264] Eine unmittelbare Betroffenheit des Klägers liegt nach der Rechtsprechung des EuGH in den hier relevanten Konstellationen[265] vor, wenn die „beanstandete Maßnahme der Gemeinschaft sich auf seine Rechtsstellung unmittelbar auswirkt und ihren Adressaten, die mit ihrer Durchführung betraut sind, keinerlei Ermessensspielraum läßt, ihr Erlaß vielmehr rein automatisch erfolgt"[266]. Die Annahme eines solchen ermessensfreien Umsetzungsautomatismus, der inhaltliche Überschneidungen zum Merkmal der rechtsverbindlichen Außenwirkung aufweist[267], ist dabei auch wertenden Aspekten zugänglich[268], sodass eine Unmittelbarkeit auch etwa dann angenommen werden kann „wenn für

[261] Vgl. *Pechstein*, EU-Prozessrecht, Rn. 398, ihm folgend *Rademacher*, Realakte, S. 71.; ferner *Pechstein/Görlitz*, in: Pechstein/Nowak/Häde (Hrsg.), Art. 263 AEUV Rn. 56 m.w.N. zur Rechtsprechung.

[262] Vgl. zu Außenwirkung von Weisungen bereits oben in diesem Kapitel unter B. II. 2. b) und 3. b).

[263] Vgl. zum Merkmal der Betroffenheit nur *Pechstein/Görlitz*, in: Pechstein/Nowak/Häde (Hrsg.), Art. 263 AEUV Rn. 97 ff., wonach die Beeinträchtigung eines subjektiv-öffentlichen Rechts kein notwendiges aber hinreichendes Kriterium ist.

[264] Art. 263 Abs. 4 Var. 1 AEUV scheidet mangels Adressatenstellung des Betroffenen aus. Bei einer verbindlichen Festlegung mitgliedstaatlicher Stellen handelt es sich nicht um einen „Rechtsakt mit Verordnungscharakter" i.S.d. Art. 263 Abs. 4 Var. 3 AEUV, vgl. zu diesem Kriterium oben in diesem Kapitel unter B. III. 3. b).

[265] Gemeint sind Situationen, die einen weiteren Umsetzungs- oder Vollzugsakt nach einer unionalen Weisung vorsehen, d.h. eine Ausführung durch mitgliedstaatliche Stellen erfordern – im Gegensatz zu Konstellationen, in welchen „die belastende endgültige und erschöpfende Regelung bereits im Unionsrechtsakt enthalten ist", vgl. dazu *Pechstein*, EU-Prozessrecht, Rn. 453 ff. (Zitat nach Rn. 453), der im ersten Fall von „materieller Unmittelbarkeit" und im zweiten Fall von „formeller Unmittelbarkeit" spricht, die gleiche Terminologie findet sich bei *Dörr*, in: Grabitz/Hilf/Nettesheim (Hrsg.), Art. 263 AEUV Rn. 61 ff.

[266] Zitat nach EuGH, Urt. v. Rs. C-386/96 P, Dreyfus/Kommission, Rn. 43, aktueller EuG, Urt. v. 25.10.2011, Rs. T-262/10, Microban/Kommission, Rn. 27, weitere Nachweise zur Rechtsprechung bei *Dörr*, in Grabitz/Hilf/Nettesheim Art. 263 AEUV Rn. 62.

[267] So EuGH, Urt. v. 13.10.2011, Rs. C-463/10 P, Deutsche Post und Deutschland/Kommission, Rn. 38.

[268] *Pechstein/Görlitz*, in: Pechstein/Nowak/Häde (Hrsg.), Art. 263 AEUV Rn. 102 sprechen von dem Erfordernis von „großer Wahrscheinlichkeit" dahingehend, „dass und in welcher Weise sich der spätere Ausführungsakt auf die Rechtsstellung des Klägers auswirken wird", ähnlich *Dörr*, in: Grabitz/Hilf/Nettesheim (Hrsg.), Art. 263 AEUV Rn. 67, wonach

die Adressaten nur eine rein theoretische Möglichkeit besteht, dem Gemeinschaftsakt nicht nachzukommen, weil ihr Wille, diesem Akt nachzukommen, keinem Zweifel unterliegt“[269]. Eine individuelle Betroffenheit setzt demgegenüber nach ständiger Rechtsprechung des EuGH voraus, dass die unionale Handlung den Kläger „wegen bestimmter persönlicher Eigenschaften oder besonderer, ihn aus dem Kreis aller übrigen Personen heraushebender Umstände berührt und ihn daher in ähnlicher Weise individualisiert wie den Adressaten“[270].[271] Dies ist auch in Bezug auf in einer unionalen Weisung konkret als Adressat einer (angeforderten) mitgliedstaatlichen Maßnahme ausgewiesenen Person anzunehmen.[272]

Eine verbindliche Einzelfallweisung unionaler Stellen, die ihrem Inhalt nach eine Person oder einen Personenkreis adressatengleich betrifft, kann nach alledem sowohl durch den adressierten Mitgliedstaat als auch durch den individuell und unmittelbar betroffenen Individualkläger mit der Nichtigkeitsklage angegriffen werden.[273] Einer solchen Anfechtbarkeit steht zudem weder der verfahrensinterne Charakter der Weisung entgegen[274], noch, ob und wie tatsächlich ein

---

eine „tatsächliche Determinierung“ ausreicht, durch die die Durchführung „praktisch so gut wie feststeht“.

[269] Zitat nach EuGH, Urt. v. 05.05.1998, Rs. C-386/96 P, Dreyfus/Kommission, Rn. 44; zu entsprechenden, im gegebenen Kontext nicht unmittelbar einschlägigen, anerkannten Konstellationen *Dörr*, in: Grabitz/Hilf/Nettesheim (Hrsg.), Art. 263 AEUV Rn. 67 und *Pechstein/Görlitz*, in: Pechstein/Nowak/Häde (Hrsg.), Art. 263 AEUV Rn. 102

[270] Grundlegend zu dieser sog. Plaumann-Formel EuGH, Urt. v. 15. 7. 1963, Rs. 25/62, Plaumann/Kommission, aktuell etwa EuG, Beschluss v. 26.09.2016, Rs. T-382/15, Greenpeace/Kommission, Rn. 34 f.

[271] Ausführlich hierzu und zu Änderungsansätzen bzw. -vorschlägen des EuG *Cremer*, in: Calliess/Ruffert (Hrsg.), Art. 263 AEUV Rn. 39 ff.; *Dörr*, in: Grabitz/Hilf/Nettesheim (Hrsg.), Art. 263 AEUV Rn. 68 ff.; *Pechstein/Görlitz*, in: Pechstein/Nowak/Häde (Hrsg.), Art. 263 AEUV Rn. 108 ff. Primär relevant und problematisch ist das Vorliegen einer individuellen Betroffenheit demnach bei abstrakt-generell formulierten Unionsrechtsakten, etwa Verordnungen oder Richtlinien.

[272] Vgl. dazu nur EuGH, Urt. v. 13.10.2011, Rs. C-463/10 P, Deutsche Post und Deutschland/Kommission, Rn. 71 ff.

[273] Das schließt eine Anfechtung des mitgliedstaatlichen Umsetzungsakts nicht aus; es kann vielmehr geboten sein, gleichzeitig gegen die unionale Anweisung vorzugehen, um deren Bestandskraft zu verhindern (s. auch unten in diesem Teil Kapitel 11 C. II. 1. a)), vgl. kritisch zu diesem Umstand m.w.N. *Stelkens*, in: Stelkens/Bonk/Sachs (Hrsg.), VwVfG, Europäisches Verwaltungsrecht, Europäisierung des Verwaltungsrechts und Internationales Verwaltungsrecht, Rn. 198.

[274] Vgl. dazu ausführlich EuGH, Urt. v. 13.10.2011, C-463/10 P, Deutsche Post und Deutschland/Kommission, Rn. 50 ff.: Streitgegenständlich war eine von der Kommission gegenüber der Bundesrepublik Deutschland erlassene Anordnung zur Auskunftserteilung über die Deutsche Post AG. Begründet wird eine isolierte Anfechtbarkeit der Anordnung durch die Deutsche Post AG (auch die Bundesrepublik hatte geklagt) u.a. damit, dass ein Vorgehen gegen die verfahrensabschließende Entscheidung die Anordnung nicht zwangsläufig überprüfen kann, da die endgültige Entscheidung der Kommission nicht auf diese Erwägungen gestützt werde und somit nicht ausreichend gerichtlicher Rechtsschutz garantiert werde, EuGH, a.a.O., Rn. 56 f.

Handeln der nationalen Behörde gegenüber dem Privaten erfolgt bzw. anvisiert ist.[275]

Wie oben dargestellt, haben die jeweiligen unionale Stellen auf den Einsatz der Teams in der Regel keine verbindlichen Steuerungsmöglichkeiten im Sinne einer Weisungsbefugnis. Wenngleich eine individuelle Betroffenheit auch bei unverbindlichen unionalen, etwa über den Koordinierungsbeamten von Frontex oder die Kontaktstelle von EASO übermittelten Einsatzvorgaben hinsichtlich der Behandlung eines bestimmten Rechtssubjekts vorliegen kann, lässt sich eine unmittelbare Betroffenheit durch diese Steuerungen bzw. (im Prüfungsaufbau vorgelagert) das Vorliegen eines tauglichen Klagegegenstandes jedenfalls nicht ohne weiteres bejahen: Die Unverbindlichkeit schließt grundsätzlich eine Pflicht zur uneingeschränkten Befolgung der Einsatzvorgabe und damit eine (intendierte) Rechtswirkung i.S.d. Art. 263 Abs. 1 AEUV aus. Fraglich ist jedoch, wie mit den Abstufungen unterhalb der formalen Verbindlichkeitsschwelle umzugehen ist.[276]

Empfehlungen und Stellungnahmen, die lediglich berücksichtigt werden müssen, kommt keine Rechtsverbindlichkeit zu.[277] Darüber hinaus sind „Rechtswirkungen" von Steuerungsansätzen, die sich im Feld der zwischen einer Berücksichtigungspflicht und einer formal-mechanischen Verbindlichkeit befindlichen Steuerungsansätze bewegen, insbesondere in der Rechtsprechung des EuGH nicht abschließend geklärt.[278] Dies gilt insbesondere für das Feld der „comply-or-explain"-Mechanismen[279], wobei folgende Erwägungen ausschlaggebend sein

[275] Eine Festlegung auf den Handlungsmodus ist insoweit nach der Rechtsprechung des EuGH wohl nicht erforderlich, vgl. dazu EuGH, Urt. v. 13.10.2011, C-463/10 P, Deutsche Post und Deutschland/Kommission, Rn. 69, wonach aus der Stellung der Deutschen Post AG als Begünstigte des gesamten Verwaltungsverfahrens und Inhaberin der angefragten Informationen gefolgert wird, diese werde „gezwungen sein, der Auskunftsanordnung Folge zu leisten". Den Einwand der Kommission, dass es der Bundesrepublik Deutschlang überlassen sei, ob und wie sie sich an die Deutsche Post AG zwecks Informationsbeschaffung wende (EuGH, a.a.O., Rn. 67) hält der EuGH damit für nicht durchgreifend.

[276] Zu etwa durch „comply-or-explain"-Mechanismen hervorgerufenen rechtlichen Wirkungen jenseits einer Verbindlichkeit vgl. *Wörner*, Weiche Verhaltenssteuerungsformen, S. 174 ff.

[277] So ausdrücklich das EuG, Beschluss vom 27.10.2015, Rs. T-721/14, Belgien/Kommission, Rn. 43 ff., das auf einen sonst drohenden Widerspruch zu Art. 263 Abs. 1 S. 1 AEUV verweist, zustimmend insoweit *Gundel*, EuR 2018 593 ff., 598.

[278] So das Ergebnis von *Rademacher*, Realakte, S. 146 zu rechtlichen Bewirkungsmodalitäten und ähnlich *Wörner*, Weiche Verhaltenssteuerungsformen, S. 227: Es „[...] besteht keine Klarheit darüber, ab welchem Grad von verbindlichen Rechtswirkungen von einer solchen rechtliche Verbindlichkeit auszugehen ist."

[279] *Wörner*, Weiche Verhaltenssteuerungsformen, S. 228 f. sieht in einem (ergänzenden) „comply-or-explain"-Mechanismus „verbindliche Rechtswirkungen in Form der dargelegten Befassungs- und Berichtspflichten [...], an die sich im Falle der Nichtbefolgung die Verpflichtung anschließt, die Veröffentlichung der Nichtbefolgung zu dulden." Die Auswirkungen dieser Ansicht im Bereich der Nichtigkeitsklage stellt *Wörner*, Weiche Verhaltenssteuerungsformen, S. 433 ff. dar. Überträgt man dies auf die hier in den Blick genommenen „comply-or-explain"-Mechanismen, wäre jedenfalls die „Verpflichtung" zur Entsendung von Beamten in Grenzverwaltungs- und Rückkehrteams sowie ASTs von rechtlicher Verbindlichkeit.

können[280]: Die Wirkung eines „comply-or-explain"-Mechanismus ist im Fall von materiell vorgezeichneten und begrenzten Weigerungsgründen (wie etwa im Fall der Bereitstellung des ASTs-Personal bzw. von Rückführungsbeobachtern) näher an einer rechtsverbindlichen Wirkung als in Konstellationen, in welchen eine inhaltlich (weitgehend) offene Begründung einer Nichtbefolgung (etwa bei der Ablehnung der Einsetzung eines JITs) möglich ist. Im ersten Fall besteht eine grundsätzliche Pflicht mit tatbestandlich vorgesehenen Ausschlussgründen.[281] Im letzteren Fall stellt sich die zu liefernde Begründung hingegen lediglich als prozedurales Erfordernis dar.

Zudem ist relevant, wem die Einschätzungsprärogative hinsichtlich des Vorliegens einer die Abweichung rechtfertigenden (Sonder-)Konstellation zukommt: Teilweise liegt die Beurteilungshoheit, etwa ob die Einleitung eines JITs zweckmäßig ist oder ob ein nationaler Notfall vorliegt, welcher eine mitgliedstaatliche Weigerung zur Entsendung von Beamten in ASTs oder Rückkehrteams rechtfertigen kann, allein bei den Mitgliedstaaten. Eine Berücksichtigungspflicht der Standpunkte von Frontex nach Art. 43 Abs. 2 Frontex-VO-2019 („so weit wie möglich") kann hingegen nur dann ausgelöst werden, wenn der Koordinierungsbeamte zu der Einschätzung kommt, dass mitgliedstaatliche Anweisungen, die nicht vom Einsatzplan gedeckt sind, vorliegen. Nach unionaler Rechtsprechung für die Annahme einer (intendierten) Rechtswirkung irrelevant ist hierbei, dass im Fall der Nichtbefolgung Sanktionen oder sanktionsähnliche Maßnahmen drohen.[282]

Nimmt man all dies zusammen, ist es naheliegend, jedenfalls das „weiche" Weisungsrecht von Frontex über den Koordinierungsbeamten im Rahmen der Nichtigkeitsklage als „hartes" zu behandeln: So ist die Befolgungspflicht zwar nicht unbedingt, aber denkbar weitgehend („so weit wie möglich"), Frontex handelt auf einer eigenen Beurteilungsgrundlage und es sind Sanktionen (jedenfalls die rückwirkende Entziehung finanzieller Mittel kann als solche betrachtet werden) im Fall der Nichtbeachtung vorgesehen. Darüber hinaus ist es nach Rechtsprechung des Gerichtshofs das „weiche" Weisungsrecht des Koordinierungs-

---

[280] Ähnlich dazu auch *Rademacher*, Realakte, S. 141 ff.

[281] Vgl. dazu etwa Art. 16 Abs. 1 S. 2 EASO-VO: „Die Mitgliedstaaten entsenden diese Experten auf Ersuchen des Unterstützungsbüros, es sei denn, die ersuchten Mitgliedstaaten sehen sich einer Situation gegenüber, die die Erledigung einzelstaatlicher Aufgaben erheblich beeinträchtigt[...]".

[282] So der EuGH, Urt. v. 13.10.2011, Rs. C-463/10 P, Deutsche Post und Deutschland/ Kommission, Rn. 48 in Bezug auf ein (aus hier eingenommener Perspektive „umgekehrtes") Vorbringen der Kommission, dass eine fehlende Sanktionierbarkeit der Nichtbefolgung die Unverbindlichkeit einer Anordnung begründe: „Im Übrigen ist entgegen dem Vorbringen der Kommission der Umstand, dass [...] keine Sanktion für den Fall der Nichtbefolgung [...] durch den Mitgliedstaat vorsieht, für die Beurteilung der Frage, ob eine Handlung Gegenstand einer Nichtigkeitsklage sein kann, nicht maßgeblich". Ausführlich zum Verhältnis von Sanktionen zur Verbindlichkeit des Rechts bzw. als deren Bedingung *Bitter*, Die Sanktion im Recht der Europäischen Union, S. 11 ff.

beamten, das allein für sich genommen die Rechtsverbindlichkeit des Einsatzplans begründen kann.[283]

Nur, wenn man generell und strikt an der sog. *Tillack*-Linie des Gerichtshofs festhält und damit allein formal-mechanisch wirkende Verbindlichkeitskonstruktionen ohne Abweichungsmöglichkeit als unmittelbar bzw. mit „Rechtswirkung gegenüber Dritten" versehen begreift, wäre eine Anfechtbarkeit auch der „Weisung" des Koordinierungsbeamten ausgeschlossen.[284] In diesem Fall würde es bei der Möglichkeit einer inzidenten Überprüfung im Vorabentscheidungsverfahren bzw. im Rahmen des Sekundärrechtsschutzes[285] bleiben. Eine gegenteilige Einschätzung würde jedoch nicht zwangsläufig einen Bruch mit der, auch im Übrigen wertenden Erwägungen zugänglichen Rechtsprechung des Gerichtshofs bedeuten.

4. Zwischenfazit: Weiche Steuerungen als überwiegend kontrollfreies Steuerungselement

Vergleichbar mit der Steuerung des Teamhandelns durch abstrakt-generelle Verhaltensvorgaben erfolgt auch die diesbezügliche konkret-situationsbezogene Verhaltenssteuerung überwiegend „weich". Durch konzeptionell unterschiedliche Spielarten, etwa in Form von Informationsübermittlungen, Einwirkungen in streitschlichtender Funktion als „Mediator", Berücksichtigungs- sowie Begründungs- und damit Rechtfertigungspflichten oder sanktionsähnlichen Maßnahmen besteht ein hohes unionales Steuerungspotential. Im Widerspruch hierzu steht die grundsätzlich ausgeschlossene Anfechtbarkeit dieser Regelungen im Rahmen des Primärrechtsschutzes nach der sich vorrangig an der formalen Bindungswirkung der Steuerungsmaßnahme orientierenden Rechtsprechung des Gerichtshofs. Diese Lage wird in der Praxis zudem durch die Bildung heterogener einsatzbezogener Entscheidungszentren noch verschärft, in welchen die einzelnen unionalen Einflüsse und deren Auswirkungen nur noch schwer herauskristallisiert werden können.

V. Ausbildung als Steuerungselement für Teams

Formal unabhängig und insbesondere zeitlich einem konkreten Einsatz vorgelagert sind Einwirkungsmöglichkeiten durch einzelfallunabhängige Ausbildungsangebote der eingesetzten nationalen Beamten durch unionale Stellen. Solche werden – soweit ersichtlich – lediglich nicht von der EZB (für den hier relevanten Bereich des SSM) sowie OLAF herausgegeben bzw. durchgeführt, aber

---

[283] Vgl. dazu oben in diesem Kapitel unter B. II. 2. b).

[284] So, generell für „comply-or-explain"-Konstruktionen *Rademacher*, Realakte, S. 287; zur *Tillack*-Linie vgl. oben in diesem Kapitel IV. 3. b) aa).

[285] S. dazu unten in diesem Teil Kapitel 11 unter C. III.

auch von nicht am konkreten Einsatz potentiell beteiligten Agenturen und Netzwerken vorgenommen.

1. Ausbildungsprojekte für Beteiligte an gemeinsamen Einsatzformen – ein Überblick

Dies betrifft zum einen die Schulung (potentieller) nationaler JITs-Beteiligter. Seminare und Fortbildungen werden in diesem Bereich zentral von der Agentur der Europäischen Union für die Aus- und Fortbildung auf dem Gebiet der Strafverfolgung[286] in Kooperation mit dem Europäischen Netzwerk Fortbildung[287] angeboten, wobei auch Europol[288] und Eurojust bzw. das JITs-Netzwerk[289] involviert sind.[290] Direkte Auswirkungen der Teilnahme auf die Möglichkeit des Einsatzes der an den Trainingseinheiten beteiligten nationalen Beamten in einem JIT sind nicht vorgesehen, in faktischer Hinsicht ist eine Steuerungsfunktion

---

[286] Die überwiegend und hier im Folgenden mit dem Akronym CEPOL (Collège Européen de Police) benannte Agentur wurde in ihrer jetzigen Form durch die Verordnung (EU) 2015/2219 des Europäischen Parlaments und des Rates vom 25.11.2015 über die Agentur der Europäischen Union für die Aus- und Fortbildung auf dem Gebiet der Strafverfolgung (EPA) und zur Ersetzung sowie Aufhebung des Beschlusses 2005/681/JI des Rates (ABl. L 319 vom 04.12.2015, S. 1–20), im Folgenden CEPOL-VO errichtet. CEPOL kann und soll die Fähigkeiten nationaler Kriminalbeamter, die Einsatzbereiche mit internationaler Dimension (vgl. dazu Art. 2 Nr. 1 CEPOL-VO, nach dessen lit. a) gilt dies für die „Verhütung und Bekämpfung der zwei oder mehr Mitgliedstaaten betreffenden schweren Kriminalität, des Terrorismus und der Kriminalitätsformen, die ein gemeinsames Interesse verletzen, das Gegenstand einer Politik der Union ist") haben, durch Förderung der mitgliedstaatlichen Ausbildung oder eigene Ausbildungsprogramme verbessern, vgl. dazu insbesondere Art. 3 Abs. 1 lit. a) insb. ii), iii) bzw. c), Art. 4 Abs. 2 CEPOL-VO.

[287] Das European Judicial Training Network (EJTN) wurde im Jahr 2000 auf Grundlage Initiative der Französischen Republik im Hinblick auf den Erlass des Beschlusses des Rates zur Einrichtung eines Europäischen Netzes für justizielle Ausbildung (2001/C 18/03) (ABl. C 18 vom 19.01.2001, S. 9–12) gegründet und erhält erhebliche finanzielle Förderung, vgl. dazu nur S. 5 COM(2017) 115 final.

[288] Der Schulungsauftrag Europols in Kooperation mit CEPOL findet sich in Art. 4 Abs. 1 lit. i) Europol-VO, wobei eine diesbezügliche Finanzierung nach Art. 61 Abs. 3 Europol-VO ohne Aufforderung zur Einreichung von Vorschlägen erfolgen darf.

[289] Zwar findet sich in der Eurojust-VO kein ausdrücklicher Schulungsauftrag, nach Selbstauskunft des JITs-Netzwerks ist es jedoch maßgeblich in JIT-bezogene Schulungen involviert, vgl. dazu unter https://www.eurojust.europa.eu/judicial-cooperation/practitioner-networks/jits-network (zuletzt abgerufen am 24.02.2024) „The Secretariat makes a significant contribution to promoting JITs between practitioners by continuously sharing knowledge (for example during coordination meetings and seminars) and providing training activities to judiciary and law enforcement authorities within and outside the European Union, including in partnership with the EU Agency for Law Enforcement Training (CEPOL) and the European Judicial Training Network (EJTN)."

[290] Beispielsweise sei auf die Trainingseinheit „CEPOL-EJTN Training on Joint Investigation Teams: Implementation" im April 2019 verwiesen, die als Veranstalter u.a. „ EJTN, Eurojust, the JIT Network Secretariat at Eurojust, and Europol" auswies.

jedoch zumindest vorstellbar. Dies kann auch damit begründet werden, dass unionale Stellen hier in einer lehrenden und damit potentiell übergeordneten (Geber-)Position sind.

In einem höheren Maße ist EASO in eine Ausbildung des für ein AST in Frage kommenden Personals involviert. So sind nach Art. 6 Abs. 1 EASO-VO Schulungen für „die Mitglieder aller einzelstaatlichen Verwaltungs- und Justizbehörden sowie sonstiger einzelstaatlicher Stellen [...], die in den Mitgliedstaaten für Asylfragen zuständig sind“ einzurichten[291]; darüber hinaus ist von EASO ein allgemeines „europäisches Schulungsprogramm für den Asylbereich“ (Art. 6 Abs. 2 EASO-VO) zu entwickeln. Die Ausbildungseinheiten können für den Einsatz von ASTs bzw. das Einsatzverhalten in ASTs relevante Themen adressieren[292] und sind (teilweise) konkret auf die Mitglieder des Asyl-Einsatzpools zuzuschneiden, mit welchen auch entsprechende Übungen durchzuführen sind (vgl. Art. 6 Abs. 6 EASO-VO). Voraussetzung für eine Aufnahme in den Asyl-Einsatzpool ist eine Teilnahme an diesen Schulungen jedoch (noch)[293] nicht.

Im Grundsatz vergleichbar sind die in Kooperation mit EASO und CEPOL[294] vorzunehmenden Ausbildungsaktivitäten von Frontex[295], die zum einen in der Unterstützung der Mitgliedstaaten bei der Ausbildung der auch in Grenzverwaltungsteams eingesetzten Grenzschutzbeamten sowie Rückführungsbeobachtern bestehen und zum anderen auch die „Festlegung gemeinsamer Schulungsstandards“ umfassen.[296] Letzteres betrifft sowohl die Aufstellung gemeinsamer zentraler Lehrpläne für die Ausbildung von Grenzschutzbeamten, die in die na-

---

[291] Vgl. zur Umsetzung in der Praxis den unter https://www.google.com/url?sa=t&rct=j&q=&esrc=s&source=web&cd=&ved=2ahUKEwjSs7KFjMSEAxVghP0HHQeTBEIQFnoECA8QAQ&url=https%3A%2F%2Feuaa.europa.eu%2Fsites%2Fdefault%2Ffiles%2Feaso-training-catalogue-2018_en.pdf&usg=AOvVaw0bctxbTflDbsW4BDVTkTuv&opi=89978449 abrufbaren „EASO Training Catalogue 2018“ und den unter https://euaa.europa.eu/training-catalogue abrufbaren aktuellen Trainingskatalog (jeweils zuletzt abgerufen am 24.04.2024).

[292] Vgl. zu einer nicht abschließenden Auflistung möglicher Themen Art. 6 Abs. 4 EASO-VO, wonach neben rechtlichen Fragen etwa Gesprächsführungstechniken (li. c)) und die „Verwendung medizinischer und rechtlicher Fachgutachten in Asylverfahren“ gelehrt werden soll.

[293] Anders die durch Art. 7 Abs. 7 EASO-Änderungsvorschlag-2016 vorgeschlagene Regelung, wonach EASO eine Fachausbildung der im Asyleinsatzpool befindlichen Einsatzkräfte zu „gewährleisten“ und entsprechende Übungen mit diesem Personal durchzuführen hat. Auch im Übrigen sind Neuerungen anvisiert, wie etwa Schulungen zur Abnahme von Fingerabdruckdaten, Art. 7 Abs. 5 lit. d) EASO-Änderungsvorschlag-2016.

[294] Vgl. dazu Art. 62 Abs. 1 Frontex-VO-2019, der in diesem Zusammenhang auch eine Kooperation mit der Europäischen Agentur für Grundrechte vorsieht, vgl. bezüglich dieser Agentur die Verordnung (EG) Nr. 168/2007 des Rates vom 15.02.2007 zur Errichtung einer Agentur der Europäischen Union für Grundrechte (ABl. L 53 vom 22.02.2007, S. 1–14). Eine entsprechende Kooperationsregelung aus Sicht von EASO ist in Art. 52 EASO-VO zu sehen.

[295] Vgl. dazu oben in Teil 2 Kapitel 5 C. I.

[296] Vgl. dazu nur Art. 10 Abs. 1 lit. w) Frontex-VO-2019.

tionalen Ausbildungen zu integrieren sind, als auch Schulungen von nationalen Ausbildern auf unionaler Ebene sowie eigens durch Frontex veranstaltete „Fortbildungskurse und Seminare über Themen im Zusammenhang mit der Kontrolle der Außengrenzen und der Rückkehr von Drittstaatsangehörigen".[297] Nach Art. 55 Abs. 3 i.V.m. Art. 62 Abs. 2 bzw. Abs. 3 Frontex-VO-2019 liegt es im Verantwortungsbereich von Frontex zu gewährleisten, dass Teammitglieder aus der ständigen Reserve „vor der erstmaligen Entsendung zu von der Agentur organisierten operativen Maßnahmen angemessene Schulungen über das einschlägige Unionsrecht und Völkerrecht, einschließlich Fragen der Grundrechte, sowie Zugang zu internationalem Schutz [...]"[298] erhalten haben. Nach Art. 62 Abs. 3 Frontex-VO-2019 kann Frontex ein gemeinsames Schulungszentrum errichten, „wodurch die Berücksichtigung einer gemeinsamen europäischen Kultur bei angebotenen Schulungen erleichtert werden soll".

2. Keine unmittelbare rechtliche Bedeutung der Ausbildung(-shoheit) für das Einsatzhandeln

Die hohe Bedeutung der Ausbildung des Verwaltungspersonals für die Qualität des Vollzugs[299] ist besonders in – wie hier – grundrechtssensiblen Bereichen der Eingriffsverwaltung hervorzuheben. Im gegebenen unionalen Kontext kommt hinzu, dass eine gemeinsame Ausbildung nach ebenenübergreifend einzuhaltenden Standards ein erster Schritt zur Sicherung der Einheitlichkeit und Kohärenz ist.[300] Nichtsdestotrotz können keine rechtlich relevanten Verbindungen zwischen Ausbildung(-sinhalt) und konkretem Einsatzverhalten hergestellt werden; dem widersprechen insbesondere der unverbindliche Charakter der einzelnen (unional jedenfalls angeregten) Ausbildungsmaßnahmen und die bis zum Einsatzhandeln zu durchlaufenden Zwischenschritte. Dies schließt selbstverständlich eine erhebliche faktische Steuerungswirkung der Personalausbildung nicht aus – insbesondere, da durch die dargestellte Unionalisierung eine gemeinsame Grundlage für Kontrollaspekte im peer-to-peer-Modus geschaffen wird.[301]

Rechtlich bedeutsam wird das Durchlaufen bestimmter Ausbildungsstufen jedoch zumindest im vertikalen Verhältnis dann, wenn damit etwa die Aufnahme in Personalpools oder der Einsatz generell verknüpft wird. Dies gilt insbesondere für den Fall, dass unionale Stellen in diesem Kontext das Monopol einer etwa-

[297] Vgl. zum Ganzen Art. 62 Abs. 6 und 7 Frontex-VO-2019, Zitat nach Art. 62 Abs. 7 Frontex-VO-2019. Hierbei kann die Agentur Schulungen in Mitgliedstaaten aber auch in Drittstaaten durchführen, Art. 62 Abs. 8 Frontex-VO-2019.

[298] Sofern Seeeinsätze vorgesehen sind, soll der vermittelte Stoff auch das Thema „Suche und Rettung" umfassen.

[299] Vgl. dazu generell *Schuppert*, Verwaltungswissenschaft, S. 684 ff.

[300] So ausdrücklich etwa Art. 8 Abs. 1 (lit. p)) Frontex-VO-2016, wonach die von Frontex ermöglichten Schulungen dazu beitragen sollen, „zu einem effizienten, hohen und einheitlichen Niveau der Grenzkontrollen und Rückkehr" zu gelangen.

[301] Vgl. dazu oben in diesem Teil Kapitel 9 unter C. II. 2. b).

igen (notwendigen) Zertifizierung o.ä. besitzen und damit den individuellen Einsatz nationaler Beamter steuern können.[302]

C. Konsensuale und informale Steuerungen als bestimmende Handlungsformen unionaler Stellen

Unionale Interferenzen bestehen in Bezug auf die Tätigkeiten der gemeinsamen Einsatzeinheiten in mannigfaltigen Formen sowie Wirkungsweisen und dies teilweise über sämtliche Stadien des jeweiligen Einsatzes verteilt. Nichtsdestotrotz lassen sich in Bezug auf die hier untersuchten Einsatzformen einander zumindest stark ähnelnde Interaktionsstrukturen, Einwirkungsinstrumente und (damit) Steuerungsformen unionaler Stellen identifizieren. Ziel sämtlicher Spielarten dieses Instrumentenmix ist die Wirksamkeit, Kohärenzsicherung und/oder Vereinheitlichung des operativen Einsatzes der jeweiligen Einsatzform. Hierfür existieren insbesondere Steuerungseinflüsse zur Festlegung einzuhaltender allgemeiner Standards und Möglichkeiten einzelfallbezogener (Nach-)Steuerung. Hierbei werden überwiegend nicht auf hierarchische Strukturen angewiesene „weiche" Steuerungsinstrumente herangezogen, für deren Rechtmäßigkeit im Vergleich zu einer entsprechenden verbindlichen Regelung jedenfalls weniger hohe Hürden bestehen. Diese Steuerungsinstrumente werden teilweise miteinander verknüpft und haben erhebliches faktisches Steuerungspotential. Zu nennen sind zum einen nach ihrer formalen Konstruktion keine rechtsverbindliche Wirkung anvisierende Steuerungsansätze wie abstrakt-generelles Soft Law oder situationsbezogene unverbindlich formulierte Steuerungsformen, zum anderen formal konsensuale und dabei überwiegend konkret-generelle Handlungsformen. Letztere werden insbesondere in Form von Einsatzplänen sowohl allein durch die Praxis als auch durch sekundärrechtliche Anordnung häufig als Medium für ein „Verbindlich-Werden" der abstrakt-generellen unverbindlichen unionalen Verhaltensvorgaben genutzt.

Diese Dominanz der Unverbindlichkeit lässt im Bereich des Art. 263 AEUV vorhandene Lücken im unionalen Primärrechtsschutz zum Vorschein kommen, die durch das Zulässigkeitserfordernis eines Handelns mit „Rechtswirkung gegenüber Dritten" oder – mit Blick auf den Individualrechtsschutz – durch das Erfordernis der unmittelbaren und individuellen Betroffenheit begründet sind.[303] Ersteres wird durch die Rechtsprechung des Gerichtshofs, die auch grundrechtliche Belange in diesem Kontext zunehmend als erheblich betrachtet und ab-

---

[302] Ein Beispiel ist das für die Stellung als „Frontex Support Officer" erforderliche Durchlaufen eines Ausbildungsprogramms bei Frontex, vgl. dazu oben in Teil 2 Kapitel 5 E.

[303] Die generelle Feststellung von *Schmidt-Aßmann*, Verwaltungskontrolle, S. 25, dass durch Informalisierung die „Verhaltenslenkung [...] subtiler geworden" ist und darin eine ausgleichsbedürftige „kontrollvermindernde Entwicklung" zu sehen ist, bestätigt sich damit auch im hier untersuchten Bereich.

strakt-generellen konzeptionell unverbindlichen Handlungen unionaler Stellen in immer zahlreicheren Konstellationen Rechtswirkungen attestiert, teilweise relativiert. Demgegenüber kann der Individualkläger nach dem aktuellen Stand der Rechtsprechung in der Regel nicht gegen die hier untersuchten Interferenzen unionaler Stellen vorgehen. Diese Rechtsprechung des Gerichtshofs bedarf sowohl aus mitgliedstaatlicher als auch aus der Perspektive betroffener Privater insbesondere im Hinblick auf konkrete „weiche" Steuerungsinstrumente, die nur knapp unter der Schwelle einer formalen Verbindlichkeit angesiedelt sind, der Weiterentwicklung – sei es im Rahmen des Art. 263 AEUV oder des Art. 268 AEUV.[304]

Auffang- und Kompensationsfunktion kann insoweit dem sog. Sekundärrechtsschutz und dem Vorabentscheidungsverfahren zukommen, letzteres wurde teilweise speziell auf den Bereich des Raums der Freiheit, der Sicherheit und des Rechts zugeschnitten. Davon zu trennen ist die Möglichkeit des Individualklägers, eine Kompensation der genannten „Rechtsschutzlücken" vor der unionalen Gerichtsbarkeit in Bezug auf die gegen ihn gerichtete (mitgliedstaatliche) Vollzugshandlung zu erlangen. Hierin liegt die zentrale Problematik des folgenden Teils.

---

[304] Vgl. zum aktuellen Stand der diese Verfahren betreffenden Rechtsprechung in diesem Teil Kapitel 11 C.

Kapitel 11

Grundrechtsbindung und Individualrechtsschutz

A. Individualrechtsschutz als Herausforderung verbundförmiger Verwaltung

Im vorangegangenen Teil wurden (Be-)Wirkungsweisen, rechtliche Bedeutung und auch mitgliedstaatliche Rechtsschutzmöglichkeiten hinsichtlich unionaler Steuerungsaktivitäten, die mitgliedstaatliche und/oder unionale Verwaltungseinheiten adressieren, untersucht. Aufgrund der zum Teil erheblichen Grundrechtsrelevanz des operativen Handelns der Teams kommt darüber hinaus der wohl praxisrelevanteren Möglichkeit des Individualrechtsschutzes unmittelbar betroffener Grundrechtsträger eine wichtige Rolle zu. Die hier untersuchten Teams handeln gegenüber geflüchteten Personen, Asylsuchenden, (potentiellen) Straftätern und Kreditinstituten. Sie sind dabei weniger durch abschließende Entscheidungen, sondern in der Regel durch verfahrensunterstützende Handlungen mit Grundrechtsrelevanz tätig. Dies gilt etwa für die Einbindung in das Asylverfahren, die Aufnahme oder Rückführung geflüchteter Personen, für die Bankenkontrolle sowie für polizeiliche Ermittlungsmaßnahmen, die insbesondere durch die Übermittlung personenbezogener Daten erfolgen.

Das Recht auf Individualrechtsschutz gegen Akte der öffentlichen Gewalt vor unabhängigen Gerichten stellt einen allgemeinen Rechtsgrundsatz des Unionsrechts dar, der durch den Gerichtshof frühzeitig[1] und seitdem in ständiger Rechtsprechung als Anforderung und Kern[2] des Prinzips der Rechtsgemeinschaft[3] an-

[1] Vgl. dazu grundlegend EuGH, Urt. v. 23.04.1986, Rs. C-294/83, Les Verts/Parlament, Rn. 23 in Bezug auf Handlungen der „Organe" und EuGH, Urt. v. 15.05.1985, Rs. C-222/84, Johnston, Rn. 18 f. hinsichtlich mitgliedstaatlicher Handlungen, vgl. zu diesen Entwicklungen *Schmidt-Aßmann*, Kohärenz und Konsistenz, S. 45 f. und aus dem Blickwinkel des Europäischen Sicherheitsverwaltungsrechts *Schöndorf-Haubold*, Europäisches Sicherheitsverwaltungsrecht, Rn. 167 f.; zum Verhältnis dieser Ausprägungen zu Art. 47 EU-GRC vgl. *Rademacher*, Realakte, S. 208 ff.

[2] So m.w.N. *Bast*, in: Hatje/Müller-Graff/Leible/Terhechte (Hrsg.), § 35 Rn. 13, ebenso *Lenaerts* et al., EU Procedural Law, Rn. 1.03.

[3] Vgl. dazu und zu dem in Art. 2 EUV verwendeten Begriff der „Rechtsstaatlichkeit" *Calliess*, in: Calliess/Ruffert (Hrsg.), Art. 2 EUV Rn. 25 f., sowie zur aktuell vom EuGH verwendeten Terminologie der „Rechtsunion" bzw. „union based on the rule of law" auch *Bast*, in: Hatje/Müller-Graff/Leible/Terhechte (Hrsg.), § 35 Rn. 12.

erkannt und ausgestaltet wurde.[4] Eine ausdrückliche primärrechtliche[5] Normierung dieses Grundsatzes ist durch Art. 47 EU-GRC erfolgt.[6] Die Garantie des effektiven Individualrechtsschutzes erfüllt hierbei eine Doppelfunktion: Neben dem Schutz subjektiver Rechte dient sie auch der objektiven Kontrolle der Rechtmäßigkeit des Handels der öffentlichen Gewalt[7]. Diese Kontrolle verfolgt im unionalen Kontext auch den Zweck der Sicherung der Einheitlichkeit und effektiven Umsetzung des Unionsrechts.[8]

Das übrige Primärrecht reagiert mit der in Art. 19 Abs. 1 EUV vorgegebenen Rechtsschutzarchitektur auf die Basisstruktur des Vollzugs des Unionsrechts: Dem grundsätzlich dualistischen Vollzugsmodell[9] ist eine geteilte Rechtsschutzverantwortung von nationalen und unionalen Gerichten gegenübergestellt.[10] Dieses „dualistische Grundkonzept“[11] des Rechtsschutzes sieht sich indes auch mit den sich von dem dualistischen Standardmodell des unionalen Vollzugs entfernenden Dimensionen und Spielarten des Europäischen Verwaltungsverbundes konfrontiert[12], für die ein gewissermaßen spiegelbildliches Gegenstück in Form

---

[4] Vgl. dazu nur *Dörr/Lenz*, Europäischer Verwaltungsrechtsschutz, Rn. 1 f.; *Pechstein*, EU-Prozessrecht, Rn. 24 ff.; *Schoch*, in: Hoffmann-Riem/Schmidt-Aßmann/Voßkuhle (Hrsg.), Bd. III § 50 Rn. 22; *Schmidt-Aßmann*, Kohärenz und Konsistenz, S. 43 ff.; *Nehl*, in: Pechstein/Nowak/Häde (Hrsg.), Art. 47 GRC Rn. 1 f.

[5] Zu inhaltlich entsprechenden Bestimmungen der EMRK vgl. nur *Rademacher*, Realakte, S. 212 ff. und *Schmidt-Aßmann*, Kohärenz und Konsistenz, S. 33 ff.

[6] Ausführlich dazu *Rademacher*, Realakte, S. 151 ff.; *Schmidt-Aßmann*, Kohärenz und Konsistenz, S. 51 ff. und *Nehl*, in: Pechstein/Nowak/Häde (Hrsg.), Art. 47 GRC Rn. 1 ff.; der EuGH sieht in Art. 47 EU-GRC seine frühzeitige Rechtsprechung (wohl) normiert, vgl. dazu nur EuGH, Urt. v. 06.10.2015, Rs. C-362/14, Schrems, Rn. 95.

[7] Vgl. dazu nur *Schmidt-Aßmann*, Kohärenz und Konsistenz, S. 66 f.; *Dörr/Lenz*, Europäischer Verwaltungsrechtsschutz, Rn. 2. Nach der Rechtsprechung des EuGH ist dem Einzelnen durch die Einräumung von Klagerechten auch der „Auftrag“ zur Beteiligung an der effektiven Durchsetzung des Unionsrechts erteilt, der die Rechtmäßigkeitskontrollen durch Kommission und Mitgliedstaaten ergänzt, vgl. nur EuGH, Urt. v. 05.02.1963, Rs. C-26/62, Van Gend en Loos, S. 1 ff., S. 26, vgl. zu diesem „Konzept der funktionalen Subjektivierung“ m. zahlreichen w.N. *Schoch*, in: Hoffmann-Riem/Schmidt-Aßmann/Voßkuhle (Hrsg.), Bd. III § 50 Rn. 154 f.

[8] So *Kahl*, in: Hoffmann-Riem/Schmidt-Aßmann/Voßkuhle (Hrsg.), Bd. III § 47 Rn. 235.

[9] Vgl. dazu oben in Teil 1 Kapitel 2 A. II.

[10] Vgl. dazu nur m.w.N. *Schoch*, in: Hoffmann-Riem/Schmidt-Aßmann/Voßkuhle (Hrsg.), Bd. III § 50 Rn. 26, *Thienel*, Rechtsschutz im Verwaltungsverbund, S. 182 f. sowie mit Verknüpfung zu den Rechtsschutzgarantien des Art. 47 EU-GRC bzw. Art. 6 und 13 EMRK *Schmidt-Aßmann*, Verwaltungsrechtliche Dogmatik, S. 101 ff.

[11] So *Schmidt-Aßmann*, Kohärenz und Konsistenz, S. 44.

[12] Vgl. zu den Risiken der unionalen Verbundverwaltung für die Gewährleistung effektiven Rechtsschutzes jeweils m.w.N. nur *Nowak*, in: Hatje/Müller-Graff/Leible/Terhechte (Hrsg.), § 34 Rn. 53 ff. und *Sydow*, in: Hatje/Müller-Graff (Hrsg.), § 12 Rn. 75 f., der als Beispielsfall eine Amtshilfebeziehung anführt; *Meyer*, in: Hatje/Müller-Graff/Leible/Terhechte (Hrsg.), § 38 Rn. 61 f. stellt mit Bezug zur strafrechtlichen Zusammenarbeit das Erfordernis „eines abgestimmten und praktisch wirksamen Lösungsmodells für den Rechtsschutz im Mehrebenensystem“ heraus und führt dabei die Einrichtung eines Fachgerichts an.

eines „Rechtsprechungsverbundes“ als angemessene Reaktion gefordert wird.[13] Nach Auffassung des Gerichtshofs besteht durch die primärrechtliche Ausgestaltung auch insoweit bereits ein vollständiges Rechtsschutzsystem[14], in welchem grundsätzlich die Gerichtsbarkeit desjenigen Hoheitsträgers zuständig ist, dessen Stelle die abschließende, außenwirksame Entscheidung trifft bzw. Handlung vollzieht.[15] Die dabei notwendige Kohärenz wird insbesondere über das Vorabentscheidungsverfahren nach Art. 267 AEUV ermöglicht, in welchem die ggf. in einem nationalen Verfahren erforderliche Überprüfung unionalen Handelns erfolgen kann.[16] Dieser recht formale prozessuale Trennungsgrundsatz erfordert mit seiner Orientierung an der Zugehörigkeit der handelnden Stelle zur Wahrung der von Art. 47 EU-GRC verlangten Rechtswegklarheit[17] jedenfalls die Bestimmbarkeit desjenigen Hoheitsträgers, dem die handelnde Stelle angehört. Damit verknüpft kann die Erfüllung des Gebots der Verantwortungsklarheit[18] sein, was in den hier relevanten Verbundkonstellationen besondere Schwierigkeiten bergen kann.[19] Verantwortungsklarheit ist dahingehend zu verstehen, dass ersichtlich sein muss, für welchen Hoheitsträger der Handelnde auftritt – unab-

---

[13] Zum Erfordernis eines Rechtsprechungsverbundes in diesem Zusammenhang *Weiß*, Verwaltungsverbund, S. 152 ff., in der Sache ähnlich, aber mit dem Hinweis auf Umsetzungsschwierigkeiten *Schoch*, in: Hoffmann-Riem/Schmidt-Aßmann/Voßkuhle (Hrsg.), Bd. III § 50 Rn. 371 („gerichtlicher Kontrollverbund“), ebenso *von Arnauld*, in: Terhechte (Hrsg.), § 2 Rn. 30, der einen „europäischen Rechtsschutzverbund“ fordert; tendenziell auch *Schmidt-Aßmann*, in: Hoffmann-Riem/Schmidt-Aßmann/Voßkuhle (Hrsg.), Bd. 1 § 5 Rn. 80 ff.

[14] Grundlegend EuGH, Urt. v. 23.04.1986, Rs. C-294/83, Les Verts/Parlament, Rn. 23 (dazu bereits oben), vgl. ferner EuGH, Urt. v. 25.07.2002, Rs. C-50/00 P, Unión de Pequeños Agricultores, Rn. 40 und EuGH, Urt. v. 03.10.2013, Rs. C-583/11 P, Inuit Tapiriit Kanatami, Rn. 92; ausführlich zu dieser Rechtsprechungslinie *Rademacher*, Realakte, S. 243 ff. Diesem Vollständigkeitspostulat zustimmend *Pechstein*, EU-Prozessrecht, Rn. 30 und *Lenaerts* et al., EU Procedural Law, Rn. 1.02.

[15] So nach *Schoch*, Hoffmann-Riem/Schmidt-Aßmann/Voßkuhle, Bd. III § 50 Rn. 368 die „Grundkoordinaten der gerichtlichen Verwaltungskontrolle“; vgl. dazu vertiefend unten in diesem Kapitel unter C. II. 1.

[16] Vgl. zum Vorabentscheidungsverfahren als „Klassiker der Kohärenzsicherung“ *Schmidt-Aßmann*, Kohärenz und Konsistenz, S. 116 ff., dazu und zu früheren sowie weiteren Regelungen auch *Lenaerts* et al., EU Procedural Law, Rn. 3.01 ff.

[17] Vgl. dazu nur *Rademacher*, Realakte, S. 205 ff.; zur Dimension des Art. 19 Abs. 4 GG und Art. 6 EMRK vgl. *Schmidt-Aßmann*, Kohärenz und Konsistenz, S. 75.

[18] Vgl. dazu nur *Schmidt-Aßmann*, in: Hoffmann-Riem/Schmidt-Aßmann/Voßkuhle (Hrsg.), Bd. I § 5 Rn. 21a, der die Verantwortungsklarheit als „ein Kernelement des rechtstaatlichen und des demokratischen Programms der Union (Art. 2 EUV) und einer dem Grundsatz der Offenheit der verpflichteten Verwaltung (Art. 15 AEUV)“ ansieht; ähnlich *Nowak*, in: Hatje/Müller-Graff/Leible/Terhechte (Hrsg.), § 34 Rn. 51 f.

[19] Vgl. dazu ausführlich *Schmidt-Aßmann*, Kohärenz und Konsistenz, S. 50, der einen Aufarbeitungsbedarf der Unionsgerichte sieht; ferner S. 74 ff.; *Hofmann*, Rechtsschutz und Haftung, S. 240 f. und *Schöndorf-Haubold*, Europäisches Sicherheitsverwaltungsrecht, Rn. 170. Generell in Bezug auf das Verwaltungskooperationsrecht *Wallrabenstein*, Grenzüberschreitende Verwaltung, S. 15 f.

hängig von Fragen der faktischen bzw. inhaltlichen Verantwortlichkeit für die Vornahme der Handlung.

In Bezug auf den gerichtlichen Individualrechtsschutz gegen (typische) Handlungen des Teampersonals[20] ist zunächst in zweifacher Hinsicht die Perspektive der potentiell betroffenen Grundrechtsträger einzunehmen: Zum einen sind diejenigen grundrechtlichen Ebenen und im Anschluss die durch diese garantierten subjektiven Rechte von Personen herauszuarbeiten, die durch das Handeln der jeweiligen Teams (typischerweise) betroffen sind (B.). Zum anderen sind die möglichen jeweiligen Rechtsschutzziele dieser Personen zu ermitteln und schwerpunktmäßig deren Verfolgbarkeit durch die im Rechtsschutzsystem der EU vorgesehenen Rechtsschutzmöglichkeiten zu untersuchen (C.). Letztlich ist in einem Seitenblick auf die Frage einzugehen, ob und inwieweit die subjektive Dimension des gerichtlichen Rechtsschutzes[21] durch die in Bezug auf sämtliche Einsatzformen eingerichteten – nationalen oder unionalen – behördlichen Rechtsschutzverfahren ergänzt werden kann (D.).

B. Potentiell betroffene einsatzrelevante Verbürgungen

I. Kategorisierung typischer Handlungen der gemeinsamen Einsatzformen

Wenngleich die Einsatzsituationen der jeweiligen Teams denkbar verschieden sind, zeigen sich hinsichtlich des theoretisch zulässigen und praktisch zumindest ausgefüllten Bereichs des Einsatzhandelns mit Blick auf die zulässigen Handlungsformen große Überschneidungen: Sowohl das von unionalen als auch das von nationalen Stellen entsendete Teampersonal agiert weit überwiegend[22] informal bzw. durch Realakte. Dies geschieht häufig zur Vorbereitung oder Unterstützung einer formal-verbindlichen Entscheidung, kann aber auch – insbesondere bei Zwangsanwendung – unabhängig oder nachgelagert zu einer solchen erfolgen. In den Blick genommen werden zunächst nur die rechtlich vorgesehenen Eingriffsbefugnisse, auf ein (rechtswidriges) Handeln darüber hinaus wird im Rahmen der Rechtsschutzmöglichkeiten eingegangen.

---

[20] Vgl. zum (Individual-)Rechtsschutz in Bezug auf die Aktivitäten von Netzwerken, welcher teilweise Überschneidungen zu der im Folgenden behandelten Problematik aufweist, ausführlich *Simantiras*, Netzwerke, S. 145 ff.

[21] Zu möglichen Kompensationswirkungen in der hier sog. objektiven Dimension des gerichtlichen Rechtsschutzes vgl. oben in diesem Teil Kapitel 10 C.

[22] Abweichungen von diesem Bild ergeben sich durch die Befugnisbeschreibungen der Frontex-VO-2019, die ausdrücklich den Erlass von Einreiseverweigerungen i.S.d. Art. 14 Schengener Grenzkodex bzw. die Verweigerung oder Ausstellung von Visa an der Grenze als potentielle und als rechtsverbindlich einzuordnende Handlungen der unionalen Teammitglieder im Namen des Einsatzmitgliedstaats vorsehen, Art. 55 Abs. 7 lit. c) und e).

1. Informationsverwaltung und -erhebung als zentraler Aufgabenbereich

Das Gros der Handlungen gemeinsamer Einsatzformen betrifft den Bereich der Informationsverwaltung, was ein generelles und bekanntes Phänomen sowohl des Europäischen Verwaltungsverbundes[23] als auch der internationalen Sicherheitsverwaltung[24] darstellt. Die Teams erheben und verarbeiten personenbezogene Daten, sei es im Rahmen der praktischen Aufgabe des Grenzschutzes oder der Unterstützung mitgliedstaatlicher Asylsysteme, im Rahmen von polizeilichen Ermittlungsmaßnahmen oder bei der Bankenaufsicht.

a) Formen der Informationsverarbeitung in den jeweiligen Teams

Hier in den Blick zu nehmen sind jede (direkt bei dem Betroffenen erfolgende) Erhebung und weitere, sich häufig daran anschließende Verwendungen personenbezogener Daten. Die Erhebung von Informationen markiert den ersten Schritt des datenbezogenen Handelns sämtlicher Einsatzformen, sie kann durch Befragungen, Durchsuchungen, Observationen sowie die Anforderung von Unterlagen, offen oder verdeckt sowie mit Einverständnis, ohne oder gegen den Willen des Betroffenen erfolgen.[25] Anschließend werden die gewonnenen personenbezogenen Daten häufig dergestalt weiterverwendet, dass sie mit dem Bestand von Informationssystemen abgeglichen oder in diese eingespeist werden. Informationssysteme im hier relevanten Bereich wurden überwiegend im bzw. für den Raum der Freiheit, der Sicherheit und des Rechts entwickelt. Zu nennen sind im gegebenen Kontext insbesondere die Datenbanken von Europol[26], das Schengener Informationssystem, das VIS, das EES, ggf. das ETIAS, das ECRIS-TCN und vor allem Eurodac, die teilweise selbst die Zugriffsberechtigungen von ASTs und Grenzverwaltungsteams ausdrücklich vorsehen und (mit-)regeln.[27]

JITs können bei operativen Einsätzen zum Zwecke der Strafverfolgung oder der Prävention personenbezogene Daten durch allgemeine polizeilichen Vorgehensweisen (des jeweiligen Einsatzmitgliedstaats) erheben.[28] Dies gilt auch für

[23] Vgl. dazu nur *Schmidt-Aßmann*, Verwaltungsverbund, S. 1 ff., S. 15: „Alle Verwaltung des Gemeinschaftsraums ist zuallererst Informationsverwaltung"; vgl. m.w.N. ferner *Eifert*, in: Schneider/Rennert/Marsch (Hrsg.), S. 214 ff.; *Heußner*, Informationssysteme, S. 5 ff. und *Sydow*, in: Hatje/Müller-Graff (Hrsg.), § 12 Rn. 10; *Nowak*, in: Hatje/Müller-Graff/Leibe/Terhechte (Hrsg.), § 34 Rn. 23 folgert daraus, „dass das Europäische Verwaltungsrecht daher zu einem großen Teil als Europäisches Informationsverwaltungsrecht eingeordnet werden kann"; zur Bedeutung der Informationsverwaltung bezogen auf den Europäischen Verwaltungsraum und hinsichtlich der Sicherheitsgewährleistung generell *Aden*, Police information sharing, S. 209 ff., *ders.*, dms 2014 S. 55 ff., S. 59 ff., *Kugelmann*, Entwicklungstendenzen, S. 169 ff. und *Schöndorf-Haubold*, Europäisches Sicherheitsverwaltungsrecht, Rn. 90 ff.

[24] Vgl. dazu *Schöndorf-Haubold*, Internationale Sicherheitsverwaltung, S. 580 ff.

[25] Vgl. generell zu möglichen Modalitäten der Datenerhebung *Gusy*, in: Hoffmann-Riem/Schmidt-Aßmann/Voßkuhle (Hrsg.), Bd. II § 23 Rn. 75.

[26] Vgl. dazu in Teil 2 Kapitel 4 D. II. 2. c).

[27] Vgl. zum Ganzen ausführlich Teil 2 Kapitel 5 D. III.

[28] Vgl. aus deutscher Perspektive etwa hinsichtlich Standardmaßnahmen zur heimlichen

entsendete JITs-Teilnehmer unionaler Stellen, die grundsätzlich bei sämtlichen Ermittlungen anwesend sein dürfen und teilweise zur eigenständigen Durchführung autorisiert werden können, jedoch keinen Zwang anwenden dürfen.[29] Die so erlangten Informationen können zwischen den am JIT beteiligten Stellen vereinfacht ausgetauscht werden, als Informationskanal fungiert dabei häufig SIENA. Die Erlangung von Daten durch Europol-Personal[30] ist jedenfalls faktisch durch die insoweit vorgesehene (ggf. physische) Teilnahme an allen Ermittlungsmaßnahmen des JITs möglich. Die erlangten Daten können durch JITs-Mitglieder oder Europol-Personal weiterverwendet werden, etwa um einen Abgleich mit den Europol-Datenbanken oder anderen Informationssystemen durchzuführen sowie zur Erstellung operativer Analysen durch Europol. Der Datenaustausch zwischen beteiligten mitgliedstaatlichen Behörden ist in Art. 1 Abs. 10 JITs-Beschluss vorgesehen, eine (Weiter-)Verarbeitung der von Europol im Rahmen einer JIT-Beteiligung erlangten Daten ist in Art. 5 Abs. 4 Europol-VO geregelt.

Der Aufgabenbereich der ASTs ist mit seiner Dreiteilung in Informationsübermittlung, Registrierung und Befragung primär datenbezogen und auf die Vorbereitung einer abschließenden Asylentscheidung gerichtet. Insbesondere die letzten beiden Einsatzbereiche sind als unmittelbare Erhebung personenbezogener Daten einzuordnen; anzumerken ist hier zudem, dass im Rahmen der „Informationsübermittlung" ein Hinweis an die betroffenen Personen dahingehend, dass eine Verpflichtung von Asylsuchenden zur Mitwirkung an der Befragung und der Registrierung besteht, vorgesehen ist. Den Mitgliedern der ASTs kann nach Art. 18 Abs. 1 lit. d) EASO-VO durch den Einsatzmitgliedstaat Zugang zu den relevanten Datenbänken gewährt werden. Dies wird in der Praxis weitgehend genutzt, was insbesondere Abfragen bei Eurodac miteinschließt.

Den Grenzverwaltungsteams kommen in Bezug auf die Informationserhebung jedenfalls im Rahmen des mittlerweile in der Frontex-VO-2019 teilweise normierten sog. hotspot-approachs und bei der Überwachung der Seeaußengrenzen ähnliche Befugnisse zu. Auch sie sind in „screening" und „registration" von an den Außengrenzen angetroffenen Personen eingebunden bzw. können allein für diese Vorgänge zuständig sein. Hierbei dürfen die Einsatzkräfte im Fall einer Weigerung bei der Abnahme von Fingerabdrücken zumindest auf die drohende Anwendung von Zwangsmaßnahmen verweisen und nach der Frontex-VO-2019 auch selbst Zwangsmittel anwenden. Damit steht die Einbindung in operative Verwaltungsaktivitäten gegenüber Dritten im Vordergrund, die auch zur Informationserhebung führen kann. In diesem Zusammenhang sind auch die

---

Datenerhebung *Rachor/Graulich*, in: Lisken/Bäcker/Denninger/Graulich (Hrsg.), Kapitel E Rn. 682 ff. und zu sonstigen Modalitäten polizeilicher Datenerhebung *Rachor/Graulich*, a.a.O. Rn. 258 ff. (polizeiliche Befragung), Rn. 307 ff. (Identitätsfeststellung), Rn. 374 ff. (erkennungsdienstliche Maßnahmen).

[29] Vgl. dazu etwa Art. 5 Abs. 2 i.V.m. Art. 4 Abs. 5 Europol-VO.

[30] Europol ist weitreichender als Eurojust oder OLAF in die operative Durchführung und damit außenwirksame Phase des Einsatzes von JITs eingebunden.

Teammitglieder der Grenzverwaltungs- und Rückkehrteams nach Art. 82 Abs. 10 Frontex-VO-2019 durch den Einsatzmitgliedstaat zur Abfrage der relevanten unionalen Datenbanken zu ermächtigen. Für Rückkehrteams ist im Rahmen von Rückkehraktionen eine Abfrage im Schengener Informationssystem zwingend vorgesehen.

Unter rechtlich vergleichbaren Umständen sind auch die JSTs für die Erhebung von Informationen zuständig. Diese können entweder aufgrund von unverbindlichen Informationsanfragen oder Informationsersuchen durch das betroffene Institut übermittelt oder im Rahmen von allgemeinen Untersuchungen und Prüfungen vor Ort unmittelbar erhoben werden, was – soweit nötig – von Zwangsmaßnahmen nationaler Behörden flankiert werden kann. Auch hier erfolgt die Informationsverarbeitung im Rahmen einer operativen Tätigkeit gegenüber Dritten. Eine Weitergabe der so gewonnenen Informationen an „alle Beteiligte" durch die JSTs wird als zulässig angesehen.

b) Rechtsnatur der Handlungsformen der Informationsverwaltung

Der Vorgang der Erhebung von Daten selbst ist unabhängig von den konkreten Aufnahmemodalitäten als rechtlich unverbindliches Realhandeln einzuordnen,[31] hierdurch werden keine Pflichten oder Rechte begründet bzw. Ge- oder Verbote erlassen. Sekundärrechtlich vorgesehen ist eine Ermächtigung der entsendeten Teammitglieder durch den Einsatzmitgliedstaat zur Durchführung der Informationserhebung nach nationalem Recht, konkrete Anordnungen sind nicht explizit mitgeregelt.[32] Selbst wenn nach mitgliedstaatlichem Recht zuvor eine entsprechende Entscheidung zu erlassen ist, ist der Erhebungsvorgang selbst als Realakt einzuordnen. Davon zu unterscheiden ist der – hier primär wohl nur in Bezug auf die Handlungen der JSTs relevante – Fall[33], in dem ein verbindliches,

[31] In diese Richtung *Schmidt-Aßmann*, Kohärenz und Konsistenz, S. 165 mit dem Gegenstück des „Rechtskonstrukts". Dies gilt jedenfalls für (heimliche) Überwachungsmaßnahmen und Befragungen sowie den Vorgang der Abnahme von Fingerabdrücken, Beispiele aus der deutschen Rechtsprechung bei *von Alemann/Scheffczyk*, in: Bader/Ronellenfitsch (Hrsg.), VwVfG § 35 Rn. 146 ff.

[32] Vgl. dazu etwa Art. 55 Abs. 7 lit. a) und g) Frontex-VO-2019 i.V.m. Art. 82 Frontex-VO-2019, wonach die Ermächtigung der Teammitglieder etwa zur Identitätsüberprüfung und Fingerabdruckregistrierung sekundärrechtlich vorgesehen ist. Eine mögliche Ermächtigung besteht auch nach Art. 1 Abs. 6 JITs-Beschluss für JITs-Teammitglieder.

[33] Solche verbindlichen Wirkungen können allerdings auch – je nach tatsächlicher Ausformung in der Praxis – im Fall der „Interviews" bzw. „Screenings" der ASTs bzw. Grenzverwaltungsteams angenommen werden, wenn es sich nicht um eine unverbindliche Befragung, sondern um ein verbindliches Auskunftsverlangen handelt, vgl. zu dieser Abgrenzung aus deutscher Perspektive *Rachor/Graulich*, in: Lisken/Bäcker/Denninger/Graulich (Hrsg.), Kapitel E Rn. 275 f. Für eine Rechtsverbindlichkeit im Einzelfall können der Hinweis auf die „Verpflichtung" zur Teilnahme am Interview bei den ASTs bzw. die Möglichkeit der (Hinweise auf eine) zwangsweisen Durchsetzung im Einsatzbereich der Grenzverwaltungsteams herangeführt werden. Hier in den Blick genommen wird jedoch primär der tatsächliche Vorgang der Aufnahme der so erlangten Information.

auf unionsrechtlicher Grundlage basierendes Informationsersuchen an den Betroffenen gerichtet wird, dessen Umsetzung durch das JSTs jedoch wiederrum Realhandeln darstellt. Jedenfalls aus unionaler Sicht ist eine Regelungswirkung bzw. Rechtsverbindlichkeit einer Datenerhebung auch nicht durch die Konstruktion einer (konkludenten) Duldungsverfügung anzunehmen.[34] Diese rechtliche Unverbindlichkeit datenbezogener Vorgänge gilt erst recht für die sich an eine Erhebung typischerweise anschließenden Folgemaßnahmen der Weiterleitung oder des Datenabgleichs mit Informationssystemen, hier fehlt es zudem häufig bereits an der Kenntnis des Betroffenen, jedenfalls zum Zeitpunkt der Datenverarbeitung. Auf die grundrechtsrelevanten Rechtswirkungen der Datenerhebungen hat der faktische Charakter des Erhebungsvorgangs keine Auswirkungen.[35]

2. Sonstiges typisches (Real-)Handeln der gemeinsamen Einsatzformen

Auch das sonstige außenwirksame operative Einsatzhandeln, erfolgt überwiegend in Form von Realakten[36], verbindliche Regelungen mit Auswirkungen auf den Einsatzablauf werden primär formal von ggf. eingebundenen nationalen übergeordneten Stellen oder im Fall der JSTs von der EZB erlassen.

Im Rahmen eines JITs können entsendete Mitglieder von dem Gruppenleiter zur Durchführung von „Ermittlungsmaßnahmen"[37] und insbesondere von Zwangsmaßnahmen ermächtigt werden, diese dürften in Anbetracht der Arbeitsweise der JITs standardmäßige polizeiliche Eingriffsbefugnisse wie etwa das Festhalten von Personen betreffen. Besondere Bedeutung kann hier der Erlaubnis des Tragens von Dienstwaffen zukommen, die insbesondere in Notwehr- oder Nothilfesituationen eingesetzt werden können. Unionalen Teilnehmern des JITs, hier wiederum primär Europol-Beamten ist die Durchführung von Zwangsmaßnahmen verwehrt, ihr Handeln ist auf operative Tätigkeiten beschränkt.[38]

---

[34] Mit Blick auf die Tätigkeit von Europol und Eurojust wie hier *Meyer*, in: Hatje/Müller-Graff/Leible/Terhechte (Hrsg.), § 38 Rn. 33 (insb. Rn. 86); anders wohl *Gärditz*, in: Hatje/Müller-Graff/Böse (Hrsg.), § 24 Rn. 58 („implizite Duldungsverpflichtung") für den Fall, dass „Europol Maßnahmen der Datenerhebung oder Datenverarbeitung gegenüber Einzelpersonen erlässt", freilich vor dem Hintergrund des Art. 47 EU-GRC. Generell gegen die „Kunstfigur der Duldungsverfügung" im Unionsrecht *Rademacher*, Realakte, S. 74 f., die demnach auch in der Rechtsprechung des Gerichtshofs keine Anerkennung gefunden hat, ebenso aus deutscher Perspektive *von Alemann/Scheffczyk*, in: Bader/Ronellenfitsch (Hrsg.), VwVfG § 35 Rn. 150 ff.

[35] Vgl. unten in diesem Teil, B. II. 3. a) (1).

[36] Dies stellt ebenso wie die Informationsverwaltung ein typisches Erscheinungsbild internationaler Sicherheitsverwaltung dar, vgl. dazu *Schöndorf-Haubold*, Internationale Sicherheitsverwaltung, S. 589 ff.

[37] In relevanten Rechtsakten und Dokumenten bleibt unklar, ob dem Begriff der Ermittlungsmaßnahme in diesem Kontext eine über die Erhebung von Informationen hinausgehende Bedeutung zukommt.

[38] Vgl. zum Begriff „operativ" insbesondere in Bezug auf Europol ausführlich oben in Teil 2 Kapitel 4 D. II. 2. b).

Soweit ersichtlich ist der nach außen gerichtete Tätigkeitskreis der ASTs mit den oben beschriebenen Befugnissen zur Informationserhebung weitgehend erschöpft. Dies gilt auch für JSTs, für die jedoch in Einzelfällen die Vornahme verbindlicher Anordnungen vorgesehen ist. Sind bei den durchzuführenden Vor-Ort-Kontrollen Zwangsmittel notwendig, sind die JSTs ebenso wie die entsendeten Mitglieder in den ASTs auf die Unterstützung nationaler Behörden angewiesen.

Demgegenüber können den in der Frontex-VO-2019 vorgesehenen Teams (einschließlich Statutspersonal)[39] nach Art. 82 Abs. 8 und 9 Frontex-VO-2019 insbesondere Zwangsbefugnisse, die auch Waffengewalt beinhalten können, nach nationalem Recht übertragen werden, welche je nach Einsatzbereich variieren: Im Bereich der Überwachung der Seeaußengrenzen betrifft dies etwa die Ingewahrsamnahme der an Bord befindlichen Personen, die Beschlagnahme des Schiffs oder dessen „Eskortieren" in den Küstenmitgliedstaat, einen anderen „sicheren" Ort oder den Drittstaat, aus dem das Schiff gestartet ist. Auch Rückkehrteams sind zur Ergreifung von Zwangsmitteln, insbesondere der Fixierung von Personen nach nationalem Recht zu ermächtigen. Des Weiteren wird in auf Landoperationen bezogenen Einsatzplänen jedenfalls eine Befugnis zum Anhalten und Verbringen betroffener Personen vorgesehen. Art. 55 Abs. 7 Frontex-VO-2019 enthält eine eindrucksvolle Auflistung der Befugnisse, die als dem Statutspersonal grundsätzlich übertragbar angesehen werden und ebenfalls überwiegend als tatsächliches Verwaltungshandeln einzustufen sind.[40]

II. Entsprechende Schutzgarantien

Das dargestellte typische Einsatzverhalten kann Individualrechtspositionen beeinträchtigen und verletzen. Relevante Rechte Einzelner können sich dabei insbesondere aus grundrechtlichen Garantien unterschiedlicher Quellen ergeben.[41]

---

[39] Zur Auswirkungen auf dieses Umstandes auf die Rechtsschutzmöglichkeiten vgl. unten in diesem Kapitel C. II. 1. b) und III. 2. a).

[40] Dies betrifft etwa die Überprüfung der Identität, Registrierung von Fingerabdrücken, das Patrouillieren zwecks „Verhinderung unbefugter Grenzübertritte" oder das Abstempeln von Reisedokumenten. Diese Auflistung ist als Eingrenzung der Befugnisse des Statutspersonals angelegt, weshalb anzunehmen ist, dass den übrigen Teammitgliedern diese Befugnisse zumindest auch zukommen können.

[41] Zu den sonstigen, neben grundrechtliche Anforderungen tretende, hier nicht erörterten allgemeinen Voraussetzungen rechtmäßigen unionalen Handelns vgl. überblicksartig m.w.N. *Hofmann*, General Principles, S. 204 ff. und mit Schwerpunkt auf Maßnahmen der Terrorismusbekämpfung, *Mitsilegas*, Rule of Law, S. 109 ff.

1. Das grundrechtliche Mehrebenensystem: Ein Überblick

Im unionalen Mehrebenensystem kommen dabei nationale, unionale und die völkerrechtlichen Verbürgungen der EMRK in Betracht, welche nicht unabhängig voneinander bestehen, sondern vielmehr wechselseitigen Einflüssen unterstehen:

Die EMRK ist als völkerrechtlicher multilateraler Vertrag in nationales Recht umzusetzen, in Deutschland steht sie im Rang eines einfachen Bundesgestzes.[42] Nichtsdestotrotz kommen ihr darüberhinausgehende Rechtswirkungen auf Verfassungsebene zu: Der Grundsatz der Völkerrechtsfreundlichkeit des Grundgesetzes gebietet es, den Inhalt der EMRK und ihren jeweiligen, durch den EGMR ausgestalteten Entwicklungsstand für die Auslegung der Grundrechte des Grundgesetzes und von einfachem Bundesrechts[43] heranzuziehen.[44] Hierbei ist jedoch das sog. Günstigkeitsprinzip des Art. 53 EMRK zu beachten.[45] Der EGMR zieht bei seiner Konturierung der EMRK nationale Verfassungsbestimmungen in vergleichender Weise heran.[46]

Die EU ist bisher nicht Vertragspartei der EMRK.[47] Die in der EMRK normierten Rechte sollen nach Art. 52 Abs. 3 EU-GRC jedoch als Mindestinhalt der

---

[42] Vgl. hierzu nur BVerfGE 74, 358 (370) und BVerfGE 128, 326 (369 f.), wobei insbesondere ein etwaiger über Art. 1 Abs. 2 GG konstruierter Verfassungsrang der EMRK verneint wird. Zu den in anderen Vertragsstaaten gewählten Umsetzungswegen vgl. nur *Ehlers*, in: Ehlers (Hrsg.), § 2 Rn. 7 (zur Rechtsnatur der EMRK) und Rn. 11 ff. (zur Umsetzung der EMRK); zu in Bezug auf die deutsche Umsetzung vorgeschlagenen Einordnungen *Breuer*, in: Karpenstein/Mayer (Hrsg.), EMRK Art. 46 Rn. 48.

[43] Dies betrifft auch Gesetze, die nach der Umsetzung der EMRK erlassen wurden, was aus der in Art. 23 ff., 59 Abs. 2 GG normiert angesehenen Völkerrechtsfreundlichkeit des Grundgesetzes abgeleitet wird, da dem Bundesgesetzgeber nicht unterstellt werden kann, „daß der Gesetzgeber, sofern er dies nicht klar bekundet hat, von völkerrechtlichen Verpflichtungen der Bundesrepublik Deutschland abweichen oder die Verletzung solcher Verpflichtungen ermöglichen will.", so BVerfGE 74, 358 (370), vgl. dazu auch *Ehlers*, in: Ehlers (Hrsg.), § 2 Rn. 13.

[44] Eine Nichtbeachtung dieser Grundsätze kann indirekt im Rahmen einer Verfassungsbeschwerde angegriffen werden, zu den dazu vertretenen Konstruktionsmöglichkeiten vgl. nur *Ehlers*, in: Ehlers (Hrsg.), § 2 Rn. 15 und *Schaefer*, EuR 2017, S. 80 ff., S. 93 ff. jeweils m.w.N.

[45] Vgl. dazu auch aus nationaler Perspektive, wobei im Fall einer etwaigen Einschränkung des nationalen Grundrechtsschutzes durch die EMRK die Grenzen der völkerrechtsfreundlichen Auslegung überschritten wären, BVerfGE 74, 358 (370) und BVerfGE 128, 326 (371); zu Art. 53 EMRK als „Koexistenznorm" *Sauer*, Grundrechtskollisionsrecht, S. 1 ff., S. 41 ff.

[46] Vgl. dazu m.w.N. *Keller/Kühne*, ZaöRV 76 (2016), S. 245 ff., S. 275 f.

[47] Vgl. dazu zum einen das Gutachten 2/94 des EuGH vom 28.03.1996 (EU:C:1996:140), wonach nach alter Rechtslage ein Beitritt der Gemeinschaft mangels Zuständigkeit ausgeschlossen war: Der Beitritt zur EMRK komme einer Vertragsänderung gleich, sodass das dafür erforderliche Verfahren einzuhalten sei (EuGH, Gutachten 2/94 Rn. 30 ff.). Zum anderen beschäftigte sich der EuGH in seinem Gutachten 2/13 vom 06.12.2014 (ECLI:EU:C:2014:2454) mit dieser Frage in Bezug auf einen Entwurf für ein Beitrittsübereinkommen, nachdem für den Beitritt der EU zur EMRK durch Art. 6 Abs. 2 EUV eine Kom-

diesen entsprechenden Rechte der EU-GRC angesehen werden. Soweit im sonstigen Primärrecht den der EU-GRC entsprechende Rechte enthalten sind, muss deren „Ausübung“ nach Art. 52 Abs. 2 EU-GRC „im Rahmen der in den Verträgen festgelegten Bedingungen und Grenzen“ erfolgen.[48] Bei der Bestimmung der inhaltliche Reichweite der in der EU-GRC normierten Rechte sind u.a. die Erläuterungen i.S.d. Art. 52 Abs. 7 EU-GRC und gemäß Art. 52 Abs. 4 EU-GRC die gemeinsamen Verfassungsüberlieferungen der Mitgliedstaaten zu berücksichtigen.[49]

2. *Umfassende Grundrechtsbindung der Teams*

Sämtliche Teams unterliegen der Grundrechtsbindung. Dies gilt im Hinblick auf nationales wie unionales Personal unterschiedslos für die in der EU-GRC enthaltenen Rechte und auch die EMRK ist im Einsatzhandeln zumindest mittelbar anwendbar. Hinsichtlich einer Bindung an nationale Grundrechte ist zwischen den Verfassungen des Einsatzmitgliedstaats und der Personal entsendenden Mitgliedstaaten zu differenzieren. Zentral in allen Bestimmungen über die Eröffnung der Anwendungsbereiche der jeweiligen Grundrechtsregime sind Fragen der Zurechenbarkeit von Vollzugshandlungen zu einem Hoheitsträger, die sich in ähnlicher Weise im Rahmen eines Verfahrens vor den für einen Verstoß gegen die jeweilige Grundrechtsebene zuständigen Gerichten stellen können. Problematische Randbereiche betreffen den außerterritorialen Geltungsanspruch des jeweiligen Grundrechtsregimes. Dies betrifft etwa eine Charta- oder EMRK-Bindung von Frontex-Teams, die vor den Außengrenzen der EU oder in Drittstaaten eingesetzt werden oder eine Bindung in fremdes Territorium entsendeter Einsatzkräfte an die Verfassung ihres Mitgliedstaats. Im Folgenden werden zunächst die

---

petenzgrundlage geschaffen war: Die „besonderen Merkmale und die Autonomie des Unionsrechts“, insbesondere aus Rechtsschutzperspektive stünden jedoch (auch weiterhin) einem Beitritt der EU zur EMRK entgegen, vgl. zum Ganzen EuGH, Gutachten 2/13, Rn. 179 ff., Zitat nach der Zusammenfassung der Erwägungen in EuGH, Gutachten 2/13, Rn. 258. Vgl. zum Ganzen und insbesondere zum Inhalt des entworfenen Beitrittsabkommens *Pache*, in: Pechstein/Nowak/Häde (Hrsg.), Art. 6 EUV Rn. 69 ff., *Mayer*, in: Karpenstein/Mayer (Hrsg.), EMRK Einleitung Rn. 154 ff. und *Spaventa*, Fundamental Rights in the EU, S. 254 ff.; zur (theoretischen) Bedeutung eines Beitritts der EU zur EMRK für den unionalen Individualrechtsschutz vgl. *Grünewald*, Individualrechtsschutz, S. 184 ff.

[48] Art. 52 Abs. 2 und 3 EU-GRC werden vor diesem Hintergrund als „Transferklauseln“ eingeordnet, vgl. dazu *Pache*, in: Pechstein/Nowak/Häde (Hrsg.), Art. 52 GRC Rn. 3; vgl. zu der im Einzelnen umstrittenen Verweisung auf die EMRK, die auch die diesbezügliche Rechtsprechung des EGMR bzw. des EuGH umfasst *Pache*, a.a.O., Rn. 44 ff., zu Art. 52 Abs. 2 EU-GRC vgl. *Pache*, a.a.O., Rn. 38 ff.; zum hier primär relevanten Fall des Art. 16 AEUV vgl. unten in diesem Kapitel unter B. II. 3. a) (1).

[49] Diese beiden Bestimmungen sind ebenso wie Art. 52 Abs. 5 und Abs. 6 EU-GRC primär Auslegungshilfen, vgl. dazu *Pache*, in: Pechstein/Nowak/Häde (Hrsg.), Art. 52 GRC Rn. 3; zu den gemeinsamen Verfassungsüberlieferungen vgl. *Pache*, a.a.O., Rn. 48 ff. und hinsichtlich der Erläuterungen *Pache*, a.a.O., Rn. 59 ff.

Anwendungsbereiche der verschiedenen Grundrechtsebenen dargestellt, bevor auf mögliche Kollisions- bzw. Konfliktsituationen mit Auswirkungen auf die Arbeit der Teams und deren Kontrolle eingegangen wird.

a) Anwendungsbereich der EMRK

aa) Bestimmung des Anwendungsbereichs der EMRK

Die Bestimmungen der EMRK sind beim Einsatzhandeln der Teams entweder über eine entsprechende EMRK-Bindung des Einsatzmitgliedstaats, dessen Recht die Teammitglieder unterworfen werden, des entsendenden Mitgliedstaats und/oder mittelbar über Art. 52 Abs. 3 EU-GRC zu beachten. Ausgangspunkt der Bestimmung des Anwendungsbereichs der EMRK ist Art. 1 EMRK[50], wonach die Vertragsparteien[51] „allen ihrer Hoheitsgewalt unterstehenden Personen" die im Folgenden geregelten Rechte und Freiheiten zusichern.[52] Nach aktueller[53] Rechtsprechung des EGMR[54] ist für eine Anwendbarkeit der EMRK die Ausübung von Hoheitsgewalt durch den in Frage stehenden Vertragsstaat notwen-

---

[50] Noch nicht vollends geklärt ist das Verhältnis zu den Bestimmungen der ARS (vgl. dazu oben in diesem Teil Kapitel 9 B. II. 4.), die insbesondere keinen Territorialbezug voraussetzen, vgl. dazu *Schwander*, Extraterritoriale Wirkung von Grundrechten, S. 92 f.; hier wird der Ansicht gefolgt, die hinsichtlich der in den ARS geregelten Staatenverantwortlichkeit und Art. 1 EMRK als Voraussetzung für einen diese Staatenverantwortlichkeit auslösenden Völkerrechtsbruch differenziert; ebenso *Lehnert*, Frontex, S. 185. Nimmt man eine grundsätzliche unmittelbare Geltung der ARS bei der Prüfung des Anwendungsbereichs der EMRK an und begreift die diesbezügliche Rechtsprechung des EGMR als spezifisches *lex specialis*, gelangt man zu im Wesentlichen nicht abweichenden Ergebnissen; dieser Ansatz wird von *Fink*, Frontex and Human Rights, S. 86 gewählt; zu den Ergebnissen vgl. *Fink*, a.a.O., S. 97 ff.

[51] Adressaten der Verpflichtung sind die Vertragsparteien, in der Bundesrepublik Deutschland erfolgt eine Bindung aller Gewalten über Art. 20 Abs. 3 GG, vgl. dazu *Johann*, in: Karpenstein/Mayer (Hrsg.), EMRK Art. 1 Rn. 10.

[52] Geregelt sind damit folgende Dimensionen: *ratione personae*, die eine Zurechnung an eine Vertragspartei und die Unterwerfung der betroffenen Person unter deren Hoheitsgewalt voraussetzt; *ratione materiae*, die eine materielle Betroffenheit der in der EMRK geregelten Rechte erfordert und *ratione loci*, die den territorialen Anwendungsbereich der Charta bestimmt, vgl. dazu nur EGMR, Urt. v. 30.01.1998, United Communist Party of Turkey u.a./Türkei, Nr. 133/1996/752/951, Rn. 29 und *Johann*, in: Karpenstein/Mayer (Hrsg.), EMRK Art. 1 Rn. 1 sowie *Schwander*, Extraterritoriale Wirkungen von Grundrechten, S. 93; zur Einordnung innerhalb der Zulässigkeitsprüfung einer Individualbeschwerde *Ehlers*, in: Ehlers (Hrsg.), § 2 Rn. 89 ff.

[53] Ein Überblick über die Entwicklung durch die EKMR und den EGMR findet sich bei *Schwander*, Extraterritoriale Wirkungen von Grundrechten, S. 96 ff.; eine Auswertung der Literatur a.a.O., S. 112 ff.

[54] Im Folgenden wird auf die in EGMR, Urt. v. 07. 07. 2011, Al-Skeini u.a./Vereinigtes Königreich, Nr. 55721/07, erfolgte ausführliche Systematisierung der Rechtsprechung des EGMR hinsichtlich des Anwendungsbereichs der Charta Bezug genommen, eine auf Seeeinsätze unter der Beteiligung von Frontex abgestimmte Darstellung findet sich bei *Neumann*, Frontex, S. 189 ff.

diges Kriterium.[55] Im Grundsatz ist eine Ausübung von Hoheitsgewalt territorial bestimmt, eine extraterritoriale Anwendbarkeit der EMRK kommt damit nur in Ausnahmefällen in Betracht[56]: Eine solche Situation liegt jedoch vor, wenn eine Kontrolle des Geschehens durch den Vertragsstaat angenommen werden kann. Eine solche Kontrolle kann nach dem EGMR zum einen dann vorliegen, wenn eine generelle und tatsächliche Beherrschung eines Gebiets außerhalb des Territoriums des Vertragsstaats vorliegt (*effective overall control*).[57] Für den Einsatz von Frontex-Teams außerhalb der EU relevanter ist die davon zu trennende Annahme der für das Merkmal der Hoheitsgewalt erforderlichen Kontrolle in konkreten Situationen (*authority and control)*: Dies kann Handlungen diplomatischer oder konsularischer Vertreter betreffen, aber auch die „exercise of physical power and control over the person in question".[58] Letzteres gilt unabhängig davon, ob die betroffenen Personen sich (ohnehin) auf einem Schiff oder Flugzeug, welches der Kontrolle des Vertragsstaats unterliegt[59], befinden.[60]

Auch für die Bestimmung des in einem Beschwerdeverfahren vor dem EGMR zu beklagenden Staats ist damit entscheidend, wessen Hoheitsgewalt ausgeübt wird, d.h. „über" welchen Konventionsstaat eine Bindung an die EMRK erfolgt.

---

[55] Nach EGMR, Urt. v. 07. 07. 2011, Al-Skeini u.a./Vereinigtes Königreich, Nr. 55721/07, Rn. 130 ist „Hoheitsgewalt" im Rahmen des Art. 1 EMRK „eine conditio sine qua non: ihre Ausübung ist notwendige Voraussetzung dafür, dass ein Konventionsstaat für ihm zurechenbare Handlungen oder Unterlassungen verantwortlich ist, die für die Behauptung Anlass geben, von der Konvention garantierte Rechte und Freiheiten seien verletzt".

[56] Vgl. dazu EGMR, Urt. v. 12.12.2001, Bankovic u.a./Belgien u.a., Nr. 52207/99, Rn. 80 ff., vgl. zu diesem Regel-Ausnahmeverhältnis *Schwander*, Extraterritoriale Wirkungen von Grundrechten, S. 111 f. und eingehend zur Rechtsprechung hinsichtlich der territorialen Anwendbarkeit der EMRK *Rainey/Wicks/Ovey*, ECHR, S. 90 ff.

[57] EGMR, Urt. v. 07. 07. 2011, Al-Skeini u.a./Vereinigtes Königreich, Nr. 55721/07, Rn. 138 ff.; vgl. dazu *Johann*, in: Karpenstein/Mayer (Hrsg.), EMRK Art. 1 Rn. 23 f.; *Röben*, in: Dörr/Grote/Marauhn (Hrsg.), Kapitel 5 Rn. 106 f. und *Grabenwarter/Pabel*, EMRK, § 17 Rn. 15.

[58] Vgl. dazu EGMR Urt. v. 07. 07. 2011, Al-Skeini u.a./Vereinigtes Königreich, Nr. 55721/07, Rn. 133 ff., Rn. 136; als konkrete Beispiele werden hier die Festnahme von Personen im Ausland oder die volle und ausschließliche Kontrolle über das Schiff und seine Mannschaft seit seiner Aufbringung in internationalen Gewässern" genannt. Zu dieser Gruppe generell *Grabenwarter/Pabel*, EMRK, § 17 Rn. 16 und *Johann*, in: Karpenstein/Mayer (Hrsg.), EMRK Art. 1 Rn. 28 ff.

[59] Die Registrierung eines Flugzeugs in dem Vertragsstaat bzw. das Führen der Flagge des Vertragsstaats begründen grundsätzlich für sich genommen nach Völker(gewohnheits)recht die Annahme von Hoheitsgewalt des betreffenden Vertragsstaats, vgl. dazu aktuell EGMR, Urt. v. 23. 2. 2012, Hirsi Jamaa u.a./Italien, Nr. 27765/09, Rn. 75 m.w.N. zur bisherigen Rechtsprechung. Generell *Johann*, in: Karpenstein/Mayer (Hrsg.), EMRK Art. 1 Rn. 21; zur „Flaggenhoheit" auch *Röben*, in: Dörr/Grote/Marauhn (Hrsg.), Kapitel 5 Rn. 128.

[60] EGMR, Urt. v. 07. 07. 2011, Al-Skeini u.a./Vereinigtes Königreich, Nr. 55721/07, Rn. 136; dies gilt auch für den Fall, dass die Erlaubnis zur Einreise auf einem Schiff des betreffenden Staates verweigert wird, vgl. dazu EGMR, Urt. v. 12. 01. 2017, Kebe u.a./Ukraine, Nr. 12552/12, Rn. 76.

Dies ist bei der Entsendung in Teams nach dem Grad der Eingliederung der entsendeten Beamten zu bestimmen. Konkret in Bezug auf grenzüberschreitendes Tätigwerden nationaler Beamter in Zusammenarbeit bzw. jedenfalls mit Billigung des Staates, in dem der Einsatz erfolgt, differenziert der EGMR hinsichtlich einer Bindung an die EMRK ebenfalls anhand von Kontrollkriterien: Liegt eine organleihe-ähnliche Eingliederung der entsendeten Beamten im Einsatzmitgliedstaat vor, ist die Annahme der Ausübung von Hoheitsgewalt des entsendenden Vertragsstaats ausgeschlossen.[61] Unterliegen die eingesetzten Beamten jedoch – wie in Amtshilfekonstellationen üblich – (zumindest auch) noch dem Recht des entsendenden Vertragsstaats, wird dessen Hoheitsgewalt ausgeübt[62].[63] Diese Grundsätze gelten auch, wenn durch den betreffenden Vertragsstaat (lediglich) Entscheidungen internationaler Organisationen, zu denen in diesem Kontext auch die EU zählt, vollzogen werden: Die EMRK steht zwar der Übertragung von Hoheitsrechten auf supranationale Einrichtungen nicht entgegen, hierdurch sollen sich die Konventionsstaaten jedoch nicht ihrer Konventionsbindung (nachträglich) entledigen können.[64]

bb) Anwendbarkeit auf die hier untersuchten gemeinsamen Einsatzformen

Vor diesem Hintergrund ergibt sich im Hinblick auf die Anwendbarkeit der EMRK in Bezug auf die hier untersuchten Einsätze gemeinsamer Teams ein klares Bild, eine unmittelbare Anwendung für Unionspersonal würde jedoch einen entsprechenden Beitritt der EU voraussetzen.

JSTs, die ausschließlich unionale Hoheitsgewalt ausüben, unterliegen mangels Beitritt der EU zur EMRK nicht unmittelbar deren Vorgaben – es besteht jedoch eine mittelbare Geltung der Gewährleistungen der EMRK über Art. 52 Abs. 3 EU-GRC. Demgegenüber bleiben entsendete Mitglieder von JITs nach der entsprechenden Rechtsprechungslinie des EGMR in Bezug auf Amtshilfefälle insbesondere wegen der Einwirkungsmöglichkeiten ihres Herkunftsmitgliedstaats „über" diesen an die EMRK gebunden, auf eine Eigenschaft des Einsatzmitglied-

---

[61] EGMR, Urt. v. 26.06.1992, Drozd u. Janousek/Frankreich u. Spanien, Nr. 12747/87, Rn. 91 ff.; vgl. zu diesem Urteil *Fink*, Frontex and Human Rights, S. 119 f.; *Schwander*, Extraterritoriale Wirkungen von Grundrechten, S. 98 f.

[62] Vgl. dazu EKMR, 1977, Decisions and Reports [DR], Bd. 9, S. 57 – X u. Y/Schweiz, vgl. zu diesem Urteil *Fink*, Frontex and Human Rights, S. 119; *Schwander*, Extraterritoriale Wirkungen von Grundrechten, S. 97 f.

[63] Auf diese Unterscheidung stellt der EGMR auch in seiner aktuellen Rechtsprechung unter Bezugnahme zu den soeben zitierten Entscheidungen ab, EGMR, Urt. v. 07. 07. 2011, Al-Skeini u.a./Vereinigtes Königreich, Nr. 55721/07, Rn. 135.

[64] Vgl. dazu nur EGMR, Urt. v. 30.06.2005, Bosphorus Hava Yolları Turizm ve Ticaret Anonim Şirketi/Irland, Nr. 45036/98, Rn. 135 ff., wonach grundsätzlich ein Handeln der Hoheitsgewalt eines Konventionsstaats als Anknüpfungspunkt ausreicht, unabhängig von einer etwaigen Determinierung dieses Handelns durch übergeordnetes Recht; vgl. zu diesem Aspekt der sog. *Bosphorus*-Rechtsprechung *Mayer*, in: Karpenstein/Mayer (Hrsg.), EMRK Einleitung Rn. 137.

staats als Vertragspartei der EMRK kommt es nicht an. Dies gilt auch für nach dem Recht des Einsatzmitgliedstaats vorgenommene Ermittlungen. Spiegelbildlich verhält es sich grundsätzlich im Verhältnis Einsatz- und Entsendemitgliedstaat in den organleihe-ähnlichen Fällen der entsendeten Mitgliedern von ASTs und Grenzverwaltungs- und Rückkehrteams: Aufgrund der Eingliederung in das Verwaltungssystem des Einsatzstaates und mangels (ausreichender) Einwirkungsmöglichkeiten der entsendenden Mitgliedstaaten auf das Einsatzverhalten, liegt keine Ausübung von Hoheitsgewalt und damit keine Bindung an die EMRK „über" letzteren vor – etwas anderes gilt nur für die weiterhin den *command and control*-Strukturen des entsendenden Mitgliedstaats unterstehenden Beamten wie in der Praxis den Führern von nationalen Schiffen. Bei Einsätzen in Drittstaaten liegt unabhängig von dessen EMRK-Zugehörigkeit eine materielle Bindung über Art. 52 Abs. 3 EU-GRC vor. Die entsendeten Teammitglieder sind jedoch in gleicher Form wie die Beamten des Einsatzmitgliedstaats durch dessen[65] Parteieigenschaft hinsichtlich der EMRK an diese gebunden. Dies wäre nur zu verneinen, wenn durch die angesprochenen Teams keine Hoheitsgewalt des Einsatzmitgliedstaats ausgeübt würde, sondern über Frontex bzw. EASO kanalisierte Hoheitsgewalt der EU vorläge. Die dafür maßgebliche rechtliche und tatsächliche Ausgestaltung der Zuständigkeiten und Kontrollstrukturen lässt einen solchen Schluss indes nicht zu, in Betracht kommt vielmehr eine doppelte Zurechnung bzw. geteilte Verantwortlichkeit für das Handeln der Teammitglieder. Diese Fragestellungen betreffen jedoch nicht den Anwendungsbereich der EMRK, sondern sind primär auf Rechtsschutzebene relevant.

b) Anwendbarkeit der EU-GRC

Die EU-GRC[66] stellt eine flächendeckende Grundrechtsbindung der Teams sicher. Ihr Anwendungsbereich nach Art. 51 Abs. 1 EU-GRC erfasst unmittelbar nationale wie unionale Beteiligte der Teams.[67]

aa) Bestimmung des Anwendungsbereichs der EU-GRC

Nach Art. 51 Abs. 1 S. 1 EU-GRC ist die Geltung zum einen für sämtliche „Stellen der Union unter Wahrung des Subsidiaritätsprinzips" und zum anderen für Mitgliedstaaten, jedoch „ausschließlich bei der Durchführung des Rechts der

---

[65] Die angesichts der Entwicklungen in der Praxis primär in Frage kommenden Vertragsparteien der EMRK sind hier – wie alle Mitgliedstaaten der Union – Ungarn, Italien und Griechenland.

[66] Instruktiv zur EU-GRC, auch zur historischen Entwicklung des supranationalen Grundrechtsschutzes in Europa *Spaventa*, Fundamental Rights in the EU, S. 227 ff.

[67] Nach *Nowak*, in: Hatje/Müller-Graff/Leible/Terhechte (Hrsg.), § 34 Rn. 55 stellt die bestehende Unklarheit über die Reichweite der mitgliedstaatlichen Bindung an die EU-GRC einen sich negativ auf die Rechtsschutzgewährleistung in der europäischen Verwaltungskooperation auswirkenden Faktor dar.

Union“ angeordnet. In territorialer Hinsicht erstreckt sich der Geltungsbereich der Charta jedenfalls[68] nach Art. 52 EUV i.V.m. Art. 355 AEUV neben dem Hoheitsgebiet der Mitgliedstaaten[69] auch auf die in diesem Mitgliedstaat registrierten Schiffe und Flugzeuge.[70] Zur ersten Adressatengruppe von Art. 51 Abs. 1 EU-GRC gehören auch unionale Agenturen und ähnliche Einrichtungen[71], deren Tätigkeiten unabhängig von der konkreten Handlungsform einer umfassenden Bindung an die EU-GRC unterliegen.[72]

Demgegenüber uneindeutiger ist die Bindung mitgliedstaatlicher Behörden. Zentrale Anwendbarkeitsvoraussetzung bildet das in Art. 51 Abs. 1 S. 1 alt. 2 EU-GRC normierte Merkmal der „Durchführung des Rechts der Union“, dessen Konturierung noch nicht vollends abgeschlossen ist.[73] Hier handeln die Teams mit Ausnahme der JSTs zwar aufgrund von Ermächtigungen des nationalen Rechts, dennoch liegt eine „Durchführung des Rechts der Union“ vor. Nach der Rechtsprechung des Gerichtshofs zu Art. 51 EU-GRC gelten die Vorgaben der EU-GRC in „allen unionsrechtlich geregelten Fallgestaltungen“[74] und

---

[68] Überwiegend wird eine weitere Reichweite der Bestimmungen der EU-GRC jedenfalls in Bezug auf ihre Abwehrfunktion vertreten, vgl. dazu etwa *Jarass*, EU-GRC, Art. 51 EU-GRC Rn. 39, *Borowsky*, in: Meyer/Hölscheidt (Hrsg.), EU-GRC Art. 51 Rn. 16; dazu *Schwander*, Extraterritoriale Wirkungen von Grundrechten, S. 139 f. m.w.N., wonach dies insbesondere auch Maßnahmen „des Raumes der Freiheit der Sicherheit und des Rechts außerhalb“ der Grenzen der Art. 52 EUV, Art. 355 AEUV erfassen soll.

[69] Zu den Abstufungen im Rahmen der Küstengegend eines Mitgliedstaats (vgl. dazu auch oben in Tei 2 Kapitel 5 D. IV. 1.) vgl. *Nowak*, in: Pechstein/Nowak/Häde (Hrsg.), Art. 52 EUV Rn. 6; selbst wenn jedoch eine Operation (in Frage kommt hier wohl nur ein von Frontex koordinierter Einsatz) außerhalb des so bestimmten Territoriums eines Mitgliedstaats erfolgt, ist die EU-GRC in räumlicher Hinsicht aufgrund der Zugehörigkeit des Schiffs zu einem Mitgliedstaat der Union anwendbar, dazu sogleich.

[70] Vgl. dazu nur *Dörr*, in: Grabitz/Hilf/Nettesheim (Hrsg.), Art. 52 EUV Rn. 16; vgl. dazu ausführlich mit Nachweisen zur Rechtsprechung und Literatur *Schwander*, Extraterritoriale Wirkungen von Grundrechten, S. 130 ff. Diese Frage soll hier ausgespart bleiben, da der Großteil der hier untersuchten gemeinsamen Einsatzformen auf dem Gebiet der Mitgliedstaaten stattfindet und ohnehin überwiegend eine (weitreichende) extraterritoriale Geltung der Unionsgrundrechte angenommen wird, vgl. dazu *Schwander*, a.a.O., S. 138 ff. Für nicht auf EU-Territorium erfolgende Einsätze auf hoher See geht auch *Lehnert*, Frontex, S. 195 ff. überzeugend von einer Anwendbarkeit der EU-GRC aus.

[71] Vgl. dazu nur *Pache*, in: Pechstein/Nowak/Häde (Hrsg.), Art. 51 GRC Rn. 13 f. m.w.N. und *Jarass*, EU-GRC, Art. 51 EU-GRC Rn. 13.; entscheidend ist hierbei (allein) die Ausübung hoheitlicher Funktionen.

[72] Vgl. dazu nur *Pache*, in: Pechstein/Nowak/Häde (Hrsg.), Art. 51 GRC Rn. 13 sowie *Jarass*, EU-GRC Art. 51 EU-GRC Rn. 14 f.

[73] Vgl. dazu jeweils m.w. (Rechtsprechungs-)Nachweisen *Bäcker*, EuR 2015, S. 389 ff., S. 392, *Britz*, EUGRZ 2015, S. 275 ff., S. 275 ff., *von Danwitz*, in: Hatje/Müller-Graff/Grabenwarter (Hrsg.), § 6 Rn. 27 ff., *Pache*, in: Pechstein/Nowak/Häde (Hrsg.), Art. 51 EU-GRC Rn. 19 und *Spaventa*, Fundamental Rights in the EU, S. 244 ff.

[74] EuGH, Urt. v. 26.02.2013, Rs. C-617/10, Akerberg Fransson, Rn. 19, vgl. dazu und zu den Auswirkungen auf den Bereich der strafrechtlichen Zusammenarbeit, *Kadelbach*, KritV Vol. 96, No. 3 (2013), S. 276 ff., S. 276 ff.; als Reaktion auf dieses Urteil können die Ausfüh-

sind damit nicht auf unionsrechtlich (abstrakt-generell oder konkret-individuell) vorgegebene mitgliedstaatliche Umsetzungs- oder Vollzugspflichten beschränkt.[75] Für das Vorliegen einer solchen Situation hat der EuGH mit Blick auf die nationale (Vollzugs-)Handlung oder Regelung und ihre entsprechenden unionsrechtlichen Vorgaben einen „hinreichenden Zusammenhang von einem gewissen Grad verlangt, der darüber hinausgeht, dass die fraglichen Sachbereiche benachbart sind oder der eine von ihnen mittelbare Auswirkungen auf den anderen haben kann".[76] In Bezug auf eine mitgliedstaatliche Regelung sei dabei „u.a. zu prüfen, ob mit ihr eine Durchführung einer Bestimmung des Unionsrechts bezweckt wird, welchen Charakter diese Regelung hat und ob mit ihr nicht andere als die unter das Unionsrecht fallenden Ziele verfolgt werden, selbst wenn sie das Unionsrecht mittelbar beeinflussen kann, sowie ferner, ob es eine Regelung des Unionsrechts gibt, die für diesen Bereich spezifisch ist oder ihn beeinflussen kann".[77] Entscheidend ist demnach insbesondere der Grad der Vorbestimmtheit der nationalen Handlung durch Unionsrecht, der maßgeblich von dessen Regelungsdichte abhängt.[78] Dabei wird als grundsätzlich unerheblich angesehen, welche Rechtsnatur das relevante Unionsrecht besitzt.[79] Hierbei ist stets die konkrete Handlungssituation der mitgliedstaatlichen Stelle in den Blick zu nehmen[80] und eine tatsächliche Durchdringung dieses Bereichs durch Unionsrecht zu prüfen.[81] Hintergrund dieser Dogmatik ist nach dem Gerichtshof, „dass

---

rungen in BVerfGE 133, 277 (315): „Im Sinne eines kooperativen Miteinanders zwischen dem Bundesverfassungsgericht und dem Europäischen Gerichtshof […] darf dieser Entscheidung keine Lesart unterlegt werden, nach der diese offensichtlich als Ultra-vires-Akt zu beurteilen wäre oder Schutz und Durchsetzung der mitgliedstaatlichen Grundrechte in einer Weise gefährdete […], dass dies die Identität der durch das Grundgesetz errichteten Verfassungsordnung in Frage stelle. Insofern darf die Entscheidung nicht in einer Weise verstanden und angewendet werden, nach der für eine Bindung der Mitgliedstaaten durch die in der Grundrechtecharta niedergelegten Grundrechte der Europäischen Union jeder sachliche Bezug einer Regelung zum bloß abstrakten Anwendungsbereich des Unionsrechts oder rein tatsächliche Auswirkungen auf dieses ausreiche". Diese Stellungnahme sieht *Terhechte*, in: von der Groeben/Schwarze/Hatje (Hrsg.), Art. 51 GRC Rn. 10 ff. in der sich anschließenden Rechtsprechung des EuGH berücksichtigt; vgl. zum Ganzen auch *Franzius*, ZaöRV 75 (2015), S. 383 ff., S. 386 ff.

[75] Vgl. dazu und weiteren Fallgestaltungen *Terhechte*, in: von der Groeben/Schwarze/Hatje (Hrsg.), Art. 51 GRC Rn. 10.

[76] EuGH, Urt. v. 06.03.2014, Rs. C-206/13, Siragusa, Rn. 24.

[77] EuGH, Urt. v. 06.03.2014, Rs. C-206/13, Siragusa, Rn. 25.

[78] Vgl. dazu *Jarass*, EU-GRC, Art. 51 EU-GRC Rn. 14.

[79] Vgl. dazu nur *Jarass*, EU-GRC, Art. 51 EU-GRC Rn. 17, wonach (freilich mit Ausnahme der EU-GRC selbst) Primär-, Sekundär- und Tertiärrecht ebenso wie konkret-individuelle und atypische Rechtsakte erfasst sind. Ähnlich *Pache*, in: Pechstein/Nowak/Häde (Hrsg.), Art. 51 GRC Rn. 18 und *Terhechte* in: von der Groeben/Schwarze/Hatje (Hrsg.), Art. 51 GRC Rn. 8, die sämtliche in Art. 288 AEUV vorgesehenen Rechtsakte und darüberhinausgehende ungeregelte Handlungsformen als erfasst ansehen.

[80] *Jarass*, EU-GRC, Art. 51 EU-GRC Rn. 26.

[81] Ob eine (theoretische) Zuständigkeit der Union i.S.d. Art. 2 ff. AEUV besteht, ist dabei

die Verfolgung des Ziels des Grundrechtsschutzes im Unionsrecht, sei es im Hinblick auf Handlungen der Union oder die Durchführung des Unionsrechts durch die Mitgliedstaaten, in der Notwendigkeit begründet liegt, zu verhindern, dass der Grundrechtsschutz, der je nach dem betreffenden nationalen Recht unterschiedlich sein kann, die Einheit, den Vorrang und die Wirksamkeit des Unionsrechts beeinträchtigt".[82] Dies rechtfertigt wiederum die weite Auslegung des Begriffs des „Rechts der Union", soweit Regelungen betroffen sind, die mitgliedstaatliches Verhalten steuern sollen.

bb) Anwendbarkeit auf die hier untersuchten gemeinsamen Einsatzformen

Die in der EU-GRC normierten Grundrechte sind demnach von dem genuin einer unionalen Stelle zugehörigen Personal zu beachten. Dies gilt für unmittelbar an grundrechtsrelevanten Vorgängen beteiligte Stellen wie etwa das Europol-Personal bei der Übermittlung personenbezogener Daten ebenso wie für lediglich mittelbar grundrechtsbezogene Aktivitäten wie Anweisungen durch den JSTs-Koordinator oder Einflussnahmen des ggf. in operativen Entscheidungszentren tätigen Frontex- oder EASO-Personals. Angesichts der anvisierten umfassenden Bindung unionaler Stellen und der (nach der Rechtsprechung des Gerichtshofs bestehenden, teilweise kritikwürdigen) Irrelevanz der Umstände der Handlungen von Unionsorganen auf der Rechtsschutzebene[83] ist es überzeugend, eine Grundrechtsbindung über Art. 51 Abs. 1 S. 1 alt. 1 EU-GRC für das nach der Frontex-VO-2019 eingesetzte Personal der Kategorie 1 anzunehmen. Dies gilt in Anbetracht der Rechtsprechung auch dann, wenn das Statutspersonal – wie teilweise zwingend vorgesehen – „im Namen" des Einsatzmitgliedstaats handelt. Folgt man diesem Weg nicht, ist das Frontex-Personal – wie das übrige mitgliedstaatliche Personal – jedenfalls über die zweite Alternative des Art. 51 Abs. 1 S. 1 EU-GRC an die EU-GRC gebunden.

Hinsichtlich der nationalen Beamten ist hingegen zu differenzieren, dies gilt insbesondere für nicht-informationsbezogenes Handeln[84]:

---

irrelevant, vgl. dazu *Jarass*, EU-GRC, Art. 51 EU-GRC Rn. 19; zum Verhältnis der EU-GRC zu den Zuständigkeiten der Union vgl. Art. 51 Abs. 2 EU-GRC.

[82] EuGH, Urt. v. 10.07.2014, C-198/13, Hernandez, Rn. 47. Vgl. hierzu ausführlich *Britz*, EuGRZ 2015 S. 275 ff., S. 275 ff., die hierin den wesentlichen Entscheidungsmaßstab zur Beurteilung des Vorliegens eines „hinreichenden Zusammenhangs" sieht, sodass die EU-GRC „nur dort zur Anwendung gelangt, wo die Anwendung nationaler Grundrechte die effektive Vollziehung und Umsetzung des Unionsrechts beeinträchtigen würde". In diese Richtung auch *Pache*, in: Pechstein/Nowak/Häde (Hrsg.), Art. 51 GRC Rn. 17. Dies wendet *Terhechte*, in: von der Groeben/Schwarze/Hatje (Hrsg.), Art. 51 GRC Rn. 11 m.w.N. als einen neben den dargestellten Kriterien heranzuziehenden Maßstab an.

[83] Vgl. zum organschaftlichen Zurechnungsansatz des EuGH im Rahmen der Nichtigkeitsklage unten in diesem Kapitel unter C. II. 1. sowie im Rahmen des Verfahrens nach Art. 268 AEUV unten in diesem Kapitel unter C. III. 2.

[84] Durch die JI-Richtlinie bzw. die DSGVO hat die Verarbeitung personenbezogener Daten eine auch bei gemeinsamen Einsatzformen zu berücksichtigende unionale Regelung er-

Das JSTs-Personal ist nach seiner Einordnung in das JST nach den gleichen Grundsätzen wie das genuine EZB-Personal an die EU-GRC gebunden. Dies kann als Folge und zugleich als Begründung der sekundärrechtlich angeordneten, zumindest organleihe-ähnlichen Konstruktion des Bereitstellungsvorgangs angesehen werden, nach dessen Abschluss die ehemals nationalen Beamten im Namen und Auftrag der EZB handeln: Eine vollständige Eingliederung in das System des begünstigten Verwaltungsträgers hat hier eine Unterwerfung unter dasselbe sekundärrechtliche und grundrechtliche Rechtsregime zur Folge.

Demgegenüber erfolgt in Bezug auf die Teammitglieder der Grenzverwaltungs- und Rückkehrteams zwar ebenfalls ein organleihe-ähnlicher Bereitstellungsvorgang, jedoch jedenfalls konzeptionell zugunsten des Einsatzmitgliedstaats; eine Anwendbarkeit der EU-GRC nach Art. 51 Abs. 1 S. 1 Alt. 1 EU-GRC ist formal betrachtet fernliegend. Eine Unterwerfung dieser gemeinsamen Einsatzformen unter die Bestimmungen der EU-GRC „über" Art. 51 Abs. 1 S. 1 Alt. 2 EU-GRC in Bezug auf den Einsatzmitgliedstaat erfolgt jedoch aufgrund der unionsrechtlichen Determinierung des Einsatzhandelns: Die Handlungen des mitgliedstaatlichen Personals sind durch Unionsrecht (mit-)geregelt, das ein einheitliches Verhalten der beteiligten nationalen Stellen garantieren soll: Es besteht insbesondere Sekundärrecht in Form von Verordnungen wie etwa die Seeaußengrenzen-VO, der Schengener Grenzkodex[85] oder die Eurodac-VO sowie in Gestalt von Richtlinien (etwa die Rückführungs-RL) und handlungsleitendendes, durch Frontex erlassenes Soft Law.[86] Entsprechendes gilt für die Mitglieder der ASTs: Auch sie handeln in einem durch Unionsrecht weitgehend determinierten Bereich. Zu nennen sind in diesem Kontext ebenfalls die Eurodac-VO, Vorgaben der Asylverfahrens-RL und der Aufnahme-RL sowie die von EASO erlassenen handlungsleitenden Bestimmungen. All diese Vorgaben konturieren den materiellen Einsatzbereich der ASTs und fordern ihre einheitliche Anwendung, sodass auch hier eine „Durchführung des Rechts der Union" i.S.d. Art. 51 Abs. 1 S. 1 Alt. 2 EU-GRC zu bejahen ist.

Vergleichsweise weniger auf Vereinheitlichung abzielende unionsrechtliche Bestimmungen existieren demgegenüber für das Tätigkeitsfeld der JITs. In den einschlägigen Sekundärrechtsakten sind Regelung für den Informationsaustausch (insbesondere in der JI-Richtlinie und dem JITs-Beschluss) und für das Tätigwerden entsendeter Beamter bei Ermittlungs- und insbesondere Zwangsmaßnahmen vorgesehen. Dies stellt eine erhebliche unionsrechtliche (Mit-)Re-

---

fahren, die für sich genommen schon die Eröffnung des Anwendungsbereichs der EU-GRC in Bezug auf entsprechendes Handeln der Teammitglieder rechtfertigen kann.

[85] Mit diesem Hinweis nimmt die Ausarbeitung des Wissenschaftlichen Dienstes des Bundestages WD 3 – 3000 – 334/11 (03.11.2011) eine Eröffnung des Anwendungsbereichs der EU-GRC an.

[86] Dies betrifft etwa die von Frontex erlassenen Verhaltenskodizes; in Bezug auf den Bereich der Rückkehr ist auch auf das von der Kommission erlassene Rückkehr-Handbuch zu verweisen.

gelung des Einsatzbereichs dar, welche zu einer Anwendbarkeit der EU-GRC führt. Fraglich ist die Geltung der Unionsgrundrechte jedoch in Bezug auf das Ermittlungshandeln der beteiligten Stellen des Einsatzmitgliedstaats, welches zwar aus dem JITs heraus erfolgen kann, jedoch allein aufgrund nationaler (Ermächtigungs-)Grundlagen vorgenommen wird. Entscheidend ist diesbezüglich, inwieweit in diesem Bereich unionale Vorgaben zu berücksichtigen sind. Nimmt man an, dass hierfür die Zuständigkeitsverteilung zwischen Mitgliedstaaten und Union zumindest nicht (allein) entscheidungsbestimmendes Kriterium sein kann[87] und blickt auf die etwa durch die Europol-VO vor dem Hintergrund des Art. 88 AEUV anvisierte Bekämpfung besonderer Kriminalitätsformen und den von Art. 82 ff. AEUV erfassten Bereich der justiziellen Zusammenarbeit in Strafsachen[88], besteht jedenfalls in Bezug auf die Verfolgung der dort normierten Straftaten durch ein JIT bzw. in dessen Rahmen eine Überschneidung mit dem Regelungsbereich und den Zielsetzungen des Unionsrechts. Für eine Anwendbarkeit der EU-GRC sprechen auch der für die Bildung eines JITs erforderliche grenzüberschreitende Bezug, der unionsrechtliche Charakter der JIT-Vereinbarung, die solche nationalen Ermittlungshandlungen beeinflussen kann, sowie sonst auftretende Wertungswidersprüche im Vergleich zu Ermittlungsmaßnahmen entsendeter Beamter.

Insgesamt ist aufgrund des Aktionsbereichs der hier untersuchten Teams jeweils eine Durchführung des Rechts der Union i.S.d. Art. 51 Abs. 1 S. 1 EU-GRC anzunehmen.

c) Anwendbarkeit nationaler Grundrechte am Beispiel des Grundgesetzes

Neben einer Verpflichtung zur Achtung der EU-GRC kann für nationale Beamte eine Bindung an nationale Grundrechte bestehen.[89] Ob und wie dies bei einem

---

[87] Dieser Hinweis ist hier erforderlich, da die Union nach Art. 87 AEUV zwar die Kooperation nationaler Polizeibehörden und deren Informationsaustausch regeln darf, konkrete polizeiliche Maßnahmen zur Sicherheitsgewährleistung jedoch vor dem Hintergrund des Art. 72 AEUV von diesem Regelungsbereich ausgenommen sein dürften, vgl. dazu bereits oben in Teil 1 Kapitel 2 A. I.

[88] Inhaltlich betrifft Art. 83 AEUV den Erlass von „Mindestvorschriften zur Festlegung von Straftaten oder Strafen", die „eine grenzüberschreitende Dimension haben" durch Richtlinien, der sich häufig mit dem Einsatzbereich der JITs überschneiden dürfte. Vgl. zu den bisher geregelten Bereichen *Hochmayr*, in: Pechstein/Nowak/Häde (Hrsg.), Art. 83 AEUV Rn. 17 ff.

[89] So der EuGH, Urt. v. 26.02.2013, Rs. C-617/10, Akerberg Fransson, Rn. 29, jedoch nur, „sofern durch diese Anwendung weder das Schutzniveau der Charta, wie sie vom *Gerichtshof* ausgelegt wird, noch der Vorrang, die Einheit und die Wirksamkeit des Unionsrechts beeinträchtigt werden", Zitat nach EuGH, Urt. v. 26. 2. 2013, Rs. C-399/11, Melloni, Rn. 60; auch das BVerfG, Beschluss des Ersten Senats vom 06.11.2019 – 1 BvR 16/13 –, Rn. 43 erkennt eine parallele Geltung bei Anwendungsvorrang der Unionsgrundrechte im vollständig durch Unionsrecht determinierten Bereich an. Eine parallele Anwendbarkeit mit Blick auf Art. 53 EU-GRC grundsätzlich bejahend *Jarass*, EU-GRC, Art. 53 EU-GRC Rn. 24 ff. und *Pache*

Einsatz in Teams der Fall ist, wird im Folgenden aus deutscher dogmatischer Perspektive für deutsche Einsatzkräfte untersucht. Angesichts der völkerrechtlichen bzw. unionalen Anerkennung der herangezogenen Grundsätze dürften diese Überlegungen jedoch zumindest teilweise auch auf andere Mitgliedstaaten übertragbar sein. Voraussetzung für eine Bindung (entsendeter) Teammitglieder auf fremdem Territorium an die Vorgaben des Grundgesetzes ist zunächst, dass die in Art. 1 Abs. 3 GG formulierte Grundrechtsbindung auch im Ausland ausgeübte deutsche Staatsgewalt erfasst ((1)). Im Anschluss ist zu untersuchen, ob und inwiefern deutsche Staatsgewalt i.S.d. Art. 1 Abs. 3 GG durch entsendete Beamte in den jeweiligen gemeinsamen Einsatzformen ausgeübt wird bzw. grundrechtsgebunden ist ((2)).

aa) Extraterritoriale Geltung der Grundrechte des Grundgesetzes: Ein Überblick

Die Geltung der grundrechtlichen Garantien des Grundgesetzes im Ausland war lange unklar.[90] In der Literatur wurde diese Problematik primär in Bezug auf Auslandseinsätze der Bundeswehr[91] oder des Bundesnachrichtendienstes[92] aufgeworfen. Dabei werden weit divergierende Lösungsansätze vertreten.[93] Nach einer richtungsweisenden Entscheidung des BVerfG zu Auslandseinsätzen des BND vom 19.05.2020 ist die Grundrechtsbindung deutscher Staatsgewalt nach Art. 1 Abs. 3 GG nicht auf das deutsche Staatsgebiet begrenzt. Demnach wird im Einklang mit dem Wortlaut des Art. 1 Abs. 3 GG die Ausübung deutscher Staatsgewalt als einzige Voraussetzung der Grundrechtsbindung angesehen.[94] Diese

---

in: Pechstein/Nowak/Häde (Hrsg.), Art. 53 GRC Rn. 11 f.; kritisch dazu *Kirchhof*, EuR 2014, 267, 271, dagegen *Classen*, EuR 2017, S. 347 ff., S. 357 f.; eher ein Entweder-Oder Modell favorisierend wohl *Augsberg*, DÖV 2010, S. 153 ff., 153 ff.; zum Erfordernis einer klaren Trennung aus Effektivitätsgründen *Britz*, EuGRZ 2015, S. 275 ff., S. 278 ff.; vgl. dazu ferner *Franzius*, ZaöRV 75 (2015), S. 383 ff., der die Auswirkungen von „Trennungsthese“ und „Verbindungsthese“ analysiert.

Hierbei wird wohl überwiegend vertreten, dass sich in solchen „Konfliktlagen“ die EU-GRC aufgrund ihres Anwendungsvorrangs durchsetzt, vgl. dazu *Sauer*, Grundrechtskollisionsrecht, S. 42 f.; umfassend zu den diesbezüglichen Ansichten *Pache*, in: Pechstein/Nowak/Häde (Hrsg.), GRC Art. 53 Rn. 11 ff. zu dieser Frage vgl. auch *Matz-Lück*, Europäische Rechtsakte, S. 161 ff., 188 ff., Lösungsvorschläge bei *Bäcker*, EuR 2015, S. 389 ff., S. 389 ff.

[90] Vgl. dazu nur die ausführliche Darstellung der Lage in Rechtsprechung, Staatspraxis und Literatur m. umfassenden weiteren Nachweisen bei *Schwander*, Extraterritoriale Wirkungen von Grundrechten, S. 36–88. Nach BVerfG, Beschluss. v. 11.01.2017, 1 BvR 2322/16 Rn. 16, NJW 2017, 948, 948 f. handelte es sich zum damaligen Zeitpunkt noch um eine „verfassungsrechtlich ungeklärte Frage“.

[91] Vgl. dazu nur *Thym*, DÖV 2010 S. 621 ff., insb. S. 628 ff.

[92] Vgl. dazu nur *Gusy*, in: Schenke/Graulich/Ruthig (Hrsg.), BNDG § 1 Rn. 51 ff.

[93] Zu den im Einzelnen vertretenen Ansichten vgl. *Schwander*, Extraterritoriale Wirkungen von Grundrechten, S. 59 ff.

[94] BVerfG, Urt.v. 19.05.2020 – 1 BvR 2835/17 –, Rn. 87, 89. Dies entspricht dem in der Literatur sog. „Wirkungsprinzip“; so etwa *Thiel*, „Entgrenzung“ der Gefahrenabwehr, S. 453, *Payandeh*, DVBl 2016, 1073 ff., 1074 f. und *Herdegen* in: Maunz/Dürig (Hrsg.), GG

umfassende Bindung lässt nach dem BVerfG jedoch unberührt, „dass sich die aus den Grundrechten konkret folgenden Schutzwirkungen danach unterscheiden können, unter welchen Umständen sie zur Anwendung kommen“. Dabei sei erst recht „der Einbindung staatlichen Handelns in ein ausländisches Umfeld bei der Bestimmung von Anforderungen an die Rechtfertigung von Grundrechtseingriffen – insbesondere im Rahmen der Verhältnismäßigkeit – Rechnung zu tragen“.[95]

bb) Anwendbarkeit auf die hier untersuchten gemeinsamen Einsatzformen

(Mindest-)Voraussetzung für eine Grundrechtsbindung im Ausland tätiger deutscher Beamter ist nach einhelliger Ansicht die Ausübung deutscher Staatsgewalt.[96] Das BVerfG orientiert sich in dieser Hinsicht ausdrücklich an dem durch den EGMR verwendeten Kriterium der effektiven Kontrolle des Einsatzes durch einen Staat „als politisch legitimiertes und rückgebundenes Handlungssubjekt“.[97] Eine Grundrechtsbindung (ursprünglich) deutschen Verwaltungspersonals muss folglich dann ausscheiden, wenn es keine deutsche Hoheitsgewalt anwendet. Maßgebliches Kriterium ist hierbei, inwieweit eine Weisungsmöglichkeit oder sonstige Kontrolle der außenwirksamen Tätigkeit des Amtsträgers durch den deutschen Staat möglich ist ((a)).[98] Allein diese Beherrschung des Einsatzverhal-

---

Art. 1 Abs. 3 Rn. 79, weitere Nachweise und Argumentation auch bei *Schwander*, Extraterritoriale Wirkungen von Grundrechten, S. 63 f. Demgegenüber steht das „Territorialprinzip“, das insbesondere aus völkerrechtlicher und souveränitätsbezogener Perspektive die Geltung der Grundrechte auf das Staatsgebiet des Urhebers dieser Rechte begrenzen will, vgl. dazu m.w.N. und zu den jeweiligen Begründungsansätzen ausführlich *Schwander*, Extraterritoriale Wirkungen von Grundrechten, S. 65 ff. Diese Frage ist insbesondere in Bezug auf die Geltung der Grundrechte auf Schiffen und Flugzeugen relevant, die zwar deutscher Hoheitsgewalt unterstehen, aber nach wohl allgemeiner Auffassung nicht dem Territorium der Bundesrepublik Deutschland zuzuordnen sind, vgl. dazu m.w.N. die Ansicht des Wissenschaftlichen Dienstes des Deutschen Bundestages, WD 2 – 3000 – 078/18 (07.06.2018). Begründet wird das Territorialprinzip damit, anderen Staaten nicht die eigene Grundrechtsordnung „aufzuzwängen“, vgl. dazu *Isensee*, VVDStRL 32 (1974), S. 63 („Grundrechtsimperialismus“), dazu kritisch und m.w.N. zur Rezeption dieser These in aktuellerer Literatur *Schwander*, Extraterritoriale Wirkungen von Grundrechten, S. 71 ff.

[95] BVerfG, Urt.v. 19.05.2020 – 1 BvR 2835/17 –, Rn. 104. Einen ggf. reduzierten Schutzumfang im Ausland auf die „unabdingbaren Grundprinzipien“ des Grundgesetzes schlägt auch *Marauhn*, VVDStRL 74 (2015), S. 377 f. m.w.N. vor.

[96] So BVerfG, Urt.v. 19.05.2020 – 1 BvR 2835/17 –, Rn. 88; aus der Literatur etwa *Isensee*, in: HStR Bd. V § 115 Rn. 84; *Herdegen*, in: Maunz/Dürig (Hrsg.), GG Art. 1 Abs. 3 Rn. 79 ff.; m. zahlreichen w.N. auch *Schwander*, Extraterritoriale Wirkungen von Grundrechten, S. 195 ff.

[97] BVerfG, Urt.v. 19.05.2020 – 1 BvR 2835/17 –, Rn. 96 f.

[98] *Schwander*, Extraterritoriale Wirkungen von Grundrechten, S. 196 m.w.N. Dieses Kriterium kann Überschneidungen mit der effektiven Kontrolle über den Einsatz oder die betroffenen Personen aufweisen, welches auch für sich genommen für eine Grundrechtsbindung herangezogen wird; die Beherrschung des handelnden Amtswalters fungiert hier jedoch allein als Zuordnungsvoraussetzung zur deutschen Hoheitsgewalt.

tens ist insoweit relevant[99], beim Einsatz in Teams bestehen jedoch teilweise Sonderkonstellationen ((b)). Eine solche Beherrschung ist jedenfalls dann abzulehnen, wenn ein anderer Staat oder eine internationale Organisation diese Befugnisse in Bezug auf die Tätigkeiten des Amtsträgers ausüben. Selbst wenn man eine Bindung an die Grundrechte des Grundgesetzes bejahen würde, wären die konkreten Schutzwirkungen nach der Rechtsprechung des BVerfG anhand der Einsatzsituation zu bestimmen. Von den Fragen einer generellen Grundrechtsbindung unberührt bleiben durch nationale Grundrechte implizierte Pflichten des entsendenden Staates/der entsendeten Stelle, die Zusammenarbeit bei schwerwiegenden Verstößen zu beenden ((c)).

(1) (Fehlende) Grundrechtsbindung mangels/ aufgrund Ausübung deutscher Hoheitsgewalt

Vor diesen Hintergrund ist eine Bindung der in JSTs und ASTs eingebundenen Beamten außerhalb des deutschen Territoriums an die Grundrechte des Grundgesetzes abzulehnen,[100] dies gilt auch für den Großteil der in Frontex-Teams eingesetzten nationalen Beamten. Durch die zumindest organleihe-ähnliche Eingliederung in ein fremdes Verwaltungs- und Rechtssystem erlangt die EZB bzw. der Einsatzmitgliedstaat in Kooperation mit EASO bzw. Frontex die Befehls- und Kontrollgewalt über das hier maßgebliche außenwirksame Handeln der Beamten, sodass die Anwendung deutscher Hoheitsgewalt und damit die Bindung an das Grundgesetz grundsätzlich ausscheidet. Insbesondere ist das Konstrukt einer grundrechtlichen „Hypothek“ hinsichtlich des Einsatzes ursprünglich nationaler Beamter durch bzw. über unionale Stellen abzulehnen: In den hier interessierenden Konstellationen wird genuin unionsrechtliche bzw. die Hoheitsgewalt eines anderen Mitgliedstaats ausgeübt.

Demgegenüber spricht die zumindest amtshilfe-ähnliche Konstruktion der Tätigkeiten nationaler Beamter im Rahmen eines JITs in den meisten Konstellationen für das Bestehenbleiben der Grundrechtsbindung, auch wenn diese Tätigkeiten auf fremdem Hoheitsgebiet erfolgen.[101] Die zur (unionalen) Amtshilfe entwickelte Dogmatik geht von einer Unterwerfung der ersuchten Behörde an

[99] Davon unabhängig ist die Verteilung der Straf- und Disziplinargewalt, die keine (unmittelbare) Kontrolle über die Einsatzsituation bedeutet.

[100] So in Bezug auf die Einsätze in Grenzverwaltungsteams auch die Ausarbeitung des Wissenschaftlichen Dienstes des Bundestages WD 3 – 3000 – 334/11 vom 03.11.2011 S. 4, generell für den Fall der internationalen Organleihe m.w.N. *Schwander*, Extraterritoriale Wirkungen von Grundrechten, S. 196 f.

[101] Parallelen können hier zu dem Fall der etwa in Art. 41 SDÜ normierten polizeilichen Nacheile gezogenen werden, in dem auch generell in Bezug auf die territoriale Reichweite des Art. 1 Abs. 3 GG restriktivere Ansichten vertretende Stimmen eine Bindung an das Grundgesetz annehmen, so etwa *Isensee*, in: HStR Bd. V § 115 Rn. 90. Darin sieht *Schwander*, Extraterritoriale Wirkungen von Grundrechten, S. 72 f. nachvollziehbar einen Widerspruch zu der Verneinung einer Grundrechtsbindung der Streitkräfte.

das für sie maßgebliche nationale Recht aus.[102] Dem entspricht es, dass die Amtshilfe leistende Behörde grundsätzlich nur das tun darf, was ihr ihre nationale Rechtsordnung erlaubt. Insoweit können die amtshilfespezifischen Grundsätze hier fruchtbar gemacht werden. Auch bei einer strikten Anwendung des Territorialprinzips entgegen der Rechtsprechung des BVerfG würde sich nichts anderes ergeben: Auch bei diesem ist etwa in Form des Rechts zur grenzüberschreitenden Nacheile anerkannt, dass eine Grundrechtsbindung auf fremden Territorium besteht bzw. bestehen bleibt.[103] In diesem besonderen Bereich führt die Kontrolle und Befehlsgewalt über das Handeln nationaler Beamter auf fremdem Territorium zu deren Bindung an die Grundrechte des Grundgesetzes.

(2) Ausübung deutscher Hoheitsgewalt in Sonderkonstellationen

Relevanz erhält die Frage der extraterritorialen Grundrechtsbindung deutscher Beamter jedoch in zwei Fällen: Zum einen ist das Handeln deutscher JITs-Mitglieder auf fremden mitgliedstaatlichem Territorium in den Blick zu nehmen, wenn es nicht mehr (ausschließlich) nach deutschen Recht und unter deutscher Befehls- und Kommandogewalt erfolgt. Dies betrifft die eigenständige Vornahme von Ermittlungsmaßnahmen nach dem Recht des Einsatzmitgliedstaats. Zum anderen ist die Grundrechtsbindung derjenigen an einem Grenzschutz-Einsatz beteiligten deutschen Beamten zu untersuchen, die (insbesondere) ein deutsches Schiff steuern und nach der Konzeption der Einsatzpläne weiterhin deutschem Kommando unterstehen.

(a) Sonderfall 1: Eigenständige Ermittlungsmaßnahmen entsendeter JITs-Mitglieder nach dem Recht des Einsatzmitgliedstaats

Eine Ermächtigung nach Art. 1 Abs. 6 JITs-Beschluss zu Ermittlungsmaßnahmen nach dem Recht des Einsatzmitgliedstaats darf nur unter Billigung des entsendenden Mitgliedstaats erfolgen bzw. genutzt werden.[104] Wenngleich in der Regel eine Überwachung und Abbruchmöglichkeit durch den JITs-Leiter bestehen dürfte[105], kann eine zumindest gleichgeordnete Kontroll- und Einwir-

---

[102] Vgl. dazu *Wettner*, Amtshilfe, S. 154 ff., und *Galetta/Hofmann/Schneider/Tünsmeyer*, in: Schneider/Hofmann/Ziller (Hrsg.), S. 154 und ausführlich oben in diesem Teil Kapitel 9 B. 3.

[103] Vgl. dazu nur *Isensee*, in: HStR V § 115 Rn. 90; zur Ausgestaltung der grenzüberschreitenden Nacheile vgl. *Harings*, in: Schmidt-Aßmann/Schöndorf-Haubold (Hrsg.), S. 135 f.

[104] Vgl. zum Rechtsschutz gegen grenzüberschreitende Ermittlungen nach dem SDÜ, der teilweise parallele Fragestellungen aufwirft, *Harings*, Grenzüberschreitende Zusammenarbeit, S. 273 ff.

[105] Vgl. dazu nur die deutsche Ausgestaltung in § 93 IRG, die bei einer Betrauung entsendeter Einsatzkräfte mit Ermittlungsmaßnahmen eine jederzeitige Eingriffsmöglichkeit des deutschen Gruppenleiters bzw. deutscher Beamte voraussetzt, dazu *Wörner*, in: Ambos/König/Rackow (Hrsg.), § 93 IRG Rn. 520, entsprechend für § 61b IRG *Güntge*, in: Ambos/König/Rackow (Hrsg.), § 61b IRG Rn. 79.

kungsmöglichkeit auch bei dem entsendenden Mitgliedstaat gesehen werden. Letzteres spricht gegen die Konstruktion einer ad-hoc-Organleihe innerhalb des insgesamt amtshilfe-ähnlichen JITs-Verhältnisses und weist eher die Charakteristika einer (einzelfallbezogenen) Mandatierung der die Ermittlungsmaßnahmen durchführenden Behörde auf.[106] Die Folge einer solchen Konstruktion, die deutsches Personal zwar funktionell, jedoch nicht organisatorisch einspannt, wäre es, dass sowohl die Verfassungs- und Rechtsordnung des entsendenden Mitgliedstaats als auch die Ermächtigungsgrundlagen des Einsatzmitgliedstaats zu beachten sind bzw. bleiben, an der Grundrechtsbindung des entsendeten deutschen JITs-Personals ändert sich damit nichts.[107] Mit der Rechtsprechung des BVerfG, die eine Absenkung des Schutzniveaus bei der Einbindung in ausländisches Umfeld zulässt, ist es jedoch denkbar, etwa die Anforderungen des Art. 13 Abs. 2 GG bei Bestehen anderer rechtsstaatlicher Absicherungen bezüglich Wohnungsdurchsuchungen im Rahmen eines JITs nicht anzuwenden.

(b) Sonderfall 2: Führer eines an einem Frontex-Einsatz beteiligten deutschen Schiffs

Der zweite Sonderfall trifft hingegen ins Herz der Debatte um eine extraterritoriale Geltung der Grundrechte des Grundgesetzes: Wenngleich das Führen der deutschen Flagge einen deutlichen Bezug zur Hoheitsgewalt und zum Territorium der Bundesrepublik Deutschland herstellt,[108] wird die Grundrechtsbindung der Besatzung teilweise angezweifelt[109] bzw. verneint.[110] Gerade in den hier relevanten Fallgestaltungen spricht jedoch das weitgehende Zusammenfallen von personaler Kontrolle mit derjenigen über den Einsatzablauf und die Betroffenen dafür, eine Grundrechtsbindung anzunehmen: Die Kontrolle über den das Schiff steuernden Kapitän schließt regelmäßig eine Beherrschung der Behandlung der aufgegriffenen Personen und des gesamten Einsatzgeschehens mit ein. In Anlehnung an die Rechtsprechung des EGMR zur Geltungsreichweite der EMRK, die auch das BVerfG zur Bestimmung deutscher Staatsgewalt herangezogen hat[111], ist eine Grundrechtsgeltung zumindest auch von der Beherrschung bzw. der

---

[106] Dies setzt freilich die in der Praxis (wohl) gegebene Annahme voraus, dass im Namen des Einsatzmitgliedstaats gehandelt wird, ansonsten würde eine Delegation vorliegen.

[107] So für den Fall der polizeilichen Nacheile auch *Isensee*, in: HStR Bd. V § 115 Rn. 90, der eine Grundrechtsbindung unabhängig davon annimmt, „ob die Hoheitsmaßnahme sich auf eine Ermächtigung des Gebietsstaats stützt oder ob sie eigenmächtig erfolgt und seine Gebietshoheit verletzt".

[108] So *Schwander*, Extraterritoriale Wirkungen von Grundrechten S. 25.

[109] Vgl. dazu die Darstellung bei *Schwander*, Extraterritoriale Wirkungen von Grundrechten, S. 248 ff.

[110] Eine Auswertung der Stellungnahmen der Bundesregierung bei *Schwander*, Extraterritoriale Wirkungen von Grundrechten, S. 40.

[111] BVerfG, Urt.v. 19.05.2020 – 1 BvR 2835/17 –, Rn. 97, dazu bereits oben unter B. II. 2. c) (1).

Kontrolle über die Situation oder die betroffene Person abhängig[112]: Ist diese derart weit ausgeprägt, dass von einem Quasi-Inlands-Sachverhalt gesprochen werden kann, soll auch die Grundrechtsbindung entsprechend vorliegen. Liegt hingegen nur eine geteilte oder untergeordnete Beherrschung der Situation vor, sind Abstufungen im Schutzumfang denkbar.[113]

(3) Grundrechtlich implizierte Grenzen der Verwaltungszusammenarbeit

Nationale Grundrechte können trotz ihrer Unanwendbarkeit bei einem Teameinsatz in bestimmten Konstellationen mitgliedstaatliche Pflichten begründen. Das ist der Fall, wenn die Ausführung sekundärrechtlich vorgegebener Handlungen im Einzelfall gegen Mindeststandards nationaler Verfassungen verstoßen würde. Für derartige Konstellationen kann das vom BVerfG entwickelte Instrument der Identitätskontrolle herangezogen werden, wonach durch das BVerfG geprüft wird, ob „der unantastbare Kerngehalt der Verfassungsidentität des Grundgesetzes nach Art. 23 Abs. 1 Satz 3 in Verbindung mit Art. 79 Absatz 3 GG gewahrt ist".[114] Dieser, primär die Grenzen der Übertragung von Hoheitsgewalt in Bezug auf (generelle) Kompetenzerweiterungen der EU nach Art. 23 GG betreffende Kontrollmaßstab[115] kann auch[116] auf die Vornahme unionsrechtlich determinierter Handlungen durch die deutsche Exekutive im Einzelfall angelegt werden. Dies hat zur Folge, dass der von Art. 79 Abs. 3 GG erfasste Bereich der Befolgung einer unionalen Verpflichtung (punktuell) entgegenstehen kann.[117]

Dies kann als eine Ausnahmekonstellation im sensiblen Bereich des (konzeptionellen) gegenseitigen administrativen Vertrauens mitgliedstaatlicher Behörden bei grenzüberschreitenden Sachverhalten des Europäischen Verwaltungsverbundes angesehen werden,[118] welches Grund und Rechtfertigung von grenzüber-

---

[112] So *Thym*, DÖV 2010, S. 621 ff. S. 629; in diese Richtung auch *Herdegen*, in: Maunz/Dürig (Hrsg.), GG Art. 1 Abs. 3 Rn. 79 und *Fassbender*, in: HStR Bd. XI, § 244, Rn. 153 f.; ablehnend *Schwander*, Extraterritoriale Wirkungen von Grundrechten, S. 189 ff.

[113] *Thym*, DÖV 2010, S. 621 ff. S. 629.

[114] Zitat nach BVerfGE 123, 267, vierter Leitsatz.

[115] Vgl. dazu ausführlich zu den durch das BVerfG im sog. Lissabon-Urteil aufgezeigten Grenzen europäischer Integration *Grzeszick*, Europäisierung und Demokratisierung, S. 95 ff.

[116] Vgl. zur wohl praktisch geringen Bedeutung der Identitätskontrolle im Hinblick auf die Übertragung von Kompetenzen von Unionsorganen auf andere unionale Stellen und die demgegenüber bedeutsame Rolle der Ultra-vires-Kontrolle *Gärditz*, in: Hatje/Müller-Graff/Böse (Hrsg.), § 24 Rn. 42 ff. Zur Identitätskontrolle mit Blick auf die SSM-VO mit ertragreichen Ausführungen zum Verhältnis von Identitäts- und Ultra-vires-Kontrolle BVerfG, Urt. v. 30.07.2019 – 2 BvR 1685/14–, Rn. 203 ff.

[117] Vgl. dazu in Bezug auf eine Auslieferung aufgrund eines Europäischen Haftbefehls BVerfGE 140, 317, (317 ff.), wonach ein Verstoß gegen den in der Menschenwürde verankerte Schuldgrundsatz einer Auslieferung entgegenstehen kann, vgl. zu diesem Urteil *Voßkuhle*, in: v. Mangoldt/Klein/Starck (Hrsg.), GG Art. 93 Rn. Rn. 84a und ausführlich *Burchardt*, ZaöRV 2016, S. 527 ff., S. 527 ff. sowie kritisch *Sauer*, NJW 2016, S. 1134 ff., S. 1134 ff.

[118] So ausdrücklich *Voßkuhle*, in: v. Mangoldt/Klein/Starck (Hrsg.), GG Art. 93 Rn. Rn. 84a.

schreitenden unionsrechtlichen Verpflichtungen ist. Grundrechtlich induzierte Ausnahmen von (unions-)rechtlichen Verpflichtungen und damit von dem diesen zugrundeliegenden gegenseitigen Vertrauen im Rahmen der Verwaltungszusammenarbeit sind jedoch keine Besonderheit der Rechtsprechung des BVerfG: Der EGMR nimmt im Fall der Kooperation zwischen Konventionsstaaten auch im Bereich der hier relevanten *Bosphorus*-Rechtsprechungslinie[119] (lediglich) eine widerlegbare Vermutung für das (jeweilige) konventionstreue Verhalten bei Durchführung des Unionsrechts an. Demnach hat eine Einzelfallprüfung zu erfolgen, nach der bei einem Absinken des Schutzstandards im konkreten Fall in einer bestimmten Dimension eine Weigerung der Zusammenarbeit zu erfolgen hat.[120] Auch der EuGH sieht es als freilich striktere, aber dennoch ausnahmefähige Regel an, dass die Einhaltung der Unionsgrundrechte durch einen Mitgliedstaat von dem mit diesem kooperierenden Mitgliedstaat unterstellt wird.[121] Als

[119] S. dazu oben in diesem Kapitel unter B. II. 2. a) (1).

[120] Vgl. dazu die Zusammenfassung der diesbezüglichen Rechtsprechung in EGMR, Urt. v. 23.05.2016 17502/07, Avotins v. Latvia, Rn. 101 ff., wonach im Hinblick auf die Widerlegung der Vermutung eines gleichrangigen Schutzes auf EU-Ebene und damit in Bezug auf eine Pflicht zur Weigerung ausgeführt wird: „However, a State will be fully responsible under the Convention for all acts falling outside its strict international legal obligations, notably where it has exercised State discretion [...]. In addition, any such presumption can be rebutted if, in the circumstances of a particular case, it is considered that the protection of Convention rights was manifestly deficient. In such cases, the interest of international cooperation would be outweighed by the Convention's role as a ‚constitutional instrument of European public order' in the field of human rights [...]", vgl. zur Rechtsprechung des EGMR ferner EGMR, Urt. v. 04.11.2014, Tarakhel/Schweiz, Nr. 29217/12, Rn. 103 f., EGMR, Urt. v. 21.01.2011, M.S.S./Belgien u. Griechenland, Nr. 30696/09, Rn. 338 ff.; ausführlich dazu *Eßlinger*, Gegenseitiges Vertrauen, S. 79 ff. und *Vedsted-Hansen*, Reception Conditions, S. 317 ff. sowie generell zur Möglichkeit der Versagung aufgrund drohender EMRK-Verstöße auch außerhalb von unionsrechtlich determinierten Fallgestaltungen *Eßlinger*, Gegenseitiges Vertrauen, Rn. 68 ff.

[121] Anschaulich mit Nachweisen zu seiner bisherigen Rechtsprechung EuGH, Gutachten vom 2/13 vom 18.12.2014 Rn. 191 f.: „[...], dass der Grundsatz des gegenseitigen Vertrauens zwischen den Mitgliedstaaten im Unionsrecht fundamentale Bedeutung hat, da er die Schaffung und Aufrechterhaltung eines Raums ohne Binnengrenzen ermöglicht. Dieser Grundsatz verlangt aber, namentlich in Bezug auf den Raum der Freiheit, der Sicherheit und des Rechts, von jedem Mitgliedstaat, dass er, *abgesehen von außergewöhnlichen Umständen*, davon ausgeht, dass alle anderen Mitgliedstaaten das Unionsrecht und insbesondere die dort anerkannten Grundrechte beachten [...]. Bei der Durchführung des Unionsrechts können die Mitgliedstaaten somit unionsrechtlich verpflichtet sein, die Beachtung der Grundrechte durch die übrigen Mitgliedstaaten zu unterstellen, so dass sie weder die Möglichkeit haben, von einem anderen Mitgliedstaat ein höheres nationales Schutzniveau der Grundrechte zu verlangen als das durch das Unionsrecht gewährleistete, noch – *von Ausnahmefällen abgesehen* – prüfen können, ob dieser andere Mitgliedstaat in einem konkreten Fall die durch die Union gewährleisteten Grundrechte tatsächlich beachtet hat." (Hervorhebung durch Verf.), vgl. zu dieser Rechtsprechungslinie des EuGH ausführlich *Eßlinger*, Gegenseitiges Vertrauen, S. 104 ff.; knapper *Franzius*, ZaöRV 75 (2015), S. 383 ff., S. 406 ff. (treffend unter der Überschrift: „Horizontales *Solange*-Prinzip").

kleinster gemeinsamer Nenner, der zu einer Verweigerung der Zusammenarbeit berechtigt, kann nach der Rechtsprechung des EGMR, des EuGH und des BVerfG der Schutz der Menschenwürde im Einzelfall ausgemacht werden.[122]

Von der dargestellten Rechtsprechung sind primär Konstellationen erfasst, in welchen ein Mitgliedstaat eine rechtsverbindliche Entscheidung erlässt, die von einem anderen Mitgliedstaat in der Regel ohne eigene Prüfung umzusetzen ist. Die Kriterien, unter welchen eine solche Zusammenarbeit im Einzelfall abgelehnt werden kann, dürften jedoch auch auf das unionsrechtlich determinierte, grenzüberschreitende Entsenden und Tätigwerden nationaler bzw. unionaler Beamter in Teams übertragbar sein:

Relevant ist dies im gegebenen Kontext nicht für die in JITs entsendeten nationalen Beamten. Hier bestimmen nationale Vorschriften und nicht Unionsbestimmungen den Einsatzablauf, die Zusammenarbeit erfolgt auf freiwilliger Basis und für eine Verweigerung der Zusammenarbeit, etwa hinsichtlich der Vornahme von Ermittlungsmaßnahmen, sind keine qualifizierten Begründungsanforderungen erforderlich.

Hinsichtlich der JSTs ist aus praktischer Sicht jedenfalls im Hinblick auf den vergleichsweise wenig grundrechtsintensiven Einsatzbereich bei der Beaufsichtigung juristischer Personen ein Menschenwürdebezug eher fernliegend.[123]

Hingegen agieren die Grenzverwaltungsteams, die Rückkehrteams und die ASTs in einem höchst grundrechtssensiblen Bereich, der auch die Menschenwürde betreffen kann.[124] Ein in den jeweiligen Grundrechtsregimen angelegtes

---

[122] So das überzeugende Ergebnis bei *Eßlinger*, Gegenseitiges Vertrauen, S. 295; in diese Richtung bereichsbezogen auch *Hong*, Asylgrundrecht und Refoulementverbot, S. 207 ff. („Menschenwürde als Integrationsschranke“). In einem aktuellen Anwendungsfall (EuGH Urt. v. 05.04.2016, Rs. C-404/15 und C-659/15 PPU, Aranyosi u. Căldăraru, Rn. 74 ff.) nahm der EuGH die Erfüllung der Voraussetzungen einer menschenwürdebedingten Weigerung in Bezug auf Art. 4 EU-GRC an, worin *Voßkuhle*, in: v. Mangoldt/Klein/Starck (Hrsg.), GG Art. 93 Rn. 84a die auch der Identitätskontrolle zugrundeliegende „Relativierung des Grundsatzes gegenseitigen Vertrauens“ bestätigt sieht. In diese Richtung bereits EuGH, Urt. v. 21.12.2011, Rs. C-411/10 und C-493/10, N.S. u.a., Rn. 105 f., wonach im Fall einer innerunionalen Verbringung eines Asylsuchenden „das Unionsrecht der Geltung einer unwiderlegbaren Vermutung entgegensteht, dass der [...] als zuständig bestimmte Mitgliedstaat die Unionsgrundrechte beachtet“, vgl. zu diesem Urteil auch unten in diesem Kapitel unter B. II. 3. b) (2).

[123] Ausgeschlossen sind solche (Weigerungs-)Konstellationen zwar nicht, insbesondere, wenn die Erhebung personenbezogener Daten betroffen ist; mangels bisheriger praktischer Relevanz sollen diese jedoch hier vernachlässigt werden. Wenngleich die EZB nicht unmittelbar an die EMRK gebunden ist, dürften in einem solchen Fall hinsichtlich der genuinen EU-GRC- bzw. GG-Bindung der nationalen JST-Mitglieder ebenso wie in Bezug auf das Personal von ASTs, Rückkehrteams und Grenzverwaltungsteams jedoch der Grad der Eingliederung in das System der EZB und die Eigenart der integrierten Bankenaufsicht für eine Weigerung aufgrund von drohender qualifizierter Verletzungen des GG bzw. der EU-GRC entscheidend sein.

[124] Vgl. dazu jeweils die in diesem Kapitel unter B. II. 3. aufgeführten Garantien.

potentielles Weigerungsrecht nach der jeweiligen Rechtsprechung betrifft zunächst die Entscheidung über die Bereitstellung von Personal, die nach den jeweiligen Vorgaben der Frontex-VO-2019 bzw. EASO-VO grundsätzlich verpflichtend ist.[125] In (wohl eher theoretischen) Konstellationen, in welchen eine Zusammenarbeit ausschließende Menschen- bzw. Grundrechtsverletzungen etwa durch Einsicht in den Einsatzplan *vor Entsendung* absehbar sind, muss die Entsendung von Personal aufgrund drohender Verstöße gegen die entsprechenden Bestimmungen des GG, der EMRK oder der EU-GRC abgelehnt werden können.[126] Schwieriger stellt sich die Situation *nach Entsendung*, etwa in Bezug auf menschenwürdewidrige Einzelweisungen dar: Versteht man die Entkoppelung von der nationalen Grundrechts- und der ursprünglichen Konventionsbindung durch die Eingliederung in die Verwaltung des Einsatzmitgliedstaats im Wege der organleihe-ähnlichen Konstruktion strikt, handelt es sich nicht mehr um eine verweigerungsfähige „Zusammenarbeit“, sondern vielmehr um eine Ausübung von fremden Hoheitsbefugnissen als Stelle des Einsatzmitgliedstaats.[127] Dies hätte zur Folge, dass sich etwaige Weigerungsrechte allein nach dem im Einsatzmitgliedstaat geltenden Recht richten[128], was in Bezug auf die EMRK und die EU-GRC in materieller Hinsicht vergleichbare Hürden wie für die Weigerung der Zusammenarbeit bedeuten dürfte. Gegen einen gänzlichen

---

[125] Die genannten Weigerungsgründe betreffen jedenfalls nicht durch den Einsatz drohende Grundrechtsverletzungen, sondern nationale Interessen etwa der inneren Sicherheit; ob eine drohende Menschenwürdeverletzung hierunter subsumierbar ist, bleibt fraglich.

[126] Eine Normierung dieser Maßstäbe kann in Art. 46 Abs. 5 Frontex-VO-2019 gesehen werden, der bei „schwerwiegenden Verstößen gegen Grundrechte oder Verpflichtungen des internationalen Schutzes“ ein Weigerungsrecht des Exekutivdirektors in Bezug auf die Entsendung von Teams vorsieht. Für die Mitgliedstaaten besteht nach Art. 46 Abs. 2 Frontex-VO-2019 hingegen nur die Möglichkeit eines Ersuchens an Frontex zur Beendigung des Einsatzes. Sind die Mitgliedstaaten untereinander verschiedener Ansicht über die (rechtmäßige) Durchführung des Einsatzplans, kann der Koordinierungsbeamte von Frontex (Art. 44 Abs. 4 Frontex-VO-2019) ebenso wie die Kontaktstelle der Union von EASO (Art. 20 Abs. 3 EASO-VO) als Schlichtungsstelle auftreten. Neben diesen Möglichkeiten ist ein Vorgehen im Verwaltungsrat von Frontex möglich, der mit absoluter Mehrheit entscheidet, Art. 105 Abs. 1 Frontex-VO-2019/Art. 28 Abs. 1 EASO-VO.

[127] Die abgestellten nationalen Beamten handeln demnach nicht in einer „Doppelfunktion“ als Vertreter des Entsendestaats und des Einsatzhoheitsträgers; zu einer solchen Konstellation, die in Bezug auf das Handeln des deutschen Vertreters im Rat vorliegt, *Cremer*, EuR 2014, S. 195 ff.

[128] Verwiesen sei hier auf die deutsche Ausgestaltung der Befugnis zur Weigerung in Bezug auf die Durchführung einer dienstlichen Weisung nach § 36 Abs. 2 BeamtStG. Nach dessen S. 1 und 2 müssen Bedenken gegen die Rechtmäßigkeit einer Weisung auf dem Dienstweg und sodann gegenüber dem nächsthöheren Vorgesetzten geltend gemacht werden. Unabhängig von der Reaktion dieser Stellen sind Beamte nach § 36 Abs. 2 S. 4 BeamtStG zur Weigerung berechtigt, wenn „das aufgetragene Verhalten die Würde des Menschen verletzt oder strafbar oder ordnungswidrig ist und die Strafbarkeit oder Ordnungswidrigkeit für die Beamtinnen oder Beamten erkennbar ist“, vgl. zum Ganzen *Leppek*, in BeckOK Beamtenrecht § 36 BeamtStG Rn. 19 ff.

Verlust der Bindung an das nationale Grundrechtsregime spricht hingegen zumindest aus Perspektive des Grundgesetzes die Atypik der diesbezüglich angenommenen „Organleihe"[129]: Der gemeinsamen Verantwortung der Mitgliedstaaten für den Außengrenzschutz bzw. im Gemeinsamen Europäischen Asylsystem, deren Ausdruck die jeweiligen Zusammenarbeitsverpflichtungen sind, liegt eine Hoheitsrechtsübertragung nach Art. 23 Abs. 1 GG zugrunde, die den aufgezeigten Grenzen des Art. 79 Abs. 3 GG unterliegt; über diese Grenzen kann eine verpflichtende Indienstnahme über die Frontex-VO-2019 bzw. EASO-VO nicht hinausgehen. Aufgrund dieser (eigenen) Verantwortung der entsendeten nationalen (deutschen) Verwaltungseinheiten erscheint es damit naheliegend, auch nach der Entsendung fortwirkende Weigerungsgründe nach den zur Identitätskontrolle entwickelten Maßstäben des BVerfG für zulässig zu erachten.[130] Hinzutreten können weiterhin entsprechende, durch das nationale Grundrechtsregime des Einsatzmitgliedstaats vorgegebene Weigerungsgründe.

3. Bereichsspezifisch relevante Grundrechte und Garantien

Die Eröffnung des Anwendungsbereichs der EU-GRC für die operative Arbeit sämtlicher hier untersuchten Einsatzformen und deren Anwendungsvorrang rechtfertigen es, im Folgenden primär die einzelnen in der EU-GRC enthaltenen Rechte in den Fokus zu nehmen. Die grundsätzlich mögliche parallele Anwendbarkeit von EMRK und nationalen Verfassungsbestimmungen, hier exemplarisch anhand des Grundgesetzes dargestellt, sowie deren dogmatische Verschränkungen mit den Gewährleistungen der EU-GRC erfordern jedoch einen Seitenblick auf die auf diesen Ebenen garantierten Menschen- und Grundrechte. Hierbei sind zunächst für die Tätigkeit sämtlicher Einsatzformen relevante Gewährleistungen in den Blick zu nehmen (a)), bevor auf durch die jeweiligen gemeinsamen Einsatzformen in besonderer Weise gefährdeten subjektiven Rechte eingegangen wird (b)). In diesem Zusammenhang ist neben der Abwehrfunktion dieser Garantien auch eine etwaige Schutzpflichtdimension zu untersuchen.[131]

---

[129] Vgl. dazu zusammenfassend oben in diesem Teil Kapitel 9 B. III.

[130] Eine solche Untergrenze der Grundrechtsbindung deutscher Einsatzkräfte im Ausland kann auch damit begründet werden, dass dies eine Reduktion der Grundrechtsverpflichtung im extraterritorialen Bereich darstellt, vgl. in diesem Kontext *Marauhn*, VVDStRL 74 (2015), S. 377 f.

[131] Generell zu grundrechtlichen Schutzpflichten im Bereich der EU-GRC vgl. *Borowsky*, in: Meyer/Hölscheidt (Hrsg.), EU-GRC Art. 1 Rn. 22, 31 f. und *Jarass*, EU-GRC, Art. 51 EU-GRC Rn. 5 f., Art. 52 Rn. 48 jeweils m.w.N. Insbesondere den Rechten, die ihre Entsprechung in der EMRK finden, kann demnach eine solche Leistungs- bzw. Förderfunktion entnommen werden.

a) Einsatzformübergreifend gefährdete Garantien

Die den Tätigkeitsschwerpunkt der Teams ausmachende Informationsverwaltung, die auch personenbezogene Daten betrifft, befindet sich dadurch stets in potentieller Konfliktlage mit datenschutzrechtlichen Gewährleistungen.[132] Daneben erfordert das Handeln gegenüber Grundrechtsträgern im Rahmen eines Verwaltungsverfahrens, was in sämtlichen untersuchten Einsatzformen vorgesehen bzw. jedenfalls möglich ist, die Einhaltung verfahrensrechtlicher Garantien. Beide typischerweise betroffenen Felder weisen zumindest aus deutscher Perspektive Bezug zur Garantie der Menschenwürde auf.[133]

aa) „Datenschutzgrundrechte"

Das mittlerweile[134] in Art. 8 EU-GRC[135] sowie Art. 16 AEUV[136] primärrechtlich normierte Recht auf Schutz personenbezogener Daten[137] findet seine inhaltlichen Pendants in Art. 8 EMRK[138] und als Teilbereich des aus Art. 2 Abs. 1 i.V.m. Art. 1 Abs. 1 GG hergeleiteten Allgemeinen Persönlichkeitsrechts, primär in der Unterkategorie des Rechts auf informationelle Selbstbestimmung[139].[140] Vom Schutz

---

[132] Vgl. generell zur Bedeutung des Schutzes personenbezogener Daten im hier schwerpunktmäßig betroffenen Raum der Freiheit, der Sicherheit und des Rechts *Leczykiewicz*, Human rights in the AFSJ, S. 92 ff.

[133] Vgl. dazu sogleich die Nachweise zum Recht auf Anhörung bzw. den vom Allgemeinen Persönlichkeitsrecht geschützten Bereich der Intimsphäre.

[134] Zur „Entstehung" des Rechts auf Schutz personenbezogener Daten „vor" dem Zeitalter der EU vgl. *González Fuster*, Personal Data Protection, S. 21 ff.

[135] Nach der Rechtsprechung des EuGH stehen der durch Art. 8 EU-GRC garantierte Schutz personenbezogener Daten und das in Art. 7 EU-GRC normierten Recht auf Achtung des Privatlebens „in engem Zusammenhang" (EuGH Urt. v. 09.11.2010, Rs. C-92/09 und C-93/09, Schecke u. Eifert, Rn. 47 ff. und werden häufig gemeinsam zur Überprüfung der Rechtmäßigkeit von datenschutzrelevanten Eingriffen herangezogen, vgl. dazu etwa EuGH, Gutachten 1/15 vom 26.07.2017, Rn. 121 ff.

[136] Zum durch Art. 52 Abs. 2 EU-GRC bedingten problematischen Verhältnis zwischen Art. 16 AEUV und Art. 8 EU-GRC, welches insbesondere die in Art. 16 AEUV „fehlenden" Schrankenregelung betrifft, und zu diesbezüglichen Lösungsansätzen vgl. ausführlich m.w.N. *Wolff*, in: Pechstein/Nowak/Häde (Hrsg.), Art. 16 AEUV Rn. 11.

[137] Unter personenbezogenen Daten sind nach allgemeiner Ansicht alle Informationen über eine bestimmte oder bestimmbare Person zu verstehen, vgl. dazu nur Art. 3 Nr. 1 EU-Datenschutz-VO, Art. 4 Nr. 1 DSGVO und Art. 3 Nr. 1 JI-Richtlinie sowie EuGH, Urt. v. 09.11.2010, Rs. C-92/09 und C-93/09, Schecke u. Eifert, Rn. 52, *Wolff*, in: Pechstein/Nowak/Häde (Hrsg.), Art. 8 GRC Rn. 12–14.

[138] Hierbei stellt sich der Datenschutz bzw. das Recht auf informationelle Selbstbestimmung als Unterfall des Rechts auf Privatleben dar, vgl. dazu nur *Pätzold*, in: Karpenstein/Mayer (Hrsg.) EMRK Art. 8 Rn. 24 ff., insb. 28 ff. ,

[139] Dazu grundlegend BVerfGE 65, 1 (41 ff.), aktueller BVerfGE 113, 320 (341 f.), zur Literatur *Dreier*, in: Dreier (Hrsg.), GG Art. 2 Abs. 1 Rn. 79 ff. m.w.N. und, mit Kritik zur Terminologie *Starck*, in: v. Mangoldt/Klein/Starck (Hrsg.), GG Art. 2 Rn. 114 ff.

[140] Vgl. zu diesen Regelungsebenen des Datenschutzgrundrechts *Hanschmann*, Verschwinden des Grundrechts auf Datenschutz, S. 293 ff., S. 295 ff.

dieser Bestimmungen sind sämtliche personenbezogenen Daten erfasst, unabhängig davon, ob es sich um sensible Informationen handelt.[141] Zumindest aus deutscher Perspektive ist die Sensibilität der erhobenen Daten jedoch relevant für die Möglichkeit der Rechtfertigung des Eingriffs[142], sowohl Art. 8 EMRK als auch das „deutsche" Allgemeine Persönlichkeitsrecht weisen einen Menschenwürdebezug auf.[143] Ein Eingriff liegt vor, soweit personenbezogene Daten verarbeitet werden[144], wobei der Begriff der Verarbeitung sämtliche denkbaren Vorgänge von der Erhebung bis zur endgültigen Löschung der Daten erfasst[145] und insbesondere auch rein verwaltungsinterne Datenübermittlungen und -verwen-

---

[141] Vgl. dazu EuGH, Gutachten 1/15 vom 26.07.2017, Rn. 124, EuGH, Urt. v. 08.04.2014 Rs. C-293/12 und C-594/12, Digital Rights Ireland und Seitlinger u.a., Rn. 33 m.w.N., ähnlich das BVerfG etwa in BVerfGE 118, 168 (185): „Der Schutzumfang des Rechts auf informationelle Selbstbestimmung beschränkt sich nicht auf Informationen, die bereits ihrer Art nach sensibel sind und schon deshalb grundrechtlich geschützt werden. Auch der Umgang mit personenbezogenen Daten, die für sich genommenen nur geringen Informationsgehalt haben, kann, je nach seinem Ziel und den bestehenden Verarbeitungs- und Verknüpfungsmöglichkeiten, grundrechtserhebliche Auswirkungen auf die Privatheit und Verhaltensfreiheit des Betroffenen haben. Insofern gibt es unter den Bedingungen der elektronischen Datenverarbeitung kein schlechthin, also ungeachtet des Verwendungskontextes, belangloses personenbezogenes Datum".

[142] Nach der Rechtsprechung des BVerfG garantiert das Allgemeine Persönlichkeitsrecht auch einen absolut geschützten Kernbereich privater Lebensgestaltung, der aufgrund seiner Nähe zur Menschenwürde jeglichen Beeinträchtigungen durch die öffentliche Gewalt entzogen sein muss, vgl. dazu nur BVerfGE 80, 367 (373) und ausführlich BVerfGE 109, 279 (323 ff.), letzteres in Bezug auf den Menschenwürdegehalt des Art. 13 GG. Zum Schutz der Intimsphäre durch das BVerfG ausführlich *Lang*, in: Epping/Hillgruber (Hrsg.), GG Art. 2 Rn. 39 ff.

[143] Beim Allgemeinen Persönlichkeitsrecht folgt dies schon aus seiner (Teil-)Verankerung in Art. 1 Abs. 1 GG, zum Menschenwürdegehalt des Art. 8 EMRK vgl. ausführlich *von Schwichow*, Menschenwürde in der EMRK, S. 115 ff.

[144] Vgl. dazu nur EuGH, Gutachten 1/15 vom 26.07.2017, Rn. 123 ff., insb. Rn. 126; EuGH, Urt. v. 08.04.2014, Rs. C-293/12 und C-594/12, Digital Rights Ireland und Seitlinger u.a., Rn. 36; *Jarass*, EU-GRC, Art. 8 EU-GRC Rn. 8 und *Wolff*, in: Pechstein/Nowak/Häde (Hrsg.), Art. 8 GRC Rn. 18 jeweils m.w.N.

[145] Vgl. dazu die sekundärrechtlichen Definitionen in Art. 3 Nr. 3 EU-Datenschutz-VO, Art. 4 Nr. 2 DSGVO und Art. 3 Nr. 2 JI-Richtlinie, ebenso, jeweils m.w.N. *Jarass*, EU-GRC, Art. 8 EU-GRC Rn. 8, *I. Augsberg*, in: von der Groeben/Schwarze (Hrsg.), Art. 8 GRC Rn. 11 („alle datenbezogenen Vorgänge"), in Bezug auf Art. 8 EMRK m.w.N. *Pätzold*, in: Karpenstein/Mayer (Hrsg.), EMRK Art. 8 Rn. 28, aus der Perspektive des Art. 2 Abs. 1 i.V.m. Art. 1 Abs. 1 GG m.w.N. und *Dreier*, in: Dreier (Hrsg.), GG Art. 2 Abs. 1 Rn. 87 („alle Maßnahmen innerhalb des Datenkreislaufs").

dungen umschließt.[146] Dies gilt auch in Konstellationen, in denen die Datenverarbeitung über Informationssysteme und Datenbanken erfolgt.[147]

Vor diesem Hintergrund stellen die informationsbezogenen Aktivitäten der Teams[148] Eingriffe in das Recht auf Schutz personenbezogener Daten dar. Dies gilt für jeden einzelnen Datenverarbeitungsprozess. Eine Verletzung[149] von Art. 8 Abs. 2 S. 1 EU-GRC ist ausgeschlossen, wenn die betroffene Person in die Datenverarbeitung eingewilligt hat. Neben weiteren Voraussetzungen einer wirksamen Einwilligung[150] ist jedoch in den hier untersuchten Fällen das Merkmal der Freiwilligkeit fraglich. Wenn schon drohende wirtschaftliche Nachteile eine Freiwilligkeit ausschließen[151], was im gegebenen Kontext auf die Arbeit der JSTs übertragen werden kann, und die reine Information über die (bevorstehende) Datenverarbeitung eine Freiwilligkeit nicht begründen kann[152], muss dies auch

[146] Ein Beispiel aus der Rechtsprechung des EuGH gibt EuGH, Urt. v. 08.04.2014, Rs. C-293/12 und C-594/12, Digital Rights Ireland und Seitlinger u.a., Rn. 35; der EGMR hat sich bereits in seinem Urt. v. 26.03.1987, Leander/Schweden, Nr. 9248/81, Rn. 48 ähnlich geäußert und auch das BVerfG nimmt in BVerfGE 115, 320 (343 f.) in einer vergleichbaren Konstellation einen Grundrechtseingriff an.

[147] Vgl. dazu nur *Heußner*, Informationssysteme, S. 322 ff. und *Wettner*, Amtshilfe, S. 321 ff., jeweils m.w.N., dies ergibt sich (mittlerweile) auch aus der weiten sekundärrechtlichen Definition der Verarbeitung. Von der rechtlichen Zulässigkeit des konkreten Datenverarbeitungsvorgangs ist die Rechtmäßigkeit der Einrichtung eines Informationssystems zu trennen, vgl. dazu ausführlich *Heußner*, Informationssysteme, S. 281 ff. Von einer Geltung der dargestellten Grundsätze im Rahmen „integrierter Informationssysteme" geht auch das BVerfG aus und betont die Notwendigkeit des Grundrechtsschutzes gegenüber dieser „mit solchen technischen Möglichkeiten unter den modernen Bedingungen der Datenverarbeitung einhergehenden gesteigerten Gefährdungslage", vgl. BVerfGE 115, 320 (342).

[148] Vgl. oben in diesem Kapitel unter B. I. 1.

[149] Nicht geklärt ist, ob eine Einwilligung einen Eingriff in Art. 8 EU-GRC bereits ausschließt oder einen solchen (lediglich) rechtfertigen kann, vgl. dazu, allesamt tendenziell einen Eingriffsausschluss befürwortend, *Jarass*, EU-GRC, Art. 8 EU-GRC Rn. 9, *Wolff*, in: Pechstein/Nowak/Häde (Hrsg.), Art. 8 GRC Rn. 24 und *I. Augsberg*, in: von der Groeben/Schwarze (Hrsg.), Art. 8 GRC Rn. 12.

[150] Vgl. zu den Anforderungen an eine wirksame Einwilligung ausführlich *Wolff*, in: Pechstein/Nowak/Häde (Hrsg.), Art. 8 GRC Rn. 25 ff., der diesbezüglich insbesondere Einwilligungsfähigkeit, Einwilligungserklärung und Informiertheit herausstellt. Zur sekundärrechtlichen Definition der Einigung vgl. Art. 3 Nr. 15 EU-Datenschutz-VO, Art. 4 Nr. 11 DSGVO, wonach eine Einwilligung „der betroffenen Person jede freiwillig für den bestimmten Fall, in informierter Weise und unmissverständlich abgegebene Willensbekundung in Form einer Erklärung oder einer sonst eindeutigen bestätigenden Handlung, mit der die betroffene Person zu verstehen gibt, dass sie mit der Verarbeitung der sie betreffenden personenbezogenen Daten einverstanden ist".

[151] Vgl. dazu den Schlussantrag der Generalanwältin *Sharpston* vom 17.06.2010, Rs. C-92/09 und C-93/09, Schecke und Eifert, Rn. 82; zustimmend *I. Augsberg*, in: von der Groeben/Schwarze (Hrsg.), Art. 8 GRC Rn. 12.

[152] Vgl. dazu nur EuGH, Urt. v. 09.11.2010, Rs. C-92/09 und C-93/09, Schecke und Eifert, Rn. 61 ff., wonach die vorab erfolgte Information über eine Datenverarbeitung bei Antragseinreichung und die sodann erfolgte Stellung des Antrags nicht eine Einwilligung i.S.d. Art. 8 Abs. 2 EU-GRC begründen können.

für die Datenerhebungssituationen in den Einsatzbereichen der JITs[153], ASTs und Grenzverwaltungsteams[154] gelten: Zieht man die Gesamtumstände heran[155] und berücksichtigt die untergeordnete Rolle der Betroffenen gegenüber Polizei-, Grenzschutz- bzw. Asylbehörden sowie die möglichen, ihnen offenbarten Konsequenzen[156], die sich bei einer Weigerung ergeben können, ist eine freiwillige Preisgabe der Daten den Umständen nach abzulehnen.[157] Der Schwerpunkt der Tätigkeiten der hier untersuchten gemeinsamen Einsatzformen muss sich demnach an den weiteren, in Art. 8 Abs. 2 i.V.m. Art. 52 EU-GRC normierten Voraussetzungen messen lassen. Dies gilt auch für die Schutzpflichtdimension des Art. 8 EU-GRC, die eine „Verteidigung des Datenschutzgrundrechts" auch gegenüber Privaten sowie anderen staatlichen Stellen miteinschließt.[158]

bb) Verfahrens- und Rechtsschutzgarantien

Ein weiterer gemeinsamer grundrechtlicher Bereich, der durch die Aktivitäten der hier untersuchten Teams berührt ist, liegt in den Verfahrens- und justiziellen Grundrechten der betroffenen Personen. Die Einhaltung dieser Garantien obliegt auch den hier untersuchten gemeinsamen Einsatzkräften, die in (Verbund-) Verwaltungsverfahren tätig sind, an deren Ende eine (formal) unionale oder mitgliedstaatliche Entscheidung steht. Dies gilt für die Aufsicht der EZB, das Asylverfahren, den Grenzschutz und polizeiliche Ermittlungsverfahren.

(1) Rechte im Verfahren

Ein besonders anschauliches und essentielles Verfahrensrecht stellt auch in solchen Verfahren das Recht auf Anhörung dar[159], welches auf allen hier in den Blick

---

[153] Dies gilt etwa für Durchsuchungen und Befragungen, jedoch nicht für die heimliche Informationserhebung; hier ist eine Einwilligung nicht möglich.

[154] Betroffen sind hier primär die Mitwirkung bei bzw. Durchführungen von Befragungen sowie die Abnahme von Fingerabdrücken.

[155] Diese sind bei der Prüfung der Wirksamkeit der Einwilligung relevant, nicht deren formale Abgabe, vgl. dazu nur *I. Augsberg*, in: von der Groeben/Schwarze (Hrsg.), Art. 8 GRC Rn. 12 und *Jarass*, EU-GRC Art. 8 EU-GRC Rn. 9.

[156] Hier sind etwa der Hinweis auf Mitwirkungspflicht und die mögliche Androhung von körperlichem Zwang durch mitgliedstaatliche Behörden hinsichtlich der Abnahme von Fingerabdrücken relevant.

[157] In einem mit der Situation im Asylverfahren vergleichbaren Fall stellte der EuGH heraus, dass durch die Stellung eines Antrags, der nach dem für seine Bewilligung vorgesehenen Verfahren die Verarbeitung personenbezogener Daten voraussetzt (hier: Abnahme von Fingerabdrücken für einen Reisepass), keine Einwilligung in diese Datenverarbeitung zu sehen ist, EUGH, Urt. v. 17.10.2013, Rs. C-291/12, Schwarz, Rn. 32, wobei der Gerichtshof, a.a.O., Rn. 26f., zunächst die Einordnung von Fingerabdrücken als personenbezogene Informationen bejaht.

[158] Vgl. dazu nur *Wolff*, in: Pechstein/Nowak/Häde (Hrsg.), Art. 8 GRC Rn. 16 m.w.N.

[159] Dem entspricht etwa die besondere Nennung des Anhörungsrechts bei Einzelfallentscheidungen im ReNEUAL-Musterentwurf, vgl. dazu *Craig/della Cananea/Mir/Schneider/*

genommenen Grundrechtsebenen gewährleistet wird.[160] Insgesamt zeichnet sich indes hinsichtlich der zu gewährleistenden Verfahrensrechte ein weniger einheitliches Bild der Garantien in den jeweiligen Grundrechtsebenen als etwa im Bereich des Datenschutzgrundrechts ab: Der hier primär in den Blick zu nehmende Art. 41 EU-GRC adressiert seinem Wortlaut nach lediglich Stellen der Union, Art. 6 EMRK bezieht sich nur auf „zivilrechtliche(n) Ansprüche und Verpflichtungen oder [...] strafrechtliche Anklage vor einem [...] Gericht"[161] und das Grundgesetz regelt Verfahrensrechte in Bezug auf das Verwaltungsverfahren nicht ausdrücklich[162]; das Recht auf Anhörung im Verwaltungsverfahren wird etwa aus Art. 20 Abs. 3 GG und Art. 1 Abs. 1 GG[163] abgeleitet.[164]

Trotz des insoweit eindeutigen Wortlauts des Art. 41 EU-GRC ist umstritten, ob sich sein Anwendungsbereich auch auf die mitgliedstaatlichen Verwaltungen, jedenfalls bei Durchführung des Unionsrechts i.S.d. Art. 51 Abs. 1 S. 1 Alt. 2 EU-GRC, erstreckt.[165] Wenngleich die steigende Zahl und Intensität von Verbundverfahren[166] sowie die damit einhergehende Verantwortlichkeit für die Wahrung (auch) von Verfahrensrechten durch nationale und unionale Stellen einheitliche Verfahrensgrundsätze fordern[167], hat der EuGH einem solchen extensiven Ver-

---

Tünsmeyer/Wierzbowski, in: Schneider/Hofmann/Ziller (Hrsg.), S. 63 f. bzw. S. 87 ff. Weitere Rechte in Bezug auf das Verwaltungsverfahren sind etwa das in Art. 41 Abs. 2 lit. b) und c) EU-GRC normierte Rechte auf Aktenzugang bzw. die Begründungspflicht der Verwaltung.

[160] Vgl. dazu ausführlich in Bezug auf EMRK, EU-GRC und nationale Verfassungstraditionen *Nöhmer*, Recht auf Anhörung, S. 9–142, hinsichtlich sekundärrechtlich ausgestalteter Referenzgebieten vgl. *Nöhmer*, a.a.O., S. 146 ff. sowie hinsichtlich der unionalen Rechtsprechung *Nöhmer*, a.a.O., S. 231 ff.

[161] Vgl. zur Menschenwürderelevanz des Art. 6 EMRK jedoch *von Schwichow*, Menschenwürde in der EMRK, S. 154.

[162] Abzugrenzen sind diese von den hier nicht bzw. lediglich in Bezug auf repressiv ausgerichtete JITs betroffenen Verfahrensgrundrechten in Bezug auf das gerichtliche Verfahren nach Art. 101 Abs. 1 S. 2, Art. 103 Abs. 1, Art. 104. Art. 19 Abs. 4 GG, vgl. dazu *Voßkuhle*, in: v. Mangoldt/Klein/Starck (Hrsg.), GG Art. 93 Rn. 60; vgl. zum Verhältnis dieser Bestimmungen auch *Huber*, in: v. Mangoldt/Klein/Starck (Hrsg.), GG Art. 19 Rn. 363 f.

[163] Vgl. dazu nur *Kallerhoff/Mayen*, in: Stelkens/Bonk/Sachs (Hrsg.), VwVfG § 28 Rn. 2 und ausführlich *Nöhmer*, Recht auf Anhörung, S. 80 ff. m.w.N. insbesondere zur Rechtsprechung des BVerfG.

[164] Zur Ausgestaltung des Rechts auf Anhörung in weiteren mitgliedstaatlichen Rechtsordnungen vgl. *Nöhmer*, Recht auf Anhörung, S. 80 ff. auch zu einer entsprechenden Garantie in Italien (S. 94 ff.).

[165] Tendenziell für eine Erstreckung auf den mitgliedstaatlichen Vollzug *Terhechte*, in: Pechstein/Nowak/Häde (Hrsg.), Art. 41 GRC Rn. 16; deutlicher *Galetta*, EuR 2007, S. 57 ff., S. 79 und *Klatt*, in: von der Groeben/Schwarze (Hrsg.), Art. 41 GRC Rn. 11; dagegen *Ruffert*, in: Calliess/Ruffert (Hrsg.), Art. 41 EU-GRC Rn. 8 f. sowie *Jarass*, EU-GRC, Art. 41 EU-GRC Rn. 9, jeweils m.w.N.

[166] Vgl. zur Entwicklung des Europäischen Verwaltungsverbundes generell Teil 1 Kapitel 2 A. II.

[167] So *Klatt*, in: von der Groeben/Schwarze (Hrsg.), Art. 41 GRC Rn. 11; *Terhechte*, in: Pechstein/Nowak/Häde (Hrsg.), Art. 41 GRC Rn. 16, dies anerkennend auch *Ruffert*, in: Calliess/Ruffert (Hrsg.), Art. 41 GRC Rn. 9 („verfassungspolitisch unbefriedigend").

ständnis des Art. 41 EU-GRC eine Absage erteilt.[168] Damit ist auch, trotz der Verbindung von unionalem und mitgliedstaatlichem Personal, bei der Einsatzform der Teams eine Anwendbarkeit von Art. 41 EU-GRC abzulehnen. Gleichzeitig wurde über einen „Umweg" jedoch eine im Einzelnen zu konkretisierende entsprechende Bindung der Mitgliedstaaten angenommen, indem der Gerichtshof das in Art. 41 EU-GRC garantierte Recht auf gute Verwaltung (vollumfänglich) als allgemeinen Rechtsgrundsatz des Unionsrechts eingeordnet hat.[169] Inhaltlich sind damit alle untersuchten Teams zur Wahrung des Rechts auf Anhörung verpflichtet. Die JSTs und das Statutspersonal fallen unmittelbar unter Art. 41 EU-GRC; die übrigen Mitglieder der Frontex-Teams, JITs und ASTs haben das Recht auf Anhörung als Unterfall des Rechts auf gute Verwaltung in einem vergleichbaren Umfang wie bei einer direkten Anwendbarkeit des Art. 41 EU-GRC zu beachten, sodass ein einheitlicher Standard besteht.[170]

Etwas anderes ergibt sich in Bezug auf die Geltungsreichweite des Art. 6 EMRK: Die Beschränkung auf Gerichtsverfahren[171] lässt nur die Tätigkeit von repressiv ausgerichteten JITs in den Anwendungsbereich des Art. 6 EMRK fallen und dies auch nur dann, wenn man das Ermittlungsverfahren als Teil des Gerichtsverfahrens in diesem Sinne einordnet.[172] In Bezug auf die Tätigkeit der Grenzverwaltungsteams, der Rückkehrteams und der ASTs liegt ein solches nicht vor. Folglich ist Art. 6 EMRK in diesem Bereich nicht anwendbar; dies gilt unabhängig davon, ob man die Verwaltungsverfahren, an welchen die übrigen untersuchten Teams beteiligt sind, als zivilrechtliche Ansprüche oder eine strafrechtliche Anklage betreffend einordnet.[173]

---

[168] Kurz und insoweit eindeutig EuGH, Urt. v. 17.07.2014, Rs. C-141/12 und C-372/12, YS u.a., Rn. 67.

[169] Vgl. dazu generell EuGH, Urt. v. 08.05.2014, Rs. C-604/12, N., Rn. 49, EuGH, Urt. v. 17.07.2014 Rs. C-141/12 und C-372/12, YS u.a., Rn. 68 sowie in konkreter Prüfung EuGH, Urt. v. 11.12.2014, C-249/13, Boudjlida, Rn. 30 ff., dazu *Bergmann*, in: Bergmann/Dienelt (Hrsg.), EU-Grundrechte-Charta Art. 41 Rn. 3.; zum Begriff der allgemeinen Rechtsgrundsätze des Unionsrechts und deren Bindungswirkung sowie unmittelbarer Anwendbarkeit allgemein vgl. m.w.N. *Oppermann/Clasen/Nettesheim*, Europarecht, § 9 Rn. 31 ff., insb. Rn. 44 ff. wonach sich ein weitgehend Art. 51 Abs. 1 S. 1 EU-GRC entsprechender Anwendungsbereich der allgemeinen Rechtsgrundsätze ergibt.

[170] Wie hier *Jarass*, EU-GRC, Art. 41 EU-GRC Rn. 9 sowie *Ruffert*, in: Calliess/Ruffert (Hrsg.), Art. 41 GRC Rn. 9.

[171] Vgl. dazu knapp *Meyer*, in: Karpenstein/Mayer (Hrsg.), EMRK Art. 6 Rn. 5. Ausführlich *Nöhmer*, Recht auf Anhörung, S. 116 f., zur Maßstabswirkung für das vorgelagerte Verfahren S. 126 f. und zu praktischen wie dogmatischen Lösungsansätzen S. 125 f.

[172] Vgl. dazu m.w.N. zu Literatur und Rechtsprechung *Meyer*, in: Karpenstein/Mayer (Hrsg.), EMRK Art. 6 Rn. 37, vor der Eröffnung des Ermittlungsverfahrens ist die Rechtsprechung des EGMR im Hinblick auf eine Anwendbarkeit des Art. 6 EMRK im Bereich der Rechtshilfe in Strafsachen jedoch restriktiver, vgl. dazu m.w.N. *Meyer*, a.a.O., Rn. 31.

[173] Das Asyl- und Aufenthaltsrecht schließt etwa EGMR, Urt. v. 08.06.2006, Lupsa/Rumänien, Nr. 10337/04, Rn. 63 vom Geltungsbereich des Art. 6 EMRK aus, ausführliche Nachweise zu dieser Thematik bei *Nöhmer*, Recht auf Anhörung, S. 120. Dies legt auch das 7.

Die in Art. 41 EU-GRC normierten Anforderungen sind, etwa in Form des Rechts auf gute Verwaltung, durch die hier untersuchten gemeinsamen Einsatzformen einzuhalten. Mit Blick auf den Einsatzbereich der Teams ergeben sich potentielle Konfliktlagen mit diesen Verfahrensrechten. Dies gilt etwa für das Recht auf Anhörung, das durch die eingesetzten Teams grundsätzlich insoweit gewährleistet sein muss, dass die betroffene Person bei drohenden nachteiligen Maßnahmen die Möglichkeit der Stellungnahme eingeräumt werden muss, diese Stellungnahme bei der Entscheidungsfindung der Verwaltung berücksichtigt wird und die betroffene Person über den weiteren Verfahrensablauf zutreffend informiert wird.[174]

(2) Rechtsschutzgarantien

Von den soeben dargestellten grundrechtlichen Garantien *im* Verfahren sind diejenigen Verbürgungen zu unterscheiden, welche die (ggf.) nach oder vor einem solchen Verfahren erforderliche Möglichkeit des Rechtsschutzes betroffener Personen beinhalten. Von Art. 47 EU-GRC ist als Basisvoraussetzung für einen „wirksamen Rechtsbehelf"[175] der Zugang zu einem Gericht i.S.d. Art. 47 Abs. 2 EU-GRC[176] erfasst.[177] Entsprechung findet diese Garantie nur teilweise in Art. 6 und 13 EMRK, die ein auch durch ein entsprechendes Verwaltungsverfahren erfüllbares Recht auf „wirksame Beschwerde" beinhalten.[178] Auf Ebene des Grundgesetzes besteht eine dem Art. 47 EU-GRC in inhaltlicher Reichweite zumindest weitgehend entsprechende Garantie[179] durch Art. 19 Abs. 4 S. 1 GG.[180]

Zusatzprotokoll zur EMRK nahe, welches Anhörungsrechte (nur) im Ausweisungsverfahren garantiert, vgl. dazu ausführlich *Nöhmer*, Recht auf Anhörung, S. 120 f. Soweit hiervon der Tätigkeitsbereich der Europäischen Rückkehrteams betroffen ist und deren Einsatzmitgliedstaat das 7. Zusatzprotokoll unterzeichnet hat, liegt eine diesbezügliche Bindung freilich vor.

[174] Vgl. zum Ganzen nur EuGH, Urt. v. 11.12.2014, C-249/13, Boudjlida, Rn. 36 ff. sowie in Bezug auf Art. 41 Abs. 2 lit. a) EU-GRC m.w.N. *Terhechte*, in: Pechstein/Nowak/Häde (Hrsg.), GRC Art. 41 Rn. 17.

[175] Nach *Nehl*, in: Pechstein/Nowak/Häde (Hrsg.), GRC Art. 47 Rn. 31 erfordert dies auch unmittelbare und rechtzeitige Rechtsschutzmöglichkeiten.

[176] Zu den daraus abzulesenden Anforderungen an ein Gericht vgl. nur *Jarass*, EU-GRC, Art. 47 EU-GRC, Rn. 17 ff.

[177] Vgl. ausführlich zu Art. 47 EU-GRC als Justizgrundrecht, inklusive Verbindungen zu den Bestimmungen der EMRK *Pabel*, in: Hatje/Müller-Graff/Grabenwarter (Hrsg.), § 19 Rn. 1 ff., insb. 18 ff.

[178] Vgl. zu dieser einhelligen Interpretation des Art. 13 EMRK, die einen wesentlichen Unterschied zu Art. 47 EU-GRC offenbart, *Breuer*, in: Karpenstein/Mayer (Hrsg.), EMRK Art. 13 Rn. 22 ff. m.w.N. und *Grabenwarter/Pabel*, EMRK, § 24 Rn. 196 ff.

[179] Vgl. zum Gewährleistungsbereich ausführlich *Huber*, in: v. Mangoldt/Klein/Starck (Hrsg.), GG Art. 19 Rn. 371 ff. m.w.N. Zu vergleichbaren Regelungen in anderen mitgliedstaatlichen Verfassungen vgl. *Eser*, in: Meyer/Hölscheidt (Hrsg.), EU-GRC Art. 47 Rn. 6a.

[180] S. zu einem Vergleich von Art. 19 Abs. 4 GG mit den Gewährleistungen der EMRK *Breuer*, in: Karpenstein/Mayer (Hrsg.), EMRK Art. 13 Rn. 3 ff.; *Eser*, in: Meyer/Hölscheidt (Hrsg.), EU-GRC Art. 47 Rn. 2 ff stellt Art. 13 EMRK und Art. 47 EU-GRC gegenüber.

Ein Eingriff in diese Rechte liegt vor, wenn kein bzw. kein ausreichender[181] Zugang zum (gerichtlichen) Rechtsschutzverfahren ermöglicht wird. Dies betrifft etwa die drastische Konstellation des sog. *Hirsi*-Urteils des EGMR, in welcher der betroffenen Person (auch) durch Verbringen nach Libyen die Möglichkeit genommen wurde, überhaupt ein solches Rechtsschutzverfahren anzustrengen[182]; ein Eingriff ist aber auch bei der Unterlassung entsprechender Informationen oder Desinformation anzunehmen. Gesteigertes Gefahrpotential besteht demnach in Bezug auf die Hinderung der Wahrnehmung von Rechtsschutzmöglichkeiten primär im Einsatzbereich von Grenzverwaltungsteams und ASTs. Denkbar ist eine entsprechende Gefährdungslage jedoch auch beim Einsatz von JITs und Rückkehrteams.

b) Einsatzformspezifisch gefährdete Garantien

Neben den dargestellten, in sämtlichen Teameinsätzen tangierten Gewährleistungen sind von Einsatzform zu Einsatzform verschiedene weitere Grundrechte potentiell betroffen.

aa) Einsatzbereich der Grenzverwaltungsteams und Rückkehrteams

Der Einsatz der Grenzverwaltungsteams im Bereich des Außengrenzschutzes betrifft insbesondere einreisewillige und/oder asylsuchende Personen, weshalb die für diesen Personenkreis relevanten, menschenwürdenahen[183] Garantien der EU-GRC einzuhalten sind[184]: Dies betrifft primär Art. 18 EU-GRC, der durch einen Verweis auf das weitere Primärrecht[185], die sog. Genfer Flüchtlingskonvention[186] und das diese ergänzende Protokoll über die Rechtstellung der Flücht-

[181] So die gängige Formulierung in Bezug auf Art. 47 EU-GRC, vgl. nur *Lemke*, in: von der Groeben/Schwarze (Hrsg.), GRC Art. 47 Rn. 12 und *Jarass*, EU-GRC, Art. 47 EU-GRC Rn. 13.

[182] In Bezug auf den konkreten „Push-Back"-Einsatz der italienischen Marine stellte der EGMR eine Verletzung von Art. 13 EMRK (i.V.m. u.a. Art. 3 EMRK) dadurch fest, dass durch die Rückführung nach Libyen Rechtsschutz (faktisch) unmöglich gemacht wurde, EGMR, Urt. v. 23.02.2012, Hirsi Jamaa/Italien, Nr. 27765/09, Rn. 196 ff., vgl. hierzu und zu Push-Back-Operationen generell *Papastavridis*, The EU and the obligation of non-refoulement at sea, S. 236 ff. und *Gerson*, APuZ (25) 2015 S. 43 ff., S. 46 f. In einem solchen hoheitlichen Vorgehen ist auch unter Verwendung des Maßstabs des Art. 47 EU-GRC bzw. des Art. 19 Abs. 4 GG eine Grundrechtsverletzung zu sehen.

[183] Vgl. in Bezug auf Menschenwürde und Refoulementverbot aus deutscher Perspektive *Hong*, Asylgrundrecht und Refoulementverbot, S. 63 ff., insb. 73 ff.

[184] Vgl. generell zu den auch für ASTs relevanten (Menschen-)Rechten im Bereich „Asylum and immigration" *Leczykiewicz*, Human rights and the AFSJ, S. 60 ff.

[185] Verwiesen wird hierdurch insbesondere auf Art. 78 AEUV (ehemals Art. 63 EGV) und die für den Anwendungsbereich des Art. 18 EU-GRC relevanten Protokolle, vgl. dazu nur *Thiele*, in: Pechstein/Nowak/Häde (Hrsg.), GRC Art. 18 Rn. 5 und *Jarass*, EU-GRC, Art. 18 EU-GRC Rn. 1.

[186] Vgl. dazu das Abkommen über die Rechtsstellung der Flüchtlinge vom 28.07.1951, abgedruckt in BGBl 1953 II 560.

linge[187] ein „Recht auf Asyl" gewährleistet.[188] Nicht zuletzt aufgrund dieser Verweisungstechnik ist der Gewährleistungsbereich des Art. 18 EU-GRC umstritten, insbesondere wird diskutiert, ob und inwieweit subjektive Rechte gewährleistet werden sollen.[189] Überzeugend ist es, jedenfalls Teilen der von Art. 33 GFK und damit Art. 18 EU-GRC erfassten Rechten „im Asyl" eine subjektive Dimension zuzuschreiben[190]: Dies gilt zum einen für das zentrale Non-Refoulement-Gebot[191] aber auch hinsichtlich eines Rechts auf Ermöglichung des Zugangs zu einem adäquaten Asylverfahren und (damit verknüpft) eines Bleiberechts für die Dauer des Verfahrens.[192] Dies umfasst eine entsprechende Schutzpflicht der Union und der Mitgliedstaaten.[193] Entsprechende Garantien sind teilweise auch in der EMRK[194] und im Grundgesetz[195] enthalten.[196] Maßnahmen eines Grenz-

[187] Vgl. Protokoll über die Rechtsstellung der Flüchtlinge vom 31.01.1967, abgedruckt in BGBl 1969 II 1294.

[188] Vgl. zu den Auswirkungen der Verweise auf den Gewährleistungsbereich von Art. 18 EU-GRC die Darstellung bei *Klatt*, in: von der Groeben/Schwarze (Hrsg.), GRC Art. 18 Rn. 2.

[189] Weitgehend abgelehnt wird, dass Art. 18 EU-GRC ein Recht *auf* Asyl im materiellen Sinne regelt, so m.w.N. etwa *Bernsdorff*, in: Meyer/Hölscheidt (Hrsg.), EU-GRC Art. 18 Rn. 11, 13a, *Thiele*, in: Pechstein/Nowak/Häde (Hrsg.), GRC Art. 18 Rn. 11, *Bergmann*, in: Bergmann/Dienelt (Hrsg.), EU-GRC Art. 18 Rn. 1. Anders m.w.N. wohl *Jarass*, EU-GRC, Art. 18 EU-GRC Rn. 2 f. m.w.N. Die Klärung dieser Frage kann hier zurückgestellt werden, da weder die Grenzverwaltungsteams noch die ASTs formal abschließende Entscheidungen über die Gewährung von Asyl treffen.

[190] So überzeugend, auch mit Hinweisen zu der in der Diskussion nicht durchgehaltenen Unterscheidung zwischen subjektiven Rechten und einem subjektiven (Asyl)Anspruch, *Klatt*, in: von der Groeben/Schwarze (Hrsg.), GRC Art. 18 Rn. 3; subjektive Rechte lehnen auch die einen aus Art. 18 EU-GRC folgenden Asylanspruch verneinenden Ansichten nicht ab, vgl. dazu nur *Thiele*, in: Pechstein/Nowak/Häde (Hrsg.), GRC Art. 18 Rn. 12 (für das Refoulementverbot und Gewährleistungen im Asylverfahren), ähnlich *Bernsdorff*, in: Meyer/Hölscheidt (Hrsg.), EU-GRC Art. 18 Rn. 13a.

[191] Vgl. dazu ausführlich, mit einem Schwerpunkt auf Operationen auf See, *Papastavridis*, The EU and the obligation of non-refoulement at sea, S. 236 ff., generell und ebenenübergreifend *Hong*, Asylgrundrecht und Refoulementverbot, S. 142 ff.

[192] Zu diesen Schutzgarantien vgl. nur *Jarass*, EU-GRC, Art. 18 EU-GRC Rn. 12 f. und *Thiele*, in: Pechstein/Nowak/Häde (Hrsg.), GRC Art. 18 Rn. 12.

[193] Vgl. dazu nur *Thiele*, in: Pechstein/Nowak/Häde (Hrsg.), GRC Art. 18 Rn. 12 und *Bernsdorff*, in: Meyer/Hölscheidt (Hrsg.), EU-GRC Art. 18 Rn. 11.

[194] Wenngleich die EMRK keine asylrechtsspezifischen Regelungen trifft, beinhaltet sie dennoch „implizite non-refoulement-Gebote" vgl. dazu nur m.w.N. *Lehnert*, Frontex, S. 209 ff. und *Neumann*, Frontex, S. 186 f. Diese werden aufgrund ihrer Anknüpfung an ein Menschenrecht als „Korollarrechte" bezeichnet, vgl. dazu generell *hoHong*, Asylgrundrecht und Refoulementverbot, S. 29 ff. und S. 151 ff.; populärstes Beispiel ist wohl das aus Art. 3 EMRK folgende non-refoulement Gebot, vgl. dazu nur *Lehnert*, in: Meyer-Ladewig/Nettesheim/von Raumer (Hrsg.), EMRK Art. 3 Rn. 64 ff.

[195] Vgl. zur abwehrrechtlichen Dimension des Art. 16a GG m.w.N. *Becker*, in: v. Mangoldt/Klein/Starck (Hrsg.), GG Art. 16a Rn. 121, 122.

[196] Vgl. zur Verankerung und Geltung des völkerrechtlichen Refoulementverbots, konkret im Rahmen von Aktionen unter Frontex-Beteiligung, *Neumann*, Frontex, S. 148 ff.

verwaltungsteams, die diesen Bereich potentiell gefährden, können sich folglich (primär) auf Behinderungen oder Weigerungen hinsichtlich der Durchführung eines ordnungsgemäßen Asylverfahrens beziehen. Verknüpft mit diesen Maßnahmen – aber auch selbstständig – können Eingriffe in weitere Freiheitsrechte wie etwa in Art. 3 EU-GRC (Recht auf Unversehrtheit), Art. 4 EU-GRC (Verbot der Folter und unmenschlicher oder erniedrigender Strafe oder Behandlung) oder Art. 6 EU-GRC (Recht auf Freiheit und Sicherheit)[197] erfolgen, die ebenfalls inhaltliche Entsprechungen in der EMRK[198] und im GG[199] finden. Dies gilt etwa bei mittels körperlichem Zwang erfolgter Ingewahrsamnahme von Drittstaatangehörigen, die auf Schiffen aufgegriffen wurden, oder sonstigen Beschränkungen der Fortbewegungsfreiheit wie z.B. bei der Verbringung in *hotspots*.[200]

Die genannten Garantien können auch für das Tätigkeitsfeld der Rückkehrteams maßgeblich sein, hinzukommt jedoch jedenfalls eine Pflicht zur Beachtung des Art. 19 EU-GRC (Schutz bei Abschiebung, Ausweisung und Auslieferung), der eng mit Art. 18 sowie Art. 4 EU-GRC verknüpft ist.[201] Für Rückkehrteams relevant ist insbesondere der Bereich der Abschiebung, verstanden als die ggf. mittels Zwang erfolgende Durchsetzung einer Ausreisepflicht.[202] Dies betrifft

---

[197] Vgl. zum Schutzbereich des Art. 6 EU-GRC *Wolff*, in: Pechstein/Nowak/Häde (Hrsg.), GRC Art. 6 Rn. 13ff. m.w.N., insb. Rn. 14 zur hier besonders relevanten Fortbewegungsfreiheit. Eine Schutzpflichtdimension des Art. 6 EU-GRC wird wohl überwiegend unter Bezug zur Rechtsprechung des EGMR verneint, vgl. dazu nur *I. Augsberg*, in: von der Groeben/Schwarze (Hrsg.), GRC Art. 6 Rn. 6 und ebenso *Bernsdorff*, in: Meyer/Hölscheidt (Hrsg.), EU-GRC Art. 6 Rn. 15; zu Recht jedoch weiter, jedenfalls in Bezug auf das Recht auf Freiheit *Jarass*, EU-GRC, Art. 6 EU-GRC Rn. 11.

[198] Vgl. zu Art. 5 EMRK, der ebenfalls (lediglich) die Fortbewegungsfreiheit betrifft m.w.N. *Elberling*, in: Karpenstein/Mayer (Hrsg.), EMRK Art. 5 Rn. 4ff.; zur Inhaftierung (zurückzuführender) „irregular migrants" und der Rechtsprechung des EuGH vgl. *Peers*, Immigration and Asylum, S. 800ff.

[199] Als Pendant zu Art. 6 EU-GRC kann am ehesten Art. 2 Abs. 2 S. 2 GG herangezogen werden, der ebenfalls die Fortbewegungsfreiheit betrifft, vgl. dazu *Starck*, in: v. Mangoldt/Klein/Starck (Hrsg.), GG Art. 2 Rn. 196, zu möglichen Eingriffen *Starck*, a.a.O., Rn. 240ff.

[200] Diese Aktivitäten stellen Eingriffe in Art. 6 EU-GRC in Form von Festnahmen bzw. (als Überbegriff) Freiheitsentziehungen dar, vgl. zu den Maßstäben m.w.N. *Jarass*, EU-GRC, Art. 6 EU-GRC Rn. 8ff.; grundsätzlich kann eine Freiheitsentziehung nach Art. 52 Abs. 3 EU-GRC i.V.m. Art. 5 Abs. 1 S. 2 lit. f) EMRK bei unerlaubter Einreise gerechtfertigt werden, vgl. dazu *Jarass*, a.a.O., Rn. 20.

[201] Vgl. zu diesen Verbindungen generell *Thiele*, in: Pechstein/Nowak/Häde (Hrsg.), GRC Art. 19 Rn. 21, *Jarass*, EU-GRC Art. 19 EU-GRC Rn. 4 ff; nach *Bernsdorff*, in: Meyer/Hölscheidt (Hrsg.), EU-GRC Art. 18 Rn. 11 kann sich auch aus Art. 19 Abs. 2 EU-GRC ein Zurückweisungsverbot an den Außengrenzen ergeben; dazu auch *Bergmann*, in: Bergmann/Dienelt (Hrsg.), EU-GRC Art. 19 Rn. 1, der zwischen einem von Art. 18 EU-GRC garantierten „Asyl-non-refoulement" und einem „Menschenwürde-non-refoulement" aus Art. 19 EU-GRC unterscheidet.

[202] Nicht betroffen durch die Tätigkeit der Europäischen Rückkehrteams ist der Bereich der Auslieferung, der das Überstellen straffälliger Personen betrifft, zur rechtsförmlichen Ausweisung liegt ebenfalls kein (unmittelbarer) Bezug vor, vgl. zum Ganzen *Thiele*, in: Pechstein/Nowak/Häde (Hrsg.), GRC Art. 19 Rn. 13.

auch die Kategorisierung zulässiger Rückführungspraktiken, die maßgeblich über Art. 52 Abs. 3 EU-GRC i.V.m. Art. 3 EMRK konkretisiert werden bzw. durch den EGMR konkretisiert wurden.[203]

bb) Einsatzbereich der ASTs

Die grund- und menschenrechtlichen Rahmenbedingungen der Tätigkeit der ASTs weisen ebenfalls weite Überschneidungen mit den dargestellten, durch die Grenzverwaltungsteams zu beachtenden Garantien auf. Ein wesentlicher Unterschied besteht jedoch darin, dass der Aktionsradius der ASTs nicht vor den Außengrenzen der EU liegt und damit nicht den Zugang zum Asylverfahren, sondern vielmehr dessen Durchführung betrifft, die, wie dargestellt, allgemein als von Art. 18 EU-GRC erfasst angesehen wird. Mit dem Verfahren verknüpft ist auch eine adäquate Behandlung und Unterbringung der Asylsuchenden während des Asylverfahrens[204], die durch den EuGH als maßgeblich durch Art. 4 EU-GRC garantiert angesehen wird: Nach einer als Grundsatzurteil bezeichneten Entscheidung des Gerichtshofs[205], die eine inhaltliche Entsprechung in der Judikatur des EGMR findet[206], kann das Vorliegen von „systemischen Mängeln des Asylverfahrens und der Aufnahmebedingungen für Asylbewerber" in einem Mitgliedstaat eine durch Art. 4 EU-GRC erfasste unmenschliche oder erniedrigende Behandlung sein.[207] Durch die Arbeit in den Asylsystemen der betreffenden Mitgliedstaaten und in den *hotspots* bewegen sich ASTs potentiell in diesem von Art. 4 EU-GRC betroffenen Bereich, insbesondere, da Art. 4 EU-GRC auch eine innerunional wirkende Schutzpflicht enthält.[208]

cc) Einsatzbereich der JITs

Der zumindest einen Teil des gängigen polizeilichen Aufgabenspektrums abdeckende Aktivitätsbereich der JITs kann zum einen Eingriffe in den privaten Le-

---

[203] Vgl. dazu *Bernsdorff*, in: Meyer/Hölscheidt (Hrsg.), EU-GRC Art. 19 Rn. 17 f. m.w.N. aus der Rechtsprechung des EGMR.

[204] Die im Folgenden behandelten Grundrechte normieren insbesondere auch Anforderungen an die Ausgestaltung der *hotspots*, vgl. dazu und zu weiteren grundrechtlichen Vorgaben *Markard/Heuser*, „Hotspots an den europäischen Außengrenzen, S. 37 ff.

[205] EuGH, Urt. v. 21.12.2011, Rs. C-411/10 und C-493/10, N.S. u.a.; zu dieser Einordnung *Bergmann*, in: Bergmann/Dienelt (Hrsg.), EU-GRC Art. 4 Rn. 3.

[206] Vgl. in Bezug auf Art. 3 EMRK und die Umstände in Griechenland EGMR, Urt. v. 21.01.2011, M.S.S./Griechenland, Nr. 30696/09, Rn. 223 ff., dazu und zur weiteren Rechtsprechung des EGMR *Sinner*, in: Karpenstein/Mayer (Hrsg.), EMRK Art. 3 Rn. 28; vgl. zur Menschenwürdedimension des Art. 3 EMRK generell ausführlich *von Schwichow*, Menschenwürde in der EMRK, S. 27 ff.

[207] Zitat nach EuGH, Urt. v. 21.12.2011, Rs. C 411/10 und C 493/10, N.S. u.a., Rn. 106, dies bestätigend und auf die Zeit bzw. Lebensbedingungen nach einem (erfolgreichen) Asylantrag erstreckend EuGH, Urt. v. 19.03.2019, C-163/17, Jawo, Rn. 76 ff.

[208] Vgl. dazu nur *Jarass*, EU-GRC, Art. 4 EU-GRC Rn. 7 f. m.w.N.

bensbereich durch potentiell verdeckte (Kommunikations-)Überwachung betroffener Personen, zum anderen auch Eingriffe in die körperliche Unversehrtheit bedeuten.[209] Ersteres ist durch den mit Art. 8 EU-GRC im Zusammenhang stehenden Art. 7 EU-GRC gewährleistet, wodurch das Privatleben, Wohnung und Kommunikation vor staatlichem Eindringen geschützt werden.[210] Ein Eingriff liegt bei jeder staatlichen Beobachtung vor:[211] Im Bereich des Schutzes der Wohnung insbesondere bei Betreten, Durchsuchen oder (akustischer) Überwachung der Räume[212], im Bereich des Schutzes der Kommunikation bei Erlangung von Kenntnis in Bezug auf Kommunikationsinhalte.[213] Die EMRK[214] und das GG[215] enthalten inhaltlich mit Art. 7 EU-GRC vergleichbare Gewährleistungen. Die körperliche Unversehrtheit wird von Art. 3 EU-GRC geschützt, auch hier bieten die EMRK[216] und das GG[217] einen vergleichbaren Schutz. Der Schutz des Art. 3 EU-GRC umfasst nach einhelliger Auffassung biologisch-physiologische Einwirkungen auf den menschlichen Körper,[218] wie sie bei polizeilicher Zwangs-

[209] Daneben bestehen weitere Möglichkeiten der Beeinträchtigung der in der EU-GRC garantierten Rechte wie etwa Art. 6 EU-GRC oder im Extremfall Art. 4 EU-GRC.

[210] Zur Systematik der einzelnen Verbürgungen des Art. 7 EU-GRC vgl. *Jarass*, EU-GRC, Art. 7 EU-GRC Rn. 2 und *Wolff*, in: Pechstein/Nowak/Häde (Hrsg.), EU-GRC Art. 7 Rn. 2 jeweils m.w.N.

[211] So ausdrücklich *Wolff*, in: Pechstein/Nowak/Häde (Hrsg.), EU-GRC Art. 7 Rn. 30.

[212] Vgl. dazu nur *Wolff*, in: Pechstein/Nowak/Häde (Hrsg.), EU-GRC Art. 7 Rn. 34, ebenso *Jarass*, EU-GRC, Art. 7 EU-GRC Rn. 30 und *Bernsdorff*, in: Meyer/Hölscheidt (Hrsg.), EU-GRC Art. 7 Rn. 22.

[213] Vgl. nur *Wolff*, in: Pechstein/Nowak/Häde (Hrsg.), EU-GRC Art. 7 Rn. 33, *Jarass*, EU-GRC, Art. 7 EU-GRC Rn. 31 und *Bernsdorff*, in: Meyer/Hölscheidt (Hrsg.), EU-GRC Art. 7 Rn. 24.

[214] Die Ähnlichkeit zu Art. 8 EMRK ist im Wortlaut sehr deutlich, zum Verhältnis der beiden Vorschriften vgl. *Wolff*, in: Pechstein/Nowak/Häde (Hrsg.), EU-GRC Art. 7 Rn. 3.

[215] Der von Art. 7 EU-GRC gewährleistete Bereich betrifft inhaltlich verschiedene Grundrechte des GG: Während der private Lebensbereich maßgeblich durch das Allgemeine Persönlichkeitsrecht geschützt wird, fällt der Schutz der Kommunikation in Form des Brief-, Post- und Fernmeldegeheimnisses unter Art. 10 GG, und die Unverletzlichkeit der Wohnung ist in Art. 13 GG geregelt. Vgl. zur Relevanz der Menschenwürde in diesem Bereich, insbesondere bei akustischer Wohnraumüberwachung (nochmals) BVerfGE 109, 267 (313 ff.).

[216] Eine dem Art. 3 EU-GRC entsprechende Vorschrift existiert in der EMRK nicht, jedoch wird das Recht auf körperliche Unversehrtheit durch den EGMR als Teil des Rechts auf Achtung des Privatlebens nach Art. 8 EMRK angesehen, vgl. dazu nur die Nachweise bei *Pätzold*, in: Karpenstein/Mayer (Hrsg.), EMRK Art. 8 Rn. 7.

[217] Auch Art. 2 Abs. 2 S. 1 GG schützt die körperliche Unversehrtheit im biologisch-physiologischen Sinne, vgl. dazu nur m.w.N. *Starck*, in: v. Mangoldt/Klein/Starck (Hrsg.), GG Art. 2 Rn. 193.

[218] Im Einzelnen umstritten ist, ob diesbezüglich eine Erheblichkeitsschwelle besteht, vgl. zum Ganzen *Heselhaus*, in: Pechstein/Nowak/Häde (Hrsg.), EU-GRC Art. 3 Rn. 14, *Jarass*, EU-GRC, Art. 3 EU-GRC Rn. 5, *Borowsky*, in: Meyer/Hölscheidt (Hrsg.), EU-GRC Art. 3 Rn. 36. Zur vergleichsweise schwach ausgeprägten Schutzpflichtdimension des Art. 7 EU-GRC vgl. *Wolff*, in: Pechstein/Nowak/Häde (Hrsg.), EU-GRC Art. 7 Rn. 13; zur Schutzpflicht hier generell *Jarass*, EU-GRC, Art. 7 EU-GRC Rn. 32 f.

anwendung erfolgen können. Solche Einwirkungen können auch menschenwürdesensible Bereiche betreffen.[219]

dd) Einsatzbereich der JSTs

Grundrechtsrelevant kann das Handeln der Teammitglieder der JSTs[220] zunächst mit Blick auf Art. 7 EU-GRC sein, etwa wenn die Informationserhebung in den Räumen der beaufsichtigten Unternehmen erfolgt. Voraussetzung hierfür ist freilich, dass man Geschäftsräume als vom Schutz des Art. 7 EU-GRC erfasst ansieht[221], was in Bezug auf Art. 8 EMRK bzw. Art. 13 GG von EGMR[222] bzw. BVerfG[223] angenommen wird. Darüber hinaus bewegt sich der Aktionsradius der JSTs im Bereich der „Wirtschaftsgrundrechte“[224] der Art. 15 f. EU-GRC[225], in die auch durch faktisches Handeln oder gar reine Informationsübermittlung eingegriffen werden kann.[226]

[219] Vgl. zu dieser Menschenwürdeverknüpfung *Heselhaus*, in: Pechstein/Nowak/Häde (Hrsg.), EU-GRC Art. 3 Rn. 1.

[220] Einen inhaltlich ähnlichen, jedoch ausführlicheren Überblick über die in Frage kommenden „individualrechtsverleihenden“, im hier interessierenden Kontext relevanten Normen gibt *Almhofer*, Haftung der EZB, S. 221 ff., insb. S. 229 ff. hinsichtlich der auch hier angesprochenen grundrechtlichen Verbürgungen der EU-GRC.

[221] So die weit überwiegende Ansicht, wenngleich der EuGH dies jedenfalls (noch) nicht ausdrücklich angenommen hat, vgl. zum Ganzen *I. Augsberg*, in: von der Groeben/Schwarze (Hrsg.), GRC Art. 7 Rn. 8, *Wolff*, in: Pechstein/Nowak/Häde (Hrsg.), EU-GRC Art. 7 Rn. 25 (Rn. 12 für die Erstreckung des persönlichen Schutzbereichs auf juristische Personen) und *Bernsdorff*, in: Meyer/Hölscheidt (Hrsg.), EU-GRC Art. 7 Rn. 23.

[222] Vgl. dazu nur EGMR, Urt. v. 16.04.2002, Stes Colas u.a./Frankreich, Nr. 37971/97, Rn 41; zur Rechtsprechung des EGMR, wonach der Schutz des Art. 8 EMRK auch juristische Personen umfasst, vgl. *Pätzold*, in: Karpenstein/Mayer (Hrsg.), EMRK Art. 8 Rn. 57.

[223] Vgl. dazu nur BVerfGE 32, 54 (69 ff.) und *Gornig*, in: v. Mangoldt/Klein/Starck (Hrsg.), GG Art. 13 Rn. 21 ff. mit Nachweisen zum Streitstand in der Literatur und zu (Auswirkungen) der Rechtsprechung des BVerfG.

[224] Neben Art. 15 f. EU-GRC stellt das Eigentumsrecht des Art. 17 EU-GRC den dritten Part der „Trias der wirtschaftsbezogenen Grundrechte“ dar, so *Kühling*, in: Pechstein/Nowak/Häde (Hrsg.), GRC Art. 16 Rn. 3; ähnlich *Jarass*, EU-GRC Art. 16 Rn. 2 und *Bernsdorff*, in: Meyer/Hölscheidt (Hrsg.), EU-GRC Art. 7 Rn. 9.

[225] Das Verhältnis der Anwendungsbereiche von Art. 15 EU-GRC (Berufsfreiheit) und Art. 16 EU-GRC (Unternehmensfreiheit) zueinander ist noch nicht geklärt; Einigkeit besteht jedenfalls darin, dass weite Überschneidungen bestehen, vgl. dazu nur *Bernsdorff*, in: Meyer/Hölscheidt (Hrsg.), EU-GRC Art. 7 Rn. 10 und *Jarass*, EU-GRC, Art. 16 EU-GRC Rn. 4f. mit unterschiedlichen Differenzierungsansätzen und jeweils w.N.

[226] Vgl. dazu nur *Jarass*, EU-GRC, Art. 16 EU-GRC, Rn. 14, der allerdings im Fall von „zutreffend(en)“ Informationen keinen Eingriff annimmt, ähnlich weit *Kühling*, in: Pechstein/Nowak/Häde (Hrsg.), GRC Art. 16 Rn. 12 und *Wollenschläger*, in: von der Groeben /Schwarze (Hrsg.), GRC Art. 16 Rn. 10 i.V.m. Art. 15 Rn. 27 ff.

III. Realakte als Regelfall umfassend grundrechtsgebundenen Teamhandelns

Die dominierende Handlungsform der hier untersuchten Teams ist der Realakt. Überwiegend und in mannigfaltigen Konstellationen betrifft dies die Datenverarbeitung, darüber hinaus aber auch andere Bereiche grundrechtssensiblen, faktischen Verwaltungshandelns bis hin zur Anwendung von körperlichem Zwang. Schutzgarantien in Bezug auf die dargestellten hoheitlichen Beeinträchtigungen sind in EMRK, EU-GRC und nationalen Verfassungen enthalten. In sämtlichen Einsatzbereichen ist die EU-GRC anwendbar. Die EMRK ist hingegen lediglich von den Verwaltungen der Konventionsstaaten, d.h. nicht unmittelbar von unionalem Personal zu beachten, eine mittelbare Bindung erfolgt jedoch über Art. 52 Abs. 3 EU-GRC. Die grenzüberschreitend entsandten nationalen Teammitglieder können entweder einer genuinen EMRK-Bindung durch den entsendenden Vertragsstaat oder einer Bindung im Zuge der Eingliederung in die Verwaltung des Einsatzmitgliedstaats unterliegen, entscheidend sind hier die rechtliche Qualifikation des Bereitstellungsvorgangs und, damit verknüpft, die Verortung der Befehlsgewalt und Kontrolle. Gleiches gilt grundsätzlich für den territorialen Anwendungsbereich des hier als Beispiel für nationale Verfassungen in den Blick genommenen Grundgesetzes.

Hinsichtlich der vielseitigen Verschränkungen dieser Grundrechtsebenen ist besonders herauszustellen, dass die jeweiligen Grundrechtsordnungen nach der Rechtsprechung der zu ihrer Wahrung berufenen Gerichte zwar für gegenseitiges Vertrauen auf die Einhaltung grundrechtlicher Standards im Rahmen der mitgliedstaatlichen grenzüberschreitenden Zusammenarbeit offen sind, diesbezügliche Grenzen sich jedoch aus als unveräußerlich betrachteten Garantien der jeweiligen Ebene ergeben. Zentral ist hierbei der Schutz der Menschenwürde. Dies ist für einen Einsatz in Teams von entscheidender Relevanz, weil die potentiell durch das Einsatzhandeln gefährdeten grundrechtlichen Garantien häufig einen Bezug zur Menschenwürde aufweisen. Ein solcher Bezug besteht etwa bei den einsatzformübergreifend gefährdeten Verfahrens- und justizielle Rechten sowie beim „Datenschutzgrundrecht“ ebenso wie bei großen Teilen der einsatzformspezifisch bedrohten Garantien. Für den betroffenen Grundrechtsträger ist neben der Grundrechtsbindung entscheidend, wie eine Verletzung seiner Grundrechte im Rechtsschutzverfahren geltend gemacht werden kann. Erst die Möglichkeit einer Geltendmachung führt zu einer effektiven Wirksamkeit der dargestellten Grundrechtsbindungen.

C. Gerichtlicher Rechtsschutz

Gerichtlicher Individualrechtsschutz erfolgt im dualen Rechtsschutzmodell der EU[227] in Kooperation sowie in geteilter Verantwortung durch nationale Gerichte und den EuGH, die jeweils Verfahren für sog. Primär- und Sekundärrechtsschutz gegen den unmittelbaren bzw. mittelbaren Vollzug des Unionsrechts vorsehen. Die Verortung der gerichtlichen Zuständigkeit und adäquaten Verfahrensarten auf Unionsebene[228] orientiert sich an den potentiellen Rechtsschutzinteressen und Verfahrenszielen der von dem Einsatzhandeln[229] der hier untersuchten Teams betroffenen Personen. Die Feststellung, dass dieses überwiegend in Form von sich schnell erledigenden, grundrechtssensiblen und häufig irreversiblen Realakten besteht und dabei in vielen Fällen zwar (notwendiges) Zwischenstadium, aber nicht (bindendes) Ergebnis bzw. Abschluss eines Verwaltungsverfahrens darstellt, lenkt die Zielsetzung potentieller Kläger insoweit[230] weg von der rechtsverbindlichen Aufhebung oder Erlangung einer (Abschluss-)Entscheidung hin zu anderweitigen Interessen: Diese können etwa in der Feststellung der Rechtswidrigkeit des Realhandelns, in vorbeugendem Rechtsschutz gegen drohende faktische Beeinträchtigungen, in der Wiedergutmachung von Schäden und/oder im Unterlassen bzw. Rückgängigmachen von rechtswidrigen Vorgängen bestehen.

I. Vorab: Bedeutung des Art. 276 AEUV für die Verteilung der Jurisdiktionskompetenzen

Im Folgenden soll die Justiziabilität des Einsatzhandelns durch den Individualkläger aus unionaler Perspektive, d.h. primär bezogen auf die Beiträge unionaler

[227] Ausgespart bleiben hier Rechtsschutzmöglichkeiten vor dem EGMR, die sich mangels EMRK-Beitritt der EU nicht gegen deren Stellen richten können; dies gilt selbstverständlich nicht für (bereits genutzte) Verfahrensmöglichkeiten vor dem EGMR in Bezug auf die Verantwortlichkeit nationaler Beamter; vgl. zu Verfahrensvoraussetzungen und -gang vor dem EGMR m.w.N. *Rainey/Wicks/Ovey*, ECHR, S. 17 ff. und *Peters/Altwicker*, in: Hatje/Müller-Graff/Leibe/Terhechte (Hrsg.), § 13 Rn. 1 ff.

[228] Instruktiv zu den bestehenden Verfahren auf EU-Ebene *Albors-Llorens*, Judicial Protection, S. 262 ff.; ein genereller Überblick zur Unionsgerichtsbarkeit findet sich bei *Craig*, EU Administrative Law, S. 280 ff.; konkret zur wachsenden Bedeutung des EuGH im Bereich der Politik der öffentlichen Sicherheit *Aden*, Mehr Freiheit oder mehr Sicherheit?, insb. S. 241 ff.

[229] Hierunter soll im Folgenden auch *ultra-vires*-Handeln, d.h. Handeln eines Beamten in seiner Eigenschaft als Teammitglied aber über seine Kompetenzen hinaus, gezählt werden, jedoch nicht das sog. *off-duty*-Handeln, welches Verhaltensweisen der Teammitglieder außerhalb des Dienstes betrifft; vgl. zu dieser aus dem Völkerrecht bekannten Differenzierung, die im Grundsatz eine Zurechnung von *ultra-vires*-Handeln bejaht und von *off-duty*-Handeln verneint, *Schütze*, Zurechenbarkeit von Völkerrechtsverstößen, S. 201 ff.

[230] Vgl. zu einem in der Praxis realistischeren Vorgehen gegen die mitgliedstaatlichen verbindlichen (Abschluss-) Entscheidungen jedoch unten in diesem Kapitel unter C. V.

Einrichtungen, dargestellt werden. Nach Art. 276 AEUV wird die Zuständigkeit des Gerichtshofs „für die Überprüfung der Gültigkeit oder Verhältnismäßigkeit von Maßnahmen der Polizei oder anderer Strafverfolgungsbehörden eines Mitgliedstaats oder der Wahrnehmung der Zuständigkeiten der Mitgliedstaaten für die Aufrechterhaltung der öffentlichen Ordnung und den Schutz der inneren Sicherheit" ausgeschlossen.[231] Diese Ausnahme ist beschränkt auf den in Art. 82 bis 89 AEUV geregelten Bereich der PJZS[232], betrifft folglich unmittelbar nur den Einsatzbereich der JITs. Auch im Übrigen kommt Art. 276 AEUV hier jedoch keine erhebliche Bedeutung zu: Sowohl im Rahmen eines Verfahrens nach Art. 263 AEUV als auch nach Art. 268 AEUV kann nicht einem Mitgliedstaat allein zurechenbares Handeln Klagegegenstand bzw. relevante Verletzungshandlung sein, sondern die Einwirkung unionaler Stellen auf solche Aktivitäten bzw. deren unionale Verursachung. Das mitgliedstaatliche (entsendete) Personal handelt zwar in der sekundärrechtlich vorgesehenen Bauform des Teams, dabei jedoch in der Regel als nationale Beamte nach dem Recht des Einsatzmitgliedstaats. Es ergeben sich folglich insoweit durch Art. 276 AEUV keine relevanten Verschiebungen oder Sperrungen der gerichtlichen Zuständigkeiten.[233]

II. Rechtsschutz nach Art. 263 AEUV

Nimmt man bei der Betrachtung der gerichtlichen Rechtsschutzmöglichkeiten die für den Bereich des sog. Primärrechtsschutzes[234] vorgesehene Aufteilung der

---

[231] Insoweit wird Art. 276 AEUV als „prozessuales Pendant" zu Art. 72 AEUV verstanden, vgl. dazu nur *von Danwitz*, in: Hatje/Müller-Graff (Hrsg.), § 13 Rn. 21; vgl. zu Art. 72 AEUV bereits in Teil 1 Kapitel 2 A. I. Die konkrete Bedeutung für die Prüfungszuständigkeit des EuGH ist hierbei noch nicht geklärt, vgl. zu den vertretenen Ansätzen nur *Pechstein*, in: Pechstein/Nowak/Hatje (Hrsg.), Art. 276 AEUV Rn. 8; eine eingehende Wortlautanalyse findet sich bei *Dörr*, in: Grabitz/Hilf/Nettesheim (Hrsg.), Art. 276 AEUV Rn. 13 ff.; instruktiv zur Rolle des Gerichtshofs der EU im Raum der Freiheit, der Sicherheit und des Rechts *Herlin-Karnell*, in: Ripoll Servent/Trauner (Hrsg.), S. 396 ff.

[232] So der Wortlaut des Art. 276 AEUV, für eine Erstreckung auf den gesamten von Art. 72 AEUV abgedeckten Bereich jedoch *Suhr*, in: Calliess/Ruffert (Hrsg.), Art. 276 AEUV Rn. 12, dagegen überzeugend *Dörr*, in: Grabitz/Hilf/Nettesheim (Hrsg.), Art. 276 AEUV Rn. 9f, 12.

[233] Nach diesem Verständnis kann Art. 276 AEUV überhaupt nur im Rahmen eines Vertragsverletzungsverfahren oder eines Vorabentscheidungsverfahrens relevant werden, vgl. zum Ganzen *Pechstein*, in: Pechstein/Nowak/Häde (Hrsg.), Art. 276 AEUV Rn. 4, der ein Vertragsverletzungsverfahren in der Praxis für fernliegend hält; *Dörr*, in: Grabitz/Hilf/Nettesheim (Hrsg.), Art. 276 AEUV Rn. 17 ff., der durch Art. 276 AEUV auch eine „faktische Kontrolle im Rahmen des Vorabentscheidungsverfahrens" als ausgeschlossen ansieht; in eine ähnliche Richtung auch *Dittert*, in: von der Groeben/Schwarze/Hatje (Hrsg.), Art. 276 AEUV Rn. 19 ff. und gegen eine „ernsthafte Limitierung der Kontrollmacht der Unionsgerichtsbarkeit" durch Art. 276 AEUV auch *Meyer*, in: Hatje/Müller-Graff/Leible/Terhechte (Hrsg.), § 38 Rn. 35.

[234] Zur Begriffsverwendung: Im Anschluss an die gängige Terminologie in der Literatur werden die Verfahren nach Art. 263 und Art. 265 AEUV (ggf. auch Art. 277 f. AEUV) dem „Primärrechtsschutz" zugeordnet und mit „Sekundärrechtsschutz" das Verfahren nach

Jurisdiktionsbereiche als Ausgangspunkt, so rückt zunächst die Individualnichtigkeitsklage nach Art. 263 Abs. 1 i.V.m. Abs. 4 AEUV in den Mittelpunkt.[235] Ein Vorgehen gegen die Handlungen der Teams setzt voraus, dass diese tauglicher Klagegegenstand sein können. Das ist jedoch aus zwei unterschiedlichen Gründen fraglich: Zum einen müsste es sich bei den angegriffenen Maßnahmen um „Handlungen der Einrichtungen oder sonstigen Stellen der Union" (1.) handeln, zum anderen ist erforderlich, dass diese Maßnahmen „Rechtswirkung gegenüber Dritten" (2.) entfalten.

1. Handlungen unionaler Einrichtungen

a) Grundsätze des prozessualen Trennungsprinzips

Entscheidend für die Zulässigkeit der Nichtigkeitsklage, und damit in der Regel auch gleichbedeutend mit einer Kompetenzabgrenzung zwischen Unions- und mitgliedstaatlicher Gerichtsbarkeit ist folglich zunächst die Zuordnung der fraglichen Maßnahmen zu einer unionalen Stelle. Der EuGH verfolgt in dieser Frage einen formalen Trennungsgrundsatz.[236] Nach diesem ist für die Bestimmung der zuständigen Gerichtsbarkeit die formale Zugehörigkeit der handelnden Verwaltungseinheit und damit die Zurechnung des Handelns zu einem Hoheitsträger entscheidend.[237] Maßgeblich ist demnach grundsätzlich, *wer* gehandelt hat und nicht *weshalb* oder aufgrund welcher rechtlichen Verpflichtung bzw. Basis.[238] Dies

---

Art. 268 i.V.m. Art. 340 AEUV in den Blick genommen, vgl. dazu statt vieler *Streinz*, VVDStRL 61 (2002), S. 300 ff., S. 327; zur Terminologie *Erbguth*, VVDStRL 61 (2002), S. 221 ff. Eine Abhängigkeit von Art. 268 AEUV von den anderen Klageerfahren (etwa im Sinne des Erfordernisses eines – erfolgreichen – Durchlaufens des Primärrechtsschutzes) besteht indes, zudem sind die möglichen Urteilsfolgen nicht auf Geldersatz beschränkt, s. dazu unten in diesem Kapitel unter C. III. 1.. Dies rechtfertigt es, das Verfahren nach Art. 268 AEUV auf der gleichen und nicht auf nachgelagerter Ebene mit bzw. zu etwa Art. 263 AEUV zu sehen, vgl. dazu überzeugend in Bezug auf Realakte das Verständnis von *Rademacher*, Realakte, S. 373 ff.; ähnlich *Dörr/Lenz*, Europäischer Verwaltungsrechtsschutz, Rn. 316 („Auffangfunktion im EU-Rechtsschutzsystem"). Zur besseren Verständlichkeit, aber vor diesem Hintergrund wird die gängige Differenzierung zwischen Primär- und Sekundärrechtsschutz hier jedoch in terminologischer Hinsicht aufrechterhalten.

[235] Vgl. dazu im Überblick *Albors-Llorens*, Judicial Protection, S. 272 ff. und ausführlicher *Thiele*, in: Hatje/Müller-Graff/Leible/Terhechte (Hrsg.), § 9 Rn. 1 ff.

[236] Vgl. dazu bereits oben in diesem Kapitel unter A.

[237] Vgl. dazu aktuell EuG, Beschluss v. 28.02.2017 Rs. T-192/16, N.F., Rn. 44 m.w.N.; zur bisherigen Rechtsprechung sowie grundlegend EuGH, Urt. v. 03.12.1992, Rs. C-97/91, Borelli, Rn. 9.

[238] Zum diesem Trennungsgrundsatz als einer der „Orthodoxien des Unionsrechts" *Rademacher*, Realakte, S. 312; vgl. dazu ferner *Hofmann*, Rechtsschutz und Haftung, S. 163 ff., *Schoch*, in: Hoffmann-Riem/Schmidt-Aßmann/Voßkuhle (Hrsg.), Bd. III § 50 Rn. 368 f. und ausführlich *Schöndorf-Haubold*, Europäisches Sicherheitsverwaltungsrecht, Rn. 157 f. m.w.N. sowie für den Bereich des Verwaltens unter Einbezug von Informationssystemen *Heußner*, Informationssysteme, S. 368 ff.

gilt auch für Handlungen und Entscheidungen, die das Ergebnis eines Zusammenwirkens nationaler und unionaler Stellen darstellen.[239]

Eine solche Trennung ist auch dann anzunehmen, wenn mitgliedstaatlichen Verwaltungen durch (ggf. durch unionale Stellen im Einzelfall konkretisiertes) Unionsrecht kein eigener Entscheidungsspielraum mehr zukommt[240]: Die Angreifbarkeit des nationalen Vollzugsakts allein vor nationalen Gerichten schließt ein Vorgehen gegen eine etwaige, keine Abweichungen zulassende unionale Verpflichtung jedoch nicht aus[241]; diese ist vielmehr als solche im Wege der Nichtigkeitsklage angreifbar, wenn sie derart verpflichtend ist, dass sie den Kläger i.S.d. Art. 263 Abs. 4 AEUV unmittelbar (und individuell) betrifft.[242] Diese Differenzierung findet ihre Berechtigung in der mit der Rechtswegzuweisung einhergehenden Verteilung der Kontroll- und insbesondere Verwerfungskompetenzen in Bezug auf rechtsgestaltende Klagegegenstände[243]: Es ist nicht rechtsschutzförderlich, die Entscheidungskompetenz etwa hinsichtlich der Aufhebung einer nationalen (rechtlich verbindlichen) Handlung, die im mitgliedstaatlichen Recht ihre (Ermächtigungs-)Grundlage findet und deren Aufhebung sich zumindest primär nach dem jeweiligen mitgliedstaatlichen Recht richten muss, in die Hände des EuGH zu legen. Auch eine geteilte, doppelte oder gleichzeitige Zurechnung sowie damit Zuständigkeit von nationalen Gerichten neben dem Gerichtshof, wie sie auf Ebene des Sekundärrechtsschutzes sinnvoll sein kann[244], ist in Bezug auf die zwingend einheitlich zu treffenden rechtsgestaltenden Entscheidungen[245]

---

[239] Vgl. dazu nur *Schmidt-Aßmann*, in: Hoffmann-Riem/Schmidt-Aßmann/Voßkuhle (Hrsg.), Bd. I § 5 Rn. 83; *Pechstein/Görlitz*, in: Pechstein/Nowak/Häde (Hrsg.), AEUV Art. 263 Rn. 49 und *Dörr/Lenz*, Europäischer Verwaltungsrechtsschutz, Rn. 102; kritisch dazu *Schoch*, in: Hoffmann-Riem/Schmidt-Aßmann/Voßkuhle (Hrsg.), Bd. III § 50 Rn. 368 m.w.N., wonach der Verbundcharakter der Verwaltung keine Entsprechung auf der Rechtsschutzebene findet, vgl. zu Lösungsvorschlägen bereits oben in diesem Kapitel unter A.

[240] Wie hier etwa *Pechstein/Görlitz*, in: Pechstein/Nowak/Häde (Hrsg.), AEUV Art. 263 Rn. 49; vgl. ferner *Dörr/Lenz*, Europäischer Verwaltungsrechtsschutz, Rn. 102 und bereits *Hofmann*, Rechtsschutz und Haftung, S. 225 f.; vgl. auch *Cremer*, in: Calliess/Ruffert (Hrsg.), AEUV Art. 263 Rn. 11, der jedoch auf Rechtsprechung des EuGH zum Merkmal der Unmittelbarkeit verweist; ähnlich *Schwarze/Voet van Vormizeele*, in: Schwarze/Becker/Hatje/Schoo (Hrsg.), Art. 263 AEUV Rn. 21, ferner *Ehricke*, in: Streinz (Hrsg.), AEUV Art. 263 Rn. 19.

[241] Vgl. zu den Rechtsschutzmöglichkeiten gegen (insbesondere) verbindliche Interferenzen unionaler Stellen in diesem Teil Kapitel 10 und grundsätzlich *Hofmann*, Rechtsschutz und Haftung, S. 225.

[242] Dazu oben in diesem Teil Kapitel 10 B. III. 2. b).

[243] Vgl. dazu im gegebenen Kontext nur *Schoch*, in: Hoffmann-Riem/Schmidt-Aßmann/Voßkuhle (Hrsg.), Bd. III § 50 Rn. 368 f. und *Pechstein/Görlitz*, in: Pechstein/Nowak/Häde (Hrsg.), AEUV Art. 263 Rn. 49.

[244] Vgl. dazu sogleich in diesem Kapitel unter C. III.

[245] Vgl. zu diesem Charakteristikum der Nichtigkeitsklage nur *Pechstein/Görlitz*, in: Pechstein/Nowak/Häde (Hrsg.), AEUV Art. 263 Rn. 1, wonach insbesondere eine Durchsetzung von Feststellungs- und Schadensersatzbegehren nicht im Wege der Nichtigkeitsklage erfolgen kann.

– etwa die Aufhebung einer Asylentscheidung – nicht zielführend.[246] Die ggf. „materielle“ Zurechenbarkeit eines Handelns mitgliedstaatlichen Personals zu Unionsstellen vermag die sich an der „formellen“ Zurechenbarkeit orientierende Zulässigkeit der Individualnichtigkeitsklage damit aus guten Gründen nicht zu beeinflussen.

b) Anwendung auf die Beteiligten der Teams

Nach diesen Weichenstellungen stellen die Maßnahmen der Mitglieder der JSTs sowie des an dem Einsatz der übrigen gemeinsamen Einsatzformen beteiligten Personals unionaler Agenturen und Ämter die hier erforderlichen „Handlungen [...] der Stellen der Union“ dar. Dies gilt nach der im Rahmen der Nichtigkeitsklage[247] kritikwürdigen Rechtsprechung des EuGH auch dann, wenn dieses Personal mitgliedstaatliches nationales Recht anwendet (wie etwa die JSTs)[248] und sogar für den Fall, dass zudem etwa aufgrund einer Organleihe oder organleiheähnlichen Konstellation unionales Personal „im Namen“ des Einsatzmitgliedstaats handelt.[249] Entscheidend ist für den Gerichtshof allein eine organschaftliche Zurechnung, nicht für wen die Unionsstellen tätig werden (sog. körperschaftliche Zurechnung).[250]

Entsendete und dem Einsatzmitgliedstaat zugehörige nationale Teammitglieder der ASTs, JITs, Grenzverwaltungs- sowie Rückkehrteams handeln hingegen als mitgliedstaatliche Verwaltungseinheiten[251] (und folglich) allein unter mitgliedstaatlicher Jurisdiktionsgewalt.[252] Insbesondere in Bezug auf Frontex-Teams,[253] die nach außen mit der Frontex-Armbinde in einem homogen erscheinenden Team auftreten, kann dies aus Betroffenenperspektive die Rechtswegklarheit

[246] Gegen das Bedürfnis einer Handlungszurechnung auf Ebene des Primärrechtsschutzes mit einer Untersuchung typischer Verbundkonstellationen *Hofmann*, Rechtsschutz und Haftung, S. 218 ff.

[247] Abweichend stellt sich die Situation im Rahmen eines Verfahrens nach Art. 268 AEUV dar, vgl. dazu unten in diesem Kapitel unter C. III. 1.

[248] Vgl. vor diesem Hintergrund einen „materiellen Ansatz“ einem „institutionellen Ansatz“ gegenüberstellend *Almhofer*, Haftung der EZB, S. 135 ff.

[249] Vgl. Art. 82 Abs. 2 und 4 Frontex-VO-2019.

[250] Vgl. dazu jeweils m.w.N. *Dörr/Lenz*, Europäischer Verwaltungsrechtsschutz, Rn. 99 f.; *Pechstein/Görlitz*, in: Pechstein/Nowak/Häde (Hrsg.), AEUV Art. 263 Rn. 46 ff.; *Cremer*, in Calliess/Ruffert (Hrsg.), Art. 263 AEUV Rn. 11. und *Ehricke*, in: Streinz (Hrsg.) Art. 263 AEUV Rn. 17; zu dieser Problematik vor dem Hintergrund des Zusammenwirkens „von Gemeinschaftsbehörden und mitgliedstaatlichen Behörden“ bereits *Hofmann*, Rechtsschutz und Haftung, S. 218 ff.

[251] Dies gilt unabhängig davon, ob die Einsatzkräfte als Verwaltungseinheiten des Einsatz- oder des entsendenden Mitgliedstaats auftreten.

[252] Vgl. zu dieser wenig ausdrücklich benannten Konsequenz nur *Ehricke*, in: Streinz (Hrsg.), AEUV Art. 263 Rn. 2, 19.

[253] Entsprechend, jedoch aufgrund der vergleichsweise geringeren Einflussnahmemöglichkeiten in abgeschwächter Form, stellt sich diese Frage auch in Bezug auf das Einsatzhandeln der ASTs.

und damit die Rechtschutzeffektivität beeinträchtigen, was einen unbefriedigenden Zustand darstellt. Daneben erscheint es zunächst fraglich, dass den hohen (faktischen) Einwirkungsmöglichkeiten von Frontex und der damit einhergehenden faktisch geteilten Entscheidungsbefugnis zwischen Einsatzmitgliedstaat und Frontex für das außenwirksame Handeln keine geteilte rechtliche Einstandspflicht im Rahmen des „Primärrechtsschutzes" für dieses konkrete Handeln gegenübergestellt wird. Diese Umstände sind unter der Herrschaft des im Rahmen der Nichtigkeitsklage aus formalen Gründen bestehenden Trennungsprinzips sowie der aktuellen sekundärrechtlichen Rechtslage und deren praktischer Ausgestaltung, die insbesondere eine „Organleihe" an den Einsatzmitgliedstaat und nicht an Frontex bzw. EASO vorsieht, jedoch insoweit zwingende Folge.[254]

Diese Auswirkungen auf den Individualrechtsschutz werden in ihrer praktischen Relevanz dadurch abgemildert, dass das primär faktische Verwaltungshandeln der Teams mangels „Rechtswirkung gegenüber Dritten" ohnehin nicht im Wege der Nichtigkeitsklage anfechtbar ist. Ferner können die Einflussnahmen unionaler Stellen auch anderweitig – etwa im Wege des Vorabentscheidungsverfahrens – überprüft werden und die Rechtsschutzinteressen der betroffenen Personen gegen solche Realakte auch im Wege des „Sekundärrechtsschutzes" gegenüber den unionalen Stellen verfolgt werden.

2. *Die Voraussetzung der Rechtswirkung gegenüber Dritten*

Das in seiner Ausgestaltung durch den EuGH für die Erfassung der hier untersuchten Handlungen und potentiellen Grundrechtsverstöße untaugliche Design der Nichtigkeitsklage zeigt sich auch in dem Zulässigkeitskriterium der „Rechtswirkung gegenüber Dritten". Dabei kommt es nach der Rechtsprechung des Gerichtshofs auf den rechts*verbindlichen* und nicht auf den rechts*verletzenden* Charakter einer Handlung an.[255]

Die Verarbeitung von personenbezogenen Daten durch Europol oder Eurojust im Rahmen eines JITs ist damit kein tauglicher Gegenstand der Nichtigkeitsklage. Etwas anderes gilt für die rechtsverbindliche Entscheidung des EDSB über eine diesbezügliche Beschwerde nach Art. 48 Europol-VO/Art. 44 Eurojust-VO, die einen tauglichen Klagegegenstand darstellt. Für die Tätigkeit der JSTs bedeutet dies, dass im Fall von Realhandeln, welches vorbereitenden Charakter haben kann, aber nicht muss, lediglich „Primärrechtsschutz" gegen (soweit vorhanden) eine die Handlung anordnende und/oder das Verfahren abschließende Entscheidung möglich ist. Handeln die JSTs im Ausnahmefall selbst mittels

---

[254] Eine andere Einordnung kann entweder über eine reformierte sekundärrechtliche Ausgestaltung der Einsätze der Teams (etwa Organleihe und Zurechnung an Frontex) oder eine generelle Neujustierung der Herrschaft des Trennungsprinzips mit Blick auf Verbundkonstellationen durch den EuGH erfolgen, für letzteres *Schmidt-Aßmann*, Kohärenz und Konsistenz, S. 50.

[255] Vgl. dazu oben in diesem Teil Kapitel 10 B. IV. 3. b) aa).

rechtsverbindlicher Anordnung, ist die Nichtigkeitsklage hingegen einschlägige Rechtsschutzform und ggf. die Anwendung nationalen Rechts durch den EuGH zu überprüfen, was einen systemfremden aber hinzunehmenden Umstand darstellt.[256] Dies kann damit begründet werden, dass die EZB insoweit über materielle Kompetenzen verfügt und das nationale Recht (lediglich) als Werkzeug der Umsetzung dieser Kompetenzen angesehen werden kann.

Hinsichtlich der in der Frontex-VO-2019 vorgesehenen Einsätze unionalen Personals der Kategorie 1 im Fall von Maßnahmen, die verbindliche Entscheidungen darstellen, tritt jedoch ein über die (mögliche) Anwendung (einsatz-)mitgliedstaatlichen Rechts hinausgehender und erschwerender Umstand hinzu: Anders als die JSTs, die nationales Recht im Namen der EZB anwenden, erlässt das Statutspersonal verbindliche Maßnahmen wie die Verweigerung der Einreise oder die Verweigerung von Visa an der Grenze[257] *im Namen* des Einsatzmitgliedstaats. Dies erfolgt ferner in einem Bereich der geteilten Zuständigkeit, in dem Aufgabennormen im Unionsrecht, Ermächtigungsgrundlagen jedoch allein im nationalen Recht vorliegen.[258] Eine nach Rechtsprechung des EuGH entscheidende, organschaftliche Zurechnung dieser verbindlichen, im Namen des Einsatzmitgliedstaats getroffenen Entscheidungen zu Frontex und eine daraus folgende (alleinige) Kassationsbefugnis des Gerichtshofs, würde den Zielsetzungen des prozessualen Trennungsprinzips zuwiderlaufen – überspitzt formuliert: Für eine Person, der gegenüber ein Einreiseverbot im Namen des Einsatzmitgliedstaats durch Statutspersonal ausgesprochen wurde, dürfte der Rechtsweg zum EuGH trotz der Uniformierung der Kategorie 1 nicht klar ersichtlich sein. Jedenfalls für solche verbindlichen Entscheidungen (etwas anderes gilt für Realakte bzw. den Bereich des „Sekundärrechtsschutzes"), die materiell in die Verbandskompetenz der Mitgliedstaaten fallen und in deren Namen erfolgen, ist eine Änderung der Rechtsprechung des Gerichtshofs wünschenswert[259] – es ist denkbar, dass gerade der Einsatz des Statutspersonals in Zukunft hierzu Anlass gibt.

III. Rechtsschutz nach Art. 268 i.V.m. Art. 340 Abs. 2 und Abs. 3 AEUV

Die weitgehende Unzulässigkeit und (konzeptionelle) Ungeeignetheit der Nichtigkeitsklage im Hinblick auf die grundrechtssensiblen, von Unionsstellen zumindest beeinflussten Handlungen der Teams wirft die Frage nach anderen

[256] So auch das Ergebnis bei *Almhofer*, Haftung der EZB, S. 141.

[257] Vgl. dazu Art. 55 Abs. 7 lit. c) und d) Frontex-VO-2019 und Art. 82 Abs. 11 Frontex-VO-2019 der diese beiden Maßnahmen allein dann für zulässig erklärt, wenn sie im Namen des Einsatzmitgliedstaats erfolgen.

[258] Vgl. dazu oben, Teil 2 Kapitel 5 A. und D. I. 1.

[259] Generell kritisch zur dargestellten Rechtsprechung des Gerichtshofs, *Pechstein/Görlitz*, in: Pechstein/Nowak/Häde (Hrsg.), Art. 263 AEUV Rn. 48, wonach eine „Kassationsbefugnis für den Mitgliedstaaten zurechenbare Handlungen" als „nicht hinnehmbar" eingeordnet wird.

Rechtsschutzverfahren auf.[260] Dies gilt insbesondere vor dem Hintergrund des sog. Vollständigkeitspostulats des EUGH, wonach ein lückenloses Rechtsschutzsystem auf EU-Ebene besteht.[261]

1. Verortung des Verfahrens nach Art. 268 AEUV

In den Blick gerät so das Verfahren nach Art. 268 AEUV[262], mit dem die Durchsetzung der in Art. 340 Abs. 2 und Abs. 3 AEUV normierten außervertraglichen Haftungsansprüche gegen die EU[263] bzw. die EZB[264] geregelt ist. Ein Verfahren nach Art. 268 AEUV steht grundsätzlich unabhängig neben einem Verfahren im „Primärrechtsschutz", insbesondere der Nichtigkeitsklage.[265] Während die möglichen Urteilsfolgen Letzterer die hier in Rede stehenden Rechtsschutzinteressen nur in geringem Umfang abdecken können[266], kann ein Anspruch nach Art. 340

---

[260] Vgl. zur teilweise vergleichbaren Problematik des Sekundärrechtsschutzes und der Haftung in Bezug auf Netzwerke *Simantiras*, Netzwerke, S. 231 ff.

[261] Vgl. dazu oben in diesem Kapitel unter A.

[262] Bei Art. 268 AEUV handelt es sich nach allgemeiner Ansicht um eine „bloße Zuständigkeitsnorm", vgl. dazu nur *Cremer*, in: Calliess/Ruffert (Hrsg.), AEUV Art. 268 Rn. 1, *I. Augsberg*, in: von der Groeben /Schwarze (Hrsg.), AEUV Art. 268 Rn. 1 und *Pechstein*, in: Pechstein/Nowak/Häde (Hrsg.), AEUV Art. 268 Rn. 5 ff.; zu den „Zulässigkeitsvoraussetzungen" und dem (typischen) Verfahrensablauf vgl. *Almhofer*, Haftung der EZB, S. 131 ff. und *I. Augsberg*, in: Hatje/Müller-Graff/Leible/Terhechte (Hrsg.), § 12 Rn. 11 ff.

[263] Zu unterscheiden ist die Eigenhaftung der Union von derjenigen der Mitgliedstaaten im Wege des sog. unionsrechtlichen Staatshaftungsanspruchs, vgl. dazu grundlegend EuGH, Urt. v. 19.11.1991, Rs. C-6/90 u. C-9/90, Francovic, Rn. 35; dazu ausführlich *Jacob/Kottmann*, in: Grabitz/Hilf/Nettesheim (Hrsg.), AEUV Art. 340 Rn. 139 ff. und aus deutscher Perspektive *von Danwitz*, in: v. Mangoldt/Klein/Starck (Hrsg.), GG Art. 34 Rn. 138 ff.

[264] Zur der EZB aufgrund ihrer Unabhängigkeit zukommenden Sonderrolle in Form einer eigenständigen Haftung vgl. nur *Almhofer*, Haftung der EZB, S. 146 f., *Terhechte*, in: Pechstein/Nowak/Häde (Hrsg.), AEUV Art. 340 Rn. 8 und *Jacob/Kottmann*, in: Grabitz/Hilf/Nettesheim (Hrsg.), AEUV Art. 340 Rn. 134

[265] Vgl. grundlegend EuGH, Urt. v. 02.12.1971, Rs. 5/71, Schöppenstedt/Rat, Rn. 3, dazu und zur früheren bzw. folgenden Rechtsprechung des EuGH jeweils m.w.N. *Pechstein*, in: Pechstein/Nowak/Häde (Hrsg.), AEUV Art. 268 Rn. 26 ff.; *Cremer*, in: Calliess/Ruffert (Hrsg.), AEUV Art. 268 Rn. 6; *Albors-Llorens*, Judicial Protection, S. 291 ff.; *Lenaerts* et al., EU Procedural Law, 11.09 und *Dörr/Lenz*, Europäischer Verwaltungsrechtsschutz, Rn. 317, wonach eine Verknüpfung zur Nichtigkeitsklage bei verbindlichen bzw. der Bestandskraft fähigen Entscheidungen besteht, um die Zulässigkeitsvoraussetzungen nicht zu unterlaufen; dies ist angesichts der hier primär interessierenden Klagegegenstände jedoch irrelevant; ausführlich zum Verhältnis des Art. 268 AEUV zu weiteren nationalen wie unionalen Rechtsschutzinstrumenten vor dem Hintergrund der Bankenaufsicht durch die EZB *Almhofer*, Haftung der EZB, S. 297 ff.; zu einem Vergleich der Bedeutung des „abwehrrechtlichen" Rechtsschutzes unter Art. 19 Abs. 4 GG und in der Unionsrechtsordnung *Schmidt-Aßmann*, Kohärenz und Konsistenz, S. 292 f.

[266] Selbst wenn man – entgegen der herrschenden Dogmatik und insbesondere der *Tillack*-Rechtsprechungslinie des Gerichtshofs (s. dazu bereits oben in diesem Teil Kapitel 10, insbesondere unter B. IV. 1. a)) – ein Vorgehen gegen das hier in Frage stehende faktische Verwaltungshandeln über Art. 263 AEUV als zulässig ansieht, ist die Nichtigkeitsklage mit

Abs. 2 AEUV Folgenbeseitigung, Naturalrestitution[267] oder Geldersatz[268] und damit verknüpft jedenfalls zukünftiges Unterlassen[269] umfassen, in diesem Zuge erfolgt zumindest auch die Feststellung der Rechtswidrigkeit.[270] Vor diesem Hintergrund kann dem Verfahren nach Art. 268 AEUV eine Hauptrolle im Bereich der gerichtlichen Kontrolle von Realakten, die im Rahmen einer Kooperation von nationalen und unionalen Behörden erfolgen, zukommen.[271]

Die Möglichkeit eines Verfahrens nach Art. 268 AEUV kann im sog. indirekten Vollzug generell und bei einer Handlung in Teams grundsätzlich neben nati-

---

Art. 264 AEUV auf Kassation einer (verbindlichen) Entscheidung ausgelegt (vgl. dazu nur *Dörr/Lenz*, Europäischer Verwaltungsrechtsschutz, Rn. 260 ff., zur *neben* einer Kassation möglichen Folgenbeseitigung vgl. *Dörr/Lenz*, Europäischer Verwaltungsrechtsschutz, Rn. 270 ff.) und kann in den hier interessierenden Fällen damit nur teilweise rechtsschutzfördernd sein. Dies gilt auch dann, wenn man – in Anlehnung an das für unverbindliche abstrakt-generelle Entscheidungen geltende – Art. 263 AEUV auch für „reine" Feststellungsklagen als einschlägig erachtet, vgl. dazu überzeugend *Rademacher*, Realakte, S. 355 f.

[267] Vgl. dazu EuG, Urt. v. 10.05.2006, Rs. T-279/03, Galileo u.a./Kommission, Rn. 63 und EuG, Urt. v. 16.12.2010, Rs. T-19/07, Systran/Kommission, Rn. 121, wonach der Union durch den Gerichtshof eine Naturalrestitution ebenso wie „jede Form des Schadensausgleichs" auferlegt werden kann, „die mit den allgemeinen Rechtsgrundsätzen, die den Rechtsordnungen der Mitgliedstaaten auf dem Gebiet der außervertraglichen Haftung gemeinsam sind, in Einklang steht". Vgl. dazu ausführlich *Rademacher*, Realakte, S. 295 ff. („Leistungsklage auf Naturalrestitution?").

[268] Vgl. zum Ganzen *Jacob/Kottmann*, in: Grabitz/Hilf/Nettesheim (Hrsg.), AEUV Art. 340 Rn. 127, *I. Augsberg*, in: von der Groeben /Schwarze (Hrsg.), AEUV Art. 340 Rn. 60 f. und *Terhechte*, in: Pechstein/Nowak/Häde (Hrsg.), AEUV Art. 340 Rn. 37.

[269] Vgl. dazu eindrücklich EuG, Urt. v. 10.05.2006, Rs. T-279/03, Galileo/Kommission, Rn. 71: „Ein vollständiger Ausgleich des [...] verursachten Schadens setzt jedoch voraus, dass der unbeeinträchtigte Zustand des Rechtes [...] wiederhergestellt wird, was unabhängig von etwaigen bezifferten Schadensersatzbeträgen zumindest die sofortige Einstellung der Rechtsverletzung umfasst", bestätigt in EuG, Urt. v. 16.12.2010, Rs. T-19/07, Systran/Kommission, Rn. 123.

[270] Die Feststellung kann auch primäre Rechtsschutzleistung sein, dies betrifft etwa Fälle, in denen aufgrund einer Rechtsverletzung ein „Schadensersatz" aufgrund immaterieller Schäden in Höhe von einem Euro zuerkannt wird, so etwa EuG, Urt. v. 20.06.2001, Rs. T-243/99, Buisson/Kommission Rn. 54, vgl. m.w.N. auch *Lenaerts* et al., EU Procedural Law, 11.66.; vgl. dazu und zur damit verknüpften Genugtuungs- und Wiedergutmachungsfunktion auch *Rademacher*, Realakte, S. 301 f. m.w.N., wonach die Zuerkennung des sog. symbolischen Euro jedoch über eine Feststellung der Rechtswidrigkeit hinausgeht.

[271] Vgl. in Bezug auf Realakte das Verständnis von *Rademacher*, Realakte, S. 373 ff., der in diesem Zusammenhang das Verfahren nach Art. 268 als *„die* Standardklage des Individualrechtsschutzes, die den Anspruch aus Art. 47 GrCh erfüllt", ansieht; zustimmend insoweit *Dörr/Lenz*, Europäischer Verwaltungsrechtsschutz, Rn. 316 („Auffangfunktion im EU-Rechtsschutzsystem") und tendenziell *Schmidt-Aßmann*, Verwaltungsrechtliche Dogmatik, S. 103 f. Zum (potentiell) hohen Konfliktlösungspotential im Bereich des Verbundverwaltungshandelns *Hofmann/Türk*, in: Hofmann/Türk (Hrsg.), S. 367 f.; *von Danwitz*, in: Hatje/Müller-Graff (Hrsg.), § 13 Rn. 18 führt die in der Praxis nicht „systemprägende Bedeutung" des Verfahrens nach Art. 268 AEUV auf die „hohe Misserfolgsquote von Haftungsklagen" zurück und betont dabei ihr grundsätzliches Potential.

onalem Sekundärrechtsschutz bestehen, ist diesem gegenüber nach der Rechtsprechung des Gerichtshofs jedoch grundsätzlich subsidiär.[272] Hierbei wird jedoch vorausgesetzt, dass überhaupt adäquater innerstaatlicher Rechtsschutz gegen die geltend gemachte Beeinträchtigung möglich ist.[273] Dies ist mangels Jurisdiktionsgewalt über unionale Stellen jedenfalls dann ausgeschlossen, wenn diesen die fragliche Handlung zugerechnet werden muss.[274] Gerade dieser Zurechnungsaspekt ist im Verfahren nach Art. 268 AEUV jedoch einer anderen Bewertung zugänglich als im Bereich des Art. 263 AEUV, da keine verbindliche Verwaltungsentscheidung Klagegegenstand ist und damit ein Bedürfnis nach klarer Aufteilung der gerichtlichen Aufhebungsbefugnis nicht besteht.

2. Voraussetzungen einer Haftung nach Art. 340 Abs. 2 und Abs. 3 AEUV

Wesentliche Voraussetzung[275] für einen Anspruch nach Art. 340 Abs. 2 AEUV ist im Gegensatz zum Klagegegenstand eines Verfahrens nach Art. 263 AEUV nicht die rechts*verbindliche* sondern die recht*verletzende* Wirkung einer unionalen Maßnahme[276], eine Verletzung kann in diesem Kontext nach allgemeiner Ansicht auch durch einen Realakt erfolgen[277], insbesondere auch durch Informations-

---

[272] Vgl. dazu nur *Pechstein*, in: Pechstein/Nowak/Häde (Hrsg.), AEUV Art. 268 Rn. 12 f., wonach in üblichen Konstellationen des indirekten Vollzugs zunächst der innerstaatliche Rechtsweg in Bezug auf Primär- und Sekundärrechtschutz durchlaufen werden muss; zu Beispielskonstellationen der gemeinsamen Haftung m. Nachweisen zur Rechtsprechung *Craig*, EU Administrative Law, S. 754 ff.

[273] Vgl. dazu nur *Lenaerts* et al., EU Procedural Law, 11.28 m.w.N. zur Rechtsprechung.

[274] Vgl. zu diesem und weiteren vom „Subsidiaritätsgrundsatz" nicht berührten Feldern *Pechstein*, in: Pechstein/Nowak/Häde (Hrsg.), AEUV Art. 268 Rn. 14 f. und *Dörr/Lenz*, Europäischer Verwaltungsrechtsschutz, Rn. 320 ff. Hiernach wird die Frage der Subsidiarität überzeugend mit der Frage der Zurechnung verknüpft. Ähnlich *Cremer*, in: Calliess/Ruffert (Hrsg.), AEUV Art. 268 Rn. 7, der die letztlich entscheidende Frage der Abgrenzung zwischen mitgliedstaatlicher und unionaler Verantwortung (erst) im Rahmen der Begründetheit entscheiden will und eine Klage gegen die Union in Ermangelung eines Zulässigkeitskriteriums „zulässiger Klagegegenstandes" für zulässig hält; ebenso *Ehricke*, in: Streinz (Hrsg.), AEUV Art. 268 Rn. 14; anders insbesondere aus prozessökomischen Gründen *Hofmann*, Rechtsschutz und Haftung, S. 301 ff. Vgl. zum Ganzen auch *Fink*, Frontex and Human Rights, S. 258 ff.

[275] Vgl. zu den übrigen Anspruchsvoraussetzungen generell *Terhechte*, in: Pechstein/Nowak/Häde (Hrsg.), AEUV Art. 340 Rn. 18 ff.; *I. Augsberg*, in: von der Groeben /Schwarze (Hrsg.), AEUV Art. 340 Rn. 28 ff.; *ders.*, in: Hatje/Müller-Graff/Leible/Terhechte (Hrsg.), § 12 Rn. 21 ff. und knapper *Oppermann/Classen/Nettesheim*, Europarecht, § 14 Rn. 233 ff.

[276] Vgl. das Zitat aus EuG, Urt. v. 10.05.2006, Rs. T-279/03, Galileo/Kommission, Rn. 71 in Fn. 267 dieses Kapitels und dazu *Rademacher*, Realakte, S. 288 ff. der davon ausgeht, dass ein Schaden nach dem Verständnis der unionalen Rechtsprechung schon bei Vorliegen einer Rechtsverletzung angenommen werden kann.

[277] Vgl. dazu nur *Terhechte*, in: Pechstein/Nowak/Häde (Hrsg.), AEUV Art. 340 Rn. 21; *Jacob/Kottmann*, in: Grabitz/Hilf/Nettesheim (Hrsg.), AEUV Art. 340 Rn. 127 und *Ruffert*, in: Calliess/Ruffert (Hrsg.), AEUV Art. 340 Rn. 12 ff.

übermittlungen, ggf. über Informationssysteme.[278] Eine verletzungsfähige Rechtsnorm i.S.d. Art. 340 Abs. 2 AEUV ist in jeder Unionsrechtsvorschrift zu sehen, die „bezweckt, dem Einzelnen Rechte zu verleihen"[279]; diese Voraussetzung erfüllen insbesondere die Unionsgrundrechte.[280] Die Rechtsverletzung kann dabei auch durch Unterlassen erfolgen, soweit eine rechtliche Verpflichtung zum Handeln besteht.[281] Hier problematische Voraussetzung eines Amtshaftungsanspruchs gegen die Union nach Art. 340 Abs. 2 AEUV[282] ist jedoch das Vorliegen eines einer unionalen Stelle zurechenbaren Verhaltens.

a) Parameter der Zurechnung des Verhaltens der Teammitglieder zu unionale Stellen

Im Bereich des Art. 268 i.V.m. Art. 340 Abs. 2 AEUV herrscht ein im Ausgangspunkt mit dem für Art. 263 AEUV geltenden vergleichbares[283] prozessuales Trennungsprinzip.[284] Der nicht auf rechtsverbindliches Handeln fixierte und (damit) nicht rechtsgestaltende bzw. kassatorische Charakter des Amtshaftungsverfahrens lässt es jedoch stärker zu, Verantwortungsbereiche unionaler und nationaler Stellen in Verbundkonstellationen abzuschichten, ohne (etwa mit den für

[278] Vgl. zur Haftung im Kontext von Informationssystemen im Europäischen Verwaltungsverbund *Heußner*, Informationssysteme, S. 419 ff.

[279] So die Formulierung in der ständigen Rechtsprechung des Gerichtshofs, vgl. etwa EuGH, Urt. v. 28.02.2018, Rs. T-292/15, Hörmann Reisen, Rn. 63.

[280] Vgl. dazu nur *Dörr/Lenz*, Europäischer Verwaltungsrechtsschutz, Rn. 333 f. und *Fink*, Frontex and Human Rights, S. 203 ff.; ausführlich zu den Voraussetzungen einer solchen Schutznorm *Jacob/Kottmann*, in: Grabitz/Hilf/Nettesheim (Hrsg.), AEUV Art. 340 Rn. 78 ff. und *Terhechte*, in: Pechstein/Nowak/Häde (Hrsg.), AEUV Art. 340 Rn. 29, jeweils auch m.w.N., insbesondere zur Rechtsprechung zu den in der EU-GRC garantierten Rechte.

[281] Vgl. nur EuGH, Urt. v. 15.09.1994, Rs. C-146/91, KYDEP, Rn. 58 und aus der Literatur *Terhechte*, in: Pechstein/Nowak/Häde (Hrsg.), AEUV Art. 340 Rn. 20; *Jacob/Kottmann*, in: Grabitz/Hilf/Nettesheim (Hrsg.), AEUV Art. 340 Rn. 84 und *Ruffert*, in: Calliess/Ruffert (Hrsg.), AEUV Art. 340 Rn. 15.

[282] Ein Anspruch gegen die EZB nach Art. 340 Abs. 3 AEUV aufgrund des Verhaltens der Mitglieder des JSTs stößt jedenfalls nicht in einem vergleichbaren Maße auf die bereits und im Folgenden dargestellten Hürden einer Zurechnung, die für nationale Vollzugsmaßnahmen bestehen; vgl. zu den Voraussetzungen eines Schadensersatzanspruchs gegen die EZB aufgrund ihrer Tätigkeit im SSM ausführlich *Almhofer*, Haftung der EZB, S. 145–279; sowie konkret zur haftungsbezogenen Verantwortungsabgrenzung in der „Mischverwaltung" des SSM *Almhofer*, Haftung der EZB, S. 281 ff., die jedoch für die Arbeit der JSTs überzeugend zu einer alleinigen Verantwortung und Haftung der EZB kommt, vgl. dazu *Almhofer*, Haftung der EZB, S. 287 ff.

[283] Vgl. dazu oben in diesem Kapitel unter A. und C III. 1.

[284] Dies ist nach EuGH, Urt. v. 26.11.2002, Rs. C-275/00, First und Franex, Rn. 43 ständige Rechtsprechung; vgl. zu dieser Ausgangslage m.w.N. *Hofmann*, Rechtsschutz und Haftung, S. 300 f. und *Fink*, Frontex and Human Rights, S. 237 ff.

Art. 263 AEUV dargestellten Problematiken[285] vergleichbare) erhebliche Jurisdiktionskonflikte zu erzeugen.[286]

Dies gilt zunächst hinsichtlich der Haftung für Handlungen von genuin unionalem Personal, die unmittelbar gegenüber Betroffenen vollzogen werden und Rechtsverletzungen verursachen. Diese Fallkonstellation wird durch den Einsatz des Statutspersonal nach der Frontex-VO-2019 perspektivisch verstärkt in den Blick genommen werden müssen. Ausschlaggebendes Kriterium ist dabei die Schadensverursachung durch die Organe oder Bediensteten[287] „in Ausübung ihrer Amtstätigkeit". Dieses liegt bei einem Agieren im Rahmen der (primär- oder sekundärrechtlichen) Aufgabenbeschreibung – auch wenn es im Namen und auf Anweisung eines (Einsatz-) Mitgliedstaats erfolgt – vor.[288]

Ob und wie unionale Stellen nach Art. 340 Abs. 2 AEUV hingegen für Einwirkungen auf mitgliedstaatliche Stellen haften, ist – soweit ersichtlich – nur in Ansätzen bzw. lediglich für eindeutige Fallgestaltungen geklärt: Etwa für die eine Haftung begründende Konstellation einer verbindlichen Weisung[289] oder für den keine Haftung erzeugenden Fall einer (auch faktisch weitgehend) unverbindlichen Stellungnahme.[290] Für den (gesamten) Zwischenbereich, in welchem sich die (kumulierten) Einflussnahmemöglichkeiten unionaler Stellen auf die Handlun-

[285] S. dazu die oben in diesem Kapitel unter C. III. 1. a) angeführten Gründe, auch bei einer unionsrechtlich ohne Abweichungsmöglichkeit determinierten Handlung nationaler Verwaltungseinheiten die Zuständigkeit der nationalen Gerichte für diese Handlung anzunehmen.

[286] Vgl. dazu auch *Almhofer*, Haftung der EZB, S. 138 ff.

[287] Vgl. zum extensiv verstandenen Begriff des Organs bzw. der Bediensteten *Ruffert*, in: Calliess/Ruffert (Hrsg.), Art. 340 AEUV Rn. 8 f., *Terhechte*, in: Pechstein/Nowak/Häde (Hrsg.), Art. 340 AEUV Rn. 19 und *Jacob/Kottmann*, in: Grabitz/Hilf/Nettesheim (Hrsg.), Art. 340 Rn. 69 ff., wonach die Haftung für Handeln von Agenturen bzw. deren Bediensteten sich zumindest subsidiär nach Art. 340 Abs. 2 richtet.

[288] Vgl. zu diesem Merkmal, das eine „unmittelbare innere Beziehung" zu den wahrzunehmenden Aufgaben voraussetzt *Jacob/Kottmann*, in: Grabitz/Hilf/Nettesheim (Hrsg.), Art. 340 AEUV Rn. 72 ff. m.w.N. und *Terhechte*, in: Pechstein/Nowak/Häde (Hrsg.), Art. 340 AEUV Rn. 20 ff. Das Vorliegen dieses Merkmals ist (wie hier) bei einem Handeln entsprechend den sekundärrechtlichen Einsatzbereichen anzunehmen. Darüber kann es auch bei einer „vertragsfremden", im Rahmen einer Organleihe erfolgenden Handlung bejaht werden, vgl. dazu *Dörr/Lenz*, Europäischer Verwaltungsrechtsschutz, Rn. 332, was eine Handlung in einer sekundärrechtlich vorgesehenen, organleiheähnlichen Konstellation wie der Entsendung des Statutspersonals gewissermaßen erst recht miteinschließt; zur „vertragsfremden Instrumentalisierung von Unionsorganen" vgl. generell oben in diesem Teil Kapitel 9 B. II. 4.

[289] Vgl. dazu nur EuGH, Urt. v. 15.01.1984, Rs. C-175/84, Krohn & Co., Rn. 21 ff.; *Terhechte*, in: Pechstein/Nowak/Häde (Hrsg.), AEUV Art. 340 Rn. 27; *Fink*, Frontex and Human Rights, S. 253 ff. und *Hofmann*, Rechtsschutz und Haftung, S. 311 ff.

[290] Vgl. dazu nur EuGH, Urt. v. 17.05.1989, Rs. C-133/79, Italien/Kommission, Rn. 22 ff., *Dörr/Lenz*, Europäischer Verwaltungsrechtsschutz, Rn. 322, in Bezug auf die (generelle) Kategorie der unverbindlichen Einwirkungen *Hofmann*, Rechtsschutz und Haftung, S. 316 ff. und *Fink*, Frontex and Human Rights, S. 251 ff., eine ausführliche Darstellung der Diskussion bei *Säuberlich*, Außervertragliche Haftung, S. 90 ff., dazu kritisch *Rademacher*, Realakte, S. 279 f.

gen mitgliedstaatlicher Verwaltungseinheiten abspielen,[291] existiert weitgehend keine gefestigte Dogmatik.[292] Zu beobachten ist lediglich, dass der Gerichtshof vermehrt auf eine (reine) Verursachung der Rechtsverletzung abstellt.[293] Relativ einig ist man sich allein in Bezug auf die Rechtsfolgen eines Anspruchs nach Art. 340 Abs. 2 AEUV, die im Zweifel in einer (im Einzelnen auszugestaltenden) gesamtschuldnerischen Haftung von unionaler Ebene und Mitgliedstaaten bestehen sollen, wenn diese gemeinsam eine Rechtsverletzung verursachen.[294] Diese Weichenstellungen können auch auf das Handeln der Beteiligten in Teams übertragen werden, die Parameter einer Zurechnung werden im Folgenden dargestellt. Eine entsprechende sekundärrechtliche Regelung in Bezug auf rechtswidrige, gemeinsam verursachte Datenverarbeitungen kann etwa aus Art. 50 Europol-VO oder Art. 82 Abs. 4 und 5 DSGVO gelesen werden.

Voraussetzung für eine solche gesamtschuldnerische Haftung ist eine Zurechenbarkeit der Handlungen des nationalen Teammitglieds zur steuernden unionalen Stelle, die neben eine Zurechnung zum Einsatz- bzw. Entsendemitgliedstaat tritt. Eine solche doppelte Zurechenbarkeit ist aus dem völkerrechtlichen Bereichen der Staatenverantwortlichkeit[295] bzw. – hier relevanter – der Verant-

[291] Dabei ist hier das Stufenverhältnis zu beachten, welches hinsichtlich der Intensität dieser Einflussnahmen vorliegt, an dessen untersten Stufe die Einflussnahmen auf JITs stehen und an dessen Ende die Interferenzen durch Frontex stehen.

[292] Vgl. dazu nur *Terhechte*, in: Pechstein/Nowak/Häde (Hrsg.), AEUV Art. 340 Rn. 27 und *Schmidt-Aßmann*, Kohärenz und Konsistenz, S. 50, die jeweils den EuGH in der Pflicht sehen; vgl. zu ungeklärten Fragen ferner *Dörr/Lenz*, Europäischer Verwaltungsrechtsschutz, Rn. 322, *Shirvani*, EuR 2011, S. 619 ff., S. 619 ff. und bereits mit Lösungsansätzen für bestimmte Konstellationen *Hofmann*, Rechtsschutz und Haftung, S. 308 ff.

[293] Den Grundsatz einer unionalen Haftung nur bei verbindlichen Vorgaben schon ansatzweise in Frage stellend EuGH, Urt. v. 15.09.1994, Rs. C-146/91, KYDEP, Rn. 24 ff.; zur Rechtsprechungsentwicklung positiv *Ruffert*, in: Calliess/Ruffert (Hrsg.), AEUV Art. 340 Rn. 11 m.w.N. und *Jacob/Kottmann*, in: Grabitz/Hilf/Nettesheim (Hrsg.), AEUV Art. 340 Rn. 65.

[294] Vgl. dazu nur *Terhechte*, in: Pechstein/Nowak/Häde (Hrsg.), AEUV Art. 340 Rn. 27; *Shirvani*, EuR 2011, 619 ff., S. 629 und *I. Augsberg*, in: von der Groeben /Schwarze (Hrsg.), AEUV Art. 340 Rn. 89 sowie bereits *Hofmann*, Rechtsschutz und Haftung, S. 335 ff.FHofman; dazu und auch zum Innenausgleich der Schädiger vgl. *Säuberlich*, Außervertragliche Haftung, S. 167 ff. m.w.N., zum rechtsschutzfreundlichen Charakter dieses Ansatzes vgl. *Shirvani*, EuR 2011, S. 619 ff., S. 629.

[295] Vgl. dazu nur Art. 47 Abs. 1 ARS: „Where several States are responsible for the same internationally wrongful act, the responsibility of each State may be invoked in relation to that act", wobei in Art. 47 Abs. 2 lit. b) ARS die Möglichkeit des Regresses gegenüber anderen Staaten unberührt bleiben soll.

wortlichkeit internationaler Organisationen[296] bekannt.[297] Insbesondere ihre mit der Zielsetzung der Amtshaftungsklage vergleichbaren Anliegen[298] rechtfertigen es, diese Grundsätze vorsichtig zu übertragen. Erforderlich bleiben jedoch Einflussnahmen unionaler Stellen auf die Handlungen des Teammitglieds als Anknüpfungspunkte der Verantwortungszuschreibung. Es spricht viel dafür[299], auch hier die völkerrechtlichen Grundsätze zu übernehmen und eine Verantwortung bei *effektiver Kontrolle*[300] über das Geschehen zu bejahen, wobei sich Maßstäbe noch nicht abschließend herausgebildet haben.[301] Offen ist insbesondere, ob allein Kommandostrukturen und Letztentscheidungsbefugnisse oder eher eine

[296] Vgl. dazu nur Art. 48 ARIO, der den Fall der Verantwortlichkeit einer internationalen Organisation neben der Verantwortlichkeit eines oder mehrerer Staaten betrifft.

[297] Vgl. dazu und zur Bedeutung dieser Figur m.w.N. *Schütze*, Zurechenbarkeit von Völkerrechtsverstößen, S. 199 ff.; die hier gezogene Parallele findet sich bereits bei *Schöndorf-Haubold*, Europäisches Sicherheitsverwaltungsrecht, Rn. 112 f.; zu der nur im Ansatz vorhandenen Rechtsprechung und wenig durchleuchteten unionalen Rechtslage in Bezug auf die Möglichkeit der mehrfachen bzw. doppelten Zurechenbarkeit vgl. *Fink*, Frontex and Human Rights, S. 266; zu sich ergebenden Konsequenzen für hinsichtlich zuständiger Gerichtsbarkeit und potentiell parallel laufender Verfahren vgl. *Fink*, a.a.O., S. 290 ff.

[298] Die angeordneten Rechtsfolgen der Verantwortlichkeit eines Staats bzw. einer internationalen Organisation im Fall eines völkerrechtswidrigen Verhaltens sind (zukünftiges) Unterlassen („Cessation and non-repetition", Art. 30 ARIO bzw. Art. 30 ARS) und/oder Wiedergutmachung („Reparation" Art. 31 ARIO bzw. Art. 31 ARS), die in Form von Naturalrestitution („Restitution" Art. 35 ARS bzw. Art. 35 ARIO) oder hilfsweise Schadensersatz („Compensation" Art. 36 ARIO bzw. Art. 36 ARS) oder hilfsweise „Satisfaction" (Art. 37 ARIO bzw. Art. 37 ARS), die „an acknowledgment of the breach, an expression of regret, a formal apology or another appropriate modality" umfassen kann; vgl. zum Ganzen nur *Dörr*, in: Ipsen (Hrsg.), § 30 Rn. 76 ff.

[299] Vgl. zu den sonst vertretenen bzw. denkbaren Modellen ausführlich *Säuberlich*, Außervertragliche Haftung, S. 74 ff., etwa ein strikt formales Trennungsprinzip (*Säuberlich*, a.a.O., S. 79 ff.), „Anknüpfung an den letzten schädigenden Akt (*Säuberlich*, a.a.O., S. 81 ff.) und „Erstverursachungstheorie" (*Säuberlich*, a.a.O., S. 83 ff.), der letztlich das Kriterium der „Verantwortlichkeit für die rechtliche Gestaltungsmacht" (*Säuberlich*, a.a.O., S. 86 ff.) für ausschlaggebend hält, dass zumindest teilweise Parallelen zum hier verwendeten Kontrollbegriff aufzeigt. Eine ähnliche Auflistung der Zurechnungsansätze findet sich bei *Steiner*, Haftung der EU, S. 132 ff.

[300] So auch der Wortlaut des hier relevanten Art. 7 ARIO („*effective control*").

[301] Vgl. zu den Kontroversen ausführlich *Fink*, Frontex and Human Rights, S. 127 ff., zu „Indizien der effektiven Kontrolle", zu welchen auch die Kommandogewalt und die organschaftliche Stellung gezählt werden, *Schütze*, Zurechenbarkeit von Völkerrechtsverstößen, S. 141 ff., weitergehend wohl *Fink*, Frontex and Human Rights, S. 130 „In simplified terms, this means that attribution, and as a consequence responsibility, lies with the entity that gives orders at the operational level. Beyond this, there is very little clarity as to what else may amount to effective control."; *Dörr*, in: Ipsen (Hrsg.), § 30 Rn. 14 ff. sieht keine klaren Zurechnungsregeln in Bezug auf das Zusammenwirken mehrerer Völkerrechtssubjekte generell.

Gesamtbeherrschung des Einsatzes (*ultimate authority and control*[302] bzw. *overall control*[303]) ausschlaggebend sind.[304]

In dieser, auch auf unionaler Ebene einzelfallbezogen und von Einsatzform zu Einsatzform unterschiedlich zu beantwortenden Frage, kann ein Großteil der untersuchten Interferenzen unionaler Stellen[305] fruchtbar gemacht werden, deren Kumulation jedenfalls eine Beherrschung des Einsatzes sowie infolgedessen die Zurechenbarkeit an unionale Stellen und somit deren Verantwortlichkeit begründen kann. Dies gilt etwa hinsichtlich der Mitwirkung bei der Erstellung der Einsatzpläne, dem Erlass (über verschiedene Konstruktionen letztlich „verbindlich werdender") Verhaltensvorgaben, der Einbindung in das operative Geschehen und die den unionalen Stellen gegenüber bestehende Rechenschaftspflicht der Teammitglieder, die insgesamt zumindest für eine teilweise Beherrschung der Einsatzsituation herangezogen werden können. Selbst wenn man allein auf die Kommandostrukturen abstellt, kann über das Phänomen der in sämtlichen hier untersuchten Teams gebildeten, heterogen besetzten operativen Einsatzzentren, aus welchen heraus verbindliche Einsatzanweisungen an nationale Teammitglieder erteilt werden, im Einzelfall eine geteilte Verantwortung und Zurechnung angenommen werden.[306]

Besonders bedeutsam dürfte diese Haftungsmöglichkeit unionaler Stellen insbesondere für die an Frontex angegliederten Einsatzformen und – in leicht abgeschwächter Form – für EASO und die ASTs sein: Hier sind die dargestellten Einflussnahmen, die eine generelle Beherrschung der Einsatzsituation ausmachen, besonders ausgeprägt, und eine maßgebliche Besetzung der operativen Entscheidungszentren liegt vor. Hinzu kommt im Fall von Frontex das Auftreten der Grenzverwaltungsteams in einheitlicher Uniform mit dem Zeichen der Agentur, das für Außenstehende eine Verantwortlichkeit von Frontex suggeriert. Jedenfalls hier tritt nach den dargestellten Maßstäben neben eine Zurechnung des Handelns der Teammitglieder an den Einsatzmitgliedstaat eine haftungsbegründende Zurechnung an Frontex.[307]

---

[302] Vgl. dazu EGMR, Urt. v. 31.05.2007, Nr. 71412/01, Behrami & Behrami/Frankreich, Rn. 133, der diesen Terminus dem des „operational command" gegenüberstellt; vgl. zu diesem Urteil und seinen Auswirkungen ausführlich *Schütze*, Zurechenbarkeit von Völkerrechtsverstößen, S. 102 ff., knapper *Fink*, Frontex and Human Rights, S. 132 ff.; zum Begriff der *ultimate authority and control*, der insbesondere nicht die Beherrschung der konkreten Verletzungssituation betrifft, *Schütze*, Zurechenbarkeit von Völkerrechtsverstößen, S. 149 ff.

[303] Vgl. zu diesem, durch das Jugoslawien Tribunal ICTY Case No IT-94–1-A, Urt. v. 15.07.1999, Rn. 108 ff. angewendeten und auf eine Gesamtkontrolle abstellenden Begriff *Schütze*, Zurechenbarkeit von Völkerrechtsverstößen S. 167 ff.

[304] Vgl. ausführlich zu den vertretenen Zurechnungsformeln der (effektiven) Kontrolle *Schütze*, Zurechenbarkeit von Völkerrechtsverstößen, S. 102 ff. und S. 140 ff.

[305] Vgl. in diesem Teil Kapitel 10.

[306] Vgl. dazu oben in diesem Teil Kapitel 10 B. IV. 2.

[307] In diese Richtung bereits *Schöndorf-Haubold*, Europäisches Sicherheitsverwaltungsrecht, Rn. 113, anders in Bezug auf die völkerrechtliche Lage *Fink*, Frontex and Human

b) Schutzpflicht- und Aufsichtspflichtverletzungen als eigenständige Verstöße unionaler Stellen

Von der Zurechnung des Verhaltens der Teammitglieder an die am Einsatz beteiligten Stellen der Union ist deren mögliche Haftung im Rahmen des Art. 340 Abs. 2 AEUV aufgrund der Nichterfüllung von Aufsichts- und/oder Schutzpflichten zu unterscheiden.[308] Eine solche Haftung steht – im Rahmen der dargestellten allgemeinen Subsidiaritätsregeln – grundsätzlich neben einer mitgliedstaatlichen Verantwortlichkeit für das (aktive) Verletzungsverhalten der Teammitglieder.[309] Bei der Bestimmung von Aufsichtspflichten ist die rechtlich vorgegeben Rolle der überwachenden Stelle Ausgangspunkt, hinsichtlich des Bestehens von Schutzpflichten hingegen die Reichweite der in Frage stehende Norm – dies schließt Verschränkungen dieser Bereiche jedoch nicht aus.[310] Die entscheidenden Parameter für eine haftungsrechtlich relevante Pflichtverletzung sind hierbei vielfältig und miteinander verknüpft: Neben dem Bestehen einer Aufsichts-[311] und/oder Schutzpflicht[312] ist ein hinreichend qualifizierter Verstoß (insb.

Rights, S. 138, 173 und in Bezug auf einen Anspruch nach Art. 340 Abs. 2 AEUV (mit Ausnahme für wohl in der Praxis nicht zu erwartende – so auch *Fink*, a.a.O., S. 294 – Grundrechtsverletzungen, welche bei einer direkten Umsetzung des Einsatzplans erfolgen) *Fink*, a.a.O., S. 269.

[308] Eine Haftung aufgrund von Unterlassen („omission“) ist auch im Völkerrecht anerkannt, vgl. dazu nur Art. 4 ARIO bzw. Art. 2 ARS.

[309] Vgl. dazu in Bezug auf Aufsichtspflichtverletzungen grundlegend EuGH, Urt. v. 14.07.1967, verb. Rs. C-5/71, 13–24/66, Kampffmeyer u.a./Kommission, S. 331 ff., S. 352 ff., zu diesem Urteil *Hofmann*, Rechtsschutz und Haftung, S. 318 f., ebenso und zur weiteren Rechtsprechung des EuGH in diesem Kontext *Säuberlich*, Außervertragliche Haftung, S. 239 ff.

[310] Vgl. dazu *Säuberlich*, Außervertragliche Haftung, S. 207 ff., der als Oberbegriff in diesem Zusammenhang treffend „Schadensabwendungspflichten“ verwendet. Als Beispiel für Überschneidungen kann etwa die Überwachungspflicht von Frontex bzw. EASO im Hinblick auf die Einhaltung grundrechtlicher Standards angeführt werden. Ein aktuelles Beispiel der Rechtsprechung zur Verknüpfung von Aufsichts- und grundrechtlichen Schutzpflichten stellt EuGH, Urt. v. 20.09.2016, Rs. C-8/15 P bis C-10/15 P, Ledra Advertising/Kommission, insb. Rn. 59, 67 dar, vgl. dazu *Fink*, Frontex and Human Rights, S. 283 f.

[311] Eine Strukturierung von bestehenden Aufsichtspflichten in der Europäischen Verwaltung (insb. der Kommission) findet sich bei *Säuberlich*, Außervertragliche Haftung, S. 207 ff., im gegebenen Kontext kann eine sekundärrechtliche Anordnung einer Aufsicht etwa in der vorgeschriebenen Überwachung der Umsetzung des Einsatzplans durch EASO- oder Frontex-Personal gesehen werden.

[312] Hier relevante Schutzpflichten können sich insbesondere unmittelbar aus den jeweiligen Garantien der EU-GRC ergeben, s. dazu jeweils oben in diesem Kapitel unter B. II. 3., allgemein hierzu und zu etwa Grundfreiheiten als Ursprung von Schutzpflichten vgl. *Säuberlich*, Außervertragliche Haftung, S. 225 ff.

durch Unterlassen)[313] gegen eine drittschützende Norm[314] Voraussetzung. Relevant sind (hierbei) die rechtlichen Möglichkeiten eines Einschreitens bzw. der Beeinflussung der schadensstiftenden Handlung[315] und, insbesondere mit Blick auf die Erfüllung von Schutzpflichten, Beurteilungsspielräume der überwachenden und überwachten Stellen[316].[317] Diese Kriterien weisen Überschneidungen mit dem oben dargestellten, für eine Zurechnung fremden Verhaltens relevanten Fragen der Kontrolle des Einsatzablaufs auf – hier geht es ebenfalls um die Abschichtung von Verantwortungsbereichen. Auch hier sind haftungsrechtliche Fragen in der Rechtsprechung des Gerichtshofs nur ansatzweise auf abstrakter Ebene geklärt und bedürfen daher einer näheren und einzelfallbezogenen Betrachtung.

Nimmt man in diesem Zusammenhang die Rolle von Frontex im Rahmen des Einsatzes von Grenzverwaltungsteams in den Blick, so fällt es nicht schwer, eine Aufsichtspflicht anzunehmen: Primär die vorgeschriebene Überwachung der Umsetzung des Einsatzplans durch Frontex, aber auch das *serious incident reporting*-System rechtfertigen diese Einschätzung. Durch diese Umstände und insbesondere die Einbindung in das operative Entscheidungszentrum sind zudem (drohende) Grundrechtsbeeinträchtigungen für Frontex wahrnehmbar, die – eine entsprechende Verdichtung zur Pflicht zum Einschreiten vorausgesetzt – sich in einer Konkretisierung der aus EU-GRC-Bestimmungen für Frontex resultierenden Schutzpflicht niederschlagen können. Eine haftungsrechtlich relevante Vernachlässigung dieser Pflichten muss sodann in der Nichtergreifung von den Schadenseintritt (potentiell) verhindernden Maßnahmen liegen, hier kommt allerdings lediglich[318] das (für die Mitgliedstaaten nicht rechtlich verbindliche) Ein-

---

313 Bei dieser allgemeinen Voraussetzung des Art. 340 Abs. 2 AEUV müssen die Besonderheiten einer Aufsichts- bzw. Schutzpflichtverletzung berücksichtigt werden. Dies gilt etwa für die Reichweite der Überwachungsverpflichtung, die geforderte Intensität der Kontrolle bzw. des Schutzes und die Schwere der durch die zu überwachende zu verhindernde Handlung eintretenden Grundrechtsverletzung, vgl. zum Ganzen überzeugend *Fink*, Frontex an Human Rights, S. 284 ff.

314 Im Fall der Schutzpflichtverletzung können der rechtliche Ursprung der Pflicht und die verletzte Norm somit zusammenfallen.

315 Dies ist auch Ausdruck der in Art. 51 Abs. 2 EU-GRC normierten Grundsatzes, dass der Schutz der Grundrechte der EU-GRC durch Unionsstellen nicht zu einer Kompetenzerweiterung dieser Stellen führen darf, vgl. dazu nur *Pache*, in: Pechstein/Nowak/Häde (Hrsg.), GRC Art. 51 Rn. 39 ff. und *Jarass*, EU-GRC, Art. 51 EU-GRC Rn. 8 ff. mit Rn. 11 speziell für Schutzpflichten; tatsächlich mögliche, rechtlich jedoch nicht vorgesehene bzw. jedenfalls abgedeckte Maßnahmen sind damit unzulässig.

316 Die Zubilligung von Einschätzungsspielräumen dürften sich hier jedoch antiproportional zur Schwere und insbesondere Menschenwürdenähe des (drohenden) Verstoßes verhalten, dazu sogleich vertiefter in Bezug auf Frontex.

317 Vgl. ausführlich zu diesen Kriterien der Haftung aufgrund der „Verletzung von Schadensabwendungspflichten" *Säuberlich*, Außervertragliche Haftung, S. 182 ff., knapper und konkreter in Bezug auf den Untersuchungsgegenstand *Fink*, Frontex and Human Rights, S. 274 ff.

318 Die aktuelle Lage ist deshalb unbefriedigend, da nur unverbindliches einzelfallbezo-

wirken des Frontex-Personals im Rahmen des Joint Coordination Board[319] und sanktionsähnliche Maßnahmen wie der Entzug der Finanzierung oder, als *ultima ratio*, die Beendigung des Einsatzes im formellen Sinne in Betracht. Dabei entsteht jedoch das Dilemma, dass sich die Situation der betroffenen Personen bei einer Beendigung der Frontex-Beteiligung nicht zwangsläufig verbessert, weshalb anderweitige Gegensteuerungen zur Erfüllung der Schutzpflicht vorzuziehen sind. Ein etwaiges Auswahlermessens von Frontex dürfte sich je nach Schwere des drohenden Verstoßes verdichten. Nach alledem ist eine Haftung von Frontex für rechtlich gebotene, mögliche und unterlassene Gegensteuerungen hinsichtlich grundrechtswidrigem Handeln der Grenzverwaltungsteams anzunehmen.[320]

Überträgt man diese Überlegungen auf die Einwirkungsmöglichkeiten von EASO auf ASTs bzw. Frontex auf die Rückkehrteams dürfte sich, insbesondere aufgrund der EASO bzw. Frontex zukommenden Aufsichtsfunktionen unter (geringfügig) schwächer ausgeprägten Kontrollmöglichkeiten, ein ähnliches Bild ergeben. Hingegen sind Aufsichtspflichten bei den potentiell an einem JITs teilnehmenden unionalen Stellen in aller Regel zu verneinen – eine im Einzelfall bestehende Pflicht zur Beendigung der Förderung bzw. sonstigen Unterstützung des Einsatzes der JITs aufgrund von sonst drohenden Schutzpflichtverletzungen ist jedoch nicht ausgeschlossen.

IV. Vorbeugender und/oder vorläufiger Rechtsschutz

Der bisherige Gang der Untersuchung hat zwei Aspekte außer Acht gelassen, die aus Betroffenenperspektive von herausragender Bedeutung sein können: Dies betrifft zum einen die Frage, ob und wie Grundrechtsverletzungen vor deren Eintreten abgewehrt werden können, zum anderen, inwiefern schon vor einer abschließenden gerichtlichen Entscheidungen Maßnahmen zur Sicherung der Rechte der Betroffenen ergriffen werden können. Im Folgenden soll ein Überblick über die auf unionaler Ebene bestehenden Rechtsschutzmöglichkeiten gegeben werden, deren Anwendung durch die Reichweite der Unionsgerichtsbarkeit sowie die Rechtsnatur der von unionalen Stellen vorgenommenen bzw. diesen zurechenbaren Handlungen beschränkt bleibt. Primär (auch) zum einstweiligen und vorbeugenden Rechtsschutz gegen das Einsatzhandeln der Teams berufen bleiben die nationalen Gerichte, etwas anderes gilt für das Handeln der JSTs, für welches die folgenden Ausführungen unmittelbar relevant sind.

---

genes Einwirken ermöglicht wird bzw. die möglichen verbindlichen Reaktionen (etwa im Falle von Frontex die Beendigung der Zusammenarbeit) die grundrechtliche Situation betroffener Personen wohl gerade nicht verbessern dürften.

[319] Vgl. dazu in Teil 2 Kapitel 5 E.

[320] So i.E. nach ausführlicher Untersuchung auch *Fink*, Frontex and Human Rights, S. 294 ff., 303 f.

1. Vorbeugender Rechtsschutz

Die erste Konstellation des präventiven Rechtsschutzes kommt in Bezug auf das Handeln der Teams aus theoretischen und praktischen Gründen nur in Ausnahmefällen in Betracht. So ist vorbeugender Rechtsschutz auf unionaler Ebene in Bezug auf die das Einsatzhandeln dominierenden Realakte fernliegend. Nach der durch den EuGH gebilligten Rechtsprechung des EuG kommt – abgesehen von den sich auch hier stellenden Zurechnungsfragen[321] – vorbeugender Rechtsschutz über Art. 263 AEUV mangels Rechtswirkungen der Einsatzhandlungen nicht in Betracht[322] und eine vorbeugende Rechtsschutzmöglichkeit über das Verfahren nach Art. 268 AEUV steckt – wenn überhaupt – noch im Anfangsstadium ihrer Entwicklung.[323] Unabhängig davon müsste die Grundrechtsverletzung (für den Betroffenen) – und dies stellt einen wesentlichen Teil der entgegenstehenden praktischen Gründe dar – mit hinreichender Wahrscheinlichkeit vorhersehbar bzw. überhaupt bemerkbar sowie einem unionalen Hoheitsträger (eindeutig) zurechenbar sein, was in dem hier untersuchten Teamhandeln in der Regel nicht der Fall sein dürfte. Letzteres betrifft insbesondere auch die Möglichkeit des vorbeugenden Rechtsschutzes vor mitgliedstaatlichen Gerichten.

2. Vorläufiger Rechtsschutz

Daneben besteht die Möglichkeit vorläufigen Rechtsschutzes gegen unionalen Stellen zurechenbare Handlungen, der auch vorbeugenden Charakter aufweisen kann. Wie von Art. 278 f. AEUV vorgegeben[324], kommt im Rahmen einer gegen

[321] Hiernach sind – soweit überhaupt möglich – entsprechend der Zuständigkeitsverteilung in der Hauptsache im Regelfall mitgliedstaatliche Gerichte für vorbeugenden Rechtsschutz gegen Handlungen der Teammitglieder der JITs, Grenzverwaltungsteams, ASTs und Rückkehrteams berufen. Aufgrund der weitgehenden Unzulässigkeit der Nichtigkeitsklage gegen hier interessierendes unionales Handeln kommt nur die „Amtshaftungsklage" des Art. 268 AEUV in Betracht.

[322] Demnach ist „vorbeugender" Rechtsschutz über das Verfahren nach Art. 263 AEUV nur dann möglich, wenn den vor der endgültigen Entscheidung erlassenen Maßnahmen selbst Rechtswirkungen i.S.d. Art. 263 Abs. 1 AEUV zukommen (vgl. zu einem solchen Fall EuG, Urt. v. 17.09.2007, Rs. T-125/03 und T-253/03, Akzo Nobel Chemicals und Akcros Chemicals /Kommission, Rn. 45 ff.) und im Regelfall auch dann ausgeschlossen, wenn eine verbindliche, mit Sicherheit zu erwartende Entscheidung bevorsteht (vgl. dazu nur EuG, Beschluss des Präs. v. 22.11.1995, Rs. T-395/94 R II, Atlantic Container Line u.a./Kommission, Rn. 39 ff.), vgl. zum Ganzen zusammenfassend *Schütte*, in: Wiedemann (Hrsg.), § 49 Rn. 162 ff; zum präventiven Rechtsschutz im Rahmen der Nichtigkeitsklage ausführlich *Rademacher*, Realakte, S. 191 ff. m.w.N zur Rechtsprechung. Beide angeführten Konstellationen liegen indes mit Blick auf das hier interessierende Einsatzhandeln nicht vor.

[323] Vgl. zu den diesbezüglichen Ansätzen *Rademacher*, Realakte, S. 299 f. und das von ihm ab S. 384 ff. vorgestellte Rechtsschutzkonzept.

[324] Art. 278 AEUV regelt die Möglichkeit einstweiliger Anordnungen gewissermaßen als Ausgleich für den Ausschluss der aufschiebenden Wirkung bei Einlegung eines Hauptsacherechtsbehelfs, vgl. dazu und zur Bedeutung des Art. 278 AEUV *Jaeger*, EuR 2013, S. 3 ff., S. 4 f.

ein solches Handeln gerichteten Klage[325] die Anordnung der Aussetzung des Vollzugs oder Erlass von einstweiligen Anordnungen in Betracht.[326] Diese müssen sich jedoch auf die Sicherung eines Rechts beziehen, welches ohne Erlass der einstweiligen Anordnung irreversibel verletzt werden würde[327]; vor diesem Hintergrund dürfte vorläufiger Rechtsschutz in Bezug auf die einzelfallbezogenen, sich in der Regel sofort „erledigenden" Handlungen unionaler Stellen ausscheiden. Des Weiteren kann die unionale Stelle über eine einstweilige Anordnung nur im Rahmen ihrer rechtlich zugeschriebenen Möglichkeiten verpflichtet werden, wodurch nicht zwangsläufig ein Unterbleiben der durch das unionale Verhalten (mit-)verursachten Rechtsverletzung erfolgt.[328]

V. Zwischenfazit: Auszugestaltende unionale Amtshaftungsklage als zentraler Rechtsbehelf

Mit Ausnahme des die JSTs betreffenden Bereichs kann Rechtsschutz auch gegen erheblich von unionaler Seite beeinflusste Handlungen der Teams in der Regel nicht über die Nichtigkeitsklage erlangt werden. Dies liegt in deren Fokussierung auf rechtsverbindliches Handeln und der Notwendigkeit einer diesbezüglich letztverbindlichen und ausschließlichen Entscheidungskompetenz mitgliedstaatlicher bzw. unionaler Gerichte, die im Bereich des Teamshandelns eine strikte Anwendung des Trennungsgrundsatzes rechtfertigt, begründet. Etwas anderes gilt für die sog. unionale Amtshaftungsklage nach Art. 268 i.V.m. Art. 340 Abs. 2

---

[325] Im Gegensatz (etwa) zum deutschen Verwaltungsprozess ist die Anhängigkeit eines Hauptsacheverfahrens Voraussetzung einer einstweiligen Anordnung, vgl. dazu Art. 160 Abs. 2 VerfO-EuGH bzw. Art. 156 Abs. 2 VerfO-EuG, vgl. zum Ganzen *Dörr/Lenz*, Europäischer Verwaltungsrechtsschutz, Rn. 413. Als Hauptsacheverfahren kommt hier weit überwiegend nur das Verfahren nach Art. 268 AEUV in Betracht, zur wenig beachteten Geltung der Art. 278 f. AEUV auch in diesem Verfahren m.w.N. *Rademacher*, Realakte, S. 386.

[326] Eine einstweilige Anordnung ist dann erforderlich, wenn eine Vollzugsaussetzung nach Art. 278 S. 2 AEUV allein das fragliche Recht(sverhältnis) nicht vorläufig schützen bzw. regeln kann, Art. 278 und Art. 279 AEUV werden dementsprechend zusammengefasst als eine Form des unionalen Eilrechtsschutzes gesehen, vgl. dazu und zu anderen Formen, *Pechstein*, in: Pechstein/Nowak/Häde (Hrsg.), AEUV Art. 279 Rn. 426 Rn. 2 f. und *Jaeger*, EuR 2013, S. 3 ff., S. 4 ff.

[327] Vgl. zusammenfassend zu den Erfordernissen der Begründetheit, insbesondere der Notwendigkeit und Dringlichkeit eines Antrags nach jeweils Art. 278 f. AEUV m.w.N. zur Rechtsprechung *Dörr/Lenz*, Europäischer Verwaltungsrechtsschutz, Rn. 421 ff., *Pechstein*, in: Pechstein/Nowak/Häde (Hrsg.), AEUV Art. 279 Rn. 18 ff. und *Jaeger*, EuR 2013, S 3 ff., S. 11 ff., zudem darf nicht auf die Hauptsache vorgegriffen werden, vgl. dazu nur Art. 162 VerfO-EuGH und *Pechstein*, in: Pechstein/Nowak/Häde (Hrsg.), AEUV Art. 279 Rn. 426. Diese Voraussetzungen dürften Bereich JSTs wenn überhaupt nur in Ausnahmefällen erfüllt sein.

[328] Dies kann als Ausdruck der strengen Akzessorietät zur Hauptsache angesehen werde, vgl. dazu generell *Dörr/Lenz*, Europäischer Verwaltungsrechtsschutz, Rn. 413 und *Jaeger*, EuR 2013, S. 3 ff., S. 6.

und 3 AEUV, die für eine justizielle Kontrolle der unionalen Einflussnahmen auf das Teamhandeln sowie der sonstigen Tätigkeiten des EU-Personals herangezogen werden kann und grundsätzlich unabhängig von einem Vorgehen gegen die Handlungen der Teams vor mitgliedstaatlichen Gerichten ist. Durch ihre Anknüpfung an rechtsverletzende statt rechtsverbindliche Wirkungen einer Handlung sowie aufgrund ihrer möglichen, in der Rechtsprechung noch auszubauenden Urteilsfolgen, weist die Amtshaftungsklage insgesamt (ohnehin) ein höheres Potential zum effektiven Rechtsschutz der von den Handlungen der Teams betroffenen Personen auf.

Nach der hier vertretenen Konzeption kann eine Verantwortlichkeit der das Einsatzhandeln beeinflussenden unionalen Stellen im Rahmen eines Anspruchs nach Art. 340 Abs. 2 AEUV *neben* die eines (Einsatz-)Mitgliedstaats treten und somit der Kontrolle des Gerichtshofs unterworfen werden. Die Verantwortlichkeit dieser Stellen für aus dem Einsatzhandeln resultierende Rechtsverletzungen kann hierbei entweder aus der (aktiven) Beeinflussung und damit Kontrolle über den Einsatzablauf resultieren oder in dem Bestehen bzw. der Verletzung von Überwachungs- oder grundrechtlichen Schutzpflichten begründet liegen. Dem verbundförmigen Verwaltungshandeln kann so ein „Amtshaftungsverbund“[329] gegenübergestellt werden, der die Verursachungs- und Verantwortungsbeiträge im Einklang mit der vielschichtigen Legitimation des Teamhandelns[330] auf Rechtsschutzebene wieder entflicht. Letztlich wird so eine gesamtschuldnerische Haftung der Mitgliedstaaten und der Union begründet. Spiegelbildlich kann durch diese Konstruktion auch hinsichtlich der unmittelbar gegenüber Betroffenen erfolgenden schadensverursachenden Handlungen (genuin) unionaler Stellen, die unter mitgliedstaatlichen Einflüssen stehen, eine angemessene Verantwortungsverteilung gefunden werden. Dies gilt insbesondere für die Neuerungen der Frontex-VO-2019 hinsichtlich des Einsatzes des Statutspersonals. Den bezüglich der Verfahren nach Art. 263 und Art. 268 AEUV aufgezeigten Weichenstellungen entsprechen die Möglichkeiten des vorbeugenden und vorläufigen Rechtsschutzes, welche aufgrund ihrer (nur teilweise erfolgten) rechtlichen Ausgestaltung und der tatsächlichen Lage der betroffenen Personen in der Praxis jedoch lediglich im Fall von im gegebenen Kontext eher untypischen, andauernden Rechtsverletzungen zielführend sind – dies gilt in formeller Hinsicht etwa für das Erfordernis eines anhängigen Hauptsacheverfahrens.

---

[329] Vgl. zum Begriff des „Amtshaftungsverbundes“ und perspektivisch treffend *I. Augsberg*, in: Hatje/Müller-Graff/Leible/Terhechte (Hrsg.), § 12 Rn. 41 ff.

[330] Vgl. dazu oben in diesem Teil Kapitel 9 C.

Die hier dargestellten gerichtlichen Rechtsschutzmöglichkeiten spielen in der Praxis weitgehend[331] (noch)[332] keine Rolle. Dies mag vor allem in den für die von den Handlungen der ASTs, JITs, Grenzverwaltungs- und Rückkehrteams betroffenen Personen primär relevanten (übergeordneten) Rechtsschutzzielen (etwa ein positiver Asylbescheid), die überwiegend allein durch nationale Gerichte erfüllt werden können und nicht das Einsatzhandeln als solches betreffen, begründet liegen.[333] Ein Zusammenhang mit fehlender Kenntnis der Beteiligung unionaler Stellen oder gar der Möglichkeit eines parallelen unionalen gerichtlichen Rechtsschutzes gegen (Beeinflussungen der) Handlungen der Teams ist – darüber hinaus – nicht fernliegend.

D. Seitenblick: Theoretisches und tatsächliches Kompensationspotential außergerichtlicher Rechtsschutzmöglichkeiten

In Betracht kommt neben dem gerichtlichen Rechtsschutz jedoch die Verfolgung von Rechtsschutzbegehren vor (auch) unionalen administrativen Stellen[334], welche für durch das Einsatzhandeln der Teams betroffene Personen häufig naheliegender bzw. greifbarer sein dürften.[335] Wenngleich behördliche Rechtsschutzverfahren nach überzeugender Ansicht grundsätzlich nicht geeignet sind, die

[331] Immerhin wurde ein Anspruch nach Art. 340 Abs. 2 AEUV neben einer als unzulässig eingestuften Nichtigkeitsklage jedoch in Bezug auf einen mit Rechtsfehlern behafteten Bericht von OLAF bejaht (vgl. dazu EuG, Urt. v. 06.04.2006, Rs. T-309/03, Camós Grau/Kommission, insb. Rn. 75 ff.) und auch ein Anspruch in Bezug auf Schadensersatz aufgrund von nicht rechtsförmlichem Handeln Europols bei unzulässiger Nichtigkeitsklage (vgl. dazu EuG, Beschluss vom 27.09.2017, Rs. T-366/16, Gaki/Europol, Rn. 51 ff.) in Betracht gezogen.

[332] Je mehr Einfluss unionalen Stellen in Bezug auf die Handlungen der hier untersuchten Einsatzformen zukommt, desto wahrscheinlicher wird – auch im mitgliedstaatlichem Interesse – eine gerichtliche Kontrolle dieses Einflusses, die allein durch den EuGH vorgenommen werden kann.

[333] Auch hier zeigen sich so die Auswirkungen des in der Regel nicht verfahrensabschließenden Charakters der Handlungen der Teams: betroffene Personen werden primär Rechtsschutz in Bezug auf ihren Asylantrag (im Fall der ASTs), in etwaigen Strafverfahren (im Fall der JITs) oder (sonst) durch Leistungs- und Unterlassungsbegehren vor mitgliedstaatlichen Gerichten verfolgen; das weitgehend im Hintergrund stattfindende Handeln unionaler Stellen bzw. eine Verantwortlichkeit im Rahmen eines Verfahrens nach Art. 268 AEUV sind aus Betroffenenperspektive nur von nachgeordneter Relevanz. Dies gilt selbstverständlich nicht für Rechtsschutz gegen das Handeln der JSTs.

[334] Vgl. generell und instruktiv zu Beschwerdeverfahren auf Unionsebene *Rawlings*, Complaint Systems, S. 490 ff.

[335] Dies gilt insbesondere für die im Bereich der Informationsverwaltung vorgesehenen administrativen Rechtsschutzmöglichkeiten, vgl. dazu generell in Bezug auf Informationssysteme *Heußner*, Informationssysteme, S. 387 ff.

Rechtsschutzgarantie des Art. 47 EU-GRC zu erfüllen,[336] können die hier in den Blick zu nehmenden unionalen Verfahren[337] jedoch zumindest insoweit[338] rechtsschutzfördernd sein, als gegen die Entscheidung der jeweiligen administrativen Instanz der gerichtliche Rechtsweg (ausdrücklich)[339] eröffnet ist.[340] Dies setzt freilich eine rechtsschutzfreundliche Ausgestaltung und praktische Umsetzung voraus: Bereits in der Theorie als mangelhaft anzusehen ist hierbei etwa die Einrichtung des EDSB als Kontrollstelle für Europol, welche (*ultra-vires*-)Handeln von Europol-Personal jenseits der Datenverarbeitung insoweit kontrollfrei stellt.[341] Praktisch weitgehend ungenutzt ist hingegen etwa das Beschwerdeverfahren nach Art. 72 Frontex-VO-2016 bzw. Art. 111 Frontex-VO-2019.[342] Wenngleich hiermit sämtliche Grundrechtsverletzungen durch Teammitglieder der an Frontex angegliederten gemeinsamen Einsatzformen gerügt werden können, sind die möglichen Auswirkungen eines erfolgreichen Verfahrens sehr unbestimmt. Auch die Tätigkeit des EBB in seiner Rolle als Überprüfungsinstanz für das Einsatzhandeln EASOs und der ASTs ist für eine Kompensation potentieller Defizite

---

[336] Zu den durch Art. 47 EU-GRC aufgestellten Anforderungen an ein Gericht vgl. nur EuGH, Urt. v. 29.11.2001, Rs. C-17/00, De Coster, Rn. 10; *Eser*, in: Meyer/Hölscheidt (Hrsg.), Art. 47 EU-GRC Rn. 29 sowie *Jarass*, EU-GRC, Art. 47 EU-GRC Rn. 17 und generell zum durch Art. 47 EU-GRC formulierten „Anspruch" *Rademacher*, Realakte, S. 152 ff. Die hier relevanten Beschwerdestellen sind lediglich zusätzliche, nicht obligatorische Rechtsschutzinstanzen und erfüllen schon aus diesem Grunde nicht die Ansprüche des Art. 47 EU-GRC, generell hierzu *Schoch*, in: Hoffmann-Riem/Schmidt-Aßmann/Voßkuhle (Hrsg.), Bd. III § 50 Rn. 24 und 396a m.w.N. auch zur Gegenansicht; *Kayser*, in: von Bogdandy/Cassese/Huber (Hrsg.), Bd. V § 91 Rn. 37 sieht gerichtliche und außergerichtliche Kontrollmöglichkeiten in einem komplementären Verhältnis, ebenso *Sydow*, in: Hatje/Müller-Graff (Hrsg.), § 12 Rn. 79 ff. und *Schöndorf-Haubold*, JBÖS 2012/13 S. 395 ff., S. 408 ff., die in außergerichtlichen Kontrollkonzepten Potenzial zur Abmilderung und Begrenzung von Rechtsschutzdefiziten sieht (a.a.O., S. 413).

[337] Zu nennen sind hier das Beschwerdeverfahren nach Art. 72 Frontex-VO, die Möglichkeit der Einlegung von Beschwerden beim EDSB nach Art. 43 Eurojust-VO (der die in Art. 23 Eurojust-VO vorgesehene Eurojust-GKI ablöst) oder Art. 47 Europol-VO bzw. beim Europäischen Bürgerbeauftragten nach Art. 47 EASO-VO. Mitgliedstaatliche Verwaltungsverfahren, die aus ähnlichen Gründen wie im Bereich des gerichtlichen Rechtsschutzes gegenüber unionalen Verfahren eine übergeordnete Rolle spielen dürften, bleiben hier außer Betracht.

[338] Vgl. generell zu administrativen Rechtsschutzverfahren im Raum der Freiheit, der Sicherheit und des Rechts, ihren Defiziten und ihrem theoretischen Kompensationspotential mit Blick auf Lücken im gerichtlichen Rechtsschutz *Mitzmann*, Administrative Remedies in the AFSJ, S. 239 ff., insb. S. 261 ff.

[339] So ausdrücklich etwa Art. 44 Eurojust-VO bzw. Art. 48 Europol-VO.

[340] Sieht man in der Verwerfung einer Beschwerde eine endgültige Rechtsverweigerung, erfüllt dies die Anforderungen an den Klagegegenstand der Nichtigkeitsklage; vgl. zur aus einer Rechtsverweigerung folgenden Rechtsverbindlichkeit *Rademacher*, Realakte, S. 20 ff., S. 59 ff. m.w.N. zur Rechtsprechung.

[341] Vgl. dazu oben Teil 2 Kapitel 4 G. III. 1. g).

[342] Vgl. dazu oben Teil 2 Kapitel 5 G. II.

gerichtlicher Rechtsschutzmöglichkeiten, insbesondere in ihrer praktischen Ausgestaltung nicht ausreichend.[343]

E. Gesamtfazit: Entwicklungsbedarf der Unionsgerichtsbarkeit

Das weit überwiegend nicht rechtsförmliche Handeln der untersuchten gemeinsamen Einsatzformen ist in erheblichem Maße grundrechtssensibel. Quellen der relevanten einsatzformübergreifenden und einsatzformspezifischen Verbürgungen können mitgliedstaatliche Verfassungen, EMRK und – für sämtliche Einsatzformen relevant – EU-GRC sein. Die Bereich der Verwaltungskooperation etwa im Zuge der Personalbereitstellung erfolgende Unterwerfung unter fremde Hoheitsgewalt und damit (zusätzliche) anderweitige grundrechtliche Standards, kann ein Zurücktreten der ursprünglichen nationalen Grundrechtsbindung der Teammitglieder rechtfertigen, nach hier vertretener Ansicht kann sich diese im Extremfall insbesondere des Menschenwürdeschutzes jedoch u.a. in Form von Weigerungsrechten behaupten.

Individualrechtsschutz kann entsprechend der zwischen mitgliedstaatlichen und unionalen Stellen geteilten Verantwortung aufgrund jeweils eigener Verursachungsbeiträge für das Einsatzhandeln der Teams im Grundsatz durch (entsprechend dem prozessualen Trennungsgrundsatz: jeweils) mitgliedstaatliche Gerichte und den EuGH gewährleistet werden. Zentrales Klageverfahren im unionalen Rechtsschutz ist in Bezug auf das Teamhandeln Art. 268 AEUV. Dieses ist, jedenfalls eher als das Verfahren nach Art. 263 AEUV, in Bezug auf das Realhandeln der Teams konzeptionell geeignet, die bestehenden Rechtsschutzinteressen betroffener Personen weitgehend zu befriedigen. In der Praxis ist ein gerichtliches Vorgehen gegen unionale Einflussnahmen auf die hier untersuchten Einsatzformen – wohl aufgrund übergeordneten, vor nationalen Gerichten zu verfolgenden Rechtsschutzzielen wie etwa der Anfechtung der verfahrensabschließenden Entscheidung – (noch) nicht virulent geworden. Der zu erwartende steigende Einfluss unionaler Stellen auf die Einsätze der hier untersuchten Teams drängt jedoch zu einer Klärung der diesbezüglichen Rechtsschutzmöglichkeiten durch den EuGH – sei es über den hier vorgeschlagenen Weg oder einen anderen. Die außergerichtlichen Rechtsschutzmöglichkeiten vermögen diese Defizite sowohl aus der theoretischen Sicht des Art. 47 EU-GRC als auch in ihrer derzeitigen praktischen Umsetzung jedenfalls nicht zu kompensieren.

[343] Vgl. dazu oben Teil 2 Kapitel 6 G. II. 3.

Vierter Teil

Ausblick und Ergebnisse

Kapitel 12

Heterogen besetzte Verwaltungsteams als Folge, Ursache und Herausforderung eines sich verdichtenden Europäischen (Sicherheits-)Verwaltungsverbunds

Das Phänomen des Teams hat zentrale Bereiche der unionalen Exekutive, insbesondere im Raum der Freiheit, der Sicherheit und des Rechts, erfasst. Hierbei bündelt es grundlegende Problemstellungen des Europäischen Verwaltungsverbundes sowie regelungsbereichs- und einsatzformspezifische Fragen. Eine weitere Verbreitung dieser Bauform wurde bereits prognostiziert[1] und ist in der Tat zu erwarten: Auf der Mikroebene des sich stetig weiter verdichtenden Europäischen Verwaltungsverbundes stellen aus mitgliedstaatlichem wie unionalem Personal zusammengesetzte Teams eine ideale Konstruktion zur Sicherung eines einheitlichen und kohärenten Verwaltens unter dem Dach der EU dar.[2] Gleichzeitig kann hinter der Einführung weiterer entsprechender gemeinsamer Einsatzformen ein nachvollziehbares politisches Interesse des „teambuildings" stehen[3], das gewissermaßen eine europäische Integration „von unten nach oben" ermöglicht. Hierfür sind das Bestehen eines Kooperationsinteresses und ein grundsätzliches interadministratives Vertrauen zentrale Voraussetzungen. Letzteres kann durch eine weitere „Verrechtlichung" und (auch temporär gesehen) Institutionalisierung der sich überwiegend entlang praktischer Bedürfnisse entwickelnden Strukturen der Zusammenarbeit hin zu einem verlässlichen Kooperations- und Einsatzrecht gefördert werden, welches insbesondere Zurechnungsfragen klärt.[4]

Bisher, und dies zeigt sich auch anhand der untersuchten Teams, waren schwere Krisen (hier etwa die sog. Finanzkrise, die sog. Migrationskrise oder die Bedrohungen durch den internationalen Terrorismus und grenzüberschreitende Kriminalität) Katalysatoren einer solchen „Verrechtlichung", die in der Regel mit weiteren Supranationalisierungsschritten einherging. Hier gilt es – mehr als

---

[1] Vgl. dazu etwa *Schalken/Pronk*, EJCCLCJ (10) 2002 S. 70 ff., S. 70 und *Schöndorf-Haubold*, Recht der zivilen Sicherheit, S. 708; im Zuge der vorliegenden Untersuchung wurden mit den IRTs im SRM und den Vor-Ort-Prüfungsteams des SSM weitere teamförmige Einsatzformen identifiziert.

[2] Zu diesen, generell auf verbundförmiges Verwalten bezogenen und erst recht für dessen Mikroebene geltenden Funktionen vgl. nur *Kahl*, Der Staat 2011 S. 353 ff., S. 357.

[3] Vgl. dazu treffend Erw. 6 S. 2 der RaBIT-VO: „Die Entsendung der Soforteinsatzteams für Grenzsicherungszwecke wird zur Förderung der Solidarität und gegenseitiger Unterstützung der Mitgliedstaaten beitragen".

[4] Vgl. dazu nur *Schöndorf-Haubold*, JBÖS 2012/13 S. 395 ff., S. 407 f.

in der Vergangenheit – proaktiv und antizipatorisch (insbesondere organisations-) rechtliche Zusammenarbeitsregelungen zu schaffen, um effektive Reaktionsmöglichkeiten auf sich intensivierende oder neu entstehende Krisen vorweisen zu können. Aktuell finden sich solche Schritte etwa in der Frontex-VO-2019; auch im Bereich der Sicherheitsgewährleistung[5] und des Asylverfahrens[6] werden Neukonstruktionen angedacht, die eine stärkere Rolle unionaler Stellen, etwa von Europol oder EASO beinhalten.

Diese Tendenzen stoßen spätestens auf die durch das Primärrecht gezogenen Grenzen bzw. konfligieren mit den mitgliedstaatlichen Rechtsordnungen inhärenten Grundsätzen. Dies betrifft zum einen die generelle Kompetenzverteilung zwischen EU und Mitgliedstaaten sowie dabei in besonderem Maße die im Raum der Freiheit, der Sicherheit und des Rechts bestehenden sog. Souveränitätsvorbehalte.[7] Zum anderen sind durch eine zunehmende Verdichtung des Europäischen Verwaltungsverbundes weitere und in ihrer Intensität zunehmende Grenzverschiebungen bzw. Grenzverwischungen zu erwarten.

In Bezug auf den erstgenannten, kompetenziellen Aspekt kann die durch die Frontex-VO-2019 neu eingeführte Möglichkeit der unmittelbaren Vornahme von Vollzugshandlungen durch Frontex-Personal als bahnbrechendes und anschauliches Beispiel dienen. Eine solche Regelung setzt ein enges Verständnis des Souveränitätsvorbehalts des Art. 72 AEUV voraus. Teilweise wird die Vereinbarkeit mit dem Primärrecht bezweifelt[8], eine endgültige Klärung dieser Frage muss durch den EuGH erfolgen. In Bezug auf die einzelfallbezogene Ausgestaltung des Einsatzes von Frontex-Personal eröffnet die Frontex-VO-2019 einen gewissen Spielraum.[9] Hier sowie generell bei sensible kompetenzielle Fragen betreffenden Regelungen kann eine zurückhaltende und souveränitätsschonende praktische Umsetzung angezeigt sein.[10] Eine Alternative zur Regelung in der Frontex-VO-2019 liegt in der Verlagerung der gesamten Entscheidungs- und Lenkungsbefugnis auf die unionale Ebene bei gleichzeitigem Verbleib der Zuständigkeit für Exekutiv- und insbesondere Zwangsbefugnisse bei mitgliedstaatlichen Behörden – als Vorbild könnte insoweit die Rolle der JSTs im SSM dienen.

---

[5] Dies gilt etwa für die immer wieder aktuell werdende Forderung nach dem Umbau Europols in ein „europäisches FBI" oder die von *Lopes de Lima*, Cambridge Yearbook of European Legal Studies 9 (2006–2007) S. 313 ff., S. 313 ff. vorgeschlagene Rolle Europols als „director and coordinator" eines JITs.

[6] Vgl. zu den Zentralisierungstendenzen im Asylbereich mit EASO als Zentralstelle *Hailbronner*, RuP 2/2016 S. 68 ff., S. 78., *Thym*, CMLR (53) 2016 S. 1545 ff., S. 1558 ff. und *Niemann/Zaun*, JCMS (56) 2018 S. 3 ff., S. 12 f. sowie den EASO-Änderungsvorschlag-2016.

[7] Vgl. dazu und zu deren hier zugrunde gelegten Verständnis im Teil 1 Kapitel 2 A. I.

[8] Vgl. dazu generell *Rijpma*, Frontex, S. 236 f. und in Bezug auf die Frontex-VO-2019 *Fernandez-Rojo*, Regulation 2019/1896 m.w.N.

[9] Dies gilt insbesondere für die Frage, welche Befugnisse Frontex-Personal tatsächlich übertragen werden und in wessen Namen diese ausgeübt werden.

[10] Vergleichbares ist hinsichtlich der Selbsteintritts- und Weisungsrechte der EZB im Rahmen des SSM anzunehmen, vgl. dazu Teil 2 Kapitel 7 A.

Im die Grundstrukturen der EU und den Europäischen Verwaltungsverbund betreffenden Bereich zeichnen sich zum einen weitere Grenzverschiebungen hinsichtlich der materiellen Regelungsbereiche ab, zum anderen werden die Grundvoraussetzungen des Verbundmodells mit konzeptionellen Herausforderungen konfrontiert. Die materiellen Grenzverschiebungen betreffen etwa[11] die Unterscheidung der Bereiche von Migration und Sicherheit[12], von „innen“ und „außen“[13] oder von Prävention und Repression.[14] Jedenfalls perspektivisch sehen sich auch die hinsichtlich der formellen Seite des unionalen Verwaltungsvollzugs bestehenden Grundannahmen neuen Entwicklungen gegenüber. So verbreitet sich mit der Frontex-VO-2019 etwa das durch den SSM eingeführte Phänomen der außenwirksamen Anwendung von nationalem Recht durch unionale Stellen, welches sich nur schwer in die bisherigen Strukturierungen des Europäischen Verwaltungsverbundes einordnen lässt.[15] Dies und die sich deutlich im Einsatz gemeinsamer Teams zeigende weitere Operationalisierung des Verbundhandelns zwingen zudem zumindest zu einer Ausgestaltung und Anpassung der bestehenden Rechtsschutzmöglichkeiten. Hierbei ist primär der EuGH in seiner Rolle als Motor der Integration gefordert, aber auch die nationalen Gerichte tragen und übernehmen mehr und mehr Verantwortung im Bereich des unionalen Grundrechtsschutzes. Eine weitere, auch legislative Aufgabe besteht hinsichtlich der Unterwerfung (auch) sog. weicher oder informaler Kooperationsstrukturen unter rechtsstaatliche Grundsätze, insbesondere soweit sie grundrechtsrelevantes Verhalten steuern sollen.

Die überzeugendste, wenngleich nicht zu erwartende Antwort auf die dargestellten Herausforderungen wäre eine Reform des Primärrechts, die sowohl die Änderungen der organisatorischen bzw. formellen Seite als auch die materiellen, teilweise in der Praxis der bestehenden Rechtslage vorauseilenden Entwicklungen angemessen berücksichtigt. Bis dahin befindet sich der so oder mit anderer Formulierung geforderte „shift from sovereignty to solidarity“[16] innerhalb der jetzt schon ausgereizten primärrechtlichen Grenzen.

---

[11] Vgl. zu den Grenzverschiebungen im Überblick *Mitsilegas*, Security Union, S. 5 ff. sowie *Schöndorf-Haubold*, Recht der zivilen Sicherheit, S. 692 ff.

[12] Ein Beispiel hierfür ist die in Teil 2 Kapitel 5 D. III. ausgeführte Verknüpfung und Interoperabilität von zu unterschiedlichen Zwecken eingerichteten Informationssystemen.

[13] Vgl. etwa zur externen Dimension des Raums der Freiheit der Sicherheit und des Rechts die Nachweise in Teil 1 Kapitel 2 A. I.

[14] Exemplarisch kann hier auf die Ausführungen zur zulässigen Zielsetzung eines JITs in Teil 2 Kapitel 4 B. 1. verwiesen werden.

[15] *Boucon*/*Jaros*, EJLS 2018 S. 155 ff. S. 155 ff. untersuchen etwa, ob hierin der Grundstein für einen „New Mode of European Integration“ gelegt wurde.

[16] So die treffende Formulierung bei *den Boer*, Cambridge Review of International Affairs S. 48 ff., S. 48 ff.

Kapitel 13

Thesenartige Zusammenfassung

Die vorliegende Untersuchung der teamförmigen Zusammenarbeit im Europäischen Verwaltungsverbund nimmt die zwischen mitgliedstaatlichen und unionalen Stellen verflochtene Verwaltung des europäischen Rechtsraums sowie dabei maßgeblich den einer steigenden Operationalisierung sowie „agencification" unterworfenen Raum der Freiheit, der Sicherheit und des Rechts zum Ausgangspunkt. Es hat sich gezeigt, dass den untersuchten Referenzgebieten zwar unterschiedliche Modelle und Intentionen der Zusammenarbeit zugrunde liegen, jedoch bereichsübergreifende Rechtsfragen bestehen.

Das „älteste" und einzig primärrechtlich normierte Instrument der JITs (vgl. Teil 2 Kapitel 4) offenbart eine starke Prägung durch die kompetenziellen Grundstrukturen des Raums der Freiheit, der Sicherheit und des Rechts: Die zumindest in der Praxis übliche (kooperative) Beeinflussung durch mehrere unionale Stellen ist maßgeblich durch Unterstützungsbefugnisse und informale bzw. unverbindliche Einwirkungsformen gekennzeichnet. Letztentscheidungsbefugnisse und die Vornahme konkreter Ermittlungshandlungen fallen hingegen mitgliedstaatlichen Stellen zu. Nichtsdestotrotz sind jene Einflussnahmemöglichkeiten sowie der denkbare Aktionsradius der beteiligten unionalen Stellen überwiegend grundrechtsrelevant. Teilweise sekundärrechtlich geforderte, mitgliedstaatliche sowie unionale Vorkehrungen spannen ein Netz aus möglichen Kontrollzugriffen auf die Tätigkeit der JITs und in diesem Zuge die der beteiligten unionaler Stellen. Im Hinblick auf letzteres gehen die vorgesehenen Kontrollmechanismen jedoch weitgehend vom Soll-Zustand der Mitwirkung an JITs aus und schaffen insbesondere nur wenig Möglichkeit zur Überprüfung von faktischem und/oder insbesondere kompetenzwidrigem Verwaltungshandeln abseits von informationsbezogenen Aktionen.

Die Teams der Europäischen Grenz- und Küstenwache (Teil 2 Kapitel 5) spiegeln in ihrer historischen Entwicklung und aktuellen Ausgestaltung die Supranationalisierung des Schutzes der Außengrenzen der EU, welche in der Frontex-VO-2019 einen neuen Höhepunkt gefunden hat, wider. Die vielschichtigen Einsatzbereiche und Handlungsgrundlagen der Teams sind vergleichsweise ausführlich und in verschiedenen Rechtsakten sekundärrechtlich geregelt sowie durch weitere abstrakt-generelle Vorgaben, maßgeblich von Frontex, ausgestaltet. In diesen Regelungen und insbesondere durch die in der Praxis entwickelten Einsatzstrukturen wird die unverzichtbare Rolle von Frontex deutlich. Aktuell reagiert das Sekundärrecht etwa durch die Novellierungen im Bereich der unionalen Informationssysteme und maßgeblich durch die Frontex-VO-2019 mit einer rechtlichen Normierung der insbesondere grundrechtsrelevanten Praxis auf die hohe Bedeutung der Teams der Europäischen Grenz- und Küstenwache für den supranationalen Außengrenzschutz. Im Gegensatz zu den JITs erfolgt die Kontrolle dieser gemeinsamen Einsatzformen durch den Einsatzmitgliedstaat und maßgeblich (allein) durch die von Frontex eingerichteten, teilweise dysfunktionalen Überwachungsstrukturen.

Die durch EASO zu entsendenden ASTs (Teil 2 Kapitel 6) befinden sich trotz deutlicher Parallelen zu den Teams der Europäischen Grenz- und Küstenwache nicht auf einer vergleichbaren Evolutionsstufe. Ihr Wirken im Gemeinsamen Europäischen Asylsystem wurde maßgeblich durch die sog. Migrationskrise notwendig, konturiert sowie teilweise institutionalisiert. Die bisher weitgehend fehlende, sekundärrechtliche Normierung insbesondere dieser überwiegend faktischen Handlungsformen der ASTs im Rahmen mitgliedstaatlicher Asylverfahren ist ebenso wie die Wandlung EASOs in eine Europäische Asylagentur anvisiert. Hierbei bleibt fraglich, ob die tatsächlichen, erheblichen Einflüsse der ASTs auf den Ausgang von Asylverfahren angemessen abgebildet werden. Auch die externe administrative Kontrolle der Handlungen der ASTs, insbesondere durch den Europäischen Bürgerbeauftragten ist ausbaufähig. Diesbezügliches Potential kann die DSGVO enthalten.

JSTs (Teil 2 Kapitel 7) agieren in einem vergleichsweise stark supranationalisierten Arbeitsumfeld als Verwaltungsunterbau der EZB, hier bestehen weniger differenzierte Regelungen etwa zur Ausgestaltung des Einsetzungs- und Bereitstellungsvorgangs, des Einsatzrechtsrahmens und der Kontrolle. Auch ihre rechtlich zwingend vorgesehene Einsetzung grenzt sie von den übrigen in den Blick genommenen Teams ab. Große Gemeinsamkeiten bestehen hingegen hinsichtlich der möglichen Handlungsformen. In der Supranationalisierung der Entscheidungs-, Lenkungs- und Kontrollbefugnisse bei gleichzeitiger Angewiesenheit auf nationale Behörden hinsichtlich Zwangsanwendung bzw. faktischer Ermöglichung der Ausübung der Befugnisse könnte ein zweckmäßiges und (eher) primärrechtskonformes Vorbild für die Regelung der Zusammenarbeit auch der übrigen hier in den Blick genommenen gemeinsamen Einsatzformen bestehen.

Die Bereitstellung und die Zusammensetzung des Personals in den hier untersuchten Teams lässt sich jedenfalls nicht abschließend in diesbezüglich vorhandene „tradierte" Modelle der Verwaltungszusammenarbeit einordnen (vgl. dazu Teil 3 Kapitel 9 A. und B.). Dies gilt für den im Europäischen Verwaltungsverbund diskutierten Netzwerkbegriff, aber auch für die (interadministrativen) Kooperationsformen der Delegation sowie des Mandats und trotz teilweiser Übereinstimmungen letztlich auch für die Organleihe bzw. die Amtshilfe. Die Gründe hierfür liegen insbesondere im jeweils unionsrechtlich determinierten Rahmen der Zusammenarbeit, der die Kooperation zwischen eigenständigen (mitgliedstaatlichen) Verwaltungen durch integrierte Verbundsysteme, die konzeptionell ein Zusammenwirken voraussetzen und (organisatorische) Zuordnungen miteinander verschmelzen, ersetzt. Dieser Verbundcharakter setzt sich auch auf der insoweit notwendigerweise vielschichtigen Ebene der demokratischen Legitimation der teamförmigen Einsätze (vgl. dazu Teil 3 Kapitel 9 C.) fort. Hier zeigen sich ungeachtet der verschiedenen Einsatzrahmen der Teams strukturelle Überschneidungen. Besonders deutlich wird dies aus der Perspektive des „accountability"-Ansatzes und mit Blick auf das der teamförmigen Verwaltung inhärente und teilweise formalisierte Phänomen des Peer review.

Sämtliche untersuchte Einsatzformen unterliegen Interferenzen unionaler Stellen (vgl. dazu Teil 3 Kapitel 10), die von unterschiedlicher Intensität, (Rechtsschutz-)Relevanz und rechtlicher Qualität sind. Die Einflussmöglichkeiten beginnen bei der Ausbildung des Personals und betreffen weiterhin Initiativrechte, die Zuständigkeit zur verbindlichen Einsetzungsentscheidung, zur personellen Zusammensetzung der Teams, zur Konkretisierung des Einsatzablaufs, zur abstrakt-generellen Regelung des Einsatzes und einzelfallbezogene Steuerungselemente. Hierbei zeigt sich ein deutliches Überwiegen unverbindlicher oder konsensualer Handlungsformen, nichtsdestotrotz berühren die Einwirkungsmöglichkeiten der an den Einsätzen der Teams beteiligten unionalen Stellen grundlegende Fragestellungen unionalen verbundförmigen Verwaltens. Die gebotene rechtliche Erfassung und Überprüfung solcher Einwirkungshandlungen ist maßgeblich Aufgabe der Unionsgerichtsbarkeit, die dabei teilweise auf eine diese ermöglichende (Vorlage-)Praxis der nationalen Gerichte angewiesen ist. Hinsichtlich der einsatzbezogenen konkret-generellen Vorfestlegungen – insbesondere der Einsatzpläne – können aus der Rechtsprechung des EuGH weiterführende und rechtschutzfördernde Schlussfolgerungen gezogen werden. Dies gilt auch im Hinblick auf die Überprüfbarkeit von unverbindlichen abstrakt-generellen, den Einsatz beeinflussenden Vorgaben unionaler Stellen. In diesem Kontext besteht eine facettenreiche Rechtsprechung des Gerichtshofs in Bezug auf das Merkmal der „Rechtswirkung gegenüber Dritten" auch bei unverbindlich formulierten Verlautbarungen. Einer (judikativen) Weiterentwicklung bedarf die Einordnung und Überprüfbarkeit von konkret-individuellen Einwirkungsmöglichkeiten, insbesondere, wenn diese sich – wie etwa mit potentiellen Nachteilen verknüpfte „comply-or-explain"-Konstruktionen – nur knapp unterhalb der Schwelle der formalen Verbindlichkeit befinden.

Der gerichtliche Rechtsschutz gegen Maßnahmen der Teams (vgl. dazu Teil 3 Kapitel 11) bedarf zumindest auf unionaler Ebene der Weiterentwicklung, um dem durch den EuGH formulierten Vollständigkeitsanspruchs des primärrechtlich vorgesehenen Rechtsschutzsystems gerecht zu werden. Die überwiegend informationsbezogenen und rechtlich unverbindlichen Handlungen der Teams konfligieren bereichsübergreifend potenziell mit Datenschutz- und/oder Verfahrens- bzw. justiziellen Garantien der verschiedenen Ebenen der europäischen Grundrechtsordnung. Daneben stehen (weitere, menschenwürdenahe und) bereichsspezifische Verbürgungen, die durch die jeweiligen Einsatzbereiche tangiert werden können. Aus den jeweiligen Grundrechtsregimen können sich jedoch auch Grenzen hinsichtlich der (Einleitung der) Verwaltungszusammenarbeit in den hier untersuchten Teams ergeben. Einschlägiger und konzeptionell am besten geeigneter Rechtsbehelf im Hinblick auf die Handlungen der Teams ist angesichts ihres überwiegend unverbindlichen Charakters Art. 268 i.V.m. Art. 340 Abs. 2 und 3 AEUV. Die nötige judikative Weiterentwicklung zur Erfassung des Teamhandelns auf unionaler Ebene kann am ehesten in diesem Rahmen erfolgen; mit Blick auf die durch die Frontex-VO-2019 ermöglichten verbindlichen Handlungsweisen des unionalen Statutspersonals im mitgliedstaatlichen Namen ist jedoch auch eine Neujustierung der Zurechnungsansätze im Verfahren nach Art. 263 AEUV geboten. In ihrer jetzigen Ausgestaltung und Umsetzung können außergerichtliche Rechtsschutzmöglichkeiten diesen Entwicklungsbedarf auch faktisch nicht ausgleichen.

Verzeichnisse

A. Verzeichnis des abgekürzt zitierten Völker- und Unionsrechts[1]

I. Völkerrechtliche Verträge

EMRK	Konvention zum Schutze der Menschenrechte und Grundfreiheiten vom 04.11.1950 (abgedruckt in BGBl. 1952 II S. 685 ff.) in der Fassung der Neubekanntmachung vom 22.10.2010 (abgedruckt in BGBl. 2010 II S. 1198).
Europ. Rechtshilfeübereinkommen	Europäisches Übereinkommen über die Rechtshilfe in Strafsachen vom 20.04.1959 (abgedruckt in BGBl. 1964 II S. 1369).
SAR-Übereinkommen	Internationale Übereinkommen über den Such- und Rettungsdienst auf See vom 27.04.1979 (abgedruckt in BGBl. 1982 II S. 486).
SRÜ	Seerechtsübereinkommen der Vereinten Nationen vom 10.12.1982 (abgedruckt in ABl. L 179 vom 23.06.1998, S. 3).
SDÜ	Übereinkommen zur Durchführung des Übereinkommens von Schengen vom 14. Juni 1985 zwischen den Regierungen der Staaten der Benelux-Wirtschaftsunion, der Bundesrepublik Deutschland und der Französischen Republik betreffend den schrittweisen Abbau der gemeinsamen Grenzkontrollen, (abgedruckt in BGBl. 1993 II S. 1013).
Vertrag von Prüm	Vertrag über die über die Vertiefung der grenzüberschreitenden Zusammenarbeit, insbesondere zur Bekämpfung des Terrorismus, der grenzüberschreitenden Kriminalität und der illegalen Migration vom 27.05.2005 (abgedruckt in BGBl. 2006 I Nr. 32, S. 1458).

[1] Soweit nicht anders benannt wird im Folgenden auf den Abdruck des jeweiligen Rechtsaktes im Amtsblatt der Europäischen Union verwiesen.

II. Recht der europäischen Union

1. Primärrecht der Europäischen Union

AEUV	Vertrag über die Arbeitsweise der Europäischen Union, ABl. C 202 vom 07.06.2016, S. 47.
EU-GRC	Charta der Grundrechte der Europäischen Union, ABl. C 202 vom 07.06.2016, S. 389.
EUV	Vertrag über die Europäische Union, ABl. C 202 vom 07.06.2016, S. 13.
EUV (Amsterdam)	Vertrag von Amsterdam zur Änderung des Vertrags über die Europäische Union, der Verträge zur Gründung der Europäischen Gemeinschaften sowie einiger damit zusammenhängender Rechtsakte, ABl. C 340 vom 10.11.1997, S. 1.

2. Verordnungen, Richtlinien und (Rahmen-)Beschlüsse[2]

a) Verordnungen

CEPOL-VO	Verordnung (EU) 2015/2219 des Europäischen Parlaments und des Rates vom 25. November 2015 über die Agentur der Europäischen Union für die Aus- und Fortbildung auf dem Gebiet der Strafverfolgung (EPA) und zur Ersetzung sowie Aufhebung des Beschlusses 2005/681/JI des Rates, ABl. L 319 vom 04.12.2015, S. 1.
CRR	Verordnung (EU) Nr. 575/2013 des Europäischen Parlaments und des Rates vom 26. Juni 2013 über Aufsichtsanforderungen an Kreditinstitute und Wertpapierfirmen und zur Änderung der Verordnung (EU) Nr. 646/2012, ABl. L 176 vom 27.06.2013, S. 1; zuletzt geändert durch die Verordnung (EU) 2020/873 des Europäischen Parlaments und des Rates vom 24. Juni 2020 zur Änderung der Verordnungen (EU) Nr. 575/2013 und (EU) 2019/876 aufgrund bestimmter Anpassungen infolge der COVID-19-Pandemie, ABl. L 204 vom 26.06.2020, S. 4.
DSGVO	Verordnung (EU) 2016/679 des Europäischen Parlaments und des Rates vom 27. April 2016 zum Schutz natürlicher Personen bei der Verarbeitung personenbezogener Daten, zum freien Datenverkehr und zur Aufhebung der Richtlinie 95/46/EG, ABl. L 119 vom 04.05.2016, S. 1.
Dublin-III-Verordnung	Verordnung (EU) Nr. 604/2013 des Europäischen Parlaments und des Rates vom 26. Juni 2013 zur Festlegung der Kriterien und Verfahren zur Bestimmung des Mitgliedstaats, der für die Prüfung eines von einem Drittstaatsangehörigen oder Staatenlosen in einem Mitgliedstaat gestellten Antrags auf internationalen Schutz zuständig ist, ABl. L 180 vom 29.06.2013, S. 31.

[2] Aufgeführt werden im Folgenden Rechtsakte des Europäischen Parlaments, der Kommission, des Rates und der EZB welche eine der in der Überschrift genannten Bezeichnungen tragen.

EASO-VO — Verordnung (EU) Nr. 439/2010 des Europäischen Parlaments und des Rates vom 19. Mai 2010 zur Einrichtung eines Europäischen Unterstützungsbüros für Asylfragen, ABl. L 132 vom 29.05.2010, S. 11.

EBA-Verordnung — Verordnung (EU) Nr. 1093/2010 des Europäischen Parlaments und des Rates vom 24.11.2010 zur Errichtung einer Europäischen Aufsichtsbehörde (Europäische Bankenaufsichtsbehörde), zur Änderung des Beschlusses Nr. 716/2009/EG und zur Aufhebung des Beschlusses 2009/78/EG der Kommission, ABl. L 331 vom 15.12.2010, S. 12; zuletzt geändert durch die Verordnung (EU) 2019/2175 des Europäischen Parlaments und des Rates vom 18. Dezember 2019 zur Änderung der Verordnung (EU) Nr. 1093/2010 zur Errichtung einer Europäischen Aufsichtsbehörde (Europäische Bankenaufsichtsbehörde), der Verordnung (EU) Nr. 1094/2010 zur Errichtung einer Europäischen Aufsichtsbehörde (Europäische Aufsichtsbehörde für das Versicherungswesen und die betriebliche Altersversorgung), der Verordnung (EU) Nr. 1095/2010 zur Errichtung einer Europäischen Aufsichtsbehörde (Europäische Wertpapier- und Marktaufsichtsbehörde), der Verordnung (EU) Nr. 600/2014 über Märkte für Finanzinstrumente, der Verordnung (EU) 2016/1011 über Indizes, die bei Finanzinstrumenten und Finanzkontrakten als Referenzwert oder zur Messung der Wertentwicklung eines Investmentfonds verwendet werden, und der Verordnung (EU) 2015/847 über die Übermittlung von Angaben bei Geldtransfers, ABl. L 334 vom 27.12.2019, S. 1.

ECRIS-TCN-Verordnung — Verordnung (EU) 2019/816 des Europäischen Parlaments und des Rates vom 17. April 2019 zur Einrichtung eines zentralisierten Systems für die Ermittlung der Mitgliedstaaten, in denen Informationen zu Verurteilungen von Drittstaatsangehörigen und Staatenlosen (ECRIS-TCN) vorliegen, zur Ergänzung des Europäischen Strafregisterinformationssystems und zur Änderung der Verordnung (EU) 2018/1726, ABl. L 135 vom 22.05.2019, S. 1; zuletzt geändert durch die Interoperabilitäts-VO-II.

EES-Verordnung — Verordnung (EU) 2017/2226 des Europäischen Parlaments und des Rates vom 30. November 2017 über ein Einreise-/Ausreisesystem (EES) zur Erfassung der Ein- und Ausreisedaten sowie der Einreiseverweigerungsdaten von Drittstaatsangehörigen an den Außengrenzen der Mitgliedstaaten und zur Festlegung der Bedingungen für den Zugang zum EES zu Gefahrenabwehr- und Strafverfolgungszwecken und zur Änderung des Übereinkommens zur Durchführung des Übereinkommens von Schengen sowie der Verordnungen (EG) Nr. 767/2008 und (EU) Nr. 1077/2011, ABl. L 327 vom 09.12.2017, S. 20; zuletzt geändert durch die Interoperabilitäts-VO-I.

EIOPA-Verordnung — Verordnung (EU) Nr. 1094/2010 des Europäischen Parlaments und des Rates vom 24. November 2010 zur Errichtung einer Europäischen Aufsichtsbehörde (Europäische Aufsichtsbehörde für das Versicherungswesen und die betriebliche Altersversorgung), zur Änderung des Beschlusses Nr. 716/2009/EG und zur Aufhebung des

	Beschlusses 2009/79/EG der Kommission, ABl. L 331 vom 15.12.2010, S. 48; zuletzt geändert durch die Verordnung (EU) 2019/2175 des Europäischen Parlaments und des Rates vom 18. Dezember 2019 zur Änderung der Verordnung (EU) Nr. 1093/2010 zur Errichtung einer Europäischen Aufsichtsbehörde (Europäische Bankenaufsichtsbehörde), der Verordnung (EU) Nr. 1094/2010 zur Errichtung einer Europäischen Aufsichtsbehörde (Europäische Aufsichtsbehörde für das Versicherungswesen und die betriebliche Altersversorgung), der Verordnung (EU) Nr. 1095/2010 zur Errichtung einer Europäischen Aufsichtsbehörde (Europäische Wertpapier- und Marktaufsichtsbehörde), der Verordnung (EU) Nr. 600/2014 über Märkte für Finanzinstrumente, der Verordnung (EU) 2016/1011 über Indizes, die bei Finanzinstrumenten und Finanzkontrakten als Referenzwert oder zur Messung der Wertentwicklung eines Investmentfonds verwendet werden, und der Verordnung (EU) 2015/847 über die Übermittlung von Angaben bei Geldtransfers, ABl. L 334 vom 27.12.2019, S. 1.
ESMA-Verordnung	Verordnung (EU) Nr. 1095/2010 des Europäischen Parlaments und des Rates vom 24. November 2010 zur Errichtung einer Europäischen Aufsichtsbehörde (Europäische Wertpapier- und Marktaufsichtsbehörde), zur Änderung des Beschlusses Nr. 716/2009/EG und zur Aufhebung des Beschlusses 2009/77/EG der Kommission, ABl. L 331 vom 15.12.2010, S. 84; zuletzt geändert durch die Verordnung (EU) 2019/2175 des Europäischen Parlaments und des Rates vom 18. Dezember 2019 zur Änderung der Verordnung (EU) Nr. 1093/2010 zur Errichtung einer Europäischen Aufsichtsbehörde (Europäische Bankenaufsichtsbehörde), der Verordnung (EU) Nr. 1094/2010 zur Errichtung einer Europäischen Aufsichtsbehörde (Europäische Aufsichtsbehörde für das Versicherungswesen und die betriebliche Altersversorgung), der Verordnung (EU) Nr. 1095/2010 zur Errichtung einer Europäischen Aufsichtsbehörde (Europäische Wertpapier- und Marktaufsichtsbehörde), der Verordnung (EU) Nr. 600/2014 über Märkte für Finanzinstrumente, der Verordnung (EU) 2016/1011 über Indizes, die bei Finanzinstrumenten und Finanzkontrakten als Referenzwert oder zur Messung der Wertentwicklung eines Investmentfonds verwendet werden, und der Verordnung (EU) 2015/847 über die Übermittlung von Angaben bei Geldtransfers, ABl. L 334 vom 27.12.2019, S. 1.
ETIAS-Verordnung	Verordnung (EU) 2018/1240 des Europäischen Parlaments und des Rates vom 12. September 2018 über die Einrichtung eines Europäischen Reiseinformations- und -genehmigungssystems (ETIAS) und zur Änderung der Verordnungen (EU) Nr. 1077/2011, (EU) Nr. 515/2014, (EU) 2016/399, (EU) 2016/1624 und (EU) 2017/2226, ABl. L 236 vom 19.09.2018, S. 1; zuletzt geändert durch die Interoperabilitäts-VO-I.
EU-Beamtenstatut	EWG/EAG Rat: Verordnung Nr. 31 (EWG), Nr. 11 (EAG) über das Statut der Beamten und über die Beschäftigungsbedingungen für die sonstigen Bediensteten der Europäischen Wirtschaftsgemeinschaft und der Europäischen Atomgemeinschaft, ABl. 45 vom

14.06.1962, S. 1385; zuletzt geändert durch die Verordnung (EU) Nr. 423/2014 des Europäischen Parlaments und des Rates vom 16. April 2014 zur Angleichung der Dienst- und Versorgungsbezüge der Beamten und sonstigen Bediensteten der Europäischen Union sowie der Berichtigungskoeffizienten, die auf diese Dienst- und Versorgungsbezüge anwendbar sind, mit Wirkung vom 1.07.2012, ABl. L 129 vom 30.04.2014, S. 12.

EU-Datenschutz-VO Verordnung (EU) 2018/1725 des Europäischen Parlaments und des Rates vom 23. Oktober 2018 zum Schutz natürlicher Personen bei der Verarbeitung personenbezogener Daten durch die Organe, Einrichtungen und sonstigen Stellen der Union, zum freien Datenverkehr und zur Aufhebung der Verordnung (EG) Nr. 45/2001 und des Beschlusses Nr. 1247/2002/EG, ABl. L 295 vom 21.11.2018, S. 39.

EU-Dokumentenzugangs-VO Verordnung (EG) Nr. 1049/2001 des Europäischen Parlaments und des Rates vom 30. Mai 2001 über den Zugang der Öffentlichkeit zu Dokumenten des Europäischen Parlaments, des Rates und der Kommission, ABl. L 145 vom 31.05.2001, S. 43.

eu-LISA-Verordnung Verordnung (EU) 2018/1726 des Europäischen Parlaments und des Rates vom 14. November 2018 über die Agentur der Europäischen Union für das Betriebsmanagement von IT-Großsystemen im Raum der Freiheit, der Sicherheit und des Rechts (eu-LISA), zur Änderung der Verordnung (EG) Nr. 1987/2006 und des Beschlusses 2007/533/JI des Rates sowie zur Aufhebung der Verordnung (EU) Nr. 1077/2011, ABl. L 295 vom 21.11.2018, S. 99; zuletzt geändert durch die Interoperabilitäts-VO-II.

eu-LISA-Verordnung a.F. Verordnung (EU) Nr. 1077/2011 des Europäischen Parlaments und des Rates vom 25. Oktober 2011 zur Errichtung einer Europäischen Agentur für das Betriebsmanagement von IT-Großsystemen im Raum der Freiheit, der Sicherheit und des Rechts, ABl. L 286 vom 01.11.2011, S. 1; aufgehoben durch die Verordnung (EU) 2018/1726 des Europäischen Parlaments und des Rates vom 14. November 2018 über die Agentur der Europäischen Union für das Betriebsmanagement von IT-Großsystemen im Raum der Freiheit, der Sicherheit und des Rechts (eu-LISA), zur Änderung der Verordnung (EG) Nr. 1987/2006 und des Beschlusses 2007/533/JI des Rates sowie zur Aufhebung der Verordnung (EU) Nr. 1077/2011, ABl. L 295 vom 21.11.2018, S. 99–137.

Eurodac-VO Verordnung (EU) Nr. 603/2013 des Europäischen Parlaments und des Rates vom 26. Juni 2013 über die Einrichtung von Eurodac für den Abgleich von Fingerabdruckdaten zum Zwecke der effektiven Anwendung der Verordnung (EU) Nr. 604/2013 zur Festlegung der Kriterien und Verfahren zur Bestimmung des Mitgliedstaats, der für die Prüfung eines von einem Drittstaatsangehörigen oder Staatenlosen in einem Mitgliedstaat gestellten Antrags auf internationalen Schutz zuständig ist und über der Gefahrenabwehr und Strafverfolgung dienende Anträge der Gefahrenabwehr- und Strafverfolgungsbehörden der Mitgliedstaaten und Europols auf den Abgleich mit Eurodac-Daten sowie zur Änderung der Verordnung (EU) Nr. 1077/2011 zur Errichtung einer Europäischen Agentur für das

	Betriebsmanagement von IT-Großsystemen im Raum der Freiheit, der Sicherheit und des Rechts, ABl. L 180 vom 29.06.2013, S. 1.
Eurojust-VO	Verordnung (EU) 2018/1727 des Europäischen Parlaments und des Rates vom 14. November 2018 betreffend die Agentur der Europäischen Union für justizielle Zusammenarbeit in Strafsachen (Eurojust) und zur Ersetzung und Aufhebung des Beschlusses 2002/187/JI des Rates, ABl. L 295 vom 21.11.2018, S. 138.
Europol-VO	Verordnung (EU) 2016/794 des Europäischen Parlaments und des Rates vom 11. Mai 2016 über die Agentur der Europäischen Union für die Zusammenarbeit auf dem Gebiet der Strafverfolgung (Europol) und zur Ersetzung und Aufhebung der Beschlüsse 2009/371/JI, 2009/934/JI, 2009/935/JI, 2009/936/JI und 2009/968/JI des Rates, ABl. L 135 vom 24.05.2016, S. 53; zuletzt geändert durch die Verordnung (EU) 2018/1241 des Europäischen Parlaments und des Rates vom 12. September 2018 zur Änderung der Verordnung (EU) 2016/794 für die Zwecke der Einrichtung eines Europäischen Reiseinformations- und -genehmigungssystems (ETIAS), ABl. L 236 vom 19.09.2018, S. 72.
Eurosur-VO	Verordnung (EU) Nr. 1052/2013 des Europäischen Parlaments und des Rates vom 22. Oktober 2013 zur Errichtung eines Europäischen Grenzüberwachungssystems (EUROSUR), ABl. L 295 vom 06.11.2013, S. 11; teilweise aufgehoben durch die Frontex-VO-2019.
EU-StA-VO	Verordnung (EU) 2017/1939 des Rates vom 12. Oktober 2017 zur Durchführung einer Verstärkten Zusammenarbeit zur Errichtung der Europäischen Staatsanwaltschaft (EUStA), ABl. L 283 vom 31.10.2017, S. 1; zuletzt geändert durch die Delegierte Verordnung (EU) 2020/2153 der Kommission vom 14. Oktober 2020 zur Änderung der Verordnung (EU) 2017/1939 des Rates in Bezug auf die Kategorien operativer personenbezogener Daten und die Kategorien betroffener Personen, deren operative personenbezogene Daten von der Europäischen Staatsanwaltschaft im Register der Verfahrensakten verarbeitet werden dürfen, ABl. L 431 vom 21.12.2020, S. 1.
Frontex-Änderungs-VO	Verordnung (EU) Nr. 1168/2011 des Europäischen Parlaments und des Rates vom 25. Oktober 2011 zur Änderung der Verordnung (EG) Nr. 2007/2004 des Rates zur Errichtung einer Europäischen Agentur für die operative Zusammenarbeit an den Außengrenzen der Mitgliedstaaten der Europäischen Union, ABl. L 304 vom 22.11.2011, S. 1; stillschweigend aufgehoben durch die Frontex-VO-2016.
Frontex-VO a.F.	Verordnung (EG) Nr. 2007/2004 des Rates vom 26. Oktober 2004 zur Errichtung einer Europäischen Agentur für die operative Zusammenarbeit an den Außengrenzen der Mitgliedstaaten der Europäischen Union, ABl. L 349 vom 25.11.2004, S. 1; aufgehoben durch Verordnung (EU) 2016/1624 des Europäischen Parlaments und des Rates vom 14. September 2016 über die Europäische Grenz- und Küstenwache und zur Änderung der Verordnung (EU) 2016/399 des Europäischen Parlaments und des Rates sowie zur Aufhebung der Verordnung (EG) Nr. 863/2007 des Europäischen

	Parlaments und des Rates, der Verordnung (EG) Nr. 2007/2004 des Rates und der Entscheidung des Rates 2005/267/EG, ABl. L 251 vom 16.09.2016, S. 1–76.
Frontex-VO-2016	Verordnung (EU) 2016/1624 des Europäischen Parlaments und des Rates vom 14. September 2016 über die Europäische Grenz- und Küstenwache und zur Änderung der Verordnung (EU) 2016/399 des Europäischen Parlaments und des Rates sowie zur Aufhebung der Verordnung (EG) Nr. 863/2007 des Europäischen Parlaments und des Rates, der Verordnung (EG) Nr. 2007/2004 des Rates und der Entscheidung des Rates 2005/267/EG, ABl. L 251 vom 16.09.2016, S. 1; aufgehoben durch die Verordnung (EU) 2019/1896 des Europäischen Parlaments und des Rates vom 13. November 2019 über die Europäische Grenz- und Küstenwache und zur Aufhebung der Verordnungen (EU) Nr. 1052/2013 und (EU) 2016/1624, ABl. L 295 vom 14.11.2019, S. 1.
Frontex-VO-2019	Verordnung (EU) 2019/1896 des Europäischen Parlaments und des Rates vom 13.11.2019 über die Europäische Grenz- und Küstenwache und zur Aufhebung der Verordnungen (EU) Nr. 1052/2013 und (EU) 2016/1624, ABl. L 295 vom 14.11.2019, S. 1.
Interoperabilitäts-VO-I	Verordnung (EU) 2019/817 des Europäischen Parlaments und des Rates vom 20. Mai 2019 zur Errichtung eines Rahmens für die Interoperabilität zwischen EU-Informationssystemen in den Bereichen Grenzen und Visa und zur Änderung der Verordnungen (EG) Nr. 767/2008, (EU) 2016/399, (EU) 2017/2226, (EU) 2018/1240, (EU) 2018/1726 und (EU) 2018/1861 des Europäischen Parlaments und des Rates, der Entscheidung 2004/512/EG des Rates und des Beschlusses 2008/633/JI des Rates, ABl. L 135 vom 22.05.2019, S. 27.
Interoperabilitäts-VO-II	Verordnung (EU) 2019/818 des Europäischen Parlaments und des Rates vom 20. Mai 2019 zur Errichtung eines Rahmens für die Interoperabilität zwischen EU-Informationssystemen (polizeiliche und justizielle Zusammenarbeit, Asyl und Migration) und zur Änderung der Verordnungen (EU) 2018/1726, (EU) 2018/1862 und (EU) 2019/816, ABl. L 135 vom 22.05.2019, S. 85.
LIFE-Verordnung	Verordnung (EU) Nr. 1293/2013 des Europäischen Parlaments und des Rates vom 11. Dezember 2013 zur Aufstellung des Programms für die Umwelt und Klimapolitik (LIFE) und zur Aufhebung der Verordnung (EG) Nr. 614/2007, ABl. L 347 vom 20.12.2013, S. 185; zuletzt geändert durch die Verordnung (EU) 2018/1475 des Europäischen Parlaments und des Rates vom 2. Oktober 2018 zur Festlegung des rechtlichen Rahmens des Europäischen Solidaritätskorps sowie zur Änderung der Verordnung (EU) Nr. 1288/2013 und der Verordnung (EU) Nr. 1293/2013 sowie des Beschlusses Nr. 1313/2013/EU, Abl. L 250 vom 04.10.2018, S. 1.
OLAF-Kontrollen-VO	Verordnung (EURATOM, EG) Nr. 2185/96 des Rates vom 11. November 1996 betreffend die Kontrollen und Überprüfungen vor Ort durch die Kommission zum Schutz der finanziellen Interessen der Europäischen Gemeinschaften vor Betrug und anderen Unregelmäßigkeiten, Abl. L 292 vom 15.11.1996, S. 2.

OLAF-VO	Verordnung (EU, Euratom) Nr. 883/2013 des Europäischen Parlaments und des Rates vom 11. September 2013 über die Untersuchungen des Europäischen Amtes für Betrugsbekämpfung (OLAF) und zur Aufhebung der Verordnung (EG) Nr. 1073/1999 des Europäischen Parlaments und des Rates und der Verordnung (Euratom) Nr. 1074/1999 des Rates, ABl. L 248 vom 18.09.2013, S. 1; zuletzt geändert durch die Verordnung (EU, Euratom) 2020/2223 des Europäischen Parlaments und des Rates vom 23. Dezember 2020 zur Änderung der Verordnung (EU, Euratom) Nr. 883/2013 im Hinblick auf die Zusammenarbeit mit der Europäischen Staatsanwaltschaft und die Wirksamkeit der Untersuchungen des Europäischen Amtes für Betrugsbekämpfung, ABl. L 437 vom 28.12.2020, S. 49.
RaBIT-VO	Verordnung (EG) Nr. 863/2007 des Europäischen Parlaments und des Rates vom 11. Juli 2007 über einen Mechanismus zur Bildung von Soforteinsatzteams für Grenzsicherungszwecke und zur Änderung der Verordnung (EG) Nr. 2007/2004 des Rates hinsichtlich dieses Mechanismus und der Regelung der Aufgaben und Befugnisse von abgestellten Beamten, ABl. L 199 vom 31.07.2007, S. 30; aufgehoben durch die Verordnung (EU) 2016/1624 des Europäischen Parlaments und des Rates vom 14. September 2016 über die Europäische Grenz- und Küstenwache und zur Änderung der Verordnung (EU) 2016/399 des Europäischen Parlaments und des Rates sowie zur Aufhebung der Verordnung (EG) Nr. 863/2007 des Europäischen Parlaments und des Rates, der Verordnung (EG) Nr. 2007/2004 des Rates und der Entscheidung des Rates 2005/267/EG, ABl. L 251 vom 16.09.2016, S. 1
Schengener Grenzkodex	Verordnung (EU) 2016/399 des Europäischen Parlaments und des Rates vom 9. März 2016 über einen Gemeinschaftskodex für das Überschreiten der Grenzen durch Personen (Schengener Grenzkodex), ABl. L 77 vom 23.03.2016, S. 1; zuletzt geändert durch die Interoperabilitäts-VO-I.
Schengener Grenzkodex a.F.	Verordnung (EG) Nr. 562/2006 des Europäischen Parlaments und des Rates vom 15. März 2006 über einen Gemeinschaftskodex für das Überschreiten der Grenzen durch Personen (Schengener Grenzkodex), ABl. L 105 vom 13.04.2006, S. 1; aufgehoben durch Verordnung (EU) 2016/399 des Europäischen Parlaments und des Rates vom 9. März 2016 über einen Gemeinschaftskodex für das Überschreiten der Grenzen durch Personen (Schengener Grenzkodex), ABl. L 77 vom 23.03.2016, S. 1–52.
Seeaußengrenzen-VO	Verordnung (EU) Nr. 656/2014 des Europäischen Parlaments und des Rates vom 15. Mai 2014 zur Festlegung von Regelungen für die Überwachung der Seeaußengrenzen im Rahmen der von der Europäischen Agentur für die operative Zusammenarbeit an den Außengrenzen der Mitgliedstaaten der Europäischen Union koordinierten operativen Zusammenarbeit, ABl. L 189 vom 27.06.2014, S. 93.
SIS-Rückkehr-VO	Verordnung (EU) 2018/1860 des Europäischen Parlaments und des Rates vom 28. November 2018 über die Nutzung des Schengener

	Informationssystems für die Rückkehr illegal aufhältiger Drittstaatsangehöriger, ABl. L 312 vom 07.12.2018, S. 1.
SIS-Verordnung	Verordnung (EU) 2018/1862 des Europäischen Parlaments und des Rates vom 28. November 2018 über die Einrichtung, den Betrieb und die Nutzung des Schengener Informationssystems (SIS) im Bereich der polizeilichen Zusammenarbeit und der justiziellen Zusammenarbeit in Strafsachen, zur Änderung und Aufhebung des Beschlusses 2007/533/JI des Rates und zur Aufhebung der Verordnung (EG) Nr. 1986/2006 des Europäischen Parlaments und des Rates und des Beschlusses 2010/261/EU der Kommission, ABl. L 312 vom 07.12.2018, S. 56; zuletzt geändert durch die Interoperabilitäts-VO-II.
SRM-VO	Verordnung (EU) Nr. 806/2014 des Europäischen Parlaments und des Rates vom 15. Juli 2014 zur Festlegung einheitlicher Vorschriften und eines einheitlichen Verfahrens für die Abwicklung von Kreditinstituten und bestimmten Wertpapierfirmen im Rahmen eines einheitlichen Abwicklungsmechanismus und eines einheitlichen Abwicklungsfonds sowie zur Änderung der Verordnung (EU) Nr. 1093/2010, ABl. L 225 vom 30.07.2014, S. 1; zuletzt geändert durch die Verordnung (EU) 2019/877 des Europäischen Parlaments und des Rates vom 20. Mai 2019 zur Änderung der Verordnung (EU) Nr. 806/2014 in Bezug auf die Verlustabsorptions- und Rekapitalisierungskapazität von Kreditinstituten und Wertpapierfirmen, ABl. L 150 vom 07.06.2019, S. 226.
SSM-Rahmen-VO	Verordnung (EU) Nr. 468/2014 der Europäischen Zentralbank vom 16. April 2014 zur Einrichtung eines Rahmenwerks für die Zusammenarbeit zwischen der Europäischen Zentralbank und den nationalen zuständigen Behörden und den nationalen benannten Behörden innerhalb des einheitlichen Aufsichtsmechanismus (SSM-Rahmenverordnung) (EZB/2014/17), ABl. L 141 vom 14.05.2014, S. 1–50.
SSM-VO	Verordnung (EU) Nr. 1024/2013 des Rates vom 15. Oktober 2013 zur Übertragung besonderer Aufgaben im Zusammenhang mit der Aufsicht über Kreditinstitute auf die Europäische Zentralbank, ABl. L 287 vom 29.10.2013, S. 63.
VIS-Verordnung	Verordnung (EG) Nr. 767/2008 des Europäischen Parlaments und des Rates vom 9. Juli 2008 über das Visa-Informationssystem (VIS) und den Datenaustausch zwischen den Mitgliedstaaten über Visa für einen kurzfristigen Aufenthalt, ABl. L 218 vom 13.08.2008, S. 60; zuletzt geändert durch die Interoperabilitäts-VO-I.

b) Richtlinien

Abwicklungs-RL	Richtlinie 2014/59/EU des Europäischen Parlaments und des Rates vom 15. Mai 2014 zur Festlegung eines Rahmens für die Sanierung und Abwicklung von Kreditinstituten und Wertpapierfirmen und zur Änderung der Richtlinie 82/891/EWG des Rates, der Richtlinien 2001/24/EG, 2002/47/EG, 2004/25/EG, 2005/56/EG, 2007/36/EG, 2011/35/EU, 2012/30/EU und 2013/36/EU sowie der Verordnungen (EU) Nr. 1093/2010 und (EU) Nr. 648/2012 des Eu-

	ropäischen Parlaments und des Rates, ABl. L 173 vom 12.06.2014, S. 190, zuletzt geändert durch die Richtlinie (EU) 2019/2162 des Europäischen Parlaments und des Rates vom 27. November 2019 über die Emission gedeckter Schuldverschreibungen und die öffentliche Aufsicht über gedeckte Schuldverschreibungen und zur Änderung der Richtlinien 2009/65/EG und 2014/59/EU, ABl. L 328 vom 18.12.2019, S. 29.
Asylverfahrens-RL	Richtlinie 2013/32/EU des Europäischen Parlaments und des Rates vom 26. Juni 2013 zu gemeinsamen Verfahren für die Zuerkennung und Aberkennung des internationalen Schutzes, ABl. L 180 vom 29.06.2013, S. 60.
Aufnahme-RL	Richtlinie 2013/33/EU des Europäischen Parlaments und des Rates vom 26. Juni 2013 zur Festlegung von Normen für die Aufnahme von Personen, die internationalen Schutz beantragen, ABl. L 180 vom 29.06.2013, S. 96; Anwendungsbereich erweitert durch Beschluss (EU) 2018/753 der Kommission vom 22. Mai 2018 zur Bestätigung der Beteiligung Irlands an der Richtlinie 2013/33/EU des Europäischen Parlaments und des Rates zur Festlegung von Normen für die Aufnahme von Personen, die internationalen Schutz beantragen, ABl. L 126 vom 23.05.2018, S. 8.
CRD IV	Richtlinie 2013/36/EU des Europäischen Parlaments und des Rates vom 26. Juni 2013 über den Zugang zur Tätigkeit von Kreditinstituten und die Beaufsichtigung von Kreditinstituten und Wertpapierfirmen, zur Änderung der Richtlinie 2002/87/EG und zur Aufhebung der Richtlinien 2006/48/EG und 2006/49/EG, ABl. L 176 vom 27.06.2013, S. 338, zuletzt geändert durch die Richtlinie (EU) 2021/338 des Europäischen Parlaments und des Rates vom 16. Februar 2021 zur Änderung der Richtlinie 2014/65/EU im Hinblick auf die Informationspflichten, die Produktüberwachung und die Positionslimits sowie der Richtlinien 2013/36/EU und (EU) 2019/878 im Hinblick auf ihre Anwendung auf Wertpapierfirmen, zur Förderung der wirtschaftlichen Erholung von der COVID-19-Krise, ABl. L 68 vom 26.02.2021, S. 14.
EU-Ermittlungs-anordnung-RL	Richtlinie 2014/41/EU des Europäischen Parlaments und des Rates vom 3. April 2014 über die Europäische Ermittlungsanordnung in Strafsachen, ABl. L 130 vom 01.05.2014, S. 1.
JI-Richtlinie	Richtlinie (EU) 2016/680 des Europäischen Parlaments und des Rates vom 27. April 2016 zum Schutz natürlicher Personen bei der Verarbeitung personenbezogener Daten durch die zuständigen Behörden zum Zwecke der Verhütung, Ermittlung, Aufdeckung oder Verfolgung von Straftaten oder der Strafvollstreckung sowie zum freien Datenverkehr und zur Aufhebung des Rahmenbeschlusses 2008/977/JI des Rates, ABl. L 119 vom 04.05.2016, S. 89.
Rückführungs-RL	Richtlinie 2008/115/EG des Europäischen Parlaments und des Rates vom 16. Dezember 2008 über gemeinsame Normen und Verfahren in den Mitgliedstaaten zur Rückführung illegal aufhältiger Drittstaatsangehöriger, ABl. L 348 vom 24.12.2008, S. 98.

c) Beschlüsse und ähnliche Rechtsakte

EBB-Statut	Beschluss des Europäischen Parlaments (94/262/EGKS, EG, Euratom) vom 9. März 1994 über die Regelungen und allgemeinen Bedingungen für die Ausübung der Aufgaben des Bürgerbeauftragten, ABl. L 113 vom 04.05.1994, S. 15; zuletzt geändert durch Beschluss des Europäischen Parlaments 2008/587/EG, Euratom vom 18. Juni 2008 zur Änderung des Beschlusses 94/262/EGKS, EG, Euratom über die Regelungen und allgemeinen Bedingungen für die Ausübung der Aufgaben des Bürgerbeauftragten, ABl. L 189 vom 17.07.2008, S. 25.
Eurojust-Beschluss	Beschluss des Rates (2002/187/JI) vom 28. Februar 2002 über die Errichtung von Eurojust zur Verstärkung der Bekämpfung der schweren Kriminalität, ABl. L 063, 06.03.2002, S. 1; aufgehoben die durch Verordnung (EU) 2018/1727 des Europäischen Parlaments und des Rates vom 14. November 2018 betreffend die Agentur der Europäischen Union für justizielle Zusammenarbeit in Strafsachen (Eurojust) und zur Ersetzung und Aufhebung des Beschlusses 2002/187/JI des Rates, ABl. L 295 vom 21.11.2018, S. 138–183.
Europol-Beschluss	Beschluss des Rates vom 6. April 2009 zur Errichtung des Europäischen Polizeiamts (Europol), ABl. L 121 vom 15.05.2009, S. 37; aufgehoben durch die Verordnung (EU) 2016/794 des Europäischen Parlaments und des Rates vom 11. Mai 2016 über die Agentur der Europäischen Union für die Zusammenarbeit auf dem Gebiet der Strafverfolgung (Europol) und zur Ersetzung und Aufhebung der Beschlüsse 2009/371/JI, 2009/934/JI, 2009/935/JI, 2009/936/JI und 2009/968/JI des Rates, ABl. L 135 vom 24.05.2016, S. 53–114.
GO-EZB	Beschluss der Europäischen Zentralbank 2004/257/EG vom 19. Februar 2004 zur Verabschiedung der Geschäftsordnung der Europäischen Zentralbank (EZB/2004/2), ABl. L 80 vom 18.03.2004, S. 33; zuletzt geändert durch Beschluss (EU) 2016/1717 der Europäischen Zentralbank vom 21. September 2016 zur Änderung des Beschlusses EZB/2004/2 zur Verabschiedung der Geschäftsordnung der Europäischen Zentralbank (EZB/2016/27), ABl. L 258 vom 24.09.2016, S. 17.
Haftbefehl-RB	Rahmenbeschluss (2002/584/JI) des Rates vom 13. Juni 2002 über den Europäischen Haftbefehl und die Übergabeverfahren zwischen den Mitgliedstaaten, ABl. L 190 vom 18.07.2002, S. 1; zuletzt geändert durch den Rahmenbeschluss 2009/299/JI des Rates vom 26. Februar 2009 zur Änderung der Rahmenbeschlüsse 2002/584/JI, 2005/214/JI, 2006/783/JI, 2008/909/JI und 2008/947/JI, zur Stärkung der Verfahrensrechte von Personen und zur Förderung der Anwendung des Grundsatzes der gegenseitigen Anerkennung auf Entscheidungen, die im Anschluss an eine Verhandlung ergangen sind, zu der die betroffene Person nicht erschienen ist, ABl. L 81 vom 27.03.2009, S. 24.
JITs-Beschluss	Rahmenbeschluss (2002/465/JI) des Rates vom 13. Juni 2002 über gemeinsame Ermittlungsgruppen, ABl. L 162 vom 20.06.2002, S. 1.

Leistungsbeurteilungs-Beschluss	Beschluss (EU) 2017/274 der Europäischen Zentralbank vom 10.02.2017 zur Festlegung der Verfahrensgrundsätze zur Leistungsbeurteilung von Unterkoordinatoren der nationalen zuständigen Behörden und zur Aufhebung des Beschlusses (EU) 2016/3 (EZB/2017/6), ABl. L 40 vom 17.02.2017, S. 72.
OLAF-Beschluss	Beschluss der Kommission (1999/352/EG, EGKS, Euratom) vom 28. April 1999 zur Errichtung des Europäischen Amtes für Betrugsbekämpfung (OLAF) (Bekanntgegeben unter Aktenzeichen SEK(1999) 802), ABl. L 136 vom 31.05.1999, S. 20, zuletzt geändert durch Beschluss (EU) 2015/2418 der Kommission vom 18. Dezember 2015 zur Änderung des Beschlusses 1999/352/EG, EGKS, Euratom zur Errichtung des Europäischen Amtes für Betrugsbekämpfung (OLAF), ABl. L 333 vom 19.12.2015, S. 148.
OLAF-Beschluss der EZB	Beschluss (EU) 2016/456 der Europäischen Zentralbank vom 4. März 2016 über die Bedingungen und Modalitäten der Untersuchungen des Europäischen Amtes für Betrugsbekämpfung in der Europäischen Zentralbank zur Bekämpfung von Betrug, Korruption und sonstigen gegen die finanziellen Interessen der Union gerichteten rechtswidrigen Handlungen (EZB/2016/3), ABl. L 79 vom 30.03.2016, S. 34.
Prüm-Beschluss	Beschluss 2008/615/JI des Rates vom 23. Juni 2008 zur Vertiefung der grenzüberschreitenden Zusammenarbeit, insbesondere zur Bekämpfung des Terrorismus und der grenzüberschreitenden Kriminalität, ABl. L 210 vom 06.08.2008, S. 1; Anwendungsbereich erweitert durch Beschluss (EU) 2016/809 der Kommission vom 20. Mai 2016 über die Mitteilung der Absicht des Vereinigten Königreichs von Großbritannien und Nordirland, sich an Rechtsakten der Union im Bereich der polizeilichen Zusammenarbeit, die vor dem Inkrafttreten des Vertrags von Lissabon angenommen wurden und die nicht Teil des Schengen-Besitzstandes sind, zu beteiligen, ABl. L 132 vom 21.05.2016, S. 105.
Prüm-Durchführungsbeschluss	Beschluss 2008/616/JI des Rates vom 23. Juni 2008 zur Durchführung des Beschlusses 2008/615/JI zur Vertiefung der grenzüberschreitenden Zusammenarbeit, insbesondere zur Bekämpfung des Terrorismus und der grenzüberschreitenden Kriminalität, ABl. L 210 vom 06.08.2008, S. 12; Anwendungsbereich erweitert durch Beschluss (EU) 2016/809 der Kommission vom 20. Mai 2016 über die Mitteilung der Absicht des Vereinigten Königreichs von Großbritannien und Nordirland, sich an Rechtsakten der Union im Bereich der polizeilichen Zusammenarbeit, die vor dem Inkrafttreten des Vertrags von Lissabon angenommen wurden und die nicht Teil des Schengen-Besitzstandes sind, zu beteiligen, ABl. L 132 vom 21.05.2016, S. 105.
Rückführungs-Entscheidung des Rates	Entscheidung des Rates 2004/573/EG vom 29. April 2004 betreffend die Organisation von Sammelflügen zur Rückführung von Drittstaatsangehörigen, die individuellen Rückführungsmaßnahmen unterliegen, aus dem Hoheitsgebiet von zwei oder mehr Mitgliedstaaten, ABl. L 261 vom 06.08.2004, S. 28.

Seeaußengrenzen-Beschluss	Beschluss des Rates 2010/252/EU vom 26.04.2010 zur Ergänzung des Schengener Grenzkodex hinsichtlich der Überwachung der Seeaußengrenzen im Rahmen der von der Europäischen Agentur für die operative Zusammenarbeit an den Außengrenzen der Mitgliedstaaten der Europäischen Union koordinierten operativen Zusammenarbeit, ABl. L 111 vom 04.05.2010, S. 20; aufgehoben durch die Verordnung (EU) Nr. 656/2014 des Europäischen Parlaments und des Rates vom 15. Mai 2014 zur Festlegung von Regelungen für die Überwachung der Seeaußengrenzen im Rahmen der von der Europäischen Agentur für die operative Zusammenarbeit an den Außengrenzen der Mitgliedstaaten der Europäischen Union koordinierten operativen Zusammenarbeit, ABl. L 189 vom 27.06.2014, S. 93–107.
VIS-Zugriffs-Beschluss	Beschluss 2008/633/JI des Rates vom 23. Juni 2008 über den Zugang der benannten Behörden der Mitgliedstaaten und von Europol zum Visa-Informationssystem (VIS) für Datenabfragen zum Zwecke der Verhütung, Aufdeckung und Ermittlung terroristischer und sonstiger schwerwiegender Straftaten, ABl. L 218 vom 13.08.2008, S. 129; zuletzt geändert durch die Interoperabilitäts-VO-I.
Zweiter Umverteilungsbeschluss	Beschluss (EU) 2015/1601 des Rates vom 22. September 2015 zur Einführung von vorläufigen Maßnahmen im Bereich des internationalen Schutzes zugunsten von Italien und Griechenland, ABl. L 248 vom 24.09.2015, S. 80; Ende der Gültigkeit am 26.09.2017.

B. Verzeichnis der abgekürzt zitierten Leitlinien, Handbücher, Verhaltenskodizes und sonstigen administrativen Vorgaben

CMR	Entscheidung des Exekutivdirektors von Frontex Nr. R-ED-2016-106 vom 06.10.2016 über „Complaint Mechanism Rules“, abrufbar unter https://www.google.com/url?sa=t&rct=j&q=&esrc=s&source=web&cd=&ved=2ahUKEwiz3tfOksSEAxVMgP0HHcLkB2AQFnoECA4QAQ&url=https%3A%2F%2Fwww.frontex.europa.eu%2Fassets%2FKey_Documents%2FComplaints%2FExecutive_Director_decision_on_complaints_mechanism.pdf&usg=AOvVaw1MpwoC6lxNbV16hKQLBmd3&opi=89978449 (zuletzt abgerufen am 24.02.2024).
EASO-CoC	Code of conduct for persons participating in EASO operational support activities, abrufbar unter https://op.europa.eu/en/publication-detail/-/publication/8905f858-afb5-11e6-aab7-01aa75ed71a1 (zuletzt abgerufen am 24.02.2024).
EBB-Beschluss	Beschluss des Europäischen Bürgerbeauftragten zur Annahme von Durchführungsbestimmungen (2016/C 321/01) vom ABl. C 321 vom 01.09.2016, S. 1–6.
Ethik-Leitlinie	Leitlinie (EU) 2015/856 der Europäischen Zentralbank vom 12. März 2015 über die Festlegung von Grundsätzen eines Ethik-Rahmens für den Einheitlichen Aufsichtsmechanismus (Single Super-

	visory Mechanism — SSM) (EZB/2015/12), ABl. L 135 vom 02.06.2015, S. 29–34.
Frontex-CoC	Code of Conduct applicable to all persons participating in Frontex operational activities, veröffentlich von Frontex im Jahr 2020, abrufbar unter https://www.google.com/url?sa=t&rct=j&q=&esrc=s&source=web&cd=&ved=2ahUKEwiu-piBlMSEAxUp9bsIHVa_AGUQFnoECA4QAQ&url=https%3A%2F%2Fwww.frontex.europa.eu%2Fassets%2FKey_Documents%2FCode_of_Conduct%2FCode_of_conduct_applicable_to_all_persons_particiating_in_Frontex_operational_activities.pdf&usg=AOvVaw2pmPpBi6KhHfGOzeC_ZmX3&opi=89978449 (zuletzt abgerufen am 24.02.2024).
GO-GKI	Akt der gemeinsamen Kontrollinstanz von Eurojust vom 23.06.2009 zur Festlegung ihrer Geschäfts- und Verfahrensordnung (2010/C 182/03).
HOP-Air	Handbook to the Operational Plan – Air Border Joint Operations, das dem Verf. durch Frontex ohne Datumsangabe zur Verfügung gestellt wurde.
HOP-Land	Handbook to the Operational Plan – Land Border Joint Operations vom 18.09.2018, dem Verf. durch Frontex zur Verfügung gestellt.
HOP-Sea	Handbook to the Operational Plan – Joint Maritime Operations vom 30.01.2017, dem Verf. durch Frontex zur Verfügung gestellt.
JITs-Handbuch	Handbuch zu den Gemeinsamen Ermittlungsgruppen, enthalten in der Anlage zu Ratsdokument 15790/1/11 vom 04.11.2011.
JITs-Leitfaden	Leitfaden zu den Gemeinsamen Ermittlungsgruppen, enthalten in Ratsdokument 6128/1/17 vom 14.02.2017.
JITs-Netzwerk-Guidelines	Ratsdokument 11154/18 vom 17.07.2018 betreffend „Guidelines on the Network of National Experts on Joint Investigation Teams".
JRO-Air-Guide	Guide for Joint Return Operations by Air coordinated by Frontex, erlassen von Frontex am 12.05.2016, abrufbar unter https://frontex.europa.eu/assets/Publications/General/Guide_for_Joint_Return_Operations_by_Air_coordinated_by_Frontex.pdf (zuletzt abgerufen am 24.02.2024).
OLAF-Leitlinien	Guidelines on Investigation Procedures for OLAF Staff vom 01.10.2013.
Rückkehr-CoC	Code of conduct for Return Operations and Return Interventions Coordinated or Organised by Frontex aus dem Jahr 2018, abrufbar unter https://www.google.com/url?sa=t&rct=j&q=&esrc=s&source=web&cd=&ved=2ahUKEwiyhv25m8SEAxVUhf0HHTFyBv0QFnoECBQQAQ&url=https%3A%2F%2Fwww.frontex.europa.eu%2Fassets%2FKey_Documents%2FCode_of_Conduct%2FCode_of_Conduct_for_Return_Operations_and_Return_Interventions.pdf&usg=AOvVaw1eFRgVzNMptMlGInVH3KpB&opi=89978449 (zuletzt abgerufen am 24.02.2024).
Rückkehr-Handbuch	Empfehlung (EU) 2017/2338 der Kommission vom 16. November 2017 für ein gemeinsames „Rückkehr-Handbuch", das von den zuständigen Behörden der Mitgliedstaaten bei der Durchführung rückkehrbezogener Aufgaben heranzuziehen ist, ABl. L 339 vom 19.12.2017, S. 83–159.

SRM-Introduction	The Single Resolution Mechanism Introduction to Resolution Planning, herausgegeben von dem Ausschuss für einheitliche Abwicklung (SRB) im September 2016, abrufbar unter https://srb.europa.eu/sites/default/files/intro_resplanning.pdf.pdf (zuletzt abgerufen 24.02.2024).
SSM-Handbuch	SSM-Aufsichtshandbuch Europäische Bankenaufsicht: Funktionsweise des SSM und aufsichtlicher Ansatz, veröffentlicht von der EZB im Jahr 2018, abrufbar unter https://www.google.com/url?sa=t&rct=j&q=&esrc=s&source=web&cd=&cad=rja&uact=8&ved=2ahUKEwiKvJeHkZLwAhUngf0HHV0DANcQFjAAegQIAxAD&url=https%3A%2F%2Fwww.bankingsupervision.europa.eu%2Fecb%2Fpub%2Fpdf%2Fssm.supervisorymanual201803.de.pdf%3F42da4200dd38971a82c2d15b9ebc0e65&usg=AOvVaw0Eb0FNiiT-lyD-clJdt3up (zuletzt abgerufen am 24.02.2024).
SSM-Leitfaden	Leitfaden der EZB zu Bankenaufsicht, Stand 2014, abrufbar unter https://www.google.com/url?sa=t&rct=j&q=&esrc=s&source=web&cd=&ved=2ahUKEwjNo_bFjMSEAxW2gf0HHXKWCC4QFnoECBQQAQ&url=https%3A%2F%2Fwww.bankingsupervision.europa.eu%2Fecb%2Fpub%2Fpdf%2Fssmguidebankingsupervision201411.de.pdf&usg=AOvVaw2hkJ_SSjt2pMCB_RfIUxgt&opi=89978449 (zuletzt abgerufen 24.04.2024).
SSV	Mitteilung der Kommission an das Europäische Parlament und den Rat über eine Standardstatusvereinbarung im Sinne von Artikel 54 Absatz 5 der Verordnung (EU) 2016/1624 des Europäischen Parlaments und des Rates vom 14. September 2016 über die Europäische Grenz- und Küstenwache, Brüssel, den 22.11.2016 COM(2016) 747 final.
Vor-Ort-Prüfungs-LF	Leitfaden für Vor Ort Prüfungen und Prüfungen interner Modelle, veröffentlicht von der EZB im Jahr 2018, abrufbar unter https://www.google.com/url?sa=t&rct=j&q=&esrc=s&source=web&cd=&ved=2ahUKEwj-hbaQkpLwAhUbhf0HHdn1DqUQFjAAegQIAhAD&url=https%3A%2F%2Fwww.bankingsupervision.europa.eu%2Fecb%2Fpub%2Fpdf%2Fssm.osi_guide201809.de.pdf&usg=AOvVaw3Yx8GeC_R0oEgfmjzOdOYG (zuletzt abgerufen am 24.02.2024).

C. Literaturverzeichnis

Abazi, Vigjilenca, The future of Europol's parliamentary oversight: a great leap forward?, GLJ 15 (6) 2014, S. 1121–1144.

Abazi, Vigjilenca/Curtin, Deirdre, The European Union Security Exception: beyond control?, in: Harlow, Carol/Leino, Päivi/della Cananea, Giacinto (Hrsg.), Research Handbook on EU Administrative Law, Cheltenham 2017, S. 188–208.

von Achenbach, Jelena, Demokratische Gesetzgebung in der Europäischen Union – Theorie und Praxis der dualen Legitimationsstruktur europäischer Hoheitsgewalt, Berlin/Heidelberg 2014.

Aden, Hartmut, Europol und „operative Ermittlungsmethoden“ – Zur Europäisierung eines untauglichen Konzepts, Bürgerrechte und Polizei/CILIP 58 (3/97), 1997, S. 65–69.

ders., Koordination und Koordinationsprobleme im ambivalenten Nebeneinander: Der polizeiliche Informationsaustausch im EU-Mehrebenensystem, dms 2014, S. 55–73.

ders., Police information sharing and data protection in the European Union before and after the Treaty of Lisbon, in: Aden, Hartmut (Hrsg.), Police Cooperation in the European Union under the Treaty of Lisbon – Opportunities and Limitations, Baden-Baden 2015, S. 209–216.

ders., Wie beeinflusst der Gerichtshof der EU die Politik öffentlicher Sicherheit? Mehr Freiheit oder mehr Sicherheit?, in: Rehder, Britta/Schneider, Ingrid (Hrsg.), Gerichtsverbünde, Grundrechte und Politikfelder in Europa, Baden-Baden 2016, S. 233–258..

ders., Kapitel N Europäische Rechtsgrundlagen und Institutionen des Polizeirechts, in: Lisken, Hans (Mitbegr.)/Bäcker, Matthias/Denninger, Erhard/Graulich, Kurt (Hrsg.), Handbuch des Polizeirechts, Gefahrenabwehr – Strafverfolgung – Rechtsschutz, 6. Auflage, München 2018.

Albors-Llorens, Albertina, Judicial protection before the Court of Justice of the European Union, in: Barnard, Catherine/Peers, Steve (Hrsg.), European Union Law, 2. Auflage, Oxford 2017, S. 262–309.

von Alemann, Florian, Die Handlungsform der interinstitutionellen Vereinbarung, Berlin/Heidelberg 2006.

Almhofer, Martina, Die Haftung der Europäischen Zentralbank für rechtswidrige Bankenaufsicht: Verantwortungsabgrenzung und Anspruchskonkurrenzen, ZÖR 2016, S. 59–87.

dies., Die Haftung der Europäischen Zentralbank für rechtswidrige Bankenaufsicht, Tübingen 2018.

Ambos, Kai/König, Stefan/Rackow, Peter (Hrsg.), Rechtshilferecht in Strafsachen, Baden-Baden 2015.

Amelung, Knut/Mittag, Matthias, Zwangsbefugnisse für Europol?, in: Wolter, Jürgen/Schenke, Wolf-Rüdiger/Hilger, Hans/Ruthig, Josef/Zöller, Mark Alexander (Hrsg.), Alternativentwurf Europol und Europäischer Datenschutz, Heidelberg 2008, S. 133–254.

Anderheiden, Michael, Der 17-Punkte-Plan vom 26. Oktober 2015, in: Bungenberg, Marc/Giegerich, Thomas/Stein, Torsten (Hrsg.), Asyl und Migration in Europa – rechtliche Herausforderungen und Perspektiven, Baden-Baden 2016, S. 119–142.

von Arnauld, Andreas, § 2 Zum Status quo des Europäischen Verwaltungsrechts, in: Terhechte, Jörg Philipp (Hrsg.), Verwaltungsrecht der Europäischen Union, Baden-Baden 2011.

Athanasiadou, Natasa, Der Verwaltungsvertrag im EU-Recht, Tübingen 2017.

Augsberg, Ino, § 12 Die Schadensersatzklage, in: Hatje, Armin/Müller-Graff, Peter-Christian (Gesamthrsg.), Leible, Stefan/Terhechte, Jörg Philip (Bandhrsg.), Enzyklopädie Europarecht Band 3: Europäisches Rechtsschutz- und Verfahrensrecht, Baden-Baden 2014, S. 377–402.

Augsberg, Steffen, Von der Solange- zur Soweit-Rechtsprechung – Zum Prüfungsumfang des Bundesverfassungsgerichts bei richtlinienumsetzenden Gesetzen, DÖV 2010, S. 153–160.

ders., § 6 Europäisches Verwaltungsorganisationsrecht und Vollzugsformen, in: Terhechte, Jörg Philipp (Hrsg.), Verwaltungsrecht der Europäischen Union, Baden-Baden 2011.

ders., Agencification der Kommissionsverwaltung, EuR 2016 Beiheft 1, S. 119–142.

Bäcker, Matthias, Das Grundgesetz als Implementationsgarant der Unionsgrundrechte, EuR 2015, S. 389–414.

Bader, Johann/Ronellenfitsch, Michael (Hrsg.), BeckOK VwVfG mit VwVG und VwZG, 40. Edition, Stand 01.07.2018, München.

Bakker, Edwin/Powderly, Joseph, Dealing with Transnational Terrorism, the Concept and Practice of Joint Investigation Teams, Security and Human Rights (22) 2011, S. 19–28.

Balcaen, Annelies, Law Enforcement Information Exchange in the Operational Phase of a JIT, in: Rijken, Conny/Vermeulen, Gert (Hrsg.), Joint Investigation Teams in the European Union – From Theory to Practice, Den Haag 2006, S. 85–117.

Barner-Gaedicke, Elisabeth, FRONTEX – Ohne Kontrolle zur Europäischen Grenzschutztruppe?, Hamburg 2017.

Bast, Jürgen, § 35 Rechtsschutz im europäischen Verwaltungsrecht, in: Hatje, Armin/Müller-Graff, Peter-Christian (Gesamthrsg.), Leible, Stefan/Terhechte, Jörg Philipp (Bandhrsg.), Enzyklopädie Europarecht Band 3: Europäisches Rechtsschutz und Verfahrensrecht, Baden-Baden 2014, S. 1335–1354.

ders., Is There a Hierarchy of Legislative, Delegated and Implementing Acts, in: Bergström, Carl Frederik/Ritleng, Dominique (Hrsg.), Rulemaking by the European Commission – The New System for Delegation of Powers, Oxford 2016, S. 157–171.

ders., Scharade im kontrollfreien Raum: Hat die EU gar keinen Türkei-Deal geschlossen?, VerfBlog, 03.03.2017, https://verfassungsblog.de/scharade-im-kontrollfreien-raum-hat-die-eu-gar-keinen-tuerkei-deal-geschlossen/ (zuletzt abgerufen am 24.02.2024).

ders., Völker- und unionsrechtliche Anstöße zur Entterritorialisierung des Rechts, in: Veröffentlichungen der Vereinigung der Deutschen Staatsrechtslehrer, Bd. 76 (2017), S. 277–314.

Bast, Jürgen/Möllers, Christoph, Dem Freistaat zum Gefallen: über Udo Di Fabios Gutachten zur staatsrechtlichen Beurteilung der Flüchtlingskrise, VerfBlog, 16.01.2016, https://verfassungsblog.de/dem-freistaat-zum-gefallen-ueber-udo-di-fabios-gutachten-zur-staatsrechtlichen-beurteilung-der-fluechtlingskrise/ (zuletzt abgerufen am 24.02.2024).

Bauer, Hartmut, § 36 Verwaltungsverträge, in: Hoffmann-Riem, Wolfgang/Schmidt-Aßmann, Eberhard/Voßkuhle, Andreas (Hrsg.), Grundlagen des Verwaltungsrechts Band II, 2. Auflage, München 2012, S. 1255–1387.

Becker, Florian, Entscheidungsbesprechung: Zur europarechtlichen Zulässigkeit von verdachtsunabhängigen Identitätsfeststellungen durch die Bundespolizei, ZJS 6/2017, S. 705–712.

Berger, Henning, Rechtsanwendung durch die EZB im Single Supervisory Mechanism (SSM) – Teil II, WM 2016, S. 2361–2369.

Bergmann, Jan/Dienelt, Klaus, Ausländerrecht – Aufenthaltsgesetz, Freizügigkeitsgesetz/EU und ARB 1/80 (Auszug), Grundrechtecharta und Artikel 16a GG, Asylgesetz, 12. Auflage, München 2018.

Bergström, Carl Frederik/Ritleng, Dominique (Hrsg.), Rulemaking by the European Commission – The New System for Delegation of Powers, Oxford 2016.

Bergström, Maria/Jonsson Cornell, Anna (Hrsg.), European Police and Criminal Law Cooperation, Oxford/Portland 2014.

Bigo, Didier, The (in)securisation practices of three universes of EU border control: Military/Navy – border guards/police – database analysts, Security Dialogue (45) 2013, S. 209–225.

Bitter, Stephan, Die Sanktion im Recht der Europäischen Union – Der Begriff und seine Funktion im europäischen Rechtsschutzsystem, Berlin/Heidelberg 2011.

Blasi Casagran, Cristina, The New Europol Legal Framework: Implications for EU Exchanges of Information in the Field of Law Enforcement, in: O'Neill, Maria/Swinton, Ken (Hrsg.), Challenges and Critiques of the EU Internal Security Strategy, Newcastle upon Tyne 2017, S. 149–169.

Block, Ludo, EU joint investigation teams: Political ambitions and police practices, in: Hufnagel, Saskia et al. (Hrsg.), Cross-Border Law Enforcement: Regional Law Enforcement Cooperation – European, Australian and Asia-Pacific Perspectives, Abingdon 2012, S. 87–107.

den Boer, Monica, Police, policy and politics in Brussels: scenarios for the shift from sovereignty to solidarity, Cambridge Review of International Affairs 2014, S. 48–65.

von Bogdandy, Armin, Beobachtungen zur Wissenschaft vom Europarecht. Strukturen, Debatten und Entwicklungsperspektiven der Grundlagenforschung zum Recht der Europäischen Union, Der Staat 2001, S. 3–44.

ders., § 57 Verwaltungsrecht im europäischen Rechtsraum – Perspektiven einer Disziplin, in: von Bogdandy, Armin/Cassese, Sergio/Huber, Peter M. (Hrsg.), Handbuch Ius Publicum Europaeum Band IV, Heidelberg 2011, S. 3–36.

ders., § 25 Informationsbeziehungen im europäischen Verwaltungsverbund, in: Hoffmann-Riem, Wolfgang/Schmidt-Aßmann, Eberhard/Voßkuhle, Andreas (Hrsg.), Grundlagen des Verwaltungsrechts Band II, 2. Auflage, München 2012, S. 365–434.

von Bogdandy, Armin/Bast, Jürgen/Arndt, Felix, Handlungsformen im Unionsrecht, Empirische Analysen und dogmatische Strukturen in einem vermeintlichen Dschungel, ZaöRV 2002, S. 77–161.

von Bogdandy, Armin/Dann, Philipp, International Composite Administration: Conceptualizing Multi-Level and Network Aspects in the Exercise of International Public Law, in: von Bogdandy et al. (Hrsg.), The Exercise of Public Authority by International Institutions – Advancing International Institutional Law, Heidelberg u.a. 2010, S. 883–915.

Bogumil, Jörg/Kuhlmann, Sabine, Legitimation von Verwaltungshandeln – Veränderungen und Konstanten, dms 2015, S. 237–251.

Bossong, Raphael/Rhinard, Mark (Hrsg.), Theorizing Internal Security Cooperation in the European Union, Oxford 2016.

dies., Alternative Perspectives on Internal Security Cooperation in the European Union: Setting the Scene, in: Bossong, Raphael/Rhinard, Mark (Hrsg.), Theorizing Internal Security Cooperation in the European Union, Oxford 2016, S. 3–27.

Boucon, Lena/Jaros, Daniela, The application of national law by the European central bank within the EU banking union's single supervisory mechanism: a new mode of European integration?, EJLS 2018, S. 155–187.

Bovens, Mark, Analysing and Assessing Accountability: A Conceptual Framework, ELJ 2007, S. 447–468.

Braams, Beate, Koordinierung als Kompetenzkategorie, Tübingen 2013.

Braum, Stefan, Die Informalität europäischer Betrugsermittlung, wistra 2005, S. 401–405.

Breitenmoser, Stephan/Weyeneth, Robert, Rechtsschutz bei der Polizeizusammenarbeit, in: Breitenmoser, Stephan/Gleß, Sabine/Lagodny, Otto (Hrsg.), Schengen und Dublin in der Praxis, S. 155–186.

Brinktrine, Ralf/Schollendorf, Kai (Hrsg.), BeckOK Beamtenrecht Bund, 16. Edition Stand: 15.08.2019, München 2019.

Britz, Gabriele, Vom Europäischen Verwaltungsverbund zum Regulierungsverbund? – Europäische Verwaltungsentwicklung am Beispiel der Netzzugangsregulierung bei Telekommunikation, Energie und Bahn, EuR 2006, S. 46–77.

dies., Grundrechtsschutz durch das Bundesverfassungsgericht und den Europäischen Gerichtshof, EuGRZ 2015, S. 269–352.

Busuioc, Madalina, European Agencies: Law and Practices of Accountability, Oxford 2013.

Busuioc, Madalina/Curtin, Deirdre/Groenleer, Martijn, Agency growth between autonomy and accountability: the European Police Office as a ‚living institution', Journal of European Public Policy 18 (6) 2011, S. 848–867.

Calliess, Christian/Ruffert, Matthias (Hrsg.), EUV/AEUV, Das Verfassungsrecht der Europäischen Union mit Europäischer Grundrechtecharta, 5. Auflage, München 2016.

Carrera, Sergio/Mitsilegas, Valsamis (Hrsg.), Constitutionalising the Security Union – Effectiveness, Rule of Law and Rights in Countering Terrorism and Crime, Brüssel 2017.

Carrera, Sergio/Mitsilegas, Valsamis/Allsopp, Jennifer/Vosyliute, Lina, Policing Humanitarianism – EU Policies Against Human Smuggling and their Impact on Civil Society, Oxford 2019.

Carrera, Sergio/Stefan, Marco, Complaint Mechanisms in Border Management and Expulsion Operations in Europe, Effective Remedies for Victims of Human Rights Violations?, Brüssel 2018.

Carrera, Sergio et al., The Future of the Schengen Area: Latest Developments and Challenges in the Schengen Governance Framework since 2016, Studie für das Europäische Parlament, Brüssel 2018.

Chamon, Merijn, EU agencies between *Meroni* and *Romano* or the devil and the deep blue sea, CMLR 2011, S. 1055–1075.

ders., How the concept of essential elements of a legislative act continues to elude the Court: Parliament v. Council', CMLR 2013, S. 849–860.

ders., EU Agencies, Legal and Political Limits to the Transformation of the EU Administration, Oxford 2016.

Chamon, Merijn/Demedts, Valerie, Constitutional Limits to EU Agencies' external relations, TARN working paper 11/2017, August 2017.

Chiti, Edoardo, Administrative Proceedings Involving European Agencies, LCP 68 (1) 2004, S. 219–236.

ders., The Administrative Implementation of European Union Law: A Taxonomy and its Implications, in: Hofmann, Herwig C.H./Türk, Alexander H. (Hrsg.), Legal Challenges in EU Administrative Law – Towards an Integrated Administration, Cheltenham 2009, S. 9–33.

ders., European Agencies' Rulemaking: Powers, Procedures and Assessment, ELJ 2013, S. 93–110.

Classen, Claus Dieter, Schwierigkeiten eines harmonischen Miteinanders von nationalem und europäischem Grundrechtsschutz, EuR 2017, S. 347–366.

Coman-Kund, Florin, European Union Agencies as Global Actors – A Legal Study of the European Aviation Safety Agency, Frontex and Europol, Oxon 2018.

Comte, Françoise, A New Agency is Born in the European Union: The European Asylum Support Office, European Journal of Migration and Law 12 (4) 2010, S. 373–405.

Conway, Gerard, The future of a European Public Prosecutor in the Area of Freedom, Security and Justice, in: Fletcher, Maria/Herlin-Karnell, Ester/Matera, Claudio (Hrsg.), The European Union as an Area of Freedom, Security and Justice, Oxon/New York 2017, S. 176–200.

Costello, Cathryn/Hancox, Emily, The Recast Asylum Procedures Directive 2013/32/EU: Caught between the Stereotypes of the Abusive Asylum-Seeker and the Vulnerable

Refugee, in: Chetail, Vincent et al. (Hrsg.), Reforming the Common European Asylum System – The New European Refugee Law, Boston/Leiden 2016, S. 378–445.

Costello, Cathryn/Mouzourakis, Minos, The Common European Asylum System – Where did it all go wrong?, in: Fletcher, Maria/Herlin-Karnell, Ester/Matera, Claudio (Hrsg.), The European Union as an Area of Freedom, Security and Justice, Oxon/New York 2017, S. 263–299.

Craig, Paul, The Lisbon Settlement: Tensions and Strains, in: Bergström, Carl Frederik/Ritleng, Dominique (Hrsg.), Rulemaking by the European Commission – The New System for Delegation of Powers, Oxford 2016, S. 173–204.

ders., EU Administrative Law, 3. Auflage, Oxford 2018.

Cremer, Wolfram, Grundgesetzliche Bindungen des deutschen Vertreters bei Abstimmungen im Rat der Europäischen Union, EuR 2014, S. 195–231.

Curtin, Deidre, Holding (Quasi-)Autonomous EU Administrative Actors to Public Account, ELJ, S. 523–541.

dies., Overseeing Secrets in the EU: A Democratic Perspective, JCMS 52 (3) 2014, S. 684–700.

dies., Executive Power of the European Union – Law, Practices, and the Living Constitution, Oxford 2009.

dies., Security of the interstice and interoperable data sharing: A first cut, in: Carrera, Sergio/Mitsilegas, Valsamis (Hrsg.), Constitutionalising the Security Union – Effectiveness, Rule of Law and Rights in Countering Terrorism and Crime, Brüssel 2017, S. 65–72.

Dann, Philipp, Die politischen Organe, in: von Bogdandy, Armin/Bast, Jürgen, (Hrsg.), Europäisches Verfassungsrecht, Theoretische und Dogmatische Grundzüge, 2. Auflage, Berlin/Heidelberg 2009, S. 335–387.

von Danwitz, Thomas, Europäisches Verwaltungsrecht, Berlin 2008.

ders., Verfassungsrechtliche Herausforderungen in der jüngeren Rechtsprechung des EuGH, EuGRZ 2013, S. 253–261.

ders., § 13 Rechtsschutz in der Europäischen Union, in: Hatje, Armin/Müller-Graff, Peter-Christian (Gesamthrsg. und Bandhrsg.), Enzyklopädie Europarecht Band 1: Europäisches Organisations- und Verfassungsrecht, Baden-Baden 2014, S. 747–779.

ders., § 6 Gerichtlicher Schutz der Grundrechte, in: Hatje, Armin/Müller-Graff, Peter-Christian (Gesamthrsg.) Grabenwarter, Christoph (Bandhrsg.), Enzyklopädie Europarecht Band 2: Europäischer Grundrechteschutz, Baden-Baden 2014, S. 255–301.

D'Ambrosio, Raffaele, The Single Supervisory Mechanism (SSM): Selected Institutional Aspects and Liability Issues, in: Andenas, Mads/Deipenbrock, Gudula (Hrsg.), Regulating and Supervising European Financial Markets, Heidelberg 2016, S. 299–336.

den Heijer, Maarten/Tauschinsky, Eljalill, Where Human Rights Meet Administrative Law: Essential Elements and Limits to Delegation: European Court of Justice, Grand Chamber C-355/10: *European Parliament v. Council of the European Union*, EUConst 2013, S. 513–533.

De Moor, Alexandra, The Role of Europol in Joint Investigation Teams. The Foretaste of an Executive European Police Office?, in: Cools, Marc et al. (Hrsg.), Readings on Criminal Justice, Criminal Law & Policing, Antwerpen/Apeldoorn 2009, S. 329–358.

dies., Europol, Quo Vadis? Critical Analysis and Evaluation of the Development of the European Police Office, Antwerpen u.a. 2012.

Della Cananea, Giacinto, The European Union's Mixed Administrative Proceedings, LCP 68 (1) 2004, S. 197–218.

Denninger, Erhard, Kapitel D Polizeiaufgaben, in: Lisken, Hans (Mitbegr.)/Bäcker, Matthias/Denninger, Erhard/Graulich, Kurt (Hrsg.), Handbuch des Polizeirechts, Gefahrenabwehr – Strafverfolgung – Rechtsschutz, 6. Auflage, München 2018.

Di Fabio, Udo, Migrationskrise als föderales Verfassungsproblem, Gutachten im Auftrag des Freistaats Bayern, Bonn 2016.

Dölling, Dieter/Duttge, Gunnar/König, Stefan/Rössner, Dieter (Hrsg.), Gesamtes Strafrecht, StGB, StPO, Nebengesetzte – Handkommentar, 4. Auflage, München 2017.

Dörr, Oliver/Grote, Rainer/Marauhn, Thilo (Hrsg.), EMRK/GG Konkordanzkommentar zum europäischen und deutschen Grundrechtsschutz, 2. Auflage, Tübingen 2013.

Dörr, Oliver/Lenz, Christopher, Europäischer Verwaltungsrechtsschutz, 2. Auflage, Baden-Baden 2019.

Dreier, Horst (Hrsg.), Grundgesetz Kommentar: GG, Band I: Präambel, Artikel 1–19, 3. Auflage, Tübingen 2013.

Egeberg, Morton/Trondal, Jarle, Agencification of the European Union administration – connecting the dots, TARN working paper 1/2016, März 2016.

Ehlers, Dirk (Hrsg.), Europäische Grundrechte und Grundfreiheiten, 4. Auflage, Berlin 2015.

Ehmann, Eugen/Selmayr, Martin (Hrsg.), DS-GVO, Datenschutz-Grundverordnung Kommentar, 2. Auflage 2018, München.

Ehrentraut, Christoph, Die Bekämpfung der organisierten Kriminalität in der Europäischen Union, in: Integration 1999, S. 246–262.

Eifert, Martin, Legitimationsstrukturen internationaler Verwaltung, in: Trute, Hans-Heinrich/Groß, Thomas/Röhl, Hans Christian/Möllers, Christoph (Hrsg.), Allgemeines Verwaltungsrecht – zur Tragfähigkeit eines Konzepts, Tübingen 2008, S. 307–331.

Ellermann, Jan Ulrich, Vom Sammler zum Jäger – Europol auf dem Weg zu einem „europäischen FBI"?, ZEuS 2002, S. 561 ff.

Engel, Martin, Befugnis, Kontrolle und Entwicklung von Europol, Hamburg 2006.

Epiney, Astrid, Neuere Rechtsprechung des EuGH in den Bereichen institutionelles Recht, allgemeines Verwaltungsrecht, Grundfreiheiten, Umwelt- und Gleichstellungsrecht, NVwZ 2006, S. 407–420.

dies., Die Rechtsprechung des EuGH im Jahr 2012: Europäisches Verfassungsrecht, NVwZ 2013, S. 614–621.

Epping, Volker/Hillgruber, Christian (Hrsg.), BeckOK Grundgesetz, 26. Edition, Stand 01.09.2015, München.

Erbguth, Wilfried, Primär- und Sekundärrechtsschutz im Öffentlichen Recht, in: Veröffentlichungen der Vereinigung der Deutschen Staatsrechtslehrer, Bd. 61 (2002), S. 221–259.

Eßlinger, Sophie, Gegenseitiges Vertrauen, Tübingen 2018.

Everson, Michelle, Agencies: the ‚dark hour' of the executive?, in: Hofmann, Herwig C.H./Türk, Alexander H. (Hrsg.), Legal Challenges in EU Administrative Law – Towards an Integrated Administration, Cheltenham 2009, S. 116–135.

Fassbender, Bardo, § 244 Militärische Einsätze der Bundeswehr, in: Isensee, Josef/Kirchhof, Paul (Hrsg.), Handbuch des Staatsrechts der Bundesrepublik Deutschland, Band XI: Internationale Bezüge, 3. Auflage, Heidelberg u.a. 2013, S. 643–726.

Fastenrath, Ulrich/Skerka, Alexander, Sicherheit im Schengen-Raum nach dem Wegfall der Grenzkontrollen – Mechanismen und rechtliche Probleme grenzüberschreitender polizeilicher und justizieller Zusammenarbeit, ZEuS 2009 S. 219–261.

Fehling, Michael, § 38 Informelles Verwaltungshandeln, in: Hoffmann-Riem, Wolfgang/Schmidt-Aßmann, Eberhard/Voßkuhle, Andreas (Hrsg.), Grundlagen des Verwaltungsrechts Band II, 2. Auflage, München 2012, S. 1457–1521.

Felgenhauer, Harald, Fragen zur zukünftigen Verfassung der inneren Sicherheit in Europa – Entwicklungsmöglichkeiten des Europäisches Polizeiamtes Europol, in: Müller-Graff, Peter-Christian (Hrsg.), Der Raum der Freiheit, der Sicherheit und des Rechts, Baden-Baden 2005, S. 137–148.

Fernandez-Rojo, David, Regulation 2019/1896 on the European Border and Coast Guard Agency (FRONTEX), Blogpost vom 14.11.2019, abrufbar unter https://caughtyouredhanded.wordpress.com/2019/11/14/regulation-2019-1896-on-the-european-border-and-coast-guard-frontex/ (zuletzt abgerufen am 24.02.2024).

Ferran, Eilis/Babis, Valia, The European Single Supervisory Mechanism, Journal of Corporate Law Studies 2013, S. 255–286.

Fijnaut, Cyrille, Revolution or evolution through the Treaty of Lisbon: police cooperation in Europe in a broader historical context, in: Aden, Hartmut (Hrsg.), Police Cooperation in the European Union under the Treaty of Lisbon, Baden-Baden 2015, S. 25–48.

Fink, Melanie, Frontex and Human Rights – Responsibility in 'Multi-Actor Situations' under the ECHR and EU Public Liability Law, Oxford 2018 .

Fischer-Lescano, Andreas/Tohidipur, Timo, Europäisches Grenzkontrollregime. Rechtsrahmen der europäischen Grenzschutzagentur FRONTEX, ZaöRV 67 (2007), S. 1219–1276.

Fischer-Lescano, Andreas/Oberndorfer, Lukas, Fiskalvertrag und Unionsrecht – Unionsrechtliche Grenzen völkervertraglicher Fiskalregulierung und Organleihe, NJW 2013, S. 9–14.

Fleischer, Julia, Organisierte Expertise und die Legitimation der Verwaltung: Sektorale und strukturpolitische Dynamiken der Gremienlandschaft auf Bundesebene, dms 2015, S. 315–335.

Fletcher, Maria/Herlin-Karnell, Ester/Matera, Claudio (Hrsg.), The European Union as an Area of Freedom, Security and Justice, Oxon/New York 2017.

Franzius, Claudio, Grundrechtsschutz in Europa – Zwischen Selbstbehauptungen und Selbstbeschränkungen der Rechtsordnungen und ihrer Gerichte, ZaöRV 2015, S. 383–412.

Galetta, Diana-Urania, Inhalt und Bedeutung des europäischen Rechts auf eine gute Verwaltung, EuR 2007, S. 57–81.

Galloway, David, Classifying Secrets in the EU, JCMS 52 (3) 2014, S. 668–683.

Gärditz, Klaus Ferdinand, Prävention und Repression als Kategorien im Recht der Europäischen Union, in: Wolter, Jürgen/Schenke, Wolf-Rüdiger/Hilger, Hans/Ruthig, Josef/Zöller, Mark Alexander (Hrsg.), Alternativentwurf Europol und Europäischer Datenschutz, Heidelberg 2008, S. 192–232.

ders., § 24 Rechtsschutz, in: Hatje, Armin/Müller-Graff, Peter-Christian (Gesamthrsg.), Böse, Martin (Bandhrsg.), Enzyklopädie Europarecht Band 9: Europäisches Strafrecht mit polizeilicher Zusammenarbeit, Baden-Baden 2013, S. 887–921.

Garlick, Madeline, The Dublin System, Solidarity and Individual Rights, in: Chetail, Vincent et al. (Hrsg.), Reforming the Common European Asylum System – The New European Refugee Law, Boston/Leiden 2016, S. 159–194.

Gerson, Oliver H., Schutz von Freiheit, Sicherheit und Recht? Frontex und die europäischen Außengrenzen, APuZ (25) 2015, S. 43–49.

Geys, Benny/Murdoch, Zuzana/Trondal, Jarle, Representative bureaucracy and seconded national government officials in the European Commission, Regulation & Governance 2016, S. 335–349.

Giannetto, Leila, The Borders of Accountability: The Case of Frontex, Trient 2010/2011.

Giegerich, Thomas, Gutachten zu Rechtsfragen eines Einsatzes deutscher Verwaltungsbeamter zur Bearbeitung von Asylanträgen nach deutschem Recht in Erstaufnahme-Hotspots anderer EU-Mitgliedstaaten an den EU-Außengrenzen (11/15), 16. Oktober 2015, abrufbar unter https://jean-monnet-saar.eu/?p=1056 (zuletzt abgerufen am 24.02.2024).

Giegerich, Thomas / Müller, Christina, Der Einsatz deutscher Verwaltungsbeamter zur Bearbeitung von Asylanträgen nach deutschem Recht in Erstaufnahme-Hotspots anderer EU-Mitgliedstaaten an den EU-Außengrenzen, in: Bungenberg, Marc/Giegerich, Thomas/Stein, Torsten (Hrsg.), Asyl und Migration in Europa – rechtliche Herausforderungen und Perspektiven, Baden-Baden 2016, S. 221–234.

Glaser, Andreas, Die Entwicklung des Europäischen Verwaltungsrechts aus der Perspektive der Handlungsformenlehre, Tübingen 2013.

Glaser, Markus A., Internationale Verwaltungsbeziehungen, Tübingen 2010.

Gleß, Sabine/Grote, Rainer/Heine, Günter, Justitielle Einbindung und Kontrolle von Europol durch Eurojust, Gutachten erstattet im Auftrag des Bundesministeriums der Justiz, 30.04.2004.

Göbel-Zimmermann, Ralph/Eichhorn, Alexander/Beichel-Benedetti, Stephan, Asyl- und Flüchtlingsrecht, München 2018.

Gonzalez Fuster, Gloria, The Emergence of Personal Data Protection as a Fundamental Right of the EU, Heidelberg u.a. 2014.

Görisch, Christoph, Demokratische Verwaltung durch Unionsagenturen, Tübingen 2009.

Gortsos, Christos V., Competence Sharing Between the ECB and the National Competent Supervisory Authorities Within the Single Supervisory Mechanism (SSM), Eur Bus Org Law Rev (2015) 16, S. 401–420.

Götz, Volkmar, § 85 Innere Sicherheit, in: Isensee, Josef/Kirchhof, Paul (Hrsg.), Handbuch des Staatsrechts der Bundesrepublik Deutschland, Band IV: Aufgaben des Staates, 3. Auflage, Heidelberg u.a. 2006, S. 671–697.

de Graaf, Kars J. et al., European Administrative Law; Top Down and Bottom Up: Proceedings of the First REAlaw Research Forum, Groningen 2010.

Grabewarter, Christoph/Pabel, Katharina, Europäische Menschenrechtskonvention, 6. Auflage, München 2016.

Grabitz, Eberhard/Hilf, Meinhard/Nettesheim, Martin (Hrsg.), Das Recht der Europäischen Union, 67. Ergänzungslieferung (Werkstand: Juni 2019), München.

von Graevenitz, Albrecht, Mitteilungen, Leitlinien, Stellungnahmen – Soft Law der EU mit Lenkungswirkung, EuZW 2013, S. 169–173.

Grzeszick, Bernd, Die Europäisierung des Rechts und die Demokratisierung Europas – Zu den genuin demokratischen Grenzen der Integration nach dem BVerfG-Urteil über den Vertrag von Lissabon, Die Verwaltung 2010, Beiheft 10, S. 95–119.

von der Groeben, Hans/Schwarze, Jürgen/Hatje, Armin (Hrsg.), Europäisches Unionsrecht. Vertrag über die Europäische Union, Vertrag über die Arbeitsweise der Europäischen Union, Charta der Grundrechte der Europäischen Union, 7. Auflage, Baden-Baden 2015.

Groh, Thomas, Schleierfahndung auf dem Prüfstand, NVwZ 2016 Heft, S. 1678–1863.

ders., Befugnis der Polizeibehörden zur Identitätskontrolle im Schengenraum – Anmerkung zum Urteil des EuGH vom 21.06.2017, NVwZ 2017, S. 1608–1609.

Groß, Thomas, Die Kooperation zwischen europäischen Agenturen und nationalen Behörden, EuR 2005, S. 54–68.

ders., Unabhängige EU-Agenturen – eine Gefahr für die Demokratie?, JZ 2012, S. 1087–1093.

ders., Die Legitimation der polyzentralen EU-Verwaltung, Tübingen 2015.

ders., Defizite des Grundrechtsschutzes bei FRONTEX-Einsätzen, ZAR 2020, S. 51–58.

Grünewald, Gertraud, Individualrechtsschutz gegen Akte der Europäischen Union nach dem Vertrag von Lissabon, München 2016.

Guckelberger, Annette/Geber, Frederic, Allgemeines Europäisches Verwaltungsverfahrensrecht vor seiner unionsrechtlichen Kodifizierung?, Baden-Baden 2013.

Gundel, Jörg, Die unionsunmittelbare Verwaltung, in: Hatje, Armin/Müller-Graff, Peter-Christian (Gesamthrsg.), Leible, Stefan/Terhechte, Jörg Philip (Bandhrsg.), Enzyklopädie Europarecht Band 3: Europäisches Rechtsschutz- und Verfahrensrecht, Baden-Baden 2014, S. 1195–1225.

ders., Rechtsschutz gegen Empfehlungen der EU-Kommission? – Anmerkung zum Urteil des EuGH (GK) v. 20.2.2018, Rs. C-16/16 P (Belgien/Kommission), EuR 2018, S. 593–605.

ders., EuGH: Bank- und Kapitalmarktrecht: Befugnisse der EZB bei qualifizierter Beteiligung, EuZW 2019, S. 128–132.

Gusy, Christoph, § 23 Die Informationsbeziehungen zwischen Staat und Bürger, in: Hoffmann-Riem, Wolfgang/Schmidt-Aßmann, Eberhard/Voßkuhle, Andreas (Hrsg.), Grundlagen des Verwaltungsrechts Band II, 2. Auflage, München 2012, S. 235–320.

Haas, Julia, Der Ombudsmann als Institution des Europäischen Verwaltungsrecht – Zur Neubestimmung der Rolle des Ombudsmanns als Organ der Verwaltungskontrolle auf der Grundlage europäischer Ombudsmann-Einrichtungen, Tübingen 2012.

Hailbronner, Kay, Zum Asylrecht in der Europäischen Union – Nur ein Managementproblem oder falsche Konzepte?, Recht und Politik 2/2016, S. 68–79.

Halachmi, Arie, Accountability Overloads, in: Bovens, Mark/Goodin, Robert E./Schillemans, Thomas (Hrsg.), The Oxford Handbook of Public Accountability, Oxford 2014, S. 560–573.

Hannich, Rolf, (Hrsg.), Karlsruher Kommentar zur Strafprozessordnung mit GVG, EGGVG und EMRK, 6. Auflage, München 2008.

Hanschmann, Felix, Das Verschwinden des Grundrechts auf Datenschutz gegen hoheitliche Maßnahmen in der Pluralität von Rechtsregimen, in: Matz-Lück, Nele/Hong, Mathias (Hrsg.), Grundrechte und Grundfreiheiten im Mehrebenensystem – Konkurrenzen und Interferenzen, Berlin/Heidelberg 2012, S. 293–337.

Harings, Lothar, Grenzüberschreitende Zusammenarbeit der Polizei- und Zollverwaltungen und Rechtsschutz in Deutschland, Berlin 1998.

ders., Grenzüberschreitende Zusammenarbeit der Polizei- und Zollverwaltungen, in: Schmidt-Aßmann, Eberhard/Schöndorf-Haubold, Bettina (Hrsg.), Der Europäische Verwaltungsverbund. Formen und Verfahren der Verwaltungszusammenarbeit in der EU, Tübingen 2005, S. 127–152.

Harlow, Carol/Rawlings, Richard, Promoting Accountability in Multilevel Governance: A Network Approach, ELJ 2007, S. 542–562.

Haselmann, Cosima, Delegation und Durchführung gemäß Art. 290 und 291 AEUV, Berlin 2012.

Hauer, Andreas, Spezifische Handlungsformen im Verwaltungsverbund, in: ÖVG (Hrsg.), Der Europäische Verwaltungsverbund, Wien/Graz 2011, S. 101–123.

Hecker, Bernd, Europäisches Strafrecht, Heidelberg 2015.

Heesen, Julia, Interne Abkommen – Völkerrechtliche Verträge zwischen den Mitgliedstaaten der Europäischen Union, Heidelberg u.a. 2015.

Heid, Daniela A., Before and after the Treaty of Lisbon: the legal framework of police cooperation in the EU compared, in: Aden, Hartmut (Hrsg.), Police Cooperation in the European Union under the Treaty of Lisbon, Baden-Baden 2015, S. 65–79.

den Heijer, Maarten/Rijpma, Jorrit/Spijkerboer, Thomas, Coercion, Prohibition, and Great Expectations: the Continuing Failure of the Common European Asylum System, CMLR (53) 2016, S. 607–642.

Herlin-Karnell, Ester, The European Court of Justice as a Game-Changer – Fiduciary Obligations in the Area of Freedom, Security and Justice, in: Ripoll Servent, Ariadna/Trauner, Florian (Hrsg.), The Routledge Handbook of Justice and Home Affairs Research, London 2018, S. 396–408.

Hermes, Georg, § 39 Schlichtes Verwaltungshandeln, in: Hoffmann-Riem, Wolfgang/Schmidt-Aßmann, Eberhard/Voßkuhle, Andreas (Hrsg.), Grundlagen des Verwaltungsrechts Band II, 2. Auflage, München 2012, S. 1523–1575.

Herz, Annette, The Role of Europol and Eurojust in Joint Investigation Teams, in: Rijken, Conny/Vermeulen, Gert (Hrsg.), Joint Investigation Teams in the European Union – From Theory to Practice, Den Haag 2006, S. 159–199.

Heuser, Helene, Zwei Jahre EU-Umsiedlungsprogramm: Erfolgreiches Pilotprojekt oder gescheiterter Notfallmechanismus?, NVwZ 2018, S. 364–368.

Heußner, Kristina, Informationssysteme im Europäischen Verwaltungsverbund, Tübingen 2007.

Hill, Hermann/Martini, Mario, § 34 Normsetzung und andere Formen exekutivischer Selbstprogrammierung, in: Hoffmann-Riem, Wolfgang/Schmidt-Aßmann, Eberhard/Voßkuhle, Andreas (Hrsg.), Grundlagen des Verwaltungsrechts Band II, 2. Auflage, München 2012, S. 1025–1126.

Hindelang, Steffen, § 33 Die mittelbare Unionsverwaltung durch die Mitgliedstaaten, in: Hatje, Armin/Müller-Graff, Peter-Christian (Gesamthrsg.), Leible, Stefan/Terhechte, Jörg Philip (Bandhrsg.), Enzyklopädie Europarecht Band 3: Europäisches Rechtsschutz- und Verfahrensrecht, Baden-Baden 2014, S. 1227–1267.

Hoffmann-Riem, Wolfgang, Verwaltungskontrolle – Perspektiven, in: Schmidt-Aßmann, Eberhard/Hoffmann-Riem, Wolfgang (Hrsg.), Verwaltungskontrolle, Baden-Baden 2001, S. 325–366.

ders., § 33 Rechtsformen, Handlungsformen, Bewirkungsformen, in: Hoffmann-Riem, Wolfgang/Schmidt-Aßmann, Eberhard/Voßkuhle, Andreas (Hrsg.), Grundlagen des Verwaltungsrechts Band II, 2. Auflage, München 2012, S. 943–1023.

Hofmann, Herwig C.H., Composite Decision Making Procedures in EU Administrative Law, in: Hofmann, Herwig C.H./Türk, Alexander H. (Hrsg.), Legal Challenges in EU Administrative Law – Towards an Integrated Administration, Cheltenham 2009, S. 136–167.

ders., Agencies in the European Regulatory Union, TARN working paper 5/2016, Juni 2016.

ders., European Administration: Nature and Developments of a Legal and Political Space, in: Harlow, Carol/Leino, Päivi/della Cananea, Giacinto (Hrsg.), Research Handbook on EU Administrative Law, Cheltenham 2017, S. 21–38.

ders., General Principles of EU law and EU administrative law, in: Barnard, Catherine/Peers, Steve (Hrsg.), European Union Law, 2. Auflage, Oxford 2017, S. 198–226.

Hofmann, Herwig C.H./Rowe, Gerard C./Türk, Alexander H., Specialized Administrative Law of the European Union – A Sectoral Review, Oxford 2018.

Hofmann, Herwig C.H./Türk, Alexander H., Legal Challenges in EU administrative law by move to an integrated administration, in: Hofmann, Herwig C.H./Türk, Alexander H. (Hrsg.), Legal Challenges in EU Administrative Law – Towards an Integrated Administration, Cheltenham 2009, S. 355–379.

Hofmann, Jens, Rechtsschutz und Haftung im Europäischen Verwaltungsverbund, Berlin 2004.

Hofsommer, Alexander, Die Anfänge der völkerrechtlichen Organleihe, AVR 2012, S. 310–328.

Holznagel, Bernd, § 24 Informationsbeziehungen in und zwischen Behörden, in: Hoffmann-Riem, Wolfgang/Schmidt-Aßmann, Eberhard/Voßkuhle, Andreas (Hrsg.), Grundlagen des Verwaltungsrechts Band II, 2. Auflage, München 2012, S. 321–364.

von Homeyer, Ingmar, Emerging Experimentalism in EU Environmental Governance, in: Sabel/Zeitlin (Hrsg.), Experimentalist Governance in the EU – Towards a New Architecture, Oxford 2010.

Hong, Mathias, Asylgrundrecht und Refoulementverbot, Baden-Baden 2008.

Huber, Peter M., § 45 Überwachung, in: Hoffmann-Riem, Wolfgang/Schmidt-Aßmann, Eberhard/Voßkuhle, Andreas (Hrsg.), Grundlagen des Verwaltungsrechts Band III, 2. Auflage, München 2013, S. 207–292.

Ilgner, Theresa, Die Durchführung der Rechtsakte des europäischen Gesetzgebers durch die Europäische Kommission – Art. 290 und Art. 291 AEUV und deren Auswirkungen auf die Komitologie, Berlin 2014.

Irmscher, Philipp, Rechtsschutz gegen „naming and shaming" im EU-Rechtsschutzsystem – eine Analyse anhand des Single Supervisory Mechanism (SSM), EWS 2016, S. 318–323.

Isensee, Josef, Die staatsrechtliche Stellung der Ausländer in der Bundesrepublik Deutschland, in: Veröffentlichungen der Vereinigung der Deutschen Staatsrechtslehrer, Bd. 32 (1974), S. 49–106.

ders., § 115 Grundrechtsvoraussetzungen und Verfassungserwartungen an die Grundrechtausübung, in: Isensee, Josef/Kirchhof, Paul (Hrsg.), Handbuch des Staatsrechts der Bundesrepublik Deutschland Band V: Allgemeine Grundrechtslehren, Heidelberg 1992, S. 353–484.

Jaeger, Marc, Eilverfahren vor dem Gericht der Europäischen Union, EuR 2013, S. 3–28.

Jarass, Hans D., Bedeutung der EU-Rechtsschutzgewährleistung für nationale und EU-Gerichte, NJW 2011, S. 1393–1398.

ders., Charta der Grundrechte der Europäischen Union unter Einbeziehung der von EuGH entwickelten Grundrechte, der Grundrechtsregelungen der Verträge und der EMRK, Kommentar, 3. Auflage, München 2016.

Jestaedt, Matthias, § 14 Grundbegriffe des Verwaltungsorganisationsrechts, in: Hoffmann-Riem, Wolfgang/Schmidt-Aßmann, Eberhard/Voßkuhle, Andreas (Hrsg.), Grundlagen des Verwaltungsrechts Band I, 2. Auflage, München 2012, S. 953–1004.

Jonsson Cornell, Anna, EU Police Cooperation Post-Lisbon, in: Bergström, Maria/Jonsson Cornell, Anna (Hrsg.), European Police and Criminal Law Co-operation, Oxford/Portland 2014, S. 157–161.

Kadelbach, Stefan, Verwaltungskontrollen im Mehrebenen-System der Europäischen Gemeinschaft, in: Schmidt-Aßmann, Eberhard/Hoffmann-Riem, Wolfgang (Hrsg.), Verwaltungskontrolle, Baden-Baden 2001, S. 205–246.

ders., Die Bindung an die Grundrechte der Europäischen Union bei der Anwendung staatlichen Strafrechts: – Anmerkungen zum Urteil des EuGH in der Rechtssache Akerberg Fransson –, KritV 96(3) 2013, S. 276–291.

Kahl, Wolfgang, Die Europäisierung des Verwaltungsrechts als Herausforderung an Systembildung und Kodifikationsidee, Die Verwaltung 2010, Beiheft 10, S. 39–93.

ders., Der Europäische Verwaltungsverbund: Strukturen – Typen – Phänomene, Der Staat 2011, S. 353–387.

ders., § 47 Begriff, Funktionen und Konzepte von Kontrolle, in: Hoffmann-Riem, Wolfgang/Schmidt-Aßmann, Eberhard/Voßkuhle, Andreas (Hrsg.), Grundlagen des Verwaltungsrechts Band III, 2. Auflage, München 2013, S. 459–591.

Kämmerer, Axel, Rechtsschutz in der Bankenunion (SSM, SRM), WM 2016, S. 1–11.

Karpenstein, Ulrich, § 8 Das Vorabentscheidungsverfahren, in: Hatje, Armin/Müller-Graff, Peter-Christian (Gesamthrsg.), Leible, Stefan/Terhechte, Jörg Philip (Bandhrsg.), Enzyklopädie Europarecht Band 3: Europäisches Rechtsschutz- und Verfahrensrecht, Baden-Baden 2014, S. 203–250.

ders./Mayer, Franz C. (Hrsg.), Konvention zum Schutz der Menschenrechte und Grundfreiheiten: EMRK, 2. Auflage, München 2015.

Kastler, Holger A., Föderaler Rechtsschutz, Personenbezogene Daten in einem Raum der Freiheit, der Sicherheit und des Rechts, Wiesbaden 2017.

Kayser, Martin, § 91 Rechtsschutz und Kontrolle, in: von Bogdandy, Armin/Cassese, Sergio/Huber, Peter M. (Hrsg.), Handbuch Ius Publicum Europaeum Band V, Heidelberg 2014, S. 1047–1129.

Keller, Helen/Kühne, Daniela, Zur Verfassungsgerichtsbarkeit des Europäischen Gerichtshofs für Menschenrechte, ZaöRV 2016, S. 245–307.

von Kielmansegg, Sebastian, Die Verteidigungspolitik der Europäischen Union – Eine rechtliche Analyse, Stuttgart u.a. 2005.

Kietz, Daniela/von Ondarza, Nicolai, Sicherheit delegieren – EU-Agenturen in der inneren und äußeren Sicherheit, SWP Studie, Berlin 2016.

Kietz, Daniela/Maurer, Andreas, Prüm, Brüssel, Washington: Avantgarde-Gemeinschaften und Innere Sicherheitspolitiken der EU, JBÖS 2009, S. 111–145.

Kirchhof, Ferdinand, Kooperation zwischen nationalen und europäischen Gerichten, EuR 2014, S. 267–276.

Kirchhoff, Guido, Europa und Polizei, Tübingen 2012.

Kistner-Bahr, Hanna, Die Entwicklungstendenzen Europols im europäischen Integrationsprozess: mögliche Ausweitung der Befugnisse Europols vom Informationsaustausch zur Ermittlungskompetenz unter Berücksichtigung des Vertrages von Lissabon, Köln 2010.

Knauff, Matthias, Der Regelungsverbund: Recht und Soft Law im Mehrebenensystem, Tübingen 2010.

ders., Europäisches Soft Law als Gegenstand des Vorabentscheidungsverfahrens, EuR 2011, S. 735–745.

Knauff, Matthias/Schwensfeier, Roland, Kein Rechtsschutz gegen Steuerung mittels „amtlicher Erläuterung"? – Anmerkungen zum Urteil des EuG vom 20. 5. 2010 (T-258/06) zur Auslegungsmitteilung der Kommission über die öffentliche Auftragsvergabe außerhalb des EU-Vergaberechts, EuZW 2010, S. 611–614.

Knelangen, Wilhelm, Imbalances in an expanding research area: the widely neglected practical dimension of EU internal security policy, in: Aden, Hartmut (Hrsg.), Police Cooperation in the European Union under the Treaty of Lisbon, Baden-Baden 2015, S. 133–146.

Korioth, Stefan, § 44 Finanzen, in: Hoffmann-Riem, Wolfgang/Schmidt-Aßmann, Eberhard/Voßkuhle, Andreas (Hrsg.), Grundlagen des Verwaltungsrechts Band III, 2. Auflage, München 2013, S. 91–204.

Krämer, Felix, Europäische Sicherheitsarchitektur: Ambivalenzen im Raum der Freiheit der Sicherheit und des Rechts, in: Brings-Wiesn, Tobias/Ferreau, Frederik (Hrsg.), 40 Jahre „Deutscher Herbst": Neue Überlegungen zu Sicherheit und Recht, Baden-Baden 2019, S. 39–58.

Kreissl, Reinhard, Will more data bring more security? Remarks on the Security Union approach to interoperability, in: Carrera, Sergio/Mitsilegas, Valsamis (Hrsg.), Constitutionalising the Security Union – Effectiveness, Rule of Law and Rights in Countering Terrorism and Crime, Brüssel 2017, S. 93–98.

Kremer, Bernd, Immunität für Europol-Bedienstete? Eine Untersuchung der Aufgaben und Befugnisse von Europol unter besonderer Berücksichtigung der Immunitätsproblematik, Berlin 2003.

Kretschmer, Joachim, Europol, Eurojust, OLAF – was ist das und was dürfen die?, JURA 2007, S. 160–175.

Kröger, Malte, Unabhängiges Verwalten in der Europäischen Union – eine Einführung, in: ders./Pliniok, Arne (Hrsg.), Unabhängiges Verwalten in der Europäischen Union, Tübingen 2016, S. 1–18.

Kröger, Nicoletta, Europäisches Polizeiamt und Individualrechtsschutz- Vereinbarkeit mit Grundgesetz und Europäischer Menschenrechtskonvention?, Frankfurt am Main 2004.

Krüßmann, Thomas, § 18 Besondere Formen der grenzüberschreitenden Zusammenarbeit, in: Hatje, Armin/Müller-Graff, Peter-Christian (Gesamthrsg.), Böse, Martin (Bandhrsg.), Enzyklopädie Europarecht Band 9: Europäisches Strafrecht mit polizeilicher Zusammenarbeit, Baden-Baden 2013, S. 679–696.

Kugelmann, Dieter, Entwicklungstendenzen der Gewährleistung von Sicherheit in der Bundesrepublik Deutschland und der Europäischen Union, in: Würtenberger, Thomas/Gusy, Christoph/Lange, Hans-Jürgen (Hrsg.), Innere Sicherheit im Europäischen Vergleich – Sicherheitsdenken, Sicherheitskonzepte und Sicherheitsarchitektur im Wandel, Berlin 2012, S. 169–173.

ders., § 17 Europäische Polizeiliche Kooperation, in: Hatje, Armin/Müller-Graff, Peter-Christian (Gesamthrsg.), Böse, Martin (Bandhrsg.), Enzyklopädie Europarecht Band 9: Europäisches Strafrecht mit polizeilicher Zusammenarbeit, Baden-Baden 2013, S. 631–678.

Kühling, Jürgen/Buchner, Benedikt (Hrsg.), Datenschutzgrundverordnung/BDSG, Kommentar, 2. Auflage, München 2018.

Kuhn, Maike, Die Europäische Sicherheits- und Verteidigungspolitik im Mehrebenensystem – Eine rechtswissenschaftliche Untersuchung am Beispiel der Militäroperation der Europäischen Union in der Demokratischen Republik Kongo 2003, Heidelberg u.a. 2012.

Kühn, Werner, Miguel, Grundzüge des neuen Eilverfahrens vor dem EuGH im Rahmen von Vorabentscheidungsersuchen, EuZW 2008, S. 263–266.

Lachmayer, Konrad, European Police Cooperation and its Limits: From Intelligence-led to Coercive Measures?, in: Barnard, Catherine/Odudu, Okeoghene (Hrsg.), The Outer Limits of European Union Law, Portland 2009, S. 89–118.

Ladenburger, Clemens, Evolution oder Kodifikation eines allgemeinen Verwaltungsrechts in der EU, in: Trute, Hans-Heinrich/Groß, Thomas/Röhl, Hans Christian/Möllers, Christoph (Hrsg.), Allgemeines Verwaltungsrecht – zur Tragfähigkeit eines Konzepts, Tübingen 2008, S. 107–133.

Lambrinoc, Simona, Die Unabhängigkeit der Europäischen Zentralbank als Aufsichtsbehörde für Kreditinstitute, in: Kröger, Malte/Pliniok, Arne (Hrsg.), Unabhängiges Verwalten in der Europäischen Union, Tübingen 2016, S. 221–278.

Latzel, Clemens, Die Anwendungsbereiche des Unionsrechts, EuZW 2015, S. 658–664.

Latzel, Clemens/Streinz, Thomas, Das richtige Vorabentscheidungsersuchen, NJOZ 2013, S. 97–109.

Leczykiewicz, Dorota, Human rights and the Area of Freedom, Security and Justice, in: Fletcher, Maria/Herlin-Karnell, Ester/Matera, Claudio (Hrsg.), The European Union as an Area of Freedom, Security and Justice, Oxon/New York 2017, S. 57–107.

Lehnert, Matthias, Frontex und operative Maßnahmen an den europäischen Außengrenzen, Verwaltungskooperation – materielle Rechtsgrundlagen – institutionelle Kontrolle, Baden-Baden, 2014.

Lenaerts, Koen/Maselis, Ignace/Gutmann, Kathleen, EU Procedural Law, Oxford 2015.

Leonhardt, Andrea, Die Europäische Ermittlungsanordnung in Strafsachen: Umsetzungsanforderungen für den deutschen Gesetzgeber, Wiesbaden 2017.

Lepsius, Oliver, Hat die Europäisierung des Verwaltungsrechts Methode? Oder: Die zwei Phasen der Europäisierung des Verwaltungsrechts, in: Die Verwaltung 2010, Beiheft 10, S. 179–204.

Leyens, Patrick C., Comply or Explain im Europäischen Privatrecht, ZEuP 2016, S. 388–426.

Lindstrom, Gustav, Enter the EU Battlegroups, Chaillot Paper Nr. 97 (EUISS), Paris 2007.

Lopes de Lima, José A. F., Europol as the Director and Coordinator of the Joint Investigation Teams, Cambridge Yearbook of European Legal Studies 9 (2006–2007), S. 313–328.

Lorenzen, Jaqueline, Kontrolle einer sich ausdifferenzierenden EU-Eigenverwaltung, Tübingen 2019.

Luchtmann, Michiel/Vervaele, John, Comparison of Legal Frameworks, in: Luchtmann, Michiel/Vervaele, John (Hrsg.), Investigatory powers and procedural safeguards: Improving OLAF's legislative framework through a comparison with other EU law enforcement authorities (ECN/ESMA/ECB), Utrecht 2017, S. 247–318.

Mader, Oliver, Erleichterter Rechtsschutz bei Grundrechtsverletzungen? Zur Entwicklung einer prozessualen Grundrechtssystematik anhand des zulässigen Gegenstands einer Nichtigkeitsklage nach Art. 263 AEUV, EuR 2018, S. 339–360.

Mager, Ute, Die Europäische Verwaltung zwischen Hierarchie und Netzwerk, in: Trute, Hans-Heinrich/Groß, Thomas/Röhl, Hans Christian/Möllers, Christoph (Hrsg.), Allgemeines Verwaltungsrecht – zur Tragfähigkeit eines Konzepts, Tübingen 2008, S. 369–397.

dies., Entwicklungslinien des Europäischen Verwaltungsrechts, Die Verwaltung 2010, Beiheft 10, S. 11–38.

von Mangold, Hermann (Begr.)/*Klein, Friedrich/Starck, Christian (*Fortf.)/*Huber, Peter M./Voßkuhle, Andreas* (Hrsg.), Grundgesetz, Kommentar, 7. Auflage München 2018.

Marauhn, Thilo, Sicherung grund- und menschenrechtlicher Standards gegenüber neuen Gefährdungen durch private und ausländische Akteure, in: Veröffentlichungen der Vereinigung der Deutschen Staatsrechtslehrer, Bd. 74 (2015), S. 373–400.

Markard, Nora/Heuser, Helene, Möglichkeiten und Grenzen einer menschenrechtskonformen Ausgestaltung von sogenannten „Hotspots“ an den europäischen Außengrenzen, Hamburg 2016.

Matz-Lück, Nele, Europäische Rechtsakte und nationaler Grundrechtsschutz, in: Matz-Lück, Nele/Hong, Mathias (Hrsg.), Grundrechte und Grundfreiheiten im Mehrebenensystem – Konkurrenzen und Interferenzen, Berlin/Heidelberg 2012, S. 161–201.

Martini, Mario/Weinzierl, Quirin, Nationales Verfassungsrecht als Prüfungsmaßstab des EuGH?, NVwZ 2017, S. 177–183.

Matera, Claudio, An external dimension of the AFSJ? Some reflections on the nature and scope of the externalisation of the EFSJ domains, in: Fletcher, Maria/Herlin-Karnell, Ester/Matera, Claudio (Hrsg.), The European Union as an Area of Freedom, Security and Justice, Oxon/New York 2017, S. 359–388.

Maunz, Theodor/Dürig, Günter (Begr.)/*Herzog, Roman/Scholz, Rupert/Herdegen, Matthias/Klein, Hans H.* (Hrsg.), Grundgesetz Kommentar, 87. Ergänzungslieferung, Stand: März 2019, München.

Mayrhofer, Michael, Von den nationalen Verwaltungen zum Europäischen Verwaltungsverbund, in: ÖVG (Hrsg.), Der Europäische Verwaltungsverbund, Wien/Graz 2011, S. 23–71.

Mehde, Veith, Rechtssetzungen der europäischen und nationalen Verwaltungen, in: Veröffentlichungen der Vereinigung der Deutschen Staatsrechtslehrer, Bd. 71 (2012), S. 418–455.

Mendes, Joana, Delegated and Implementing Rule Making: Proceduralisation and Constitutional Design, ELJ 2013 19(1), S. 22–41.

Menzel, Eberhard (Begründer)/*Ipsen, Knut* (Fortführung)/*Epping, Volker/Heintschel von Heinegg, Wolff* (Hrsg.), Völkerrecht, 7. Auflage, München 2018.

Meško, Gorzad, Police Cooperation in the European Union, Supported by Strenghtening the EU Internal Security's External Dimension, EJCCLCJ (25) 2017, S. 109–121.

Meyer, Frank, § 37 Verfahren der strafrechtlichen Zusammenarbeit, in: Hatje, Armin/Müller-Graff, Peter-Christian (Gesamthrsg.), Leible, Stefan/Terhechte, Jörg Philip (Bandhrsg.), Enzyklopädie Europarecht Band 3: Europäisches Rechtsschutz- und Verfahrensrecht, Baden-Baden 2014, S. 1379–1415.

ders., § 38 Rechtsschutz im europäischen Strafrecht, in: Hatje, Armin/Müller-Graff, Peter-Christian (Gesamthrsg.), Leible, Stefan/Terhechte, Jörg Philip (Bandhrsg.), Enzyklopädie Europarecht Band 3: Europäisches Rechtsschutz- und Verfahrensrecht, Baden-Baden 2014, S. 1379–1415.

Meyer, Jürgen/Hölscheidt, Sven (Hrsg.), Charta der Grundrechte der Europäischen Union, 5. Auflage, Baden-Baden 2019.

Meyer, Katharina, Grenzen und Entwicklungsmöglichkeiten des Souveränitätsprinzips in transnationalen Handelsbeziehungen, Tübingen 2018.

Meyer-Ladewig, Jens/Nettesheim, Martin/von Raumer, Stefan, EMRK Europäische Menschenrechtskonvention Handkommentar, 4. Auflage, Baden-Baden 2017.

Michl, Walther, Dysfunktionale Außengrenze und binnenstaatliche Reaktion – zur unionsrechtlichen Zulässigkeit einseitiger Maßnahmen in Zeiten großer Migrationsströme, in: Bungenberg, Marc/Giegerich, Thomas/Stein, Torsten (Hrsg.), Asyl und Migration in Europa – rechtliche Herausforderungen und Perspektiven, Baden-Baden 2016, S. 161–183.

Mitsilegas, Valsamis, European Criminal Law and Resistance to Communautarisation after Lisbon, New Journal of European Criminal Law 2010, S. 458–480.

ders., Rule of Law: Theorizing EU Internal Security Cooperation from a Legal Perspective, in: Bossong, Raphael/Rhinard, Mark (Hrsg.), Therorizing Internal Security Cooperation in the European Union, Oxford 2016, S. 109–128.

ders., The Security Union as a paradigm of preventive justice: Challenges for citizenship, fundamental rights and the rule of law, in: Carrera, Sergio/Mitsilegas, Valsamis (Hrsg.), Constitutionalising the Security Union – Effectiveness, Rule of Law and Rights in Countering Terrorism and Crime, Brüssel 2017, S. 5–20.

Mitzmann, Elena, Administrative Remedies in the Area of Freedom, Security and Justice, in: Marchetti, Barbara (Hrsg.), Administrative Remedies in the European Union – The Emergence of a Quasi-Judicial Administration, Turin 2017, S. 239–266.

Mokros, Reinhard, Kapitel O Polizeihandeln auf Ebene der Europäischen Union, in: Lisken, Hans (Mitbegr.)/Denninger, Erhard/Rachor, Frederik (Hrsg.) Handbuch des Polizeirechts, Gefahrenabwehr – Strafverfolgung – Rechtsschutz, 5. Auflage, München 2012, S. 1407–1483.

Möllers, Christoph, Materielles Recht – Verfahrensrecht – Organisationsrecht, Zu Theorie und Dogmatik dreier Dimensionen des Verwaltungsrechts, in: Trute, Hans-Heinrich/Groß, Thomas/Röhl, Hans Christian/Möllers, Christoph (Hrsg.), Allgemeines Verwaltungsrecht – zur Tragfähigkeit eines Konzepts, Tübingen 2008, S. 489–512.

Möllers, Christoph/von Achenbach, Jelena, Die Mitwirkung des Europäischen Parlaments an der abgeleiteten Rechtsetzung der Europäischen Kommission nach dem Lissabonner Vertrag, EuR 2011, S. 39–60.

Möllers, Rosalie, Polizei in Europa: die Sicherheitsagenturen EUROPOL und FRONTEX im Raum der Freiheit, der Sicherheit und des Rechts, Frankfurt am Main 2017.

Monar, Jörg, Experimentalist Governance in Justice and Home Affairs, in: Sabel/Zeitlin (Hrsg.), Experimentalist Governance in the EU – Towards a New Architecture, Oxford 2010, S. 237–260.

ders., Die Gewährleistung innerer Sicherheit durch die Europäische Union: Grundlagen, Möglichkeiten und Grenzen, in: Würtenberger, Thomas/Gusy, Christoph/Lange, Hans-Jürgen (Hrsg.), Innere Sicherheit im Europäischen Vergleich – Sicherheitsdenken, Sicherheitskonzepte und Sicherheitsarchitektur im Wandel, Berlin 2012, S. 33–55.

ders., EU Internal Security Cooperation after Four Decades: Observations and Reflections, in: Bossong, Raphael/Rhinard/Mark (Hrsg.), Therorizing Internal Security Cooperation in the European Union, Oxford 2016, S. 28–41.

Möstl, Markus, Die staatliche Garantie für die öffentliche Sicherheit und Ordnung, Tübingen 2002.

ders., Rechtsetzungen der europäischen und nationalen Verwaltungen, DVBl 2011, S. 1076–1084.

ders., Grundfragen Europäischer Polizeilicher Kooperation, in: Kugelmann, Dieter (Hrsg.), Migration, Datenübermittlung, Cybersicherheit – Grundfragen und ausgewählte Handlungsfelder der Zusammenarbeit von Sicherheits- und Strafverfolgungsbehörden in der EU, Baden-Baden 2016, S. 9–35.

ders., Bankenregulierung im Europäischen Verwaltungsverbund, in: Kischel, Uwe/Wißmann, Hinnerk (Hrsg.), Grenzüberschreitende Verwaltungsaufgaben, Stuttgart u.a. 2017, S. 79–95.

Mrozek, Anna, Organleihe an den Außengrenzen Europas – Der (un)klare Rechtsrahmen des Einsatzes der Bundespolizei im Rahmen operativer FRONTEX-Aktionen, DÖV 2010, S. 886–894.

dies., Grenzschutz als supranationale Aufgabe: Der Schutz der europäischen Außengrenzen unter der Beteiligung der Bundespolizei, Baden-Baden, 2013.

Mrozek, Anna/Wehner, Florian, Was vom Tage übrig bleibt: Schengen, Grenzschutz und die „Flüchtlingskrise“, in: Lehner, Roman/Wapler, Friederike (Hrsg.), Die herausgeforderte Rechtsordnung – Aktuelle Probleme der Flüchtlingspolitik, Berlin 2018, S. 285–312.

Müller-Graff, Peter-Christian, Das »Soft Law« der Europäischen Organisationen, EuR 2012, S. 18–33.

ders., Rechtsschutz von Kreditinstituten in der Bankenaufsicht der Europäischen Zentralbank, EuZW 2018, S. 101–107.

Nack, Armin, Verwertung von Erkenntnissen der Gemeinsamen Ermittlungsgruppe im Strafprozess, in: in: Wolter, Jürgen/Schenke, Wolf-Rüdiger/Hilger, Hans/Ruthig, Josef/Zöller, Mark Alexander (Hrsg.), Alternativentwurf Europol und Europäischer Datenschutz, Heidelberg 2008, S. 255–262.

Napolitano, Giulio, § 89 Handlungsformen, in: von Bogdandy, Armin/Cassese, Sergio/Huber, Peter M. (Hrsg.), Handbuch Ius Publicum Europaeum Band V, Heidelberg 2014, S. 969–1016.

Neumann, Simon, Die Europäische Grenzschutzagentur Frontex – Integrierter Außengrenzschutz und humanitäre Standards, Berlin 2014.

Niemann, Arne/Zaun, Sabrina, EU Refugee Policies and Politics in Times of Crisis: Theoretical and Empirical Perspectives, JCMS (56) 2018, S. 3–22.

Nöhmer, Sabrina, Das Recht auf Anhörung im europäischen Verwaltungsverfahren, Tübingen 2013.

Nowak, Carsten, § 34 Europäisches Kooperationsverwaltungsrecht, in: Hatje, Armin/Müller-Graff, Peter-Christian (Gesamthrsg.), Leible, Stefan/Terhechte, Jörg Philip (Bandhrsg.), Enzyklopädie Europarecht Band 3: Europäisches Rechtsschutz- und Verfahrensrecht, Baden-Baden 2014, S. 1269–1334.

Ohler, Christoph, § 9 Europäisches und nationales Verwaltungsrecht, in: Terhechte, Jörg Philipp (Hrsg.), Verwaltungsrecht der Europäischen Union, Baden-Baden 2011.

ders., Anmerkung zu einem Urteil des EuGH vom 22.01.2014 (C-270/12; JZ 2014, 244) – Zur Übertragung von Rechtsetzungsbefugnissen auf die Europäische Wertpapier- und Marktaufsichtbehörde, JZ 2014, S. 249–252.

ders., Bankenaufsicht und Geldpolitik in der Währungsunion, München 2015.

Oppermann, Thomas/Classen, Claus Dieter/Nettesheim, Martin, Europarecht – Ein Studienbuch, München 2018.

Orator, Andreas, Möglichkeiten und Grenzen der Einrichtung von Unionsagenturen, Tübingen 2017.

Paal, Boris P./Pauly, Daniel A. (Hrsg.), Datenschutzgrundverordnung/Bundesdatenschutzgesetz, 2. Auflage, München 2018.

Pabel, Katharina, § 19 Justizgrundrechte, in: Hatje, Armin/Müller-Graff, Peter-Christian (Gesamthrsg.) Grabenwarter, Christoph (Bandhrsg.) Enzyklopädie Europarecht Band 2: Europäischer Grundrechteschutz, Baden-Baden 2014, S. 807–846.

Paeffgen, Hans-Ullrich, Problemskizze bei der Aufgabenbeschreibung von Europol, in: Wolter, Jürgen/Schenke, Wolf-Rüdiger/Hilger, Hans/Ruthig, Josef/Zöller, Mark Alexander (Hrsg.), Alternativentwurf Europol und Europäischer Datenschutz, Heidelberg 2008, S. 173–191.

Papadopoulou, Aspasia, The implementation of the hotspots in Italy and Greece: A study, 2016, abrufbar unter www.refworld.org/docid/584ad1734.html (zuletzt abgerufen am 24.02.2024).

Paraschiakos, Christos, Bankenaufsicht zwischen Risikoverwaltung und Marktbegleitung, Tübingen 2017.

Papastavridis, Efthymios, The EU and the obligation of non-refoulement at sea, in: Ippolito, Francesca/Trevisanut, Seline (Hrsg.), Migration in the Mediterranean – Mechanisms of International Cooperation, Cambridge 2016, S. 236–262.

Payandeh, Mehrdad, Entterritorialisierung des Öffentlichen Rechts: Transnationale Individualrechtsverletzungen zwischen Verfassungsrecht und Völkerrecht, DVBl. 2016, S. 1073–1080.

Pechstein, Matthias, EU-Prozessrecht, 4. Auflage, Tübingen 2011.

Pechstein, Matthias/Nowak, Carsten/Häde, Ulrich (Hrsg.), Frankfurter Kommentar zum EUV, GRC und AEUV, Tübingen 2017.

Peers, Steve, Relocation of Asylum-Seekers in the EU: Law and Policy, Blogbeitrag vom 24.09.2015, abrufbar unter http://eulawanalysis.blogspot.com/2015/09/relocation-of-asylum-seekers-in-eu-law.html (zuletzt abgerufen am 24.02.2024).

ders., EU Justice and Home Affairs Law, Vol. II: EU Criminal Law, Policing and Civil Law, 4. Auflage, Oxford 2016.

ders., immigration and Asylum, in: Barnard, Catherine/Peers, Steve (Hrsg.), European Union Law, 2. Auflage, Oxford 2017, S. 791–814.

Peters, Anne/Altwicker, Tilmann, § 13 Die Verfahren beim EGMR, in: Hatje, Armin/Müller-Graff, Peter-Christian (Gesamthrsg.), Leible, Stefan/Terhechte, Jörg Philip (Bandhrsg.), Enzyklopädie Europarecht Band 3: Europäisches Rechtsschutz- und Verfahrensrecht, Baden-Baden 2014, S. 403–429.

Petri, Thomas/Schwabenbauer, Thomas, Kapitel G Informationsverarbeitung im Polizei- und Strafverfahrensrecht, in: Lisken, Hans (Mitbegr.)/Bäcker, Matthias/Denninger, Erhard/Graulich, Kurt (Hrsg.), Handbuch des Polizeirechts, Gefahrenabwehr – Strafverfolgung – Rechtsschutz, 6. Auflage, München 2018.

Peuker, Enrico, Bürokratie und Demokratie in Europa, Tübingen 2011.

ders., Die Anwendung nationaler Rechtsvorschriften durch Unionsorgane – ein Konstruktionsfehler der europäischen Bankenaufsicht, JZ 2014, S. 764–771.

Plachta, Michael, Joint Investigation Teams – A New Form of International Cooperation in Criminal Matters, European Journal of Crime, Criminal Law and Criminal Justice (12) 2005, S. 283–302.

Pross, Dominik, Die deutschen Streitkräfte im Einsatz gegen Seeräuber Eine völker-, europa- und verfassungsrechtliche Untersuchung am Beispiel der Operation EU NAVFOR Somalia „Atalanta“, Berlin 2018.

Rachor, Frederik/Graulich, Kurt, Kapitel E Polizeihandeln, in: Lisken, Hans (Mitbegr.)/Bäcker, Matthias/Denninger, Erhard/Graulich, Kurt (Hrsg.), Handbuch des Polizeirechts, Gefahrenabwehr – Strafverfolgung – Rechtsschutz, 6. Auflage, München 2018.

Rademacher, Timo, Realakte im Rechtsschutzsystem der Europäischen Union, Tübingen 2014.

Rainey, Bernandette/Wicks, Elizabeth/Ovey, Clare, The European Convention on Human Rights, 7. Auflage, Oxford 2017.

Rawlings, Richard, Complaint systems and EU governance – a new look, in: Harlow, Carol/Leino, Päivi/della Cananea, Giacinto (Hrsg.), Research Handbook on EU Administrative Law, Cheltenham 2017, S. 490–517.

Reinhardt, Thorsten, Delegation und Mandat im öffentlichen Recht – Eine Untersuchung zur rechtlichen Zulässigkeit von Kompetenzübertragungen, Berlin 2006.

Riegel, Ralf, Gemeinsame Ermittlungsgruppen – der neue Königsweg der internationalen Rechtshilfe?, Die Kriminalpolizei, Band 3 2008, S. 80 ff.

Rijken, Conny, Joint Investigation Teams: Principles, Practice, and Problems – Lessons learnt from the first efforts to establish a JIT, Utrecht Law Review (2) 2002, S. 99–118.

Rijken, Conny/Vermeulen, Gert (Hrsg.), Joint Investigation Teams in the European Union – From Theory to Practice, Den Haag 2006.

dies., The Legal and Practical Implementation of JITs: The Bumpy Road from EU to Member State Level, in: Rijken, Conny/Vermeulen, Gert (Hrsg.), Joint Investigation Teams in the European Union – From Theory to Practice, Den Haag 2006, S. 1–52.

Rijpma, Jorrit J., Frontex and the European system of border guards – The Future of European Border management, in: Fletcher, Maria/Herlin-Karnell, Ester/Matera, Claudio (Hrsg.), The European Union as an Area of Freedom, Security and Justice, Oxon/New York 2017, S. 217–245.

van Rijsbergen, Marloes, On the Enforceability of EU Agencies' Soft Law at the National Level: The Case of the European Securities and Markets Authority, ULR 2014, S. 116–131.

Ritleng, Dominique, The Reserved Domain of the Legislature: The Notion of ‚Essential Elements of an Area', in: Bergström, Carl Frederik/Ritleng, Dominique (Hrsg.), Rulemaking by the European Commission – The New System for Delegation of Powers, Oxford 2016, S. 133–155.

Röhl, Hans Christian, § 30 Ausgewählte Verwaltungsverfahren, in: Hoffmann-Riem, Wolfgang/Schmidt-Aßmann, Eberhard/Voßkuhle, Andreas (Hrsg.), Grundlagen des Verwaltungsrechts Band II, 2. Auflage, München 2012, S. 731–798.

Rohländer, Jonas, EU-Türkei-Erklärung – Saubere Lösung oder schmutziger Deal?, KJ 2015, S. 81–93.

Rowe, Gerard C., Administrative supervision of administrative action in the European Union, in: Hofmann, Herwig C.H./Türk, Alexander H. (Hrsg.), Legal Challenges in EU Administrative Law – Towards an Integrated Administration, Cheltenham 2009, S. 179–217.

Roxin, Claus/Schünemann, Bernd, Strafverfahrensrecht, 29. Auflage, München 2017.

Ruffert, Matthias, Verselbständigte Verwaltungseinheiten: Ein europäischer Megatrend im Vergleich, in: Trute, Hans-Heinrich/Groß, Thomas/Röhl, Hans Christian/Möllers, Christoph (Hrsg.), Allgemeines Verwaltungsrecht – zur Tragfähigkeit eines Konzepts, Tübingen 2008, S. 431–457.

ders., Hat die Europäisierung des Verwaltungsrechts Methode?, Die Verwaltung 2010 Beiheft 10, S. 205–219.

ders. (Hrsg.), Legitimacy in European Administrative Law: Reform and Reconstruction, Groningen 2011.

ders., Comparative Perspectives of Administrative Legitimacy, in: Ruffert, Matthias (Hrsg.), Legitimacy in European Administrative Law: Reform and Reconstruction, Groningen 2011, S. 351–360.

ders., § 94 Europäisierung des Verwaltungsrechts, in: von Bogdandy, Armin/Cassese, Sergio/Huber, Peter M. (Hrsg.), Handbuch Ius Publicum Europaeum Band V, Heidelberg 2014, S. 1221–1252.

ders., Rechtserzeugung und Rechtsdurchsetzung im Europäischen Rechtsraum, in: Schumann, Eva (Hrsg.), Hierarchie, Kooperation und Integration im Europäischen Rechtsraum, Berlin 2015.

Ruthig, Josef, Rechtliche Rahmenbedingungen der Tätigkeit von Europol – Bestandsaufnahme und Ausblick, in: Wolter, Jürgen/Schenke, Wolf-Rüdiger/Hilger, Hans/Ruthig, Josef/Zöller, Mark Alexander (Hrsg.), Alternativentwurf Europol und Europäischer Datenschutz, Heidelberg 2008 S. 97–124.

ders., § 20 Europol, in: Hatje, Armin/Müller-Graff, Peter-Christian (Gesamthrsg.), Böse, Martin (Bandhrsg.), Enzyklopädie Europarecht Band 9: Europäisches Strafrecht mit polizeilicher Zusammenarbeit, Baden-Baden 2013, S. 749–786.

Sabel, Charles Frederick/Zeitlin, Jonathan, Learning From Difference: The New Architecture of Experimentalist Governance in the EU, in: dies. (Hrsg.), Experimentalist Governance in the EU – Towards a New Architecture, Oxford 2010, S. 1–28.

Santos Vara, Juan, The EU's agencies: Ever more important for the governance of the Area of Freedom, Security and Justice, in: Ripoll Servent, Ariadna/Trauner, Florian (Hrsg.), The Routledge Handbook of Justice and Home Affairs Research, London 2018, S. 445–455.

Säuberlich, Uwe, Die außervertragliche Haftung im Gemeinschaftsrecht, Eine Untersuchung der Mehrpersonenverhältnisse, Berlin/Heidelberg 2005.

Sauer, Heiko., Europas Richter Hand in Hand? – Das Kooperationsverhältnis zwischen BVerfG und EuGH nach Honeywell –, EuZW 2011, S. 94–97.

ders., Grundrechtskollisionsrecht für das europäische Mehrebenensystem, in: Matz-Lück, Nele/Hong, Mathias (Hrsg.), Grundrechte und Grundfreiheiten im Mehrebenensystem – Konkurrenzen und Interferenzen, Berlin/Heidelberg 2012, S. 1–68.

ders., „Solange" geht in Altersteilzeit – Der unbedingte Vorrang der Menschenwürde vor dem Unionsrecht, NJW 2016, S. 1134–1138.

ders., Der novellierte Kontrollzugriff des Bundesverfassungsgerichts auf das Unionsrecht, EuR 2017, S. 186–205.

Schaefer, Jan Philipp, Die Europäische Menschenrechtskonvention als Faktor der europäischen Integration, EuR 2017, S. 80–105.

Schalken, Tom/Pronk, Maarten, On Joint Investigation Teams, Europol and Supervision of their Joint Actions, in: European Journal of Crime, Criminal Law and Criminal Justice (10) 2002, S. 70–82.

Schemmel, Jakob, Europäische Finanzmarktverwaltung, Dogmatik und Legitimation der Handlungsinstrumente von EBA, EIOPA und ESMA, Tübingen 2018.

Schenke, Ralf P., Rechtsschutz gegen Europol, in: Wolter, Jürgen/Schenke, Wolf-Rüdiger/Hilger, Hans/Ruthig, Josef/Zöller, Mark Alexander (Hrsg.), Alternativentwurf Europol und Europäischer Datenschutz, Heidelberg 2008, S. 367–394.

Schenke, Wolf-Rüdiger/Graulich, Kurt/Ruthig, Josef (Hrsg.), Sicherheitsrecht des Bundes, 2. Auflage, München 2019.

Schiedermair, Stephanie., § 48 Selbstkontrollen der Verwaltung, in: Hoffmann-Riem, Wolfgang/Schmidt-Aßmann, Eberhard/Voßkuhle, Andreas (Hrsg.), Grundlagen des Verwaltungsrechts Band III, 2. Auflage, München 2013, S. 593–664.

Schillemans, Thomas, Does Horizontal Accountability Work?: Evaluating Potential Remedies for the Accountability Deficit of Agencies, Administration and Society 2011, 43 (4) S. 387–416.

Schladebach, Marcus, Rechtsanwendungsgleichheit in Mehrebenensystemen, NVwZ 2018, S. 1241–1248.

Schliesky, Utz, Souveränität und Legitimität von Herrschaftsgewalt: die Weiterentwicklung von Begriffen der Staatslehre und des Staatsrechts im europäischen Mehrebenensystem, Tübingen 2004.

Schmidt, Magdalena, Der Grundsatz der Verfügbarkeit: Ziel, Rechtsstand und Perspektiven des strafrechtlichen Informationsaustauschs in der Europäischen Union, Wiesbaden 2018.

Schmidt-Aßmann, Eberhard, Verwaltungslegitimation als Rechtsbegriff, AöR 116 (1991), S. 329–390.

ders., Verwaltungskooperation und Verwaltungskooperationsrecht in der Europäischen Gemeinschaft, EuR 1996, S. 270–301.

ders., Verwaltungskontrolle – Einleitende Problemskizze, in: Schmidt-Aßmann, Eberhard/Hoffmann-Riem, Wolfgang (Hrsg.), Verwaltungskontrolle, Baden-Baden 2001, S. 9–44.

Schmidt-Aßmann, Eberhard/Schöndorf-Haubold, Der Europäische Verwaltungsverbund. Formen und Verfahren der Zusammenarbeit in der EU, Tübingen 2005.

Schmidt-Aßmann, Eberhard, Einleitung: Der Europäische Verwaltungsverbund und die Rolle des Europäischen Verwaltungsrechts, in: Schmidt-Aßmann, Eberhard/Schöndorf-Haubold, Bettina (Hrsg.), Der Europäische Verwaltungsverbund. Formen und Verfahren der Verwaltungszusammenarbeit in der EU, Tübingen 2005, S. 1–23.

ders., Perspektiven der Europäisierung des Verwaltungsrechts, Die Verwaltung 2010 Beiheft 10, S. 263–283.

ders., § 5 Verfassungsprinzipien für den Europäischen Verwaltungsverbund, in: Hoffmann-Riem, Wolfgang/Schmidt-Aßmann, Eberhard/Voßkuhle, Andreas (Hrsg.), Grundlagen des Verwaltungsrechts Band I, 2. Auflage, München 2012, S. 261–340.

ders., Verwaltungsrechtliche Dogmatik, Tübingen 2013.

ders., Kohärenz und Konsistenz des Verwaltungsrechtsschutzes – Herausforderungen angesichts vernetzter Verwaltungen und Rechtsordnungen, Tübingen 2015.

Schmitt, Desirée C., Die Reaktionen der EU auf das starke Ansteigen des Flüchtlingszustroms – Update: Januar bis April 2016, eine Kehrtwende durch die Zusammenarbeit mit der Türkei?, in: Bungenberg, Marc/Giegerich, Thomas/Stein, Torsten (Hrsg.), Asyl und Migration in Europa – rechtliche Herausforderungen und Perspektiven, Baden-Baden 2016, S. 13–49.

Schneider, Jens-Peter, § 28 Strukturen und Typen von Verwaltungsverfahren, in: Hoffmann-Riem, Wolfgang/Schmidt-Aßmann, Eberhard/Voßkuhle, Andreas (Hrsg.), Grundlagen des Verwaltungsrechts Band II, 2. Auflage, München 2012, S. 557–662.

Schneider, Jens-Peter/Rennert, Klaus/Marsch, Nikolaus (Hrsg.), ReNEUAL Musterentwurf für ein EU-Verwaltungsverfahrensrecht – Tagungsband, München 2016.

Schneider, Jens-Peter/Hofmann, Herwig C.H./Ziller, Jaques et al. (Hrsg.), ReNEUAL – Musterentwurf für ein EU-Verfahrensrecht, München 2015.

Schoch, Friedrich, § 50 Gerichtliche Verwaltungskontrollen, in: Hoffmann-Riem, Wolfgang/Schmidt-Aßmann, Eberhard/Voßkuhle, Andreas (Hrsg.), Grundlagen des Verwaltungsrechts Band III, 2. Auflage, München 2013, S. 743–1047.

Schöndorf-Haubold, Bettina, Die Strukturfonds der Europäischen Gemeinschaft – Rechtsformen und Verfahren europäischer Verbundverwaltung, München 2005.

dies., Netzwerke in der deutschen und europäischen Sicherheitsarchitektur, in: Arnst, Olga/Boysen, Sigrid (Hrsg.), Netzwerke, Baden-Baden 2007, S. 149–171.

dies., Internationale Sicherheitsverwaltung – Erscheinungsformen, normative Steuerung und Kontrolle, in: Trute, Hans-Heinrich/Groß, Thomas/Röhl, Hans Christian/Möllers, Christoph (Hrsg.), Allgemeines Verwaltungsrecht – zur Tragfähigkeit eines Konzepts, Tübingen 2008, S. 575–612.

dies., Europäisches Sicherheitsverwaltungsrecht, Baden-Baden 2010.

dies., Auf dem Weg zu einem unionalen Einsatzrecht: Sicherheitsgewährleistung in Europa, JBÖS 2012/13, S. 395–413.

dies., Das Recht der Zivilen Sicherheit an der Schnittstelle von nationaler, europäischer und internationaler Zuständigkeit, in: Gusy, Christoph et al. (Hrsg.), Rechtshandbuch Zivile Sicherheit, Berlin/Heidelberg 2017, S. 691–718.

Schoppa, Katrin, Europol im Verbund der Europäischen Sicherheitsagenturen, Berlin 2013.

Schröder, Meinhard, Effektiver Vollzug des Unionsrechts durch die Mitgliedstaaten als „Frage von gemeinsamem Interesse" – Bemerkungen zu Art. 197 AEUV, DVBl. 2011, S. 671–673.

Schröder, Ole/Gerdes, Lars, Neue Europäische Grenz- und Küstenwache – Ein Wichtiger Schritt für mehr Sicherheit an den EU-Außengrenzen, ZRP 2016, S. 328–241.

Schuppert, Gunnar Folke, Verwaltungswissenschaft – Verwaltung, Verwaltungsrecht, Verwaltungslehre, Baden-Baden 2000.

ders., § 16 Verwaltungsorganisation und Verwaltungsorganisationsrecht als Steuerungsfaktoren, in: Hoffmann-Riem, Wolfgang/Schmidt-Aßmann, Eberhard/Voßkuhle, Andreas (Hrsg.), Grundlagen des Verwaltungsrechts Band I, 2. Auflage, München 2012, S. 1067–1159.

Schütze, Julia-Pia, Die Zurechenbarkeit von Völkerrechtsverstößen im Rahmen mandatierter Friedensmissionen der Vereinten Nationen, Berlin 2011.

Schwander, Timo, Extraterritoriale Wirkungen von Grundrechten im Mehrebenensystem, Berlin 2019.

Schwarze, Jürgen, Soft Law im Recht der Europäischen Union, EuR 2011, S. 3–18.

Schwarze, Jürgen/Becker, Ulrich/Hatje, Armin/Schoo, Johann, EU-Kommentar, 4. Auflage, Baden-Baden 2019.

Schwerdtfeger, Angela, Europäisches Unionsrecht in der Rechtsprechung des Bundesverfassungsgerichts – Grundrechts-, ultra-vires- und Identitätskontrolle im gewaltenteiligen Mehrebenensystem, EuR 2015, S. 290–309.

von Schwichow, Lennart, Die Menschenwürde in der EMRK, Tübingen 2016.

Schwind, Manuel Patrick, Netzwerke im Europäischen Verwaltungsrecht, Tübingen 2017.

Schober, Konrad, Europäische Polizeizusammenarbeit zwischen Trevi und Prüm – Mehr Sicherheit auf Kosten von Freiheit und Recht?, Heidelberg 2017.

Schott, Tilmann, Von Lissabon bis Helsinki ein einziges Grenzregime – Europa im Zeitalter von Schengen, JBÖS 2009, S. 89–110.

Shirvani, Foroud, Haftungsprobleme im Europäischen Verwaltungsverbund, EuR 2011, S. 619–635.

Senden, Linda/van den Brink, A. (Ton), Checks and Balances of Soft EU Rule-Making, Brüssel 2012.

Senden, Linda, Soft Post-Legislative Rulemaking: A Time for More Stringent Control, ELJ 2013, S. 57–75.

Siegel, Thorsten, Entscheidungsfindung im Verwaltungsverbund, Tübingen 2009.

Silberzahn, Cathrin, Rechtsschutz gegen OLAF, JA 2016, S. 205–209.

Simantiras, Nikolaos I., Netzwerke im Europäischen Verwaltungsverbund, Tübingen 2016.

Šmaguc, Beatrica, The EU Battlegroups (EUBGs) – a successful story or a paper tiger?, Croatian International Relations Review (68) 2013, S. 93–114.

Smith, Michael E., Europe's Common Security and Defence Policy – Capacity-Building, Experiential Learning, and Institutional Change, Cambridge 2017.

Spaventa, Eleanor, Fundamental Rights in the European Union, in: Barnard, Catherine/Peers, Steve (Hrsg.), European Union Law, 2. Auflage, Oxford 2017, S. 227–261.

Sporenberg, Angelika, Gemeinsame Aufsichtsteams: Aus der Praxis der europäischen Zusammenarbeit im SSM, BaFinJournal vom 18.09.2018, abrufbar unter https://www.bafin.de/SharedDocs/Veroeffentlichungen/DE/Fachartikel/2018/fa_bj_1809_aufsichtsteams_JSTs.html (zuletzt abgerufen am 24.02.2024).

Srock, Gregor, Rechtliche Rahmenbedingungen für die Weiterentwicklung von Europol, Tübingen 2006.

Stein, Torsten/von Buttlar, Christian/Kotzur, Markus, Völkerrecht, 14. Auflage, München 2017.

Steiner, Anna-Zoe, Die außervertragliche Haftung der Europäischen Union nach Art. 340 Abs. 2 AEUV für rechtswidriges Verhalten, Tübingen 2015.

Stelkens, Paul/Bonk, Heinz Joachim/Sachs, Michael et al. (Hrsg.), VwVfG Verwaltungsverfahrensgesetz, Kommentar, 9. Auflage, München 2018.

Stelkens, Ulrich, Probleme des Europäischen Verwaltungsvertrags nach dem Vertrag zur Gründung einer Europäischen Gemeinschaft und dem Vertrag über eine Verfassung für Europa, EuZW 2005, S. 299–304.

ders., Rechtssetzungen der europäischen und nationalen Verwaltungen, in: Veröffentlichungen der Vereinigung der Deutschen Staatsrechtslehrer, Bd. 71 (2012), S. 369–417.

Streinz, Rudolf, Primär- und Sekundärrechtsschutz im Öffentlichen Recht, in: Veröffentlichungen der Vereinigung der Deutschen Staatsrechtslehrer, Bd. 61 (2002), S. 300–361.

ders, Entscheidungsbesprechung: EuGH, Urt. v. 10.7.2014, Rs. C-198/13, Hernandez, JuS 2015, S. 281–283.

ders. (Hrsg.), EUV/AEUV/GRCh. Vertrag über die Europäische Union, Vertrag über die Arbeitsweise der Europäischen Union, Charta der Grundrechte der Europäischen Union, Kommentar, 3. Auflage, München 2018.

Suvarierol, Semin/van den Berg, Caspar, Bridge-Builders or Bridgeheads in Brussels? The World of Seconded National Experts, in: Geuijuen et al. (Hrsg.), The New Eurocrats: National civil servants in EU policy-making, Amsterdam 2008, S. 103–127.

Svetiev, Jane, Network Competition Governance in the EU: Delegation, Decentralization, or Experimentalist Architecture?, in: Sabel/Zeitlin (Hrsg.), Experimentalist Governance in the EU – Towards a New Architecture, Oxford 2010, S. 79–120.

Sewell, Graham, The Discipline of Teams: The Control of Team-Based Industrial Work through Electronic and Peer Surveillance, Administrative Science Quarterly Vol. 43, No. 2, Special Issue: Critical Perspectives on Organizational Control 1998, S. 397–428.

Sydow, Gernot, Verwaltungskooperation in der Europäischen Union, Tübingen 2004.

ders., § 12 Verwaltungsvollzugsordnung der Europäischen Union, in: Hatje, Armin/Müller-Graff, Peter-Christian (Gesamthrsg. und Bandhrsg.) Enzyklopädie Europarecht Band 1: Europäisches Organisations- und Verfassungsrecht, Baden-Baden 2014, S. 709–746.

ders. (Hrsg.), Europäische Datenschutzgrundverordnung, Handkommentar, 2. Auflage, Baden-Baden 2018.

Teixeira, Pedro Gustavo, Europeanising prudential banking supervision: Legal foundations and implications for European integration, in: Fossum, Jan Erik/Menéndez/Agustín José (Hrsg.), The European Union in Crises or the European Union as Crises?, ARENA Report No 2/14, Oslo 2014, S. 527–583.

Tekin, Funda, Differentiated integration: ever more relevant for police cooperation after the Treaty of Lisbon, in: Aden, Hartmut (Hrsg.), Police Cooperation in the European Union under the Treaty of Lisbon – Opportunities and Limitations, Baden-Baden 2015, S. 81–98.

dies., Differenzierte Integration im Raum der Freiheit, der Sicherheit und des Rechts im Spannungsfeld von Problemlösungsinstinkt und Souveränitätsreflex, integration 4/2017, S. 263–275.

Terpan, Fabien, Soft Law in the European Union—The Changing Nature of EU Law, ELJ 2015, S. 68–96.

Thiel, Markus, „Entgrenzung" der Gefahrenabwehr, Tübingen 2011.

Thiele, Alexander, § 9 Die Nichtigkeitsklage, in: Hatje, Armin/Müller-Graff, Peter-Christian (Gesamthrsg.), Leible, Stefan/Terhechte, Jörg Philip (Bandhrsg.), Enzyklopädie Europarecht Band 3: Europäisches Rechtsschutz- und Verfahrensrecht, Baden-Baden 2014, S. 251–287.

Thienel, Rudolf, Rechtsschutz im Verwaltungsverbund – Spielraum und Einfluss der Gerichtshöfe des öffentlichen Rechts, in: ÖVG (Hrsg.), Der Europäische Verwaltungsverbund, Wien/Graz 2011, S. 161–212.

Thym, Daniel, Zwischen „Krieg" und „Frieden": Rechtsmaßstäbe für operatives Handeln der Bundeswehr im Ausland, DÖV 2010, S. 621–630.

ders., The „refugee crisis" as a challenge of legal design and institutional legitimacy, CMLR 53 (6) 2016, S. 1545–1573.

Tittor, Lotte Madlen, OLAF und die Europäisierung des Strafverfahrens, Heidelberg 2006.

Trauner, Florian, The European Parliament and agency control in the Area of Freedom, Security and Justice, West European Politics (35) 2012, S. 784–802.

Trute, Hans-Heinrich, § 6 Die Demokratische Legitimation der Verwaltung, in: Hoffmann-Riem, Wolfgang/Schmidt-Aßmann, Eberhard/Voßkuhle, Andreas (Hrsg.), Grundlagen des Verwaltungsrechts Band I, 2. Auflage, München 2012, S. 341–435.

Tsadiras, Alexandros, The Ombudsman, in: *Craig, Paul* EU Administrative Law, S. 795–819.

Tsourdi, Evangelia L., EU Reception Conditions: A Dignified Standard of Living for Asylum Seekers?, in: Chetail, Vincent et al. (Hrsg.), Reforming the Common European Asylum System – The New European Refugee Law, Boston/Leiden 2016, S. 271–316.

Türk, Alexander H., Judicial review of integrated administration in the EU, in: Hofmann, Herwig C.H./Türk, Alexander H. (Hrsg.), Legal Challenges in EU Administrative Law – Towards an Integrated Administration, Cheltenham 2009, S. 218–256.

ders., Oversight of Administrative Rulemaking: Judicial Review, ELJ 2013 19(1), S. 126–142.

Vedder, Christoph/Heintschel von Heinegg, Wolff (Hrsg.), Europäisches Unionsrecht, EUV/AEUV/GRCh/EAGV, 2. Auflage, Baden-Baden 2018.

Vedsted-Hansen, Jens, Reception Conditions as Human Rights: Pan-European Standard or Systemic Deficiencies?, in: Chetail, Vincent et al. (Hrsg.), Reforming the Common European Asylum System – The New European Refugee Law, Boston/Leiden 2016, S. 317–352.

Viellechner, Lars, Berücksichtigungspflicht als Kollisionsregel: Zu den innerstaatlichen Wirkungen von völkerrechtlichen Verträgen und Entscheidungen internationaler Gerichte, insbesondere bei der Auslegung und Anwendung von Grundrechten, in: Matz-Lück, Nele/Hong, Mathias (Hrsg.), Grundrechte und Grundfreiheiten im Mehrebenensystem – Konkurrenzen und Interferenzen, Berlin/Heidelberg 2012, S. 109–159.

Vos, Ellen, Responding to Catastrophe: Towards a New Architecture for EU Food Safety Regulation?, in: Sabel/Zeitlin (Hrsg.), Experimentalist Governance in the EU – Towards a New Architecture, Oxford 2010, S. 151–176.

dies., EU Agencies, Common Approach and Parliamentary Scrutiny, Studie für das Europäische Parlament, Brüssel 2018.

Voßkuhle, Andreas, § 1 Neue Verwaltungsrechtswissenschaft, in: Hoffmann-Riem, Wolfgang/Schmidt-Aßmann, Eberhard/Voßkuhle, Andreas (Hrsg.), Grundlagen des Verwaltungsrechts Band I, 2. Auflage, München 2012, S. 1–63.

ders., § 43 Personal, in: Hoffmann-Riem, Wolfgang/Schmidt-Aßmann, Eberhard/Voßkuhle, Andreas (Hrsg.), Grundlagen des Verwaltungsrechts Band III, 2. Auflage, München 2013, S. 1–89.

Wallrabenstein, Astrid, Grenzüberschreitende Verwaltung als Aufgabe nationaler und europäischer Verwaltung – Europarechtliche und nationalrechtliche Vorgaben – Grundfragen der Verwaltungskooperation aus deutscher Perspektive, in: Kischel, Uwe/Wißmann, Hinnerk (Hrsg.), Grenzüberschreitende Verwaltungsaufgaben, Stuttgart u.a. 2017, S. 9–25.

Wandl, Christian, Europol: Unterstützung der Kriminalpolizei im Kampf gegen schwere internationale Kriminalität, Linz 2008 .

Weiß, Wolfgang, Der Europäische Verwaltungsverbund – Grundfragen, Kennzeichen, Herausforderungen, Berlin 2010.

ders., Dezentrale Agenturen in der EU-Rechtsetzung, EuR 2016, S. 631–666.

Wettner, Florian, Die Amtshilfe im Europäischen Verwaltungsrecht, Tübingen 2005.

Weyembergh, Anna, Two crucial challenges in cross-border criminal investigations, in: Carrera, Sergio/Mitsilegas, Valsamis (Hrsg.), Constitutionalising the Security Union – Effectiveness, Rule of Law and Rights in Countering Terrorism and Crime, Brüssel 2017, S. 21–32.

Wiedemann, Gerhard (Hrsg.), Handbuch des Kartellrechts, 3. Auflage, München 2016.

Wieczorek, Irene, Understanding JHA agencies in context – Where does Eurojust lie in the constitutional architecture of the Area of Freedom, Security and Justice, in: Fletcher, Maria/Herlin-Karnell, Ester/Matera, Claudio (Hrsg.), The European Union as an Area of Freedom, Security and Justice, Oxon/New York 2017, S. 441–458.

Wissink, Laura, Challenges to an Efficient European Centralised Banking Supervision (SSM): Single Rulebook, Joint Supervisory Teams and Split Supervisory Tasks, Eur Bus Org Law Rev (2017) 18, S. 431–456.

Witte, Andreas, Die Architektur des einheitlichen Bankenaufsichtsmechanismus und die Bedeutung administrativer Widerspruchsverfahren im europäischen Prozessrecht – Anmerkung zum Urteil des Gerichts der EU vom 16.5.2017 in der Rs. T-122/15 (L-Bank), EuR 2017, S. 648–657.

Wolff, Milena, Das unionale Dokumentenzugangsrecht und sein Verhältnis zum Wettbewerbsrecht, Baden-Baden 2018.

Wörner, Thorsten, Rechtlich weiche Verhaltenssteuerungsformen Europäischer Agenturen als Bewährungsprobe der Rechtsunion – Wirkungen und Grenzen abstrakt-genereller unverbindlicher Rechtssetzung durch Regulierungsagenturen am Beispiel von Leitlinien und Empfehlungen der Europäischen Finanzaufsichtsagenturen, Tübingen 2017.

Würtenberger, Thomas, Europäisches Sicherheitsrecht, in: Ehlers, Dirk/Fehling, Michael/ Pünder, Hermann (Hrsg.), Besonderes Verwaltungsrecht Band 3, 3. Auflage, Heidelberg u.a. 2013, S. 370–397.

Wymeersch, Eddy, The single supervisory mechanism or „SSM“, part one of the Banking Union, NBB working paper No. 255, Brüssel 2014.

Ziebritzki, Catharina/Nestler, Robert: „HOTSPOTS“ an der EU-Außengrenzen: Eine rechtliche Bestandsaufnahme, MPIL Research Paper Series, No. 2017–17.

Zuleeg, Manfred (Hrsg.), Europa als Raum der Freiheit, der Sicherheit und des Rechts, Baden-Baden 2007.

Zurkinden, Nadine, Joint Investigation Teams. Chancen und Grenzen von gemeinsamen Ermittlungsgruppen in der Schweiz, Europa und den USA, Berlin 2013.

Register